馆藏系列
更多经典等你享受
一口倾心
NESCAFÉ
雀巢咖啡
臻享
White Coffee
白咖啡
即溶咖啡饮品
净含量/规格：29克

NESCAFÉ
雀巢咖啡
臻享
White Coffee
白咖啡
即溶咖啡饮品
赠饮装
净含量/规格: 29克
NESCAFÉ
雀巢咖啡
赠饮装
馆式享受
一口倾心

中国留学人员创业年鉴

RETURNED CHINESE SCHOLARS PIONEER YEARBOOK

2014

教育部留学服务中心
科学技术部火炬高技术产业开发中心
人力资源和社会保障部留学人员和专家服务中心
北京海外学人科技发展中心

中国致公出版社
China Zhigong Press

《中国留学人员创业年鉴》编委会

《中国留学人员创业年鉴》编辑部

编辑说明

一、党的十八大把“广开进贤之路、广纳天下英才”作为保障党和人民事业发展的根本之举，提出了“充分开发利用国内国际人才资源，积极引进和用好海外人才”的要求。2013年，习近平总书记在欧美同学会成立100周年庆祝大会上发表重要讲话，充分肯定广大留学人员在实现中华民族伟大复兴中所做出的贡献，要求按照“支持留学、鼓励回国、来去自由、发挥作用”的方针，把做好留学人员工作作为实施科教兴国战略和人才强国战略的重要任务，千方百计创造条件，使留学人员回到祖国有用武之地，留在国外有报国之门。据统计，2013年，我国各类留学回国人员人数达到35.35万人，较之2012年增长了29.5%；从1978年到2013年底，我国各类留学回国人员总数已经达到144.48万人，依靠核心技术和自主知识产权回国创业已经成为留学人才回国的新热点。截至2013年底，中央“千人计划”已分十批次引进海外高层次人才4183名，年内新增“千人计划”专家861名；各地人才引进计划年内共引进高层次留学人才7600多人，总数达到近 3 万人。全国已建成各级各类留学人员创业园超过260家，在园企业超过1.6万家，有近4万名留学人才在园创业和工作。我国以高层次人才为重点的留学人才引进力度持续加大，留学人员回国创新创业载体建设不断加强，留学人员回国创业的规模和效益进一步提升。

为了记录2013年度中国留学人员回国创新创业工作，教育部留学服务中心、科学技术部火炬高技术产业开发中心、人力资源和社会保障部留学人员和专家服务中心、北京海外学人科技发展中心联合编纂出版《中国留学人员创业年鉴》2014年卷。

二、《中国留学人员创业年鉴》2014年卷是本刊自2007年创刊以来连续出版的第八卷。2014年卷力图全面、准确、客观地反映2013年度中国留学人员回国创新创业工作情况，展现2013年度留学人员创新创业的环境与发展状况，为中央及各地政府有关部门和社会各界了解、研究我国留学人员创业群体和留学人员创办企业在2013年度的发展新情况提供有价值的参考，同时，也为广大留学人员回国创新创业提供服务。

三、《中国留学人员创业年鉴》2014年卷共设六个部分，分别为综合篇、政策篇、园区篇、人物篇、社团篇、附录篇。其中重点收录了2013年度中央及各部委领导有关留学工作的讲话69篇；中央“千人计划”和国家有关部门单位及地方海外引才计划86项；2013年度中央及各地颁布的有关人才引进和鼓励创新创业的政策法规111条；2013年度各地运行的留学人员创业园208家；2013年度入选中央“千人计划”的留学归国创业人才118人；2013年度在留学人员创业园发展的企业6804家；各类留学人员团体60家。同时，也收录了2013年度在留学回国服务工作中具有推动作用的重要事件等。

四、在中央有关单位的指导下，在全国各地教育、科技、人社等职能部门以及留学人员回国服务机构、留学人员创业园、留学人员团体的大力支持与协助下，《中国留学人员创业年鉴》2014年卷如期完成。在此，谨向有关单位致以诚挚的感谢！

五、由于《年鉴》编纂工作浩繁，难免会有疏漏和不足之处，希望广大读者给予批评指正。

《中国留学人员创业年鉴》编委会

二〇一四年十月

目 录
Contents

第一部分 综合篇

2013年度国家及有关部委领导讲话汇编

中央及地方海外引才计划实施一览

第二部分 政策篇

浙江省

福建省

江西省

山东省

河南省

湖北省

广东省

第三部分 园区篇

上海市

江苏省

安徽省

福建省

江西省

山东省

河南省

湖北省

湖南省

2013年度中国留学人员创业园十大创业领军人物

2013年度中国留学人员创业园百家优秀创业企业

第四部分 人物篇

第五部分 社团篇

第六部分 附录篇

第一部分

综合篇

综合篇

2013年度国家及有关部委领导讲话汇编

习近平：为人才发挥作用、施展才华提供更加广阔的天地

（2013年3月4日）

2013年3月4日，中共中央总书记、中央军委主席习近平看望出席全国政协十二届一次会议的委员并参加了科协、科技界委员联组会，与大家共商国是。联组会上，委员们踊跃发言，就我国科技事业发展等问题发表意见。在听取了11位委员发言后，习近平发表了重要讲话。他强调，要坚定不移地走中国特色自主创新道路，深化科技体制改革，不断开创国家创新发展新局面，加快从经济大国走向经济强国。

习近平指出，实施创新驱动发展战略，是立足全局、面向未来的重大战略，是加快转变经济发展方式、破解经济发展深层次矛盾和问题、增强经济发展内生动力和活力的根本措施。在日趋激烈的全球综合国力竞争中，我们必须正视现实、承认差距、密切跟踪、迎头赶上，走自主创新道路，采取更加积极有效的应对措施，在涉及未来的重点科技领域超前部署、大胆探索，加快从要素驱动发展为主向创新驱动发展转变，发挥科技创新的支撑引领作用。要加强统筹协调，促进协同创新，优化创新环境，形成推进创新的强大合力。

习近平强调，要增强创新自信，加快推进重大科技专项实施，建立健全优先使用自主创新成果的机制。要深化科技体制改革，进一步突出企业的技术创新主体地位，变“要我创新”为“我要创新”，促进创新链、产业链、市场需求有机衔接。要加强科技人才队伍建设，为人才发挥作用、施展才华提供更加广阔的天地，鼓励人才把自己的智慧和力量奉献给实现“中国梦”的伟大奋斗。

（人民网）

习近平：充分发挥人才优势，建设科技创新高地

（2013年5月14日）

2013年5月14日至15日，中共中央总书记、国家主席、中央军委主席习近平在天津考察工作。他来到位于滨海新区的天津国际生物医药联合研究院，观看了该院自主研发产品展示，查看了分析测试中心、药物筛选中心等，详细了解国家创新药重大专项课题研发情况。看到这里集聚了一批高水平的海外归国创业人员，习近平充分肯定他们为祖国科技事业和人民健康所作出的努力。他指出，科技创新是提高社会生产力和综合国力的战略支撑，必须摆在发展全局的核心位置。我们要充分发挥科技资源丰富、科技人才众多的优势，建设科技创新高地，不断提高原始创新、集成创新和引进消化吸收再创新能力，促进科技和经济深度融合。

（央视网）

习近平：大力营造勇于创新、鼓励成功、宽容失败的社会氛围

（2013年7月17日）

2013年7月17日，中共中央总书记、国家主席、中央军委主席习近平来到中国科学院考察工作。他强调，科技兴则民族兴，科技强则国家强，要结合实际坚持运用我国科技事业发展经验，积极回应经济社会发展对科技发展提出的新要求，深化科技体制改革，增强科技创新活力，集中力量推进科技创新，真正把创新驱动发展战略落到实处。

习近平先后来到中国科学院西郊科教园区，考察了高能物理研究所和我国第一个大科学装置北京正负电子对撞机，以及北京谱仪控制室、北京同步辐射装置，同科研人员亲切交谈，详细了解研究成果及应用。随后习近平来到中国科学院大学多功能厅，了解中国科学院国防科技创新工作情况和所取得的重大成果。他指出，当今世界综合国力竞争的核心和焦点是科学技术。现在，各主要国家都在抢占未来科学技术制高点，包括国防科技制高点。我们要大力弘扬“两弹一星”精神和“载人航天”精神，自力更生，勇攀高峰。

最后，习近平来到中国科学院大学礼堂会议室，听取了中国科学院院长白春礼的工作汇报，并同中国科学院负责同志和科技人员代表座谈。在听取大家意见和建议后，习近平发表了重要讲话。

习近平指出，科学技术是世界性的、时代性的，发展科学技术必须具有全球视野、把握时代脉搏。当今世界，一些重要的科学问题和关键核心技术已经呈现出革命性突破的先兆。我们必须树立雄心、奋起直追，推动我国科技事业加快发展。要坚决扫除影响科技创新能力提高的体制障碍，有力打通科技和经济转移转化的通道，优化科技政策供给，完善科技评价体系。要优先支持促进经济发展方式转变、开辟新的经济增长点的科技领域，重点突破制约我国经济社会可持续发展的瓶颈问题，加强新兴前沿交叉领域部署。要最大限度调动科技人才创新积极性，尊重科技人才创新自主权，大力营造勇于创新、鼓励成功、宽容失败的社会氛围。

习近平强调，我们要引进和学习世界先进科技成果，更要走前人没有走过的路。科技界要共同努力，树立强烈的创新自信，敢于质疑现有理论，勇于开拓新的方向，不断在攻坚克难中追求卓越。

习近平指出，党中央对我国科技界寄予厚望。中国科学院要牢记责任，率先实现科学技术跨越发展，率先建成国家创新人才高地，率先建成国家高水平科技智库，率先建设国际一流科研机构。

习近平强调，具有强烈的爱国情怀，是对我国科技人员第一位的要求。科学没有国界，科学家有祖国。广大科技人员要牢固树立创新科技、服务国家、造福人民的思想，把科技成果应用在实现国家现代化的伟大事业中，把人生理想融入为实现中华民族伟大复兴的中国梦的奋斗中。

（中央政府门户网站）

习近平：培养和吸引人才，推动科技和经济紧密结合

（2013年7月21日）

2013年7月21日至23日，中共中央总书记、国家主席、中央军委主席习近平在湖北调研全面深化改革问题和当前经济运行情况。习近平对企业运行和创新发展情况十分关心。21日下午，他来到武汉东湖国家自主创新示范区，了解示范区建设和企业发展情况。

在光谷展示中心，习近平详细观看了光纤通讯、3D打印、生物质能源等创新成果展示。他指出，一个国家只是经济体量大，还不能代表强。我们是一个大国，在科技创新上要有自己的东西。一定要坚定不移走中国特色自主创新道路，培养和吸引人才，推动科技和经济紧密结合，真正把创新驱动发展战略落到实处。

（央视网）

习近平：要让人才事业兴旺起来

（2013年8月29日）

2013年8月29日，中共中央总书记、国家主席、中央军委主席习近平在大连市考察。习近平强调，国家发展靠人才，民族振兴靠人才，要让人才事业兴旺起来。

习近平来到东软集团（大连）有限公司，听取产业园区负责人关于自主创新的情况汇报。他对该公司的年轻人说，全面小康社会靠什么实现？如果走粗放经营的老路，能源资源无法支撑。必须走出一条新路，依靠创新驱动。要发展实体经济，促进信息化、工业化融合。要把人才工作抓好，让人才事业兴旺起来，国家发展靠人才，民族振兴靠人才。

习近平又来到大连高新区，观看了虚拟五轴爬行机器人、车用氢燃料电池系统、智能矿山安全控制物联网系统等代表性高技术产品。习近平说，高新区是科技的集聚地，也是创新的孵化器，建设正在稳步推进。看一个高新区是不是有竞争力、发展潜力大不大，关键是看能不能把“高”和“新”两篇文章做实做好。高是高水平，新是新技术，高新区要择优引入企业和项目，要体现高新含量，不能搞粗放经营、什么“菜”都装进高新区的筐子里。希望高新区抓好科技、人才、政策等要素配置组合，把推动信息化和工业化深度融合落实到具体行业、具体产业、具体产品上。

（新华网）

习近平：完善人才发展机制，积极引进海外优秀人才

（2013年9月30日）

2013年9月30日上午，在中华人民共和国64周年国庆前夕，中共中央政治局以实施创新驱动发展战略为题举行第九次集体学习。中共中央总书记习近平在主持学习时强调，实施创新驱动发展战略决定着中华民族前途命运。全党全社会都要充分认识科技创新的巨大作用，敏锐把握世界科技创新发展趋势，紧紧抓住和用好新一轮科技革命和产业变革的机遇，把创新驱动发展作为面向未来的一项重大战略实施好。

此次学习把“课堂”搬到了中关村，采取调研、讲解、讨论相结合的形式进行。在中关村国家自主创新示范区展示中心，习近平等中共中央政治局各同志听取了关于中关村创新发展情况的汇报。在了解到中关村近年来创新效率显著提高、力争2020年建成具有全球影响力的科技创新中心时，习近平对此表示肯定。在3D打印、集成电路装备、新一代信息技术、节能环保、新材料等展区，习近平等仔细察看和了解情况，同企业负责人和科研人员深入交谈，询问技术研发和应用情况。习近平对我国科研人员勇攀科学高峰、不断掌握和突破核心技术的拼搏精神给予高度评价。

参观结束后，习近平等来到展示中心会议室，听取科技部部长万钢介绍我国科技创新总体情况，并就实施创新驱动发展战略进行讨论。习近平在主持学习时强调，科技兴则民族兴，科技强则国家强。党的十八大作出了实施创新驱动发展战略的重大部署，强调科技创新是提高社会生产力和综合国力的战略支撑，必须摆在国家发展全局的核心位置。这是党中央综合分析国内外大势、立足国家发展全局作出的重大战略抉择，具有十分重大的意义。

习近平指出，当前，从全球范围看，科学技术越来越成为推动经济社会发展的主要力量，创新驱动是大势所趋。新一轮科技革命和产业变革正在孕育兴起，一些重要科学问题和关键核心技术已经呈现出革命性突破的先兆，带动了关键技术交叉融合、群体跃进，变革突破的能量正在不断积累。

即将出现的新一轮科技革命和产业变革与我国加快转变经济发展方式形成历史性交汇，为我们实施创新驱动发展战略提供了难得的重大机遇。机会稍纵即逝，抓住了就是机遇，抓不住就是挑战。我们必须增强忧患意识，紧紧抓住和用好新一轮科技革命和产业变革的机遇，不能等待、不能观望、不能懈怠。

习近平强调，从国内看，创新驱动是形势所迫。我国经济总量已跃居世界第二位，社会生产力、综合国力、科技实力迈上了一个新的大台阶。同时，我国发展中不平衡、不协调、不可持续问题依然突出，人口、资源、环境压力越来越大。物质资源必然越用越少，而科技和人才却会越用越多。我们要推动新型工业化、信息化、城镇化、农业现代化同步发展，必须及早转入创新驱动发展轨道，把科技创新潜力更好释放出来，充分发挥科技进步和创新的作用。

习近平指出，实施创新驱动发展战略是一项系统工程，涉及方方面面的工作，需要做的事情很多。最为紧迫的是要进一步解放思想，加快科技体制改革步伐，破除一切束缚创新驱动发展的观念和体制机制障碍。

习近平就此提出五个方面的任务。一是着力推动科技创新与经济社会发展紧密结合。关键是要处理好政府和市场的关系，通过深化改革，进一步打通科技和经济社会发展之间的通道，让市场真正成为配置创新资源的力量，让企业真正成为技术创新的主体。政府在关系国计民生和产业命脉的领域要积极作为，加强支持和协调，总体确定技术方向和路线，用好国家科技重大专项和重大工程等抓手，集中力量抢占制高点。二是着力增强自主创新能力。关键是要大幅提高自主创新能力，努力掌握关键核心技术。当务之急是要健全激励机制、完善政策环境，从物质和精神两个方面激发科技创新的积极性和主动性，坚持科技面向经济社会发展的导向，围绕产业链部署创新链，围绕创新链完善资金链，消除科技创新中的“孤岛现象”，破除制约科技成果转移扩散的障碍，提升国家创新体系整体效能。三是着力完善人才发展机制。要用好用活人才，建立更为灵活的人才管理机制，打通人才流动、使用、发挥作用中的体制机制障碍，最大限度支持和帮助科技人员创新创业。要深化教育改革，推进素质教育，创新教育方法，提高人才培养质量，努力形成有利于创新人才成长的育人环境。要积极引进海外优秀人才，制定更加积极的国际人才引进计划，吸引更多海外创新人才到我国工作。四是着力营造良好政策环境。要加大政府科技投入力度，引导企业和社会增加研发投入，加强知识产权保护工作，完善推动企业技术创新的税收政策，加大资本市场对科技型企业的支持力度。五是着力扩大科技开放合作。要深化国际交流合作，充分利用全球创新资源，在更高起点上推进自主创新，并同国际科技界携手努力为应对全球共同挑战作出应有贡献。

（新华网）

习近平：把个人梦想融入实现中国梦的壮阔奋斗之中

（2013年10月21日）

2013年10月21日上午，欧美同学会成立100周年庆祝大会在人民大会堂举行。中共中央总书记、国家主席、中央军委主席习近平出席大会并发表重要讲话。他强调，全面建成小康社会，推进社会主义现代化，实现中华民族伟大复兴，是光荣而伟大的事业，是光明和灿烂的前景。一切有志于这项伟大事业的人们都可以大有作为。只要广大留学人员同人民站立在一起、同人民奋斗在一起，就一定能为实现中华民族伟大复兴的中国梦书写出无愧于时代、无愧于人民、无愧于历史的绚丽篇章。讲话全文如下。

同志们，朋友们：

今天，我们在这里集会，庆祝欧美同学会成立100周年。首先，我代表党中央、国务院，向欧美同学会·中国留学人员联谊会及其全体会员，表示热烈的祝贺！向广大出国和归国留学人员及其家人，致以诚挚的问候！

近代以来，我国大批留学人员负笈求学的足迹，记录着中华儿女追寻民族复兴的梦想，伴随着我国从封闭到开放、从落后到富强的伟大历史性跨越。

百余年的留学史是“索我理想之中华”的奋斗史，一批又一批仁人志士出国留学、回国服务，大批归国人员投身中国共产党领导的伟大事业，在中国革命、建设、改革的历史画卷中写下了极为动人和精彩的篇章。

历史不会忘记，100多年前，中国民主革命的伟大先行者孙中山先生，以当时留日中国学生等为骨干组建中国同盟会，毅然发动和领导辛亥革命，推翻了统治中国几千年的君主专制制度，打开了中国进步的闸门，点燃了振兴中华的希望。

历史不会忘记，陈独秀、李大钊等一批具有留学经历的先进知识分子，同毛泽东同志等革命青年一道，大力宣传并积极促进马克思列宁主义同中国工人运动相结合，创建了中国共产党，使中国革命面貌为之一新。在中国共产党成立前后，旅欧勤工俭学和留苏学习的进步青年相继回国，在火热的斗争中成长为坚定的马克思主义者，为党和人民事业发展建立了不朽功勋，周恩来、刘少奇、朱德、邓小平同志等就是他们中的杰出代表。同一时期，还有许多留学人员学成回国，为我国经济社会发展起到了开拓者的重要作用。

历史不会忘记，面对新中国百废待兴、百业待举的困难局面，一大批留学人员毅然决然回到祖国怀抱，在极其艰难困苦的条件下呕心沥血、顽强拼搏，为新中国各项事业发展奠定了坚实基础，取得了“两弹一星”等举世瞩目的重大成就，李四光、严济慈、华罗庚、周培源、钱三强、钱学森、邓稼先同志等就是他们中的杰出代表。上世纪五六十年代，一大批留学人员远赴苏联、东欧学习，成为我国建设和改革事业的重要力量。

历史同样不会忘记，改革开放以来，党中央和邓小平同志作出了扩大派遣留学生的战略决策，推动形成了我国历史上规模最大、领域最多、范围最广的留学潮和归国热。截至2012年底，我国出国留学人员达到264万人，留学回国人员达到109万人。广大留学人员积极投身改革开放和社会主义现代化建设，积极推动我国同其他国家各领域交流合作，为推动我国经济社会发展作出了重要贡献。

实践证明，广大留学人员不愧为党和人民的宝贵财富，不愧为实现中华民族伟大复兴的有生力量。党、国家、人民为拥有并将更多拥有这样一大批人才而感到骄傲和自豪。

同志们、朋友们！

“致天下之治者在人才。”人才是衡量一个国家综合国力的重要指标。没有一支宏大的高素质人才队伍，全面建成小康社会的奋斗目标和中华民族伟大复兴的中国梦就难以顺利实现。

当今世界，综合国力竞争日趋激烈，新一轮科技革命和产业变革正在孕育兴起，变革突破的能量正在不断积累。综合国力竞争说到底是人才竞争。人才资源作为经济社会发展第一资源的特征和作用更加明显，人才竞争已经成为综合国力竞争的核心。谁能培养和吸引更多优秀人才，谁就能在竞争中占据优势。

当代中国，经过35年的改革开放，社会生产力迈上一个大台阶，人民生活水平迈上一个大台阶，综合国力迈上一个大台阶，我们比历史上任何时期都更接近实现中华民族伟大复兴的宏伟目标，我们也比历史上任何时期都更加渴求人才。正如邓小平同志深刻指出的：“我们进行社会主义现代化建设，是要在经济上赶上发达的资本主义国家，在政治上创造比资本主义国家的民主更高更切实的民主，并且造就比这些国家更多更优秀的人才。”

尊重劳动、尊重知识、尊重人才、尊重创造，是党和国家的一项长期方针。党和国家历来高度重视广大出国和归国留学人员，毛泽东同志曾在莫斯科深情寄语留学人员说：“好像早晨八九点钟的太阳，希望寄托在你们身上。”党的十八大发出了“广开进贤之路，广纳天下英才”的号召，强调要“充分开发利用国内国际人才资源，积极引进和用好海外人才”。

党和国家将按照支持留学、鼓励回国、来去自由、发挥作用的方针，把做好留学人员工作作为实施科教兴国战略和人才强国战略的重要任务，以更大力度推进“千人计划”“万人计划”，千方百计创造条件，使留学人员回到祖国有用武之地，留在国外有报国之门。我们热诚欢迎更多留学人员回国工作、为国服务。

同志们、朋友们！

全面建成小康社会，推进社会主义现代化，实现中华民族伟大复兴，是光荣而伟大的事业，是光明和灿烂的前景。一切有志于这项伟大事业的人们都可以大有作为。在亿万中国人民前行的伟大征程上，广大留学人员创新正当其时、圆梦适得其势。广大留学人员要把爱国之情、强国之志、报国之行统一起来，把自己的梦想融入人民实现中国梦的壮阔奋斗之中，把自己的名字写在中华民族伟大复兴的光辉史册之上。

这里，我对广大留学人员提4点希望。

第一，希望大家坚守爱国主义精神。在中华民族几千年绵延发展的历史长河中，爱国主义始终是激昂的主旋律，始终是激励我国各族人民自强不息的强大力量。不论树的影子有多长，根永远扎在土里；不论留学人员身在何处，都要始终把祖国和人民放在心里。钱学森同志曾经说过：“我作为一名中国的科技工作者，活着的目的就是为人民服务。如果人民最后对我的一生所做的工作表示满意的话，那才是最高的奖赏。”

希望广大留学人员继承和发扬留学报国的光荣传统，做爱国主义的坚守者和传播者，秉持“先天下之忧而忧，后天下之乐而乐”的人生理想，始终把国家富强、民族振兴、人民幸福作为努力志向，自觉使个人成功的果实结在爱国主义这棵常青树上。党和国家尊重广大留学人员的选择，回国工作，我们张开双臂热烈欢迎；留在海外，我们支持通过多种形式为国服务。大家都要牢记，无论身在何处，你们都是中华儿女的一分子，祖国和人民始终惦记着你们，祖国永远是你们温暖的精神家园。

第二，希望大家矢志刻苦学习。学习是立身做人的永恒主题，也是报国为民的重要基础。梦想从学习开始，事业从实践起步。当今世界，知识信息快速更新，学习稍有懈怠，就会落伍。有人说，每个人的世界都是一个圆，学习是半径，半径越大，拥有的世界就越广阔。

希望广大留学人员坚持面向现代化、面向世界、面向未来，瞄准国际先进知识、技术、管理经验，以韦编三绝、悬梁刺股的毅力，以凿壁借光、囊萤映雪的劲头，努力扩大知识半径，既读有字之书，也读无字之书，砥砺道德品质，掌握真才实学，练就过硬本领。已经完成学业的留学人员也要拓宽眼界和视野，加快知识更新，优化知识结构，努力成为堪当大任、能做大事的优秀人才。

第三，希望大家奋力创新创造。创新是一个民族进步的灵魂，是一个国家兴旺发达的不竭动力，也是中华民族最深沉的民族禀赋。在激烈的国际竞争中，惟创新者进，惟创新者强，惟创新者胜。留学人员视野开阔，理应走在创新前列。祖国改革开放和社会主义现代化建设的火热进程，为一切有志于创新创造、干一番事业的人们提供了广阔舞台。

希望广大留学人员积极投身创新创造实践，有敢为人先的锐气，有上下求索的执著，得风气之先、开风气之先，力争有所突破、有所发展、有所建树。在中国的大地上，要想有建树、有成就，关键是要脚踏着祖国大地，胸怀着人民期盼，找准专业优势和社会发展的结合点，找准先进知识和我国实际的结合点，真正使创新创造落地生根、开花结果。

第四，希望大家积极促进对外交流。中国的发展离不开世界，世界的繁荣也需要中国。我们要以更加开放的姿态，加强同世界的联系和互动，加深同各国人民的了解和友谊。广大留学人员既有国内成长经历又有海外生活体验，既有广泛的国内外人际关系又有丰富的不同文化交流经验，许多外国人通过你们了解中国、认识中国，许多中国人通过你们了解世界、认识世界。

希望广大留学人员充分发挥自身优势，加强内引外联、牵线搭桥，当好促进中外友好交流的民间大使，多用外国民众听得到、听得懂、听得进的途径和方式，讲述好中国故事，传播好中国声音，让世界对中国多一分理解、多一分支持。

同志们、朋友们！

欧美同学会成立于100年前的民族危难之时，成立伊始就积极践行爱国思想，组织会员参与爱国民主运动、投身民族救亡和人民解放事业，成为那个时代追求民主、崇尚科学的爱国社团。新中国成立后，欧美同学会积极动员海外学人回国，成为党和政府领导下的进步社团。改革开放以来，欧美同学会大力实施“报国计划”，成为致力于中国特色社会主义事业的群众团体。2003年，经中央批准，欧美同学会增冠了“中国留学人员联谊会”会名，工作领域拓宽到全国，工作对象扩展到全球，成为影响更加广泛的人民团体。

面对新形势新任务，欧美同学会·中国留学人员联谊会要发挥群众性、高知性、统战性的特点和优势，立足国内、开拓海外，努力成为留学报国的人才库、建言献策的智囊团、开展民间外交的生力军，成为党联系广大留学人员的桥梁纽带、党和政府做好留学人员工作的助手、广大留学人员之家，把广大留学人员紧密团结在党的周围。要关心留学人员工作、学习、生活，反映愿望诉求，维护合法权益，不断增强吸引力和凝聚力。

“尚贤者，政之本也。”各级党委和政府要认真贯彻党和国家关于留学人员工作的方针政策，更大规模、更有成效地培养我国改革开放和社会主义现代化建设急需的各级各类人才。环境好，则人才聚、事业兴；环境不好，则人才散、事业衰。要健全工作机制，增强服务意识，加强教育引导，搭建创新平台，善于发现人才、团结人才、使用人才，为留学人员回国工作、为国服务创造良好环境，促使优秀人才脱颖而出。要关心支持欧美同学会·中国留学人员联谊会工作，加强组织建设，健全工作机构，配强工作力量，为他们开展工作创造条件。

同志们、朋友们！

发展的中国需要更多海外人才，开放的中国欢迎来自世界各地的英才。我们相信，只要广大留学人员牢记“空谈误国、实干兴邦”，同人民站立在一起、同人民奋斗在一起，就一定能为实现中华民族伟大复兴的中国梦书写出无愧于时代、无愧于人民、无愧于历史的绚丽篇章！

（人民网）

习近平：全社会都要重视和支持青年创新创业

（2013年11月8日）

2013年11月8日，2013年全球创业周中国站在上海开幕。中共中央总书记、国家主席习近平向创业周中国站活动组委会发来贺信表示祝贺，向辛勤创新创业的广大青年，向关心和支持青年创新创业的各界人士，致以诚挚的问候。

习近平在贺信中表示，青年是国家和民族的希望，创新是社会进步的灵魂，创业是推动经济社会发展、改善民生的重要途径。青年学生富有想象力和创造力，是创新创业的有生力量。希望广大青年学生把自己的人生追求同国家发展进步、人民伟大实践紧密结合起来，刻苦学习，脚踏实地，锐意进取，在创新创业中展示才华、服务社会。

习近平强调，全社会都要重视和支持青年创新创业，提供更有利的条件，搭建更广阔的舞台，让广大青年在创新创业中焕发出更加夺目的青春光彩。

（新华网）

习近平：让全社会感受到市场环境和创业条件在不断改善

（2013年12月31日）

2013年12月31日，中国人民政治协商会议全国委员会在全国政协礼堂举行新年茶话会。中共中央总书记、国家主席、中央军委主席习近平在茶话会上发表重要讲话，强调要大力弘扬与时俱进、锐意进取、勤于探索、勇于实践的改革创新精神，争当改革的坚定拥护者和积极实践者，用自己勤劳的双手在改革实践中创造更加幸福的生活。以下为讲话全文。

同志们，朋友们：

明天就是2014年元旦。在这辞旧迎新的美好时刻，我们欢聚一堂，回顾共同经历的难忘岁月，畅想共同期待的美好未来，感到十分高兴。

首先，我代表中共中央、国务院和中央军委，向各民主党派、工商联和无党派人士、各人民团体，向全国广大工人、农民、知识分子、干部和各界人士，向人民解放军指战员、武警官兵和公安民警，向香港特别行政区同胞、澳门特别行政区同胞、台湾同胞和海外侨胞，向关心和支持中国现代化建设的国际友人，致以诚挚的祝福！祝大家新年好！

今年是全面贯彻落实中共十八大精神的开局之年。面对错综复杂的国际形势和艰巨繁重的国内改革发展稳定任务，中共中央团结带领全国各族人民，坚持稳中求进工作总基调，沉着应对各种风险和挑战，全面推进社会主义经济建设、政治建设、文化建设、社会建设、生态文明建设，对全面深化改革作出总体部署。我们提出并落实党在新形势下的强军目标，推动国防和军队建设迈出新步伐；高举和平、发展、合作、共赢的旗帜，推动全方位外交打开新局面；全面推进党的建设新的伟大工程，群众路线教育实践活动取得重要阶段性成果。在全党全国各族人民共同努力下，各项工作取得新进展，实现了良好开局。

2014年，将是我国发展进程中十分重要的一年。新的一年，应该有新的奋斗、新的收获。我们要全面贯彻落实中共十八大和十八届二中、三中全会精神，以邓小平理论、“三个代表”重要思想、科学发展观为指导，坚持改革创新，坚持稳中求进，全面做好各项工作。我们要坚持“一国两制”、“港人治港”、“澳人治澳”、高度自治的方针，保持香港、澳门长期繁荣稳定。我们要坚持“和平统一、一国两制”方针，为两岸同胞谋福祉。我们要高举和平、发展、合作、共赢的旗帜，同各国人民一道为人类和平与发展的崇高事业而不懈努力。

2014年，我们将推进全面深化改革。35年前的这个月，中共十一届三中全会胜利闭幕，开启了波澜壮阔的伟大改革。中共十八届三中全会吹响了全面深化改革新的号角。开弓没有回头箭，我们要坚定不移实现改革目标。

当今世界，机遇和挑战并存。风云变幻，最需要的是战略定力；竞争激烈，最重要的是急流勇进；迎接挑战，最根本的是改革创新。改革，最本质的要求就是创新。中华民族是具有伟大创新精神的民族，以伟大创造能力著称于世。“苟日新，日日新，又日新”，是对中华民族创新精神的最好写照。

我们要大力弘扬与时俱进、锐意进取、勤于探索、勇于实践的改革创新精神，争当改革的坚定拥护者和积极实践者，用自己勤劳的双手在改革实践中创造更加幸福的生活。

我们的事业是一点一滴干出来的，我们的道路是一步一个脚印走出来的。我们要坚持一切从实际出发，凝聚广大人民群众智慧和力量，善作善成，努力把全面深化改革的蓝图变为现实，让全社会感受到市场环境和创业条件在不断改善，让全体人民共同分享改革发展成果。

同志们、朋友们！

在即将过去的一年里，人民政协高举爱国主义、社会主义旗帜，推进政治协商、民主监督、参政议政制度建设，围绕中共中央关注的重大问题开展调研，发挥决策咨询作用，推进人民政协工作创新，为推动经济社会发展、深化改革开放、健全社会主义协商民主制度等各项事业作出了重要贡献。

明年将迎来人民政协成立65周年。在新的一年里，我们要巩固和发展最广泛的爱国统一战线，坚持和完善中国共产党领导的多党合作和政治协商制度，寻求最大公约数，凝聚改革共识，汇聚改革正能量。参加人民政协的各党派团体和各族各界人士要引导所联系成员和群众理解改革、支持改革、参与改革。人民政协要充分发挥作为协商民主重要渠道作用，围绕经济社会发展重大问题和涉及群众切身利益的实际问题广泛协商，为实现“两个一百年”奋斗目标作出新的更大的贡献。

同志们、朋友们！

让我们更加紧密地团结起来，万众一心，不懈奋斗，在改革开放新的长征路上，共同谱写实现中华民族伟大复兴中国梦的新篇章！

（新华网）

李克强：注重教育公平，推动科技创新

（2013年8月29日）

8月29日，中共中央政治局常委、国务院总理、国家科技教育领导小组组长李克强主持召开国家科技教育领导小组第一次全体会议。会上，教育部、科技部主要负责人分别作了汇报，领导小组成员单位负责人围绕下一阶段教育、科技发展和改革进行了深入讨论。李克强对近年来教育、科技工作取得的显著成就给予充分肯定，强调要始终把教育和科技放在全局性、战略性的位置，予以高度重视。

李克强说，教育是民生改善的来源，传承文明的载体。让孩子受教育并且受到良好教育，是几乎每个家庭的共同愿望。掌握知识让人们拥有更多的发展机会，也有利社会文明得以延续、道德规范得以遵循。持续发展经济、不断改善民生、促进社会公正是本届政府的三大任务，教育公平具有起点公平的意义，是社会公平的重要基础，可以使人们通过自身努力，提升参与平等竞争的能力，这有助于促进社会纵向流动。李克强指出，发挥科技第一生产力作用，关键是促进科技和经济社会深度融合，并以创新和创业为导向。要增强科技创新实力，提升产业核心竞争力，就必须围绕大局，瞄准世界科技与产业革命的大趋势和我国经济社会发展需要，紧扣结构调整和转型升级的要求，通过创新体制机制，充分发挥企业的主体作用，使广大科研人员的创造活力、创新能力迸发出来，使创新成果转化为实实在在的经济社会效益，让科技造福人民。应用研究和基础研究都要沿着这个方向加大力度。

李克强强调，无论是推进教育公平，还是促进科技与经济社会深度融合，关键还得靠改革。改革是最大的红利。当年从恢复高考入手抓教育，就是一项改变千百万人命运、深刻影响国家发展的重大改革举措。当前深化教育和科技领域改革，仍然要抓住牵一发动全身的突破口和切入点，抓紧推出既利当前更利长远的重要改革举措，务求取得更大成效。

李克强最后指出，打造中国经济升级版，促进社会进步，建设富强民主文明和谐的社会主义现代化国家，实现中华民族伟大复兴的中国梦，要从我国国情出发，在今后相当长的时间内，继续用好“人口红利”，更加注重依靠“人才红利”。这就必须一靠教育、二靠科技，两者有机结合，使中国创造财富的能力得到巨大提升，推动社会文明进步。他要求加快推进教育科技领域的重大任务，围绕完善投入体制、提高资金使用效率、鼓励社会资金参与、推动资源开放共享、改革人才培养模式、推广科技人员创新激励政策等，提出措施、抓好落实，使全社会创业创新能力显著增强。

（中央政府门户网站）

李克强：目前中国更加注重依靠人才

（2013年9月30日）

9月30日，国务院总理李克强在北京人民大会堂亲切会见荣获2013年度中国政府“友谊奖”的外国专家以及他们的亲属。国务院总理李克强30日下午在人民大会堂亲切会见了荣获2013年度中国政府“友谊奖”的外国专家以及他们的亲属。李克强代表中国政府和人民，向获奖外国专家表示热烈祝贺，同时向在华工作的全体外国专家和国际友人及其亲属表示崇高敬意。

李克强说，中国改革开放取得举世瞩目的伟大成就，这既是中国人民团结奋斗的结果，也凝聚着外国专家和国际友人的心血、智慧和奉献。目前中国现代化建设正处于关键时期，中国将继续坚持扩大开放，学习国际先进技术和管理经验，积极吸收借鉴国外优秀文化成果，更加注重依靠人才，更多依靠提升软实力，促进中国经济长期持续健康发展和社会文明进步。

李克强指出，改革开放以来，中国把引进国外智力作为一项长期战略方针。借鉴他山之玉，可以少走弯路，少付学费。我们将继续深化体制改革，更多用市场的办法激发各类人才和主体的创造活力。欢迎更多外国人才来华创业，相信你们能够发挥专长、成就事业、实现互利共赢。希望大家继续把中国作为“第二故乡”，一如既往为中国特别是中西部地区的发展进步献计出力。中国政府将努力完善制度、改进服务、为外国专家在华工作和生活创造更好环境，提供更好支持。

（人民网）

李克强：比尔·盖茨和乔布斯都从小公司起步

（2013年12月27日）

2013年12月27日，中共中央政治局常委、国务院总理李克强来到天津调研民生改善与改革发展情况，看望慰问群众，并到天津滨海新区考察。

在工商银行，李克强详细询问创新模式，支持实体经济发展、转型升级和企业走出去等情况。他说，金融和实体经济相辅相成，经济发展需要金融支撑，经济平稳运行更能创造良好金融市场。金融创新要围绕实体经济需求，才能实现双赢 。

李克强指出，金融租赁产业在我国是新的高地。他说，金融租赁产业是为实体经济服务，国家要培育这个产业发展壮大。他鼓励企业要闯出自己新天地，同时带动和支持中国企业走出去，做第一个吃螃蟹的人，要吃“皇帝蟹”，同时还要能够驾驭“皇帝蟹”周游世界。

在津京互联科技创业主题活动中心，李克强专程看望了青年创业者，了解产品研发应用情况，多次询问他们对创业环境的感受。李克强说，青年是创新创业的“生力军”，“双创”的人越多，社会就越有活力，也能带动更多就业。你们既为生活而工作，也为工作而生活，在创新创业中享受快乐、追逐梦想，虽然现在只有一张办公桌，但小企业可以有大未来。创新创业既要有激情，也要靠改革来支撑，要着力破除不合理的体制机制障碍，使“双创”的“土壤”更有营养、空间越来越广。他鼓励青年创业者，比尔·盖茨和乔布斯都是从小公司起步。大学生青年不仅要泡实验室、图书馆，也要有创业理念，把创新和创业结合起来，为自己、也为社会和国家创造财富。凡涉及政府层面的问题，都可以研究调整，创造条件，政府会给你们创业“增加营养”。兄弟齐心，其利断金，未来创业空间会越来越大，希望大家努力把企业做大做强。

在创业中心咖啡厅，大家欢呼着把总理围起来。李克强说，创业平台散发着咖啡香味，让创业的思想、创新的念头自由翱翔，做到创业创新生活“三位一体”。有人为了生活而工作，有人为了工作而生活，而你们把工作和生活结合在了一起，相信你们一定能创造一个崭新的时代！

（新华网）

张德江：营造有利于中小企业发展的良好环境

（2013年2月21日）

2013年2月21日至22日，中共中央政治局常委张德江在天津专题调研中小企业。他强调，要全面贯彻落实党的十八大精神，坚持发展是硬道理这一战略思想，千方百计地为中小企业发展创造条件，促进中小企业持续健康发展。

21日晚上，张德江主持召开中小企业座谈会。座谈会上，他认真听取中小企业家们的意见，并不时地与他们进行交流。张德江指出，中小企业是建设中国特色社会主义的一支重要力量。发展中小企业符合我国的基本国情和所处的发展阶段，不是权宜之计，而是贯穿整个社会主义现代化全过程的一项重大战略任务。大力发展中小企业，包括大力发展个体工商户，有利于实现共同富裕，有利于全面建成小康社会，有利于发展中国特色社会主义。我们必须从坚持社会主义基本经济制度的高度，毫不动摇地鼓励、支持、引导非公有制经济发展，坚定不移支持中小企业发展。我们必须从科学发展的高度，加快转变中小企业发展方式，大力提高中小企业发展的质量和效益，使广大人民群众真正从中小企业发展中实现就业、完善保障、得到实惠，提高生活水平，促进社会和谐稳定。

张德江强调，促进中小企业持续健康发展，不是一句空话，要切实营造有利于中小企业发展的政策环境、市场环境、创业环境、成长环境、服务环境和舆论环境。要坚持“放水养鱼”，建立健全中小企业政策支持体系，坚决清理整顿涉及中小企业的不合理负担。要消除一切障碍，营造良好的市场环境。要大力弘扬创业精神、优化创业环境，“多浇水，少挑刺”。要坚持集群发展、协作发展，加强企业管理、促进转型升级，走“专精特新”发展道路。要“扶上马，送一程”，加快公共服务体系建设，支持建设公共技术服务平台，切实保障企业的基本服务需求。要加强舆论宣传，在全社会树立尊重劳动、尊重创造、尊重人才，劳动致富光荣、创业致富光荣的良好舆论氛围，努力开创中小企业发展新局面。

（新华网）

刘云山：实现中国梦离不开科技驱动

（2013年1月30日）

2013年1月30日，于春节前夕，中共中央政治局常委、中央书记处书记刘云山代表习近平总书记和党中央，看望国家最高科技奖获得者吴良镛院士和师昌绪院士，向他们致以诚挚问候和新春祝福。

30日上午，刘云山首先来到著名建筑学家、中国科学院院士、中国工程院院士吴良镛家中，关切询问吴良镛的身体、生活和工作情况，对他长期以来在建筑学教学、科研、实践方面作出的卓越成就深表敬意，对他“一辈子干好一件事”的潜心钻研精神深表钦佩。吴良镛介绍了他耗时十年、九易其稿从事中国人居史科学研究的情况，还就推进我国城镇化提出了要重视建筑领军人才培养，城市总建筑师、总规划师、总设计师队伍建设和城市管理者素养提升等三个方面的建议。在看望著名材料科学家、中国科学院院士、中国工程院院士师昌绪时，刘云山高度赞扬师昌绪在材料科研领域做出的巨大贡献，充分肯定他在我国科研战略、科技创新、科技人才培养等方面的独特造诣和见解。师昌绪建议有关方面组织好以科教兴国为主题的科普宣传，加强对涉及国家长远发展的重大战略问题的研究，抓紧培养一大批潜心科学研究的“安、专、迷”人才。

吴良镛、师昌绪对党中央的亲切关心表示感谢，对习近平总书记提出实现中华民族伟大复兴“中国梦”高度赞同，对新一届中央领导集体的务实作风高度评价。刘云山说，实现“中国梦”是中华儿女的美好夙愿，是广大知识分子的理想追求，离不开科技的驱动，离不开教育的支撑，离不开知识的力量。吴良镛、师昌绪等老一辈科学家胸怀理想、淡泊名利，献身科技事业，投身国家建设，以不懈奋斗精神和卓越科技成就实现了自己的报国之志。广大科技工作者都应该像他们那样弘扬科学精神，志存高远、脚踏实地、潜心钻研，为全面建成小康社会、实现伟大“中国梦”贡献智慧和力量。各级党委和政府要认真贯彻党的知识分子政策，尊重劳动、尊重知识、尊重人才、尊重创造，为科技工作者成长进步、施展才华创造良好条件，把各方面优秀人才集聚到党和国家事业中来。

（人民网）

刘云山：学以致用、知行合一，勇于创新创造

（2013年6月17日）

2013年6月17日上午，中国共产主义青年团第十七次全国代表大会在人民大会堂开幕。习近平、李克强、张德江、俞正声、王岐山、张高丽等党和国家领导人到会祝贺，中央政治局常委、中央书记处书记刘云山代表党中央发表了题为《在实现中国梦的伟大实践中谱写壮丽的青春篇章》的祝词，向大会的召开表示热烈祝贺，向全国各族青年、全体共青团员和广大青少年工作者致以亲切问候。

刘云山在祝词中说，古往今来，一切事业的发展，归根到底要靠人。加快推进社会主义现代化、实现中国梦，呼唤着千千万万高素质劳动者，尤其需要大批青年人才脱颖而出、发挥作用。青年时期是学习知识、增长本领的黄金时期，青年人的主要任务，就是学习、学习、再学习，实践、实践、再实践。广大青年要有“读万卷书”的志向，增强学习的紧迫感，把学习作为一种责任、一种精神追求、一种生活方式，在如饥似渴的学习钻研中汲取知识、增长智慧，让青春伴随着书香成长。要有“行万里路”的气魄，坚持学以致用、知行合一，自觉走与实践相结合、与人民群众相结合的成长道路，在改革建设的火热实践中增长见识、提高本领，让青春的翅膀因实践的历练而更加坚强。青年一代源源不断地成长为可堪大用、能担重任的栋梁之才，我们的事业必将迎来光明的发展前景。

刘云山说，希望广大青年勇于创新创造，始终走在时代发展的前列。创新是动力之源。一个国家、一个民族，要做到不断进步、实现长远发展，必须依靠创新。当今时代是一个充满变革、快速发展的时代，新知识新技术新产业不断涌现，只有加快创新创造步伐，才能赢得主动、赢得优势、赢得未来。青年是社会的新生细胞，最富探索精神，最具创新活力，是推动创新创造的生力军。要树立奋勇当先、勇攀高峰的精神，树立超越前人、超越自己的勇气，树立不怕失败、百折不挠的意志，在不断求索中积累经验、取得突破。既要紧盯科学、技术、产业、管理的前沿，努力在基础研究、重大项目、重点工程中刻苦攻关、施展才华；又要在日常生产生活中保持推陈出新的意识和干劲，善于捕捉创新创造的每一个机会与灵感，力争在本职岗位上有所发现、有所发明、有所创造。

（新华网）

刘云山：为各类人才施展才华创造条件

（2013年8月5日）

2013年8月5日，受中共中央总书记、国家主席、中央军委主席习近平委托，中共中央政治局常委、中央书记处书记刘云山在北戴河看望参加2013年暑期休假活动的专家，代表党中央、国务院向全国各条战线各个领域广大专家等各类优秀人才，表示亲切问候和良好祝愿。

邀请专家暑期休假，是中央联系广大专家和各类优秀人才的一项制度性安排。自2001年以来，围绕国家发展重大主题，党中央、国务院先后邀请了13批700余位专家休假。参加今年休假活动的60位专家，来自我国多个领域和科研生产一线，包括载人航天、载人深潜、高速铁路、超级计算机等国家科技重大专项、国防科技重点项目、国家重点工程建设项目的总设计师、总负责人。

刘云山说，改革开放以来特别是近年来，我国科技事业蓬勃发展，科技创新和应用能力持续增强，特别是在一些关键领域取得重大突破，成就举世瞩目，极大地提升了我国的综合国力，极大地振奋了民族自信心和自豪感。以参加休假专家为代表的各类优秀人才，在各自工作岗位上不懈探索创新，取得了突出成绩，为我国改革开放和社会主义现代化建

设作出重要贡献，受到党和人民的充分肯定，赢得全社会的广泛赞誉。

刘云山说，党的十八大提出了“两个一百年”奋斗目标，习近平总书记提出了实现中华民族伟大复兴的中国梦。中国梦的基本内涵就是国家富强、民族振兴、人民幸福，实现中国梦已成为全体中华儿女的美好愿望，成为13亿中国人的精神旗帜。实现中华民族伟大复兴的中国梦，需要坚定不移走中国道路、弘扬中国精神、凝聚中国力量，也离不开科学技术的创新驱动，离不开人才这个第一资源。希望广大科技工作者胸怀理想、脚踏实地，弘扬科学精神，艰苦奋斗、顽强奋斗、不懈奋斗，为全面建成小康社会创造更加辉煌的科技成果。

刘云山说，各级党委和政府要认真贯彻科教兴国、人才强国战略，认真落实党的知识分子政策，满腔热情地做好人才工作，为各类人才施展才华创造条件。对作出卓越贡献的老一辈科技专家，对奋斗在特殊一线岗位的优秀人才，要给予特别的关心、特别的爱护，让全社会为科技专家喝彩、向优秀人才致敬，推动形成尊重劳动、尊重知识、尊重人才、尊重创造的社会环境。

（中央政府门户网站）

张高丽：民营企业是技术创新的生力军

（2013年3月4日）

2013年3月4日下午，中共中央政治局常委张高丽看望出席全国政协十二届一次会议的民建、工商联界委员并参加联组会。

在认真听取委员们发言后，张高丽说，改革开放以来，特别是进入新世纪以来，我国民营企业和中小企业蓬勃发展，已经成为国民经济的重要组成部分、增加就业的主渠道、技术创新的生力军、推动产业转型升级的重要力量。实践充分证明，公有制为主体、多种所有制经济共同发展的基本经济制度符合我国国情，是完全正确的。

张高丽指出，今后五年是全面建成小康社会的关键时期，我们要认真学习和贯彻落实党的十八大精神，坚持“两个毫不动摇”，进一步做好支持非公有制经济发展这篇大文章，要落实和完善相关政策措施，着力破除体制机制障碍，在民间资本进入能源、铁路、金融等重点领域方面取得新突破。张高丽希望民营企业适应国内外形势的新变化，把握机遇、积极进取，更加自觉地调整优化结构，更加自觉地参与改革开放的伟大实践，更加自觉地履行社会责任，在全面建成小康社会的征程中创新业、立新功；希望民建、工商联继续发挥优势，围绕中心、服务大局，积极建言献策，广泛汇聚力量，为实现中华民族伟大复兴的“中国梦”发挥更加重要的作用。

（新华网）

张高丽：充分发挥企业的主体作用，大力增强创新能力

（2013年3月28日）

2013年3月28日下午，中共中央政治局常委、国务院副总理张高丽到北京中关村国家自主创新示范区调研，在科兴、百度、联想、曙光等企业了解生产经营情况，与企业家、科技人员深入交流。29日上午，张高丽在京召开企业家座谈会，同十多家企业负责人一起分析经济走势，共商促进经济持续健康发展大计。

在中关村调研时，张高丽说，中关村国家自主创新示范区，对首都经济发展和科技进步发挥了重要作用，也为全国提供了很好的示范。实施创新驱动发展战略，是中央在改革发展关键时期作出的重大决策，是促进结构优化、节能环保、生态建设和国民健康的重要支撑。实施好这一战略，要充分发挥企业的主体作用，大力增强创新能力，大力发展战略性新兴产业，大力支持科技型企业发展，要认真研究公平竞争规则，完善鼓励企业创新的财税、金融政策，激发各类企业和人才创新创造创业的积极性和主动性。

在同企业家座谈时，张高丽指出，今年以来，世界经济出现了一些积极变化，国内经济运行延续了去年四季度以来企稳向好态势，但国际金融危机的深层次影响仍在持续，国内发展也存在不少困难和问题。做好下一步经济工作，总的是要贯彻落实党的十八大和中央经济工作会议精神，按照两会和国务院第一次全体会议的部署，把握好稳中求进的工作总基调，变下行压力为转型发展的契机、动力，加快转变经济发展方式，努力实现良好开局。

张高丽强调，要积极应对各种困难、风险和挑战，当前要把稳增长防通胀控风险放在重要位置，把握好宏观调控的方向、力度和节奏，合理运用财政、货币、产业、价格等政策，促进经济平稳运行，保持物价基本稳定，防范和化解潜在风险；要坚持扩大内需，特别是要在增加居民消费上下功夫，在优化投资结构上下功夫，在稳定出口上下功夫；要以提高增长质量和效益为中心，大力促进科技创新、结构调整和生态环境保护，提高产业产品档次、附加值和技术水平，要抓紧研究制定有效措施，下大决心综合整治，逐步解决PM2.5等社会关注的突出污染问题；要高度关注民生，认真解决群众实际困难，继续加强房地产市场调控，加快保障性安居工程建设，促进社会和谐稳定；要全面深化改革扩大开放，落实和完善稳定外贸的各项政策，提高出口产品竞争力。

张高丽指出，各级政府和有关部门要按照中央部署，切实抓好落实，加快转变职能，加强调查研究，帮助企业、基层排忧解难；希望广大企业坚定信心，迎难而上，发扬敢为人先精神，在科技创新、结构调整和生态环境保护中发挥主力军作用，在国内外市场竞争中不断发展壮大。

（新华网）

温家宝：必须把科技创新摆在国家发展全局的核心位置

（2013年1月18日）

2013年1月18日，国家科学技术奖励大会在北京人民大会堂隆重举行。国务院总理温家宝代表党中央、国务院在会上讲话。温家宝指出，科技发展决定中国的未来，实现党的十八大提出的到2020年全面建成小康社会的宏伟目标，必须实施科教兴国战略，把科技创新摆在国家发展全局的核心位置，使科技创新真正成为我国经济社会发展的内生动力。

温家宝强调，科技要更好地承担这样的使命，关键是要深化科技体制改革，推动科技与经济紧密结合，使企业真正成为技术创新主体，增强企业创新能力。要坚持把科研的重点放在产业发展前沿，以企业为主导深化产学研结合，完善支持企业创新的各项政策，支持企业建立高水平研发中心，引导各类技术创新要素向企业集聚，下大力气攻克核心技术和关键技术，争取在高技术产品研发和市场开拓上取得重大突破。要瞄准关系全局和长远发展的战略必争领域，加强基础研究、前沿先导技术研究，为经济社会发展提供新的动力源泉。

温家宝指出，科技创新造福人民，科技创新也是全体人民的共同事业。要努力营造各类创新主体平等竞争的政策环境，鼓励科技人员合理流动，建立以科研能力和创新成果为导向的科技人才评价标准，健全技术要素参与分配的机制，最大限度地调动广大科技人员的积极性、主动性、创造性，激发全社会的创新活力，形成崇尚科学、遵循规律、尊重知识、尊重人才的良好风尚。

（中央政府门户网站）

温家宝：中国将坚定不移地坚持对外开放政策

（2013年1月31日）

2013年1月31日下午，在春节即将到来之际，国务院总理温家宝在人民大会堂与在华外国专家代表和他们的亲属座谈，向他们致以新春的问候。

在听取外国专家发言后，温家宝说，今天参加座谈会的有长期献身于中国革命和建设的老专家，也有在教育、科研、文化、卫生等领域作出突出贡献的优秀专家。我向各位表示新春祝贺，向所有在华工作的外国专家及其家人致以节日祝福。感谢大家对中国政府工作的关心和提出宝贵的意见。

温家宝说，中国革命和现代化建设取得的成就是全体中国人民奋斗的结果，也包含了外国朋友和专家的贡献。我们不会忘记你们。

温家宝说，中国将坚定不移地坚持对外开放政策。只有开放包容，国家才能富强。外国专家的数量和质量，一定程度上反映了一个国家的开放和文明程度。我们将一如既往地欢迎大批外国专家特别是各领域的高级人才到中国工作，为外国专家在华开展研究、合作交流、施展才能创造良好的政策环境和工作条件。

（国家外国专家局网站）

马凯：多措并举提高小微企业金融服务水平

（2013年2月21日）

2013年7月15日，国务院召开全国小微企业金融服务经验交流电视电话会议。中共中央政治局委员、国务院副总理马凯在会上作重要讲话。以下为讲话全文：

小微企业是国民经济的生力军，在稳定增长、扩大就业、促进创新、繁荣市场和满足人民群众需求等方面，发挥着极为重要的作用。做好小微企业金融服务，促进小微企业健康发展，事关经济社会发展全局，具有十分重要的战略意义。党中央、国务院高度重视小微企业金融服务，李克强总理多次作出重要批示和指示，国务院常务会议专题研究金融支持实体经济发展有关问题，并印发了《国务院办公厅关于金融支持经济结构调整和转型升级的指导意见》（国办发〔2013〕67号），其中对金融服务小微企业提出了明确和具体的要求。刚才，一行三会的负责同志作了发言，江苏、安徽省人民政府和工商银行、民生银行、武汉农商行负责人作了经验介绍。从他们的情况和经验看，各地区、各部门和各金融机构对小微企业金融服务有所加强，在制度建设、政策设计、机制创新和信贷倾斜等方面想了很多办法，下了很大功夫，小微企业贷款增速和增量已经连续四年实现了“两个不低于”，取得了积极成效。但是，这项工作与小微企业的金融服务需求相比，仍有较大差距；与小微企业对国民经济的贡献相比，还明显不相适应。小微企业融资难客观上与小微企业先天不足有关，许多没有足够的抵押资产，没有规范可信的会计账目，缺少信用记录，加大了金融服务对接难度。金融服务不足也是重要原因。主要是民间资本进入金融业门槛高、限制多，直接融资比重过低，担保、信用、信息等中介服务体系发育不足，配套法律法规体系不完善；产品、业务、审批流程等不能满足小微企业“短、小、频、急”的融资需求；一些金融机构和人员对小微企业抱有偏见，顾虑过多。从根本上破解小微企业融资难的难题，需要多策并举，多管齐下，多方给力，不断提高小微企业的融资服务水平，全力支持小微企业良性发展。下面，我重点强调以下几点。

一、确保实现小微企业贷款增速和增量“两个不低于”的目标

今年全国小微企业金融服务的总体目标是，贷款增速不低于各项贷款平均水平，贷款增量不低于上年同期水平。在继续实施稳健的货币政策、合理保持全年货币信贷总量的前提下，要实现这一目标，需要金融部门在优化信贷结构中腾挪信贷资源，在盘活存量中扩大融资增量，在新增信贷中增加贷款份额。人民银行要充分发挥再贷款、再贴现和差别准备金机制的引导作用，对中小金融机构继续实施较低的存款准备金率。银监会要细化“两个不低于”的考核措施，不仅要考核贷款比例，还要考核小微企业贷款覆盖率、服务覆盖率和申请贷款获得率，并将总体目标任务和具体考核要求分解落实到每一家银行业金融机构，定期考核，按月通报。各银行业金融机构要单列信贷计划，为小微企业留出足够的可贷资源和财务资源，在有效控制风险的前提下，合理分解任务，优化绩效考核机制，并由主要负责人层层推动落实。

二、加快丰富和创新小微企业金融服务方式

当前，丰富和创新小微企业金融服务方式的重点是，增强服务功能、转变服务方式、创新服务产品。各银行业金融机构要增强支小助微的服务理念，勿以客小而不帮，勿以利小而不为，要懂得薄利多销、积少成多、积善成德的商道真言，动员更多的营业网点参与小微企业金融服务，扩大业务范围，加大创新力度，增强服务功能。要牢固树立以客户为中心的经营理念，针对不同类型、不同发展阶段小微企业的特点，不断开发特色产品，为小微企业提供量身定做的金融产品和服务。要全面提供开户、结算、理财、咨询等基础性、综合性金融服务；大力发展产业链融资、商业圈融资和企业群融资；积极开展知识产权质押、应收账款质押、动产质押、订单质押、仓单质押、保单质押等抵质押贷款业务；推动开办商业保理、金融租赁和定向信托等融资服务；充分利用互联网等新技术、新工具，不断创新网络金融服务模式；要通过延时错时、“扫街”上门等方式，积极主动为小微企业提供金融服务。

三、着力强化对小微企业的增信服务和信息服务

小微企业融资难，表面上看是缺钱，实质上是缺信息、缺信用。通过第三方提供信息和增信服务，解决好“两缺”问题，从而形成“小微企业——信息和增信服务机构——商业银行”利益共享、风险共担的新机制，是破解小微企业融资难的关键举措之一。解决缺信息问题，就要通过平台建设和机制安排，将小微企业的生产、经营、技术、人才、交易等信息记录下来，使之规范化、数字化、公开化，成为银企双方共享共知的信息，变无规律为有规律，变不可考为有证查，变不可知为能可知。地方人民政府要搭建小微企业综合信息共享平台，整合注册登记、人才技术、纳税缴费、劳动用工、用水用电、节能环保等信息资源。人民银行要加快建立小微企业信用征集体系、评级发布制度和信息通报制度。银行业金融机构要不拘泥于财务指标等“硬信息”，注重用好人才、技术等“软信息”，专门建立针对小微企业的信用评审机制，提高信用评价的真实性。解决缺信用问题，就要重点动员多方力量，健全和完善增信机制。地方各级人民政府要把建立健全主要为小微企业服务的融资担保体系作为扶持小微企业的关键环节，舍得投入，参股和控股部分担保公司，同时以省（区、市）为单位建立政府主导的再担保公司，创设小微企业信贷风险补偿基金。各行业协会要倡导联合增信，推动加强行业内小微企业的合作互助。保险公司要充分挖掘保险工具的增信作用，大力发展贷款保证保险和信用保险业务，提高小微企业融资增信能力，使之更好地创造可贷条件，畅通信贷渠道。

四、积极发展小型金融机构

与大型金融机构相比，小型金融机构点多面广，具有信息、成本、管理等优势，与小微企业更加“门当户对”。现在社会资金很多，打通民间资本进入金融业的通道，建立起广覆盖、差异化、高效率的小微企业金融服务机构体系，既能增加小微企业金融服务的有效供给，又能提高小微企业金融服务的竞争性，可谓一举多得。银监会要支持在小微企业集中的地区设立村镇银行、贷款公司等小型金融机构，推动尝试由民间资本发起设立自担风险的民营银行、金融租赁公司和消费金融公司等民营金融机构，丰富小微企业金融服务机构种类。城市商业银行、农村商业银行、农村信用社等中小金融机构要坚持立足当地、服务小微的市场定位，向县域和乡镇等小微企业集中的地区延伸网点和业务，把小微企业金融服务做深、做实。同时，大型银行也要加快小微企业专营机构建设和向下延伸服务网点，提高小微企业金融服务的批量化、规模化、标准化水平。

五、大力拓展小微企业直接融资渠道

有研究显示，发达国家的企业融资中直接融资占70%，而我国中小企业直接融资比例还不到5%。直接融资比例过低、渠道过窄，已成为制约我国小微企业成长的明显“短板”。证监会要适当放宽创业板对创新型、成长型企业的财务准入标准，尽快开启创业板上市小微企业再融资，推进中小企业股份转让系统试点向全国延伸，完善股权投资退出机制。人民银行、银监会等相关职能部门，要逐步扩大小微企业集合债券、集合票据、集合信托和短期融资券的发行规模。我们在调研中发现，处于初创期或成长期的小微企业最缺的是资本和长期投资。证监会要会同有关部门按职责分工，引导私募股权投资基金、风险投资基金将业务重心放到最需要支持的小微企业上，雪中送炭、雨中送伞，帮助小微企业孵化裂变，加快成长。

六、切实降低小微企业融资成本

综合各方面情况看，小微企业融资贵，主要贵在利息以外的附加费用上。比如，一些金融部门和机构在征信查询、融资咨询、授信承诺、财务顾问等方面收费偏高、质价不符，有的甚至只收费不服务；有的商业性担保公司借小微企业申请担保之机，收取高额担保费用，有的比贷款利率还高。这些不合理的收费使得小微企业融资成本雪上加霜，必须抓紧进行清理规范。银行业金融机构要重点治理各种不合理收费和高收费行为，严格执行“七不准”和“四公开”规定，即不得以贷转存、不得存贷挂钩、不得以贷收费、不得浮利分费、不得借贷搭售、不得一浮到顶、不得转嫁成本，以及公开收费项目、公开服务质价、公开效用功能、公开优惠政策。凡不符合规定的收费一律取消，各金融监管部门要

对金融机构落实收费政策的情况开展专项检查，对落实不到位的要严肃查处。地方人民政府要抓紧清理相关收费，对小微企业减免征收部分管理类、登记类、城建类、安保类、评价类和证照类等行政事业性收费。对担保公司、资产评估公司等中介机构，地方人民政府和有关职能部门要规范收费定价行为，并通过财政补贴和风险补偿等方式合理降低费率，切实降低综合融资成本，促进小微企业轻装起步，低负成长，积蓄发展后劲，涵养长期财源。

七、加大对小微企业金融服务的政策支持力度

小微企业本小利薄，抗风险能力不足，客观上增大了金融支持的难度，必须通过倾斜性政策为小微企业金融服务创造必要的条件。工业和信息化、统计等部门要在实践的基础上，制定更加科学、更具针对性和可操作性的小微企业划型标准，引导各类金融机构和支持政策更好地聚焦小微企业。财政、税务等部门要充分发挥支持性财税政策的引导作用，强化对小微企业金融服务的正向激励；对小微企业不良贷款核销要给予特殊支持，包括简化核销程序、实行税前扣除等。科技部门要进一步细化科技型小微企业的资助标准和技术工艺认证，完善各类先进技术和创造发明的评价机制。银监会要在机构业务准入、风险资产权重、存贷比考核等方面实施差异化监管；继续支持符合条件的银行发行小微企业专项金融债，用所募集资金发放的小微企业贷款不纳入存贷比考核；积极支持信贷资产证券化向常态化发展，并制定相应办法，将资产证券化腾挪出的信贷资源主要用于小微企业贷款。各银行业金融机构要适度提高小微企业不良贷款容忍度，并相应调整绩效考核机制，调动小微企业服务部门和人员的工作积极性。

八、全面营造良好的小微金融发展环境

信用环境的好坏，是能否汇聚金融资源的必要条件。环境好了，金融投入就会纷至沓来；环境不好，金融资源将避之不及。有了梧桐树，不愁凤凰来。所以，地方各级人民政府要充分认识金融环境建设的重要性，下大力气营造良好的金融环境。在健全法治、改善公共服务、预警提示风险、完善抵质押登记、金融知识宣传教育等方面，研究制定支持小微企业金融服务的政策措施。要落实融资性担保公司、小额贷款公司、典当行等机构的监管责任和风险处置责任，加大对非法集资等非法金融活动的打击力度，减少对金融机构正常经营活动的干预，帮助维护银行债权，打击逃废银行债务行为，化解金融风险，严守不发生系统性区域性风险底线，切实维护地方金融市场秩序，为金融业实现可持续发展保驾护航。在金融系统提升服务水平和能力的同时，小微企业也要努力提高自身素质，改善经营管理，健全财务制度，增强信用意识，最大限度地避免道德风险，实现金融服务和小微企业发展的“双加强”“双促进”。

目前，有关部门已分别制定和颁布了一系列促进小微企业金融服务的政策措施，关键是要抓好落实。各地区、各有关部门和各金融机构都要认真贯彻落实这次会议精神，进一步分解任务、落实责任，加强督促检查，切实把文件变为行动，把政策化为实效。从2014年开始，各地区及一行三会要在每年1月底前，将上一年度小微企业金融服务的情况、成效、问题、下一步打算以及有关政策建议专题报告国务院。各银行业金融机构也要按照上述要求，将有关情况报送银监会，由银监会汇总后报国务院。国务院有关部门要做好相关工作，形成促进小微企业发展的合力。

做好小微企业金融服务，任务艰巨，责任重大。我们要高举中国特色社会主义伟大旗帜，在以习近平同志为总书记的党中央的坚强领导下，按照国务院的决策部署，攻坚克难，勇于创新，探索出一条适合中国国情的小微企业金融服务之路，为促进经济社会发展作出新的更大贡献。

（中央政府门户网站）

马凯：创造好的条件留住人才，增强企业竞争力

（2013年9月3日）

2013年9月2日至3日，中共中央政治局委员、国务院副总理马凯在深圳调研信息产业发展情况。在华为、中兴通讯、宇龙计算机、腾讯和光启研究院等地，马凯一边参观展厅、生产线、实验室，一边与企业人员座谈交谈，了解市场拓展、产品开发、专利技术储备等方面的情况。

在华为公司，当得知企业已拥有一支超过7万人的研发人员队伍，在全球建有16个研发中心、28个联合创新中心后，马凯非常高兴。他说，人才队伍比设备革新更重要，要注重高端人才特别是领军人才的引进和培养，创造好的条件留住人才，增强企业的竞争力。

在中兴通讯产品展厅，马凯被琳琅满目的智能手机所吸引，他勉励企业不断加大研发力度、生产出更具科技含量、更加人性化的产品，不断赶超甚至引领国际先进技术。

在参观宇龙酷派最新的LTE终端时，马凯希望企业抓住4G有利机遇，打造领先世界、拥有自主知识产权的民族手机品牌。

集成电路是信息产业的基础和核心。在深圳高新区，马凯实地考察了国家集成电路设计深圳产业化基地。从事移动存储集成电路产品设计、研发的江波龙公司，以每年1.5亿颗闪存芯片的开发量，成为国内最大的闪存产品供应商。马凯对企业的创新发展之路予以肯定。

考察期间，马凯听取了深圳市市长许勤有关深圳信息产业发展情况的汇报。他充分肯定深圳坚持创新驱动战略、大力发展战略性新兴产业的做法。

马凯说，信息产业是我国重要的战略性技术领域，广东和深圳的信息产业在市场占有率、人才队伍、产出等方面都走在了全国前面，特别是，以华为、中兴等为代表的深圳企业，在很多领域取得了突破、涌现出一批领军人物，形势喜人。未来，要继续抓住机遇，紧跟甚至引领国际先进技术，实现信息产业的跨越式发展：一是坚持市场导向，二是坚持自主创新和开放创新并举，实现创新驱动；三是进一步破解人才流动的体制性障碍，强化人才支撑；四是为企业发展营造良好的生态环境。

（深视新闻）

马凯：强化人才支撑，推动自主创新

（2013年9月12日）

2013年9月12日，中共中央政治局委员、国务院副总理马凯在北京调研时强调，要科学判断和准确把握集成电路产业发展趋势，化挑战为机遇，着力转变发展方式，聚焦发展重点，以技术创新、体制机制创新、管理创新和商业模式创新为动力，努力提升产业核心竞争力，推动产业做优做强做大，为信息产业和经济社会发展提供强有力支撑。

马凯来到百度公司、浪潮集团、大唐电信、中国电子、奇虎公司、中芯国际等企业调研了解集成电路产业发展和网络信息安全情况。他指出，集成电路产业是培育发展战略性新兴产业、推动信息化和工业化深度融合的核心与基础，是转变经济发展方式、调整信息产业结构、扩大信息消费、维护国家安全的重要保障。加快发展集成电路产业是当前和今后时期一项重要而紧迫的任务。要紧紧抓住移动互联网、三网融合、物联网、云计算等加速发展、信息化工业化深度融合、信息消费飞速增长的历史机遇，积极应对国外集成电路产业加快发展、国际竞争日趋激烈的严峻挑战，开拓创新，攻坚克难，努力把中国集成电路产业提升到一个新水平。

马凯强调，加快集成电路产业发展，关键是推动自主创新，基础是加强资源整合，根本是强化人才支撑。要加强顶层设计和统筹安排，围绕国家战略和重点整机需求，结合国家重大科技专项和重大工程实施，加大创新投入，整合创新资源，完善创新体系，保护知识产权，努力突破原始创新，大力推进集成创新，加强消化吸收再创新，着力突破一些核心关键技术和重大产品。

马凯指出，要优化产业资源配置，鼓励引导企业强强联合、兼并重组、境外并购和投资合作，积极推动产业链整合和产业协同，提高产业集中度，做优做强一批骨干企业。要建立健全集成电路人才培养体系，重点培养高层次、复合型集成电路人才；创新有利政策环境，大力引进国外优秀集成电路人才；制定奖励政策和分配激励机制，大力激发科技人才的创新创造才能。要加强法制建设，优化政策环境，强化产业支撑，加强技术保障，完善体制机制，切实增强网络信息安全支撑和保障能力。

（新华网）

马凯：努力为外国专家和优秀人才创造良好发展环境

（2013年9月29日）

2013年9月29日下午，2013年度中国政府“友谊奖”颁奖大会在北京人民大会堂隆重举行。中共中央政治局委员、国务院副总理马凯向获奖外国专家颁奖并讲话。

马凯首先代表中国政府向获奖外国专家表示热烈祝贺，向所有在华外国专家表示诚挚的问候和衷心感谢。他指出，2012年境外来中国大陆工作的外国专家已超过55万人次。外国在华专家，是中国人民的亲密朋友，是中外交流的友好使者，是中国发展的重要力量。中国人民将永远牢记外国专家为中国发展进步所做的贡献。

马凯强调，中国人民正在为实现中华民族伟大复兴中国梦而努力奋斗。中国将实行更加积极主动的开放战略，坚持更加开放的人才政策，热忱欢迎外国专家和优秀人才以各种方式参与中国现代化建设。中国政府将更加重视发挥外国专家作用，努力为外国专家和国外优秀人才来华工作、创业和发展创造良好环境，提供广阔的空间。

（新华网）

刘延东：中国将为各国科学家创造更加有利条件和环境

（2013年1月18日）

2013年1月18日，中共中央政治局委员、国务委员刘延东在北京会见获得2012年度中华人民共和国国际科学技术合作奖的美国化学家理查德·杰尔和古气候学家朗尼·汤普森、丹麦纳米科学家弗莱明·贝森巴赫、日本粒子加速器专家黑川真一、加拿大精神卫生学专家费立鹏，并向他们颁发奖章。

刘延东代表中国政府向获奖者表示祝贺和感谢。她说，以获奖者为杰出代表的外国专家以渊博学识和辛勤工作，架起了中外科技合作交流的桥梁，促进了中国科技事业发展，增进了中国人民与世界人民的友谊。

刘延东表示，中国政府将始终坚持改革开放不动摇，大力实施创新驱动发展战略，积极开展全方位、多层次、高水平的国际科技合作交流，努力为各国科学家来华开展科技合作创造更加有利的条件和环境，积极支持中国科学家参与国际重大科技课题攻关，中外携手合作、互利共赢，共同促进世界的繁荣发展与和平进步。

刘延东还与国家自然科学奖、技术发明奖、科技进步奖部分获奖代表座谈，听取对科技工作的意见和建议，并希望他们继续发扬求真务实、勇于创新的科学精神，努力创造更多高水平科技创新成果，为实现创新驱动发展、建设创新型国家作出新的更大贡献。

（人民网）

刘延东：将更加有力地支持各类创新平台建设

（2013年5月14日）

2013年5月14日至15日，中共中央政治局委员、国务院副总理刘延东在浙江考察工作，先后来到到位于杭州高新区的士兰微电子和阿里巴巴调研。她强调，要实施创新驱动发展战略，发挥企业技术创新主体作用，探索多种形式的产学研结合模式和科技成果转化方式。

在杭州士兰微电子股份有限公司，她听取了公司多芯片高压智能功率模块项目工作的汇报，了解了公司市场情况，参观了生产车间。刘延东指出，中央高度重视创新型国家建设和科技体制改革，将采取更加有力的措施支持各类创新平台建设，让科技与经济结合更加紧密，更好服务社会经济发展。希望企业进一步提升自主创新能力，加大产学研紧密结合，积极参与国家专项科技成果，将来在科技成果转化后进入产业化和市场发挥更好的效应。政府要对民营企业加以支持，企业应坚持正确的发展方向，把产学研紧密结合起来，把创新成果与实际应用紧密结合起来，研发出更多满足经济社会发展需要的创新成果。

在阿里巴巴集团，刘延东在详细了解淘宝网、阿里云计算等电子商务平台运营情况后。她说，阿里巴巴在马云带领下的团队，是中国人在中国的土地上演绎的一个不可思议的中国故事，创造了一个中国奇迹，取得了非常大的成果，无论在经济上还是在政治和社会上都具有重大的意义。在大数据时代，互联网正深刻改变着每个人的生活方式和工作方式，希望阿里巴巴能充分利用电子商务平台，推动网上网下市场资源融合互补，联动对接，扩大就业，帮助中小企业共同开拓国内外市场。

（浙江在线新闻）

刘延东：为建设科技强国实现中国梦而奋斗

（2013年12月29日）

2013年12月29日，中共中央政治局委员、国务院副总理刘延东参观在北京国家博物馆举办的“科技梦·中国梦——中国现代科学家主题展”并发表即席讲话。

刘延东指出，中国梦连着科技梦，科技梦助推中国梦。百年来特别是新中国成立60多年来，一代又一代科学家作为新中国科技发展的奠基者和功臣，他们的巨大贡献和科学精神，是新起点上我国科技创新和现代化建设的宝贵财富。

刘延东对广大科技工作者寄予殷切期望。希望他们积极学习传承老一辈科学家爱国奉献、开拓奋进的理想信念，勇于创新、不懈探索的科学精神，严谨求实、淡泊名利的高尚品德，甘为人梯、提携后学的大家风范，为加快建设创新型国家、全面建成小康社会、实现中华民族伟大复兴中国梦贡献智慧和力量。

刘延东强调，各地各有关部门要认真做好科学家学术成长资料收集、开发和利用工作，通过多种方式，大力宣传科学家的先进事迹和崇高精神，进一步营造尊重科学、崇尚科学的浓厚氛围，激发全社会的创新热情和创造活力。

（新华网）

李源潮：推动科技成果加快转化为现实生产力

（2013年1月23日）

2013年1月23日，中国科协八届三次全委会议在北京举行。会议传达学习了中央书记处对科协工作的重要指示。中共中央政治局委员李源潮指出，要深入学习宣传贯彻十八大精神，组织引导广大科技工作者积极创新创业，为提高全民科学素质、增强创新驱动发展新动力、建设创新型国家贡献智慧和力量。

李源潮说，我国经济发展已经进入一个新的阶段，正在从量的扩张转向质的提高。中国过去30多年的快速发展，主要是通过改革开放抓住了经济全球化的机遇，利用国际资金、国际技术、国际资源、国际市场，把它们与中国优质价廉的劳动力及土地、环境相结合，形成了全球投资、中国生产、世界销售的大循环发展格局。但这种发展格局现已难以为继，危机导致世界市场趋于收缩，国内原来的劳动力廉价优势正在逐步丧失，土地、资源环境承载力越来越脆弱，中国下一步发展只能走提升质量、提高效益之路。实现这一战略性调整，关键靠科技创新。现实生产力的发展，一靠投“资”，二靠投“技”，量的扩张主要靠投“资”，质的提升主要靠投“技”。

李源潮说，现代科技已进入一个“苟日新，日日新，又日新”的时代，特别是网络信息技术的发展更新速度超出了我们的想象。目前，新一轮世界科学技术革命正在酝酿和突破，美欧发达国家都把科技创新作为走出危机、建立竞争新优势的战略选择，我们也要抢占先机。十八大报告把科技创新摆在国家发展全局的核心位置，提出实施创新驱动发展战略，这是贯彻科学发展观的重要立足点。科技工作者是先进生产力的创造者，是科技创新创业的主力军。科协要充分发挥自身优势，瞄准世界科技发展前沿趋势，组织开展高水平学术交流，帮助科技工作者开阔视野，选准科研主攻方向；围绕“四化”同步发展和产业转型升级中的核心关键技术，推动科技工作者开展科技攻关。支持和帮助科研人员走出大楼大院，深入生产一线，开展科技创业和科技服务，促进产学研结合和创新要素向企业集聚，推动科技成果加快转化为现实生产力。

李源潮说，科技创新，人才为本。这些年，人才是科学发展第一资源等科学理念日益深入人心，各方面对人才工作越来越重视。十八大报告专门用一整段论述人才工作，强调要加快确立人才优先发展战略布局，推动我国由人才大国迈向人才强国，提升了人才发展在党和国家事业中的定位。科协是党和政府抓人才工作的重要方面军，要在国家科技人才队伍建设中发挥更大作用。要着眼我国科技事业长远发展、后继有人，大力宣传科学人才观，带头解放思想、解放人才、解放科技生产力。要继续实施学会能力提升计划和科技期刊国际影响力提升计划，打造具有国际水准的学术交流平台。要表彰奖励来自科研、生产一线和基层的优秀科技人才，积极发现、举荐、培养科技人才特别是青年科技人才。要有“不拘一格荐人才”的热情和制度，为特殊人才的社会实现铺路搭桥。鼓励学会发现和吸收崭露才华的研究生和大学生入会，帮助他们及早接触顶级课题和科学大师，为他们在人生创造力最旺盛的黄金期脱颖而出创造条件。

（中国科协网站）

李源潮：当代青年要为实现中国梦创新创业创优

（2013年5月4日）

2013年5月4日，共青团中央在北京召开“我的中国梦——奋斗的青春最美丽”优秀青年座谈会。中共中央政治局委员、国家副主席李源潮与“中国青年五四奖章”获得者等优秀青年代表座谈时指出，当代青年要按照习近平总书记要求，坚定理想信念，学习不停步、奋斗不停步、奉献不停步，脚踏实地创新创业创优，让青春在中国梦的实现中焕发光彩。以下为讲话全文：

今天是五四青年节。首先要向359万基层团组织、8890万共青团员和全国广大青年致以节日的祝贺和亲切的问候！

上午，习近平总书记在航天城参加“实现中国梦、青春勇担当”主题团日活动，对广大青年为实现中国梦发挥生力军作用提出了五条重要要求，这充分体现了党中央对青年一代的高度重视和亲切关怀。希望广大青年按照习近平总书记的嘱托，积极投身中国梦的奋斗实践，不辜负党中央对青年的殷切期望。

下午的座谈会，主要是学习领会习近平总书记重要讲话精神，讨论当代青年如何为中国梦而奋斗。刚才，大家结合亲身经历谈了自己的认识和体会，讲得都很精彩。下面，我也就当代青年如何为实现中国梦而奋斗谈几点看法，和大家交流。

第一，中国梦是中国进步青年追求的理想梦。

习近平总书记指出，中国梦是全国各族人民的共同理想，也是青年一代应当牢固树立的远大理想。实现中华民族伟大复兴的中国梦，是近代以来中国人最伟大的梦想。为了这个梦想，一代又一代仁人志士在坎坷和挫折中不懈地探索和奋斗。太平天国梦想“天下一家、同享太平”，洋务运动希冀中体西用、自强求富，戊戌变法救亡图存，但都没有达到目的。孙中山首先喊出振兴中华，发动革命推翻封建帝制，民主共和的梦想深入人心，但革命成果被封建军阀篡夺了。辛亥革命之后，新式知识分子提出了科学救国梦、实业救国梦、教育救国梦，但都难以成为现实。直到五四以后，马克思主义的传播和中国共产党的成立，为中国梦的实现开辟了新的前景。在中国共产党领导下，中国人民推翻了三座大山，建立了社会主义新中国，后来又实行改革开放，开辟中国特色社会主义道路，找到了实现中华民族伟大复兴的正确道路。

中国梦是国家的梦、民族的梦，也是历代先进青年追求的理想之梦。在挽救民族危亡、争取国家独立和人民解放的追梦历程中，一代又一代有志青年率先从蒙昧中觉醒，在压迫中奋起，不惜献出年轻的生命。“戊戌六君子”被害时谭嗣同33岁、林旭23岁。从同盟会成立前后到武昌起义，一大批有知识的青年为民主共和慷慨赴死，邹容20岁，陈天华30岁，“鉴湖女侠”秋瑾32岁，黄花岗七十二烈士平均年龄29岁。五四运动后，一大批先进青年选择了马克思主义，走上了与工农相结合的道路，找到了振兴中华、民富国强的正确方向。党的早期领袖都是年轻的革命者，“一大”13名代表平均年龄28岁。1922年中国社会主义青年团成立后，作为党的助手和后备军，把大批先进青年集聚在党的周围。怀抱崇高理想、充满奋斗激情的青年人，源源不断地加入党领导的革命队伍，抛头颅、洒热血，为夺取中国革命的胜利付出了最大牺牲。革命战争年代300多万先烈英勇牺牲，其中大多数是青年人。

在实现国家富强、人民幸福的奋斗进程中，一代又一代团员青年以主人翁姿态积极投身社会主义革命、建设和改革开放，发挥了生力军和突击队作用。新中国成立后，广大团员青年响应党的号召，把青春献给党、献给祖国，向困难进军、向荒野进军，涌现出像黄继光、雷锋、邢燕子、草原英雄小姐妹等一大批青年楷模。改革开放新时期，广大团员青年发出了团结起来、振兴中华的时代强音，像张海迪、张华、王杰、秦文贵、许振超都是这个时代先进青年的杰出代表，包括你们这280多名中国青年五四奖章获得者和获得其他奖励的青年模范，也都是当代青年学习的榜样。现在，党中央发出了实现中华民族伟大复兴中国梦的号召。当代青年既要向我们的先人、也要向我们的后人作出时代的回答，这个回答既是整个青年群体的回答，也是每一个先进青年特别是先进青年模范的回答。

第二，当代青年要把人生追求汇入中华民族伟大复兴的中国梦中去。

青年是多梦的季节，青年人最富有梦想。大学梦、出国梦、考研梦，创业梦、致富梦、明星梦，进城梦、安居梦、成家梦，各种各样的梦想五彩斑斓。中国梦给了当代青年梦想成真的机会、人生出彩的机会、同祖国和时代一起成长进步的机会。这是难得的历史机会。这一代青年人赶上了改革开放的好时代，我们国家的各项事业都有了长足的发展，与十年、二十年、三十年前相比，青春圆梦有了更多机会和更好条件。上世纪80年代初，中学毕业能上大学的不到10%。现在近30%的适龄青年可以上大学，超过三分之二的高中毕业生能上大学。以前出国留学是可望而不可及的事，现在每年出去30多万人。30多年来，不管是上学、打工、做生意、办企业，通过不懈的辛勤劳动和艰苦努力，各种梦想都有可能成功的机会。梦想成真，靠个人努力，更靠国家和民族的发展进步。在有的时代，在有的国家，个人再努力也难有机会。所以，国家好，民族好，大家才会好。中国特色社会主义发展得越好，每个人越会有人生出彩的机会。当代青年选择什么样的理想，决定一生的方向、一生的成就。从大家发言看，共同的特点是有理想、有追求，而且都是在正确的方向上，在与祖国发展同行的方向上。比如，王治国35岁就当上了航母设计高级工程师，有机会参与辽宁舰列装的全过程，这是前人想都不敢想的。如果我们国家没有这么强的实力，没有建造航空母舰，怎么会有35岁的航母工程师？国家的发展给青年人提供了实现梦想的机会，青年人把人生理想汇入国家发展，更容易出成绩，更容易出精彩，更容易受到社会的尊敬。如果你不关注国家发展的需要，不响应党的号召，个人梦就可能是盲目的，甚至与整个国家的发展逆向而行，再怎么奋斗也难以成功。所以，当代青年只有把人生追求融入中国特色社会主义共同理想，才能分享祖国发展的机遇，找到实现人生理想的宽广舞台。

第三，当代青年要为实现中国梦创业创新创优。

中国梦的内涵是国家富强、民族振兴、人民幸福。党的十八大更确定了以“两个百年”为期的全面建成小康社会和实现社会主义现代化的宏伟目标。现在我们比历史上任何时期都更接近中华民族伟大复兴的梦想目标，但梦想要成为现实，还需要长期艰苦奋斗。实现第一个百年目标还有七八年时间，实现第二个百年目标还有将近40年。第二个百年之后，中华民族伟大复兴还有更广阔的天地。党的十八大提出，中国特色社会主义事业需要一代又一代有志青年接续奋斗。习近平总书记要求，当代青年要勇敢肩负起时代赋予的重任，志存高远，脚踏实地，努力在实现中华民族伟大复兴的中国梦的生动实践中放飞青春梦想。我认为，当代青年按照党中央的要求为中国梦奋斗，就要把理想追求化为创业创新创优的实际行动。

首先，要艰苦创业。当今的中国处在创业的时代。国家创业、企业创业、个人创业，整个民族都赶上了创业发展的好时机，处于创业成功的好时代。外国许多企业家都认为中国创业的成功率高，投资回报率高。但创业不是请客吃饭，也不是纸上谈兵。创业是舍弃安逸，是艰苦奋斗，是顽强拼搏、不懈坚持。马剑霞把青春献给大山里的孩子，刘屹留学回国不断攻克环保技术难题，张峡扎根西藏志愿服务，刘锦秀、吴艳创办农业合作社，他们都吃了很多苦，才成为成功的创业者。中国有句老话：艰难困苦，玉汝于成。要实现国家富强、民族振兴、人民幸福的中国梦，特别需要有志青年艰苦创业。一个国家的发展、一个民族的进步，没有青年人的艰苦创业是不行的。在我们的社会中，狭义的创业是创办企业。有条件的青年人要积极创办小微科技企业和服务企业。现在一些著名网络公司的创办者，像百度的李彦宏、腾讯的马化腾、阿里巴巴的马云，都是从科技小企业干起来的。刚才我们讲到环保，什么产业最环保？服务业最环保，创办服务型企业，不仅环保，而且还能解决很多就业。以创业带动就业，是我们国家科学发展的大事情。现在国家出台了许多政策鼓励创业，包括鼓励创办农村合作性的中小企业，关键是要有不安现状、不图安逸、不怕吃苦的创业者来干。广义的创业是创事业。比如，干部创发展新事业，科技工作者创科研新事业，教师创育人新事业，每个人在自己的工作领域都能开拓新天地。青年人可创业的路程长、空间大、包袱少，希望有更多的当代青年成为中国创业发展大潮中的开拓者。

其次，要改革创新。中国改革开放30多年来取得举世瞩目的发展成就，最大的动力机制是什么？是改革创新。从思想理论、体制机制的改革创新，到生产科技、教育文化、企业事业单位的改革创新，中国共产党领导的改革创新，使全党、全国、全体人民的发展积极性被全面调动起来，成为追求国家富强、人民幸福不可阻挡的力量。当前，我们国家要实现科学发展，必须要爬创新这道坎，通过思想创新、制度创新、科技创新，使世界最大规模的“中国制造”转上“中国创造”的轨道。所以，中央提出要建设创新型国家、培育创新型企业、培养创新型人才，要使改革创新精神成为中华民族的时代精神。青年是创新的黄金时期，青年人最少保守思想，最富创造热情，最具创新活力，在创新上有独特优势。这次受表彰的中国航天科技集团的孙泽洲，他带领的嫦娥卫星研制团队平均年龄只有33岁，他们心无旁骛、潜心钻研，取得许多突破性成果，航天报国梦正变为现实。希望当代青年在各个领域做富有创新精神的人，支持鼓励改革创新，大胆探索、刻苦钻研科技创新，积极参加创新实践，在建设创新型国家的进程中做创新的追求者和探索者。当然，改革创新要从实际出发而不是脱离实际，要实事求是而不是盲目空想。

再有，要争先创优。在一个社会中，创业创新的带头者毕竟是少数人，对多数人来说，什么叫人生出彩，怎么才能人生出彩？我认为，做出优秀的成绩，成为优秀的人，就是人生出彩。在学校里学习优秀，在岗位上劳动优秀，在单位里工作优秀，在社会上思想品行优秀，你就被大家认可，受大家尊重。“三百六十行，行行出状元”。在劳动光荣的今天，任何岗位都能出先进，任何工作都能出优秀。能把本职工作做到最好、干成最优，人生同样很精彩。中石油的“90后”电焊师裴先峰，埋头苦学，练就了一手焊接绝活，实现了“当最优秀工人”的梦想。武警河北总队的张华，苦练“百步穿杨”，实现了“神枪梦”，为国争了光。这些是每个青年人都能看得见、摸得着，通过艰苦努力做得到的事情。总之，当代青年要发扬艰苦创业精神，发扬改革创新精神，发扬争先创优精神，让青春在为中国梦的奋斗中焕发光彩。

各级团组织要按照习近平总书记的要求，在广大青少年中扎实开展好“我的中国梦”主题教育实践活动，引导青年树立正确的世界观、人生观、价值观，引领青年热爱祖国、改革创新，朝气蓬勃地迈向未来，凝聚青年心往一处想、劲往一处使，为全面建成小康社会团结奋斗。要广泛宣传青年先进典型，用青年人的事迹感染青年人，在广大青年中形成学习先进、争创优秀的良好风气。现在，青年人面临的升学、就业、择偶成家、人际交往等方面的压力不小。一些团组织主动开展各种形式的“微服务”，满足青年的“微需求”，这很好。各级团组织要进一步改进作风，走进青年，把握青年的思想和需求，提高引导和服务青年的能力，通过实际的引导和服务把青年人追求中国梦的积极性调动起来。

最后，我想送今天在座获奖的同志几句话。获得中国青年五四奖章等表彰的同志，都是青年中的佼佼者。你们是大有前途的，是可以为国家为人民大有贡献的，但你们人生的路还很长，现在刚出起点线不远，真正谁笑到最后，还要看今后的努力程度。就像习近平总书记所说，“人的一生只有一次青春，现在，青春是用来奋斗的；将来，青春是用来回忆的。”现在努力奋斗，将来才回忆无悔。你们得奖是因为学习上先进、工作上先进、贡献上先进，但千万不要骄傲、不要自满。对有远大理想的人来说，学习是无止境的，奋斗是无止境的，奉献也是无止境的。希望你们学习不停步、奋斗不停步、奉献不停步，这样，当你们到了能够回忆往事的年纪时，就可以问心无愧地说，我们的青春已经在中国梦的实现中发出了光彩，我们的青春无悔！

（中国青年报）

李源潮：有志者要勇于走出高校和院所创办科技企业

（2013年5月25日）

2013年5月25日，中国科协第十五届年会在贵阳开幕。中共中央政治局委员、国家副主席李源潮出席。他指出，中国发展到了以科技创新为根本驱动力的新阶段，希望广大科技工作者积极投身建设创新型国家的生动实践，为实现中国梦奋力创新创造。

李源潮说，创新驱动发展需要汇聚广大科技工作者的创新智慧，希望大家把自己的科技追求与国家发展战略需要结合起来，勇攀科技高峰。创新创造要更多地走产学研相结合的路子，面向产业转型升级和企业科技需求开展科研攻关。当今中国科技创业天地广阔，有志者要勇于走出高校和院所，创办科技企业。科技工作者有知识优势，要积极履行科技服务的社会责任，为地方科学决策服务，为企业创新发展服务，为提高全民科学素质服务。各级科协组织要抓住政府职能转移的改革机遇，拓展职能、扩大影响。要强化服务科技工作者职能，把科协建成深受信赖的科技工作者之家。

（中国新闻网）

李源潮：让科学梦成为实现中国梦的动力和支撑

（2013年8月22日）

2013年8月22日，第八届中国青少年科技创新奖颁奖大会在北京举行。中共中央政治局委员、国家副主席李源潮出席并讲话。李源潮指出，培养创新型人才是事关国家和民族发展的长远大计，要从小培养孩子们的创造精神，让中国青少年的科学梦展翅飞翔。

李源潮说，中国梦包含着国家与社会的科学梦。科学技术正在成为决定国家富强和人民幸福越来越重要的力量，科学发展、科技创新是中国现代化必须过的坎。要在全社会弘扬科学精神，激发青少年的科学热情，让科学梦成为实现中国梦的动力和支撑。科学梦是学习的动力，是进步的理想，是值得青少年追求的青春梦。希望广大青少年把青春梦融入国家的发展梦，用科学梦来丰富自己的人生梦，热爱科学、学习科学、应用科学、创新科学，让人生的路越走越宽广。

（《人民日报》）

李源潮：为实现中华民族伟大复兴的中国梦作出独特贡献

（2013年12月2日）

2013年12月2日，第九次全国归侨侨眷代表大会在北京召开。中共中央政治局委员、国家副主席李源潮受党中央委托，发表了题为《团结动员广大归侨侨眷和海外侨胞为实现中华民族伟大复兴的中国梦作出独特贡献》的祝词，向大会召开表示热烈的祝贺，向广大归侨侨眷、海外侨胞和侨联工作者致以亲切的问候。

李源潮说，中国改革开放35年来，广大归侨侨眷和海外侨胞以爱国爱乡的赤子情怀，积极发挥独特优势，是建设中国特色社会主义的宝贵资源，是实现中华民族伟大复兴的重要力量。今天，我们要在中国特色社会主义道路上实现中华民族伟大复兴的中国梦，更加需要海内外中华儿女同心同德、齐心协力、共同奋斗；更加需要归侨侨眷和海外侨胞发挥独特作用，作出重要贡献。希望广大归侨侨眷和海外侨胞发扬热爱中华、振兴中华的爱国爱乡传统，把民族的梦想、祖国的梦想化为个人的梦想、家庭的梦想，把自己的发展和人生的追求融入祖国的发展和民族的追求，以我们每个人、每个家庭的努力奋斗汇聚成实现民族梦、祖国梦的磅礴力量，为实现中华民族伟大复兴的中国梦作出独特贡献。

李源潮说，希望广大归侨侨眷和海外侨胞抓住祖国全面深化改革开放的新机遇，把爱国之情、报国之志投入到新的改革开放实践中去，在国家发展最需要、自己最能起作用的领域充分发挥侨界的资金、技术、智力等独特优势。可以积极穿针引线、铺路搭桥，促进中国与其他国家的经贸技术合作；可以直接回国投资兴业，尤其是发展新兴产业，参与国内产业转型升级；可以积极引进海外人才，特别是帮助侨胞中的高层次人才回国创新创业，服务于创新型国家建设；也可以与国内企业合作，借助侨胞遍及全球的商业网络，帮助企业更顺利地走出去投资经营；还可以发挥眼界开阔、见多识广的优势，介绍可为中国借鉴的其他国家经验、理念、做法，为破解改革发展难题建言献策。归侨侨眷和海外侨胞各自所处环境不同、条件不同，只要尽己所能、扬己所长，都能以各种适宜方式为实现中国梦贡献力量。

李源潮说，改革开放以来，出国留学和海外移民人数越来越多，新一代华侨华人不断成长。同时，以高层次留学人才为主的新归侨迅速增加。当前侨联工作的一个重要变化和创新，就是要适应海内外侨情的新变化，积极拓展海外工作，积极拓展新侨工作。最大限度把归侨侨眷和海外侨胞团结起来，最大限度把归侨侨眷和海外侨胞的积极性调动起来，最大限度把归侨侨眷和海外侨胞的优势发挥出来，汇聚成海内外中华儿女为实现中华民族伟大复兴的中国梦共同奋斗的合力。

（新华网）

赵乐际：为实现中国梦集聚用好创新创业人才

（2013年5月22日）

2013年5月22日，中共中央政治局委员、中央组织部部长赵乐际在北京中关村调研人才工作时强调，要深入学习贯彻十八大和习近平总书记一系列重要讲话精神，大力实施人才强国战略，坚持党管人才原则，加快人才发展体制机制改革和政策创新，持之以恒推进“千人计划”“万人计划”，集聚用好创新创业人才，鼓励支持人才为实现中国梦奉献智慧和力量。

在北京生命科学研究所，赵乐际详细询问科研人员工作生活情况，认真听取有关介绍。他说，生命科学研究所以灵活的机制、良好的环境，集聚一大批海内外高层次人才，取得可喜成果。他强调，要积极探索具有中国特色的人才培养、引进和使用机制，完善人才创业支持体系，搭建自主创新平台，攻克尖端核心技术，更好地造福百姓。

赵乐际到百度在线网络技术（北京）有限公司，详细了解公司发展和党组织建设情况，对企业重视培养创新创业团队、畅通人才成长通道等给予肯定。他强调，加强非公有制企业党建工作，是党的事业需要，也是企业自身发展需要。要把企业发展与国家和社会发展结合起来，把培育企业文化与践行社会主义核心价值观结合起来，充分发挥党组织在职工群众中的政治核心作用、在企业发展中的政治引领作用。

在中关村国家自主创新示范区展示中心，赵乐际来到云计算、北斗星通导航技术等展台前与专家深入沟通交流。他指出，中关村高校、科研院所和高科技企业密集，科研资源丰富，高新技术产业发达，人才发展辐射效应强。这些年，在党中央、国务院领导下，北京市委、市政府大力实施“海聚工程”、“高聚工程”，中关村国家自主创新示范区建设成效显著。他强调，民族振兴靠科技，科技创新靠人才。实施创新发展驱动战略、推进经济结构战略性调整、全面提高开放型经济水平，必须高度重视集聚和用好创新创业人才。中关村要发挥独特优势，在人才发展体制机制改革和政策创新上走在前面，建成具有全球影响力的科技创新中心。

（《人民日报》）

赵乐际：人才队伍建设要突出高端引领以用为本

（2013年6月29日）

2013年6月28日至29日，全国组织工作会议在北京召开。中共中央政治局委员、中央组织部部长赵乐际作会议总结讲话。

赵乐际指出，人才队伍建设要突出高端引领、以用为本。当今世界，以科技和人才为核心的综合国力竞争日趋激烈。实施创新驱动发展战略、加快转变经济发展方式，也面临高层次人才不足的制约。十八大把广开进贤之路、广纳天下英才作为保障党和人民事业发展的根本之举，把进入人才强国和人力资源强国作为全面建成小康社会的重要目标，凸显了对人才工作的高度重视。组织部门要研究怎样落实党管人才原则、以什么理念和方法抓人才工作这个大问题。要善于牵头抓总。认真实施人才发展规划，注重管宏观、管政策、管协调、管服务，分析人才形势，研究人才政策，服务人才需求，营造人才环境，充分调动各方面积极性，形成党委统一领导、部门各司其职、社会力量积极参与的良好格局。

赵乐际强调，要抓好人才工程。深入实施“千人计划”，坚持稳定规模、确保质量、优化结构、用好用活。全面实施“万人计划”，坚持严格遴选、科学培养、激发活力、服务发展。统筹推进各级各类人才队伍建设，统筹区域人才协调发展，引导人才向中西部地区、欠发达地区、科研生产一线流动。要发挥人才作用。培养人才、引进人才，都要把发挥作用作为根本任务。加快人才发展体制机制改革和政策创新，推动优势领域、关键技术取得重大突破，服务经济社会全面协调可持续发展。

（海曙新闻网）

赵乐际：持之以恒推进“千人计划”

（2013年7月22日）

2013年7月22日，中共中央政治局委员、中央组织部部长赵乐际与“千人计划”专家座谈并发表讲话。他强调，要深入学习贯彻党的十八大和习近平总书记一系列重要讲话精神，从实现“两个一百年”奋斗目标、实现中华民族伟大复兴中国梦的战略高度，以更加主动的态度、更加有力的措施、更加开放的政策，把“千人计划”进一步抓实抓好。以下为讲话全文：

见到各位非常高兴。大家拼搏进取、呕心沥血、爱国奉献，攻克科技难题，服务科学发展，做出突出成绩。我们向大家、向所有“千人计划”专家表示感谢和问候！

今天请各位专家来，主要是围绕学习贯彻党的十八大和习近平总书记一系列重要讲话精神、学习贯彻全国组织工作会议精神，围绕继续大力推进“千人计划”，听取大家的意见建议。刚才，13位专家作了很好的发言，听了很受鼓舞、很受启发。下面，我讲几点意见。

一、“千人计划”成效显著

实施海外高层次人才引进“千人计划”，是党中央、国务院作出的重大战略决策。5年来，经过引才小组19个成员单位和各方面共同努力，“千人计划”已成为具有国际影响力的国家引才品牌。

第一，引进人才数量大、质量高。中央最初考虑，“千人计划”实施后，用5到10年引进2000名左右海外高层次人才。截至目前，实际引进3319人，包括40多位发达国家的科学院院士等世界顶尖科技领军人才。在“千人计划”引领下，2009年以来各省区市引进海外人才2万多人，2008年至今海外留学回国人数近80万。“千人计划”引才数量、质量超出预期，得到国内普遍认可，引起国际广泛关注。

第二，创新成果层次高、覆盖广。2000多名进入高校、科研机构的专家，在生命科学、物质科学、信息科学等前沿方向潜心研究，取得一系列原创性理论成果和实验突破；一批专家在新能源、新材料、装备制造等应用技术层面实现重大创新，解决企业发展技术瓶颈，打破国外封锁垄断，推出了一批“中国创造”、“中国设计”；一批专家在生命医药、节能环保、农业安全等民生领域，取得一批造福百姓的重大成果；许多专家创立高新技术企业，在新技术、新产品研发上填补不少国内空白。今天在座的都是这个群体中的一员，大家以自己的辛勤努力和丰硕成果，为经济社会科学发展作出了重要贡献。

第三，示范带动辐射强、效果好。“千人计划”探索了发挥中国特色社会主义制度优势、开发利用国际人才资源的新路子。一是提升了人才政策开放水平。集中出台“一个意见、八个办法”，破除人才流动壁垒，建立人才签证制度，为外籍人才发放“永久居留证”并给予相应国民待遇，向世界展示了我国广纳天下英才的形象。二是探索了人才工作新机制。鼓励支持人才基地、未来科技城等试行新机制新办法，在人才投入、使用、激励、服务等方面，完善政策措施，构建创新平台，积累了丰富经验。三是开辟了人才管理改革试验区。北京中关村、上海浦东、天津滨海新区、武汉东湖、深圳前海、福建平潭等，在吸引用好人才方面先行先试，促进了人才、科技、产业协同发展。

二、持之以恒推进“千人计划”

习近平总书记在全国组织工作会议上强调，“要树立强烈的人才意识，寻觅人才求贤若渴，发现人才如获至宝，举荐人才不拘一格，使用人才各尽其能”。当今世界已进入人才流动时代，各主要国家围绕抢占未来科学技术制高点，积极适应“人才双向流动”的特点和规律，加紧培养和引进各类高层次人才。我们要按照中央要求，抓住世界经济减速提供的“人才抄底”机会，从实现“两个一百年”奋斗目标、实现中华民族伟大复兴中国梦的战略高度，以更加主动的态度、更加有力的措施、更加开放的政策，把“千人计划”进一步抓实抓好。

第一，坚持服务大局。紧扣科学发展主题和加快转变经济发展方式主线，强化需求导向，把握引才重点，服务经济社会全面协调可持续发展。一要着眼增强创新驱动发展新动力。重点引进在基础前沿领域具有原始创新能力、在新一轮产业革命中能产生重大突破的世界顶尖人才，引进突破关键技术、带动新兴学科的急需紧缺人才。二要着眼构建现代产业发展新体系。重点引进战略性新兴产业、先进制造业、现代服务业等领域的高层次人才，特别是信息技术、新能源、新材料、生物医药、环保节能等产业的人才。三要着眼培育开放型经济发展新优势。重点引进具有国际视野、精通国际规则、拥有国际经验的专业人才，特别是国际金融、国际贸易、现代管理等高层次人才。四要着眼形成城乡发展一体化新格局。重点引进城乡规划与管理、现代农业、生态建设等方面的高层次人才。具体到各地区各部门各单位，情况不同，对人才的需求也有差异，要因地制宜，确定引才重点，提高引才用才的针对性实效性。

第二，坚持以用为本。加快形成新的发展方式，把推动发展的立足点转到提高质量和效益上来，是十八大提出的明确要求，也是人才工作的核心所在、价值所在、导向所在。国家因发展需要而引才，人才为价值实现而奋斗。“千人计划”专家有个共同愿望，就是有用武之地、干一番事业。在以用为本、才尽其用方面，要有管用政策、有具体措施。一要推进人才发展体制机制改革和政策创新。扫除影响科技创新能力提高的体制障碍，打通科技和经济转移转化的通道，优化科技政策供给，完善科技评价体系，优先支持促进经济发展方式转变、开辟新的经济增长点的科技领域。最大限度调动科技人才创新积极性，尊重科技人才创新自主权，营造勇于创新、鼓励成功、宽容失败的社会氛围。二要为人才搭建项目平台。依托国家重点创新项目、重点学科、重点实验室、中央企业和国有商业金融机构等，让海外高层次人才更多地参与项目管理决策、牵头承担重大课题，领衔重大科研、工程、产业攻关项目。继续推进北京中关村、上海浦东等人才管理改革试验区建设，粤港澳人才合作示范区建设，未来科技城、创新创业基地建设，充分发挥人才集聚和研发高地的作用。三要构建人才交流合作机制。以市场为导向，搭建产学研一体化平台，增强企业自主创新能力，推动核心关键技术转化为现实生产力。健全海外人才项目信息库，促进海外人才、项目、政策等资源的交流与共享。积极鼓励和支持海外高层次人才和战略性新兴企业走出去，开展国际交流与合作，在参与国际竞争中创造一流技术、一流企业、一流品牌。

第三，坚持拴心留人。得人心者得人才。引进用好人才，需要用心用情，帮助人才了解国内情况、承担重要项目、提供资金支持、疏通成果转化渠道、解决后顾之忧。要以伟大事业感召人。通过举办国情研修班、实地考察、宣传老一代科学家和当代优秀知识分子包括“千人计划”专家的先进事迹等多种方式，帮助海外人才增进对中华民族、对中国特色社会主义事业的思想认同、价值认同、感情认同。要充分尊重、高度信任、放手使用，在工作上提供更多机会、更大舞台，全力支持他们在服务国家发展中拓展事业空间、实现人生价值。要以周到服务温暖人。将心比心、以心换心，知道他们在干什么、想什么，难在哪里、忧在何处，多做沟通协调的工作、多做雪中送炭的工作。加强“千人计划”服务窗口建设，落实出入境、子女入学、配偶安置、医疗、保险、住房等各项政策待遇。要以真挚感情凝聚人。加强与海外高层次人才的联系，特别是思想联系、感情联系。当他们取得成绩和进步时，及时送去祝贺和鼓励；当他们遇到挫折和压力时，及时送去关心和帮助，让他们有家的感觉、家的温暖，感受到祖国的信任和牵挂。

第四，坚持协同协作。组织部门要发挥好牵头抓总作用，注重管宏观、管政策、管协调、管服务，分析人才形势、研究人才政策、服务人才需求、营造人才环境，充分调动各方面推动人才发展的积极性。引才小组各成员单位要密切配合、互相支持，齐心协力做好工作。要加强国家层面与地方部门的统筹协调，加强不同区域人才引进的统筹协调，加强海外人才引进和国内人才队伍建设的统筹协调，形成上下联动、左右衔接的人才工作格局。

三、希望“千人计划”专家再立新功

我们正处于一个伟大的时代。“两个一百年”奋斗目标、中华民族伟大复兴的中国梦，凝聚着强大的中国力量，也为“千人计划”专家开辟了创新创业、大有作为的广阔空间。借此机会，对大家提几点希望：

一是希望更加坚定报国志向。各位专家放弃优越条件，克服不少困难，回国（来华）工作，本身就有很高的境界。“以身许国，何事不敢为”。希望大家像钱学森、邓稼先等老一辈留学归国科学家那样，始终保持服务国家、服务社会、服务人民的远大理想，始终保持奋发进取的精神状态，不断攀登科技世界新高峰，不断创造报效祖国新辉煌。

二是希望更多贡献兴国力量。做学问、搞科研、干事业，要有“安、专、迷”精神，安下心来、专注起来、迷恋至深。要追求“高、精、尖”，多出一些大师级人才，多出一些世界级的科学家、企业家，把高水平的科技、管理成果应用在实现国家现代化的伟大事业之中。

三是希望更好融入强国实践。人才成长有共生规律，“单丝不成线，独木不成林”。各位专家回国后，融合适应得很好。希望继续保持相互包容、团结合作的精神，在扎实创新创业、促进科学发展中，与国内人才互帮互促、共同成长；在实现人生理想、干出一番事业的同时，带出一个个团队、带出一批批人才，让更多的中华儿女实现成才梦、成功梦，为国家富强、民族振兴、人民幸福贡献智慧和力量。

（《中国组织人事报》）

赵乐际：砥砺强国之志，力践报国之行

（2013年11月1日）

2013年11月1日，“万人计划”专家座谈会在北京召开。中共中央政治局委员、中央组织部部长赵乐际强调，要深入学习领会习近平总书记一系列重要讲话精神，脚踏实地、志存高远、奋发有为，深怀爱国之情、砥砺强国之志、力践报国之行，把自己的梦想融入实现中华民族伟大复兴中国梦的壮阔奋斗之中。以下为讲话全文：

今天召开“万人计划”专家座谈会。大家是“万人计划”首批入选者，首先向你们表示衷心祝贺，并向所有入选的“万人计划”专家表示亲切问候。刚才，大家作了很好的发言，办公室对大家提出的建议要认真研究、积极采纳。下面，我谈几点意见。

一、深刻领会习近平总书记关于人才的重要思想

党的十八大以来，习近平总书记先后20多次对人才队伍建设和人才工作作出重要指示。7月17日到中科院调研，9月30日到中关村调研，10月21日在欧美同学会成立100周年庆祝大会上发表重要讲话。在广东、天津、辽宁等地调研时，在“两会”期间，总书记都反复强调人才的重要性，提出明确要求，我感受特别深的有这样几个方面。

第一，对人才的重要性作出了深刻阐述。总书记强调，即将出现的新科技革命和产业变革，与我国加快转变经济发展方式形成历史性交汇，为我们实施创新驱动发展战略，提供了难得的重大机遇，抓住了就是机遇，抓不住就是挑战。没有强大的科技，中国梦这篇大文章难以顺利写下去，也难以从大国走向强国。要把科技创新搞上去，就必须建设一支规模宏大、结构合理、素质优良的创新人才队伍，现在我们比历史上任何时期都更加渴求人才。这些重要思想，是科学分析国内外大势、立足国家发展全局作出的深入思考，是对进一步推进人才强国战略作出的思想动员。

第二，对我国科技人才形势作出了科学判断。总书记强调，在一些科技领域，我国正在由“跟跑者”变为“同行者”，甚至是“领跑者”。但是，我国科技创新的基础还不牢固，创新水平还存在明显差距。在一些领域，差距非但没有缩小，反而有扩大趋势。我国科技人才总量不少，但也面临结构性不足的突出矛盾，特别是在重大科研项目、重大工程、重点学科等领域，领军人才严重不足。这些分析判断，充满忧患意识，贯穿战略思维、底线思维、辩证思维，是我们思考谋划人才工作的重要遵循。

第三，对加快人才发展指明了方向。总书记强调，人才是衡量一个国家综合国力的重要指标，是创新活动中最为活跃、最为积极的因素。要树立强烈的人才意识，寻觅人才求贤若渴，发现人才如获至宝，举荐人才不拘一格，使用人才各尽其能；要择天下英才而用之，敞开大门，聚集创新人才；要用好用活人才，大力造就世界水平的科学家、科技领军人才、卓越工程师、高水平创新团队；要改革和完善人才发展机制，完善评价这个指挥棒，打通人才流动、使用、发挥作用的体制机制障碍，最大限度地支持和帮助科技人员创新创业。这些重要论述，是对激发人才活力、发挥人才作用的重大部署，也是对广大人才的激励和鞭策，为我们与时俱进做好人才工作指明了方向。对总书记关于人才的重要思想，我们要认真学习领会、深入贯彻落实。

二、充分认识“万人计划”的重要意义

“万人计划”是中央实施创新驱动发展战略、推动科技创新与经济社会发展紧密结合的一项重大决策。为什么要实施“万人计划”？基本考虑有这样几条。

第一，充分开发利用国内国际人才资源。当今世界，人才日益成为经济社会发展的首要资源。人才无疆界，人才全球化、人才加快流动趋势方兴未艾，各国都面临着引进人才和留住用好本土人才的重要课题。党中央、国务院审时度势，先后部署实施了“千人计划”和“万人计划”两项重大人才工程。两个计划相辅相成、相互配套、协同推进，构成

了我们国家高层次人才工程的姊妹篇。

第二，发挥我国各类人才资源优势。总书记在广东考察时指出，哪个国家拥有人才上的优势，哪个国家最后就会拥有实力上的优势。外国看中国的潜力所在，就是看这个。现在，我国已经建立起完整的学科体系，拥有丰富的科技人力资源。实施“万人计划”，有利于充分发挥国内高层次人才的高端引领、辐射带动作用，有利于抢占科技和产业制高点，有利于加快跟上世界新科技革命和产业变革的步伐，进入创新型国家行列。

第三，优化高层次人才成长环境。“鱼无定止，渊深则归；鸟无定栖，林茂则赴。”制定实施重大人才工程，对高端人才实行特殊支持，提供创新创业的良好条件，是培养造就人才的一条重要经验。我国发挥社会主义制度能够集中力量办大事的优势，对“两弹一星”“载人航天”的科技专家实行特殊支持，培养造就了钱学森等一批杰出科学家。实施“万人计划”，就是为了聚焦高端、集中资源，通过科研政策创新、人才管理机制创新，最大限度地激发人才的创造能量和活力，加速打造一支领军型的国家创新人才队伍。

三、希望各位专家创新创造、报国立业

“万人计划”是一项用人计划，重在支持人才干事创业。入选“万人计划”是荣誉，更是责任。

一要励志报国。我们正处于一个伟大的时代，创新创造正当其时。大家要立志高远、奋发有为，深怀爱国之情、砥砺强国之志、力践报国之行，像总书记要求的那样，把自己的梦想融入人民实现中国梦的壮阔奋斗之中，把自己的名字写在中华民族伟大复兴的光辉史册之上。

二要勇攀高峰。“大师皆从实践来。”希望大家瞄准国际先进知识、技术、管理经验的前沿，立足自己从事的领域和岗位，发扬“安、专、迷”精神，潜心研究、上下求索、力戒浮躁，着力增强自主创新能力，为我国实施创新驱动发展战略、推动经济社会全面协调可持续发展作出更大贡献。人才成长有共生规律。“万人计划”和“千人计划”专家要携手并肩，相互学习借鉴，相互包容支持，共同干事创业。

三要培养人才。科技创新需要领军人才，需要团队支撑，需要接续奋斗。“万人计划”专家都是各自领域的学术技术带头人、科研团队的核心，不仅肩负创新创业的重任，还承担着建设人才梯队的任务。一定要在干出一番事业的同时，带出一个个团队、带出一批批人才，一代一代地积累壮大国家的创新力量，让更多的中华儿女为国家富强、民族振兴、人民幸福贡献智慧和力量。

四要坚守诚信。诚信是科学道德的基石。我国老一辈科学家王淦昌说过，科学研究是硬碰硬的事，要经得起实践反复严格的检验。大家作为国家级高层次人才，一定要弘扬科学精神、恪守学术道德，坚决抵制不正之风，作科研诚信的示范者、引领者、维护者。

习近平总书记在欧美同学会成立100周年庆祝大会上明确要求，要以更大力度推进“千人计划”“万人计划”。中组部、中宣部、人社部、教育部、科技部、财政部等11个部门共同努力，现在“万人计划”进展顺利，我们要发扬“钉钉子”精神，锲而不舍地把这项重大工程抓实抓好。

要坚持边实施、边完善，以更灵活的政策支持、更完善的管理机制、更宽松的创新环境，选准用好各类高层次人才。要加强统筹、改进方法，健全统分结合、协调有力、运行高效的工作制度，形成强大工作合力。有关部门要发挥好选人专业优势、政策支持优势，在后续培养管理上切实负起责任。中组部要做好牵头抓总工作，加强规则制定、协调服务和过程督促。要以人才为本，多为人才着想、多解人才之难、多办人才之需，让大家安心工作、潜心科研、放心创业。

（《中国组织人事报》）

韩启德：向广大海外留学人员致以新春祝福

（2013年2月8日）

2013年2月8日，在春节来临前夕，全国人大常委会副委员长、欧美同学会·中国留学人员联谊会会长韩启德亲切致信慰问海外留学人员。慰问信全文如下.

留学人员朋友们：

2013年新春佳节即将来临，在这辞旧迎新的喜庆日子里，在欧美同学会迎来百年华诞之际，我谨代表欧美同学会·中国留学人员联谊会，向你们和你们的亲人表示亲切的问候和节日的祝福！

刚刚过去的2012年，是我国发展进程中具有重要意义的一年。不久前召开的中共十八大，描绘了全面建成小康社会和深化改革开放的宏伟蓝图，选举产生了新一届中央领导集体。过去的一年里，我国各族人民在中国共产党的领导下，坚定信念，同心协力，攻坚克难，使经济发展呈现稳中有进的良好态势，社会各项事业全面推进，人民生活得到持续改善，我国的国际地位日益提升。这些成就的取得，饱含着海内外广大留学人员的聪明才智和奉献精神。借此机会，我向你们表示由衷的感谢和崇高的敬意！

2013年，我们将继续坚持科学发展这个主题，坚持转变经济发展方式这根主线，全面推进改革开放和现代化建设事业，为中共十八大确定的目标任务实现良好开局。当前，我国正处在全面建成小康社会的决定性阶段，国家对留学人才的渴求比任何时候都更为迫切，这为广大海外留学人员提供了实现抱负、施展才华、建功立业的广阔舞台。衷心希望广大留学人员抓住难得机遇，发挥自身优势，以强烈的责任感和使命感，投入到为国服务的行列，为实现中华民族伟大复兴、谱写我们共同的“中国梦”贡献自己的智慧和力量。

欧美同学会是一个具有光荣历史、受人尊敬的留学人员组织，成立百年来始终高举留学报国的爱国主义旗帜，团结和凝聚了一代又一代留学人员，为国家的强盛和民族的振兴作出了积极贡献。过去的一年，我们紧密围绕党和国家的工作大局，充分发挥留学人员的独特优势，配合国家“千人计划”积极吸引、推荐人才，为经济社会发展建言献策，组织海内外留学人员服务祖国发展，得到留学人员的支持和参与，受到党和政府的充分肯定。

新的一年里，我们将以庆祝欧美同学会成立100周年为契机，把握机遇，乘势而上，努力在为留学人员服务方面取得新的进展。我们将继续重视和关心学成归国的留学人员，支持和帮助海外留学人员回国创新创业，维护留学人员的合法权益，为留学人员报效祖国提供良好环境和理想平台，使欧美同学会真正成为广大留学人员之家。

悠悠天宇阔，切切故乡情。此时此刻，海外学子虽身在异国他乡，却依然心怀祖国、情系人民，为华夏沃土虔诚祈福；祖国人民也十分惦念和牵挂着你们，隔岸传递着殷殷期盼和深深祝福，盼望大家早日学成归国，实现报国大业！

最后，祝大家新春愉快，身体健康，事业有成，阖家幸福！

（千龙网）

韩启德：“科技强国梦”是实现中国梦的基础

（2013年5月25日）

2013年5月25日，中国科协第十五届年会在贵阳开幕。全国政协副主席、中国科协主席韩启德致开幕词。致辞全文如下：

今天，我们在我国首个国家森林城市贵阳，召开第十五届中国科协年会。这次年会的主题是“创新驱动与转型发展”，我们将按照“大科普、学科交叉和为举办地服务”的定位，广泛开展学术交流，举办科普活动，组织决策咨询，从而进一步发挥科技社团在推动实施创新驱动发展战略方面的独特作用。在这里，我谨代表中国科协，向出席年会的各位领导、专家学者以及海内外嘉宾表示热烈的欢迎，向给予本届年会大力支持的贵州省委、省政府以及各有关单位表示衷心的感谢！

创新驱动与转型发展，是我国当前经济发展中的核心问题，就是要求我们的经济发展不能再单纯依赖要素的投入，而是要走以提升质量和效益为核心的内涵式发展道路。创新与转型的根本支撑，就在于科学技术的进步与普及。离开了科技发展，没有强大的原始创新能力，必然还是走老路，就离不开低水平的规模扩张，加剧资源消耗，增大环境压力，根本谈不上打造中国经济的“2.0版”。

纵观近代以来大国兴衰的历史，国家之间的竞争归根到底是科技能力的竞争，国家现代化的基础归根到底是科技现代化。一百多年之前张之洞就说，“世运之明晦，人才之盛衰，其表在政，其里在学”，什么是“学”？就是学术，是科技和教育。特别是对我们这样一个处于转型升级阶段的国家，科技和教育是真正的命根子，既管当前，又管长远，抓好科技和教育，是当务之急，也是百年大计。

所以我认为，要实现民族复兴“中国梦”，基础是实现一百多年来中国人的“科技强国梦”和“教育兴国梦”。这两个梦是根本，也是先导。如果不先实现这两个梦，“中国梦”就没有根，就没有魂。我们必须站在这样的历史高度来认识科学技术的伟大力量，从而真正把科技发展摆在更加突出的战略位置。

党中央对科技支撑发展寄予厚望。习近平总书记在看望出席全国政协十二届一次会议委员并参加讨论时强调，实施创新驱动发展战略，是加快转变经济发展方式、破解经济发展深层次矛盾和问题的根本措施。他特别要求，广大科技工作者要有信心、有勇气，不断增强创新自信，努力为实现“中国梦”贡献智慧和力量。这是党和人民寄予广大科技工作者的殷切期望，也是历史交给我们这一代人的重任。作为全国科技工作者的组织，中国科协要按照总书记的教导，牢记自己的使命，团结带领大家全心全意为国为民奉献，在新的历史阶段建功立业。

借今天这个机会，我想就科协工作中的三个问题，与大家交流讨论。

第一个问题，关于提升科协的社会服务能力。

中国科协是一个人民团体，是中国科技工作者的学术共同体。推动我国科学技术进步是她的重要使命之一，她不是清谈馆，不是象牙塔，她与我们国家经济社会的发展紧密相连，必须努力服务国家和社会。

服务国家和社会，首先是进一步推动学术交流，这是科技社团服务社会和科技工作者的基本方式。学术的发展必须靠交流，尤其是当今科学技术的发展趋势，越来越离不开跨学科的交叉、融合，封闭必然导致落后，交流才能实现创新。作为拥有200个全国学会的中国科协，近年来培育了中国科协年会、中国科技论坛、新观点新学说沙龙、青年科学家论坛等品牌，在推动学术交流方面发挥了不可替代的作用。同时，结合我国科技期刊的发展现状，科协积极开展精品科技期刊工程和科技期刊国际影响力提升计划，推动创办了一批高水平中英文科技期刊。这些都为广大科技工作者更好地交流学术成果、拓宽研究思路搭建了很好的平台，我们要坚持下去，做好做实。

学术交流不应局限于学术共同体内部，科学家不能也不可能脱离社会，只有对社会负责，社会才有可能长期稳定地为科学研究提供支持。随着我国政府职能的转变，越来越多的专业资格认证、科研成果评估、人才表彰奖励等等职能将交由具有较高学术地位和社会声望的科技社团来承担。这是机遇、也是挑战，科技社团要尽快适应社会管理改革新的形势，尽快承担起新的社会责任来。近年来，很多学会已经进行了很好的尝试，比如，广东省食品科技学会创办的学会科技服务站，仅仅不到三年，就帮助企业修订或制订18项食品国家标准和食品原产地工艺标准，开展157次科技咨询服务，取得了很好的社会经济效益。

“打铁还需自身硬”，要提升科协的社会服务能力，就必须加强科协的自身建设。科技社团作为科学共同体的组织形式，它的活动体现着共同体的价值体系、制度约束、行为规范和内部治理的传统准则，必须严格按照共同体运行规范。要加强管理，提升能力，强调公益服务，维护学术团体的公信力，更要杜绝各种违法违纪行为。

第二个问题，关于加强科协在提高全民科学素质中的作用。

要服务国家经济社会发展，不仅要靠尖端科技，更要靠全民科学素质的提升。这好比竞技体育与群众体育的关系，奥运会拿金牌令人振奋，但如果老百姓普遍都缺乏体育锻炼，都是病快快的，拿再多金牌也算不上是体育强国。

这些年来，中国科协采取了各种生动活泼的方式来推动公众科学素质的提高，比如，广泛开展全国科普日系列活动，举办全国青少年科技创新大赛，评选优秀科普作品奖，推动各地科技馆建设和免费开放，推动高校、科研院所、企业、博物馆、地质公园等科普资源向公众开放，增加科技“大篷车”、启动流动科技馆巡展和配置农村中学科技馆等等，取得了比较好的实效。但也不得不承认，我们做得还很不够，对社会的发动面不够广，影响不够大。我国全民科学素质与发达国家还有很大差距，不仅掣肘自主创新发展，而且也是有些公众对某些社会热点、焦点问题缺乏理性态度和认识的原因之一。

提高公民科学素质，重要的是在全社会弘扬科学精神，引导公众正确理解科学。科学追求真理，但科学并不代表真理，不一定总是正确。科学借助于一系列越来越严密和先进的方法通向自然、越来越近似地描述、解释和预见自然，科学的精华和可贵之处在于尊重事实和规律。我们的科普工作不仅要传播科学知识，更重要的是要让广大群众深刻体会以崇尚理性为精髓的科学精神，理解一代又一代优秀科学家，以追求客观真理为目标，自由探索、理性质疑、执着求新，为人类的进步、幸福和自我解放而不懈奋斗的精神气质，让科学精神广泛渗透进中国社会和现代文化之中，成为大众文化的一部分。

提高全民科学素质，需要向公众提供大批好的科普作品。近年来，我国科普书籍和影视作品从量到质都有了明显的提高，但还缺乏具有重大影响的精品，在新型媒体里的传播更加不够。要出科普精品，需要方方面面的努力，包括政府的支持，但最重要的还是要有广大科技工作者的积极参与，大家应该把出好的科普作品当作与出科技成果一样重要的责任。《十万个为什么》家喻户晓，50多年来五度新版，销售超过一亿册，长盛不衰，影响了几代人的成长，是一个范例。现在第六版即将在7月份正式出版，全书18卷，60多万字，7000余幅彩图，内容几乎全部更新，以后还将配以漫画、动漫、游戏等多种形式作品。值得提出的是，100多位两院院士担任编委会的编委，与600多位科学家一起亲自参与写作，举行了150多场编撰研讨会，这种对科普工作的热情和付出，令人感动。我相信，只要大家继续重视，相信我国科普园地里一定能绽放出更多这样绚丽的奇葩。

随着信息技术的迅速发展和广泛应用，媒体对社会和公众的影响越来越大。科普工作要与各类媒体紧密合作，通过媒体接近公众，提高科普的实效。近年来，中国科协曾策划播出了“科普就在我们身边”焦点访谈特别节目，邀请专家学者在媒体上及时回应社会关切的科普问题，向公众释疑解惑。此外还举办了“科学家与媒体面对面”系列活动，让记者朋友们首先接受科学知识，从而使得媒体在一些热点焦点问题上保持正确的科学导向，引导公众理性思考。这些都是成功的实践，今后还要花更大的精力，更加创造性地开展工作，让媒体更多地参与到公民素质提高的工作中来。

第三个问题，关于发挥科协系统的智库作用。

前面我讲，科技工作者要全心全意为国为民做奉献，这里也包括要为各级政府的科学决策建言献策，提供智力咨询。钱学森同志于1956年回国伊始，就向中共中央、国务院递交“建立我国国防航空工业的意见书”，直接促进了我国“两弹一星”工程的及时启动。在我国“两弹”研制成功之后，邓稼先同志根据国际形势发展，向中央提出及时开展地下核试验的建议，为我国取得了宝贵的先机。上世纪八十年代中期，面对世界高技术蓬勃发展，国际竞争日趋激烈的形势，王大珩、王淦昌、杨嘉墀、陈芳允四位科学家向中央提出“关于跟踪研究国外战略性高技术发展的建议”，后来形成了“863计划”，在关键时刻为我国前沿技术研究和高技术跟上世界发展潮流起到了重要的作用。上世纪九十年代初，我国科学家建议开展载人飞船工程研制，并正确定出了“三步走”的发展战略，为我国航天事业发展起到了关键性的作用。这些都是科技工作者为我国发展提出战略性、前瞻性、全局性、又有可行性建议的范例。

前不久，中央领导强调，智库是国家软实力的重要组成部分，要高度重视、积极探索中国特色的新型智库的组织形式和管理方式，采取有效措施引导各类智库加强自身建设，积极建言献策，为中央决策提供高质量的智力支持。我们应该把科协建成具有科技特色的高水平的国家级智库。

科协发挥智库的作用，一定要突出自己的优势和特色。我们的优势在于联系着6000万科技工作者，我们的特色在于科技。其实科协开展决策咨询是有传统的。早在1962年，沈其益等66名专家在中国植物保护学会成立大会上，联名提出“关于当前农作物病虫害防治工作的紧急建议”，得到中央采纳，并在中共八届十中全会公报上得到具体反映。近年来，中国科协先后提交了“抗生素类药物滥用的公共安全问题研究”、“电子文件管理机制研究”、“第二次全国科技工作者状况调查”等调研报告，受到中央高度重视和充分肯定，决策咨询工作的影响也越来越大。科协的《科技工作者建议》已经办了30多年，《科技界情况》也一直是中央领导十分关注的内刊，是广大科技工作者抒发思想、建言献策的重要平台。现在的关键是要发挥好科协的组织网络特点，及时准确地把科学家的个体智慧凝练升华为有组织的集体智慧，这就需要我们采取多种灵活有益的方式，博观而约取、形成精华，“七十二溪成一瀑，合流飞落玉渊长”。

同志们、朋友们！

上面我提到的三个问题，合起来其实是一个问题，就是科技社团如何为国家的经济社会发展服务。“得其大者可以兼其小，未有学其小而能至其大者也”，只有把我们个人的梦想、团体的梦想、专业的梦想融入到宏大的国家梦民族梦之中，我们才能获得不竭的力量。

这次中国科协在贵州举办年会，具有特别的意义。贵州是风光迷人的“天然公园”。自古以来就是苗、瑶、布依等各族同胞的美好家园。苗瑶人民的蜡染技术，至今仍颇为流行。苗瑶医药的接骨伤科，尤为特效。贵州的“茅台烧”“茅台春”在道光年间已负盛名。来到贵州，我们不能不想起英国皇家学会会员、世界级探矿专家谌湛溪，著名医学家施今墨，不能不想起许肇南先生，他是我国水利电力的先驱，开创了我国水电专门教育。

从经济社会发展水平上来讲，贵州还是欠发达、欠开发的地区。但是，贵州政府和人民对科技的重视程度，超过了很多发达地区。近年来，贵州自觉、主动地探索走新型工业化道路，依靠科技进步，发展循环经济，正朝着建设“绿色贵州”的目标努力前进。可以说，科技发展正在为贵州的老百姓创造更加美好、更加便捷、更加幸福的生活，贵州的前途将无比光明远大。

中国科协与贵州的合作也十分紧密。三年前，中国科协在贵州凯里举行了“黔东南苗族侗族自治州生态文明建设试验发展研讨会”，会后17位中国科学院和中国工程院院士联合撰写了对黔东南州生态文明建设的研究报告，我们把这份报告以中国科协党组文件的形式报给党中央，中央领导高度重视，作出重要批示，直接推动了《国务院进一步促进贵州经济社会又好又快发展的若干意见》的发布，对贵州发展推动很大。在这次科协年会上，我们将围绕科技前沿发展、科技创新中的重大问题组织大会特邀报告和年会分会场活动，将组织邀请参加年会的院士专家参与面向学校、社区、企业、农村的各类科普活动，还将围绕贵州经济社会发展中的重大和全局性的关键问题，组织专题调研、设立专题论坛和党政领导院士专家座谈会，目的是要把先进的科学研究成果带到贵州，把科学精神引入贵州，让贵州科技界和全国科技界建立更加密切广泛的联系，帮助贵州尽快实现生态与产业的和谐发展。

同志们、朋友们！

生命的意义在于服务社会。对当代中国的科技工作者而言，我们生逢其时，更应该深刻理解这个命题并践行自己的使命。如果从洋务运动算起，中国的有识之士引入现代科学已经一个半世纪了，这一百多年来，我们一直在追求着科技强国之梦。今天，我们离这个梦想的实现是如此之近，对此我们都要有充分的自信；但要真正实现这个梦想，又注定充满艰辛，需要无悔地付出。对每一位志在圆梦的科技工作者而言，“不惟有超世之才，亦必有坚忍不拔之志”，我们要百折不挠、奋发向上，能进一寸进一寸，得进一尺进一尺，积跬步以至千里，积小流以成江海，共同创造中国科学的飞跃，推动民族伟大的复兴，让我们的科技梦、中国梦早日实现！

（中国科学技术协会网站）

韩启德：营造良好的科技创新环境

（2013年9月8日）

2013年9月8日，全国政协副主席、中国科协主席、九三学社中央主席韩启德在《人民日报》发表署名文章。文章指出，科技创新是国家创新驱动发展战略极其重要的组成部分。有效推动我国科技创新，关键在于营造良好的科技创新环境。全文如下：

科技创新是国家创新驱动发展战略极其重要的组成部分。有效推动我国科技创新，关键在于营造良好的科技创新环境。

努力形成以科技创新为发展根本驱动力的导向。改革开放以来，我国经济社会发展取得了巨大进步，但也付出了巨大的资源环境代价。今后的发展不能再走粗放的老路，必须将科技创新作为发展的根本驱动力。这是转变经济发展方式、打造中国经济升级版的关键所在。为此，应进一步完善以科技创新为发展根本驱动力的政策导向。要着重调整以往倚重的竞争前补贴方式，健全并强化竞争中补需方和产业化靠市场的激励机制；完善政府采购、应用示范、购置补贴等需求侧补贴，在行政审批和政府采购中对民企、国企和外企一视同仁，营造公平公正的市场竞争环境；加快实施资源税、环境税、生态补偿、碳交易等政策和财税体制改革，尽快形成资源节约型、环境友好型的发展环境；逐步实施以绿色GDP为导向的干部政绩考核制度。

充分调动科技人员的创新积极性。广大科技人员是科技创新的主力军，激发他们的创新积极性需要宽松和活跃的氛围。科技评价和奖励是科技工作的指挥棒，影响和决定着科技人员科研的目的和热情。科技评价应实现从以论文、获奖数量为主向以质量、水平和推广应用为主的转变，从比较关注短浅快的评价向更加注重成果转化和历史性评价转变；尊重科技创新规律，延长参评奖项的最低完成年限，并将能由市场决定优劣的科技创新成果交给市场评判；奖励对象的重点应由项目转向个人。要提高财政科研经费一般性支出比重，增强科研机构自主权，使基础研究人员不必频繁“跑钱”，能心无旁骛地潜心科研。完善科技成果的产权保护和转移制度，提高科技成果尤其是专利的利用率，增强科技人员的成就感。科技工作者应切实践行科学精神，克服心浮气躁和急功近利，摒弃功利主义，共同营造良好的科技创新环境。

大力激发企业的创新活力。企业是技术创新的主体。这些年，企业创新主体地位虽有所加强，但国企创新动力不足、民企缺乏创新资源和能力的问题依然突出。通过项目支持个别企业创新、通过特殊政策扶持特定行业创新固然重要，但更重要的是营造公平竞争的市场环境。在市场环境不好、市场秩序混乱、部分企业通过投机取巧就能获得利益的环境下，在仿造和侵权泛滥、知识产权得不到有效保护的环境下，企业不可能有创新的动力。因此，要通过深化改革规范政府职能，营造公平的市场环境。这是我们实施创新驱动发展战略的一项根本性任务。同时，要将一些在科技示范区和试点项目试行的好思路、好方法、好经验及时梳理总结，在更大范围内推广实施，让好政策更具普惠性。

加快做强科技服务业。健康、发达的科技服务业是科技创新体系中的支撑体系，也是当前制约我国科技创新的薄弱环节。应切实改变重项目、轻服务的观念和做法，大力发展包括公共科技创新服务平台、科技咨询、知识产权代理、创业投资和科技融资等在内的科技服务业，打通科技成果转移转化渠道，形成完善的科技创新支撑体系。要重视对科技服务业发展规律的研究，明确其战略定位，确定政策支持的重点领域和方向。发挥市场在科技资源配置中的基础性作用，把一些该放未放的科技服务业务交给市场。

不断提高全民科学素质。提高全民科学素质是实现创新驱动的重要基础。第八次公民科学素质调查显示：到2010年，我国公民具备基本科学素质的比例只有3.27%，远低于发达国家水平。近年来，中国科协采取各种生动活泼的方式来提高公众科学素质，比如广泛开展全国科普日系列活动，举办青少年科技创新大赛，评选优秀科普作品，推动各地科技馆建设和免费开放，推动高校、科研院所等的科普资源向公众开放，取得了较好成效。应在发挥政府主导作用的同时，调动社会方方面面的力量，持之以恒把《全民科学素质行动计划纲要》任务落到实处。

（《人民日报》）

韩启德：中国海归回国创业高潮将到来

（2013年10月13日）

2013年10月13日，欧美同学会北京论坛暨第八届中国留学人员创新创业论坛在北京举行。全国政协副主席、欧美同学会会长韩启德在论坛上发表开幕致辞。

韩启德在致辞中指出，百年前的1913年10月，顾维钧、梁敦彦、詹天佑、蔡元培、胡适、颜惠庆、王正延、周诒春等留学归国知名人士联合京津两地的留学人员在北京共同发起创建了欧美同学会，一个世纪以来，欧美同学会矢志不渝地传承留学报国的爱国主义精神，连接国内外留学人员，也引进先进科学技术，弘扬民族科学精神，为国家强盛和民族振兴做出了不可磨灭的贡献。目前，欧美同学会在全国已经拥有近三十个团体会员和八万多名会员，中国留学人员的队伍不断壮大。

韩启德强调，当前，国家正在实施的科教兴国略，人才强国战略，可持续发展战略和创新驱动战略，给留学人员在国内的发展提供广阔发展的天地和施展才华的舞台。欧美同学会在庆祝百年华诞之际将更好地团结和凝聚广大国内外留学人员，为留学回国人员做好服务，不断加强和提升留学人员工作，积极营造留学人员回国工作、创新、创业，发展的良好环境。随着留学回国创新创业大潮不断兴起，国家新的吸引国外人员回国的政策不断推出和完善，相信中国海归回国创新创业的新高潮一定会更快地到来。

（和讯网）

韩启德：发挥桥梁纽带作用，建设广大留学人员之家

（2013年10月21日）

2013年10月21日上午，欧美同学会成立100周年庆祝大会在人民大会堂举行。全国政协副主席、欧美同学会会长韩启德在会上讲话。以下为讲话全文。

尊敬的各位领导、各位来宾、各位学长，同志们、朋友们：

今天，是一个值得欧美同学会学长们永远铭记的日子，习近平总书记等中央领导同志与海内外嘉宾、留学人员代表欢聚一堂，共同庆祝欧美同学会成立100周年。我谨代表欧美同学会·中国留学人员联谊会，向出席大会的习近平总书记等党和国家领导人表示崇高的敬意！向长期支持我会工作的党政部门、群众团体和社会各界表示衷心的感谢！向广大海内外留学人员及家属表示诚挚的问候！

100年前，在一些胸怀报国之志的留学先贤的发起和推动下，欧美同学会在北京成立。欧美同学会走过的百年历程，始终与中国人民为追求民族独立、人民解放、国家富强、人民幸福的伟大实践紧密联系在一起，是中华民族前赴后继、百折不挠走向复兴的一个缩影；欧美同学会经历的百年风雨，见证了一代又一代优秀中华儿女负笈远行、艰辛求学、矢志不渝、报效祖国的奋斗足迹，是广大海内外留学人员致力于留学报国事业的一面旗帜。

欧美同学会成立伊始，面对国家和民族重重危难，积极践行爱国主义精神，与祖国同呼吸、共命运，参与五四运动，投身抗日斗争，迎接新中国诞生，为实现民族独立和人民解放作出了积极贡献；坚持“修学、游艺、敦谊、励行”的宗旨，积极开展各类活动，传播民主思想，普及科学知识，促进中外交流，为推动祖国的科教文化事业发展发挥了重要作用，成为热爱祖国、追求民主、崇尚科学的著名社团。

新中国成立后，欧美同学会大力支持抗美援朝，积极参与社会主义改造，响应党的号召，动员在欧美国家学习和工作的留学人员冲破重重阻挠回到祖国，投身新中国的建设事业，成为党和政府领导下的进步社团。23位“两弹一星功勋奖章”获得者中，有21位有过留学经历，有10位是欧美同学会会员。

改革开放后，欧美同学会获得了前所未有的大发展，成为中央书记处领导的全国性人民团体。特别是进入新世纪以后，经中央批准，欧美同学会增冠了“中国留学人员联谊会”会名，工作对象由欧美扩展到全球，工作领域由北京扩展到全国，进一步团结和凝聚海内外留学人员，大力实施“报国计划”，组织留学人员服务团，建立留学报国基地，帮助引进海外高层次人才，开展建言献策活动，服务地方经济社会发展，在推进改革开放和社会主义现代化建设事业中创造了新的光辉业绩。

在迎来欧美同学会百年华诞的此刻，我们深切怀念为欧美同学会·中国留学人员联谊会发展作出重要贡献的留学先贤们。让我们向每一位为欧美同学会·中国留学人员联谊会发展进步付出辛勤努力的学长们和朋友们，表示崇高的敬意和衷心的感谢！

世纪沧桑，百年求索。书写了世纪华章的欧美同学会·留学人员联谊会积累了弥足珍贵的经验，值得认真总结，牢牢记取。

必须高举留学报国旗帜。越留学越爱国，爱国是留学人员最基本的特征。欧美同学会·中国留学人员联谊会是留学人员爱国报国的产物，是爱国主义的体现和象征。只有高举留学报国这面光辉旗帜，欧美同学会·中国留学人员联谊会才能始终具有强大的感召力和凝聚力，才能激发广大留学人员为实现中国梦而不懈奋斗的无穷力量。

必须弘扬与时俱进精神。100年来欧美同学会·中国留学人员联谊会始终紧跟时代的步伐，与时俱进是欧美同学会·中国留学人员联谊会健康发展、有所作为的关键因素。

只有坚持与时俱进的精神，欧美同学会·中国留学人员联谊会才能始终不断适应国家、社会和人民的需要，留学报国事业才能为推动经济社会发展发挥越来越重要的作用。

必须承担服务社会责任。服务社会是欧美同学会·中国留学人员联谊会实现自身价值的根本途径。只有积极承担服务社会的责任，欧美同学会·中国留学人员联谊会才能得到社会的认同和支持，才能获得发展进步的不竭动力，留学报国事业才能植根沃土、枝繁叶茂。

必须发展民主办会传统。欧美同学会·中国留学人员联谊会是留学人员之家，建设好欧美同学会·中国留学人员联谊会，必须坚持民主办会，尊重留学人员的地位，调动他们的积极性，增强主人翁意识。只有发扬民主办会的优良传统，欧美同学会·中国留学人员联谊会才能更好地动员和凝聚广大留学人员，并促进自身科学发展，留学报国事业才能始终焕发勃勃生机和活力。

必须始终坚持党的领导。欧美同学会·中国留学人员联谊会已经发展成为具有统战性的人民团体，党的领导是欧美同学会·中国留学人员联谊会健康发展、有所作为的根本保证。只有坚持中国共产党的领导，欧美同学会·中国留学人员联谊会才能始终保持正确的发展方向，留学报国事业才能沿着正确的道路不断前进。

各位学长，同志们、朋友们！

长期以来，党中央对留学人员及欧美同学会工作给予了高度重视和亲切关怀，毛泽东、邓小平、江泽民、胡锦涛等党中央领导同志对留学人员工作或欧美同学会·中国留学人员联谊会工作作出过一系列重要指示。党的十八大明确了“两个一百年”的奋斗目标，提出了“充分开发利用国内国际人才资源，积极引进和用好海外人才”的要求。这都为广大留学人员施展聪明才智、实现报国之志提供了重要机遇，也为欧美同学会·中国留学人员联谊会发挥优势、再创佳绩创造了有利条件。今天，习近平总书记莅临欧美同学会100周年庆祝大会，还将发表重要讲话，这是对我们的巨大鼓舞和鞭策。我们将牢记习近平总书记代表党和国家对我们提出要求，继续高举留学报国的爱国主义旗帜，认真贯彻落实党的留学人员工作方针政策，积极引导广大留学人员投身中国特色社会主义伟大实践，努力开创留学报国事业的新局面。

第一，要充分发挥党联系广大留学人员的桥梁纽带作用，广泛团结海内外留学人员，为实现中华民族伟大复兴中国梦凝聚力量，中国梦是国家梦、民族梦，也是每一个中国人的梦。对海内外留学人员来说，祖国日新月异的发展为实现人生梦想提供了最广阔的舞台。我们要更好地发挥桥梁纽带作用，引导广大留学人员自觉继承和发扬留学报国光荣传统，把个人梦与中国梦紧密联系在一起，努力在实现中国梦的生动实践中实现报国理想和人生价值。

第二，要充分发挥党和政府做好留学人员工作的助手作用，着力做好留学人才工作，为促进国家经济社会发展贡献聪明才智。留学人才是我国人才队伍的重要组成部分，是国家现代化建设事业的特需资源。我们要围绕中心，服务大局，协助党和政府做好设计留学人员的各方面工作，特别是要充分发挥人才荟萃、智力密集、联系广泛的优势，继续在建言献策、服务地方、引进人才、民间外交等方面发挥作用，努力成为留学报国的人才库、向党和政府建言献策的智囊团、开展民间外交的生力军。

第三，要充分发挥广大留学人员之家的作用，进一步加强自身建设，不断提高新形势下留学人员工作科学化水平。办好留学人员之家，既是党和政府的基本要求，也是广大留学人员的迫切愿望。在新的历史条件下，我们按照党领导下的人民团体的性质要求，进一步加强思想建设、组织建设、文化建设，提高服务意识和能力，积极做留学人员思想的引导者、事业的推动者、业绩的宣传者、权益的维护者，不断增强对广大留学人员的吸引力和凝聚力，努力建设传承留学报国事业的美好家园。

各位学长，同志们、朋友们！

留学报国、振兴中华，凝聚了几代留学人员的夙愿，欧美同学会·中国留学人员联谊会不懈追求的奋斗目标。今天，这个经历了百年风雨而又生机勃勃的留学人员组织站在了崭新的历史起点上，正在和全国人民一道，向着实现民族复兴的伟大目标奋进。让我们紧密团结在以习近平同志为总书记的中共中央周围，以邓小平理论、“三个代表”重要思想、科学发展观为指导，深入学习贯彻党的十八大精神，广泛团结和凝聚海内外留学人员，全面建成小康社会，实现中华民族伟大复兴中国梦的历史征程中，续写留学报国事业的崭新篇章！

（欧美同学会网站）

万钢：深化科技体制改革，提高科技创新能力

（2013年1月19日）

2013年1月19日，2013年全国科技工作会议在北京召开。全国政协副主席、科技部部长万钢作工作报告。

万钢在工作报告中回顾了2012年科技工作，总结了5年来科技改革发展取得的成就和经验，提出了2013年重点任务。万钢强调，2013年是深入贯彻落实党的十八大精神的开局之年，是实施“十二五”规划承前启后的关键一年。做好今年科技工作，必须要深入学习贯彻党的十八大精神，以邓小平理论、“三个代表”重要思想、科学发展观为指导，加快实施创新驱动发展战略，全面落实全国科技创新大会各项任务，着力深化科技体制改革，着力提高科技创新能力，充分发挥科技支撑引领作用，攻坚克难，真抓实干，实现科技改革发展新突破，为提高经济增长质量和效益、保障和改善民生作出新贡献。

万钢指出，2012年是科技事业发展具有里程碑意义的一年。党的十八大胜利召开，全国科技创新大会召开，中共中央、国务院发布《关于深化科技体制改革加快国家创新体系建设的意见》。全国先后有21个省（区、市）召开科技创新大会，出台了一批针对性操作性强、改革力度大的政策措施。全社会R&D支出有望突破万亿元，占GDP比重可达2.0%，其中企业R&D支出占74%以上；研发人员总量预计达320万人年；发明专利授权量预计达21.7万件，比上年增长26.2%；全国技术合同成交额预计超过6000亿元；全国高技术产业总产值预计突破10万亿元。过去5年，在党中央、国务院的坚强领导下，我国科技事业快速发展，创新能力大幅提升，

在稳增长、调结构、转方式、惠民生中发挥了重要的支撑引领作用，科技进步贡献率从2008年的48.8%上升到2011年的51.7%，创新型国家建设取得显着成效。回顾5年来的工作，我们深刻体会到，必须坚持走中国特色自主创新道路；必须坚持围绕产业链部署创新链，促进科技经济紧密结合；必须坚持把促进民生改善作为科技工作的本质要求；必须坚持把增强科技长远发展能力作为战略重点；必须坚持把深化科技改革和开放作为强大动力。

万钢强调，当前我国科技工作正站在一个新的起点上。第一，党中央、国务院对科技工作提出了新的更高要求，因此要大力推进创新驱动发展战略，以全球视野谋划和推动创新，要牢牢把握新时期科技改革发展的战略任务。第二，新科技革命和产业变革对科技改革发展带来了新的机遇和挑战，新科技革命和产业变革正在孕育兴起，以科技创新为核心的国际竞争更加激烈，科研体制与创新模式加速变革。第三，经济社会持续健康发展对科技创新提出了新需求。面对新的形势和要求，我国科技改革发展仍然存在一些问题和难点，包括如何增强科技创新能力特别是原始创新能力，如何强化企业创新主体地位，如何加强创新政策落实，如何进一步完善科技创新管理等。与此同时，随着我国经济和科技实力大幅提升，一些领域已接近或达到世界先进水平，某些领域正由“跟跑者”向“并行者”“领跑者”转变，完全有能力在新的起点上实现更大跨越。因此必须坚定信心，更具胆识和智慧，切实把握和用好科技发展的战略机遇期，积极应对前进道路上的风险和挑战，深入实施创新驱动发展战略，充分释放科技体制改革红利，不断开创科技事业发展新局面。

万钢提出2013年主要推进十大重点任务：全面贯彻落实全国科技创新大会和中央6号文件精神，认真落实深化科技体制改革的各项任务；深入实施国家技术创新工程，强化企业技术创新主体地位；深入实施国家科技重大专项，加快培育发展战略性新兴产业；加强战略高技术的前瞻部署，抢占未来竞争制高点；加强高新技术集成示范和产业化，支撑产业结构调整；加强基础研究，提升科技持续创新能力；加强农业科技创新创业，促进城乡发展一体化；加强科技惠民，促进文化、社会和生态文明建设；加强基层科技工作，促进区域创新发展；深化科技开放合作，提升科技发展的国际化水平。他要求各级科技管理部门要把学习贯彻落实党的十八大精神作为当前和今后一个时期的首要任务，切实把思想和行动统一到中央的要求上来，深入学习领会党的十八大精神，改进工作作风，加强能力建设，加强反腐倡廉建设。

（科技部网站）

万钢：深化科技体制改革，推进创新驱动发展战略

（2013年3月7日）

2013年3月7日下午，十二届全国人大一次会议新闻中心举行记者会，全国政协副主席、科技部部长万钢就“创新驱动发展战略”的相关问题回答中外记者的提问。他表示，党的十八大和今年的政府工作报告明确提出实施创新驱动发展战略，强调科技创新是提高社会生产力和综合国力的战略支撑，必须摆在国家发展全局的核心位置。

万钢指出，下一步要扎实推进创新驱动发展战略。主要在于深入实施科技重大专项，加快培育战略性新兴产业，加快核心技术突破和成果产业化。加强高新技术集成示范和产业化，支撑产业结构调整。加强基础前沿研究，提高持续创新能力。加强农业科技创新创业，促进城乡发展一体化。加强科技惠民，促进文化、社会和生态文明建设。

万钢指出，要着力深化科技体制改革。一要实施国家技术创新工程，提升企业技术创新能力。继续推进产业技术创新战略联盟建设。围绕战略性新兴产业发展和传统产业转型升级，深入开展以企业牵头的产学研联盟试点。加快培育创新型企业。充分发挥企业在技术创新决策、研发投入、科研组织和成果转化中的主体作用。面向产业发展需求，构建技术创新服务平台。支持地方在特色优势产业建设区域公共科技服务平台。培育科技中介服务机构。

二要加强统筹协调和协同创新，提高国家创新体系整体效能。加强与部门、地方的会商合作，加强在资源配置和政策制定方面的协同配合。加强中央与地方的资源集成，加大创新驱动区域经济社会发展的力度。进一步围绕产业链部署创新链，促进基础研究、应用研究和成果转化的紧密衔接及各创新主体间的有效互动。

三要推进“两项制度、一个系统”建设，强化科技资源的开放共享。推动建立国家科技报告制度，发布关于加快建立国家科技报告制度的指导意见，在重大专项、主体计划及科技奖励中展开试点，鼓励引导部门、地方开展科技报告试点工作。推动建立全国创新调查制度。建立以企业为重点的全国创新调查制度，组织实施试点调查。完善指标体系，开展创新型国家建设进程监测评估。推动建立国家科技信息管理系统。初步形成覆盖科技部所有计划全流程的、统一的项目库和专家库，加强科技计划成果管理与社会共享使用。

四要深化科技计划管理改革，进一步加强创新人才队伍和政策法规体系建设。完善科技计划项目立项和过程管理。推动实现科技项目全过程痕迹化管理。强化科技计划项目和经费的监督巡视和绩效评估。加强创新人才工作。深入实施创新人才推进计划，建立健全科学合理的人才评价机制，加强科技创新人才队伍建设。加强对青年科技人才的支持。加强科研诚信建设，营造创新文化氛围。完善落实已有政策，加大企业研发经费加计扣除、高新技术企业认定等政策的落实力度。推动出台新政策，重点研究出台扶持新型研发组织、鼓励创新创业和科技型中小微企业发展、成果转化等方面的政策。

五要深化科技开放合作，提升科技发展的国际水平。从全球科技发展和产业竞争的视野来进行创新布局。组织科技发展态势分析和跟踪，强化技术前瞻和关键技术选择。加强政府间科技合作与创新政策对话，继续做好中美创新对话，开展中欧创新对话，推动中非科技合作伙伴计划。积极参与和推动国际大科学工程，鼓励我国科学家到国际组织任职。支持企业提高在全球范围内配置科技资源的能力。

（《中国高新技术产业导报》）

万钢：引进人才应该把重心放到解决后顾之忧方面

（2013年10月11日）

2013年10月11日上午，国务院新闻办公室举行新闻发布会，全国政协副主席、科技部部长万钢在会上介绍了落实创新驱动发展战略，推进科技经济紧密结合等方面情况，并回答记者提问。针对有海外引进人才因为房价、子女上学、以及空气质量等方面的担忧而打退堂鼓的情况，万钢表示，目前国内已经推出许多应对措施，也有很多值得推荐的做法，国内各方都在下力气做好这项工作，同时也需要海外人才共同努力。

万钢说，引进人才应该把重心放到解决科研人员的后顾之忧方面，包括上学、家属就业等等。部分海外留学人才面对回国问题时有些犹豫，担忧回来以后房价较高等，各地政府也在尽最大的努力来帮助他们解决。我们国家现在还是一个发展中国家，现在发展状态不太可能提供特别的优惠，但是我们愿意尽我们的力量帮科研人员解决后顾之忧，无论是在住房、就业还是在孩子上学等方面，尽我们的能力解决。政府要出一块，企业要努力一下，个人也要有创事业的决心。

万钢还举例讲述了对于雾霾严重等大气污染问题的看法。他介绍，雾霾天气发生后，科技部主动和环保部、北京市商量，共同启动首都蓝天行动计划，在绿色交通、能源转换、排放控制，烟气过滤方面强化技术应用。有很多专家也提出一些管理措施，但是，问题的最终解决还要靠减少排放的科技支撑，发挥科技创新的作用。解决雾霾天气政府要承担责任，企业要推动创新转变产业结构，科技要贡献力量，每个人都作出自己的努力，相信能够解决这个问题。

（中新网）

万钢：培育营造公平市场环境，支持企业技术创新

（2013年10月26日）

2013年10月26日至27日，2013浦江创新论坛在上海召开。全国政协副主席、科技部部长万钢出席并作题为《深化科技体制改革，落实创新驱动发展战略》主旨演讲。

万钢在演讲中指出，在强大的需求拉动、国际金融危机深层影响和科技自身发展的推动下，全球的产业变革正成为影响世界发展的重大因素，支撑工业体系发展的能源、材料、信息等三大支柱和工业制造本身都在发生革命性变化。实施创新驱动发展战略是党中央作出的重大战略抉择，即将出现的新一轮科技革命和产业变革与我国加快转变经济发展方式形成历史性交汇，为我们实施这一战略提供了难得的重大机遇和历史条件。我们必须增强忧患意识，紧紧抓住和用好机遇，以积极的精神和行动推进改革、迎接变革。

万钢强调，加强实施创新驱动发展战略顶层设计，是实施好这一战略的关键步骤。要紧紧围绕习近平总书记提出的“五个着力”的总体要求，进一步抓好创新政策、产业政策和经济政策的衔接协调，抓好科技创新管理和资源的统筹协调，抓好对经济社会文化生态等发展的全面支撑，抓好面向未来的科技储备和人才队伍，在加大科技开放合作等方面积极开展工作。要认识并理清推进科技改革和创新中存在的制约和关键问题，在密切科技与经济结合、提高自主创新能力、改变科技创新资源配置分散封闭重复低效、完善科技经费管理、健全创新环境和政策等方面加大改革力度，务求新的突破。

万钢指出，推动科技与经济的紧密结合，最重要的是让市场成为配置创新资源的主要力量，政府要继续加大对于基础研究、共性技术、战略高技术和公益性事业的投入，为企业的技术创新提供基础支撑、服务和长远的引导。我们要培育营造公平的市场环境，我们要支持企业的技术创新，特别是要发挥好中小企业，它本身在新技术革命和产业变动当中，应对不同的技术路线和商业模式变化的独特的优势，通过市场来筛选和培育发展新兴的产业。

（新浪网财经频道）

万钢：把创新驱动发展战略真正落到实处

（2013年11月15日）

2013年11月15日，科技口部门负责人、高校和科研机构部分科研人员在京召开座谈会，学习贯彻党的十八届三中全会精神和习近平总书记近期关于科技创新的重要指示。全国政协副主席、科技部部长万钢作了讲话。

万钢指出，学习贯彻三中全会精神，把科技体制改革放在全面深化改革的大局中谋划好落实好，对于实施创新驱动发展战略、支撑引领经济社会发展具有重要意义。科技界要结合科技改革和创新实际，把“三个进一步解放”的要求落到实处。他强调，科技界需要围绕全面深化改革大局进一步解放思想，把智慧和力量凝聚到科技改革与创新驱动上来。目前，我国已成为具有重要影响的科技大国和创新大国，这是解放思想、改革开放的结果。解放思想没有尽头，科技界

要把思想和行动统一到三中全会精神上来，在更广范围、更高层次上深化对科技改革和创新重大意义的认识。要从历史的尺度来看待科技改革和创新，增强使命意识和责任意识；要从全球的范围来看待科技改革和创新，增强机遇意识和忧患意识；要从全国的高度来看待科技改革和创新，增强担当意识和实干意识。

万钢指出，科技界需要围绕进一步解放和发展生产力特别是科技第一生产力，把创新驱动发展战略真正落到实处。要把握好提高科技实力和创新能力这个核心，把强化基础前沿研究、战略高技术研究和社会公益技术研究作为重大的基础工程来抓，着力加强科技成果转移转化。要面向经济社会发展重大需求，把握好增强经济竞争力这个主攻方向，在壮大实体经济上有更大的作为，在培育发展战略性新兴产业、促进传统产业转型升级上下更大的力气；加强区域创新，发挥好国家自主创新示范区和高新区的核心载体功能，形成一批带动能力强的创新集群和创新高地。把握好科技惠民、提高综合国力这个根本落脚点，既要围绕经济发展和产业升级，也要围绕民生、社会、安全、文化和生态，全面加强各领域的科技创新。

万钢强调，科技界需要围绕进一步解放和增强社会活力特别是创新活力，处理好政府和市场的关系，深化科技体制改革。改革的目的是要进一步打通科技和经济社会发展之间的通道，关键是要处理好政府和市场的关系，发挥好市场配置资源的决定性作用和政府的作用。要通过改革强化科技创新政策、经济政策与产业政策的衔接，着力推动科技成果转化为现实的生产力，把市场和社会的创新活力充分释放出来，同时更好发挥政府的作用。

（《科技日报》）

白春礼：把人才工作放在各项工作的首位

（2013年5月22日）

2013年5月22日，中国科学院院长白春礼在《人民日报》上发表学习《论人才重要论述摘编》体会文章。文章全文如下：

国以才立，政以才治，业以才兴。《论人才重要论述摘编》一书，选编了党的几代领导人在中国革命、建设、改革各个历史时期，关于人才及人才工作的重要论述。这些论述蕴含着党的领导集体和全党的智慧，集中反映了我们党的重要人才思想和基本精神，也是指导我国人才工作的重要方针。

党的几代领导人关于人才工作的重要论述，体现了党在推进中国特色社会主义事业过程中对人才重要性认识的不断深化。半个多世纪前，毛泽东就指出，“世间一切事物中，人是第一可宝贵的。在共产党领导下，只要有了人，什么人间奇迹也可以造出来”。这充分体现了新中国第一代领导人对人才的高度重视。改革开放之初，邓小平指出，“一定要在党内造成一种空气：尊重知识、尊重人才”，号召全党、全社会充分认识知识的力量和人才的价值。在改革开放和现代化建设进入新的关键时期，江泽民作出了“人才资源是第一资源”的科学论断，阐明了人才是生产力中最具有决定性的力量，并要求着重做好培养人才、用好人才、吸引人才的工作。党的十六大以来，面对经济全球化和新科技革命的深刻影响，胡锦涛提出了科学人才观，明确指出，“建设创新型国家，关键在人才，尤其在创新型科技人才”。党的几代领导人关于人才的科学论断和战略思想，形成了新时期党的人才工作理论体系，指引我国人才事业的发展。新中国成立60多年来，我国人才工作取得了明显成效，人力资源规模不断扩大，在社会主义现代化建设中发挥了重要作用。

科技创新人才是国家强盛的关键要素，高层次人才是一个组织乃至一个国家保持核心竞争力的根本保证。上世纪末，面对经济全球化和知识经济，一些国家纷纷采取措施，大力吸引和留住高层次人才。我们党深刻认识到世界范围的综合国力竞争，归根到底是人才特别是创新型人才的竞争。上世纪90年代初，为应对高层次人才匮乏的不利局面，党中央国务院支持中国科学院率先启动了我国第一个面向海外的高层次人才计划“百人计划”。1998年，党中央国务院做出建设国家创新体系的重大决策部署，支持中国科学院开展知识创新工程，将培养造就高级科技人才的基地作为其中一项重要任务。2003年，党中央召开了全国人才工作会议，对实施人才强国战略作出了全面部署，标志着我国人才工作进入一个新的阶段。2008年以来，党中央相继启动了“千人计划”“万人计划”等重大人才工程，吸引和培养了一大批高层次人才。这些人才工程的实施，不仅使我国在国际高端人才的竞争中赢得主动，也有利于建设一支能够满足创新型国家建设要求的高层次人才队伍。

青年人才的培养和使用，是事业持续发展的根基。世界科技发展的一些重大突破，往往源于年青人的首创精神。党的几代领导人关于青年人才的著名论述，体现了我们党对青年人才的高度重视。重温党的几代领导人的论述，我们深切体会到这些思想仍具有很强的现实指导意义。要努力为青年人才脱颖而出营造良好的社会环境，让他们充分施展才华，勇于创新，大展宏图。改革开放以来，国家在青年人才的培养上作了许多开拓性的工作，制定了一系列重大决策和政策措施，如选派青年人才出国留学、实施博士后制度等，对青年人才的培养和使用都发挥了重要作用，一大批优秀青年人才也在创新实践中迅速成长起来。在青年人才培养方面，中国科学院积极探索，不断创新，实施了青年人才专项、青年创新促进会等，起到了引领示范作用。在青年人才工作中，加强组织的关爱显得尤为重要。按照小平同志的要求，我们努力做好青年人才的“后勤部长”，主动为青年人才排忧解难，解除他们的后顾之忧。营造“让树木自由生长”、为“良种”提供“肥沃的土壤”和“充足的阳光”的“创新生态系统”。

党的十八大明确了全面建成小康社会的宏伟目标，强调要转变经济增长方式，实施创新驱动发展战略，提出了加快确立人才优先发展战略布局，推动我国由人才大国迈向人才强国，实施重大人才工程，加大创新人才培养支持力度，充分开发利用国内国际人才资源，积极引进和用好海外人才。

这进一步明确了新时期我国人才工作的使命与任务。

当前，中国科学院正在深入实施“创新2020”。我们将认真贯彻落实党的十八大精神，以几代领导人关于人才工作的重要论述为指导，把人才工作放在各项工作的首位，明确出成果出人才出思想的战略使命，不断凝聚培养造就一流的人才队伍，在创新型国家建设中发挥骨干引领作用，为全面建成小康社会做出更大贡献。

（《人民日报》）

白春礼：把握新科技革命机遇，助力美丽中国梦

（2013年5月27日）

2013年5月27日，《学习时报》刊登中国科学院院长白春礼专访文章。全文如下：

一、许多人认为新科技革命正在进行，而您多次强调当今世界正处于新科技革命的前夜。为什么会有这样的判断？

到现在为止，全球发生了五次科技革命，其中两次是科学革命，三次是技术革命。

科技革命源于两种驱动。第一种是现代化进程强大需求的驱动。16世纪中叶至17世纪末，以伽利略、哥白尼、牛顿等为代表的科学家在天文学、物理学等领域带来了第一次科学革命；18世纪中后期，出现了以蒸汽机发明应用及机器作业代替手工劳动为主要标志的第一次技术革命，也是第一次产业革命；19世纪中后期，以电力技术和内燃机发明为主要标志的第二次技术革命，带动了钢铁、石化、汽车、飞机等行业的发展；20世纪初，以进化论、相对论、量子论等为代表的科学突破引发了第二次科学革命，促进了自然科学理论的根本变革；20世纪中后期，电子计算、信息网络的出现带来了第三次技术革命。时至今日，200多年的工业化进程仅使不到10亿人口实现现代化，却已使自然资源和化石能源面临枯竭威胁，使自然环境遭受巨大破坏。面向21世纪中叶，包括中国、印度在内的20亿至30亿人致力于实现现代化，大部分发展中国家大力发展工业化，如果按照传统的发展方式，将给自然资源供给和生态环境承载能力带来更大挑战，显然难以为继。我们迫切需要开发新的资源来源，创新发展模式和途径，创建新的生产和生活方式。世界的现代化进程迫切需要一场新的科技革命和产业革命。

第二种驱动是知识与技术体系内在矛盾的驱动。20世纪初启动的第二次科学革命，标志性成果是量子力学、相对论、宇宙大爆炸理论、DNA双螺旋结构理论、板块构造理论、计算机科学。但20世纪下半叶以来，未能出现可以与上述六大成就相提并论的理论突破或重大发现，“科学的沉寂”已达60余年。同时，科学技术知识体系的内在矛盾凸现。当今世界科学技术发展呈现出多点突破、交叉汇聚的态势，涌现出一批新兴交叉前沿方向和领域，这将推动技术革命和产业变革的来临。所以，我们说世界正处在第六次科技革命的前夜。

二、在第六次新科技革命到来之前，您认为当前世界科技发展的热点话题有哪些？呈现出了怎样的趋势？

当前的科技创新自身呈现许多新特点，领域前沿不断拓展，学科间交叉、融合、会聚，新兴学科及前沿领域不断涌现；基础研究、应用研究、高技术研发边界日益模糊，并相互促进融合为前沿研究。

新一轮工业革命的国际热点话题主要有信息技术、新能源、智能化等。我们看到，能源已成为制约全球经济发展的关键瓶颈，必须在能源生产和消费方式上实现重大变革；信息技术和信息产业正在进入新的发展时期，云计算、大数据、虚拟现实、移动互联网、物联网等技术突破，将给信息技术应用模式带来一场深刻变革；信息技术与新能源的结合将产生新型工业模式，其理想状态是每个家庭、每个建筑不再是单纯的能源消费者，也能够成为部分能源的生产者甚至输出者；材料的精确设计和制造过程的智能化、柔性化，将使材料更加绿色化、个性化，从而提高其清洁、高效、可循环利用等。

3D打印机可能是体现上述特点的一项“代表作”。其原理是使用3D辅助设计软件设计出一个模型或原型，然后通过3D打印机的喷嘴喷出橡胶、塑料、砂子等有机或无机材料，“打印”出各种零件、模型设备等。目前，3D打印已开始应用于工业设计、数码产品开模等领域。

三、您刚才提到，如今国际热点话题围绕着信息技术、新能源、智能化等问题。那么，这些问题是否也将成为未来新科技革命的突破口？

中科院于2012年组织上百名专家、院士，用了大约一年的时间研究未来可能发生重大突破的领域。我们认为，六个方面正孕育着新科技革命的重大突破口：一是基本科学问题，包括宇宙演化、物质结构、生命起源与进化、意识本质等；二是能源与资源领域，包括化石能源清洁、高效利用，先进可再生能源开发等；三是信息网络领域，包括宽带、无线、智能网络继续快速发展，超级计算、虚拟现实、网络制造与网络增值服务突飞猛进等；四是先进材料和制造领域，包括先进材料和制造的全球化、绿色化、智能化程度加速发展，制造过程的清洁、高效、环境友好水平不断提升等；五是农业领域，包括生物多样性演化过程及其机理，高效抗逆、生态农业育种科学基础与方法，营养、土壤、水、光、温与植物相互作用的机理和控制方法等一些基本问题的突破；六是人口健康领域，包括疾病早期预测诊断与干预、干细胞与再生医学等。

以上任何一个领域的突破性原始创新，都会为新科学体系的建立打开空间，引发新的科学革命；任何一个领域的重大技术突破，都可能引发新的产业革命，为世界经济增长注入新的活力，引发新的社会变革，加速现代化和可持续发展进程。

四、为迎接这场新科技革命，世界各国采取了哪些措施？我国在这方面设定了哪些目标和要求？

世界主要国家为迎接新科技革命，把科技作为国家发展战略的核心，出台了一系列创新战略和行动计划。加大科技创新投入，在新能源、新材料、信息网络、生物医药、节能环保、低碳技术、绿色经济等重要领域加强布局，更加重视通过科技创新来优化就业结构、驱动可持续发展和提升国

家竞争力，力图保持科技前沿领先地位，抢占未来发展制高点。

在迎接这次新科技革命的进程中，各国的创新战略是各具特色的。比如，美国在高水平就业、振兴制造业、促进经济健康发展、发展清洁能源、保持强大繁荣和全球影响力等方面采取了战略行动；日本实施了应对资源匮乏、老龄化社会和经济停滞危机的新增长战略，致力于发展绿色经济；欧盟提出智慧增长、包容增长、可持续增长，力图建立创新型新欧洲，继“地平线2020”之后又发布了“GlobalEuropean2050”，以复兴欧洲为目标，提出了中长期研发重点和政策，力图掌握未来发展主动权；俄罗斯实施了促进经济由资源型向创新型转变的战略；印度则提出要在 2020年成为知识型社会与全球科技领导者。

在我国，党中央在 2006年的全国科技大会上作出了建设创新型国家的战略决策，发布了《国家中长期科学和技术发展规划纲要（2006—2020年）》。2012年的全国科技创新大会，进一步提出加快建设创新型国家，发布了《关于深化科技体制改革，加快国家创新体系建设的意见》，明确提出到2020年进入创新型国家行列，到本世纪中叶成为世界科技强国。党的十八大首次提出创新驱动发展战略，要求把科技创新摆在国家发展全局的核心位置，大幅提升科技进步对经济增长的贡献率，加快建设创新型国家。这对科技界准确判断科技发展态势、把握发展方向提出了新的更高的要求。

五、把握住新科技革命这一难得机遇对我国至关重要。您认为我国应该重点开展哪些工作？

2013年3月4日，习近平总书记在全国政协十二届一次会议科协、科技界联组讨论会上发表重要讲话，进一步强调要坚定不移走中国特色自主创新道路，深化科技体制改革，不断开创国家创新发展新局面，加快从经济大国走向经济强国。2013年国务院政府工作报告也明确提出，要紧紧围绕主题主线，以提高经济增长质量和效益为中心，深化改革开放，实施创新驱动战略。

近年来，我国政府、企业和社会对科技创新的投入大幅增加，彻底改变了长期以来科技投入短缺、人才流失、设施落后、需求不足、创新氛围薄弱的局面。当前，我国正处在工业化、信息化、城镇化、市场化、国际化深入发展的重要时期，经济社会结构面临重大转型。因此，我国科技界面临的最紧迫的任务是服务和支撑经济发展方式加快转变，而我国科技发展的重大战略任务是加快从跟踪模仿向自主创新为主转变。

《国民经济和社会发展第十二个五年规划纲要》明确了坚持把科技进步和创新作为加快转变经济发展方式的重要支撑，增强自主创新能力，加快国家创新体系建设，加快建设创新型国家等基本要求。而《国家“十二五”科学和技术发展规划》提出的总体目标中，包含这样几个关键性的量化指标：全社会研发经费占国内生产总值2.2%，国家综合创新能力世界排名上升至前18位，科技进步贡献率力争达到55%。

我国“十二五”科技发展八个方面的重点任务是：大力培育和发展战略性新兴产业；推进重点产业领域核心关键技术突破；推进民生科技领域核心关键技术突破；加快实施国家科技重大专项；前瞻部署基础研究和前沿技术研究；加强科技创新基地和平台建设；大力培养造就创新型科技人才；深化科技体制改革，加快国家创新体系建设。

六、中科院作为我国科技“火车头”，将如何继续把握新科技革命机遇，助推实现中国梦？

面对新的历史机遇期、新科技革命带来的机遇和挑战，中科院肩负着开拓科学发展、铸造科技“精兵”的光荣使命和重大责任。

首先，我们要切实增强危机感、紧迫感。我们全部工作的出发点，就是要为科技发展、国家富强、人民福祉作出实实在在的贡献。中科院的战略选择必须体现新时期国家的新要求，坚持立足国家重大需求、服务国家经济社会发展的基本出发点，坚持遵循科技发展内在规律的本质，发挥好科技“火车头”作用。基础研究以国际最前沿、国际一流水平为目标，应用研究以解决实际问题、作出实质性贡献为目标，有所为有所不为，不断作出基础性、战略性、前瞻性的重大创新贡献。

同时，我们努力抓好重大成果产出，在推动科技进步和支撑引领经济社会发展中作出重要贡献、产生重大影响。许多重大产出都需要早谋划、早部署、早实施，踏踏实实、不懈努力、持之以恒。像中微子、量子通信的最新成果的取得，都是“十年磨一剑”的结果。我们将持续关注国家的新需求、科技的新前沿，特别是新科技革命和新产业革命的新动态。在大数据、先进制造、3D打印等新兴前沿领域，适时调整战略重点，策划部署新的重大科技任务，及早布局、加快培育。在LED、太阳能、生物能源等国家和产业发展需求紧迫的领域方向，以需求为牵引，加强系统布局，整合优势，加快重大创新成果的产业化步伐。

此外，我们努力用改革释放潜力、激发活力。实现重大产出是科技生产力发展的必然要求，科技体制机制作为生产关系，必须与之相适应。只有深化改革，才能释放更多的发展红利。中科院全面推进“创新2020”跨越式发展，关键是要深化体制机制改革，遵循科技创新活动规律，把自身特色优势和发展要求有机结合起来。通过体制上的变革，把全院科研院所、学部、教育机构“三位一体”的独特优势充分发挥出来，实现出成果出人才出思想的战略使命。

建设“三位一体”，就必须打破思维定式、现有格局和工作惯性，遵循高水平科技创新、创新型人才培养、高端智库的各自规律，建立三者协调运行、有机统一的管理体制。正是基于这一认识，中科院党组经过反复酝酿并充分征求意见，于近日正式启动了院机关科研管理改革工作。围绕着实现科学、协同、规范、高效的机关管理这一目标，我们着力理顺关系，按照科技创新活动规律优化管理职能配置，坚持一件事一个部门负责，减少职能交叉；着力强化协同，促进研究所、学部和教育机构的融合与一体化发展，促进科学研究、学科建设和人才培养的有机衔接；着力提高效能，简政放权，减少院部机关对研究所具体事务的管理，提高机关工作的战略性、科学性、协调性和执行力。

当前正是创新型国家建设的关键时期。中科院作为国家科研机构，将努力在我国科技事业发展中发挥服务全局、骨干引领和示范带动作用，齐心协力、不懈探索，在新的科技革命到来之际，充分发挥科技“火车头”作用，推动实现美丽的中国梦！

（《学习时报》）

白春礼：十年后中国科技创新会实现质的飞跃

（2013年11月19日）

2013年11月18日至20日，“财经年会：2014预测与战略”在北京举行。中国科学院院长白春礼出席年会并做主题发言。以下为发言实录：

很高兴出席一年一度的《财经》年会。这次年会邀请社会各界人士，共同解析热点问题、展望政策走向，为我们研判中国未来发展趋势，提供了一个重要交流平台。作为科技界的代表，很荣幸能借此机会，从科技发展的角度，与大家共同交流我对一些问题的认识和思考。

我们先回顾一下科技史上几个著名的“预言”。100多年前，德国物理学家普朗克的老师曾忠告他，“物理学基本是一门已经完成了的科学”。1899年，美国专利局局长断言，“所有能够发明的，都已经发明了”。IBM董事长老沃森也曾预言，“全球计算机市场的规模是5台”。这些人大都是本领域的杰出人才，他们预言的失败，不是因为他们短视，而是因为人类创新的潜能远远超出了所有人的想象，社会经济发展的需求动力也远远超出了所有人的预测。

今天，我们可以在几分钟之内就了解到发生在地球另一端的新闻事件，可以随时随地和世界任何角落的人进行通信交流、研讨工作、召开会议，也可以在家里购买自己喜欢的衣物。创新，推动了这样一个前所未有的历史巨变，改变了我们的生产方式、生活方式；创新，也让很多人梦想成真。

柳传志和联想，马云和阿里巴巴，是中国人在这场世界性创新浪潮中创造奇迹的两个代表。29年前，柳传志带着11个人和20万元资金，从中科院计算所在中关村的一间小平房起步；今天，联想已经成为全球第一大PC厂商和全球500强企业。24年前，马云创办了阿里巴巴；今天，阿里巴巴的估值已达1000亿美元，今年“双十一”，淘宝、天猫购物交易额又创新高。他们的成功，除了自身独特的企业家气质外，更重要的在于，他们成功抓住了信息产业革命的机遇，成功利用了全球化背景下各种优质创新资源，成功实践于中国改革开放后无比广阔的市场。随着世界现代化的进程和新科技革命与产业变革的兴起，可以相信，未来，对怀着梦想创新创业的人，机遇会越来越多。

今天，包括中国、印度在内的20亿—30亿人将致力实现现代化，许多发展中国家也在大力发展工业化。现代化的进程，将对能源、资源、食品、健康、教育、文化等各个方面提出极大的需求，也对现有的发展方式提出极大的挑战。破解发展难题，创新发展模式，根本出路在于创新。

从科技创新发展自身看，以绿色、智能、安全、普惠为特征，已成为主要趋势，并取得了一系列重大突破。

比如，科学家已经制造出“人造树叶”，比天然树叶的光合作用效率高10倍，这将为发展生物质能源开辟一条有效的途径。可以预计，可再生能源和安全、可靠、清洁的核能，将逐步替代化石能源，我们将迎来后化石能源时代和资源高效、可循环利用时代。

信息产业正在进入跨越发展的又一个转折期。智能网络、云计算、大数据、虚拟现实、网络制造等技术突飞猛进，将突破语言文字壁障，发展新的网络理论、新一代计算技术，创造新型的网络应用与服务模式等。

先进材料和制造领域已能够从分子层面设计、智能化制造新材料，过程将更加清洁高效、更加环境友好。3D打印已经开始应用在设计领域，满足了个性化需求，大幅节约了产品开发成本和时间，将带来制造业新变革。

合成生物学的重大突破，将推动生物制造产业兴起和发展，成为新的经济增长点。现在，科学家在实验室中已经实现首个“人造生命”，打开了从非生命物质向生命物质转化的大门。基于干细胞的再生医学快速发展，有望解决人类面临的神经退行性疾病、糖尿病等重大医学难题，引发新一轮医学革命。

在一些基本科学问题上也出现革命性突破的征兆。2013年诺贝尔物理学奖授予了希格斯粒子的发现，这对揭开物质质量起源具有重大意义。科学家对量子世界的探索，已经从“观测时代”走向“调控时代”，这将为量子计算、量子通信、量子网络、量子仿真等领域的变革奠定基础。我们对生命起源和演化、意识本质的认识也在不断深入。这些基本科学问题的每一个重大突破，都将会深刻改变人类对自然宇宙的认知，有的还将对经济社会发展带来直接的、根本的影响。

综合判断，经济社会发展需求最旺盛的地方，就是新科技革命最有可能突破的方向。这是一个重要的战略机遇期，发达国家和后发国家都站在同一起跑线上。谁抓住了机遇，谁就将掌握发展的主动权。谁丧失了机遇，就会落在历史发展的后头。

我国改革开放30多年来，变化之大如天翻地覆，主要动力靠的是改革开放释放出的巨大能量。当前，我国经济社会发展处于重要的转型时期。一方面，资源驱动、投资驱动的发展方式，受到能源、资源、生态环境等方面的严重制约；另一方面，在产业链中的不利分工，也难以支撑经济在现有规模上的持续增长。

刚刚召开的十八届三中全会，是全面深化改革的又一次总动员、总部署，也再一次强调要把全社会的创新活力充分激发出来。这是站在更高发展起点上的改革，是面向未来的改革，是增强经济发展的内生动力、走内涵式发展道路的必然选择。

作为一个科技工作者，我深切感受到，我们的科技创新与国家和全社会的期望还有很大差距。其中既有历史的原因，也有现在体制上的问题。我国科技创新起点不高、基础薄弱。记得1987年我从美国回来的时候，国内科研投入很少、研究条件也差，小到实验室所需的电阻、电容等器件，都需要自己到中关村电子一条街一家一家跑。那时我们的科研成果很少。90年代后期，这一状况才开始有所改变，但真正重大原创成果还是凤毛麟角。2000年以来，国家自然科学一等奖9年出现空缺。可喜的是，今年我们的铁基超导研究，有望填补这一空缺。

现在我国科研条件大幅改善，研发投入2012年超过1万亿元，位居世界第二。我国发表的国际论文数量已升至世界第二，高水平产出明显增多，比如我们在中微子研究、量子反常霍尔效应、量子通信、超导研究等方面，都取得了一批重大原创成果。国际专利大幅增长，中兴、华为的申请数已位居世界前列。人才队伍整体能力和水平也在显著提升，越来越多的留学人员选择回国创新创业，据统计，近五年留学回国人员已近80万人。这些迹象表明，我国的科技创新已经开始从量的扩增向质的提升转变。

从一些后发国家的经验看，科技赶超跨越一般都要经过20年左右的持续积累后，真正实现质的飞跃。按照目前的发展态势，我相信，再有10—15年时间，我国科技创新一定能实现质的飞跃。我们在一些重要科技领域将走在世界前列，一批具有国际水平的科学家将活跃在世界科技舞台，一批具有国际竞争力的创新型企业将发展壮大起来，也会有中国的诺贝尔科学奖。

实现这样一个发展图景，需要科技界共同努力，更需要全社会的大力支持。虽然我们的科技体制还存在很多制约发展的突出问题，需要我们以改革的精神、务实的态度去解决。更重要的，我们要立足未来10—15年的发展图景，认真思考迫切需要解决的几个关键问题，未雨绸缪，做好充分准备。

第一，要推动科技与经济社会发展紧密结合，形成良性互动的机制。促进科技与经济结合，是深化科技体制改革的核心，也是落实创新驱动发展战略的关键。科技创新要坚持面向经济社会发展的导向，积极发挥市场对技术研发方向、路线选择、要素价格、各类创新要素配置等的主导作用，围绕产业链部署创新链，加强市场竞争前关键共性核心技术的研发。产业界特别是企业，要强化在技术创新决策、研发投入、科研组织和成果转化中的主体作用。通过建立定位明确、分工合作、利益共享、风险分担的产学研协同创新机制，着力解决科技创新推动经济增长的动力不足、应用开发研究与实际需求结合不紧、转移转化渠道不畅等问题，消除科技创新中的“孤岛”现象，提升国家创新体系的整体效能，在全社会形成强大的创新合力。

第二，要为新科技革命和产业变革做好前瞻布局。在能源、信息、材料、空天、海洋等经济社会发展的关键领域，要加强前沿布局和先导研究，通过科技界和产业界密切合作、共同攻关，培育我国未来新兴产业的基础和核心竞争力。在这里，我特别呼吁，要更加关心和支持基础研究。一直有人问我，基础研究有什么用？我想，庄子所说的“无用之用，是为大用”，明代徐光启所说的“无用之用，众用之基”，都是很好的回答。有的科学家也说，问基础研究有什么用就好像问一个初生的婴儿有什么用。基础研究的“用”，首先体现在它对经济社会发展无所不在的作用，在我们现实生活中广泛使用的半导体、计算机、激光技术等，都是基础研究成果的实际应用。现在知识产权的保护已从基础研究阶段开始，原始性创新是核心关键技术的源泉。基础研究还体现了人类不断追求真理、不懈创新探索的精神，也培育了创新人才，是现代社会文明、进步、发展的重要基石。

第三，要创造一个鼓励创新、支持创新、保护创新的社会环境。上世纪80年代，美国涌现出一批像比尔•盖茨、乔布斯这样的成功创业者，分析他们的成长经历，当时美国社会良好的创新条件和环境，起到了非常重要的作用。我们要从国家和社会两个层面，建立和完善公平竞争的法律制度体系、广泛的社会扶持政策和创新激励机制，提高全社会的知识产权意识，尊重和保护创新者的贡献与权益。只有这样，才能出现中国的比尔•盖茨、乔布斯，才能涌现出更多的柳传志、马云。中国科技创新的跨越发展，不仅要依靠现在活跃在科研一线的科学家、工程师和企业家们，也要依靠下一代、下两代科学家、企业家。未来，是他们以中国科学家、企业家的身份站在世界创新的舞台上。失去这一两代人，中国将会失去未来。我们必须打破现有的利益格局，为培养下一代科学家、企业家做好充分准备，让一切优秀的、有潜质的、有抱负的青年人才，得到更好的培养和更广阔的舞台，让一切劳动、知识、技术、管理和资本的活力竞相迸发，让一切创造社会财富的源泉充分涌流。

各位嘉宾，这是一个创新的时代，是通过创新实现梦想的时代。中国科学院作为国家战略科技力量，将秉承“创新科技、服务国家、造福人民”的价值理念，与社会各界携手合作，共同谱写中国科技创新的新篇章，成就中华民族伟大复兴的中国梦！

（财经网）

尹蔚民：优化人才发展环境，激发人才创新活力

（2013年1月10日）

2013年1月10日，人力资源社会保障部召开人才工作领导小组会议，传达中央人才工作协调小组第38次会议和全国人才工作座谈会精神，研究部署2013年人才工作。中央组织部副部长、人力资源和社会保障部部长尹蔚民在会上强调，要全面落实十八大关于人才工作的总体要求、基本思路和重点任务，着重做好四个方面的工作，推进人才工作创新发展。

尹蔚民指出，要重点做好四个方面的工作：一是以实施国家重大人才工程为龙头，加快推进专业技术人才和高技能人才队伍建设。突出抓好专业技术人才知识更新工程、国家高技能人才振兴计划等国家重大人才工程，继续配合实施好“千人计划”“万人计划”，统筹推进国家百千万人才工程、博士后国际交流计划等政府人才项目。二是以重大人才政策创新为根本，进一步优化人才发展环境。建立健全专家培养选拔、发挥作用和联系服务政策，完善博士后培养、管理服务政策，完善支持鼓励人才向基层流动政策。三是以人才发展体制机制改革为动力，进一步激发人才的创新活力。加快改革完善人才评价机制，全面推开深化中小学教师职称制度改革，推动出台事业单位人事管理条例，推动国家勋章和国家荣誉称号法、国务院表彰奖励工作条例出台。四是以转变职能优化服务为目标，不断健全政府人才公共服务体系。拓展公共就业和人才服务内容，推动人力资源服务业发展，加强人才服务平台建设。

（《中国组织人事报》）

尹蔚民：创新完善留学人员回国服务工作政策体系

（2013年3月21日）

2013年3月21日，2013年留学人员回国服务工作部际联席会议在北京召开。会议总结交流过去一年留学人员回国服务工作，研究部署今年的工作任务。中央组织部副部长、人力资源和社会保障部部长尹蔚民出席会议并作重要讲话。

尹蔚民指出，2012年，部际联席会议各成员单位和有关部门深入学习贯彻党的十八大精神，按照人才规划纲要总体部署和部际联席会议的具体安排，共同推动留学人员回国服务工作取得了新突破。我国留学人员回国总数达到109万人，近五年回国的人数达到80余万，接近前30年回国人数的3倍，年均递增36%。特别是2012年留学人员回国数量达到27.29万人，同比增长46.57%。

尹蔚民强调，2013年，要重点做好三方面工作：一是创新完善留学人员回国服务工作政策体系。着手研究面向全体留学人员的普惠性支持政策，健全进一步支持留学人员创业发展的政策，继续完善工作生活各个方面的具体政策，不断优化覆盖各个层次、各个类别留学人才回国工作的政策环境。抓紧研究制定中国“绿卡”配套政策，落实外籍高层次人才持中国“绿卡”可享有的各项国民待遇，降低“绿卡”门槛。要以《出入境管理法》中专门设立人才签证为契机，研究制定好外籍高层次人才签证、停留居留、永久居留、就业等方面配套法规。二是着力健全留学人员回国工作服务体系。以留学人员回国服务联盟建设为龙头，汇聚各级留学人员服务中心、工作站、创业园的优势资源，充分发挥侨办、侨联、科协、团中央、欧美同学会等部门的独特优势，注重发挥各类社会化人力资源服务组织、风投创投机构的作用，逐步形成政府主导、社会参与、相互配合、上下互动的留学人员回国服务网络。以“千人计划”服务窗口为龙头，加强留学回国服务工作平台和信息平台建设，加大“硬件”投入，提升“软件”水平，制定服务标准，创建服务品牌。切实落实高层次留学人才各项生活待遇，方便办理各种手续，不断提升服务水平。三是深入实施留学人员回国服务重点工程项目，包括重点引才项目、留学人才创业项目、为国服务项目。

（人社部网站）

裘援平：重视招才引智，突破地方和企业发展瓶颈

（2013年5月30日）

2013年5月30日下午，国务院侨务办公室主任裘援平会见了专程来京汇报工作的湖北省外侨办主任晏蒲柳、副主任冯细国，听取了2013年“华侨华人创业发展洽谈会”筹备工作情况汇报，并观看近期拍摄的“华创会”宣传短片。

裘援平表示，“华创会”作为侨办系统重要的招才引智及招商引资大型平台活动，成果丰硕，引领效果显著，国侨办今后将一如继往地予以大力支持。今年“华创会”的总体设计和前期准备工作卓有成效。在6月20日大会开幕前的这段时间里，希望继续深入落实相关工作，力争把活动办得更有成效。

裘援平强调，当前国家实施“创新驱动”战略，将更加重视海外高层次人才的引进工作。对地方和企业来讲，与前些年特别强调和重视“招商引资”有所不同的是，当前特别缺乏拥有自主知识产权的高科技项目和可以突破发展瓶颈、开创新局面的高端人才，尤其是领军人才。未来地方和企业将更加重视招才引智工作。因此，侨务科技工作要继续开拓进取，进一步发挥海外侨胞的智力资源优势，深入开展引进海外高层次人才和智力工作，在为国家发展大局服务方面做出新的更大贡献。

（中新网）

裘援平：大力引进海外人才，共圆共享中国梦

（2013年6月20日）

2013年6月20日，2013（第十三届）华侨华人创业发展洽谈会在湖北省武汉市拉开帷幕。国务院侨务办公室主任裘援平出席开幕式并致辞。

裘援平在致辞中表示，“华侨华人创业发展洽谈会”作为“立足湖北、面向中西部、服务全国”的侨务引智引资品牌活动，以引进海外高层次人才、推动海外人才回国创业发展为目的，积极凝聚侨心、汇聚侨智、发挥侨力，为湖北省及中西部地区的对外开放，为服务国家科教兴国、人才强国和创新驱动战略发挥了重要作用，成为服务地方经济社会发展、服务华侨华人事业发展的有效平台，成为汇聚华侨华人力量推进实现中华民族伟大复兴中国梦的载体。

裘援平指出，广大海外侨胞在中国革命、建设、改革各个历史时期，为中华民族的独立和解放，为新中国的繁荣

和发展，为维护和促进中国统一，为增进中外友好交流与合作，作出了独特而重要的贡献。去年召开的中共十八大和今年召开的全国“两会”，描绘了中国未来发展的宏伟蓝图。新一代中央领导集体上任以来，习近平总书记反复提到要实现中华民族伟大复兴的“中国梦”，指出“实现中国梦必须走中国道路，必须弘扬中国精神，必须凝聚中国力量。”我们相信，在新一届中央领导集体的领导下，海内外中华儿女必将继续同心同德，共圆共享“中国梦”。

裘援平强调，今年是为全面建成小康社会奠定坚实基础的重要一年，我们正在深入实施人才强国战略和创新驱动战略，以高层次、高技能人才为重点，加强各类人才队伍建设。作为“中部地区崛起战略”实施主体的湖北、山西、安徽、江西、河南、湖南六省，正全面落实创新驱动战略，大力引进海外高层次人才，努力实现中部地区经济社会全面协调可持续发展。全球华侨华人中蕴含着极其丰富的智力资源，希望参会的海外侨胞充分利用“华创会”这一平台，把握机遇，发挥优势，深化合作，为把我国建设成为创新型国家，为共圆中华民族伟大复兴的中国梦贡献力量。

（中新网）

王志刚：坚持把科技创新作为经济发展的内在动力

（2013年1月19日）

2013年1月19日，2013年全国科技工作会议在京召开。科技部党组书记、副部长王志刚主持会议。

王志刚在总结讲话中强调，要充分认识实施创新驱动发展战略的重大意义，切实增强实施创新驱动发展战略的责任感和紧迫感，准确把握实施创新驱动发展战略的核心要求。王志刚要求为全面落实创新驱动发展战略，要重点把握好以下几点：一是坚持把科技摆在优先发展的战略位置，不断提升我国科技实力和创新能力；二是坚持把科技创新作为经济发展的内在动力，不断提升我国经济实力和社会生产力；三是坚持把创新驱动发展战略贯彻到现代化建设整个进程中，不断提升我国综合国力和核心竞争力。

王志刚要求，各地方各部门要认真学习、抓好落实：深入学习贯彻落实党的十八大精神；加强统筹推进、完善创新政策、注重机制创新、加强试点示范，扎实做好科技体制改革各项工作；紧扣主线、突出重点、夯实基础、务求实效，着力发挥科技创新的支撑引领作用；切实转变工作作风、加快政府职能转变、加强反腐倡廉建设，进一步提高科技管理科学化水平。

（科技部网站）

王志刚：深化科技体制改革，充分释放科技创新活力

（2013年11月15日）

2013年11月15日，科技口部门负责人、高校和科研机构部分科研人员在京召开座谈会，学习贯彻党的十八届三中全会精神和习近平总书记近期关于科技创新的重要指示。科技部党组书记、副部长王志刚主持会议并作会议总结。

王志刚指出，十八届三中全会的重大决策部署和总书记的重要指示，集中体现了我们党对当代经济社会发展和科技创新规律的深刻把握，对于凝聚社会共识，坚定信心，深化改革，实现创新驱动发展，加快推进全面建成小康社会，进而建成富强民主文明和谐的社会主义现代化国家具有重大而深远的影响。我们将以更加积极主动的态度把握科技发展方向，深化科技体制改革，充分发挥市场在配置科技资源中的决定性作用，充分释放科技创新活力，实现科技与经济紧密结合，努力在创新驱动发展上有更大作为。

一是统一思想、凝聚共识，在学深学透上下工夫。学习宣传贯彻党的三中全会精神和习近平总书记关于科技创新的一系列重要指示精神，是当前和今后一个时期科技界的首要政治任务，要迅速掀起系统学习和全面贯彻的热潮，准确把握三中全会的精神实质和思想内涵，落实好中央对科技创新工作的新要求，把思想和行动统一到中央的战略判断和决策部署上来。在国家治理体系总架构下建设好国家创新体系，用科技创新能力为国家治理能力的提升做好支撑。

二是学以致用、攻坚克难，推动科技体制改革迈出更大步伐。要按照三中全会、2012年中央6号文件和十八大以来中央关于科技创新的一系列新论断新指示新要求，始终把改革作为根本动力，深入推进科技体制改革，着力打通科技和经济社会发展之间的通道，促进科技创新与经济社会发展的紧密结合，真正使市场在科技资源配置中发挥决定性作用，在强化企业成为科技创新主体和协同创新，在科技项目经费管理、评价奖励、政策环境营造等方面下工夫，提高国家创新体系的整体效能。

三是精心设计、凝聚合力，着力加快创新驱动发展战略实施。要紧密结合我国经济社会发展和科技改革发展实际，积极联合有关部门，动员科技界、产业界和各方面广泛参与，形成合力，做好创新驱动发展战略的顶层设计和任务落实。要进一步找准科技创新的着力点和突破点，统筹加强基础前沿研究、核心技术攻关，围绕产业链部署创新链、围绕创新链完善资金链，加快科技成果转化和产业化，服务于经济发展、产业转型升级和民生改善。

四是转变职能，改进作风，切实加强自身素质和能力建设。科技管理部门要按照三中全会的部署要求，切实转变政府职能，深入推进科技管理体制改革，处理好政府与市场的关系，把政府该做的事情做好，提高战略规划和政策制定的能力和水平，积极营造有利于创新的生态环境。

（《科技日报》）

王志刚：健全市场导向机制，强化企业技术创新主体地位

（2013年12月1日）

2013年12月，在《求是》杂志第23月号上，科学技术部党组书记、副部长发表署名文章。全文如下：

党的十八届三中全会在深化科技体制改革的论述中提出，要建立健全鼓励原始创新、集成创新、引进消化吸收再创新的体制机制，健全技术创新市场导向机制，发挥市场对技术研发方向、路线选择、要素价格、各类创新要素配置的导向作用。这是我们党放眼世界、立足当前、面向长远作出的重大部署。认真学习领会中央精神，深刻认识健全技术创新市场导向机制的重要作用，全面落实相关重大举措，对于实施创新驱动发展战略，打造中国经济升级版，为实现中华民族伟大复兴的中国梦提供强大科技支撑，具有重大意义。

一、健全技术创新市场导向机制是落实创新驱动发展战略的重大任务

创新驱动发展战略对于应对新科技革命与产业变革，迅速提升科技实力和综合国力，全面建成小康社会具有重要意义。落实好创新驱动发展战略，首先就要健全技术创新市场导向机制，为创新驱动提供良好的体制机制保障。

（一）健全技术创新市场导向机制是落实创新驱动发展战略的紧迫要求

当前，我国经济总量已跃居世界第二位，但生产力总体水平仍然不高，经济发展中的结构问题依然突出。要实现经济社会的持续快速发展，实现13亿多人的现代化，必须加快经济发展方式转变和结构调整，必须依靠科技创新，降低对能源、资源、环境的消耗，走新型工业化、信息化、城镇化、农业现代化“四化同步”的“并联式”发展道路。特别是我国人均国内生产总值已超过6000美元，到了跨越“中等收入陷阱”的关键时期，发挥好科技创新的作用尤为重要。党的十八大以来，中央特别强调科技创新在国家强盛和民族复兴中的重要地位，强调要加快从要素驱动发展为主向创新驱动发展转变，由科技实力的提升带动经济实力的提升，最终实现综合国力的提升。实施创新驱动发展战略事关国家前途命运，既是形势所迫，也是大势所趋，必须加紧落实。

落实创新驱动发展战略，核心就是要发挥好科技第一生产力作用，解决好科技与经济社会发展深度融合问题；关键就是要释放出市场配置科技创新资源的决定性力量，健全体制机制，打通从科技强到产业强、经济强、国家强的整体发展、持续发展、具有强大竞争力发展的通道，让创新成果更好更快地进入市场，创造出价值。因此，健全技术创新的市场导向机制，关系着创新驱动发展战略能否落到实处，是牵一发而动全身的关键措施。

（二）健全技术创新市场导向机制是应对新科技革命和全球产业变革的重大举措

当前，新一轮科技革命和产业变革正在全球孕育兴起，新科学理论突破、新生产工具、新就业岗位、新投资热点、新生产生活方式都在加快成熟和积累中，科技和经济全球化呈现新特点。一是科技创新对产业发展的作用更加关键。创新要素向哪里聚集，哪里就可能成为新的产业和经济制高点。二是市场成为引导创新要素流动的关键力量，金融资本、商业模式等市场要素助推创新资源在全球范围加快流动和配置。产业竞争前移到对创新能力和人才等创新要素的争夺。三是企业成为配置创新要素的核心载体。企业特别是跨国企业在全球配置研发链、生产链和供应链，创新资源整合能力成为企业核心竞争力所在。在此大背景下，市场和企业的作用更加突出，全球竞争有了新赛场、新规则，各主要国家都在加紧优化科技创新体制机制，以期更好地发挥出市场作用，推动创新成果尽快转变为生产力、竞争力，抢占科技和产业制高点。

新科技革命和全球产业变革的新机遇对各国而言是同样的，抓住了就是机遇，抓不住就是挑战。同时，迅猛发展的全球产业变革与我国的转方式调结构形成了历史性交汇，这是难得的历史性机遇。抓住这个机遇，我们就可能在成功转变经济发展方式的同时，实现向全球产业链高端的攀升。我们必须以更加强烈的紧迫感，更加自觉地驾驭全球化新趋势，加快健全市场导向机制，更加积极主动地应对全球产业变革。

（三）多年的科技体制改革为健全技术创新市场导向机制作出了积极探索

经过多年改革发展，我国已经走出了一条中国特色自主创新道路，初步形成了市场导向的科技创新格局。

一是技术创新支撑产业发展的体制机制逐步完善，产业技术进步全面加快。通过实施国家科技重大专项，建立国家高新区，推广新能源汽车、半导体照明等科技产业化示范工程等工作，科技创新支持企业、产业发展的规律进一步明晰，机制逐步完善，培育了一批战略性新兴产业生长点，加快了量大面广的传统产业转型升级，推动了我国产业技术的快速提升。我国高新技术产业总产值从2006年的4.2万亿元提高到目前的近10万亿元。

二是坚持市场导向的新型科技创新力量迅速成长，市场配置科技资源的基础性作用不断增强。30余万家科技型中小企业和数千家科技“小巨人”企业形成了铺天盖地、顶天立地的良好创新局面。大量创新型领军企业脱颖而出，一批新型研发组织茁壮成长。创新投入的主体和配置规律更加清晰。2012年，全社会超过万亿元的研发支出中，企业投入超过74%。在市场配置下，企业研发投入专注于新技术新产品开发和商业模式创新，财政科技投入则更加注重基础前沿研究、人才培养和民生改善。

三是政策与法治环境不断优化，市场导向的创新格局初步形成。科技进步法、成果转化法等形成了支持创新的基础法律环境。研发费用加计扣除、高新技术企业税收优惠等政策有力地激发了企业创新活力。创新驱动成为地方发展的核心战略，各具特色的区域创新体系正在加快形成。全社会知识产权意识普遍加强，技术市场交易持续升温，2012年全国

技术市场交易超过6400亿元，是2002年的7.3倍。

总体来看，经过多年努力，我国科技创新的市场导向逐步完善，成为具有重要国际影响的科技创新大国。但与落实创新驱动发展战略的要求相比，与把握好全球产业变革的重大历史机遇的需求相比，我国技术创新市场导向机制还只是初具雏形，仍面临着企业创新能力不强、市场机制不完善等问题，亟须进一步深化改革，突出企业和市场的作用，解决好科技与经济社会发展融合的体制机制问题。

二、健全技术创新市场导向机制关键是强化企业技术创新主体地位

创新价值要通过市场实现。充分发挥市场对研发方向、技术路线选择、技术要素价格等各类创新要素配置的导向作用，必须以企业和市场为核心健全技术创新市场导向机制，调动企业的积极性主动性，才能发挥市场配置创新资源的决定性作用。近年来，在国家技术创新工程等工作的引导下，我国企业技术创新能力有了很大提高，但总体来看仍处于较低水平。必须下大力气提升企业技术创新主体地位和能力，大幅提高国家创新体系整体效能。

（一）发挥大型企业创新骨干作用，激发中小企业创新活力

大型企业是技术创新的骨干力量。大型企业的技术创新主体地位，一方面体现在企业自身要成为本行业的创新骨干，另一方面体现在大型企业能牵头带领中小企业和科研院所一起干，做好领头羊，形成良好的创新集群。

继续做大做强一批行业龙头企业。支持有条件的创新型企业承担国家重大科技攻关任务，参与重点工程建设，鼓励企业加大先进技术收购引进、消化吸收和再创新。在研发实力较强的企业建设国家重点实验室和工程技术中心等技术研发机构，引导有条件的企业参与基础前沿研究，提高企业原始创新能力。

加强对中小微企业的创新支持。中小微企业具有独特的创新优势，是市场经济条件下应对技术路线多样、商业模式多变的重要力量。要营造公平竞争的市场环境，大力支持民营企业和中小微企业的创新活动，激发创新活力。以企业需求为导向，构建一批公共技术创新服务平台，为企业特别是中小微企业提供技术创新服务。积极引导和支持地方结合各自特色优势产业，建设工研院、产业技术研究院等区域公共科技服务平台。

深化科研院所改革，加快推进应用型技术研发机构的市场化、企业化。鼓励引导应用型、面向产业的科研院所和高校围绕企业转，想企业所想，解企业所困，更多地为企业提供支撑和服务。深化技术开发类科研机构企业化转制改革，提高转制院所行业关键共性技术的供给能力和产业化能力。健全科技创新人才流动和考评机制，鼓励科研院所、高校和企业创新人才开展双向交流。

（二）建立主要由市场决定技术创新项目和经费分配、评价成果的机制

加快建立由市场决定技术创新立项、实施和评价的机制。企业是联系市场和创新的纽带，能够敏锐把握市场对创新的需求。在技术创新项目立项上，多听企业意见，在技术创新的经费投入上，以企业投入为主。完善政府支持企业技术创新方式，探索财政科技投入新渠道，由事前投入扩展为事中和事后补助，采用政府购买服务的方式支持社会公益技术推广应用。在成果评价上，注重科技创新实际贡献，应用研究由用户和专家等第三方评价，着重评价成果转化情况以及成果的突破性和带动性；产业化开发由市场和用户评价，着重评价对产业发展的实质性贡献。

积极落实鼓励企业创新的优惠政策，支持企业加大研发投入。进一步强化企业研发费加计扣除、高新技术企业税收优惠等政策的落实，提高对企业技术创新投入的回报，引导形成公平、普惠的政策环境。进一步加大国家自主创新示范区改革政策的试点力度，深化股权激励分期纳税、职工教育经费税前扣除等改革试点，总结完善后逐步推广。

（三）健全技术转移机制，改善科技型中小企业融资条件，完善风险投资机制，鼓励商业模式创新

技术转移是实现科技成果产业化的基本途径。要进一步健全技术转移机制，促进科技金融结合，加快推动创新成果产业化。

加强知识产权运用和保护。知识产权制度是推进创新的根本制度。要完善实施知识产权战略的体制环境，构建知识产权创造、应用、保护体系，健全技术创新激励机制，引导和支持重点领域形成重大专利和标准。要探索建立知识产权法院，加强对涉及专利权、商标权、著作权、不正当竞争等知识产权类民事、刑事和行政案件的审理，协调整合现有各级法院知识产权庭的职能，进一步完善知识运用和保护的法治环境。

加强成果转化机制和平台建设。加快推进科技成果转化法修订，合理确定不同主体在成果转化中的定位，深化国有事业单位科技成果处置权和收益权改革，促进科技成果的资本化、产业化。加大技术交易平台建设，积极发展技术市场，鼓励技术开发、技术转让、集成化服务等技术交易，不断提高技术交易质量。

鼓励商业模式创新，加强对商业模式创新知识产权的保护，在部分地区和行业探索开展商业模式专利审查、授权等试点示范，完善商业模式专利的审查标准、工作规则。

充分发挥资本市场对创新创业的支持作用。促进科技金融结合，引导金融机构综合运用买方信贷、卖方信贷、融资租赁等方式，加大对科技型中小企业的信贷支持，鼓励发展知识产权和股权质押贷款。加大科技型中小企业技术创新基金和创投引导基金工作力度，大力发展创业风险投资基金，促进中小企业板、创业板以及场外市场等多层次资本市场健康发展。加大对天使投资等的支持和引导，鼓励商业银行、保险机构等积极投资创投基金，带动民间资本更多地投向创新型企业。

三、加强宏观统筹和基础制度建设，为健全技术创新市场导向机制提供良好保障

健全技术创新市场导向机制，需要深化科技体制改革，厘清政府市场关系，完善科技基础制度，健全科技资源共享机制，营造良好创新环境。

（一）打破部门分割，形成协同创新的良好局面

创新驱动是一种新的发展模式，涉及国民经济和社会发展的方方面面。落实创新驱动发展战略，科技部门要发挥主导作用，也需要多个部门协同配合。要加强落实创新驱动发展战略的顶层设计，打破行政分割，加强科技部门、经济部门、综合部门互动，在政策制定和资源配置上加强配合，形成合力。

整合各部门的科技规划和资源，完善政府对基础性、战略性、前沿性科学研究和共性技术研究的支持机制。强大的

科技创新能力是实施创新驱动发展战略的前提。各相关部门要整合科技规划和资源，把强化基础前沿研究、战略高新技术研究和社会公益技术研究作为重大基础工程来抓，增强预见性和前瞻性，提高我国原始创新水平。财政科技投入要持续稳定支持事关国家长远发展和战略安全的重大基础和前沿研究。各部门在规划制定、项目决策、基地建设、大型科学仪器采购等方面，要加强沟通，避免重复。要积极引导企业特别是大型企业加大对产业共性技术研发。

（二）加强科技基础制度建设，建立公开透明高效的创新资源共享平台

要通过科技管理的基础制度建设，规范科研项目管理，提高经费使用效率，推动科研成果全社会共享。

建立公开透明高效的国家科研项目共享系统。加快建立统一的科技管理信息系统，在加强科研项目过程管理的同时提高公开共享水平，应公开的科技报告都要在共享系统中公开，以避免重复申请和重复研究，接受全社会监督。

加快建立国家科技报告制度和创新调查制度。尽快出台科技报告的标准规范，国家财政支持的科研项目都应按标准提交科技报告。加大科技报告制度的试点和宣传工作，尽早让广大科研人员熟悉、提交和使用科技报告。加紧实施创新调查制度，科技部门要会同统计部门，合理设计统计指标，组织开展创新型国家建设监测调查，客观评价和度量国家、重点区域和企业的创新发展进程。

提高国家重大科研基础设施开放水平。推进大型科学仪器设备、科技文献、科学数据等科技基础条件平台建设，制定相应的评价标准和监督办法，健全服务管理模式和支持方式。国家重大科研基础设施依照规定应该开放的一律对社会开放。

（三）深化科研评价奖励改革，培养造就一支规模庞大、素质优良的科技创新人才队伍

良好的科技评价和奖励制度是形成正确评价导向、激发科研人员创造活力的关键措施。要加快改革和完善人才发展机制，深化评价和奖励改革，统筹加强各方面人才队伍建设。一是完善以科研能力和创新成果为导向的人才评价标准，改变片面将论文专利、项目经费等与科研人员评价晋升直接挂钩的做法，形成正确的评价考核体系。二是改革科技奖励制度，优化奖励结构、规范程序、提高质量、减少数量。三是推进素质教育，培养更多实用型人才，重视发挥中青年作用。四是改革院士遴选和管理体制、优化学科布局，提高中青年人才比例，实行院士退出和退休机制，更好地发挥院士团体的领军和参谋作用。五是加强科研诚信和科学道德建设，鼓励独立思考，提倡百家争鸣，着力打造公平竞争、宽容失败的创新环境。

我们要认真学习领会十八届三中全会精神，深化科技体制改革，加快健全技术创新市场导向机制，着力提升企业技术创新主体地位，确保创新型国家建设与全面建成小康社会同步走、同向行，为推进社会主义现代化建设作出新的更大贡献。

（《求是》）

王志刚：为中国梦点燃创新驱动新引擎

（2013年12月30日）

2013年12月30日，《经济日报》刊登科技部党组书记、副部长王志刚文章。全文如下：

党的十八届三中全会作出全面深化改革的重大部署，强调要加快建设创新型国家，深化科技体制改革。这与党的十八大精神和以习近平同志为总书记的党中央关于科技创新的一系列重大新论断新要求一脉相承，为实施创新驱动发展战略进一步指明了方向。我们要认真贯彻落实中央的重大决策部署，着力疏浚创新驱动发展的渠道，把科技创新对提高社会生产力和综合国力的战略支撑作用充分发挥出来。

一、实现中国梦亟需发动创新驱动新引擎

实施创新驱动发展战略决定着中国前途命运。习近平总书记对此作出深刻阐述。科技创新对社会生产生活的影响从来没有像今天这样深刻，国家发展和民族复兴对科技创新的需求从来没有像今天这样迫切。实施创新驱动发展战略，是中央镜鉴历史、面向未来，立足全局、放眼全球的重大抉择。“不日新者必日退”，古代中国辉煌的文明得益于科技水平长期处于世界前列，近代中国深重的苦难根子之一在科技落后，从历史的深处展望未来，我们能够更加深刻地体会中央把科技创新摆在国家发展全局核心位置的重大意义。国际上，全球现代化拉动、国际金融危机倒逼下的新科技革命和产业变革正在孕育兴起，成为各国最难掌控但必须面对的不确定性因素，国际竞争的焦点已前移到科技实力和创新能力的较量，在创新驱动上我们不能等待、不能观望、不能懈怠。从国内看，我国改革发展已进入关键时期，突破“中等收入陷阱”的挑战，提高发展质量和效益，打造经济升级版，推动我国从经济大国走向经济强国，亟需把创新驱动发展作为牵一发而动全身的战略抓手，一以贯之、长期坚持。

实现中国梦亟需写好创新篇章。到2020年进入创新型国家行列，进而在本世纪中叶成为科技强国，是实现“两个一百年”目标、实现中华民族伟大复兴中国梦的必然要求。没有强大的自主创新能力，我们难以从大国走向强国。创新之路是中国道路的题中之义，在党的领导下经多年探索形成的中国特色自主创新道路，是中国特色社会主义道路的重要内容，来之不易、动摇不得；实施创新驱动发展战略是走中国特色自主创新道路的最新实践，必须下大力气落到实处。创新精神是中国精神的时代内涵，我们民族素有革故鼎新的文化传统，35年改革开放孕育丰富了改革创新的时代精神，把我们民族体内的创新热情前所未有地激发出来了，我们要倍加珍惜、不断滋养这一难得的创新自觉和自信。创新驱动是中国力量的重要载体，各族人民大团结是中国梦最可依凭的力量，科技界和产业界、社会各界合力同心建设创新型国家和科技强国的实践，是广大人民在中国梦感召下团结奋斗的重要着力点，广大科技人员需要更加自觉地投身创新驱动，服务中国梦的伟大奋斗。

把创新驱动的引擎真正发动起来，加快提升我国科技实力、经济实力和综合国力。充分利用我国的创新积累和技术储备，创新商业模式，开拓新兴市场，着力培育新的经济增长点，为经济转型发展提供有力支撑，以人才强、科技强促进产业强、经济强、国力强。坚持把提高科技实力与创新能力作为创新驱动的核心和关键，把握好自主创新这一基本立足点，把强化基础前沿、关键共性技术、社会公益技术和战略高科技、涉及国家安全的技术研究作为重大的基础工程来抓，增强预见性前瞻性，在差距较大的领域积极探索“非对称”发展措施，加快提高原始创新水平。坚持把提高经济实力和社会生产力作为创新驱动的主攻方向，重点围绕壮大实体经济，坚持战略性新兴产业培育发展和传统产业转型升级“两手抓”，用好国家科技重大专项、国家自主创新示范区和高新区等载体，着力促进制造业的高端化智能化、发展节能减排的生产模式，使“中国创造”和“中国制造”协同并进。坚持把提升综合国力和核心竞争力作为创新驱动的根本目的，现代化建设的各个方面都需要科技创新，我们既要强调科技的经济价值，也要强调科技的民生、社会、安全、文化和生态价值，抓住水资源可持续利用、能源安全、粮食安全和现代农业发展、信息安全等重大问题，全面加强各领域的科技创新，使科技成果更多地惠及广大群众。

二、点燃创新驱动新引擎的改革引信

实施创新驱动发展战略最紧迫的任务在改革。实现从要素驱动发展为主向创新驱动发展的战略转变，是一个带有全局性的重大变革，涉及到整体发展观念、发展布局、发展方式的变化，需要相应的体制机制保障。改革是创新驱动发展的关键一招，伴随着改革开放的不断推进，我国市场导向的创新格局在发展中日益形成，但制约科技经济紧密结合、制约企业创新能力和原始创新水平提升等体制机制问题仍然不少，解决这些问题必须通过深化改革，真正把束缚创新的绳索解开。改革是创新驱动发展的临门一脚，通过多年努力，我国已成为具有重要影响的科技大国和创新大国，正处在建成创新型国家、进而建成科技强国和创新强国的爬坡过坎阶段，能否真正迈过这个“坎”、爬上这个“坡”，迫切需要发挥好改革的“临门一脚”功能。改革是创新驱动发展的制胜一步，国际金融危机背景下，各国都在苦练创新发展的“内功”，抢占发展的制高点，下好改革这步“先手棋”，有利于盘活创新驱动转型发展的“总棋局”，有利于我们在日益剧烈的国际竞争中赢得主动权、打好主动仗。

改革的目的是要进一步打通科技和经济社会发展之间的通道。多年来，科技经济结合一直是我国科技体制改革的基本目标。当前，加快转变经济发展方式、调整经济结构对科技经济结合提出了更高的要求。要通过改革创新大幅增加经济社会发展的科技含量，这也是创新驱动发展的本质要求，迫切需要完善体制机制，真正把科技创新作为经济社会发展的主要驱动力量予以重视和部署，使人才、科技等资源的价值在市场和社会上得到更多的尊重，使知识、技术等要素的投入比重在经济社会发展中得到更大幅度的提升。要通过改革进一步强化创新供给，坚持科技面向经济社会发展的导向，围绕产业链部署创新链、围绕创新链完善资金链，着力提升自主创新特别是原始创新能力，消除制约科技成果转移扩散的障碍，使科技创新成果更多地向经济社会转移扩散。要通过改革进一步释放创新需求，加强科技创新政策、产业政策、需求政策的衔接和科技改革、经济改革、职能转变的统筹，使重视创新、鼓励创新、支持创新在科技和经济社会发展等各个方面的规划布局、政策制定、考核评价中得到更好地体现，引导科技界和各方面把智慧与力量更多聚焦到创新驱动发展上来。

改革的关键是要处理好政府和市场的关系、以生产关系的调整进一步解放和发展科技第一生产力。这是把创新驱动发展战略真正落到实处的“总开关”。技术创新的根本力量在市场、在社会、在企业主导的产学研用结合。特别是产业变革具有技术路线和商业模式多变多样的特征，必须通过深化改革让市场真正成为配置创新资源的决定性力量。政府需要管好该管的领域，着力加强基础前沿研究和共性、公共科技服务，营造良好的创新环境，在关系国计民生和产业命脉的领域积极作为，明确科技创新的重点与方向，集中力量抢占制高点。要突出发展导向、问题导向和市场导向，着力理顺各类创新主体之间的利益关系，围绕经济社会发展的全局需求，抓住科技体制改革中存在的突出问题，着力完善政策体系和激励措施，把企业的关注重点引导到强化技术创新和形成创新集群效应上来，把科研院所和高等学校的关注重点引导到原创突破和为企业提供创新服务上来，把技术市场、金融机构、科技中介等的关注重点引导到为产学研用牵线搭桥和提供保障上来。

着力疏浚创新驱动发展的渠道，把科技创新的“源头活水”加快引入经济社会发展的“田间地头”。特别是要按照党中央、国务院的要求，加强创新驱动发展战略的顶层设计。协调有关部门，动员科技界、产业界和社会各方面广泛参与，把发展需要与现实能力、长远目标与近期工作统筹起来考虑，提出切合实际的发展方向、目标和工作重点。要加快建设国家创新体系，促进科技创新和经济社会发展紧密结合。着力强化企业技术创新的主体地位和科研院所、高等学校的创新服务能力，补齐区域创新和科技服务等“短板”，健全产学研协同创新机制，发挥创新的集群效应，提升国家创新体系整体效能，夯实科技经济结合的宏观载体和物质基础。要持续增强市场和社会创新活力，促进创新资源和要素高效配置。着力完善创新资源配置的市场机制和政府支持创新的方式，抓住创新人才这个根本，用好评价激励指挥棒，深化产业链、创新链、资金链的融合互动，加快形成市场导向、社会参与、开放流动、高效协作的创新机制。要不断完善创新管理，营造良好的创新生态。着力推进政府职能转变，加强部门协作，提高围绕创新全链条的科学管理、宏观管理水平，发挥好科技规划、创新政策、技术标准、评价评估等在创新管理中的重要作用，从知识产权、要素价格、科技金融、产业制度、需求引导、对外合作等方面加快营造公平开放透明的创新政策环境，完善科技创新基础制度、基础条件和公共服务平台，培植创新发展的肥沃土壤。

站在全面深化改革的新起点上，广大科技工作者要紧密团结在以习近平同志为总书记的党中央周围，进一步解放思想，以更加自觉更加自信更加振奋的精神状态，锐意改革、攻坚克难，让一切有利于创新的星火乘风燎原，为开创我国经济社会发展更加美好的未来、实现中华民族伟大复兴的中国梦作出更大的努力！

（《经济日版》）

曹健林：吸引全世界创新创业的人才到中国落脚

（2013年1月16日）

2013年1月16日，科技部党组成员、副部长曹健林做客新华网，为广大网民权威解读中国云计算发展，以及未来云计算发展将给国人生产生活带来的深刻变化。

曹健林在解答“中国云计算发展缺乏领军人物”的问题时表示，云计算无论是相关思想、技术，都不是在中国这块土地上最先提出来，而是在美国最先出来，这说明中国人才缺乏。这个问题也不是一天就能解决的，我觉得我们要做这样几方面的工作：首先，要加强学校的工作，把培养人才这块做好。希望我们的教育能够在基础技术、科学技术这方面做好的同时，鼓励大家创新，有新的发明创造。第二，我们要把培养创新人才的环境做好，人才不是从天上掉下来的，发达国家有一些政策环境，包括风险投资等等，有人愿意做新思想、新概念尝试的话，这个社会有人扶持他、支持他，在这方面我们也要做好相关的工作。第三，我们希望吸引全世界创新创业的人才到中国落脚。其实这三个方面的工作整个社会都在做，教育部在做、科技部在做，产业部门包括地方政府、中央政府在营造创新环境这方面我们也都在做。

（新华网）

曹健林：高新区是实现“中国梦”的现实选择

（2013年3月21日）

2013年3月21日至22日，科技部党组成员、副部长曹健林在甘肃调研时指出，创新驱动是发挥比较优势、推动科学发展、促进转型升级的中心环节，要加强前瞻性的研究和宣传，成为时代的广泛共识和自觉行动。

曹健林在兰州新区、兰州和白银高新区，详细了解重大技术和机制问题。围绕高新区如何发挥自身优势，推进创新驱动和高新技术产业发展提出了明确要求。

曹健林指出，高新区的建设发展是实现“中国梦”的现实选择和形象展示，要紧密围绕国家经济社会发展的重点领域和关键环节，把握战略性新兴产业发展规律，通过技术转移扩散，强化人才、资本、信息等要素流动。突出体制机制创新，加大开放合作力度，尽快完善发展空间和产业细分规划，壮大核心创新创业企业，运用更富活力的政策和方式健全产学研用合作，力促新兴产业主导集群迅速崛起。要重点围绕科技提升文化产品的创造力、表现力和传播力，以服务业态布局创新链和产业链，在竞争中建立独特的文化科技创新体系。

（《科技日报》）

曹健林：高新区第三次创业，创新驱动发展

（2013年11月8日）

2013年11月8日，第十届国家高新区管委会主任联席会议在武汉东湖高新区召开。科技部党组成员、副部长曹健林在讲话中指出，国家高新区要在发挥人的积极性、制定长远的激励措施上多想办法，努力做到又“高”又“新”的发展。以下为讲话摘录：

现在说创新驱动发展，可以说是第三次创业，需要共同把我们一次创业，二次创业，三次创业的奋斗精神一直延续下来。关于国家高新区下一次工作的建议，总的题目是我们要充分发挥核心载体作用，率先把把实施创新驱动发展的战略落到实处。同时，高新区不仅要创新发展，也要和谐发展。

建议重点做好以下几个方面的工作。

第一，进一步营造有利于聚集科技创新资源的环境和生态，努力提升自主创新能力。要实施好创新驱动发展战略，需要在高新区营造有利于创新创业的环境和生态，积聚科技创新资源，提升自主创新能力，我想这是大家普遍的共识。但是要实现这个目标，说起来容易，做起来不容易，我们要共同解决以下几个环节。首先进一步完善体制机制，充分发挥政府和市场各自的作用，要在体制机制上大胆探索改革，积极推动政府职能的转变，加强培育市场化制度，创造公平的市场竞争环境，充分发挥市场为配置创新资源的基础性作用，让企业真正成为技术创新的主体。二是积极制定有利增强创新创业的动力机制，有利于科技创新资源的积聚的政策措施，争取在科技成果处置权、收益分配和股权激励、科技和金融结合、创新人才吸引、创新人才使用等方面的政策有所突破。完善体制机制，制订新的政策，将会是我们下一步工作的重点，大家在这方面尤其要多下功夫。三是积极主动整合全球创新资源，围绕产业链部署创新链，围绕创新链完善资金链，建立以需求为导向的技术转移途径，探索适应市场规律、符合地方特点、形势多样的技术转移模式。四是加强企业创新能力建设，鼓励企业加大研发投入，积极支持企业承担国家科研项目，引导和支持企业建立研发中心、工程中心，提升技术研发能力。五是健全和完善科技创新服务体系，努力打通科学研究、技术创新、成果转化、中介服务，

企业创业孵化和科技公共服务等环境，使高新区成为技术转移、创新创业、孵化培育以及科技金融体系完善的区域。

第二，努力提高国家高新区经济发展的水平和质量，增加产业的竞争力。国家高新区作为区域经济转方式调结构的核心载体，要以率先实现创新驱动发展为根本。我们建议在新的发展时期，每个国家高新区要围绕自己的资源禀赋，围绕1—2个产业链细分领域，加强产业链培训和组织，重点突破，力争将其培育成为具有国际竞争力和影响力的产业集群。特别是我们要以现代科学技术，尤其是信息网络技术为主要支撑，以新的商业模式服务模式和管理方法，形成一些新的服务业态，大幅度提高现在服务业的禀赋。我们还要认真研究新技术革命给产业发展规律带来的变化，研究新的研发机构、新的业态、新的创业形态和新的产业组织方式，这方面我们有很多成功的例子。我们开这个会的目的之一，就是希望大家认识熟悉，然后多走动、多交流，使我们这些成功的经验首先在高新区推广。

第三，要以国际视野审视国家高新区的发展，以创新驱动的要求，确定新的战略目标。未来十年是中华民族实现两个百年目标，实现中国梦的关键时刻，也是我国从大国走向强国的重要时机。希望大家共同把握这次机遇，以国际视野重新审视国家高新区的发展目标，确定高新区的发展途径。首先，瞄准国际一流园区，要有勇气追求领先。确定更高的目标，充分吸引整合和利用全球创新资源，争创世界一流高科技园区和创新型园区的高新技术园区。其次，紧紧把握全球科技创新的新动向，瞄准新的技术突破和新的原创性产业。目前以大数据、云计算等为代表的新一代新技术，以3D打印、各类新材料为代表的智能生产技术，以及互联网、可再生能源等新兴技术，已经引起了我们的高度关注，希望大家将这种关注尽快转化为实际行动，让这些高端产业能够尽快地、尽可能多的成为我们高新区的重点发展产业。

第四，要大力支持企业进行国际创新合作，充分利用全球创新资源，在更高的起点上推进自主创新。在全球范围内有效整合技术、人才、资本等要素，吸引科技、人才等国际创新资源在高新区内积聚。大力鼓励有能力的企业走出去，参与国际竞争。要积极创造条件，鼓励我们的企业在全球市场中闯天下，在全球竞争中发展壮大，要勇于承担国际竞争的历史使命。

第五，形成国家高新区的创新驱动和科学发展引领的示范和带动作用。要特别关注科技和经济的协调发展，要使科技创新、产业发展与城市化建设协调推进，要建立区域之间的科技和产业合作机制，加强高新区和周边区域的产业关联与融合，充分发挥国家高新区创新驱动发展中的引领和示范带动辐射作用。

（中证网）

王晓初：为实现中华民族伟大复兴的中国梦贡献力量

（2013年10月23日）

2013年10月13日，欧美同学会北京论坛暨第八届中国留学人员创新创业论坛在北京举行。人力资源和社会保障部副部长、欧美同学会副会长王晓初发表了主题演讲。以下是文字实录：

尊敬的韩启德副主席，各位来宾。首先请允许我代表人力资源和社会保障部对欧美同学会迎来百年华诞表示热烈祝贺，对本次论坛的成功举办表示热烈祝贺！

人才资源是第一资源。当前我国进入了人才优先发展的新时期，习近平总书记在今年全国组织工作会议上强调，要建立强烈的人才意识，寻觅人才求贤如渴，发现人才、举荐人才不拘一格，使人才各尽其能。9月30日，中央政治局专门在中关村举行了以创新驱动为主题的第九次集体学习，习近平总书记指出，要积极引进海外留学人才，制定更加积极的国际人才引进计划，吸引更多的国外创新人才来我国工作。

海外留学人才是我国留学队伍的重要组成部分。人力资源和社会保障部作为留学人才回国的综合管理部门，近年来会同有关部门积极开展工作。

一是完善政策体系。重点研究出台了人才签证、永久居留等政策法规，进一步健全完善了留学人员回国工作、创业、为国服务“三位一体”的政策体系。

二是实施计划项目。在配合中组部实施“千人计划”的同时，相继实施了“留学人员科研择优资助”“高层次留学人员回国资助计划”“留学人员回国创业启动支持计划”等项目。特别是与欧美同学会联合实施的创业启动支持计划，5年来扶持了221家极具发展潜力的留学人员企业，取得了良好成效。

三健全服务体系。依托各级“千人计划”服务窗口和留学回国服务中心，以及由全国104家留学人员服务机构组成的中国留学人员服务联盟，增强了服务能力，提高了服务水平。随着留学人员回国服务工作的持续发展，截至去年底，留学回国人数已达到109万人，去年一年回国人数达到27.29万人，同比增长46.57%。目前，全国已建成各级各类留学人员创业园260多家，其中人社部与地方政府共建创业园41家，有4万多名留学归国人员在园内创业。

为进一步营造支持留学人员回国创新创业的良好氛围，助推留学人员企业快速成长，从去年起，由人力资源和社会保障部与欧美同学会组建的“中国留学人员回国创业专家指导委员会”启动了“最具成长潜力留学人员创业企业”评选活动。今年，经过全国范围申报遴选，最终由25家企业入围。借此机会，我对今年入选的25家“最具成长潜力留学人员企业”表示热烈祝贺！希望各有关方面加大对他们的扶持力度，也希望这些企业以此为契机，抓住国家产业转型升级的机遇，做大做强，为建设创新型国家做出贡献。

同志们！欧美同学会的百年历史也正是广大留学人才救国、报国、强国的奋斗史。如今，欧美同学会已成为中国最具权威性、代表性、影响最大的留学人员组织，在吸引在外留学人员回国创新创业中发挥着重要的桥梁纽带作用，开展了大量卓有成效的工作。人力资源和社会保障部将不断加强与欧美同学会的合作，更好发挥欧美同学会的重要作用，进一步凝聚海外留学人才的智慧和资源，吸引更多人回国创新创业，为国服务，为实现中华民族伟大复兴的中国梦贡献力量！

（新浪财经）

张建国：努力开创引智事业科学发展新局面

（2013年1月15日）

2013年1月15日，全国引进国外智力工作会议在北京召开，人力资源和社会保障部副部长、国家外国专家局局长张建国作工作报告，总结了2012年引智工作，分析了党的十八大对引智工作提出的新要求新任务，提出了在当前国际国内形势下引智工作服务科学发展的新思路新举措，并在此基础上安排部署了2013年的工作。

张建国指出，2012年，我国引智体制机制创新取得新进展，初步建立了国家引智“十二五”规划实施机制以及外国专家建言机制。同时，引智法规政策建设取得突破性进展，《中华人民共和国出境入境管理法》设“引进人才”签证类别，明确了“外国专家主管部门”的法律地位，引智行政许可深入推进，引智公共服务建设得到改善，引智发展环境进一步优化。

张建国表示，今后推动引智事业科学发展的重点要“围绕一个中心、做好一个服务、推进三项建设”，即紧紧围绕推动科学发展、加快转变经济发展方式这一中心任务开展工作；大力开发利用国外人才智力资源，为深入实施人才强国战略服务；推进引智法治化建设、开发利用国外智力资源能力建设、引智成果共享体系建设。

会议同时明确，2013年我国引智工作将以引智法治化建设、开发利用国外智力资源能力建设、引智成果共享体系建设为主要着力点，大力引进国外高层次人才和急需紧缺人才，进一步提高出国、出境培训质量和效益，加快引智体制机制改革创新步伐，优化引智发展环境，努力开创引智事业科学发展新局面。

（人民网）

张建国：中国如何吸引越来越多的外国专家

（2013年2月6日）

2013年2月6日，《光明日报》发表对人力资源和社会保障部副部长、国家外国专家局局长张建国专访文章。内容如下：

一、中国是怎样把越来越多的外国专家吸引来的？

只有开放包容，国家才能富强。这些年来，中国经济快速发展，创造了让世界瞩目的中国奇迹，这本身就对各国人才构成了巨大的吸引。同时，中国政府不遗余力地为外国专家在华开展研究、合作交流、施展才能创造良好的政策环境和工作条件。外国专家来中国工作的方式发生了积极变化。

二、真的有一流专家自己找上门来吗？

中国商飞公司有一名美国专家，名叫谢里，就是毛遂自荐来到中国的。谢里从事的专业是飞行器降噪。事实上，噪声影响的不仅仅是飞机的舒适性，还有安全性和环保性。如果我们的大飞机达不到噪声标准，将直接影响到销售，但是过去我们没有这方面人才。

2008年，还在美国波音公司任职的谢里，在新闻里看到中国商飞公司成立，非常兴奋。一家新成立的、百事待兴的高科技公司，必有我大展拳脚的空间，他想。2010年的一天，谢里的中国夫人帮他致电商飞公司，她向工作人员介绍了谢里的情况后，把他的简历发了过去。公司很快安排了面试，谢里顺利过关，随即到中国履职。

在商飞工作的几年来，谢里带领中国同事，有效地解决了国产大飞机的降噪问题。谢里曾亲口对我说，国产大飞机C919将是一架比较安静的飞机。这多让人期待。

三、这些外国专家到底为中国做了哪些不可替代的贡献？

人才是第一资源，引进一个领军人物，往往可以带出一个优秀团队，创造一批高水平成果，甚至提升一个行业的水准。2007年度“友谊奖”获得者玛吉德·萨米，是世界著名神经外科专家，世界神经外科联合会荣誉主席。很多国家想和他合作，但萨米选择了中国。他与首都医科大学宣武医院合作20多年，培养了一大批神经外科专家，使我国神经外科的研究与诊治水平迅速达到世界先进水平。

此外，在主持完成了德国汉诺威国际神经科学研究所建设及运行之后，萨米于2004年无偿向中国提供了价值两百多万欧元的建筑图纸，支持北京建立一个具有同样外形和更高硬件水平的“中国国际神经科学研究所”。

四、外国专家为何愿意为一个不是自己祖国的国度付出这么多？

我再给你举个例子，也许可以回答这个问题。2003年，美国高盛公司前全球总裁约翰·桑顿，一名位居世界投资银行业金字塔尖的人物，放弃高薪来到了中国，担任清华大学经济管理学院的客座教授，负责“全球领导力”课程，年薪是象征性的一美元。

桑顿曾这样对我解释他来中国的原因，21世纪初中国是能够在全球产生重大影响的地区。“如果我能为中国改革、发展的方式，以及中国在这个过程中与外界特别是与美国的关系有所贡献的话，那就太好了。”可见，外国专家有其个人发展及为自己祖国效力的考虑，但只要他们在中国发挥了才智，为推动中国迈入世界创新发展的快车道作出实质性贡献，这就是我们的收获。

五、中国一度各方面条件都较落后，为什么还有那么多来自发达国家的外国专家愿意扎根中国？

自新中国成立之初起，党和国家领导人就十分重视引进国外智力工作，给予来华外国专家极高的政治礼遇和生活关怀，与他们成为亲密朋友。

1982年春节前夕，当时的国务院副总理万里在人民大会堂参加了外国专家及其亲属的座谈会，极大地鼓舞和温暖了这些外国专家。此后，渐成惯例，每年春节前夕，国务院总理都会与在华工作的外国专家座谈。

1991年起，中国政府开始向为中国作出突出贡献的优秀外国专家颁发中国政府友谊奖。颁奖后，国务院总理会亲自接见获奖专家及其家属。

近些年来，随着国家整体实力的提升及对人才工作的重视，各地各部门更以超常规的政策举措、优惠条件、经费投入，面向全球聘用具有世界先进科学技术和管理经验的一流专家。

对于每位外国专家来说，都十分珍视中国给予他们的荣誉和关怀。他们把中国当作自己的第二故乡，与一起工作、生活的中国人民建立了深厚的友谊，回国后不仅与中国的同事朋友保持长期的联系，还在本国积极热情地宣传中国。

六、今后我国将如何推进外专人才工作？

人才大战是一个看不见的战场。外国专家的数量和质量，一定程度上反映了一个国家的开放和文明程度。我们将一如既往地欢迎大批外国专家特别是各领域高级人才到中国工作。为外国专家在华开展研究、合作交流、施展才能创造良好的政策环境和工作条件。

需要强调的是，中国虽然是一个人才大国，但还不是人才强国，国家建设需要更多高端人才。因而，在世界范围博采众长，吸引更多高端人才到中国，将是我们今后一个时期工作的重点。我们将对高端人才给予更高待遇和礼遇，在入出境、居留、签证、薪酬等方面给予特殊优惠政策。相信今年会有更多一流专家愿意到中国发展。我们也希望有志于到中国发展的一流人才，主动联系国家外专局，我们会给予大力配合和支持。

（《光明日报》

张建国：外国专家的“中国梦”

（2013年7月3日）

2013年7月3日，人力资源和社会保障部副部长、国家外国专家局局长张建国在《光明日报》发表署名文章。全文如下：

1983年7月8日，邓小平同志发表“利用外国智力和扩大对外开放”重要谈话，将引进国外智力确定为一项必须长期坚持的战略方针，开拓了国家对外开放的新领域。

回顾过去30年历程，引智工作为我国改革开放与现代化建设发挥了举足轻重的作用，也帮助外国专家实现了他们的“中国梦”。

一、他们在中国舞台取得了成功

引进外国智力是一项站在巨人的肩膀上攀登的事业。人才是第一资源，引进一个领军人物，往往可以带出一个优秀团队，创造一批高水平成果，甚至提升一个行业的水准。比如2007年度“友谊奖”获得者玛吉德•萨米，是世界著名神经外科专家，世界神经外科联合会荣誉主席。很多国家想和他合作，但萨米选择了中国。他与首都医科大学宣武医院合作20多年，培养了一大批神经外科专家，使我国神经外科的研究与诊治水平迅速达到世界一流水平。

可以说，引进外国智力，不仅是智力的引进，更多的是人的引进。这种人与人之间的交流合作，使中国很多过去相对落后的方面快速地接近世界先进水平。

当然，世界先进水平并不意味着全是高科技，还有很多我们紧缺的实用技术。比如，央视曾播过韩国专家带来的“自然养猪法”“发酵床养猪法”。中国农家养猪通常是往猪舍里倒土，再将土铲出来变成农家肥，费力，费时，臭气熏天。韩国的技术是把猪圈挖下去一米深，用80%的锯末和20%的添加剂填满。这个猪圈没有异味，只有酒糟发酵的味道，最长四年才需要起圈。如果不引进这一技术，中国农家不知道什么时候才能找对路子。

改革开放以来，累计有数百万人次的外国专家来中国工作，他们在中国的舞台取得了事业的成功，在中国实现了自己的梦想，见证了中国的开放、发展、进步，也与中国人民结下了深厚的友谊。

早在1984年，德国退休专家格里希应聘担任武汉柴油机厂厂长。上任后，他实施一系列改革，将武汉柴油机卖到东南亚七个国家，1986年创汇超过百万美元。被海外舆论称为“格里希现象”。

2011年11月开始启动的“外专千人计划”，已引入129名外国顶级专家，代表着新一代来华工作的外国专家。现在，第4批“外专千人计划”人选申报已经结束，正在评审。申报专家中有一位英国专家叫詹姆斯•霍普，2012年1月开始担任奇瑞汽车股份有限公司设计总监。他带领设计团队设计出奇瑞TX概念车，获得第83届日内瓦车展“2012年度最佳概念车奖”。这是中国汽车品牌产品首次获得汽车设计的重量级国际大奖。能够获得以严苛美学标准著称的欧洲设计界认可，标志着继“Made in China(中国制造)”后，“Design in China(中国设计)”正式登上世界舞台并获得认可。

二、从“以中引洋”到“以洋引洋”

2008年，还在美国波音公司任职的谢里，在新闻里看到中国商飞公司成立，非常兴奋。一家新成立的、百事待兴的高科技公司，必有大展拳脚的空间。于是，谢里毛遂自荐来到中国。他从事的专业是飞行器降噪，中国缺乏这方面的高端人才。

这些年来，中国经济快速发展，创造了世界瞩目的中国奇迹，这本身就对各国人才构成了巨大的吸引。同时，中国政府不遗余力地为外国专家在华开展研究、合作交流、施展才能创造良好的政策环境和工作条件。外国专家来中国工作的方式发生了变化。

之前，我们引才主要由国家外专局牵头，引入的专家也以语言类为主，再根据我国各地大学需要来推荐分配。但往往保证不了质量，比如有的外国合作机构推荐了一些处于半游学状态的年轻人。

近年来，各地各部门开始直接以超常规的政策举措、优惠条件、经费投入，面向全球聘用具有世界先进科学技术和管理经验的一流专家。随着我国引智环境的不断优化，引才情况发生很大变化。如今，高端人才的引进主要以用人单位为主，通过“以才引才”的方式引进。比如萨米，就是由他的学生——我国著名医学专家凌锋引到中国来的。

特别是“外专千人计划”实施一年多来，中国对国外高端人才的吸引力与日俱增。外国专家引进方式也从“以中引洋”发展到“以洋引洋”，逐渐形成了一批以“外专千人计划”专家为核心的高水平外国专家团队。

需要强调的是，中国虽然是一个人才大国，但还不是人才强国，国家建设需要更多高端人才。因而，在世界范围博采众长，吸引更多高端人才到中国，将是我们今后一个时期工作的重点。我们将对高端人才给予更高待遇和礼遇，在出入境、居留、签证、薪酬等方面给予特殊优惠政策。相信今后会有更多一流专家愿意到中国发展。

三、中国越来越有吸引力

近年来，中国的发展与开放令世界瞩目，也吸引着越来越多的外国高端人才来这里实现梦想。2010年，俄罗斯科学院院士、欧洲科学院院士沙德洛夫入选中国“千人计划”国家特聘专家，到北京航空航天大学数学与系统科学学院工作。北航不仅有很好的科研平台，还有非常优秀的科研团队，让他得以把自己的创新想法付诸实践。沙德洛夫说：“对于外国专家来说，中国正变得越来越有吸引力。”

在中国现代化建设事业的蓬勃发展中，外国专家也找到了自己创新创业的舞台。2007年，美国专家杰弗里•雷蒙应邀来华创办了北京大学国际法学院。2011年，他获得中国政府“友谊奖”。2012年，他出任上海纽约大学常务副校长。他认为，在亲眼目睹中国的巨变之前，自己更多的是从西方人的视角来看待中国，只有来到中国后，才对中国有了更深、更准确的认识和了解。他也非常高兴能亲身参与到中国的高等教育发展中。

雷蒙在接受采访时曾说：“只要你足够优秀就能在中国施展才华。”近年来，中国的快速发展，及国家对科学研究的重视，使得中国成为全世界科学家向往的国度。事实上，在中国他们的职业生涯也往往真的会有突破性的发展。

近年来，来华工作的外国专家队伍规模不断扩大，渠道不断拓展，所涉领域不断拓宽。统计显示，来华工作的境外专家从1980年的数百人，增加到2008年的48万人次，2011年这个数字刷新为52.9万人次。外国专家已成为中国现代化建设的一支生力军。

人才大战是一个没有硝烟的战场。外国专家的数量和质量，一定程度上反映了一个国家的开放和文明程度。我们将一如既往地欢迎外国专家特别是各领域高级人才到中国工作。我们也希望有志于到中国发展的一流人才，主动联系国家外专局，我们会给予大力配合和支持。

（《光明日报》）

张建国：引智工作助力中国梦

（2013年7月8日）

2013年7月8日，在邓小平同志“利用外国智力与扩大对外开放”重要谈话发表30周年之际，《中国组织人事报》发表对人力资源和社会保障部副部长、国家外国专家局局长张建国专访文章。内容如下：

一、1983年邓小平发表“七•八谈话”，距离现在已有30年。请您简要谈谈，30年来，引智工作发展的基本脉络是什么样的？

“七・八谈话”确定了引智工作的原则、对象、目的和方式，构筑了新时期引智工作的基本框架，是党在对外开放条件下指导引进国外智力的纲领性文献。

谈话后，引智工作紧紧围绕改革开放、国民经济发展、工农业生产中迫切需要解决的技术和管理问题，以派留学生出国深造、吸引华裔学者回国工作、选派工商企业人员出国（境）培训等方式组织实施引智项目，有效解决了现代化建设中经验不足、知识不足和人才不足的问题。

从党的十三届四中全会到党的十六大，引进国外智力工作取得蓬勃发展。以更加灵活多样的方式如合作办学、利用跨国公司培训资源等培训人才，以吸引和聘请海外人才参与发展高新技术产业。

党的十六大以来，引进国外智力工作不断创新、深入发展。引智更加注重积极参与日益激烈的国际人才竞争，不断完善全方位、多渠道、宽领域的工作格局，瞄准国家战略需求，着力引进海外高层次人才、紧缺人才和培训各类急需人才，示范推广重大引智成果。

党的十八大提出，“必须实行更加积极主动的开放战略”，“推动引资、引技、引智有机结合”。“中国将继续高举和平、发展、合作、共赢的旗帜，坚定不移致力于维护世界和平、促进共同发展。”

去年12月5日，中共中央总书记习近平在人民大会堂同在华工作的外国专家代表举行的座谈会上说，要“欢迎外国专家和优秀人才以各种方式参与中国现代化建设，一如既往支持大家来中国创业和发展”。进一步明确了引智工作在建设中国特色社会主义进程的功能定位和独特作用，对我们做好新时期引智工作提出了新的更高要求。

二、与过去相比，当前引智工作面临哪些机遇和挑战？

十二五时期是引进国外智力事业的重要战略机遇期，同时也是我国深化改革开放、加快转变经济发展方式的攻坚时期。2011年底，国务院批复了《国家引进国外智力“十二五”规划》。

如果说有什么机遇和挑战，就是中国的发展需要人才，全球人才流动的加大也为外国人才来中国工作创造了客观条件。但是，世界上主要国家也在制定实施新的人才战略，一方面放宽技术移民条件，另一方面控制本国人才流失，国际人才智力竞争日益激烈。

为此，我国制定了国家人才发展规划，实施更加开放的人才国际化政策，以优惠条件和与国际接轨的办法大力引进高层次人才，积极参与国际人才竞争。

三、在实现“中国梦”的进程中，引智工作应发挥什么作用？下一步，引智重点工作是什么？

“中国梦”是一个全体中国人民的梦想，更是一个有着宽广胸襟的梦想。它将中国人民的利益与世界各国人民的利益结合起来，是一个中国人民与世界各国人民一道，共享战略机遇、共同应对挑战的伟大梦想。

来华工作的外国专家具有国际视野，把他们吸引到中国来，可以弥补我国人才不足特别是创新人才不足的现状，成为我国人才队伍的一个有效补充。

外国专家通过自己在中国这块热土上的创新、创业，为世界各国共享“中国梦”的发展成果提供了渠道、平台，也为中国人民与世界人民搭建了一座友谊的桥梁。

下一步，为落实国家引智“十二五”规划，当前要着重做好以下几项工作：以“外专千人计划”和高端外国专家项目为龙头，继续大力引进国外高层次人才和急需紧缺人才；积极推动引智法规制度建设，稳步推进高端外国专家出入境及居留便利等方面政策的配套完善，新的出入境管理法于7月1日已经开始实施；建立高层次外国专家管理服务体系，加强出国（境）培训管理；提高引智资源配置能力，加强开发利用国外智力资源能力建设。

（《中国组织人事报》）

张建国：“外专千人计划”将吸引更多海外高端人才

（2013年7月10日）

2013年7月10日，为纪念邓小平同志“利用外国智力和扩大对外开放”重要讲话发表30周年，中共中央文献研究室与中国国家外国专家局在北京共同举行座谈会。人力资源和社会保障部副部长、国家外国专家局局长张建国出席座谈。

张建国在座谈中表示，近年来，为吸引更多的像阿尔弗雷德这样的海外高端人才到中国来工作和创业，中央政府实施了“外专千人计划”项目。中央财政给予“外专千人计划”长期项目专家每人100万元人民币的一次性补助，并根据工作需要，经用人单位向从事科研工作、特别是从事基础研究的外国专家提供总计300万至500万元科研经费补助。除了资金方面的支持，国家还要尽一切努力减少外籍专家在中国生活的后顾之忧。

张建国说，减少他们的后顾之忧，一定要解决好配偶和子女的随任问题，包括税收的减免、出入境的便利、配偶的随任工作，子女的入学入托都有非常完善的规定，当然这些专家是高层次的，总体来讲，我们在人才环境方面，无论是空气的环境、社会的法制环境、中国的生活环境跟很多发达国家来比，我们还处在追赶的阶段。但是，我一直强调，我们会在小环境当中，创造一些小的优势环境，让很多高端专家到中国来工作，也就是说，在小的范围内集中比较多的行政资源和财力，在某些方面实现小范围的突破。

张建国介绍，目前在中国的外籍专家主要从事教育工作，然而，由于中国正处于经济发展的变革时期，现阶段非常急需工程材料、生命科学、信息科学等领域的外籍高端人才，随着政府对科研经费投入力度的加大，很多外籍专家正在考虑选择到中国做科研。特别是在“外专千人计划”项目实施之后，一些国外知名科研专家在中国取得了事业上的第二次成功。

张建国说，外专局非常鼓励像创新创业，搞科技前沿的这些外籍专家，特别是中国比较需要的像包括计算机、材料，现在做药的专家也越来越多地来到中国工作，像2005年诺贝尔获奖专家，也是千人计划的专家，现在在宁波大学工作，他就是搞材料的，而且他还把自己的技术在中国的大学和中国的市场进行产业化，这对于中国的化学材料的发展会产生非常好的作用。同时也可以拉动学校的这个专业实验室的水平，据说它也可以产业化，可以拉动市场。

张建国表示，与30年前相比，现在引入外籍专家的政策正逐步迈入法制化的进程，未来将会按照国际惯例来推动这项工作。目前，已经执行了新的中华人民共和国入境出境管理法，总的理念是为高端外籍专家到中国工作生活提供便利、降低门槛，减少环节，为他们办理签证、居留提供更加公开、透明的信息。

（国际在线）

贺军科：海外学人回国创业恰逢其时

（2013年12月25日）

2013年12月25日至31日，由共青团中央、全国青联、欧美同学会共同举办的“2013海外学人回国创业周”分别在重庆、河北、广东和新疆生产建设兵团举行，1200多位海外学人分赴各地考察交流、洽谈项目。团中央书记处常务书记、全国青联主席贺军科出席在河北召开的海外学人回国创业座谈会并讲话。

贺军科指出，海外学人是十分宝贵的人才资源，国家一直高度重视海外留学人员工作。当前，海外学人回国创业恰逢其时，机会多多。首先，国家有需求。中国正处于蓬勃发展的时期，传统产业的提升、新兴产业的发展，都需要大批优秀的人才，特别是在生物医药、电子信息、新材料、新能源等领域具有独特优势的海外人才。其次，成就有条件。国内已经形成了尊重知识、尊重劳动、尊重创造、尊重人才的良好社会氛围，人才、金融、税收等政策支持体系比较完善，交通、通讯等基础设施及配套产业逐渐完备。同时，随着产业结构的调整和城镇化的推进，国内市场容量巨大。第三，成功有优势。海外学人不仅具有全球化的视野，对新兴业态和前沿领域嗅觉灵敏，同时具有国际化的专业技能，这些都是海外学人具有的独特优势。

贺军科表示，海外学人要将潜在优势发挥出来。要准确定位，根据国内各地的资源禀赋、发展阶段和优势，瞄准前沿和高科技领域，选择适合自己的领域和区域创业。要适应环境，把中西方文化很好地融合在一起，逐步适应国内的环境。要融入到社会组织中，通过组织的帮助，解决创业初期的困难和困惑。共青团和青联组织将一如既往地为海内外各行各业的青年做好服务工作，努力为海外学人搭建汇聚信息的平台、表达愿望和呼声的平台、促进交流合作的平台。

（《中国青年报》）

何亚非：国侨办将强化为侨为留学生服务意识

（2013年10月13日）

2013年10月13日，欧美同学会北京论坛暨第八届中国留学人员创新创业论坛在北京举行。国务院侨办副主任、欧美同学会副会长何亚非发表了主题演讲。以下是文字实录：

今天开幕的论坛暨第八届中国留学创新创业论坛，首先请允许我代表国务院侨办对论坛的召开和欧美同学会百年华诞表示热烈的祝贺！

中国海外留学潮开始于清王朝的后期，面对积贫积弱内忧外患的世局，一批一批致力于改革民族前途和命运的青年留学，推动中国社会变革和发展的进步力量。以深刻影响新中国国防建设和国家、国际地位的尖端武器为例，在23位两弹一星元勋中绝大多数为留学归来的国际工作者。

作为中国历史上最早成立跨越年代最久，具有光荣传统和强大影响力的留学人员组织，欧美同学会自1913年10月成立以来，始终遵循修学、游艺、敦谊、励行等宗旨，广泛团结海内外留学人员，为国家国家昌盛和民族振兴作出了不可磨灭的伟大贡献。詹天佑、蔡元培、顾维钧等诸多中国近现代史耳熟能详的先驱泰斗都是欧美同学会的杰出代表。人才资源是关乎一国发展的第一资源，面对方兴未艾的全球化浪潮与知识经济的挑战，人才竞争在国际竞争中的战略地位日益突出，中国政府高度重视人才工作通过制定和实施一系列重大方针政策，培养集聚了一支宏大优良的人才队伍，历史充分证明广大海外一留学人员普遍具备为国家富强，民族振兴，建功立业的崇高志向与高尚情操，是中国人才资源的重要组成和宝贵财富。是推动中华民族伟大复兴不可或缺的重要力量。

随着改革开放以来的经济社会发展和海外归国的不断扩大，中国正在迎来有史以来最大的回国潮。据统计，近五年归国留学人员近80万人，这无疑将会处于新历史起点上的中国现代化建设提供更多的有生力量。

作为中国沟通海内外的特殊纽带，作为海外华侨华人的娘家人联系推动广大留学人员，特别是专业人士和高端人才报效祖国，是全国侨办系统长期肩负的一项光荣使命。

近年来各级侨办紧紧围绕加快转变经济发展方式这一主线，通过制定实施海外人才为国服务计划，完善工作机制，加强项目对接，优化平台建设等举措，向海外引智工作置于突出的位置。比如连续举办十三届被中组部列为引进高品牌人才武汉华侨华人发展洽谈会，引进签订人才和技术项目1800多个，创办企业2000多家，1500余名华侨华人的专业人士聘为科技顾问。

展望未来，国务院侨办将进一步发挥自身特点和优势，加强统筹协调，通过整合国内外各类资源和渠道更加注重发展包括广大留学生在内的华侨华人高端人才资源，引进海外高层次人才和科技成果，引导鼓励海外人才参与中国的创新驱动战略，区域发展战略，沿边开发开放战略，以及走出去战略。同时，我们将进一步强化为侨为留学生服务的意识，不断完善法律壁柜，支持欧美同学会的工作，努力为留学人员和海外人才提供更多的创业和发展机遇。

（新浪财经）

谭天星：中国重视人才引进，海外人才回国创业天地广阔

（2012年8月23日）

2013年2月20日下午，正在美国访问的国务院侨务办公室副主任谭天星在华盛顿与当地华人华侨代表举行座谈，认真倾听侨胞的意见和建议。他表示，中国非常重视人才引进，海外人才回中国创业天地广阔，鼓励更多海外高科技人才回中国发展。

谭天星认真听取了与会者的发言，他表示，中国政府将为海外人才回国投资发展创造条件，海归人才机会很多。中国当前非常重视人才引进，目前国家有海外高层次人才引进计划——“千人计划”，各省市也分别推出优惠政策吸引人才。2012年，国务院侨务办公室与湖北省人民政府联合主办了第十二届华侨华人创业发展洽谈会，为海外人才回中国创业发展提供机会。

谭天星指出，中国发展的核心竞争力就是人才和科技，旧金山在全球经济体排名第19，就是依靠创新的能力、技术人才优势。未来的世界是人才和科技的世界，舞台不仅在美国，中国也十分重视人才和科技，作为世界的第二大经济体，也在努力创造更好的环境，具有更加广阔的天地。事实证明，现在很多回中国创业的人才都有非常大的发展。祝愿硅谷科技协会今后有更大的发展，与中国有更多的联系，也希望现在的科技专家在个人事业发展的同时，能够借助中国快速发展的机会，让人生价值得到更广泛的实现。

谭天星表示，国务院侨办是为侨胞办事的部门，其宗旨是“以人为本，为侨服务”，今后将继续用心用情用力为侨胞服务，继续支持海外侨胞和归侨侨眷参与祖国现代化建设，继续加强海内外中华儿女的大团结，继续维护海外侨胞的合法权益，把侨务工作做得更好。

（新民网）

综合篇

中央及地方海外引才计划实施一览

中央引进海外高层次人才“千人计划”

计划简介

2008年12月，中共中央办公厅转发《中央人才工作协调小组关于实施海外高层次人才引进计划的意见》（中办发〔2008〕25号），启动实施海外高层次人才引进“千人计划”。主要围绕国家发展战略目标，从2008年开始，用5到10年，在国家重点创新项目、重点学科和重点实验室、中央企业和国有商业金融机构、以高新技术产业开发区为主的各类园区等，引进并有重点地支持一批能够突破关键技术、发展高新产业、带动新兴学科的战略科学家和领军人才回国（来华）创新创业。

此后，中组部又先后下发《引进海外高层次人才暂行办法》（中组发〔2008〕28号）、《“千人计划”短期项目实施细则》（组厅字〔2010〕29号）、《青年海外高层次人才引进工作细则》（组厅字〔2010〕63号）、《“千人计划”高层次外国专家项目工作细则》（组通字〔2011〕45号），以及《“千人计划”顶尖人才与创新团队项目实施细则》《部分急需人文社会科学领域海外高层次人才引进试行方案》等文件。“千人计划”在实践中得到不断完善，从最初的创新长期、创业两个项目，逐步拓展创新人才长期、创新人才短期、创业人才、顶尖人才与创新团队、“青年千人计划”“外专千人计划”、人文社会科学等7个项目，形成了涵盖各年龄段、各层次海外人才的完整引才体系。

组织领导

“千人计划”由海外高层次人才引进工作小组负责组织领导和统筹协调。工作小组由中央组织部、人力资源和社会保障部会同教育部、科技部、中国人民银行、国资委、中国科学院、中央统战部、外交部、发改委、工业和信息化部、公安部、财政部、侨办、中国工程院、自然科学基金委、外专局、共青团中央、中国科协等单位组成。

同时，在中央组织部人才工作局设立海外高层次人才引进工作专项办公室，作为工作小组的日常办事机构，负责“千人计划”的具体实施。

创新人才长期项目

（一）引进对象及条件

创新人才长期项目的引才对象应符合以下基本条件：

1．全职回国（来华）工作；

2．年龄一般不超过55岁；

3．在国外著名高校、科研院所担任相当于教授职务的专家学者，或是在国际知名企业和金融机构担任高级职务的专业技术人才和经营管理人才。

（二）申报评审程序

海外高层次人才一般应与国内高校、科研机构、企业、商业金融机构等用人单位达成明确的工作意向后，由用人单位进行申报。基本程序是：

1．用人单位与海外高层次人才达成意向后，填写《海外高层次人才引进申报书》，按程序报国家重点创新项目、重点学科和重点实验室、中央企业和国有商业金融机构等平台；

2．平台牵头组织单位组织专家对申报人选进行评审，提出建议人选报海外高层次人才引进工作专项办公室；

3．海外高层次人才引进工作专项办公室将人选提交“千人计划”专家顾问组审核后，报海外高层次人才引进工作小组审批。

（三）特殊政策待遇

对通过创新人才长期项目引进的海外高层次人才，授予“国家特聘专家”称号，享受相应的工作条件和一定生活待遇：

1．相应工作条件。可担任高等院校、科研院所、中央企业、国有商业金融机构一定的领导职务或专业技术职务；可担任国家重大科技专项、863、973、自然科学基金等项目负责人；可申请政府部门的科技资金、产业发展扶持资金等，用于在中国境内开展科学研究或生产经营活动；可参与国家重大项目咨询论证、重大科研计划和国家标准制定、重点工程建设等工作；担任项目负责人的，在规定的职责范围内，有权对经费使用、人员聘任等作出决定；可参加国内各种学术组织，参加中国科学院院士（外籍院士）、中国工程院院士（外籍院士）评选；可作为各类政府奖励候选人。

2．一定生活待遇。外籍人才及其随迁外籍配偶和未成年子女，可办理《外国人永久居留证》，或2—5年有效期的多次往返签证；具有中国国籍的引进人才，可不受出国前户籍所在地的限制，选择在国内任一城市落户；中央财政给予引进人才每人人民币100万元的一次性补助，有关地方或部门给予配套支持；享受医疗照顾人员待遇；引进人才及其配偶子女，可参加中国境内各项社会保险，包括基本养老、基本医疗、工伤保险等；可参照当地居民购房政策，购买自用商品房一套；五年内境内工资收入中的住房补贴、伙食补贴、搬迁费、探亲费、子女教育费等，按照国家税收法律法规的有关规定，予以税前扣除；引进人才的配偶由用人单位妥善安排工作或发放生活补贴；教育部门为引进人才的子女就学提供便利；用人单位参照引进人才回国（来华）前的收入水平，一并考虑应为其支付的各种生活补贴，协商确定合理薪酬。

创新人才短期项目

（一）引进对象及条件

人选除应符合创新人才长期项目规定的基本引才标准外，还须符合以下基本条件：

1．系国家科技、产业发展和学科建设急需、紧缺领域的领军人才或学术技术带头人；

2．在国内工作单位固定，有明确具体的工作目标任务，能做出实质性贡献；

3．已与用人单位签订至少连续3年、每年在国内工作不少于2个月的工作合同，并明确合同期内工作成果知识产权的归属。

（二）申报评审程序

按照创新人才长期项目规定的程序进行申报评审。

（三）特殊政策待遇

1．中央财政给予创新人才短期项目引进人才每人人民币50万元的补助。根据引进人才的实际需要，可为其办理出入境、医疗、保险等手续。

2．创新人才短期项目引进人才在合同期满后申请全职回国（来华）工作的，在签订聘用合同后，由用人单位提出申请，报专项办同意，可直接进入创新人才长期项目。授予“国家特聘专家”称号，由中央财政再为其发放人民币50万元的补助。

创业人才项目

（一）引进对象及条件

创业人才项目的引才对象应符合以下基本条件：

1．一般应在海外取得学位；

2．有海外创业经验或曾在国际知名企业担任中高级管理职位3年以上；

3．为所在企业的主要创办人，所创办企业成立1年以上、5年以下，拥有的专利或技术成果国际先进，能够填补国内空白、符合国家鼓励的重点产业发展方向、具有市场潜力并进行产业化生产。

（二）申报评审程序

符合条件的创业人才由企业所在高新技术产业开发区、留学人员创业园等进行申报。基本程序是：

1．申报人填写《海外高层次人才引进申报书》，由所在园区按程序向所在省（区、市）党委组织部申报。

2．省（区、市）党委组织部组织有关部门审核或评审后报海外高层次人才引进工作专项办公示。

3．科技部、人力资源和社会保障部组织技术专家、管理专家和风险投资专家进行评审，海外高层次人才引进工作专项办公室对推荐人选把关后，报工作小组领导审批。

（三）特殊政策待遇

对通过创业人才项目引进的海外高层次人才，授予“国家特评专家”称号，享受相应的工作条件和一定生活待遇。具体待遇参照创新人才长期项目执行。

青年千人计划项目

（一）引进对象及条件

青年千人计划项目的引进对象应符合以下基本条件：

1．从事自然科学研究，年龄在40周岁以下；

2．在海外知名高校取得博士学位，并有3年以上的海外科研工作经历；

3．申报时在海外知名高校、科研机构或知名企业研发机构有正式教学或科研职位；

4．引进后全职回国工作；

5．为所从事科研领域同龄人中的拔尖人才，有成为该领域学术技术带头人的发展潜力；

6．对有突出研究成果的在读博士研究生，可以破格引进。

（二）申报评审程序

在海外高层次人才引进工作专项办公室指导下，由教育部、科技部、中科院、自然科学基金委联合设立平台，负责青年千人计划的申报评审工作。基本程序是：

1. 用人单位和海外人才达成引进意向后，按申报通知要求向平台提出申请；

2. 平台组织专家进行通讯评审后，分批次组织会议评审，以面谈方式议定拟引进人才名单，并进行公示；

3. 对公示异议人员，由海外高层次人才引进工作专项办公室组织专家复审；

4. 海外高层次人才引进工作小组批准引进人才名单。

（三）特殊政策待遇

中央财政给予青年千人计划项目引进人才每人人民币50万元的一次性补助。根据拟引进人才所在学科领域、能力水平的差异，按进度分批给予每位引进人才科研经费补助100万—300万元。参照创新人才长期项目的有关政策，给予引进人才相应的其他工作条件和生活待遇。

外专千人计划

（一）引进对象及条件

目前重点引进长期项目专家（至少连续来华工作3年、每年不少于9个月）。其人选应符合“千人计划”的引才标准，申报人选的年龄可放宽到65岁。

（二）申报评审程序

在海外高层次人才引进专项办公室指导下，国家外国专家局设立平台，负责外专千人计划的申报评审工作。基本程序是：

1. 用人单位与拟引进人选进行接洽并达成初步意向后，填写“外专千人计划”引进申报书，向各省、自治区、直辖市外国专家局和部委外国专家管理部门申报；

2. 国家外国专家局组织专家对申报人选进行评审后，报海外高层次人才引进工作专项办公室；

3. 专项办组织专家顾问组进行审核把关后，报工作小组批准；

4. 专项办向有关部门下发“外专千人计划”引进专家名单。据此，用人单位与“外专千人计划”引进专家签订工作合同，办理相关手续，并保证“外专千人计划”专家按合同约定及时到岗工作。

（三）特殊政策待遇

“外专千人计划”专家在出入境、居留、医疗、保险、住房、税收、薪酬等方面享受“千人计划”特定政策和待遇。中央财政给予“外专千人计划”长期项目专家每人人民币100万元的一次性补助，并根据工作需要，经用人单位向从事科研工作、特别是从事基础研究的外国专家提供总计300万—500万元科研经费补助。国家外国专家局根据“外专千人计划”专家在华工作年限给予适当补助，专项用于提高其医疗、养老保障水平。授予“外专千人计划”长期项目专家“国家特聘专家”称号。

顶尖人才与创新团队

（一）引进对象和条件

1. 属自然科学或工程技术领域国际顶尖专家，引进后全职在国内工作至少5年；

2. 具备以下条件之一：诺贝尔奖、图灵奖、菲尔兹奖等国际大奖获得者；美国、英国、加拿大、澳大利亚等发达国家科学院院士或工程院院士；在世界一流大学、科研机构任职的国际著名学者；国家急需紧缺的其他顶尖人才。

（二）申报评审程序

采取一事一议、特事特办的方式进行引进。

人文社会科学项目

2012年底，创新人才长期项目开始引进部分人文社会科学领域海外高层次人才，重点是知识产权法、环境与资源保护法、国际法、国际经济法、国际关系、外交学、心理学等专业的急需紧缺人才。

（一）引进对象及条件

引进对象应符合以下基本条件：

1. 拥护中国共产党领导和社会主义制度，遵守中华人民共和国宪法和法律；

2. 在国外一流大学或研究机构、文化艺术单位具有教授级（或相当于）职务，为国际同行所公认，具有较广泛的国际学术影响力，其主要研究方向为国内急需或紧缺；

3. 年龄一般不超过60周岁；

4. 引进后全职在国内高校、科研机构等单位工作。

（二）申报评审程序

在重点学科平台增设“人文社会科学”分类，用人单位物色人选并签订意向性协议后，按照创新人才长期项目的程序进行申报评审。

实施情况

中央“千人计划”实施五年来，得到海外高层次人才的普遍欢迎和积极参与，截至2013年底，已分十批引进海外高层次人才4180名，这些专家主要分布在节能环保、新一代信息技术、生物技术、高端装备制造、新能源、新材料等战略性新兴产业，与国家“十二五”规划确定的重点培育发展方向相匹配，都是国家急需紧缺的人才。他们回国（来华）后，取得了一批标志性的原始创新成果，攻克了一批制约产业发展的重大关键技术，推动了一批高新技术企业的发展壮大，打造了一批具有世界水平的创新团队，推进了科研、教育和人才工作机制的改革创新，在科技创新、技术突破、学科建设、人才培养和高新技术产业发展等方面发挥了积极作用，产生了重大影响力。

在“千人计划”的示范带动下，各省（区市）均制定实施了各具特色的海外人才引进计划，部分中心城市、东部沿海部分经济发达的市县也制定实施了类似的引才计划，以引进海外人才回国创新创业推动经济结构转型升级的热潮正在兴起。

“千人计划”大事记

（截至2013年12月31日）

● 2008年4月25日，中组部向中央上报《关于引进海外高层次人才的建议》。

● 2008年5月2日，胡锦涛、温家宝、习近平、李克强等领导同志批示，同意实施引进海外高层次人才“千人计划”。

● 2008年7月2日，中组部办公厅印发《引进海外高层次人才工作实施方案》，组建“引进海外高层次人才工作小组”，成立“引进海外高层次人才工作专项办公室”。

● 2008年12月23日，中共中央办公厅转发《中央人才工作协调小组关于实施海外高层次人才引进计划的意见》，“千人计划”正式启动。

● 2008年12月底，中组部等多个部门联合印发《引进海外高层次人才暂行办法》《关于为海外高层次人才提供相应工作条件的若干规定》和《关于海外高层次引进人才享受特定生活待遇的若干规定》，明确了“千人计划”实施的基本原则、工作体制、引才标准与程序，以及条件保障与日常服务等方面。

● 2009年1月7日，中组部负责人就《中央人才工作协调小组关于实施海外高层次人才引进计划的意见》答记者问，对中央出台该意见的考虑和意义，近年来各地各部门引进海外人才工作的基本情况，该意见提出实施海外高层次人才引进计划的基本内容，该意见在如何用好人才方面的政策措施，解决海外高层次人才回来后遇到子女入学、住房、医疗等方面问题的具体举措，海外留学人才参与海外高层次人才引进计划的途径等方面进行了详尽解答。

● 2009年3月16日至18日，“国家千人计划”入选专家专题培训班在中央党校举办。中共中央政治局委员、中央书记处书记、中组部部长李源潮与学员座谈，勉励他们尽快融入祖国、融入事业、融入集体、融入社会，争做国家科技创新的领军人才、科技创业的名企业家、创说立论的科研带头人、识才育才的教育名师，在中华民族复兴的创业史上留下自己的贡献。

● 2009年4月，中组部公布首批全国“千人计划”引进名单，有122名海外高层次创新创业人才入选。

● 2009年4月7日，吸引海外高层次人才工作座谈会在上海召开。中共中央政治局委员、中央书记处书记、中组部部长李源潮在会上指出，推进吸引海外高层次人才“千人计划”，力度要加大、速度要加快、范围要放宽。要进一步解放思想，以更宽的眼界、更宽的思路和更宽的胸襟做好海外高层次人才引进工作。

● 2009年6月5日，中央企业引进海外高层次人才工作会议在北京召开。中共中央政治局委员、中央书记处书记、中组部部长李源潮指出，要把实施“千人计划”、引进海外高层次人才，作为提升企业核心竞争力的紧迫战略任务来抓。

● 2009年6月15日，教育部召开贯彻落实《中央人才工作协调小组关于实施海外高层次人才引进计划的意见》、实施“千人计划”视频会议，对高等学校加快实施“千人计划”进行了动员部署。

● 2009年7月12日，欧美同学会建言献策委员会举办“千人计划”建言献策座谈会。欧美同学会会长、全国人大副委员长韩启德，全国政协副主席、九三学社中央副主席王志珍和中组部、国资委、统战部、人社部等有关各部门单位领导及专家学者、“千人计划”引进者代表等参加了会议，就“千人计划”的实施进行了交流和讨论。

● 2009年7月22日，中组部和科技部召开依托国家科技重大专项引进海外高层次人才工作会议。中共中央政治局委员、中央书记处书记、中组部部长李源潮指出，要抓住当前有利时机，加大力度、加快进度、加紧实施引进海外高层次人才“千人计划”，把引进海外高层次人才摆上突出位置，围绕国家科技重大专项等国家重点创新项目，更好更快地引进海外高层次人才。

● 2009年7月24日，人力资源和社会保障部对外公布2009年二季度人力资源和社会保障工作进展情况，并提出下一步工作部署中重点之一是加强吸引留学人才回国服务工作，配合中组部实施“千人计划”，做好海外高层次人才引进工作。同时，实施“创业支持计划”，支持留学人员回国创业。

● 2009年9月，中组部公布全国第二批“千人计划”引进名单，有204名海外高层次创新创业人才入选。

● 2009年10月22日，中央人才工作协调小组在第十届中国海外学子辽宁（大连）创业周上举办海外高层次人才创新创业基地发展论坛。中共中央组织部副部长、中央人才工作协调小组副组长李智勇在讲话中指出，要借助人才基地建设，推进“千人计划”实施。

● 2010年3月，中组部公布全国第三批“千人计划”引进人才名单，有366名海外高层次创新创业人才入选。

● 2010年6月，中组部公布全国第四批“千人计划”引进人才名单，有163名海外高层次创新创业人才入选。

● 2010年6月6日，我国第一个中长期人才发展规划《国家中长期人才发展纲要（2010—2020年）》正式颁布。《纲要》中明确了“千人计划”的实施，提出中国将实施更加开放的人才政策，大力吸引海外高层次人才回国（来华）创新创业，并制定完善一系列相关政策措施。

● 2010年6月29日，在2010中国海外学子创业周开幕式上，“千人计划”网站（www.1000plan.org）正式开通。

● 2010年6月29日，由中央海外高层次人才引进工作专项办公室主办的“千人计划”创业论坛在2010中国海外学子创业周上举行。主办方邀请入选“千人计划”的海外高层次人才，围绕新能源、生物医药和信息技术发展等主题进行互动交流。

● 2010年6月30日，海外高层次人才创新创业基地发展论坛在2010中国海外学子创业周上举行。

● 2010年7月28日，受党中央、国务院邀请，70位国家引进海外高层次人才“千人计划”入选专家到北戴河休假。中共中央政治局常委、中央书记处书记、国家副主席习近平，中共中央政治局委员、国务委员刘延东，中共中央政治局委员、中央书记处书记、中组部部长李源潮前往北戴河看望。

● 2010年8月19日，中共中央组织部办公厅印发《“千人计划”短期项目实施细则》。

● 2010年11月，中组部下发《青年海外高层次人才引进工作细则》和《“千人计划”顶尖人才与创新团队项目实施细则》。

● 2010年12月，中组部公布全国第五批“千人计划”引进人才名单，有318名海外高层次创新创业人才入选。

● 2010年12月，第六批“千人计划”启动申报，项目由原来的一项扩展成为四项，包括创新人才长期项目、创业人才项目、“青年千人计划”项目和创新人才短期项目。

● 2011年1月15日，“千人计划”专家联谊会在北京成立，并召开第一次大会。

● 2011年1月17日，中央人才工作协调小组举办院士专家新春联谊会，1600多位两院院士、中央联系专家和“千人计划”入选专家参加。

● 2011年5月25日，国家特聘专家专题培训班暨证书颁发仪式在中央党校举行。中共中央政治局委员、中央书记处书记、中组部部长李源潮出席并为参加培训班的248名国家特聘专家颁发证书。

● 2011年7月10日，“千人计划”创投中心在苏州成立。

● 2011年8月，中组部公布全国第六批“千人计划”引进人才名单，有349名海外高层次创新创业人才入选。

● 2011年8月19日，“千人计划”高层次外国专家项目（简称“外专千人计划”，特指非华裔外国专家）开始实施。

● 2011年9月17日，“千人计划”太湖峰会在江苏无锡举办，李源潮同志出席主论坛并讲话。

● 2011年12月，首批143名“青年千人计划”入选者名单公布。

● 2011年12月，中组部公布全国第七批“千人计划”引进人才名单，至此，“千人计划”已分七批引进海外高层次人才共计2263名。

● 2012年1月7日，“千人计划”专家联谊会第一次会员代表大会在成都举行。

● 2012年3月，首批中央“外专千人计划”评审结果揭晓，最终入选外国专家41人，各省及直辖市的入选情况为：北京、湖北各6名，上海、江苏各5名，广东省4名，山东、福建、陕西、安徽、浙江、云南各2名，天津、四川、湖南各1名。

● 2012年4月9日，中组部、人力资源和社会保障部联合下发《国家特聘专家服务与管理办法》，进一步规范对国家特聘专家的服务与管理工作。

● 2012年4月25日，由“千人计划”创投中心和“千人计划”专家联谊会联合主办的首届“千人计划”创业大赛在北京启动。

● 2012年4月27日，“我的中国梦”——海外高层次人才回国创新创业座谈会在北京人民大会堂举行。中共中央政治局委员、中央书记处书记、中组部部长李源潮出席座谈会，与50多位“千人计划”专家欢聚一堂，畅叙响应祖国召唤、回国创新创业，为实现民族复兴而奋斗的理想抱负。

● 2012年8月，中组部公布全国第八批“千人计划”引进人才名单，有530名海外高层次创新创业人才入选，其中“青年千人计划”177人，“外专千人计划”54人。至此，“千人计划已”已分八批引进海外高层次人才共计2793名。

● 2012年8月25日，“创新创业、圆梦中国”——2012“千人计划”太湖（无锡）峰会在江苏省无锡市召开。中共中央政治局委员、中央书记处书记、中央组织部部长李源潮出席会议，来自全国各地入选中央“千人计划”的专家600余名参会。会议总结了国家“千人计划”实施三年的成果，围绕科技创新在转型发展中的使命、中国高科技创业的机遇与挑战、创投助力创业发展等话题进行了专业探讨和经验分享

● 2012年9月28日，中组部、人社部、公安部、外交部、外专局等5部门联合下发《关于为外籍高层次人才来华提供签证及居留便利有关问题的通知》，对外籍高层次人才来华办理签证、长期居留和永久居留的办法作出详细规定。《通知》的出台和实施，将进一步完善我国海外高层次人才引进政策体系，有利于吸引更多外籍高层次人才来华工作。

● 2012年10月26日，“千人计划”南方创业服务中心挂牌仪式在广州市举行。

● 2012年12月10日，“外专千人计划”国家特聘专家证书颁发仪式在深圳举行，人力资源社会保障部部长尹蔚民向部分外国专家颁发了国家特聘专家证书。“外专千人计划”自实施以来，共有94名外国专家入选，成为国家特聘专家。

● 2013年3月，中组部公布全国第九批“千人计划”引进人才名单，有531名海外高层次创新创业人才入选。至此，“千人计划已”已分九批引进海外高层次人才共计3319名。

● 2013年3月28日，首届“千人计划”创业大赛在苏州落下帷幕。大赛自2012年4月25日启动以来，吸引近400个项目报名参赛，237个项目通过首轮筛选，66个项目进入复赛，20个项目闯入决赛。

● 7月22日，中共中央政治局委员、中央组织部部长赵乐际与“千人计划”专家座谈。他指出，要持之以恒推进“千人

计划”。推进中国特色社会主义事业，为“千人计划”专家开辟了创新创业、大有作为的广阔空间。希望各位专家更加坚定报国志向，更多贡献兴国力量，更好融入强国实践，为国家富强、民族振兴、人民幸福再立新功。

● 2013年12月，中组部公布全国第十批“千人计划”引进人才名单，有816名海外高层次创新创业人才入选，其中，创业人才97人，青年人才396人。至此，“千人计划已”已分十批引进海外高层次人才共计4180人名。

海外高层次人才创新基地名录

为推动海外高层次人才引进计划顺利实施，加大海外高层次人才引进力度，集中引进一批优秀海外高层次人才和团队，加速重点领域科技突破和促进高新技术产业发展，促进科研管理体制和人才工作机制创新，为海外高层次人才创新创业提供更为优越的环境和条件，2008年，中央人才工作协调小组决定建设“海外高层次人才创新创业基地”。目前，已建成115家。

企业

东风汽车公司技术中心	国家核电技术有限公司核电技术研发中心	中国商用飞机有限责任公司
中国核工业集团公司	中国石油天然气集团公司	中国海洋石油总公司
国家电网公司	中国华能集团公司	中国国电集团公司
中国长江三峡集团公司	中国电信集团公司	中国电子信息产业集团公司
中国第一重型机械集团公司	鞍山钢铁集团公司	宝钢集团公司
武汉钢铁（集团）公司	中国铝业公司	中粮集团有限公司
中国建筑材料集团公司	深圳华为技术有限公司	中兴通讯股份有限公司
青岛海尔集团公司	奇瑞汽车股份有限公司	中国钢研科技集团公司
中国石油化工集团公司	中投公司	中国中化集团公司
中国南方电网有限责任公司	中国联合网络通信集团有限公司	国家开发投资公司
中国化工集团公司	中国华电集团公司	广州汽车集团股份有限公司
中国航天科技集团公司	中国航空工业集团公司	中国东方电气集团公司
中国第一汽车集团公司	中国大唐集团公司	中国兵器装备集团公司
中国兵器工业集团公司	无锡尚德太阳能电力有限公司	新奥科技发展有限公司
中国移动通信研究院	中国神华集团有限责任公司北京低碳清洁能源研究所	

高校

华中科技大学武汉光电国家实验室	中国科技大学合肥微尺度物质科学国家实验室	清华大学工程科学与技术研究中心
北京大学北京分子科学国家实验室	上海交通大学船舶与海洋工程国家实验室	复旦大学
浙江大学	南京大学	西安交通大学
哈尔滨工业大学	中山大学	厦门大学
苏州大学	四川大学	上海财经大学
吉林大学	北京航空航天大学	中国科技大学

科研院所

北京生命科学研究所	中科院物理研究所	中科院上海生命科学研究院
中国农业科学院	中科院金属研究所沈阳材料科学国家实验室	天津国际生物医药联合研究院
中国医学科学院（北京协和医学院）	中国科学院大连化学物理研究所	中国林业科学研究院
中国科学院深圳先进技术研究院	中国科学院地质与地球物理研究所	中国科学院生物物理所
中国气象科学研究院	宁夏林业研究所	合肥公共安全技术研究院
城市环境研究所	第三军医大学	

园区及其他

中关村科技园区	西安高新技术产业开发区	上海张江高科技园区
武汉东湖新技术开发区	无锡高新技术产业开发区	成都高新技术产业开发区
深圳高新技术产业园区	天津滨海高新技术产业开发区	苏州工业园区
杭州高新技术产业开发区	杨凌农业高新技术产业示范区	上海紫竹科学园区
大连高新技术产业园区	郑州高新技术产业园区	上海杨浦知识创新基地
广州经济技术开发区	厦门火炬高技术产业开发区	上海国际汽车城
重庆北部新区	深圳市前海深港现代服务业合作区	上海陆家嘴金融贸易区
海漕河泾新兴技术开发区	宁波国家高新技术产业开发区	南昌国家高新技术产业开发区
昆山高新技术产业开发区	江宁经济技术开发区	济南高新技术产业开发区

哈尔滨高新技术产业开发区
长沙国家高新技术产业开发区
浙江海外高层次人才创新园
广州天河科技园、软件园
北京经济技术开发区
天津经济技术开发区
常州科教城
包头国家稀土高新技术产业开发区
泰州医药高新技术产业开发区

"千人计划"服务窗口

人力资源社会保障部留学人员和专家服务中心"千人计划"服务窗口
地址：北京市海淀区学院路35号世宁大厦706室
邮编：100085
电话：86-10-82326266，82337366
传真：86-10-82327880
邮箱：lxck@mohrss.gov.cn
网址：www.chinatalents.gov.cn

北京海外学人中心
地址：北京市海淀区中关村海淀北二街10号泰鹏大厦二层
邮编：100080
电话：86-10-82484512，82484527
传真：86-10-82484513
邮箱：fuwu@8610hr.cn
网址：www.8610hr.cn

天津市外国专家局
地址：天津市和平区解放北路167号
邮编：300040
电话：86-22-23325724
传真：86-22-23124051
邮箱：gaoshouzhen@126.com
网站：tianjin.caiep.org

河北省专家与留学人员服务中心
地址：河北省石家庄市维明北大街118号
邮编：050000
电话：86-311-88616759
传真：86-311-88616759
邮箱：heblxry@163.com

山西省委组织部人才办
地址：山西太原迎泽大街369号
邮编：030071
电话：86-351-4019948，4019578，4019675，4045801
传真：86-351-4045801
邮箱：sxswrcb@163.com
网址：www.sx-talents.gov.cn

山西省人社厅海外人才服务中心
地址：山西太原迎泽西大街80号希望大厦七层
邮编：030024
电话：86-351-6177978
传真：86-351-6177978
邮箱：yuedingan@163.com
网址：sotsc.caiep.org

内蒙古自治区专家服务中心
地址：呼和浩特市新华大街63号6号楼711室
邮编：010055
电话：86-471-6261805，6945448
传真：86-471-6261805
邮箱：wulijimenghe@yahoo.com.cn

辽宁省委组织部人才工作处
地址：沈阳市和平区和平南大街45号
邮编：110086
电话：86-24-23128870，23128933
传真：86-24-23128987
邮箱：lnyszj@163.com

吉林省人才工作领导小组办公室
地址：长春市人民大街1551A号
邮编：130051
电话：86-431-88906130
传真：86-431-88906136
邮箱：jlyjrc@163.com
网站：www.jlrc.cn

黑龙江省人力资源和社会保障厅专业技术人员管理处
地址：哈尔滨市南岗区长江路130号乐业大厦
邮编：150001
电话：86-451-87130140
传真：86-451-87130140
邮箱：rstwanghaiquan@163.com

上海市人才服务中心
地址：上海市闸北区梅园路77号人才大厦4楼402室
邮编：200070
电话：86-21-32508038，32508071，32508053，32508039，32508065，32508076
传真：86-21-32508051
邮箱：qianrenfuwush@163.com
网址：www.hwrcw.com

江苏省"千人计划"服务窗口（省人社厅人才开发办）
地址：南京市中山北路49号机械大厦28楼
邮编：210008
电话：86-25-83236093
传真：86-25-83236093
邮箱：sunyanlong@jshrss.gov.cn，rckfb@jshrss.gov.cn
网址：www.jslxrycy.com.cn

浙江省海外高层次人才引进服务中心窗口
地址：杭州市莫干山路73号金汇大厦1115室

邮编：310005
电话：86-571-88394838，88394818
传真：86-571-88394838
邮箱：chl@zjlx.gov.cn

安徽省人力资源和社会保障厅专家服务中心
地址：安徽省合肥市花园街4号安徽科技大厦5楼D座
邮编：230001
电话：86-551-2633393，2639175
传真：86-551-2614559
邮箱：zjzx@ah.hrss.gov.cn
网站：www.ah.hrss.gov.cn

福建省引进人才服务中心（福建省留学回国人员工作站）
地址：福建省福州市鼓楼区思儿亭路11号专家服务中心4层
电话：86-591-87679659，88520071
传真：86-591-88520059
邮箱：gzz@fjrs.gov.cn
网站：www.fjrs.gov.cn/xxgk/cszy/slxhgrygzz

江西省留学人员服务中心
地址：江西省南昌市省府北二路92号
邮编：330046
电话：86-791-6273399
传真：86-791-6273399
邮箱：jiangshup@163.com

山东省留学人员和专家服务中心
地址：济南市燕子山路2号531室
邮编：250014
电话：86-531-88597979
传真：86-531-88597986
邮箱：shandongok@gmail.com
网站：www.sdlx.sdrs.gov.cn

河南省委组织部人才工作处
地址：郑州市金水路18号
邮编：450003
电话：86-371-65902779
传真：86-371-65902779
邮箱：yurencaichu@126.com

湖北省引进海外高层次人才服务窗口（湖北省人才中心）
地址：武汉市武昌区八一路58号湖北省军转培训基地三楼310室
邮编：430071
电话：86-27-87710366转8310
传真：86-27-87891420
邮箱：54626374@QQ.com

湖南省人事厅专业技术人员管理处
地址：长沙市韶山路1号省委大院三办公楼336室
邮编：410011
电话：86-731-82217017
传真：86-731-82216512

邮箱：zz820714@126.com

广东省高层次人才服务专区
地址：广州市天河路13号润粤大厦三楼
邮编：510075
电话：86-20-37603176
传真：86-20-37603193
邮箱：gccrcfw@gdrc.com
网站：www.gccrc.cn

海南省人力资源和社会保障厅专业技术人员管理处
地址：海南省海口市国兴大道9号省政府大楼361室
邮编：570203
电话：86-898-65200849
传真：86-898-65200850
邮箱：zhangyun949@126.com

重庆市海外高层次人才引进工作专项办公室
地址：重庆市渝中区人民路252号市级机关综合办公大楼2001室
邮编：400015
电话：86-23-63897545
传真：86-23-63895979
邮箱：cqycbgs@163.com
网站：www.cqdj.cn

四川省专家和留学人员服务中心
地址：四川省成都市东二巷号省人事厅六楼
邮编：610015
电话：86-28-86741860
传真：86-28-86613352
邮箱：sclxfwzx@163.com
网站：www.scrc.gov.cn/zjfwzx

云南省人才工作领导小组办公室
地址：昆明市广福路8号省委办公楼1-547室
邮编：650228
电话：86-871-3991619
传真：86-871-3991651
邮箱：ynrcgz@163.com

陕西省“千人计划”一站式服务窗口
地址：陕西省西安市西二路万景商务中心1105室
邮编：710004
电话：86-29-87543436
传真：86-29-87543436
邮箱：zhaojun71316@163.com

甘肃省人力资源和社会保障厅博士后和留学回国人员工作处
地址：兰州市城关区皋兰路78号兴业大厦
邮编：730000
电话：86-931-8960774
传真：86-931-8826150
邮箱：gsbshc@126.com
网站：www.rst.gansu.gov.cn

国家有关部门单位海外人才引进计划

教育部

长江学者奖励计划

“长江学者奖励计划”是国家教育部与香港李嘉诚基金会于1998年共同启动实施的高层次人才计划，包括特聘教授、讲座教授岗位制度和长江学者成就奖。其主要宗旨在于通过特聘教授岗位制度的实施，延揽大批海内外中青年学界精英参与我国高等学校重点学科建设，带动这些重点学科赶超或保持国际先进水平，并在若干年内培养、造就一批具有国际领先水平的学术带头人，以大大提高我国高校在世界范围内的学术地位和竞争实力。同时，通过特聘教授岗位制度的实施，对于推动我国高等学校的用人制度和分配制度改革，打破人才单位所有制、职务终身制，改变分配中存在的平均主义等弊端将起到有力的促进作用。

在党和国家领导人的直接关怀和高度重视下，在中央有关部门和社会各界的大力支持下，经过高等学校和长江学者们的共同努力，“长江学者奖励计划”成效显著，硕果纷呈，在海内外引起了强烈反响和普遍好评，已经成为国家重要的高层次人才计划。

自1998年启动实施以来，“长江学者奖励计划”汇聚了一批海内外有影响的学科领军人才，创造了一批关键领域的重大标志性科研成果，培养了一大批高素质青年创新人才。至2011年底，全国高校共聘任长江学者1801人，其中特聘教授1190人、讲座教授611人，26名华人学者荣获“长江学者成就奖”。先后有85名长江学者当选中国科学院、中国工程院院士，170人成为“973”首席科学家。

为贯彻落实《国家中长期教育改革和发展规划纲要（2010—2020年）》和《国家中长期人才发展规划纲要（2010—2020年）》，大力吸引、培养造就一批具有国际影响的学科领军人才，深入推进人才强校，全面提高高等教育质量，教育部决定从2011年起，实施新的“长江学者奖励计划”，并配合制订了《高等学校特聘教授岗位制度实施办法（试行）》《“长江学者成就奖”实施办法（试行）》。

新的“长江学者奖励计划”继续实施特聘教授、讲座教授项目，每年支持高校聘任150名特聘教授、50名讲座教授；特聘教授聘期为5年，聘期内享受每年20万元人民币奖金；讲座教授聘期为3年，聘期内享受每月3万元人民币奖金，按实际工作时间支付；增设支撑服务专项，重点支持长江学者创新团队建设，举办“长江学者论坛”、出版“长江学者文集”、推荐“长江学者精品课程”，发挥长江学者在创新团队建设、人才培养、协同创新等方面的辐射带动作用。新的“长江学者奖励计划”由中央财政专项经费支持，面向全国高等学校，加大对人文社科、中西部高校的支持力度，取消申报限额，鼓励通过个人自荐、专家推荐、驻外使（领）馆举荐等多种形式应聘。长江学者实行岗位聘任制，高校自主设置岗位，面向海内外公开招聘，择优推荐，经教育部组织同行专家评审通过后，由高校聘任。

新的“长江学者奖励计划”作为国家重大人才工程的重要组成部分，与“海外高层次人才引进计划”、“青年英才开发计划”等共同构成国家高层次人才培养支持体系。坚持育引并举，同条件、同平台、同标准，着力培养和吸引学术新锐。在吸引海外人才方面，讲座教授人选全部面向海外知名大学教授，与“千人计划”形成衔接；特聘教授人选面向海外知名大学副教授，与“千人计划”形成梯队。

2013年12月16日，教育部公布2012年度长江学者特聘教授、讲座教授名单，经学校推荐、通讯评审、会议答辩、人选公示、评审委员会审定、聘任合同签订等程序，共确定210名2012年度长江学者特聘教授、讲座教授。

春晖计划

为了支持留学人员回国服务，国家教育部于1996年起设立实施“春晖计划”，全称“教育部资助留学人员短期回国工作专项经费”，由教育部拨出专项经费资助在外留学人员短期回国工作。

主要资助对象：获得博士学位并在本专业领域取得较突出学术成就的留学人员(包括已获得国外长期、永久居留权或留学再入境资格者)。申请者应已落实国内接待(邀请)单位和短期回国工作计划。

主要资助形式：回国的单程或双程国际旅费。

主要资助范围：应邀回国参加学术会议；回国进行科研合作和学术交流；组织短期研讨班、讲习班、联合指导博士生；引进技术对贫困地区进行扶贫开发；参加国有大中型企业技术改造；教育部或驻外使（领）馆教育处（组）批准的其他短期回国服务活动。

申请程序：“春晖计划”专项经费常年受理，择优资助。申请者可直接向各使(领)馆教育处(组)查询教育部发布的当年资助目录，然后向使(领)馆教育处(组)提出申请。

“春晖计划”实施以来，在驻外使领馆教育处组的密切配合下，在各地有关政府部门和高等院校的大力支持下，特别是在广大在外留学人员的积极响应下，密切配合国家改革和发展的战略，以多种方式为我国经济建设和社会发展提供知识贡献和人才支持，留学人员中产生了广泛的积极的影响，激发了广大在外留学人员的爱国热情。“春晖计划”创造性地落实、丰富和发展了留学回国工作的有关政策，较好地响应和配合了国家发展战略和一段时期的工作重点，带动和促进了地方教育、科技、经济和社会各项事业的发展，为高校培养了人才争取了项目，开设了新课程，建立了新学科，较好地与有关地区和部门搭建了留学人员回国发展的平台，引导、带动和促成许多优秀在外留学人员回国工作和创业，促进和推动了我驻外使领馆教育处组留学回国工作的开展，帮助更多留学人员实现了个人价值和国家利益的有效统一。

至2006年底，“春晖计划”实施10年，共资助140多个留学人员团体、12000人次短期回国工作。并于2000年增设“春晖计划”海外留学人才学术休假回国工作项目。

为贯彻落实《国家中长期科学和技术发展规划纲要（2006—2020年）》，加快推进科教兴国战略和人才强国战略，自2006年起，教育部和科技部共同定期举办“春晖杯”中国留学人员创新创业大赛（简称“春晖杯”创业大赛）活动。通过“春晖杯”创业大赛，充分调动海外优秀留学人员回国创业热情，鼓励海外留学人员积极申报创新创业项目，创造条件支持参赛者与留学人员创业园、大学科技园和企业进行项目对接，根据项目技术水平、投资前景、效益预测和产业化情况，组织留学人员创业园、大学科技园、风险投资机构和国内企业家对项目进行评审、洽谈和择优颁奖，推动留学人员回国创办高新技术企业。“春晖杯”创业大赛汇聚多方力量，为留学人员回国创业服务。参赛对象是中国留学人员；评审标准以是否具备创业的可行性为主；评审委员会由来自投资机构、企业、创业园三方面的专家组成；入围者将在教育部“春晖计划”的资助下回国洽谈项目。

至2013年底，“春晖杯”创业大赛已成功地连续举办了七届，共遴选出1184个留学人员的创业项目，其中有300多个已在国内落地，取得积极成果。大赛的社会影响力和感召力不断扩大，品牌效应越来越明显，已经形成了中国留学人员回国创业项目的汇聚、对接和孵化平台。

高校学科创新引智计划（“111计划”）

2005年，教育部和国家外国专家局共同启动实施了“高等学校学科创新引智计划”（简称“111计划”），以建设学科创新引智基地为手段，加大成建制引进海外人才的力度，在高等学校汇聚一批世界一流人才，进一步提升高等学校引进国外智力的层次，促进海外人才与国内科研骨干的融合，开展高水平的合作研究和学术交流，重点建设一批具有创新能力的学科，提升高等学校的科技创新能力和综合竞争力。

“111计划”的总体目标是瞄准国际学科发展前沿，围绕国家目标，结合高等学校具有国际前沿水平或国家重点发展的学科领域，以国家重点学科为基础，以国家、省、部级重点科研基地为平台，从世界排名前100位的大学或研究机构的优势学科队伍中，引进、汇聚1000余名海外学术大师、学术骨干，配备一批国内优秀的科研骨干，形成高水平的研究队伍，建设100个左右世界一流的学科创新基地，努力创造具有国际影响的科研成果，提高高等学校的整体水平和国际地位。创新引智基地遴选范围以“985工程”、“211工程”高等学校为先导，逐步扩展到有国家重点学科的高等学校。

创新引智基地人员构成应符合：

（一）聘请不少于10名海外人才，其中包括：不少于1名学术大师；不少于3名学术骨干，不少于6名来华短期学术交流学术骨干。

（二） 配备不少于10名国内科研骨干。

创新引智基地人员应具备的条件：

（一）海外人才应在世界排名前100位的大学或研究机构任职，且与本校有良好的相应合作研究基础。

（二）海外人才所属学科领域包括基础科学、技术与工程、管理等。

（三）海外人才应具有外国国籍或所在国家永久居留权，对中国怀有深厚感情，品德高尚，治学严谨，富于合作精神。学术大师年龄一般不超过70岁，学术骨干年龄一般不超过50岁。

（四）学术大师应为国际著名教授或同领域公认的知名学者，学术造诣高深，学术水平在国际同领域处于领先地位，取得过国际公认的重要成就。具有前瞻性、战略性的眼光，能够把握国际科学发展的趋势，引领本学科保持或赶超国际领先水平，汇聚国际上本学科的学术骨干，提出对学科或国民经济发展有重大影响的研究课题。

（五）学术骨干应具有所在国副教授以上或其他同等职位，拥有创新性思维，与学术大师有合作基础，在所属领域取得过同行公认的创新性成果。

（六）国内工作时间：学术大师每人每年不少于1个月；学术骨干每人每年不少于3个月，一般应有一名学术骨干留在基地工作；每年来华短期学术交流的学术骨干不少于6人次，时间不限。

“111计划”专项经费由国家外国专家局和教育部及高等学校主管部门共同筹措，在年度预算计划中单列。其中列入“985工程”的高等学校项目经费由国家外国专家局和教育部共同筹措，未列入“985工程”高等学校项目经费由国家外国专家局和高等学校主管部门共同筹措。“十一五”期间，国家外国专家局投入不少于3亿元，教育部和其他高等学校主管部门投入不少于3亿元。

2012年，在总结“十一五”实施“高等学校学科创新引智计划”的基础上，依据“十二五”总体规划，教育部和国家外国专家局联合启动了“十二五”首批“111计划”新建引智基地的建设工作。经专家评审，共厦门大学“细胞应激生物学创新引智基地”、南京大学“生命分析化学创新引智基地”等34个引智基地列入“111计划”予以批准立项。

2013年，又有清华大学“先进燃烧能源科学与技术创新引智基地”等45个引智基地予以批准立项。

人力资源和社会保障部

中国留学人员回国创业启动支持计划

"中国留学人员回国创业启动支持计划"于2009年9月由人力资源和社会保障部正式启动实施，计划每年在全国范围内遴选一批创新能力强、发展潜力大、市场前景好的留学回国人员创办的企业，在创办初始阶段予以重点支持，以加快其科技成果转化，实现企业快速发展。留学人员回国创业启动支持资金项目经费将专门用于支持遴选出的留学回国人员创办的企业。对于经人力资源和社会保障部审批确定的重点创业项目，一次性给予创业支持资金50万元；对于确定的优秀创业项目，一次性给予创业支持资金20万元。相关地方应给予相应配套资金支持。

申报该计划需同时具备以下条件：

（一）企业法定代表人应为留学回国人员，一般应获得硕士以上学位；

（二）拥有自主知识产权或发明专利，技术创新性强，具有市场潜力；

（三）熟悉相关领域和国际规则，有经营管理能力，如有海外自主创业经验者可优先考虑；

（四）企业注册时间不超过3年；

（五）企业注册资金现金资产不低于50万元，留学人员出资额占企业注册资本的50%以上；

（六）企业法人诚信守法，无违法犯罪记录。

2010年度，"中国留学人员回国创业启动支持计划"共入选创业项目34项，其中重点创业项目4项、优秀创业项目30项。

2011年度，"中国留学人员回国创业启动支持计划"共入选创业项目48项，其中重点创业项目8项、优秀创业项目40项。

2012年度，"中国留学人员回国创业启动支持计划"共入选创业项目51项。

2013年度，"中国留学人员回国创业启动支持计划"共入选创业项目66项。

赤子计划

"赤子计划"全称"海外赤子为国服务行动计划"，是人力资源和社会保障部在2009年提出的一项智力报国计划，是对原人事部1988年以来每年开展的留学回国专家服务团专项活动的拓展，旨在更大范围、更广领域、更高层次上吸引海外留学人员及留学人员团体参与祖国建设。

"赤子计划"具体包括以下六类：

（一）人力资源社会保障部组织的示范性留学人员为国服务活动；

（二）人力资源社会保障部留学人员和专家服务中心组织的留学人员为国服务活动；

（三）人力资源社会保障部与各地方人民政府联合主办大型留学人员人才项目交流及为国服务活动；

（四）人力资源社会保障部资助支持由地方人力资源社会保障部门具体组织的留学人员为国服务活动；

（五）人力资源社会保障部资助支持由有关部门具体组织的留学人员为国服务活动；

（六）人力资源社会保障部资助支持由海外留学人员团体具体组织的为国服务活动。

2010年"赤子计划"正式启动实施，在全国范围内共组织开展了36项为国服务活动，除提供经费支持外，人社部还在人才、信息、政策等多方面积极提供支持和帮助，累计吸引遍及美、日、欧等几十个国家100多个专业技术领域的人才为国服务上千人次，促成上万项人才技术合作项目参与对接，产生了良好的人才和社会效应，在海内外造成了广泛的影响。

2011年，人社部继续扩大"赤子计划"规模，把海外中国留学人员组织和华人华侨专业团体纳入"赤子计划"资助范围，共有39项活动纳入"赤子计划"。

2012年，有36项各地各部门申报的留学人员为国服务活动入选"赤子计划"，共吸引各类海外人才回国（来华）服务达上万人次，7000多个人才技术合作项目参与对接，达成合作意向2000多个。

2013年，"赤子计划"在河北、甘肃、陕西、西藏等省市重点开展了30余项留学人员为国服务活动，紧密围绕地方经济社会发展需求，围绕产业升级需要，紧贴民生领域和基层实际，突出重点，注重实效，活动领域不断拓展、规模不断扩大、形式灵活多样、影响广泛深远，成效突出显著。

高层次留学人才回国资助计划

高层次留学人才回国资助试点工作开始于2002年，是人力资源和社会保障部为进一步加大吸引留学和海外高层次人才工作的力度，按照原国家人事部《开展高层次留学人才回国资助试点工作的意见》有关要求开展的一项重要工作。

"高层次留学人才回国资助计划"重点就我国急需发展的信息科学、生命科学、新材料、新能源、现代制造业、航空航天等领域，以及关系国计民生或有重要影响的行业，每年资助10名回国工作的高层次留学人才。资助额度为每人60万元，其中中央财政30万元，地方配套30万元。

自2011年起，人力资源和社会保障部在北京、上海、重庆、江苏、山东、江西等省市和工信部、农业部、卫生部、国资委等部委开展试点工作。

2013年度，全国共14人成为"高层次留学人才回国资助"人选。截至2013年底，"高层次留学人才回国资助计划"累计投入入资助金额6840万元，共资助114名高层次留学回国人才。受资助的高层次留学人才平均年龄44岁，平均在海外留学及工作9年；科研和工作领域主要集中在航天、生物、环保、信息技术、材料科学等国家重点发展行业和领域；均是各地区、部门急需引进的高层次人才，全部为博士，都在所在省市或部门所属研究所、中心、大学工作，具有教授、研究员、主任医师等高级专业技术职务。试点工作为人才回国后提供了一定的启动经费和生活补贴，对于切实推动国家重点行业、地区发展，造就部门、地区或行业领军人才，增强国家科技创新和国际竞争力，以及体现党和国家对高层次留学人才的关心等方面，都起到了积极作用。获得资助的100多人充分发挥科研领军作用，已经凝聚起了一支数千人的科研队伍，产生了一批科技成果，创造了大量经济和社会效益。

留学人员科技活动项目择优资助

“留学人员科技活动项目择优资助”由原人事部设立于1985年，是鼓励留学人员回国工作或以多种形式为国服务的重要举措，目前，已经成支持广大留学人员回国创业、开展科技创新、为国服务的重要措施，以及跟踪世界最新科技成果、实现科技成果转化的重要渠道。其目标一是适应留学人员回国工作发展需要，鼓励和吸引留学人员回国工作，发挥留学人员在经济社会发展和科技创新中的重要作用；二是资助新近回国的留学人员，从事科技研究，支持留学人员从事重点攻关项目、技术改造项目、具有广泛应用前景的新技术研发项目等，为推动我国经济社会发展作出贡献；三是鼓励和支持海外留学人员短期回国开展合作研究、学术技术交流、考察、讲学等为国服务活动，实现智力回归。

“留学人员科技活动项目择优资助”申报条件包括：在外留学1年以上，学有所成，新近回国工作；取得硕士以上学位或获得中级以上专业技术职称；能独立主持研究开发工作，有培养发展前途；申报项目属于领先水平，具有应用开发前景，可产生良好的经济社会效益。

“留学人员科技活动项目择优资助”申报类别分为重点、优秀、启动三类。其中，重点项目（10万—20万元）主要资助留学回国人员从事国家重点攻关项目、重大技术改造项目、具有广泛应用前景的技术创新等项目；优秀项目（5万—10万元）主要资助留学回国人员主持省部级重点科技攻关或技术改造项目，或某一学科领域具有领先水平的研究开发项目；启动项目（2万—5万元）主要资助新近回国或即将回国的留学人员从事某一学科或技术领域的研究。

中国科学院

中科院“百人计划”

中科院“百人计划”是1994年中国科学院启动的一项高目标、高标准和高强度支持的人才引进与培养计划。朱日祥、曹健林、卢柯等14人成为1994年首批支持对象。该项目原计划在20世纪的最后几年中，以每人200万元的资助力度从国外吸引并培养百余名优秀青年学术带头人。十几年来，“百人计划”为中国科学凝聚了大批优秀人才，其中从海外引进的杰出青年人才上千位。

招聘对象：以科学（工程）中心、开放实验室、青年实验室等为主要基地，按需要招聘人才。

申请办法：申请者可按照中科院定期发布的“百人计划”招聘指南，由他人推荐或自荐。具体办法、招聘指南以及《中国科学院“百人计划”候选人推荐（自荐）表》可向中科院“百人计划”办公室或我驻外使（领）馆教育处（组）索取。

受聘后待遇：中科院将根据学科（工程）发展需要和本人条件，给予较强的一次性启动经费，主要用于购置必需的仪器设备、本人住房等。入选人员的工资待遇，除按国家规定发给的外，中科院将予特别津贴，津贴额度视具体情况确定。

2013年度，有107人选中科院“百人计划”。截至2013年底，共有2600人入选。入选者中绝大多数为40岁以下的海内外优秀青年学者，极大地优化了高层次人才队伍结构，大大提升了中国科技创新能力和国际科技影响力。此外，中科院近年还通过实施中央“千人计划”“创新团队国际合作伙伴计划”“爱因斯坦教授计划”“国外专家特聘研究员计划”“外籍青年科学家计划”“发展中国家访问学者计划”等，不断吸引世界顶级科学家和优秀中青年科学家与中科院开展国际合作，或到中科院访问、工作。

中国科学技术协会

海智计划

为贯彻实施科教兴国、人才强国战略，吸引和组织海外科技工作者以多种方式为国服务，实现报国志向，2003年中国科协和35个海外科技团体共同发起“海外智力为国服务行动计划”（简称“海智计划”），并于2004年2月启动实施。该计划旨在发挥中国科协的桥梁和纽带作用，加强与海外华人科技团体的联系，借助海外科技团体的优势和主体作用，吸引海外人才、智力通过国家重大项目和政策咨询、专题研讨、项目合作、技术引进和创新、兼职、考察、培训、回国参加国内学术交流和中介服务等方式为国服务。

“海智计划”目标：

（一）海外主要科技团体积极参与本计划的实施，并成为中国科协的海外联系团体，同中国科协建立和保持经常的、密切的和畅通的联系。各级科协积极参与本计划的实施，实现当地需求与海外智力资源的有效对接，为当地的科技与经济社会发展作出贡献；

（二）建立和完善规范、有效的国内外联系及工作机制，通过海外科技团体吸引和组织广大海外科技工作者积极参与科协根据国家发展战略组织的各项重要活动，使广大海外科技工作者成为国家实施人才强国战略、应对激烈的国际人才竞争和国家经济建设需要的不可缺少的重要力量。

“海智计划”作为我国引智工作的重要组成部分，是国家“千人计划”的窗口之一，有力地配合了“千人计划”引进海外高层次人才工作，积极推动海外的专家、学者为我国的社会发展作出贡献。

截至2013年底，中国科协“海智计划”实施9年来，与海外100多个科技团体建立了合作关系，在全国建立“海智计划”工作基地20多个。

地方海外高层次人才引进计划

北京市

北京市“海外人才聚集工程”

2009年4月，中共北京市委办公厅印发《关于实施北京海外人才聚集工程的意见》的通知，启动实施北京海外人才聚集工程（简称“海聚工程”）。“海聚工程”作为北京市聚揽海外高层次人才、打造人才之都的重要措施，从2009年开始实施，将用5至10年时间，在市级重点创新项目、重点学科和重点实验室、市属高等院校、科研院所、医院、国有企业和商业金融机构及中关村科技园区、北京经济技术开发区等高新技术产业开发区，聚集10个由战略科学家领衔的研发团队；聚集50个左右由科技领军人才领衔的高科技创业团队；引进并有重点地支持200名左右海外高层次人才来京创新创业。目前，共分为全职项目、短期项目和青年项目三个类别。引进的海外高层次人才需在海外取得博士学位，不超过55岁，引进后每年在京工作不少于6个月，并同时具备其他条件。高层次海归人才可自荐、互荐，或通过驻外使领馆、华人华侨社团、留学生组织、各类园区（包括科技企业孵化器、留学人员创业园、大学科技园和工业园等）等向北京海外学人中心申报。通过评审的人才，北京市政府将给予一次性奖励100万元人民币资助以及其他扶持政策。

北京市“海聚工程”经过5年的不断完善和成长，目前已拓展划分为全职工作类、青年项目、短期项目、外专长期项目、外专短期项目、创业类、创业团队项目。

截至2013年底，“海聚工程”共认定九批511名海外高层次人才，其中146人入选中央“千人计划”。入选“海聚工程”的海外高层次人才在京创办的高科技企业已经达到162家，“海聚工程”人才和企业已经在生物医药、互联网信息技术、高技术制造等符合首都发展方向的领域形成集聚优势，有力促进了首都科技创新转型发展，成为推动首都经济社会发展的一支重要力量。

北京市海淀区“海英计划”

2011年，为进一步完善区域政策环境，激发高端人才创新创业活动，支持一批高端创新创业领军人才，培养一批青年英才，打造一支优秀的创新创业人才队伍，促进海淀人才资源优势转变为产业发展优势，中关村科技园区海淀园管委会在多方征求意见的基础上，制定了《海淀区促进创业人才发展支持办法》，即北京市海淀区人才聚集和培育计划，简称“海英计划”，并配套了1亿元人才发展专项资金。

2012年7月，“海英计划”作为海淀区“1+10”政策体系之一正式发布并实施，将在战略性新兴产业领域重点引进一批高端创新、创业领军人才，加快培养一批青年英才，从项目、资金、生活等多个方面对入选人才给予有力的支持，打造海淀人才品牌。在此基础上，海淀区还将进一步加大高层次经营管理人才、科技金融人才、文化创意人才、教育人才和卫生人才的培养和支持力度，形成更加丰富的人才引进体系。根据《海淀区促进人才创新创业发展支持办法》，入选“海英计划”的“领军人才”可享受最高30万元奖励、房租补贴、子女教育等支持；“青年英才”可获得30万元创业资金、股权投资等支持；“人才引进及服务平台”也可获得多项资金奖励。

截至2013年底，有北京小米科技责任有限公司雷军团队、网秦无限北京科技有限公司林宇团队等11个团队、261人入选北京市海淀区“海英计划”，已获得8000万元资金扶持，并享有地方特色的人才服务。

北京市朝阳区“凤凰计划”

2010年，北京市朝阳区针对在文化创意产业、服务业、金融业等重点产业上高端人才缺口仍较大，为此建立“1+2”海外人才工作体系，推出“凤凰计划”。目的是吸引海外高层次人才来朝阳创业，提供条件和待遇，帮助他们成为相关产业领军人，并给予特别政策扶持。每年朝阳区将由区委、区政府投入3000万资金，用于对海外高层次人才创新创业的奖励和扶持，被认定的海外高层次人才每人可获奖20万元，创业类高层次人才创办企业可获得50万元奖励。政策支持包括《朝阳区关于大力推进海外学人工作的实施意见》和《朝阳区鼓励海外高层次人才创业和工作暂行办法》，在创业资金、办公用房、贷款担保、市场开拓及教育、医疗等方面给予扶持；制订了《望京留学人员创业园扶持办法》，区政府每年设立1000万元的留学人员创业扶持资金支持留学人员创业。

截至2013年底，北京市朝阳区“凤凰计划”实施三年来，已分三批认定和引进海外高层次人才74名，为朝阳区聚集了一批具备较高专业素养和丰富海外工作经验，掌握先进科学技术，熟悉国际市场运作，具有广泛国际联系，能够发展高新产业、带动新兴学科的科技创新人才和产业领军人才。其中，有5人入选中央“千人计划”，6人入选北京市“海聚工程”。前两批认定的16名创业类海外高层次人才共创办14家公司，在2009年至2011年间，14家创业企业营业总额从4.9亿元增加至9.7亿元，增长97%。

天津市

天津市“千人计划”

2009年12月，天津市委、市政府印发了《天津市实施海外高层次人才引进计划的意见》和《天津市引进创新创业领军人才暂行办法》，启动实施天津市“千人计划”。从2009年起，天津市将用5至10年的时间，在全市重点创新项目、重点学科和重点实验室、企业和商业金融机构、以高新技术产业开发和成果转化为主的各类园区等领域，引进并重点支持1000名左右能够突破关键技术、发展高新技术产业、带动新兴学科和新兴产业的国际一流科学家和科技创新创业领军人才，以及金融、文化、教育、社会工作、社会科学等领域业绩突出、知名度高的人才，并提供相应资金支持政策，包括对海外高层次创新人才资助每人人民币100万元、引进创业人才资助每人人民币300万元等。

2010年，天津市“千人计划”首批引进37名海外高层次人才，其中包括31名创新人才和6名创业人才，并颁发了“天津市特聘专家”证书。

2011年，有41名海外高层次人才入选天津市“千人计划”。

2012年，有58人新入选天津市“千人计划”，国家和天津市“千人计划”人选总数达312人。

2013年，天津市全年引进留学人员2620人，在津留学回国人员总数达2.2万人，新入选国家“千人计划”8人，天津“千人计划”57人，总数分别达88人和289人；新增留学回国人员企业120家，总注册资金为2.9亿元，留学人员企业年产值约38亿元。引进外国专家1.88万人次。实施引智项目589项，其中出国(境)培训项目91项，派遣1658位管理和技术骨干赴国(境)外培训；引进专家项目498项，引进高层次外国专家1627人次，形成引智成果749项，创造效益6.53亿元。21位专家入选国家“友谊奖”和天津市“海河友谊奖”，18位外国专家入选国家和天津市“外专千人计划”。

河北省

河北省“百人计划”

2009年11月，根据河北省委办公厅、省政府办公厅印发的《关于实施海外高层次人才引进计划的意见》，计划从2010年起用5—10年时间，主要围绕河北省“四大攻坚战”确定的工作目标，支持和引进100名左右能够突破关键技术、带动新兴产业、发展高新技术的海外高层次人才，重点引进河北发展战略性新兴产业和重点产业技术改造所急需的新能源、新材料、电子信息、生物医药、装备制造、石油化工、钢铁、食品、建材建筑、纺织服装、现代物流、旅游领域的科技创新人才和高层次创业人才。同时对引进人才实行“省级特聘专家”制度（简称“百人计划”），省财政将给予每人100万元的经费资助，在引进人才的配偶安置、子女就学、解决住房、社会保障等方面，给予最大的便利和支持。

2010年，河北省“百人计划”通过公开申报、部门审核、专家评审等规定程序，首批入选8人，并颁发了“省级特聘专家证书”。

2011年，河北省第二批“百人计划”入选12人。

2012年，河北省第三批“百人计划”入选14人。

2013年，河北省第三批“百人计划”入选15人。截至2013年底，共分四批次引进49人。

河北省高层次创新创业人才开发“巨人计划”

2011年9月，河北省委、省政府出台《关于实施高层次创新创业人才开发“巨人计划”的意见》，将利用“十二五”时期5年时间，通过实施高层次创新创业人才开发“巨人计划”，有计划有目的地培养引进100名左右创新创业领军人才，在领军人才的凝聚下打造100个左右创新创业团队，力争实现推出一个领军人才，带出一个创新创业团队，促进一批具有自主知识产权的重大科技成果加速转化和产业化，带动和形成一批在核心技术及重大产品自主创新方面居于国内外领先水平的产业集群，使“巨人”在推动具有区域特色和比较优势的现代产业体系形成方面真正起到引领、带动作用。

“巨人”是指在创新创业团队主要支撑下，由团队核心领军人才组织管理、一大批技术管理人才聚集起来的高成长性科技型企业、高新技术企业或研发机构。“巨人计划”的开发重点是规模结构合理且创新机制健全，拥有较大市场潜力的自主知识产权或核心技术、在改造提升传统产业和培育有竞争力的新兴产业方面具有优势的企事业单位研发团队或中小型科技企业创业团队，以及能带领上述团队进行创新创业的领军人才。

河北将通过政府参股或提供融资担保等方式，设立创业投资引导基金，定期举办创业投资与“巨人”企业对接活动；积极推动巨人企业在创业板上市，在股权融资、债券融资、租赁融资、项目融资等各类直接融资中给予大力支持；领军人才谋划的科技含量高、前景好的重点项目，在政策允许范围内将“特事特办”，在立项审批、土地指标、贷款融资等方面给予支持。入选“巨人计划”的团队和领军人才将得到200万元创新创业支持资金。

2012年4月5日，经过申报推荐、组织考察、资格审查、综合评审、社会公示等程序，河北省在申报的279家团队中，评选产生了首批40家创新创业团队。6月5日，河北省委对评选出的石家庄以岭药业股份有限公司技术中心等40个团队和吴以岭等40人，分别授予河北省“巨人计划”创新创业团队和河北省“巨人计划”创新创业团队领军人才称号。

山西省

山西省“百人计划”

2009年，山西省委出台了《海外高层次人才引进计划实施意见》，相关厅局配套制定了《山西省引进海外高层次人才办法》，启动实施山西省“百人计划”。从2009年开始，将用5至10年时间，在国家和省重点创新项目、重点学科和重点实验室、省属企业和商业金融机构、以高新技术开发区为主的各类创新创业基地等，引进并有重点地支持100名左右的高层次人才回山西创新创业，并建设10个左右海外高层次人才创新创业基地。其中重点引进两类人才：一类是推动山西产业结构调整和促进发展转型的产业人才；另一类是拥有自主知识产权或掌握核心技术、对山西省实现科技创新特别是生产一线的技术突破发挥重要作用的科技型创新创业人才。这些引进对象，必须是相关重点领域和行业的领军人物。同时，山西省委批准省财政设立“山西省引进海外高层次人才专项资金”，每年拨付5000万元，各用人单位再配套5000万元，用于改善引进人才的工作和生活条件。对纳入“百人计划”的引进人才，给予每人100万元的资助，并作为“山西特聘专家”列入省委联系的高级专家之列。

截至2013年底，山西省“百人计划”共分六批引进海外高层次人才197名。其中，2009年首批引进14人，第二批引进24人，第三批引进18人，第四批引进50人，第五批引进29人，第六批引进62人，引才人数呈逐年增高态势，数量上取得新突破。197人中，创业人才17人，占总数的8.6%；企业创新人才19名，占总数的9.6%；高校和科研院所创新人才142人，占总数的72.1%。全职回省来晋的36名，占总数的18.3%；短期来省服务的161名，占总数的81.7%。同时，引才类型更加丰富，结构日趋完善。第六批引进人才中新增了三个子项目，分别是青年项目引进人才4名，外专项目引进人才9名，合作建设项目引进人才6名。

此外，引进的人才已成为山西省各个领域的重要支撑。其中，创业人才带动新兴产业发展，引领当地产业转型升级。据统计，山西省“百人计划”引进的海外高层次创业人才所办企业固定资产投资达到3.04亿元，上交税收达4749万元，成为山西省新兴产业发展的重要推手。

内蒙古自治区

内蒙古自治区“草原英才”工程

2010年，内蒙古自治区开始实施“草原英才”工程。该工程由自治区党委组织部组织实施，将围绕自治区科学发展大局，特别是优势特色产业发展的总体布局和趋势，根据自治区各重点产业、重点行业、重大项目产业升级、科技创新、学科建设、技术开发、自主创业的迫切需求，用5年左右时间有计划、有重点、有针对性地引进一批海内外高层次领军人才和创业团队。同时，通过“以引进带培养，以培养促引进”的方式，加大高层次人才培养力度，全面提升自治区高层次人才队伍的自主创新能力。这一工程将通过“高校重点学科人才引进和培养工程”等13个子项目，加强各类人才创新创业基地和平台建设，建成一批自治区级高层次创新创业基地和高校创业团队，打造以呼和浩特、包头、鄂尔多斯“金三角”为中心区域的“草原硅谷”。其总目标是要通过规划，实现人才素质、结构、布局、使用效能进一步优化，从而使内蒙古人才竞争力进入西部较强省区市行列。

2011年9月，内蒙古自治区党委办公厅、政府办公厅联合下发了《内蒙古自治区“草原英才”工程若干政策规定（试行）》，在资金扶持、生活待遇、服务保障等方面，为各类人才在内蒙古创新创业提供有力支持和全方位服务。

2013年5月，内蒙古自治区党委组织部下发《关于进一步推进“草原英才工程”的实施意见》，提出要组织实施好“三大平台”建设和十大“百人计划”，每年新增培育“草原英才”150名，每年力争入选国家“万人计划”3人，入选国家“千人计划”3人。

2013年度，经多轮评审和内蒙古自治区党委组织部部务会审定，共确定产业创新创业人才团队67个，高层次人才创新创业基地17个，县域创新创业人才团队（基地）17个，“草原英才”人选190名，其中，培养人选146名，引进人选44名（刚性8名、柔性36名）。

截至2013年底，内蒙古自治区已累计培养引进522名“草原英才”，重点培育了农牧业、能源、新型化工、装备制造、有色金属生产加工等15个领域的自治区级产业创新创业人才团队96个，建设了包头稀土高新开发区、鄂尔多斯高新技术产业园区等20个高层次人才创新创业基地。同时，为对接国家“千人计划”，引进高层次创新创业人才199名，其中13人入选国家“千人计划”；为对接国家“万人计划”，累计重点支持高端人才323名，其中2人入选国家“万人计划”。

辽宁省

辽宁省“十百千高端人才引进工程”

2008年，辽宁省委、省政府出台《关于辽宁省实施“十百千高端人才引进工程”的意见》，重点围绕辽宁优先发展的重点产业，从海内外引进数十名能够引领重点支柱产业发展的顶尖科技人才；引进数百名在国际科学技术前沿取得重大突破，能够带领国际水准研发团队的科技领军人才；引进数千名拥有自主知识产权、具有较强自主创新能力的学术、技术带头人和熟悉国际惯例、具有较强国际运作能力的高级经营管理人才。“十百千工程”人选将获得科研启动资金并享受优惠人才待遇。2009年，中共辽宁省委组织部等六部门联合下发《辽宁省“十百千高端人才引进工程”实施办法》，启动首批辽宁“十百千高端人才引进工程”人选选拔工作。

2012年6月，经个人申报、组织推荐、资格审查、专家评审、面试答辩等程序，辽宁省首批“十百千高端人才引进工程”的百人层次和千人层次人选名单公布，全省共评选126名“十百千工程”人选，其中“百人”层次人选27名，“千人”层次人选99名。辽宁省政府对入选百、千层次高端人才一次性给予100万元和20万元启动资金，用于支持他们从事创新和应用型项目研究。

2013年12月，辽宁省委组织部启动开展第二批“十百千高端人才引进工程”申报工作。

沈阳市“凤来雁归”引才工程

自2007年起，沈阳市开始实施“凤来雁归”引才工程。一方面以优惠政策引才，在资金方面给人才提供各项便利。沈阳市财政每年安排3000万元人才资源开发专项资金，对本土培养及人事关系调入沈阳或签订5年以上聘用合同的两院院士，给予500万—1000万元项目资金支持；同时，运用安家补助费、科研、生活补贴等手段，积极留才。

截至2012年底，沈阳市通过“凤来雁归”工程已成功引进博士（博士后）6200人次、海外研发团队350余个、海外创新人才万余人次；建立43家院士工作站，先后有168位院士进站工作；建立海外学子创业园及科技孵化器66个，进园高新技术企业158家，在孵海外学子创办企业近40家，中心城市吸引各类创新人才的“洼地效应”进一步凸显。

大连市“海创工程”

2008年9月，大连市出台《大连市关于实施海外学子尖端人才归国创业工程的意见》，全面实施以“3231”为主要框架内容的“海创工程”。目标是通过5年努力，吸引50位海外学子尖端人才来大连兴办高新技术企业，从而优化全市产业结构，转变经济发展方式，增强城市核心竞争力。获得“海创工程”创业扶持资金立项的项目，最高可得到200万元创业扶持资金、200万元的创业投资、200万元的资金担保或贷款贴息，对项目承担企业可获得连续三年免租金提供100平方米的办公场地，海外学子尖端人才连续三年免租金提供100平方米的生活公寓，优惠价格租用1000平方米的生产厂房等政策扶持。

2010年，有8人入选首批大连市“海创工程”。

2011年，有12人入选第二批大连市“海创工程”。

2012年，有6人入选第三批大连市“海创工程”。

2013年，有14人入选第三批大连市“海创工程”，入选总人数达到40人。

目前，四批“海创工程”中，共有6人入选国家“千人计划”，12人入选省“十百千工程”。入选“海创工程”的项目，均与大连市重点发展的新兴产业紧密相关，为大连市加快转变经济发展方式，产业结构升级提供了重要支撑。

吉林省

吉林省“高层次创新创业人才引进计划”

2009年，以吉林省长春市、吉林市和图们江地区为核心的“长吉图开发开放先导区”获得国家批准，使这一地区有望成为东北乃至中国新的经济增长极和对外开放平台，吉林省启动“高层次创新创业人才引进计划”，相继出台了《引进高层次创新创业人才实施办法》《引进人才服务与管理暂行办法》等政策文件，面向四方面实施重点引才。一是重大战略、重大决策实施、重大项目建设所需的高层次人才；二是汽车、石化、农产品加工、电子信息、医药、新材料等产业从事研发、管理的高层次人才；三是重大科技成果转化和重大科技攻关项目开发所需的高层次人才；四是地方经济社会发展所需的高层次人才。同时，制定出台包括资助资金、薪酬待遇、办公场所、股权分配、企业注册、财税金融、配偶就业、子女入学等11项优惠政策，进一步增强人才政策比较优势和竞争优势。

2013年，吉林省高层次人才队伍建设进一步加强，有5人新当选两院院士，13人入选第十批国家“千人计划”，12人入选首批国家“万人计划”，16人入选省“高层次创新创业人才引进计划”。截至2013年底，“高层次创新创业人才引进计划”共引进133名高层次创新创业人才。

吉林省“双百千万”人才计划

2010年10月，吉林省召开全省人才工作会议，作出了实施“双百千万”人才计划的战略决策，计划用3年时间，集中培育和支持一批高端人才和适用人才在吉林创新创业，为促进吉林省十大产业发展与和谐社会建设提供有力的人才保障和智力支持。2011年4月，吉林省人才工作领导小组召开第十二次会议，审议通过了“双百千万”人才计划实施方案，“双百千万”人才计划正式启动。“双百千万”人才计划，包括百名高层次创新创业人才引进计划、百名现代服务业高端人才开发计划、千名创新人才科技成果转化支持计划、千名首席技师打造计划、万名兴农带富之星培养计划和万名社会工作人员培养计划。同时，配套制定了资金资助、收入分配、项目支持、相关待遇、表彰奖励五个方面的鼓励支持政策，以吸引高层次人才来吉林省创新创业。

截至2012年底，吉林省“双百千万”人才计划，已培养引进选拔804名省级各类优秀人才，引导了大批优秀人才向经济社会发展一线集聚。

上海市

上海市“千人计划”

2010年，上海启动实施本市“千人计划”，力争用5—10年时间，围绕国家重大战略和上海重点发展战略目标的人才需求，引进一批紧缺急需的海外高层次人才，在符合条件的企业、高校、科研院所、园区，建立20—30个市级海外高层次人才创新创业基地。上海“千人计划”引进对象主要有三类：一是依托重大专项、重点创新项目、重点学科和重点实验室、工程（技术）研究中心、工程实验室和创新创业基地等，重点引进并支持一批有重大发明创造或重大技术创新，能够突破关键技术、培育战略性新兴产业、发展高新技术产业、带动新兴学科发展的创新创业人才。二是聚焦高新技术产业化九大领域，重点引进和支持一批掌握核心技术，擅长知识产权战略谋划和知识产权运作，能够提高自主创新能力、形成自主知识产权、实现知识产权价值最大化的海外高层次创新人才、科技创业领军人才和创新团队。三是围绕加快“四个中心”和现代化国际大都市建设的需要，重点引进和支持一批国际金融、航运、贸易、经济领域高端人才以及有一定国际知名度的文化艺术大师和创意人才。

为了营造良好人才发展环境，真正做到引进人才、留住人才、用好人才，上海“千人计划”围绕居留和出入境、落户、社会保险、住房、通关、医疗保障、子女入学、配偶安置等方面，为人才提供更加完善的特定生活待遇；围绕资助、税收、薪酬等方面，构建更加灵活的激励机制；对符合上海“千人计划”引进人才标准条件的先期回国（来华）海外高层次人才以及在沪其他高层次人才，经过相应程序，一并纳入上海“千人计划”，授予“上海特聘专家”称号。上海“千人计划”也同样适用于本土人才，对符合上海“千人计划”引进人才标准条件的先期回沪海外高层次人才以及在沪其他高层次人才，经用人单位申请、主管部门推荐、有关认定评估等程序，纳入上海“千人计划”，授予“上海特聘专家”称号。

2011年10月，首批上海“千人计划”160人名单公布，其中创新人才128人，创业人才32人。根据相关政策，在沪入选上海地方“千人计划”的海外高层次人才将享受专门待遇，市、区财政和用人单位将给予每位入选人才至少100万元的资助。同时，上海还推出了“银政合作”的风险共投新机制，通过“浦东科投”“张江科投”两大平台，以“资本金+利息”的模式，为人才创新创业提供融资服务，目前已有7位国家“千人计划”创业人才获贷7000多万元。

2012年1月，《上海市人才发展“十二五”规划》发布。在规划中，把2010年上海“地方版”引进人才“千人计划”扩容为三个“千人计划”，即力争到“十二五”规划末期，引进千名海外高层次人才，千名创新型科技领军人才，千名制造业和服务业首席技师。

截至2013年底，共有442人入选上海市“千人计划”。

上海市“海外高层次人才集聚工程”

在2003年8月至2007年2月，上海先后实施了“万名海外留学人才集聚工程”“万名海外人才集聚工程”以及“引进千名香港专才计划”，成功引进了21944名海外人才，其中留学人员15420名、外国专家4791名、港澳台专才1733名。第一轮集聚工程主要是集聚和吸引留学人员，营造上海吸引集聚海外人才的良好氛围。第二轮集聚工程则突出对高层次、重量级、关键性的领军人才的集聚。

在前两轮万名海外人才集聚工程的基础上，2007年3月，新一轮“海外高层次人才集聚工程”启动，重点引进紧缺急需的海外高层次人才。人才集聚的重点包括：汽车（新能源）、通讯（3G）、航空、隧桥等重大工程、创意产业、自主品牌、文化艺术等。

在“海外高层次人才集聚工程”等引才措施的推动下，截至2013年底，在沪工作和创业的留学人员已达11万余人，留学人员在沪创办企业4600余家，注册资金超过6.6亿美元。共入选中央“千人计划”专家498人，在沪两院院士165人，国家973项目首席科学家126人次，有959名高层次人才列入上海领军人才队伍。

上海市“浦江人才计划”

2007年，针对海外留学人员来沪工作创业初期启动资金短缺的瓶颈问题，上海市进一步加大政府扶持力度，设立了“浦江人才计划”，每年出资4000万人民币，按照“雪中送炭”的思路，向近期回国的留学人员提供工作创业启动资金支持。根据实际情况，来沪工作创业的留学人员按照创业项目类别可以获得5至50万元的资助。

2013年度上海市“浦江人才计划”经本人申报，资格审定，专家评审，网上公示等程序，由上海市人力资源和社会保障局正式公布结果，共确定资助人员 292人，资助金额达4728万元。

截至2013年底，共有2178名（含团队）留学人员入选上海“浦江人才计划”。在浦江人才计划的资助下，留学回国人员实现“软着陆”，很快与国外领先的科研开发工作衔接，并进一步获得了国家和上海市其他部门的资助，有力地推动了上海的科技创新工作。

上海市杨浦区“3310”计划

2010年6月，为推动建设国家级海外高层次人才创新创业基地，上海市杨浦区启动实施“3310”计划，通过实施“百千万”工程、人才环境工程、主导产业集群发展工程三大工程，实现标志性人才集聚、标志性成果突出、标志性产业清晰的三大目标，并推出与之配套的十项政策，包括提供以降低创业启动成本、提供资金担保与贴息、设立项目风投基金、建立风险补偿机制、实施财政扶持补助、加快落实并推进引进人才的安居工程、优先安排医疗及子女教育、营造良好学术环境、发挥政府采购导向作用、建立便捷高效的服务平台。规划提出，至2020年，引进在专业领域拥有自主知识产权和科技成果的海内外高层次人才100名；引进电子信息、环保节能、现代设计、新材料、新能源、生物医药、金融服务等产业领域海内外优秀人才1000名；引进各级各类国际化人才10000名。每年重点扶持和孵化20家海外高层次人才创办的具有自主知识产权和国际竞争力的高新技术企业、知识型生产性服务业企业，五年内培育5家科技小巨人企业，十年内集聚100家有影响力的创新创业企业。

2013年，通过“3310”计划等人才政策的实施，杨浦全年新增中央“千人计划”人才20人、上海市“千人计划”人才12人、上海市创业类“浦江人才”5人，新增“3310”人才创业企业30家。

截至2013年底，杨浦已集聚中央“千人计划”人才110名，区域内拥有的各类海外人才创业企业超过400家，“3310”计划资助企业140家，注册资本2.4亿元，税收贡献达4000万元。海外高层次人才及其创业企业已经成为上海国际技术转移孵化的示范者、战略性新兴产业的领军者，成为杨浦创新驱动、转型发展的新动力。

上海市浦东新区“1116”引才计划

2011年7月，作为上海浦东新区建设“国际人才创新试验区”的重要内容，“1116”引才计划正式启动。即在5年内集聚100名以上中央“千人计划”人才、100名以上上海“千人计划”人才、100名以上浦东“百人计划”人才和600名以上金融、航运、战略性新兴产业和高新技术产业领域的创新创业人才。由浦东“百人计划”引进的人才，将获得包括50万元的一次性资助和50万元的安家补贴，对经认定的优秀创业团队，还将提供50万元的团队建设经费。

除综合性资助外，浦东还将重点围绕人才创业发展瓶颈问题，加强科技金融扶持力度，在国资投资支持企业发展、银政合作支持企业贷款融资、政府创业引导基金、研发费用补贴等方面加强综合配套支持力度，大力鼓励人才创业兴业。此外，通过继续落实对境外人才出入境和居留的7项便利措施，推进上海纽约大学、上海国际医学中心等项目建设，浦东将为人才提供更加完善的出入境、户籍、子女入学等方面的综合性生活保障，着力解决人才的后顾之忧。

江苏省

江苏省“高层次创新创业人才引进计划”

2006年12月，江苏省委、省政府出台《关于加强高层次创新创业人才队伍建设的意见》，从2007年开始，省财政每年投入2亿元（2010年增至4亿元）专项资金，组织实施江苏省“高层次创新创业人才引进计划”（简称“双创计划”），围绕江苏省优先发展的重点产业，每年面向海内外引进200名左右高层次创新创业人才或团队，一次性给予每人100万元的资金支持，着力打造一批竞争优势明显的高新技术产品群和企业群。入选“双创计划”的人才将分别给予100万元或50万元的创新创业资金资助；优先推荐进入省“产业教授”、省“科技企业家培育工程”、省“333工程”和省“六大人才高峰”培养资助对象，优先推荐申报国家“千人计划”，优先推荐申报国家和省各类计划项目，优先推荐申报省新兴产业创业投资引导基金，优先向金融机构、担保公司、风险投资公司推荐融资项目，享受江苏省各地、各部门制定的引进高层次人才有关优惠政策和待遇；按照国家、省引进高层次人才的有关政策，为引进的高层次人才提供工作条件、签证、落户、执业资格、医疗、保险、税收、配偶安置、子女入学、驾照转换等方面的支持。

江苏省“高层次创新创业人才引进计划”通过团队引进、核心人才带动引进、高新技术项目开发引进等方式，2007年资助引进115名高层次人才，2008年引进181人，2009年引进269人，2010年引进362人，2011年引进352人，2012年引进500人。

2013年，江苏省“高层次创新创业人才引进计划”资助引进503人。其中，创业类220人，企业创新类217人，事业单位创新类59人，高技能类7人。

截至2013年底，江苏省“高层次创新创业人才引进计划”已引进140个具有世界领先水平的创新团队、2296名领军人才。引进人才创办企业1045家，其中134家创业企业被认定为国家高新技术企业，40多家创业企业销售收入超亿元。在其带动下，江苏各地出台了93个专项引才计划，资助引进各类高层次人才1.5万人，有480人入选国家“千人计划”。

江苏省“科技创新团队引进计划”

2010年5月，江苏省委组织部和江苏省科技厅联合启动“科技创新团队引进计划”，这是继江苏省“高层次创新创业人才引进计划”引才资金总额提高为4亿后，江苏面向海外延揽高层次人才的又一重要举措。根据计划，江苏将每年从引进的团队中确定8—10个“科技创新团队”予以重点资助。资助的重点是江苏新能源、新材料、生物技术和新医药、节能环保、软件和服务外包、物联网以及未来具有重要战略意义的新兴产业发展需求，在高端发展领域已取得杰出成绩或具有显著创新潜力，主要从事产业技术研发，有望突破核心技术和产业技术跨越的优秀创新团队。对入选的创新团队，每个团队在三年内由江苏省“高层次创新创业人才引进计划”专项资金给予300万—800万元的人才经费资助，各相关主管部门给予600万—3000万元的项目经费资助。如属世界一流水平的创新团队，或由省政府直接组织建设的省级重大科技创新平台急需引进的创新团队，将采取特事特办、一事一议的方式，给予特别支持。重点支持诺贝尔奖获得者、外籍院士领衔的创新团队。此外，还包括优先推荐入选团队的领军人才申报国家“千人计划”；优先推荐入选团队申报国家、省重大计划项目；按照国家、省引进高层次人才的有关政策，为引进的高层次人才团队提供工作条件、签证、落户、执业资格、医疗、保险、税收、配偶安置、子女入学、驾照转换等方面的支持。

2010年，江苏省“科技创新团队引进计划”共资助引进8个科技创新团队。

2011年4月，江苏省“科技创新团队计划”引进范围从科技领域拓宽至教育、卫生、现代服务业、现代农业等5个领域，全年共引进“科技创新团队”30个。

2012年，有57个“科技创新团队”入选。

2013年，有53个“科技创新团队”入选并授牌。截至2013年底，江苏省“科技创新团队计划”已累计资助引进148个团队。

江苏省“企业博士集聚计划”

为加快创新型省份建设，吸引更多的海内外高层次人才向我省企业一线集聚，进一步提升企业自主创新能力，从2010年起，江苏省开始实施“企业博士集聚计划”，计划用5年时间资助2000名左右在企业创新创业的博士。主要资助在江苏省重点产业领域创（领）办企业，或到该省企业工作，或在该省企业博士后科研工作站从事重大项目研发工作的博士。对于列入计划的博士，给予每人不低于20万元的资金资助，同时还将在科技研发和成果转化项目申报、创新平台建设、高新技术融资等方面为他们提供支持。

2013年，有400名在江苏省企事业单位创新创业的博士最终入围“博士集聚计划”。截至2013年底，该计划实施4年来，共资助1477名博士，省级财政下拨资金达22155万元。

无锡市“530计划”

2006年5月，无锡市率先在全国推出了5年引进30名领军型归国创业人才的“530”计划，并在当年5月于北美举行了首次“530”计划推介会，引才入锡。2008年，无锡市推出“后530计划”；2009年，又推出“泛530计划”，并启动实施了市“千人计划”，大力打造集聚高层次人才、培育高新技术产业、发展高端服务业、具有高品质人居环境的“东方硅谷”。

2012年，无锡市委出台了《关于深化“530”计划，建设“东方硅谷”的意见》《关于推进“东方硅谷”建设的意见》，通过深化实施“530”计划，大力引进国际国内顶尖人才、科技创业领军人才、中介服务领军人才、科技创新领军人才、社会事业领军人才，并充分汇聚海内外优秀大学毕业生，支撑科技创新和产业转型升级，加快“东方硅谷”建设步伐。无锡市将“东方硅谷”设计为“两步走”，依此计划，从2012年到2014年，无锡将汇聚科技创新创业人才突破3.5万人，其中海外高层次创新创业人才突破8000人，科技金融创新示范区初具雏形；到2016年，无锡市科技创新创业人才突破5万人，其中海外高层次创新创业人才突破1万人，科技进步贡献率、人才资本贡献率分别达到65%和47%，初步建成“东方硅谷”，成为在全球有一定影响力的人才高地、创新高地、高科技产业高地。

截至2013年底，无锡市“530”计划经过8年发展，全市有1193家“530”企业正常运行，集中于新兴产业领域，企业总计注册资本81.3亿元。全市产生销售的“530”企业共805家，实现销售138亿元，比2012年同期增长56.5%，企业实际缴纳税收超过5.32亿元，同比增长66%；销售收入超过1亿元的企业有17家，同比增长70%；超过1000万元的有163家，同比增长40.5%；超过500万元的“530”企业有226家，同比增加32.1%；销售收入超过100万元的530企业有463家，同比增长28.3%。至2013年底，全市“530”企业员工总数23196人，比2012年同期增长36.5%，人均产出59.5万元，同比增长16%。

无锡市引进的“530”企业创业者大都具有海外学习工作背景，来锡创办企业后领衔的创业团队都具有很强的新品开发能力，大多数创业者都承担过国际或国家科研项目，来无锡创业项目大都具有很高的技术水平，许多企业产品甚至填补了国际、国内空白。其中“530”企业创业者获中央“千人计划”的有78名，占全市引进和培育中央“千人计划”的75%，获江苏省“双创计划”的有224名，占全市省双创人才的81%。“530”计划已成为无锡转型发展的城市品牌，为无锡新兴产业发展、创新型城市建设和高端人才引进作出了重要贡献。

南京市“321人才计划”

2011年，为进一步集聚高层次创业人才，南京市对“紫金人才计划”进行调整升级，启动实施“321计划”，旨在通过全球范围内引才，优化南京人才结构，引领南京科技创业和产业转型升级，为南京建设中国人才与科技创新名城提供支撑。“南京321计划”是“领军型科技创业人才引进计划”和“科技创业家培养计划”的统称，即用5年时间，大力引进3000名领军型科技创业人才，重点培养200名科技创业家，加快集聚100名中央“千人计划”创业人才。为配合引才计划，南京市还推出了人才安居“195”工程，在5年内建设筹集1000套专家公寓、9000套人才公寓、50000套青年公寓，形成400万平方米的人才住房保障体系。

截至2013年底，南京市“321人才计划”累计吸引1.6万人次在线申报，引进领军型科技创业人才2153人，集聚到南京创业的中央“千人计划”专家243人，提前超额完成5年目标。目前，南京市“321人才计划”中近80%人才的创业企业已落户运营；前两批110名科技创业家企业2013年度实现销售收入61.03亿元，利税达10.77亿元。同时，20个紫金科创特区开工建设，已累计投入资金289亿元，载体开工面积882万平方米，累计集聚各类人才1200多名，“育苗造林”作用初步彰显。

苏州市“姑苏创新创业领军人才计划”

2007年，苏州市启动实施“姑苏创新创业领军人才计划”。重点根据苏州产业发展布局和新兴产业规划，在新兴信息、生物、新能源、高端装备制造、新材料、节能环保、新能源汽车等战略性新兴产业领域，以及现代服务业、现代农业等重点领域，引进带项目、带技术、带资金在苏州创新创业的领军型人才。对于引进人才安家补贴、科研经费、工作场所、风险投资、信贷风险补偿等方面的资助扶持。

截至2010年底，“姑苏创新创业领军人才计划”累计入选人数达135人。135家领军人才企业已承担市级以上各类科研项目353项，获经费56105万元，其中国家级项目50项，省级项目122项；申请发明专利975件，其中156件已获受权；开发新产品4670只，新工艺168项。

2010年3月，苏州市全面推进“姑苏人才计划”，计划5年内投入30亿元，引进、培育并重点支持1000名能够突破关键技术、发展高新技术产业、带动新兴学科和新兴产业的科技创新创业领军人才，10000名重点产业紧缺创新人才，以及近30000名在文化、教育、卫生、旅游等经济社会领域引领和支撑行业和产业发展的高层次人才。以人才结构优化引领和助推产业结构转型升级，把苏州建设成为创新创业人才首选、各类高层次人才集聚的创新型城市。包括创新创业领军人才、重点产业紧缺人才、企业经营管理人才素质提升、高技能人才、文化产业人才、教育人才、卫生人才、旅游人才计划等人才队伍的培育和引进计划。

新的“姑苏创新创业领军人才计划”将围绕新能源、医药及生物技术、新型平板显示、智能电网、新材料、传感网、节能环保、金融、创投、物流、软件、和服务外包、现代农业等新兴产业和重点产业规划，5年内市县两级引进3000名高层次创新创业人才，择优资助1000名领军人才，引进和资助一批高层次人才创新创业团队。市级创新创业领军人才，将给予50万—250万元的安家补贴；根据创业项目的规模和进度，给予100万—400万元的科研经费资助；提供不少于100平方米的工作场所并免3年租金；最高500万元的担保融资贷款、30万元科技保险费补贴，50万元贴息资助等。

截至2013年底，“姑苏创新创业领军人才计划”已累计立项资助544个高层次人才（团队）到苏州创新创业，创办企业450家，实现销售收入销售收入114.3亿元，同比增长20.2%，其中销售额过亿元的17家，过千万元的110家；企业共申请专利6492件，其中发明专利4134件，累计获授权专利2350件，其中授权发明专利762件，发明专利占专利授权数的比重高达32.4%；其中，83家企业入选国家高新技术企业，14家入选苏州市创新先锋企业，占该市创新先锋企业总数的近11%。在“姑苏人才计划”“海鸥计划”等引才政策的“虹吸效应”下，苏州市引进留学回国人员超过1.5万人，在苏州创新创业的中央“千人计划”专家突破300人，仅苏州自主申报入选的中央“千人计划”专家中，创业类“千人计划”专家就达95人，约占全国的14%、江苏省的47%。

苏州市“海鸥计划”

2011年10月，江苏省苏州市出台《关于实施“海鸥计划”加快柔性引进海外智力的实施意见》和《关于实施“海鸥计划”加快柔性引进海外智力的实施细则》，打破国籍、户籍、身份、人事关系制约，鼓励海外人才来苏开展科研创新活动，力求形成不求所有、但求所用、来去自由的引才机制，构建政府引导下以企业为主体，各类组织共同参与的引才格局。

“海鸥计划”重点支持苏州市主导产业和新兴产业领域柔性引进的海外高层次人才，包括三类对象：苏州市科技、产业发展和学科建设急需、紧缺领域的领军人才或学术技术带头人；高校、科研机构和企业引进的海外高层次专业技术人才、管理人才；其他具有特殊专长的海外高层次人才。所引进人才需与用人单位签订项目协议或者工作合同且明确在苏州工作时间（每年不少于15个工作日），工作成果涉及知识产权的，还需明确知识产权归属。用人单位实际给付的计缴所得税的劳动报酬高于30000元的，可以获得资助。单个引智项目及单个引进人才最高资助额不超过50万元。

2012年6月，苏州公布了首轮“海鸥计划”评选结果，共有87名海外高层次人才入选。

2013年，共有63个项目涉及的83位专家入选苏州市“海鸥计划”，包括绿卡持有者7人，港澳台2人，外籍专家74人，政府补贴资金总额达475万余元。入选项目中，电子信息及科研类占22.2%，机械医疗及医药类占38.1%，能源及其他类占39.7%。截至2013年底，“海鸥计划”实施三年来累计已有151个项目涉及的211位专家入选，共获得政府补贴资金1467万元。

常州市“龙城英才计划”

2011年8月，常州市在全面完成两轮“千名海外人才集聚工程”目标任务的基础上，实施“龙城英才计划”。“千名海外人才集聚工程”是常州市在2006年9月开始实施的大规模领军人才引进工作，两轮共引进领军型创新创业人才400多名，并带动引进了2000多名海外高层次人才，共有12人入选中央“千人计划”，83人入选江苏省“双创计划”。

常州市“龙城英才计划”计划在未来5年，围绕重点培育和发展的新能源、新材料、高端装备制造、生物技术和新医药、节能环保、软件和服务外包、物联网和新一代信息技术等七大新兴产业，引进并大力支持1000名领军型人才，由此带动10000名各类高层次人才。同时，整合政府资源，撬动各类资本对创业企业进行聚焦式投资，重点支持200家领军型人才创业企业实施股权融资，助推创业企业加速发展。

2011年12月，“龙城英才计划”第一批领军人才正式签约，有25家领军人才创业重点企业获授牌，10名个领军人才创业孵化项目签约落户常州，同时30名中央“千人计划”专家落户常州创业。

2012年7月，“龙城英才计划”第二批领军人才引进签约193名领军人才。

2012年12月，“龙城英才计划”第三批领军人才引进签约203名领军人才，其中中央“千人计划”专家37名。

2013年6月，“龙城英才计划”第三批领军人才引进签约200名领军人才，其中中央“千人计划”专家52名，带动各辖市、区自主签约引进领军人才88名；引进和培育由创投机构和市重点企业首先投资、国有资本和政府引导基金跟进投资的领军人才创业重点项目38个，首轮总现金投资9.45亿元，平均单个项目投资2500万元。

2013年12月，常州市推出3.0版“龙城英才计划”，将投入6亿元资金面向全球邀请人才赴常州创新创业。计划提出到2015年末，要累计支持300家由知名创投机构或该市重点企业首先股权投资、人才投资基金和人才引导基金跟进股权投资的领军人才创业重点企业加速发展，并有企业成功上市；到2020年，累计支持800家领军人才创业重点企业加速发展，并有一批企业成功上市，形成“龙城英才计划”上市板块，打造新兴产业领军企业集群。

截至2013年底，通过“千名海外人才集聚工程”和“龙城英才计划”，常州市累积签约引进海内外领军人才1573人，其中中央“千人计划”专家161人，形成了产业企业聚集人才、人才引领产业发展的良好态势。

扬州市“绿扬金凤计划”

2009年，扬州市开始实施“绿扬金凤计划”。该计划包括“百名创业创新领军人才引进计划”和“百名优秀博士人才集中招引活动”两个方面的内容。其中“百名创业创新领军人才引进计划”的目标是3年内引进100名创业创新领军人才，“百名优秀博士人才集中招引活动”的目标是每年引进100名优秀博士人才。扬州市财政设立了4000万元专项资金，用于引进、培养高层次人才。对于来扬州创业的领军人才，按照重点推荐项目、优先推荐项目、一般推荐项目，分别给予300万元、200万元、100万元资助；对于来扬州创新的领军人才，分别给予150万元、100万元、50万元资助。此外，对受到资助的创业创新领军人才可同时享受优先推荐申报国家“千人计划”、省“高层次创新创业人才引进计划”、市以上各类科技计划；政府主导的创业风险投资基金优先投资创业领军人才创办的企业；优先为引进人才解决子女入学、配偶就业等实际问题的优惠政策；优秀博士人才来扬州企业工作，市财政给予每人6万元补助；到事业单位工作，除按现行规定执行外，市财政给予每人3万元补助。

2010年，经过前期申报、资格审查、技术评审、实地考察、综合评审和公示环节，扬州已从267名落户人才中遴选出资助对象108名，其中创业创新领军人才50名，优秀博士人才58名。首批“绿扬金凤计划”无偿资助的创业创新领军人才资助金额达5806万元。

2011年，有127人列为扬州市“绿扬金凤计划”资助对象，获得市县两级财政累计5485万元的资金资助。

2012年，有147人列为扬州市“绿扬金凤计划”资助对象，其中创业创新领军人才50名，优秀博士人才97名。

2013年，有165人列为扬州市“绿扬金凤计划”资助对象，其中创业创新领军人才56名，优秀博士人才109名。截至2012年底，扬州市“绿扬金凤计划”累计资助547人。

盐城市“创新创业领军人才引进计划”

2009年，盐城市出台了《关于加强创新创业领军人才队伍建设的意见》，实施“创新创业领军人才引进计划”，重点引进该市确定的经济社会发展重大战略、重大决策和重大科技创新工程急需的领军人才；能够对该市产业结构优化、技术水平提升和高新技术产业、特色产业基地发展有重大影响和带动作用的领军人才；实施省级以上重大科技计划项目、创建省级以上企业重点研发机构和技术服务平台所需要的领军人才；地方政府及部门、企业及社会资金重点支持的高层次人才。引进的对象主要是两院院士、国家重大科研项目的主持人，国家级学科带头人，有在国内外著名院校、科研机构工作经历的专家学者，高层次创新型人才以及科技型创业人才。被引进的领军人才将获得盐城市所给予每人（团队）100万—300万元创新创业资金资助，同时，优先推荐其进入“江苏省高层次创新创业人才培育计划”和“江苏省三三三高层次人才培养工程”，帮助申报江苏省“六大人才高峰”培养资助。此外，对领军人才领办、创办的企业实现税收增长50%以上的，3年内个人所得税地方留成全额返还。引进人才的单位为领军人才提供不少于130平方米的租住房，同级财政一次性给予20万—50万元安家补助。

2010年，共有7人获盐城市“创新创业领军人才引进计划”资助，10人获盐城市创新创业突出贡献奖。

2011年，经过了专家严格审核，有13个创新创业领军人才（团队）获盐城市“创新创业领军人才引进计划”资助。

2012年，盐城市以1.274亿元资助了第三批共146个“创新创业领军人才计划”项目，其中有3个项目单体资助获1000万元资助。

2013年，有30个人才（团队）被确定为第四批盐城市“创新创业领军人才”资助对象，共获资助资金2870万元。

镇江市“331计划”

2008年8月，镇江市委、市政府正式启动实施《镇江市引进培育创新创业领军人才三年行动计划》（简称“331计划”），计划用3年时间引进培育30个领军人才团队和100名领军人才。市县两级财政共设立1亿元的专项资金，用于为领军人才提供创业扶持、安家资助和学术交流。每个创业项目和创新项目可分别获得最高300万元、100万元的创业启动资金和创新资助资金。同时，还可享受风险投资、资金担保、技术成果入股、税收优惠等方面的优惠政策。镇江市委专门设立领军人才工作办公室，负责领军人才引进培育的具体工作。

截至2013年底，镇江市“331计划”已分六批次引进资助353个人才（团队），带动引进海内外高层次创新创业人才1735名，其中院士10名，国家“千人计划”53名，博士1225名。2013年，全市新增国家“千人计划”23人、新增省“双创计划”（含团队）52人，高层次人才数量保持全省前列。“331计划”人才（团队）正逐步成为推动全市产业转型升级的支撑力量，目前“331计划”已有销售收入“千万级”创业企业16个、“亿元级”创新类项目9个，带动就业2.2万人，近三年新申请发明专利2613项、获得授权447项，形成新产品1020个；有33名“331计划”人才（团队）承担省成果转化项目、获得资金支持3亿元。由于“331计划”人才的引进，近五年累计带动本地企业争取省级以上各类项目资助资金18.8亿元。

南通市“江海英才”计划

2009年，南通市委、市政府把握长三角一体化和江苏沿海开发两大国家战略叠加的新机遇，制定出台《关于大力实施人才强市战略的意见》和《关于实施江海英才计划的意见》，全面启动实施引进高层次科技领军人才及团队的“江海英才引进计划”。提出5年内面向海内外引进100名高层次创业领军人才、1000名工程技术关键人才、10000名紧缺专业人才。凡引进到市区工作的人才都可根据条件给予50万—500万元的项目启动资金、20万—150万元的购房补贴、3年内每月1000—5000元的生活津贴，对来通创业人才3年内免费提供不少于200平方米创业场所，并给予投融资、家属就业、子女就学等多方面的优惠。对特殊优秀人才，还可采取一人一议的灵活引才政策。同时，还设立了江海杰出英才奖、留学回国人员成就奖、高技能人才成就奖，分别给予100万元、20万元、10万元重奖。

截至2013年底，南通市“江海英才计划”共分六批次累积有191人（团队）入选，目前到该市创新创业的国家“千人计划”专家达到79名。据统计，第一至第三批32个“江海英才计划”创业项目中，18个已形成销售，其中7个项目销售超过千万元。

宿迁市“创业创新领军人才集聚计划”

2008年，宿迁市启动实施“创业创新领军人才集聚计划”，面向海内外培育引进新能源、船舶制造等行业的100名创业创新领军人才，通过集成扶持，促进孵化培育一批高成长性的科技型企业，加速推动产业结构优化升级。对于引进的创业创新领军人才，将获得30万—300万元的创业创新启动资金支持；自主创业领军人才项目企业注册以后，在融资、购置固定资产方面都将获得支持；自主创业领军人才项目实施产业化生产时，优先享受市现代农业发展资金、工业引导资金、现代服务业引导资金、全民创业发展资金、科技创新专项资金等有关专项资金的扶持；优先支持领军人才申报国家和省、市各类科技计划项目。

截至2013年底，宿迁市“创业创新领军人才集聚计划”共资助领军人才151人，发放创新创业启动资金8750万元。

徐州市“高层次创新创业人才引进计划”

2009年7月，徐州市委、市人民政府出台《关于加强高层次创新创业人才队伍建设的意见》，提出实施“高层次创新创业人才引进计划”，计划在5年内，重点围绕该市优先发展的重点产业、重大项目和具有竞争优势领域，引进100名海内外高层次创新创业人才。创新领军人才可获得50万—100万元专项资助；创业人才可享受三个“一百”政策，即每位人才100万元的项目资助、100平方米的工作场所和100平方米的公寓住房；优秀的创业领军人才和创新团队，项目资助金额可增加到300万元至1000万元。同时，享受税费优惠减免、金融资金支持、知识产权入股、学术研究保障、生活配套服务等各项待遇。

2013年，有64人入选徐州市“高层次创新创业人才引进计划”。

句容市“福地英才”计划

2012年6月，为大力引进海内外高科技领军人才前来创新创业，推动经济转型升级，根据《句容市引进高层次创新创业人才实施办法》，江苏省句容市在原“领军人才集聚工程”的基础上，推出了“福地英才”计划，大幅度提高了资助额度，资助资金从原先的10万—100万元提高到了20万—300万元，预算内资助经费也提高到了1500万元。对入选该计划的高层次创业人才、高层次创新人才，将给予资金扶持、项目落户、金融服务、税收优惠、公共服务、生活保障等多项支持政策。

2010年以来，句容市“领军人才集聚工程”和“福地英才”引进计划不断创新突破，申报项目数量由2010年的24个，增加至2013年的90个，成功资助人才项目39个，其中已产业化20多家企业，产生了巨大的经济和社会效应。

浙江省

浙江省“海外高层次人才引进计划”

浙江省“海外高层次人才引进计划”（简称浙江省“千人计划”）从2009年启动，围绕浙江省经济社会发展需求，面向海外引进具有国际国内领先学术技术水平，或拥有自主知识产权、富有产业化发展潜力的科研成果，能够突破关键技术、发展高新产业、带动新兴学科的学科带头人、科技领军人才和高层次创业创新人才。计划通过5—10年时间，引进并重点支持1000名左右能够突破关键技术、发展高新技术产业、带动新兴学科的学科带头人、科技领军人才和高层次创业人才，争取其中300名左右入选国家海外高层次人才引进 “千人计划”。浙江省“千人计划”每年申报两批，申报人选类型分创新人才和创业人才两大类。创新人才是指在浙江省高校、科研机构和企事业单位从事科学研究和技术创新的海外高层次人才，按每年回国服务时间分为创新人才长期项目和创新人才短期项目（又称“海鸥计划”）。创业人才是指来省创（领）办高新技术企业的海外高层次人才。对省“千人计划”创新人才长期项目、创业人才项目和“外专千人”项目入选者，授予“浙江省特聘专家”称号，享受相应的工作条件和特定的生活待遇，主要有：省政府给予一次性100万元的科学技术人才奖励，地方政府相应配套奖励；优先推荐国家“千人计划”；可直接认定高级专业技术资格；优先推荐参评有关荣誉称号和各类奖励；可根据需要聘请担任有关平台和载体的重要职务；发放浙江省海外高层次人才居住证并根据有关规定享有相应权益。对“海鸥计划”入选者给予一次性50万元的省政府科学技术人才奖励，根据引进人才实际需要，可为其提供出入境、医疗、保险等方面优惠便利。

2012年，浙江省第五批“千人计划”引进高层次人才207人，累计已引进653人；有37人入选第八批国家“千人计划”，累计入选192人，居全国第4位。培养高技能人才16.5万人，培训各类人才60多万人。据统计，浙江省前四批引进的148名“千人计划”创业人才，已成功创办企业158家，近3年营业收入达600余亿元。

杭州市全球引才“521”计划

2010年，杭州市委、市政府制定下发《杭州市全球引才“521”计划实施意见》，从2010年开始，用5年时间，面向全球引进20个以上海外优秀创业创新团队，100名以上带着重大项目、带领关键技术、带动新兴学科的海外高层次创业创新人才（简称“521”计划）。入选“521”计划的人才，将根据有关规定享受资助资金、人才住房、安家补助、医疗保健、社会保险、配偶安置、子女就学和永久居留或多次往返签证等相关政策待遇；优先推荐国家“千人计划”和浙江省“海外高层次人才引进计划”。

2011年，首批“521”计划共有142名个人和团队申报，有34名个人和4个团队最终入围。

2012年，杭州市全球引才“521”计划新入选47名，累计达到81名；全市入选中央“千人计划”专家43名，2012年新增22名，在全国15个副省级城市中名列前茅，在全省11个地市中居首位；省“千人计划”专家144名，2012年新增91名。

杭州高新区（滨江）“5050计划”

“5050计划”是杭州高新区（滨江）深入实施人才强区战略，进一步引进海外高层次留学人才创新创业的一项重要举措。即计划在5年内引进海外高层次留学创业人才50名，年技工贸总收入超千万元的留学人员企业累计达到50家，重点吸引带技术、带项目、带资金的海外高层次领军人才到高新区（滨江）创业创新，并对“5050计划”的创业项目进行资助。

2012年，杭州高新区（滨江）又对这一政策进行了细化完善，发挥国家级海外高层次人才创新创业基地和国家级留学人员创业园的载体作用和集聚效应，重点引进和集聚一批能够突破关键技术、发展高新产业、带动新兴学科的科学家和创业领军人才。其中，创业项目由国际顶尖人才全职参与或已进入产业化阶段，市场潜力大，能够引领和带动产业发展，经评审后，可确定为“5050计划”入选项目，并享受最高1000万元的产业发展资金；根据企业申请，区产业发展基金给予最高1000万元的股权投资；给予3年内最高1000万元银行项目贷款的利息补贴，区担保公司优先提供担保服务；根据项目实际需要，安排合适的办公、生产、经营场所，并给予3年全额的租金补贴。优先安排入驻海外高层次人才创新创业基地，并给予相应房租补贴。2012年，区财政安排了1亿元人才激励专项资金和8000万元人才创新创业产业扶持资金，全年人才投入经费达1.8亿元。

截至2013年底，“5050计划”已顺利实施四批，共征集海外高层次人才创业项目近400个，有134个项目入选。目前已有60个项目正式落户高新区（滨江），实现落地转化。同时，引进海外高层次创新创业人才150人，其中有15人入选国家“千人计划”，24人入选浙江省“千人计划”。

宁波市“3315计划”

2011年，宁波市委、市政府发布文件，决定启动实施海外高层次人才引进“3315计划”。“3315计划”由“3315团队计划”“3315个人计划”“3315外籍人才计划”等组成。其中“3315团队计划”分特别支持、重点支持和优先支持3个层次，每年投入1亿元专项资金，面向全球引进并支持高端创业创新团队。“3315个人计划”力争到2020年分别有30、300和1000名海外高层次人才列入中央、省和市“千人计划”，新增海外创新创业人才5000名。

对列入宁波市“3315计划”的海外高层次创新创业人才及其团队，将一次性给予100万元的创新创业资助，并可根据不同情况享受“一事一议”、家属子女安顿等方面的优惠政策。入选中央和浙江省“千人计划”的给予额外的配套资助，随同引进的团队成员最高给予100万元的资助。

截至2013年底，“3315计划”共引进“3315个人计划”227名、“3315团队计划”57个，分别有45人、127人入选国家、省“千人计划”。引进落户的人才中博士、硕士占90.5%，国内外院士6人，正教授（研究员）124人。他们平均年龄43.8岁，正值创业创新的“黄金年龄期”，绝大多数从事宁波市“4+4”战略性新兴产业，为该市科技创新和转型发展起到重要带动作用。据统计，这些人才已累计承担国家级科技项目249项、省级项目144项，获国家、省项目经费6.9亿元，开发新产品738项，填补国内空白211项，申请发明专利1644项、获批487项。引进人才共创办企业122家，已有76家实现销售，其中26家企业年销售额突破1000万元、7家突破1亿元，有14家企业已被认定为高新技术企业；创办的企业中集聚了具有海外背景的人才400多人，引进博士271人、硕士165人，带动就业4821人。

湖州市“南太湖精英计划”

2008年4月，湖州市着眼提升自主创新能力，转变经济发展方式，着力加快创新团队和领军人才队伍建设，大力集聚海外归国创新型领军人才，培育创业创新主体，启动实施了“南太湖精英计划”。计划提出了5年内选拔50名左右的领军人才、建设50个左右优秀创新团队的目标，重点在生物医药、环保节能、电子信息、新材料、新能源和现代农业等六大产业中引进带项目、带技术、带资金，具有自主创新能力的留学归国科技领军人才及其创新团队。

2011年，“南太湖精英计划”将入选A类项目领军人才的一次性创业启动资金资助最高标准从原来的200万元提高到300

万元，而B类、C类项目也相应提高到200万元和100万元。同时根据创业项目的产业化程度和发展前景，在项目实施产业化5年内，年上缴税收中湖州市地方所得首次超过100万元的，给予领军人才100万元的一次性奖励。同时，对特别突出的领军人才及其特别重大的项目，实行“一事一议、上不封顶”的政策。

截至2012年底，“南太湖精英计划”已成功引进海外领军人才及团队106个，其中有7人成功入选国家“千人计划”，25人入选省“千人计划”。

台州市“500精英计划”

2011年9月，台州市根据《中共台州市委台州市人民政府关于扶持高层次人才创业创新的若干意见》以及相关的配套政策文件，启动实施“500精英计划”。计划用5年左右时间，构筑比较完善的高层次创业创新人才培养、引进和使用机制，到2016年扶持500名左右高层次人才在台州创业创新。

2011年，台州市“500精英计划”首批入选24人。

2012年，台州市“500精英计划”入选79人。

2013年，台州市“500精英计划”入选108人。

截至2013年底，台州市共引进各类“500精英”人才211人，创业项目落户共20个，注册资本达2.45亿元。注册的20个项目中，入选A类项目的有5个，可得到最高1000万元的创业扶持资金支持。

嘉兴市“创新嘉兴·精英引领计划”

2009年12月，嘉兴市委、市政府出台《关于加强创业创新人才队伍和创新团队建设的若干意见》《“创新嘉兴·精英引领计划”实施办法（试行）》和《嘉兴市重点创新团队遴选办法》，对到嘉兴创业的具有省内、国内领先水平的领军人才，嘉兴市将在创业启动资金资助、子女入学、家属就业等方面给予优惠。

2010年，经项目评审，共有75位海内外高层次人才及项目入选首批“创新嘉兴·精英引领计划”，对于首批入选的“创新嘉兴·精英引领计划”项目和创新团队，嘉兴各级财政共拨付项目资助资金6050万元，创新团队资助资金1220万元。

2013年，第四批“创新嘉兴·精英引领计划”共有133个领军人才及项目入选，其中123个入选创业类领军人才、8个入选创新类领军人才、2个入选高层次外国专家。

截至2013年底，“创新嘉兴·精英引领计划”实施四年来，共有426个人才项目入选，入选的创业类领军人才及项目主要分布在电子信息、生物医药、新材料、新能源、节能环保、先进装备制造业、现代服务业、现代农业。其中，已有312个项目完成企业工商注册，据初步统计，产值过亿的企业已达7家。嘉兴市各级财政共累计拨付3.43亿元，其中拨付领军人才项目启动、奖励资金2.96亿元，兑现领军人才及创新团队核心成员购房补助金1300万元，兑现创新团队资助资金3145万元。

绍兴市“330海外英才计划”

2010年3月，绍兴市启动实施了“330海外英才计划”。计划从2010年开始，用3年时间，在绍兴市六大传统优势产业和先进装备制造、新材料、生物医药、节能环保、新能源、新兴信息等战略性新兴产业，引进30名左右能够突破关键技术、培育高新产业、推动创新发展的海外高层次人才，争取有20名以上进入国家、省“千人计划”。

截至2013年底，绍兴市“330海外英才计划”引进的海外高层次人才达到122人，超过了原计划的3倍，为社会转型升级提供了有力的人才支撑和智力保障。

金华市“双龙计划”

2012年底，为深入实施人才强市战略，在新一轮产业革命中更好地发挥人才引领作用，金华市委、市政府决定在原政策基础上实施创业创新领军团队和人才引进“双龙计划”。2010年，金华市启动实施“海内外英才引进计划”，鼓励高层次人才带技术、带成果、带资金到金华创业创新，对优秀创业项目给予最高500万元资助。计划推出后，受到海内外英才的热切关注，共引进落户18个领军人才项目，涉及电子信息、新能源、新材料、服务外包等新兴产业，4个项目投产当年税收即过百万元。“双龙计划”将沿袭原先的政策力度，用5年时间，每年至少投入1亿元资金，面向海内外集聚一批达到国际先进水平的科技创新团队、一批行业地位突出的创业创新领军人才、一批专业技术发展潜力较大的后备领军人才。对新兴产业带动明显的科技创新团队，最高可获2000万元的资助，对引进的两院院士或相当层级的国际顶尖人才，奖励资助不会少于1000万元。另外在税收优惠、人才住房和其他配套服务方面，也将享受多项优厚待遇。

2013年底，“双龙计划”公布首批榜单，共收到报名材料178份，其中包括国家“千人计划”人才17名、省“千人计划”人才7名，最终有37个人才项目入选。据统计，这些项目中，创业类项目拟注册资金3.38亿元，计划总投资额18.9亿元，达产后预期实现年产值19.1亿元，每年可以创造1.45亿元的利税。

义乌市“义乌英才”计划

2013年8月，义乌市制订出台《关于实施“义乌英才”计划的若干意见》及其实施细则，用5年时间，面向全球引进培育国家级、省部级重点领军人才30名；引进培育符合义乌市新兴产业发展需要的重点创业团队20支、创业人才100名；引进培育能突破核心技术、提升产业水平、引领产业发展的创新人才100名；引进社会事业发展紧缺人才50名，努力把义乌打造成为充满活力、具有核心竞争力的国际贸易人才发展改革试验区。对创业、创新、社会事业发展紧缺人才分别给予最高5000万元、2000万元、400万元的奖励、资助；对创新团队给予50万元奖励。并依托义乌商贸服务业集聚区、经济技术开发区、工业园区等创业创新平台，实现“引进一名人才、带来一个项目、打造一支团队、兴起一方产业”的目标。

截至2013年底，“义乌英才计划”实施4个月即取得了显著的成效，共收到104份申报材料，引进21个海内外高层次创业创新人才项目，14名国家“千人计划”、省“千人计划”专家领衔项目。

温州市“580海外精英引进计划”

2011年3月，《温州市“580海外精英引进计划”实施办法》出台实施。从2011年开始5年内，温州市将面向全球遴选80名左右能够突破关键技术、发展高新产业、推动创新发展的海外高层次人才，助力“十二五”发展。列入“580海外精英引进计划”的人才，将由温州市委、市政府授予“温州市特聘专家”，并给予30万元的专项人才奖励，以及创业资助、投融资支持等，并可在住房、技术和人力资本入股、随迁配偶安置、子女教育等方面享受有关优惠待遇。入选国家、浙江省“千人计划”的，还将分别给予100万元和50万元的奖励。另外，成功引进高层次人才的用人单位、中介机构和海外人才工作联络站，也将得到2万—10万元不等的奖励。

截至2013年底，温州市“580海外精英引进计划”共有20人入选。

安徽省

安徽省“百人计划”

2009年，安徽省委、省政府下发《关于加强引进海外高层次人才工作的实施意见》，启动实施安徽省引进海外人才“百人计划”。用5—10年时间，引进并重点支持100名左右能够突破关键技术、发展高新产业、带动新兴学科的科技领军人才来皖创新创业。对入选“百人计划”的海外高层次人才，将授予“安徽特聘专家”称号，并在准入政策、税收政策、工作待遇、生活保障等各个方面，提供政策支持。

截至2013年底，安徽省“百人计划”共有三批63人入选，其中，有6人入选国家“千人计划”，2人入选国家“青年千人计划”，1人入选教育部“长江学者”。全省有158人入选国家“千人计划”，入选总数位居全国第七位。

合肥市“百人计划”

2011年，合肥市委、市政府启动实施引进海内外高层次人才“百人计划”。计划从2011年起，用5年时间，围绕合肥市优先发展的支柱产业、高新技术产业和现代服务业，面向海内外引进该市急需紧缺的能够突破核心技术、发展高新产业、带动新兴学科的创新创业领军人才100名。纳入合肥市“百人计划”的海内外高层次人才，可享受10万—200万元的奖励补贴，并享受居留和出入境、落户、子女入学、配偶就业、医疗保险等方面的政策待遇。

截至2013年底，合肥市“百人计划”已分三批引进32名高层次创新创业人才。入选者全部具有海外学习和工作经历，大都具有核心技术和成果，从事专业涉及高新技术以及新能源、新材料、生物医学等战略性新型产业。

福建省

福建省“海纳百川高端人才聚集计划”

2013年，福建省委、省政府在原“引进高层次创业创新人才计划”（简称“百人计划”）的基础上，出台“海纳百川高端人才聚集计划”，打造该省层次最高、覆盖最广、力度最大的人才计划。福建省“百人计划”始于2010年，重点支持国内外高层次创业创新人才和团队来闽创业工作，先后分两批次引进117名高层次创业创新人才，19个高层次人才创新团队。“海纳百川高端人才聚集计划”作为该计划的升级版，提出省、市、县三级财政将在未来5内年投入人才经费100亿元，实现人才资源总量、人才素质、人才竞争力和贡献率与福建省经济社会发展在全国位次相适应。其中包括引进高层次创业创新人才“百人计划”、省特殊支持高层次人才“双百计划”、省优秀人才“百人计划”等，以打造2个人才特区，建设8个特色功能人才聚集区、20个产业人才聚集基地，培育25个企事业人才高地，打造闽台人才交流合作等6大工作平台为重点工程。

2013年，福建省申报第三批引才“百人计划”的人数，是第二批的2.9倍；入围答辩人员中，海外人才约为国内人才的2倍。另有统计显示，2010年评选的福建首批“百人计划”入选者共63人中，绝大部分已成为带动产业转型升级、实现科学发展的领跑者：12名创业人才创办的高技术企业2012年共实现销售收入近11.91亿元，缴纳增值税、所得税0.77亿元；22名企业创新人才2012年核心技术产品销售额311.43亿元，比2010年增长211%；27名高校、科研院所创新人才已在相关核心期刊发表学术论文316篇，申请各类专利152项，其中发明专利59项，取得良好的经济社会效益。

厦门市“双百计划”

2010年，为加快经济发展方式转变，服务产业发展需要，推动创新型城市建设，厦门市制定出台了《厦门市引进海外高层次人才暂行办法》和《关于加快建设海西人才创业港，大力引进领军型创业人才的实施意见》两个政策文件。市财政每年投入1.5亿元，用5—10年引进100名海外高层次人才和300名领军型创业人才（简称“双百计划”）。对引进的海外高层次人才，给予每人100万元补助，并在科研、项目经费、职称评聘等方面给予支持；对引进的领军型创业人才，提供100万至500万元创业启动资金、100至500平方米的创业场所（五年免租金），同时可申请政府创投、贷款贴息、科研经费等方面优惠。同时，“双百计划”人才在住房、配偶就业、子女就学、社会保险等方面可享受优惠待遇。

截至2013年底，厦门市“双百计划”共评出51名海外高层次人才、265名领军型创业人才，已有7人入选国家“千人计划”。“双百计划”已落户企业的注册资本金超过12亿元，落户企业的规模和效益快速增长，2013年超过10亿元，近三年年均增长率近130%。兑现人才落户项目扶持和项目启动资金超过2亿元，带动国家、省、区等各级扶持资金和场租补贴超过1.5亿元，对人才创新创业形成了有力支撑。

江西省

江西省“赣鄱英才555工程”

2010年，为更好推进人才强省建设，充分发挥海内外高层次创新创业人才在促进江西科学发展、进位赶超、绿色崛起中的作用，江西省委、省政府决定实施“赣鄱英才555工程”。根据江西省重点工程、重大项目、重点产业和创新产业的需求，以鄱阳湖生态经济区建设为重点，围绕光伏、风能核能及节能、新能源汽车及动力电池、航空制造、半导体及绿色照明、金属新材料、非金属新材料、生物和新医药、绿色食品、文化创意等十大战略性新兴产业，从2010年开始，在10年之内，重在前3—5年，面向海内外引进500名急需紧缺的高层次人才来赣创新创业；柔性引进500名具有国际先进水平、国内顶尖水平的高端人才为赣发展服务；立足本省选拔500名高层次创新创业人才进行重点培养。对入选“领军人才培养计划”的人员，自然科学类由江西省分期给予每人100万—300万元的项目资助、人文社科类由江西省分期给予每人10万—50万元的项目资助；对入选“高端人才柔性特聘计划”的人员，由江西省一次性给予用人单位30万—50万元的项目资助。

2013年，“赣鄱英才555工程”第三批人选（团队）共292名，分创新创业人才引进计划（19人）、高端人才柔性特聘计划（76人）、领军人才培养计划（101人）、青年拔尖人才培养计划（40人）、文化领军人才培养计划（23人）、高技能领军人才培养计划（20人）、战略新兴产业人才团队支持计划（13个）共七大类。截至2013年底，“赣鄱英才555工程”已遴选产生688个人选（团队）。

山东省

山东省“万人计划”

2010年，山东省委组织部、人力资源和社会保障厅等19个部门联合发布《山东省引进海外创新创业人才“万人计划”实施方案》，启动实施引进海外创新创业人才“万人计划”。力争用5至10年时间，引进1万名左右海外创新创业人才，规划建设100个左右海外人才创新创业基地；并力争100名引进人才、10个创新创业基地纳入国家计划。“万人计划”的人选分三层次引进，对第一层次人选给予相关优惠，包括给予每位引进人才100万元的一次性资助；授予引进人才“泰山学者海外特聘专家”称号，享受相关政策；用人单位为引进人才租用100至150平方米的住房，或给予相应租房补贴。还将妥善解决引进人才居留、出入境、落户、医疗保健、保险、住房、税收、配偶安置、子女入学等方面问题。

山东省“万人计划”实施以来，有110人被确定为第一层次人选，此后逐步并入国家“千人计划”和“万人计划”的地方申报遴选中。

济南市“5150引才计划”

2009年，为助推济南市转变经济发展方式、调整优化经济结构，吸引海内外优秀创新创业人才来济创业发展，济南市启动实施了“5150引才计划”。计划用5年左右时间，面向海内外引进150名能够提高城市竞争力、推动高新技术产业发展的高层次创新创业人才。济南市政府专门设立了每年规模为1亿元的人才引进专项资金，用于对引进人才的创业资助、科研补助、待遇补贴、住房安置、引进奖励等，其中，对来济创业的高层次领军人才，最高可享受创业启动资金300万元、安家费100万元；对来济创新发展的高层次优秀人才，可享受科研启动资金最高200万元、工作津贴每月最高1万元。在引才工作中成绩突出的单位和个人可以分别获得最高50万元和30万元的政府奖励。

截至2012年底，“5150引才计划”共分五批引进海内外高层次人才209人，其中13人入选国家“千人计划”、24人入选省“泰山学者海外特聘专家”。为吸引更多的海内外高层次人才，在完成“5150引才计划”目标任务的基础上，济南市又启动了“5150引才倍增计划”。与以往相比，引才更注重产业发展需要、层次水平以及扶持服务，实现引进人才数量、质量、效益同时倍增。

潍坊市“高层次创新创业人才引进扶持计划”

2010年2月，为进一步实施人才强市战略，加大高层次创新创业人才引进力度，潍坊市启动实施“高层次创新创业人才引进扶持计划”，用5年时间重点引进和扶持100名左右高层次人才来潍坊创新创业。符合引进条件的高层次创新创业人才，可获得多项扶持政策。一是各级财政设立引进高层次创新创业人才专项扶持资金，对经评审确定的高层次创新创业人才一次性给予100万元资金补助；二是从事科技开发项目的，经论证、审批，根据其项目的投资需求，引导各级产业投资资金或创业投资资金给予股权投资、融资租赁或担保等扶持措施，股权投资比例最高可达项目实际投资总额的30%；三是对具有市场需求的高新技术产品产业化生产过程中流动资金不足的，可给予不低于贷款利息总额50%的贴息优惠，贴息总额最高可达100万元，贴息期最长可达2年；四是以技术成果入股投资的，经评估，其技术成果最高可按注册资本35%作价入股；五是引进海外人才创办的独资或合资企业，符合条件的可登记注册为外商投资企业并享受相关优惠政策；六是享受市里有关引进高层次人才的子女入托入学、家属安置等优惠政策。海外留学人才居留、出入境和落户等事宜，享受绿色通道相关待遇。对特别优秀的人才和特别重要的项目，经审核评定，可给予数额更大的资金扶持和更优惠的政策支持；对引进人才过程中遇到的特殊问题，可采取一事一议、特事特办方式解决等。

截至2013年底，潍坊市共引进海外留学人员1000余人，200余人创办、参办高新技术企业153家，其中国家“千人计划”专家30人、山东省“泰山学者海外特聘专家”31人、潍坊市“高层次创新创业人才引进扶持计划”专家52人。

河南省

河南省“百人计划”

2009年6月，为进一步推进人才强省战略，河南省委办公厅、省政府办公厅联合下发了《关于引进海外高层次人才的意见》，提出统筹实施海外高层次人才引进“百人计划”。从2009开始，河南省将用5—10年时间实施“海外高层次人才引进百人计划”，即在国家和省重点创新项目、重点学科和重点实验室、重点企业和地方商业、金融机构、以高新技术产业开发区为主的各类园区引进并有重点地支持120名左右能突破关键技术、发展高新产业、带动新兴学科的领军人才来豫创新创业。入选河南省“百人计划”的人选，省政府给予每人120万元的一次性奖金资助；省“百人计划”中入选国家“千人计划”的，同时享受国家100万元一次性补助。用人单位参照引进人才回国（来华）前的收入水平，协商确定引进人才的合理薪酬。5年内在境内取得的住房补贴、伙食补贴、搬迁费、探亲费、子女教育费等，按照国家税收法律法规的有关规定，予以税前扣除。引进人才享受医疗照顾人员待遇（入选国家“千人计划”的按国家有关规定办理），由省级卫生行政部门为其发放医疗证。

截至2013年底，河南省“百人计划”共有三批次37名海外高层次创新创业人才入选。

湖北省

湖北省“百人计划”

2009年6月，湖北省出台《湖北省引进海外高层次人才实施办法》等配套人才引进措施，启动实施“百人计划”。计划5到10年的时间内，从海外引进200名紧缺的高层次创新创业型人才，其中创业人才不低于50%，为支撑中部崛起战略提供人才保证和智力支持。在资金支持上，湖北省财政将对入选“百人计划”的海外高层人才一次性给予每人100万元或50万元的补助，并对创业人员的部分研发项目和规模生产项目给予贷款贴息政策。在准入政策上，被引进的海外高层次人才可享受永久居留证，并获得相应的国民待遇，具有参加社会基本保障等方面的权利和义务。此外，还可以获还可享受8项税收优惠政策，包括免征某些个人所得税以及减免某些企业所得税和营业税等。

2013年，第四批湖北省“百人计划”共有83人入选。截至2013年底，湖北省“百人计划”共分四批次入选255人。

武汉市“黄鹤英才计划”

2011年，武汉市为推进“人才强市”战略，启动实施“黄鹤英才计划”，到2015年，引进和培养百名具有世界领先水平的领军人才，千名具有国内领先水平的高层次创新创业人才。凡具有世界一流水平、引领武汉产业发展、能带来重大经济和社会效益的世界一流创新团队核心成员，世界500强企业及跨国公司中担任（或曾担任）中高级职务的工程技术专家、经营管理专家等均可报名。当选人员在汉创业，可获高额资金扶持。对入选的领军人才，按项目给予300万—500万元的资金支持；对入选的高层次人才，按项目给予50万—100万元的资金支持。

截至2013年底，武汉市已引进集聚了3500多名海内外高层次创新创业人才。其中，入选中央“千人计划”专家170人，湖北省“百人计划”专家172人，“黄鹤英才计划”专家68名。

湖南省

湖南省“百人计划”

2009年，湖南省启动实施引进海外高层次人才“百人计划”。围绕湖南经济社会发展战略目标，用5年左右时间，在湖南省重点创新项目、重点学科和重点实验室、国家级科技合作基地、省属国有企业、以高新技术产业开发区为主的各类园区等，引进100名左右能够突破关键技术、发展高新产业、带动新兴学科的海外高层次人才。对符合条件的“百人计划”专家，省财政将按照每人60万元的标准给予资助，并发放《永久居留证》，同时通过由12个部门联合组成的引进海外高层次人才服务窗口对引进专家实行一站式服务，发放“一本通”服务手册，以全程代理方式，办理居留、出入境、落户、配偶安置、子女入学、医疗、保险、住房、税收等各项政策待遇手续，及时帮助解决实际问题。

截至2013年底，湖南省“百人计划”累计引进海外高层次专家105人，其中59人入选国家“千人计划”，居中部地区前列。

长沙市“313计划”

2009年，为扩大经济、文化各领域在人才方面实现多样化与高水平发展，提速“两型社会”建设，长沙市开始实施《长沙市引进国际高端人才三年行动计划（2009—2011年）》，从2009年起到2011年，计划3年内共引进100名高端人才，30个高端人才团队。以此带动全市高层次创新创业人才队伍建设，逐步形成引领长沙科学发展的高层次人才集群，看力将长沙打造成区域性国际化人才智力聚集和交流中心。引进主体主要是工程机械、汽车及零部件、电子信息等支柱产业的企业；新材料、生物医药、高新技术产业、证券投资、新兴文化等新兴产业领域的产业。为引进高端人才队伍，长沙市制定专门政策，对相关企业和个人给予丰厚奖励。长沙市政府设立每年不少于3000万元的引进国际高端人才专项资金，对于每位入选“313计划”的人才，给予引进单位100万元的专项资助资金，用于引进人才的安家费补助和事业启动经费，并享受个税返还等其他优惠政策；对来长沙创业者还可给予创业贷款贴息支持。同时，凡已入选国家“千人计划”和省“百人计划”的高端人才，可申报直接享受长沙市引进国际高端人才专项资助和税费返还等各项优惠政策。

截至2013年底，长沙市已成功引进海外高层次人才千余名，其中49人入选中央“千人计划”，38人入选“百人计划”，102人、17个高端人才团队入选“313计划”。

广东省

广东省“珠江人才计划”

2008年，广东省出台《广东省引进创新科研团队评审暂行办法》《广东省引进领军人才评审暂行办法》，并于2009年11月首次面向海内外实施引进首批创新科研团队、领军人才工作，启动实施“珠江人才计划”。其中，引进世界一流水平、对广东省产业发展有重大影响、能带来重大经济效益和社会效益的创新科研团队，省财政给予8000万—1亿元的专项工作经费；引进国内顶尖水平、国际先进水平的创新科研团队，省财政给予3000万—5000万元的专项工作经费；引进国内先进水平的创新科研团队，省财政给予1000万—2000万元的专项工作经费。引进的领军人才，省财政提供每人500万元专项工作经费和100万元住房补贴。

截至2012年底，广东省先后引进三批57个创新科研团队和49名领军人才，其中包括诺贝尔奖获得者、诺贝尔奖评委会主席、发达国家院士、欧盟最高科技奖“笛卡尔奖”获得者、国内两院院士等一批海内外顶尖人才，在海内外引起强烈震撼。

2013年，经过147个团队和152名个人申报和激烈角逐，有34个团队入选第四批“珠江人才计划”创新创业团队，20人入选第四批“珠江人才计划”领军人才；省财政将投入8.37亿元，资助第四批引进团队和领军人才。以上团队成员和领军人才共221名，包括11名发达国家院士、2名中科院院士，有高级职称178名，博士201名。34个团队累计已获得风险投资金额3.5亿元，预计2年内有16个团队可获得生产批件、研发出样机或实现小规模生产。

广州市“创业领军人才百人计划”

2010年9月，广州市启动实施“创业领军人才百人计划”。计划用5到10年时间，面向海内外并重点面向海外，依托我市科技重大专项计划、市级以上重点学科和重点实验室、市属企业和在穗金融机构、以高新技术产业开发区为主的各类园区等平台，引进扶持300名左右创新创业领军人才来穗创业发展；其中创业领军人才200名左右，其他各类创新领军人才100名左右。根据广州市扶持创业领军人才的政策，这些创业领军人才除享受住房补贴、子女入学、配偶就业、医疗保障、休假体检等高层次人才政策外，政府还将给予300万—500万元的创业启动资金；100—500平方米的工作场所，3年内免收场租；市属风险投资公司给予最高500万元的股权投资；产业化项目最高给予100万元的贷款贴息；特别优秀的留学回国创业人员，还将一次性给予30万—100万的安家费。

截至2013年底，广州市已有国家“千人计划”专家近100人，市认定高层次人才204名，市“创业创新领军人才”78名。

深圳市“孔雀计划”

2011年4月，《深圳市委、市政府关于实施引进海外高层次人才“孔雀计划”的意见》以及5个配套文件正式颁布实施。从2011年起，深圳将在未来5年重点引进并支持50个以上海外高层次人才团队和1000名以上海外高层次人才来深创业创新，吸引带动1万名以上各类海外人才来深工作，并每年投入3亿—5亿元，用于海外高层次人才配套服务和创新创业专项资助，力争把深圳经济特区建设成为亚太地区创业创新活动活跃、海外高层次人才向往汇聚的国际人才“宜聚”城市。纳入“孔雀计划”的海外高层次人才，可享受80万—150万元的奖励补贴及居留和出入境、落户等特定待遇，而对引进的海外高层次人才团队，将给予最高8000万元的专项资助。同时，发布了《深圳市人才安居暂行办法》，采取实物配置和货币补贴两种方式，为杰出人才、领军人才、高级人才和中初级人才“量身”解决住房难问题。

截至2013年底，深圳市已集聚中央“千人计划”专家103名，认定“孔雀计划”海外高层次人才495人，其中A类56人，B类250人，C类189人，包括入选中央“千人计划”创新人才长期项目、高层次外国专家项目的43人，创新人才短期项目、青年千人计划的19人，以及62名外籍“孔雀计划”人才。

惠州市“天鹅计划”

2013年10月，惠州市发布《引进领军人才和创新团队“天鹅计划”实施方案》，计划从 2013年起，力争5年内引进100名左右高水平的科技领军人才和30个以上具有省内领先水平以上的科技创新团队来惠创新创业。进一步优化我市支柱产业和战略性新兴产业领域的人才队伍结构，提升企业自主创新能力，推动经济发展方式进入创新驱动发展轨道。努力发挥"天鹅计划"引才品牌作用，把惠州建设成为海内外高层次人才向往的“创新创业之城”。被认定为第一类领军人才的，在到惠工作并签订资助协议后给予100万元一次性专项工作经费资助，已入惠州户籍的给予50万元一次性住房补贴，在与用人单位签订的工作合同期内给予每月10000元人才津贴补助；被评审确定为第一类（具有国际先进水平）科技创新团队的，在到惠工作并签订资助协议后分批给予共1000万元专项工作经费资助。

广西壮族自治区

广西自治区“八桂学者”计划

2010年，广西壮族自治区党委、政府出台了《关于加快吸引和培养高层次创新创业人才的意见》等“1+3”人才政策文件，实施八桂学者、特聘专家制度，重点解决、优先解决制约区域发展的高层次人才“短板”，并迅速启动了一批重大人才工程。“八桂学者”是广西高层次人才开发的塔尖部分，将分期分批向海内外公开选聘，每轮聘期为5年。到2020年，广西将争取累计设置八桂学者岗位100个，引进和培养100名高层次领军人才，培育100个以上以八桂学者为核心、400—600名中青年科研技术骨干为中坚的高水平科研创新团队。自治区财政将每年给予每位全职八桂学者20万元税后岗位津贴，非全职八桂学者按实际工作时间给予1.5万元税后岗位津贴；每年给予八桂学者所带科研创新团队20万元税后岗位津贴；每年给予八桂学者及其科研团队提供科研补助经费，自然科学类60万元，人文社科类20万元。每轮聘期，设岗单位提供的科研配套经费，自然科学类不低于500万元，人文社科类不低于50万元。对于从区外引进的全职八桂学者，一次性给予100万元税后安家费住房补贴，区内受聘的八桂学者，未享受房改优惠政策的，参照执行。按照以上标准，广西从区外引进一位全职的自然科学类八桂学者，每轮聘期累计提供资金不低于1000万元。同时，广西在“三重一优”等领域设置“特聘专家”岗位，面向海内外公开选聘高层次拔尖人才，每轮聘期为3年。在聘期内，广西财政一次性给予每位特聘专家及其科研团队20万元科研补助经费；每年给予每位特聘专家10万元、所带科研团队5万元税后岗位津贴。设岗单位每年为每位特聘专家及其科研团队提供的科研配套经费，自然科学类不低于20万元、人文科学类不低于10万元；给予每位特聘专家所带科研团队不低于5万元的税后岗位津贴。到2020年，广西争取累计选聘200名左右各行业各领域自治区特聘专家，带动培养1000名左右中青年科研技术人才。

截至2013年底，广西自治区共聘请“八桂学者”51名，其中，第一批“八桂学者”26名，第二批“八桂学者”25名，为全区重点产业、重大项目和重要科研创新平台以及优势企事业单位的发展提供了有力的人才支撑。自治区财政累计安排专项资金1.04亿元，用于支付受聘“八桂学者”的个人岗位津贴和安家费以及创新团队的岗位津贴。

海南省

海南省“高层次创新创业人才计划”

自2009年8月起，为推进海南国际旅游岛建设，海南在全省范围内开展实施“海南省高层次创新创业人才”的申报和评审工作，申报评审对象分创业型人才和创新型人才两大类。按照海南省人才发展规划纲要部署，到2020年，海南将在重点领域、优势产业、重点创新项目、重点学科和重点实验、高新技术产业开发园区培养和引进高层次创新创业人才1000名。

截至2013年底，共有四批次12人入选海南省“高层次创新创业人才”，每人获得由省政府奖励的150万元作为创业启动资金。

重庆市

重庆市“百名海外高层次人才集聚计划”

2008年，重庆市制定出台《重庆市百名海外高层次人才集聚计划实施办法》。从2009年起拟用5年时间，采取调入、聘用或柔性引进方式，从海外高校、科研院所和世界500强企业，引进100名海外高层次留学人才，到在渝高校、科研院所、医疗卫生机构、大型企业和留学人员创业园发展。作为重庆市高端人才聚集计划，“百人计划”入选者将由重庆市委组织部、市人力社保局联合授予“重庆市特聘专家”称号，纳入市委直接联系的高级专家范围，其中优秀者可作为国家“千人计划”优先推荐人选。2009年出台的《重庆市引进高层次人才若干优惠政策规定》文件为人才提供了生活工作条件和事业平台支持。

截至2013年底，有20人入选重庆市“百名海外高层次人才集聚计划”。

重庆市“两江学者”计划

2011年，重庆市启动实施“两江学者”计划。作为该市最高层次人才计划，拟用5年时间，围绕重要产业、重点学科、重大项目，选聘100名特聘专家，建成100个高水平科研团队。依照规定，聘任期内市财政每月将给每名“两江学者”岗位津贴5000元，每年给其所在团队科研经费20万元；设岗单位每年按不低于40万元配套科研经费。此外，“两江学者”还享受100万元安家资助和医疗保险、家属随调、子女入学、税收减免等优惠政策，退休后给予市级劳动模范待遇。

截至2013年底，重庆市“两江学者”计划共分两期聘任专家43人，首期16人，第二期27人。

四川省

四川省“千人计划”

2013年，四川省正式启动海内外高层次人才引进“千人计划”，取代此前的海外引才“百人计划”。2009年初，四川省推出了应对国际金融危机、支撑灾后重建、着眼长远发展的“百人计划”，计划用5至10年时间，在重点创新项目、重点学科和重点实验室、省属企业和在川金融机构、以高新技术产业开发区为主的各类园区等4大领域，分批引进并重点支持200名左右海外高层次人才来川创新创业。入选者将被授予“四川省特聘专家”称号；属长期项目的，给予100万元的一次性资助；属短期项目和青年项目的，给予50万元的一次性资助；属顶尖团队项目的，给予每个团队500万元资助，并享受相关优待政策。截至2012年底，全省分四批支持引进232名海外高层次人才、9个顶尖创新创业团队，提前完成了“200名”的既定目标。其中，引进的人才中有117人入选国家前九批“千人计划”，入选数居西部第一、全国第八。

而“千人计划”是“百人计划”的拓展，引才范围从海外扩大到海内外，未来5年，四川省将面向海内外支持引进100个左右顶尖团队、1000名左右高层次人才来川创新创业。此次“千人计划”将按照“突出重点、企业为主、项目带动、注重效益、统筹实施”的总体原则，围绕四川省七大优势产业以及六大战略性新兴产业发展需要，重点支持引进产业急需的企业创新创业人才及团队；对科研院所、高等院校，主要支持引进直接服务四川经济发展、其科研成果有望在川转化或已在川有效转化的应用型研究人才。

2013年度，四川省“千人计划”首批入选高层次创新创业人才100名，创新创业团队15个。

成都市“成都人才计划”

2011年5月，成都市设立1.2亿元的专项引才资金，实施“成都人才计划”长期项目，给予入选者100万元资助。2012年9月，成都拓展实施短期项目、青年项目和顶尖团队项目，形成了海外人才梯次引进、立体开发的政策体系。“成都人才计划”着力于建设开放引才的政策体系，立足开放型区域中心和国际化城市定位，紧扣成都市战略性新兴产业和特色优势产业发展需求，瞄准国内、国际两种资源，面向海内外高层次创新创业人才敞开怀抱、广纳贤才。

截至2013年底，“成都人才计划”共引进海外高端人才184人，拥有发明专利566项，所在企业2013年实现销售收入378.2亿元，创造税收34.6亿元，创外汇收入4327.5万美元，以其高端引领推动了成都产业的转型升级。

云南省

云南省“百名海外高层次人才引进计划”

2009年，为大力引进海外高层次科技人才，重点支持海外高层次人才来滇创新创业，云南省启动实施“百名海外高层次人才引进计划”（简称“百人计划”）。将用5年至10年时间，引进100名左右能够突破关键技术、发展高新产业、带动新兴学科的海外高层次人才。

截至2013年底，“百名海外高层次人才引进计划”已先后引进4批共94人，为推动云南科学发展和谐发展跨越发展提供了有力的人才保证和智力支持。

昆明市引进海外高层次人才“三五工程”

2011年4月，昆明市启动实施引进海外高层次人才“三五工程”项目。从2011年开始，昆明市将用5年时间，在引进的50名左右海外高层次人才中，集聚5名左右在重点产业国内领先、达到国际水平的海外高层次人才，重点引进都市经济发展、装备制造、信息产业、国际金融贸易、现代物流、教育卫生、旅游文化等领域及其他方面紧缺急需、具有较高水平的海外高层次人才和创新创业团队。对引进人才，昆明市将给予一系列创业扶持和创新扶持。创业扶持中，A类项目由市财政给予100万元的一次性创业启动资金资助；B类项目由市财政给予60万元的一次性创业启动资金资助；C类项目由市财政给予40万元的一次性创业启动资金资助。创新扶持将由市财政给予创新人才或创新团队50万元的一次性创新研发经费资助。并根据有关规定享受住房补贴、医疗保健、社会保险、配偶安置、子女就学和永久居留或多次往返签证等相关政策待遇；优先列入市科技部门重点扶持项目，优先安排申报国家、省各类科技计划项目。

截至2013年底，有4人及项目入选“三五工程”。

昆明市引进创新创业人才“551计划”

2011年，昆明市委、市政府下发《关于引进创新创业人才项目的实施意见》（简称“551计划”），提出在“十二五”期间，着眼区域性国际城市建设，围绕全市经济社会发展需求，依托科研院所、企事业单位引进一批创新项目，依托产业园区及孵化中心引进扶持一批高成长性创新型企业。重点引进在装备制造、新能源、现代服务业、都市型现代农业、光电子、信息、物联网、生物医药、金融管理、企业经营、新材料等领域的创新创业人才项目或团队。5年内，引进创新人才项目50个，扶持自主创办创新型企业10个。经确认后的创新人才项目，昆明市将无偿资助用人单位不超过50万元的创新研发启动资金，创新成果经过专家评审委员会鉴定后，再给予研发人员团队不超过30万元的一次性奖励。

截至2012年底，有1人及项目入选“551计划”。

陕西省

陕西省“百人计划”

为鼓励和吸引高层次人才到陕西创业工作，陕西省自2009年组织实施引进高层次人才的“百人计划”。计划从2009年开始用5—10年时间引进并重点支持200名高层次人才，并由省财政给予每人50万元的一次性资助。陕西将设立陕西省高层次人才引进专项资金，省财政每年安排不少于5000万元专款，用于高层次人才来陕创业、服务的资助和有关补贴。对于进入陕西省“百人计划”的引进人才，由省财政给予每人50万元的一次性资助（视同政府奖金），免征个人所得税。

截至2013年底，陕西省“百人计划”经过三年多的发展完善，已扩展为包括“全职项目”“短期项目”“青年百人”和“创业人才”在内的一个引才体系，先后分七批次引进362名高层次创新创业人才，包括创新人才全职项目入选191人，短期项目入选80人，创业人才入选31人，“青年百人计划”入选60人。其中，116人入选国家“千人计划”，7人入选国家“万人计划”第一批青年拔尖人才。同时，通过建立“三秦学者”特聘专家、教授制度，首批确定了54个岗位，吸引稳定了一批领军人才和团队在陕工作；通过实施引进外国智力项目，已执行引智项目1450个，引进7400人次外籍专家来陕工作。

西安市“5211计划”

2010年4月，西安市出台《引进海外高层次人才实施办法》，开始实施引进海外高层次人才“5211计划”。从2010年开始，用5—10年时间引进符合国家“千人计划”条件的海外高层次人才20名左右；引进符合陕西省“百人计划”条件的海外高层次人才100名左右；以“五大主导产业”人才需求为重点，在高新技术产业、现代装备制造业、旅游业、现代服务业、文化产业，以及航空航天、生物工程、新能源、新材料、金融、管理、法律等领域，围绕该市重点工程和项目引进1000名左右急需紧缺的海外高层次人才。进入“千人计划”和“百人计划”的引进人才，分别给予每人50万元和30万元的配套资助，“市级引进人才”给予每人10万元的一次性资助。用人单位和主管部门也将酌情给予资金配套支持，用于改善引进人才的工作生活条件。照这样的资助标准，实施“5211计划”，西安市每年用于引进海外高层次人才的费用将达到1.5亿元左右。

截至2013年底，西安市“5211计划”已引进海外高层次人才100余人。

甘肃省

甘肃省“百人计划”

2009年，甘肃省委、省政府结合2008年中央实施的“千人计划”，制定了《关于进一步鼓励和吸引海外高层次人才来甘肃工作的意见》（简称“百人计划”）。自2009年起，有重点、有针对性地引进100名左右海外高层次人才，集聚20—30名能够突破关键技术、发展高新产业、带动新兴学科的战略科学家和科技创新创业领军人才。其中，业绩突出的海外领军人才及其团队，在甘肃省可获得10万元的一次性奖励资助。引进后担任博士生导师的，每人每月发放津贴1200元；入选第一、二层次甘肃省领军人才的，每人每月分别发放津贴2000元、1500元。同时，在职称评定、医疗卫生保障、出入境、子女入学、配偶就业等方面将给予照顾、提供方便，优先推荐申报国务院政府特殊津贴、国家有突出贡献中青年专家、甘肃省优秀专家。

截至2012年底，甘肃省“百人计划”累计引进海外高层次人才已达102名，提前完成了“百人计划”任务。

青海省

青海省“百人计划”

2009年，青海出台《青海省引进海外高层次人才暂行办法》，开展了引进海外高层次人才工作。主要围绕全省经济社会发展战略目标，计划从2009年开始，在全省重点创新项目、重点学科和重点实验室、省属国有企业、省属金融机构和中央驻青金融机构、以高新技术产业开发区等为主的各类园区，用5—10年时间，引进水电开发、石油天然气、盐湖化工、有色金属、地质勘探、冶金建材、装备制造、高原医药、高原生物、现代农牧业、新能源和生态保护建设等领域的100名左右海外高层次人才来青海创新创业，力争使其中10名入选国家“千人计划”。

截至2013年底，有6名海外高层次人才被授予“优秀海外高层次来青人才”称号，5人获“青海省引进高层次科技创新创业人才绿色证书”，有1人入选中央“千人计划”。

宁夏回族自治区

宁夏自治区“百人计划”

2009年，宁夏出台了《引进海外高层次科技人才创新创业暂行办法》，实施“百人计划”引进海外高层次人才。围绕宁夏“六大基地、六个示范区和一个目的地”的战略定位，从2009年开始，用5—10年，在自治区重点创新项目、特色产业、优势学科和重点实验室、工程技术研究中心、大中型企业和国有商业金融机构、以高新技术产业开发区为主的各类创新创业园区等，把招商引资与招才引智结合起来，引进并有重点地支持200名左右海外高层次科技人才来宁创新创业。为了实施好“百人计划”，自治区政府每年专门安排1000万元，作为引进海内外高层次人才创新创业专项扶持资金。列入“百人计划”的引进人才，自治区财政给予引进单位30万—50万元的补助，用于改善引进人才的工作和生活条件。同时，对带高新技术成果、项目来宁夏实施转化或从事高新技术项目研究开发的，符合宁夏产业发展方向的，自治区财政给予一定数额的创新创业扶持资金。同时，对引进高层次人才居留和出入境、落户、医疗、保险、住房、职称评审、子女就业、配偶安置等方面给予特殊优惠。

截至2013年底，宁夏“百人计划”共有31名海外高层次人才入选，其中2人入选中央“千人计划”。

新疆维吾尔自治区

“千人计划”新疆项目

“千人计划”新疆项目，是中央人才协调小组贯彻落实中央新疆工作座谈会精神，于2011年8月专门设立的。该项目旨在加大对新疆引进海外高层次人才的支持力度，采取差别化引才政策，争取用3年时间为新疆引进100名海外创新创业人才。“千人计划”新疆项目启动以来，新疆出台了《新疆维吾自治区高层次人才引进暂行办法》等政策，组织用人单位广泛开展一系列引才活动，已吸引了一批海外高层次人才来疆创业发展，为推进新疆跨越式发展和长治久安提供人才和智力支持。

截至2013年底，共有38人通过海外高层次人才引进工作办公室评审，入选“千人计划”新疆项目。

综合篇

2013年度留学人员创新创业大事记

2013年度中国留学人员创新创业大事记

2013年，中央明确提出要深化科技体制改革，进一步突出企业的技术创新主体地位，要在重大人才工程和政策实施中，支持企业引进海外高层次人才。中国正不断优化各类环境，为人才发挥作用、施展才华提供更加广阔的天地，引导和支持留学人员归国创业，鼓励人才把自己的智慧和力量奉献给实现“中国梦”的伟大奋斗。

1月

15日 2013年全国引进国外智力工作会议

1月15日至16日，2013年全国引进国外智力工作会议在北京召开。中央政治局常委、国务院副总理张德江对会议作出重要批示。会议期间，与会代表学习了习近平总书记同外国专家座谈时的重要讲话，就会议工作报告进行了讨论，并为国家引智成果示范推广基地和示范单位进行了授牌。会议提出要着重做好三方面工作：一是大力提高引智宏观管理科学化水平。积极推动引智法规制度建设，深入推进国家引智“十二五”规划的贯彻落实，深化开展引智理论研究。二是全力推动引智工作上层级、上水平。深入实施“外专千人计划”和高端外国专家项目，推进各项重大引智工程，统筹抓好各类人才出国（境）培训，开发利用国外高层次智力资源，提高引智资源配置能力。三是努力促进引智成果共赢共享。突出各项重大引智工程的高端引领作用，把成果作为评判引智工作优劣成败的重要标准，加大重点领域和重点区域引智成果示范推广力度，实现引智成果开放共享共赢。

18日 2012年度国家科学技术奖励大会隆重举行

1月18日，中共中央、国务院在北京人民大会堂隆重举行国家科学技术奖励大会。胡锦涛、习近平、温家宝、李克强、刘云山出席大会并为获奖代表颁奖。中共中央总书记、中共中央军委主席习近平主持大会，中共中央政治局常委、国务院总理温家宝代表党中央、国务院在大会上讲话，中共中央政治局常委、国务院副总理李克强宣读奖励决定。国家主席胡锦涛向获得2012年度国家最高科学技术奖的中国科学院院士、中国工程院院士、中国科学院力学研究所研究员郑哲敏，中国工程院院士、中国电子科技集团公司电子科学研究院研究员王小谟颁发奖励证书。郑哲敏院士于1948年至1952年在美国加州理工学院机械工程系学习，先后获得硕士、博士学位，1955年回国后在中国科学院力学研究所工作至今，历任室主任、副所长、所长等职，是中国爆炸力学奠基人和开拓者之一，中国力学学科建设与发展的组织者和领导者之一。会上，还为获得国家自然科学奖、国家技术发明奖、国家科学技术进步奖和中华人民共和国国际科学技术合作奖的代表进行了颁奖。2012年度国家科学技术奖共授奖330个项目和7位科技专家。

18日 《国家高新区“十二五”发展规划纲要》发布

1月18日，科技部印发《国家高新技术产业开发区“十二五”发展规划纲要》，回顾了国家高新区“十一五”期间的发展成果，提出到2015年，国家高新区要显著提高自主创新能力，经济继续保持较快增长，产业结构要进一步优化，努力实现“四个提升”，即：自主创新能力的提升、产业竞争力的提升、引领辐射力的提升、国际影响力的提升。并分别就国家高新区如何加快创新体系建设，提升企业自主创新能力；大力培育发展战略性新兴产业，占据竞争制高点；加快发展现代服务业，促进传统产业升级；完善全链条孵化体系，促进企业做大做强；巩固人才高地优势，努力打造人才特区；坚持开放合作发展，提高园区国际化水平；加强分类指导，促进园区特色发展以及坚持以人为本，促进科学和谐发展等方面明确了要求和任务。

19日 2013年全国科技工作会议

1月19日，2013年全国科技工作会议在北京召开。全国政协副主席、科技部部长万钢作工作报告，回顾了2012年科技工作，总结五年来科技改革发展取得的成就和经验，研究部署2013年工作。会议指出，2013年是深入贯彻落实党的十八大精神的开局之年，是实施“十二五”规划承前启后的关键一年。2013年主要推进十大重点任务：全面贯彻落实全国科技创新大会和中央6号文件精神，认真落实深化科技体制改革的各项任务；深入实施国家技术创新工程，强化企业技术创新主体地位；深入实施国家科技重大专项，加快培育发展战略性新兴产业；加强战略高技术的前瞻部署，抢占未来竞争制高点；加强高新技术集成示范和产业化，支撑产业结构调整；加强基础研究，提升科技持续创新能力；加强农业科技创新创业，促进城乡发展一体化；加强科技惠民，促进文化、社会和生态文明建设；加强基层科技工作，促进区域创新发展；深化科技开放合作，提升科技发展的国际化水平。

28日 《关于强化企业技术创新主体地位全面提升企业创新能力的意见》出台

1月28日，国务院办公厅下发《关于强化企业技术创新主体地位全面提升企业创新能力的意见》，提出到2020年，要形成一批创新型领军企业，带动经济发展方式转变实现重大进展。《意见》指出，目前我国企业创新能力依然薄弱，许多领域缺乏具有自主知识产权的核心技术，企业尚未真正成为创新决策、研发投入、科研组织和成果应用的主体，制约企业创新的体制机制障碍仍然存在。我国需要在各领域、多层面，努力破除制约企业创新的各种障碍，积极构建推动企业技术创新的体制与机制。《意见》提出，要在海外高层次人才引进计划、创新人才推进计划等相关重大人才工程和政策实施中，支持企业引进海外高层次人才，引导和支持归国留学人员创业。

2月

28日 教育部公布2012年度我国出国留学人员情况统计

2月28日，教育部公布2012年度我国各类留学人员情况统计结果。据数据显示，2012年度我国出国留学人员总数为39.96万人，其中，自费留学37.45万人。2012年度各类留学回国人员总数为27.29万人。2012年度与2011年度的统计数据相比较，我国出国留学人数和留学回国人数均有进一步增加。出国留学人数增加5.99万人，增长了17.65%；留学回国人数增加8.67万人，增长了46.57%。改革开放以来，留学回国人员总数达109.12万人，有72.38%的留学人员学成后选择回国发展。

3月

08日 第十八届中国国际教育巡回展暨2013中国留学论坛

3月8日至3月10日，由教育部留学服务中心主办的第十八届中国国际教育巡回展和2013中国留学论坛在北京举行。第十八届中国国际教育巡回展在北京首展，并将在沈阳、西安、上海、合肥、福州、广州进行巡回展出，有20多个国家和地区的近400所高校和教育机构参展。2013中国留学论坛则以“国际教育与高校能力建设”为主题，由海内外教育界权威人士和知名大学校长参加，重点围绕机构间的各类交流与合作展开讨论，探讨在全球学生及学术流动大发展的浪潮中高校的困惑、挑战与对策，如何推动教育体制改革创新，增强大学能力建设，探索高等教育交流与合作的新思路。该论坛迄今已成功举办九届，为探寻高等教育国际化的未来可持续发展搭建了平台。

14日 2013年中国科技创业计划大赛启动

3月14日，由国家科技部和宁波市人民政府共同主办的2013年中国科技创业计划大赛在宁波正式启动。该项赛事始于2002年，至今已成功举办了11届，已成为目前国内最具影响力的创业计划大赛活动之一。本届大赛设立了特等奖1项，奖金300万元；一等奖5项，每项奖金100万元等。此外，特等奖获奖项目领衔者如是海外高层次人才的，直接列入宁波海外高层次人才引进“3315计划”，给予100万元的配套资助；特等奖及一等奖获奖项目团队如是高端创业创新团队的，直接进入宁波市高端创业创新团队引进“3315计划”的专家答辩评审。

21日 2013留学人员回国服务工作部际联席会议

3月21日，2013年留学人员回国服务工作部际联席会议在北京召开，总结交流过去一年留学人员回国服务工作，研究部署2013年的工作任务。中组部副部长、人力资源和社会保障部部长、联席会议组长尹蔚民在会上指出，2013年，要重点做好三方面工作：一是创新完善留学人员回国服务工作政策体系，进一步抓好政策的总体设计，狠抓重点政策的落实，寻求新的政策突破。二是着力健全留学人员回国工作服务体系，健全服务组织，夯实服务平台，提升服务水平。三是深入实施留学人员回国服务重点工程项目，包括重点引才项目、留学人才创业项目、为国服务项目。

24日 “春晖杯”创业大赛第五届视频对接洽谈会

3月24日，由教育部、科技部共同主办的“春晖杯”中国留学人员创新创业大赛在江苏省扬州市举办了第五届视频对接洽谈会，来自13个国家和地区的27名“春晖杯”创业大赛入围者，通过网络视频的形式与扬州市的创业园、投资机构以及企业进行了45对次的洽谈。同期还举行了第三届国家“千人计划”特聘专家代表座谈会，30多位“千人计划”特聘专家及中科院有关专家到场交流。自2009年开始，“春晖杯”创业大赛已成功举办了四届“网洽会”，从1500多个“春晖杯”创业大赛入围项目中，精心挑选了来自22个国家和地区的近400个项目，与各地创业园、投资机构以及企业进行网上“面对面”视频交流洽谈，拓宽了大赛入围项目的对接渠道，成为大赛组委会推动项目落地、转化的一项重要活动。

28日 首届“千人计划”创业大赛决赛

3月28日，在海外高层次人才引进工作专项办公室的指导下，由“千人计划”创投中心和“千人计划”专家联谊会共同举办的首届“千人计划”创业大赛决赛在苏州圆满落幕，最终20个项目脱颖而出，其中7个项目已得到创业投资的青睐。一等奖获得者，获得了30万奖金的同时，还得到近千万元的创业投资。大赛自2012年4月25日启动以来，吸引近400个项目报名参赛，237个项目通过首轮筛选，66个项目进入复赛。参赛项目主要分布在信息技术、生命科学、节能环保、先进装备制造、新材料等高科技行业，有45.14%的项目处于创意和商业计划阶段，有39.66%的参赛者计划回国创业，有37.97%的项目已回国。第一届大赛结束的同时，第二届“千人计划”创业大赛也同步启动。

30日《万名留学人员回国就业报告（2012）》发布

3月30日，教育部留学服务中心在北京发布《万名留学人员回国就业报告（2012）》。报告所采用的数据来自于2012年全年在教育部留学服务中心办理户籍和就业证明信的11045名留学人员，他们分别从54个不同国家（地区）回国，在国外留学的时间平均为1.9年。数据显示，在所有留学回国人员中，具有硕士学位的占76%，博士学位占11.2%，学士学位占11.9%，另外有少量的非学位留学回国人员。其中，大部分留学回国人员年龄分布在24—30岁这个区间，占全部回国人员的80%。报告指出，中国已经进入人才回流期，即外流率继续缓慢增加，回流率迅速增加的时期。2005年，有89.4%的在美国获得博士学位的中国籍学生希望留在美国工作，2011年这一比例降低到82%。

4月

15日 2013中国留学人员创业园百家企业评选活动启动

4月15日，“2013（第四届）中国留学人员创业园百家企业评选活动”正式启动。活动将通过初审、复审和终审环节，评选出2013度“中国留学人员创业园创业潜力企业”“中国留学人员创业园成长性创业企业”和“中国留学人员创业园十大领军人物”，并开展入围企业与风险投资机构的洽谈、地方项目洽谈会等相关活动。自2010年起，中国留学人员创业园联盟、中国高新技术开发区协会创业中心专委会、中国留学人员广州科技交流会办公室共同发起举办该评选活动，3年共有200多家留创企业和10名归国创业者入选。活动组委会通过举办成果展示、论坛峰会、项目路演、融资洽谈等一系列活动，并积极开展后续宣传和对接工作，通过对入选企业进行追踪、观察、分析，其中绝大部分企业在不同领域、不同程度上都有所新的突破，发展势头良好，起到了有效的示范作用。

20日 第八届“春晖杯”中国留学人员创新创业大赛启动

4月20日，由教育部和科技部共同主办的第八届“春晖杯”中国留学人员创新创业大赛在北京启动。与往届大赛不同的是，在我驻旧金山总领事馆教育组的积极倡导下，第八届“春晖杯”创业大赛在美国旧金山设立了分赛区。自2006年以来，“春晖杯”创业大赛已经成功举办了七届，共遴选出1184个中国留学人员回国创新创业项目。据不完全统计，已有300余名在外留学人员通过大赛顺利走上回国创业的道路。

25日 第六届中国留学人员南京国际交流合作大会

4月25日至27日，由人力资源和社会保障部、科技部、教育部、国家外国专家局和江苏省政府、南京市政府共同主办，南京市人民政府承办的第六届中国留学人员南京国际交流与合作大会举行。大会举办了留学人员创业创新项目展示洽谈、“南京321计划”创业大赛决赛、南京各区（园区）及创业载体展示对接、全国知名高校和企业博站展示对接、海内外创业项目融资对接会、泛长三角地区协办城市创业环境展示等活动，提供了700余个博士人才招聘岗位，2000余名海内外高层次人才与相关产业园区和创业投资机构进行了项目洽谈，202个项目达成合作意向。2008年以来，在该活动的引领带动下，南京引进了8500多位海外高层次人才，在宁新建高科技公司1400多家。

5月

24日 第二届中国创新创业大赛启动

5月24日，由科技部、教育部、财政部和全国工商联指导，共青团中央、致公党中央、国家外国专家局支持，科技部火炬高技术产业开发中心等单位承办的第二届中国创新创业大赛宣告启动。大赛采用“政府引导、公益支持、市场运作”的模式，整合各种资源，为参赛企业提供创业辅导、创业投资、银行授信、股改上市培训等支持。2012年举办的首届大赛共有4411家企业和1557家团队报名参赛，近600名创业投资专家参与评选与投资。经过初赛、复赛、分区决赛，有226家企业和20家团队被评为大赛优秀企业和优秀团队，有68家企业和团队进入全国总决赛。部分大赛优秀企业获得了招商银行创新创业扶持资金、创投资金和科技计划项目的支持，另有162家企业得到了招商银行的授信，总额度超过17亿元，实际贷款近9亿元。第二届大赛将组建创投联盟，加大对创业企业的投资力度。

6月

08日 第十五届“浙洽会”海外高层次人才智力合作洽谈会

6月8日至11日，第十五届浙江省投资贸易洽谈会和海外高层次人才智力合作洽谈会在宁波举行。来自德国、法国、俄罗斯、日本、以色列等15个国家的20余家专家组织和人才中介机构相关负责人参会，与浙江省内百余家企事业单位推出的556项引智项目进行对接洽谈，其中达成合作意向有432项。项目洽谈重点围绕经济转型升级，加快发展海洋产业，加快提升工业自主创新能力、服务业创新能力，旨在帮助企事业单位解决在新技术、新材料、新产品的研究开发以及推广应用等方面遇到的瓶颈和难题。据统计，通过历届“浙洽会”平台，浙江省共引进海外各类专家4000余次，解决技术难题600余项，累计建立了40多个国家和省级引智成果示范推广基地和示范单位。

08日 第八届“春晖杯”创业大赛在线访谈活动

6月8日，为解答在外留学人员报名参赛及回国创业的相关问题，由教育部、科技部共同主办的第八届“春晖杯”创业大赛在线访谈活动在苏州举行。教育部留学服务中心、科技部火炬中心、苏州市政府相关部门，以及来自北京、上海、广州、包头等地的留学人员创业园、风险投资机构和留学人员企业等单位的代表参与了此次访谈活动。活动主要围绕商业计划书的内容和要求，解答留学人员在申报“春晖杯”创业大赛中所遇到的问题和对国内创业环境、创业政策的疑问，帮助有意向回国创业的留学人员理清创业思路。访谈活动中共回答了留学美国、英国、日本、葡萄牙、韩国、新加坡、意大利、德国、澳大利亚、瑞士、法国、芬兰、瑞典、爱尔兰、荷兰等15个国家的网友提出的73个问题，内容涉及大赛流程安排、评审程序和项目知识产权保护、创业团队组建、市场拓展以及融资等内容。

19日 第十三届华侨华人创业发展洽谈会

6月19日至21日，由中央海外高层次人才引进小组指导，国务院侨办、湖北省人民政府暨武汉市人民政府共同主办的2013（第十三届）华侨华人创业发展洽谈会在武汉召开。本次“华创会”以“创新驱动、合作共赢”为主题，吸引了来自47个国家和地区的3500多名华侨华人专业人士和工商界人士参会。通过会前和会中对接洽谈，签约176个项目带来450亿元人民币投资，其中签订引进海外高层次人才及高新技术项目107个，引进海外高层次人才57人。

23日 2013海外华侨华人高层次人才江苏行启幕

6月23日，2013海外华侨华人高层次人才江苏行活动在南京启动，来自20个国家和地区的近百名高层次人才参加了开幕式。该活动自2008年起，每年举办一届举，截至2012年，共吸引了来自全球20多个国家的各类海外高层次人才近800名，他们90%以上都是博士毕业在海外工作三年或硕士毕业在海外工作五年以上，拥有自主知识项目或专利技术，在海外知名企业或高校担任中级以上技术职务或管理职务的高层次人才，共带来高科技合作技术或项目近千个，行程遍及江苏全省十三个省辖市，与各地达成项目或技术合作意向235个，其中有很多江苏省“双创计划”获得者都是通过“江苏行”活动引进的。该活动现已成为江苏省各地招揽海外人才的重要平台，成为海外人才了解江苏、创业江苏的重要途径。

28日 2013中国海外学子创业周

6月28日至29日，2013中国海外学子创业周在大连举办。本届海创周主体活动包括一个仪式（开幕式）、两个洽谈（政策环境推介暨项目对接洽谈、人才招聘洽谈）、两个部委高端论坛（中国孵化器创新发展论坛、海归创业领袖峰会暨科技金融创新论坛），以及2013大连设计节和大连网络游戏全国精英赛等七项活动，吸引了来自世界各地的1000多位留学人员，全国28个省区市2000多位政府代表，1000多名高等院校、科研院所和人才机构代表，30名“千人计划”专家代表，500多位高新区和留学人员创业园代表，100多家国内外创业投资机构代表参会。携带588个技术和项目，会上对接签约项目合同177项，签约金额46亿元。

30日 中国国际人才专业委员会成立

6月30日，中国国际人才专业委员会在京举行成立大会。国际人才专业委员会直属于国家人才研究所，以学术研究为主要目的，其学术指导委员会由15位来自清华大学、人民大学等高校、科研院所并在国内长期从事公共政策等相关人才领域研究的专家组成。中国人才研究会国际人才专业委员会的成立，将有助于促进国际人才相关的热点难点问题的研究，加强海内外国际人才的联络、沟通与交流，消除国际人才流动壁垒，在竞争中提高人才整体水平，在交流合作中提高人才国际化水平。

7月

01日《中华人民共和国出境入境管理法》实施

7月1日，《中华人民共和国出境入境管理法》正式实施。《出境入境管理法》改革了华侨回国定居审批制度，明确华侨在国内可以凭本人护照证明其身份，积极回应了广大华侨的现实需求；为实施人才签证制度提供了法律依据，为符合条件的外国人才、投资者等提供停留居留便利，促进引智引资工作；扩大了过境免签适用范围，促进国际航空枢纽港建设和邮轮经济的发展等，将对进一步便利人员国际往来，深化对外开放起到重要作用。其中，在普通签证中增设了“人才引进”类别，包括人才工作签证和人才移民签证，以吸引海外优秀人才来华服务工作。

05日《关于为外籍高层次人才办理签证及居留手续有关事项的通知》发布

7月5日，中组部、人社部、公安部、外交部和国家外专局5部门办公厅（室）发出《关于为外籍高层次人才办理签证及居留手续有关事项的通知》，要求中央和国家机关部委、直属机构、中央企事业单位干部人事部门、引智归口管理部门，将各自范围内开展的符合《通知》要求的海外高层次人才引进计划报人社部或国家外专局备案。今后，凡经备案同意的各类重点引才计划引进的外籍高层次人才，可根据人才需求，由所在部门、地方和单位依照《通知》中规定的程序和要求为本人和家属快速办理签证、居留和永久居留手续。

10日 2013苏州国际精英创业周

7月10日至12日，由国家人社部、国侨办、团中央、中科协、中科院等五部委与江苏省政府联合主办的2013苏州国际精英创业周主体活动举行。本届创业周活动继续以“汇聚全球智慧、打造创业天堂”为主题，举办了创新创业环境特装展、创新创业项目路演、高层次人才创新创业洽谈会、第五届“创业姑苏”青年精英创业大赛、“全球化时代的科技创新与海归”国际创新学术会议等6项主体活动，以及“对话·苏州”创新创业高端论坛等分项活动，加上张家港、常熟、太仓、昆山、吴江、吴中、相城、姑苏、园区、高新区等十大分会场的主要活动，活动内容近百项。创业周主体活动期间，共有来自20多个国家和地区的2224名海内外高层次人才应邀参会，其中87%以上来自海外或具有海外背景，共携带创新创业项目2274个，正式签约项目438个。

16日《国家级科技企业孵化器评价指标体系（试行）》发布

7月16日，科技部火炬中心制定下发《国家级科技企业孵化器评价指标体系（试行）》。该指标体系是根据《国家科技企业孵化器“十二五”发展规划》的要求，基于《科技企业孵化器的认定和管理办法》而制定。该指标体系用于国家级孵化器工作绩效评价，旨在加强和规范国家级孵化器的管理，引导我国科技企业孵化器健康发展，促进孵化器提升孵化能力和绩效，提高社会贡献率，并作为制定政策、引领发展和动态管理的主要依据。根据该评价指标体系，国家级孵化器的评价结果将分为优秀、良好、合格和不合格4个等级。评价结果为优秀的国家级孵化器在安排相关科技计划项目和表彰时，将予以优先考虑。连续两次评价结果不合格的国家级孵化器，将取消其国家级资格。

20日 上海国际人才创业投资基金揭牌

7月20日，2013上海海外归国人员创业大会在上海浦东举行，上海知名海归创业者、国家和上海市“千人计划”专家、知名投资人等近500位嘉宾参加大会。会上，“上海国际人才创业投资基金”正式揭牌。基金的成立，旨在为更好地发挥以“千人计划”专家为代表的海外高层次人才促进“创新驱动、转型发展”的积极作用。其中，上海千人计划创业园所在的奉贤区出资人民币1亿元作为基金的首期资金，未来二期资金将引进其他各区的政府引导资金，并在适当时机引入社会资本。基金的计划总规模为5亿元人民币。该基金首创“人才服务人才”的新模式，委托中央“千人计划”专家创办的专业创投基金作为基金管理者，完全采用市场化运作，并力争打造成上海乃至全国的特色专业品牌基金。

28日 第十三届海外侨界高层次人才为国服务活动

7月28日至31日，由中国侨联和北京市侨联举办的“第十三届海外侨界高层次人才为国服务团”活动在北京举行，来自美国、加拿大、德国、芬兰、日本等11个国家的29位海外侨界高层次人才，携带30多个高新技术项目来华考察交流洽谈。参与本届“为国服务团”的成员80%以上是博士，主要从事环境保护、生态农业、节能环保、信息技术、文化创意、新型材料、生物医药、云计算等领域。在京期间，他们参加了海淀区、丰台区高新技术项目推介对接洽谈活动，举行了“侨聚人才、圆梦北京”研讨会，听取了北京市相关部门介绍北京市经济发展情况和人才引进优惠政策。“为国服务团”活动此前已成功举办12届，共吸引了50多个国家的600多人次海外侨界高层次人才参加，促成40多位高层次人才携带50多个高新技术项目在北京落地，总投资达数十亿元，有的企业已经发展成为北京重要的骨干企业。

8月

02日 2013（第四届）中国留学人员创业园百家企业评选活动入围名单公布

8月2日，“2013（第四届）中国留学人员创业园百家企业”评选活动在北京召开评审工作会议。评选活动自启动以来，共有来自北京、上海、天津、西安等地的200多家留创园、孵化器积极参与了初审推荐。通过初审的企业和留学回国创业者，经媒体评委打分，以及来创业中心、留学人员创业园、风险投资机构等有关专家及主办、承办、协办单位负责人组成的专家组复审和通审，并进行了网络公示，有来自北京、上海、天津、广州、厦门、西安等全国各地的22家企业预入围“成长性企业”、63家企业预入围“创业潜力企业”，同时也评选出本年度“十大创业领军人物”。入围企业和个人来自北京、天津、上海、广州、大连、成都、西安等20多个省市30余家留学人员创业园，行业涉及生物医药、电子信息、新能源、新材料、环境保护、现代服务等高新技术产业领域。评审结果进行了为期7天的网上公示，最终产生本次评选活动的入选企业和个人。

03日 2013硅谷“赢在苏州”创业大赛启动

8月3日，由苏州市人民政府主办的2013美国硅谷“赢在苏州”创业大赛在硅谷正式启动。本届“赢在苏州”创业大赛优秀项目将推荐给科技部火炬创新基金、国家千人计划、各地领军人才及其他政府资助。所有项目将和苏州及中国其他合作城市、高科技园区对接，大赛现场将展示各大园区优惠政策和园区介绍，对参加创业大赛的项目将免费提供各城市及高新区奖励基金的申请服务，全球范围内拥有前瞻性和创新性的科技型中小企业，拥有市场领先的科技或生产服务类的创业团队、科研团队等均可报名参赛。大赛将重点关注互联网应用、软件及信息技术、生物医药、绿色能源、新材料、现代制造业、现代农业和现代服务业等各种领域。

04日 专家受邀于北戴河进行集中休假

8月4日，受党中央、国务院邀请，60位来自我国多个领域和科研生产一线的专家在北戴河开始进行集中休假。受中共中央总书记、国家主席、中央军委主席习近平委托，中共中央政治局常委、中央书记处书记刘云山前往看望。邀请专家暑期休假，是中央联系广大专家和各类优秀人才的一项制度性安排。自2001年以来，围绕国家发展重大主题，党中央、国务院先后邀请了13批700余位专家休假。受邀参加休假的专家来自多个领域，包括农业、医学、社会科学、载人航天、载人深潜、高速铁路、超级计算机等。他们中有国家最高科技奖获得者，也有很多来自基层一线的人才；有国家“千人计划”入选者代表、海外留学回国创新创业专家，也有教师、医务专家、农村实用人才等。

9月

12日 2013年中关村论坛年会

9月12日至13日，由科技部、中国科学院、中国工程院、国务院侨务办公室、国家知识产权局和北京市政府共同主办的2013年中关村论坛年会在北京举行。此次论坛以“科技创新与产业革命”为主题，邀请了多位世界知名科学家及诺贝尔奖获得者发表演讲。在年会上发布了2013年中关村指数，呈现出五大亮点：一是创新人员和经费投入创2008年以来的新高；二是专利标准创造继续保持活跃状态；三是潜力企业不断涌现，在福布斯2013年度“中国最具潜力上市和非上市公司”200强榜单中，有46家中关村企业入选，占据了约四分之一的席位；四是海外高层次人才和外国专家不断汇聚，2012年，留学归国人员数量快速增长，总量超1.6万人，示范区外籍专家人数达到2319人，较上年增加668人；五是海外并购交易和对境外直接投资再度升温，2012年示范区海外并购案例数达到14起，有296家企业开展境外直接投资，对境外直接投资额高达331.9亿元，较上年增长了1.1倍。

12日 2013中国（江苏）国际科技交流与人才智力合作大会

9月12日，2013中国（江苏）国际科技交流与人才智力合作大会在张家港举行，吸引了海内外300多名高层次人才参加，其中115名海外高层次科技人才携项目参会。开幕式上，江苏省科协发起筹建的江苏省海外智力服务协会正式成立，徐州市、盐城市、宿迁市等18家省级海智工作基地授牌，中国江苏国际科技资源转移网宣告建成并对外推介。

13日 2013中国浙江·宁波人才科技周

9月13日至17日，由国家教育部、科学技术部、人力资源和社会保障部、中国科学技术协会和浙江省人民政府共同主办的2013中国浙江·宁波人才科技周成功举办。本届人才科技周以“服务创新驱动发展、推动经济转型升级”为主题，组织了人才智力引进培养、科技项目合作、高端智力宁波行和人才资本市场对接等四大类12项主体活动和综合签约授牌仪式。其中，留学人才创业行活动共邀请了201名海外留学人才携带191个项目进行对接洽谈，并首次安排了海外留学人才封闭式洽谈会、“千人计划”人才企业成果展示推介、投融资机构与留学人才对接洽谈、留创园和重点企业人才环境需求展示推介等新板块，共达成合作意向150余项。

13日 首届内蒙古“草原英才”高层次人才合作交流会

9月13日至14日，由内蒙古自治区党委组织部、人力资源和社会保障厅、科技厅、教育厅、团委与鄂尔多斯市委、市政府共同主办的首届内蒙古“草原英才”草层次人才合作交流会暨呼包鄂人才创新创业周活动在鄂尔多斯举行。活动借助呼和浩特、包头、鄂尔多斯三市人才相对集中、产业相对齐全、经济相对发达的优势，创新引才方式，推动三市抱团引才。活动期间共举办大型人才交流会、招商引智主题推介会，“千人计划”专家学者研讨会暨呼包鄂人才发展区域合作年会以及鄂尔多斯籍在外高层次人才座谈会等两大类8项活动，邀请了海内外240多名高层人才参加。

13日 2013中国（宁夏）引进海内外高层次人才合作洽谈会

9月13日，2013中国（宁夏）引进海内外高层次人才合作洽谈会在银川举行。洽谈会以“聚才引智、合作共赢、共谋发展”为主题，引进的高端人才主要为煤化工、新能源、设施农业、生物工程、装备制造等宁夏重点项目、重点产业方面急需紧缺的海内外高层次人才和高技能人才。会议期间，举行了10场院士报告会和20场知名专家学术研讨会，由引进的院士、知名专家为自治区专业技术人员作相关领域学术报告。同时，柔性引进院士和知名专家85人，签订引才项目23个，引进高端人才创历史新高。

14日 2013中国科技创业计划大赛颁奖

9月14日，在2013中国浙江•宁波人才科技周上，举行了2013中国科技创业计划大赛颁奖仪式。本届大赛继续由国家科技部和宁波市人民政府共同主办，吸引了海内外1087个项目报名参赛，其中海外团队项目786个。从项目领域看，生物医药、新材料、互联网、新能源与节能环保领域等项目分别占24%、16%、15%和13%。经过培训、评审等环节，最终评选产生了74个获奖项目，其中四个项目荣获一等奖，各给予100万元的奖金，其余70个项目共获奖金900万元。同时，经大赛组委会组织答辩和推选，“高性能有机光电材料的研发和生产”项目获得“3315”计划C类，“个性化推荐系统”和“优宝宝无害产检测序技术”获得“3315”计划D类，将分别获得500万元和100万元的资助。

17日 2013（第十四届）全国留学人员创业园年会

9月17日至18日，由中国留学人员创业园联盟和襄阳市人民政府共同主办的2013（第十四届）全国留学人员创业园年会在湖北省襄阳市举办。年会围绕“构建特色全球通道，打造国际创新平台”主题，重点探讨留学人员创业园作为海内外高端人才创新创业平台，如何加强园区的特色文化环境建设，利用留学人员人力、项目、技术以及资本等国际化通道，将留学人员创业园打造成为真正的国际化创新平台。会议宣布了中国技术创业协会留学人员创业园联盟聘请全国人大常委、教科文卫委副主任、中国致公党中央副主席严以新担任名誉理事长。

17日 第八届“春晖杯”创业大赛旧金山赛区决赛

9月17日，第八届“春晖杯”中国留学人员创新创业大赛旧金山赛区决赛在圣塔克拉拉市议会中心举行，40个项目分成两组介绍创业理念，经过9位评委现场审核和评定，决出20个创新创业优秀参赛项目，涉及生物医药、电子信息、绿能节能、水利工程、资源与环境、燃料电池等领域。“春晖杯”首次在旧金山设立海外赛区，受到了美西地区广大学子的热烈欢迎，参赛项目占大赛全国项目三分之一以上，成为第八届“春晖杯”创新创业大赛的一大亮点，进一步提升了“春晖杯”的国际影响力。凡是推荐的入围项目，都会通过教育部的“春晖计划”，资助选出入围团队，参加年底在中国广州举办的“留交会”。

17日 第三届河北省沿海经济隆起带高级人才洽谈会

9月17日，第三届河北省沿海经济隆起带高级人才洽谈会在唐山举办。大会将目光瞄准京津高级人才，重点引进两院院士、博士、专家等高层次人才智力和紧缺专业人才、高技能人才，从而为河北沿海经济隆起带开发建设提供人才技术保障。洽谈会上，来自唐山、秦皇岛、沧州三地的1100家参会单位共拿出22000个岗位招揽人才，吸引了来自全国各地高校的786名博士、硕士研究生以及近7000名各类专门人才。会上还举办了海内外高层次人才智力项目对接洽谈会，邀请40名京津高校专家和10余名海外创新创业人才参会，发布最新科研成果，进行技术指导、项目对接洽谈。

27日 第八届“春晖杯”创业大赛预入围项目公示

9月27日，第八届“春晖杯”创业大赛评审工作完成，大赛组委会对预入围项目在“春晖杯”创业大赛网站上进行为期7天的公示。第八届“春晖杯”创业大赛自2013年4月20日启动以来，共收到在外留学人员报名参赛信息352个，符合受理条件的参赛项目276个，其中来自旧金山分赛区的参赛项目120个。经过主赛区和旧金山分赛区组织专家评审，最终确定192个参赛项目预入围第八届“春晖杯”创业大赛。12月中下旬，教育部“春晖计划”将资助入围项目第一参赛者回国参加在广州举行的第八届“春晖杯”创业大赛创业交流、项目对接和颁奖等系列活动及第十六届中国留学人员广州科技交流会有关活动。届时，入围者将与各有关地方政府科技管理部门、高新区、留学人员创业园和孵化器、投资机构、行业协会以及企业等有关单位洽谈项目。

27日 2013海外人才回国创业项目山西推介会

9月27日，山西省海外人才服务中心、山西省归国华侨联合会、太原高新区等单位共同举办的2013海外人才回国创业项目山西推介会在太原高新区举行。活动精选了1500余个海归和海外人才创新创业项目，分为省侨联高新技术项目、省海外人才服务中心精选项目、2013北美留学生交流会项目和北美洲中国学人交流中心山西用户专选项目四大模块，涉及新材料、新能源、高新技术、节能环保、生物制药、现代服务业六大类别，每个项目均有成熟度、投资规模、市场盈利点、项目背景、拟合作方式等方面的详细资料，吸引了海外高端人才、留学归国人员、投资者、合作人近200人参会。

10月

13日 第八届中国留学人员创新创业论坛

10月13日，由欧美同学会主办，欧美同学会建言献策委员会和中国与全球化研究中心承办的欧美同学会北京论坛暨第八届中国留学人员创新创业论坛在北京举办。本届论坛以“传承与开创”“光荣与梦想”为主题，以“创新与创业”为基调，为海归、企业和政府部门参与全球化竞争搭建资源共享平台。论坛采用“圆桌论坛”方式，从“百年留学、海归梦想”“高端人才战略与创新型大国”“海归投资与中国企业国际化之路”“海归人才与创新创业模式”“留学人员创新创业与地方政府”“新生代中国海归的传承与开创”等六个主题切入“海归与创业”的深度探讨。

17日 2013侨界海外精英创业创新峰会

10月17日至19日，由中国侨联、浙江省侨联和杭州市政府主办的中国侨联“创业中华”主题活动暨2013侨界海外精英创业创新峰会在杭州市召开。活动以“中国梦•发展梦——助力杭州创新发展”为主题，与2013中国侨联特聘专家年会相结合，有60多名中国侨联特聘专家和浙江省侨联特聘专家赴杭开展专题报告、主题研讨、项目发布等。“侨界精英创业创新峰会”作为中国侨联“创业中华”主题活动的一项重要内容，重点围绕杭州市战略性新兴产业发展、风投与海归项目对接等主题，开展项目对接洽谈活动，是杭州引进海外高层次人才的重要渠道，此前该活动已连续成功举办3届。

21日 欧美同学会成立100周年庆祝大会

10月21日上午，欧美同学会成立100周年庆祝大会在北京人民大会堂举行。中共中央总书记、国家主席、中央军委主席习近平出席大会并发表重要讲话。他强调，全面建成小康社会，推进社会主义现代化，实现中华民族伟大复兴，是光荣而伟大的事业，是光明和灿烂的前景。一切有志于这项伟大事业的人们都可以大有作为。只要广大留学人员同人民站立在一起、同人民奋斗在一起，就一定能为实现中华民族伟大复兴的中国梦书写出无愧于时代、无愧于人民、无愧于历史的绚丽篇章。中共中央政治局常委俞正声、刘云山到会祝贺。庆祝大会由全国人大常委会副委员长、欧美同学会副会长陈竺主持，全国政协副主席、欧美同学会会长韩启德在会上讲话，共青团中央书记处第一书记秦宜智代表人民团体致贺词，“千人计划”专家联谊会会长、清华大学生命科学学院院长施一公代表留学人员发言。部分在京中共中央政治局委员、全国政协领导等到会祝贺。有关方面负责同志、各行业归国留学人员代表、海外特邀代表共约3000人参加了大会。

22日 2013海外高新科技暨高端人才洽谈会

10月22日，由国务院侨务办公室和中共四川省委、省人民政府共同主办的2013海外高新科技暨高端人才洽谈会在四川成都举行。来自美国、澳大利亚、德国、法国、加拿大等10余个国家和香港、澳门、台湾地区的300余位高层次人才赴川参会，涵盖生物医药、电子信息、新能源新材料、环保、金融等多个领域。本届“海科会”作为第十四届西博会的一项重大专项活动，围绕“凝聚英才、创新创业、合作发展”主题，举行了四川引进海外高层次人才暨投资发展机遇推介会、海外人才分行业对接洽谈会、四川省海外人才引进暨项目合作签约仪式等活动，132名海外人才与省内57家重点企业及产业园区、高等院校、科研院所签订了引才引智协议。据悉，“海科会”作为全国侨务系统重要涉侨经济科技主题活动，已经成功举办十届，成为四川深入推进开放合作，密切联系海外华侨华人的重要平台。

25日 2013年中国·福建海外人才创业周

10月25日至11月1日，2013年中国·福建海外人才创业周成功举办。本次创业周活动围绕“海纳英才•创业福建”主题，以打造海外人才来闽创业平台为主线，以实现“人才回归，项目落地”为目标，组织开展海外人才与项目对接洽谈会、海外留学人员创业项目竞赛等活动。活动邀请122名海外人才参会，促成项目合作意向223项、人才智力引进意向78项。同时，首次组织留学人员项目路演活动，邀请30多家创业投资公司参加，为优秀创业项目提供投融资服务，促进项目与资本对接。活动期间公布了“留学人员来闽创业启动支持计划”评选结果，19个项目入围资助530万元。

11月

06日 第12届中国国际人才交流大会

11月6日至7日，由国家外国专家局和深圳市政府共同举办的第12届中国国际人才交流大会在深圳举办。本届大会以“融全球智力，促共同发展”为主题，共设12大展区，展览面积60000平方米，展位总数2500多个，涵盖了人才领域的各个环节。期间共举办推介、签约活动45场，召开专题和业务会议63个，并特别增设纪念邓小平同志“七八谈话”30周年活动，通过图片、文字、实物、音像资料等，展示30年来引智工作所取得的成果。有来自70多个国家和地区的3500多家海外专业组织、培训机构、高等院校、人才中介和科技企业参与，海外代表2200多人，参展总人数超过8万人次，各省市在大会期间共签署各类人才项目合作或意向协议1600多项。此外，海外高层次人才与国内机构积极洽谈，200多个项目与政府、企业、创业园对接成功，达成合作或意向协议；近30个海外留学人员协会与国内机构达成合作意向。会上还为24位“外专千人计划”入选专家颁发了“国家特聘专家”证书；国家外国专家局新认定海外专家组织和境外培训机构5家。

06日 2013浙江·杭州国际人才交流与合作大会

11月6日至8日，2013浙江·杭州国际人才交流与合作大会举办。本届会议吸引了来自全球23个国家和地区的450多名海外留学人才和22个海外社团组织，携带520多项具有较高前瞻性和技术含量的项目。会议期间，仅杭州市即签约项目140个，签约金额13.8亿元，项目签约数再创新高。杭州市从2009年开始举办国际人才交流与合作大会，前四届大会累计邀请了1728名海外高层次人才和80多个海外留学人员社团，携带洽谈项目1882个，共达成初步合作意向1668个，其中杭州市累计签约项目264个，签约金额达52.55亿元，落地项目160个，项目总投资达39亿元人民币，有27家企业计划3年内上市。

08日 2013全球创业周中国站揭幕

11月8日，2013年全球创业周中国站在上海开幕，创业周中国站校园伙伴组织在开幕式上正式揭牌。中共中央总书记、国家主席习近平向创业周中国站活动组委会发来贺信表示祝贺。2013中国创业周以“创业梦、中国梦”为主题，深度聚焦创业者“创业梦”背后的经验和道路，积极关注创业大环境的营造，致力于促进“中国梦”背景下创业者“创业梦”的实现。全球创业周旨在世界范围传播创业精神，已有138个国家参与其中。2007年上海市大学生科技创业基金会与全球创业周组委会签署协议，开始举办全球创业周中国站活动，迄今已举行六届。

12月

12日 第二届“千人计划”创业大赛决赛

12月12日，第二届“千人计划”创业大赛决赛在苏州落下帷幕。本届大赛自3月启动，有来自中国、美国、英国、德国、加拿大等14个国家和地区的400多位创业者报名参赛，经过初赛评审、复赛评审环节，有20个项目挺进决赛，通过现场路演、评委答辩等方式决出了一、二、三等奖。其中，李嘉男团队的“心血管内窥光学相关层析成像系统”最终获得决赛一等奖。获奖项目将获得10万至30万元创业奖金的同时，还将获得 “千人计划”创投基金及“千人计划”“创投中心入驻机构提供的200万至1000万元级别的天使投资。创业大赛由“千人计划”创投中心和“千人计划”专家联谊会联合举办，旨在为世界各国怀揣梦想的创业人才搭建在中国创业的平台，为国家“千人计划”引进海外高层次人才提供支持。本届“千人计划”创业大赛决赛落下帷幕的同时，赛会方宣布第三届大赛同步启动。

14日 2013中国留学人员创业园百家企业（天津）交流洽谈会

12月14日至15日，“2013中国留学人员创业园百家企业（天津）交流洽谈会”在天津东丽湖举办。本次活动由中国留学人员创业园联盟和天津市东丽区人民政府联合主办，重点邀请了“中国留学人员创业园百家企业”评选活动历届获奖企业和个人、各地留学人员创业园、留学人员回国服务机构、投融资机构、天津东丽区当地优秀企业代表及有关专家、学者参会。会上，举行了“2013（第四届）中国留学人员创业园百家企业”颁奖典礼，活动评出“成长性创业企业”22家、“创业潜力企业”63家，以及2013年度“十大领军人物”。同时，还举行了中国留学人员创业园联盟与东丽区人民政府共建“中国海外高端人才创新创业（天津）基地”揭牌仪式，举办了企业路演、天津东丽区创业投资环境推介会、“创业之路”报告会，进行了项目、环境推介和主题交流活动。活动组办方还拟将推出“百家企业成长计划”，进一步从项目申报、成果转化、市场拓展、投融资、品牌塑造等方面对接各类社会资源，助力企业成长。

18日 第十六届中国留学人员广州科技交流会

12月18日至19日，第十六届中国留学人员广州科技交流会举行。本届留交会以“创新、融合、共赢”为主题，设论坛活动、对接交流、展览展示和“创博会”4大板块、11个主题活动，吸引了1500多名海外高层次人才到会，参观洽谈达两万人次。会议首次邀请了350多名的“千人计划”专家，带来近200个高科技项目。“春晖杯”创新创业大赛对接会则邀请到了192个入围创新项目的留学人员来到留交会现场，刷新在办会史上的多项记录。据不完全统计，有50个城市超过1000家机构和企业参展参会，报名参会的人数近4000人，海内外知名创投机构150多家，参加对接的项目近1000项。其中，“千人计划”项目188个，“春晖杯”大赛项目148个，独联体国家项目300个，海外人才报名项目超过100个，国家互联网联盟推荐项目136个。大会达成项目合作意向300项，现场签约项目39项。

25日 2013海外学人回国创业周

12月25日至31日，由共青团中央、全国青联、欧美同学会共同举办的“2013海外学人回国创业周”分别在重庆、河北、广东和新疆生产建设兵团举行，1200多位海外学人分赴各地考察交流、洽谈项目。“海外学人回国创业周”活动自2001年起举办，旨在通过组织海外学人到相关省市园区进行项目推介、洽谈，进一步开发海外青年人才资源，推动海外学人回国创业等多种方式为国服务，引导他们为祖国经济社会发展作出更大贡献。目前，该项活动已连续举办了13届，共组织了5100多名海外学人到国内28个省（区、市）的60多个园区开展产品发布、项目洽谈和交流合作，发布项目4000余个，签署意向性协议近千份，有力地促进了当地的经济社会发展。

27日 2013海外学人千人大会暨上海自贸区论坛

2013年12月27日至28日，由中华海外人才网、北美洲中国学人国际交流中心举办的“2013海外学人千人大会暨上海自贸区论坛”在上海举办，吸引了全国各省市组织部、人社局、留创园等主管人才的人员以及海外人才1000余人参会。来自美国、加拿大、英国、法国、瑞士、澳大利亚、新西兰、韩国、日本等的110名海外创业人才，分别在生物医药、电子信息、先进制造及节能环保、现代服务业四个专场进行项目推介。天津东丽区人民政府、南京栖霞紫东国际创意园、常熟市委组织部分别举办了“海外高层人才创业推介会”，向海外人才有效地宣传了当地的创业环境以及针对海外人才实施的人才优惠政策。此外，本届活动还举办了2013海外高端人才招聘、2013上海自贸区论坛。

31日《关于科技企业孵化器税收政策的通知》下发

12月31日，财政部、税务总局发出《关于科技企业孵化器税收政策的通知》《关于国家大学科技园税收政策的通知》，对科技企业孵化器和国家大学科技园享受的一揽子税收优惠政策作出明确规定，支持高新技术产业发展，也方便纳税人理解适用税收政策。两个通知还对符合“孵化器”“科技园”“孵化企业”“孵化服务”的条件进行了界定。明确孵化器、科技园是否符合通知规定的各项条件由国务院科技行政主管部门负责组织定期进行审核确认。

2013年底 2013年度出国留学人员统计数据

2013年度我国出国留学人员总数为41.39万人，其中国家公派1.63万人，单位公派1.33万人，自费留学38.43万人。2013年度各类留学回国人员总数为35.35万人，其中国家公派1.19万人，单位公派1.01万人，自费留学33.15万人。2013年，我国出国留学人数和留学回国人数均有进一步增加。出国留学人数增加1.43万人，增长了3.58%；留学回国人数增加8.06万人，增长了29.53%。从1978年到2013年底，各类出国留学人员总数达305.86万人。截至2013年底，以留学身份出国，在外的留学人员有161.38万人，其中107.51万人正在国外进行相关阶段的学习和研究。改革开放以来，留学回国人员总数达144.48万人，有72.83%的留学人员学成后选择回国发展。

第二部分

政策篇

国务院办公厅关于强化企业技术创新主体地位全面提升企业创新能力的意见

（国办发〔2013〕8号）

《国家中长期科学和技术发展规划纲要（2006—2020年）》实施以来，以企业为主体、市场为导向、产学研相结合的技术创新体系建设取得积极进展，激励企业创新的政策措施逐步完善，企业研发投入的积极性不断提高，研发能力得到增强，重点产业领域取得一批创新成果，为产业升级和结构调整提供了有力支撑。但目前我国企业创新能力依然薄弱，许多领域缺乏具有自主知识产权的核心技术，企业尚未真正成为创新决策、研发投入、科研组织和成果应用的主体，制约企业创新的体制机制障碍仍然存在。为深入贯彻落实党的十八大精神和《中共中央国务院关于深化科技体制改革加快国家创新体系建设的意见》（中发〔2012〕6号），全面提升企业创新能力，经国务院同意，现提出以下意见。

一、指导思想和主要目标

（一）指导思想。坚持以邓小平理论、“三个代表”重要思想、科学发展观为指导，围绕促进科技与经济社会发展紧密结合，统筹发挥市场配置资源的基础性作用和政府的引导支持作用，以深入实施国家技术创新工程为重要抓手，建立健全企业主导产业技术研发创新的体制机制，促进创新要素向企业集聚，增强企业创新能力，加快科技成果转化和产业化，为实施创新驱动发展战略、建设创新型国家提供有力支撑。

（二）主要目标。到2015年，基本形成以企业为主体、市场为导向、产学研相结合的技术创新体系。培育发展一大批创新型企业，企业研发投入明显提高，大中型工业企业平均研发投入占主营业务收入比例提高到1.5%，行业领军企业达到国际同类先进企业水平，企业发明专利申请和授权量实现翻一番。企业主导的产学研合作深入发展，建设一批产业技术创新战略联盟和产业共性技术研发基地，突破一批核心、关键和共性技术，形成一批技术标准，转化一批重大科技成果。企业创新环境进一步优化，形成一批资源整合、开放共享的技术创新服务平台，面向企业的科技公共服务能力大幅度提高，涌现出一大批富有活力的科技型中小企业和民办科研机构。到2020年，企业主导产业技术研发创新的体制机制更加完善，企业创新能力大幅度提升，形成一批创新型领军企业，带动经济发展方式转变实现重大进展。

二、重点任务

（一）进一步完善引导企业加大技术创新投入的机制。企业要按照社会主义市场经济体制的要求，不断深化自身改革，适应市场化和全球化竞争的需要，增强创新驱动发展的内在动力；要明确企业主要负责人对技术研发的责任，加强研发能力和品牌建设，建立健全技术储备制度，提高持续创新能力和核心竞争力。各级政府要鼓励和引导企业加大研发投入，大力培育创新型企业，充分发挥其对技术创新的示范引领作用。推进科研项目经费后补助工作，鼓励和引导企业按照国家战略和市场需求先行投入开展研发项目。建立健全国有企业技术创新的经营业绩考核制度，落实和完善国有企业研发投入视同利润的考核措施，加强对不同行业研发投入和产出的分类考核。中央国有资本经营预算产业升级与发展专项资金要加大对中央企业技术创新的支持力度。国家科技计划项目征集和指南编制要充分听取企业专家的意见，产业化目标明确的重大科技项目由有条件的企业牵头组织实施。加强国家科技奖励对企业技术创新的引导激励。

（二）支持企业建立研发机构。引导企业围绕市场需求和长远发展，建立研发机构，健全组织技术研发、产品创新、科技成果转化的机制，大幅度提高大中型工业企业建立研发机构的比例。在明确定位和标准的基础上，引导企业建设国家重点实验室，围绕产业战略需求开展基础研究。在行业骨干企业建设一批国家工程（技术）研究中心、国家工程实验室，支持企业开展技术成果工程化研究。加强国家认定企业技术中心和技术创新示范企业工作。对企业国家重点实验室、国家工程（技术）研究中心、国家认定的企业技术中心以及科技类民办非企业单位，依据相关规定给予进口科技开发用品或科教用品的税收优惠政策。对民办科研机构等新型研发组织，在承担国家科技任务、人才引进等方面与同类公办科研机构实行一视同仁的支持政策。

（三）支持企业推进重大科技成果产业化。建立健全按产业发展重大需求部署创新链的科研运行机制和政策导向，推进新技术、新材料、新工艺、新模式、高端装备等的集成应用，实施国家高技术产业化示范项目、国家科技成果转化引导基金、国家重大科技成果转化项目、国家文化科技创新工程等，大力培育发展战略性新兴产业。组织实施用户示范工程，采取政策引导、鼓励社会资本投入等方式，促进科技成果推广应用，运用高新技术改造提升传统产业。依托国家自主创新示范区、国家高新技术产业开发区、国家创新型（试点）城市、国家高技术产业基地、国家新型工业化示范基地、信息化与工业化融合示范区、国家农业科技园区、国家级文化和科技融合示范基地、国家现代服务业产业化基地等，完善技术转移和产业化服务体系，吸引企业在区内设立研发机构，集聚高端人才，培育发展创新型产业集群。

（四）大力培育科技型中小企业。国家中小企业发展专项资金、中小企业技术改造资金等要大力支持中小企业技术创新和改造升级。扩大科技型中小企业技术创新基金规模，继续实施科技型中小企业创业投资引导基金、新兴产业创投计划、中小企业创新能力建设计划和中小企业信息化推进工程，强化火炬计划、星火计划、国家重点新产品计划对中小企业产品和技术创新的政策引导作用，引导和支持中小企业创新创业。综合采用买（卖）方信贷、知识产权和股权质押贷款、融资租赁、科技小额贷款、公司（企业）债券、集合信托、科技保险等方式，支持科技型企业开展技术创新融资。为小型微型科技企业创造公平竞争的市场环境，促进其健康发展。

（五）以企业为主导发展产业技术创新战略联盟。支持行业骨干企业与科研院所、高等学校签订战略合作协议，建立联合开发、优势互补、成果共享、风险共担的产学研用合作机制，组建产业技术创新战略联盟。支持联盟按规定承担产业技术研发创新重大项目，制订技术标准，编制产业技术路线图，构建联盟技术研发、专利共享和成果转化推广的平台及机制。积极探索依托符合条件的联盟成员单位建设国家重点实验室。深入开展联盟试点，加强对联盟的分类指导和监督评估。围绕培育发展战略性新兴产业，结合实施国家科技重大专项，通过联盟研发重大创新产品，掌握核心关键技术，构建产业链。围绕改造提升传统产业，通过联盟开展共性技术攻关，解决制约产业升级的重大制造装备、关键零部件、基础原材料、基础工艺及高端分析检测仪器设备等难题。围绕发展现代服务业，通过联盟加强技术创新、商业模式创新和管理创新，培育现代服务业新业态。

（六）依托转制院所和行业领军企业构建产业共性技术研发基地。针对重点行业和技术领域特点和需求，在钢铁、有色金属、装备制造、建材、纺织、煤炭、电力、油气、新能源与可再生能源、电子信息、生物医药、化工、轻工、现代农业、现代服务业等产业，依托骨干转制院所、行业特色高等学校和行业领军企业，通过体制机制创新，整合相关科研资源，推动建设一批产业共性技术研发基地，加强共性技术研发和成果推广扩散。对产业共性技术研发基地的运行管理、技术扩散服务的绩效实行定期评价。

（七）强化科研院所和高等学校对企业技术创新的源头支持。鼓励科研院所和高等学校与企业共建研发机构，共建学科专业，实施合作项目，加强对企业技术创新的理论、基础和前沿先导技术支持。实施卓越工程师教育培养等计划，推行产学研合作教育模式和“双导师”制，鼓励高等学校和企业联合制定人才培养标准，共同建设课程体系和教学内容，共同实施培养过程，共同评价培养质量。推动科研院所、高等学校面向市场转移科技成果，有条件的科研院所、高等学校应建立专业技术转移机构和技术成果供需平台。完善落实股权、期权激励和奖励等收益分配政策，以及事业单位国有资产处置收益政策和人事考核评价制度，鼓励科研院所、高等学校科技人员转化科技成果。

（八）完善面向企业的技术创新服务平台。面向行业技术创新需求，促进科技资源整合和优势互补，推动形成一批专业领域技术创新服务平台，培育一批专业化、社会化、网络化的示范性科技中介服务机构。以中央财政资金为引导，带动地方财政和社会投入，支持围绕地方特色优势产业和战略性新兴产业创新发展的区域公共科技服务平台建设。推动平台面向中小企业提供研发设计、检验检测、技术转移、大型共用软件、知识产权、标准、质量品牌、人才培训等服务，提高专业化服务能力和网络化协同水平。探索通过购买公共服务等方式，引导建立促进技术创新服务平台有效运行的良好机制。加快建设技术交易市场体系、科技创业孵化网络和科技企业加速成长机制。

（九）加强企业创新人才队伍建设。在海外高层次人才引进计划、创新人才推进计划等相关重大人才工程和政策实施中，支持企业引进海外高层次人才，引导和支持归国留学人员创业。加强专业技术人才和高技能人才队伍建设，培养科技领军人才、优秀创新团队。加强对企业科研和管理骨干的培训。健全科技人才流动机制，鼓励科研院所、高等学校和企业创新人才双向流动和兼职。继续坚持企业院士专家工作站、博士后工作站、科技特派员等科技人员服务企业的有效方式，不断完善评价制度，构建长效机制，对于服务企业贡献突出的科技人员，采取优先晋升职务职称等奖励措施。广泛开展职工合理化建议、技术革新、技能大赛等群众性技术创新活动，对有突出贡献的职工优先晋升技术技能等级，充分调动职工参与技术创新的积极性，提高企业职工科技素质。

（十）推动科技资源开放共享。健全科技资源开放共享制度，深入开展全国科技资源调查，促进科技资源优化配置和高效利用。建立健全科研院所、高等学校、企业的科研设施和仪器设备等科技资源向社会开放的合理运行机制。加大国家重点实验室、国家工程实验室、国家工程（技术）研究中心、大型科学仪器中心、分析测试中心等向企业开放服务的力度，将资源开放共享情况作为其运行绩效考核的重要指标。加强对国家科技基础条件平台开放服务工作的绩效评价和奖励补助，积极引导其对企业开展专题服务。加强区域性科研设备协作，提高对企业技术创新的支撑服务能力。

（十一）提升企业技术创新开放合作水平。鼓励企业通过人才引进、技术引进、合作研发、委托研发、建立联合研发中心、参股并购、专利交叉许可等方式开展国际创新合作。加强国际科技创新信息收集分析，为企业开展国际科技合作提供服务。鼓励企业到海外建立研发机构，联合科研院所承担国际科技合作项目。支持企业参加各类国际标准组织，积极参与国际技术标准制修订。鼓励和支持企业向国外申请知识产权。加大国家科技计划开放合作力度，鼓励跨国公司依法在我国设立研发机构，与我国企业、科研院所和高等学校开展合作研发，共建研发平台，联合培养人才。

（十二）完善支持企业技术创新的财税金融等政策。完善和落实企业研发费用税前加计扣除政策，加大企业研发设备加速折旧政策的落实力度。完善高新技术企业认定办法，落实税收优惠政策。促进科技和金融结合，在风险可控原则下和国家允许的业务范围内，加大政策性银行对企业转化科技成果和进出口关键技术设备的支持力度，鼓励商业银行开发支持企业技术创新的贷款模式、产品和服务，加大对企业技术创新的融资支持。建立健全首台（套）重大技术装备保险机制，支持企业研发和推广应用重大创新产品。加大对符合条件的创新型企业上市融资以及已上市创新型企业再融资和市场化并购重组的支持力度，支持科技成果出资入股并确认股权。切实加强知识产权保护，依法惩治侵犯知识产权的违法犯罪行为。

三、组织实施

（一）加强组织领导，强化统筹推进。各地方、各部门要切实增强责任感和紧迫感，围绕全面实施创新驱动发展战略，加大推进技术创新的力度，全面提升企业创新能力。科技、发展改革、财政、教育、工业和信息化、农业、人力资源社会保障、国资、金融、工会等有关部门和单位要建立深入实施国家技术创新工程的联合推进机制，发挥各自优势，加强协同创新，形成工作合力。各地方要结合实际，制定贯彻本意见的具体方案。要充分调动各方面的积极性，共同推进企业技术创新工作。

（二）加强监测评估，务求取得实效。要加强分类指导，建立监测评价机制，对各项重点任务推进和各项政策措施落实的情况进行督促检查，定期总结和发布工作进展情况。逐步建立企业技术创新调查制度。对探索性强的政策任务要加强研究，通过试点积累经验，并及时总结推广。要加强宣传和舆论引导，大力宣传企业技术创新工作的重要意义、政策措施、进展成效和先进经验，营造有利于工作顺利推进的良好社会氛围。

国务院办公厅

二〇一三年一月二十八日

国务院办公厅关于金融支持经济结构调整和转型升级的指导意见

（国办发〔2013〕67号）

当前，我国经济运行总体平稳，但结构性矛盾依然突出。金融运行总体是稳健的，但资金分布不合理问题仍然存在，与经济结构调整和转型升级的要求不相适应。为深入贯彻党的十八大、中央经济工作会议和国务院常务会议精神，更好地发挥金融对经济结构调整和转型升级的支持作用，更好地发挥市场配置资源的基础性作用，更好地发挥金融政策、财政政策和产业政策的协同作用，优化社会融资结构，持续加强对重点领域和薄弱环节的金融支持，切实防范化解金融风险，经国务院同意，现提出以下指导意见。

一、继续执行稳健的货币政策，合理保持货币信贷总量

统筹兼顾稳增长、调结构、控通胀、防风险，合理保持货币总量。综合运用数量、价格等多种货币政策工具组合，充分发挥再贷款、再贴现和差别存款准备金动态调整机制的引导作用，盘活存量资金，用好增量资金，加快资金周转速度，提高资金使用效率。对中小金融机构继续实施较低的存款准备金率，增加“三农”、小微企业等薄弱环节的信贷资金来源。稳步推进利率市场化改革，更大程度发挥市场在资金配置中的基础性作用，促进企业根据自身条件选择融资渠道、优化融资结构，提高实体经济特别是小微企业的信贷可获得性，进一步加大金融对实体经济的支持力度。（人民银行牵头，发展改革委、工业和信息化部、财政部、银监会、证监会、保监会、外汇外汇局等参加）

二、引导、推动重点领域与行业转型和调整

坚持有扶有控、有保有压原则，增强资金支持的针对性和有效性。大力支持实施创新驱动发展战略。加大对有市场发展前景的先进制造业、战略性新兴产业、现代信息技术产业和信息消费、劳动密集型产业、服务业、传统产业改造升级以及绿色环保等领域的资金支持力度。保证重点在建续建工程和项目的合理资金需求，积极支持铁路等重大基础设施、城市基础设施、保障性安居工程等民生工程建设，培育新的产业增长点。按照“消化一批、转移一批、整合一批、淘汰一批”的要求，对产能过剩行业区分不同情况实施差别化政策。对产品有竞争力、有市场、有效益的企业，要继续给予资金支持；对合理向境外转移产能的企业，要通过内保外贷、外汇外汇及人民币贷款、债权融资、股权融资等方式，积极支持增强跨境投资经营能力；对实施产能整合的企业，要通过探索发行优先股、定向开展并购贷款、适当延长贷款期限等方式，支持企业兼并重组；对属于淘汰落后产能的企业，要通过保全资产和不良贷款转让、贷款损失核销等方式支持压产退市。严禁对产能严重过剩行业违规建设项目提供任何形式的新增授信和直接融资，防止盲目投资加剧产能过剩。（发展改革委、工业和信息化部、财政部、商务部、人民银行、国资委、银监会、证监会、保监会、外汇外汇局等按职责分工负责）

三、整合金融资源支持小微企业发展

优化小微企业金融服务。支持金融机构向小微企业集中的区域延伸服务网点。根据小微企业不同发展阶段的金融需求特点，支持金融机构向小微企业提供融资、结算、理财理财、咨询等综合性金融服务。继续支持符合条件的银行发行小微企业专项金融债，所募集资金发放的小微企业贷款不纳入存贷比考核。逐步推进信贷资产证券化常规化发展，盘活资金支持小微企业发展和经济结构调整。适度放开小额外保内贷业务，扩大小微企业境内融资来源。适当提高对小微企业贷款的不良贷款容忍度。加强对科技型、创新型、创业型小微企业的金融支持力度。力争全年小微企业贷款增速不低于当年各项贷款平均增速，贷款增量不低于上年同期水平。鼓励地方人民政府建立小微企业信贷风险补偿基金，支持小微企业信息整合，加快推进中小企业信用体系建设。支持地方人民政府加强对小额贷款公司、融资性担保公司的监管，对非融资性担保公司进行清理规范。鼓励地方人民政府出资设立或参股融资性担保公司，以及通过奖励、风险补偿等多种方式引导融资性担保公司健康发展，帮助小微企业增信融资，降低小微企业融资成本，提高小微企业贷款覆盖面。推动金融机构完善服务定价管理机制，严格规范收费行为，严格执行不得以贷转存、不得存贷挂钩、不得以贷收费、不得浮利分费、不得借贷搭售、不得一浮到顶、不得转嫁成本，公开收费项目、服务质价、效用功能、优惠政策等规定，切实降低企业融资成本。（发展改革委、科技部、工

业和信息化部、财政部、人民银行、工商总局、银监会、证监会、保监会、外汇外汇局等按职责分工负责）

四、加大对“三农”领域的信贷支持力度

优化“三农”金融服务，统筹发挥政策性金融、商业性金融和合作性金融的协同作用，发挥直接融资优势，推动加快农业现代化步伐。鼓励涉农金融机构在金融服务空白乡镇设立服务网点，创新服务方式，努力实现农村基础金融服务全覆盖。支持金融机构开发符合农业农村新型经营主体和农产品批发商特点的金融产品和服务，加大信贷支持力度，力争全年“三农”贷款增速不低于当年各项贷款平均增速，贷款增量不低于上年同期水平。支持符合条件的银行发行“三农”专项金融债。鼓励银行业金融机构扩大林权抵押贷款，探索开展大中型农机具、农村土地承包经营权和宅基地使用权抵押贷款试点。支持农业银行农业银行在总结试点经验的基础上，逐步扩大县域“三农金融事业部”试点省份范围。支持经中央批准的农村金融改革试点地区创新农村金融产品和服务。（财政部、国土资源部、农业部、商务部、人民银行、林业局、法制办、银监会等按职责分工负责）

五、进一步发展消费金融促进消费升级

加快完善银行卡消费服务功能，优化刷卡消费环境，扩大城乡居民用卡范围。积极满足居民家庭首套自住购房、大宗耐用消费品、新型消费品以及教育、旅游等服务消费领域的合理信贷需求。逐步扩大消费金融公司的试点城市范围，培育和壮大新的消费增长点。加强个人信用管理。根据城镇化过程中进城务工人员等群体的消费特点，提高金融服务的匹配度和适应性，促进消费升级。（人民银行牵头，发展改革委、工业和信息化部、商务部、银监会等参加）

六、支持企业“走出去”

鼓励政策性银行、商业银行等金融机构大力支持企业“走出去”。以推进贸易投资便利化为重点，进一步推动人民币跨境使用，推进外汇外汇管理简政放权，完善货物贸易和服务贸易外汇外汇管理制度。逐步开展个人境外直接投资试点，进一步推动资本市场对外开放。改进外债管理方式，完善全口径外债管理制度。加强银行间外汇外汇市场净额清算等基础设施建设。创新外汇外汇储备运用，拓展外汇外汇储备委托贷款平台和商业银行转贷款渠道，综合运用多种方式为用汇主体提供融资支持。（人民银行牵头，外交部、发展改革委、财政部、商务部、海关总署、银监会、证监会、保监会、外汇局等参加）

七、加快发展多层次资本市场

进一步优化主板、中小企业板、创业板创业板市场的制度安排，完善发行、定价、并购重组等方面的各项制度。适当放宽创业板创业板对创新型、成长型企业的财务准入标准。将中小企业股份转让系统试点扩大至全国。规范非上市公众公司管理。稳步扩大公司（企业）债、中期票据和中小企业私募债券发行，促进债券市场互联互通。规范发展各类机构投资者，探索发展并购投资基金，鼓励私募股权投资基金、风险投资基金产品创新，促进创新型、创业型中小企业融资发展。加快完善期货市场建设，稳步推进期货市场品种创新，进一步发挥期货市场的定价、分散风险、套期保值和推进经济转型升级的作用。（证监会牵头，发展改革委、科技部、工业和信息化部、财政部、人民银行、工商总局、法制办等参加）

八、进一步发挥保险保险的保障作用

扩大农业保险保险覆盖范围，推广菜篮子工程保险保险、渔业保险保险、农产品质量保证保险保险、农房保险保险等新型险种。建立完善财政支持的农业保险保险大灾风险分散机制。大力发展出口信用保险保险，鼓励为企业开展对外贸易和“走出去”提供投资、运营、劳动用工等方面的一揽子保险保险服务。深入推进科技保险保险工作。试点推广小额信贷保证保险保险，推动发展国内贸易信用保险保险。拓宽保险保险覆盖面和保险保险资金运用范围，进一步发挥保险保险对经济结构调整和转型升级的积极作用。（保监会牵头，发展改革委、科技部、工业和信息化部、财政部、农业部、商务部、人民银行、林业局、银监会、外汇外汇局等参加）

九、扩大民间资本进入金融业

鼓励民间资本投资入股金融机构和参与金融机构重组改造。允许发展成熟、经营稳健的村镇银行在最低股比要求内，调整主发起行与其他股东持股比例。尝试由民间资本发起设立自担风险的民营银行、金融租赁公司和消费金融公司等金融机构。探索优化银行业分类监管机制，对不同类型银行业金融机构在经营地域和业务范围上实行差异化准入管理，建立相应的考核和评估体系，为实体经济发展提供广覆盖、差异化、高效率的金融服务。（银监会牵头，人民银行、工商总局、法制办等参加）

十、严密防范金融风险

深入排查各类金融风险隐患，适时开展压力测试，动态分析可能存在的风险触点，及时锁定、防控和化解风险，严守不发生系统性区域性金融风险的底线。继续按照总量控制、分类管理、区别对待、逐步化解的原则，防范化解地方政府融资平台贷款等风险。认真执行房地产调控政策，落实差别化住房信贷政策，加强名单制管理，严格防控房地产融资风险。按照理财理财与信贷业务分离、产品与项目逐一对应、单独建账管理、信息公开透明的原则，规范商业银行理财理财产品，加强行为监管，严格风险管控。密切关注并积极化解“两高一剩”（高耗能、高污染、产能过剩）行业结构调整时暴露的金融风险。防范跨市场、跨行业经营带来的交叉金融风险，防止民间融资、非法集资、国际资本流动等风险向金融系统传染渗透。支持银行开展不良贷款转让，扩大银行不良贷款自主核销权，及时主动消化吸收风险。稳妥有序处置风险，加强疏导，防止因处置不当等引发新的风险。加快信用立法和社会信用体系建设，培育社会诚信文化，为金融支持经济结构调整和转型升级营造良好环境。（人民银行牵头，发展改革委、工业和信息化部、财政部、住房城乡建设部、法制办、银监会、证监会、保监会、外汇外汇局等参加）

国务院办公厅
二〇一三年七月一日

国务院办公厅关于金融支持小微企业发展的实施意见

（国办发〔2013〕87号）

小微企业是国民经济发展的生力军，在稳定增长、扩大就业、促进创新、繁荣市场和满足人民群众需求等方面，发挥着极为重要的作用。加强小微企业金融服务，是金融支持实体经济和稳定就业、鼓励创业的重要内容，事关经济社会发展全局，具有十分重要的战略意义。为进一步做好小微企业金融服务工作，全力支持小微企业良性发展，经国务院同意，现提出以下意见。

一、确保实现小微企业贷款增速和增量“两个不低于”的目标

继续坚持“两个不低于”的小微企业金融服务目标，在风险总体可控的前提下，确保小微企业贷款增速不低于各项贷款平均水平、增量不低于上年同期水平。在继续实施稳健的货币政策、合理保持全年货币信贷总量的前提下，优化信贷结构，腾挪信贷资源，在盘活存量中扩大小微企业融资增量，在新增信贷中增加小微企业贷款份额。充分发挥再贷款、再贴现和差别准备金动态调整机制的引导作用，对中小金融机构继续实施较低的存款准备金率。进一步细化“两个不低于”的考核措施，对银行业金融机构的小微企业贷款比例、贷款覆盖率、服务覆盖率和申贷获得率等指标，定期考核，按月通报。要求各银行业金融机构在商业可持续和有效控制风险的前提下，单列小微企业信贷计划，合理分解任务，优化绩效考核机制，并由主要负责人推动层层落实。（人民银行、银监会按职责分工负责）

二、加快丰富和创新小微企业金融服务方式

增强服务功能、转变服务方式、创新服务产品，是丰富和创新小微企业金融服务方式的重点内容。进一步引导金融机构增强支小助微的服务理念，动员更多营业网点参与小微企业金融服务，扩大业务范围，加大创新力度，增强服务功能；牢固树立以客户为中心的经营理念，针对不同类型、不同发展阶段小微企业的特点，不断开发特色产品，为小微企业提供量身定做的金融产品和服务。积极鼓励金融机构为小微企业全面提供开户、结算、理财、咨询等基础性、综合性金融服务；大力发展产业链融资、商业圈融资和企业群融资，积极开展知识产权质押、应收账款质押、动产质押、股权质押、订单质押、仓单质押、保单质押等抵质押贷款业务；推动开办商业保理、金融租赁和定向信托等融资服务。鼓励保险机构创新资金运用安排，通过投资企业股权、基金、债权、资产支持计划等多种形式，为小微企业发展提供资金支持。充分利用互联网等新技术、新工具，不断创新网络金融服务模式。（人民银行、银监会、证监会、保监会按职责分工负责）

三、着力强化对小微企业的增信服务和信息服务

加快建立“小微企业—信息和增信服务机构—商业银行”利益共享、风险共担新机制，是破解小微企业缺信息、缺信用导致融资难的关键举措。积极搭建小微企业综合信息共享平台，整合注册登记、生产经营、人才及技术、纳税缴费、劳动用工、用水用电、节能环保等信息资源。加快建立小微企业信用征集体系、评级发布制度和信息通报制度，引导银行业金融机构注重用好人才、技术等“软信息”，建立针对小微企业的信用评审机制。建立健全主要为小微企业服务的融资担保体系，由地方人民政府参股和控股部分担保公司，以省（区、市）为单位建立政府主导的再担保公司，创设小微企业信贷风险补偿基金。指导相关行业协会推进联合增信，加强本行业小微企业的合作互助。充分挖掘保险工具的增信作用，大力发展贷款保证保险和信用保险业务，稳步扩大出口信用保险对小微企业的服务范围。（发展改革委、工业和信息化部、财政部、商务部、人民银行、工商总局、银监会、证监会、保监会等按职责分工负责）

四、积极发展小型金融机构

积极发展小型金融机构，打通民间资本进入金融业的通道，建立广覆盖、差异化、高效率的小微企业金融服务机构体系，是增加小微企业金融服务有效供给、促进竞争的有效途径。进一步丰富小微企业金融服务机构种类，支持在小微企业集中的地区设立村镇银行、贷款公司等小型金融机构，推动尝试由民间资本发起设立自担风险的民营银行、金融租赁公司和消费金融公司等金融机构。引导地方金融机构坚持立足当地、服务小微的市场定位，向县域和乡镇等小微企业集中的地区延伸网点和业务，进一步做深、做实小微企业金融服务。鼓励大中型银行加快小微企业专营机构建设和向下延伸服务网点，提高小微企业金融服务的批量化、规模化、标准化水平。（银监会牵头）

五、大力拓展小微企业直接融资渠道

加快发展多层次资本市场，是解决小微企业直接融资比例过低、渠道过窄的必由之路。进一步优化中小企业板、创业板市场的制度安排，完善发行、定价、并购重组等方面的政策和措施。适当放宽创业板市场对创新型、成长型企业的财务准入标准，尽快启动上市小微企业再融资。建立完善全国中小企业股份转让系统（以下称“新三板”），加大产品创新力度，增加适合小微企业的融资品种。进一步扩大中小企业私募债券试点，逐步扩大中小企业集合债券和小微企业增信集合债券发行规模，在创业板、“新三板”、公司债、私募债等市场建立服务小微企业的小额、快速、灵活的融资机制。在清理整顿各类交易场所基础上，将区域性股权市场纳入多层次资本市场体系，促进小微企业改制、挂牌、定向转让股份和融资，支持证券公司通过区域性股权市场为小微企业提供挂牌公司推荐、股权代理买卖等服务。进一步建立健全非上市公众公司监管制度，适时出台定向发行、并购重组等具体规定，支持小微企业股本融资、股份转让、资产重组等活动。探索发展并购投资基金，积极引导私募股权投资基金、创业投资企业投资于小微企业，支持符合条件的创业投资企业、股权投资企业等发行企业债券，专项用于投资小微企业，促进创新型、创业型小微企业融资发展。（证监会、发展改革委、科技部等按职责分工负责）

六、切实降低小微企业融资成本

进一步清理规范各类不合理收费，是切实降低小微企业综合融资成本的必然要求。继续对小微企业免征管理类、登记类、证照类行政事业性收费。规范担保公司等中介机构的收费定价行为，通过财政补贴和风险补偿等方式合理降低费率。继续治理金融机构不合理收费和高收费行为，开展对金融机构落实收费政策情况的专项检查，对落实不到位的金融机构要严肃处理。（发展改革委、工业和信息化部、财政部、人民银行、银监会等按职责分工负责）

七、加大对小微企业金融服务的政策支持力度

对小微企业金融服务予以政策倾斜，是做好小微企业金融服务、防范金融风险的必要条件。进一步完善和细化小微企业划型标准，引导各类金融机构和支持政策更好地聚焦小微企业。充分发挥支持性财税政策的引导作用，强化对小微企业金融服务的正向激励；在简化程序、扩大金融机构自主核销权等方面，对小微企业不良贷款核销给予支持。建立科技金融服务体系，进一步细化科技型小微企业标准，完善对各类科技成果的评价机制。在银行业金融机构的业务准入、风险资产权重、存贷比考核等方面实施差异化监管。继续支持符合条件的银行发行小微企业专项金融债，用所募集资金发放的小微企业贷款不纳入存贷比考核。逐步推进信贷资产证券化常规化发展，引导金融机构将盘活的资金主要用于小微企业贷款。鼓励银行业金融机构适度提高小微企业不良贷款容忍度，相应调整绩效考核机制。继续鼓励担保机构加大对小微企业的服务力度，推进完善有关扶持政策。积极争取将保险服务纳入小微企业产业引导政策，不断完善小微企业风险补偿机制。（发展改革委、科技部、工业和信息化部、财政部、人民银行、税务总局、统计局、银监会、证监会、保监会等按职责分工负责）

八、全面营造良好的小微金融发展环境

推进金融环境建设，营造良好的金融环境，是促进小微金融发展的重要基础。地方人民政府要在健全法治、改善公共服务、预警提示风险、完善抵质押登记、宣传普及金融知识等方面，抓紧研究制定支持小微企业金融服务的政策措施；切实落实融资性担保公司、小额贷款公司、典当行、投资（咨询）公司、股权投资企业等机构的监管和风险处置责任，加大对非法集资等非法金融活动的打击惩处力度；减少对金融机构正常经营活动的干预，帮助维护银行债权，打击逃废银行债务行为；化解金融风险，切实维护地方金融市场秩序。有关部门要研究采取有效措施，积极引导小微企业提高自身素质，改善经营管理，健全财务制度，增强信用意识。（发展改革委、工业和信息化部、公安部、财政部、商务部、人民银行、税务总局、工商总局、银监会、证监会、保监会等按职责分工负责）

各地区、各有关部门和各金融机构要按照国务院的统一部署，进一步提高对小微企业金融服务重要性的认识，明确分工，落实责任，形成合力，真正帮助小微企业解决现实难题。银监会要牵头组织实施督促检查工作，确保各项政策措施落实到位。从2014年开始，各省级人民政府、人民银行、银监会、证监会和保监会要将本地区或本领域上一年度小微企业金融服务的情况、成效、问题、下一步打算及政策建议，于每年1月底前专题报告国务院。各银行业金融机构有关落实情况及下一步工作和建议，由银监会汇总后报国务院。

国务院办公厅

二〇一三年八月八日

国家发展改革委关于加强小微企业融资服务支持小微企业发展的指导意见

（发改财金〔2013〕1410号）

为贯彻《国务院办公厅关于金融支持经济结构调整和转型升级的指导意见》（国办发〔2013〕67号），落实全国小微企业金融服务经验交流电视电话会议精神和工作部署，拓宽小微企业（系指《中小企业划型标准规定》（工信部联企业〔2011〕300号）中的小型、微型企业）融资渠道，缓解小微企业融资困难，加大对小微企业的支持力度，现提出以下意见：

一、各省级、副省级创业投资企业备案管理部门（以下简称各省级备案管理部门）应依据《关于促进创业投资企业发展有关税收政策的通知》（财税〔2007〕31号），与属地财税部门建立顺畅的工作机制，确保符合条件的创业投资企业及时足额享受税收优惠政策。

二、各省级备案管理部门应依据《国务院办公厅转发发展改革委等部门关于创业投资引导基金规范设立与运作指导意见的通知》（国办发〔2008〕116号），加快设立小微企业创业投资引导基金，吸引社会资本设立创业投资企业，主要投资于小微企业。已设立的创业投资引导基金应加快研究出台鼓励所投资创业投资企业支持小微企业的激励制度，可采取对参股创投企业设置投资小微企业的最低股比要求、支持参股创业投资企业加大对孵化器类企业投资，对投资小微企业的项目进行跟进投资等措施，支持小微企业发展。

三、支持符合条件的创业投资企业、股权投资企业、产业投资基金发行企业债券，专项用于投资小微企业；支持符合条件的创业投资企业、股权投资企业、产业投资基金的股东或有限合伙人发行企业债券，扩大创业投资企业、股权投资企业、产业投资基金资本规模。

四、继续加大国家新兴产业创投计划实施力度。按照“政府引导、规范管理、市场运作、鼓励创新”的原则，鼓励新兴产业创投计划参股创业投资企业进一步加大对战略性新兴产业和高技术产业领域小微企业的投资力度，在科技创新、战略规划、资源整合、市场融资、营销管理等方面，全面提升对创新型小微企业的增值服务水平，促进创新型小微企业加快发展。各省级备案管理部门要做好新兴产业创投计划参股创业投资企业的备案管理工作。

五、各省级发展改革部门应会同有关部门抓紧制定鼓励财政出资的股权投资企业、产业投资基金支持小微企业的政策措施，完善国有股权投资企业、产业投资基金绩效考核制度。各省级备案管理部门应积极协调属地国资部门，完善国有创业投资企业绩效考核政策，鼓励其加大对小微企业的投资。

六、鼓励各省级备案管理部门积极开展创业投资企业、股权投资企业与小微企业的项目对接活动，促进创业投资、股权投资资本的投资需求与小微企业融资需求的有机结合。

七、进一步完善“统一组织，统一担保，捆绑发债，分别负债”的中小企业集合债券相关制度设计，简化审核程序，提高审核效率，逐步扩大中小企业集合债券发行规模。对于集合债券发行主体中募集资金规模小于1亿元的，可以全部用于补充公司营运资金。各地发展改革部门应根据本地实际，优先做好中小企业集合债券发行申请材料的转报工作，提高工作效率。

八、扩大小微企业增信集合债券试点规模。贯彻国务院国发〔2012〕14号文件关于“搭建方便快捷的融资平台，支持符合条件的小企业上市融资、发行债券”的精神，在完善风险防范机制的基础上，继续支持符合条件的国有企业和地方政府投融资平台试点发行“小微企业增信集合债券”，募集资金在有效监管下，通过商业银行转贷管理，扩大支持小微企业的覆盖面。鼓励地方政府出台财政配套措施，采取政府风险缓释基金、债券贴息等方式支持“小微企业增信集合债券”，稳步扩大试点规模。

九、鼓励发行企业债券募集资金投向有利于小微企业发展的领域。鼓励地方政府投融资平台公司发债用于经济技术开发区、高新技术开发区以及工业园区等各类园区内小企业创业基地、科技孵化器、标准厂房等的建设；用于完善产业集聚区技术、电子商务、物流、信息等服务平台建设；用于中小企业公共服务平台网络工程建设等，鼓励发债用于为小微企业提供设备融资租赁业务。支持中小型企业发行企业债券用于企业技术改造，包括开发和应用新技术、新工艺、新材料、新装备，提高自主创新能力、促进节能减排、提高产品和服务质量、改善安全生产与经营条件等。

十、贯彻《关于坚决遏制产能严重过剩行业盲目扩张的通知》（发改产业〔2013〕892号）精神，支持创业投资企业、产业投资基金、企业债券满足产能过剩行业的小微企业转型转产、产品结构调整的融资需求。严格限制创业投资引导基金和财政出资的股权投资企业、产业投资基金间接或直接投向产能严重过剩行业新增产能项目、违规在建项目。

十一、清理规范涉及企业的基本银行服务费用，完善银行收费定价机制。加强对商业银行收费的监管，把规范银行收费行为作为清理治乱减负的重要内容，重点查处商业银行审核发放贷款过程中强制收费、捆绑收费、只收费不服务少服务行为，以及明令取消的项目继续收费、自立项目收费等行为。彻查违规行为，整肃经营环境，切实降低小微企业实际融资成本。

国家发展改革委

二〇一三年七月二十三日

中共中央组织部 人力资源社会保障部等五部门办公厅（室）关于为外籍高层次人才办理签证及居留手续有关事项的通知

（人社厅函〔2013〕341号）

为落实《中共中央组织部 人力资源社会保障部等五部门关于为外籍高层次人才来华提供签证及居留便利有关问题的通知》（人社部发〔2012〕57号），下称《通知》）精神，现就为外籍高层次人才办理签证及居留手续的具体事项通知如下：

一、高层次人才引进计划的审核备案

有海外人才引进计划（以下简称“引才计划”）的中央和国家机关部委、直属机构、中央企事业单位干部人事部门、引智归口管理部门，各省、自治区、直辖市和副省级市党委组织部、政府人力资源社会保障或外国专家部门对所开展的引才计划进行梳理，将符合《通知》要求的引才计划报人力资源社会保障部或国家外国专家局审核。其中，高层次留学人才引进计划报人力资源社会保障部专业技术人员管理司审核；高层次外国专家引进计划报国家外国专家局办公室审核。

上报材料应包括：1．申报函和引才计划列表；2．引才计划实施的文件和配套政策；3．引才计划实施情况。省级以下开展的规模较大、层次较高、具有较强影响力的引才计划备案，由所在地省（区、市）人力资源社会保障或外国专家主管部门汇总上报。

二、签证及居留手续办理流程

引才计划经备案同意后，由人力资源社会保障部或国家外国专家局有关部门通报外交部领事司和公安部出入境管理局。各地方、部门和单位依照《通知》中规定的程序和要求为引进的外籍高层次人才和家属办理签证、长期居留和永久居留手续。其中高层次留学人才和家属办理签证和长期居留手续，由人力资源社会保障部门核定有关材料后将名单送外交或公安部门办理有关手续；高层次外国专家和家属办理签证和长期居留手续，由外国专家部门核定有关材料后将名单送外交或公安部门办理有关手续；外籍高层次人才和家属办理永久居留，由人力资源社会保障部核定有关材料，将名单送公安部办理永久居留手续。

未列入重点引才计划的外籍高层次人才及其家属子女办理签证及居留手续，按照现行有关规定执行。

三、有关要求和说明

（一）各地方、部门和单位要高度重视高层次人才引进计划申报备案及后续签证、居留手续办理工作，切实加强“千人计划”等海外高层次人才服务窗口建设，充分发挥窗口职能作用，为海外高层次人才提供优质高效的服务。

（二）海外高层次人才引进工作小组根据工作进展情况不定期开展重点引才计划申报备案、核定和调整工作。

（三）对于重点引才计划中引进的符合相应条件，且有意愿办理来华定居专家证或外国专家证的外籍高层次人才，按照有关程序分别报人力资源社会保障部或国家外国专家局优先办理。

（四）各地方、部门和单位在引才计划备案和人才手续办理过程中要避免重复申报，人力资源社会保障和外国专家部门将建立工作协调机制，按现有职能分工共同开展好相关工作。

请于2013年9月10日前将申报函、计划列表及申报材料按引才计划性质送人力资源社会保障部专业技术人员管理司或国家外专局办公室。

四、联系方式

人力资源社会保障部专业技术人员管理司：

地址：北京市和平里中街12号

邮编：100716

联系电话：010-84207346，84221944

传真：010-84208347

电子信箱：zjslxc@mohrss.gov.cn

联系人：傅焜尚 萌菁 吴茹菲

国家外国专家局办公室：

地址：北京市海淀区中关村南大街1号友谊宾馆5号楼

邮编：100873

联系电话：010-68948899-50341，50345

传真：010-68940625，68940605

电子信箱：wz1000plan@safea.gov.cn

联系人：曾超 苏妍

附件：1．高层次留学人才名单（略） 2．高层次留学人才登记表（略） 3．高层次外国专家名单（略）
4．高层次外国专家登记表（略） 5．永久居留人才名单（略） 6．永久居留人才登记表（略）

中央组织部办公厅 人力资源社会保障部办公厅
外交部办公厅 公安部办公厅 国家外专局办公室
二〇一三年七月五日

国家高新技术产业开发区“十二五”发展规划纲要

（国科发高〔2013〕23号）

为落实《国民经济和社会发展第十二个五年规划纲要》和《国家中长期科学和技术发展规划纲要（2006—2020年）》，更好地发挥国家高新技术产业开发区（以下简称“国家高新区”）在培育和发展战略性新兴产业、促进区域经济结构调整和发展方式转变、加快建设创新型国家中的引领、支撑、辐射、带动作用，全面提升国家高新区的发展水平，特制定《国家高新技术产业开发区“十二五”发展规划纲要》。

一、国家高新区“十二五”发展的基础与形势

（一）国家高新区“十一五”发展回顾。

“十一五”期间，国家高新区以科学发展观为指导，按照“四位一体”战略定位的总体要求，在优化创新创业环境、提升自主创新能力、促进体制机制创新方面做出很大努力，取得明显成绩。国家高新区已经成为我国依靠科技进步和技术创新推进经济社会发展、走中国特色自主创新道路的一面旗帜，成为引领科学发展、创新发展和可持续发展的战略先导。

1．经济持续较快增长，区域地位更加突出。相比于“十五”末，国家高新区2010年营业总收入、工业总产值分别增长了182.4%、161.6%。“十一五”期间，国家高新区营业总收入、工业总产值年均增长分别达到23.1%、21.2%。国家高新区凭借创业要素、创新环境、机制体制等方面的优势，不断辐射并带动周边区域的发展，多个国家高新区的工业增加值已占到了所在城市工业增加值的30%以上，对所在区域经济发展的贡献更加突出。

2．产业结构不断优化，新产业、新业态持续涌现。国家高新区积极培育和发展新兴产业，大力推动产业结构调整，取得重大成效。新能源、节能环保、新能源汽车、生物新医药和信息网络等产业在国家高新区蓬勃发展，文化创意、研发外包、健康管理等新兴业态不断涌现，部分领域业已形成具有相当规模和国际竞争力的产业集群。国家高新区已成为我国培育和发展战略性新兴产业的重要策源地。

3．创新资源日益丰富，自主创新能力显著增强。“十一五”期间，国家高新区加快创新资源集聚，支持鼓励企业加大创新投入，推进新型产学研合作，自主创新能力得到了显著增强。高新区内聚集了各类大学、研究院所、企业技术中心、博士后工作站、国家工程技术（研究）中心。2010年，国家高新区从业人员中大专以上学历444.6万人，是2006年的1.92倍；区内企业研发支出超过全国企业研发支出总量的1/3；区内企业授权的发明专利为23905件，占到国家全部企业授权总量的17.7%；拥有的发明专利总数达69168件，是2006年的4.21倍。

4．创新创业环境明显优化，企业培育成长体系基本形成。2010年，国家高新区集聚了创业投资机构278个，科技企业孵化器494家，生产力促进中心72家，技术转移机构211家，产品技术检验检测机构346家，开放实验室1010个。国家高新区通过不断健全创新金融服务体系，初步形成了天使投资、创业投资、产业投资相互衔接的创新型资本结构；不断提升以专业孵化器和大学科技园为主要依托的创业孵化功能，积极探索建立企业加速成长机制，不断完善技术转移体系；科技成果处置、股权激励、新三板试点等政策在高新区试点取得良好成效；大力吸引和培育创新创业人才，初步建立了引才、育才、用才的政策支持体系；促进项目合作和信息交流，推动国际合作向纵深发展。

5．有效推广绿色发展模式，城市功能不断完善。“十一五”时期，国家高新区大力加强生态建设和环境保护，积极推广应用新能源产品，推进促进循环经济发展，2/3的国家高新区获得国家环境保护总局ISO14000环境体系认证。国家高新区加强教育、医疗卫生、文化设施等公共服务体系建设，完善生活、商业、休闲等城市配套设施，城市综合功能稳步提高，社会事业协调发展。国家高新区正逐步成为环境优美、宜居宜业的科技新城。

6．战略位势显著提升，“三类园区”建设初见成效。国务院批复北京中关村、武汉东湖、上海张江建设国家自主创新示范区，赋予了国家高新区更为重要的责任和使命。“世界一流高科技园区”“创新型科技园区”和“创新性特色园区”的建设稳步推进，升级了一批具有良好基础和发展潜力的省级高新区，基本建立了国家高新区分类指导的模式和特色发展的路径，对于理清园区发展思路、明确园区发展方向等方面起到了重要的推动作用。

国家高新区在取得显著发展成就的同时，仍然存在一些问题，需要在“十二五”乃至更长的时期内逐步完善和解决，主要体现在：自主创新能力不强，特别是能够引领产业发展的原始性创新和集成创新成果不够多；又强又大的企业偏少；高新技术产业竞争力偏弱，真正处于高端和全球主导权的产业偏少；促进创新创业发展的金融体系仍不完善，产业组织不活跃，民间和社会资本还需进一步引导；在发展新兴产业、增强辐射、带动功能方面尚未形成跨部门、跨地区的政策协同机制等。

（二）国家高新区“十二五”面临的形势。

1．新一轮的科技革命和产业革命正在到来，国家高新区要做好规划、提前部署。为应对科技创新孕育新突破的趋势，主要发达国家将精力、人力、物力和财力集中于培育战略性新兴产业并努力创造新的经济增长点，新一轮科技革命和产业革命正加速到来，中国面临通过战略性新兴产业实现跨越发展的重要战略机遇。国家高新区要准确把握世界科技发展的新特征，结合自身基础条件加强研究，整合资源，重点部署。

2．国际竞争格局发生较大转变，国家高新区要积极应对、勇于竞争。国际金融危机发生以来，发达经济体增长趋缓，各国纷纷把科技创新作为实现经济复苏的关键，围绕市场、资源、人才、技术、标准等方面的竞争日趋激烈。国家高新区是我国高新技术企业参与国际竞争的服务平台，是我国抢占世界高新技术产业制高点的前沿阵地。国家高新区要把握好新定位，以更广阔的视野积极参与国际合作和竞争。

3．科学发展和转变经济发展方式成为我国“十二五”期间的主要任务，国家高新区要承担重任、抢抓机遇。面对复杂多变的国际政治经济环境和国内经济运行新情况新变化，必须紧紧抓住科学发展这个主题和加快转变经济发展方式这条主线。国家高新区要牢牢把握加快改革创新这一强大动力，抓住时机尽快在一些重点领域和关键环节取得突破，着力提高原始创新能力，不断增强集成创新、引进消化吸收再创新能力，加快新技术、新产品、新业态的培育和发展，促进战略性新兴产业和现代服务业的快速成长，在推动经济结构调整和发展方式转变中发挥核心作用。

二、总体战略

（一）指导思想。

以邓小平理论、“三个代表”重要思想、科学发展观为指导，围绕科学发展主题和加快转变经济发展方式主线，实施创新驱动发展战略，培育和发展战略性新兴产业，壮大高新技术产业集群，探索经济发展新模式和辐射带动周边区域新机制，努力将国家高新区建设成为自主创新的战略高地，培育和发展战略性新兴产业的核心载体，转变发展方式和调整经济结构的重要引擎，实现创新驱动与科学发展的先行区域，抢占世界高新技术产业制高点的前沿阵地。

（二）基本原则。

坚持创新驱动，把提高自主创新能力贯穿于建设发展的各个环节，提高经济发展的质量和效益，探索实现科学发展的新途径；坚持统筹发展，促进产业结构在更高水平上的优化升级，增强聚集、辐射功能，带动周边区域和城乡协同发展；坚持深化改革，不断完善管理体制和运行机制，创新政策扶持模式；坚持扩大开放，充分利用国际资源，提升国际竞争力和影响力。

（三）发展目标。

到2015年，国家高新区要显著提高自主创新能力，经济继续保持较快增长，产业结构要进一步优化，努力实现“四个提升”。

——自主创新能力的提升。进一步集聚创新资源与要素，增强原始创新的能力与意识，建成一批处于世界前沿水平的研发基地，培养一大批具有较强创新创业能力的复合型人才，引进超过3000名海外高层次人才来国家高新区创新创业。在重点技术领域形成一批取得若干具有国际影响力的重大创新成果。

——产业竞争力的提升。培育一批新的产业业态，战略性新兴产业成为园区的主导产业，现代服务业占有较大比重，传统产业得到优化和升级，产业质量明显提高，形成一批具有影响力的创新型产业集群。其中，培育形成15个左右规模超过1000亿元，具备国际竞争力的创新型产业集群。

——引领辐射力的提升。形成良好的创新创业环境，促进人才、资本、技术等高端要素聚集。在技术创新、战略性新兴产业发展、转方式调结构、社会进步等方面发挥引领作用。产业组织创新活跃，产业技术联盟取得较大发展，各类中介服务机构聚集。城市功能完善，社会和谐发展。对区域经济形成较大支撑，辐射带动周边园区和区域经济发展。

——国际影响力的提升。能够充分聚集并配置国际化高端要素资源，基本形成国际一流的文化环境、工作环境和生活环境。产业国际竞争力进一步增强，培育一批国际知名品牌和具有国际竞争力的领军企业，发展一批具有国际影响力、国际竞争力的产业集群，建设一批世界一流的科技园区。

三、重点任务

（一）加快创新体系建设，提升企业自主创新能力。

——加强原始创新和知识产出。国家高新区要紧密围绕国家经济社会发展的重点领域和关键环节，组织和支持企业进行技术攻关，努力突破和掌握一批核心技术，抢占高新技术产业竞争制高点；要大力支持企业建立技术中心，与高校和科研院所合作建立联合实验室等，充分利用外部创新资源，提升原始创新能力。

——建立更为顺畅的产学研合作关系。加快推行股权激励机制，积极实施科技成果股权激励试点工作；鼓励产学研合作从单一的技术要素转为技术、人才、资本、实验室等多要素、多样化合作。推广以企业为主导的委托研发、组建联合实验室、成立合资公司、合作开展中试以及技术许可、技术转让、技术入股等多种产学研合作模式。

——鼓励企业加大研发投入。要着力提升企业的自主创新能力和创新主体地位，使企业成为创新需求的主体、研发投入的主体、研发活动的主体和科技成果应用的主体；鼓励区内企业大幅度增加研发投入，着力提高原始性创新、集成创新的能力和水平，提高知识产权的创造和运用能力。

——加大平台建设力度。国家高新区要进一步引进和建设与产业发展密切相关的应用型科研机构、企业研发中心，鼓励科研机构在国家高新区设立分支机构；积极建立大型科研仪器共享平台、品牌建设与推广平台、电子交易平台、专利技术展示交易中心、融资服务中心、职业技能培训中心等各类公共创新资源平台，建立共享机制，为企业增强自主创新能力提供保障。

——大力支持协同创新。协调好自主创新与技术引进、消化的关系，鼓励大企业发挥资本优势和综合发展能力，通过购买知识产权、兼并科技型中小企业或技术团队等方式，快速提升技术创新和技术集成能力；大力推动国家高新区内产业链上下游加强创新合作，从支持单个企业创新向协同创新转变。

（二）大力培育发展战略性新兴产业，占据竞争制高点。

培育和发展战略性新兴产业是新时期国家高新区发展的核心任务。在每个国家高新区选择确定1—3个战略性新兴产业集群作为发展重点，优化配置资源，创新组织方式，重点实施“创新型产业集群建设工程”。

——研究编制规划和行动方案。加强研究战略性新兴产业的发展规律、国际竞争态势、关键瓶颈和支持条件，明确各细分领域发展目标和发展思路；掌握最新趋势，确定产业技术发展路径和技术方向；编制“国家高新区战略性新兴产业分布图”，提出支持细分领域产业发展的政策措施。

——建设产业技术开发研究院。采取“政府启动、多元投资、需求导向、市场运作”的运行模式，以整合技术资源为基础，力争建立起超过50家国际先进水平的产业技术研究院，承载产业培育、技术研发、技术转移、成果转化、企业衍生、人才培养等多项功能，努力打造成为产业创新中心。

——推广应用创新产品。国家高新区在园区基础建设、重大科研开发项目中，要以政府采购、首购补贴等多种方式，推广应用园区企业在新能源汽车、绿色照明、太阳能光伏等领域内的创新产品，为产业发展提供广阔市场。

——设立产业投资基金。充分发挥公共财政资金的杠杆作用，引导投资银行、风险投资机构共同出资，设立专门的产业投资基金；加强与国家重大项目、重大工程的对接，投资于企业、科研院所的科研项目和产品推广；开展科技型中小企业创业扶持和高成长性企业股权投资，全面推动战略性新兴产业的发展。

——打造专业园区。努力在国家高新区内建成超过200个产业特色鲜明的专业园区，坚持开发、建设、运营和服务的市场化运作，高起点、高规格建设园区基础设施，推动技术、人才、资金、信息等要素集聚，形成发展战略性新兴产业的重要空间载体。

（三）加快发展现代服务业，促进传统产业升级。

——大力发展高技术服务业。重点发展研发设计、总部经济、现代物流、金融保险、科技会展、信息服务等产业，积极培育工业设计、服务外包、能源合同管理、健康管理等新兴业态，努力打造科技商务区、特色街区和主题楼宇等空间载体，重点发展为产业服务的商务、物流等若干产业高端服务功能，不断提升高技术服务业占园区总收入的比例。

——着力发展高端制造环节。发挥国家高新区在增强传统制造业竞争力中的技术优势，提升关键原材料和核心零部件的设计、制造水平，纵向延伸产业链，推动成熟产业升级；扶持园区龙头企业增产扩能，发展产品深加工和精加工。大力推动企业开发新产品，实现产品升级换代。

——大力扶持一批新型产业组织。支持和培育具有敏锐市场洞察力和技术思维的投资者、创业者和职业经理人；支撑产业整体性发展、商业模式创新的平台性企业；大力发展以标准创制、市场开拓、关键技术研发为共同任务的产业技术联盟和产业促进机构。

——建设“智慧园区”。抓住三网融合和物联网快速发展的重要机遇，推广应用有关技术和产品，搭建国家高新区区域服务和产业发展的数字化载体，提升区域研发、生产、物流、服务等活动的效率和范围，构建对外交流和资源共享的渠道和平台。

——加快发展文化产业。构建结构合理、门类齐全、科技含量高、富有创意、竞争力强的现代文化产业体系；发挥科技带动作用，促进科技和文化的相互融合，增强文化产业自主创新能力；健全以企业为主体、市场为导向、产学研相结合的文化技术创新体系，培育一批特色鲜明、创新能力强的文化科技企业。

（四）完善全链条孵化体系，促进企业做大做强。

——着力提升孵化器服务质量和水平。鼓励各创业服务中心、留学人员创业园和大学科技园等服务机构的建设，支持社会力量参与创办各类专业孵化器。提高孵化器运营机构的服务能力和管理水平，鼓励其在服务空间、服务对象、服务手段、商业模式创新等方面开展创新业务。

——着力建立企业加速成长机制。大力发展适合于高成长性企业加速发展的科技企业加速器，力争在国家高新区内建成超过100个科技企业加速器，支撑2000家以上高成长企业的快速发展，形成有利于企业快速扩展的空间载体，创新并优化管理体制，积极探索市场化运营模式，优化产业组织和资源配置方式。

——着力促进企业做大做强。要重点围绕战略性新兴产业，以基础较好、创新能力较强、商业模式领先、产权清晰的本土型高科技企业作为主要对象，支持企业展开上市融资、兼并重组、跨国发展，鼓励企业实施技术标准战略、专利战略和品牌战略。力争在条件较好的高新区，形成一批具有核心技术、商业模式领先、市场竞争力强的高新技术企业。

（五）巩固人才高地优势，努力打造人才特区。

围绕国家实施“人才强国”战略的整体部署，积极对接国家“千人计划”，切实发挥国家高新区人才高地作用。

——加快集聚领军人才。在信息技术、生命科学、环境科学、材料科学等领域吸引战略科学家及其团队；在战略性新兴产业领域内引进和培育一批由高端领军型创新创业人才领衔的高科技创业团队；在创业投资、知识产权、管理咨询等领域聚集和培育一批由创业投资家领衔的工作团队。

——完善政策体系。落实国家高新区海外创新创业人才引进的普惠性政策，吸引更多的海外人才进入高新区创业和就业；对国家高新区的资源禀赋和产业发展进行梳理，针对性开展高端人才引进工作，鼓励高新区引进适应区域产业发展需要的创新创业人才，形成全国范围内相对统一、协调的人才招引政策体系。

——加强人才事业平台建设。积极举办企业家沙龙、CEO论坛等交流活动，促进科技创业者向企业家转变；建设海外高层次人才创新创业基地，完善留学生创业园、大学生创业园建设；积极探索创业辅导、创业保姆等各种人才服务模式。

——创新人才培养和模式。大力发展职业教育，鼓励企业对员工实施技能再培训；积极开展产学研联合培养人才试点；尝试推广校企联合的定制化人才培养模式；加强公共实习实训基地建设，积极推行在校生见习制度；加强与国外著名大学和培训机构的合作，开展本土企业家海外培训活动。

——完善人才激励机制。鼓励企业对做出突出贡献的科技人员和经营管理人员实施期权、技术入股、股权奖励、分红权、年薪制等激励方式；发挥政策先行优势，鼓励园区高等学校、科研院所开展职务科技成果股权和分红权激励的试点。在上市公司试行并推广股票期权试点。

（六）完善科技金融体系，改善企业融资环境。

国家高新区要加快投融资业务改革创新的步伐，在提高财政资金使用效率的同时，拓宽企业融资渠道，健全多层次的资本市场，构建和完善“政府引导、多方参与、形式多样、市场调节”的科技金融服务体系。

——推动引导基金体系建设。鼓励国家高新区设立服务于本地区科技型中小企业的创业投资引导基金，逐步形成上下联动、布局合理的科技型中小企业创业投资引导基金体系；通过不同层级的创业投资引导基金，引导社会资金多渠道进入创业投资领域，引导创业投资机构投资于科技型中小企业。

——推动服务平台建设。鼓励国家高新区建立科技金融服务平台，构建投资引导、风险代偿、信贷担保、企业并购和上市奖励等相关科技金融政策实施的载体；通过科技金融服务平台的政策导向和融资服务，吸引创业投资机构、银行业金融机构、担保机构、证券机构等机构更加关注科技型中小企业集群，加大对科技型中小企业的投资力度。

——完善投融资环境。深化代办股份转让系统的试点工作，引导国家高新区出台支持企业进入代办股份转让系统的优惠政策，指导具备条件的国家高新区进入代办股份转让系统的试点范围；充分发挥火炬创新体系的作用，建立火炬投融资项目数据库，开放火炬长期以来形成的科技型中小企业和高新技术企业资源，形成以优质企业资源吸引金融机构、投资机构参与火炬工作的新局面。

（七）坚持开放合作发展，提高园区国际化水平。

——统筹利用国际要素资源。加大对高端人才的吸引力度，重点吸引领军科学家、领军企业家、留学生等归国创业发展，吸引外籍管理、商务、金融专业人士到高新区工作定居。大力吸引风险投资、投资银行等产业资本；加大技术并购和技术引进力度，支持引进技术消化吸收再创新和技术整合。

——推动企业与产品的引进来与走出去。加快“科技兴贸创新基地”创建工作，优化出口贸易结构，形成具有行业特色的出口产业集群；推进软件外包、生物医药研发外包等服务外包业务的高端发展，引导和支持核心企业和中介机构建立国际分包中心；鼓励企业在外设立研发机构和投资设厂，促进企业由单一产品出口向资本、品牌、管理等多元输出转变。

——加快国际科技与商务合作平台建设。着力引进境外机构入驻国家高新区，引进国外先进技术和项目；举办境外投资贸易环境和科技政策等方面的推介会、国际研讨会、讲座；组织园区企业代表团赴境外参展或商务考察；协助园区企业在境外设立公司或机构。逐步建立国际通行的规章制度和法则；建立多种形式的合作交流机制。

（八）加强分类指导，促进园区特色发展。

——加快国家自主创新示范区建设。大力支持北京中关村、武汉东湖、上海张江高新区建设国家自主创新示范区，支持其在科技金融、高端人才引进、技术转移、股权激励、政府采购等方面的机制体制创新和政策突破，将丰富的科教资源优势转化为产业竞争优势，构建创新型国家战略支点。

——全面推进三类园区建设。进一步推动“世界一流高科技园区”建设，重点加强机制体制，发挥示范作用，打造全球性创新极和新兴产业策源地；深化“创新型科技园区”建设工作，推动科技要素的加快集聚，提高区域核心竞争力和创新能力，打造区域创新系统中枢；开展“创新型特色园区”建设工作，推动特色产业集群的形成，促进区域经济发展。实施“三类园区”建设的中期检查和考核。

——推动新升级国家高新区加快发展。推动新升级国家高新区进一步提升认识，科学制定发展规划，加强组织领导，理顺管理体制，落实相关政策，完善创新服务功能，积极开展新升级国家高新区的管理人员培训工作。按照国家战略的整体安排，加快推进省级高新区的升级工作。

（九）坚持以人为本，促进科学和谐发展。

加大民生投入和保障，推动节能减排和新能源技术的有效应用，加强区域创新服务平台建设和产业链延伸，力争在城市功能提升、社会管理、辐射带动等方面取得有效进展，实现国家高新区和谐可持续发展。

——践行绿色集约发展模式。积极推进节能减排工作，实行严格的环境保护评价和项目环境准入制度，严禁高污染、高耗能、高排放的项目在区内落户；大力推进资源节约，支持区内企业大力开发节能减排技术，实现废旧资源及工业废渣、废水、废气再利用；合理集约利用土地资源，实行土地退出机制，完善土地储备制度，回收利用闲置土地资源。

——发挥辐射带动作用。大力促进国家高新区的技术转移和扩散，加快人才、资本、信息等要素在区域间的合理流动，建立区域之间的科技和产业合作机制；加强国家高新区和周边区域的产业关联和融合，实现区域经济协调发展；积极推动高新区产业结构的升级和调整，促使优势产业向区外延伸，强化高新区对区域经济的辐射带动作用。

——加强社会管理创新。发挥国家高新区利用高科技进行社会管理的示范作用，建设文明和谐城区。大力改善教育、医疗、文化和体育等公共服务和配套设施，提升城市功能与公共安全水平。统筹城乡发展，促进就业和创业。在认真执行当地政府各类保障政策的基础上，保持社保、医保、低保、老保、残保等各类保障水平适当高于其他地区。

四、保障措施

（一）加强组织领导和管理指导。

——充分发挥地方政府的积极性。地方政府要将国家高新区作为推动产业结构调整、转变发展方式、提升创新能力的重要抓手，要将高端人才、创新资源、重大项目、土地供应、财政资金、服务资源等往国家高新区倾斜与集中，聚焦国家高新区的创新发展。

——加强对国家高新区的管理指导。推动省市政府对国家高新区管理体制、运行机制等深化改革，坚持精简高效和服务型政府的管理理念，不断完善“小机构、大服务”的管理和服务体系，赋予国家高新区相应的市级经济管理权限和职能。

（二）优化园区管理体制。

——完善管理机构自身职能。把政策研究、知识产权保护、技术转移、产业促进、投融资服务、人才培养和引进等纳入管委会的职能范围；根据园区建设和产业发展需求引入高素质专业人才，尤其是中高层管理人员中要增加深谙产业发展、投融资、园区运营管理等方面的专家。

——引导企业和社会组织参与园区管理。鼓励区内外企业家、中介组织、行业协会、技术专家、金融专家等参与园区管理；吸引国内优秀园区开发运营公司和行业内的大企业投资参股开发公司，投资开发项目或建设专业园；鼓励民营资本进入高新区孵化器、加速器和园区建设中。

（三）完善考核评价制度。

——建立地方政府对国家高新区的科学考核机制。突出对高新区创新要素引入、创新能力提升、中小企业孵化、战略性新兴产业培育、资源节约、生态环境保护、机制体制创新、软环境建设等方面的考核和评价。

——完善国家高新区的评价体系。要进一步细化完善评价指标体系，推动国家高新区动态管理工作的开展；根据所处的不同发展阶段和基础特点提出具有针对性的政策建议，逐步破解体制、资金、人才等阻碍园区发展的瓶颈问题。

（四）优化政府财政支持。

——突出重点支持方向。向培育和实现区内重大自主创新和产业化项目倾斜，增强对重大项目的专业配套能力；向科技型中小企业创新创业行为倾斜，培育未来的经济增长点和持续的创新能力；向充实和完善国家高新区服务支撑体系和综合服务功能倾斜，引导生产性服务体系的建立、资源共享和功能完善；向提升和优化国家高新区基础设施倾斜，支持各功能区的基础设施、配套服务设施建设。

——加大支持力度。地方政府要把科技投入作为地方预算保障的重点，确保对国家高新区的投入增幅明显高于财政经常性收入增幅；重点支持国家高新区科技创新发展、新兴产业培育、中小企业扶持、公共服务平台搭建等。

——进一步发挥科技资源效能。国家高技术研究发展计划（863计划）、支撑计划要重点向国家高新区倾斜；要利用中小企业创新基金重点投入高新区内技术转移专项、创业投资母基金及公共服务机构平台的建设；要利用火炬计划环境平台、科技基础条件平台引导高新区进一步完善创新创业环境及科技基础设施建设。

（五）完善政策支持体系。

——做好政策落实。要积极落实技术创新与技术改造、高新技术企业与软件企业、技术转让与技术服务、创新载体与平台、创新资助等方面的政策；加强对政策实施的监督和评估，跟踪研究各项政策实施过程中出现的新的情况和问题，及时进行必要的调整和完善。

——鼓励政策创新。要着力于区域自主创新能力的提升，结合产业发展基础和特色，研究制定专门支持国家高新区创新发展的人才、科技投入、政府采购、地方税收、引进消化吸收再创新等政策。鼓励针对自主创新面临的新要求、新问题所涉及的政策在国家高新区率先探索、先行先试。

（六）统筹利用各方资源。

——建立国家、地方和国家高新区三方联动机制。将国家高新区发展列入省部会商的常议议题；加强地方科技厅局建立起对国家高新区的业务指导关系，理顺和加强地方科技部门与高新区之间的工作关系。

——推动国家高新区之间搭建网络系统。要建立以世界一流科技园区为龙头、其他国家高新区广泛参与的协同发展网络，重点在培育和发展战略性新兴产业、打造具有国际影响力的产业集群、拓展国际市场、开展行业重大技术和关键技术攻关、创新资源共享等方面开展实质性合作，形成支撑国家高新区创新发展的重大合力。

——有效利用国内外大企业创新资源。围绕战略性新兴产业的发展，探索国家高新区和国内外大企业的战略合作机制，高效利用国内外大企业人才、研发、市场、营销、国际化等优势资源，做好为国内外大企业的各项服务，形成合作双赢的局面。

（七）营造创新创业文化。

——加强创新创业文化建设。大力挖掘、凝练和提升“勇于创新、敢于创业、甘于奉献、追求卓越”的高新区精神、“支持创新、鼓励创业”的高新区发展理念和“科技创造财富、科技富民强国”的高新区文化。提升园区创新创业活力；促进园区管理者提升领导力，强化对社会资源的动员力、对经济发展的主导力、对公众需求的回应力。

——建立有效的创新理念传播和示范推广机制。大力开展产业发展论坛、海外行等各类交流活动，继续通过会展、媒体宣传、先进人物评选、创新创业大赛等多种形式来扩大、完善国家高新区创新文化的影响。

科技部

二〇一三年一月十八日

上海张江国家自主创新示范区发展规划纲要（2013—2020年）

（国科发高〔2013〕504号）

1991年3月，上海高新技术产业开发区经国务院批准成为国家级高新区。2006年3月，国务院批准更名为上海张江高新技术产业开发区。2011年1月，国务院批准上海张江高新技术产业开发区建设国家自主创新示范区（以下简称张江示范区），这是深入实施自主创新战略、建设创新型国家的重要决策，也是上海加快实现创新驱动、转型发展，加快实现“四个率先”、建设“四个中心”和社会主义现代化国际大都市的重大机遇。本规划纲要是贯彻落实《中共中央国务院关于深化科技体制改革加快国家创新体系建设的意见》（中发〔2012〕6号）和《国务院关于同意支持上海张江高新技术产业开发区建设国家自主创新示范区的批复》（国函〔2011〕8号）精神的具体部署，是把张江示范区建设成为实现创新驱动、科学发展示范区域的行动纲领。

一、现状基础

二十多年来，张江示范区加快推进发展理念、发展模式和发展重点的转变，努力营造良好的创新创业环境，取得显著成绩。2012年，示范区管理范围内第二、第三产业销售总收入1.88万亿元，增加值3300亿元，出口额575亿美元，税收980亿元，有效期发明专利22000余件（占上海市拥有量的三分之二以上），为建设世界一流科技园区奠定了坚实基础。

——汇聚了大量高端创新资源。在张江示范区，我国迄今为止最大的科学装置上海同步辐射光源建成并投入使用，国家蛋白质科学研究设施开始建设，中科院浦东科技园、中科院上海高等研究院、中电集团上海基地、国家人类基因组研究中心、上海科学院等相继落户，集聚了300多家世界500强企业、43所高等学校、50多家国家科研院所、34个国家重点（工程）实验室、31个国家工程（技术）研究中心和300多家跨国公司研发机构。张江示范区已成为海内外高层次创新创业人才的主要汇聚地，159名院士、380名国家“千人计划”人才、2万多名归国海外留学人才、20多万名科技人员以及60多万名在校大学生和研究生汇聚张江示范区创新创业。

——涌现出一大批重要创新成果。在张江示范区，诞生了4项国家科技进步特等奖等一大批国家级科技奖励，涌现出22纳米离子刻蚀机、高端硅基SOI（绝缘衬底硅）材料、高温超导材料、7500吨全回转浮吊、超临界和超超临界燃煤发电技术等一批自主创新成果。产生了世界首台20流明微型激光投影仪、中国第一款具有自主知识产权商用微机点陀螺仪、中国首台MOCVD（金属有机化合物化学气相沉淀）设备等创新产品；45纳米离子刻蚀机、100纳米先进封装光刻机等高端装备实现销售，65纳米12英寸硅片清洗设备、大型地铁盾构等先进装备走向国际市场，TD－SCDMA（时分同步码分多址）和TD－LTE（时分长期演进）终端基带芯片和射频芯片、高频语音通讯SOC（系统级芯片）、模拟移动广播电视芯片、多媒体编解码芯片、CMOS（互补金属氧化物半导体）图像传感芯片等重要产品在国际市场占据重要份额。参与制定国际标准749项，参与制定或承担修订国家和行业标准531项；累计申请知识产权得到公开和授权的10万余件。

——培育了一批创新型产业集群。张江示范区是综合性国家高技术产业基地和国家微电子产业、软件产业（出口）、生物产业基地，也是高端装备、民用航空等领域的国家级新型工业化示范基地。集成电路、生物医药和通讯设备研发制造等特色产业在全国居于领先地位，其中集成电路产业产值约占全国的三分之一，形成了国内最为完善、技术水平最高的集成电路设计研发和产业链；生物医药领域汇聚了覆盖新药创制各环节的机构400多家，形成了完整的研发和产业链。新能源装备、物联网、云计算、半导体照明、航空航天等产业快速发展，研发外包服务等高端研发产业处于国内领先地位，金融服务、文化创意、数字出版等产业也具有竞争优势。

——形成了良好的创新创业环境。大学校区、科技园区和公共社区实现了“三区联动、融合发展”，示范区内9家国家大学科技园、50家各类科技企业孵化器聚集了3万余家科技企业，成为吸收上海和长三角高校毕业生就业的重要基地。一大批创业投资、股权投资机构落户张江示范区，“投贷联动”“投贷保联动”“保贷联动”等金融服务创新以及科技型中小企业履约保证保险贷款、知识产权质押贷款等金融产品创新得到较大范围的推广。按照“行政效率最高、行政透明度最高、行政收费最少”的要求，建立了“小机构、大服务”的示范区管理服务体系。

站在新的起点上，张江示范区发展面临新的形势和任务。世界经济科技格局的变化，世界范围内的创新热潮，我国发展转型和建设创新型国家的需要，以及上海实现创新驱动和转型发展的目标，都对张江示范区赋予了新的历史使命。张江示范区作为我国重要的创新中心和高新技术产业基地，应充分发挥自身优势，积极参与全球新一轮竞争，抢占全球高新技术产业发展的制高点，加快建立科技引领、产业联动和人文支撑的发展新模式，为创新型国家建设和上海率先发展发挥示范和引领作用。

二、指导思想、战略定位和发展目标

（一）指导思想。

坚持以邓小平理论、“三个代表”重要思想、科学发展观为指导，以创新为动力，以人才为核心，以良好的体制机制和创新创业环境为保障，深化改革、扩大开放，形成科技创新与金融、贸易、投资、文化等要素的良性互动，激发区域各类创新主体的活力，加快科技创新成果向现实生产力转化，实现创新功能、产业功能和城区功能的融合发展，把张江示范区更紧密地融入到全国和全球科技创新及产业发展体系中，加快建设世界一流科技园区，全面提升集聚、示范、辐射和带动能力，为上海实现“四个率先”、建设“四个中心”奠定重要基础，为实施创新驱动发展战略和全面建成小康社会作出积极贡献。

（二）战略定位。

张江示范区要坚持“开放创新先导区、战略性新兴产业集聚区、创新创业活跃区、科技金融结合区、文化和科技融合示范基地”的战略定位，努力建设成为带动上海、长三角区域乃至整个东部地区创新发展的重要引擎，成为代表中国参与国际高新技术产业竞争的特色品牌。

——开放创新先导区。利用上海建设“四个中心”的战略机遇，集聚国际创新资源，加强与国内外创新网络的密切合作，吸引各方力量和智慧建设技术创新中心和人才高地，构建开放的自主创新模式、开放的研究平台、开放的人才平台和开放的资金平台。推动实施双边或多边科技合作项目，积极参与国际重大科技计划，促进国际、国内技术转移。

——战略性新兴产业集聚区。围绕国家和上海战略性新兴产业发展规划，优化创新环境，聚集创新创业资源，培育发展创新集群，加快推进高新技术产业化。促进国家重大科技项目、高端研发团队、创新基地与服务平台的引进落地，为发展战略性新兴产业提供支撑。

——科技创新创业活跃区。完善金融、产业、研发、人才等方面的政策体系，鼓励支持原始创新、集成创新和引进消化吸收再创新，产生一批突破性创新成果。引导、支持多层次人才创新创业，培育一批有活力的科技型企业，实现一大批创新成果的产业化。

——科技和金融结合区。充分发挥上海国际金融中心建设的条件与优势，探索科技与金融结合的新模式、新途径。大力发展促进科技创新创业的金融产品和金融服务，拓展科技型中小企业多元化融资渠道，引导和支持社会资本投资科技型中小企业和高新技术产业。

——文化和科技融合示范基地。积极响应国家文化大发展大繁荣部署和上海建设国际文化大都市战略，建立健全文化和科技融合支撑体系，加强文化专业园区建设，培养文化和科技跨界创意人才和高端制作人才，为科技促进文化发展提供示范。

（三）发展目标。

到2015年，张江示范区创新发展的主要目标是：

——知识创造和孕育创新的能力显著增强。硕士以上从业人员占12%，万名从业人员拥有有效发明专利200件以上，企业研发经费投入占销售收入5%。

——产业化和规模经济水平显著提升。企业总收入达到3.3万亿元左右，增加值达到7000亿元左右，上缴税收达到1500亿元，战略性新兴产业产值达到12000亿元。

——国际化和参与全球竞争的能力显著提升。涌现若干具有全球影响力的创新型企业，集聚更多跨国公司研发总部及研发中心，培育一批国际知名品牌，拥有国际有效专利1200件。

——体制机制创新取得明显进展。科技金融、股权激励等领域的改革创新取得新突破，探索一批支持自主创新和产业发展的新机制、新政策，政府职能加快转变，人才队伍建设和环境优化取得显著成效。

到2020年，示范区企业的第二和第三产业销售总收入达到约6万亿元，在新一代信息技术、高端装备制造、生物医药、能源环保等领域形成拥有技术主导权的产业集群，培育出一批国际知名品牌和具有较强国际竞争力的跨国企业，培养和聚集一批优秀创新人才特别是产业领军人才，基本建成世界一流科技园区。

主要发展预期目标：

	指标	2015年	2020年
知识创造和孕育创新的能力	1. 万名从业人员累计拥有有效发明专利数（件）	200	300
	2. 企业R&D经费占销售收入比例（%）	5	6
	3. 国家级研发机构数（个）	115	120
	4. 万人当年新增发明专利授权数（个）	45	50
产业化和规模经济水平	5. 企业总收入（亿元）	约33000	约60000
	6. 增加值（亿元）	约7000	约13000
	7. 战略性新兴产业年销售收入（亿元）	12000	20000
	8. 税收（亿元）	1500	2500
	9. 单位面积工业用地工业增加值（亿元/平方公里）	80	120
	10. 建成土地单位面积税收（亿元/平方公里）	5	8
	11. 服务收入占营业收入比例（%）	45	50
	12. 从业人员人均增加值（万元/人）	30	50
	13. 国家级产业服务机构数（个）	150	160
	14. 上500亿元超大型企业数量（家）	3	5
国际化和参与全球竞争的能力	15. 出口额（亿美元）	600	900
	16. 从业人员中归国留学人员和外籍常住人员占比（%）	1.5	2
	17. 高新技术企业出口额占营业收入比例（%）	10	12
	18. 拥有国际有效专利数（件）	1200	2000
	19. 跨国公司研发总部及研发中心（家）	400	500
	20. 具有国际影响力的产业集群数（个）	2	4
高新区可持续发展能力	21. 企业当年新增融资规模（亿元）	400	600
	22. 千名从业人员中拥有硕士（含）以上学历人数（位）	120	150

三、增强自主创新能力

（一）服务国家自主创新战略。

积极承接和实施国家科技重大专项。依托张江示范区科研力量，积极承接和实施核心电子器件、高端通用芯片及基础软件产品、极大规模集成电路制造装备及成套工艺、新一代宽带无线移动通信网、重大新药创制、大型飞机等国家科技重大专项和“863计划”“973计划”等国家科技战略任务，力争突破一批关键核心技术，获得一批自主知识产权。探索项目组织实施新机制，支持新型产业组织和民营科技企业、留学人员创办企业参与国家科技项目实施、科技基础设施建设、高新技术产业化项目实施等。

加强科技基础设施建设。依托部（院）市合作机制，加强国家重点实验室等科研平台建设，提升基础科学研究和战略高技术研究的支撑能力。支持在示范区内建设和完善超级计算中心、生物样本库、化合物样本库等科技基础设施。针对已建科学工程和设施，不断优化开放共享、保障运行和持续建设机制，打造一批具有世界一流水准的多学科实验平台和科研装置。

建设产业技术创新平台。在电子信息、航空航天、新能源、环保、生物医药、轨道交通、机器人等领域，建设和完善一批高水平共性技术创新平台，突破一批产业关键核心技术和共性技术，构建定位明确、层次清晰、衔接紧密的产业科技支撑体系，服务推动国家重点产业振兴和战略性新兴产业快速成长。

提升高等学校和科研院所创新效能。积极发展研究型大学与研发机构，促进中央部门所属在沪高等学校、科研院所融入本地创新体系，全面推进中科院浦东科技园和浦东高等研究院等研发基地的建设发展和功能发挥，提升张江示范区面向产业的知识创造创新能力。结合现有基础，打造一批国际高端科研人才领衔、面向应用、机制高效的高水平科研机构，加快上海产业技术研究院和上海紫竹新兴产业技术研究院的建设发展，深化转制院所改革发展，支持企业和社会团体设立研发机构。积极提升高等学校和科研机构服务经济社会发展的能力。

（二）打造高层次人才集聚的人才高地。

积极构建与国际接轨、有利于科学发展的创新创业人才机制，完善人才发展环境，集聚高端创新创业人才，优化人才队伍结构，打造人才集聚区。

加快集聚和培育一批海内外高层次科技人才、创业人才及创新团队。依托“海外高层次人才创新创业基地”“留学人员创业园”等平台和载体，鼓励和吸引海外高层次人才到示范区创业。实施“千人计划”“浦江计划”“优秀科技带头人计划”和“领军人才专项计划”等人才计划。

加快培育战略性新兴产业科技人才、技能人才。积极探索建立高等学校、科研院所、企业、职业培训机构合作培养产业技术骨干和技能人才的机制。引进国际知名教育培训机构，建设国际化教育基地。加强科技成果转化人才的培养和开发。到2020年，培训示范区内产业技术骨干、技能人才和成果转化人才10万人次，为产业结构优化升级和提高创新水平提供人才支撑。

加大对青年科技人才的培育力度。通过实施国家“中青年科技创新领军人才推进计划”和上海市“博士后科研资助计划”“启明星”等人才计划，选拔培养青年科技骨干，促进青年科技人才脱颖而出。

四、培育创新型企业

（一）强化企业技术创新主体地位。

增强中小企业创新创业活力。综合运用多种有效手段，支持中小企业开展技术情报、技术开发、市场拓展和自主品牌建设。鼓励有条件的中小企业建立研发机构或与高等学校、科研院所联合建立研发机构，提高中小企业的技术创新能力。帮助中小企业加快信息化建设，提高管理水平。

提高大企业整合运用创新资源的能力。积极鼓励和引导大企业加大研发投入，加强创新条件建设，鼓励并购重组、开展委托研发和购买知识产权，形成一批有全球影响力的知名企业。支持企业牵头和参与国家科技项目和重点工程建设，提高企业研发活动的层次和水平。鼓励企业加强对国际先进技术的跟踪学习，引进关键人才、技术和设备，加强对引进技术的消化吸收，促进关联配套技术的自主创新和整体技术的系统集成。

（二）发展产业技术创新战略联盟。

打造一批由企业牵头的产业技术创新战略联盟。围绕战略性新兴产业重点领域，促进行业龙头企业或骨干创新型企业与高等学校、科研院所及相关中介服务机构，在大飞机、集成电路、嵌入式软件、半导体照明、激光显示、电子标签、下一代广电网、新能源、智能电网、新能源汽车、抗体药物、医疗器械、智能制造等领域，共同构建若干个产业技术创新战略联盟，实现人才、资金和技术的倍增效应。

建立健全产业技术创新战略联盟合作机制。充分运用市场机制，支持联盟内各主体开展协同创新，探索完善彼此间合作的信用机制、责任机制和利益机制，实现优势互补、利益共享、风险共担。

五、构建创新型产业体系

（一）打造具备国际竞争力的新兴产业集群。

1．重点发展新一代信息技术、高端装备制造、生物医药、节能环保、新材料等五大主导产业。

新一代信息技术产业。重点发展高性能集成电路、新一代移动通信、下一代互联网、新型平板显示、高端软件和信息服务业，争取形成较为完整的产业链。依托国家科技重大专项，力争突破核心电子器件、高端芯片、基础软件、装备、工艺、材料等方面的瓶颈。聚焦物联网、云计算等新一代信息技术，加快示范应用，推进商业模式创新。加快实施12英寸芯片生产线、新型显示生产线等重大项目，推动相关企业整合重组，培育一批龙头骨干企业。保持集成电路的设计、测试封装、制造、设备和材料以及射频识别（RFID）、信息安全、嵌入式软件、数字媒体、汽车电子等技术在全国的技术领先地位和国际先进水平，40纳米及以下12英寸晶圆、40纳米及以下TD-SCDMA/TD-LTE单模或多模终端基带芯片和射频芯片、基于RFID技术的物流芯片、网络游戏软件和管理服务软件等产品在国内外保持竞争优势。到2015年，示范区软件和信息服务业的技工贸收入达到4500亿元，信息技术制造业的技工贸收入达到2500亿元。到2020年，示范区软件和信息服务业的技工贸收入达到10000亿元，信息技术制造业的技工贸收入达到4000亿元。

高端装备制造产业。提升先进重大装备自主设计、制造、总包能力，积极发展以数字化、柔性化及系统集成技术为核心的智能制造装备，加快发展清洁高效煤电装备、燃气轮机、轨道交通装备、关键基础件、检测控制设备等装备，大力发展海洋工程装备，着力发展干支线飞机及其发动机、航空电子等装备，促进卫星、导航及其应用产业发展。到2015年，示范区高端装备制造业的技工贸收入达到2400亿元，到2020年达到5000亿元。

生物医药产业。加快扶持一批有潜力的重点企业做大做强，初步建成国内生物创新产品研发中心，加快突破抗体药物、微创器械、有源数字化大型诊疗设备、生物育种等关键技术，大力发展重大疾病防治的生物技术药物、新型疫苗和诊断试剂、新型制剂、化学药物、现代中药等创新药物大品种，加快生物医学工程产品产业化。到2015年，示范区生物医药产业的技工贸收入达到1000亿元，到2020年达到2500亿元。

节能环保产业。大力发展高效节能、先进环保和资源循环利用的新装备和产品，发展节能环保服务业。支持在能源的高效清洁生产、利用和配套方面开展研发创新和推广使用。重点发展高效节能电机及拖动系统、工业变频设备、余热余压利用设备等新技术和新产品。发展水污染防治、碳捕捉、烟气除尘和脱硫脱硝、垃圾处理处置等技术和装备。加快资源循环利用关键共性技术研发，发展大宗固体废弃物综合利用。大力推广合同能源管理，推进市场化节能环保服务体系建设。到2015年，示范区节能环保产业的技工贸收入达到1000亿元，到2020年达到2000亿元。

新材料产业。发展附加值高、环境影响小、支撑战略性新兴产业发展的关键新材料。重点推进高性能电子材料、膜材料、新型陶瓷材料等先进功能材料产业化，提升碳纤维等高性能纤维技术水平和产业化能力。发展高品质特殊钢、高温合金、高性能工程塑料等先进结构材料。开发新型超大规格、特殊结构高性能复合材料一体化制备工艺，推进复合材料向高性能、低成本、环境友好的方向发展。开展纳米、超导、智能等基础材料研制及其应用技术研究，并推进其产业化。到2015年，示范区新材料产业的技工贸收入达到600亿元，到2020年达到1500亿元。

2．积极培育新能源和新能源汽车两大先导产业。

新能源产业。坚持以新能源示范应用带动产业发展，重点聚焦风电、太阳能、核电、智能电网等领域，大力推进新能源高端装备的研制和产业化，建设新能源检测和创新能力平台。加快第三代核电技术的消化吸收和再创新，增强大型风机整机和齿轮箱、主轴轴承、变流器等关键零部件自主发展能力，积极发展薄膜太阳能高端装备，推进晶体硅太阳能电池技术发展，加快太阳能光伏和光热技术推广应用。加快推进智能电网产业发展及示范应用。到2015年，示范区新能源产业的技工贸收入达到500亿元，到2020年达到1000亿元。

新能源汽车产业。重点发展插电式混合动力汽车、纯电动汽车等，继续开展燃料电池轿车技术研发，着力突破“电池、电机、电控”等关键核心技术。加快新能源汽车充电基础设施建设，鼓励私人购置新能源汽车，推进整车、电池租赁模式发展，加快新能源汽车在私人和公共领域的应用，带动整车产业加速扩大规模，培育零部件龙头企业。建设新能源汽车动力系统、汽车电子、检测中心等平台，为产业发展提供技术支撑。到2015年，新能源汽车产业产值达到500亿元，到2020年达到1000亿元。

（二）大力发展现代服务业。

推进信息技术与生产性服务业融合。推动信息技术创新与服务模式创新的融合，着力促进个性化关键技术的集成应用，推广数字创作传播展示、数据处理、数字医疗和个性化智能精准信息等技术，完善服务标准体系和规范体系。整合建立综合性的软件和信息服务公共技术平台，培育软件服务和信息服务企业，积极发展增值电信业务、软件服务、计算机信息系统集成和以电子商务、供应链管理、信息（技术）服务为重点的互联网产业，用信息技术推进现代金融、现代物流、工业设计等生产性服务业的高端化。

支持发展服务贸易产业。大力推动信息技术外包服务（ITO）、技术性业务流程外包服务（BPO）和技术性知识流程外包服务（KPO）等外包服务业的发展。积极促进信息、金融服务、生物医药研发、动漫设计等专业园区建设。支持法律咨询、会计审计、资产评估、工程咨询、认证认可、信用评估、广告会展、金融保险服务、教育服务等行业发展。

发展高技术服务业。加快建设国家高技术服务产业基地，推动国家三网融合试点城市建设。扶持和培育节能服务、战略咨询、成果转化等技术创新型服务企业，大力发展科技服务业。鼓励新技术应用和新模式创新，重点打造移动互联应用、生物技术、研发设计和检验检测、知识产权和科技成果转化等服务链。

（三）改造提升传统产业。

推进信息技术与传统产业融合，支持企业以智能化、数字化等手段优化设计制造流程，着力提高数控机床、机器人、生产流水线等装备的信息化水平。引导包装印刷、食品、服装等行业用信息化技术降低生产成本和资源消耗，提升生产效率和附加值，增强优势传统产业的竞争力。

（四）积极培育发展文化和科技融合的新型业态。

打造文化和科技融合产业集聚区。重点推动张江国家级文化和科技融合示范基地内各文化专业园区建设发展，培育新的文化产业业态，打造有影响的文化精品。引导文化专业园区明确产业定位，有针对性地提升面向文化科技融合企业的技术、融资、人才培训等园区服务。

实施文化和科技融合产业链推进工程。积极打造贯通内容创作与生产、管理与使用、分发与流通、交互与体验等各环节的文化产业链。搭建云服务应用系统，开发数字出版云产品，建设高清编辑系统、集群渲染系统、音效合成系统等。研究数字出版内容转档技术，提出适合于转档处理的数字出版类行业标准。推进下一代广播电视网（NGB）和“科普资源开发共享信息化平台”建设。研究智能人机交互和多屏融合交互展示技术，推进天幕、球幕式等电影技术和设备的研发制造。

培育文化和科技融合产业集群。积极培育形成动漫游戏、数字出版、广告会展以及网络文化信息服务四大产业集群。加大引进动漫游戏龙头企业和扶持中小企业的力度，形成龙头企业带动中小企业共同发展的动漫游戏产业集群。积极推进数字出版关键共性技术的研发，重点研究数字出版行业中相关的商业模式、行业标准、关键技术等重大课题，促进传统出版的数字化转型。支持广告创意企业发展，鼓励和支持知名国际会展活动。建立从内容素材到接收终端的网络视听完整产业链条，推动发展多媒体影视制作、新媒体视频配送、互动电视媒体等产业。

六、优化调整空间布局

（一）构建“一核三带”总体格局。

统筹规划张江示范区空间、功能和产业定位，在符合土地利用总体规划、城乡规划的前提下，研究适当调整张江示范区的空间规模和布局，更好发挥张江示范区的示范带动作用。鼓励和支持张江示范区的创新要素分阶段逐步向周边尤其是向科技资源和创新要素比较密集、高新技术制造业和现代服务业比较集聚的区域扩散，探索形成功能梯度布局、产业错位发展的“一核三带多园点”总体格局。“一核”即张江核心园；“三带”即浦东创新带、沿北中环—沪宁线的沪北创新带、沿沪闵-沪杭线的沪西南创新带；“多园点”即各个分园、区块、专业园及知识密集商务楼群。通过连接各园的轨道交通、高快速（环）路和信息网络，构建横贯上海东、北、西南部的高技术产业带。

（二）强化张江核心园的引领作用。

充分发挥张江核心园在技术创新和产业集聚等方面的综合优势，加快各类创新要素在张江核心园的集聚融合，加快培育具有国际核心竞争力的科技领军企业。进一步完善张江核心园建设发展规划，重点发展新一代信息技术产业、生物医药研发制造产业及文化创意产业，把张江核心园打造成为全国领先、全球知名的科技产业区。

张江核心园北区重点发展以高性能集成电路为主的微电子产业、计算机网络产品、新一代移动通信、数字视听、生物医药制造、高端软件和信息服务产业，重点建设软件专业园和生物医药专业园。张江核心园中区重点发展商用飞机研发、文化创意、金融服务、电子信息制造和汽车零部件产业。张江核心园南区重点发展生物医药制造和医疗服务业。张江核心园东区重点发展医疗器械、平板显示和银行卡产业。到2015年，张江核心园技工贸收入超过6500亿元；到2020年，技工贸收入超过1.2万亿元。

（三）建设浦东创新带。

以张江核心园和金桥园为引擎，形成浦东高技术产业创新带，并向苏中沿海地区进行技术和产业辐射。

金桥园北区重点发展新一代移动通信终端和系统设备研发制造、汽车电子及汽车零部件研发制造、节能环保和网络文化产业。金桥园中区重点发展微电子设备研发、再生资源处置技术、现代服务业、商用飞机配套和组装产业。金桥园南区主要发展新能源产业、先进制造产业以及生物和化学制品基地。

（四）提升沪北创新带。

以上海大学科技园（校内中试基地和市北工业园）和嘉定民营技术密集区（嘉定园）为依托，充分发挥上海北部创新资源密集的优势，加大对产业布局的优化力度。整合优化杨浦大学城、上海大学科技园、未来岛高新技术产业园区、嘉定园等空间资源，构成沿北中环—沪宁线的北部创新带。加强与苏州工业园区、苏州高新区、无锡高新区等重点经济集聚区的战略合作，进一步发挥其对苏南地区和皖江城市带进行技术和产业辐射的作用。

在沪北创新带，大力推进研发服务、信息服务等高端产业集聚，加速促进高新技术成果孵化转化，建设生态良好、产业集群、用地集约、设施配套、城乡一体的研发服务和高技术产业集聚区。其中，位于闸北区的上海大学科技园（校内中试基地和市北工业园）重点发展软件和信息服务、云计算、轨道交通装备研发、数控机床和现代服务业。嘉定园重点发展软件和信息服务、新能源汽车研发制造、文化创意和研发服务、生产性服务业等。

（五）发展沪西南创新带。

以漕河泾园为主要依托，整合优化位于青浦的中纺国际产业城、位于闵行的紫竹园和位于松江的上海大学科技园莘莘学子园的空间资源，构成沿沪闵—沪杭线（沪杭高速、沪杭高铁）为主、沿延安高架—沪渝线（申嘉湖高速、沪苏湖铁路）为辅的沪西南创新带。加强与杭州高新区、宁波高新区等重点经济集聚区的战略合作，进一步发挥其对浙北城市带进行技术辐射和产业辐射的作用。

在沪西南创新带，着力发展电子信息、航空航天、高端装备制造、新材料、生命科学、新能源与环保等产业，拓展延伸产业链，建成上海西南部高技术制造业和战略性新兴产业的聚集区。其中，漕河泾园中区重点发展软件和信息服务、微电子元器件、汽车电子及汽车零部件研发制造、通信设备研发制造、核电工业研发服务、航空航天研发等产业；漕河泾园东区主要发展新能源、航天、生物医药和导航产业；漕河泾园西区重点发展光仪电和生产性服务业。长宁园重点发展生产性服务、软件和信息服务业。青浦园重点发展高端装备制造、纺织新材料和生物医药产业。上海大学科技园（松江）莘莘学子园，主要发展制造业和现代服务业。紫竹园重点发展软件和信息服务、汽车电子、智能电网、新能源、数字化造船研发设计等产业。

七、推进开放创新与合作发展

（一）加大引资引智力度。

进一步吸引跨国公司、国际知名实验室在张江示范区设立研发中心、地区总部、营运中心与购销中心，促进外资企业加强技术改造与创新，延伸发展研发设计、供应链管理、检验检测等生产性服务业，围绕绿色、低碳、清洁、安全的目标提升价值创造能力，加速技术溢出。鼓励和引导外商进行创业投资，支持外资股权投资企业和股权投资管理企业发展，促进知识、技术、产业与国际金融资本的有效融合。

鼓励海外留学人员、海外侨胞在沪创办高技术企业，支持国际知名高等学校创办中外合作的高水平大学和二级学院，建立一批国际合作研究中心，吸引国外优秀科研人才集聚，积极开展国际人才交流。建立有助于海外高层次人才施展才干的创业平台，协调解决海外高层次人才的子女教育、医疗等需求。

（二）提升国际合作水平。

支持国际学术组织、产业组织和公益组织在张江示范区搭建各类创新交流合作平台，创造条件吸引各类国际产业组织落户。探索张江示范区与国际组织、国外机构合作的新模式。继续办好中国上海国际工业博览会、浦江创新论坛、张江示范区自主创新成果展等活动，塑造国际交流品牌。鼓励示范区内高等学校、科研院所开展对外合作交流，参与国际重大科技计划，在政府间合作协议框架下实施双边或多边科技合作项目。

加强示范区企业与跨国公司的战略性合作，鼓励和支持园区企业参与跨国公司全球研发创新网络，鼓励外资企业、研发机构与园区企业联合开展产业技术研究、研发基地建设、高端人才培养以及知识产权共享。鼓励符合条件的外商投资企业与内资企业、高等学校、科研机构合作申请国家科技研发项目、创新能力建设项目等。

支持企业海外发展，设立海外研发基地，开展海外并购，打造具有国际竞争力的领军企业。支持中小企业开拓国际市场，从事软件外包、生物技术研发外包等服务出口。增强国际服务能力，鼓励有条件的专业分园、创业服务中心（孵化器）境外设点、兼并重组和管理输出。

（三）深化以长三角为核心的国内创新合作。

构建长江三角洲区域创新协作体系。强化与苏州工业园区、杭州高新区、苏州高新区、宁波高新区等园区的战略合作，探索联合攻关机制，促进区域间科技成果转移和产业化。建立健全与长江三角洲主要城市及上海周边城市间的创新发展合作机制，促进张江示范区技术、产品、服务、品牌和模式的输出，形成分工协作和优势互补的区域创新格局。

推进跨区域的创新合作。进一步推动张江示范区与国内其他高新区建立更为紧密的战略合作关系，在创新合作模式、招商引资、品牌输出、产业转移等方面加强衔接合作。发挥张江示范区对其他区域的辐射作用，主要包括科技创新成果转让、关键及核心技术开发与产业化合作、共建研发机构、推进区域产业联盟等。

八、营造创新友好环境

（一）促进产业功能和城市功能融合发展。

完善基础配套与生活配套设施建设。加快建设结构合理、布局完善的道路网络，稳步推进电、水、气等基础配套设施建设。全面优化园区生活配套，加强企业宿舍、文体活动中心、学校、医院、公园及公共绿地建设，形成生态优良、和谐发展的新型科技园区。

加快推进园区信息化建设。利用现有信息化基础设施，推进4C（计算机、通信、消费电子、内容）融合。积极开展园区智能楼宇、产业生态地理信息系统以及特色云服务建设，实现整个园区的数字化管理、智能化监控、人性化服务，构建园区服务大平台体系，提升张江示范区的综合竞争力。

（二）推进创新创业政策环境建设。

加强法制环境建设。制定推进张江示范区建设的地方性法规和政府规章，加强法律法规执行过程的跟踪、检查、评估和反馈，为张江示范区建设提供法制保障。

加强科技政策与产业政策、财税政策等的协同。充分发挥财政资金的示范、引导和放大效应，积极探索有效的财政投入机制，不断提高财政资金的使用效益。上海市财政资金和示范区所在区县财政资金联合设立张江国家自主创新示范区专项发展资金，上海市设立政府引导、社会参与的产业投资基金。积极配合和支持药品审批机制改革试点。落实生物医药、数字电视、软件和集成电路等产业政策，延长产业链，促进产业和行业发展。积极争取扩大入境动物源性生物材料及制品检验检疫改革试点。创新对旧机电等的检验检疫监管方式，简化手续，缩短周期。

制定完善促进企业技术创新的政策。进一步探索改革公共财政支持企业创新发展的方式，综合运用科技型中小企业创新基金、创业投资引导资金等方式，激发中小企业的创新活力。

制定完善创新创业人才政策。加大创业人才和团队的引进、培养和使用力度。建立健全人才评价制度，完善人才在企业、高等学校、科研院所之间的双向流动机制。进一步完善扶持高层次人才创业的落户、居留、出入境、住房、子女教育、配偶就业、社会保险等方面政策。

完善股权和分红激励等政策。完善实施有关试点办法及其实施细则，加快推进相关试点工作，全面落实股权和分红激励、研发费用加计扣除、职工教育经费税前扣除等政策。

完善实施科技与金融结合政策。创新金融产品和服务方式，完善科技金融信用服务体系。加大科技信贷投放规模，推动多渠道债券融资。优化早中期创业投资、私募股权投资发展的政策环境，吸引更多创业投资基金和创业投资管理公司落户。支持符合条件的企业在全国中小企业股份转让系统挂牌交易，支持区域性股权转让市场规范发展，加大对科技企业改制上市、再融资和并购重组的支持和服务力度。加快推进科技保险险种的开发、推广和应用。

强化知识产权的创造、运用、保护和管理。建立健全知识产权管理机制，设立统一管理各类知识产权的专门的知识产权管理机构。完善知识产权保护、转让和交易的政策体系，支持示范区内企业在境外申请专利、商标等知识产权，探索建立重大经济科技项目知识产权审议制度，通过完善技术作价入股、知识产权和科技成果参与分配等激励措施，提升示范区知识产权创造、运用、保护和管理能力。鼓励企业采取知识产权转让、许可、质押等方式，实现其市场价值。

完善促进质量提升的政策体系。鼓励企业推行科学的质量管理方法，采用先进技术提升产品质量和档次，作出高标准的质量承诺。鼓励企业积极参与地方标准、行业标准、国家标准或国际标准的制修订。探索在张江示范区设立质量监督和质量服务技术机构，严格质量市场准入，大力发展质量服务业，搭建质量、标准、计量、认证认可、检验检测公共服务平台。

（三）发展科技服务业。

加强大学科技园、科技创业服务中心（科技企业孵化器）和企业"加速器"建设。探索在示范区内的大学建设一批知识产权转移转化中心。鼓励社会资本参与科技创业服务中心（科技企业孵化器）和企业"加速器"建设和运营，提高创业孵化服务能力。

建立市场导向的技术转移机制。积极推进科研项目立项评审和人员考评制度改革，引导高等学校和科研院所围绕经济社会发展重大科技问题和战略性新兴产业急需问题开展创新活动。探索建立适应公共技术扩散和市场技术转移的多种模式的技术转移机构。鼓励高等学校、科研院所与大型企业联合开展研发和成果转化活动。

发展专业化服务机构。推动信用、法律、知识产权、管理和信息咨询、投资咨询、工程咨询、人才服务、资产评估、审计等各类专业服务机构建设，为科技企业提供信息查询、投融资辅导、创业辅导、管理咨询、技术创新、市场开拓、人员培训等服务。建立健全专业服务标准体系。建立专业服务组织诚信档案和监管部门间信息互联互通制度。加大职业培训力度，提升从业人员的职业素质和技能水平。

培育创新型社会组织。鼓励社会组织发展，支持社会组织的人才队伍建设，推进张江示范区内各类行业协会、专业学会、非公募基金会以及自然科学类民办非企业单位等社会组织管理体制改革。发挥社会组织的桥梁纽带作用，探索构建企业、社会组织、政府良性互动机制，完善政府购买服务制度，进一步提升社会组织为企业提供优质服务的能力。

（四）建设完善公共服务平台。

深化科技资源的开放共享。以上海研发公共服务平台为基础，继续鼓励和支持高等学校和科研院所向社会开放实验室、科研设备，进一步推动科技创新资源的共建共享。实施张江示范区开放实验室（工程中心、检测中心）工程，探索建设面向全国企业开展联合研发、委托研发、设计、中试、检测等服务的张江开放式研究机构。

建设完善专业技术服务平台。重点围绕生物医药、IC设计、软件测试、动漫设计、通信、数字视听、新型储能材料、化合物半导体、智能装备制造、资源环境等领域，建设和完善专业技术服务平台。建成15—20个科技创新服务点，构建包括政策查询、技术支撑、人才培训、投融资信息对接、管理信息化、市场和产品营销服务等在内的一站式园区创业与技术创新服务体系，带动产业能级提升。

（五）推动管理体制机制创新。

完善部际协调机制。充分发挥部际协调会议机制的作用，加强张江示范区建设重大问题的沟通和协调，率先在张江示范区探索科技、教育、医疗、产业政策等重大改革事项，试点有关政策。

加强政府管理创新。探索各方优势资源有效集成的组织机制，加快张江示范区顶层设计和分园管理机构改革创新，建立权责一致、分工合理、决策科学、执行有力、协调高效、监督到位的张江示范区管理体制，使各园区按总体规划科学发展。明确张江示范区管委会在规划组织、统计评估、政策研究、综合协调、园区服务等方面的职能；在条件成熟的园区，分步骤下放项目备案核准等部分行政审批权限。深化市区（县）联动机制，在规划、政策等方面加强统筹协调，充分发挥各区（县）政府和分园的主体作用，加快形成市、区（县）分工协作、合理推进的工作格局。构建企业、社会组织、公众和政府良性互动的机制，引导张江示范区内企事业单位和社会组织参与张江示范区的建设和管理。加强张江示范区管理人才队伍建设，培养专业化的张江示范区管理服务团队。

开展科技管理改革试点。探索建立政府部门间统筹配置科技资源的协调机制，加快示范区科技投入长效机制建设，确保政府对公共科技活动的投入。不断探索政府购买科技创新成果和服务的新模式，鼓励民间资本投向科技领域，引导企业加大技术创新投入。加快推进张江示范区内公益性科研机构改革，加强综合评价制度和机制建设。

制定实施张江示范区评估体系。按照国家对于张江示范区的要求，结合上海自身实际，从技术创新能力、创新创业环境、园区综合实力、政策落实情况、特色产业发展、规划制订实施、土地节约集约利用等方面，制定实施示范区评估体系，定期评估各分园绩效，实现示范区可持续发展。

（六）建设创新创业文化。

营造创新文化。加强创新创业先进事迹和成功案例的总结、宣传和表彰活动，大力倡导和推崇创新创业精神，塑造以文化和创新为驱动的发展模式，弘扬符合市场规律、鼓励支持创新的创新文化，营造鼓励成功、宽容失败的创业氛围，充分调动社会创新创业的积极性和主动性。

打造创新品牌。全面汇集政府、园区管理者、创新创业者和社会各界的力量，通过创新文化营造、服务环境建设，逐渐将前沿的科技产业和研发机构，活跃的创新创业力量，强劲的金融资本力量，以及便捷高效的服务体系汇集在一起，全力打造张江示范区的创新品牌。

九、完善规划实施保障机制

（一）加强组织领导。

上海张江国家自主创新示范区建设部际协调小组负责规划纲要的组织实施，制定实施方案，明确职责分工，完善工作机制，落实工作责任，并针对实施中出现的重大问题研究提出解决意见和建议。上海市政府负责组织规划纲要的具体实施，充分发挥上海市张江示范区建设领导小组及办公室的作用，做好本规划与其他规划在实施过程中的协调、衔接工作。

（二）加强统筹协调。

国务院各有关部门结合各自职能，对规划纲要的实施予以指导。上海市政府有关部门、各区县根据规划纲要，制定本部门、本区域支持张江示范区发展的具体政策措施，在有关规划编制、政策实施、项目安排、体制创新等方面给予积极支持。加强部门间的沟通和协调，指导和帮助张江示范区解决规划纲要实施过程中遇到的问题。

（三）加强监督检查。

上海张江国家自主创新示范区建设部际协调小组负责对本规划纲要实施情况的督促检查，上海市政府具体组织开展规划实施情况评估，并向国务院报告实施情况。完善社会监督机制，鼓励公众参与规划纲要实施的监督。适时开展张江示范区改革经验总结与推广工作。

科技部
二〇一三年六月二十四日

国家高新技术产业开发区创新驱动战略提升行动实施方案

（国科发火〔2013〕388号）

为贯彻党的十八大精神，落实《中共中央 国务院关于深化科技体制改革加快国家创新体系建设的意见》和全国科技创新大会的要求，在国家高新技术产业开发区（以下简称“国家高新区”）实施创新驱动发展战略，根据科技部《关于进一步加强火炬工作促进高新技术产业化的指导意见》，组织实施国家高新技术产业开发区创新驱动战略提升行动（以下简称“国家高新区战略提升行动”），特制定本方案。

一、实施国家高新区战略提升行动的重要性和紧迫性

经过20年的发展，国家高新区集聚了丰富的创新资源，创新了体制机制，优化提升了发展环境，涌现出一批具有竞争力的产业和企业；国家高新区已经成为我国高新技术产业发展的一面旗帜，成为我国依靠科技进步和技术创新推进经济社会发展、走中国特色自主创新道路的突出典范，成为引领科学发展、创新发展和可持续发展的战略先导。

当前，国家高新区面临新的发展环境。从国际看，经济全球化、创新全球化深入发展，科技创新孕育新的重大突破，新一轮产业革命蓄势待发；从国内看，经济社会发展不平衡、不协调、不可持续的问题依然存在，经济结构急需转型、经济发展方式急需转变，工业化、信息化、城镇化、市场化、国际化的要求日益迫切；从国家高新区自身来看，原始创新能力需要加强，战略性新兴产业和现代服务业需要加快培育和发展，产业国际竞争力需要加强，辐射带动作用需要进一步发挥，体制机制需要进一步改革创新，科学发展水平需要不断提升。

国家高新区的建设和发展经过十年的初创发展阶段和十年的“二次创业”发展阶段，正迈入新的发展阶段，这个阶段的总体要求是创新驱动、战略提升。实施国家高新区战略提升行动既是新时期赋予国家高新区的历史使命，也是国家高新区自身发展的必然选择。

二、国家高新区战略提升行动的内涵和目标

（一）内涵。

以加快转变经济发展方式为主线，以增强自主创新能力为核心，以深化改革开放为动力，以促进科技与经济社会发展紧密结合为重点，全力提升国家高新区的科学发展水平，最终实现“四个跨越”。即：

——从前期探索、自我发展向肩负起创新示范和战略引领使命跨越；

——从立足区域、集约发展的资源配置方式向面向全球、协同创新的产业组织方式跨越；

——从要素集中、企业集聚的产业基地向打造具有国际竞争力和影响力的创新型产业集群跨越；

——从工业经济、产业园区向知识经济、创新文化和现代生态文明和谐社区、高科技产业增长极跨越。

（二）目标。

国家高新区战略提升行动的总体目标是：到2020年，努力将国家高新区建设成为自主创新的战略高地，培育和发展战略性新兴产业的核心载体，转变发展方式和调整经济结构的重要引擎，实现创新驱动与科学发展的先行区域，抢占世界高新技术产业制高点的前沿阵地，充分发挥国家自主创新示范区、国家高新区的核心载体作用，以更强大的创新能力服务于创新型国家建设。

通过世界一流高科技园区、创新型科技园区、创新型特色园区等三类园区的建设，通过“创新型产业集群建设工程”和“科技服务体系火炬创新工程”等专项工程的实施，实现：

——自主创新能力显著提升。高端创新资源和要素进一步向企业集聚，企业原始创新的意识与能力显著增强，从事研发设计、技术创业、成果转化、产业促进的服务机构进一步完备，创新体系和网络的服务功能进一步强大，建成一批世界水平的研发基地，形成一批全球高层次创新创业人才，突破一批具有国际影响力的重大创新成果、专利和标准。

——产业核心竞争力显著增强。转型升级取得明显成效，信息化和新型工业化程度明显提高，战略性新兴产业和现代服务业比例大幅度提升，文化科技产业发展迅速，产业结构明显优化，产业竞争力明显增强，产品附加值明显提高。

——经济发展质量和水平显著提高。节能减排深入推进，单位工业增加值能耗、水耗大幅度下降，土地集约利用效率显著提高，主要污染物排放总量显著减少，生态环境明显改善。

——引领和支撑经济社会发展能力显著加强。引领经济社会全面发展，功能日益完善，管理水平不断提升，经济社会和谐发展，居民就业充分，收入持续增长，生活水平不断提高，对区域经济支撑能力进一步加强，辐射带动周边区域经济发展能力大幅提升。

——先进文化软实力显著增强。创新创业理念不断深化，协同创新环境不断优化，开放合作不断深入，在“勇于创新、敢于创业、甘于奉献、追求卓越”的高新区精神指引下，形成具有特色的国家高新区文化体系，文化价值和品牌具有较强的国际知名度和影响力。

三、国家高新区战略提升行动的重点任务

（一）进一步探索有利于科技与经济社会发展紧密结合的体制机制。

1．先行先试。按照中央关于深化科技体制改革的新要求、新部署，不断深化改革，强化统筹协调，促进科技资源的优化配置和开放共享；大胆探索改革措施，先行先试，进一步破除影响科技与经济结合、影响科技创新效能发挥的障碍，激活科技要素。

2．创新管理体制。坚持精简高效和服务型政府的管理理念，优化“小机构、大服务” “小政府、大社会”的管理和服务体系；从立法和制度安排方面，赋予国家高新区必要的经济、社会、行政等管理权限和职能，强化高新区管委会的综合服务功能和科技创新促进功能，提高管理服务效率。

3．完善政策支持体系。全面落实好国家和地方的已有政策，建立与完善政策落实督办机制；加强政策的探索和创新力度，进一步制定和完善有利于科技与经济社会发展紧密结合、有利于提升自主创新能力的各项政策。

（二）率先建立以企业为主体的技术创新体系。

1．加强企业创新能力建设。加快建立企业为主体、市场为导向、产学研用紧密结合的技术创新体系；充分发挥企业在技术创新决策、研发投入、科研组织和成果产业化中的主体作用；积极支持企业承担国家科技项目，引导和支持企业加强技术研发能力建设，促进技术、人才等创新要素向企业流动和集聚；引进和建设与产业发展密切相关的应用型科研机构、企业研发中心、工程技术（研究）中心、博士后工作站等创新载体。

2．深化产学研合作。建立更为顺畅的产学研用合作关系，创新产学研合作模式；积极营造环境，充分利用高校、科研机构的创新资源和能力，建立资源整合与协同创新的新机制；制定鼓励产学研合作和创新能力转移和提升的政策措施，探索和实施科技成果处置权、分配权和股权激励等的政策试点工作；根据产业发展需求，支持企业联合高校、科研机构规划建设一批产业技术研究院、产业技术创新战略联盟等创新机构和组织；推广以企业为主导的委托研发、组建联合实验室、成立合资公司、合作开展中试以及技术许可、技术转让、技术入股等多种合作模式；健全产学研合作公共信息服务平台，完善为产学研合作提供服务的科技中介体系，加大对产学研合作的财政和金融支持。

3．着力提升创业的质量和水平。鼓励国家高新区建设科技企业孵化器、留学人员创业园和大学科技园等孵化服务机构，并把孵化体系建设的质量和水平作为国家高新区发展的重要考核内容；建设一批新型创业孵化机构，创新孵化模式，实现科技企业孵化器由政府主导向多元产权组织形式的转变，实现投资主体多元化；提高孵化器运营机构的服务能力和管理水平，鼓励其在服务空间、服务内容、服务手段、商业模式创新等方面开展新业务。

4．支持科技型中小企业创新发展。营造有利于科技型中小企业创新发展的良好环境，引导社会资本投向科技型中小企业，支持开展面向科技型中小企业的公共技术服务平台建设；继续开展“中国创新创业大赛”，加大创新基金对区内企业的支持力度。

5．加速科技企业快速成长。着力建立和完善科技企业加速成长机制，大力发展适合于高成长性企业加速发展的科技企业加速器，形成有利于企业快速扩展的空间载体；加强在市场开拓、投融资、上市、产业对接等方面的服务，促进企业快速成长，着力培育一大批瞪羚企业；创新并优化管理体制，鼓励风险投资机构、民间资本通过股权投资等形式参与加速器建设运营，建立市场化运营模式；加强建立科技企业加速器与孵化器对接机制，形成共同发展的生态系统。

6．做强做大高新技术企业。提高企业的创新能力，加速各类高端创新资源向企业集聚，引导企业加大创新投入，支持企业提高管理水平，建立现代产权制度；鼓励企业围绕创新发展进行并购与重组，支持跨区域整合与产业链整合，做大企业规模；促进企业“走出去”，提升利用全球创新资源和开拓国际市场的能力；支持企业参与国际标准创制，提高技术主导权与市场控制力，提高企业品牌价值。

（三）加快培育和发展战略性新兴产业。

1．选择战略性新兴产业发展重点。加强战略性新兴产业发展规律、国际竞争格局的前瞻性趋势研究，明确产业细分领域、关键技术、重点产品的发展目标和发展思路，加快战略性新兴产业发展规划的编制；统筹协调、稳步推进战略性新兴产业的建设和发展；研究和制定支持细分领域产业发展的政策措施。

2．加大对战略性新兴产业的培育力度。充分发挥国家高新区的核心载体作用，以整合技术资源为基础，采取“政府启动、多元投资、需求导向、市场运作”的运行模式，围绕产业链，集成各种要素；制定相关政策，重点支持战略性新兴产业的引入、培育和发展；加快建立技术标准，加速重大技术成果转化；发挥公共财政资金的杠杆作用，设立产业投资基金，全面推动战略性新兴产业的发展。

3．加快发展现代服务业。以现代科学技术特别是信息网络技术为主要支撑，以新的商业模式、服务方式和管理方法，形成新的服务业态；大力促进生产性服务业的发展，增强服务功能，提高创新能力；大力发展生活性服务行业，完善服务标准，提高服务质量；扩大服务业对外开放；大幅度提高现代服务业的比例。

4．大力促进文化科技产业的发展。提高文化与科技融合的集约化、专业化水平，加强文化科技基础技术的研发和应用，加强对传统文化产业的技术改造，实现科技创新与文化发展的有机融合；注重文化科技研发成果的转化与应用，加强文化科技人才培养。

5．着力发展创新型产业集群。围绕战略性新兴产业的培育和发展，积极推进创新型产业集群建设，加快科技成果在产业集群内的转化；通过政府引导和市场运作，加强集群发展规划的科学性，整合各种创新资源，力争集群在新兴产业的重点细分领域取得定价权、标准权等国际话语权，在原创性、核心技术上取得突破，从根本上改变产业跟从、技术依赖的格局。

6．加快产业转型升级。发挥国家高新区在传统产业改造中的技术优势，提升关键原材料和核心零部件的设计、制造水平，延伸产业链，发展高端制造业，推动产业转型升级；扶持企业发展产品深加工和精加工，大力推动企业开发新产品，实现产品升级换代；加快技术、产品、人才对周边区域的辐射，发挥好国家高新区的辐射、带动和引领作用。

（四）进一步完善科技创新服务体系建设。

1．完善科技创新服务体系。围绕产业创新需求，以加速技术转移与科技成果产业化为目标，健全科技创新服务体系；大力发展研发设计、技术创业、成果转化、产业促进服务类机构；建设技术信息、检验检测、中试孵化、技术交易、科技金融、国际化发展等公共服务平台；培育研发设计、研发服务管理、创意设计服务、知识产权服务、现代会展服务等科技服务业；积极推进科技服务机构的建设；结合地方特色和比较优势，打造科技服务业集聚区。

2．深化技术转移。围绕自身产业发展特点，进一步激发技术市场服务体系的活力，建设一批高水平技术转移机构，建立以需求为导向的技术转移途径；充分发挥创新驿站的作用，促进技术创新能力向企业转移；大力推动技术创业、产学研深度结合、科技企业股权并购等技术转移有效途径；积极推动技术咨询、技术服务、技术入股、国内外技术合作；进一步落实技术交易营业税、技术转让所得税等税收优惠政策。

3.促进科技服务新业态发展。重点发展研发设计服务、云计算应用、生命健康技术服务、外包服务、数字媒体技术应用等新业态；鼓励建立产学研主体和科技服务机构的利益共享机制，构建服务于科技成果转化全过程，技术、市场、资本有机融合的科技服务产业链和大平台，促进科技服务业的全面发展。

（五）营造创新发展的良好环境。

1．建立健全金融支撑体系。充分发挥国家高新区已经形成的综合优势，吸引并引导包括商业银行、创投机构、担保机构、保险机构、保荐机构，信托机构等金融服务机构服务于高新区，使国家高新区成为区域性的金融机构聚集区和金融创新的试验区；通过创新财政资金的支持方式，大力发展包括天使投资、创业风险投资、产业并购基金、银行信贷、信用担保、科技保险、小额贷款、企业上市、信托发行、债券发行、融资融券、融资租赁等金融产品。

通过“政府引导、市场运作”，大力推进科技和金融结合，积极探索科技资源与金融资源有机结合的新机制、新模式；不断优化投融资结构、不断丰富投融资方式，不断增大投融资强度，积极搭建科技金融综合服务平台，通过多种金融工具和金融手段的组合运用，集成科技金融资源为科技型中小企业发展和高新技术产业化融资提供综合服务；营造良好的投融资环境，促进技术创新、科技成果转移转化和产业化。

2．大力培养和引进创新型人才。落实国家中长期人才发展规划，切实发挥人才高地的作用，继续完善人才引进和培育的政策和机制，加快人才队伍建设，进一步优化人才政策，建立和完善以市场需求为目标的人才选拔机制、用人机制和评价机制；培养和支持一批中青年科技创新创业人才，引进一批海外高层次人才回国（来华）创新创业，集聚一批由高端人才领衔的创业投资、科技中介等创业服务团队。

优化创新创业人才队伍结构，营造良好的发展环境。加大对优秀创新创业人才、企业经营人才和管理人才的培养，特别要重点支持和培养一批具有发展潜力的中青年领军人才。以高层次创新型科技人才为重点，努力造就一批世界水平的科技领军人才和高水平创新团队；加快提升企业家职业化水平，培养具有现代管理理念、战略开拓能力和经营管理水平的企业家；加强职业技能培训和实习机构建设，培养技能型人才。建立健全人才配置、人才流动、人才评价、人才激励等机制，充分调动人才创新积极性；创新人才发展公共服务体系，探索建立政府购买人才公共服务的制度。

3．扩大国际交流与合作。强化“科技兴贸创新基地”的创建工作，优化出口贸易结构，提升技术贸易和服务贸易的比重和水平，大幅提升自主知识产权产品的出口比例；加快国际科技与商务合作平台建设，着力引进境外研发机构入驻；鼓励建立海外科技园，探索中国高新技术产业国际化发展的路径和模式，营造国有、民营、外资研发机构平等竞争的一个创新环境。

主动参与国际经济与产业竞争。加强国际科技、经济合作，提升整合利用全球科技创新资源的能力，形成多形式、广领域、高水平的开放格局；探索国际技术转移新模式，建立一批国际技术转移中心，新建一批联合研发中心，不断创新与国际组织、技术转移机构的交流合作机制；推动技术出口，鼓励高新技术企业开展国际合作业务，建立海外研发机构和产业化基地。

（六）提升科学发展水平。

1．切实关注和改善民生。统筹城乡发展，营造集教育、医疗、金融、文化、体育、购物等多种功能于一体的便捷生活环境；高水准建设花园式休闲社区、数字化学习社区、国际化社区等各类主题社区，提升社区服务功能；健全就业、养老、失地农民安置等社会保障制度，大力改善和提升人民群众的生活水平，使人民群众共享改革发展的成果。

2．大力推进绿色发展。大力推进能源、资源和土地的节约、集约和循环利用，切实注重环境保护，促进经济社会实现生态发展、绿色发展和可持续发展；制定节能减排标准，严格控制企业不可再生能源耗费量和污染物排放量；营造生态绿色环境，提高整体绿化覆盖率，打造绿色生态格局。

3．加强社会管理创新。推进智能交通、智能电网、智能市政等智慧型基础设施建设，促进高新区向以数字化、网络化、智能化为特征的智慧园区转变；创新管理服务模式，推进电子政务服务，探索建设智能政府；推广物联网、云计算等信息技术在智慧社区、智能医疗、智能家居等服务领域广泛应用。

4．营造良好的创新创业文化氛围。挖掘、凝练和提升“勇于创新、敢于创业、甘于奉献、追求卓越”的精神、“支持创新、鼓励创业”的发展理念和“科技创造财富、科技富民强国”的文化；用精神、理念和文化激励具有强烈使命感和社会责任感的科技企业家迅速崛起，营造良好的创新创业文化氛围，全面激发区域创新创业活力。

着力强化品牌意识，从战略层面构建国家高新区品牌，打造既体现产业特色又具有创新文化内涵的区域整体形象；建立有效的文化传播和示范推广机制，展示国家高新区发展成就，扩大国家高新区的知名度和品牌影响力。

四、国家高新区战略提升行动的组织实施

（一）加强对国家高新区分类发展的指导。

1．加快“世界一流高科技园区”的建设，积极培育具有国际影响力和竞争力的创新型产业集群，打造全球性创新极和新兴产业策源地；充分发挥“国家自主创新示范区”先行先试的优势，加强在技术转移、成果转化、股权激励、科技金融等方面政策措施的探索，率先建设成为世界一流高科技园区，强化引领示范作用。

推进“创新型科技园区”建设，加快创新资源的集聚，构建创新网络，发展创新经济，打造区域创新中心。

开展“创新型特色园区”建设，大力发展特色产业集群，引领区域经济结构调整和发展方式转变。

2．促进新升级国家高新区跨越发展。加强对新升级国家高新区的指导和督察，推动其进一步提升认识，科学制定发展规划，加强组织领导，理顺管理体制，落实相关政策，完善创新服务功能；积极开展新升级国家高新区的管理人员培训工作；推进国家高新区间的互利合作和人员互派。

3．深化体制机制创新。坚持科技部宏观引导和规划、省级科技主管部门具体业务指导、高新区所在市人民政府具体推进的管理体制，形成国家、地方、社会等各方力量共同支持国家高新区创新发展的联合治理新模式，以适应创新驱动战略提升的新要求。

4．优化战略布局。根据国家宏观战略部署和地方发展实际，进一步优化国家高新区的区域布局；指导帮助省级科技部门在基础较好的地区培育一批起点高、特色鲜明的省级高新区；鼓励国家高新区建立战略联盟，主动有效整合、利用全球创新资源，加强跨国、跨区域的创新合作与产业整合。

（二）重点实施“创新型产业集群建设工程”和“科技服务体系火炬创新工程”。

1．重点建设创新型产业集群。围绕战略性新兴产业，通过制度建设和机制创新，实现创新资源和生产要素的集聚，每个国家高新区形成一个或若干个以科技型中小企业、高新技术企业和创新人才为主体，以知识或技术密集型产品为主要内容，以创新组织网络、商业模式和创新文化为依托的创新型产业集群。

2. 整合完善科技服务体系。通过规划和政策引导，加强科技服务机构建设，整合科技服务资源，提升科技服务质量和水平，加强与产业互动，培育科技服务新兴业态，建立和完善科技服务体系，促进科技与经济紧密结合。

（三）完善评价考核工作机制。

1. 确定“三类园区”战略提升行动目标要点（见附件1），2016年进行中期检查评估，2021年完成绩效评估。

2. 完善《国家高新区评价指标体系》（见附件2），加强年度评价考核，强化管理。组织开展国家高新区的评估；根据评估结果和区域发展需求进行针对性指导，并实施动态管理。

3. 促进地方政府优化对所在地国家高新区的考核内容和考核方式，有效发挥评价对国家高新区创新发展的引导作用。

（四）加强组织领导和支持。

1. 科技部有效聚集相关创新资源，加大国家科技重大专项、科技主体计划及相关平台建设等项目在国家高新区实施，相关改革和政策措施在国家高新区先行先试。

科技部火炬高技术产业开发中心具体负责国家高新区战略提升行动的组织和指导，并加大火炬计划、科技型中小企业技术创新基金、国家重点新产品计划和创业投资引导基金等计划项目对国家高新区开展的高新区提升行动相关工作的支持力度。

2. 国家高新区所在省、市政府应将国家高新区的创新发展列入重点工作，把支持国家高新区建设摆在更加突出的位置，要在经济社会发展总体规划中明确国家高新区的发展定位，重大发展问题应纳入部省会商的内容；地方政府应给予国家高新区充分的财政、土地、政策保障和相应的经济行政管理权限，能够整合所在地区创新资源，有效往高新区内集中，充分发挥资源集聚整合的效益。

3. 省级科技主管部门应加强对国家高新区的业务指导、评价、考核和监督，统筹省内科技资源，加大对高新区的支持。

附1：“三类园区”战略提升行动目标要点

为实现到2020年国家高新区战略提升行动阶段的总体目标，根据现阶段各国家高新区发展实际和发展态势，对世界一流高科技园区、创新型科技园区、创新型特色园区实施战略提升行动，提出如下目标。

一、世界一流高科技园区

着力实施创新引领战略，到2020年实现技术创新领先、产业领先、经济和社会发展领先、体制机制创新领先的建设目标，成为世界一流的高科技园区，对其他国家高新区和区域经济社会的发展作出引领和示范。

确立创新引领、战略示范的地位和作用。探索建立起世界一流的政策、制度以及创新发展的良好环境；建设一批世界一流的创新创业载体，集聚一批世界一流高端人才，实现知识创造和技术发明的领先；培育一批技术国际领先的高新技术龙头企业，形成产业竞争的国际优势；主动整合和利用全球创新资源、采用跨国跨区域协同创新的产业组织方式，形成具有创新驱动和国际竞争力的创新型产业集群；在全球产业发展格局中，实现产业的价值链高端控制优势。

成为支撑国民经济持续发展的创新经济体。率先实现创新驱动、内生增长的发展方式，持续保持经济、社会又好又快发展；战略性新兴产业、现代服务业和创新型产业集群等新型经济结构成分实现优化和壮大，成为新产业、新业态最重要的发源地，能够引领世界产业发展的方向；有效推动国民经济的增长、结构改善和质量提升；资源进一步集约利用，产出效率大幅提升，科技创新对经济社会发展的贡献率大幅提高。

成为高效发达的局域创新系统。科技与经济密切结合，在国家创新体系中成为发达的局域创新系统，具备高水平的知识创造、高效率的知识转化和高速度的价值收获的功能，形成规范、完善和持续稳定的创新政策体系，形成有利于高水平知识创造和持续注入创新原动力的良好环境，形成大学、科研院所、社会研发机构、政府和企业更加紧密结合、更加有效协同创新的体制机制，研发投入强度大幅提高，高端人才进一步集聚，科技创新成果和知识产权大幅提高，科技成果转化和创新平台不断完善，以企业为主体的技术创新体系全面形成。

成为现代文明进步的新型城区。具备良好、高效的管理体制和运行机制，形成适应未来发展要求的系统完备、科学规范、运行有效的制度体系；社会管理方式全面创新，能提供规范的社会管理、公平的社会环境和优质的社会服务；科技、经济和社会全面协调发展，成为文化先进、社会和谐、生态优美，环境友好、宜居宜业、城市智慧、文明进步的新型城区，率先实现全面小康和现代化。

目标要求：

序号	指标	要求
1	企业研发投入占销售收入比例	8%
2	从业人员中硕士和博士占比	20%
3	从业人员中归国留学人员和外籍常住人员占比	3%
4	国家级研发机构数	100
5	万人年新增发明专利授权	40
6	国家级创新服务机构数	100
7	服务收入占营业收入比例	50%

8	产业集群与巨型企业数	2个以上具有国际影响力的创新型产业集群，2家超千亿企业或4家超500亿企业
9	从业人员人均增加值	70万/人
10	高企出口额占营业收入比例	15%

二、创新型科技园区

全面实现创新驱动的发展模式，到2020年成为培育和发展战略性新兴产业的核心载体，成为具有引领示范作用的科技、经济、社会等可持续发展的现代城市功能区，成为国家创新体系的重要支撑和区域创新体系的中枢。

全面实现创新驱动。高新技术产业、战略性新兴产业和现代服务业等创新型经济成分大幅提高，经济发展水平显著提升，产业发展的核心竞争力及区域经济发展的长期竞争优势明显增强，成为支撑地方经济的新支柱和驱动区域经济发展的新引擎。

创新能力显著提升。创新政策体系建设取得重大进展，创新环境进一步优化，研发机构和研发载体建设取得明显进展，企业为主体的技术创新体系基本形成，开放创新、协同创新的体制机制初步建立；实现园区创新资源的进一步集聚和园区创新资源与区域创新网络的有机衔接；创新网络更加完善，创新创业更加活跃，集群创新的优势更加明显；园区成为区域创新系统的重要结点和核心枢纽。

建成现代城市功能区。围绕现代城市、创新经济和全球化的发展潮流，建成现代科技新社区；科技创新、产业发展与城市化建设统筹推进，实现能源、资源和土地的节约集约利用，实现生态发展、绿色发展和可持续发展；创新文化建设取得实效，形成良好的品牌价值和创新凝聚力。

形成区域优势的创新型产业集群。培育和聚集创新资源，有技术创新能力的龙头企业发展迅速；基于战略性新兴产业的创新型产业集群初具规模，形成产业创新发展的良好能力，实现主导产业的技术优势和规模竞争优势；发挥面向区域产业集群的辐射带动作用，形成对区域产业发展的导向能力和对区域传统产业的改造能力，实现园区经济和区域经济的协调发展。

目标要求：

序号	指标	要求
1	从业人员中硕士和博士占比	8%
2	国家级研发机构数	50
3	万人年新增发明专利授权	25
4	国家级创新服务机构数	50
5	经认定高新技术企占企业总数比例	35%
6	服务收入占营业收入比例	35%
7	产业集群与巨型企业数	2个国内领先的创新型产业集群，2家超300亿或4家超100亿的企业
8	从业人员人均增加值	50万/人
9	高企出口额占营业收入比例	10%
10	营业收入利润率	8%

三、创新型特色园区

全面实施创新驱动的发展模式，到2020年成为具有创新驱动能力、符合区域发展特点和特色优势突出的园区，实现引领产业技术发展、参与国际竞争、促进产业升级和提升自主创新能力的功能。

创新驱动、内生增长。创新政策体系初步健全，创新环境进一步改善，研发机构和研发载体建设取得较大进展，企业为主体的技术创新体系初步建立；龙头骨干企业的技术创新能力明显提升，技术转移转化和科技成果产业化进程明显加快；创新创业更加活跃；基本形成具有产业价值链控制优势并具有规模竞争优势的特色产业聚集区。

产业发展特色突出。发展符合区域资源特点的产业形成较大规模，基本拥有产业发展趋势的话语权，在标准制定、品牌建设、原材料定价等关键环节有较强的国际影响力；特色产业产业链较为完整，产业集群效应明显；形成围绕特色产业创新发展的软硬环境；围绕特色产业积极推进企业品牌、产业品牌和区域品牌建设，形成了在全国乃至全球具有影响力的产业集群，初步实现从成本依赖型产业集群向创新型产业集群的转变。

发展模式创新。在体制机制、发展模式、发展路径、环境文化营造、园区建设、社会管理服务等方面形成了鲜明特色；在辐射、带动和引领区域经济发展，发展方式转变、经济结构调整和品牌建设等方面作出突出贡献，发挥了强有力的影响。

目标要求：

序号	指标	要求
1	从业人员中本科以上占比	25%
2	国家级研发机构数	20
3	国家级创新服务机构数	20
4	经认定高新技术企占企业总数比例	30%
5	服务收入占营业收入比例	25%
6	产业集群与巨型企业数	2个在国内有重要影响力的产业集群，2家超100亿或4家超50亿的企业
7	从业人员人均增加值	40万/人
8	出口额占营业收入比例	10%
9	营业收入利润率	7%

附2：国家高新区评价指标体系（修订版）

一级指标	二级指标	赋权	来源
知识创造和技术创新能力 30%	1.1 万人拥有本科（含）学历以上人数	1.0	统计
	1.2 企业万元销售收入中R&D经费支出	1.2	统计
	1.3 国家级研发机构数	0.9	统计
	1.4 国家级孵化器数	0.8	统计
	1.5 内资控股企业万人当年新增发明专利授权数	1.1	统计
	1.6 管委会当年财政支出中对科技的投入额	0.8	统计
	1.7 人均技术合同交易额	1.0	统计
	1.8 工业增加值率	1.1	统计
	1.9 企业利润率	1.1	统计
	1.10 园区管委会的体制机制创新和有效运作评价	1.0	调查
	1.11 园区发展符合国家导向评价	1.0	定性
产业升级和结构优化能力 30%	2.1 营业收入超30亿元高新技术企业数	0.8	统计
	2.2 服务收入占营业总收入比例	1.1	统计
	2.3 人均增加值	1.1	统计
	2.4 高新技术企业数占企业总数比例	1.0	统计
	2.5 国家级产业服务促进机构数	0.8	统计
	2.6 万人当年新增的知识产权数（含注册商标）	1.0	统计
	2.7 万人拥有的上市企业数量	1.0	统计
	2.8 企业净资产利润率	1.1	统计
	2.9 从业人员人均工资性收入占人均增加值比例	1.1	统计
	2.10 园区科技金融发展状况评价	1.0	调查
	2.11 园区战略性新兴产业和创新型集群培育及发展状况评价	1.0	定性
国际化和参与全球竞争能力 20%	3.1 海外留学归国人员和外籍常驻人员占从业人员的比例	1.0	统计
	3.2 高新技术企业出口额占园区营业收入的比例	1.1	统计
	3.3 技术服务出口额占出口总额的比例	1.0	统计
	3.4 企业设立的境外分支机构数	0.8	统计
	3.5 万人当年新增欧美日注册商标数	1.1	统计
	3.6 万人当年新增欧美日专利授权数	1.1	统计
	3.7 企业累计参与制定产业国际标准数	0.9	统计
	3.8 当年内资控股企业的海外直接投资额	0.8	统计
	3.9 园区实施人才战略与政策的绩效评价	1.1	调查
	3.10 园区宜居性和城市服务功能的完善程度评价	1.1	定性
高新区可持续发展能力 20%	4.1 从业人员数增长率	1.1	统计
	4.2 从业人员中硕士和博士占比	1.0	统计
	4.3 企业数量增长率	1.1	统计
	4.4 企业上缴税收总额增长率	1.0	统计
	4.5 企业当年新增投资总额	0.8	统计
	4.6 单位增加值综合能耗	1.0	统计
	4.7 园区“政产学研资介用”合作互动与知识产权保护评价	0.9	调查
	4.8 园区参与评价工作所报数据的客观性、准确性和完整性评价	1.1	定性

科技部

二〇一三年三月十二日

科技部 北京市人民政府 关于建设国家技术转移集聚区的意见

（国科发火〔2013〕456号）

为深入贯彻落实党的十八大和全国科技创新大会精神，实施创新驱动发展战略，把握世界科技创新格局调整时期科技、人才、资金等全球创新要素聚焦中国的战略机遇，深化科技体制改革，优化科技资源配置，大力促进国内、国际技术转移，科技部与北京市决定在中关村西区共建国家技术转移集聚区（以下简称“集聚区”）。现提出以下意见。

一、充分认识建设集聚区的重要意义

（一）技术转移是我国实施创新驱动发展战略的重要内容，是实现科技与经济结合的重要手段。经过30年的建设与发展，我国技术转移体系已初步形成，技术转移规模不断扩大，但在制度、组织、机制方面亟待完善，与应对全球竞争和建设创新型国家的迫切要求尚有差距。解决这些问题，既需要通过深化科技体制改革，进行全面系统设计，也需要在条件具备的地区先行开展改革试点，总结经验，逐步推广。

（二）依托北京市深厚的产业发展基础、科技创新基础和中关村国家自主创新示范区的政策优势建设集聚区，通过政策突破、技术转移资源的空间集聚和全国创新服务资源的信息化集成共享，推动形成我国技术转移和成果转化的新格局，有利于探索科技体制改革的经验和路径，有利于加速科技与经济结合的进程，有利于示范和引领我国科技创新服务体系和高端科技服务业发展，有利于集聚全球资源支撑我国自主创新，对建设具有全球影响力的科技创新中心和创新型国家具有重要意义。

二、建设集聚区的指导思想、原则与目标

（三）指导思想。以科学发展观为指导，以推动科技与经济结合为目标，以技术转移机制完善和商业模式创新为突破口，以“资源集散、模式创新、市场引领、全球链接”为路径，以中关村西区为“一个”核心，把握国际、国内“两大”市场，发挥北京创新资源集中、中关村先行先试、中关村西区技术转移活跃“三大”优势，促进集聚区技术、人才、资金、服务“四类”要素的流动和融合，大幅提高技术转移效率和整体服务能力，带动我国技术转移制度、组织与机制实现全面战略提升。

（四）建设原则。坚持政府引导、市场运作；集成资源、搭建平台；多方参与、共建共享；统筹协调、分步实施的原则。

（五）发展目标。将集聚区建设成为技术转移机制完善与商业模式创新的试验田，成为我国技术成果集成转化和区域创新合作核心区，成为具有全球影响力的国际技术转移大平台，成为技术转移服务的高端品牌和科技成果发布与交易的新地标。力争到2020年，集聚区成为我国科技创新服务体系建设的标杆，实现科技创新活力的充分释放和市场对科技资源的有效配置，初步实现对全球创新资源的凝聚、整合与利用，形成以北京为轴心的跨区域、跨领域、跨机构的技术流通与转化新格局。

三、实施载体建设工程，推进创新资源的集聚与扩散

（六）建设技术转移标志性区域。以中关村西区为核心，推进空间整合，完善基础建设条件，聚集各类创新要素，促进现有产业向高端科技服务业态转型，辐射带动现代服务业发展。分期布局国际技术转移中心区、国家高新区区域合作中心区、技术转移专业服务与合作区、技术研发合作区、科技金融服务区和科技成果应用发布交易区等六个功能性区域。

（七）建设中国网上技术市场。深化和完善中国技术交易信息服务平台，汇集高等学校、科研院所、产业技术研究院、国内外企业、高新区、创业团队、产业技术联盟以及各类科技服务机构等，建设全国统一的技术交易信息披露、报价和支付系统，促进技术、资本、人才和创新服务的信息化集成共享和充分耦合，开展技术转让、难题招标、拍卖等公开交易模式创新，加快全国技术市场一体化进程。

四、实施改革推进工程，开展技术转移政策创新试点

（八）深化中关村先行先试政策。积极营造鼓励科技创新的政策环境，深化中央级事业单位科技成果处置和收益权改革政策试点，积极推动股权和分红激励试点，加大科技创新人才个人所得税的优惠力度，进一步激发科技人员实施和转化科技成果的积极性，推动技术创新。

（九）研究制定并实施促进技术转移的系统性政策。研究有利于技术转移的基础性、重大政策，探索建立与市场需求相适应的系统性政策体系，解决成果转化中确权、知识产权价值评估、无形资产处置和收益分配等技术转移的关键问题，在集聚区就相关政策开展先行先试。

（十）加快推进科技计划和经费管理改革。充分发挥政府财政资金的引导作用，加快形成多元化、多层次、多渠道的科技投入体系。依托集聚区集成资源，围绕区域经济社会发展重大需求，采取面向全球公开招标、邀标、定向征集等方式，组建联合项目研发团队，探索社会金融资本与科技计划经费联合支持、收益共享、风险共担、以企业为主体的协同创新机制。建立健全符合科研规律的科技项目经费管理机制和审计方式，继续优化财政预算评审程序。

五、实施服务提升工程，促进创新要素的协同与聚合

（十一）构建专业化、集成化的技术转移服务体系。围绕集聚区发展目标，推动服务领域和服务内容的专业化。在集聚区大力发展技术成果价值评估、技术标准服务、品牌建设服务、高端创业团队评估和管理服务等，以及与战略性新兴产业的培育壮大相结合的商业模式创新、科技金融、国际合作等高端化服务。探索应用研发、技术转移、创业孵化、创业投资相互融合的新型服务模式，促进服务机构之间的业务集成、服务机构与产业集群之间的供需集成。

（十二）打造技术转移公共服务平台。开展国内外领先的科技成果推介、展示和交易等活动，举办全球科技成果发布交易会、北京跨国技术转移大会（ITTC）等活动，发布国际国内重大科技成果及应用，对接跨国科技合作与技术转移需求，推介全球技术转移机构及服务，宣传全国技术转移和产学研合作的新模式与成效。通过国际技术转移协作网络（ITTN）等拓展国际合作渠道，加强信息交流，促进项目对接，使集聚区成为具有全球影响力的国内外高新技术成果发布及交易平台。

（十三）面向全球引进并培育高端人才和团队。深入实施国家及地方重大人才计划，围绕技术转移发展绘制世界人才地图，在全球范围内吸引和集聚技术转移高端人才。加快建立高端人才多层次培养体系，加快技术转移人才培养，推进建设集聚区技术转移人才资源库。兴办中关村创业学院，联合部分高校、新型创业孵化机构，培养一批新兴产业领域的创业者。

六、加强组织保障，稳步推进集聚区建设

（十四）建立部市协同工作机制。将集聚区建设纳入科技部和北京市部市会商重大议题，成立由科技部、北京市政府组成的领导小组，负责集聚区建设与发展的组织领导与统筹协调。领导小组下设办公室，负责集聚区建设与运营的各项具体工作。

（十五）加强部市经费统筹和扶持力度。科技部各相关科技计划积极支持集聚区内技术转移机构、国际（内）技术转移项目及公共服务平台等建设，产业化类计划优先将集聚区作为项目推荐渠道。北京市统筹各级经费支持集聚区条件建设、技术转移服务能力建设、集聚区入驻机构的房租补贴，支持国内外技术转移项目的引进、消化和吸收等。

（十六）加大开放合作和宣传推广力度。组织开展集聚区的对外宣传推广工作，加强舆论引导，通过全国高新技术产业化工作体系、国家和地方组织的重大活动以及中国驻外使领馆等多种渠道，对集聚区建设的功能作用、重大成果和典型案例等进行宣传，打造集聚区"链接全球、辐射全国"的品牌，营造集聚区建设与发展的良好氛围。

科技部
北京市人民政府
二〇一三年四月二十六日

国家级科技企业孵化器评价指标体系（试行）

（国科火字〔2013〕182号）

为提高国家级科技企业孵化器对科技型创业企业和科技创业人才的孵化服务水平，根据《国家科技企业孵化器"十二五"发展规划》（国科发高〔2012〕1222号）的要求，在《科技企业孵化器的认定和管理办法》（国科发高〔2010〕680号）的基础上，通过充分论证和广泛征求意见，研究制定《国家级科技企业孵化器评价指标体系》（以下简称"指标体系"）。

本指标体系用于国家级孵化器工作绩效评价，旨在加强和规范国家级孵化器的管理，引导我国科技企业孵化器（以下简称"孵化器"）健康发展，提升孵化器的服务能力和绩效，提高社会贡献率，并作为制定有关政策、引领发展和动态管理的主要依据。

一、评价的原则

1. 目标和导向性原则。以培育战略性新兴产业的源头企业和科技创业人才为目标，以加强孵化环境和能力建设为导向。

2. 科学和客观性原则。按照定性与定量、总量与比值相结合的方式，对孵化器的综合能力、整体水平和可持续发展状况进行客观评价。

3. 公平和公正性原则。依据各孵化器报送科技部火炬高技术产业开发中心的统计数据和报告，通过定量分析和专家评审方式实施评价，并适时公布评价结果。

二、评价的组织实施

1. 以国家级孵化器为对象，由科技部火炬高技术产业开发中心按照规定、标准和程序，定期组织专家进行评价，并发布评价结果，作为考核国家级孵化器的重要依据。

2. 国家级孵化器按照火炬计划统计和指标评价体系的有关要求，按期如实上报有关数据、报告和佐证资料。

3. 各省级科技行政管理部门，对本辖区国家级孵化器的数据统计、报告、评价工作负有指导、监督和协助的职责。

三、评价结果及其应用

1. 国家级孵化器评价结果分为优秀（A）、良好（B）、合格（C）和不合格（D）四个等级。

2. 评价结果为优秀的国家级孵化器，在安排相关科技计划项目和表彰时，予以优先考虑。

3. 不按规定时间和要求提供评价资料的或提供虚假评价资料的国家级孵化器，视为不合格。

4. 连续两次评价结果不合格的国家级孵化器，取消其国家级资格。被取消国家级资格的孵化器，两年内不得重新申报国家级科技企业孵化器。

四、评价指标

一级指标	二级指标	三级指标	权重
服务能力 45%	团队建设	1.1 服务人员数量与在孵企业总数的比例	3
		1.2 接受专业培训的孵化器从业人员比例	5
	资源集聚	1.3 创业导师数量与在孵企业总数比例	4
		1.4 孵化器签约的中介服务机构数量	3
	基础服务	1.5 考核期内公共技术服务平台建设情况和服务效果	5
		1.6 统计和总结报告的完整性、准确性和时效性	4
	融资服务	1.7 考核期内孵化基金投资在孵企业的数量占在孵企业总数的比例	4
		1.8 考核期内获得投融资的在孵企业数量与在孵企业总数的比例	5
	拓展服务	1.9 考核期内孵化器在创业苗圃和加速器建设方面的工作	3
		1.10 考核期内孵化器开展国际合作和海外高层次人才引进的工作	3
	持续发展	1.11 考核期内孵化器服务收入占总收入的比重	3
		1.12 考核期内孵化器获得省级以上各级政府部门支持的各类项目和荣誉的数量	3
孵化绩效 30%	孵化效率	2.1 考核期内新增在孵企业数量占在孵企业总数的比例	4
		2.2 考核期内毕业企业数量占在孵企业总数的比例	4
	研发效率	2.3 获得知识产权的在孵企业数量占在孵企业总数的比例	5
		2.4 考核期内在孵企业研发总投入占营业总收入的比重	5
	获奖情况	2.5 考核期内获得省级以上科技计划和科技奖励的在孵企业数量占在孵企业总数的比例	3
		2.6 考核期内孵化器中获得省级以上科技领军人才计划的人数	3
	毕业企业	2.7 考核期内毕业企业的平均营业收入	3
		2.8 考核期内毕业企业平均缴税金额	3
社会贡献 25%	吸纳就业	3.1 考核当年在孵企业就业人员总数	4
		3.2 考核期内大学生创办企业数量	3
	成功企业	3.3 考核期内获得高新技术企业的在孵企业数量占在孵企业总数的比例	4
		3.4 孵化器毕业企业中上市、被并购或销售收入超过5000万元的企业数量	4
	品牌特色	3.5 考核期内孵化器开展的特色工作及突出服务案例	5
		3.6 孵化模式在区域范围内的辐射效应及对当地创新创业文化氛围的营造能力	5

五、指标说明

（一）基本定义。

服务人员：指在孵化器中为企业提供各种政策咨询、入驻孵化服务的全职人员（不含物业服务专职人员）。

在孵企业：指在孵化器内入驻，并符合《科技企业孵化器认定和管理办法》（国科发高〔2010〕680号）规定条件的企业。

创业导师：指经省级科技主管部门备案的，由孵化器聘任的具有一定社会影响的企业家、投融资专家、管理咨询专家、技术专家等相关专业人士。

公共技术服务平台：在某个专业技术领域，为创业企业提供技术研发、产品或工艺设计、诊断、检测等服务的，提供数据、软件、装备、设施等共享资源的，以及提供融资、市场开拓、人才引进等服务的公共平台。

孵化基金：指孵化器或其下属公司自有的，通过无偿资助、周转金或股权投资等形式提供给在孵企业的资金。

创业苗圃：指通过提供专业、系统的预孵化服务，帮助尚未成熟的创业项目逐步具备商业价值并成立企业的场所和平台。

加速器：指以具有一定规模的高成长性企业为主要服务对象，通过服务模式创新，充分满足高成长性企业对于空间、管理、服务、合作等方面个性化需求的新型空间载体和服务体系。

省级以上：指省、自治区、直辖市及计划单列市，新疆生产建设兵团，不包括其他副省级城市。

毕业企业：指根据《科技企业孵化器认定管理办法》（国科发高[2010]680号）规定的条件毕业，并已迁出孵化器场地的企业。

大学生创办企业：指由大学生独自创办或大学生团队合作创办的、具备独立企业法人资格的科技型中小企业。大学生本人应是承担企业技术研发或经营管理主要职责的核心人员。其中，大学生是指高等院校在读或毕业未超过二年的大学生或研究生。

（二）指标界定。

1. 服务能力

1.1 服务人员数量与在孵企业总数的比例：指孵化器服务人员数量与孵化器内在孵企业总数的比例。

1.2 接受专业培训的孵化器从业人员比例：指孵化器的从业人员参加国家孵化器行业认可的专业培训，并取得资格或证书的人数与孵化器从业人员总数的比例。

1.3 创业导师数量与在孵企业总数比例：指孵化器聘请的，并在省级以上科技主管部门备案的创业导师的数量与在孵企业总数的比例。

1.4 孵化器签约的中介服务机构数量：指与孵化器签订合同的为在孵企业提供各类专业服务的中介机构的数量，包括会计、律师事务所等。

1.5 考核期内公共技术服务平台建设情况和服务效果：指考核期内，孵化器对公共技术服务平台的建设和完善情况，以及在孵企业使用公共服务平台的情况。

1.6 统计和总结报告的完整性、准确性和时效性：指考核期内，孵化器承担的火炬计划统计、总结报告及有关数据调查等工作，是否完整、真实、准确、及时。

1.7 考核期内孵化基金投资在孵企业的数量占在孵企业总数的比例：指考核期内，获得孵化基金股权投资的在孵企业的数量与在孵企业总数的比例。

1.8 考核期内获得投融资的在孵企业数量与在孵企业总数的比例：指考核期内，获得股权和债权融资的在孵企业的数量与在孵企业总数的比例。

1.9 考核期内孵化器在创业苗圃和加速器建设方面的工作：指考核期内，孵化器在建设创业苗圃和加速器方面的工作。

1.10 考核期内孵化器开展国际合作和海外高层次人才引进的工作：指考核期内，孵化器在开展国际孵化业务培训、国际技术转移、国际项目对接，以及引进留学人员和海外高层次人才到孵化器创业等方面的工作。

1.11 考核期内孵化器服务收入占总收入的比重：指考核期内，孵化器为在孵企业提供各类服务所获得的收入（不包括房租或物业管理等收入）与孵化器总收入的比例。

1.12 考核期内孵化器获得省级以上各级政府部门支持的各类项目和荣誉的数量：指考核期内，孵化器本身获得省级以上各部门（包括科技、教育、人社、工信、商务等）支持的各类项目和荣誉的数量。

2. 孵化绩效

2.1 考核期内新增在孵企业数量占在孵企业总数的比例：指考核期内，新增入孵企业数量与在孵企业总数的比例。

2.2 考核期内毕业企业数量占在孵企业总数的比例：指在考核期内，孵化器的毕业企业数量占在孵企业总数的比例。

2.3 获得知识产权的在孵企业数量占在孵企业总数的比例：指获得各类知识产权授权（包括专利、软件著作权、集成电路布图设计、植物新品种等）的在孵企业数量与在孵企业总数的比例。

2.4 考核期内在孵企业研发总投入占营业总收入的比重：指考核期内，在孵企业用于技术研究开发的资金总额与在孵企业营业总收入的比例。

2.5 考核期内获得省级以上科技计划和科技奖励的在孵企业数量占在孵企业总数的比例：指考核期内，获得各类省级以上科技计划（基金）立项和省级以上科技奖励的在孵企业的数量占在孵企业总数的比例。科技计划包括但不限于：自然科学基金、973计划、863计划、科技攻关计划、重点新产品计划、科技惠民计划、成果重点推广计划、科技型中小企业技术创新基金、农业科技成果转化资金、火炬计划、支撑计划、星火计划、科技基础条件平台建设计划、国际科技合作计划、重点试验计划、工程技术研究中心、软科学研究计划、科研院所计划开发专项等。

2.6 考核期内孵化器中获得省级以上科技领军人才计划的人数：指考核期内，在孵化器内获得省级以上科技领军人才计划的人数，包括“千人计划”“万人计划”“长江学者”等。

2.7 考核期内毕业企业的平均营业收入：指在考核期内毕业企业实现的平均营业收入。

2.8 考核期内毕业企业平均缴税金额：指在考核期内毕业企业实现的平均缴税金额。

3. 社会贡献

3.1 考核当年在孵企业就业人员总数：指在考核评价的当年，在孵企业的就业人员总数。

3.2 考核期内大学生创办企业数量：指考核期内，大学生在孵化器内创办的科技企业数量。

3.3 考核期内获得高新技术企业的在孵企业数量占在孵企业总数的比例：指在考核期内，获得省级高新技术企业的在孵企业的数量与在孵企业总数的比例。

3.4 孵化器毕业企业中上市、被并购或销售收入超过5000万元的企业数量：指从孵化器毕业的企业中，上市、被其他企业收购或控股的、或销售收入超过5000万元人民币的企业的累计数量。

3.5 考核期内孵化器开展的特色工作及突出服务案例：指考核期内，孵化器组织的有关人员培训、项目对接、产品展示、人才引进、市场开拓、国际合作等特色服务活动，以及考核期内孵化器对在孵企业服务中成效显著的案例。

3.6 孵化模式在区域范围内的辐射效应及对当地创新创业文化氛围的营造能力：指孵化器的孵化和服务模式在当地的引领和辐射作用，以及通过宣传火炬创新创业品牌，在当地营造的文化氛围。

五、评价方法

（一）定量指标的计分方法。

1. 定量指标数据的采集

定量指标数据采用各国家级孵化器每年度上报的统计数据和年度报告中的部分数据X_j。专家评分时对定量数据进行核实。

2. 定量指标值计分方法对二级指标数据采用功效函数法进行无量纲化和百分化处理，Y_j表示j国家级孵化器第i个指标的数值得分，X_j为该项指标实际值，$X_j^{(s)}$为该项指标不允许值，$X_j^{(h)}$为该项指标满意值，即：

$Y_j=(X_j-X_j^{(s)})/(X_j^{(h)}-X_j^{(s)})$ *Pi+Qi。其中，i代表某项指标；j代表第j个国家级孵化器；Qi ，Pi为常数。

（二）定性指标的计分方法。

1. 定性指标定量化

专家主要通过国家级孵化器年度报告、实地考察等方式，获得定性评估的依据。各定性指标分优秀、良好、合格、不合格四个等级，并按照等级予以赋值。

2. 专家打分方法

专家首先根据各定性指标不同等级的描述，根据所获得的实际资料，通过集体评议决定指标的等级。在此基础上，各位专家在所确定等级的赋值范围内进行打分，然后对所有专家的打分进行算术平均，并做无量纲化处理，得到定性指标的定量化分值。

（三）综合评价得分。

综合评分$Z_j=\sum_{i=1}^{n}Y_{ij}S_iW_iT_i$。$S_i$为第i项指标的权重，$W_i$为第i项指标所属二级指标权重，$T_i$为第i项指标所属一级指标权重。

六、附则

火炬中心负责本指标评价体系的起草、修订和解释。

本指标评价体系自发布之日起施行。

科技部火炬中心

二〇一三年七月十六日

“苗圃—孵化器—加速器”科技创业孵化链条建设指南

（国科火字〔2013〕230号）

为进一步贯彻落实全国创新大会精神，实施创新驱动战略，贯彻落实《国家科技企业孵化器十二五发展规划》（国科发高2012〔1222〕号）的要求，顺应新时期孵化器提升发展的趋势，开展“苗圃—孵化器—加速器”科技创业孵化链条（以下简称“科技创业孵化链条”）建设工作，特制定本建设指南。

一、背景与意义

随着我国创新驱动战略的实施和企业技术创新主体地位的确立，我国科技创业活动日益活跃，科技型中小企业大量涌现。不同领域、不同业态、不同发展阶段的企业在要求创业孵化服务差异化的同时，也要求各种服务在空间上的集聚，形成一个良好的创业生态网络和环境帮助它们快速健康成长。这一切都对我国科技企业孵化器的服务能力和水平提出了更高的要求。为应对这些新趋势和新要求，未来孵化器的业务有必要向前端和后端扩展，即以孵化器为核心，建设“苗圃—孵化器—加速器”一体化的科技创业孵化链条，针对不同发展阶段的科技企业，提供差异化服务。对未成立企业的创业团队开展选苗、育苗和移苗入孵工作；对孵化器内企业提供高水平、高质量的专业化孵化服务；对具有高成长性的企业不仅要“扶上马”，还要“送一程”，鼓励其进入加速器更快成长，从而在一个体系内将各类资源和服务有效集成，形成适应科技企业发展的完整生态系统，提高企业自主创新能力，助推企业迅速发展壮大，促进区域经济转型发展。

大力推进科技创业孵化链条建设，是新时期科技企业孵化器创新驱动、战略提升的重要内容，旨在全面提高孵化器服务质量和水平，提升孵化器对各种创业服务的集成能力，真正实现从团队孵化到企业孵化再到产业孵化的全链条一体化服务，营造良好创新创业环境，发挥孵化器在科技与经济结合中的关键作用，促进区域经济转型升级，为建设国家创新体系和创新型国家奠定坚实基础。

二、内涵与功能

“苗圃—孵化器—加速器”科技创业孵化链条，为处于不同发展阶段的创业企业和团队全程提供有针对性的专业化孵化服务。该链条以科技企业孵化器为基础与核心，向前后两端延伸建立创业苗圃和加速器。创业苗圃以孵化团队和项目为目标，在苗圃内“育苗”成功的团队和项目入驻孵化器；孵化器以孵化初创期企业为目标，从孵化器毕业的高成长性企业进入加速器；加速器主要以培育孵化器毕业的高成长性企业为目标，促进企业快速发展壮大。三个部分有效链接，在任务上既有分工又有合作，在服务上既差异化又注重集成，最终形成从项目初选到产业化发展的全链条一体化创业孵化服务体系，营造良好的创新创业生态环境，促进科技企业迅速成长壮大，推动产业集聚，为区域经济发展做出贡献。

创业苗圃鼓励有创业意向的科研人员、大学生、留学人员等开展创业见习实习，为未成立企业的优秀创业项目和创业团队提供专业、系统的“预孵化”服务，提高创业团队的素质和技能，降低创业成本和门槛，开展选苗、育苗和移苗入孵工作。创业苗圃的主要功能包括为创业团队免费或低价提供办公场所，含工位和网络等设施；提供项目的发展前景评估；聘请创业导师为企业提供各类创业辅导和培训，包括模拟创业的实训课程等。

孵化器以初创期科技企业为服务对象，通过为企业提供物理空间和基础设施，以及一系列基础服务，培育和扶持中小企业发展，降低创业者的风险和成本，提高创业成功率。孵化器的主要功能包括为创业企业低价提供办公场所和基础配套服务；提供工商注册、基本财务管理、法律咨询、人力资源咨询、基本的商务服务、政策咨询服务；有条件的孵化器可以对在孵企业进行投资等。

加速器以孵化器毕业的高成长性企业为主要服务对象，通过产业组织创新、资源配置方式创新和服务模式创新，充分满足高成长性企业对于发展空间、技术研发、资本运作、人力资源、市场开拓、国际合作等方面个性化需求，帮助企业加速成长，培育区域经济新增长点。加速器的主要功能包括为企业提供可租可售的充足办公场所和厂房；自身具有投资功能；作为第三方服务平台，引入专业服务机构，为企业提供技术研发、市场开拓、知识产权、人力资源、投融资服务、上市和并购辅导等可供定制化的服务等。

三、目标与标准

科技创业孵化链条的发展目标：在全国部分国家级孵化器内建成能够满足不同成长阶段的科技企业需求的孵化体系。聚集各类创新要素，为科技企业提供全方位、多层次和多元化的一条龙服务，营造良好的创新创业生态环境，形成组织体系网络化、创业服务专业化、服务体系规范化的发展局面。具体目标：3年内，全国培育1000家左右营业收入超过5000万元的高成长性企业。

科技创业孵化链条建设示范单位原则上应达到的标准为：

1. 已形成完整合理的科技创业孵化链条管理机制，管理和服务人员数量、结构和能力能满足服务需求；形成一整套科技创业孵化链条的服务规范和标准。

2. 创业苗圃为创业团队提供必要的服务场地；正在培育的创业项目不少于30个；引入天使投资的项目比例三年内累计不低于总数的10%；项目转化为公司的成功率三年内累计不低于总数的30%，并90%以上入驻孵化器。

3. 能和企业加速功能，形成良性的“苗圃—孵化器—加速器”一体化企业培育机制；自身具有天使投资功能；孵化器在孵企业年毕业率不低于10%。

4. 加速器面积不低于5万平方米，其中用于高成长性科技企业租售的场地不少于总面积的70%；入驻企业不少于20家；企业的行业集中度不低于60%；从孵化器毕业的企业数量占加速器企业数量的比例不低于50%；预计3年内，累计培育年营业收入超过5000万元的企业不少于20家。

四、重点与任务

（一）实现专业集聚发展。

鼓励科技创业孵化链条专注于某一细分产业，围绕产业发展建设基础设施、公共平台和政策环境，实现招商队伍专业化、服务方式专业化和投资服务专业化；提高整合内外部资源的能力，促进同类产业、同类环节的企业、服务机构和创新资源形成协同创新网络；开展产业链上下游企业间的各类交流活动，建立同行业企业的技术联盟，促进企业的互动发展；引入与产业发展有关的各类要素，包括促进产学研结合、控制产业前端原材料、开拓产业后端销售渠道、举办或参与行业展会等，并注重产业品牌和文化建设。

（二）强化金融服务功能。

鼓励科技创业孵化链条搭建天使投资网络，吸引天使投资人投资于项目团队以及早期创业企业；设立创业投资基金、产业发展基金投资优质企业；与创业投资机构合作筛选优质企业并跟投；建立担保公司和小额贷款公司，为优质企业提供担保和贷款；与银行、保险、担保、信托等金融机构合作，积极创新面向科技创业企业的金融产品，缓解企业融资难问题；鼓励管理人员持股孵化，并建立相应的退出机制。

（三）搭建专业技术平台。

鼓励科技创业孵化链条建设专业领域的公共实验室，为企业提供基本的技术研发、产品或工艺设计等服务，以及数据、软件、装备、设施等共享资源；建立或与专业机构合作建立检验检测服务平台，为企业提供检验、检测、测试等方面的服务；与同行业的龙头企业合作，联合建立中试车间和厂房，为企业提供技术集成、中试开发、小规模产品试制等方面的服务；与大学、科研院所等合作，建立专业领域的技术转移渠道，为企业提供联合研发、技术交易等方面的服务。

（四）引入专业化服务机构。

鼓励科技创业孵化链条与大学和科研院所等创新源头的合作，通过各种方式和活动吸引大学生和科研人员到创业苗圃和孵化器实习或创业；作为第三方服务平台，与提供财务、金融投资、法律、人力资源、贸易展会、技术转移、项目申报、政策信息、国际合作、股改上市等服务的专业机构合作，为企业提供全面且专业的增值服务；采用专案管理的服务模式，为企业提供定制式的专业服务。

（五）创新服务运营模式。

鼓励科技创业孵化链条吸引社会资本参与配套服务和服务平台的搭建；探索新型的孵化模式，采用市场化的运营手段，通过为企业提供高端服务实现盈利来反哺公益服务的投入；将自有资金或应收房屋租金等入股优质企业，从企业的成长发展中获利；与当地产业园区合作，根据区域产业链发展，按需求有目的的为园区输送企业，也为企业寻找更大发展空间，并从中实现盈利。

五、组织与实施

科技部火炬高技术产业开发中心负责科技创业孵化链条建设工作的组织实施。

科技创业孵化链条的建设主体为科技企业孵化器。创业苗圃依托孵化器建设。加速器可与孵化器同为一个运营主体，或与孵化器有股权或协议合作的关系。鼓励加速器采用企业化的方式运作。

有条件的国家级孵化器针对建设指南的标准，研究制定科技创业孵化链条建设规划方案，并经所在省级科技管理部门推荐后报送科技部火炬中心。科技部火炬中心将根据有关专家的意见和建议，选择条件成熟、机制灵活、措施到位、工作扎实的机构，开展科技创业孵化链条建设示范工作。

科技部火炬中心

二〇一三年九月二十四日

教育部办公厅关于进一步加强和规范高校人才引进工作的若干意见

（教人厅〔2013〕7号）

近年来，各地各校认真落实国家教育规划纲要和人才发展规划，深入推进人才强教、人才强校，高校人才引进工作取得显著成效，有力地推动了高等教育内涵发展和创新能力提升，为建设创新型国家做出了重要贡献。但是，部分高校在人才引进工作中也存在着缺乏科学规划，片面追求数量，审核把关不严，程序不健全，机制不完善，以及少数高层次人才流动频繁、到岗不足、兼职过多等现象。为贯彻落实党的十八届三中全会精神，建立集聚人才体制机制，加快形成具有竞争力的高校人才制度优势，现就进一步加强和规范当前高校人才引进工作提出如下意见。

一、加强人才队伍建设的统筹。紧紧围绕国家发展战略需要和经济社会发展需求，统筹人才引进、培养和使用，开发利用好国际国内人才资源，走育引并举之路。科学制定引才规划，结合学科建设和队伍建设实际，明确引才目标任务、重点领域和优先次序，注重学术梯队建设，促进人才队伍结构不断优化，整体水平不断提升。用好用活引进人才，既要待遇留人，更要事业留人、感情留人，真正做到按需引进、以用为本。

二、大力引进海外高层次人才。充分发挥学校的主体作用，集成各类人才计划项目与政策资源，进一步加大海外引才工作力度。重点引进学科领军人才、青年拔尖人才和高水平创新团队，注重引进新兴学科、交叉学科及重点领域急需紧缺人才。优先保证国家实验室、国家大科学工程、协同创新中心等重大平台人才需求。

三、加大引才审核工作力度。严格引进人才审核，全方位核准核实其教育背景、工作经历、任职资格、师德师风、学术业绩、学术道德、政治方向和政治立场等，确保信息真实性，防止弄虚作假。规范引才审核工作，明确责任主体、工作规则和审核程序，建立审核工作责任追究制。充分发挥海内外同行专家在人才评价中的重要作用，科学评估引进人才综合素质和能力水平。完善人才引进风险评估、预防和处置机制。

四、规范招才引才行为。全面实行公开招聘制度，坚持“双方自愿、平等协商、程序规范、手续完备”的原则，促进人才合理流动和有效配置，支持高层次人才向中西部高校流动，东部高校不得到中西部高校招聘长江学者。加强引才自律和约束，严格按照国家有关规定和程序办理人才引进手续，禁止采取“不要人事档案、不要户口、不要流动手续”或另建人事档案的违规做法招揽和引进全职人才。

五、加强聘用合同管理。聘用合同要明确学校与受聘人的权利义务关系，做到格式规范、内容完备、条款明晰、目标合理。强化法制意识和契约意识，学校应认真履行合约，及时兑现承诺，因学校责任导致合同终止的，不得以扣压档案等形式阻止人才流动。聘期内主动提出离职或有其他违约行为的，当事人应承担相应责任。国家重大人才计划引进的高层次人才应成为履行合同的典范，原则上聘期内不得变更工作单位，对于不到岗或到岗时间不足、不履行合同的，学校应及时终止合同，并将有关情况报主管部门。完善人事争议处理机制，依法维护双方合法权益。

六、改进和完善聘期考核制度。健全以岗位职责为基础，以品德、能力和业绩为导向的考核评价机制，克服单纯以论文、专利、项目和经费数量评价人才的倾向。严格执行考核制度，年度考核主要考核到岗时间和工作进展情况，聘期考核以师德师风、创新质量、服务贡献和队伍建设为重点，考核合同履行及作用发挥情况，并将考核结果作为是否续聘或薪酬调整的重要依据。对学术不端、违反师德规范行为实行一票否决。

七、做好引进人才服务和支撑工作。围绕引进人才实际需要，加强配套条件保障和团队建设，使人才尽快开展科学研究和人才培养工作。根据国家有关政策和学校实际情况，合理确定引进人才薪酬标准，制定有效的激励机制，激发人才工作积极性。积极帮助引进人才解决好住房、医疗等方面的实际困难，关心其配偶工作、子女入学等问题，解除人才后顾之忧。加强人文关怀，营造引进人才安心工作、舒心生活的良好环境。

八、严格规范兼职兼薪行为。按照“本职优先、分类管理、突出重点、逐步规范”的原则，加强对全职人才兼职兼薪行为的规范管理和监督检查。兼职须经学校审批，鼓励在做好本职工作情况下，从事与教学科研相关，有利于增强学校办学实力、提高学校声誉，且不获取薪酬的兼职活动；禁止从事影响教学科研工作的兼职。“千人计划”国家特聘专家、长江学者特聘教授等在同一时间内应只有一个全职工作岗位，不得兼职；长江学者特聘教授在聘期内不得担任学校领导职务或调离受聘岗位。

九、加强对人才引进工作的领导。落实党管人才原则，学校党委要加强对引才工作的领导、统筹和协调，明确学校、院系和职能部门的职责权限，健全人才工作机构，加强人才工作队伍建设。健全引才工作议事规则和决策程序，充分发挥学术委员会重要作用，推进民主决策、科学决策。深化高校人事管理制度改革，统筹建立高层次人才收入分配体系，正确处理人才引进、培养和使用的关系，努力营造各类人才共同发展的良好局面。加强高层次人才职业道德教育，倡导潜心科研、静心育人、淡泊名利、诚实守信的良好风气。

教育部办公厅
二〇一三年十二月二十三日

财政部 国家税务总局
关于科技企业孵化器税收政策的通知

（财税〔2013〕117号）

各省、自治区、直辖市、计划单列市财政厅（局）、国家税务局、地方税务局，新疆生产建设兵团财务局：

为贯彻落实《国务院关于印发实施<国家中长期科学和技术发展规划纲要（2006—2020年）>若干配套政策的通知》（国发〔2006〕6号）、《中共中央 国务院关于深化科技体制改革 加快国家创新体系建设的意见》（中发〔2012〕6号）和《国务院关于进一步支持小微企业健康发展的意见》（国发〔2012〕14号）等有关文件精神，经国务院批准，现就符合条件的科技企业孵化器（高新技术创业服务中心）有关税收政策通知如下：

一、科技企业孵化器（也称高新技术创业服务中心，以下简称孵化器）是以促进科技成果转化、培养高新技术企业和企业家为宗旨的科技创业服务载体。孵化器是国家创新体系的重要组成部分，是创新创业人才培养的基地，是区域创新体系的重要内容。自2013年1月1日至2015年12月31日，对符合条件的孵化器自用以及无偿或通过出租等方式提供给孵化企业使用的房产、土地，免征房产税和城镇土地使用税；对其向孵化企业出租场地、房屋以及提供孵化服务的收入，免征营业税。营业税改征增值税（以下简称营改增）后的营业税优惠政策处理问题由营改增试点过渡政策另行规定。

二、符合非营利组织条件的孵化器的收入，按照企业所得税法及其实施条例和有关税收政策规定享受企业所得税优惠政策。

三、享受本通知规定的房产税、城镇土地使用税和营业税优惠政策的孵化器，应同时符合以下条件：

（一）孵化器的成立和运行符合国务院科技行政主管部门发布的认定和管理办法，经国务院科技行政管理部门认定，并取得国家级孵化器资格。

（二）孵化器应将面向孵化企业出租场地、房屋以及提供孵化服务的业务收入在财务上单独核算。

（三）孵化器提供给孵化企业使用的场地面积（含公共服务场地）应占孵化器可自主支配场地面积的75%以上（含75%），孵化企业数量应占孵化器内企业总数量的75%以上（含75%）。

公共服务场地是指孵化器提供给孵化企业共享的活动场所，包括公共餐厅、接待室、会议室、展示室、活动室、技术检测室和图书馆等非盈利性配套服务场地。

四、本通知所称“孵化企业”应当同时符合以下条件：

（一）企业注册地和主要研发、办公场所必须在孵化器的孵化场地内。

（二）属新注册企业或申请进入孵化器前企业成立时间不超过24个月。

（三）企业在孵化器内孵化的时间不超过42个月。纳入“创新人才推进计划”及“海外高层次人才引进计划”的人才或从事生物医药、集成电路设计、现代农业等特殊领域的创业企业，孵化时间不超过60个月。

（四）符合《中小企业划型标准规定》所规定的小型、微型企业划型标准。

（五）属迁入企业的，上年营业收入不超过500万元。

（六）单一在孵企业入驻时使用的孵化场地面积不大于1000平方米。从事航空航天等特殊领域的在孵企业，不大于3000平方米。

（七）企业产品（服务）属于科学技术部、财政部、国家税务总局印发的《国家重点支持的高新技术领域》规定的范围，且研究开发费用总额占销售收入总额的比例不低于4%。

五、本通知所称“孵化服务”是指为孵化企业提供的属于营业税“服务业”税目中“代理业”“租赁业”和“其他服务业”中的咨询和技术服务范围内的服务。

六、国务院科技行政主管部门负责组织对孵化器是否符合本通知规定的各项条件定期进行审核确认，并出具相应的证明材料，列明纳税人用于孵化的房产和土地的地址、范围、面积等具体信息。

七、本通知规定的房产税、城镇土地使用税和营业税优惠政策按照备案类减免税管理，纳税人应向主管税务机关提出备案申请。凡纳税人骗取本通知规定的税收优惠政策的，除根据现行规定进行处罚外，自发生上述违法违规行为年度起取消其享受本通知规定的税收优惠政策的资格，2年内不得再次申请。

各主管税务机关要严格执行税收政策，按照税收减免管理办法的有关规定为符合条件的孵化器办理税收减免，加强对孵化器的日常税收管理和服务。同时，要密切关注税收政策的执行情况，对发现的问题及时逐级向财政部、国家税务总局反映。

请遵照执行。

财政部

国家税务总局

二〇一三年十二月三十一日

财政部 国家税务总局
关于国家大学科技园税收政策的通知

（财税〔2013〕118号）

各省、自治区、直辖市、计划单列市财政厅（局）、国家税务局、地方税务局，新疆生产建设兵团财务局：

为贯彻落实《国务院关于印发实施若干配套政策的通知》（国发〔2006〕6号）、《中共中央 国务院关于深化科技体制改革 加快国家创新体系建设的意见》（中发〔2012〕6号）和《国务院关于进一步支持小微企业健康发展的意见》（国发〔2012〕14号）等有关文件精神，经国务院批准，现就符合条件的国家大学科技园有关税收政策通知如下：

一、国家大学科技园（以下简称科技园）是以具有较强科研实力的大学为依托，将大学的综合智力资源优势与其他社会优势资源相组合，为高等学校科技成果转化、高新技术企业孵化、创新创业人才培养、产学研结合提供支撑的平台和服务的机构。自2013年1月1日至2015年12月31日，对符合条件的科技园自用以及无偿或通过出租等方式提供给孵化企业使用的房产、土地，免征房产税和城镇土地使用税；对其向孵化企业出租场地、房屋以及提供孵化服务的收入，免征营业税。营业税改征增值税（以下简称营改增）后的营业税优惠政策处理问题由营改增试点过渡政策另行规定。

二、符合非营利组织条件的科技园的收入，按照企业所得税法及其实施条例和有关税收政策规定享受企业所得税优惠政策。

三、享受本通知规定的房产税、城镇土地使用税以及营业税优惠政策的科技园，应同时符合以下条件：

（一）科技园的成立和运行符合国务院科技和教育行政主管部门公布的认定和管理办法，经国务院科技和教育行政管理部门认定，并取得国家大学科技园资格。

（二）科技园应将面向孵化企业出租场地、房屋以及提供孵化服务的业务收入在财务上单独核算。

（三）科技园提供给孵化企业使用的场地面积（含公共服务场地）应占科技园可自主支配场地面积的60%以上（含60%），孵化企业数量应占科技园内企业总数量的75%以上（含75%）。

公共服务场地是指科技园提供给孵化企业共享的活动场所，包括公共餐厅、接待室、会议室、展示室、活动室、技术检测室和图书馆等非盈利性配套服务场地。

四、本通知所称“孵化企业”应当同时符合以下条件：

（一）企业注册地及主要研发、办公场所必须在科技园工作场地内。

（二）属新注册企业或申请进入科技园前企业成立时间不超过3年。

（三）企业在科技园的孵化时间不超过42个月。海外高层次创业人才或从事生物医药、集成电路设计等特殊领域的创业企业，孵化时间不超过60个月。

（四）符合《中小企业划型标准规定》所规定的小型、微型企业划型标准。

（五）迁入的企业，上年营业收入不超过500万元。

（六）单一在孵企业使用的孵化场地面积不大于1000平方米。从事航空航天、现代农业等特殊领域的单一在孵企业，不大于3000平方米。

（七）企业产品（服务）属于科学技术部、财政部、国家税务总局印发的《国家重点支持的高新技术领域》规定的范围，且研究开发费用总额占销售收入总额的比例不低于4%。

五、本通知所称“孵化服务”是指为孵化企业提供的属于营业税“服务业”税目中“代理业”“租赁业”和“其他服务业”中的咨询和技术服务范围内的服务。

六、国务院科技和教育行政主管部门负责组织对科技园是否符合本通知规定的各项条件定期进行审核确认，并出具相应的证明材料，列明纳税人用于孵化的房产和土地的地址、范围、面积等具体信息。

七、本通知规定的房产税、城镇土地使用税和营业税优惠政策按照备案类减免税管理，纳税人应向主管税务机关提出备案申请。凡纳税人骗取本通知规定的税收优惠政策的，除根据现行规定进行处罚外，自发生上述违法违规行为年度起取消其享受本通知规定的税收优惠政策的资格，2年内不得再次申请。

各主管税务机关要严格执行税收政策，按照税收减免管理办法的有关规定为符合条件的科技园办理税收减免，加强对科技园的日常税收管理和服务。同时，要密切关注税收政策的执行情况，对发现的问题及时逐级向财政部、国家税务总局反映。

请遵照执行。

财政部

国家税务总局

二〇一三年十二月三十一日

中国银监会关于深化小微企业金融服务的意见

（银监发〔2013〕7号）

为贯彻党的十八大精神，落实中央经济工作会议要求，加快推动经济转型，打造中国经济的升级版，促进小微企业金融服务转型升级，现提出如下意见：

一、以始终坚持服务小微企业，支持实体经济健康发展为指导思想，加强正向激励，督促商业银行在商业可持续和风险可控的前提下，进一步强化小微企业金融服务“六项机制”建设，重点支持符合国家产业和环保政策、有市场、有需求、可持续运营的小微企业。

二、以提高小微企业贷款可获得性，拓宽小微企业金融服务覆盖面为工作目标，督促商业银行单列年度小微企业信贷计划，进一步加大对小微企业的支持力度。

三、进一步完善多层次的小微企业金融服务体系，引导商业银行在差异化竞争中不断提高小微企业金融服务水平。

（一）引导大型银行发挥网点、人力和技术优势，提高小微企业金融服务效率，切实践行社会责任。

（二）引导中小银行将改进小微企业金融服务和战略转型相结合，科学调整信贷结构，重点支持小微企业和区域经济发展。

（三）引导新型农村金融机构进一步加大对涉农小微企业的金融支持力度。

四、鼓励和引导商业银行尤其是中小银行进一步提高小微企业金融服务专业化水平，加大小微企业金融服务专营机构的建设、管理和资源配置力度。小微企业金融服务专营机构只能为小微企业提供相关服务，严格遵循“四单原则”。

五、鼓励和引导商业银行尤其是中小银行和新型农村金融机构将小微企业服务网点向老少边穷地区、县域、乡镇等金融服务薄弱区域，以及批发市场、商贸集市等小微企业集中地区延伸。

六、对于小微企业授信客户数占该行所有企业授信客户数以及最近六个月月末平均授信余额占该行企业授信余额达到一定比例以上的商业银行（原则上东部沿海省份和计划单列市授信客户数占比不应低于70%，其他省份应不低于60%），各银监局在综合评估的基础上，可允许其一次同时筹建多家同城支行，且不受“每次批量申请的间隔期限不得少于半年”的限制。

七、鼓励商业银行先行先试，创新小微企业金融产品和服务方式，提升小微企业金融服务的广度和深度。

（一）引导商业银行根据小微企业不同发展阶段的金融需求特点，由单纯提供融资服务转向提供集融资、结算、理财、咨询等为一体的综合性金融服务。

（二）引导商业银行在提升风险管理水平的基础上，创新小微企业贷款抵质押方式，研究发展网络融资平台，拓宽小微企业融资服务渠道。

八、引导商业银行根据自身实际，在科学有效地运用资金、合理调整资产负债结构的基础上，有序开展专项金融债的申报工作。获准发行小微企业专项金融债的商业银行应实行专户管理，确保募集资金全部用于小微企业贷款。

九、在推进资产证券化业务试点工作中，优先选择小微企业金融服务成效显著、风险管控水平较高的商业银行，进一步拓宽小微企业贷款的资金来源。

十、根据《商业银行资本管理办法（试行）》（银监会令〔2012〕1号），在权重法下对符合“商业银行对单家企业（或企业集团）的风险暴露不超过500万元，且占本行信用风险暴露总额的比例不高于0.5%”条件的小微企业贷款适用75%的风险权重，在内部评级法下比照零售贷款适用优惠的资本监管要求。

十一、督促商业银行在收益覆盖成本和风险的前提下，根据风险水平、筹资成本、管理成本、授信目标收益、资本回报要求以及当地市场利率水平等因素，在国家利率政策允许的浮动范围内，自主确定贷款利率，建立科学合理的小微企业信贷风险定价机制。同时，进一步规范小微企业金融服务收费，严禁在发放贷款时附加不合理的贷款条件，提高小微企业金融服务收费的透明度。

十二、督促商业银行完善小微企业信贷风险管理体系，加大资源配置和人员培训力度，提升小微企业信贷风险识别、预警和处置能力。

十三、引导商业银行主动、持续宣传和推广小微企业金融服务的政策、经验和成效，普及小微企业金融服务知识，营造良好的社会舆论氛围。

十四、积极加强与有关部门的联动，在规范现有融资性担保机构的基础上，推动完善多层次、多领域、差别化的融资性担保体系，促进银行业金融机构与融资性担保机构加强规范合作，进一步增强担保机构的担保能力，引导其更好地为小微企业融资提供增信服务。

十五、积极配合有关部门进一步改善小微企业金融服务的外部生态环境。

（一）积极推动商业银行加强与地方相关部门的沟通协作，争取在财政补贴、税收优惠、建立风险分担和补偿机制、不良贷款核销等方面获得更大支持。

（二）积极引导商业银行在合理有效利用现有征信系统的基础上，加强其他相关信息资源的搜集，提高小微企业金融服务的质效。

本指导意见所指小微企业按照《关于印发中小企业划型标准规定的通知》（工信部联企业〔2011〕300号）的划分标准执行。小微企业贷款包括商业银行向小型、微型企业发放的贷款，个体工商户贷款以及小微企业主贷款。

中国银监会

二〇一三年三月二十一日

中国银监会关于进一步做好小微企业金融服务工作的指导意见

（银监发〔2013〕37号）

为贯彻落实《国务院办公厅关于金融支持小微企业发展的实施意见》（国办发〔2013〕87号），进一步推进银行业小微企业金融服务工作，现提出如下意见：

一、银行业金融机构应坚持商业可持续原则，深入落实利率风险定价、独立核算、贷款审批、激励约束、人员培训、违约信息通报等“六项机制”，重点支持符合国家产业和环保政策、有利于扩大就业、有偿还意愿和偿还能力小微企业的融资需求。

二、银行业金融机构应在商业可持续和有效控制风险的前提下，主动调整信贷结构，单列年度小微企业信贷计划，并将任务合理分解到各分支机构，优化绩效考核机制，由主要负责人层层推动落实。同时，银行业金融机构应充分发挥信贷资产流转、证券化对小微企业融资的支持作用，将盘活的资金主要用于小微企业贷款。

各银监局应于每年一季度末汇总辖内法人银行业金融机构当年的小微企业信贷计划，报送银监会。各政策性银行、国有商业银行及中信银行、光大银行、邮政储蓄银行应于每年一季度末将当年全行的小微企业信贷计划报送银监会，同时抄送相关机构监管部门。

三、银行业金融机构应根据自身的市场定位和发展战略，在风险可控的前提下，切实加大对小微企业的信贷资源投入和考核力度，力争实现“两个不低于”目标，即：小微企业贷款增速不低于各项贷款平均增速，增量不低于上年同期。

各银监局应对辖内小微企业贷款增长情况（含法人银行业金融机构、分支机构和总行营业部）实行按月监测、按季考核，并针对辖内银行业金融机构细化考核要求，确保全辖实现“两个不低于”目标。

四、进一步完善小微企业金融服务监测指标体系。将小微企业贷款覆盖率、小微企业综合金融服务覆盖率和小微企业申贷获得率3项指标纳入监测指标体系，按月进行监测、考核和通报。具体填报要求见附件。

小微企业贷款覆盖率和小微企业综合金融服务覆盖率主要考察小微企业从银行获得贷款及其他金融服务的比例。小微企业申贷获得率主要考察银行业金融机构对小微企业有效贷款需求的满足情况。银行业金融机构要进一步改进内部机制体制，增强服务意识，切实提高小微企业贷款可获得性，拓宽小微企业金融服务覆盖面。

五、继续强化对小微企业金融服务的正向激励。各银行业金融机构必须在全年实现“两个不低于”目标、且当年全行小微企业申贷获得率不低于上年水平的前提下，下一年度才能享受《关于支持商业银行进一步改进小企业金融服务的通知》（银监发〔2011〕59号）、《关于支持商业银行进一步改进小型微型企业金融服务的补充通知》（银监发〔2011〕94号）、《关于深化小微企业金融服务的意见》（银监发〔2011〕7号）等文件规定的优惠政策。

各银监局要在银行业金融机构的市场准入、风险资产权重、存贷比考核等方面进一步落实差异化监管政策和正向激励措施。

六、各银监局应指导银行业金融机构有序开展小微企业专项金融债的申报工作，拓宽小微企业信贷资金来源。

获准发行此类专项金融债的银行业金融机构，该债项所对应的小微企业贷款在计算“小型微型企业调整后存贷比”时，可在分子项中予以扣除。

七、银行业金融机构要牢固树立以客户为中心的经营理念，持续丰富和创新小微企业金融服务方式。要针对不同类型、不同发展阶段小微企业的特点，为其量身订做特色产品，并全面提供开户、结算、贷款、理财、咨询等基础性、综合性金融服务。大力发展产业链融资、商业圈融资和企业群融资。要在提升风险管理水平的基础上，积极创新还款方式和抵质押方式，建立针对小微企业的信用评审机制，探索发放小微企业信用贷款。有序开办商业保理、金融租赁和定向信托等融资服务。同时，充分利用互联网等新技术、新工具，研究发展网络融资平台，不断创新网络金融服务模式。

各银监局要进一步引导辖内银行业金融机构增强支小助微的服务理念，鼓励开展金融创新，在做好风险防范和管理的基础上，按照“先试先行”的指导思想，稳步探索小微企业金融服务的新模式、新产品、新渠道。

八、银行业金融机构要进一步推进小微企业金融服务网点和渠道建设，增加对小微企业的有效金融供给。大中型银行要继续以“四单原则”为指导，把小微企业专营机构做精、做深、做出特色，并进一步向下延伸服务和网点，提高小微企业金融服务的批量化、规模化、标准化水平。地方法人银行业金融机构要坚持立足当地、服务小微的市场定位，向县域和乡镇等小微企业集中的地区延伸网点和业务。

各银监局要引导辖内银行业金融机构合理布局，支持在小微企业集中的地区设立村镇银行、贷款公司等小型金融机构，促进竞争，进一步做深、做实小微企业金融服务。

九、进一步规范小微企业金融服务收费。银行业金融机构要在建立科学合理的小微企业信贷风险定价机制的基础上，严格执行《关于支持商业银行进一步改进小型微型企业金融服务的补充通知》（银监发〔2011〕94号）有关规定，除银团贷款外，不得对小微企业贷款收取承诺费、资金管理费，严格限制对小微企业及其增信机构收取财务顾问费、咨询费等费用。严禁在发放贷款时附加不合理的贷款条件。

各银监局应加强对辖内银行业金融机构的督导，提高小微企业金融服务收费的透明度，并于2013年11月30日前对辖内银行业金融机构落实小微企业金融服务收费政策的情况开展专项检查，将检查结果纳入小微企业金融服务的年度总结。

十、银行业金融机构应根据自身风险状况和内控水平，适度提高对小微企业不良贷款的容忍度，并制定相应的小微企业金融服务从业人员尽职免责办法。

各银监局应在监管工作中落实提高小微企业不良贷款容忍度的具体措施。银行业金融机构小微企业贷款不良率高出全辖各项贷款不良率2个百分点以内的，该项指标不作为当年监管评级的扣分因素。

十一、银行业金融机构应加强风险管理和内控机制建设，完善小微企业信贷风险管理体系，提升小微企业信贷风险识别、预警和处置能力。

各银监局应加强对小微企业风险状况的监测和提示，指导辖内银行业金融机构主动防范和化解风险。

十二、各银监局、各银行业金融机构应主动加强与地方政府和相关部门的沟通，进一步密切合作，争取在财政补贴、税收优惠、信息共享平台、信用征集体系、风险分担和补偿机制等方面获得更大支持，优化小微企业金融服务的外部环境；充分发挥融资性担保机构为小微企业融资增信的作用，规范融资性担保贷款管理和收费定价行为，引导和督促融资性担保机构利用财政补贴和风险补偿等方式合理降低担保费率。各银行业金融机构应用足、用好财政、税收各项优惠政策，加大对小微企业不良贷款的核销力度。

十三、进一步做好小微企业金融服务宣传工作。各银监局、各银行业金融机构要主动、持续宣传和推广小微企业金融服务的政策、经验和成效，普及小微企业金融服务知识，营造良好的社会舆论氛围。

十四、加强对小微企业金融服务工作的督导与总结。各银监局要将对小微企业金融服务的督导检查纳入日常监管工作内容。对于当年未能实现"两个不低于"目标的银监局和相关银行业金融机构，银监会将进行重点督导。

各银监局、各政策性银行、国有商业银行、中信银行、光大银行、邮政储蓄银行应将上一年度全辖或全行的小微企业金融服务年度总结，于每年1月10日前报送银监会，前述各行应同时将总结抄送相关的机构监管部门。总结内容包括当年小微企业金融服务情况、成效、面临的问题、下一步工作安排及对有关部门的政策建议。

十五、自本意见印发之日起，《中国银监会办公厅关于按季报送小微企业金融服务有关数据的通知》（银监办发〔2013〕94号）中有关各银监局报送小微企业金融服务客户覆盖情况的规定不再执行，其余规定不变。

请各银监局将本意见转发辖内银监分局和银行业金融机构（不含外国银行分行）。

中国银监会

二〇一三年八月二十九日

北京市促进中小企业发展条例

（北京市人民代表大会常务委员会公告第3号）

《北京市促进中小企业发展条例》已由北京市第十四届人民代表大会常务委员会第八次会议于2013年12月27日通过，现予公布，自2014年3月1日起施行。

第一章 总 则

第一条 为了改善中小企业发展环境，维护中小企业合法权益，支持、引导和促进中小企业健康发展，根据《中华人民共和国中小企业促进法》等法律法规，结合本市实际，制定本条例。

第二条 本条例所称中小企业，是指依法在本市行政区域内设立，并符合国家划型标准的中型企业、小型企业和微型企业。

第三条 本市根据经济社会发展的实际需要，对中小企业实行积极扶持、加强引导、完善服务、依法规范、保障权益的方针，为中小企业平等使用生产要素、公平参与市场竞争、同等受到法律保护创造条件。

第四条 市和区、县人民政府应当将促进中小企业发展纳入国民经济和社会发展规划及计划，制定扶持中小企业发展的政策，负责统筹规划、协调推进本行政区域内中小企业发展各项工作，监督有关部门落实促进中小企业发展的措施。

第五条 市和区、县中小企业工作主管部门负责组织实施本行政区域内促进中小企业发展的政策规划，对中小企业工作进行综合协调、督促、指导和服务，建立健全中小企业公共服务体系，指导行业协会、商会等社会组织参与促进中小企业发展工作。

发展改革、商务、财政、金融、科技、工商、人力资源与社会保障、税务、统计、规划、国土资源、知识产权等有关行政部门应当在各自职责范围内，制定并落实促进中小企业发展的措施，对中小企业工作进行指导和服务。

第六条 本市对中小企业发展实行分类指导，引导中小企业转型升级、调整结构，从事科技、文化创意以及战略性新兴产业等符合首都城市功能定位和资源禀赋条件的产业，严格限制中小企业从事高耗能、高耗水、高污染的行业，逐步淘汰落后产能。

市中小企业工作主管部门会同市发展改革等行政部门，根据本市实际情况，制定和发布中小企业产业分类发展指导目录，明确鼓励、限制和禁止中小企业从事的产业，引导中小企业健康发展。

中小企业从事符合本条第一款规定的产业的，按照相关规定享受政策扶持和资金支持。

第七条 中小企业的合法权益受法律保护，任何单位和个人不得侵犯。

中小企业应当依法经营，遵守社会公德和行业规范，恪守诚实信用原则，不得侵害职工合法权益，不得损害社会公共利益。

第八条 中小企业可以在自愿的基础上，依法发起、设立中小企业协会或者其他中小企业行业组织，加强自我管理，促进行业发展。

中小企业协会和其他中小企业行业组织根据章程承担为中小企业提供行业信息、宣传培训、合作交流等服务，维护中小企业合法权益，向政府及有关部门反映中小企业的诉求和建议，参与中小企业服务体系建设，协助政府公平、有效地实施相关扶持政策和措施。

政府对中小企业的扶持政策和措施可以依托中小企业协会和其他中小企业行业组织予以落实。

第九条 本市建立中小企业统计监测制度。统计部门应当会同中小企业工作主管部门和政府其他有关部门加强对中小企业的运行监测、分析，定期发布中小企业发展数据和年度发展报告。

第二章 创业扶持

第十条 市和区、县人民政府及有关行政部门应当支持公民、法人或者其他组织依法投资创办中小企业，为中小企业创造公平的市场竞争环境和平等的市场准入条件。

第十一条 本市逐步完善市、区县、乡镇创业服务体系。市和区、县人力资源和社会保障行政部门应当会同中小企业工作主管部门定期发布创业信息，为创业者提供创业咨询、辅导、培训等服务。

第十二条 本市将中小企业发展空间纳入全市产业发展空间布局。市和区县规划、建设、国土资源等行政部门在制定和实施土地利用年度计划和城乡建设规划时，应当统筹考虑小企业创业基地建设用地需求，优先安排小企业创业基地用地指标，为小型微型企业预留发展空间。

重点产业集聚区和功能区配套建设小企业创业基地，以及利用存量国有建设用地、闲置商务楼宇和产业用房等建设小企业创业基地的，市中小企业工作主管部门按照有关规定给予政策和资金支持。

第十三条 本市小企业创业基地由市中小企业工作主管部门负责认定。经认定的小企业创业基地可以依据相关规定享受资金支持，并可以作为集中办公区登记为企业住所。

第十四条 农村集体经济组织在符合规划和用途管制的前提下，可以利用农村集体经营性建设用地建设产业用房，出租给中小企业使用；也可以依法将集体经营性建设用地使用权入股，投资设立中小企业或者创建小企业创业基地。

第三章 技术创新

第十五条 鼓励中小企业加大技术创新投入，建设研发中心，提高技术研发、产品创新和科技成果转化的能力。科技行政部门、中小企业工作主管部门等有关行政部门对符合条件的中小企业，给予政策和资金支持。

第十六条 中小企业申报国家或者地方科技型中小企业技术创新基金或者资金项目，承担科技重大专项、科技基础设施建设、各类科技计划项目和高新技术产业化项目，科技行政部门、中小企业工作主管部门等有关行政部门对符合条件的给予政策和资金支持。

支持大企业联合中小企业承担科技重大专项、科技基础设施建设、各类科技计划项目和高新技术产业化项目。科技行政部门、中小企业工作主管部门等有关行政部门应当提供有针对性的指导和服务。

第十七条 市中小企业工作主管部门应当会同有关行政部门定期组织中小企业创新推荐会，向创业投资机构、金融机构推荐中小企业自主知识产权项目、产学研合作项目、科技成果转化项目等。

第十八条 市和区、县科技行政部门应当统筹规划面向中小企业的公共科技服务平台建设，为中小企业创新发展提供产品研制、技术开发、设计、咨询、检测等服务。

中小企业开发新技术、新产品、新工艺发生的研究开发费用，可以依法在计算应纳税所得额时加计扣除。

第十九条 高等院校、科研院所与中小企业开展产学研用合作，市和区、县中小企业工作主管部门会同同级科技、教育等行政部门按照规定对其给予资金支持。

第二十条 市和区、县知识产权行政部门应当为中小企业提供知识产权咨询辅导和服务，提高中小企业知识产权创造、运用、保护和管理水平，并通过补贴、托管、奖励等措施，支持中小企业获得相应的知识产权。

第四章 资金支持

第二十一条 本市支持中小企业发展的财政资金的使用应当加强统筹，重点用于中小企业公共服务体系、设立和补充中小企业发展基金、中小企业融资和小企业创业基地建设。

第二十二条 本市设立中小企业发展基金，并引导社会资本投资中小企业。基金运作方式遵循政策性导向和市场化原则。

中小企业发展基金由下列资金组成：

（一）市级财政预算安排的资金；

（二）基金收益；

（三）捐赠；

（四）其他社会资金。

第二十三条 中小企业发展基金用于下列扶持中小企业的事项：

（一）初创期、成长期小型微型企业的股权投资；

（二）中小企业短期债权融资；

（三）建立中小企业信用担保体系；

（四）中小企业融资风险补偿；

（五）基金管理办法确定的其他事项。

中小企业发展基金管理办法由市中小企业工作主管部门会同市财政部门制定，报市人民政府批准后公布实施。

第二十四条 具备条件的中小企业可以在境内外上市或者运用集合债券、集合票据、集合信托、融资租赁、私募债券等方式筹集资金，市中小企业工作主管部门和金融等行政部门应当给予相应指导和服务。

第二十五条 市中小企业工作主管部门会同有关行政部门建立健全小型微型企业贷款风险补偿机制，支持金融企业扩大对小型微型企业信贷规模和比重。

鼓励社会资本投资村镇银行、小额贷款公司等金融企业，为小型微型企业提供服务。

第二十六条 本市建立健全中小企业融资担保体系，引导社会资本设立为中小企业服务的担保公司。

本市综合运用风险补偿和奖励等多种方式，支持符合条件的融资性担保机构为小型微型企业提供服务。

第二十七条 鼓励金融机构开发面向中小企业的知识产权质押融资、股权出质融资、信用融资等金融创新产品和服务。

第五章 市场开拓

第二十八条 市和区、县人民政府及其部门应当健全政府采购支持中小企业发展的相关制度，不得在政府采购中设置不利于中小企业的歧视性条件。

第二十九条 负有编制部门预算职责的行政部门应当按照市人民政府规定，在年度政府采购项目预算总额中安排一定的比例，面向中小企业采购。

第三十条 本市支持、引导中小企业与国内外大企业建立经济技术协作关系，促进中小企业产品进入国内外大企业的产业链或者采购系统。

第三十一条 中小企业服务机构、行业协会和其他中小企业行业组织可以有计划地组织中小企业参加国内外展览展销活动。拥有自主知识产权、自主品牌的中小企业参加国内外相关展销会以及新产品和新技术推介活动的，市中小企业工作主管部门、商务、科技、文化等相关部门应当给予支持。

第三十二条 中小企业运用电子商务、连锁或者特许经营等方式创新经营模式，商务行政部门会同中小企业工作主管部门为中小企业提供有关信息咨询、技术指导等服务。

第三十三条 鼓励中小企业参与制定地方标准、行业标准、国家标准和国际标准，提高产品质量，增强应对技术性贸易壁垒的能力。

质量技术监督部门及其他有关行政部门应当跟踪研究国际标准、国家标准和行业标准以及国外有关技术性贸易措施，为中小企业参与标准制定、通过质量管理体系、环境管理体系等认证以及开拓市场提供支持、指导和服务。

第六章 服务保障

第三十四条 本市按照行政审批制度改革的原则减少对中小企业生产经营活动的行政许可和非行政许可审批事项。

市和区、县人民政府及有关部门对中小企业办理行政许可、审批、年检和其他服务、管理事项，应当简化程序、缩短期限、减少层级、优化流程，提高行政管理效率和服务水平。

第三十五条 市和区、县人民政府及有关部门应当通过多种方式，主动公开有关支持中小企业发展的政策措施及其适用范围、标准和条件、申请程序等信息，方便中小企业查询。

中小企业工作主管部门应当组织有关部门就国家和本市支持中小企业发展的政策措施及适用为中小企业提供咨询、说明及相关服务。

第三十六条 中小企业工作主管部门会同其他部门实施信息化技术应用推广，引导中小企业利用信息技术提高研发、管理、制造和服务水平。

第三十七条 本市设立市和区、县中小企业公共服务平台，为中小企业提供政策咨询、创业辅导、信息传递等公共服务；

引导各类社会中介机构为中小企业提供市场营销、产权交易、技术支持、人才引进、财务指导、法律咨询等社会化专业服务。

第三十八条 本市建立政府资助引导、社会智力支持和企业自主需求相结合的培训机制，引导社会培训机构创新培训方式、完善培训内容，支持中小企业提升人员素质。

鼓励高等院校和中小企业共建实习实践基地，创新中小企业人才培养模式。

第三十九条 市和区、县人民政府及有关部门应当推动中小企业诚信建设，建立健全中小企业守信激励和失信惩戒机制，引导中小企业守法、诚信经营。

本市建立健全中小企业信用信息归集、共享和公开机制，为中小企业信用信息查询提供服务。

第四十条 律师事务所等各类法律服务机构和法学教育研究机构可以通过法律服务热线、法律咨询、志愿服务等方式，为小型微型企业提供法律服务。

第四十一条 行政机关及其工作人员有下列行为之一，情节轻微的，由上级机关或者监察机关责令改正；情节严重的，按照国家及本市有关规定给予行政处分和行政问责；构成犯罪的，依法追究刑事责任：

（一）不履行本条例规定的职责；

（二）违法向中小企业收取费用、摊派财物；

（三）强制或者变相强制中小企业提供赞助或者捐赠；

（四）强制或者变相强制中小企业参加社会团体、考核、评比、达标、培训等；

（五）违法对中小企业实施监督检查；

（六）违法使用支持中小企业发展的资金和基金；

（七）其他侵害中小企业合法权益的行为。

第四十二条 中小企业对行政机关侵犯其合法权益的行为，有权向市和区、县中小企业工作主管部门投诉、举报。

中小企业工作主管部门应当建立健全投诉举报制度，公布投诉、举报电话和信箱；对属于职责范围内的投诉、举报事项，应当及时调查处理；对属于其他部门职责范围内的投诉、举报事项，应当移送有关部门及时处理。处理情况应当记录在案，供投诉举报人查询。

第七章 附 则

第四十三条 本条例自2014年3月1日起施行。

北京市第十四届人民代表大会常务委员会

二〇一三年十二月二十七日

关于进一步促进首都科技企业孵化体系建设的意见

（京科发〔2013〕234号）

为贯彻党的十八大精神，加快落实《国务院关于进一步支持小型微型企业健康发展的意见》（国发〔2012〕14号），落实《中共北京市委北京市人民政府关于深化科技体制改革加快首都创新体系建设的意见》（京发〔2012〕12号），发挥科技企业孵化体系在推动首都产业结构优化升级、经济发展方式转变、培育战略性新兴产业、促进科技成果转化及培育和吸引创新创业人才中的载体作用，以创业企业需求为导向，进一步营造良好的创新创业环境，支撑首都创新驱动发展战略，特提出以下意见。

一、提升战略位势，明确科技企业孵化体系的定位和目标

科技企业孵化体系是首都创新体系的重要组成部分，是各类科技企业孵化机构（以下简称“孵化机构”），包括孵化器、大学科技园、留学人员创业园、小企业创业基地等创业孵化载体，运用市场经济规律，与资本市场、中介服务机构及其他创新资源有机组合形成的促进科技创新创业的生态系统。

当前，北京正处于构建创新驱动发展格局的历史机遇期，全面促进科技企业孵化体系建设是提升首都科技创新能力、增强全社会创新创业活力、探索创新发展模式、把握新兴产业发展机遇的重要举措，对于率先落实国家创新驱动发展战略具有重要意义。

（一）指导思想。

坚持“市场引领、分类指导、专业聚焦、质量优先”原则，以培育首都战略性新兴产业源头企业、激发科技创新创业活力为目的，以完善创新创业服务机制、优化创新创业服务环境为着力点，以提高首都科技企业孵化体系的专业化、市场化、国际化水平为核心，发挥优势，创新模式，集聚资源，加强联动，加速首都科技成果转化，全面支撑首都战略性新兴产业和现代服务业的大发展。

（二）发展目标。

总体目标：形成具有首都特色的孵化服务网络化、孵化模式多元化、服务资源国际化、服务能力专业化的科技企业孵化体系发展格局，将北京科技企业孵化体系建设成为以“孵育产业新、发展模式新”为特色的，具有全球影响力的创新创业生态网络、优质科技企业培育核心载体、高端创新创业人才聚集地、战略性新兴产业策源地。

到2015年，实现以下具体发展目标：

载体建设目标：在全市范围内打造一批国内知名、区域领先、专业特色鲜明的孵化机构。各类孵化机构数量达到150家，其中市级以上科技企业孵化机构达到80家，国家级科技企业孵化机构达到45家。

能力提升目标：依托孵化机构，集聚一批高水平的科技中介服务机构、创业投资机构以及一系列高端创业要素。市级科技企业孵化机构将基本实现公共服务平台全覆盖，50家具备天使投资或持股孵化功能，80家形成创业导师辅导体系。

孵化目标：培育一批在行业内具有影响力的高成长企业，在孵企业超过10000家，毕业企业累计超过8000家；40%的在孵企业拥有自主知识产权，转化一批具有行业领先水平的原创技术；孵化机构内集聚一批高水平、高层次的创业人才，集聚“千人计划（创业类）”“海聚工程”等海外高端人才累计超过300名。

二、实施孵化网络建设工程，集聚创新创业服务资源

围绕企业“种子期—初创期—高成长期”需求，以企业孵化为核心，以孵化器为基础，对接加速器、产业园，打造“创业苗圃—孵化器—加速器—产业园”的孵化链条，形成以孵化机构为节点，涵盖研发试验、科技金融、科技中介、创业导师等要素的全方位、多层次的孵化服务网络。

（一）推动新建一批孵化机构。

区县应结合自身资源禀赋、产业定位和规划布局，加强孵化机构建设；鼓励各类有条件的企业利用闲置存量房产建设孵化机构；鼓励平台型企业、成功企业家和天使投资人建设孵化机构，为创业企业提供优质服务。

（二）加强“创业苗圃”建设。

支持孵化机构建立“创业苗圃”，进一步降低科技创业门槛。“创业苗圃”以科技成果（创意）为孵化对象，科技创业者或创业团队在注册成立企业前，可入驻“创业苗圃”，接受预孵化服务。依托“创业苗圃”实现孵化机构与天使投资机构（人）的有机结合，为创业者完善科技成果（创意）、制订商业计划提供公共服务，帮助其将科技成果（创意）转化并创办企业。

（三）推进科技企业加速器建设。

支持科技企业孵化机构、产业园区充分结合区域产业定位，建立服务于高成长企业发展的科技企业加速器。科技企业加速器以完成孵化阶段的高成长性科技型中小企业为服务对象，为高成长性科技型中小企业的快速发展提供空间和配套服务，进一步提升孵化机构对全市技术创新及经济社会发展的贡献。

（四）引导孵化机构与产业园区建立合作。

鼓励孵化机构与产业园区建立合作关系、探索链接机制，充分利用产业园区的资源为企业提供后续的发展空间、专业技术、市场拓展、信贷担保、风险投资及上市辅导等专业服务，为创业企业的进一步发展搭建对接平台。

（五）完善研发试验服务平台。

支持孵化机构通过自建或与高等院校、科研院所、大型企业等联合共建的方式，搭建研发试验服务平台；支持市场化的中试基地建设，面向创业企业开展中试熟化、检验检测、技术集成等专业服务，提升项目和企业孵化能力；支持孵化机构与首都科技条件平台建立合作关系，为在孵企业提供首都科技条件平台研发试验服务，满足企业技术研发需求。

（六）推进孵化机构科技金融服务平台建设。

支持孵化机构加强与全市科技金融服务工作的对接，搭建金融机构与孵化机构内科技型中小微企业之间的桥梁，探索与银行等金融机构建立符合科技型中小微企业特点的金融产品，有效引导银行、担保公司、再担保公司、保险公司等金融机构关注科技型中小微企业群体，并开展相关服务。

鼓励孵化机构联合社会资本成立投资基金，吸引天使投资、创业投资、创业服务平台等广泛参与，为优秀的项目和优秀企业提供孵化服务。

（七）完善科技中介服务平台。

支持孵化机构联合专业知识产权、技术转移、科技咨询、律师事务所、专业会展等中介服务机构，拓宽孵化机构的服务内容、提升服务质量，满足创新创业企业多方面的需求。

（八）加强创业导师建设。

建立多层次创业导师服务队伍，完善“联络员+辅导员+创业导师”的孵化机制，为创业者和创业企业提供专业的创业辅导，降低创业风险、提高创业成功率。

三、实施孵化模式创新工程，构建孵化机构多元化发展格局

依托孵化机构的自身优势，发挥资源整合能力，创新发展模式，探索特色发展，提高本市孵化机构的市场化水平和发展质量。

（一）鼓励孵化机构探索特色发展模式。

鼓励孵化机构利用技术、资金、市场等优势，建立以专业技术服务、创业指导服务、技术转移服务、天使投资服务和市场拓展服务等为特色的孵化服务机制，形成各具特色的孵化服务模式，走孵化服务多元化发展道路。

（二）鼓励孵化机构探索“孵化+创投”的发展模式。

引导孵化机构提升投资服务能力，探索“孵化+创投”的孵化发展模式。在孵化机构各项服务的基础上，利用各种渠道搭建“天使投资网络”，提高投资收益在孵化机构服务收入中的比重。

（三）支持创新型孵化器快速发展。

支持商业模式新、运行机制灵活、资源聚集度高的创新型孵化器和创业服务平台的快速发展，为创业者提供沟通合作、创业辅导、投融资对接、团队融合、项目推介、信息交流等服务，为创业者、创业团队和创业企业提供新型创业孵化平台，加快实现“从想法到公司”的转变。

（四）鼓励孵化机构连锁化发展。

鼓励服务模式先进、孵化经验丰富、有实力的孵化机构在本市或全国其它地区建设分园、孵化基地，推广其先进的服务模式，为本市以及全国孵化机构的整体能力提升做出贡献。

鼓励服务模式先进的孵化机构与国内其他地区孵化机构开展合作，定期举办交流活动，输出管理和服务，提升北京孵化机构在国内的影响力。

（五）加强各类孵化机构的协同合作。

鼓励具有特色优势的孵化机构之间建立协作网络，加强服务交流；加强创新型孵化器、各类孵化机构之间的资源对接，引导孵化机构承接创新型孵化器的项目落地入孵。初步形成各类孵化机构信息互动频繁高效、优质资源互补的新局面。

四、实施产业孵育工程，提升孵化机构产业培育水平

围绕全市战略性新兴产业布局，支持孵化机构聚焦优势专业领域，加强专业服务能力建设，提升专业化水平，提高原创产业培育能力，增强对战略性新兴产业发展的支撑作用。

（一）加强战略性新兴产业领域孵化机构的布局。

围绕本市重点发展的战略性新兴产业领域，结合区县自身产业布局特色，在新一代信息技术、生物医药等孵化机构发展相对成熟的领域，鼓励相关区县重点发展专业型和创新型孵化机构，提升孵化机构的产业培育能力，打造具有一定规模的新兴产业集聚区；在新能源、节能环保、新能源汽车、新材料、高端装备制造、航空航天等领域，鼓励有条件的区县新建一批专业孵化机构，培育一批符合本区域产业发展定位的科技型创新创业企业。

（二）提升专业技术服务能力。

引导孵化机构依据自身产业定位，积极与第三方研发服务机构、平台型企业、解决方案提供商、产业技术联盟等服务机构开展合作，为在孵企业的研发、产品构建、市场运营等提供专业服务，降低企业技术创新成本，优化提升孵化机构的产业培育能力。

（三）探索专业技术人才培养新渠道。

支持孵化机构围绕战略性新兴产业的各个领域，面向创业企业需求，吸引相关技术领域的专业型服务人才；支持孵化机构与高等院校、科研院所建立联系，开展合作，为创业企业提供专业的人力资源服务。

（四）引导孵化机构承接高校院所成果转化。

支持孵化机构与高等院校、科研院所、技术转移机构等建立合作关系，承接科技成果转化项目落地；支持有能力的在孵企业与高等院校、科研院所加强技术合作，转移转化一批新技术。

（五）加快战略性新兴产业孵育基地建设。

围绕本市重点发展的战略性新兴产业领域，结合区域产业布局，打造一批产业特色鲜明的孵育基地，鼓励基地汇聚各类创新资源，建立优秀初创企业的发掘、培养机制，加强对原创企业的培育；针对孵育基地的在孵企业，在北京市科技型中小企业技术创新资金中安排资金，支持企业技术创新项目，加快培育一批战略性新兴产业“源头”企业，加速形成全市战略性新兴产业集群。

五、实施国际化发展工程，链接全球创新资源

加快“走出去”和“引进来”步伐，加强与国际孵化器组织的合作交流，提升本市孵化机构全球创新资源集聚能力。

（一）推进孵化机构国际化发展。

支持孵化机构依托“国际技术转移中心”“中意技术转移中心”“中美企业创新中心”等科技合作载体，通过合作共建、资源共享等多种方式在本市建设国际企业孵化机构；鼓励并支持有条件的孵化机构在海外建设分支机构，提升孵化机构吸纳全球高端创业项目和团队的能力，搭建企业国际化发展平台。

（二）加快引进一批国外先进孵化机构。

鼓励境外机构通过股权投资等形式在本市设立国际企业孵化机构，支持各类孵化机构建立渠道、引进一批国外服务模式先进的孵化机构或投资基金，带动本市孵化机构模式创新，加快孵化机构发展国际化步伐。

（三）支持孵化机构与国际技术转移机构开展合作。

支持孵化机构与国际技术转移机构建立对接，开展技术交易及国际技术转移服务，引进一批国际领先的原创技术落地北京，助力孵化机构内创业企业技术保持国际领先地位，提升孵化机构全球创新资源聚集能力。

（四）支持孵化机构与国际孵化器协会组织开展合作。

支持孵化机构与美国企业孵化器协会、亚洲企业孵化器协会等国际孵化器协会组织开展合作，积极参与协会组织的各种交流活动，促进本市孵化机构与全球孵化机构之间的信息交流和项目合作。鼓励在孵企业参与国际孵化机构及行业组织的培训、展示、评选等活动，提升企业知名度，拓展企业国际化视野。

（五）鼓励孵化机构大力吸引高端创新创业人才。

鼓励孵化机构吸引国家“千人计划”、北京市“海聚工程”、中关村“高聚工程”等人才计划入选人员及团队，吸引海内外高端顶尖人才到北京创业，依托北京市科技新星计划、“科技北京”百名领军人才培养工程等人才培养计划，培养和聚集一批优秀创新人才和产业领军人才，提升孵化机构的全球创新资源聚集能力。

六、健全工作机制，完善组织保障

（一）加强组织实施。

加强全市统筹协调，市科技、发改、教育、经信、财政、人力社保、税务等相关部门，建立沟通协调机制，研究解决科技企业孵化体系建设工作中的问题，协调落实相关政策；坚持“市区联动，合作共建”的原则，各区县应高度重视科技企业孵化体系建设，加大对孵化机构的支持力度，形成促进孵化体系全面发展的合力。

（二）完善政策体系。

加快研究促进现阶段各类孵化机构发展的政策措施，制定与天使投资、技术转移、知识产权等相关的突破性政策。

对于符合条件的科技企业孵化器，可申请认定为市级科技企业孵化器。经认定的市级科技企业孵化器和在孵企业可享受相关政策支持。对于经认定的市级科技企业孵化器，优先认定为小企业创业基地、留学生创业园等，给予联合支持，全面推进本市孵化器建设。对于符合国家级条件的孵化器，积极推荐申请国家级科技企业孵化器认定。

落实国家级科技企业孵化器的税收优惠政策；鼓励符合条件的孵化机构参与高新技术企业认定，享受相关政策优惠。

（三）加大资金支持。

加大对孵化机构建设的资金支持力度，重点用于支持孵化机构提升专业服务能力、搭建创业服务平台、创新服务模式、探索国际化发展路径、培育专业孵化管理人才等；鼓励各区县设立专项资金，支持孵化机构建设和能力提升。加强市区两级资金的统筹联动。

（四）完善评价机制。

完善市级科技企业孵化器和战略性新兴产业孵育基地的认定体系，建立对市级科技企业孵化器发展绩效的考核指标体系；组织开展市级科技企业孵化器发展绩效评价，实施对市级科技企业孵化器的动态管理和退出机制；构建符合本市孵化机构发展规律的社会化评价体系，提高孵化机构评价的科学性。

（五）发挥社会组织作用。

进一步发挥孵化器行业协会等孵化机构相关社会组织的桥梁、纽带作用，建立服务全市孵化机构发展的信息平台，举办交流、研讨等活动，推广先进典型，发挥示范引领作用，促进孵化机构之间合作交流，塑造北京孵化机构品牌，大力营造全市创新创业氛围，扩大首都创业孵化体系的社会影响力。

（六）加强宣传和培训工作。

加强宣传，打造首都科技企业孵化体系品牌影响力。加强对孵化机构管理人员、服务人员和创业者三个层次的培训，通过定期举办孵化器培训班，不断提高孵化机构从业人员的管理水平和服务能力。

北京市科学技术委员会　北京市发展和改革委员会
北京市教育委员会　北京市经济和信息化委员会
北京市财政局　北京市人力资源和社会保障局
中关村科技园区管理委员会
二〇一三年五月二十四日

中关村国家自主创新示范区优秀人才支持资金管理办法

（中科园发〔2013〕40号）

第一章 总 则

第一条　为鼓励和吸引优秀人才到中关村国家自主创新示范区（以下简称中关村示范区）创业，加快推进落实中组部等15个部委与北京市联合印发的《关于中关村国家自主创新示范区建设人才特区的若干意见》（京发〔2011〕5号）、中组部和人社部《关于支持留学人员回国创业的意见》（人社部〔2011〕23号）以及《加快建设中关村人才特区行动计划（2011—2015）》（京发〔2011〕8号），依据《中关村国家自主创新示范区发展专项资金管理办法》（京财文〔2011〕2858号），制定本办法。

第二条　中关村示范区优秀人才支持资金在中关村示范区专项资金中列支，并按照年度预算进行安排。

第三条 鼓励各分园对中关村示范区优秀人才支持资金予以配套支持。对各分园推荐并承诺提供配套资金的优秀人才企业，中关村管委会予以优先安排。

第二章 海归人才创业支持资金

第四条 本办法所指海归人才原则上均应具有本科以上学历（含本科）及学士以上学位（含学士），主要包括：

（一）经教育部留学人员服务中心、北京海外学人中心等权威机构认定的留学人员；

（二）在海外国际知名企业或中国知名企业海外机构工作一年及以上的各类人才；

（三）在海外定居一年及以上的外籍人才；

（四）长期侨居海外的华侨人才。

第五条 支持海归人才到中关村创办企业。对于当年度内新注册成立的海归人才企业，经中关村管委会认定的天使投资机构、创业投资机构、风险投资机构或海归人才创业园（简称海创园）等其中的两家共同推荐，给予一次性创业启动资金支持：注册资本50万元及以上的，给予不超过20万元资金支持；注册资本50万元以下的，给予不超过10万元资金支持，用于房租补贴、设备购置、团队建设及技术研发等。

第六条 本办法所指的海归人才企业须具备以下条件：

（一）企业注册于中关村示范区内；

（二）符合中关村示范区重点发展和扶持的产业方向；

（三）企业应由海归人才担任法定代表人，或海归人才自有资金（含技术入股）及海内外跟进的风险投资占企业总投资的30%以上；

（四）企业为海归人才归国5年内初次创办。

第七条 对于当年度入选创业类中央“千人计划”的海归人才，按照中关村“高聚工程”资金支持的标准，给予其所在企业一次性资金支持，已入选中关村“高聚工程”的不再重复给予资金支持。

第三章 雏鹰人才创业支持资金

第八条 本办法所指雏鹰人才包括：

（一）30周岁以下到中关村示范区创业的国内外优秀人才，且须满足以下条件之一：

1．“挑战杯”中国大学生创业计划竞赛金、银奖获得者；

2．“挑战杯”首都大学生创业计划竞赛金奖获得者；

3．其他有影响力的全国创业大赛金奖或同类奖项获得者。

（二）经中关村管委会认定的天使投资、创业投资、风险投资等投资管理机构推荐的国内外优秀人才，且同时须满足以下条件：

1．所创办企业应为2年内在中关村示范区内初次注册；

2．所创办企业注册资本在100万元及以上；

3．所创办企业获得投资机构投资，投资额不低于100万元人民币且所占企业股份比例不高于30%；

4．雏鹰人才担任企业法定代表人或为企业主要创始人。

第九条 支持雏鹰人才到中关村创办企业。

（一）对于符合第八条第一款条件的雏鹰人才，当年度内新注册成立的企业，经中关村各分园、专业园或相关风投机构等单位推荐，注册资本50万元及以上的，给予一次性不超过10万元的启动资金支持，用于房租补贴、设备购置、团队建设及技术研发等。

（二）对于符合第八条第二款条件的雏鹰人才，经中关村各分园、专业园或相关风投机构等单位推荐，给予一次性不超过30万元的启动资金支持，用于房租补贴、设备购置、团队建设及技术研发等。

第四章 资助资金的申请程序

第十条 中关村示范区优秀人才支持资金年度申报工作启动时间和申报通知在中关村示范区网站（www.zgc.gov.cn）、中关村各分园管委会网站进行公布。

第十一条 申请中关村示范区优秀人才支持资金，应按照申报通知的相关要求，提供相应的申报材料和证明文件。

第十二条 同时符合海归人才和雏鹰人才认定条件的，仅可申报其中一项补贴项目，不享受重复支持。

第十三条 由中关村管委会会同各分园管委会、基地、海创园等组织受理中关村示范区优秀人才支持资金申请。各分园管委会、基地、海创园等对申报资料进行形式审查；中关村管委会核验有关申请资料，并提出审核意见和支持建议，报中关村管委会主任专题会审议。

第十四条 中关村管委会审议确定支持名单及金额，并在中关村示范区网站进行公示。

第十五条 中关村管委会按相关程序拨付中关村示范区优秀人才支持资金。

第五章 监督管理

第十六条 获得中关村示范区优秀人才支持资金单位需按国家相关会计制度进行账务处理，对专项资金单独核算，专款专用，应接受中关村管委会的监督、检查和审计，并需配合开展宣传、调研、报送企业信息、提交资金使用效益分析报告等工作。

第十七条 对专项资金使用中的违反法律法规的行为，依据《中华人民共和国预算法》《中华人民共和国会计法》和《财政违法行为处罚处分条例》等规定进行处理处分。对于弄虚作假骗取支持资金的申报单位，除按以上规定处罚外，中关村管委会将在中关村示范区网站予以通报，并追回已拨付资金，今后不再受理其相关公共政策支持资金的申请，取消与该单位的合作关系。

第六章 附 则

第十八条 本办法由中关村管委会负责解释。

第十九条 本办法自发布之日起实施，《中关村国家自主创新示范区海归人才创业支持专项资金管理办法》（中科园发〔2012〕49号）和《中关村国家自主创新示范区海内外优秀人才创业扶持工程专项资金管理办法（试行）》（中科园发〔2012〕50号）同时废止。

中关村科技园区管理委员会

二〇一三年十一月十八日

天津市创新人才推进计划实施方案

（津科政〔2013〕225号）

根据《天津市中长期人才发展规划纲要（2010—2020年）》以及国家科技部《创新人才推进计划实施方案》，制定本实施方案。

一、目标和任务

“天津市创新人才推进计划”（以下简称推进计划），旨在通过创新体制机制、优化政策环境、强化保障措施，培育和造就一批高水平的国家级创新人才、创新团队和创业人才，引领和带动我市科技人才的发展，为提高自主创新能力、建设创新型城市和加快科技型中小企业发展提供有力的人才支撑。

到2020年，推进计划的主要任务是：

1．造就中青年科技创新领军人才。瞄准世界科技前沿和战略性新兴产业，重点培养和支持100名市级中青年科技创新人才，使其成为引领相关行业和领域科技创新发展方向、组织完成重大科技任务的领军人才。

2．培养青年科技优秀人才。促进创新型青年人才的快速成长，重点培养和支持300名35周岁以下的优秀创新青年人才，把他们培养成为优秀学术技术带头人，形成我市各领域高层次领军人才的重要后备力量。

3．扶持科技创新创业人才。着眼于推动企业成为技术创新主体，加快科技成果转移转化，面向科技型企业，扶持300名能够运用自主知识产权或核心技术创新创业的优秀创业人才和具有创新精神的企业家。

4．建设重点领域创新团队。依托重大科研项目、重点工程和重大建设项目，建设150个市级重点领域创新团队，着力提升若干重点领域和战略性新兴产业的科技创新能力。

二、建立工作机构

成立天津市创新人才推进计划工作领导小组（简称人才推进计划领导小组），由市科委主任任组长，分管副主任任副组长，相关处室主要负责同志为工作领导小组成员，每年由人才推进计划领导小组制定本年度工作目标、任务指标、时间进度和工作要求等。

三、实施原则

1．坚持突出高端与需求导向相结合。立足高端引领，重点选拔支持一批具有一流水平、具有领军才能和团队组织能力的高层次人才，特别是有重大创新前景和发展潜力的中青年人才。同时，以战略目标和重大需求为导向，围绕国家发展和用人单位需求遴选人才，在创新实践中用好人才，充分发挥用人单位的主体作用，有效调动和激发各类人才的创造性和积极性。

2．坚持重点支持与政策集成相结合。坚持以用为本、急需优先，重点人才重点支持，特殊人才特殊培养，通过提供科研经费、事业平台等政策，对在经济社会发展重点领域、战略性新兴产业以及基础学科、基础研究领域的高层次人才提供重点支持。加强各项支持政策集成，集成资源加大倾斜，制定落实配套措施，加大培养支持力度，加强动态管理和跟踪服务。

3．坚持创新机制和营造环境相结合。遵循人才成长规律，深化科技体制改革，在人才培养与发现、人才评价与激励、人才服务与保障等方面积极探索，推动人才工作体制机制创新。同时营造有利于人才潜心研究、创新创业的良好环境。

4．坚持统筹协调和分类推进相结合。加强项目、基地、人才的紧密结合，统筹推进现有科技计划和人才培养计划实施，加强部门协作和区域统筹，做好与部门、区县现有人才计划的有效衔接，形成部门协调有效、区县落实有力、组织实施有序、资源配置合理的工作格局。同时，针对不同任务特点，确定具体的实施方法和工作步骤。

5．坚持国家要求与天津实际相结合。要加强与国家相关规划和工作要求相结合，坚持公开、公平、公正的原则，提高推荐质量。注重与天津发展相结合，与全市发展大局相结合，与人才工作基础相结合，与滨海新区开发开放相结合，与科技中心工作相结合。

四、遴选条件

根据推进计划各项任务的不同特点，入选对象分别按照以下条件进行遴选。

1．中青年科技创新领军人才。

中青年科技创新领军人才每年入选20名，应具备以下基本条件：

——在科技前沿和战略性新兴产业领域取得高水平创新成果，具有较大的发展潜力；

——具有主持承担国家或地方重要科技项目的经验；

——表现出较强的领军才能、团队组织能力；

——拥有博士学位或副高级以上职称，年龄在45周岁以下。

重点支持在科研一线潜心研究的科技人才，院所、高校、企业等法人单位主要负责人不参与申报。对企业科技人才适当放宽条件。人选为海外引进人才的，须已回国工作两年以上，在今后5年内保证每年在国内工作9个月以上。

2．培养青年科技优秀人才。

青年科技优秀人才每年入选40名，应具备以下基本条件：

——具有科研能力及创新潜力，在科技金融、科技文化、科技中介、科技成果转化、科技普及工作等方面成绩突出，获得国内外较高水平荣誉称号，具有一定的学术影响；

——拥有博士学位或副高级以上职称，年龄在35周岁以下。

人选为海外引进人才的，须已回国工作两年以上，在今后5年内保证每年在国内工作9个月以上。对企业科技人才适当放宽条件。

3．科技创新创业人才。

科技创新创业人才每年入选40名，应具备以下基本条件：

——科技型企业的主要创办人（拥有20%以上企业股份），具有本科以上学历和较强的创新创业精神；

——创办的企业在中华人民共和国大陆境内注册，依法经营，创办时间不超过8年，且能认定为国家级高新技术企业；

——企业拥有核心技术或拥有自主知识产权，处于行业领先水平，具有较好的经营业绩和成长性。

科技型中小企业创新基金项目承担单位的主要创办人、科技特派员项目负责人和创新创业大赛获奖项目承担单位的主要创办人可优先推荐。

4．重点领域创新团队。

重点领域创新团队每年入选25个，分为A类创新团队，每年入选5个；B类创新团队，每年入选20个。

A类创新团队支持范围为科研院所、高校的科技人才及其团队，并具备以下基本条件：

——所从事科研工作符合国家、行业重点发展方向和长远需求；

——具有承担国家重大科研课题、重点工程和重大建设项目的经历；

——团队负责人同时应符合中青年科技创新领军人才的基本条件，年龄不超过50周岁；

——团队创新业绩突出，具有较好的发展前景；

——团队具有明确的创新目标和科研规划；

——团队结构稳定、合理，核心成员一般不少于5人、不超过15人，可跨单位协作。

B类创新团队支持范围为科技领军企业的技术人才及其团队，并具备以下基本条件：

——所从事研发工作为战略性新兴产业，技术创新方向符合国家、行业重点发展方向和长远需求；

——具有承担国家和市级重大科研课题、重点工程和重大建设项目的经历；

——拥有主要产品（服务）核心技术的自主知识产权、具有较强的科技成果转化能力、销售与总资产成长性良好；

——团队负责人年龄不超过50周岁，具有较强的创新精神和较好的战略视野；

——团队结构稳定、合理，核心成员一般不少于5人，长期从事创新研究和实践人员不少于10人；

——团队能持续进行项目开发和技术创新活动能力，具有明确的创新目标和科研规划。

五、遴选程序

1．通知。市科委下发推荐工作通知，采取由各区县科委、高校及科研院所、有关部门负责限额推荐的方式，面向全市开展申报推荐工作。

2．初选。委托专业机构进行初选，按照推荐要求进行形式审查。

3．评审。组建专家评审小组，组织各类专家进行人才评审，择优提出人选建议名单。

4．公示。经人才推进计划领导小组审议后，确定公示名单，并在市科委网站进行公示。对公示期间反映的问题，由有关部门进行核查并提出意见。

5．批准。公示无异议的，经市科委主任办公会审批后，向社会发布入选名单。

六、组织保障

1．加强组织协调。建立与国家相关科技部门的沟通协调机制，充分了解国家需求，不断推进计划的实施。

2．完善专家咨询。充分发挥天津市科技发展战略智库的作用，选择一批科技、经济、管理等方面的高水平专家作为推进计划咨询专家、评审专家，充分发挥专家在推进计划组织实施中的决策咨询作用。

3．开展绩效评估。根据推进计划的实施进度和目标要求，实施定期的报告制度和评估制度，加强对推进计划入选对象的跟踪管理和评估考核，不断完善实施工作，提高推进计划实施效果。

4. 加强人才与项目、基地的有机结合。在我市科技计划实施和创新体系建设中，突出对人才和团队的培养。对推进计划入选对象在科技立项、科技奖励、创新平台建设等方面，不受申请指标限制，可直接申报。

5. 营造良好社会氛围。推进计划入选对象所在单位和各部门要集成各方资源，加大政策和资金支持力度，及时总结推广在推进计划实施过程中创造的典型经验和成功做法，加强对优秀科技人才和创新团队的宣传报道，为加强创新人才队伍建设营造良好的社会氛围。

天津市科学技术委员会
二〇一三年十一月二十八日

天津市鼓励股权投资企业投资初创期和成长期科技型中小企业补贴办法（试行）

（津科财〔2013〕083号）

第一章 总 则

第一条 为贯彻落实天津市《关于进一步促进科技型中小企业发展的政策措施》（津政发〔2012〕22号），鼓励股权投资企业投资于天津市初创期和成长期的科技型中小企业，特制订本办法。

第二条 本办法所称的股权投资企业包括创业投资企业、投资公司和股权基金投资企业等。

第三条 本办法所称初创期和成长期科技型中小企业是年度销售收入在5000万元人民币以下的科技型中小企业。

第二章 认 定

第四条 申请补贴的股权投资企业需要具备以下条件：

（一）经工商行政管理部门登记并通过了年检；

（二）没有非法集资及其他违反法律、法规、规章的行为。

第五条 股权投资企业投资本市初创期和成长期科技型中小企业持股时间达一年（含）以上投资可申请补贴。

第六条 申请股权投资补贴的企业需提交以下材料：

（一）股权投资补贴申报表；

（二）股权投资企业和被投资企业的营业执照；

（三）投资协议及被投资企业的章程；

（四）相关验资报告、银行对帐单及股权变更登记核准通知书；

（五）被投资企业的“天津市科技型中小企业”资格证书；

（六）被投资企业融资前一年度的财务报表（现金流量表、资产负债表、利润表）和审计报告。

第七条 建立股权投资企业投资网上申报统计制度。各投资企业应按照市科委的相关要求，在市科技型中小企业服务网上逐笔填写相关投资企业的信息内容。

第八条 股权投资补贴申请每年一次。股权投资企业于每年第一季度申报上年度股权投资补贴。市科委会同市财政局对各单位提交的申报材料进行审核，并征询相关部门意见后，提出补贴建议。

第三章 支 持

第九条 对通过审核的补贴，由市科委会同市财政局下达补贴指标，并办理补贴拨付手续。

第十条 对符合条件的股权投资企业给予补贴的比例原则上不超过其对天津市初创期和成长期的科技型中小企业实际投资额的3%，补贴额度最高不超过50万元人民币。

第四章 附 则

第十一条 股权投资企业须如实填写申报表并提交相关证明文件。如弄虚作假，一经查实，立即取消申报资格，追回财政补贴资金，并视情节轻重，追究其法律责任。

第十二条 本办法由市科委、市财政局负责解释。

第十三条 本办法有效期三年，自颁布之日起执行。

天津市科学技术委员会
二〇一三年五月三日

天津市关于对科技型中小企业引进国（境）外先进技术给予财政补贴的实施细则（试行）

（津科财〔2013〕084号）

第一章 总 则

第一条 为贯彻落实天津市《关于进一步促进科技型中小企业发展的政策措施》（津政发〔2012〕22号），进一步促进国（境）外先进技术在我市聚集和转化，推动科技型中小企业快速发展，特制定本细则。

第二条 本细则适用于我市经认定的科技型中小企业购买国（境）外高校、科研院所或企业的技术的所有权。（其中交易双方为关联方的关联交易除外）。

第三条 科技型中小企业购买国（境）外高校、科研院所或企业的先进技术必须是使企业拥有自主知识产权、可实施转化为现实生产力、能为企业带来经济效益、促进企业发展的国际先进、填补国内空白的重大产业链关键技术。重点支持企业为开发"杀手锏"产品而购买的技术。补助资金的安排按照市科委每年提出的重点发展领域，择优支持。

第四条 本细则适用于2013年1月1日起签订的技术合同。对2013年1月1日起新认定的科技型中小企业，本细则只适用于自认定之日起以后所签订的技术合同。

第二章 申报及立项

第五条 科技型中小企业申报财政补贴，必须首先与国（境）外高校、科研院所或企业签订技术进口合同，并在天津市技术市场管理办公室进行技术进口合同登记备案后，在科服网上进行财政补贴申请，企业注册地所在区县科委根据本细则中所提到的条件对企业申报材料进行网上初审，并向申请单位提供受理号，初审要求自企业网上申报之日起10个工作日内完成。

初审通过后，企业需到企业注册地所在区县科委提交如下纸质材料。各区县科委负责将初审合格的企业申请材料进行登记统计，并择优推荐并报送申请材料至市科委。

申报补贴项目须提供如下材料：

1. 《天津市科技计划项目申请书》（国（境）外先进技术引进项目）（3份）
2. 技术合同认定登记证明（原件及复印件2份）
3. 科技部印制的技术转让合同（复印件2份）
4. 技术进口合同（外文合同需附中文译本）（复印件2份）
5. 科技型中小企业证书（原件及复印件2份）
6. 企业法人营业执照（原件及复印件2份）
7. 银行付款凭证（原件及复印件2份）
8. 需要提交的其他材料

以上材料均需加盖申请财政补贴企业的公章。如有原始技术合同（协议）、合同附件的，还需提供原始合同（协议）及附件材料（原件或复印件）备查。

第六条 市科委每年组织1次项目受理和评审。聘请专家对技术的先进性、技术引进产生的经济、社会效益等进行评估，提出立项建议，核定项目补贴金额，提请委主任办公会审议通过后，进行公示，批准立项。经批准立项的项目，须签订《天津市科技计划项目合同书》。

第三章 补贴支持

第七条 经批准立项的项目，按照核定技术交易额的10%，最高100万元人民币给予财政补贴支持。企业一年内购买多项技术可多次申请财政补贴，但每年度内每个企业累计补贴额最高为100万元人民币。

第八条 立项当年由市财政拨付核定补贴金额的30%；项目合同书签订1年后，申报单位须提交项目执行情况及该项目产业化后带来的社会经济效益的书面说明，经市科委审核，符合项目合同工作进度要求并完成阶段工作目标的，由市财政拨付剩余70%补贴金额。

第九条 技术交易额是指从合同交易总额中扣除购置设备、仪器、零部件和原材料等非技术性费用后的剩余金额。但合理数量标的物的直接成本不计入非技术性费用。

第四章 附 则

第十条 项目执行期结束后，应在3个月内提交项目结项报告，市科委组织专家对项目进行评审和验收。

第十一条 各区县科委负责协助市科委对获得补贴项目科技型中小企业的实施情况的监督检查，以及登记统计工作。

第十二条 对弄虚作假、骗取补贴及违反国家法律和财经纪律的企业和个人，要由区县科委负责追回财政补贴资金，并视情节轻重，追究其法律责任。

第十三条 本细则从颁布之日起执行，有效期三年。

第十四条 本细则由市科委负责解释。

天津市科学技术委员会

二〇一三年五月三日

天津市科技企业孵化器落实促进科技型中小企业发展政策措施的实施细则（试行）

（津科创〔2013〕075）

第一章 总 则

第一条 为贯彻落实天津市《关于进一步促进科技型中小企业发展的政策措施》（津政发〔2012〕22号）文件精神，鼓励科技企业孵化器提升服务能力，进一步促进全市科技型中小企业加快发展，特制定本实施细则。

第二条 科技企业孵化器（以下简称孵化器）是天津市科技创新体系的重要组成部分，以营造优质创业环境，培养创业企业家，培育科技小巨人企业为宗旨，为科技型中小企业企业提供孵化场所、公共设施及相关创业服务的科技创业服务载体。

第三条 为大学生创业提供相关服务的高校学生科技创业实习基地（简称双实双业基地）参照本办法执行。

第四条 市科委负责孵化器市级认定工作。

第二章 认 定

市级孵化器应具备以下条件：

（一）符合本办法第二条要求，本市设立具有独立法人资格的经营实体，运营时间两年以上，并按科技部要求连续上报相关统计数据，且数据齐全、真实；

（二）孵化器性质、定位明确，内部管理规章制度健全；

（三）具有一支较高的管理水平和经营能力的管理队伍，具有大专以上学历的应占70%以上（专业型科技企业孵化器大专以上学历的应占80%以上）；

（四）具有可自主支配的孵化场地，综合型孵化器使用面积达10000平方米以上（专业型孵化器达5000平方米以上）。其中，在孵企业使用的场地（含公共服务场地）占75%以上；

公共服务场地是指孵化器提供给在孵企业共享的活动场所，包括公共餐厅和接待室、会议室、展示室、活动室、技术检测室等非盈利性配套服务场地；

（五）可自主支配场地内，综合型孵化器的在孵企业达50家以上，专业孵化器的在孵企业应达30家以上；

（六）年度毕业企业数占在孵企业的5%以上。孵化器毕业企业和在孵企业提供的就业岗位超过800个，专业孵化器毕业企业和在孵企业提供的就业岗位超过500个；

（七）服务设施齐全、服务功能强，开展了创业导师工作，可为企业提供商务、资金、信息、咨询、市场、培训、技术开发与交流、国际合作等多方面的服务；

（八）孵化器自身拥有不少于100万元的种子资金或孵化资金，并与创业投资、担保机构等建立了正常的业务联系；

（九）专业型孵化器自身应具备专业技术平台或专业化的中试基地，并具备专业化的技术咨询和专业化的管理培训能力。

第六条 申报单位需填写《市级科技企业孵化器认定申请表》并提交相关附件报市科委指定的受理机构。

第七条 市科委对申报材料进行形式审查。通过形式审查的孵化器，组织有关专家进行评审和必要的实地考察。

第八条 通过专家评审的孵化器，经市科委主任办公会批准后，被认定为市级孵化器。

第九条 市科委依据孵化器评价指标体系，每年对市级孵化器进行绩效评价。对连续2年不合格的，取消其市级资格。

第三章 支 持

第十条 市级孵化器认定、考核将严格按照《天津市科技企业孵化器管理办法》《天津市科技企业孵化器绩效考核管理办法》的规定，考核结果须提请市科委主任办公会审批通过后，经公示，予以立项。

第十一条 鼓励孵化器提升服务能力，对当年绩效考核为优秀的市级以上（含市级）孵化器，给予100万元的财政资金奖励，或给予不超过200万元的贷款贴息支持。

第十二条 鼓励大学生（研究生）休学创业，对符合条件的大学生创业企业入驻市级以上（含市级）孵化器的，给予房租补贴支持，房租减免补贴的期限暂定为2年。

第四章 附 则

第十三条 对弄虚作假、骗取财政资金奖励或财政资金贴息、房租减免补贴的单位，将追回财政资金，并视情节轻重，追究其法律责任。

第十四条 本细则由市科委负责解释。

第十五条 本细则有效期为三年。

第十六条 本细则从颁布之日起执行。

天津市科学技术委员会办公室

二〇一三年四月二十八日

武清区人才引进、培养和奖励暂行办法

（津武人才〔2013〕1号）

第一章 总 则

第一条 为深入实施人才强区战略，加快引进国内外优秀人才和智力，加强区内现有人才培养和使用，根据国家和天津市有关规定，结合武清实际，制定本暂行办法。

第二条 设立“武清区人才发展专项资金”（以下简称人才专项资金），用于支持和鼓励各类人才的引进、培养和奖励。

第三条 本办法适用于武清区党政机关、企事业单位和其他经区人才工作领导小组认定的各类用人单位和个人。

第二章 人才引进

第四条 重点引进适合武清经济社会发展需要的各类高层次创新创业人才、急需紧缺人才和优秀青年人才。引进人才共划分六个层次（具体标准见附件）。

第五条 引进人才与武清用人单位签订正式劳动合同，且在武清正常缴纳社会保险和个人所得税的，经相关职能部门综合评估，并报区人才工作领导小组办公室审核后，按不同层级享受以下资助或奖励。其中财政拨款的党政机关、企事业单位奖励政策减半，且不享受购房补贴政策。

1．购房补贴。第1至第4层次人才可按等级分别享受100万、50万、20万、10万的购房补贴或免租三年入住人才公寓。购房补贴分三年发放，第一年发放40%，第二年发放30%，第三年发放30%。

2．工作津贴。第1至第6层次人才可按等级分别享受每月10000元、8000元、4000元、2000元、600元、300元工作津贴。津贴每半年发放一次，发放期限三年。

3．个税资助。第1至第6层次人才个人年收入超过20万的，其缴纳的个人所得税地方留成部分给予不同比例资助。其中：第1至第4层次人才5年内全额给予资助；5年后，50%给予资助。第5至第6层次人才3年内全额给予资助；3年后，50%给予资助。

第六条 各类人才还可享受以下政策：

1．人才落户。引进的各层次人才及其配偶、子女落户，按天津市有关户籍政策可直接或优先办理天津市户口。

2．配偶就业。引进的各层次人才配偶需要随迁调动工作的，由区组织、人力社保部门按照市、区有关政策规定协调解决就业问题。

3．子女入学。引进的各层次人才随迁子女按照就近入学、优先安置原则，由区教育部门统筹协调优质公办学校就读。其中第1至第4层次人才子女允许自由择校择园，免收择校费或借读费。

4．医疗保健。为引进的第1至第4层次人才建立医疗档案，每年免费提供一次三级医院健康检查服务。每年定期组织一定数量突出贡献人才外出疗养。

5．职称评定。引进的第1至第4层次人才，可不受学历或任职年限等条件限制，根据业绩成果优先或破格推荐申报专业技术职称；可突破单位岗位设置结构比例限制，聘任相应的专业技术职务。

6．社会保障。引进的各层次人才及其随迁配偶、子女可按有关规定参加天津市各类社会保险，享受与天津市民同等权利和待遇。鼓励用人单位为各层次人才办理企业年金和补充医疗保险。

7．参政议政。积极推荐各类优秀人才参选区级党代表、人大代表和政协委员，每年组织部分优秀人才列席区人大和政协工作会议。

8．其他政策。引进的各层次人才，符合国家、天津市人才引进、项目扶持等政策规定的，由分管职能部门优先申报，享受相应优惠政策；引进的各层次人才所在企业和项目，优先推荐申请创业资金、贷款担保和风险投资基金支持。

第七条 鼓励支持国内外人才以各种方式参与我区现代化建设，各类人才可以采取调入、兼职、技术入股、合作开发、成果转让（化）、承担课题研究和担任咨询顾问等形式来我区长期工作或短期服务。以柔性流动方式引进的各类高层次人才，按照一事一议原则，由区人才工作领导小组审核确定享受政策范围和标准。

第三章 人才培养

第八条 鼓励培养本土人才。对区内人才经培养新达到外引人才标准，且做出较大贡献的，享受外引人才同样政策待遇（购房补贴除外）。机关、企事业单位在职人员申报省部级、国家级各类高层次人才评选活动的，给予一定费用资助。

第九条 鼓励开展各类专题培训。对经区人才工作领导小组审批的重点培训项目给予不低于50%的费用资助，每项一般不超过20万元。

第十条 鼓励开展职业技能竞赛活动。对经区人才工作领导小组审批的重点竞赛活动给予不低于50%的费用资助，每项一般不超过10万元。

第十一条 鼓励开展各类人才评选表彰活动。对经区人才工作领导小组审批的各类人才评选表彰活动给予不低于50%的费用资助，每项一般不超过5万元。

第十二条 鼓励区职能部门跨省市、跨地区或面向国际开展人才、智力引进和交流活动。对经区人才工作领导小组审批的相关活动，给予一定费用资助。

第十三条 鼓励各类人才参加学历进修。机关、企事业单位人员在职攻读研究生取得硕士学位、博士学位的，分别给予本人一定费用资助。

第四章 人才奖励

第十四条 奖励人才评优表彰。对由本区推荐获得国家或省部级各类人才称号和表彰的，经区人才工作领导小组审定后，给予个人1万—10万元资金奖励。

第十五条 奖励本区突出贡献人才。设立“武清区杰出人才”“武清区人才工作先进单位”等奖项，重奖为本区经济社会发展做出重大贡献的人才和单位。

第十六条 鼓励企业和研发机构设立博士后工作站或博士后创新实践基地。对建立博士后工作站、博士后创新实践基地的单位，分别给予一次性30万元、10万元的经费资助。对在站博士后分别给予每人每年5万元、3万元经费资助。

第十七条 鼓励博士后工作站和博士后创新实践基地在站博士后承担符合武清重点产业方向或研究成果落地武清的国家级、市级研究课题。根据承担课题情况，分别给予每人每年2万—5万元、1万—3万元科研经费资助。

第五章 附 则

第十八条 本办法在区人才工作领导小组领导下开展，区人才工作领导小组办公室负责日常工作统筹协调，区人才工作领导小组成员单位按照职能分工负责制定专项实施细则、组织综合评估和其他工作落实。

第十九条 本办法规定的各类奖励政策，在武清区范围内均按照“从高不重复”原则执行。

第二十条 受资助单位或个人应严格按照规定的条件和程序申请兑现政策待遇，严禁弄虚作假。对违反规定的，将取消其所享受的政策待遇，追回发放资金，并予以通报曝光；情节严重的，将追究有关单位和个人的法律责任。

第二十一条 本办法由区人才工作领导小组办公室负责解释。

第二十二条 本办法自2013年7月1日起施行。

附：武清区人才引进认定标准（试行）

第一层次人才

（一）中国科学院院士、中国工程院院士；“新世纪百千万人才工程”国家级人选；国家级有突出贡献的中青年专家；全国杰出专业技术人才。

（二）近5年，获得以下奖项之一者：国家自然科学奖、技术发明奖、科学技术进步奖一等奖前3位实际完成人；长江学者成就奖；中国青年科学家奖；孙冶方经济科学奖。

（三）近5年，担任以下职务之一者：国家科技重大专项项目负责人；国家科技支撑（攻关）计划项目负责人；国家“863计划”领域专家组组长、副组长；国家“973计划”项目首席科学家；国家重点实验室主任；国家工程实验室主任。

（四）近5年，获得国家自然科学基金资助的重大项目主持人或国家自然科学基金“国家杰出青年科学基金（含外籍）”“创新研究群体科学基金”资助的项目主持人。

（五）近5年，国家引进海外高层次人才“千人计划”人选。

（六）近5年，获得“中华技能大奖”荣誉称号的高技能人才。

（七）其他具有相当贡献的各类人才。

第二层次人才

（一）“新世纪百千万人才工程”省部级人选；省部级有突出贡献的中青年专家；省部级“千人计划”入选人员。

（二）近5年，获得以下奖项之一者：省部级科学技术奖一等奖前3位实际完成人；教育部“高等学校教学名师奖”。

（三）近5年，担任以下职务之一者：国家科技重大专项课题负责人；国家科技支撑（攻关）计划课题负责人；国家“863计划”领域专家组成员，课题组负责人；国家“973计划”项目首席科学家助理、课题组负责人；国家重点实验室副主任；省部级重点实验室主任；省部级工程实验室主任。

（四）近5年，获得国家自然科学基金资助的重大项目课题主持人。

（五）教育部“211工程”“985工程”院校国家重点学科带头人、博士生导师；国家级医疗卫生重点学科的科室负责人或学术技术带头人。

（六）近5年，获得“全国技术能手”荣誉称号的高技能人才。

（七）其他具有相当贡献的各类人才。

第三层次人才

（一）近5年，获得省部级科学技术奖二等奖前3位实际完成人。

（二）近5年，获得国家自然科学基金“重大研究计划项目”“青年科学基金项目”资助的项目负责人。

（三）省市级重点中学校长、省市级三级医院院长。

（四）博士后出站留（来）武清创业或工作的人员。

（五）取得正高级专业技术职务任职资格的人员。

（六）近5年，获得“省部级技术能手”称号的高技能人才。

（七）其他具有相当贡献的各类人才。

第四层次人才

（一）取得博士学位人员。

（二）近5年，获得省部级科学技术奖三等奖第1实际完成人。

（三）取得国家一级职业资格的技术人员。

（四）其他具有相当贡献的各类人才。

第五层次人才

符合我区年度行业急需紧缺目录，且从事相关专业的下列人员：

（一）取得硕士学位人员。

（二）取得副高级专业技术职务任职资格人员。

（三）取得国家二级职业资格技术人员。

（四）其他具有相当贡献的各类人才。

第六层次人才

符合我区年度行业急需紧缺目录，且从事相关专业的“985”“211”工程高校全日制应届本科毕业生（需与用人单位签订三年及以上劳动合同）。

天津市武清区人才工作领导小组

二〇一三年五月七日

天津港保税区 空港经济区人才引进奖励办法

（津保管发〔2013〕8号）

第一章 总 则

第一条 为了推进天津港保税区、空港经济区（以下简称保税区）的快速发展，进一步优化我区自主创新和科技创业环境，加快集聚各类高级人才，提升区域综合竞争力，管委会特制订本办法。

第二条 保税区设立“人才专项资金”，每年从“企业发展金”中安排不高于10%的专项资金。

第三条 本办法适用于保税区引进的以下人才：

（一）高级人才。符合下列条件之一的：

（1）中国科学院或中国工程院院士；

（2）国家和省部级重点学科、重点实验室、工程研究（技术）中心、工程实验室的学术技术带头人；

（3）获国家科学技术奖（包括国家最高科学技术奖、国家自然科学奖、国家技术发明奖、国家科学技术进步奖、中华人民共和国国际科学技术合作奖）主要完成人；

（4）国家有突出贡献中青年专家、国家杰出青年基金获得者、国家百千万人才工程第一、二层次人选、新世纪百千万人才工程国家级人选、中科院“百人计划”人选、长江学者特聘教授、享受国务院特殊津贴者；

（5）海内外创新、创业领军人才；

（6）符合保税区产业发展方向的国内外学术、技术领域的带头人；

（7）拥有天津市及以上发明专利、专有技术或其他科技成果并在保税区实现产业化，在科研机构或企业中占有不低于10%（含10%）股权比例的科技人员；

（8）在国内外取得博士学位的人员；

（9）社会公共事业以及其他领域急需的高层次人才。

（二） 高级经营管理人才。区内企业急需的专业精湛、业绩突出的高级经营管理人才。在企业中担任副总及以上职务，并具有本科以上学历，对企业经营和管理有突出贡献且年薪在20万元人民币以上的人才。

（三）高级专业技术人才。在企业生产或研发岗位担任重要工作，具有本科以上学历或高级专业技术职称，对企业生产和研发有突出贡献且年薪在15万元人民币以上的人才。

（四）高级技能人才。获得“中华技能大奖”“全国技术能手”“天津市技术能手”和“天津市有突出贡献的技师”荣誉的人才。

上述人才的专业背景和经历应符合保税区重点产业的发展方向，并与在保税区所从事的工作相一致，且与保税区用人单位签订2年及以上劳动（聘用）合同。

第四条 保税区设立高级人才评审领导小组，成员由人力资源和社会保障局、财政局、社会发展局、科技发展局、区域服务中心和公安分局等相关部门组成。人力资源和社会保障局负责牵头，会同领导小组成员负责各类人才资助项目的审核工作。

第二章 人才引进

第五条 保税区鼓励企业引进符合保税区产业发展规划的高级人才，并对人才引进给予全程指导与协助。

第六条 保税区为下列人才提供购房补贴、人才公寓、租房补贴及安家费：

（一）对国家有突出贡献中青年专家、国家杰出青年基金获得者、国家百千万人才工程第一、二层次人选、新世纪百千万人才工程国家级人选、长江学者特聘教授、享受国务院特殊津贴者称号的人员，来保税区工作1年及以上并在津定居的，发给安家补贴5万元；对在国内外取得博士学位、年龄在35岁以下的人员，来保税区工作1年及以上并在津定居的，一次性发给安家补贴2万元。

（二）购房补贴：

（1）创新型领军人才入住高级人才公寓按照管委会相关政策执行；

（2）创业型领军人才在保税区内购买自用住宅的，最高给予100万元购房补贴及20万元安家费，与限价房不同时享受；

（三）为符合第三条第（二）（三）（四）款的人才在租住人才公寓时给予适当优惠。

第七条 优先安排各类人才的子女进入保税区内的幼儿园、小学和中学，为入区工作的人才（含按规定随迁的配偶、子女）优先办理天津市常住户口或蓝印户口，协助推荐其配偶就业。其配偶一年内有困难未实现就业的，按照天津市上年度职工月平均工资标准的60%，给予其配偶为期一年的生活补贴。

海外归国创业的高级人才，其子女就读滨海新区国际学校国际部或者天津市内同类学校的，每名子女每个学年补助人民币5千元，每个高级人才子女教育补贴全部累计最高额度为5万元。

第三章 人才奖励

第八条 由保税区推荐当选的“两院”院士，给予个人一次性奖励50万元；由保税区推荐获得“政府特殊津贴专家”“天津市授衔专家”“有突出贡献中青年专家”“天津市政府特聘专家”称号的，给予个人一次性奖励2万元。

第九条 对创业型领军人才及高级经营管理人才，经管委会审核批准，五年内比照其对保税区贡献给予一定奖励。

第十条 对于获得“天津市有突出贡献的技师”称号的高技能人才，除享受天津市奖励外，可再享受保税区2年内给予每月200元政府津贴；

对于获得“中华技能大奖”或“全国技术能手”称号的高技能人才，给予一次性奖励2万元；对于获得“天津市技术能手”称号的高技能人才，给予一次性奖励1万元。

第十一条 鼓励博士后科研课题组申报国家或省部级优秀课题，提高科研质量和水平。对于博士后科研课题组在站期间研究课题获得国家级和省部级奖励的，分别给予博士后科研课题组10万元和5万元的奖励。

第十二条 博士后工作站在站博士达到年度考核目标后，每人每年补助经费5万元；博士后创新基地在站博士达到年度考核目标后，每人每年补助经费3万元。

第十三条 对从保税区博士后工作站或博士后创新基地出站后与保税区企业签订2年及以上劳动合同，并在保税区购房安家的博士后，给予安家费5万元。

第四章 其他鼓励

第十四条 经评估符合条件的创业型领军人才，优先享受我区创业中心相关优惠政策。保税区为其提供项目育成、孵化、领军人才及团队相关业务培训等，并对其项目研发、成果转化给予适当支持，用于创业初期的研发及产业化投入。

第五章 申报和奖励程序

第十五条 申报和奖励程序为：

（1）填写“天津港保税区人才专项奖励申报表”；

（2）准备申请表中所要求提供的材料；

（3）人力资源和社会保障局按照认定标准审核通过后，经高级人才评审领导小组会签同意后，报管委会批准。

第六章 附 则

第十六条 对于同时适用国家、天津市和滨海新区的优惠政策及本办法的，一律先执行国家、天津市和滨海新区的优惠政策，所获奖励金额不可兼得，从高不重复，执行后与本办法相比不足部分再补充执行。

第十七条 本办法由保税区人力资源和社会保障局负责解释。

第十八条 本办法自2013年3月1日起执行，有效期至2018年2月28日。原《天津港保税区吸引高级人才的规定》（2004年31号文）同时废止。

天津港保税区 空港经济区管理委员会

二〇一三年三月十二日

河北省科技型中小企业认定管理办法

（冀科企〔2013〕13号）

第一章 总 则

第一条 为深入贯彻落实省政府《关于支持科技型中小企业发展的实施意见》（冀政〔2013〕43号），加强科技型中小企业认定与管理工作，推动科技型中小企业做大做强，促进科技型中小企业创新能力全面提升，特制定本办法。

第二条 本办法所称科技型中小企业是指符合《中华人民共和国中小企业促进法》关于中小企业的要求，并有一定比例的科技人员和一定规模的研发经费投入，拥有自主知识产权或专有技术，通过开展创新活动提供产品或服务的中小企业。

第三条 在河北省行政区域内登记注册的中小企业，申请认定为科技型中小企业和认定后的管理，适用本办法。

第二章 认定条件及程序

第四条 凡在河北省行政区域内登记注册并符合本办法第二条界定的基本条件的中小企业，均可申请认定为河北省科技型中小企业。具体认定标准为：

（一）工业企业：从业人员在1000人以下或营业收入在40000万元以下；科技服务业企业：从业人员在300人以下或营业收入在10000万元以下；其他行业企业：依照国家有关中小企业的划型标准。

（二）具有大学专科以上学历的人员占企业当年职工总数的20%以上。

（三）企业上年度研发投入占销售收入2%以上并具有持续开展科技创新活动的能力。

（四）企业具有自主知识产权或专有技术或创新集成能力，且形成产品或服务。

第五条 科技型中小企业认定工作由各设区市科技行政主管部门、定州市和辛集市科技行政主管部门、国家级高新技术产业开发区管委会组织负责。

第六条 科技型中小企业认定具体流程为：

（一）申报。申报企业向所在地的科技行政主管部门或国家级高新技术产业开发区管委会提交认定申请材料。申请材料主要包括认定申请书、企业法人营业执照、组织机构代码证、上年度财务报表（资产负债表、现金流量表和损益表），并须专项列出研究开发费用和由自主知识产权、专有技术产生的收入，提供科技成果证明、自主知识产权证明、新产品鉴定等材料。

（二）认定。各设区市科技行政主管部门，定州市、辛集市科技行政主管部门，国家级高新技术产业开发区管委会对辖区内申报企业填报的信息和提交的书面材料进行核实，符合条件的给予认定。

（三）备案。对各设区市科技行政主管部门，定州市、辛集市科技行政主管部门，国家级高新技术产业开发区管委会认定的科技型中小企业，其有关信息纳入河北省科技型中小企业数据库作为备案。

（四）监督检查。省科技型中小企业发展工作领导小组将定期不定期对各设区市、定州市和辛集市、国家级高新技术产业开发区开展的科技型中小企业认定工作进行指导、监督、检查。

第七条 符合国家有关中小企业划型标准，已经省有关部门认定并且在有效期内的国家高新技术企业、省级以上创新型企业等不再重新认定，只须填报科技型中小企业相关信息。

第三章 服务和管理

第八条 对已认定为科技型中小企业的，省科技部门将在以下方面优先支持：

省科技计划项目优先支持科技型中小企业。科技支撑计划、重大科技成果转化专项、科技基础条件平台建设计划、国际科技合作计划要优先支持科技型中小企业。

省和国家科技型中小企业技术创新资（基）金项目优先支持科技型中小企业。

重点新产品认定、高新技术企业认定、创新型企业认定、科技成果奖励等要优先支持科技型中小企业。

优先支持科技型中小企业建设重点实验室、工程技术研究中心、院士工作站、博士后流动站等。

对于获得金融机构专利质押贷款的科技型中小企业，科技计划项目优先给予支持。

第九条 河北省科技型中小企业金融服务平台和综合服务平台等公共服务平台，要积极向科技型中小企业提供技术创新、科技政策、投资融资、创业培训、创业辅导、人才培训、市场开拓、企业诊断、技术转移等服务。

第十条 科技企业孵化器、大学科技园优先为科技型中小企业提供创业、孵化和公共技术服务。省级以上重点实验室、工程技术研究中心、分析测试平台、大型仪器协作网等科技基础条件平台对科技型中小企业开放共享。

第十一条 科技型中小企业实行动态管理。企业按要求定期填报统计调查表，企业主要信息变更应及时通过相关设区市科技行政主管部门或定州市、辛集市科技行政主管部门或国家级高新技术产业开发区管委会更新。

第十二条 对认定满三年的科技型中小企业进行复核。对已不符合本办法第四条要求的，取消其科技型中小企业的认定。已认定的科技型中小企业存在提供虚假信息、违法违规等行为的，按有关法律法规处理。

第四章 附 则

第十三条 本办法自发布之日起施行，有效期5年。

河北省科学技术厅
二〇一三年八月十八日

河北省关于支持鼓励科技人员创办科技型企业的实施办法

（冀科政〔2013〕15号）

为深入贯彻党的十八届三中全会精神，落实省委八届五次全体会议提出的“四大攻坚战”重要部署和省政府《关于支持科技型中小企业发展的实施意见》（冀政〔2013〕43号）要求，充分释放科技人员创新创业的活力和热情，促进科技成果资本化、产业化，着力促进全省科技型企业的培育和发展，特制定如下实施办法。

一、鼓励省内高校、科研院所等事业单位和国有企业科技人员离岗创办科技型企业。科技人员要求离岗创业，除从事的科研项目不可间断或涉及国家秘密等不便离岗的情况外，所在单位应予支持并签订相关协议，报同级人社部门备案，实行另册管理，期限为3年。3年内保留其原有身份和职称，档案工资正常晋升，符合专业技术职务晋升条件的可正常申报晋升相应专业技术职务。3年期满后，重返原单位的，工资连续计算；继续创业的，要办理辞职或辞退手续。

二、鼓励保留原有身份科技人员以非职务专利、技术等知识产权出资创办科技型企业，包括科技成果在内的无形资产最高可占注册资本的70%。

三、省内高校、公益型科研院所科技人员在完成本职工作的前提下，可采取以资金、非职务科技成果、有效专利入股、参股创办科技型企业并分红，也可采取兼职兼薪方式服务科技型企业。

四、科技人员创办的科技型企业，设立注册资本300万元以下的内资有限公司（一人有限公司除外），公司设立登记时可凭全体股东保证自公司注册登记之日起6个月内缴足符合法定比例和限额的首期出资的承诺，实行注册资本“零首付”，其余部分由股东自公司成立之日起两年内缴足。

五、支持鼓励留学归国人员和省外科技人员携带科技成果来我省创办科技型企业。科技成果转化项目经设区市科技管理部门审核，可优先入驻省级以上高新技术产业园区和经济开发区等园区，由当地政府优先安排建设用地。科技成果转化项目符合国家重点支持范围、符合河北省产业化发展方向的，可优先纳入省市各类科技、人才支持计划项目；对技术水平高、市场前景好创办初期的科技型企业，省科技部门会同省财政部门、有关金融机构，制定贷款风险补偿等机制，优先给予不超过100万元贷款支持（具体办法另行制定）。创办的科技型企业，经省级科技、财政、国税、地税等部门审核认定为国家需要重点扶持的高新技术企业的，减按15%的税率征收企业所得税，国家有其他规定的，从其规定；产品符合政府采购要求的，可纳入采购名录，优先推荐使用。

六、鼓励高校毕业生创办科技型企业。对初次创办的科技型企业，凡入住以财政资金为主建设的创业园区和科技企业孵化器，可享受免交2年房屋租金，符合条件的可享受所在地的公共租赁住房政策。

七、鼓励省内高校全日制在校大学生（研究生）休学创办科技型企业，除享受第六条规定的政策外，可向学校申请保留学籍2年；学校可以根据创业成绩给予休学大学生（研究生）一定的学分奖励。

八、鼓励省内高校科技人员所形成的职务科研成果积极转化。1年内未实施转化的，在不变更职务成果权属的前提下，由成果完成人创办科技型企业转化的，创办企业实施人可拥有该成果在企业中享有股权收益最高可达70%；非成果完成人创办科技型企业转化本单位他人职务成果的，可拥有该成果在企业中享有股权收益的40%。2年后仍未转化的，其权属不变，成果完成人自办企业实施转化的，可拥有该成果在企业中享有股权收益最高可达80%；非成果完成人创办企业转化的，该成果在企业中享有股权收益的60%奖励给创办企业实施人。上述企业实施人享有的股权收益年限一般为5至10年。

九、凡为科技型企业服务并在省内新建立的国家级重点实验室、国家级工程技术研究中心和省级产业技术研究院，由省级财政科技资金给予不低于500万元的经费支持，用于购买有关实验仪器和实验设备。省内高校和公益型科研院所应制定相关政策，鼓励以财政投入为主建设的省级以上重点实验室、工程技术研究中心，主动为科技人员创办的科技型企业提供科研服务。

十、各级政府要鼓励支持省内各类高新区、经济开发区等各类园区，建立科技企业孵化器和大学科技园，主动为科技人员创办的科技型企业提供场地及相关服务。凡经科技部等部门新认定为国家级科技企业孵化器和国家级大学科技园的，由省级财政科技资金给予不低于500万元的经费支持，用于建设公共技术服务平台。

十一、省内高校、科研院所和国有企事业单位要加强领导，大力支持鼓励所属的科技人员创办科技型企业。

十二、本实施办法自印发之日起实行。

河北省科学技术厅　中共河北省委组织部　河北省教育厅
河北省财政厅　河北省人力资源和社会保障厅
河北省人民政府国有资产监督管理委员会
河北省国家税务局　河北省地方税务局　河北省工商行政管理局
二〇一三年十二月四日

河北省科学技术厅关于科技支持我省沿海地区率先发展的实施意见

（冀科计〔2013〕65号）

为认真贯彻省委八届五次全会精神和“四大攻坚战”的要求，落实省委、省政府《关于推进沿海地区率先发展的指导意见》（冀发〔2013〕21号），积极发挥科技创新对打造沿海地区率先发展增长极的支撑引领作用，提出以下实施意见。

一、加快科技创新对沿海地区率先发展具有重大意义

全力打造沿海地区率先发展增长极，是省委、省政府作出的重大部署，是全省“四大攻坚战”的重要内容。加快推进沿海地区科技创新，对于实现环渤海地区崛起、京津冀协同发展，形成河北新的经济增长极，具有重要支撑作用和长远影响。

（一）加快科技创新是沿海地区率先发展的根本支撑。围绕全力打好沿海地区率先发展攻坚战，省委、省政府明确提出，要按照把沿海地区建成东北亚地区经济合作的窗口城市、环渤海地区的新型工业化基地、首都经济圈的重要支点三个战略定位，加快打造知名大港、推动产业聚集、培育重点园区、发展临港城市。未来经济发展，科技与产业高度融合，科技的水平决定着产业水平，创新的能力体现着竞争能力。要加快实现沿海地区率先发展增长极建设的目标，必须把科技创新作为根本支撑，提升科技思维，强化科技手段，以科技创新的率先突破推动沿海地区的跨越发展。

（二）加快科技创新是沿海地区经济转型升级的迫切需求。近年来，我省沿海地区发展较快，但潜力和优势没有得到充分发挥，发展取向亟待由“背海发展”向“向海发展”转变，这对科技创新提出了新的要求。目前，我省沿海地区的临港经济创新基础薄弱，高层次人才短缺，科技创新能力还比较低。只有立足环渤海发展优势，加快实施科技创新先行，推动科技要素与新兴产业发展紧密融合，才能增强产业竞争力，促进沿海地区经济转型升级。

（三）加快科技创新是沿海地区抢抓发展机遇的重要前提。河北沿海地区发展已上升为国家战略，东北亚区域合作与交流日益密切，京津冀一体化加快发展，为聚集优势科技资源、加快创新提供了良好的外部环境。经过多年建设，曹妃甸新区、渤海新区、北戴河新区临港产业逐步发展，基础优势初步显现，高端技术与产业吸纳能力不断增强。唐山、秦皇岛已成为国家创新型试点城市，建设了一大批科技园区和创新基地，形成了加快科技创新的有利环境。只要我们充分挖掘潜力，积极打造创新优势，就一定能够抓住机遇、赢得发展，建设沿海地区率先发展增长极的目标就会尽早实现。

二、工作思路与目标

省委、省政府明确了沿海地区率先发展的总体要求和主要目标，科技工作要积极配合、认真部署、加大支持，推动沿海地区科技创新工作率先走在全省前列。

（一）工作思路。要按照把沿海地区建成全省改革开放的新高地、经济增长的新引擎、转型升级的示范区和环渤海区域重要新型工业化基地的总体要求，明确科技发展思路，加强科技工作统筹，促进创新驱动发展。要面向“三个战略定位”，以创新发展规划为要，强化顶层设计，努力开阔创新视野；要结合重大建设任务，以产业科技创新为先，聚集优势创新资源，加快重点领域突破；要围绕增强创新能力，以创新平台建设为基，完善科技创新体系，不断催生内生动力；要着眼提升创新水平，以扩大科技开放合作为重，着力改善政策环境，持续激发创新发展活力。

（二）总体目标。到2017年，沿海地区企业技术创新主体地位明显增强，新建一批高新技术企业和科技型中小企业，所占比例明显高于其他地区，具有自主知识产权的产品比重大幅增加，企业发明专利增速高于全省平均水平；产业科技发展水平明显提升，高新技术产业增加值年均增长20%以上、占GDP的比重达到10%以上，临港产业技术创新能力明显提高；新建一批高新技术产业开发区、高新技术特色产业基地和科技企业孵化器；科技创新人才队伍不断壮大，引进一批高层次创新人才，培育一批创新创业优秀团队；科技投入快速增长，研发投入占GDP比重超过全省平均水平。

三、重点任务

要紧紧围绕沿海率先发展增长极建设，全面提升技术创新、研发平台、创新基地和人才团队支撑水平，着力抓好以下重点任务。

（一）加强产业科技创新，推动产业优化升级。围绕促进产业升级，加速科技创新要素聚集，着力解决制约产业发展的重大技术问题。

1．壮大提升临港主导产业。围绕打造全国重要的钢铁生产基地，依托曹妃甸和丰南沿海精品钢、渤海新区优特钢、秦皇岛中厚板等临港钢铁生产基地，深入实施钢铁产业技术升级专项，重点开发一批汽车用钢、造船用钢等高端产品，突破冷轧板型控制技术等一批核心关键技术，提升产业整体技术水平。围绕打造中国北方石油化工及合成材料基地，依托渤海新区石油化工与化工材料基地、曹妃甸和任丘石油化工基地、南堡盐化工基地、乐亭新区煤化工基地，加强石油化工产业核心技术攻关与高端产品开发，重点开发一批石油炼化一体化、现代煤化工、现代盐化工和精细化工等新技术及高附加值深加工产品，促进石油化工产业优化升级。

2．培育发展战略性新兴产业。依托唐山国家高速动车组高新技术产业化基地、唐山焊接产业基地和山船重工、哈电重装等基地和龙头企业，加快实施高端装备制造新技术与产品研发、新能源汽车关键技术研发与产业化等重大科技专项，重点发展船舶及海洋工程装备、现代轨道交通、节能环保装备、能源装备、新能源汽车等先进制造业，攻克一批关键核心技术，研发一批具有自主知识产权的新产品，形成一批整机带动能力强、配套体系较为完整的现代化产业集群。大力实施海洋科技专项，支持曹妃甸10万吨/年海水提钾成套技术和装备开发及工程示范、浓盐水浓缩与制盐新技术开发与应用等集成创新项目，开发海水淡化、浓海水资源化等技术与装备，大力发展海洋化工、海洋生物、海水淡化及综合利用、优质海产品养殖及深加工等产业，推动海洋产业发展。

3．加快发展临港服务业。推进环渤海港口物流管理信息平台建设，依托渤海新区中国物流等实验基地，重点支持面向港口群物流管理的高性能信息平台和海铁公多式联运系统研究，实现航运与公路、铁路、海关、商检、银行、保险等部门的合理有效衔接，建立科学高效的物流模式和开放互通的物流服务平台，提高河北省港口的服务能力和竞争力。加快实施矿山环境恢复、流域治理、近岸海域水质改善等重大科技示范工程，采用先进的技术和信息管理手段，对北戴河区、唐山国际旅游岛、渤海新区岸边环境进行动态监测和综合治理，为把河北沿海地区建成具有国际影响力的旅游目的地提供支撑。围绕服务外包产业发展，重点建设秦皇岛服务外包基地和唐山数据与呼叫服务外包基地，积极推进秦皇岛开发区数据产业基地、秦皇岛软件产业基地信息技术研发中心建设，加快新技术、新产品的研发和应用。

（二）发展壮大创新创业平台，增强产业科技服务能力。围绕培育重点园区和吸引产业快速聚集，积极打造创新创业平台，推动创新要素向园区集中、向产业转移。

1．加快产业技术创新平台建设。依托具有优秀创新团队、较强工程试验条件和产业化能力的骨干企业，加快建设一批工程技术研究中心、重点实验室和产业技术创新战略联盟，着力提升渤海新区橡塑模具、曹妃甸新区循环经济、生态城市和电动车等省级工程技术研究中心建设水平，推进钢铁可循环流程技术国家级产业技术创新战略联盟发展壮大，在产业关键技术攻关、科技成果转化、创新团队培养方面起到排头兵作用。巩固提升唐山钢铁、唐山绿色智能交通、秦皇岛数据产业技术研究院建设水平，围绕临港产业发展，加快建设一批新的产业技术研究院建设。到2017年，沿海地区建成省级以上重点实验室、工程技术研究中心和企业技术中心50家，省级以上产业技术创新战略联盟10家。

2．大力培育科技创业服务平台。积极推动科技企业孵化器建设，进一步提升唐山高新技术创业中心、沧州市科技创业中心、秦皇岛经济技术开发区高新技术创业服务中心等国家级科技企业孵化器的功能，支持促进唐山百川工业服务有限公司、秦皇岛市海港区光伏企业孵化中心等省级科技企业孵化器提档升级，培育、新建一批科技企业孵化器。加强生产力促进中心建设，支持唐山市生产力促进中心、秦皇岛市生产力促进中心、黄骅市模具生产力促进中心等国家级示范生产力促进中心的发展，提升发展唐山市丰南区生产力促进中心、沧州市生产力促进中心等省级生产力促进中心，新建一批省级以上生产力促进中心。到2017年，沿海地区建设省级以上科技企业孵化器10家。

3．做大做强高新技术产业开发区。加快建设提升一批省级以上高新技术产业开发区。唐山国家级高新区以创新引领、提高自主创新能力为目标，创新产业组织和发展模式，集聚创新要素，发展高端产业，成为沿海地区自主创新的主阵地，发展高新技术产业的龙头。沧州、唐山开平、曹妃甸和迁安等省级高新区要以承载聚集、打造产业集群和产业链为目标，优化发展环境，提升高新技术产业吸纳承接能力，提高产业聚集度，培育一批优势突出的产业集群，成为沿海地区发展高新技术产业的骨干力量。积极推动沧州高新区升级为国家级高新区，支持渤海新区、北戴河新区规划新建省级高新技术产业开发区，成为沿海地区发展高新技术产业的新兴力量。到2017年，省级以上高新区达到7个。

4．壮大高新技术产业化基地。围绕战略性新兴产业和高新技术产业，重点支持唐山高速动车组、唐山材料、唐山焊接等国家高新技术产业化基地，积极推进唐山南堡盐化工、沧州管道装备、秦皇岛数据产业等省级区域特色产业基地建设，进一步加强基地创新创业体系建设，强化政策支持与引导，加速技术创新与产业升级，推进专业化分工协作，完善配套和服务功能，努力打造形成一批产业特色鲜明、产业链比较完善、龙头企业主导、创新能力突出、辐射带动作用强的高新技术产业化基地和创新型产业集群。

（三）扩大科技开放合作，促进高端科技成果转化。充分借鉴国内外沿海开发开放成功经验，以开放促创新，以创新促发展，在科技开放合作上取得新突破。

1．着力推动国内科技合作。积极对接北京中关村科技园区，围绕支持沿海发展重点引进研发机构，联合开展重大项目攻关，承接高端产业转移，促进重大科技成果转化，培育科技创新人才团队。支持中科院唐山高新技术研究与转化中心和中科院交叉科学中心唐山科学研究院建设，重点依托中科院微生物所、电工所、植物所、生态中心等6个研究机构联合共建生态冶金、功能陶瓷材料、酶工程、新能源电器等重点实验室。支持秦皇岛市与海淀区、中关村、中科院等科研院所在联建研发机构，积极推进北京大学（秦皇岛）科技产业园、秦皇岛（中科院）数据产业研发基地建设，开展科研成果研发、引进和孵化以及人才交流方面进行战略合作。依托唐山高新技术开发区、沧州临港经济技术开发区，支持鼓励沿海地区与天津滨海新区在技术研发合作、人才交流培养、共建国际产业转移承接平台等方面先行先试，加快与天津滨海新区共筑沿海高新技术产业带的进程。支持沧州高新区与清华大学、天津大学、南开大学、中国空间技术研究院等京津高校、科研单位开展合作，联合共建国家大学科技园，引进应用更多科技成果。

2．加强国际科技合作。不断完善科技园区环境，吸引一批世界500强企业入驻园区，设立研发机构和创业基地。支持燕山大学和沧州华斯国家国际科技合作基地建设，充分利用各类国际科技交流平台，组织有关企业、单位开展对外科技合作，组织实施一批国际科技合作项目，培育一批承接海外转移的国际科技合作基地。加快建设中日韩循环经济示范园区，搭建中日韩科技合作平台，加强与日韩在节能环保、高端装备制造和新能源等战略性新兴产业领域的合作。

3．推进重大科技成果转化。充分发挥各级政府的引导作用，围绕国家重大科技专项、863计划、973计划以及京津国家院所校重大科技成果，组织实施一批重大科技成果转化专项，促进科技成果在沿海地区的转化。支持海水综合利用、太阳能集热管应用、精细化工、电动汽车、农业生物等领域中的重大科技成果转化，促进汽车用锂动力电池、车载充电机、海水提钾、DSD酸清洁生产等产业发展的产业化、高端化。

4．加快建设区域性科技成果转化合作基地。围绕沿海地区传统优势产业升级和战略性新兴产业培育，加强与京津转制院所、高科技企业的合作，建设一批科技成果转化合作基地，重点支持高端装备制造、新材料、海洋生物医药等战略性新兴产业和生态工业示范科技成果转化应用，加快形成战略性新兴产业聚集发展的态势。

5．完善成果转化服务体系。在沿海三市建立完善区域技术交易信息平台和创新驿站网络，促进沿海地区产业、企业技术需求与我省、京津优势科技资源、创新成果有效对接。充分发挥高新技术产业开发区、创新创业基地、科技企业孵化器的科技创新成果转化功能，加快生产力促进中心、中小企业技术创新公共服务机构建设，促进创新资源共享，强化公共技术服务，引领科技型企业集群化发展。支持科技成果和知识产权交易市场建设，发展一批技术交易服务机构，完善唐山市环渤海知识产权市场交易功能，为加快专利成果转化发挥桥梁纽带作用。推进全国科技展览中心建设，支持秦皇岛市定期举办国家级科技成果展，打造北方科技成果集散地和技术转移聚集区，加速科技成果在沿海地区的转化。

（四）强化企业技术创新主体地位，推进产学研结合。建立和完善以企业为主体、市场为导向、产学研相结合的技术创新机制，是提升科技创新能力的有利保障，沿海地区要率先走在全省前列。

1．加快发展高新技术企业。认真贯彻落实国家和省支持企业创新的有关鼓励政策，加大高新技术企业培育和认定力度。依托资本市场，选择、支持一批规模大、效益好、带动作用强、具有核心竞争力、拥有自主知识产权的科技型企业和高新技术企业上市融资。推动国家级创新型企业建设，支持一批具备条件的企业积极创建国家级创新型试点企业。到2017年，沿海地区高新技术企业达到300家以上，省级以上创新型企业和试点企业达到70家，其中国家级创新型企业和试点企业达到10家。

2．大力培育科技型中小企业。按照省政府关于支持科技型中小企业发展的实施意见和目标分解任务，沿海地区要加快实施科技型“小巨人”培育、创新型产业集群建设等工程，围绕新产品研发、品牌培育、研发机构建设、提升知识产权创造和运用能力等，实施一企一策，加大创业投资引导基金、科技风险投资、中小型科技企业创新资金等的支持力度，引导鼓励民间资本创办或参股科技投资创业机构。大力发展科技企业孵化器、加速器、科技园区，加快建设一批科技型中小企业技术创新公共服务机构，为科技型中小企业的发展提供全方位服务。到2017年，沿海地区科技型中小企业达到8400家，其中规模以上的企业达到560家。

3．引导和支持企业建立研发机构。按照“有专职技术人员、有固定场所、有研发经费、有科研设备、有具体研发方向”的要求，推动企业建设研发机构，重点鼓励支持大中型工业企业建立各类创新平台，支持沿海地区有条件的企业并购海外研发机构或在海外、京津等创新资源丰富地区建立企业研发机构。

4．深入实施知识产权优势企业培育工程。加大企业对创新成果获取知识产权的扶持力度，鼓励企业加强商标、品牌和标准化建设，支持具备条件的企业申请认定一批知识产权优势企业，提升重点企业知识产权创造和运用能力，加快科技创新成果的知识产权形成、保护，促进科技成果转化应用。选择一批具有较大市场潜力、高效益、高质量的发明专利技术，开展知识产权试点示范、专利权质押贷款融资，加快专利技术产业化，重点扶持一批具有自主知识产权和品牌创造潜力的中小企业。

5．推动产学研联合协同创新。要积极探索建立产学研合作多种模式，鼓励高校、科研院所更多地为企业技术创新提供支持和服务，与企业建立长期稳定的技术依托关系，引导产学研协力合作，同频共振协同创新。充分发挥企业在技术创新决策、研发投入、科研组织和成果转化中的主体作用，引导、吸纳企业参与政府重大科技项目，产业目标明确的重大科技项目由有条件的企业牵头组织实施。

（五）加强科技创新人才队伍建设，为科技创新提供智力支持。要通过完善人才引进培养机制，构建“人才特区”，大力吸引京津等高端人才到沿海地区创新创业。

1．加快引进高科技人才和创新团队。围绕国家“千人计划”“特支计划”和省“百人计划”，抓好重点引智工程，建设一批科技人才创新创业园、院士工作站，为优秀人才提供良好创新环境，促进高层次人才和创新团队向沿海地区聚集。充分利用河北省院士联谊会平台，加强与“两院”院士合作，围绕沿海发展达成更多科技合作项目，为人才引进与培养提供合作基础。实施高层次科技创新人才引培计划，引进培养一批海归团队、一批国内一流创新团队和一批科技领军人才。

2．培育建设创新团队。围绕沿海地区率先发展的科技需求，建立项目、基地、人才一体化的创新团队建设机制，在组织重大科技项目、建立研发机构、建设创新基地等方面，把创新团队培育作为核心关键和重要指标，重点支持、培养一批在国内有重要影响、行业处于领军地位的创新团队。加大省“杰出青年科学基金计划”等向沿海地区的倾斜支持力度，加快培育一批科技领军人才。

3．鼓励科技人员创新创业。加大科技人员创新创业支持力度，新建一批创新创业基地，鼓励科技人员带技术、带项目、带资金到沿海地区开展成果转化、技术服务、创办领办科技型企业。坚持不为所有、但为所用原则，多途径、多方式充分调动广大科技人员，尤其是广泛吸引京津科技人员前来创新创业的积极性。

四、主要推进措施

加快推进沿海地区科技创新，是全省科技发展的重点任务，要上下互通联动、共同配合、形成合力。

（一）加强组织协调和领导。省科技厅将加大统筹协调和工作调度力度，加强沿海地区科技率先发展的研究部署，在项目、资金和有关政策措施上给予倾斜支持。沿海三市科技管理部门要结合区域实际和发展需要，科学制定实施方案，明确具体目标任务，创新工作方式，以超常规的思路、超常规的举措、超常规的力度，积极推进沿海地区科技创新发展率先突破。

（二）着力提升全社会研发投入水平。省级科技资金将优先支持沿海地区科技创新，并组织谋划一批具有创新优势的重大项目积极争取国家支持。省级在各类科技计划项目申报、高新技术企业认定、科技园区基地建设、创新平台培育等方面，均实行与承担单位研发投入挂钩制度，鼓励沿海各地和企业加大研发投入。鼓励金融资本、社会资本投资创新创业，引导促进全社会加大研发投入。各地要制定有关鼓励政策，增强科技研发投入能力。

（三）营造科技创新良好环境。要强化政府政策引导和综合服务职能，结合实际，研究制定有利于调动各类创新主体创新创业积极性、促进科技成果转化机制体制创新的政策措施。要认真贯彻落实企业研发费用加计扣除、高新技术企业认定减税、企业创新设备加速折旧等优惠政策，充分调动企业创新积极性。要鼓励推广企业专利质押贷款、融资担保、创业投资、科技保险等金融工具，引导金融机构加大对科技型中小企业的金融支持。要健全技术要素参与分配的机制，完善和落实知识产权、科技成果转为股权、期权等政策，健全与岗位职责、工作业绩、实际贡献合理挂钩和鼓励创新创造的分配激励机制，激发广大科技人员创新创业的积极性。

（四）加大工作考核和监测力度。要建立健全目标责任制，根据沿海地区重点科技工作，科学制定任务目标，强化责任管理，定期督促检查，确保科技创新实现预期目标。要完善科技创新绩效评价考核办法，加大绩效考核力度，提高科技资金使用效率，提高项目实施质量。要建立沿海地区科技进步监测体系，动态公布监测结果，营造科技创新驱动沿海地区科学发展的良好氛围。

河北省科学技术厅

二〇一三年十一月二十六日

河北省科学技术厅关于支持“千人计划”人才在河北创新创业的若干措施

（冀科人〔2013〕24号）

为深入贯彻落实党的十八大、十八届三中全会和省委八届五次全会精神，加快推进高层次科技人才引进、培养和使用，经研究，对入选国家“千人计划”并在河北工作的科技人才给予大力支持，鼓励其在我省开展科技创新创业活动，特制定如下支持措施。

一、鼓励和支持“千人计划”人才申报和承担国家重大科技专项、863计划、973计划、科技支撑计划等各类重大科研项目，列入国家科技计划的，省科技厅给予一定配套资金支持。

二、“千人计划”人才申报省级科技计划项目，采取属地化申报途径，不受推荐指标和限项限制，优先立项。

三、“千人计划”人才在我省转化重大科技成果，对符合申报条件的，优先纳入省重大科技成果转化专项予以支持。对于解决我省行业领域重大技术瓶颈和促进我省战略性新兴产业发展的重大转化项目，采取一事一议方式给予经费支持。

四、“千人计划”人才在我省牵头组建省级以上重点实验室、工程技术研究中心、产业技术研究院、院士工作站等创新平台，优先纳入建设计划。

五、“千人计划”人才在我省领办或创办科技型企业，在高新技术企业、科技型中小企业认定方面给予重点扶持和辅导，并帮助指导企业研发费用税前加计扣除、技术转让、高技术企业税收优惠等政策在企业的落实，优先给予省科技型中小企业创新资金支持，并积极推荐申请国家科技型中小企业创新基金资助。

六、“千人计划”人才在我省取得科技成果，在专利申请资助金、中央财政资助向国外申请专利专项资金、专利权质押贷款补助经费等方面给予优先支持。

七、对我省新申报入选的和新引进的“千人计划”人才，给予一定的科研启动经费。

八、将我省“千人计划”人才纳入省级科技项目立项、奖励评审专家库，并优先推荐为国家973计划、863计划、科技支撑计划等项目评审专家。

九、在科技成果鉴定登记、技术合同认定登记、科技文献使用和检索查新等方面，为“千人计划”人才优先、及时办理。

十、省科技厅设立“千人计划”人才服务窗口。明确厅人事处为责任处室，承担协调联络职责，会同厅内各处室及相关单位，帮助“千人计划”人才解决科技研发、创新平台建设、创新团队建设等方面的问题。各市县科技局和有关部门也要采取有力措施，为“千人计划”人才在我省创新创业提供支持和服务。

河北省科学技术厅

二〇一三年十二月二日

石家庄市支持企业科技创新十条措施

（石政发〔2013〕6号）

为贯彻落实国务院办公厅《关于强化企业技术创新主体地位全面提升企业创新能力的意见》（国办发〔2013〕8号）和市委、市政府《关于加快科技创新体系建设的实施意见》（石发〔2013〕1号），进一步鼓励和促进企业科技创新，结合我市实际，就支持企业自主创新、加快科技创新服务平台建设和企业创新人才队伍建设，制定以下十条措施（以下简称《措施》）。

一、支持企业研发机构建设。鼓励和支持我市企业自建或共建企业研发机构，对新认定的国家级、省级、市级工程技术研究中心、重点实验室、企业技术中心的企业，市财政分别给予500万元、100万元和10万元的一次性奖励。对于同一企业（集团）内建立上述多个同类研发机构的，不再重复享受本项扶持政策。

二、支持创新型企业建设。加快建立以企业为主体、市场为导向、产学研相结合、社会参与的技术创新体系。对新认定的国家级、省级创新型企业，市财政分别给予100万元、50万元的一次性奖励。

三、鼓励和引导企业加大研发投入。市、县两级建立规模以上工业企业研发投入通报制度，鼓励企业根据市场需求自主决策先行投入开展项目研发，对企业科技成果给予奖励性补助。充分发挥财政资金的引导作用，有效落实研发费用加计扣除、高新技术企业税收优惠等政策，引导企业逐年提高研发投入占企业销售收入的比重，力争大中型工业企业研发经费达到当年销售收入的3%。

四、加快科技企业孵化器建设。被新认定为国家级、省级、市级科技企业孵化器的，市财政分别给予500万元、100万元、20万元的一次性奖励。对新认定的国家级、省级、市级科技企业孵化器，自认定之日起五年内，孵化器内的在孵企业前两年实际上缴税收市以下留成部分，以及后三年上缴税收市以下留成部分的50%，按现行财政体制由市和县（市）、区分别返还补助给孵化器，用于孵化器建设。

五、支持科技创新公共服务平台建设。对公共技术研发平台、检测试验平台、科技信息资源共享平台、科技成果及技术转移平台、技术市场平台、知识产权交易平台等创新服务机构及产业集群服务机构，经市科技管理部门备案，市科技局和市财政局根据平台面向企业和社会提供有效服务情况、对产业发展贡献程度以及实际投入情况进行考核，经考核达到优秀标准的，市财政给予补助，补助经费主要用于平台建设。

六、加快科技融资平台建设。支持科技型中小微企业技术创新，市财政逐年增加“科技成果转化风险补偿专项资金”。设立市级科技创业投资引导基金，用于引导创业投资机构向市内初创期科技型中小企业投资。鼓励和引导金融机构设立科技创新投融资平台，为市内科技型企业提供金融服务。鼓励设立风险投资机构，凡国内外在我市注册、对我市高新技术产业领域投资额占其资本总额比重不低于70%的风险投资机构，可执行相应的税收及其他优惠政策。

七、大力培育和引进高端人才。本地新培养出1名院士，市政府对培养单位给予1000万元专项资金用于科研建设；从外地新引进1名院士，市政府对引进单位给予500万元专项资金用于科研建设。对于市内企业新引进的国家“千人计划专家”、国家“百千万人才工程”国家级专家，长江学者，国家重点学科、重点实验室、工程技术研究中心首席专家，签约5年以上并能完成规定工作时限的，市财政给予100万元一次性资助，以改善科研条件。

八、创新人才流动机制。鼓励和支持企业建立院士工作站、博士后科研工作站和博士后科研流动站，形成多种形式的“人才驿站”，让更多省内外、特别是京津地区高级人才通过短期聘用、技术合作、人才租赁等方式为我市企业科技创新服务。对新建的院士工作站，市财政给予50万元的一次性资助；对新建的博士后科研工作站和博士后科研流动站，市财政分别给予20万元的一次性资助。启动实施企业挂职人才和团队选派工作，鼓励企业以挂职形式引进省内外高层次人才。

九、鼓励发明创造和成果转化。科研人员的职务科技成果转化后，科技成果完成单位应当按下列规定对科技成果完成人员和为成果转化做出重要贡献的人员给予奖励：（1）以技术转让方式将职务科技成果提供给他人实施的，应当从该技术转让净收入中提取不低于20%的比例用于一次性奖励。（2）自行实施转化或者与他人合作实施转化的，项目成功投产后，非专利技术成果在连续三至五年内，专利技术成果在专利有效期内，应当从实施该科技成果的年净收入中提取不低于8%的比例用于奖励，或者参照此比例给予一次性奖励。（3）采用股份形式的企业实施转化的，可以用不低于科技成果入股时作价金额25%

的股份给予奖励。科技成果完成单位对在研究开发和成果转化中做出主要贡献的人员，奖励份额应当不低于奖励总额的50%。鼓励企业对作出突出贡献的科学技术人员和企业经营管理人员实施股权激励和分红激励。

十、完善激励人才创新创业机制。凡是企业用于引才引智的工资、薪金、奖金、津贴、补贴及培训费、福利费、保险费等支出按税收相关规定实行税前扣除；市内企业新引进符合本《措施》第七条规定范围的高层次人才年薪在10万元以上的，其个人所得税形成的地方财政收入，3年内按现行财政体制奖励给个人。鼓励高校、科研机构、企业人员在合作研发项目和科技成果产业化期间交流兼职，允许兼职人员兼职兼薪。

本《措施》自发布之日起执行。

石家庄市人民政府

二〇一三年三月四日

承德市人民政府
关于支持科技型中小企业发展的实施意见

（承市政字〔2013〕173号）

为深入贯彻落实《河北省人民政府关于支持科技型中小企业发展的实施意见》（冀政〔2013〕43号），进一步鼓励和支持科技型中小企业发展，结合我市实际，提出如下实施意见：

一、总体要求和主要目标

（一）总体要求。坚持积极引进与自主创新相结合、全面支持与重点做强相结合、政府引导与市场驱动相结合，以提升企业自主创新能力为核心，以“1+3”产业平台、特色产业园区和基地为载体，以鼓励创新创业、做强科技小巨人、加快孵化转化、构建创新创业平台为抓手，以创新体制机制、完善政策支持体系为保障，加快发展科技型中小企业，为转型升级、跨越发展提供有力支撑。

（二）主要目标。到2017年，实现以下目标：

——企业规模进一步扩大。全市科技型中小企业达到700家，其中规模以上的企业120家。有效期内高新技术企业达到50家。

——整体实力进一步增强。培育年销售收入超过1亿元以上的科技小巨人企业50家，其中年销售收入3亿元以上的企业达到7家。高新技术产业增加值年均增长率达到20%以上。上市高新技术企业达到2家。

——产业结构进一步优化。大力发展战略性新兴产业，做大做强现有优势产业集群，发展一批具有潜力的新产业集群。重点打造钒钛新材料、先进装备制造、生物医药、清洁能源、仪器仪表、现代农业、文化创意、休闲旅游、绿色食品、健康养生10个具有地方特色、市场竞争力较强的科技型中小企业集群。

——创新能力进一步提高。新建成国家级企业工程研究中心1家，省级以上研发机构10家，省级以上科技企业孵化器3家，产业技术创新战略联盟4个，各类科技研发和公共服务机构达到100家。全市每万人发明专利拥有量年均增长率达到20%以上，全社会研发经费投入占地方生产总值比重达到0.9%以上。

二、加快培育科技型中小企业

（三）创办引进一批科技型中小企业。鼓励有条件的大中型企业延长产业链和创新链兴办科技型中小企业。鼓励各类科技人员创办领办科技型中小企业，支持国有企事业单位、科研院所和高校的各类科技人员离岗创业。鼓励民间资本投资兴办科技型中小企业，支持社会资本与国内外科研院所、大专院校、高新技术企业开展对接合作，共同创办科技型中小企业。发挥毗邻京津优势，加大科技招商引技引智力度，定期举办科技招商引技引智活动，吸引市外企业、人才来承创办科技型中小企业。实施环京津各类产业园区提升承载能力工程，建设或整合吸纳京津科技成果孵化转化、承接高端产业和要素转移的园区和基地，吸引京津地区的科技成果和产业转移，使环京津各类产业园区成为我市科技型中小企业发展的密集区。

（四）改造提升一批科技型中小企业。充分利用高新技术和先进适用技术，加快现有中小企业技术改造升级步伐，增加企业科技含量，实现“有中生新”。每年重点支持100家企业开展技术创新，推动其成长为科技型中小企业。围绕战略性新兴产业，通过制度建设和机制创新，以科技资源带动各类生产要素和创新资源集聚，形成以科技型中小企业、高新技术企业和创新人才为主体，以知识或技术密集型产品为主要内容，以创新组织网络、商业模式和创新文化为依托的创新型产业集群。

（五）发展壮大一批科技型中小企业。支持企业依靠科技创新快速壮大，依靠自主知识产权和核心技术获得竞争优势和战略发展能力，做大规模，做强品牌。实施科技小巨人培育工程，每年遴选出10家以上技术水平先进、发展潜力较大的科技型中小企业，实施科技、土地、财税、金融政策聚焦，推动其成为科技小巨人企业。

三、构建科技创新创业服务体系

（六）着力建设高水平科技研发平台。按照“孵化、转化、产业化一体化”模式，加快现有科技研发平台建设，提高其综合服务能力。以优势骨干企业为核心，联合相关高校和研究机构，吸纳科技型中小企业参加，重点培育筹建钒钛新材料、智能化仪器仪表、食用菌、尾矿资源综合利用等产业技术创新战略联盟。支持企业独立或与高校、科研院所共建工程技术中心、企业研发中心、重点实验室和院士工作站，支持各类企业、科研院所来承设立研发中心。对来承开展科技创新和技术创业的团队、持有自主知识产权技术进行成果转化或直接商业化生产的企业，各级政府在资金、土地等方面给予优先安排和重点保障。

（七）着力建设高标准创新创业载体。引导各类园区科学制定科技发展规划，明确发展方向和重点，做好二次开发，加快建设高新技术产业化基地，为更多科技型中小企业发展提供平台和载体。支持各类园区在省级产业聚集区和工业园区内建设标准厂房，大力发展各类科技企业孵化器和加速器。“1+3”产业平台要在2017年以前各建成一个省级以上企业孵化器，每个示范区要建有建筑面积5万—10万平方米的标准厂房，满足科技型中小企业不同成长阶段对空间、管理、服务、合作等方面的个性化需求。

（八）着力建设高质量公共服务机构。加快建设一批科技型中小企业技术创新公共服务机构。构建科技型中小企业公共服务网络信息平台，在技术开发、科技政策、投资融资、市场开拓、知识产权、企业诊断等方面提供便捷服务，并与省中小企业公共服务网络平台有效对接，为科技型中小企业各类服务需求提供网络支撑。鼓励从事管理咨询、注册咨询、会计事务、审计事务、法律援助、人才培训、国际技术转移等专业服务的社会机构为科技型中小企业提供服务。探索通过政府购买服务等方式，支持各类专业机构为科技型中小企业提供优质服务。引导高校、科研院所、重点实验室、工程技术研究中心、企业技术中心的科研基础设施和设备、科学数据、科技文献等科技资源向科技型中小企业开放。

四、拓宽科技型中小企业融资渠道

（九）促进科技与金融结合。鼓励银行业金融机构按照国家产业政策导向，积极创新产品和服务，探索和扩大专利权等抵质押贷款方式，加大对科技型中小企业的信贷支持力度。加快培育科技保险市场，鼓励保险机构为科技型中小企业提供保险服务。健全融资担保体系，完善信贷风险分担机制，调动金融机构支持科技型中小企业的积极性。

（十）引导民间资本融资。鼓励高新区、省级产业聚集区和有条件的县区利用财政融资或民间资本建立风险投资公司，通过创业投资、融资担保、投资咨询和中介服务等形式，支持种子期、初创期、成长期的科技型中小企业创新创业。支持符合条件的企业通过发行公司债券、企业债、短期融资券、中期票据、集合债券、集合票据等方式，解决企业融资难问题。加大“两高五新”企业培育力度，支持具备条件的科技型企业分别在中小企业板、创业板和新三板上市融资。

五、加强科技人才队伍建设

（十一）加快培养科技人才。围绕主导产业需求，依托我市高校建设一批继续教育基地，广泛开展职业培训、技能培训、创业培训。鼓励企业实施科技人才培养计划，支持选派科技人员赴国内外高校、行业领军企业学习深造，推动企业科技人才培养形成有计划、有层次、可持续的良性发展模式。实施新型企业家培育工程，培养一批懂科技、善经营、会融资的新型企业家。

（十二）大力引进科技人才。支持企业通过联合建立院士工作站、博士后工作站和博士后流动站，使更多创新型人才以短期聘用、技术合作、人才租赁等形式参与企业创新活动，实现“不求所有，但求所用”。抢抓机遇，深化与京津科研院所和高校的全方位合作，加快引进一批研发团队和高层次科技人才。对引进国内外知名专家到我市企业进行技术合作的，其工资、差旅费可计入企业成本，企业引进创新型人才的科研启动经费可列入成本。高校、科研院所科技人员可在完成本职工作基础上采取兼职兼薪方式创业或服务企业科技创新，其收入归个人所有。

六、加大政策支持力度

（十三）推动政策落实。抓好既有扶持政策的配套落实，国家和省市已颁布实施的所有扶持中小企业发展的优惠政策，均适用于科技型中小企业。加强科技型中小企业政策落实情况的跟踪检查，及时发现问题、采取措施，确保各项政策落到实处。加强土地、电力、天然气、煤炭、运输等要素的综合协调，保障科技型中小企业总体发展需要。市科技、发改、教育、工信、财政、人社、国土、商务、国税、地税、工商、金融等有关部门，要制定促进科技型中小企业发展的政策措施，形成支持合力。

（十四）加大财政投入。统筹各类支持企业发展的财政专项资金，设立市、县区科技型中小企业发展专项资金，针对不同发展阶段的科技型中小企业，采取资助、配套、贴息、周转金、奖励、融资担保、风险补偿等方式支持其发展。加大市、县区专项资金配套力度，积极争取国家和省科技型中小企业技术创新基金支持。建立科技型中小企业新产品政府采购供应商库，通过预留政府采购市场份额等措施，支持科技型中小企业发展。

（十五）完善激励机制。对经认定的省级以上科技企业孵化器的在孵企业缴纳的增值税、营业税、企业所得税地方留成部分，5年内全额奖励返还该企业，专项用于研发投入。对经认定的科技型中小企业自筹资金开展新产品、新工艺、新技术研发和创新平台建设等，科研经费投入达到年度销售收入2%以上的，由科技、财政等部门联审后，可由当地政府按企业专项科研投入给予一定的一次性后补助，用于继续开展科技创新。企业获批国家和省级科技创新项目，由当地政府按国家和省拨付资金额度给予一定的一次性后补助。对由财政、科技部门联合向金融机构推荐的项目，获得银行贷款后，由市科技专项资金给予企业一定的贷款贴息。对新认定的高新技术企业、省级以上创新型企业、科技型农业企业、新培育的年销售收入超过1亿元以上的科技小巨人企业，由当地政府给予一定的资金奖励，专项用于企业研发投入，并可以股权形式奖励企业研发团队和人员。

七、强化组织实施

（十六）加强组织领导。市政府成立由主要负责同志任组长、分管负责同志任副组长的市科技型中小企业发展工作领导小组，领导小组办公室设在市科技局，办公室主任由市科技局主要负责同志担任。领导小组不定期召开会议，研究解决科技型中小企业发展中的重要问题。领导小组办公室定期召开会议，负责做好科技型中小企业的组织认定、统计监测、督导检查等工作，建立目标责任制，及时分解目标任务。各县区也要成立相应机构，制定方案，明确责任，狠抓落实。

（十七）加强督导考核。将科技型中小企业发展情况纳入对各级领导班子和领导干部的重要考核内容，由各级党委组织部门根据上级要求进行考核。加强对各县区、各部门支持科技型中小企业发展情况的督导检查，建立季调度、半年通报、年终评估制度，定期通报督导检查情况。

各县区要根据本实施意见，结合实际制定出台促进科技型中小企业发展的具体措施。

附：承德市科技型中小企业发展工作领导小组人员名单。（略）

承德市人民政府办公室
二〇一三年十二月二十六日

中共山西省委 山西省人民政府
关于深化科技体制改革加快创新体系建设的实施意见

（晋发〔2013〕16号）

为深入贯彻党的十八大精神和中共中央、国务院《关于深化科技体制改革加快国家创新体系建设的意见》（中发〔2012〕6号），充分发挥科技对经济社会发展的支撑引领作用，有力促进全省转型跨越发展，现就深化科技体制改革、加快创新体系建设提出如下实施意见。

一、深化科技体制改革、加快创新体系建设的总体要求

1．指导思想。高举中国特色社会主义伟大旗帜，以邓小平理论、“三个代表”重要思想、科学发展观为指导，大力实施创新驱动发展战略，以提高自主创新能力为核心，以促进科技与经济社会发展紧密结合为重点，充分发挥科技在转变经济发展方式和调整经济结构中的支撑引领作用，紧紧围绕实现高碳资源低碳发展，黑色煤炭绿色发展、资源型产业循环发展等提供科技支撑，加快创新型山西建设。

2．主要原则。坚持科技引领、创新驱动，发挥科技创新的引领支撑作用，加快实现创新驱动发展；坚持政府引导、企业主体，发挥政府在战略规划、政策法规等方面的引导作用，突出企业技术创新的主体地位，加强市场的导向作用，强化产学研用紧密结合，促进各类创新主体协同创新。

3．主要目标。到2020年，全省建立起比较完善的全省创新体系。研发经费占地区生产总值比例、科技进步贡献率和每万人发明专利拥有量达到全国平均水平，自主创新能力大幅提高，煤炭与煤层气绿色高效开采及清洁高效利用关键技术与装备达到全国领先水平，创新型山西建设取得成效。

“十二五”时期的主要目标：全社会研发经费占地区生产总值2.2%，大中型企业平均研发投入占主营业务收入比例提高到1.5%，行业领军企业逐步实现研发投入占主营业务收入的比例与国际同类先进企业相当，科技进步贡献率达到55%左右，每万名就业人员的研发人力投入达到37人年，全省公民具备基本科学素质的比例超过5%，煤炭与煤层气绿色高效开采及清洁高效利用关键技术与装备取得重大突破，技术合同交易额比“十一五”末翻一番。

二、强化企业技术创新主体地位，促进科技与经济紧密结合

4．建立企业主导产业技术研发创新的体制机制。一是建立健全企业研发投入机制。凡企业研究开发投入占同年主营业务收入的比例超过3%的，给予通报表彰；省属国有企业研究开发投入占同年主营业务收入的比例低于1%且增幅低于同年主营业务收入增幅的，须在规定期限内补足投入。国有资产管理部门应当将国有企业的研究开发投入、创新人才培养、研发中心建设等纳入企业负责人业绩考核的范围。在国有企业目标责任考核时，实行国有企业研究开发投入视同完成企业利润的制度。省级各部门设立的研究开发类和科技创新类计划项目80%必须由企业牵头承担，引导企业增加研发投入。二是建立研发机构主要设在企业的机制。积极推进大型企业建立国家级研发机构，支持中小企业设立多种形式的研发机构；支持民营企业承担或参与工程技术（研究）中心、重点实验室、工程实验室建设；利用政府资金建设的科技基础设施要向民营企业研发机构开放。省级各部门认定的工程技术（研究）中心、企业技术中心等必须设在企业或产学研合作的机构。从事生产性的国有大中型企业须建立研发机构，独立设置总工程师岗位，总工程师作为企业领导班子成员主抓技术创新工作。三是建立鼓励企业申请和转化发明专利的机制。加大专利申请资助专项资金投入力度，主要用于发明专利申请资助。企业必须安排专项经费用于知识产权的申请、维持、保护和转化，大力推动发明专利的产业化。

5．加强战略性新兴产业发展，着力布局一批科技重大专项。

围绕“512”战略性新兴产业发展专项部署创新链，突破技术瓶颈，掌握核心关键技术。到“十二五”末，我省战略性新兴产业增加值占地区生产总值的比重达到7%—8%。围绕煤炭高效清洁利用、煤层气开发利用、先进装备制造及新材料、节能环保、现代农业和社会民生等领域，布局实施一批科技重大专项和示范工程。

6．加强农业科技创新力度，提升农业科技服务水平。

开展"百千万"科技富民强县工程、农业科技"双百"转化工程和"百万农民素质提升"工程，提升基层农技推广服务能力和服务水平。加快建立生产、加工、储运、销售等全过程的农业信息综合技术服务平台。实施一批强农富民农业科技成果转化标杆项目。到"十二五"末，打造3—5个"育繁推一体化"现代农作物种业集团。

三、加强统筹部署，提高协同创新能力

7．大力加强协同创新。鼓励科研院所、高等学校与企业共建学科专业，共建研发机构。启动一批能够调动企业、高校、科研院所各方积极性的重大协同创新项目，解决行业关键共性技术难题。支持行业骨干企业与科研院所、高等学校签订战略合作协议，组建产业技术创新战略联盟。建立以联盟为主体申报、实施项目的机制。建立基础研究、应用研究、成果转化和产业化紧密结合、协调发展机制。充分发挥中央驻晋科研院所在协同创新中的重要作用，对其申报的项目要优先支持。

8．加快推进山西科技创新城建设。按照政府主导、市场运作，开放合作、创新驱动，绿色低碳、生态宜居的建设原则，充分发挥科技创新城集聚、创新、孵化、辐射功能，积极推动大项目落地。将其打造成为全省科技创新的战略支点、产业转型的制高点、太原都市区建设及太榆同城化的突破口、国家综改试验区政策创新的试验田。

四、改革科技管理体制，促进管理科学化和资源高效利用

9．深化科研院所体制改革。结合事业单位改革，建立适应公益类科研机构特点的科技创新机制；完善有利于激发基础类科研机构创新活力、提升原始创新能力的运行机制；加大对基础研究、公益技术研究和服务的支持力度。支持转制科研院所深化产权制度、劳动制度和科研管理制度改革，建立有利于技术类科研机构企业化转制和市场导向的技术创新机制。优化科技资源配置，组建产学研相结合的工业技术研究院，推动科技成果转化和产业化。

10．强化科技资源开放共享。组建科技资源统筹中心，整合各类科技资源，加快大型科学仪器设备、科技文献、科学数据等科技基础条件平台建设，探索能够调动资源所有者和使用者积极性的机制。建立财政资金购置科研仪器设备的查重机制和联合评议机制。对财政资金购置的大型科研仪器设备和科研基础设施，建立统一的管理数据库，依法向社会开放。

11．改革科技项目管理机制。建立健全科技项目决策、执行、评价相对分开、互相监督的运行机制。利用财政资金设立的各类研究开发和成果转化计划项目，应当建立健全同行评议和竞争择优制度。创新项目立项评审办法，进一步探索网络和视频评审；项目验收完成后，研究成果的基本信息全面向社会公开，成果社会共享，防止重复立项。建立重大科研项目的预算评审制度。完善科技项目管理的法人责任制。

12．深化科技评价和奖励制度改革。逐步建立基础研究由同行评价、应用研究由用户和专家评价、产业化开发由市场和用户评价的制度。建立评审专家责任制度和信息公开制度，加强对科技项目决策、实施、成果转化的后评估。改革省科技进步奖评审办法，优先奖励产业化的科技成果。从2013年起，省科技进步奖的获奖项目中企业独立完成的和产学研合作完成的应占绝大多数。

五、完善人才发展机制，激发科技人员积极性创造性

13．坚持培养和引进并举的人才开发模式。以项目为载体，实施高端创新型人才培养引进工程、海外高层次人才引进工程、新兴产业领军人才培育工程，创新人才推进计划，"三晋学者"支持计划和"千人百县"高层次人才服务基层计划。加快培养和造就一批在我省国民经济重点领域能够突破关键技术、带动产业升级或实现成果转化的高层次创新创业科技人才和优秀创新团队。建立全省人才数据库，实行动态管理。

14．鼓励科技人员创新创业。高校、科研院所和国有事业、企业科技人员创办、领办或合办科技型企业的，3年内保留其原有的身份和职称，档案工资正常晋升。鼓励高校、科研院所科研人员到企业兼职，并担任首席专家或首席工程师，解决企业的技术难题。科技人员到企业兼职可以计入专业工作经历，在聘任专业技术职务时优先予以考虑。支持和鼓励企业技术带头人、技术骨干到高校、科研院所担任导师、教授，从事科研和教学任务。允许和鼓励高校、科研院所科研人员在完成本职工作前提下在职创业，其收入归个人所有。允许和鼓励高校、科研院所的科技人员以其专利技术入股或科研成果参股，科技人员的专利技术或科技成果作价出资最高可占注册资本的70%。

15．加强科学道德和科研诚信建设。建立健全科研信用管理体系。科研项目管理机构应当为申请、执行、评估评审项目的单位和个人建立科研诚信档案，加强对科研不端行为的管理。科技机构和高校应当将科技人员信用状况作为其职务聘任和职称评定中对职业道德要求的重要内容，导师和科研项目负责人等要加强科学道德修养，充分发挥在科研诚信方面的言传身教作用。建立科研不端行为黑名单制度，定期公布。努力在全社会形成尊重知识、尊重劳动、尊重人才、尊重创造的良好风尚。

六、营造良好环境，为科技创新提供有力保障

16．加大财政对科技创新的投入力度。县级以上政府应当将科学技术经费作为财政预算保障的重点。省级财政用于科学技术经费的增长幅度，应当高于省级财政经常性收入的增长幅度。到"十二五"末，省级财政一般预算支出中科学技术经费支出所占比例应当达到全国地方平均水平。市、县（市、区）财政科学技术经费支出在本级财政一般预算支出中所占比例应当达到国家科技进步考核指标要求。各级财政投入的科技经费任何部门都不准挪用、不许截留、不能有名无实，确保专款专用。

17．落实支持企业技术创新的企业所得税优惠政策。企业为开发新技术、新产品、新工艺发生的研究开发费用，未形成无形资产计入当期损益的，在按照规定据实扣除的基础上，按照研究开发费用的50%加计扣除；形成无形资产的，按照无形资产成本的150%摊销。对国家需要重点扶持的高新技术企业，减按15%的税率征收企业所得税。落实企业研发设备加速折旧政策。主管税务机关有异议的，可要求企业提供科技行政部门的鉴定意见书。

18．建立科技和金融的结合机制。扩大省创业投资引导基金规模，鼓励运用落户奖励等方式吸引省外创业投资机构在我省集聚和发展。推动设立科技支行，实行专门的信贷审批机制，开展知识产权质押、股权质押、动产抵押和订单贷款等服务。发展科技融资租赁业务，面向科技型企业设计相应的产品并开展服务。支持我省重点科技型企业发行短期融资券、中期票据、非公开定向债务工具、中小企业集合票据，推动我省科技型企业发行中小企业私募债、公司债券和可转换债券。建立对科技型中小企业信用担保的保费补贴机制，扩大贷款担保规模；鼓励太原高新区争取非上市股份公司股份转让试点园区资格，支持具备条件的企业进入全国股份转让系统进行股份公开转让；积极培育并支持高新技术企业上市融资。

19．进一步加强知识产权工作。实施知识产权战略，“十二五”末，每10万人年专利申请量达到55件。建立健全省、市、县（市、区）知识产权行政管理机构和中介服务体系，在财政预算中增加知识产权事业发展专项经费；加大知识产权保护力度，依法惩治侵犯知识产权的违法犯罪行为。

七、加强组织领导，稳步推进实施

20．加强领导，精心组织。各级党委和政府要把深化科技体制改革、加快创新体系建设工作摆上重要议事日程。把握好改革的节奏和进度，对一些重大改革措施要做好试点工作。进一步发挥县级科技行政管理机构作用，形成推进创新驱动发展的强大合力。

21．明确责任，强化考核。建立健全工作协调机制成立由分管副省长任组长，相关厅局为成员单位的省科技体制改革和创新体系建设领导小组，细化任务，明确责任，狠抓落实。开展对各地科技进步和创新的目标责任制考核，把科技进步真正作为落实科学发展观和正确政绩观的重要内容，使科技创新推动转型跨越发展落到实处，走出资源型地区绿色发展、低碳发展、可持续发展的新路。

中共山西省委

山西省人民政府

二〇一三年八月九日

内蒙古自治区党委组织部
关于进一步推进“草原英才工程”的实施意见

（内组发〔2013〕12号）

为贯彻落实自治区“8337”发展思路，不断提高人才工作科学化水平，现就进一步推进“草原英才工程”提出如下实施意见。

一、总体要求

（一）指导思想

坚持以邓小平理论、“三个代表”重要思想和科学发展观为指导，全面贯彻党的十八大精神和自治区党委九届五次全委会要求，紧紧围绕全区发展大局，以落实自治区人才规划纲要为主线，以推进人才工作体制机制改革和政策创新为重点，以实施重大人才工程为抓手，以高层次人才培养和引进为突破口，统筹推进各类人才队伍建设，着力提高人才工作科学化水平，为推动内蒙古“五大基地、两个屏障、一个桥头堡和经济带”建设提供有力的人才保证和智力支持。

（二）主要目标

1．积极推进人才强区、强县、强企、强校战略实施，强化人才工作统筹谋划和监督考评，形成自治区、盟市、各支队伍和重点行业人才发展规划体系，配套建立规划实施情况监测、评估和考核机制。

2．完善人才发展综合性政策和重大专项人才工作配套政策，以政策创新推动人才工作发展。鼓励和支持人才管理改革试验区先行先试，开展人才政策创新试点。指导各盟市和有关部门抓好已出台人才政策的落实。建立健全人才培养开发、评价发现、流动配置、激励保障等各项政策，形成紧密衔接、综合配套的全区人才政策体系。

3．推动各盟市重大人才工程落实。组织实施好“三大平台”建设和十大“百人计划”，每年新增培育“草原英才”150名，每年力争入选国家“万人计划”3人，入选国家“千人计划”3人。

4．力争到“十二五”末，全区形成科学规范、重点突出的党管人才工作体系；形成协调高效、整体推进的党管人才工作运行机制；形成党委统一领导、组织部门牵头抓总、职能部门各司其职、社会力量广泛参与的党管人才工作格局；形成人才辈出、人尽其才、才尽其用的人才发展良好社会环境。

（三）基本原则

坚持人才发展战略布局与经济发展布局相适应。紧紧围绕自治区“8337”发展思路，合理布局人才工作，优化人才队伍结构。坚持人才规划与经济社会发展规划相适应。根据经济社会发展规划衔接配套人才规划，提高规划实施的有效性和科学性，抓好急需紧缺人才的引进和培养，推动产业结构优化升级。坚持人才政策与经济政策相适应。将人才培养引进、配置使用、激励保障、有序流动等相关政策，融入经济社会发展体系，使人才政策与宏观经济政策相契合，与产业发展政策相一致。坚持人才工程与本地优势相适应。紧密依托优势资源、特色产业、重大项目推进人才工程实施，明确人才发展主攻方向，把重点人才工程打造成精品工程。

二、重点任务

（一）全面推进“三大平台”建设

1．深入推进特色产业高端人才聚集平台。大力实施产业创新创业人才团队、高层次人才创新创业基地培育计划，围绕全区特色产业发展聚集和支持高端人才创新创业，围绕自治区“五大基地、两个屏障、一个桥头堡和经济带”建设，每年建设100个自治区创新创业人才团队和20个创新创业基地。强化盟市创新创业平台建设，以经济社会发展需求为导向，以服务重点产业和重大项目为目标，强化科技创新与市场需求衔接，使人才与产业相融、与企业互动、与项目对接。按照“创新在高校、创业在园区”模式，坚持招商引资与招才引智并重，充分发挥各级各类开发区、产业园区、工业园区、科技园区的集群效应，集聚一批国内外高端人才团队，孵化一批科技企业，形成一批高层次人才创新创业基地。抓好《关于大力加强县域人才队伍建设的指导意见》的贯彻落实，鼓励人才向基层生产一线流动。

2．着力打造“草原硅谷”等人才试验区平台。鼓励和支持各盟市人才管理改革试验区先行先试，开展人才政策创新试点。重点抓好《关于建设呼包鄂“草原硅谷”的意见（试行）》的落实。全面启动实施六大专项人才计划，助推区域人才高地建设；实行八项特殊政策，聚拢高端人才；推行五大特殊机制，激发人才创新活力。通过采取有效举措，将“点式”引才推向“链式”引才，将单路径推进产业发展引向多渠道加速产业发展，将政府主导的单元式人才服务扩大到社会参与的多元化人才服务，立体推进“草原硅谷”平台建设。

3．深化拓展京蒙人才交流合作平台。借助北京在科技、人才、教育、文化、金融等方面的优势，在人才培养、技术研发、学科建设等领域与高校、科研机构、医疗卫生单位和高新技术企业开展广泛合作。落实好已签订的人才合作协议和自治区与北京市人才对口培训项目。

4．组织策划典型活动，打造引才聚才特色品牌。开展“院士专家内蒙古行”“海外博士草原行”“草原英才下基层”等活动。注重加强与外事侨务、外经贸等重要涉外部门的合作，推进招商引资与招才引智有机结合。组团赴国内外开展紧缺高端人才洽谈会、推介会。

（二）深入实施十大“百人计划”

1．推进项目化管理责任制的落实。围绕自治区经济社会发展需要，坚持稳定规模、确保质量、优化结构，改进和完善“百人计划”实施工作。编制下发十大“百人计划”项目年度任务书（包括15个部门、12个盟市的实施方案），分解落实年度计划。加大金融、旅游、外经贸等相对薄弱方面的人才培养引进力度。

2．坚持重在实用，提升育才引才的针对性、实效性。围绕自治区产业结构调整和转型发展需要，编制年度《紧缺急需人才名录》。以培养和引进紧缺急需高端人才为突破口，培养和引进各类人才。坚持柔性引进与刚性引进相结合，提高引才用才实际成效。依托重大项目、重点课题，采取“点对点”“一对一”和团队示范带动等方式，优先在“五大基地”涉及的产业链和重点环节，培养和引进高新技术研发、掌握核心技术的领军人才和团队。将国家、自治区、盟市各类人才的评选、申报统一归口十大“百人计划”，通过“草原英才”专项资金予以支持或配套。

3．抓好十大“百人计划”与国家“万人计划”衔接。围绕十大“百人计划”开展“草原英才”评选，组织做好我区杰出人才、领军人才和青年拔尖人才等“万人计划”人选的申报、推荐工作。积极争取国家在政策、项目、资金方面的支持，形成自治区十大“百人计划”与国家“万人计划”衔接联动的格局。

4．紧跟国家“千人计划”抓好相关工作落实。进一步吸引和用好海外高层次人才，力争入选国家特聘专家3人。做好联系服务专家工作，开展专家休假、体检、联谊、慰问等活动。做好“西部之光”访问学者、“博士服务团”“草原之光”硕士创业行动等工作。

（三）统筹推进各类人才队伍建设

1．加快培养高层次创新型科技人才。以“百名高层次创新型科技人才计划”为抓手，重点培育清洁能源、煤化工、有色金属加工、现代装备制造等方面的人才，通过产学研合作培养创新型人才。认真落实国家创新人才推进计划，改革完善科研项目申报和管理方式。完善创业扶持政策，鼓励高校、科研机构推进科技成果转化。研究完善青年科技人才激励保障措施。

2．加强党政人才队伍建设。以“百名党政优秀青年人才培养计划”为抓手，切实抓好“走出去”挂职学习、考察培训等工作，着力提升党政人才的综合素质，不断强化党的执政后备人才队伍建设。教育引导年轻干部到基层和艰苦地区锻炼成长。

3．加强企业经营管理人才队伍建设。以“百名优秀企业经营管理人才计划”为抓手，充分发挥企业集聚人才的载体作用，落实好国家企业经营管理人才素质提升工程及中小企业银河培训工程。落实国家出台的“加强非公有制经济组织人才队伍建设意见”。

4．加强专业技术人才队伍建设。以“百名教育领域领军人才计划”和“百名医疗卫生高层次人才计划”为抓手，围绕自治区重点产业发展需求和重大科技项目需要，深入落实国家的高素质教育人才培养工程、专业技术人才知识更新工程、全民健康卫生人才保障工程。推进专业技术人员继续教育基地建设，加强经济社会重点领域急需紧缺高端人才培养。

5．加强高技能人才队伍建设。以“百名高技能人才计划”为抓手，落实好国家高技能人才振兴计划。每年完成5个自治区级高技能人才培训基地和2个国家级技能大师工作室建设。

6．加强农村牧区实用人才队伍建设。以“百名农村牧区高层次实用人才计划”为抓手，落实好国家现代农牧业人才支撑计划、“阳光工程”和“雨露计划”，以全面推进县域人才队伍建设的新成效，带动基层实用人才的培育。

7．加强社会工作专业人才队伍建设。着眼加强改善民生和社会管理创新，加大社会工作专业人才队伍建设力度，进一步落实好《加强社会工作专业人才队伍建设意见》和《加强社会组织人才队伍建设意见》。

8．推动区域人才协调发展。加大对边远欠发达地区人才工作支持力度，研究提出人才和智力支持的政策措施，引导人才向欠发达地区、边境旗市、基层一线和农村牧区流动。加强边远欠发达地区少数民族科技骨干培养。做好人才对口帮扶兴安盟工作。

三、保障措施

（一）健全党管人才体制机制

深入贯彻落实自治区《关于进一步加强党管人才工作的实施意见》（内党办发〔2012〕20号），不断健全完善人才体制机制。各级党委（党组）要抓好人才工作重大政策的制定和落实，研究解决人才工作和人才队伍建设中的重大问题，加强人才工作重大决策落实情况的督查、评估。组织部门要担负起人才工作牵头抓总、统筹协调的责任，发挥领导（协调）小组各成员单位职能作用，对涉及人才工作全局的重要政策、法规和重大举措，集体研究、集体决策。领导（协调）小组每年至少召开两次会议，年初部署工作，年底汇报总结。充分发挥用人单位在人才培养引进使用上的主体作用，形成人才工作整体合力。

（二）完善人才工作保障体系

按照编制、职责、人员、工作经费"四到位"的要求，推动盟市、旗县（市、区）建立健全人才工作领导机构，配齐配强旗县（市、区）人才工作力量。加强人才工作队伍建设，加大教育培训和实践锻炼力度，不断提高队伍能力素质。加大财政经费对人才工作的支持力度，设立人才发展专项资金，保障重大人才项目的实施。

（三）加强人才工作督查力度

各盟市人才工作领导（协调）小组要完善人才工作目标责任制，实施台账式管理，坚持月报告、季通报、半年监督、年底对账式检查验收。适时对人才工作情况进行分析评估，开展中期督查，评估人才工作落实情况。推行旗县以上地方党政领导班子人才工作目标责任制，确保人才工作任务落实。

（四）营造人才发展良好环境

遵循人才成长规律，营造鼓励创新、宽容失败的工作环境。想方设法帮助解决住房安家、子女入学、配偶就业、福利保障等问题，营造待遇适当、无后顾之忧的生活环境。认真落实《"草原英才工程"若干政策规定》，加大创新力度，营造公开平等、竞争择优的政策环境。大力宣传和普及科学人才观，特别是加大对各行各业优秀人才的宣传力度，营造重才敬才、见贤思齐的社会环境。

内蒙古自治区党委组织部

二〇一三年五月十日

呼和浩特市培养引进使用高层次人才规定

（呼政发〔2013〕128号）

为深入贯彻落实科学发展观，实施人才强市战略，全面优化人才环境，进一步加大培养、引进和使用高层次人才的力度，把我市建成创新创业型城市，实现经济社会又好又快发展，根据国家和自治区有关规定，结合我市实际，制定《呼和浩特市培养引进使用高层次人才规定》（以下简称规定）。

第一条 本规定所称高层次人才的范围

（一）中国科学院院士、中国工程院院士以及海外相当层次的人员（含外籍）。

（二）国家科学技术奖等国家级专项奖获得者，国家杰出青年科学基金资助者，国家"863"计划、"973"计划首席科学家，"长江学者奖励计划"特聘教授，国家现代农业产业技术体系首席科学家，国家重点学科、实验室、工程技术研究中心学术（技术）带头人。

（三）中央组织部"千人计划"、中央宣传部"四个一批"、人力资源和社会保障部"新世纪百千万人才工程"、中国科学院"百人计划"、教育部"新世纪优秀人才支持计划"等国家人才工程人选。

（四）享受国务院特殊津贴人员。

（五）省部级专项奖一等奖获得者（前三名），省部级有突出贡献的中青年专家，省部级重点学科、实验室、工程技术研究中心学术（技术）带头人。

（六）拥有自主知识产权，符合我市产业发展规划，且具有可持续发展潜力的企业经营管理者。

（七）获得国际重要科研奖项的外籍人员或留学回国人员。

（八）具有正高级专业技术资格或博士学位人员。

（九）以技术发明、技术革新解决关键技术难题的高技能人才。

（十）其他被我市认定的高层次人才。

第二条 高层次人才的认定

高层次人才的认定由用人单位或高层次人才本人提出申请，报市人民政府人力资源社会保障部门审核认定后，发放《呼和浩特市高层次人才工作证书》。

第三条 高层次人才的优惠待遇

（一）经市人民政府人力资源社会保障部门认定的高层次人才到党政机关工作，按照国家关于聘任制公务员有关规定办理。到事业单位工作，尚无空余编制的，可带编制进入；尚无空缺岗位的，可增设"特设岗位"。

（二）符合本规定第一条（一）的人员，与市本级企事业单位签订5年以上（含5年）专职工作合同，市人民政府一次性资助科研项目经费300万元。

（三）符合本规定第一条（二）的人员，与市本级企事业单位签订5年以上（含5年）专职工作合同，市人民政府一次性资助科研项目经费50万元。

（四）引进的高层次人才，与市本级机关、企事业单位签订5年以上（含5年）专职工作合同，市人民政府一次性资助安置费15万元。

（五）引进的高层次人才，在我市购买商品住房时，市人民政府一次性资助规定住房面积10%的房款（按上年度市人民政府房管部门公布的平均房价计算）；有条件的用人单位可提供周转住房，工作满5年后，可将房屋产权奖励给其本人。

（六）引进的高层次人才，其配偶、子女，在就业、入学等方面政府有关部门要给予特殊优惠待遇。

（七）引进的高层次人才，具有省级人民政府部门认定的各种资格，我市均予承认，可享受市内同类人员相应待遇。

（八）在我市工作期间，获得国家自然科学奖、国家技术发明奖、国家科学技术进步奖项目的主要完成人，从获奖的下个月起每月发放5000元津贴，津贴期限为两年。

（九）在我市工作期间，获得自治区科技进步一、二、三等奖的主要完成人，分别从获奖的下个月起每月发放1000元、800元、600元的津贴，津贴期限为两年。

（十）在市本级事业单位受聘上岗的两院院士、正高级专业技术职务人员、博士，享受市政府特殊岗位补贴：院士每人每月3000元，具有正高级专业技术职务人员每人每月500元，博士每人每月400元（实行年薪制的高层次人才不再享受特殊岗位补贴）。

（十一）在我市博士后科研工作站从事科研工作的博士生，可享受每人每月400元的市政府特殊岗位补贴。

（十二）高层次人才在科学和技术领域或在重大建设项目中取得重大系统性、创新性成果或解决重大关键性技术难题，学术、技术水平处于国内领先水平或者达到国际先进水平，其成果转化或技术应用对经济建设、社会发展推动作用明显，取得显著的经济效益、社会效益的，市人民政府科技部门会同人力资源社会保障部门审核认定后给予特殊奖励。

第四条 高层次人才的培养

（一）围绕我市优势特色产业，着重培养一批政治素质好、创新能力强、技术水平高的领军人才和国家级、自治区级学科带头人。

（二）积极推荐具有发展潜力的专业技术人才，参加国家“新世纪百千万人才工程”、自治区“新世纪321人才工程”和“511人才工程”人选的选拔培养，重点培养其创新能力和独立主持科研能力。

（三）鼓励我市机关、事业单位人员参加在职学习。对取得博士学位的人员，学费由市政府全额资助。

（四）定期选拔一定数量有培养前途、具有发展潜力的专业技术人员赴区内外高等院校进行短期培训。

第五条 高层次人才的引进

（一）政府相关部门要积极组织和大力支持企事业单位引进高层次人才。

（二）引进高层次人才的渠道

1. 以调动、借用、聘用、兼职、项目合作等方式到我市工作；

2. 到我市创办、承包、租赁各种经济实体和科研机构，或以自己的专利、技术、资金向企业入股；

3. 短期到我市企业、事业单位帮助解决技术、管理难题；

4. 短期到我市开展科研合作和技术开发等；

5. 签订合作协议，并采取多种形式为我市机关、企事业单位提供有效的信息、技术等服务。

（三） 引进高层次人才的工作程序

1. 用人单位根据工作需要，每年末拟定引进人才计划，报市人民政府人力资源社会保障部门备案；

2. 市人民政府人力资源社会保障部门根据各单位人才需求情况，编制年度《呼和浩特市高层次人才引进计划》，并向社会发布；

3. 用人单位对拟引进高层次人才进行考察，达成意向后，报市人民政府人力资源社会保障部门认定，认定后签订聘用合同。

第六条 高层次人才的使用

（一）支持和鼓励高层次人才担任科研课题、项目负责人或关键岗位的领导工作。鼓励基层的高层次人才在一线发挥作用，在政治上给予重视、在生活上给予关心、在经费上给予支持。

（二）支持高层次人才申请国内外专利。在企业单位工作的高层次人才，其专利的申请费和维持费，由市人民政府科技部门和用人单位各给予50%的资助；在行政事业单位工作的高层次人才，其专利的申请费和维持费，由市人民政府全额资助；知识产权部门应无偿提供专利战略信息服务和知识产权维权援助。

（三）高层次人才申请国家和自治区重大科研项目、参与重点科技计划和产业项目、实施科技成果转化项目、组建创新创业团队、申报国家重点人才培养计划等，市人民政府相关部门予以优先支持，并优先推荐为自治区“草原英才”工程人选。

（四）对于不能在原单位发挥专业特长的高层次人才，市人民政府人力资源社会保障部门将积极推荐或安置到能发挥其专业特长的单位。

第七条 市人民政府每年拨付一定资金用于资助进驻“中国呼和浩特留学人员创业园”且符合我市产业结构调整目标、从事高新技术转化、发展潜力大、发展前景好的企业。

第八条 在我市建立的国家或自治区级引智示范推广基地，市人民政府将给予相应的经费保障，按照自治区有关要求和比例对我市的引智示范推广基地给予配套的经费支持。

第九条 经费保障

（一）市人民政府设立人才开发专项资金，列入市财政预算，资金比例不低于上年度财政收入1‰。主要用于我市高层次人才的培养、引进、津（补）贴、奖励、科研资助等。

（二）市人民政府成立人才开发专项资金管理领导小组，领导小组下设办公室。办公室设在市人力资源社会保障部门，具体负责各种补贴、奖励的审核发放等工作。

第十条 各有关部门要高度重视、密切配合，共同做好高层次人才的培养、引进和使用工作，在首府营造尊重知识、尊重人才、重视人才、爱护人才、合理使用人才的良好氛围。

第十一条 各旗县区可参照本规定制定相应的实施意见。

第十二条 本规定由呼和浩特市人力资源和社会保障局负责解释。

第十三条 本规定从印发之日起施行。《呼和浩特市培养引进使用高层次优秀人才若干规定》（呼政发〔2004〕24号）同时废止。

呼和浩特市人民政府

二〇一三年九月一日

辽宁省关于支持鼓励科研院所及科研人员创办科技型企业的实施意见

（辽科发〔2013〕13号）

为贯彻落实《中共辽宁省委 辽宁省人民政府关于加快推进科技创新的若干意见》（辽委发（2012）16号），支持鼓励我省科研院所及科研人员创办科技型企业，现提出如下实施意见：

一、经财政部门、国有资产管理部门以及主管部门批准，允许科研院所使用单位资产、资金创办科技型企业。

二、鼓励科研人员利用科技知识、科研成果、知识产权和信息等离岗创办科技型企业，或者以个人股份进入科技型企业，3年内保留其原有身份和职称，档案工资正常晋升；同等条件下，优先晋升专业技术职务。重返原单位的，工龄连续计算。

三、鼓励保留原有身份科研人员以非职务专利、技术等知识产权出资创办科技型企业，包括科技成果在内的无形资产最高可占注册资本的70%。

四、允许科研人员（包括单位负责人）以资金、非职务科技成果或者有效专利入股、参股创办企业并分红。

五、科研院所转化职务科技成果，以股份或出资比例等股权形式给予科研人员个人奖励，暂不征收个人所得税。

六、科研院所承担科研项目所形成的职务科研成果，1年内未实施转化的，在不变更职务成果权属的前提下，由成果完成人创办企业转化的，创办企业实施人可拥有该成果在企业中享有股权收益最高可达70%；非成果完成人创办企业转化本单位他人职务成果的，可拥有该成果在企业中享有股份收益的40%。2年后仍未转化的，其权属不变，成果完成人自办企业实施转化的，可拥有该成果在企业中享有股份收益最高可达80%；非成果完成人创办企业转化的，该成果在企业中享有股权收益的60%奖励给创办企业实施人。上述创办企业实施人享有的股权收益年限一般为10年。

七、对科研院所、科研人员创办科技型企业，经有关部门认定的高新技术企业、软件企业、符合国家规定的高新技术产品出口企业，按照相关规定享受财税优惠政策。

八、科研院所所创办科技型企业净利润的分配和使用，按国家和省现行规定执行。所创办企业自主开发（含二次开发）的高新技术成果经认定后，在实施转化后实现的税后利润中，对成果完成人视其贡献大小，前3年可提取15%—20%，后3年可提取7%—10%作为回报；如该成果属非本企业主导经营领域的，前3年可提取25%—35%，后3年可提取15%—25%作为回报。

九、科研院所及科研人员创办科技型企业，在符合条件情况下，同时享受国家和省相关的其他优惠政策。

十、主管部门要加强组织领导，大力支持鼓励所属科研院所及科研人员创办科技型企业，要把创办科技型企业工作纳入所属科研单位的年度工作考核目标，对成绩优异、超额完成的单位和个人要给予表彰和奖励。

十一、本实施意见自印发之日起施行，由省科技厅、财政厅、人力资源社会保障厅、国资委、国税局、地税局和工商局负责解释。

辽宁省科技厅 辽宁省财政厅

辽宁省人力资源社会保障厅

辽宁省国资委 辽宁省国税局

辽宁省地税局 辽宁省工商局

二〇一三年三月二十一日

中共吉林省委 吉林省人民政府关于突出发展民营经济的意见

（吉发〔2013〕5号）

民营经济是市场经济的重要主体，是推动科技创新的中坚力量，是吉林经济的重要支撑，突出发展民营经济对富民强省具有十分重要的战略意义。为推动我省民营经济快发展、大发展，特制定以下意见。

一、总体要求与发展目标

1．总体要求。按照“扩大总量、提高质量、优化结构、增加效益、富民强省”的发展要求，全面实施“全民创业、招商引资、素质提升、集群发展、市场培育”等五大工程，着力做大总量、做优结构、做强龙头、做精产品、做长链条，不断增强民营经济整体实力和竞争力，为吉林振兴提供强大支撑。

2．发展目标。——到2017年，民营经济主营业务收入达到5万亿元、民营经济增加值达到1.3万亿元以上，分别比2012年翻一番以上，增加值占全省GDP的比重达到65%以上。

——到2017年，民营经济市场主体数量达到240万户以上，其中，民营企业29万户以上，分别比2012年增长1倍以上。

——到2017年，民营经济上缴税金达到1500亿元以上，年均增长17%上，占全口径财政收入的比重达到50%以上。

二、放宽准入领域和条件

3．坚持“非禁即入”，鼓励民营企业进入基础产业、基础设施、市政公用事业、社会事业、保障性住房等建筑业、金融服务和社会服务等领域。

4．变审批制为注册制，先照后证。

5．允许以知识产权、土地使用权、股权、债权、林权等作价出资，其出资比例可占注册资本总额的70%。

6．除法律、法规对经营场所有特殊规定的行业外，经有利害关系的行为相对人同意，可将住宅用于经营场所。

7．支持个体工商户升级为企业，在不重名前提下可使用原名称。

三、鼓励全民创业

8．鼓励党政机关和事业单位人员在符合国家有关规定和方式下领办创办企业。党政机关人员经批准，可以脱岗进行为期不超过两年的创业培训，培训期间保留原职务级别、编制、人事关系和工资福利待遇。根据本人意愿，两年内可以回原单位工作，原则上按原职务级别安排工作。超过两年的要办理相关辞职手续。辞去公职的，辞职前工作年限，视为社会保障缴费已缴年限。事业单位人员经批准，可以脱岗进行为期不超过三年的创业培训，培训期间保留原职务级别、编制、人事关系和工资福利待遇，并继续为其缴纳社会保障费用，允许三年内回原单位工作，享有与连续工作的人员同等待遇。超过三年的要办理辞职手续。

9．对招商引进、在外吉林人返乡创办和省内新办的企业，自投产或营业始，两年内由同级财政安排资金给予支持。

10．支持开发区、园区建设，鼓励发展特色主导产业集群和公共服务平台并给予专项资金支持。支持各开发区、园区建设孵化楼、孵化车间、孵化厂房等小微企业孵化基地和民营企业创业园。对基地、园内新办企业，依据其对政府做出的贡献，三年内由同级财政给予资金补助。

11．鼓励各开发区、园区建立融资担保、研发及技术检测、人才培训等企业公共服务平台，为民营企业创造良好发展条件。鼓励商会、协会等社会团体和工会、共青团、妇联等群团组织为全民创业发展服务。各级政府用专项资金予以扶持。

12．鼓励各级政府免费开展“创业者、小老板和企业家”培训；开展大学生、退役士兵等拟创业者到符合其创业方向的企业进行为期一年的带薪创业实习试点，由实训企业或地方政府出资，工资标准不低于所在城市最低工资标准。对初级创业者，地方政府可推荐优秀企业家受聘创业导师，自愿义务与创业者结对帮扶，传授创业经验，指导帮助创业。

四、支持科技创新

13．鼓励企业兼并国外先进科技型企业和聘用国外专家。经省级主管部门认定后，政府奖励并购资金和聘用费用的10%，由省和当地政府从专项资金中给予补助。

14．大力推进技术资源市场化。鼓励大专院校、科研院所和大企业开放实验室等专业技术服务资源，依据其对外服务收入对当地政府做出的贡献，五年内由同级财政给予资金补助。

15．支持建设企业技术中心和公共科技服务平台，对达到省级以上标准的，省级专项资金给予补助，企业所在地政府要配套支持。支持科技型中小微企业发展，鼓励企业开发新产品、应用新技术，各级政府要给予专项资金支持。

16．鼓励职务发明的主持者和重要参与者技术投资入股，可通过当地政府以奖励或预借资金的形式办理，其中预借入股的资金可以从入股分红中逐渐归还。对于有特殊贡献的个人和对国内、省内首台（套）装备的研发人员，当地政府可依据其做出的贡献给予奖励。

五、培育开拓市场

17．支持大企业以本企业大宗物资采购和产品配套为导向，以股份制等形式吸引和创办民营配套企业，当地政府参照配套企业每年为当地做出的贡献，安排资金对大企业予以奖励。

18．各级政府采购、招标要积极面向民营企业采购产品和服务，增加政府信息透明度，降低企业获取信息和参与招标的费用。

19．各级政府要积极创造需求，鼓励兴办社区保安、交通协管、食品药品安全生产问题发现、流动人口管理和养老服务等社会服务企业，让社会服务成为民营企业进入的新领域。

20．各级政府要支持企业利用各种平台开拓市场，并对组织参加国内外知名展会的企业给予展位费和会议费补助；支持培育现代服务业集聚区、总部大厦和楼宇经济等有形市场，给予专项资金支持；鼓励企业创建名牌产品和商标，对新认定的中国名牌企业和中国驰名商标企业，分别给予奖励。

六、强化金融服务

21．支持民营企业上市和发行债券。对新上市的企业和发行债券的企业，各级政府要给予经费补助。

22．发挥好各类投资基金的作用，特别是运用好政府设立的中小企业和民营经济发展基金，支持民营经济发展。对当地贡献较大的企业，由同级政府给予适当奖励。

23．大力发展小额贷款公司和村镇银行。小额贷款公司最大股东或主要发起人持股比例可放宽到50%，其中，注册资本超过5亿元的不受比例限制。支持经营良好的小额贷款公司设立分支机构和挂牌上市。

24．积极发展担保公司，支持拓宽应收账款质押等动产担保范围，鼓励降低担保费用，积极支持民营企业融资。

25．引导金融机构支持民营企业贷款，对当年其年贷款余额比上年增长10%以上的，地方政府给予一定奖励。

七、加强财政支持

26．2013年省中小企业和民营经济专项资金及发展基金规模达到10亿元。各市（州）、长白山开发区、各县（市）也要相应建立中小企业和民营经济专项资金及发展基金。中小企业和民营经济专项资金主要用于科技创新、公共服务体系、孵化基地和创业园区、兼并科技型企业、开放技术资源、开拓市场、人才培训、金融服务等方面。中小企业和民营经济发展基金主要用于股权投资、风险投资和科技成果转化，以参股方式，积极引导社会基金入股重组民营企业，滚动发展。各级政府性资金对各类投资主体同等对待。

27．对新办社会服务类民营企业，自创办之日起三年内，依据其对当地政府的贡献，由同级财政安排资金给予奖励。

28．开发区、园区内工业企业土地出让金可先交50%，其余一至两年内分期交纳。开发区、园区要为进区的工业企业提供较为完备的基础设施配套，当配套设施不完备时，当地政府要给予企业配套资金补助。

八、提供税收优惠

29．对经过认定的民营高新技术企业，减按15%的税率征收所得税。企业开发新产品、新技术、新工艺发生的研发费用，按规定比例和方式在税前扣除。企业从事技术转让、技术开发等取得的收入，免征营业税。其中，技术转让所得不超过500万元部分，免征企业所得税；超过500万元部分，减半征收企业所得税。

30．积极支持中小企业信用担保机构按国家有关规定，税前计提担保赔偿准备和未到期责任准备。对符合条件的担保机构从事中小企业信用担保或再担保业务取得的收入，自办理免税手续之日起三年内免征营业税。

31．微型企业、个体工商户和其他个人营业税按期纳税的起征点上调到月营业额20000元，按次纳税的起征点上调到每次（日）营业额500元。对年应纳税所得额低于6万元（含6万元）的小型微利企业，应纳税所得额减半，并按20%的税率缴纳所得税。

32．资产重组过程中涉及的不动产、土地使用权在企业内部转让按规定免征营业税。

33．对新办企业，自办理税务登记始，两年内免征房产税和土地使用税。对经省级主管部门认定的孵化基地和创业基地，五年内免征房产税和土地使用税。对贡献较大的孵化基地和创业园区，各级政府给予专项资金补助。

九、改善发展环境

34．建立规范诚信服务型政府。改革行政审批，下放审批权力。规范行政审批和执法行为。完善行政审批流程，提高审批效率。清理和减少行政事业性和经营服务性收费。政府承诺企业的条件，一定要履行；政府与企业签定的合同一定要执行到位；前任政府履行的责任，后任政府要接续。各级政府要组织机关事业单位和聘用中介机构对民营企业进行全程跟踪服务，对民营企业发展中遇到的问题及时协调解决。

35．充分尊重民营企业在市场中的主体地位和法律上的平等地位。积极引导和促进民营企业依法经营、诚实守信，积极履行社会责任，维护职工合法权益。

36．各级软环境办要设立公开电话，监督各级政府出台政策的实施，受理并解决企业合理合法诉求，维护企业合法权益，监察软环境建设，严肃查处涉软案件。

十、加强组织领导

37．强化组织领导。成立全省突出发展民营经济领导小组，领导小组下设办公室，办公室设在省工信厅。各市（州）、长白山开发区、各县（市）参照省里做法成立领导小组。加强舆论宣传，在全省范围内集中开展“解放思想、改革创新、治理环境、优化服务，突出发展民营经济”的大讨论，形成尊重民营企业、支持民营企业、突出发展民营经济的浓厚氛围和强大合力。

38．抓好绩效考核评比工作。民营经济发展目标要按年度分解落实到各市（州）、长白山开发区、各县（市）、省直有关部门和各有关单位。要建立民营经济发展绩效考核评比制度，并纳入各级政府和各部门领导班子年度绩效管理。开展年度考核评比和表彰奖励活动。

39. 建立完善民营经济统计监测制度，加强对民营经济运行情况分析，及时掌握发展动态，切实反映民营经济发展情况。

40. 加强民营企业党建工作。深入实施“双覆盖双增强”工程，支持民营企业以单独或联合组建的方式建设党的基层组织，以党建带动群团组织建设，巩固扩大党在民营企业的组织和工作覆盖，服务职工群众，服务企业生产经营，不断增强党组织凝聚力和企业发展竞争力。

中共吉林省委

吉林省人民政府

二〇一三年二月二十三日

吉林省人民政府办公厅
关于金融支持民营经济和小微企业发展的实施意见

（吉政办发〔2013〕49号）

为贯彻《国务院办公厅关于金融支持经济结构调整和转型升级的指导意见》（国办发〔2013〕67号）、《国务院办公厅关于金融支持小微企业发展的实施意见》（国办发〔2013〕87号）和《中共吉林省委吉林省人民政府关于突出发展民营经济的意见》（吉发〔2013〕5号），落实全国小微企业金融服务经验交流电视电话会议精神，着力破解民营经济市场主体融资难题，进一步提高金融支持民营经济发展的水平，经省政府同意，提出以下实施意见：

一、千方百计满足民营经济融资需求

（一）充分认识金融支持民营经济加快发展的重要性，着力破解融资难这一制约民营经济发展的关键因素。要通过加快金融发展，深化金融改革，强化金融服务，千方百计满足民营经济融资需求。

（二）紧紧围绕小微企业作为民营经济主体的发展实际，将解决好小微企业融资难、融资贵问题作为金融支持民营经济发展的重点，切实抓好已出台政策措施的贯彻落实，进一步突出创新体制机制，创新金融机构、创新金融工具和产品、创新服务方式，为小微企业提供全覆盖、多层次、高效率、低成本的金融服务。

（三）坚持“两个不低于”的小微企业金融服务目标，确保全省小微企业贷款增速不低于各项贷款平均水平，贷款增量不低于上年同期水平，直接融资规模确保10%以上增速，金融公共服务体系不断改善。（吉林银监局、人民银行长春中心支行、各银行业金融机构负责）

二、大力发展多种形式的小微企业金融服务机构

（四）积极引进域外银行、证券、基金公司等金融机构。支持民间资本发起设立自担风险的民营银行，积极争取金融租赁公司和消费金融公司等在我省试点。（省金融办、人民银行长春中心支行、吉林银监局负责）

（五）增强普惠金融意识，鼓励引导国有商业银行、股份制银行加大小微企业金融服务专营机构建设、管理和资源配置力度。支持银行业金融机构设立社区银行和服务网点。鼓励中小商业银行优先到金融服务薄弱地区设立分支机构。（吉林银监局、各银行业金融机构负责）

（六）进一步扩大金融开放，支持民营资本参股地方法人金融机构。引入域外战略投资者参与农村信用合作社改制，促进业务创新和体制机制转变，稳步推进农村信用合作社转制为农村商业银行。（省金融办、人民银行长春中心支行、吉林银监局、吉林保监局负责）

（七）加快设立村镇银行。符合条件的县（市、区）至少要引进1家村镇银行，逐步实现村镇银行全覆盖。鼓励民间资本参与村镇银行发起设立或增资扩股，村镇银行主发起行最低持股比例由20%降为15%。鼓励村镇银行在辖区内设立分支机构。（吉林银监局、省金融办负责）

（八）充分发挥小额贷款公司作为从事小额信贷业务的非公众性金融机构的作用。鼓励行业龙头企业和产业链核心企业发起设立较大型的小额贷款公司。探索设立小额信贷联盟和小额再贷款机构，支持小额贷款公司通过同业拆借、定向借款、股权投资基金、私募债和信贷资产转让等多种形式扩大后续资金来源，提升服务民营经济和小微企业能力。（省金融办、省财政厅、省审计厅、省公安厅、省工商局、省国税局、人民银行长春中心支行、吉林银监局负责）

（九）鼓励银行、证券、保险、担保、股权基金、信托、租赁、小额贷款公司等机构结成金融服务联盟，创新业务合作模式，为民营经济和小微企业提供多元化的金融支持。（省金融办、人民银行长春中心支行、吉林银监局、吉林证监局、吉林保监局负责）

（十）支持民间资本发起设立融资性担保公司，支持省内各类担保机构与域外优质机构合资合作。完善融资担保体系，建立健全担保公司的信用评级和征信管理体系，推动建立银行业金融机构与融资性担保公司的信息共享机制和风险分担机制。（省工业信息化厅、省金融办负责）

三、进一步扩大小微企业信贷投放

（十一）坚持小微企业贷款优先投放。全省银行业金融机构要单列小微企业信贷计划，由主要负责人负责推动落实。优化贷款审批流程，下放审批权限，提高贷款审批的时效性。支持法人银行机构发行专项用于小微企业贷款的金融债，支持资产证券化、常态化发展，增加小微企业信贷资金来源，提高贷款可获得性。支持金融机构应用产业链金融模式，为整个产业链上的小微企业提供融资问题综合解决方案。（吉林银监局、人民银行长春中心支行、各银行业金融机构负责）

（十二）对小微企业贷款实行差异化监管。对于符合条件的商业银行，允许其将单户500万元（含500万元）以下的小微企业贷款，视为零售贷款计算风险权重。商业银行发行金融债所对应的单户500万元（含500万元）以下的小微企业贷款，可不纳入存贷比考核范围。完善市场化利率形成机制，支持和引导金融机构根据小微企业的贷款期限、风险程度、收益目标以及市场利率水平等要素，合理确定小微企业贷款利率浮动幅度，推动贷款利率差别化定价。（人民银行长春中心支行、吉林银监局、各银行业金融机构负责）

（十三）支持商业银行为小微企业全面提供开户、结算、理财、咨询等基础性、综合性金融服务。大力发展产业链融资、商业圈融资和企业群融资，积极开展知识产权质押、应收账款质押、动产质押、仓单质押等抵（质）押贷款业务。支持发展流动资金循环贷款、商业保理等系列金融创新产品。（人民银行长春中心支行、吉林银监局、各银行业金融机构负责）

（十四）扩大土地收益保证贷款试点，探索林权、水权和草场权等物权收益保证贷款。支持农村专业合作社、家庭农场及农业产业化龙头企业等农业民营规模化经济体利用物权融资。（省金融办、人民银行长春中心支行、吉林银监局、各银行业金融机构负责）

（十五）引导各金融机构加强与行业协会、商会、信用共同体等组织的合作，定期与小微企业举办融资洽谈会、恳谈会和项目推介会。各有关部门要加强与银行、担保机构的合作，鼓励各银行机构在民营经济和小微企业群体中发展信用共同体，促进银企良性互动。（省金融办、人民银行长春中心支行、吉林银监局、各金融机构负责）

四、进一步拓宽直接融资渠道

（十六）务实推进企业上市培育工程。支持小微企业优先列入“100户企业上市培育工程”和“300户中小企业融资服务工程”，推动民营经济和小微企业利用资本市场直接融资。积极支持已上市中小企业通过再融资、定向增发、并购重组等方式发展壮大。支持上市小微企业兼并收购上下游企业，优化资源。积极做好全国中小企业股份转让系统培育工作，推动建立快速、灵活的融资机制。加快区域性股权交易市场发展，推动创新型、科技型小微企业利用区域性资本市场融资。（省金融办、省工业信息化厅、省科技厅、吉林证监局负责）

（十七）设立股权投资引导基金支持民营经济和小微企业发展。加快股权投资基金与企业上市一体化互动发展。支持有条件的县（市、区）设立面向民营经济和小微企业的股权投资基金。鼓励支持域外股权投资基金投资我省民营经济和小微企业。（省金融办、省财政厅负责）

（十八）积极支持民营经济和小微企业，特别是高新区内符合条件的企业通过发行集合票据、集合债券、区域集优债、中小企业私募债等方式融资。鼓励大中型企业通过发行企业债、公司债、短期融资券、中期票据、非定向债务融资工具等进行融资。（省金融办、省发展改革委、省科技厅、吉林证监局负责）

五、积极发挥保险支持保障作用

（十九）保险公司要创新保险产品，针对小微企业的风险保障需求，大力发展企业财产保险、产品责任保险、雇主责任保险。支持保险机构开展“科技型中小企业短期贷款履约保证保险”和“个人商户小额贷款综合保险”等产品。（吉林保监局、各保险公司负责）

（二十）支持保险公司开展小额贷款信用保证保险。支持中小商贸企业投保国内贸易信用保险。大力发展出口信用保险，切实服务小微企业“走出去”战略。（吉林保监局、各保险公司负责）

（二十一）支持保险公司开展保单质押贷款服务。鼓励保险公司创新资金运用，支持保险公司通过投资企业股权、基金、债权、资产支持计划等多种形式服务小微企业。鼓励保险公司通过购买小额贷款公司的小额信贷资产包等形式，为小额贷款公司增加可放贷资金。（吉林保监局、各保险公司负责）

六、积极培育和发展融资中介服务

（二十二）鼓励中小金融机构、股权投资基金、信用担保机构和小额贷款公司等金融服务企业入驻东北亚金融总部基地。通过各类金融机构、金融人才、金融服务等要素集聚，形成金融创新组团和专业服务组团。（省金融办、省工业信息化厅、省财政厅负责）

（二十三）发展债券信用增进机构，以第三方担保、抵（质）押担保、股权投入等形式增强企业发债能力，为债券融资提供发债主体信用增进与债项信用增进服务。（省金融办、省财政厅负责）

（二十四）设立金融资产交易平台。加快设立省、市（州）和县（市、区）物权交易融资登记托管机构。鼓励地方政府搭建多种形式融资超市，积极推动金融服务创新，逐步建立多层次、多功能、多板块、多元化融资服务平台。（省金融办、省财政厅负责）

七、继续加大政策支持力度

（二十五）强化吉林省金融业发展专项资金对小微企业金融服务的正向激励，在对金融机构小微企业贷款奖励标准基础上，适当加大扶持力度。金融机构小微企业贷款增幅高于其他各项贷款增幅10%以上的，由当地政府给予财政资金奖励补助。对设立新型农村金融机构、组建农村商业银行、股权投资基金等按照到位货币资本规模或注册资本规模给予专项经费补助。（省金融办、省财政厅，各级政府负责）

（二十六）省内银行业金融机构和担保机构发放小微企业贷款可按照《吉林省中小企业贷款风险补偿资金管理暂行办

法》（吉财债〔2012〕12号）申请风险补偿资金。贷款项目符合《吉林省支持中小企业和民营经济发展专项资金管理暂行办法》（吉财企〔2013〕184号）和《吉林省省级财政贴息资金管理办法（试行）》（吉财预〔2012〕442号）规定要求的，可申请中小企业发展专项资金贷款贴息。（省金融办、省工业信息化厅、省财政厅负责）

（二十七）自2011年11月1日起至2014年10月31日止，对金融机构与小型、微型企业签订的借款合同免征印花税。金融企业涉及的中小企业贷款损失准备金税前扣除政策继续执行至2013年12月31日。将符合条件的农村金融机构金融保险业收入减按3%的税率征收营业税政策执行期限延长至2015年12月31日。（省地税局、省财政厅负责）

（二十八）自2013年1月1日起至2014年12月31日，免收企业注册登记费、个体工商户注册登记费。取消企业年度检验费。降低和减免小微企业确权、认证、评估、担保、转让、审计、验资等服务收费。除登记费和工本费外，登记部门不得收取其他费用。继续使用同一抵押物申请贷款抵（质）押登记，距上一次登记未满2年的，登记费减半收取。评估机构收取的小微企业贷款抵（质）押物评估费不得高于现行有关规定收费标准的50%。（省工商局、省住房城乡建设厅、省财政厅负责）

（二十九）符合条件的小额贷款公司农户小额贷款享受国家农村金融有关税收政策。对符合条件的小额贷款公司农户小额贷款的利息收入免征营业税；对符合条件的小额贷款公司农户小额贷款的利息收入在计算应纳税所得额时，按90%计入收入总额。（省地税局、省国税局、省财政厅负责）

（三十）对设在县（市、双阳区、江源区）的小额贷款公司，涉农贷款额度达到总量50%以上的，由当地财政给予资金扶持，数额不超过其实际上缴营业税的50%。对发放小微企业贷款额度超过累计发放贷款总额60%的小额贷款公司，由省金融业发展专项资金给予适当奖励。注册资本金在5亿元以上且首期注资不低于2亿元的小额贷款公司，直接向省金融办申请设立，并可申请在全省开展业务。（各级政府，省金融办、省财政厅负责）

（三十一）区域内股权投资基金投资于省内的企业或项目，由地方财政部门按项目退出或获得收益形成的所得税地方分享部分的80%给予补助；区域内股权投资基金管理企业自缴纳第一笔营业税之日起，由当地财政给予专项资金扶持，前3年按营业税地方分享部分给予全额补助，3年后按营业税地方分享部分减半补助。（各级政府，省金融办、省财政厅负责）

八、努力营造良好的小微企业发展环境

（三十二）制定金融服务小微企业综合考核办法和报告制度。各级政府、各有关部门要高度重视金融服务小微企业各项目标任务的分解落实，科学评价小微企业资本市场融资、运用保险资金、担保融资、小额贷款公司融资情况，并将小微企业贷款覆盖率、服务覆盖率和申贷获得率纳入考核范畴，形成本级、本部门小微企业金融服务报告，定期逐级上报。省金融办负责汇总形成吉林省金融服务小微企业情况报告，由省政府按要求上报国务院。（各级政府，省工业信息化厅、省金融办、人民银行长春中心支行、吉林银监局、各金融机构负责）

（三十三）建立民营经济市场主体融资情况调查统计制度。加强民营经济市场主体融资运行情况监测，建立民营经济市场主体融资信息数据库，进一步完善统计调查、监测分析、定期发布制度。加强民营经济市场主体融资需求调查和金融机构对民营经济市场主体资金投放情况调度，及时解决融资难题，不断提高融资工作主动性、针对性和有效性。（省金融办、省工商局、省工业信息化厅、人民银行长春中心支行、吉林银监局、各金融机构负责）

（三十四）积极引导小微企业提高企业素质、改善经营管理、健全财务制度，增强信用意识，避免道德风险。实施小微企业融资培训计划，引导小微企业及时将企业所属土地、房产、设备、技术、专利等各类物权进行确权登记，明晰产权关系，着力改善小微企业融资条件，逐步增强信贷议价能力。（各级政府，省金融办、省工业信息化厅负责）

（三十五）加快推进信用信息交换平台建设。逐步推进企业信用记录和信用报告的应用工作。开展“诚信示范企业”创建活动。建立失信企业联合惩戒机制，防范企业失信行为，坚决制止逃废银行债务行为。防范跨市场、跨行业经营带来的交叉金融风险，坚决打击高利贷、非法集资、地下钱庄、非法证券等非法金融活动，构筑金融安全区。（各级政府，省发展改革委、省金融办、省财政厅、人民银行长春中心支行负责）

吉林省人民政府办公厅
二〇一三年十二月三十一日

中共大庆市委 大庆市人民政府 关于实施若干人才优惠政策的暂行规定

（庆发〔2013〕26号）

第一条 为贯彻落实科学发展观和科学人才观，深入实施人才强市战略，把大庆建设成为人才辈出、人才汇聚、人尽其才，充满生机与活力的区域性人才高地，促进产业升级、城市升级，推进大庆科学和谐跨越发展，根据中央和省有关政策，结合大庆实际，制定本暂行规定。

第二条 本暂行规定适用于大庆经济社会发展的各类人才引进、培养、使用、激励的政策扶持。

第三条 按全市人才引进计划引进，并与用人单位签订5年以上工作合同，每年在庆工作9个月以上的人才，给予以下政策。

（一）中国科学院院士、工程院院士，给予200万元安家费，每月给予8000元学术补助。

（二）领军人才，国家“千人计划”人选，国家级重点学科、重点实验室、工程技术研究中心学术技术带头人，“百千万人才工程”国家级人选或相当层次的人才，给予120万元安家费，每月给予5000元学术补助。

（三）符合《中共黑龙江省委办公厅、黑龙江省人民政府办公厅关于印发〈黑龙江省引进海外高层次人才暂行办法〉的通知》（黑办发〔2009〕31号）规定的海外高层次人才，给予50万元安家费，提供50万元科研启动经费。

第四条 按全市人才引进计划引进的专业技术人才，并与用人单位签订5年以上工作合同，给予以下政策。

（一）具有正高级专业技术职务任职资格，年龄原则上在50周岁以下的：

1. 享受国务院特殊津贴或国家有突出贡献的中青年专家，给予50万元安家费，提供50万元科研启动经费。

2. 享受省政府特殊津贴或省级有突出贡献的中青年专家，给予40万元安家费，提供30万元科研启动经费。

3. 具有10年以上本行业工作经历，给予30万元安家费。

（二）具有副高级专业技术职务任职资格，年龄原则上在45周岁以下，具有8年以上本行业工作经历，给予20万元安家费。其中，享受省政府特殊津贴或省级有突出贡献的中青年专家以上的给予30万元安家费。

第五条 按第三条、第四条引进的人才，还可享受以下优惠政策。

（一）到机关事业单位工作的，不受编制限制，在以后自然减员中冲抵。允许重新建档，工龄连续计算。由用人单位按照规定为其办理养老、医疗等社会保险。

（二）配偶有意愿来庆就业的，可根据配偶实际情况安排相应工作。家属子女可随迁落户。

（三）配备医疗专家顾问，建立健康电子档案，提供健康咨询、健康指导、健康体检、健康疗养等服务。

（四）出入境、户籍、人事、工商、税务、住房、教育、社会保险等8项“绿色通道”服务。

第六条 积极发挥用人单位的主体作用，符合第三条、第四条的引进人才，由用人单位提供工作场所、公寓或申请入住市人才公寓，并视其学科领域研究项目的实际情况，提供与之相适应的实验室和科研、项目、教学启动经费。

第七条 按全市人才引进计划引进的优秀高校毕业生，并与用人单位签订5年以上工作合同，给予以下政策。

（一）“985工程”院校全日制博士研究生，给予10万元安家费。在大庆购买住房的，给予5万元补贴。

（二）“985工程”院校全日制硕士研究生或“211工程”院校全日制博士研究生，给予5万元安家费。在大庆购买住房的，给予5万元补贴。

（三）“985工程”院校全日制本科毕业生或“211工程”院校全日制硕士研究生或其他院校全日制博士研究生，给予3万元安家费。进入公益性事业单位的，可免于笔试；进入企业的，其人事关系、档案可由人才服务机构免费代理。

（四）在海外取得硕士以上学位的毕业生，经评审认定，参照本条前三项规定，兑现相关政策。

第八条 全日制普通高校本科以上毕业生（改派期内）有意愿来我市创业发展，暂未就业的，由人才服务机构代理人事关系，公安部门办理落户手续。

第九条 由我市引进并与用人单位签订5年以上工作合同，具备突破重大技术问题能力的创新创业团队，经市人才工作专家评审委员会认定，最高可给予500万元人才经费资助。

第十条 建立柔性引进人才机制，鼓励国内外各类人才来庆从事咨询、讲学、科研和技术合作、技术入股或从事其他专业技术服务。柔性引进人才，整建制引进的高等院校、科研院所等，享受的各项优惠政策，以及未列入本暂行规定的其他事项，实行一事一议。

第十一条 符合两项以上优惠政策条件的人才，按最高标准享受政策。

第十二条 人才携带或研究大庆产业发展需要的科研项目，申报国家部委、省立项的，市直相关部门要积极帮助争取。在大庆进行转化，获国家部委、省经费资助的，按1：1的比例给予匹配。

第十三条 企业引进的人才，年薪15万元以上的，予以个人所得税市区部分额度内的奖励，支持方式为前2年按50%比例奖励，第3年按100%奖励，并一次性补齐前2年差额部分。

第十四条 对需要认定的事项，由大庆市人才工作专家评审委员会进行评审认定，提出各项优惠政策的标准、方式等建议。

第十五条 突出培养领军人才和紧缺人才。支持领军人才开展学术、技术研究等科研活动。每年选送一定数量的产业领军人才和紧缺人才到境内外着名研究机构、高校、企业研修深造，开展科研合作。

第十六条 加强机关事业单位和国有企业优秀人才培养。经市人才办、市委组织部、市人社局选送，进行重点培养、定向培养和个性化培养的，核销全部学习费用；脱产进行硕士研究生以上学历、学位学习的，保留原职级和工资福利待遇，取得国家承认学历或学位后，由所在单位或部门核销全部学习费用。

第十七条 支持重点产业非公有制企业所需人才培养。采取订单定向方式开展培训，从就业再就业培训资金、劳动力转移培训资金中列出资金给予支持。

第十八条 支持高技能人才和农村实用人才培养。各类高技能人才和农村实用人才的专业培训机构，经有关部门认定后，可由市、区两级政府给予资金支持。重点支持产业发展急需的高技能人才和具有辐射带动作用的农村实用人才培养。

第十九条 鼓励事业单位专业技术人员兼职兼薪、技术入股。事业单位专业技术人员在完成本职工作的前提下，可采取咨询、讲学、技术合作等方式兼职兼薪。可以联营、参股、控股、承包经营等形式，组建科技型企业；鼓励具备一定规模、达到集团条件的企业申办集团。科技成果完成单位将其职务科技成果转让给他人的，单位可从转让该项职务科技成果所取得的净收入中提取30%，对完成该项科技成果及其转化做出重要贡献的人员给予奖励；科技成果完成单位将其职务科技成果以入股方式实施科技成果转化的，单位可以对完成该项科技成果及其转化做出重要贡献的人员给予不低于该科技成果作价入股金额30%的股份作为奖励。

第二十条 鼓励人才自主创业，创业资金不足的，经认定后可给予一定数额的政府贴息贷款。

第二十一条 建立突出贡献奖励制度。

（一）设立“大庆杰出人才贡献奖”，评选表彰为全市经济社会发展做出突出贡献的人才，一次性奖励每人20万元。

（二）凡获得国家级科学技术奖、自然科学奖、技术发明奖及科技进步奖的，对获奖者给予同等额度再奖励。

（三）携带高科技项目、专利成果来我市投产推广产生效益后，年新增加本级财政收入100万元以上的，从新增加收入中提取5%，对项目主要负责人给予一次性奖励。

（四）实行首席技师奖励制度，在高技能人才中评选首席技师，一次性奖励每人1万元。

（五）设立伯乐奖。引进符合第三条条件的人才，每引进一人分别奖励用人单位100万元、50万元、5万元，分别奖励引荐人10万元、5万元、1万元。

第二十二条 建立人才共享机制。打破条块分割，建立起政府与高校、科研院所和中省直大企业人才协调使用机制，选派与我市产业发展关联紧密的专业技术人员到县乡、生产一线工作，推动产学研对接，促进城乡统筹发展，带动基层人才成长，发挥人才的最大效用。

第二十三条 构建统一开放的人力资源市场体系。整合政府所属各类人力资源市场，实行统一管理，规范化运作，社会化服务。鼓励创办人力资源中介组织，允许有资质的境内外人力资源中介机构以合资形式进入。

第二十四条 加强人才载体建设。提高工业园区建设水平，优先引进项目和人才；支持创建博士后工作站；鼓励和支持创建国家、省级重点实验室和技术开发共享平台。对取得国家、省级重点实验室、技术开发共享平台资格的，按国家、省下拨资金额度同等比例匹配科研经费。

第二十五条 规划和建设人才公寓。各级政府有计划地辟建一定数量的人才公寓，建立健全人才公寓的管理、分配和退出等方面的制度，为引进的高层次人才提供良好的居住条件。

第二十六条 设立“大庆市人才发展专项资金”。市财政每年预算中安排人才发展专项资金额度不低于上年市本级公共财政预算收入的1%，由市人才办负责管理。主要用于人才引进、培养、激励、保障等政策的兑现，支持人才创新创业和人才载体建设，解决人才工作所需经费。

第二十七条 落实各项优惠政策所需资金，市本级财政全额供给单位由市人才发展专项资金全额支付，部分供给单位根据补助比例由市人才发展专项资金承担不低于50%，非供给单位由市人才发展专项资金承担50%。各区、高新区、经开区、庆南新城、庆北新城按本暂行规定引进人才所需资金，市人才发展专项资金承担50%。各县、中省直单位等可参照执行或自行制定相关政策。

第二十八条 本暂行规定由市人才工作领导小组办公室负责解释。

第二十九条 本暂行规定自发布之日起施行。2010年12月24日印发的《中共大庆市委、大庆市人民政府印发〈关于实施若干人才优惠政策的暂行规定〉的通知》（庆发〔2010〕39号）同时废止。

中共大庆市委
大庆市人民政府
二〇一三年十月二十九日

上海市海外人才居住证管理办法

（沪府发〔2013〕39号）

第一条 目的

为进一步加大海外人才引进力度，优化人才环境，吸引更多海外人才来沪工作或者创业，为上海经济社会发展提供有力的人才支持，制定本办法。

第二条 适用对象

本办法适用于具有本科（学士）及以上学历（学位）或者特殊才能，在上海合法工作或者创业的人员，包括：加入外国国籍的留学人员；外国专家及其他外国高层次专业人才；持中国护照、拥有国外永久（长期）居留权且国内无户籍的留学人员和其他专业人才；香港、澳门特别行政区专业人才，台湾地区专业人才。

具有特殊才能的人才具体范围及条件等事项，由市人力资源社会保障局（市外国专家局）根据本市经济社会发展实际需要，会同有关部门确定。

第三条 部门分工

市人力资源社会保障局（市外国专家局）负责上海市海外人才居住证（以下简称“海外人才居住证”）的申请受理、核定等综合管理工作。市公安局负责海外人才居住证的制作、签发等相关工作。市教委、市科委、市工商局、市商务委、市财政局、市地税局、市经济信息化委、市卫生计生委、人民银行上海分行、国家外汇管理局上海市分局等相关部门按照各自职责，做好与本办法相关的服务和待遇落实工作。

第二章 证件一般规定

第四条 证件功能和类别

海外人才居住证是持证人在本市工作、生活并享受相关待遇的证明。

海外人才居住证分为主证和随员证。符合条件的海外人才可以申请主证，其配偶和未满18周岁或者高中在读的子女可以申请随员证。

第五条 载明基本信息

海外人才居住证载明持证人姓名、性别、出生日期、国籍（地区）、证件类型及号码、近期照片、签发日期、签发单位、有效期限等内容。

第六条 有效期限

海外人才居住证的有效期限为1至5年。

市人力资源社会保障局（市外国专家局）根据申请人的年龄、学历学位、专业类别、工作资历、有效身份证件、来华工作（就业）许可、聘用（劳动）合同有效期、应聘职务等条件，确定海外人才居住证的有效期限。

第三章 证件申办

第七条 申请

市人力资源社会保障局（市外国专家局）委托市人才服务中心等受理机构具体承担海外人才居住证的受理工作。

需要申请海外人才居住证的，由申请人所在单位向受理机构申请。

第八条 申请材料

申请海外人才居住证，应当提供下列材料：

（一）申请表；

（二）有效的身份证明；

（三）学历学位证明、专业技术证书或者其他业绩证明材料；

（四）在本市的住所证明；

（五）有效的健康状况证明；

（六）聘用（劳动）合同；

（七）用人单位主体资格证明或者创业投资证明等材料；

（八）工作（就业）期间缴纳个人所得税完税证明材料；

（九）其他必要的证明材料。

用人单位及申请人应当对申请材料的真实性负责。

第九条 受理及材料移送

受理机构收到申请材料后，对材料齐全且符合法定形式要求的，应当场出具书面受理通知；对材料不齐全或者不符合法定形式要求的，应当场出具书面补正通知，并一次性告知需要补正的全部材料。

受理机构应当自受理之日起2个工作日内，将申请信息、材料移送市人力资源社会保障局（市外国专家局）。

第十条 核定

市人力资源社会保障局（市外国专家局）应当自收到申请信息、材料之日起7个工作日内，完成核定。对符合条件的，出具书面办理通知；对不符合条件的，书面告知申请人。

第十一条 签发、制证和发证

海外人才居住证由市公安局统一签发，对经核定符合办理条件的，由市公安局制证部门在10个工作日内完成制证。市公安局出入境管理局负责发证。

第十二条 信息变更

持证人的工作单位、身份证件号码等相关信息发生变化的，应当由用人单位在30日内持相关证明材料到受理机构办理信息变更手续。

第十三条 续签换证

证件有效期满，持证人需要续签换证的，应当在有效期届满前30日内由用人单位为其办理续签换证手续。逾期未续签换证的，按照首次申请流程重新办理。

第十四条 挂失和补办

证件遗失的，应当及时由用人单位到受理机构办理挂失和补办手续。

第十五条 注销

持证人情况发生变更，不再符合海外人才居住证申办条件或者在申办时提供失实材料取得海外人才居住证的，由公安部门注销其证件。

第十六条 法律责任

用人单位和申请人应当遵守有关法律规定。用人单位或者申请人在申请过程中伪造、变造或者使用伪造、变造证明材料的，市人力资源社会保障局（市外国专家局）可以根据情节轻重，暂停或者取消其申请资格。违反法律的，用人单位及申请人须依法承担相应的法律责任。

第四章 持证人待遇

第十七条 居留许可、签注

持证人是外国国籍的，可以按照规定，申请办理与居住证有效期限相同的居留许可。持证人是台湾地区的，可以按照规定申请办理长期居留签注或者多次出入境签注。

第十八条 免办就业许可

持证人是留学人员且已加入外国国籍或者获得国（境）外永久（长期）居留权的，可以免办其他就业许可。

第十九条 创办企业

持证人可以技术入股或者投资等方式在本市创办企业。

第二十条 行政机关聘用

持证人经本市有管理权限的部门批准，可以短期聘用、项目聘用等方式，接受行政机关聘用。

第二十一条 社会保险

持证人在沪工作的，按照国家和本市有关规定，参加本市社会保险；其未就业配偶及未满18周岁或者高中在读的子女可以参加本市城镇居民基本医疗保险，并享受相应待遇。

第二十二条 子女教育

持证人子女在学龄前教育阶段、义务教育阶段的，可以根据本市有关规定，由居住地教育行政部门按照就近原则，办理就读手续。

持证人是留学人员，其子女在国外生活5年以上并在国内语言文字适应期（3年）内参加本市初中升高中考试的，可以适当降低录取分数线；其子女在本市就读高中并获得高中毕业文凭的，可以根据有关规定报考本市高校。

第二十三条 资格评定、考试和登记

持证人可以按照国家和本市有关规定，参加本市专业技术职务任职资格评定或者考试、职业（执业）资格考试、职业（执业）资格注册登记。

第二十四条 外汇兑换

持证人依法纳税并取得税务部门出具的税务凭证及相关证明材料的，可以按照外汇管理有关规定，将其在本市期间的合法收入兑换成外汇，汇出境外。

第二十五条 驾驶证照办理

持证人可以按照国家和本市有关规定，在本市申领或者换领机动车驾驶证、办理机动车注册登记手续。

第二十六条 参加评选表彰

持证人可以按照规定参加本市有关评选表彰，并享受相应待遇。

第五章 附 则

第二十七条 （过渡条款）

本办法实施后，原《上海市居住证》B证在有效期内仍然有效，期满后可以按照本办法办理续签手续。

第二十八条 （操作细则）

市人力资源社会保障局（市外国专家局）根据本办法，制定操作细则。

第二十九条 （解释）

本办法由市人力资源社会保障局（市外国专家局）负责解释。

第三十条 （施行日期）

本办法自2013年7月1日起施行，有效期至2018年6月30日。

上海市人民政府

二〇一三年六月十三日

江苏省创新型省份建设推进计划（2013—2015年）

（苏政发〔2013〕110号）

为深入实施创新驱动战略，加快推进科技创新工程，大力建设创新型省份，按照《科技部关于同意江苏创新型省份建设试点方案的函》（国科函政〔2013〕64号）要求，结合我省实际，制定本推进计划。

一、总体要求

认真贯彻党的十八大精神，紧紧把握科学发展主题和加快转变经济发展方式主线，以科技创新工程为抓手，深入实施创新驱动核心战略和科教与人才强省基础战略，以国际视野推进重点领域和关键环节的改革创新，促进科技与经济紧密结合，着力在构建创新体系、支撑产业转型、打造企业集群、优化政策环境方面取得更大突破，进一步确立科技创新在发展全局中的核心位置，进一步营造有利于创新驱动发展的良好环境，进一步激发全社会创新创业的动力和活力，率先走出一条具有江苏特色的创新型省份建设路子，使科技创新更好地支撑引领经济社会发展，更好地服务于“五位一体”总体布局，更好地造福全省人民，并努力为创新型国家建设探索路径、积累经验。

二、主要目标

到2015年，科技创新能力显著提升，区域创新体系愈益完善，全社会研发投入占地区生产总值的比重达2.5%以上，每万名劳动力研发人员数超过80人年，万人发明专利拥有量达8件，科技进步贡献率达60%；经济综合实力显著增强，经济增长质量和效益明显提高，战略性新兴产业增加值占地区生产总值的比重达10%，高新技术产业产值占规模以上工业总产值的比重达40%以上，高新技术企业达1万家；社会发展水平显著提高，社会公益领域科技创新加快推进，居民科学素质达标率超过7%，现代教育发展水平达85%，信息化发展水平达83%，环境质量达省定小康标准，人均预期寿命达77岁；基本建成创新型省份，主要指标达到创新型国家和地区水平。

三、重点任务

（一）打造创新型企业集群。

1．实施科技企业培育“百千万工程”。研究制定专门措施，支持行业骨干企业整合全球创新资源实现创新发展，培育100家创新型领军企业。实施科技企业上市培育计划，加大对处于上市关键期企业的扶持力度，开辟绿色通道，推动1000家科技型企业完成股份制改造并加快上市。开展高新技术后备企业（省级高新技术企业）认定工作，实行省市联动，强化地方责任，完善工作机制，培育1万家高新技术企业。（责任单位：省科技厅、发展改革委、经济和信息化委、财政厅、国税局、地税局，江苏证监局，各市人民政府）

2．促进科技小微企业创新发展。优化科技小微企业融资环境，扩大省级天使投资引导资金规模，推动各市普遍建立种子资金或天使投资引导资金。逐步扩大省科技成果转化风险补偿专项资金规模，建立科技小微企业数据库，引导各地建立风险补偿资金池，激励银行增加对科技小微企业的信贷投放量。加大省科技型中小企业技术创新资金对企业的支持力度，进一步调动企业创新积极性。启动中小企业创新工程，实施科技小巨人培育计划，着力培育“专精特新”中小企业。推进科技企业孵化器建设，建立目标考核机制，提升专业化服务能力和水平，县（市、区）和各类开发区实现全覆盖。到2015年，建设400家面向中小企业的省级科技公共服务平台，新增孵化科技企业1万家以上，科技小巨人企业达2000家。（责任单位：省科技厅、财政厅、经济和信息化委，各市人民政府）

3．支持企业建设高水平研发机构。按照“两推进、双提升”的要求，完善政策措施，支持骨干企业建设省级以上工程中心、技术中心、企业重点实验室等研发平台，加快建设企业院士工作站、博士后工作站、研究生工作站等人才工作载体。强化企业研发机构运行绩效评估和补助奖励，鼓励企业普遍设立研发准备金，引导企业建立研发管理标准体系，提升企业研发机构发展水平和支撑企业转型升级的能力。到2015年，力争大中型工业企业和规模以上高新技术企业普遍建有研发机构。（责任单位：省科技厅、发展改革委、经济和信息化委、教育厅、人力资源社会保障厅、财政厅、交通运输厅，各市人民政府）

4．深化产学研合作。进一步加强与国内知名高校院所的合作，推进合作载体建设，建立一批产业技术创新战略联盟，组织攻克一批重大关键技术。强化省产学研联合创新资金目标导向，支持企业主动介入高校院所早期研发，建立健全产学研合作长效机制。加强企业与高校院所人才互动交流，扩大高校“产业教授”规模，与中科院等单位联合设立“企业创新岗”。鼓励高校院所建立科技人员定期为企业开展科技咨询服务的机制，加快建设企业博士后创新实践基地、大学生实训基地和重点产业专项公共实训基地等载体。到2015年，“校企联盟”超过1万个，年实施产学研合作项目1.5万项，服务企业的科技人员超过10万人。（责任单位：省科技厅、教育厅、财政厅、人才办、经济和信息化委、人力资源社会保障厅，各市人民政府）

5．提升企业创新管理水平。深入实施万企升级行动计划，推动工业化和信息化深度融合，鼓励支持企业加大技术改造力度，实施品牌化发展战略，探索绿色生产方式，创新商业模式和运营管理机制，实现创新能力、技术装备层次、经营管理水平和规模效益提档升级。到2015年，利用信息技术开展生产、管理、创新活动企业占比超过60%，开展电子商务活动企业占比超过60%。（责任单位：省经济和信息化委、发展改革委、科技厅，各市人民政府）

（二）促进产业转型升级。

6．做强战略性新兴产业。发挥省战略性新兴产业引导资金激励作用，加快形成50条技术含量高、特色鲜明的战略性新兴产业链，着力培育新能源、新材料、新一代信息技术和软件、高端装备制造等4个万亿级产业。依托国家科技重大专项和重大计划，建立以省辖市为责任主体的协同推进机制，重点加强环保装备与服务、智能电网、海工装备、碳纤维、物联网、光伏系统、智能机器人、半导体照明等创新型产业集群建设，努力培育若干世界级产业。加大省科技成果转化专项资金项目组织力度，集中力量推进300项重大产业技术研发和成果转化。引导各地从实际出发，凝练产业方向，形成错位发展、合理有序的产业格局。“十二五”期间，战略性新兴产业产值年均增长20%以上。（责任单位：省发展改革委、经济和信息化委、科技厅，各市人民政府）

7．推动传统产业向高端攀升。围绕促进传统产业转型发展，大力开展共性关键技术攻关，着力突破核心装备、关键材料和核心器件等高附加值环节，加快利用高新技术、先进适用技术和信息技术改造提升传统产业。深入实施以新技术、新工艺、新装备、新材料推广应用为主要内容的传统产业“四新”技改工程，加大成套装备研发及产业化力度，推动传统产业加快转型升级。推进制造业信息化工作，培育一批工业化、信息化融合示范区和示范（试点）企业。（责任单位：省经济和信息化委、发展改革委、科技厅、环保厅、交通运输厅，各市人民政府）

8．提高服务业创新发展水平。按照高端化、市场化、国际化要求，着力打造现代服务业高地。加强服务业领域的科技创新，实施“腾云计划”和“服务业科技行动计划”，以研发、创意设计、商业模式创新、现代物流和销售服务等为重点，加快发展高技术服务业，促进产业链向研发和服务两端延伸。推动生产服务业与先进制造业相互融合，加快提升电子商务产业规模。建设一批文化科技产业园，培育一批文化与科技融合发展示范区，促进文化产业加快发展。大力发展软件和生物医药等领域服务外包产业。（责任单位：省发展改革委、经济和信息化委、商务厅、科技厅、财政厅，有关市人民政府）

9．加快农业现代化步伐。实施农业现代化工程，开展现代农业科技支撑行动，强化种子种苗、高效种养、农产品加工流通、食品安全、生态安全等重点领域的科技创新，扩大传感、通讯、计算机网络等现代信息技术应用，加快推进现代农业装备研发及产业化，大力发展高效设施农业，着力培育种源农业、生物农业、信息农业、生态农业等新兴产业，稳定粮食生产，促进农业增效、农民增收和农村发展。推进国家现代农业示范区建设，完善农村科技服务超市网络，发挥家庭农场、农民专业合作组织、农村专业技术协会等新型组织作用，为农业科技发展提供有力支撑。到2015年，农业全员劳动生产率达5万元/年，高效设施农业面积比重达16%，农业废弃物资源化利用率达90%。（责任单位：省农委、发展改革委、科技厅、科协，各市人民政府）

10．加强前瞻性产业培育。面向国际科技前沿、江苏战略需求与未来产业发展，在纳米材料、石墨烯、大数据、未来网络、三维打印、北斗通讯、小核酸和抗体药物等十大重点高技术领域超前部署，组织实施100个重大前瞻性技术研发项目，取得一批具有自主知识产权的原始创新成果并加快产业化。建设一批支撑产业持续创新的重大科技平台，与科技部、教育部合作建设一批科教结合产业创新基地。到2015年，若干产业关键技术实现重要突破并达到国际先进水平，部分领域成为全国重要的产业研发创新高地。（责任单位：省科技厅、发展改革委、教育厅、食品药品监管局，各市人民政府）

（三）完善区域创新布局。

11．纵深推进创新型城市建设。按照苏南创新提升、苏中创新跨越、苏北创新突破的要求，推动国家创新型试点城市以培育发展创新型经济为突破口，加快实现经济转型升级，进入国家创新型城市行列。支持徐州、淮安、宿迁创新发展，力争成为国家级创新型试点城市。推进创新型试点县（市、区）建设，并开展达标评价工作，命名一批创新型县（市、区）。支持有条件的县（市、区）围绕“一县一主导产业”，集聚创新资源，建设创新载体，培育创新企业。引导创新资源向基层集聚，提升乡镇科技创新能力和水平。到2015年，全省创新型试点县（市、区）超过50个，创新型试点乡镇达200个；“科技镇长团”达100个，年选派1000名左右高层次人才到基层任职。（责任单位：省科技厅、人才办、发展改革委、经济和信息化委，各市人民政府）

12．统筹部署高校院所科技创新。探索建立高校分类体系，研究制定高校分类发展规划，引导高校科学定位、错位竞争、特色发展。大力推进“江苏高校优势学科建设工程”，建设一批新兴学科、重点学科和交叉学科。扩大省自然科学青年基金和杰出青年基金规模，加大对基础研究和原创性研究的支持力度，培育3000名青年科研骨干。深入实施省级协同创新专项计划，完善协同创新机制，建设50个省级以上协同创新中心。支持30家高校院所设立技术转移机构，加快科研成果转化及产业化。到2015年，江苏高校国家一级重点学科数量占全国总数的10%以上，高校院所ESI论文数超过7万篇。（责任单位：省教育厅、科技厅、财政厅）

13．系统布局科技基础设施建设。瞄准科技发展前沿，建设100家特色鲜明的省级以上重点实验室，探索组建重点实验室联盟。健全科技资源共享机制，加大科技资源对全社会特别是中小企业的开放力度。积极争取国家重大科技基础设施落户我省，加快建设纳米真空互联实验站、超级计算中心等大科学装置，提升科技持续发展能力。建设省产业技术研究院，通过实行与国际接轨的项目经理制，组织产业重大关键技术攻关以及成果转化，努力打造战略性新兴产业发展策源地。实施科技服务业行动计划，建设10个科技服务示范区，集聚发展200个专业化、社会化、网络化的科技服务机构。到2015年，全省技术市场合同成交额超800亿元。（责任单位：省科技厅、经济和信息化委、财政厅，省编办，省发展改革委）

14．切实抓好创新型园区建设。实施高新园区提升计划，明确高新园区新的发展定位，建立科学的考核导向，引导和推动高新园区加快步入创新驱动、内生增长的轨道。加强高新园区创新核心区建设，优先安排建设用地，促进科技资源、人才资源和金融资本向园区集聚。完善高新园区产业规划，按照“一区一战略性产业”的要求，有针对性地加大扶持力度，形成各具特色、错位发展的产业格局。进一步优化高新园区布局，支持符合条件的省级高新区申报建设国家级高新区，支持建设一批省级高新区。引导经济开发区向创新型园区转型，加快提升创新发展水平。统筹推进大学科技园、特色产业基地、留学人员创业园、科技产业园和科技创业园建设。到2015年，建设15家以上具有国际竞争力的创新型园区；全省高新园区高新技术产业产值占规模以上工业产值的比重超过50%。（责任单位：省科技厅、商务厅、发展改革委、经济和信息化委、教育厅、人力资源社会保障厅、国土资源厅、住房城乡建设厅，各市人民政府）

15．打造苏南自主创新示范区。按照苏南现代化建设示范区规划部署，以国家创新型试点城市为重点，以高新园区为核心，推进苏南自主创新示范区建设，着力形成“三区五城多核”的创新格局，努力建成全球重要的产业科技创新中心和创新型经济发展高地。推进苏南区域创新一体化，促进创新要素在城市之间、园区之间、城乡之间的合理流动和高效组合，重点建设南京无线谷、无锡科技新城、常州科教城、苏州独墅湖科教创新区、苏州科技城、镇江知识城等，成为创新型省份建设先导区。到2015年，苏南地区高新技术产业产值占规模以上工业产值的比重提高到43%以上。（责任单位：省科技厅、发展改革委、经济和信息化委、教育厅、财政厅，苏南五市人民政府）

（四）优化创新环境。

16．建立考核评价导向机制。强化科技创新在发展全局中的核心地位，完善市、县领导科技进步目标责任制，加快健全以科技进步与创新为主要内容的干部考核评价体系，推动“一把手抓第一生产力”落到实处。研究制定创新型省份建设评价指标，调整充实到“八项工程”监测统计体系中，并将监测统计延伸到县（市、区），加强年度检查考核。开展创新型省份建设评价分析，委托第三方定期发布区域创新指数报告。（责任单位：省统计局、科技厅）

17．推进知识产权强省建设。按照“质量并重、以质为先”的要求，完善知识产权资助奖励政策，重点支持发明专利授权及PCT专利、国际注册商标的申请，加快提升知识产权产出的质量和水平。推行《企业知识产权管理规范》，组织实施150项技术标准专项，到2015年，力争大中型工业企业全部实现知识产权管理标准化并拥有发明专利，培育一批知识产权密集型企业。健全知识产权价值评估体系，鼓励地方、园区以及社会力量建立知识产权运营公司，开展专利投融资、价值分析等服务，促进知识产权实现市场价值。研究制定重点工程及重大项目知识产权评议和前置审查办法。进一步加强知识产权保护，构建知识产权行政执法体系，探索建立知识产权法院，推动企业办理知识产权海关保护备案。加强知识产权法律服务，设立知识产权维权基金，定期发布知识产权维权指引，支持企业积极应对境外知识产权纠纷诉讼。积极落实我省与美国专利商标局签署的知识产权保护合作谅解备忘录。到2015年，万人发明专利拥有量达8件，PCT专利数达1500件。（责任单位：省知识产权局，省法院，省司法厅、经济和信息化委、科技厅、教育厅、质监局，南京海关）

18．构建多元化科技投入体系。不断增加各级财政对科技的投入，确保财政科技经费增幅高于财政经常性收入增幅。建设20家省级科技金融合作创新示范区，设立100家科技支行、科技小额贷款公司、科技保险支公司等新型科技金融专营机构，大力推广科技之星、科贷通、知识产权质押贷款、科技保险等新型科技金融产品。扩大创业投资规模，运用多层次资本市场开展非上市科技企业产权交易，建设10家市场化运作、专业化服务的省级科技金融服务中心。到2015年，创业投资规模占地区生产总值的比重达3%。（责任单位：省财政厅、科技厅、发展改革委、金融办，人民银行南京分行，江苏银监局，江苏保监局，江苏证监局，各市人民政府）

19．提高人力资源发展水平。加大《全民科学素质行动计划纲要》实施力度，突出重点人群，广泛开展群众性科普宣传活动，从事科普活动人员达到50万人。支持高校创新人才培养机制，加快培育高层次人才。大力发展现代职业教育，支持校企合作办学，全面提升劳动者职业技能，每万名劳动力中高技能人才达490人。加强国家“千人计划”“万人计划”，省“创新团队计划”和“双创计划”“333工程”，以及地方人才计划的集成联动，加快引进高端人才、拔尖人才和紧缺人才，高层次人才占人力资源总量的比重达5.1%。建立健全企业主导的引才用才机制，鼓励企业按不低于年销售收入的0.6%设立人才发展专项资金，支持企业建设人才工作平台。强化人才服务体系建设，对符合条件的海外高层次人才发放居住证（江苏绿卡），加快建设人才公寓；探索建立城市互联、发展互动、证书互认的人才服务机制，努力实现国内和国际人才市场的融通。到2015年，从事科技活动人员超过100万人，人才贡献率达43%。（责任单位：省人才办、人力资源社会保障厅、科技厅、教育厅、经济和信息化委、财政厅、科协，各市人民政府）

20．强化科技体制改革和政策创新。深化南京国家科技体制综合改革试点，及时总结推广经验和做法。发挥市场配置资源的基础性作用，推进科技成果收益权和处置权改革，加大对创新创业的激励力度，充分调动科技人员积极性。完善新技术新产品首购首用、重大装备首台套示范应用等制度，进一步落实好高新技术企业税收优惠、企业研发费用税前加计扣除等重点政策。（责任单位：省科技厅、财政厅、经济和信息化委、人才办、国税局、地税局，江苏保监局，各市人民政府）

（五）深化国际科技交流与合作。

21．加强与重点国家的创新合作。积极拓展与美国、欧盟、俄罗斯等的合作渠道，深入实施江苏—以色列产业研发合作计划和江苏—芬兰产业研发合作计划。推进与我省对外友好城市的科技交流，共建合作载体，组织联合研发。鼓励开展民间国际技术交流与合作。到2015年，与3－5个创新型国家建立起稳定的科技合作关系，组织实施100个国际创新合作项目。（责任单位：省科技厅、商务厅、外办、财政厅、科协）

22．加快海外先进技术转移。围绕产业发展需求，加强国际技术转移转化机构建设，着力引进关键核心技术，加大消化吸收再创新力度，提升产业创新发展水平和国际竞争力。到2015年，面向海外知名大学、研发机构、跨国公司等，引进或共建30家以上国际技术转移转化机构。实施海外科技成果转化专项，每年集中转化30个重大科技成果项目，促进国际先进技术加快向高新技术产业和战略性新兴产业转移及产业化。（责任单位：省科技厅、商务厅、外办、财政厅）

23．建设国际科技合作基地。依托科技园区，加快推进无锡中美科技创新园、太仓中德先进制造技术国际创新园、武进中以医疗器械国际创新园、苏州中芬纳米创新中心等国家级国际科技合作载体建设。实施海外高端研发机构集聚计划，鼓励支持海外知名大学、研发机构、跨国公司等在我省设立研发机构。到2015年，力争主要创新型国家均在江苏建有合作基地，建设30家区域性独立研发中心。（责任单位：省科技厅、商务厅、外办、财政厅）

24．鼓励支持企业“走出去”。采取专门措施，每年支持10家以上创新型领军企业到海外建立或兼并研发机构，就地消化吸收国际先进技术，主动融入全球研发体系。积极争取国家驻外机构支持，充分发挥省驻外机构作用，引导推动有条件的地区或园区在发达国家或地区设立形式多样的驻外站点，不断拓展我省国际科技合作海外工作渠道，促进全球创新资源与江苏创新需求有效对接，为企业“走出去”创造良好条件。（责任单位：省科技厅、商务厅、发展改革委、经济和信息化委、外办）

（六）推进社会发展科技创新。

25．强化生命健康领域的科技创新。实施省临床医学科技专项，以恶性肿瘤、心脑血管疾病、代谢性疾病等为重点，开展科技攻关和应用示范，建设20个国内一流、国际有影响的临床医学研究中心。推进科教兴卫工程，建设重大、新发传染病和突发流行性疾病防控科技平台，开展社区慢病管理与技术示范，健全农村急病救治与卫生适宜技术服务体系，提高妇幼保健技术支撑能力，强化食品药品监管体系与检验监测体系建设，使科技更好地保障生命健康。到2015年，重大疾病防治能力部分达到、整体接近中等发达国家水平。（责任单位：省科技厅、卫生厅、食品药品监管局，各市人民政府）

26. 强化生态文明科技支撑。实施节能减排科技支撑行动，推进清洁生产，开发应用一批共性技术，提高节能减排科技水平。强化生态保护和修复，在污水深度处理、大气污染治理、重金属污染防治、工业园区生态化改造等方面，实施科技计划项目，组织开展科技攻关，突破关键技术，建设应用示范工程，切实提高人居环境质量，建设20个省级以上可持续发展实验区。到2015年，空气质量达到二级标准天数占比达50%，地表水好于Ⅲ类水质的占比达55%，城镇污水处理率达90%，规模以上工业单位增加值能耗比“十一五”末下降20%以上。（责任单位：省环保厅、发展改革委、经济和信息化委、住房城乡建设厅、农委、科技厅，各市人民政府）

27. 强化城镇化科技应用示范。强化互联网技术、可再生能源技术、数字化技术、新材料技术、节能环保技术等在推进城镇化中的应用，实施绿色建筑科技支撑工程和绿色循环低碳交通示范工程，建成10个低碳绿色建筑科技示范区、10个低碳绿色建筑技术中心、10个低碳绿色建筑产业化基地。围绕智慧生活、平安生活、低碳生活，加快建设以“新知识普及、新技术示范、新产品应用”为主要内容的科技社区，使之成为民生科技成果的展示区、先进适用技术的示范区和科技惠民的先行区，建成100个科技社区和100个科普示范标兵社区。到2015年，城镇化率达67%。（责任单位：省住房城乡建设厅、农委、发展改革委、环保厅、交通运输厅、科技厅、科协，各市人民政府）

28. 强化社会管理科技保障能力建设。推进智慧城市建设，构建协同共享的城市智能管控中心及综合信息平台，实现城市运行系统对各种需求的快速、智能化响应控制。围绕“平安江苏”建设，加强技术研发和转化运用，提高公共安全科技保障能力，实现公安派出所“科技强警”信息应用全覆盖。加强物联网、云计算等技术在资源环境、基础设施、产业园区等领域的推广应用，推进智慧交通畅通网工程建设，努力提升社会管理和公共服务的智能化水平。（责任单位：省住房城乡建设厅、交通运输厅、公安厅、经济和信息化委、科技厅、科协，各市人民政府）

四、保障措施

（一）加强组织领导。在部省推进创新型省份试点工作领导小组领导下，各地、各有关部门要按照职责分工，制定3年倒计时的具体落实计划，对重点工程实行专人负责的“工长制”，确保各项任务不折不扣落实到位。各地、各有关部门要定期向部省推进创新型省份试点工作领导小组报送工作进展情况。

（二）强化考核督查。省统计、科技部门要密切配合，加快研究制定创新型省份建设监测评价实施方案，动态掌握各地、各有关部门工作推进情况。进一步强化监测分析，定期发布监测报告，及时发现和解决存在的问题；适时组织开展现场考察评估，对达到创新型省份建设指标体系的地区和部门及时认定公布。

（三）营造良好氛围。大力弘扬“三创三先”新时期江苏精神，积极倡导尊重知识、崇尚创新、诚信守法，大力营造敢为人先、敢冒风险、勇于创新、宽容失败的浓厚氛围。发挥科技社团在科技创新中的作用，促进学术繁荣和科技进步。加强对重大科技成果、典型创新人物、创新型企业的宣传，努力营造有利于创新创业的良好舆论氛围，充分激发全社会的创新创造活力。

江苏省人民政府

二○一三年八月二十六日

江苏省政府办公厅
关于加快推动科技资源向苏北集聚的意见

（苏政办发〔2013〕188号）

为认真贯彻党的十八大和十八届三中全会精神，全面落实省委十二届六次全会部署和《省政府关于支持苏北地区全面小康建设的意见》（苏政发〔2013〕90号）要求，大力推进科技进步与创新，不断提升自主创新能力和水平，使科技创新更好地支撑引领苏北经济社会发展和全面小康建设，现就加快推动科技资源向苏北集聚提出如下意见。

一、转化重大科技成果

（一）以科技支撑产业转型升级。强化高端引领，主攻高端技术，突破高端环节，发展高端产品，加大科技成果转化应用力度，加强重大创新产品应用示范，推动苏北战略性新兴产业规模、质量和效益同步提高。重点支持徐州高端装备制造与新材料、连云港新医药与新能源、盐城新能源汽车与环保装备、淮安高端装备制造与新能源汽车、宿迁光电产业与智能电网等新兴产业加快发展。坚持走新型工业化道路，积极运用新技术、新工艺、新装备、新材料改造提升传统产业，促进苏北传统产业向产业链高端攀升。着力推进纺织机械、矿山安全装备、盐化工、特钢、凹土、海洋等特色产业发展，支持苏北建设一批国家级特色产业基地。强化农业技术研发、应用和关键技术集成创新，着力培育种源农业、生物农业、信息农业、生态农业等新兴产业，健全农业技术服务体系，推动传统农业向现代农业转变。到2015年，苏北地区高新技术产业产值达1万亿元以上，培育形成一批五百亿级新兴产业、千亿级传统优势产业。

（二）推进重大技术研发和成果转化。围绕经济转型升级，以产学研合作创新为抓手，组织重点领域技术攻关，到2015年，支持苏北实施100个产业共性关键技术攻关项目。在苏北开展重大科技成果转化联合招标，创新成果转化机制，吸引海内外重大科技成果到苏北转化和产业化。2013年—2015年，每年选择2至3个重点产业，探索开展省、市协同推进产业技术创新。加强民生领域科技成果转化应用，支持苏北实施建筑节能、数字医疗、新能源汽车、金太阳等科技示范工程。

二、建设高水平创新型园区

（三）提升创新型园区建设发展水平。引导苏北地区完善高新园区产业规划，按照“一区一战略性产业”要求，有针对性地加大扶持力度，形成各具特色、错位发展的产业格局。支持符合条件的省级高新区申报建设国家级高新区，支持建设一批省级高新区，支持苏南、苏北共建高新区。统筹推进大学科技园、特色产业基地、留学人员创业园、科技产业园和科技创业园建设，加快提升中国矿业大学科技园、淮海工学院大学科技园、盐城工学院大学科技园、淮安市大学科技园等内生发展能力。推动盐城、大丰、东海、沭阳国家可持续发展实验区建设。支持苏北建设创新型城市、创新型县（市、区）和创新型乡镇，到2015年，力争苏北五市全部成为国家创新型试点城市。

（四）加快现代农业科技园区建设。以培育高科技农业产业为主线，集聚农业科技创新平台，完善创新创业服务体系，培育壮大农业科技型企业，大力推进邳州现代高效农业科技园、连云区海水养殖与海产品深加工科技园、白马湖农场种业科技园、大丰盐土高效农业科技园、沭阳苗木花卉科技园等省级现代农业科技园建设，支持淮安市、盐城市建设国家级农业科技园区。加快推进沿海海洋生物产业发展，在滩涂种养殖、海洋资源开发利用等领域布局建设一批以蓝色经济为主题的特色科技园区。

三、培育创新型企业

（五）加强企业研发机构建设。按照“两促进、双提升”的要求，支持苏北企业建设省级以上工程中心、技术中心、企业重点实验室等研发平台，加快建设企业院士工作站、博士后工作站、研究生工作站等人才工作载体。2013年—2015年，年均支持苏北企业建设省级工程技术研究中心和企业研究生工作站100家以上。强化企业研发机构运行绩效评估和补助奖励，鼓励企业普遍设立研发准备金，引导企业建立研发管理标准体系，提升企业研发机构发展水平和支撑企业转型升级的能力。到2015年，力争苏北大中型工业企业和规模以上高新技术企业普遍建有研发机构。

（六）打造创新型企业集群。支持苏北实施科技企业培育“百千万工程”，到2015年，形成以创新型领军企业、高新技术企业和民营科技企业为骨干的创新梯队。支持行业骨干企业整合全球创新资源实现创新发展，培育10家创新型领军企业；实施科技企业上市培育计划，加大对处于上市关键期企业的扶持力度，开辟绿色通道，推动60家科技型企业完成股份制改造并加快上市；开展高新技术后备企业（省级高新技术企业）认定工作，实行省、市联动，完善工作机制，培育600家高新技术企业；提升50家农业龙头企业创新能力，民营科技企业力争超过2万家。

（七）落实和完善支持企业创新的政策措施。进一步加大高新技术企业税收优惠和企业研发费用税前加计扣除等重点政策落实力度，切实做到应减则减、应免尽免，充分调动企业科技创新积极性，到2015年，苏北企业通过落实政策减免税收力争达30亿元以上。鼓励支持苏北各地加强政策创新，总结推广使用“科技创新券”等做法，强化对中小微科技企业技术创新的支持。

四、培养引进优秀创新创业人才

（八）建立人才引进平台。推进重大科技基础设施建设，引导国内外高端人才及创新团队向苏北集聚。支持中科院能源动力研究中心（连云港）等争取国家大科学工程和国家科技重大专项。引导苏北地方政府、科技园区、企业与国内外高校院所共建产学研创新载体，支持建设10个左右省级产学研协同创新基地。鼓励支持苏北高校与国内知名高校院所共建技术转移机构，加快人才引进，提升科技成果集聚和转化能力。支持在苏北设立“企业创新岗”，推动高校院所高层次人才到企业任职或兼职。

（九）优化人才创业服务。完善网络化创业服务体系，引导省级以上科技服务机构和创新服务平台到苏北设立分支机构，支持苏北各市建设1至2家区域性科技公共服务平台。强化对苏北科技成果转化中心建设的持续支持，引导拓展社会化服务功能，促进更多技术、人才、资金向苏北集聚。大力实施“挂县强农富民工程”“农业科技入户工程”，促进农民增收、农业增效。建立健全农村科技服务体系，到2015年，依托龙头企业建设150家农村科技服务超市分店、便利店，鼓励支持科技人员到苏北农村开展科技服务。推进科技与金融结合，支持加快发展天使投资、建设科技小贷公司、设立科技贷款风险补偿资金并扩大规模，为科技人才创新创业提供资金支持。

五、努力为科技资源向苏北集聚创造良好条件

（十）强化统筹协调。省有关部门和单位要将科技资源向苏北集聚工作摆在重要位置，按照部署要求，研究制定具体落实计划，有力有序有效加以推进，并加强协调配合，及时通报情况，形成工作合力。苏北地区要切实加强科技管理能力建设，推动县（市、区）健全科技计划体系，完善工作建制，加强乡镇科技管理队伍建设，为承接科技资源转移提供坚实保障。

（十一）加大扶持力度。扩大苏北科技专项资金规模，到2015年，达到1亿元。省科技基础设施建设计划、科技支撑计划、科技成果转化专项资金、产学研联合创新专项资金等，对苏北科技创新和产业发展给予倾斜。

（十二）抓好督促检查。在强化责任上下功夫，建立健全工作责任制，加强督促检查，使每项工作有部署、有要求、有检查。加强工作创新，以改革的思路和创新的办法，着力破解制约科技资源向苏北集聚的瓶颈。及时总结推广科技资源向苏北集聚工作中的经验做法，充分发挥示范带动作用，推动苏北科技进步与创新开创新局面、迈上新台阶。

江苏省人民政府办公厅
二〇一三年十一月二十七日

江苏省科技企业孵化器认定和管理办法

（苏科高〔2013〕260号）

第一章 总 则

第一条 为贯彻落实省委省政府《关于实施创新驱动战略推进科技创新工程加快建设创新型省份的意见》（苏发〔2011〕10号）、科技部《科技企业孵化器认定和管理办法》（国科发高〔2010〕680号），引导我省科技企业孵化器健康发展，提升其管理水平与创业孵化能力，进一步营造科技创业企业良好成长环境，培养科技创业人才，制定本办法。

第二条 科技企业孵化器（以下简称“孵化器”）是以促进科技成果转化、培养高新技术企业和企业家为宗旨的科技创业服务载体，是国家创新体系的重要组成部分，是创新创业人才培养基地，是江苏特色区域创新体系的重要内容。

第三条 省科技厅负责对全省孵化器进行宏观管理和业务指导，并负责省级孵化器的认定工作。各省辖市科技行政主管部门、国家高新技术产业开发区（以下简称“高新区”）管委会负责对所在地区内孵化器进行具体服务和工作指导。

第二章 功能与目标

第四条 孵化器的主要功能是以科技创业企业（以下简称在孵企业）为服务对象，通过开展创业培训、辅导、咨询，提供研发、试制、经营的场地和共享设施，以及政策、法律、财务、投融资、企业管理、人力资源、市场推广和加速成长等方面的服务，以降低创业风险和创业成本，提高企业的成活率和成长性，培养成功的科技企业和企业家。

第五条 孵化器的发展目标：

1．落实创新驱动战略，营造适合科技创业的局部优化环境，培育高端的、前瞻的和具有带动作用的战略性新兴产业的早期企业，贡献于区域产业升级和经济结构调整，促进经济发展方式转变；

2．落实科教与人才强省战略，以孵化器为载体，以培养科技创业人才为目标，构建并完善创业服务网络，持续培育、造就具有创新精神和创业能力的创业人才，吸引海内外科技创业者服务于创新型省份建设。

第六条 鼓励企业、科研机构等建立专业孵化器，形成专业技术、项目、人才和服务资源的集聚，促进产业技术升级和经济结构调整，提升行业竞争力。

专业孵化器是指围绕特定技术领域或特殊人群，在孵化对象、服务内容、运行模式和技术平台上实现专业化服务的孵化器。

第三章 认定与管理

第七条 申请认定省级孵化器，应具备以下条件：

1．地方政府重视孵化器建设，已制订扶持孵化器发展的相关政策和措施，对孵化器建设有专项资金投入，拥有种子资金或孵化资金；

2．管理团队得力，机构设置合理，管理人员具有大专以上学历的占80%以上；

3．可自主支配的孵化场地使用面积达10000平方米以上（专业孵化器达5000平方米以上）。其中，在孵企业使用的场地（含公共服务场地）占2/3以上；

公共服务场地是指孵化器提供给在孵企业共享的活动场所，包括公共餐厅和接待室、会议室、展示室、活动室、技术检测室等非盈利性配套服务场地。

4．可自主支配场地内的在孵企业达20家以上（专业孵化器的在孵企业应达15家以上）；

5．孵化器中的在孵企业应有30%以上已申请专利；

6．在孵企业中的大专以上学历人数应占企业总人数的50%以上；

7．孵化器的运营时间一般达1年以上，并按省科技厅要求，上报相关统计数据，且数据齐全、真实；

8．形成了创业导师工作机制和服务体系，能够提供创业咨询、辅导和技术、金融、管理、商务、市场、国际合作等方面的服务，具有公共技术服务平台和专业化服务能力。

第八条 在孵企业应具备以下条件：

1．企业注册地和主要研发、办公场所须在本孵化器场地内；

2．申请进入孵化器的企业，成立时间一般不超过24个月；

3．属迁入的企业，其产品（或服务）尚处于研发或试销阶段，上年营业收入不超过200万元人民币；

4. 在孵时限一般不超过42个月（从事生物医药、集成电路设计、现代农业等特殊领域的创业企业，一般不超过60个月）；

5. 企业成立时的注册资金，扣除“知识产权出资”后，现金部分一般不超过300万元人民币（属生物医药、集成电路设计等特殊领域的创业企业，一般不超过1000万元人民币）；

6. 单一在孵企业入驻时使用的孵化场地面积，一般不大于1000平方米（从事航空航天等特殊领域的在孵企业，一般不大于3000平方米）；

7. 在孵企业从事研发、生产的主营项目（产品），应符合国家战略性新兴产业的发展导向，并符合国家节能减排标准；

8. 在孵企业开发的项目（产品），知识产权界定清晰，无纠纷；

9. 在孵企业团队具有开拓创新精神，对技术、市场、经营和管理有一定驾驭能力。留学生和大学生企业的团队主要管理者或技术带头人，由其本人担任。

第九条 进驻孵化器进行孵化的企业，具备一定发展基础和条件后应当毕业，毕业企业应具备以下条件之中至少两条：

1. 有自主知识产权；

2. 连续2年营业收入累计超过1000万；

3. 被兼并、收购或在国内外资本市场上市。

第十条 省级孵化器申报实行常年受理、分批认定的方法。申报省级孵化器，应首先向所在省辖市科技行政主管部门或国家高新区管委会提出申请，经审核同意后，报送省科技厅。省科技厅依据本办法对申报材料进行审核，对符合条件的孵化器，以文件形式认定为省级科技企业孵化器。

第十一条 被认定为省级孵化器的单位，其产权和隶属关系不变。

第十二条 经认定的省级孵化器，每年应按要求向省科技厅报送年度工作总结、统计报表及相关材料。

第十三条 各孵化器应坚持“服务为主”的方针，将做好企业服务、创造社会效益作为业务工作的基础，通过各种途径和手段完善服务功能，重点加强对孵化企业的投融资服务与技术公共服务，促进孵化企业健康快速发展。专业孵化器要着力提升公共技术服务功能，为孵化企业提供低成本、高品质的增值服务，形成鲜明的专业特色。

第十四条 鼓励孵化器探索“专业孵化+创业导师+天使投资”的孵化模式，形成持股孵化及市场化运行机制，推动全省孵化器创新发展。

第十五条 鼓励孵化器围绕大学生的创业就业工作，创建大学生科技创业实习基地，形成与大学和科研机构的战略合作关系，营造创业环境、完善孵化功能。

第十六条 鼓励孵化器开展预孵化，为创业者提供前期的创业培训咨询，提高孵化效率。鼓励各地建设科技企业加速器，为毕业企业建立加速成长机制，满足企业空间发展需求、促进企业做大做强，形成毕业企业的集聚地。

第十七条 完善对在孵企业的问诊和巡访制度，定期走访企业，掌握企业发展动态和需求，评价企业的成长速度、水平和潜力，及时采取对策，优化孵化资源配置，促进企业加速成长。

第十八条 孵化器应加强科技创业服务品牌建设，提升内生发展能力。鼓励有条件的孵化器进行品牌输出，加快全省科技企业孵化器的建设和发展。

第四章 扶持与促进措施

第十九条 各孵化器所在地政府及相关部门应根据当地实际情况，制订专门的扶持政策，在规划、用地、资金及税收优惠等方面加大对孵化器建设的支持力度。

第二十条 对省级孵化器，各级科技行政主管部门及国家高新区管委会在科技计划项目立项、人才引进及培养、科技公共服务平台及科技金融服务体系建设布局等方面给予积极支持。对运行高效、发展良好的省级孵化器，优先推荐申报国家级孵化器。

第二十一条 鼓励和支持有条件的市、县（市、区）政府、省级以上高新区等建立社会公益性孵化器，引导和推动地方创新体系建设。鼓励各类非政府组织、企业和个人创办企业科技园、国际创业园等多种形式的孵化器，并按市场化方向积极探索孵化器管理体制创新。

第二十二条 省科技厅推动全省科技创业孵化体系建设，规划建设全省科技创业公共服务平台，加强孵化器能力建设。省科技厅依法组建“江苏省科技企业孵化器协会”，指导并支持协会开展工作，组织孵化器之间的交流与合作，实现资源共享，提升全省孵化器的整体发展水平。

第二十三条 省科技厅对全省孵化器实行动态管理，不定期对孵化器的工作进行考评，并对在孵化器工作中做出突出贡献的单位和个人给予表彰。对连续两次达不到考核条件者，取消其省级孵化器资格。

第五章 附 则

第二十四条 本办法由省科技厅负责解释。

第二十五条 本办法自发布之日起施行。原《江苏省高新技术创业服务中心管理办法》（苏科高〔2006〕362号）同时废止。

江苏省科学技术厅

二〇一三年九月二日

江苏省科技小巨人企业培育计划实施方案（2013—2015年）

（苏中小科技〔2013〕817号）

为大力实施创新驱动战略，加快培育创新型企业，增强中小企业核心竞争力，提升中小企业质量和效益，促进全省中小企业切实走上内生增长、创新驱动的发展轨道。根据《江苏省人民政府创新型省份建设推进计划（2013—2015年）》（苏政发〔2013〕110号），省经信委（中小企业局）决定在全省组织实施科技小巨人企业培育计划。特制定如下实施方案（2013—2015年）。

一、总体目标

到2015年，全省力争培育科技小巨人企业达2000家，其中省级科技小巨人企业150家。通过培育和扶持，力争形成万家创新型中小企业集群，引领全省中小企业加快转型升级，为建设工业强省、实现创新型省份做出贡献。

二、培育条件

科技小巨人企业是指科技创新能力强、市场占有率高，质量效益优的“小而强”“小而优”和“隐形冠军”企业。省级科技小巨人企业应具备以下条件：

（一）企业年主营业务收入8亿元以上（含8亿元），利税总额8000万元以上（含8000万元）；或在细分行业中，企业年主营业务收入国内排名第一。

（二）企业应为高新技术企业或具备高新技术企业条件。拥有省级以上研发机构，主导产品具有自主知识产权、自主品牌，产品技术水平国内领先或填补国内空白。

（三）建立现代企业制度，法人治理结构完善。企业文化、激励机制等软实力建设成效明显。制定并实施了知识产权、技术标准和质量保证等管理体系。

（四）企业在研发设计、生产制造、经营管理和市场开拓等全业务流程应用信息技术，在数字企业创建中具有示范性。

市、县（市）级科技小巨人企业应具备的条件由各地结合实际自行制定。

三、培育措施

（一）加大培训力度。省级科技小巨人企业负责人纳入省科技企业家培育工程。组织省级科技小巨人企业负责人到国内外重点高校进行高端培训，帮助他们开阔思路、拓展视野、更新理念，培养战略思维和持续创新能力。

（二）加大服务力度。支持科技小巨人企业实施知识产权战略。建立服务“直通车”制度，帮助协调解决科技小巨人企业发展中的突出问题。组织高校院所专家教授深入科技小巨人企业开展产学研合作，支持科技小巨人企业组建协同创新组织。

（三）加大项目扶持。对科技小巨人企业在技术改造、研发能力提升、信息化建设、人才引进等方面的投入，国家和省中小企业发展专项资金优先予以支持。

（四）加大宣传推介。在相关媒体上公布省级科技小巨人企业名单，组织推介宣传活动，提高企业知名度，为科技小巨人企业成长和培育工作营造良好氛围。

四、培育保障

（一）加强上下联动。实施科技小巨人企业培育计划是《省政府创新型省份建设推进计划（2013—2015年）》确定的重点工作任务，是今后一个时期全省经信（中小企业）部门推进中小企业科技创新工作的重要抓手。各市和有条件的县（市）经信（中小企业）部门要结合本地实际，积极培育市、县（市）级科技小巨人企业，为省级科技小巨人企业的成长奠定基础。

（二）加强跟进服务。建立省级科技小巨人企业培育库，入库企业应是各地确定培育的科技小巨人企业，并在“江苏中小企业网”的江苏省科技小巨人企业申报系统中，网上填报《省级科技小巨人企业入库申请表》（见附件）。省级科技小巨人企业从入库企业中选定。入库企业的创新能力建设、技术改造项目纳入下年度省中小企业发展专项资金支持重点。

（三）加强监测指导。各地要把科技小巨人企业培育工作列入中小企业重要工作内容，做好日常监测和指导。要建立科技小巨人企业培育工作专项报告制度，加强调查研究和运行监测，不断总结和交流工作经验，努力开创中小企业科技创新工作新局面。

附件：省级科技小巨人企业入库申请表（略）

江苏省经济和信息化委员会

二○一三年十月二十二日

南京市政府关于进一步推动科技成果向企业转化的实施意见

（宁政发〔2013〕255号）

推动科技成果向企业转化，是科技创新链条中的重要一环。为进一步破除影响科技成果转移转化的体制机制障碍，加速科技成果在本市企业实施转移转化，增强企业自主创新能力，促进我市产业结构调整和经济转型升级，努力实现经济发展从要素驱动向创新驱动转变，现提出如下实施意见：

一、强化科技成果转化政策导向，着力提高科技成果转化率

（一）坚持以企业为主体。遵循科技成果转化规律，进一步加大政府扶持力度，充分发挥本市企业在技术创新决策、投入、研发与产业化的主体作用，引导企业加大投入，牵头组织应用技术成果研发与产业化，推动科技成果向应用转化、向企业转化。

（二）分阶段制定扶持政策。针对科技成果转化的应用转化研究和技术转让两个重要阶段，分别制定具体扶持政策，加快形成完整的政策链，有效提高科技成果转化率。应用转化研究阶段，围绕南京产业需求，通过机构和平台建设、共性技术研发等，扶持应用型科研机构把基础研究向应用研发转化。技术转让阶段，以企业为主体，扶持将商业化潜力大的技术在企业进行产业化应用，将创新成果推向市场。

二、围绕南京产业发展需求，加强产业应用技术研究

（一）制定产业技术需求目录。积极梳理我市传统支柱产业、战略性新兴产业发展需求，研究编制我市产业技术发展的需求目录。尽快突破一批软件、通讯网络、新型显示、生物、高端装备制造等战略性新兴产业关键技术，大力推进高技术与钢铁、汽车、化工等传统产业融合。

（二）扶持应用技术产业化研究。市科委、经信委和园区载体要从南京新兴产业发展、人才结构调整实际出发，联合企业共同排定一批成果转化课题、目录，并用多种方式向社会公布。鼓励高校、科研院所根据目录所列技术需求，加强产业应用技术研究；鼓励企业组建产业技术创新联盟，扶持产业共性技术研发机构建设，努力突破一批制约产业发展的共性技术和具有社会公益性的关键技术。

（三）搭建产业技术创新载体。一是推进区校共建战略性新兴产业创新中心。以产业技术需求为导向，以应用技术转化研究为重点，积极向科技型中小企业、初创企业转化创新成果。到2015年，建成战略性新兴产业创新中心60家。二是推动高校建设大学科技园。引导大学科技园完善运行服务机制，强化创业辅导功能，促进科技成果转化和孵化。到2015年，建成大学科技园20家。三是引进高端研发机构。重点在麒麟科技创新园、江宁、浦口、溧水、高淳等地区国际企业研发园内和高新技术产业开发区、经济技术开发区等开发园区内，加速集聚一批国内外著名企业研发中心，增强消化吸收国际先进技术成果的能力。四是推动高等院校、科研院所与企业合作。共建研发中心、检测中心、设计中心、中试基地等各类研发机构，促进人才、成果等创新要素向企业集聚，加速应用成果的研发与产业化，提升企业持续创新能力。

（四）推动科技资源开放共享。鼓励高校、科研院所、企业开放实验设备、设施，为技术转移提供服务。加大对科技创新平台的扶持力度，完善科技资源共享服务平台，创新运行服务管理模式，提高科技资源的公共技术服务能力。本市利用财政资金建设的各类大型基础实验设备、设施，应当向社会开放、共享。到2015年，全市建设服务地方经济发展的开放实验室超过30家。

三、以实施知识产权战略为核心，完善技术转移和成果产业化机制

（一）建立以知识产权战略为核心的技术服务体系。各级政府包括各园区、平台要根据产业发展需求，建立政府购买科技成果机制。鼓励高校院所在我市各科技园区、战略性新兴产业创新中心、特别社区等设立技术转移机构，对我市应用技术研究成果的专利等知识产权开展检索、分析、交易和市场推广。

（二）引导企业引进科技成果。针对我市产业技术发展路径，通过政府补贴、科技计划资助、招标等形式，引导企业引进以自主知识产权为核心的关键技术和应用技术，推动应用技术成果优先在初创科技型企业和中小型科技企业实施运用和产业化。

（三）探索政府扶持共性技术转移推广机制。进一步整合科技成果交易中心网络，完善南京联合产权（科技）交易所功能，建立市、区两级知识产权运营中心（公司），为科技型中小企业提供股权流转交易、定向私募（股权融资）交易和专利托管、评估、许可、转让、交易等服务。扶持符合我市产业需求目录的专利技术在全市范围内实施应用及产业化。允许多家企业利用同一专利技术实施并形成产品，通过竞争促进创新成果社会效益最大化。

（四）完善技术转让商业化机制。建立健全专利技术价值评估、许可、交易的商业化机制，支持科技成果作为生产要素参与收益分配，推动科技创新资源向企业转移集聚。探索建立科技成果转让竞争和后续监督机制，力争实现商业效益和社会效益最大化。

（五）推进企业专利产品的“首购首用”。允许和鼓励以定制的方式，首购首用在南京紫金科技创业特别社区或校地共建大学科技园内设立的科技创业型企业所创制的专利高新技术新产品。建立“首购首用”风险补偿机制，对首购首用单位给予适当的风险资助。

四、加大组织保障力度，合力推动科技成果转化

（一）市区协同推进。加大对产业化研发、技术转移、平台建设的投入和扶持力度，重点推动开发区园中园、麒麟科创园、紫金科技创业特别社区等科技创新载体的研发成果的转让，建立年度科技成果转移转化考核机制。市、区和开发园区共同扶持专利技术应用和产业化，结合实施“千企升级”工程，组织不同层面的企业与科研院所见面交流会，积极搭建科技创新研究部门与企业之间的桥梁，协同推动科技成果加速向我市企业转移转化。

（二）构建多元化投入机制。充分发挥政府各类计划引导作用，围绕我市战略性新兴产业发展需求，重点组织实施一批市级产学研联合攻关项目和重大科技成果转化项目，推动科技成果向我市企业转化。市级科技与产业化专项资金优先扶持我市企业实施的科技成果应用转化项目。

（三）加强科技金融服务体系建设。实施科技金融“111”工程，完善科技金融担保体系，加强科技创业金融服务中心建设，拓展综合性产权交易市场服务，大力推动科技银行、科技保险、知识产权质押融资等科技与金融结合工作，提升科技金融服务水平，引导各类金融机构支持技术转移转化活动。

（四）积极培育发展科技中介服务机构。充分发挥科技中介在企业科技需求与科技成果转化之间纽带作用，建立健全科技中介服务组织体系。重点发展提供科技成果转化和产业化的科技中介服务机构。鼓励个人、企业及其他社会组织开办专业性、行业性的技术转让服务机构。

南京市人民政府

二〇一三年八月二十一日

南京市高端人才团队引进计划实施细则（试行）

（宁人社〔2013〕119号）

第一章 总 则

第一条 为贯彻落实《市政府关于实施高端人才团队引进计划的意见》（宁政发〔2012〕305号）精神和要求，做好高端人才团队引进计划（下称“团队计划”）组织实施工作，结合我市实际，制定本细则。

第二条 我市高端人才团队引进工作适用本细则。

第三条 高端人才团队是指由我市企业自主引进，以承担企业设定的新产品、新技术或新工艺研发项目为主要任务的海内外高层次人才团队。

第四条 在市人才队伍建设和科技创新工作领导小组的领导下，市人才队伍建设办公室负责团队计划的总体协调工作。市高端人才团队引进计划专项办公室（下称“市专项办”）具体负责团队计划的组织实施工作。

市委组织部（市人才办）、发改、经信、住建、科委、教育、公安、财政、人社、工商、卫生、国税、地税等部门应根据职责分工，做好相关工作。

各区（园区）应明确职能部门，承担本区（园区）团队计划申报和后续服务工作。

第二章 申 报

第五条 人才团队应同时符合以下条件：

（一）人才团队由团队带头人和核心成员组成，人数为3—5人，具有硕士及以上学位；

（二）团队带头人的年龄原则上不超过65周岁，核心成员不超过55周岁。年龄以申报截止期为计算依据。

（三）团队成员所从事的研究领域具有明显的关联性或互补性，且团队带头人与部分核心成员之间应有过科研或学术合作经历。

（四）团队成员应具备以下条件之一：

1. 在国内外著名高校、科研院所担任相当于副教授及以上职务的专家学者。

2. 在国内外知名企业担任中级及以上职务的专业技术人才和经营管理人才。

3. 拥有国际先进或国内领先的自主知识产权成果，且精通相关产业领域和国际规则的高层次人才。

第六条 项目应符合我市战略性新兴产业发展方向，具有明显的市场竞争优势或能够填补市场空白，且能产生显著的经济和社会效益。人才团队在研发项目所属专业领域，应已有技术积累或产业化经验的基础。

第七条 人才团队应为我市企业新近引进，团队成员与企业签订了正式或意向聘用合同，且合同期限不短于项目实施周期。项目实施周期原则上不超过5年。企业从国内引进的人才团队，人事关系应调入企业全职工作。企业从海外引进的人才团队，团队带头人每年在企业工作时间应累计不少于9个月，核心成员应不少于6个月，工作时间以出入境证明为计算依据。

“南京紫金人才计划”“南京321计划”入选者及其创业团队成员，不再作为团队计划的引进对象。

第八条 企业是人才团队引进、使用、服务和管理的主体。团队计划由引进人才团队的企业进行申报。申报团队计划的企业应同时符合以下条件：

（一）在我市行政区划范围内注册并纳税。

（二）具有独立法人资格。

（三）企业由中方绝对控股。

中央“千人计划”、江苏省“双创计划”“南京321计划”南京“紫金人才计划”入选者创办的企业，如属非中方绝对控股，但入选者为企业第一大股东，且企业符合其他申报条件的，也可申报团队计划。

第九条 申报团队计划的企业所属产业领域应符合市委市政府《关于加快培育和发展战略性新兴产业打造中国软件与新兴产业名城的意见》（宁委发〔2012〕61号）明确的6大类11个方向的战略性新兴产业，并应具备下列资质之一：

（一）高新技术企业。

（二）经相关部门批复建设或认定的省级以上创新型企业、工程技术研究中心、企业技术中心、工程研究中心（工程实验室）。

（三）我市行业骨干企业。

第十条 申报团队计划的企业在申报截止期上一年度的销售收入应达到4千万元以上（含）。同时，研究开发费用总额占销售收入总额的比例应符合：

（一）销售收入小于5千万元的企业，比例不低于6%。

（二）销售收入在5千万元至2亿元的企业，比例不低于4%。

（三）销售收入在2亿元以上的企业，比例不低于3%。

第十一条 企业每个申报期只能申报一个团队。已入选团队计划的团队成员，不再重复申报。未入选团队计划的申报人员，最多申报两次，且不得连续申报。已入选团队计划的企业，在项目未结题验收前，暂停申报团队计划。

第十二条 企业在申报团队计划前，应已启动研发项目，并取得初步进展。项目实施周期结束时，项目研发的产品应实现规模生产，且年销售收入应达到1亿元以上（含）。

第十三条 企业应为人才团队在本市工作和生活提供良好的服务和条件，其中，企业为人才团队配套的项目经费应不低于市、区（园区）财政资助总额。

第十四条 团队计划实行常年网上申报，集中评审。企业可登陆“团队计划申报系统”（www.njteamplan.org）进行申报，按要求填写和提交申报材料。

未确定接收企业的人才团队也可登录该系统提出工作意向，市专项办定期会同区（园区）职能部门组织相关企业进行对接。

第三章 评 审

第十五条 市专项办会同市相关部门共同组织实施申报和评审工作，按以下程序进行：

（一）发布公告。市专项办负责制定团队计划年度申报公告，明确申报具体要求，向社会公布。

（二）资格认定。市发改委负责核实申报企业的省级以上工程研究中心（工程实验室）资质等。市经信委负责核实申报企业的产业发展领域、行业地位、省级以上企业技术中心资质等。市科委负责核实申报企业的高新技术企业资质，省级以上创新型企业、工程技术研究中心资质，团队成员的知识产权情况等。市工商局负责核实申报企业的注册信息、法人资格、股权结构等。市国税局、市地税局负责核实各自管辖范围内申报企业的纳税情况、销售收入、研发费用占销售收入比等。市人社局负责核实团队成员的个人资质及背景信息等。市专项办综合上述资格认定结果，确定进入专家评审的企业名单。

（三）专家评审。市专项办组织专家对申报的人才团队及项目开展技术和综合评审，根据评审结果，提出进入实地考察的企业名单。

（四）实地考察。市专项办会同市相关部门和专家进行实地考察。

（五）审定公示。市专项办根据专家评审和实地考察结果，拟定推荐入选团队计划的企业名单，报市人才队伍建设和科技创新领导小组审定。入选名单向社会公示，公示期为7天。公示期结束后，由市专项办正式发布入选通知。

第四章 优惠政策

第十六条 入选团队的人才经费和项目经费，由市、区（园区）财政各承担50%。其中，人才经费一次性划拨，项目经费根据项目进度按3:3:4的比例分三期划拨。

（一）入选通知发布后，由区（园区）职能部门与企业和人才团队签订资助协议。人才团队应在入选通知发布后90天（含）内正式到岗开展工作。人才团队到岗工作后，市、区（园区）两级财政兑现300万元人才经费和30%项目经费。

（二）人才团队入选后，企业应在三年内（含）向市专项办提请项目中期评估，五年内（含）提请项目结题验收，以入选通知发布之日为时间计算依据。市专项办根据企业申请，组织专家进行中期评估和结题验收，评估验收结果报市人才队伍建设和科技创新领导小组。对通过中期评估的企业，市、区（园区）两级财政兑现30%项目经费。对通过结题验收的企业，市、区（园区）两级财政兑现40%项目经费。

第十七条 引进人才团队的企业所在区（园区）职能部门负责受理人才团队住房需求。为每位团队成员落实不少于100平方米的人才公寓，免收三年租金。团队成员住房待遇也可通过发放租金补贴等其他方式解决。

第十八条 市委组织部（市人才办）负责优先推荐团队成员申报中央“千人计划”“国家特支计划”、江苏省“双创”计划、江苏省创新团队计划等。市人社局负责优先推荐申报国务院特殊津贴专家、国家及省市“友谊奖”等。

第十九条 市科委负责受理团队成员在企业工作期间所产生的职务发明专利奖励事项。每件国际授权发明专利奖励标准为5万元。

第二十条 市委组织部（市人才办）负责受理团队成员在宁高校院所教授、研究员岗位需求。按照江苏省产业教授的有关规定，每年度集中发布选聘产业教授的通知，组织申报。通过评审，择优聘任至在宁高校、科研院所教授或研究员岗位。

第二十一条 市人社局负责受理企业引进人才团队所支付的中介费用补贴需求。按照企业实际支付中介费用的50%给予资助，每个团队中介费用补贴上限为30万元。

第二十二条 市、区（园区）人社部门负责受理团队成员及其配偶子女“南京蓝卡”申领和发放，以及相关政策咨询。

第二十三条 市公安局负责受理团队成员居留签注或者居留许可需求。开通绿色服务通道窗口，优先审核。对需在本市永久居留的团队成员，由市公安局逐级报请公安部审批，办理《外国人永久居留证》。

第二十四条 市公安局负责受理团队成员境外驾照换领需求。开通绿色服务通道窗口，手续齐全者经考试合格，给予办理驾照换领。

第二十五条 市住建委负责受理团队成员购买首套自住普通住房的需求。审核通过后，享受现行契税优惠税率。

第二十六条 区（园区）职能部门负责受理团队成员特约门诊需求。统一至市卫生局办理《优诊证》，凭《优诊证》享受特约门诊服务。

第二十七条 区（园区）职能部门负责受理团队成员子女入学需求。属学前教育或义务教育的，由团队成员居住地所在的区教育局按学区就近安排公办学校（幼儿园）入学（入托）。市教育局负责团队成员子女入学工作的整体协调和监督推进工作。

第二十八条 企业引进人才团队后，团队成员、企业状况等发生重大变动的，企业及区（园区）职能部门应及时以书面形式将变动情况报市专项办。

企业引进人才团队后，出现以下情况之一的，市、区（园区）财政资助及相关政策兑现服务自动终止：

（一）团队带头人发生变更。

（二）团队成员人数少于3人。

（三）企业终止或取消研发项目或未按期提请中期评估和结题验收。

（四）企业不在我市行政区划内继续经营。

（五）企业性质变为非中方绝对控股。

发生其他变动情况的，由市专项办会同市相关部门视情做相应处理。

第五章 管 理

第二十九条 市人才队伍建设办公室负责团队计划督查考核工作。将其纳入人才工作考核体系，制定目标，分解任务，组织对各区（园区）、各部门团队计划的实施情况进行考核。

第三十条 市专项办负责建立团队计划工作诚信档案制度。在实施团队计划过程中，对有违背诚信原则的企业或团队成员，做以下处理：

（一）终止资助资格和相关政策兑现服务。

（二）追回部分或全部市、区（园区）财政已拨款项。

（三）通报省市相关部门，5年内不再接受其申报我市人才、科技、产业等相关项目。

（四）其诚信情况记录在案，并以适当方式向海内外公告。

第三十一条 市、区（园区）财政拨款通过特设账户进行监督管理。资助经费的具体管理和使用办法，由市财政局和市专项办另行制定。

第六章 附 则

第三十二条 本细则由市专项办会同相关部门共同解释。

第三十三条 各区（园区）、市相关部门应根据本细则，制定相关工作制度和工作流程，共同做好团队计划的组织实施工作。

第三十四条 本细则自下发之日起施行。

南京市人力资源和社会保障局

二〇一三年四月二十二日

南京市实施《江苏省海外高层次人才居住证》制度操作细则

（宁人社〔2013〕108号）

为贯彻落实省政府《江苏省海外高层次人才居住证制度暂行办法》（苏政发〔2011〕87号）、省人社厅《江苏省海外高层次人才居住证制度暂行办法实施细则》（苏人社发〔2011〕418号）和《关于深入实施海外高层次人才居住证制度的通知》（苏人社发〔2012〕87号）等文件要求，进一步做好海外人才服务工作，结合本市实际，制定本细则。

一、适用对象和范围

在我市行政区域内创业或工作，且持有《江苏省海外高层次人才居住证》（以下简称“省居住证”）的海外高层次人才，可按本细则规定，办理政策兑现手续，享受有关权益。持有省居住证的海外高层次人才的配偶和子女，在本市实际工作和居住的，可在领取省居住证副证后，享受本细则规定的有关权益。

二、证件申领说明

1．符合申领省居住证条件的海外高层次人才（简称“申请人”），可登录“南京国际人才智力网（www.naiep.org）”，在“在线业务受理”栏目点击“江苏省海外高层次人才居住证申办及服务”提出办证申请。在线填写信息，同时准备有关文本材料。

2．省人社厅在线对申请人信息审核通过后，申请人依据系统提示，至市人社局提交文本材料和彩色电子扫描件，报省人社厅在线审核材料。

3．材料通过审核的申请人，依据系统提示，至市人社局领取省居住证。

三、服务窗口设立和要求

按照统一受理、分项办理的要求，市人社局会同市相关部门、各区（园区）分别设立省居住证服务窗口，建立首问负责制、一站式服务制和限期办结制等工作制度。共同做好服务工作。其中：

1．市人社局负责建立我市省居住证在线服务系统。在南京人才大厦一楼服务大厅设立市级省居住证服务窗口。受理省居住证申请、发证和政策兑现工单的派发等工作。

2．市相关部门处室或服务窗口承担涉及本系统、本单位业务的政策兑现工作。

3．各区人社局和各园区负责海外人才引进工作的部门，负责设立服务窗口。承担本地区、本单位有关省居住证的宣传、咨询和信息管理工作。服务窗口可单独设立，也可与“321引进计划”“千人计划”特聘专家服务窗口合署办公。

四、政策兑现范围和说明

省居住证持有人（以下简称“持证人”）可享有十九项政策优惠待遇。根据省市行政权限的规定，其中：

1．省属以及省代管的事业单位编制和岗位、购付外汇、优先支持项目申报、物品进境、补充医疗保险、高考“优录”、登记住宿等政策兑现由省相关部门按规定执行。

2．南京市事业单位聘用、所创企业研发费用税前加计扣除、个人所得税奖励、特约门诊服务等政策，由我市相关部门负责做好政策兑现工作。

3．就业许可、创办企业、免试外语、计算机、居留服务、购房、社会保险、住房公积金、子女就读、境外驾照换领等九个方面，在我市的省居住证持有人享有 “南京蓝卡”同等待遇。

五、政策兑现需求提交流程及说明

1．持证人需办理兑现有关政策时，应登录“南京国际人才智力网（www.naiep.org）”，在“在线业务受理”栏目点击“江苏省海外高层次人才居住证申办及服务”提出兑现申请，依据系统提示，在线填写有关信息。

2．通过审核的持证人，可依据需要，选择政策兑现相关服务项目。经市人社局复核通过后，生成“《江苏省海外高层次人才居住证》政策兑现服务需求工单”（以下简称“需求工单”）。市相关职能部门依据省居住证和“需求工单”，受理持证人的相关政策兑现申请。市各相关职能部门的办理情况应通过《江苏省海外高层次人才居住证》服务在线系统及时反馈。

市各相关职能部门自受理持证人服务需求之日起，应在相关业务规定时间内办结。确因故不能正常办理的，应及时告知原因。属定期受理或确有其它前置审核条件限制的，按照有关受理规定，给予优先办理。

六、政策兑现工作流程及说明

1．就业许可。市人社局受理。具有外国国籍或取得国外永久（长期）居留权的持证人，在我市不再重复办理其他就业许可。

2．南京市事业单位聘用。市人社局受理。具有中国国籍的持证人受聘到事业单位工作，人社部门可按有关规定办理调配和进人计划手续；机构编制部门可采取“控制总量、盘活存量、优化结构”等多种办法，为事业单位聘用海外高层次人才提供编制保障；符合条件的受聘人，可在岗位职数内直接聘任相应专业技术职务，单位如无空缺岗位，人社部门可增加岗位或设置特设岗位。受聘者可按规定享受相应的工资待遇。

3．创办企业。市工商局受理。持证人依法办理工商营业执照。其中，外国国籍、永久（长期）在国外定居或港澳台地区的持证人申办外资企业的，可不再需要提供其身份证明并免于公证或认证。永久（长期）在国外定居的持证人，也可选择申办内资企业的工商登记。

4．所创企业研发费用税前加计扣除。市科委受理。市科委审核企业所提交项目的研究开发费用情况，出具确认意见。企业将确认意见送交主管税务局办理项目登记和备案手续。

5．免试外语、计算机。市人社局受理。持证人在报名参加本市市级专业技术职务的任职资格评定考试、执业（职业）资格考试和执业登记的，免试外语和计算机。

6．个人所得税奖励。市人社局会同市财政局、市工商局、市地税局共同受理。按照《南京市关于落实〈江苏省海外高层次人才居住证〉个人所得税奖励政策实施细则》（宁人社〔2012〕280号）所规定的流程办理。

7．居留服务。市公安局受理。持证人需办理居留签注或者居留许可的，可享受绿色服务通道窗口，优先审核。在本市永久居留的，可由市公安局报请国家公安部审批，办理《外国人永久居留证》。

8．购买首套自住普通住房享受契税优惠税率。市住建委受理。经市住建委审核，持证人所购房为本人首套自住普通住房的，为其出具《新购住房证明》和《唯一住房证明》，持证人可享受现行契税优惠税率。

9．社会保险。持证人由其所在单位办理社会保险参保缴费相关手续。在缴费标准、转移办法和享受待遇等方面，享有与本市市民相同的权益。可享受生育保险报销和城镇居民医保缴纳的绿色通道服务。市人社局负责持证人办理社会保险工作的整体协调和监督推进。

10．住房公积金。符合住房公积金管理规定的持证人可以在本市缴存和使用住房公积金。持证人所在单位到相应住房公积金业务承办银行网点，凭南京市城镇社会保险参保人员花名册、省居住证、身份证（护照），为持证人办理住房公积金帐户设立手续。持证人终止劳动关系离开本市时，可以按规定办理住房公积金的提取或转移手续。

11．特约门诊服务。市卫生局受理。持证人所在单位在市卫生局网站（www.njh.gov.cn）“机构职能——保健处”栏目中的表格下载区，下载并填写《特约优诊证申请登记表》，加盖公章后统一交至市卫生局干部保健处办理《优诊证》。持证人凭《优诊证》享受特约门诊服务，医疗费用由持证人自行负担。

12．子女就读。市、区教育局受理。属学前教育或义务教育的，由持证人居住地所在的区教育局按学区就近安排公办学校（幼儿园）入学（入托）。接受高中教育的，按本人意愿经由学校测试后，在同等条件下优先入学，由学校向市教育局申请注册学籍。市教育局负责持证人子女就读工作的整体协调和监督推进。

13．境外驾照换领。市公安局车管所受理。车管所开通绿色服务通道窗口，手续齐全者经考试合格，办理驾照换领手续。

七、组织实施

在省人社厅的领导和具体指导下，市人社局负责省居住证制度在我市的组织实施工作。会同市编办、市住建委、市科委、市教育局、市公安局、市财政局、市工商局、市卫生局、南京地税局、南京国税局、市住房公积金管理中心等部门，以及区人社局、园区负责海外人才引进工作的部门，建立联席工作制度，定期就实施情况进行汇总和协调，解决实施过程中的问题。

八、附则

（一）本细则由市人社局会同相关部门负责解释。

（二）本细则自发布之日起施行。

中共南京市委组织部 南京市人力资源和社会保障局
南京市机构编制委员会办公室 南京市住房和城乡建设委员会
南京市科学技术委员会 南京市教育局
南京市公安局 南京市财政局
南京市工商行政管理局 南京市卫生局
江苏省南京地方税务局 江苏省南京市国家税务局
南京住房公积金管理中心
二〇一三年四月十一日

高邮市“秦邮人才集聚计划”实施意见

（邮办发〔2013〕9号）

第一条 为深入实施创新驱动战略、科教与人才强市战略，大力引进国内外高层次创业创新人才，服务我市发展创新型经济、建设创新型城市，根据市委十届五次全会精神和市政府《关于加强企业人才引进和培养工作的意见》（邮政发〔2012〕

183号）文件精神，制定本实施意见。

第二条 本办法适用于来我市自主创业和企业引进的创新类高层次人才的资助。

第三条 加大人才开发投入力度，市财政设立人才引进专项资金，用于对引进的各类高层次人才的资助。

第四条 本办法所指的高层次人才包括：

1．中国科学院院士、中国工程院院士；

2．外籍专家、国家“千人计划”、“长江计划”学者；

3．博士，创业人才可放宽到硕士。

第五条 创业人才是指：来我市自主创业，带技术、带项目、带资金创办（领办）科技型生产企业和现代服务企业，并拥有高新技术科研成果、产品核心技术的专利、著作权等自主知识产权，所创办（领办）企业符合我市产业发展方向，且具备形成新的良好发展前景的高层次人才。

创新人才是指：我市企业引进的，带成果、带技术、带项目参与企业科技创新的高层次人才。

创新团队是指：重点面向具有重要战略意义的新兴产业发展需求，在高端发展领域已取得杰出成绩或具有显著创新潜力，主要从事产业技术研发，有望突破核心技术和产业技术跨越的优秀创新团队。重大科技创新团队须与所在单位签订正式工作合同；属于自主创业的团队，企业或机构单位须已正式设立。具体条件如下：

1．团队成员由科技领军人物和相关核心人员组成，成员间的专业结构和职责分工合理，可稳定合作3年以上，具有明确的主攻方向和研究开发目标。

2．团队研发方向符合我市未来高科技产业发展的重大需求，在相关研究领域达到国内或国际先进水平，在同行中具有重要的创新地位和学术影响，拥有国内或国际先进水平的发明专利或自主知识产权的创新成果，具备突破重大技术问题的持续创新能力或成果转化能力。

第六条 所申报的项目必须具备以下条件：

1．符合我市基本产业的转型升级和新兴产业集聚壮大，重点引进机械装备、电线电缆、照明灯具、建筑业、现代服务业、新光源、新能源、生物健康、智能电网、现代农业等产业发展急需的高层次创业创新人才。

2．落户在高邮市域范围内，创业项目申报人原则上应与注册企业的法人代表一致，企业须在我市独立经营及核算，开票纳税，产业化生产须在我市范围内进行，不可在异地创办企业生产同类产品。企业应有与研究开发、生产经营相适应的资金投入，企业注册实收资本一般不少于申报扶持资金（不含技术入股）。

第七条 扶持政策

（一）资金扶持。

1．高层次创业人才：根据综合评审和实地考察结果，按重点推荐项目、优先推荐项目、一般推荐项目三个等级，分别给予200万元、100万元、50万元的资金资助。

2．高层次创新人才：根据综合评审和实地考察结果，按重点推荐项目、优先推荐项目、一般推荐项目三个等级，分别给予100万元、60万元、30万元的资金资助。

3．创新团队项目：采取一次审定方式，连续三年给予每年200万元的科技项目经费资助。

院士、外籍专家、“千人计划”专家、长江学者特聘教授等特别杰出人才，实行一事一议，经市委、市政府或市人才工作领导小组研究，确定资助金额。

（二）其他政策。

1．优先推荐申报国家“千人计划”、省“双创计划”、扬州市“绿扬金凤计划”等各类人才科技计划项目；

2．政府主导的创业风险投资基金优先投资创业领军人才创办的企业；

3．帮助引进的高层次人才改善住房条件。对引进后能为用人单位服务一定年限的高层次人才，由政府投资建设人才公寓供其居住，或给予租房补贴。

4．切实解决引进高层次人才的子女入学、配偶工作等实际困难。其子女入学就读，可由用人单位报市委人才办、市教育局协调安排到城区公办学校就读，不得收取国家规定收费以外的费用。其配偶原有工作的，可由市人力资源和社会保障局帮助协调推荐进性质相同的本地单位工作；没有工作的，原则上由用人单位自行消化落实。

5．按照有关政策规定，妥善解决引进高层次人才工作条件、签证、落户、执业资格、医疗、保险、驾照转换等方面的问题。

第八条 高层次人才创新创业项目申报工作原则上每年进行一次，对申报受理的项目按照一定的程序进行评审，评审结果报市委、市政府研究决定，经公示无异议后，给予资助。

第九条 同时入选“秦邮人才集聚计划”（评审细则附后）和扬州市级以上人才计划的，不同时享受我市的资助与上级项目要求的配套资助，实行就高不就低的原则。

第十条 各乡镇、园区要高度重视高层次人才引进和创业创新项目工作。根据产业发展、企业发展的需要，制订引进高层次人才和创业创新项目的相应配套政策。

本办法及未尽事宜由市委人才办负责解释。

中共高邮市委办公室

高邮市人民政府办公室

二〇一三年一月三十一日

中共镇江市委 镇江市人民政府
关于建设镇江市“人才特区”的实施意见

（镇发〔2013〕17号）

人才是坚持科学发展的第一要素，是加快现代化建设的第一资源，是促进转型升级的第一引擎，是创新争先进位的第一推动力。为贯彻落实十八大精神，增强人才集聚效应，促进产业裂变升级，现就建设镇江市“人才特区”提出以下实施意见。

一、总体思路

（一）指导思想。以科学发展观为指导，坚持党管人才原则，实施人才国际化战略，紧紧围绕现代化建设发展目标，抢抓苏南现代化示范区建设和宁镇扬同城化发展两大机遇，充分发挥政府引导和企业主体作用，制订1+14“人才特区”政策体系，加快吸引和集聚海内外高层次人才来我市创新创业，努力打造苏南人才智力最密集、创新创业最活跃、公共服务最便利、人才效益最大化的国际化人才特区，以人才优先发展引领产业转型升级，以人才工作创新推动现代化新镇江奋斗目标顺利实现。

（二）规划布局。将“人才特区”建设纳入全市经济和社会发展规划，结合区域资源优势、功能定位和产业特色，重点以镇江高新技术产业开发区为核心，以科技新城、生态科技城及辖市区有一定规模的各类产业园区和创新创业载体为基础，吸引人才向园区集聚。

（三）目标任务。到2015年，镇江市“人才特区”3年内引进外国专家200名、创新创业领军人才700人，其中新增国家“千人计划”40名、省“双创计划”100名；引进各类产业人才20000人以上，其中引进硕士以上人才不少于2000人，引进企业经营管理人才不少于1000人；高层次人才占人才资源总量比例达6.5%，每万劳动力中高技能人员数650人；重点培养200名以上科技型企业家；培育扶持5家上市公司；新增高新技术企业200家，省级以上企业研发机构达到150家，万人发明专利拥有量达12件；拥有数量相当的创业企业和数额相当的风险资本投资，人力资本投资占GDP比例达18%，人才贡献率达45%。

二、主要措施

（一）实施领军人才引进倍增工程。深入推进“331计划（金山计划）”，大力引进海内外创新创业领军人才。继续办好现有招才引智品牌活动，开拓新渠道，培育新品牌，努力打造在全国有影响、在全省有地位的招才引智平台，提升领军人才引进实效。通过加快海外引才联络点建设、加强与海外人才猎头机构合作、拓展海外推介活动等措施，持续引进创新创业领军人才，实现国家“千人计划”和省“双创计划”等领军人才数量倍增。（市人才办、市人社局、市科技局、市国资委、市外办、市侨办、市台办、市财政局，各辖市区、镇江新区负责实施）

（二）实施产业紧缺人才集聚工程。围绕转变经济发展方式、推动产业转型升级，重点引进高端装备制造、新材料、新能源、新一代信息技术、航空航天、生物技术与新医药等战略性新兴产业，现代旅游、现代物流、文化产业、现代商贸、商务金融、软件信息和科技服务等现代服务业发展迫切需要的实用人才，引导人才向先进制造业特色园区、现代服务业集聚区、现代农业产业园区集聚。围绕重点领域发展，开展人才需求调查，建立和完善紧缺人才需求目录发布制度，开辟引才绿色通道，体现务实性，注重匹配性，加大针对性，形成塔身强壮、塔基牢固的“金字塔”型产业发展人才支撑格局，提升人才整体素质。（市人才办、市人社局、市科技局、市发改委、市经信委、市国资委、市财政局，各辖市区、镇江新区负责实施）

（三）实施创新创业人才培育工程。围绕产业发展需要，加强与著名高校、科研院所、大型企业的合作，采取专题培训、进修深造、挂职锻炼等措施，对引进人才开展创新创业能力培训。优化驻镇高校、专科院校、市属职业技工学校专业设置，创建“企业+院校+人才”订单式办学模式，聘请引进人才担任兼职教授，邀请外地专家到镇江考察、推介和对接，重点培养长于经营、精于管理、善于创新、勇于创业的创新创业人才，最大程度满足企业人才需求。（市人才办、市人社局、市科技局、市经信委、市国资委、市教育局、市财政局，各辖市区、镇江新区负责实施）

（四）实施科技研发平台提升工程。进一步加大企业研发机构建设力度，鼓励企业建立省级以上研发机构，吸引国家级科研院所、重点高校在“人才特区”设立独立法人的研发机构。深化产学研合作，鼓励中小企业与高校、科研院所合作共建研发机构。充分发挥企业技术中心、工程技术研究中心、重点实验室、博士后工作站、院士工作站、“千人计划”工作站等机构汇集人才的作用，吸引更多高层次人才到企业创新创业。加快建设技术创新服务机构，加大政府科技公共服务平台建设力度。（市科技局、市人社局、市发改委、市经信委、市国资委、市财政局、市科协，各辖市区、镇江新区负责实施）

（五）实施科技金融助推创业工程。加快科技金融和创新创业工作融合步伐，构建多元高效的创业融资服务体系。鼓励驻镇银行、保险机构依托国家及省级高新园区，设立科技支行（或科技信贷业务部）和科技保险支公司（或科技保险业务部），开发适应创业型科技企业特点的信贷（保险）产品和抵（质）押方式，大力推广应收账款质押融资、知识产权质押融资、供应链融资、智权融资等新型信贷产品，满足创业型科技企业发展资金需求。设立规模不小于2亿元的市科技创业贷款担保基金，为创业型科技企业贷款提供担保。设立创业投资基金，促进创业型科技企业加快发展。鼓励国内外各类资本发起、设立科技小额贷款公司、科技担保和再担保公司，努力为创业型科技企业提供有效的融资和担保服务。（市科技局、市财政局、市金融办、市发改委，各辖市区、镇江新区负责实施）

（六）实施人才安居安心安定工程。成立高层次人才俱乐部，搭建聚会联谊和沟通交流平台。通过建购并举、购房补贴、租房补贴等方式，加快建设集公寓、休闲、体育、文化、教育、中介等配套设施于一体的功能齐全、环境优美、生活舒适的人才社区。每年统一规划和集中建设一批人才公寓，帮助引进人才解决住房难题。建设国际学校或国际班，实行双语教学。为引进人才在医疗保健、家属就业、社会保险等方面提供优质服务。（市人才办、市住建局、市教育局、市卫生局、市人社局、市财政局，各辖市区、镇江新区负责实施）

三、优惠扶持

镇江市“人才特区”对企业引进人才提供以下优惠扶持：

（一）领军人才项目资助。继续深入实施“331计划（金山计划）”，经评审，市、辖市区财政给予每个引进人才（团队）项目60万至300万元资助资金。对引进人才入选国家“千人计划”、省“双创计划”的人才中介机构，分别由人才所在地政府给予10万、1万元奖励。

（二）健全创投融资体系。根据领军人才创业企业（项目）的不同发展阶段（种子期、初创期和成长期），市创业投资基金可最高给予1000万元的投放；产业化过程中流动资金不足的，市和辖市区由政府资金发起设立的担保公司和市科技创业贷款担保基金可提供最高5000万元额度的融资担保；领军人才以知识产权质押融资的，经有关部门认证，可提供最高800万元的贷款支持，科技银行优先给予贷款；领军人才新创办的高新企业需要贷款的，科技支行给予同期基准利率优惠支持。

（三）无形资产作价入股。经评估或协商，允许引进人才以科技成果、知识产权和专利技术等无形资产按注册资本最多70%的比例作价入股。

（四）企业股权分红激励。鼓励企业对科技成果转化过程中作出突出贡献的引进人才实施股权和分红激励。高校、科研机构和企业以转让或许可职务科技成果等方式获得收益的，可提取净收益的50%—80%，用于一次性奖励有关科技人员或团队。

（五）创业注册登记扶持。政府扶持资金和风险跟投资金可作为创新创业项目的注册资金，创办科技型企业的，其首期实收资本可按注册资本20%缴付，其余自企业成立之日起两年内缴足。经认定的小微企业免收工商登记费。允许以能有效划分的同一地址作为引进人才创办不同科技型企业的住所或营业场所。

（六）创新创业场租补贴。对经认定的创业型引进人才（团队），企业注册地所在的地区负责提供不少于100平方米工作场所，3年内免收租金。自行租赁办公用房的，3年内由企业注册地所在的地区按市场价格给予相应租金补助。

（七）产品政府优先采购。对符合条件的创新创业企业自主创新产品和服务，优先列入政府采购目录，同等条件下优先获得政府采购合同。政府资金投资重大工程项目招投标过程中，同等条件下向高新技术企业倾斜。

（八）鼓励科技自主创新。对新认定的国家级、省级企业研发机构，在各部门专项资金中给予20万至100万元奖励。引进人才的技术成果申请或获得发明专利的，由知识产权管理部门给予申请费补助和奖励。对获得国家、省专利金奖的，分别一次性奖励50万、10万元；获得国家、省优秀专利奖的，分别一次性奖励15万、5万元；获得省杰出专利发明人、优秀专利发明人，分别给予一次性奖励10万、5万元。

（九）实施财政奖励补助。对引进人才（团队）新创办的符合高新技术产业要求的企业，经认定，由纳税所在地财政从该企业工商注册之年的下一年度起，第1年至第3年缴纳的增值税、企业所得税地方留成部分，全额奖励给新办企业，支持企业发展，第4年至第5年给予上述地方留成部分50%的财政奖励。对引进人才（团队）中的核心成员、紧缺人才个人缴纳个人所得税形成的地方留成部分，由纳税所在地财政从人才个人纳税之年起，第1年至第3年全额奖励给人才个人，第4年至第5年给予地方留成部分50%的财政奖励。对资金来源于财政、用于引进人才的专项奖励，由所在地财政全额奖励其个人所得税地方留成部分。

（十）定期发放薪酬补贴。对重点企业和企业研发机构有计划引进的人才，一定年限内按人才层次在人才资源开发专项资金中给予每月800元至5000元不等的薪酬补贴。

（十一）支付人才培训补贴。引进人才参加境内外学术会议，经认定，可在人才资源开发专项资金中给予一次性最高1万元的研修津贴；参加境内外培训，可给予一次性最高5万元的培训补贴；参加在职学历进修并取得上一层次学历学位的，可给予一次性最高2万元的学费补贴。

（十二）倾斜社会保险待遇。引进人才达到退休年龄时，参加企业职工养老保险累计缴费不足15年的，可由用人单位一次性补缴不足年限。用人单位可为引进人才补贴社会保险个人缴费部分的50%。引进人才参加特殊医疗补充保险享受特殊医疗补充保险待遇。

（十三）满足人才安居需求。引进人才在住房公积金的缴存、提取、贷款、服务上享受优惠便利。引进人才在本市购置自住房的，按人才层次由所在地给予20万至150万元不等的购房补贴。引进人才可免租入住80至140平方米的人才公寓，或在5年内由所在地给予每月1500元至3500元的租房补贴。

（十四）领军人才医疗保健。为引进的领军人才（团队）每年提供一次个性化免费健康体检，建立健康档案，在市定点医疗保健机构就诊可享受VIP门急诊、住院、出诊、专家会诊服务。

（十五）方便人才居留落户。对外籍引进人才及其随迁配偶和未成年子女办理《外国人永久居留证》或申请长期有效居留许可、多次往返签证的，积极协助，做到特事特办。对引进人才持有效境外机动车驾驶证需换证的，做到主动受理，随到随办，经考试合格，当场换领国内机动车驾驶证。对经认定的中国籍高层次人才需落户镇江的，做到主动服务，及时审批，其配偶、已到退休年龄的父母、岳父母以及子女（含子女配偶）可以随迁。持中国护照的引进人才可优先办理APEC商务旅行卡。

（十六）提供通关绿色通道。按照《中华人民共和国海关对高层次留学人才回国和海外科技专家来华工作进出境物品管理办法》规定，协助引进的海外人才进行身份认定，获得进出境科研、教学、自用物品免税验放和通关便利。

（十七）推荐人才家属就业。引进人才的配偶在原单位属公务员或事业单位在编在岗人员的，由人社和编制部门协调落实工作岗位。国家级人才计划入选者及以上层次人才的配偶、子女可调入符合要求的本市事业单位工作，列为正式编制人员；其他引进人才的配偶在未就业期间，由人才接收单位按不低于本地最低工资1.5倍的标准2年内给予生活补贴。

（十八）安排人才子女入学。引进人才的适龄子女接受学前教育的，由教育行政部门在公办幼儿园就近优先安排；接受义务教育的，免试免费就近安排公办学校入学；引进领军人才子女就读国际学校或国际班的，由人才所在单位根据人才层次对就读学校按学费的50%—100%给予补贴。

（十九）享受特别荣誉激励。对作出突出贡献、有参政议政能力的引进人才，优先推荐党代表、人大代表、政协委员、劳动模范和三八红旗手，可列席旁听党委、人大、政府、政协有关会议，优先推荐到人大、政府和政协有关部门兼职。

（二十）优化人才评价服务。经认定的引进人才申报专业技术职称不受资历、工作年限等条件限制。逐步增加专利、技术转让、成果产业化等职称评定要素的权重，探索建立与国际接轨的人才认定评价制度。

四、组织保障

（一）统一思想认识。建设镇江市“人才特区”，是贯彻落实国家、省、市人才发展规划的重要举措，是集聚高层次人才、推进自主创新、推动产业转型升级、加快形成我市人才竞争比较优势的重大决策。各地各部门要统一思想，提高认识，加快人才法制环境建设，不断创新人才工作模式，提升人才工作水平，切实把“人才特区”建设各项任务落到实处。

（二）确保资金投入。2013年起，3年内各级财政投入“人才特区”建设的资金不少于10亿元，今后随着“人才特区”建设规模的扩大，逐步建立正常的投入增长机制，人才、科技、产业等专项经费要向“人才特区”倾斜。应由市、辖市区财政负担的各项扶持资金，按现行财政体制执行。加大对辖市区人才工作的考核，建立健全“以奖代补”考核奖励机制，探索建立多元化的人才开发投入机制，完善人才投入绩效评估机制，提高人才投入资金的规范化、精细化、科学化管理水平。

（三）加大考核力度。“人才特区”建设在市委、市政府统一领导下，由市人才工作领导小组统筹协调和宏观指导。建立领导挂钩服务联系制度，设立创业指导服务团。建立督查考核机制，市政府每年与“人才特区”所在地政府和市直有关部门签订人才引进和人才服务目标责任状，实行目标管理、定期督查、量化考核，考核结果作为衡量干部政绩的重要依据。辖市区和市人才工作领导小组各成员单位要按照本《意见》确定的各项目标任务，制订实施细则，层层分解落实，全程跟踪推进。

（四）注重人文关怀。各地各部门要经常开展深入访谈、节假日慰问等活动，了解引进人才的工作、生活困难，积极主动营造良好的工作、生活环境，及时排忧解难，解决引进人才的后顾之忧，真正做到以事业留人，以待遇留人，以感情留人。大力宣传引进人才在创新创业中取得的重大成果，提升引进人才的社会知名度和影响力。广泛宣传“人才特区”建设中的典型经验和成效，营造全社会关心、支持“人才特区”建设的浓厚氛围。

本《意见》自发布之日起实施。

附件1：镇江市“人才特区”创新创业投融资扶持暂行办法

为贯彻落实《关于建设镇江市“人才特区”的实施意见》，发挥投融资体制对“人才特区”的引领和支撑作用，制定“人才特区”创新创业投融资扶持暂行办法。

一、着力构建有效的信贷支持体系

（一）加大创新创业信贷支持。引导支持银行和非银行业金融机构不断增加对创新创业领域的信贷投入，确保“十二五”期间科技贷款年均增长率高于各项贷款平均增长水平；科技贷款结构力争达到3:7，即对研发机构和种子期、初创期科技企业的贷款占比不低于30%，对成长期和成熟期科技企业的贷款占比不高于70%。

（二）加快创新创业信贷专营机构建设。鼓励驻镇各国有商业银行依托国家和省级高新园区设立6家以上科技支行，其他商业银行设立4家以上科技信贷业务部。

（三）加强创新创业信贷管理考核。将各商业银行创新创业贷款工作纳入全市金融工作考核重点，加大比重。将对科技支持和科技信贷业务部信贷风险容忍度提高到2%。

二、大力发展多元的融资服务体系

（四）扩大科技小额贷款公司覆盖面。将科技小额贷款公司设立区域由国家级高新园区拓展到省级高新园区，到2014年末，全市科技小额贷款公司发展到8家以上，业务范围拓展到各类产业园区和创新创业载体。

（五）积极推动科技保险业务发展。引导支持保险公司研究开发科技保险产品、创新科技保险服务，为创新创业领军人才和企业提供保险保障。鼓励有实力、有条件的保险公司在国家和省级高新园区设立科技保险支公司或科技保险业务部。

（六）加快推动科技担保业务发展。引导支持融资性担保公司研究开发科技担保产品、创新科技担保服务，为创新创业企业提供融资增信服务。各辖市区由政府资金发起设立的融资性担保公司要成立科技担保事业部。鼓励省再担保公司镇江分公司成立科技再担保业务部，引导和促进科技担保业务加快发展。

三、建立务实高效的投资支持体系

（七）扩大创业投资对创新创业工作支持力度。大力吸引境内外资本到我市设立创业投资企业或分支机构，加快引进一批知名创业投资企业。到“十二五”末，创业投资企业达到50家，基金规模达到100亿元。同时，对在我市落户3年以上，企业产品市场前景广阔、暂未有战略合作伙伴且有融资需求的领军人才创业企业，优先向有关创投企业推荐。

（八）加大对领军人才创业企业（项目）的扶持力度。根据领军人才创业企业（项目）的不同发展阶段（种子期、初创期和成长期），市创业投资基金可最高给予1000万元的投放；产业化过程中流动资金不足的，市和辖市区由政府资金发起设立的担保公司和市科技创业贷款担保基金可提供最高5000万元额度的融资担保；领军人才以知识产权质押融资的，经有关部门认证，可提供最高800万元的贷款支持，科技银行优先给予贷款；领军人才新创办的高新企业需要贷款的，科技支行给予同期基准利率优惠支持。

四、本办法由市金融办负责解释实施

（联系人：白金鑫 镇江市金融办金融运行处，联系电话：0511-89666853）

附件2：镇江市“人才特区”企业注册登记暂行办法

为贯彻落实《关于建设镇江市“人才特区”的实施意见》，现就发挥工商行政登记职能，加快“人才特区”建设，制定“人才特区”企业注册登记暂行办法。

一、便捷市场主体准入。除了国家法律、法规明令禁止进入的行业和领域，允许引进人才和团队自主选择经营范围和经营方式。除法律法规和相关政策规定需前置许可的以外，其经营范围按国民经济行业分类，也可按“高新技术（科技）的开发、咨询、成果转让”等核定。其中，外商投资企业从事的经营项目按照国家《外商投资产业指导目录》进行审批。

二、拓宽创业出资方式。探索建立合理的股权激励政策，鼓励引进人才以科技成果、知识产权和专利技术入股相关产业。经公司全体股东同意，其技术成果可按不超过注册资本70%作价入股，其中货币资金不得少于总注册资金30%。政府扶持资金和风险跟踪资金可作为创新创业项目的注册资金，创办科技型企业的，首期实收资本可按注册资本20%缴付，其余自企业成立之日起两年内缴足。经认定的小型微型企业免收工商登记费。

三、放宽对经营场所的限制。允许以能有效划分的同一地址作为引进人才创办不同科技型企业的住所或营业场所。经规划、房管部门批准并征得利益相关人同意，可以用住宅登记为企业的住所或经营场所。未取得房产证的，工商登记时可以提交房产所在地乡镇（街道）政府或房地产管理部门同意作为住所（经营场所）的证明。

四、放宽对身份证明的限制。《江苏省海外高层次人才居住证》（以下简称《居住证》）可以作为持证人在我市投资创办企业的身份证明，依法申办工商营业执照。外国国籍、永久（长期）在国外定居或港澳台地区的持证人兴办企业，可持《居住证》直接申办外资企业的工商登记，不再需要提供其身份证明并免于公证、认证；永久（长期）在国外定居的持证人，也可持《居住证》选择申办内资企业的工商登记。

五、优化工商登记注册程序。设立引进人才工商登记绿色通道，建立政策咨询、企业注册一站式服务平台；推行分段审批登记，对前期筹建项目，可先核发筹建登记的营业执照，经营范围有前置审批项目的，在取得前置审批前可以先核准一般经营项目，待取得前置审批后再办理变更登记。积极为各类股权投资基金、天使资金注册运营提供工商登记优质服务。

六、本办法由镇江工商局负责解释实施。

（联系人：蒋根洋 江苏省镇江工商行政管理局注册登记处处长，联系电话：0511-88983029，传真：0511-88983106）

附件3：镇江市“人才特区”企业股权和分红激励暂行办法

第一章 指导思想

第一条 为贯彻落实《关于建设镇江市“人才特区”的实施意见》，制定“人才特区”企业股权和分红激励暂行办法。

第二章 适用对象和激励对象

第二条 本办法适用于“人才特区”内的以下企业：

（一）国有及国有控股的院所转制企业、高新技术企业；

（二）高等院校、科研院所以科技成果作价入股的企业；

（三）省级及以上创新平台企业，院士工作站企业，博士后工作站企业；

（四）国家“千人计划”、省“双创计划”、市“331计划”资助对象创办、领办的企业。

第三条 激励对象为企业引进的主要技术人员和经营管理人员。

主要技术人员是指对企业科技成果研发和产业化作出突出贡献的技术人员，包括：企业内关键职务科技成果的主要完成人，重大研发项目的负责人，对主导产品或者核心技术、工艺流程作出重大创新或者改进的主要技术人员，高等院校和科研院所研究开发和向企业转移转化科技成果的主要技术人员。

经营管理人员是指对企业发展作出突出贡献的经营管理人员，包括：主持企业全面生产经营工作的高级管理人员，负责企业主要产品（服务）生产经营合计占主营业务收入（或者主营业务利润）50%以上的中、高级经营管理人员。

第四条 企业不得面向全体员工实施股权或者分红激励，企业监事、独立董事、企业控股股东单位的经营管理人员不得参与本企业股权或者分红激励。

第三章 激励方式

第五条 企业可以股权激励、分红激励等方式对激励对象实施激励。

股权激励，是指企业以本企业股权为标的，采取股权奖励、股权出售、股票期权等方式对激励对象实施激励的行为。

分红激励，是指企业以科技成果实施产业化、对外转让、合作转化、作价入股形成的净收益为标的，采取项目收益分成方式对激励对象实施激励的行为。

第六条 企业以股权奖励和股权出售方式实施激励的，企业近3年税后利润增幅应不低于20%，近3年税后利润形成的净资产增值额应当占企业近3年年初净资产总额的20%以上，实施激励当年年初未分配利润没有赤字。

第七条 企业用于股权奖励和股权出售的激励总额，不应超过近3年税后经营性利润形成的净资产增值额的35%，用于股权奖励的部分不应超过激励总额的50%。

第八条 企业以股票期权方式实施激励的，应当制订股票期权激励方案，并在激励方案中明确规定期权有效期、行权条件与价格、权利限制等要素。

第九条 企业可以选择一种或者多种激励方式，但是对同一激励对象不得就同一职务科技成果或者产业化项目重复激励。对已实施股权激励的激励对象，企业在5年内不得再对其实施股权激励。

第十条 高等学校、科研机构和企业以转让或许可职务科技成果等方式获得收益的，可提取净收益的50%—80%，用于一次性奖励有关科技人员或团队。

企业实施分红激励的，可以按照以下标准确定比例：由本企业自行投资，或与他人合作，或以作价入股其他企业的方式实施科技成果转化的，自该成果转化开始盈利的年度起3—5年内，每年提取不超过该成果净收益30%的比例用于分红激励。

第十一条 企业实施分红激励所需支出纳入工资总额管理，但不计入工资总额基数，不作为职工教育经费、工会经费、社会保险费、补充养老及补充医疗保险费、住房公积金等的计提依据。

第十二条 企业实施激励导致注册资本规模、股权结构或者组织形式发生变动的，应当按照有关规定，根据相关批准文件、股东（大）会决议等，及时办理工商变更登记手续。涉及国有资产产权变动的，还须按国有资产监管的政策规范操作并办理国有资产产权登记手续。

第四章 激励方案管理

第十三条 企业实施股权和分红激励，应当由企业总经理办公会或者董事会（以下统称企业内部管理机构）拟订激励方案。

第十四条 激励方案涉及的财务数据和资产评估价值，应当分别经同级国资监管机构确定的具有资质的会计师事务所、审计和资产评估机构评估，并按有关规定办理核准手续。

第十五条 企业内部管理机构拟订激励方案时，应当以职工代表大会或者其他形式充分听取职工的意见和建议。

第十六条 企业内部管理机构应当将激励方案（包括听取职工意见的相关情况），报请履行出资人职责的机构审查批准。

由国有资产监督管理委员会代表本级人民政府履行出资人职责的企业，相关材料报本级国有资产监督管理委员会批准。

由其他部门、机构代表本级人民政府履行出资人职责的企业，相关材料报其主管的部门、机构批准。

第十七条 履行出资人职责的机构可以要求企业法律事务机构或者外聘律师对激励方案出具法律意见书。

第十八条 履行出资人职责的机构应当自受理激励方案之日起20个工作日内，提出书面审查意见。符合条件的，应当书面行文批准；不批准的，应当说明理由。

第十九条 履行出资人职责的机构批准企业激励方案后，企业内部管理机构应当将批准的激励方案提请股东（大）会审议。

在股东（大）会审议激励方案时，国有股东代表应当按照批准文件发表意见。

第二十条 除国家另有规定外，企业应当在激励方案经股东（大）会审议通过后5个工作日内，将以下材料报送市人才办、发改、科技、国资、财政部门：

（一）经股东（大）会审议通过的激励方案；

（二）股东（大）会决议；

（三）审计报告、资产评估报告、法律意见书。

企业股东应当依法行使股东权利，督促企业内部管理机构严格按照激励方案实施激励。

市人才办、发改、科技、国资、财政部门对企业股权或者分红激励方案及其实施情况进行监督，发现违反法律、法规和本办法规定的，应当责令其改正。

第二十一条 因出现特殊情形需要调整激励方案的，企业内部管理机构应当重新履行内部审议和外部审批的程序。

因出现特殊情形需要终止实施激励的，企业内部管理机构应当向股东（大）会说明情况。

第二十二条 上市公司股权激励另有规定的，从其规定。

第二十三条 本办法由市发改委负责解释实施。

（联系人：刘利召 镇江市发改委工业处，联系电话：0511-89667232）

附件4：镇江市“人才特区”创新创业产品政府采购暂行办法

为贯彻落实《关于建设镇江市“人才特区”的实施意见》及市政府《关于进一步发挥政府采购政策功能支持社会经济发

展的意见》（镇政办发〔2012〕223号），加快“人才特区”建设，发挥政府采购政策功能，强化政策支撑，制定“人才特区”创新创业产品政府采购暂行办法。

一、指导思想

围绕“人才引领、创新驱动”的发展理念，积极推动“人才特区”创新发展，充分发挥政府采购在拉动增长、培植财源中的导向作用，实现对社会经济的宏观调控和公共政策功能，通过政府优先采购方式，加大对“人才特区”创新创业产品的扶持，加快企业技术进步和产业转型升级，实现社会经济平稳较快发展的目标。

二、适用对象

“人才特区”范围内符合政策支持条件的人才和企业所研制开发的产品。

三、制度保障

（一）市经信委、发改委、科技局按照“企业自主、技术创新、行业领先、市场看好”的原则，每年组织编制《镇江市名优技术产品目录》，对符合“人才特区”政策支持条件的人才所开发推出的技术、产品和服务，优先列入《镇江市名优技术产品目录》。

（二）市财政局会同有关部门根据目录制定政府优先采购产品清单，列入清单的产品在镇江市境内同等享受国家有关政府采购扶持政策；政府采购组织实施中，在技术、服务等指标满足采购需求的前提下，优先采购清单范围内产品；政府资金投资重大工程项目招投标过程中，同等条件下向列入清单的“人才特区”企业的技术、产品和服务倾斜。

（三）政府采购代理机构要认真组织好优先采购清单产品的采购工作。应在政府采购招标文件（含谈判文件、询价文件）中体现优先采购的导向。要规范招标文件范本，指导采购人合理制定招标文件。合理设置供应商资质条件，根据不同类别产品的科技含量、市场竞争程度、市场成熟度和销售特点等，在评标办法中增设评分因素。

四、本办法由市财政局、经信委、科技局负责解释实施

（联系人：韩年庚 镇江市财政局政府采购管理处处长、杨峰华 镇江市经信委科技与质量处处长、徐金贵 镇江市科技局高新技术发展及产业化处处长，联系电话：0511-84424815、80822218、80822815）

附件5：镇江市“人才特区”自主创新资助暂行办法

为贯彻落实《关于建设镇江市“人才特区”的实施意见》，制定“人才特区”自主创新资助暂行办法。

一、研发机构奖励

1．适用对象：

“人才特区”范围内经国家和省科技、发改、经信、人社等部门新认定的企业研发机构。包含：产业研究院、院士工作站、科技公共服务平台、工程技术研究中心、重点实验室、工程中心、工程实验室、企业技术中心、博士后科研工作站（创新实践基地）等。

2．奖励标准：

（1）经科技部、国家发改委、人社部等认定的国家级重点实验室、工程技术研究中心、工程中心、工程实验室、企业技术中心、博士后科研工作站，每家奖励100万元；

（2）省科技厅认定的产业研究院、重点实验室（企业）、院士工作站、科技公共服务平台，每家奖励50万元；省发改委认定的工程中心、工程实验室，省经信委等部门认定的企业技术中心，以及省科技厅认定的工程技术研究中心，省人社厅认定的博士后创新实践基地，每家奖励20万元。

3．申报审批程序：

企业提出申请，根据研发机构的上级认定机关由所在地相关部门提出审查意见，报市相关部门进行审批。

4．申报材料：

（1）《镇江“人才特区”研发机构奖励申请表》（样表附后）；

（2）研发机构批准机关认定文件。

二、专利资助和奖励

1．适用对象：

“人才特区”内企业引进人才及其所创办的企业申请或授权的专利，以及获得的国家、省专利奖励。

2．资助和奖励标准：

申请发明专利，给予一次性资助1200元/件；授权发明专利，给予一次性奖励3000元/件，评上优质发明专利再给予一次性奖励2000元/件。

获得国家、省专利金奖的，分别给予一次性奖励50万元、10万元，获得国家、省优秀专利奖的，分别一次性奖励15万元、5万元，获得省杰出专利发明人、优秀专利发明人，分别一次性奖励10万元、5万元。

3．申报审批程序：

企业提出申请，经所在地科技部门审核同意后报市科技局（知识产权局）；市科技局（知识产权局）进行审批。

4．申报材料：

（1）专利资助

①《镇江“人才特区”专利资助申请表》（样表附后）；

②专利申请受理通知书或专利证书复印件；

③国家知识产权局或其代办处开具的缴纳专利费用发票；

④申请人为个人的，应提交身份证复印件；申请人为单位的，须提供单位有效资质证明（如工商营业执照、事业法人登记证等）的复印件。

申请专利资助的单位和个人应在专利申请或授权的下一年度提交上述申请材料到市科技局（知识产权局）进行审批，逾期视为自动放弃。

（2）专利奖励

①《镇江“人才特区”专利资助和奖励申请表》（样表附后）；

②相关奖励证书复印件。

三、组织保障

1．由市科技局、财政局、人社局、发改委、经信委等相关部门具体组织实施。

2．创新资助资金按现行财政体制负担，市级承担的创新资助资金在各相关部门专项资金中列支。

3．本办法由市科技局负责解释。

（联系人：肖晨帆 镇江市科技局科技成果与技术市场处处长，联系电话：0511-80822821）

附件6：镇江市“人才特区”引进人才享受薪酬补贴暂行办法

为贯彻落实《关于建设镇江市“人才特区”的实施意见》，制定“人才特区”引进人才享受薪酬补贴暂行办法。

一、适用对象及补贴标准

“人才特区”内重点企业和企业研发机构引进享受薪酬补贴的对象和补贴标准如下：

1．诺贝尔奖获得者，国家最高科学技术奖获得者，“两院”院士，给予每月5000元的薪酬补贴，补贴期限为5年；

2．对人事关系在镇江，且全职在企业工作或创新创业的“千人计划”等国家级人才计划入选者，给予每月4000元的薪酬补贴，补贴期限为5年；

3．对人事关系在镇江，且全职在企业工作或创新创业的入选省“双创计划”人才和《江苏省海外高层次人才居住证》持证人，给予每月3000元的薪酬补贴，补贴期限为3年；

4．对人事关系在镇江，且全职在企业工作或创新创业的市“331计划”入选者，给予每月1500元的薪酬补贴，补贴期限为3年；

5．获得硕士以上学历（学位）或具有高级专业技术职务任职资格、在企业工作的人才，给予每月800元的薪酬补贴，补贴期限为2年；

对同时具有以上多项补贴条件的高层次紧缺人才，按最高标准给予薪酬补贴，不重复享受。

二、审批流程

1．补贴申报。符合条件的引进人才，可通过其所在单位或以个人名义向所在辖市区人社部门申报；

2．资格初审。所在辖市区人社部门对申报材料进行初审，初审合格后报市人社部门；

3．资格复审。市人社部门对申报材料进行复审，并到人才所在单位走访了解相关情况；

4．会商。市人社部门与市财政部门会商确定薪酬补贴发放额度；

5．公示。对通过资格复审的人员，市人社部门在相关媒体上公示7天；

6．补贴发放。对公示无异议的人员，市人社部门会同市财政部门15天内发放薪酬补贴。

三、其他

1．本办法中薪酬补贴所需资金按现行财政体制负担，市级补助资金在人才资源开发资金中列支。

2．本办法由市人社局负责解释实施。

（联系人：张宗锋 镇江市人才服务中心副主任，联系电话：0511-84491679）

附件7：镇江市“人才特区”引进人才享受培训补贴暂行办法

为贯彻落实《关于建设镇江市“人才特区”的实施意见》，制定“人才特区”引进人才享受培训补贴暂行办法。

一、适用对象

“人才特区”内企业引进的诺贝尔奖获得者、国家最高科学技术奖获得者、“两院”院士、“千人计划”等国家级人才计划入选者、入选省“双创计划”人才、《江苏省海外高层次人才居住证》持证人、市“331计划”入选者、获得硕士以上学历（学位）人员、具有高级专业技术职务任职资格的人员。

二、补贴标准

（一）参加国内外会议或进修地在中国（含港澳台）的，每人可享受一次性最高5000元的研修津贴，进修地在国外的每人可享受一次性最高1万元的研修津贴。

（二）参加境内外培训，可享受一次性不超过培训费用50%的补贴，最高5万元，全年补贴50名。

（三）参加在职学历进修，取得上一层次学历学位的，可一次性享受个人自付部分50%的学费补贴，最高不超过2万元，全年补贴100名。

三、申报审批程序

（一）补贴申报。符合条件的引进人才，可通过其单位向所在辖市区人社部门提交相关申请资料，每季度申报一次，具体时间见市人社部门公告。申报材料包括：

1. 《镇江市高层次人才培训补贴申请表》；
2. 个人有效身份证明（身份证或护照）和相关聘书、获奖证书及学历证明材料；
3. 与用人单位签订的劳动（聘用）合同或在镇设立机构、出资创办企业的工商注册证明；
4. 企业年销售证明材料；
5. 参加国内外会议邀请函或经培训获得的学历、学位证书，专业或职业资格证书；
6. 工作经历、无不良记录和受通报以上表扬证明材料；
7. 其他相关证明材料。

（二）资格初审。引进人才所在单位负责材料的初审工作，确认材料真实且符合规定后，签署推荐意见并将材料报送所在辖市区人社部门。辖市区人社部门按照所下达补贴名额，将推荐人员名单报市人社部门。

（三）资格复审。市人社部门接到受理后会同市财政部门，在10个工作日内对材料进行复审。经审核符合研修津贴资助条件的，由市人社部门出具核准通知；经审核不符合研修津贴资助条件的，书面通知申报人，并说明理由。

（四）补贴发放。市人社部门核准后，对补贴人员公示7个工作日，如无异议，10个工作日内补贴将发放至培训出资主体。

四、其他

1. 补贴资金按现行财政体制负担，市级补贴资金在人才资源开发资金中安排。
2. 本办法由市人社局负责解释实施。

（联系人：孙秀宝 镇江市人才服务中心人才招聘与引进部副部长，联系电话：0511-84403809）

附件8：镇江市“人才特区”引进人才享受社会保险有关待遇暂行办法

为贯彻落实《关于建设镇江市“人才特区”的实施意见》，制定“人才特区”引进人才享受社会保险有关待遇暂行办法。

一、适用对象

“人才特区”内企业引进的诺贝尔奖获得者、国家最高科学技术奖获得者、“两院”院士、“千人计划”等国家级人才计划入选者、入选省“双创计划”人才、《江苏省海外高层次人才居住证》持证人、市“331计划”入选者、获得硕士以上学历（学位）人员、具有高级专业技术职务任职资格的人员。

二、有关待遇

（一）引进人才及其配偶、子女，凡与本市企业建立劳动关系或在本市创业的，按照《中华人民共和国社会保险法》规定参加社会保险并享受相应的社会保险待遇。

（二）用人单位可对引进人才作重点倾斜，提高其企业年金单位缴费额度；尚未建立企业年金的用人单位，可对本单位的引进人才单独拟定、报备、实施年金方案。同时，用人单位也可以为其办理商业补充保险。

（三）聘用因自费出国留学按自动离职处理的中国籍海外回国人才，经用人单位申请，市人力资源和社会保障部门审核同意，出国前后连续工龄可合并计算。

（四）引进人才达到退休年龄时，参加企业职工养老保险累计缴费不足15年的，可由用人单位一次性补缴不足年限。

（五）引进人才社会保险个人缴费部分，可由用人单位补贴50%。

（六）引进人才参加特殊医疗补充保险享受特殊医疗补充保险待遇。

1. 纳入国家级、省级、市级人才计划或表彰奖励的引进人才由用人单位分别按本人缴费基数的8%、6%、4%的比例缴纳特殊医疗补充保险费，分别按本人缴费基数的6%、4%、2%增划个人账户资金。

2. 同一年度内统账结合基本医疗保险个人自付金额（不含药品、诊疗项目的个人先付部分、超范围药品、超报销项目和超过最高限额以上及不足缴费年限部分的个人自付费用）超过2000元以上至《镇江市基本医疗保障办法》第二十条第（四）项规定的最高限额部分，由特殊医疗补充保险统筹基金支付。

3. 住院时发生的超出国家、省、市公布的基本医疗保险《药品目录》以外的自费药品（在国家药典所规定范围内）费用，超出国家、省、市公布的基本医疗保险《诊疗目录》范围的自费医用耗材的费用，以及床位费超报销标准费用（以镇江市一等病房床位收费标准为限），由特殊医疗补充保险统筹基金支付40%。参加自费补充医疗保险的，再由自费补充医疗保险基金支付40%。

三、办理程序

1. 手续审批。用人单位引进人才，应及时到所在辖市区人社部门办理初审手续，到市人社部门办理核定手续。

2. 社保登记。用人单位凭人才引进的相关证明材料，及时为引进人才办理社会保险参保登记手续，办理特殊医疗补充保险参保登记手续。

3. 缴纳社保费。用人单位按月缴纳各项社会保险费及特殊医疗补充保险费。

4. 待遇享受。从参保缴费次月起，按规定享受社会保险待遇。

四、本办法由市人社局负责解释实施

（联系人：周正清　镇江市人力资源和社会保障局养老保险处处长、周七一　医疗保险处处长，联系电话：0511-85340612、85340640）

附件9：镇江市“人才特区”引进人才安居保障暂行办法

第一章 总 则

第一条 为贯彻落实《关于建设镇江市“人才特区”的实施意见》，制定“人才特区”引进人才安居保障暂行办法。

第二条 人才安居采取住房公积金、实物配置、购房补贴、租房补贴四种形式。

第三条 人才安居对象是“人才特区”内企业引进的以下人才：

（一）诺贝尔奖获得者，国家最高科学技术奖获得者，“两院”院士；

（二）“千人计划”等国家级人才计划入选者；

（三）入选省“双创计划”人才和《江苏省海外高层次人才居住证》持证人；

（四）市“331计划”入选者；

（五）获得硕士以上学历（学位）的人员和具有高级专业技术职务任职资格的人员。

第四条 人才安居工作坚持公平、公正、公开原则。市住房保障部门负责人才安居审批、监管工作；人才安居所在地的财政部门负责人才安居资金筹集、管理；市规划部门负责人才公寓布点规划工作；市审计部门负责人才安居资金审计、监督工作；市住房公积金管理部门负责人才住房公积金缴存管理工作；辖市区政府、镇江新区管委会住房保障部门负责人才安居申请、受理以及人才公寓建设、分配和住房补贴发放工作。

第二章 安居待遇

第五条 住房公积金

（一）缴存政策

1. 引进人才达到国家法定退休年龄后仍在工作的，缴存期限可延长至解除劳动合同为止；

2. 引进人才的住房公积金缴存基数可按实际工资总额计算；

3. 引进人才的补充公积金缴存比例最高可按不超过8%执行；

4. 外国国籍、港澳台籍的引进人才，也可在本市缴存、使用住房公积金，离开本市时，按规定办理住房公积金账户余额提取手续。

（二）提取政策

1. 引进人才购买自住住房的，除本人和配偶可以申请提取住房公积金账户余额外，其父母或子女也可申请提取住房公积金账户余额；

2. 引进人才在本市无自有住房租房居住的，可每年两次提取本人及配偶公积金账户余额支付房租，提取金额不超过实际房租费用。

（三）贷款政策

1. 引进人才自缴存住房公积金当月起，即具备申请住房公积金贷款条件；

2. 引进人才因购买自住住房申请贷款的，贷款房源不受户型限制；

3. 引进人才购买自住住房的贷款最高额度可放宽到我市最高限额的3倍；

4. 引进人才在本地购买自住房办理住房公积金购房贷款的，享受10%贷款贴息。

（四）为引进人才缴存、使用住房公积金建立专门数据库，发放公积金服务联系卡，在服务大厅享受绿色通道待遇，并实施全程跟踪服务。

第六条 实物配置

包括公共租赁住房和政府专门建设的人才公寓。未领取购房、租房补贴的引进人才可申请免费租用人才公寓住房（公共租赁住房）。

免租住房建筑面积标准为：

（一）引进第三条第一类人才140平方米左右；

（二）引进第三条第二类人才120平方米左右；

（三）引进第三条第三类人才100平方米左右；

（四）引进第三条第四类人才90平方米左右；

（五）引进第三条第五类人才80平方米左右。

第七条 购房补贴

在本市工作，按规定办理人事关系，在本市工作时间不低于五年，且在镇江市经济社会发展中做出突出贡献的引进人才，在本市购置自住房的，经考核评审，两年内分两次等额拨付发放购房补贴。具体标准：

（一）引进第三条第一类人才，给予150万元补贴；

（二）引进第三条第二类人才，给予100万元补贴；

（三）引进第三条第三类人才，给予70万元补贴；

（四）引进第三条第四类人才，给予60万元补贴；

（五）引进第三条第五类人才，给予20万元补贴。

上述补贴，原则上在购房合同备案或登记后，将款项直接转至出卖人账户或二手房资金托管账户。

已在本市购置自住房，且在本市工作时间满五年的，凭申请人产权登记权证，将购房款项直接划入申请人个人账户。

第八条 租房补贴

引进人才可按规定入住人才公寓房。在人才公寓不能满足需求自行租赁住房的，可申请最长不超过5年的租房补贴。已享受住房补贴和自动放弃人才公寓的，不享受租房补贴。具体标准：

（一）引进第三条第一类人才，每月给予3500元补贴；

（二）引进第三条第二类人才，每月给予3000元补贴；

（三）引进第三条第三类人才，每月给予2600元补贴；

（四）引进第三条第四类人才，每月给予2300元补贴；

（五）引进第三条第五类人才，每月给予1500元补贴。

租房补贴按月直接划入申请人个人账户。

第九条 引进人才免租住房房屋租赁合同租赁期限不超过5年，5年期限届满后可以续租。应在合同期满3个月前重新申请，经审核符合条件的，重新签订租赁合同。

租住免租住房的，不得转租。免租期间发生的物业管理、水电气等费用由承租人自行负担。

第十条 到2015年，每年推出不少于500套人才公寓。人才公寓可以单独选址建设，或在商品房项目中配建，也可以购置符合条件的商品房。人才公寓的建设和筹集应当充分考虑环境、配套、室内装修和建设品质，创省内一流。

第十一条 人才安居申请在各用人单位收集资料并初步审核后，由单位统一申报，各辖市区、镇江新区住房保障部门负责集中受理审查工作。

第十二条 引进人才已婚的，应当以家庭为单位申请租住人才公寓住房（公共租赁住房） 或享受购、租房优惠政策，其配偶、未成年子女应当作为共同申请人。

第十三条 符合申请条件的引进人才只能选择一项保障政策，不能同时享受其他政策。

第十四条 申报程序

（一）申请。用人单位持企业营业执照、组织机构代码证、税务登记证、企业法定代表人身份证明文件，以及人才认定证明、劳动合同、社保缴纳证明、住房情况证明材料，向辖市区住房保障部门提交申请报告及申请表。

（二）审核。辖市区住房保障部门会同组织、人社部门审核人才资格、劳动合同签订、社保缴纳及住房情况。

（三）审批。市住房保障部门负责审批人才安居申请，审批后报市委组织部门备案。

（四）公示。审批同意的，由市住房保障部门在本部门政府网站向社会公示5个工作日。

第三章 日常管理

第十五条 市人才办会同相关部门建立“人才特区”引进人才数据库，供相关部门对照核查。

第十六条 有下列情况之一的，不再享受本办法规定的安居待遇：

（一）因违法犯罪受到处罚造成严重社会影响的；

（二）在申报各类人才计划和科技项目，以及从事科学研究中，存在弄虚作假的；

（三）因个人原因或工作变动不在镇江工作的；

（四）其他应当予以注销的情形。

第四章 附 则

第十七条 本办法由市住建局负责解释实施。引进人才安居保障政策与其他住房保障（房改）政策不可同时享受。

（联系人：蒋荣 镇江市住房和城乡建设局住房改革和发展处处长，联系电话：0511-85589816）

附件10：镇江市“人才特区”领军人才医疗保健暂行办法

第一章 总 则

第一条 为贯彻落实《关于建设镇江市“人才特区”的实施意见》，制定“人才特区”领军人才医疗保健暂行办法。

第二条 本办法所称领军人才是指“人才特区”内企业引进的以下人才：

1．诺贝尔奖获得者；
2．国家最高科学技术奖获得者；
3．“两院”院士；
4．国家“千人计划”入选者；
5．入选省“双创计划”人才和《江苏省海外高层次人才居住证》持证人；
6．市“331计划”入选者。

第二章 医疗保健待遇

第三条 明确江苏大学附属医院、镇江市第一人民医院、镇江市第三人民医院、镇江市第四人民医院、镇江市中医院为我市领军人才医疗保健定点医院，并为领军人才配备保健医生。各定点医院成立由相关科副主任医师以上人员组成的保健小组（名单附后），由领军人才选择适合本人的定点医院和保健医生。保健医生的主要职责是提供日常的健康咨询、健康教育和健康指导等服务。

第四条 为领军人才配备健康保健联系人。各定点医院负责安排专门的健康保健联系人（名单附后）为领军人才提供健康保健服务。主要包括：负责与领军人才的预约、协调和跟踪服务；并向领军人才提供健康状况查询服务。

第五条 建立领军人才健康档案。各定点医院要为领军人才在全市卫生信息平台中建立电子健康档案，及时记录动态健康信息，并在全市定点医院间信息共享。

第六条 为领军人才提供每年一次的免费健康体检。根据个人健康的具体情况，由各定点医院负责对领军人才每年开展一次个性化的健康体检（具体项目及费用附后）。

第七条 领军人才凭医保卡或VIP服务卡，在各定点医院就诊可享受VIP门急诊、住院、出诊、专家会诊服务：

门诊服务。直接在门诊部优先就诊。护士代挂号、免挂号费，高年资专科医师诊治。各项辅助检查由专人引领、全程陪同，无需排队等候。各项检查费均按普通门诊收费，并由专人代为取药结账。

急诊服务。享受免挂号费、全程陪同、无等候就诊、先治疗后收费等服务。

住院服务。根据本人意愿，可入住特需病房，由病区副主任以上职称负责医疗。

会诊服务。根据病情需要，聘请南京、上海等地专家会诊服务。

家属服务。领军人才父母、配偶和子女也可享受VIP服务。

第三章 管 理

第八条 在市人才工作领导小组的领导下，由市委组织部、市卫生局共同协调领军人才医疗保健服务工作，发放领军人才保健卡（或在医保卡上标识），定期对服务情况进行督导，经常性地听取领军人才的意见和建议，确保为领军人才提供便捷、优质的医疗保健服务。

第九条 建立领军人才医疗保健专项资金，标准为每人每年3000元，主要用于领军人才健康体检、专家会诊等医疗保健费用，所需经费由引进人才所在地财政预算安排。

第十条 市人才工作领导小组每年听取领军人才医疗保健工作情况汇报，并对领军人才医疗保健专项资金使用情况进行审核。

第十一条 本办法由市卫生局负责解释实施。

（联系人：朱朝阳 镇江市卫生局医政处处长，联系电话：0511-88912876）

附件11：镇江市“人才特区”引进人才居留落户暂行办法

为贯彻落实《关于建设镇江市“人才特区”的实施意见》，制定“人才特区”引进人才居留落户暂行办法。

一、出入境证件

（一）“人才特区”内企业引进的拥有外国国籍的诺贝尔奖获得者、国家最高科学技术奖获得者、“两院”院士、“千人计划”等国家级人才计划入选者或符合《外国人在中国永久居留审批管理办法》的海外高层次人才，可申请办理《外国人永久居留证》。《外国人永久居留证》作为其在中国的合法身份证件，享有中国法律规定的基本民事权利和义务。

1．拥有外国国籍的诺贝尔奖获得者、国家最高科学技术奖获得者、“两院”院士、“千人计划”等国家级人才计划入选者及其随迁外籍配偶和未成年子女申请在中国永久居留的，市公安局予以特事特办。

（1）需提交的资料：

①申请表；

②有效护照及签证或居留许可复印件；

③“千人计划”引进人才需求情况登记表复印件；

④6个月内健康证明。

（2）办理流程：

条件初审——地市级出入境部门窗口受理——地市级出入境部门初审——省级出入境部门审核——公安部审批。

2．其他外籍人才及其随迁外籍配偶和未成年子女，符合《外国人永久居留证》申请条件的，市公安局在受理申请的1个月内完成初审上报工作。

（1）需提交的资料：

①申请表；

②省、部级单位推荐函复印件；

③相关奖励、成果证明复印件；

④有效护照及签证或居留许可复印件；

⑤6个月内健康证明。

（2）办理流程：

条件初审——地市级出入境部门窗口受理——地市级出入境部门初审——省级出入境部门审核——公安部审批——公安部同意后制证发证。

（二）在我市创业并入选国家、省级人才计划的外国籍引进人才及其配偶子女，尚未获得《外国人永久居留证》，但需多次临时出入境的，可为其办理有效期为2—5年的《外国人居留许可》或为其办理1—5年有效的多次往返签证，并提供签证到期提醒服务。

（1）需提交的资料：

①申请表；

②省、部级单位推荐函复印件；

③相关奖励、成果证明复印件；

④有效护照及签证或居留许可复印件；

⑤申请F签证须提供本地接待单位公函；

⑥申请《外国人居留许可》还须提供《外国人就业证》或者《外国专家证》及6个月内健康证明。

（2）办理流程：

填写表格——窗口受理——5个工作日内制证、发证。

（三）对于尚未获得《外国人永久居留证》的外国籍引进人才及其配偶子女，需多次临时出入境的，可申请办理《江苏省海外高层次人才居住证》，凭居住证办理相应期限的居留许可或申请多次入境有效F签证。

（1）需提交的资料：

①申请表；

②《江苏省海外高层次人才居住证》及复印件；

③有效护照及签证或居留许可复印件；

④申请F签证须提供本地接待单位公函；

⑤申请《外国人居留许可》还须提供《外国人就业证》或者《外国专家证》及6个月内健康证明。

（2）办理流程：

填写表格——窗口受理——5个工作日内制证、发证。

（四）外籍人才可通过电话、互联网预约签证业务，预约后可到辖区公安出入境窗口优先办理。

（1）电话预约方法：0511-88956196、88956328；

（2）互联网预约方法：镇江公安出入境新浪博客http://blog.sina.com.cn/u/1275954497

二、驾驶证换发

持有效境外机动车驾驶证的，需换领国内机动车驾驶证的，主动受理，随到随办。

（一）需提交的资料：

1．身份证明：居民身份证或者入境时所持有的护照或者其他旅行证件、居（停）三个月以上的有效签注或者居留许可（原件及复印件），以及公安机关出具的住宿证明原件；

2．填写《机动车驾驶证申请表》《机动车驾驶人身体条件证明》（市车管所驾驶证业务受理窗口可当场打印填写）；

3．境外机动车驾驶证原件及复印件，所持驾驶证属于非中文表述的，应当出具中文翻译文本。

（二）办理流程：

填写表格——体检照相——窗口受理——科目（一）考试（提供6种外国语言，分别是英语、俄语、韩语、日语、德语、法语）——考试合格（90分以上）当场制证发证。

三、户籍办理

（一）具有中国国籍的高层次人才，经就业单位及市人社局出具的证明，可以在其单位所在地行政区域内落户；落户为家庭户的，其配偶、已到退休年龄的父母、岳父母以及子女（含子女配偶）可以随迁，并予以随到随办。

1．需提交的资料：

落户为集体户的，需提交：

①就业单位及市人社局出具的证明；

②迁移人居民户口簿、居民身份证及复印件。

落户为家庭户的，还需提交：

③合法固定住所产权证；

④随迁人居民户口簿、居民身份证及复印件；

⑤迁移人与随迁人关系证明。

2. 办理流程：

由集体户或合法固定住所所在地派出所受理，调查核实后报县级公安机关审批。

（二）对于出国前已注销户口，回国后欲在就业地落户的海外高层次人才，凭最后一次回国时持用的中国护照、原户口注销证明、就业单位以及市人社局出具的证明，可办理在当地的落户手续，不受出国前户籍所在地限制。

1. 需提交的资料：

①就业单位及市人社局出具的证明；

②原户口注销证明（注明注销原因）；

③最后一次回国时持用的中国护照。

2. 办理流程：

由集体户或合法固定住所所在地派出所受理，调查核实后报县级公安机关审批。

四、本办法由市公安局负责解释实施

（出入境证件办理咨询联系人：白云 镇江市公安局出入境管理支队副支队长，联系电话：0511-88956197；

境外驾驶证换领咨询联系人：吕志军 镇江市公安局车辆管理所证照科科长，联系电话：0511-88955725；

户籍办理咨询联系人：朱宏伟 镇江市公安局人口管理支队户籍信息科科长，联系电话：0511-88956175）

附件12：镇江市“人才特区”引进人才进出境物品税收优惠及通关便利暂行办法

为鼓励高层次留学人才和海外科技专家来镇江市“人才特区”工作，根据《中华人民共和国海关法》和国家有关法律、行政法规及其他有关规定，制定“人才特区”引进人才进出境物品税收优惠及通关便利暂行办法。

一、适用对象

由人社部、教育部或者其授权部门认定的高层次留学人才和海外科技专家、《江苏省海外高层次人才居住证》持证人（以下统称引进人才），以随身携带、分离运输、邮递、快递等方式进出境科研、教学和自用物品，适用本办法。

二、海关优惠政策及通关便利措施

1. 来“人才特区”工作连续1年以上（含1年，下同）的引进人才进境本办法所附清单（清单附后）范围内合理数量的科研、教学物品，海关依据有关规定予以免税验放。

2. 来“人才特区”工作连续1年以上的引进人才进境本办法所附清单（清单附后）范围内合理数量的自用物品，海关依据有关规定予以免税验放。

上述人员可以依据有关规定申请从境外运进自用机动车辆1辆（限小轿车、越野车、9座及以下的小客车），海关依据有关规定予以征税验放。

3. 引进人才来“人才特区”后，因工作需要从境外运进少量消耗性的试剂、原料、配件等，应当由其所在单位按照《科学研究和教学用品免征进口税收规定》办理有关手续。

上述人员因工作需要从境外临时运进少量非消耗性科研、教学物品的，可以由其所在单位向海关出具保函，海关按照暂时进境物品办理有关手续，并监管其按期复运出境。

4. 已获人社部、教育部或者其授权部门批准来“人才特区”工作连续1年以上，但尚未取得境内长期居留证件或者《回国（来华）定居专家证》的引进人才，对其已经运抵口岸的自用物品，可以凭人社部、教育部或者其授权部门出具的书面说明文件向海关申请先予放行。上述引进人才应当在物品进境之日起6个月内补办有关海关手续。

5. 引进人才因出境参加各种学术交流等活动需要，以随身携带、分离运输、邮递、快递等方式出境合理数量的科研、教学物品，除国家禁止出境的物品外，海关按照暂时出境物品办理有关手续。

6. 引进人才进出境时，海关给予通关便利。对其随身携带的进出境物品，除特殊情况外，海关可以不予开箱查验。

7. 镇江海关在办理引进人才进出境物品审批手续时，指定专门机构和专人及时办理。对在节假日或者非正常工作时间内急需办理的，海关可以预约加班，在约定时间内为其办理物品审批手续。

三、本办法由镇江海关负责解释实施

（联系人：吴文浩 镇江海关备案一科副科长，联系电话：0511-88918042）

附件13：镇江市“人才特区”推荐引进人才家属就业暂行办法

为贯彻落实《关于建设镇江市“人才特区”的实施意见》，制定“人才特区”推荐引进人才家属就业暂行办法。

一、适用对象

“人才特区”内企业引进的诺贝尔奖获得者、国家最高科学技术奖获得者、“两院”院士、“千人计划”等国家级人才计划入选者、入选省“双创计划”人才、《江苏省海外高层次人才居住证》持证人、市“331计划”入选者、获得硕士以上学历（学位）人员、具有高级专业技术职务任职资格人员。

二、政策待遇

（一）引进人才的配偶在原单位属于公务员或事业单位在编在岗人员的，由市、区人社和机构编制部门根据个人情况以及相关部门和事业单位的人员编制和岗位任职条件，按照原所属类别和单位对口协调落实工作岗位。

（二）诺贝尔奖获得者、国家最高科学技术奖获得者、“两院”院士和国家级人才计划入选者的家属可调入符合专业岗位要求的本市事业单位工作，列入正式编制人员，由市人社和机构编制部门协调落实接收单位。

（三）其他未就业人员，本单位无法解决的，由所属人力资源服务机构和其他民营人力资源服务机构根据引进人才家属情况，多渠道协助优先推荐就业。未就业期间，人事档案免费挂靠在政府所属人力资源服务机构，由人才接收单位按照不低于本地区最低工资1．5倍的标准给予一定生活补贴，补贴期不超过2年。

三、申报审批程序

（一）引进人才或其家属按下列规定提出申请：

1．引进人才家属是公务员身份的，向市人社局提出就业协助申请；是事业身份的，向所在辖市区人社部门提出就业协助申请，并提供相关证明材料，辖市区人社部门报送市人社局，由市人社、机构编制和相关部门协调对等落实就业岗位。

2．诺贝尔奖获得者、国家最高科学技术奖获得者、“两院”院士和国家级人才计划入选者家属，可直接向市人社局提出就业协助申请，并提供相关证明材料；由市人社、机构编制会同辖市区人社、机构编制部门协调落实就业岗位。

3．其他情形的，均可向所在辖市区人社部门提出申请并提供相关证明材料，由辖市区人社部门每月5日前集中报送市人社局，市、辖市区人社部门组织两级人力资源市场和辖区内中介机构，积极推荐落实就业岗位。

（二）辖市区人社部门接到申请后，根据申请人原就业情况，应积极主动为申请人提供就业协助或创业培训支持。

（三）本办法由市人社局负责解释实施。

（联系人：司马杰 镇江市人才服务中心人才招聘与引进部部长，联系电话：0511-84411720）

附件14：镇江市“人才特区”引进人才子女入学优惠暂行办法

为贯彻落实《关于建设镇江市“人才特区”的实施意见》，制定“人才特区”引进人才子女入学优惠暂行办法。

一、适用对象

（一）领军人才：

第一类人才：“人才特区”内企业引进的诺贝尔奖获得者、国家最高科学技术奖获得者、“两院”院士；

第二类人才：“千人计划”等国家级人才计划入选者；

第三类人才：入选省“双创计划”人才、《江苏省海外高层次人才居住证》持证人；

第四类人才：市“331计划”入选者。

（二）“人才特区”内企业引进的获得硕士以上学历（学位）人员、具有高级专业技术职务任职资格的人员。

二、政策规定

1．引进人才的适龄子女接受学前教育的，在公办幼儿园就近优先安排入学；

2．引进人才的适龄子女接受义务教育的，由教育行政部门免试免费就近安排公办学校就读。在镇江参加中考升学，执行镇江市相关中招政策；

3．引进领军人才的适龄子女接受义务教育确需跨学区就读的，由教育行政部门协调沟通，妥善安排；

4．到2015年建成国际学校或国际班不少于3个，引进领军人才子女就读国际学校或国际班的，由人才所在单位根据人才层次对就读学校按学费的50%—100%给予补贴，具体标准为：

引进第一类人才按照学费的100%给予补贴，

引进第二类人才按照学费的90%给予补贴，

引进第三类人才按照学费的80%给予补贴，

引进第四类人才按照学费的50%给予补贴；

5．引进人才子女直接从国外来我市就读高中阶段学校的，在转学、申请入学等方面优先支持；

6．引进人才子女就读职业学校，优先推荐就业；

7．引进人才子女办理转学手续，教育行政部门优先受理，在3个工作日内办结。

三、办理程序

引进人才子女申请在镇江市中小学就读，须提供下列材料：

1．能体现引进人才符合条件的证明材料；

2．能证明引进人才与其子女关系的户口簿或公安部门出具的户籍证明；

3.《镇江市引进人才子女就读申请表》（样表附后）；

4. 与用人单位签订的经人社部门认可的劳动合同；

5. 在镇购房的产权证或购房合同、交款发票，或在镇租房的租赁合同、居住地居委会证明；

6. 非起始年级随父母来我市就读的，除须同时提供上述证明材料外，还应出具原就读学校的学籍档案及转学证明。

以上有关证件、材料备齐后，属享受市民待遇的，直接到居住地所属教育行政部门办理相应手续。

各地教育行政部门审核后，对符合条件的应无条件接受，共同做好引进人才子女入学工作。

四、本办法由市教育局负责解释实施

（联系人：向建文 镇江市教育局基础教育处，联系电话：0511-88916312）

中共镇江市委

镇江市人民政府

二〇一三年二月二十八日

中共常州市委 常州市人民政府
关于全面深化“龙城英才计划” 加快推进
苏南人才名城建设的意见

（常发〔2013〕27号）

为深入实施科教与人才强市战略，大力支持海内外领军人才在我市创新创业，积极培育一大批新兴产业领军企业，努力促进人才优势向产业优势转化，探索走出一条人才引领创新的科学发展之路，有力推动我市苏南现代化示范区建设，经市委、市政府研究，决定进一步加大力度、完善机制、创新政策，全面深化“龙城英才计划”，加快推进苏南人才名城建设。现提出如下意见。

一、总体目标

围绕我市培育发展的高端装备制造、新材料、新能源、新一代信息技术和软件、智能电网、生物技术和新医药、节能环保、新能源汽车、海洋工程装备、物联网和云计算等新兴产业，重点突出轨道交通、汽车及零部件、农机和工程机械、太阳能光伏、碳材料、新医药、新光源、通用航空、智能电网、智能数控和机器人等十大产业链建设，按照“政府引导、市场主导、企业主体”的人才工作模式，大力支持引领高新技术产业发展的海内外领军人才在我市创新创业。到2015年末，累计支持1600名领军人才，带动集聚7000名各类高层次人才；到2020年末，分别累计达到3000名和15000名。

围绕推动领军人才创业企业加速发展，利用市场资本的价值发现和资源配置功能，对拥有核心技术、发展前景广阔的领军人才创业企业进行聚焦式投资。到2015年末，累计支持300家由知名创投机构或我市重点企业首先股权投资、人才投资基金和人才引导基金跟进股权投资的领军人才创业重点企业加速发展，并有企业成功上市；到2020年，累计支持800家领军人才创业重点企业加速发展，并有一批企业成功上市，形成“龙城英才计划”上市板块，打造新兴产业领军企业集群。

二、主要内容

根据领军人才和团队的组成情况，以及创新创业项目的技术领先性、产业发展前景和实施进展等，分类支持领军人才领办和创办科技创业企业。

1. 特别支持项目（A类项目）。技术达到国际同行业前沿水平、具有突破性产业发展前景，知名创投机构股权投资1000万元以上或我市重点企业股权投资2000万元以上，尚未在我市注册落地或注册落地未满6个月的领军人才创新创业项目，可申请A类项目特别支持，将给予不低于300万元的人才投资基金、不高于200万元的人才引导基金股权投资支持和300万元的创业资金资助。据此兴办的领军人才创业企业可享受领军人才创业重点企业的支持政策。

2. 重点支持项目（B类项目）。技术达到国际同行业领先水平、具有广阔产业发展前景，知名创投机构股权投资500万元以上或我市重点企业股权投资1000万元以上，尚未在我市注册落地或注册落地未满6个月的领军人才创新创业项目，可申请B类项目重点支持，将给予不低于200万元的人才投资基金、不高于100万元的人才引导基金股权投资支持和200万元的创业资金资助。据此兴办的领军人才创业企业可享受领军人才创业重点企业的支持政策。

3. 优先支持项目（C类项目）。技术达到国际同行业先进水平、具有良好产业发展前景，暂时未与知名创投机构对接成功500万元以上或我市重点企业1000万元以上的股权投资，且未在我市注册落地或注册落地未满6个月的领军人才创新创业项目，经项目申报、面谈评估，将给予100万—200万元的创业资金资助。据此兴办的领军人才创业企业符合本条第4点条件后，可享受培育支持项目（D类项目）的支持政策。

4. 培育支持项目（D类项目）。对于在我市注册落地6个月以上，拥有核心技术、发展前景广阔的领军人才创业未上市科技型中小企业，知名创投机构股权投资500万元以上或我市重点企业股权投资1000万元以上，可申请D类项目培育支持，将给予不低于200万元的人才投资基金、不高于100万元的人才引导基金股权投资支持和100万元的发展资金资助。据此，该领军人才创业企业可享受领军人才创业重点企业的支持政策。

政府引导基金参股的知名创投机构或我市重点企业股权投资的领军人才创新创业项目（创业企业），人才引导基金不跟进股权投资。

人才引导基金在领军人才创业重点企业所直接拥有的股权，3年内可以优先转让给股权投资该企业的知名创投机构，也可以转让给除人才投资基金和人才引导基金之外的股东一致约定的其他股东，转让价格为原始投资额与按照转让时国家财政部公开发行的同期国债利率计算的收益之和。

三、支持领军人才创业重点企业加速发展

对于符合条件的领军人才创业重点企业，在确保现有各项支持政策落实到位的基础上，进一步向其集聚优质资源、倾斜优惠政策、提供优先服务，推动其加速发展。

1．实行领导挂钩联系。每家领军人才创业重点企业，均有1名市领导挂钩联系、1名市级机关部门负责人协助联系。挂钩联系领导经常走进企业，了解发展情况，听取意见和建议，会商扶持措施，及时帮助协调解决发展过程中遇到的各种困难和问题。

2．优先推荐申报项目。领军人才创业重点企业所实施的各类项目，符合申请国家、省、市对应项目支持的，各级人才、发改、经信、科技、财政、人社等部门均实行“必报”制度，同时给予优先辅导、优先推荐、优先争取，并承诺和落实需配套的各项支持政策。

3．优先纳入政府采购。各级政府部门应优先向领军人才创业重点企业购买公共服务、采购适用产品。建立风险补偿机制，鼓励和支持领军人才创业重点企业研制国内首台首套产品。对于领军人才创业重点企业研制的国内首台首套产品，参与政府采购时，不对该企业的注册资本、业绩水平、资格条件等设置限制性要求。

4．实行联动支持政策。各辖市、区应根据本地发展实际和领军人才创业重点企业发展需求，及时调整和完善支持政策，特别是在提供创业场所、支持引进人才、协调后续融资、优先单独供地、加快办事流程、减免相关收费、给予发展奖励等方面给予重点支持，并积极探索“拨改贷”、“拨改投”、“拨改奖”等政府支持创新模式。

四、强化举措

加快苏南人才名城建设，大规模集聚领军人才是基础，大力度推进人才发展是根本，要努力形成人才与产业交融发展、齐头并进的良好态势。

1．加大招才引智力度。在大力支持本地领军人才创新创业的同时，面向全球招揽英才，努力形成“天下英才汇龙城，创新创业在常州”的良好局面。要进一步持续加大“龙城英才计划”的宣传推介力度，将其打造成响亮的引才品牌。要面向重点国家、地区、城市和园区、高等院校、科研院所、企业，招揽包括诺贝尔奖获得者、院士、国家“千人计划”专家，以及世界500强、知名跨国公司中国区高管、技术总监等在内的各类高端人才来我市创新创业。要切实发挥用人单位的主体作用，调动其引进人才的积极性。要加大以才引才力度，提高引才的有效性。要进一步加强与知名人才中介、创投机构的战略合作，实施专业化、靶向性引才。要加强与招商引资的联动，达到“双招双引、互动共赢”的良好效果。

2．建设高端平台载体。一流平台，吸引一流人才。要高水平建设科教城、常州高新区、武进高新区、西太湖科技产业园、江苏中关村科技产业园、金坛华罗庚科技产业园以及其他各类重点开发园区、科技园区，加快构筑“一核两区三园多基地”的区域创新总体布局。要大力建设一批产业定位清晰、基础设施领先、公共服务完备、创业环境优良的高端孵化器、加速器，进一步吸引和承载高层次人才在我市创业发展。要积极创造条件，着力建设诺贝尔奖获得者、外国院士工作室和“千人计划”产业研究院等顶尖人才集聚平台，发挥其引领、辐射和带动作用。要加快推进博士后科研工作站、企业院士工作站、研究生工作站、工程技术研究中心、企业技术中心、工程中心等“三站三中心”建设，为创新人才发挥作用提供平台。

3．推进人才资本融合。探索建立和健全人才发展金融支撑体系，大力鼓励人才项目与市场资本进行深入对接，积极引导各类市场资本投资人才项目，努力形成“人才到常州找资本，资本来常州找项目，人才与资本融合在常州发展”的良好局面。要进一步做大龙城英才创业投资引导基金规模，力争到2015年末扩大到6亿元。要加快做强龙城英才创业投资有限公司，适时进行民营化改造，使其机制更灵活、更有效，力争到2015年末增资到12亿元。要利用市场资本的价值发现和资源配置功能，继续采取跟进投资的方式，动员、引导知名创投机构和我市重点企业识别、投资人才项目，特别支持新兴产业领军企业与知名创投机构共同发起设立领军人才新兴产业股权投资基金，进一步形成领军企业产业经验优势和创投机构专业投资优势的叠加效应。

4．营造良好创新生态。积极倡导全社会崇尚创造、鼓励创新、支持创业的城市精神，营造尊重劳动、尊重知识、尊重人才、尊重创造的良好氛围。要打造优质、便捷、高效的“保姆式”服务，不断改进服务理念，优化服务环节，简化办事程序，压缩审批事项，提高办事效率，全力支持各类人才在我市创新创业、加快发展。要切实帮助领军人才解除后顾之忧，优先协调解决住房、医疗、保险、子女入学等困难。要持续开展“龙城英才计划•元林创业精英奖”评选活动，启动实施“创业新星奖”评选，大力表彰奖励领军人才中涌现的创业成功典型。对作出突出贡献、有较强参政议政能力的领军人才，要优先推荐为各级党代表、人大代表和政协委员人选。要进一步发挥留学归国人员协会的作用，拓展人才范围，增强服务功能，促进相互交流。

五、组织实施

全市各级党委、政府要充分认识加快推进苏南人才名城建设的现实意义和战略意义，确保领导精力、资金投入、组织措施等优先保证人才工作。

1．切实加强组织领导。各级党委、政府要把全面深化“龙城英才计划”，加快推进苏南人才名城建设，作为贯彻落实苏南现代化建设示范区规划的重要抓手，确保三个“一把手”抓“第一资源”责任的落实到位。要加快完善人才工作机制，形成党委统一领导，组织部门牵头抓总，人社部门切实履行政府人才工作职能，有关部门各司其职，用人单位发挥主体作用，社会力量广泛参与的工作格局。要着力构建市，辖市、区，镇、街道、园区，高等院校、科研院所和企业四级人才工作网络，加强协作配合，合力推进“龙城英才计划”。

2．优先保证人才投入。积极构建人才发展多元化投入机制，切实保障“龙城英才计划”的顺利实施。市和辖市、区要加大政府投入力度，落实不低于本级公共财政预算收入3%的要求，积极鼓励高校、企业分别按总支出5%、销售额0.6%的标准设立人才发展专项资金，用于人才的引进、培养、使用和奖励等。有条件的地方、单位比例或总额要更高一些。要充分运用财政税收和金融信贷等政策，引导鼓励市场资本多渠道、多形式投资人才资源开发，逐步建立政府引导、市场主导、企业主体、社会参与的人才投入体系。

3．深入推进督查考核。把人才发展主要指标纳入全市综合考核之中，并保持“第一权重”，健全和坚持三个“一把手”人才工作述职制度。要加强对人才工作的督查考核，不断完善专项督查、日常督查、定期督查、跟踪督查制度，实时动态掌握人才工作实施进展情况。要围绕全面深化“龙城英才计划”，加快推进苏南人才名城建设的总体要求和目标任务，完善指标体系，优化考核办法，合力推进实施。要加大考核结果的运用，对成绩突出的地区、单位和个人，给予大力表彰和奖励，切实发挥考核的“风向标”和“指挥棒”作用。

本意见自2014年1月1日起施行。具体办法另行制定。原有政策规定与本意见不一致的，以本意见为准。

本意见由市人才工作领导小组办公室负责解释。

中共常州市委
常州市人民政府
二〇一三年十二月二日

中共无锡市委 无锡市人民政府关于建设“三地三中心”加快推进产业转型升级的意见

（锡委发〔2013〕29号）

加快建设新兴产业发展高地、先进制造业基地、旅游度假胜地和科技创新创业人才集聚中心、文化创意中心、商贸物流中心（“三地三中心”），是我市调整产业结构、加快转型升级的迫切需要，是无锡在资源和环境紧约束条件下实现持续健康发展的战略举措，也是增强城市综合竞争力的客观要求，对提升无锡城市功能和地位具有十分重要的意义。为进一步加快“三地三中心”建设，中共无锡市委文件特提出如下意见。

一、总体思路和基本原则

（一）总体思路。

贯彻落实党的十八大精神，紧紧围绕建设“四个无锡”的总体要求，以科学发展为主题，以转变经济发展方式为主线，以产业结构调整和转型升级为主攻方向，以提高经济发展质量和效益为中心，以建立现代产业体系为目标，以企业为主体，坚持创新驱动、项目带动，集中力量、重点突破，整体推进、形成特色，全力打造“三地三中心”，全面增强产业核心竞争力，为无锡率先基本实现现代化奠定坚实基础。

（二）基本原则。

1．坚持创新驱动。大力推进原始创新，提高集成创新和引进消化吸收再创新能力，加强协同创新，掌握一批核心关键技术及相关知识产权，推动产业组织方式创新，努力提高企业核心竞争力。

2．坚持高端引领。瞄准高端环节，大力发展高技术含量、高附加值、高成长性和高带动性的产业和产品，鼓励企业加快从生产加工环节向自主研发、品牌营销等产业链两端延伸，向价值链高端攀升。

3．坚持项目带动。突出重点领域，强化集聚集约，紧盯高端、着眼长远，培育和建设一批投资规模大、技术水平高、市场前景好、产业关联度和带动性强的重大项目，加大要素保障，增强发展后劲。

4．坚持市场主导。立足市场需求，完善以市场为导向、产学研相结合的技术创新体系，充分发挥企业在产品和市场开发方面的主体作用。大力创新投融资体制机制，建立完善科技金融体系，充分发挥市场配置资源的基础性作用，鼓励促进各类资本投入“三地三中心”建设。

二、主要目标

——新兴产业发展高地。到 2015 年，全市战略性新兴产业实现产值年均增速超过15%，八大战略性新兴产业中制造业产值占规模以上工业总产值比重达到30%左右，积极打造物联网与云计算、新能源、节能环保、微电子、软件与服务外包五个世界级特色产业基地和新材料、生物、高端装备制造与工业设计三个国家级特色产业基地。

——先进制造业基地。到2015年，建成一批产业集聚度高、产出高、主要经济指标达到国内先进水平的特色制造园区；培育和发展一批在行业中有影响力的龙头企业，并打造出2—3家千亿级企业；装备制造、电子信息、纺织服装、特色冶金等优势支柱产业产值年均增长12%，加速向高端制造升级更新。

——旅游度假胜地。到2015年，全市旅游总收入达到1800亿元，旅游业增加值占全市GDP比重达到7%，年接待入境旅游人数达到200万人次，努力把无锡建设成为国内一流、国际知名的旅游度假胜地。

——科技创新创业人才集聚中心。到2015年，全市科技创新创业人才突破3.5万人，其中海外高层次人才突破8000人，培育国家“千人计划”“万人计划”人才100人以上，省“双创计划”人才数保持全省10%左右；全市高技能人才总量突破26万人，占技能劳动者的比例达到37%以上，努力将无锡打造成为“东方硅谷”和“人才特区”。

——文化创意中心。到2015年，全市文化产业增加值占GDP比重达到6.4%，文化创意产业营业总收入年均增长22%，文化产业规模和水平进入全国同类城市前十位，努力把无锡打造成为“区域性文化中心城市”和“文化影视之都”“动漫之都”“设计之都”。

——商贸物流中心。到2015年，全市社会消费品零售总额突破3800亿元，空港旅客吞吐量达到600万人次；省级重点物流企业（基地）达到50家，国家3A级以上物流企业达到30家，把无锡建成长三角区域性物流中心。

三、重点任务

（一）着眼做大做强，建设新兴产业发展高地。

1. 提升规模化水平。鼓励新兴产业领域的行业龙头企业、优势企业开展兼并重组，实行强强联合和上下游一体化经营，提高规模效益和抗风险能力。加快成长型企业培育，鼓励中小企业靠大靠强，与大企业（集团）配套协同发展，走“专精特新”发展之路，培育发展一批具有自主知识产权、主业突出、核心竞争力强的全国行业排头兵和百亿企业后备梯队。加快“530”企业产业化步伐，鼓励本土企业和资本与“530”项目对接合作，引导已落户的“530”企业依托产业链开展配套协作，加快形成产业规模效应和市场竞争优势。

2. 狠抓重大项目建设。加大科技招商力度，重点围绕制约新兴产业发展的关键核心技术与行业共性技术，全面增强科技招商的针对性和有效性，加快在物联网、云计算、集成电路、新能源、生物医药等重点领域实现突破。积极争取重大科技项目，推动我市与国家、省科技计划的全面衔接，争取更大支持，集成更多资源。围绕特色优势产业发展，加大项目源培育力度，加快储备一批能够支撑、引领无锡长远发展的重大科技项目。

3. 加快科技成果产业化。以应用为导向，实施创新产出赶超行动，促进科技创新产出效益大幅提升。加大政策引导扶持力度，对重大科技成果的产业化项目以及企业的研发支出等给予资助或补贴。充分发挥龙头企业的引领作用，鼓励引导企业开发具有技术优势、适应市场需求的重点产品。加大政府采购力度，提升新兴产业产品市场占有率。

（二）立足既有优势，建设先进制造业基地。

1. 加快高端化发展。鼓励高技术含量、高附加值、高产业带动性和高成长性产品发展，积极支持重大整机和终端产品生产，提升产业高端化水平。引导企业加大产品研发力度，鼓励企业实施产业关联度大、技术水平高、市场前景好的技术改造项目，提升企业核心竞争力。支持和引导企业向产业链高端延伸，逐步形成以技术、质量、品牌、服务为核心竞争力的产业发展新优势。

2. 加快信息化改造。着力推动工业化与信息化的深度融合，加强企业研发、生产、管理、营销过程的信息化改造，增强企业信息化竞争优势。在工业信息化的基础性、共性领域实施一批重点项目及示范工程，着力推进物联网技术在制造业生产过程工艺优化、产品设备监控管理、环保监测及能源管理等方面的应用，促进物联网和云计算的融合发展，推动传统工业向智能工业提升。

3. 加快服务化提升。强化先进制造业和生产性服务业协同发展，引导和推动企业通过设计创新、模式创新、管理创新和业务流程再造，培育更多的生产性服务供给主体和服务型制造业企业，不断提高生产性服务业的比重和水平。细化产业分工，在生产制造各个环节中推进两端延伸，重点围绕研发、销售、采购、物流、商务等领域，打造完整的服务型制造业产业链。

（三）依托山水资源，建设旅游度假胜地。

1. 提升旅游品牌形象。依托太湖国家旅游度假区、太湖山水城旅游度假区和阳山生态休闲旅游度假区等国家和省级度假区，以“一岛一带一城两片多点”建设为重点，优化发展布局，整合优势资源，加快形成马山国际旅游岛、古运河十里风光带、太湖新城、江阴特色旅游片区、宜兴生态旅游片区和蠡湖休闲度假旅游区、南长清明桥、惠山古镇等为核心的大旅游格局。以大型旅游文化综合体、主题公园、国际品牌度假酒店为重点，引进一批具有较强带动力、辐射力的旅游项目。挖掘培育文化游、水上游、生态游等项目，提高无锡旅游的品牌知名度和市场影响力。

2. 放大旅游综合效益。推进旅游产业与科技、工业、农业、文化、体育、交通、会展、医疗等产业融合互动发展，进一步拉伸大旅游产业链。加强旅游纪念品创意设计、旅游装备制造、文化体验等旅游新品开发，充分挖掘旅游业对于仓储物流、网络信息、国际金融、文化创意、影视传媒、会展博览等的带动消费。积极推动区域间旅游合作，促进规划统筹、线路对接、客源互送、促销联手，建立互利共赢的合作机制。在做好做优国际知名酒店的同时，加快引进一批度假型、休闲型、经济型酒店，推进旅游饭店多层次发展。

3. 改革创新机制业态。加快旅游管理体制创新，促进旅游企业化经营、市场化运作，积极组建以资产为纽带的旅游产业发展集团，培育一批龙头型旅游企业。积极推动传统园林景区、文化景观产品创新。大力开发新的旅游产品，促进旅游业态提档升级。加快引进旅游专业人才和高级管理人才，增强旅游业发展活力。

（四）围绕创新驱动，建设科技创新创业人才集聚中心。

1．提升载体发展水平。充分挖掘和发挥现有各类科技载体的承接功能，加快形成布局合理、特色鲜明、功能完善、管理高效、资源共享，适合各类创新成果在无锡生根、转化的科技创新服务体系。全力推进太湖国际科技园、国家工业设计园、无锡软件园等创业载体建设，进一步优化各类科技孵化器功能，大力发展以公共技术服务平台、技术成果交易平台和科技中介服务为核心的现代科技服务业。建设一批产业特色鲜明的专业性科技载体，到2015年专业化科技载体比重达到80%以上。

2．提升人才引育水平。多方位、多层次拓展引才渠道，推动人才引进与产业发展更紧密结合。加大政策扶持力度，引导和鼓励企业引进和培育人才。鼓励引进项目、引进技术与引进人才的结合，加快推进研发、设计、生产、经营和人才的本地化。积极打造具有国际影响力的人才交流平台，建设好无锡海外高层次人才技术成果展示交易中心。落实企业培训补贴政策，鼓励企业开展职工技能提升培训，指导企业开展技能人才评价，切实提升企业职工技能素质。多层次、高质量地开展企业经营管理人才培训，有效提高全市企业家的整体素质和运营管理能力。

3．提升创业服务水平。构建更加畅通、灵活、综合、便捷的创业绿色通道，充分发挥市企业科技创新服务中心、企业金融服务中心、中小企业发展服务中心等平台作用，整合相关服务功能，为高端人才和团队创办企业提供一站式服务。鼓励引入第三方中介服务机构，利用电子商务技术，建立中小企业物流、金融、人力资源等服务平台。深入实施知识产权战略，积极在物联网等重点领域建设知识产权公共服务平台，帮助企业降低知识产权侵权风险。大力实施高层次人才安居工程，加快建设一批人才公寓，对高校、科研院所等在锡建立人才驿站给予资金支持。

（五）瞄准国内一流，建设文化创意中心。

1．扩大影视产业辐射效应。以加快推进无锡（国家）数字电影产业园建设为重点，通过建立影视服务中心、外景拍摄联盟和打造“国际剧本交易工场”，加快将无锡打造成为国际知名的数字影视拍摄制作、技术研发、展示交流、人才实训和科技体验高地。引进知名品牌餐饮、娱乐、休闲商业配套项目，营造优质、便利、现代、舒适的发展环境。充分发挥本土高校人才资源优势，利用相关产业基金支持，制作一批国际一流水准的影视精品，形成功能完备，产业链完整，具有中国特色的现代科技与影视文化融合的产业示范区。

2．拓展动漫游戏业发展路径。调整园区布局，整合产业资源，以国家动画产业基地、国家动漫游戏振兴基地为基础，择地筹建市级专属动漫网游产业园区，加快形成园区特色，提升集聚效应，增强综合实力。加快推进“动漫衍生产品产业化平台”建设，打造全国最大的动画片交易和动漫衍生产品设计、开模、样品制作中心以及动漫衍生产品电子商务营销平台。大力扶持骨干企业，力争实现文化企业上市突破。

3．提升创意设计核心竞争力。以工业设计、家居环境设计为重点，依托国家工业设计园，形成以产品设计、建筑设计、艺术设计、IC设计、汽车设计等为内涵，国内最大、国际知名的工业设计主题园区。依托广益家居创意设计园，优化“一园四中心”产业布局，集成装饰设计、城市规划设计，导入文化艺术、生态环保、新科技等元素，打造长三角首个以居家生活创意为主题的大型创意设计园。加快打造一批业态特色强、聚集程度高、配套功能全的创意设计集聚区。

4．大力推进体制机制创新。积极筹建文化创意产业促进中心，大力引进一批符合产业发展需求的招商引资、组织策划、包装设计、宣传推广人才。继续发挥市文化产业发展资金带动效应，加大对上争取力度，强化资金绩效管理，提高资金使用效率。借鉴中国农业银行无锡科技支行成功经验，积极筹建文化支行和文化小额贷款公司，对文化产业园区及成长型文化企业提供融资支持。制定出台专项政策，加大影视、创意设计、动漫网游类名人工作室、高端人才的引进和扶持力度，完善本土文化创意人才培训机制。

（六）发挥区域优势，建设商贸物流中心。

1．提升商贸发展水平。积极引进地标性商业项目，加快提升中心商业圈能级，全面改造提升商业特色街区建设，着力放大生产、生活资料等各类专业市场的区域辐射功能。积极创新商贸业态，鼓励传统商贸企业通过兼并、联合、重组、上市等方式，加快实现规模化、品牌化、特色化经营。积极引导“老字号”企业通过连锁经营等方式开拓周边市场。推进电子商务加快发展，引导和支持企业电子商务应用和模式创新，鼓励实体商业企业开展网络零售业务。大力发展现代商贸业，重点发展连锁经营、代理配送、国际采购平台等经营业态。积极吸引国内外一流的商贸企业，培育一批辐射能力强的大型商贸集团。

2．提升现代物流业发展水平。制订实施新一轮现代物流业发展规划。鼓励行业龙头企业、优势企业做大做强，争创省级重点物流企业（基地）和国家3A级以上物流企业。鼓励企业创新管理和商业模式，搭建物流业联动发展平台，促进物流业与制造业、商贸业融合发展。推进企业技术改造，提升物流业装备水平，鼓励企业建设多层立体仓库、共同配送中心。加快重点物流园区建设，推进公共信息平台建设，提升园区综合服务功能，积极引进现代物流知名企业，提升现代物流业发展层次和水平。

3．提升区域口岸功能。优先发展保税物流，充分发挥高新物流中心功能，加速江阴港、宜兴港口岸建设，营造“高效、便捷、低成本”的口岸物流环境。加快苏南国际机场二期扩建工程建设，增强空港口岸功能，在扩大开放的基础上，依托空港物流园区，重点发展航空装备制造业和航空货运物流。依托江阴、靖江的长江岸线资源，整合石化、煤炭、钢材等大宗商品专业物流园区，加快建设公共码头，重点发展集装箱航运，成为长江航运线上重要的货运中转港、始发港和目的港。

四、保障措施

1．加强组织领导。调整建立“三地三中心”建设总的领导小组，并下设六个专项工作推进小组。各专项工作推进小组要围绕目标，制定三年发展规划，明确工作任务和措施，精心组织，扎实推进。充分发挥各地各部门的积极性和创造性，密切部门之间的协调配合，加强上下之间的衔接沟通，合力推进“三地三中心”建设各项工作。

2．加强统计监测。围绕当前“三地三中心”建设现状，研究制定反映我市“三地三中心”建设情况的统计指标体系，建立完善“三地三中心”建设统计监测制度，并将统计评价结果与基本实现现代化评价结合起来，充分反映各地各相关部门的工作成效。

3. 加强考核督查。强化目标责任管理，将“三地三中心”建设的目标任务列入市级有关部门年度目标责任制考核和各市（县）、区党政领导班子政绩考核体系。自2013年起，市政府每年对重点目标和完成情况进行评估，对各市（县）、区和市有关部门进行督查考核，并与党政干部年度工作考核挂钩，真正使各项任务落到实处、取得实效。

4. 加强政策扶持。优化市产业转型升级引导资金投向，集中力量支持“三地三中心”建设，并在此基础上研究制定加大财政投入的相关政策，进一步完善《关于深化“530”计划建设“东方硅谷”的意见》等人才政策体系。合理安排用地指标，每年新增建设用地指标优先满足“三地三中心”项目建设需求，存量土地中拿出一定比例专项安排“三地三中心”项目建设。进一步降低投资门槛，在用地、融资、人才等方面给予更大支持，鼓励社会资本积极参与“三地三中心”建设。

中共无锡市委
无锡市人民政府
二〇一三年三月十二日

无锡市人民政府关于实施创新驱动发展战略提升企业创新能力的意见

（锡政发〔2013〕104号）

为贯彻落实党中央、国务院《关于深化科技体制改革加快国家创新体系建设的意见》（中发〔2012〕6号），江苏省委、省政府《关于加快企业为主体、市场为导向、产学研相结合技术创新体系建设的意见》（苏发〔2012〕17号）和《中共无锡市委无锡市人民政府关于建设“三地三中心”加快推进产业转型升级的意见》（锡委发〔2013〕29号）等有关文件精神，深入实施创新驱动发展战略，全面提升全社会科技创新能力，全面加强科技创新体系建设，促进产业转型升级，现提出以下意见。

一、加强关键共性技术的研发，提升城市创新实力

（一）支持关键、共性技术攻关。鼓励企业围绕新兴产业和传统产业提升改造，以重大关键技术及产业共性技术研究开发与应用示范为重点，着力攻克一批关键共性技术，突破瓶颈制约，提升产业竞争力。根据其技术水平、承担单位基础与能力、新增研发投入、预期经济社会效益等，经评审后，给予研发经费支持，最高不超过100万元。

（二）鼓励企业和科研单位积极承担或参与国家、省各类科技计划项目的实施。对承担国家、省重大专项，国家科技支撑计划、“863”“973”等各类科技计划项目的本市企事业单位，按合同规定给予配套支持。

（三）激发科技型中小企业的创新活力。实施科技型中小企业创新资金计划，对其开展的科技创新项目，根据相关办法，进行前置立项，给予一定的资金支持，从而争取国家、省科技型中小企业创新基金的集成支持，每个项目支持资金最高不超过35万元。

（四）大力培育科技领军型企业。鼓励企业争创国家创新型企业（试点企业）和省级科技领军型企业，对认定的企业分别一次性给予国家级200万元、省级100万元的创新活动经费支持。

二、加快高科技成果产业化，推动企业转型发展

（五）支持企业转化科技成果。企业已取得具有自主知识产权的科技成果、经中试并进入产业化开发或直接进入产业化开发、能较快形成较大产业规模（新增销售收入3000万元以上）、显著提升相关产业技术水平和核心竞争力的重大科技成果转化项目，根据其年度绩效，经考核或审计后，对贷款期限在1年及以上的科技成果产业化贷款，实际发生的银行贷款利息，按不超过银行同期贷款基准利率的50%进行贴息资助，在计划实施的连续3年内，年度贴息额不超过100万元，累计贴息额最高不超过200万元，每年兑现一次。

积极推进“530”企业产业化。对“530”企业在计划实施的连续3年内所发生的银行贷款，按当年实际还贷额度和银行同期基准利率进行全额贴息，年度贴息额不超过100万元，累计贴息最高不超过200万元。

（六）支持企业开展创新国际化工作。鼓励企业大力引进、消化吸收、再创新国外科技成果，根据项目总投入、技术水平、项目转化基础，预期经济社会效益等，经评审后，按项目实际新增投入的20%给予资助，最高不超过100万元。

（七）支持科技惠民示范工程。实施农业、社会领域科技惠民示范工程，积极推进高科技成果与先进适用技术在农业、社会领域的应用示范，对其成果转化应用、重大科技示范工程实施过程中所发生的费用，经评审后，按其项目新增投入的20%给予资助，最高不超过100万元。

三、加强科技平台建设，支撑科技创新创业

（八）支持国内外科研院所、高等院校在锡建立研发机构。对国家级科研院所、重点高等院校在无锡建立独立研发机构，经有关部门认定后，给予新增研发用仪器设备等相关投入的20%补助，最高不超过200万元；对国内外著名高校、科研机构、大集团公司为我市开展前瞻性、原创性研究和重大战略产品技术研发，来锡新设立重大研发机构，可按“一事一议”方式给予特别支持。

（九）引导企业普遍建立研发机构。支持企业建立高水平研发机构，鼓励现有企业研发机构升级换挡建立无锡市科技研发（设计）机构，根据其研发人员规模、研发装备和仪器配备、在行业中的研发水平、科研成果及转化等，经考核或审计后，对其中成效突出的企业研发机构，给予其新增研发用仪器设备投入资金的20%的经费资助，最高不超过200万元。

完善企业技术创新体系，实现工业企业研发机构全覆盖计划，对经考核完成研发机构全覆盖年度目标任务的地区给予最高不超过30万元的奖励。

（十）支持企事业单位围绕新兴产业发展和传统产业升级建立开放共享服务的科技平台。对新建的科技平台，根据其研发投入、服务能力和水平、预期经济社会效益，经评审后，按其研发仪器设备等相关投入的20%进行补贴，最高不超过100万元；对加入共享服务平台的单位，根据其年度服务本市中小型科技企业的业绩，经考核后给予一次性不超过30万元的资金补贴。

（十一）支持国际技术转移平台建设。支持围绕企业技术创新国际化的重点需求，为创新型企业提供高效、优质的海外技术创新资源和合作伙伴而搭建的交流与合作平台，根据其服务能力，转移科技成果数量、成果产业化成效等业绩，经考核后，可给予最高不超过50万元的资金资助，对特别重大平台，“一事一议”方式给予特别支持。

四、加强科技与金融的深度融合，助推企业做大做强

（十二）支持创业投资企业投资初创期科技型企业。发挥无锡市种子资金引导作用，鼓励社会各类创业投资企业投资参股我市初创期科技型中小企业，助推科技企业快速发展。种子资金投资额根据企业发展潜力、创业投资企业投资力度，按不超过创业投资企业实际投资额100%比例对企业跟进投资，投资价格与被跟进创业投资企业的投资价格相同，双方均以现金出资，投资期限一般不超过5年，跟进投资最高金额为500万元。

（十三）实施科技成果产业化风险补偿支持。市、区合作建立风险补偿资金池，原则上按1:10的放大倍数，鼓励合作银行对我市拥有自主知识产权，具有良好市场前景和社会效益的科技型中小企业科技成果产业化项目进行风险补偿贷款支持。对经认定符合条件的企业，合作银行给予最高不超过500万元的贷款支持。对于按期还款的风险补偿贷款项目，经验收评估合格后，按银行同期贷款基准利率的50%给予贴息扶持。合作银行在放贷支持科技成果产业化过程中发生的贷款本金损失，按照相关部门与合作银行签订的合作协议所约定的比例，由市风险补偿资金和合作银行分别承担。

（十四）实施知识产权质押。支持科技型中小企业专利技术创新产品产业化，对通过专利权质押方式获得银行贷款支持的科技型中小企业专利技术产业化项目，进行贷款贴息资助。对于一般科技型中小企业，按照银行同期基准贷款利率的50%，给予贴息扶持，对于“530”企业，按照银行同期基准贷款利率，给予全额贴息扶持。每个专利权质押贷款贴息项目最高不超过30万元。

（十五）实施科技保险资助。对符合条件的科技型企业，按国家规定的险种，对购买的科技保险进行保费资助，分解科技创新创业风险。原则上给予30%—50%的科技保险费补贴，每个企业当年度补贴最高不超过30万元。

五、大力提升企业知识产权的能力和水平

（十六）实施专利资助。根据市有关专利资助办法的规定，对专利申请与授权、发明专利年费等进行适当资助。

（十七）实施知识产权优势企业推进资助。根据企业建有数据库、年专利产出和专利实施成效等给予适当资助，原则上最高不超过50万元。

（十八）实施知识产权示示范镇（街道）、园区资助。根据区域内知识产权财政经费投入、区域内大中型工业企业、规模以上工业企业专利拥有率，每万名从业人员专利申请和授权量，专利产出增长率等给予适当补助，原则上最高不超过40万元。

六、相关事项说明

（一）同一企业同一项目，同一年度内涉及多项政策支持的，按照“就高不重复”的原则，只能申请一项扶持政策；涉及分档资助的，同一项目进档升级的，给予两档之间的差额补助；对重大科技项目的扶持可采取“一事一议”方式。

（二）扶持资金根据属地管理的原则实行市、区两级分担，具体分担比例按照相关规定执行。

（三）扶持资金专款专用，专项用于企业科技研发、人才引进和产业升级等重点环节，不得用于其他与产业发展无关的支出。

（四）本政策意见于发布之日起执行，有效期暂定3年，3年后视政策执行效果再作修订。以前相关规定与本政策意见不一致的，以本意见为准。江阴、宜兴可参照本政策意见，结合当地实际，制订相应政策。

无锡市人民政府

二〇一三年六月三日

无锡市加快科技金融合作创新促进产业转型发展的意见

（锡政发〔2013〕148号）

为了促进科技、金融、产业的紧密融合，加快科技金融合作创新示范创建，以更大力度推进创新型城市建设，根据《省政府关于加快促进科技和金融结合的意见》（苏政发〔2012〕79号）、《省政府关于印发国家促进科技和金融结合江苏省试点实施方案的通知》（苏政发〔2012〕117号）、《江苏省科技金融发展专项引导资金管理办法》（苏财规〔2012〕30号）等文件，结合我市实际，现提出如下意见。

一、认清科技金融结合发展的重要意义，明确科技金融结合发展的目标任务

（一）认清科技金融结合发展的重要意义。科技是第一生产力，金融是现代经济的核心。良好的金融环境和完善的资本市场是提高自主创新能力、加快产业升级的基础和保障。加快建立科技与金融互动机制，以科技创新为手段，以金融资本为支撑，以重点载体、重大项目为抓手，形成支持科技型中小企业发展的多元化投融资机制，促进高新技术产业和传统优势产业向“高端链”攀升，是我市建设创新型城市、率先基本实现现代化的必然选择，也是企业作为技术创新主体发展壮大的现实要求，科技金融合作创新工作意义重大。

（二）明确科技金融结合发展的总体目标。到2015年，全社会R&D经费投入占GDP比重超过3%，高新技术产业产值占规模以上工业总产值的比重超过45%，培育100家创新型领军企业、150家科技型上市后备企业，创业投资规模超过500亿元，科技支行、科技小额贷款公司等新型科技金融组织超过30家，推进中小板、创业板、“新三板”挂牌融资，科技贷款、债务融资规模稳步增长，科技保险投保企业数和保费收入在“十一五”基础上翻两番，战略性新兴产业形成市场规模优势和技术领先优势。以无锡新区、江阴高新区为重点的区域科技金融创新试点取得显著成效。城市创新能力大幅提升，“东方硅谷”初具雏形，在省内率先建成科技金融合作创新示范区。

（三）把握科技金融结合发展的主要任务。进一步深化“创投先行、信贷跟进、担保支持、上市助推、多种金融工具并举”的科技金融服务体系。立足培育科技型中小企业和发展战略性新兴产业，引导科技和金融资源向产业领域配置。强化贷款贴息、风险补偿、科技保险等引导手段，加大金融机构对科技成果转化项目的信贷投入。设立天使投资引导资金，运作种子基金，引导社会资本加大对科技型中小企业的支持力度。覆盖科技企业不同发展阶段的融资需求，集成各类金融资源，构建持续金融服务机制，初创期以创业投资为主，成长期以科技信贷、创业投资联合支持为主，壮大期以私募股权融资、上市融资等直接融资等手段为主，扶持科技型中小企业加快成长为行业领军者。

二、着力推进金融市场创新，活跃科技企业资金流动

（四）培育发展债券市场。在不断完善风险控制、信用增进等相关配套服务的基础上，依托科技园区、产业基地、科技企业孵化器等产业集聚区积极开展科技型中小企业集合票据、区域集优债等中小企业集合类债券产品发行工作。支持经济效益好、信誉度高的科技型中小企业通过企业债券、短期融资券和中期票据等工具融资。鼓励具备条件的科技企业发行中小企业私募债或中小企业私募集合债。支持科技型上市企业发行公司债券和可转换债券。鼓励债券市场产品创新，加大债券市场互通互融，多渠道扩大科技型企业债务融资规模。

（五）充分借力证券市场。支持和鼓励科技型中小企业利用境内外资本市场实现多形式、多渠道上市。推进规模较大、效益较好、竞争力较强的企业在沪深主板、中小板上市。支持科技含量高、成长性好、创新能力强、规模不大的企业在创业板上市。引导境内外上市公司不断加强公司治理，提升公司业绩，通过增发、配股等方式实现再融资。按照“贮备一批、改制一批，辅导一批，上市一批，规范一批”的工作思路，厚基础，排梯队，扶重点，推动更多科技型企业上市。

（六）积极推进“新三板”挂牌。强化政策支持，鼓励企业进入“新三板”挂牌交易。建立后备资源信息库，抓紧推动一批企业股改、一批企业实质性挂牌操作、一批企业挂牌上市。深化与券商的合作，促进挂牌公司熟悉资本市场规则，完善公司治理结构，提升核心竞争能力，实现快速成长，为主板市场、创业板市场输送优质成熟的上市后备资源。

（七）加快发展区域产权市场。大力推进无锡产权交易所建设，为非上市科技企业提供股权登记托管服务、知识产权登记评估服务、企业（个人）信用服务、产权交易和融资性服务等科技金融创新服务，拓展私募股权基金退出渠道，推动科技企业股权流动，培育更多科技企业上市的后备资源。鼓励科研机构、企业、自然人开展知识产权交易，探索建立知识产权经纪人中介服务体系，为加快科研成果转化交易提供绿色通道。

三、着力推进金融组织创新，丰富科技企业投融资机构

（八）大力发展创业投资机构。鼓励社会各类资本特别是民间资本和外来资本进入创业投资领域，促进创投机构的多元化发展。鼓励国有创投企业发起或参与设立专门面向种子期或初创期科技型中小企业的天使投资机构。强化天使投资与科技企业孵化器的融合发展，推动创业园、大学科技园、科技产业园等各类科技载体成立运营科技创业投资机构。

（九）加快科技信贷专营机构建设。积极引进国内外具有投资功能的科技银行来锡设立分支机构。推进地方性科技银行建设。在农业银行、江苏银行成立科技支行开展科技信贷专营、专业、专家服务的基础上，支持其他具备条件的银行机构组建科技支行，或设立专门的科技金融服务部门（团队）。选配和充实专业人员，适当下放信贷审批权限，采取单建审批通道、单设激励考核、适当提高对科技型中小企业不良贷款的风险容忍度、吸收多方专家参与贷款评审等措施，逐步建立符合科技型中小企业发展特征的信贷业务营销模式和风险管理机制。

（十）稳步扩大科技小额贷款公司覆盖面。鼓励和支持国有资本和社会资本积极参与在科技企业集聚度较高的省级以上创新载体设立科技小额贷款公司。实行股东招投标制度，引导和鼓励具有社会责任感、有资金实力、经营诚信度高的民营科技企业投资兴办科技小额贷款公司，鼓励大型高新技术企业和具有实力的创投公司成为科技小额贷款公司的发起股东，为科技型中小企业提供个性化融资服务。

（十一）支持建立科技金融风险分散机构。支持省级以上开发区和科技园区建立为科技型中小企业服务的科技担保公司或担保基金，并通过补充资本金、担保补贴、风险补偿等方式提高担保能力。鼓励有条件的保险公司在科技企业和科研单位集聚的省级以上高新区设立科技保险支公司或科技保险业务部，并实行专门的考核管理办法，提高科技保险支公司和科技保险业务部抗风险运营的能力。

（十二）集聚科技金融中介机构及其他专业机构。支持股权投资、融资担保、保险经纪、会计师事务所、律师事务所、资产评估、信息咨询、信用评级管理等科技金融中介机构在我市设立总部或独立核算的分支机构，便利企业近距离获得优质中介服务。探索引进金融租赁、消费金融、第三方支付等新型专业机构。鼓励国内外大型企业设立财务公司、资产管理、产业基金等金融机构，搭建企业产融整合平台。

四、着力推进金融业务创新，拓展科技企业融资渠道

（十三）切实推动信贷产品创新。综合运用各类金融工具和产品，开发面向各种企业的多元化、多层次信贷产品。推动知识产权质押贷款业务发展，抓好扩面增量工作。积极发展应收账款、订单、仓单、保单质押等基于产业链的融资创新产品，推动科技型企业集合信托债权基金、金融仓储、小企业网络融资等特色产品创新。灵活运用外汇贷款、买方信贷、履约保函、出口信用证、对外担保等方式，满足高新技术产品出口以及引进国外成套设备和关键技术的外汇信贷和贸易融资需求。

（十四）加快推进创业投资规模化发展。按照“政府引导，集聚发展”的原则，实现重点创投向太湖新城金融商务区集聚，市（县）区创投向高新园区集聚，小型创投向楼宇集聚。鼓励区级创投平台专业化发展，支持区级财政、省级以上园区建立种子基金补偿机制。支持创投企业规模化发展，推动国有创投企业向综合性专业投资机构转变，支持国联金融集团、市创投集团、新区创投等具备一定规模的创投企业做大做强，着力打造本地化的创业投资龙头企业。

（十五）进一步引导保险产品创新。鼓励保险机构加强与企业、担保、银行的四方合作，为科技型中小企业提供创业、研发、贸易、融资、并购等提供专业服务。重点推进科技贷款保证保险，着力发展自主创新高新技术产品和首台（套）产品质量保险、科技型中小企业财产保险、产品责任保险、出口信用保险、营业中断保险、专利保险等业务，并不断开发保险新产品，提高科技型中小企业的抗风险能力。加大对科技保险、专利保险等的宣传，提高科技型中小企业的认识和投保积极性。

（十六）积极推动科技担保业务创新。引导支持融资性担保公司研究开发科技担保产品、创新科技担保服务。允许科技担保公司和科技担保事业部加倍计提未到期责任准备及赔偿准备。科技担保业务结构要达到3:7，即对研发机构和种子期、初创期科技型中小企业的担保额占比不低于30%，对成长期和成熟期科技企业的担保额占比不高于70%。

（十七）大力鼓励金融业务模式创新。支持科技支行有控制、小比例地开展人民币直投业务试点，试行“贷投”结合的经营方式。支持股权投资、银行、证券、保险、信托、租赁、小额贷款、典当、融资担保等各类机构相互合作，共同设计切合区域高科技企业需求的金融业务，形成有效的利益共享和风险分担机制。充分发挥市属国有科技金融企业投、保、贷、典、孵结合的业务优势，树立区域金融服务集成化发展的主导力量。支持开展供应链金融服务试点，探索商业银行联合核心企业对供应链企业提供融资服务的新模式。

五、完善科技金融工作体系，加强对科技金融工作的组织领导

（十八）建立科技金融结合创新工作机制。在成立无锡市科技金融合作创新工作领导小组的基础上，加大与市（县）、区相关部门、相关金融与非金融机构的沟通联系，定期交流工作进展情况，解决工作中的具体问题，多方联动、协同推进。各区、各部门相应建立有效的工作机制，形成条块结合、整体联动的工作格局。

（十九）建立科技金融结合创新工作网络。衔接各地区、园区相关部门，及时总结经验，研究实践中遇到的新问题。与上级部门保持经常联络，配合上级相关部门，加大对无锡科技金融典型经验的宣传和推广，强化区域示范效应。

六、完善科技金融政策体系，营造科技投融资良好环境

（二十）创新科技投入模式。加大政府科技投入，优化财政科技经费投入结构，加大对科技成果转化、创新国际化、重大关键技术攻关等的支持。推进财政科技投入“拨改投”、“拨改贷”改革，探索风险补偿基金、贴息和奖励等财政投入方式的最优组合，提高财政资金的放大效应。兑现技术开发费加计抵扣、高新技术企业所得税减免等税收优惠政策。建立健全财政科技投入的追踪问效机制。

（二十一）落实相关扶持政策。积极争取上级部门对我市科技金融合作创新工作的政策倾斜。密切关注国家、省科技金融相关资金投向，组织企业和科技金融机构申报科技型中小企业创新基金、中小科技型企业发展（担保）专项引导资金等项目，积极争取国家、省专项资金支持。充分利用再贴现等货币政策工具，增加金融机构资金供应，优先为符合导向的科技型中小企业贴现票据提供优惠利率的再贴现资金支持。全面落实国家、省关于科技小额贷款公司、创投机构、科技担保机构等新型金融机构的相关扶持政策。

（二十二）扩展知识产权质押贷款贴息政策。加大知识产权质押融资的政策扶持，在实行专利权质押贷款贴息政策的基础上，尝试扩展政策惠及面，对商标权、软件著作权、集成电路布图设计、版权等知识产权质押贷款进行引导鼓励。鼓励产权交易机构探索健全知识产权质押贷款的处置方式。支持银行简化业务流程，提高贷款效率，建立知识产权质押评估技术规范，探索引入科技保险加强风险控制。

七、完善科技金融工作机制，优化科技金融服务体系

（二十三）健全政银企交流机制。通过政银企座谈会、项目对接会等多种方式，推动科技企业与金融机构定期沟通达成合作。依托市企业科技创新中心、企业金融服务中心、市国有创投平台，成立市级科技金融服务联盟。各级各类科技园建立科技企业融资服务中心，向市级服务平台提供需求信息，定期开展科技金融项目对接。

（二十四）形成资源共享机制。开通科技金融信息交互平台，建立科技金融企业库、企业融资需求信息库、金融机构及融资产品信息库、中介服务机构信息库，发布科技金融政策、产品、活动和企业融资需求等相关信息，为各类科技型企业提供服务，为政府制定政策、金融机构开展业务和防范风险提供有力支持。

（二十五）建立信用服务机制。优化信用体系建设模式，整合政府各职能部门管理信息，依托央行企业征信系统和市中小企业信用体系，加强信用信息统计分析，研究制定科技型企业信用评价指标体系，科学衡量企业创新能力，推动金融机构加大对优秀、守信科技型企业的支持力度。探索建立信用监督制度，制定信用等级标准，对企业信用分级分类监管。

（二十六）强化人才引进培养机制。落实国家、省、市人才政策，大力引进各类金融行业特别是股权投资、资本运作、风险控制等领域的管理人才和专业技术人才，加快形成一批既懂科技又懂金融的复合型人才队伍。以举办沙龙、讲座、培训等形式，加大对本土科技金融从业人员的培养力度，不断提升综合素质和业务能力。

（二十七）优化协会组织协调机制。充分发挥各类金融协会组织联系政府、会员的优势，大力宣传我市科技金融合作创新政策。支持协会加强行业自律，搭建资金与企业的信息交换平台。鼓励各类协会组织开展合作，资源共享、优势互补，提供注册备案、政策申报、项目对接、统计分析、宣传展示等一站式服务，积极开展各类会员活动。

无锡市人民政府

二〇一三年八月二十日

无锡市科技成果产业化（贷款贴息）资金管理办法

（锡科计〔2013〕141号）

为加快科技成果产业化，推动我市产业转型升级，促进战略性新兴产业发展，根据《无锡市人民政府关于实施创新驱动发展战略提升企业创新能力的意见》（锡政发〔2013〕104号）精神，市政府设立科技成果产业化（贷款贴息）资金（以下简称“扶持资金”），为规范管理，制订本办法。

一、支持范围

扶持资金主要用于支持我市“十二五”期间重点发展的战略性新兴产业和重点产业领域的项目，优先扶持处于高端链环节的国内外科技成果产业化项目、招才引智科技成果产业化项目、围绕重点产业领域引进的创新团队的重大科技成果产业化项目，重点支持我市引进的海外高层次人才创新创业项目。

二、支持条件

（一）科技成果产业化项目贷款贴息。

1．申报单位为在我市市区范围内注册，具有独立法人资格的企业，注册资本不低于500万元；上年度销售收入1000万元以上，研发投入占销售收入的比重达到3%以上。

2．申请项目符合我市产业政策，具有自主知识产权，创新性强、市场潜力大、成熟度高、处于国内领先或国际先进水平。产品具有高科技含量、高附加值、高成长性和高带动性，能够形成较大规模和较强竞争能力的新兴产业或高新技术产品群。

3．申请项目实施周期一般为2年，最长不超过3年，新增投资500万元以上，项目实施期间，新增销售收入3000万元以上。

（二）“530”项目产业化推进计划贷款贴息。

申报单位为在我市市区范围内注册，具有独立法人资格的“530”企业。

三、支持内容

企业利用银行信贷资金，对已取得技术突破的重大科技成果开展研发、中试和产业化投入，经考核或审计后，对贷款期限在一年及以上的科技成果产业化贷款，实际发生的银行贷款利息，按不超过银行同期贷款基准利率的50%进行贴息资助。在计划实施的连续3年内，年度贴息额不超过100万元，累计贴息额最高不超过200万元。

对“530”企业在计划实施的连续3年内所发生的银行贷款，经审核后，按当年实际还贷额度和银行同期基准利率进行全额贴息，年度贴息额不超过100万元，累计贴息额最高不超过200万元。

四、申报程序

（一）项目申报。市科技局、市财政局联合发布年度扶持资金申报指南。符合条件的企业，根据属地原则向所在地区科技局提出申请，报送有效申报材料。各区科技局会同同级财政部门对申报单位的申报资格、申报材料的真实性和完整性等进行审查。对符合申报条件的项目出具推荐意见，报送市科技局、市财政局。

（二）项目审批。市科技局会同市财政局选聘相关专家组成项目评审专家组，对申报项目进行评审，提出评审意见。市科技局、财政局依据专家组的评审意见，初定拟支持项目和相应的贴息额度，报送市科技创新与产业升级联席会议审定后，对拟扶持的单位和项目进行公示。公示无异议后，由市科技局、财政局行文立项，并与有关责任方签订项目合同。

（三）资金拨付。完成合同阶段目标任务的项目，申请拨付贴息资金时，企业应提供合同规定的目标任务完成情况材料、有效的银行贷款合同、贷款到位凭证和有效付息单据。经审核通过的项目贷款贴息，及时拨付至项目单位。原则上每年兑现一次。

五、监督管理

（一）项目单位应严格按照扶持资金的扶持条件，及时组织项目实施，确保项目有序推进、按时完成；项目执行专帐核算，按照国家有关规定进行账务处理，专款专用。

（二）同一企业同一项目同时符合国家、省、市扶持政策规定，涉及多项奖励资助的，按照“就高不重复”的原则执行；对已获得中央和省资金扶持并有配套要求的，市级同类扶持资金视同配套。

（三）扶持资金按照属地管理原则和现行财政体制实行市、区联动支持。具体分担比例按照市与崇安、北塘、南长区80%、20%，市与锡山、惠山、滨湖、新区50%、50%的比例，由两级财政共同承担。

（四）对利用虚假材料和凭证骗取扶持资金的企业（单位），追回已经取得的扶持资金，记入企业诚信记录，三年内不得申报各类财政扶持项目，并按照《财政违法行为处罚处分条例》的有关规定对相关单位和人员予以处罚，情节严重的，依法移送司法机关。

（五）市科技局负责加强对扶持项目的全过程管理，建立完善项目评审、跟踪管理、绩效评估等各项工作机制和相关制度，及时向市政府报告扶持项目完成情况和实施绩效。

（六）市财政、市审计等部门负责加强对扶持资金的监督管理和绩效评价，监督管理和评价结果作为以后年度扶持资金安排重要依据。

（七）江阴、宜兴可参照执行。

（八）本办法自发布之日起执行，有效期3年，由市科技局、市财政局负责解释，原有相关管理办法同时作废。扶持资金在市科技创新与产业升级引导资金中统筹安排。

无锡市科学技术局

无锡市财政局

二〇一三年八月二十八日

无锡市企业创新能力提升行动计划（2012—2015）

（锡科办〔2013〕56号）

企业是微观经济的主体，是经济增长的原动力，是创新成果的产出、应用和推广主体，是经济发展和产业转型的基础。近年来，我市始终把提升企业创新能力作为完善区域创新体系的重要内容，着力实施自主创新战略，大力强化企业创新主体地位，全市企业创新能力取得了长足进步，涌现了一大批科技创新型领军企业。但也必须清醒看到，全市企业仍存在创新体系不够完善、创新能力总体偏弱、技术水平尚处低端、产品竞争力偏弱、科技领军型企业数量不多、龙头骨干企业带动性偏弱等问题。为鼓励我市企业加强科技创新，增强产业化竞争能力，推进产业升级和城市转型，特制定本行动计划。

一、指导思想

全面贯彻落实科学发展观，按照建设“四个无锡”、打造“三地三中心”的总体部署，深入实施创新驱动战略，突出人才优先、高端引领、创新驱动，着力强化企业创新主体地位，着力提升企业自主创新能力，培育一批具有自主知识产权和关键核心技术的创新型企业，为全市经济增长和产业转型升级、率先基本实现现代化提供有力支撑。

二、主要目标

力争到“十二五”期末：

——全市培育创新型领军企业（智慧企业）20家、科技型上市后备企业150家，高新技术企业总数达1800家，科技型中小企业10000家以上。

——全市企业研究与开发费用占销售收入比重达到1.6%，企业研发费用占全社会研发费用比重不低于90%。

——全市工业企业实现专利全覆盖，专利申请量突破10万件，每万人有效发明专利拥有量达到13件以上，与承担国际国内标准制修订累计超过1350项。

——全市大中型企业和规模以上高新技术企业实现研发机构全覆盖，累计建成省级以上研发机构500家。

——全市高新技术产业产值占规模以上工业总产值比重达到45%，省级以上高新技术产品2000个。

三、重点任务

（一）实施创新能力提升工程，大力培育创新型企业。

1. 大力培育创新型企业，提升产业竞争结构。加快实施企业创新能力提升工作，以创新型领军企业、高新技术企业和科技型中小企业为重点，加快培育一批掌握关键核心技术、引领行业发展、有较强国际竞争力的科技领军企业集群，有效提升全市企业的科技创新能力。

——培育创新型领军企业（智慧企业）。以我市重点发展的战略性新兴产业和高新技术产业为导向，以高端化、集团化、国际化为方向，重点培育一批以高端人才集聚、创新引领驱动、全球战略布局、行业领军先导的创新型领军企业（智慧企业）。引导企业实施开放式研发策略，积极整合和配置全球创新资源和生产要素，制定人才资源全球化配置、研发机构全球化布局、市场品牌全球化运营战略。推动企业实施国际化发展战略，支持企业与跨国公司协同开展技术创新，实现优势互补、共同发展；引导企业培育自主知识产权和有国际影响力的知名品牌，加大产品在国内外市场占有率；支持企业积极利用跨国兼并、收购、联合、参股等多种形式，加快全球兼并重组和产业链上下游整合，推进企业质态的全面提升。到2015年，全市培育20家创新型领军企业（智慧企业）。

——培育高新技术企业。重点培养一批创新实力强、科技优势明显、产业化程度高的高新技术企业，加强对申报高新技术企业的支持力度，强化专题培训、管理咨询和发展辅导，着力鼓励企业加大技术创新、产品创新和管理模式创新，加快新技术研发、新业态创造、新模式创建，着力培育一批处于行业领军地位的“小巨人”和“隐形冠军”。到2015年，全市经认定的高新技术企业累计数超过1800家，在“十一五”期末基础上实现倍增。

——培育科技型中小企业。鼓励科技型中小企业面向战略性新兴产业，以高端人才为引领，以科技创新为驱动，以科技金融为支撑，走“专精特新”和与大企业协作配套发展的道路，加快从要素驱动向创新驱动的转变。着力鼓励科技中小企业加大技术创新、产品创新和管理模式创新，重点实施一批具有创新点、增长点、制高点的协同创新项目，集中优势力量协同攻关，取得一批拥有自主知识产权的核心技术和经济社会发展急需的关键技术。加强科技中小企业的产学研合作，有效利用高校和科研院所的先进设备与人才资源，不断提升科技型中小企业的产品研发能力。到2015年，全市科技型中小企业达10000家，成为高新技术企业的后备团队；全市新产品数量突破10000项。

2．完善企业创新体系，大幅提升企业创新能力。充分发挥企业投入主体、研发主体、引才主体和成果转化主体的作用，大力推进企业创新体系建设，不断提升自主创新内涵和水平，更加自觉地依靠科技创新实现跨越发展。

——建设企业研发机构。加快构建企业研发机构，全面提升企业持续创新能力。重点推进规模以上工业企业研发机构全覆盖计划，按照“五有”要求，多形式、多渠道推进产业技术研究院、工程技术研究中心、院士工作站、博士后工作站、研究生工作站、企业技术中心建设。到2015年，全市规模以上工业企业普遍建有研发机构，累计建成省级以上研发机构500家。

——开展核心技术攻关。实施科技产业“高端链”计划，在我市具有比较优势的物联网、云计算、新能源、集成电路、重大装备、先进制造、生物医药、节能环保等产业领域强力推进科技攻关，攻克一批行业共性技术和关键核心技术，形成一批拥有自主知识产权的新产品、新技术、新工艺。鼓励企业开展前沿战略领域的研究与开发，超前布局一批引领行业未来发展方面的重大科技项目，着力抢占先发优势。

——加大科技创新投入。充分发挥政府科技投入的引领作用，引导企业加大研发投入，积极吸纳社会资金参与科技创新创业，有效形成多元化、多层次、多渠道的科技投入体系。健全产业化配套资金投入机制，统筹全市科技、人才专项及产业化项目扶持经费，对科技型中小企业和重大科技成果转化、一定规模和水平的研发机构加强支撑力度，切实提高政府科技资金的使用效率。

——构建产业技术创新联盟。鼓励企业加大产学研合作，通过产业技术创新联盟等多种形式，广泛开展协作配套，实现产业上下游的有机衔接。创新联盟要聚集创新资源共同攻关，聚集资源联合推广市场，填补产业链缺失环节的技术、产品和企业，不断完善全市产业链，提升产业整体竞争力水平。到2015年，力争在微电子、生物和物联网等领域建立10个以上产业技术创新联盟，全市产学研合作项目达 6000 项。

——实施企业知识产权战略。一是大力提升知识产出水平。实施规模以上工业企业专利全覆盖计划，强化企业专利尤其是发明专利申请、授权量，引导更多企业掌握自主知识产权核心技术。力争2015年，全市工业企业实现专利“全覆盖”，万人发明专利拥有量超过13件；拥有有效发明专利的企业突破2000家，累计拥有200件以上专利的企业达100家。进一步健全企业标准创新工作。到2015年，全市企业承担的国际国内标准化技术委员会秘书处超过40个，参与承担国际国内标准制修订累计超过1350项。二是完善知识产权中介服务体系。加快建设国家（无锡）外观设计专利信息中心，大力发展知识产权贸易、评价和信息服务等中介机构，加快完善以无锡市知识产权服务平台为核心知识产权服务体系。三是加大知识产权保护力度。完善中国（无锡）知识产权维权援助中心，加大对侵犯知识产权和制售假冒伪劣产品的打击力度，着力培养知识产权工程师，增强企业应对知识产权纠纷的能力。至2015年，全市培育知识产权工程师超过2000名。

（二）实施“530”企业提升工程，推动企业跨越发展。

强力推进“530”计划，加快培养和储备一批掌握关键核心技术、具有国际视野、懂经营会管理的高层次复合型人才，完善技术研发、经营管理、市场开发等梯次配备的创新团队，把无锡建设成为有较高国际知名度的“东方硅谷”创业天堂。

1．推进“530”企业快速发展。启动新一轮人才引进战略，贯彻实施《关于深化“530”计划建设“东方硅谷”的意见》，借助市场化筛选扶持机制，加强与创投机构、知名企业、驻外科技参赞和中介机构的合作，有计划有组织开展海外引才活动，加快引进和培养一批掌握关键核心技术、具有国际视野、懂经营会管理的高层次复合型人才和创新团队。全力推进“530”项目产业化，遴选一批创新实力强、科技优势明显、产业化程度高并填补国内空白的“530”企业，在融资担保、信贷风险补偿、法律咨询、市场开拓等方面进行扶持和培育。积极支持“530”企业抱团发展和产业链配套协作，推进上下游兼并重组和建立产业技术联盟，联合对外承接业务，扶持企业裂变式发展。通过开放实验室、专业化设备共享与租用等多种形式，满足科技创业企业发展初期的科研需求。以政府购买专业服务方式，为“530”企业提供开展市场营销、规范管理、发展策略等方面的专业化战略咨询。鼓励科技创业企业科研成果外展，帮助初创型科技企业构建和拓展产品销售渠道等营销平台。到2015年，全市新增科技创业领军人才创办企业500家，科技创业企业总量达到2100个，销售收入超千万的科技创业企业达300家，超亿元的达50家。

2．吸引社会资本和本土企业。鼓励本土企业、社会资本更加主动地与领军人才合作，充分发挥本土企业的资本和市场优势，着力吸引高端人才、高端资源、高端技术和高端项目与本土企业合作。积极引导各类民营企业、金融机构等社会资金参与股权与借贷基金，缓解“530”企业融资难问题。充分利用市种子资金引导风险投资和创业投资机构进行风险补偿，完善多层次、多类型、多功能股权投资体系。推进各银行设立科技贷款专营部门，大力发展股权质押、知识产权质押、信用放款等创新贷款产品；适当放宽社会资本参股设立小金融机构的条件，加大对“530”企业的信贷支持。推进多层次债券市场建设，争取保险资金投入市产业基金，为“530”企业提供全面和广泛的金融支持。

3．加快集聚高层次创业人才。启动新一轮人才引进战略，增强对海内外高层次人才的吸引力、向心力和凝聚力。有计划有组织开展海外引才活动，以人才恳谈会、地区推介会、项目洽谈会等形式，加大对“东方硅谷”引才新政的宣传力度。整合和拓宽海外引才工作站，大力引进国际国内顶尖人才、科技创业领军人才、科技创新领军人才、创新创业领军团队。活跃海外教授访问活动，鼓励学有所成的华人教授来锡进行学术访问、设立分支机构或共建重点实验室。

（三）大力推进创新国际化工程，拓展企业创新视野。

坚持创新国际化目标，统筹引进人才、科技、金融等创新资源，着力构建国际化技术转移平台，汇聚国际科技创新要素，引进和转化一批国际先进的科技创新成果，畅通国际创新成果来锡落户的“绿色通道”。

1．推动科技型企业“走出去”。引导和鼓励本市科技型企业广泛参与国际科技合作，依托国际科技资源提升自身竞争力。一是围绕企业创新研发的需要，选择一批在微电子、生物、物联网等重点技术领域具有领先优势的境外知名高校、科研机构建立技术合作长效机制，实现境外创新成果长期稳定向无锡企业扩散。二是鼓励支持科技型骨干龙头企业加强国际科技合作交流，在境外设立或收购研发机构，积极引进国外创新团队，提升配置全球创新资源的能力与水平。到2015年，力争一批科技型龙头骨干企业在境内外设立研发机构。三是鼓励企业参与国际间技术创新活动，通过联合研发、定向研发、收购技术等多种形式，迅速切入创新链的高端环节，积极抢占行业制高点。

2．加快国际科技园区建设。加快建设一批国际水平的科技公共服务平台，迅速提升我市科技创新软硬件条件水平。一是加强与境外科技园区对接机制，着力深化与美国、以色列、芬兰等发达国家的科技园区合作，学习借鉴国际先进园区的管理经验和模式，提升我市科技园区建设和服务水平。到2015年，全市有条件的市（县）区各建成1家以上国际科技合作园区。二是加快建设一批国际技术成果转化平台。完善以无锡国家集成电路产业基地为核心的核心芯片设计、先进封装的国际成果转化平台；以无锡国家传感网创新示范区为重点的物联网国际成果转化平台；以马山和江阴百桥为重点的干细胞、核酸、单克隆抗体、新药研发等生物技术成果转化平台建设。三是扎实推进一批重点园区建设。着力推进中美科技创新园的建设工作；深入推进麻省理工学院等一批已落户国际转移平台的引智工作，推动全市相关产业的跨越发展。力争到2015年全市建立10个国际科技合作渠道，建立5个国际合作创新平台。

3．吸引国际资源“走进来”。在我市具有比较优势的物联网、光伏、微电子、生物、重大装备等重点产业领域，按照国际一流“高端链”产业的要求，鼓励企业通过国际合作、合作开发等方式，承接转化一批国际先进技术，带动我市企业从产品配套向整机产品转型，不断扩大国际产业链的影响力。构建境外科技创新成果承接机制，支持境外高校院所、跨国机构来锡建立研发中心，吸纳境外科技型企业来锡产业化，畅通国际创新成果来锡落户的“绿色通道”。定期组织国际技术转移活动，全面提升我市企业承接国际技术转移的能力和水平。鼓励支持企业开展国际科技人才交流活动，以短期工作或柔性工作方式聘请国外科技人才，提升企业的成果转化能力。

四、保障措施

一要加强组织领导。进一步加强全市推进科技创新和转型升级的重要性认识，对科技企业发展面临的新情况、新问题要高度注重，增强信心，把科技企业健康发展作为巩固应对国际金融危机成果、保持经济平稳较快发展的重要举措。树立“大科技”思路，建立上下联动、明确分工的责任体系，着力增强市县科技发展活力。完善科技载体、创新型园区、创新型企业、创新型乡镇评价考核体系，定期对科技创新工程进展情况进行监督和检查，对先进地区和部门给予表彰。

二要建立全市企业创新能力考评指标体系。为有效提升全市企业创新能力、确保全市产业升级目标顺利实现，开展各类科技创新企业创新能力考评指标体系研究和制定，主要围绕创新投入、创新产出、创新环境等关键指标，坚持理论与实际、引导与督促相结合的原则，综合评价全市企业的创新能力水平，既可为企业创新活动提供明确的参照标准和学习标杆，又可为全市科技管理部门提供有效的考核指标和工作抓手。通过有效发挥指标考核的导向、激励和约束作用，在全市范围形成重视企业科技创新，推动企业创新发展的良好氛围。

三要增强政策引力。充分发挥省市中小企业创新基金、市种子基金、科技成果转化和研发机构建设等专项资金的支持引导作用，增强针对性、连续性和可操作性，进一步向科技创新企业倾斜，最大限度激发全市企业的创新热情和活力。大力落实国家鼓励企业创新投入的各项政策措施，推动高新技术企业申报、高新技术企业税收优惠、研发费用税前抵扣等鼓励企业科技创新优惠政策的全面落实兑现。加大对上争取力度。积极推动我市科技计划与国家、省科技计划的全面衔接，推进国家重大科技专项和“863”计划的争取和实施。

四要完善科技服务体系建设。以强化科技载体内涵建设为目标，加快建设一批特色鲜明、功能完善和带动效应明显的科技载体，以免租、减租等方式，为企业提供低成本专业化的创业环境。进一步加大科技载体的基础硬件和知识产权保护、金融服务等软环境建设，集中优势科技资源，重点建设一批科技公共服务平台和科技中介服务机构，重点落实国家外观专利信息中心、高性能计算平台等重点平台的建设。充分发挥企业创新服务中心、生产力促进中心在服务企业领域的核心作用，为全市中小企业营造良好的创新环境。

五要加大科技招商力度。加强科技招商的针对性和有效性，着力构建市区联动招商格局，积极推进与北京中关村园区的战略合作，加快建设中关村和深圳科技招商办事处。积极组织企业赴科技资源丰富的地区开展交流对接活动，在物联网、新能源、集成电路、生物医药等重点领域引进和承接一批科技项目。加快制订出台科技招商考核激励政策，引导全市各级不断创新科技招商思路，丰富招商举措，为我市科技创新和产业转型提供强大的发展后劲。

无锡市科学技术局

二〇一三年四月八日

无锡市科技型中小企业确认实施细则

（锡科高〔2013〕5号）

第一条 为深入实施创新驱动战略，加强科技与金融紧密结合，着力缓解科技型中小企业融资瓶颈，增强科技型中小企业自主创新能力，根据《江苏省科技型中小企业备案暂行办法》，特制定本细则。

第二条 科技型中小企业须符合以下条件：

1. 对江苏省范围内已认定的高新技术企业、省级以上创新型企业、承担市级以上科技计划项目的企业、获市级以上高层次人才计划资助的科技人员创办的企业，上述四类企业如同时符合营业收入在40000万元以下或从业人员在1000人以下条件的，属于科技型中小企业。

2. 对不满足上述要求的企业，若同时符合以下标准和条件，属于科技型中小企业：

（1）依法在无锡市范围内登记注册；

（2）营业收入40000万元以下或从业人员1000人以下；

（3）企业具有一定规模的研发经费投入，具有自主知识产权或专有技术；

（4）企业研发人员占企业当年职工总数5%以上。

3. 对满足第二条第1点或第2点的科技型中小企业，可分为中型、小型、微型三种类型。其中，从业人员300人及以上，且营业收入2000万元及以上的为中型科技企业；从业人员20人及以上，且营业收入300万元及以上的为小型科技企业；从业人员20人以下或营业收入300万元以下的为微型科技企业。

第三条 科技型中小企业资格确认须提供以下材料：

1. 科技型中小企业资格确认申请书；

2. 企业营业执照副本、税务登记证书（复印件）；

3. 企业“无锡市社会保险费征缴通知单”（复印件），企业职工和研发人员花名册；

4. 企业近二个会计年度的财务报表（含资产负债表、利润及利润分配表、现金流量表，实际年限不足二年的按实际经营年限）；

5. 企业获得的在有效期内的授权自主知识产权证书（复印件），其中：通过受让、受赠、并购取得的知识产权需提供相关主管机关出具的变更证明；通过独占许可方式取得的需附独占许可协议和主管机关出具的备案证明；

6. 研发活动证明材料（如：生产批文、新产品或新技术证明（查新）材料、产品质量检验报告、市级（含）以上科技计划立项证明等证明材料）。

其中，高新技术企业、省级以上创新型企业、承担市级以上科技计划项目的企业、获市级以上高层次人才计划资助的科技人员创办的企业，仅需提供高新技术企业等各类证明材料（证书或者文件复印件）和以上1的封面及2、3、4点要求的材料。

第四条 科技型中小企业资格的确认程序：符合上述第二条规定条件的企业，在自愿申报的基础上，按照第三条要求向各市（县）、区科技局提交申请材料，各市（县）、区科技局进行初审，初审合格的由各市（县）、区科技局统一报市科技局高新处，市科技局组织审核，正式发文确认，并报省科技厅备案，纳入江苏省科技型中小企业数据库管理，作为科技管理工作的重点服务对象。

第五条 科技型中小企业资格申请确认每年两批，申请受理截止日期为每年的5月10日、11月10日。

第六条 对确认的科技型中小企业实行动态管理，每两年复核一次，复核时间和复核时企业所须提供的资料同申请。对已不符合本办法第二条要求的企业，取消其科技型中小企业资格。对存在提供虚假信息、违法违规等行为的企业，取消其科技型中小企业资格。

第七条 本细则由市科技局负责解释。

第八条 本细则自2013年1月1日起实施。

无锡市科学技术局

二〇一三年一月十一日

苏州市推动中小科技企业快速发展的若干措施

（苏府〔2013〕153号）

为贯彻落实《市委市政府关于强化企业技术创新主体地位加快科技创新体系建设的若干政策意见》（苏发〔2013〕3号）文件精神，营造有利于中小科技企业加快发展的优越环境，进一步激发中小科技企业创新活力，推动其做强做大，为我市经济结构调整、率先基本实现现代化提供发展动力，提出以下政策措施：

一、引进培育科技人才。优先支持中小科技企业申报各类人才计划，对入选“姑苏创新创业领军人才计划”的，给予100万元—400万元的科研经费支持，以及50万—250万元的安家补贴；对柔性引进的海外高层次人才并入选“海鸥计划”的，给予最高50万元资助。对处于扩张期的中小型科技领军人才企业，予以最高100万元的滚动支持。围绕中小科技企业人才需求，在清华、北大等国内知名高校组织专场招才引智活动，对来苏就业并入选“姑苏重点产业紧缺人才计划”的博士、硕士毕业生分别给予10万元、5万元补贴。鼓励中小科技企业建立与创新绩效挂钩的薪酬制度，实行股票期权等激励措施，进一步激发科研人员的积极性。

二、推进技术创新活动。设立1500万元的中小科技企业创新资金，支持中小科技企业开展新技术、新工艺、新产品的研发。指导中小科技企业按照国家、省各类科技计划要求做好向上争取工作，对其承担的科技项目及时全额兑现配套资金。中小科技企业拥有自主知识产权的创新成果并达到国内首创的，在成功实施产业转化、形成新增销售收入3000万元以上经济新增长点项目的首年度，经审核一次性给予50万元的奖励。设立企业研发机构建设专项，推动中小科技企业研发机构建设，在重点挂钩服务企业中实现研发机构建设的全覆盖。

三、强化产学研合作。市科技成果转化专项资金80%以上用于支持高校、科研院所科技成果向中小科技企业的转移转化。对重大自主创新成果转化项目，按技术合同交易额的10%—25%给予资助，最高300万元；经科技成果转化平台认定备案的成果项目，按技术合同交易额的5%对成果承接企业进行奖励，每年最高奖励30万元。对符合苏州战略性新兴产业发展方向的产学研项目，根据中小科技企业支付高校、科研院所的科研经费给予该企业不超过20%的资助，最高100万元。

四、推动企业快速发展。根据中小科技企业不同行业、不同规模、不同发展阶段的需求，实施针对性强的梯度培育发展计划。实施“雏鹰计划”，通过天使基金、创业引导资金等措施，重点辅育1000家初创型中小科技企业；实施“瞪羚计划”，市每年统筹安排2亿元专项资金，采用项目资助、技术改造、投融资等扶持形式，支持中小科技企业做强做大。对处于扩张期的中小科技企业，要优先解决实施高技术、高成长、高附加值的产业化项目的发展用地，同时在资金、电力、能源、人才、用工、运力等要素给予倾斜。每年排出100家高成长中小科技企业，作为重点挂钩服务企业并纳入苏州市创新先锋企业培育对象，符合条件的优先认定为创新先锋企业，享受创新先锋企业扶持政策。

五、创新科技金融服务。重点支持中小科技企业的“首贷”“首保”“首投”。建立“科贷通”市、县（区）联动的风险分担机制，扩大资金规模和覆盖范围，将科技小额贷款公司纳入“科贷通”合作机构。简化信贷审批流程，提高风险容忍度，加大对单户授信500万元及以下小企业贷款的支持力度，对市级以上领军人才给予最高1000万元的信贷风险补偿。组建市级政策性科技担保公司和科技租赁公司。设立科技保险风险资金，建立风险分担机制，引导保险机构在现有科技保险险种的基础上加大产品开发力度，提升风险管理水平，使保险金融业务覆盖科技创新的全过程。加快科技金融超市建设，培育支持各类投融资中介机构，帮助中小科技企业获得多样化、个性化的融资支持。

六、鼓励发展天使投资。设立天使投资母基金，引导社会资本共同设立天使投资资金，母基金参股投资资金比例不低于30%，投资资金对初创期科技企业的投资比例不低于70%，投资苏州大市范围的资金比例不低于70%。每年安排财政专项资金，按投资机构投资我市中小科技企业的投资额，给予其最高10%的风险补贴（国家、省、市合计）；对天使投资项目发生的损失，市级可给予投资机构最高20%的风险补偿，最高补偿金额200万元。

七、鼓励科技企业直接融资。深入实施科技企业上市培育计划，为高成长性科技企业上市开辟“绿色通道”。鼓励和支持具备条件的中小科技企业开展股份制改造，在中小企业板、创业板上市融资，或在“新三板”挂牌。继续推动科技企业发行中小科技企业集合债券、集合票据等，拓展企业融资渠道，缓解科技企业中长期融资困难。积极推动融资租赁、供应链融资、信托融资、知识产权质押等融资模式。

八、提升科技公共服务能力。加快大型科学仪器共享服务平台建设，支持中小科技企业使用入网仪器开展研发活动，根据使用费用给予最高20%的补贴，一次最高30万元；支持中小科技企业通过融资租赁方式取得大型科学仪器等设备，给予最高50%的融资租赁费用补贴。积极推进检验检测、工业设计、技术转移、知识产权等公共平台的建设发展，对新获批的国家级公共服务平台，给予最高200万元支持；对新获批的省级公共服务平台给予配套支持。支持现有平台资源整合和功能提升，重点打造苏州自主创新广场等科技服务业示范区，集聚和培育各类科技服务机构，为中小科技企业提供一站式服务。

九、发展壮大创业孵化机构。立足区域特点、产业规划和创新基础，建设布局合理的创业孵化体系，完善孵化功能、优化创业服务，努力改善在孵企业的生存环境。重点在生物医药、纳米技术、节能环保等领域打造一批专业创业孵化机构，促进中小科技企业集聚集约发展。对新认定的国家科技创业孵化机构的建设管理单位，根据新建内容需要，给予最高100万元的建设经费支持。对新认定的省级科技创业孵化机构给予配套支持。

十、加大政策落实力度。组织实施中小科技企业政策落实专项行动，将政策落实任务层层分解，不断扩大享受优惠政策的覆盖面。切实抓好企业研究开发费用加计扣除、高新技术企业税收优惠、技术先进型服务企业税收优惠、重大自主装备首购首用等财税政策的落实到位，实现重点挂钩服务企业的全面落实。政府各相关职能部门要强化协调联动，加强对中小科技企业享受政策的业务指导，并对政策落实情况进行跟踪调查，及时分析问题、采取措施。加大财政投入力度，每年市级财政支出的科技经费以高于财政经常性收入增长的速度增长。

十一、营造创新创业氛围。积极弘扬崇尚竞争、敢闯敢试、尊重创造、宽容失败的创新创业精神，大力宣传重大科技成果、优秀科技人才的典型事迹，加大知识产权司法保护和行政执法力度，推动中小科技企业增强知识产权综合能力，营造有利于创新创业的社会环境。办好苏州国际精英创业周、“创业姑苏”青年精英创业大赛等活动，加大表彰奖励力度，推动全社会上下尤其是青年科技人才的创新创业，激发全社会的创业热情和创新活力。

十二、加强组织保障。成立市中小科技企业发展工作领导小组，由市政府分管领导任组长，统筹推进全市中小科技企业工作。进一步完善领导干部和涉企部门挂钩联系制度，建立政府涉企部门与中小科技企业定期对话机制，加强对重点企业、重点项目的帮扶与推进力度。强化目标考核推动，将中小科技企业工作纳入市、区领导班子考核范围，努力形成四市六区竞相发展的良好局面。全面清理并进一步减少、合并行政审批事项，发改、经信、科技、工商、税务、质检、环保等部门要简化程序、缩短时限、提高效率，为中小科技企业创办、生产经营等提供便捷服务。

注：根据国家科技部、工信部等有关政策文件，本文件所指的中小科技企业应具备以下条件：

企业年营业收入为300万元至4亿元之间，企业每年用于产品研究开发的经费不低于销售额的3%，直接从事研究开发的科技人员占职工总数的10%。

苏州市人民政府

二〇一三年七月十一日

苏州市小微科技企业培育发展（雏鹰计划）实施方案

（苏科办〔2013〕257号）

小微科技企业是高新技术企业的预备力量，是支撑高新技术产业发展的生力军，为进一步推动小微科技企业的发展，根据《市政府关于印发苏州市推动中小科技企业快速发展的若干措施的通知》（苏府〔2013〕153号）文件精神，制定本实施方案。

一、指导思想

紧紧围绕科技创新工程总体部署，以小微科技企业为培育主体，以提升全市企业自主创新能力和核心竞争力为目标，通过优化科技政策、整合科技资源、市县（区）上下联动等途径，营造小微科技企业发展的良好环境，构建科技创新服务体系，培育一批成长性较好的中小科技企业，为我市高新技术产业发展奠定坚实基础，推动我市产业结构调整和经济发展方式转变。

二、培育目标

通过实施培育计划，重点培育和扶持1000家小微科技企业，形成技术水平领先、核心竞争力强、企业成长性好的中小科技企业群。到2015年，年主营业务收入超1000万元的企业达到700家以上，超2000万元的达到200家以上，超1亿元的达到100家以上。

三、培育企业条件

企业主要从事技术水平高、产品附加值高、市场竞争力强的新产品研究、开发和生产，产品属于《国家重点支持的高新技术领域》的范围，同时具备下列条件：

（1）企业注册地和主要研发、办公场所在我市省级及以上科技企业孵化器（含大学科技园、留学人员创业园）、科技产业园等创新载体内，具有独立企业法人资格；年营业收入不超过2000万元；职工人数不超过100人。

（2）拥有较强的研发团队及创新能力，有持续的研发投入，当年研究开发（技术开发）费占企业总收入的3%以上，研发人员占职工总数的10%以上，企业近两年新产品开发或专利申请每年不少于2项。

（3）具有良好成长性和较好发展潜力，企业上年度主营业务收入增长率不低于30%；团队具有较强的综合管理能力，主要核心技术和产品性能指标处于国内先进水平，产品具有较好的市场前景（具有市级以上领军人才的团队可适当放宽）。

（4）具有良好的信誉和社会形象，有强烈的发展意识和责任感，无违法违规记录或不良行为。

四、培育措施

对于符合条件、列入培育计划的小微科技企业：

（一）鼓励企业加大科技投入，提升核心竞争力。

1．优先支持培育企业申报市级科技支撑、人才专项、国际科技合作等科技计划项目；优先推荐申报科技部科技型中小企业技术创新基金、省科技型企业技术创新资金等计划项目。

2．优先支持培育企业引进国内外科技成果项目，经苏州科技成果转化服务平台认定备案后，按技术合同交易额5%给予补助，每年度最高补助30万元。

3．优先支持培育企业牵头高等院校、科研机构共同实施重大自主创新成果转化项目，经苏州科技成果转化服务平台认定备案后，按技术合同交易额25%给予补助，最高补助300万元，并优先推荐申报省科技厅重大科技成果转化项目。

（二）帮助企业拓宽投融资渠道，降低融资成本。

1．加强科技金融服务。推动银行、保险、担保等金融机构创新服务产品，加大对培育企业的科技金融服务力度。扩大“科贷通”惠及面和受众面，对于培育企业的贷款项目优先给予最高500万元的科技风险补偿；扩大“微小贷”服务规模，对科技企业孵化器内的在孵小微企业提供最高50万元的无抵押便捷贷款。

2．降低企业融资成本。对培育企业实施市级以上科技项目等发生的科技贷款利息支出优先给予贴息资助，每家企业每一年度最高贴息30万元，每一项目累计最高贴息50万元。

3．降低企业科技创新风险。鼓励培育企业购买科技保险，对于购买科技保险的企业优先给予保费补贴，每家企业每一年度最高可补贴30万元。

4．鼓励创业投资机构投资小微科技企业。每年安排财政专项资金，按投资机构投资我市中小科技企业的投资额，给予其最高10%的风险补贴（国家、省、市合计）；对天使投资项目发生损失的，给予投资机构最高20%的风险补偿，最高补偿金额200万元。定期组织培育企业与创投机构进行路演、对接活动，向创投机构优先推荐培育企业项目。

（三）支持企业提升产品质量，帮扶拓展市场。

1．支持培育企业采用国际标准或国外先进标准，鼓励主导或参与国际、国家和行业标准的制（修）订；指导帮助培育企业建立规范的知识产权管理体系，增强商标、专利、版权等知识产权的注册、培育、运用、保护和管理能力。

2．举办适合培育企业开拓市场的品牌展会，积极开拓市场，进一步完善网络资源，引导培育企业充分利用网上小微科技企业产品供需信息库；鼓励培育企业参与政府招标采购活动，为培育企业参与政府招标采购提供指导和服务。

3．发挥苏州科技成果转化服务平台作用，引导创新要素向企业集聚；优先为培育企业提供技术需求信息发布、成果对接等服务，为高校院所成果资源与培育企业的全面对接合作牵线搭桥，帮寻技术、人才、融资等创新要素，推动企业产品尽早进入市场。

五、培育管理

成立由局主要领导任组长，相关处室、直属单位负责人、各市区科技局领导为成员的实施领导小组，领导小组下设办公室，办公室设在成果处。各市、区成立相应的领导小组和办公室。

1．组织推荐。凡符合培育条件的企业均可向所在市（县）、区科技局提出申请，具体申报时间以申报通知为准。企业填写《苏州市小微科技企业培育申请表》并提供相关附件，各市（县）、区组织初选并择优推荐，领导小组办公室负责审核并确定1000家入选企业。

2．共同培育。实行市、市（县）区协同推进，以块为主的联动工作机制。各市区科技局负责本辖区培育企业的推荐申报、入库登记、统计监测等日常管理和服务工作，帮助培育企业落实相关扶持政策，解决企业发展过程中遇到的实际困难与问题，相关工作考评指标列入各市区年度工作考核范围；市科技局负责组织协调、业务指导、监督检查等工作。

3．动态管理。建立1000家培育企业数据库，对企业年度经营情况进行跟踪，及时掌握培育企业发展状况。由市科技局成果处牵头，各处室做好相关职能工作。市科技服务中心负责企业的跟踪统计、市生产力促进中心负责科技成果转移转化服务、市科技金融服务中心负责投融资服务等工作。

苏州市科学技术局

二〇一三年八月十二日

扬州市区引进高层次人才住房保障办法

（扬发〔2013〕35号）

为加快引进服务经济社会发展、城市特色发展和促进创新创业的各类人才，特别是高层次人才，切实解决引进人才“有房住”问题，经研究，决定对市区（含化工园区）企业（载体）引进的人才给予适当租房或安家费资助保障。现制定具体办法如下。

一、保障范围和对象

1．本办法重点保障下列市区企业和载体：

（1）规模以上企业；

（2）经认定的市级以上创新型企业、高新技术企业、软件和信息产业企业、文化创意企业、现代农业科技企业、科技型小微骨干企业等；

（3）在省级以上科技孵化器和市规划建设的科技综合体内创业的企业；

（4）省级及以上公共技术研发平台和公共服务平台；

（5）新引进或新创立的国家和省重点科研院所。

2．享受租房资助保障政策的，须经企业（载体）认定且符合下列条件之一：

（1）中国科学院院士、中国工程院院士；

（2）国家“千人计划”专家、享受国务院特殊津贴人员；

（3）江苏省“高层次创新创业人才引进计划”入选者、江苏省“博士集聚计划”入选者、江苏省“创新团队”核心成员、江苏省“333工程”培养对象、江苏省有突出贡献中青年专家；

（4）扬州市“绿扬金凤计划”创业创新领军人才；

（5）具有硕士以上学位、副高级专业技术资格或高级技师职业资格以上的高层次人才；

（6）全日制本科毕业生；

（7）外籍人才、企业（载体）发展需要的实用型人才。

3. 享受安家费资助保障政策的人才，须为市区企业（载体）引进且符合下列条件之一：

（1）中国科学院院士、中国工程院院士；

（2）国家“千人计划”专家、享受国务院特殊津贴人员；

（3）江苏省“高层次创新创业人才引进计划”入选者、江苏省“博士集聚计划”入选者、江苏省“创新团队”核心成员；

（4）扬州市“绿扬金凤计划”创业创新领军人才和优秀博士人才。

二、保障标准及资金来源

1. 租房资助保障标准及资金来源

对符合租房资助保障政策的人才，在市区范围内租房（须是在扬州市区无住房和企业未提供租住房或公寓房）时，分别按以下标准给予资助。资助资金由市、区政府（管委会）和人才所在企业（载体）共同承担。

（1）中国科学院院士、中国工程院院士。资助标准不超过6000元/月；

（2）国家“千人计划”专家、享受国务院特殊津贴人员、江苏省“333工程”第一层次培养对象。资助标准不超过4000元/月；

（3）江苏省“高层次创新创业人才引进计划”入选者、江苏省“创新团队”核心成员、江苏省“333工程”第二层次培养对象、江苏省有突出贡献中青年专家。资助标准不超过3000元/月；

（4）江苏省“333工程”第三层次培养对象、江苏省“博士集聚计划”入选者、扬州市“绿扬金凤计划”创业创新领军人才。资助标准不超过2000元/月；

（5）具有博士学位或正高级专业技术资格的人才。资助标准不超过1500元/月。

上述五类人才租房资助保障资金由政府承担50%（其中市、区各承担50%）、企业（载体）承担50%。已在扬州工作、符合相关条件的上述五类人才，须在2014年6月30日前提出申请，逾期不再办理。

（6）具有硕士学位或副高级专业技术资格、高级技师职业资格的人才以及企业（载体）发展紧缺的实用型人才。资助标准不超过1000元/月。

（7）全日制本科毕业生以及企业（载体）发展重要的实用型人才。资助标准不超过500元/月。

上述两类人才资助保障资金由政府承担40%（其中市、区各承担50%）、企业（载体）承担60%。已在扬州工作、符合相关条件的上述两类人才，在2014年7月1日至12月31日之间提出申请，逾期不再办理。

2. 安家费资助保障标准及资金来源

对符合安家费资助保障政策的人才，在市区范围内新购买一套商品住房时，分别按以下标准给予资助。资助资金由市、区政府（管委会）和人才所在企业（载体）共同承担。

（1）中国科学院院士、中国工程院院士。资助标准为当事人提出申请的上年度扬州市区新建普通商品住房均价（以市房管局公布的价格为准，下同），对其所购房屋（按最高不超过200平方米标准）给予全额资助；

（2）国家“千人计划”专家、享受国务院特殊津贴人员。对其所购房屋（按最高不超过160平方米标准）的60%给予资助；

（3）江苏省“高层次创新创业人才引进计划”入选者、江苏省“创新团队”核心成员。对其所购房屋（按最高不超过130平方米标准）的50%给予资助；

（4）江苏省“博士集聚计划”入选者、扬州市“绿扬金凤计划”创业创新领军人才。对其所购房屋（按最高不超过110平方米标准）的40%给予资助；

（5）扬州市“绿扬金凤计划”优秀博士人才。对其所购房屋（按最高不超过100平方米标准）的30%给予资助。

上述五类人才安家费资助保障资金由政府承担50%（其中市、区各承担50%）、企业（载体）承担50%。已在扬州工作、符合相关条件的上述五类人才，须在2014年12月31日前提出申请，逾期不再办理。

租房资助发放期限不超过3年。

对符合公租房条件的，优先提供租住。

对符合安家费资助保障政策的，在住房公积金的缴存、提取、贷款等方面可同时享受相应优惠政策。

夫妻双方均属租房资助保障对象的，由资助标准较高的一方享受全额补贴，另一方减半享受，资助标准相同的由双方自行商定；夫妻双方均属安家费资助保障对象的，由资助标准较高的一方享受全额补贴。

已享受过我市住房优惠政策的，不再给予资助保障。

企业（载体）承担的租房和安家费资助保障资金，纳入企业成本，予以相应的税收减免。

三、申请程序及申报材料

1. 企业（载体）须根据人才的实际能力、贡献大小、薪资待遇、合同年限等因素，制定具体认定办法，并对人才进行认定。

2. 经企业（载体）认定后，企业（载体）凭以下材料，至各区政府（管委会）相关人才服务窗口申请办理租房或安家费资助保障手续，各地接收材料、资格审查后，再报市高层次人才管理服务中心进行材料汇总和初步确认。

（1）租房或安家费资助申请表；

（2）申请人身份证；

（3）申请人学历和学位证书；

（4）申请人相关资格证书或证明材料，劳动合同或人才聘用协议书；

（5）享受租房资助的人才，须提供在本市正常缴纳社会保险记录和个人所得税证明；享受安家费资助政策的人才，须提供在本市正常缴纳社会保险记录或个人所得税证明。

（6）企业（载体）营业执照和本企业属于本办法保障范围的有关证明材料；

（7）申请人出具自享受本政策之日起在所在企业工作5年以上的书面承诺；

（8）经备案的《商品房租赁备案证明》或《商品房买卖合同》；

（9）所在企业（载体）资助凭证。

3．市人才住房保障工作联席会议对上述材料进行审查，就申请人是否符合保障政策、资助金额等提出审核意见。

4．对符合资助保障政策的，由市人社局对外公示7天。如无异议，由各区、开发园区人才管理机构与企业（载体）、申请人签订《扬州市区引进人才租房或安家费资助三方协议》。协议一式三份，三方各执一份。

5．对符合租房资助保障政策的，按属地管理原则，每半年由市财政局将市级承担的租金拨付至各区财政局，由各区按规范程序负责发放；其余市直属企业资助租金，由市财政局拨付至市高层次人才管理服务中心，由该中心负责发放。对符合安家费资助保障政策的，由市、区财政局根据《扬州市区引进人才租房或安家费资助三方协议》将资助资金拨付到相关房地产开发企业（如是二手房，则拨付至市房管局二手房交易监管账户）。

6．领取租房资助的，从离岗当月起取消资助。享受安家费资助50%及以上的对象，在企业（载体）工作满10年后，所购房屋方可上市交易；享受安家费资助50%以下的对象，在企业工作满5年后，所购房屋方可上市交易。未满相应年限离开的，应当无条件退还已领取的安家费资助，否则所购房屋不得交易，并由用人企业（载体）依据《扬州市区引进人才租房或安家费资助三方协议》负责扣还安家费资助。

四、监督管理

1．为做好人才住房保障工作，建立扬州市人才住房保障工作联席会议制度，市政府分管负责人为召集人，市委组织部（人才办）、发改委、经信委、科技局、财政局、人社局、房管局、统计局等相关部门和各区政府（管委会）分管负责人参加。联席会议办公室设在市人社局，具体负责该项工作的组织实施。

2．市人才住房保障工作联席会议原则上每季度召开一次，对租房或安家费资助保障申请对象提供的材料进行审核。

3．市发改委、经信委、统计局等部门按照各自职责，负责对申请人所在企业（载体）是否属于本办法规定的保障范围进行审查。各区政府（管委会）负责做好申请人的资格审查和确认工作，严格把好初审关。市人社局建立享受安家费补贴人才信息库，加强对相关人才工作变动等情况的动态管理。市房管局建立健全人才房交易信息平台，加强对房地产开发企业有关资助资金的监管和人才所购房屋的上市交易管理。财政部门设立企业（载体）人才发展基金，并及时将资助资金拨付到位。

4．对弄虚作假、骗取租房和安家费资助保障的企业（载体）和当事人，由有关部门依法依规予以严肃处理。

五、对外籍高层次人才、企业（载体）发展需要的特殊实用型人才要求享受上述政策的，由企业（载体）提出申请，报市人才住房保障工作联席会议研究确定。

六、仪征、高邮、宝应可根据实际情况，研究制定相关人才租房或安家费资助保障政策。

七、本办法由市人社局负责解释，自2014年1月1日起试行。

中共扬州市委
扬州市人民政府
二〇一三年十一月六日

扬州市关于进一步加快科技产业综合体建设集聚创新创业人才的实施办法

（扬发〔2013〕36号）

为进一步加快科技产业综合体建设步伐，增强其对各类创新创业人才的吸引力和承载力，加快建设激发创新、鼓励创造、促进创业的“宜创”城市，现提出如下实施办法。本办法中“科技产业综合体”是指经市规划定点、认定考核的科技产业综合体。

一、指导思想

贯彻落实市委六届五次全会精神，统筹规划，合理布局，加快科技产业综合体建设步伐，重点发展以办公室为载体的软件和信息服务业、实验室为载体的研发产业和工作室为载体的文化创意产业，积极发展地方优势特色产业，集聚各类创新要素、创新资源，完善配套服务功能，努力使其成为培植新的经济增长极、吸引高层次人才的重要载体。

二、建设要求

1．科技产业综合体的建设，要围绕明确的区域主导产业，建设包括科技创业专业孵化器、加速器、人才公寓和综合配套服务设施等。

2．科技产业综合体的建设，要坚持政府主导与市场化运营相结合，按照集约化、专业化、信息化、社区化等高标准实施建设和运营。

3．科技产业综合体要建有完备的专业技术支撑平台、科技金融服务平台和综合公共服务平台，要重点建设好创业培训辅导、投融资、知识产权交易服务，以及成果转化服务等综合性服务平台。

4．各科技产业综合体要组建专业建设运营公司，具体承办科技产业综合体的开发建设、运营管理以及技术、投融资、中介等各类服务平台的建设；组建精干、高效、专业化的创业服务机构，配备专业的管理服务团队，机构设置合理，管理制度健全，具体承办科技产业综合体创业孵化服务。

三、建设目标

全面提升和拓展全市科技产业综合体的功能、水平、规模与成效，围绕汽车、机械、软件和信息服务业等基本产业、五大千亿级产业发展、战略性新兴产业和现代科技服务业的培育、发展与布局，全力打造一批国内一流水准的科技产业综合体。到2015年底，全市科技产业综合体建成300万平方米以上，其中政府主导投资的达50%以上，产业用房面积50%以上，具有本科以上学历的从业人员占比50%以上。累计招引入驻企业达2000家以上，引进50个创新创业领军人才和20个创新团队，新培育高新技术企业、创新型企业100家，累计实现销售收入400亿元，专利及软件著作权申请量达5000件以上。

四、规划布局

根据各县（市、区）、经济技术开发区、化工园区的资源优势、产业基础和建设条件，按照“统筹规划、合理布局、特色鲜明、配套完善”的原则，到2015年，全市建成20个科技产业综合体，竣工面积累计达300万平方米以上，重点布局如下：

——广陵区 围绕信息服务、液压装备、食品加工等产业，重点建设信息产业基地、食品科技园和液压装备产业加速器等科技产业综合体。到2015年底，累计竣工面积达80万平方米，其中，2013年竣工并投入使用25万平方米。

——邗江区 围绕智能制造装备、软件创意等产业，重点建设中科院扬州中心、联创软件园、甘泉生态科技园等科技产业综合体。到2015年底，累计竣工面积达90万平方米，其中，2013年竣工并投入使用25万平方米。

——江都区 围绕环保装备、生产性信息服务等产业，重点建设软件产业园和环保节能科技产业园等科技产业综合体。到2015年底，累计竣工面积达40万平方米，其中，2013年竣工并投入使用20万平方米。

——宝应县 围绕输变电装备、创意设计等产业，重点建设宝应科技园等科技产业综合体。到2015年底，累计竣工面积达25万平方米，其中，2013年竣工并投入使用15万平方米。

——高邮市 围绕储能电池、光电等产业，重点建设技术转移及成果转化中心等科技产业综合体。到2015年底，累计竣工面积达20万平方米，其中，2013年竣工并投入使用15万平方米。

——仪征市 围绕汽车及零部件等产业，重点建设大众广场和融科技产业综合体。到2015年底，累计竣工面积达30万平方米，其中，2013年竣工并投入使用5万平方米。

——经济技术开发区 围绕光电、智能电网等产业，重点建设扬州智谷和西安交大科技园等科技产业综合体。到2015年底，累计竣工面积达70万平方米，其中，2013年竣工并投入使用15万平方米。

——化工园区 围绕基础化工合成新材料、精细化工等产业，重点建设化学化工研究院科技产业综合体。到2015年底竣工并投入使用5万平方米。

五、政策措施

（一）对建设与运营的扶持。

1．对科技产业综合体建设采取优先扶持的用地政策，优先安排用地计划，优先办理用地手续，符合点供条件的优先争取落实点供。对科技产业综合体用地，按照土地用途分类，实行差别化定价，其中科技研发用地可通过工业用地招拍挂方式进行出让。对各县（市、区）国有投资平台取得土地的，其土地出让金除按国家和省有关规定计提外，全部返还各县（市、区）国有投资平台，作为市国有投资股份，三年内不参与股份分配。

2．对科技产业综合体建设的研发用地及地上房屋需要分割转让、销售的，需由各县（市、区）政府和经济技术开发区、化工园区管委会同意。分割转让、销售的面积不得超过研发项目竣工总面积的50%，分割转让、销售的对象须为符合县（市、区）政府、经济技术开发区、化工园区管委会规定条件的科技研发企业或机构，不得改变房屋功能和土地用途，不得转让、销售给个人。

3．对科技产业综合体建设的市级规费，除规定不能减免的部分外，全部返还科技产业综合体建设主体，作为国有投资股份，三年内不参与股份分配。

4．从2014年起连续3年，市科技产业综合体当年新增入库税金的市、区地方留成部分全额返还，专项用于科技产业综合体公共创新创业平台建设及项目发展。

5．对经考核认定的科技产业综合体，给予国有专业运营管理机构30万元到50万元不等的奖励。

6．每孵化毕业1个规模以上企业，给予科技产业综合体国有专业运营管理机构5万元奖励。

7．科技产业综合体建设纳入市政府重大项目库，执行重大项目“绿色通道”制度。

（二）对入驻企业与引进人才的扶持。

8．对科技产业综合体内创业企业，在三年孵化期内，当年新增增值税的市、区地方留成部分，予以返还奖励，专项用于创业企业的创新活动。

9．对科技产业综合体引进的高层次人才，优先申报国家、省、市各类人才支持计划，优先支持优秀人才带技术、带项目、带资金到科技产业综合体领办企业。对高层次人才承担的科研计划项目，予以优先申报、立项。市现有各类创新创业政策向科技产业综合体重点倾斜、优先安排，并在各奖励扶持的基础上，可增加 20%的额度，同一主体不重复享受，以最高为限。

10．对世界500强、大型央企、国内外知名高校科研院所在科技产业综合体内设立分支机构、研发中心的，由市、区（县）两级财政予以一定的奖励扶持。

11．加大金融扶持力度。开展科技风险补偿贷款、科技担保、知识产权质押、中小企业直接债务融资等科技金融服务，切实帮助科技产业综合体科技型小微企业解决创业融资难问题。对天使基金、种子基金、风险投资基金向科技产业综合体内种子期、初创期企业实际投资的，给予一定的配套支持。

12．积极发挥政府采购政策功能，优先采购科技产业综合体内省级以上高新技术产品和软件产品，鼓励企业开发自主创新产品。建立“首购首用”风险补偿机制，对本地“首购首用”科技产业综合体内高新技术新产品的单位给予适当的风险资助，积极帮助入驻企业开拓市场。

13．鼓励高校、科研院所的团队和个人以科研成果作价入股，设立股权激励专项资金，对入驻科技产业综合体内的企业实施科研人员股权激励以及分红激励试点的，给予奖励扶持。

14．对入驻科技产业综合体为创业企业提供技术转移、人才培训、市场营销、融资担保、专利服务、财会金融、电子商务等各类专业性、综合性中介服务的机构，根据服务效果，按其服务收入，给予适当补助。

15．各科技产业综合体内设立一站式服务中心，建立企业服务绿色通道，实行首问负责制、“一章通关”，为企业注册、人事关系办理等提供全程首办、零成本服务。对重点建设项目，明确专人负责，配备项目秘书，为企业和人才提供包括场地租赁、政务服务、中介服务等全方位创新创业服务。

六、综合保障

1．组织保障。成立市科技产业综合体建设领导小组，市主要领导任组长，市分管人才、科技的领导任副组长，市人才办、科技、发改、经信、人社、财政、国土、规划、建设、商务、工商、国税、地税等部门为成员单位。领导小组明确相关部门分工，研究部署综合体建设的重大政策和举措，督查、指导各县（市、区）的项目建设。领导小组办公室设在市科技局，负责统筹协调和具体实施工作。市科技局要联合财政等相关部门制定好相关实施办法和操作细则。

2．资金保障。各县（市、区）要加大财政投入力度，设立科技产业综合体建设专项资金，确保科技产业综合体建设发展需要。市财政设立专项资金，用于科技产业综合体的建设扶持和相关考核奖励等。

3．认定考核。对各科技产业综合体从发展规划、建设内容、运营管理、创新成效等方面实行预报会审、过程跟踪和认定考核，确保科技产业综合体的有序建设与发展。认定考核工作由领导小组统一领导，领导小组办公室负责具体组织实施，依据评审综合得分，提出初步认定意见，报市政府批准后予以公布。市政府对建设、发展成效显著的科技产业综合体进行奖励。

4．督查推进。定期召开领导小组有关成员单位及各地负责人联席会议，协调解决科技产业综合体建设推进过程中存在的突出问题和矛盾，督查通报各推进事项的落实情况。将科技产业综合体建设工作作为重要内容列入各地经济社会发展综合考评和党政正职考核内容。建立健全全市科技产业综合体指标统计体系，加强对全市科技产业综合体建设与运行情况的监测分析和绩效评价。

中共扬州市委
扬州市人民政府
二〇一三年十一月六日

扬州市金融支持高层次人才创业实施办法

（扬发〔2013〕37号）

第一章 总 则

第一条 为贯彻落实全市人才工作会议精神，推动实施创新发展和“人才为纲”战略，促进金融资源与人才资源有效对接，进一步完善金融服务体系，营造金融支持高层次人才创业的良好环境，根据《关于加强高层次人才队伍建设的意见》（扬发〔2011〕35号）、《市政府关于印发扬州市科技和金融结合行动计划的通知》（扬府发〔2012〕16号）要求，特制定本实施办法。

第二条 金融支持高层次人才创业项目评选坚持公开、公平、公正、择优原则，实行总量控制，评选工作由金融支持高层次人才创业工作小组和相关部门负责实施。

第二章 扶持对象

第三条 市级科技金融资源重点支持具有较强产业创新能力、机制创新能力的高层次创业领军人才，具体包括：国家“千人计划”创业人才；江苏省“高层次创新创业人才引进计划”创业人才；江苏省“创新团队计划”创业类团队；江苏省“博士集聚计划”创业博士；扬州市“绿扬金凤计划”创业领军人才；创业项目行业领先、技术先进，经金融支持高层次人才创业工作小组评定的其他创业人才。

第三章 政策措施

第四条 对高层次人才给予创业投资支持。建立政府主导的天使投资基金，首期规模3000万元，基金优先支持高层次人才创业项目。市财政每年从人才、科技专项资金的结余中提出一定数额的资金，用于补充天使投资基金。单个企业（或项目）原则上可给予不超过股本30%的创业投资且累计投资最高不超过基金规模的20%（即最高投资600万元）。天使基金对市内企业（或项目）的投资不得低于基金规模的70%。天使投资基金投资退出时，同等条件下由创业团队优先认购。建立天使投资风险补偿机制，天使投资基金因被投资企业破产等原因导致投资损失，由天使投资基金提出风险补偿申请，经有权部门审核后报基金管理委员会审批。

现代金融投资集团每年对天使投资基金投资的项目按20%比例进行跟进投资。现代金融投资集团投资本地高层次人才创业项目且单个项目投资额超过200万元（含）的，每个项目给予20万元的专项奖励。对现代金融投资集团投资本地高层次人才创业项目并实现上市的，参照《市政府关于加快推进企业上市工作的意见》（扬府发〔2011〕143号）对上市工作机构奖励的有关规定再给予20万元的奖励。加大外地知名基金管理公司的引进，大力培育本土创业投资管理团队。鼓励社会资本投资支持高层次人才创业项目。（市财政局、现代金融投资集团具体负责实施）

第五条 加强对高层次人才创业项目的信贷支持。鼓励金融机构开发适合科技型企业特点的金融服务产品，大力发展以企业信用为基础的股权质押、知识产权质押、应收账款保理与质押、仓单质押、订单融资等信贷创新产品，为高层次人才创业和拓展市场空间提供高效优质服务。加快科技银行、科技小贷等科技专营机构建设，支持商业银行开设科技信贷专营部门。到2015年，确保实现科技小贷县（市、区）的全覆盖。科技银行对高层次人才创业贷款原则实行基准利率，按不低于3%的标准确定科技贷款风险容忍度。（扬州银监分局、市金融办负责落实）

建立科技信贷风险补偿专项资金，按每家科技支行不低于3000万元、每个科技信贷部不低于1000万元规模专户储存。2013年科技信贷风险补偿专项基金确保到位2000万元，其中市财政每年安排不低于500万元充实高层次人才创业和科技项目贷款风险补偿资金。对科技银行或科技专营机构在超过3%以外的不良贷款风险损失给予一定比例的补偿，风险损失的认定和补偿比例按科技信贷风险补偿专项资金管理办法执行。高层次人才创业项目短期资金周转发生困难的，由市中小企业应急专项资金给予转贷支持。（市财政局负责落实）

第六条 创新对高层次人才创业项目的金融服务。深化金融服务中小企业顾问制度，为高层次人才创业项目配备金融顾问，实行个性化服务，提供适应高层次人才创业要求的金融产品和服务，切实解决创业融资难。切实提高高层次人才创业项目首笔贷款资金的获得性，对经金融支持高层次人才创业工作小组审定的科技型创业项目首笔银行融资需求，在现代金融投资集团会同相关科技银行做好前期尽职调查的基础上，对有市场、有订单、有发展前景、有科技含量的科技型企业，现代金融投资集团所属金信担保公司给予担保，科技银行给予信贷支持，适合风险投资的，由现代金融投资集团进行风险投资。（市金融办、人民银行、现代金融投资集团负责落实）

第七条 拓展对高层次人才创业的科技保险覆盖。加快科技保险专营网点建设，加大科技保险产品创新，为高层次人才创业项目的产品责任、产品质量、环境污染责任、新产品研发、成果转化等方面提供保险保障。科技保险保费补贴政策按《市政府办公室关于推进科技保险工作的实施意见》（扬府办发〔2011〕1号）执行，着力向高层次人才创业项目倾斜。（市金融办、财政局负责落实）

第八条 加快发展科技担保，现代金融投资集团所属金信担保公司要以科技担保为方向，加快转型升级，增强科技担保服务功能。对高层次人才创业融资担保费用，财政给予创业企业50%的担保费用补贴。对高层次人才创业融资提供科技担保形成的代偿风险，由财政与担保公司共同分担，其中财政分担比例原则上不超过70%。（市财政局、现代金融投资集团负责落实）

第九条 强化对高层次人才创业的金融集成服务。鼓励商业银行、创投机构、保险公司、小贷公司和担保公司等作为主办机构，会同其他有关金融机构，研究开发相应的金融产品，整合信贷、股权投资、保险、担保、财政补贴等要素，对同一高层次人才创业项目实施联合支持。（产权综合服务市场负责落实）

第十条 为高层次创业领军人才举办专题培训班、专家学者讲座、沙龙等培训活动，提供现代金融和现代企业管理等专业知识咨询，促进企业健康快速发展。（市委组织部、金融办负责落实）

第四章 组织保障

第十一条 成立由市委组织部（人才办）、金融办、财政局、科技局、人行、银监分局、发改委、经信委等部门组成的金融支持高层次人才创业工作小组，负责金融支持高层次人才创业项目的组织申报、论证评估和政策落实；建立人才项目库，对有融资需求的项目，由扬州产权综合服务市场提出金融支持方案，协调银行、保险、担保、小贷、创投等机构实施集成服务。

第十二条 建立金融支持高层次人才创业工作考核机制，各县（市、区）政府及各相关责任单位每半年向金融支持高层次人才创业工作小组汇报金融支持高层次人才创业工作情况。

第五章 附 则

第十三条 本办法由市金融办负责解释，并分解落实相关部门具体任务。

第十四条 本办法自发布之日起施行。

中共扬州市委

扬州市人民政府

二〇一三年十一月六日

扬州市高层次人才子女就学保障实施办法（试行）

（扬办发〔2013〕55号）

为更好地落实“人才为纲”举措，现就做好全市高层次人才子女就学保障工作提出如下意见。

一、指导思想

认真贯彻市委、市政府《关于加强高层次人才队伍建设的意见》精神，扎实做好高层次人才子女的就学保障工作，为推进我市经济社会发展，建设“三个扬州”和世界名城作出应有贡献。

二、服务对象

1．中国科学院院士、中国工程院院士；

2．国家“千人计划”专家、享受国务院特殊津贴人员、在管理期限内的省“333 工程”第一层次培养对象；

3．江苏省“高层次创新创业人才引进计划”入选者、江苏省“创新团队”核心成员、省有突出贡献中青年专家、在管理期限内的省“333 工程”第二层次培养对象；

4．在管理期限内的省“333 工程”第三层次培养对象、江苏省“博士集聚计划”入选者、扬州市“绿扬金凤计划”创业创新领军人才；

5．扬州英才培育计划培育对象。

三、工作措施

1．明确就读范围。全市中小学、职业学校、特殊教育学校、教育系统所属幼儿园均应为愿意就读的高层次人才子女提供就学便利。

2．落实就学责任主体。高层次人才子女就学工作，由市教育局统筹协调，各级教育行政部门及其所属学校负责落实。申请入学或转入县（市、区）所属幼儿园、中小学的，由县（市、区）教育行政部门落实到相应的学校（幼儿园）就读；申请入学或转入市直学校就读的，由市教育局协调落实。

3．提高就学保障水平。非本市户籍高层次人才子女，需在本市各级各类学校就读的，享受市民待遇：要求到公办幼儿园、小学、初中就读的，按照“就近、免试”的原则，由所在县（市、区）教育行政部门协调落实（到市直初中就学的，由市教育局负责）；报考普通高中的，在中考成绩达到入学地普通高中最低录取分数线的情况下，实行优先录取。

4．建立入学绿色通道。凡子女有在我市就学需求的高层次人才，应在每学期开学前1个月向我市高层次人才管理和服务平台提出申请，并填写《扬州市高层次人才子女转学申请表》或《扬州市高层次人才子女入学申请表》，由当地人才主管部门审核，教育部门根据人才主管部门审核意见，按照本办法相关规定落实就读学校（幼儿园）。

各级教育行政部门及各级各类学校（幼儿园）要高度重视高层次人才子女的就学工作，积极采取措施，为高层次人才子女的就学提供便利。市、县（市、区）教育行政部门将此纳入年终考核内容。

中共扬州市委办公室
扬州市人民政府办公室
二〇一三年十一月六日

中共靖江市委 靖江市人民政府
关于实施“马洲英才计划”推进转型升级的意见

（靖发〔2013〕36号）

为深入实施人才强市战略，进一步加大优秀人才引进、培养和使用力度，努力探索以人才推进转型升级、以人才引领率先发展之路，结合我市实际，现就实施“马洲英才计划”，推进转型升级提出如下意见。

一、指导思想

以党的十八大精神和科学人才理念为指导，坚持党管人才原则，紧紧围绕我市“两个率先”目标和经济社会转型升级要求，完善人才管理体制机制，充分发挥用人主体作用，加强人才创新载体建设，优化人才发展环境，加快集聚高层次创新创业人才，统筹推进各类人才队伍建设，为推进转型升级、实现率先发展提供坚强的人才支撑和智力保障。

二、目标任务

从2013年起，全面实施“532双高人才引进计划”和“518优秀人才培养计划”，用5年时间，引进和培养12000名左右各类优秀人才。其中，引进高层次创业人才（团队）50名、创新人才300名、高素质紧缺急需人才2000名；培养高级经营管理人才500名、高级专业技术人才1000名、高技能人才8000名，带动并促进全市人才队伍建设达到以下目标：

规模不断扩大。人才资源总量达17.5万人，每万人口拥有人才数2500人，居苏中前列，并达到苏南“第一方阵”基本水平、全省先进水平。

结构趋于合理。全市高层次人才占人才资源总量达5%，企业高技能人才实现倍增目标，高技能人才占技能劳动者比例达30%。

环境逐步优化。建立有利于促进人才优先发展的制度体系，营造创新活力更强、创业成本更低、服务效能更优的人才发展环境，全市人力资本投资占GDP比重达15%。

效能明显增强。人才对经济社会发展的促进作用增强，带动全市创新能力提升的实际成效明显，人才贡献率达45%。

三、主要内容

（一）实施“532双高人才引进计划”。

1. 大力引进“双创”人才。以省和泰州市“高层次创新创业人才引进计划”（简称“双创计划”）为依托，实施本市“双创计划”，围绕我市“1153工程”和重点发展的临江产业、优先发展的新兴产业，采取灵活多样的引才方式，大力引进高层次创新创业人才，加快集聚一批能够突破关键技术、具有自主知识产权的创新型科技人才和依靠核心技术自主创业的科技企业家。鼓励企业和社会服务机构引进国外人才智力和科研机构，加强同海外华人社团的联系，建立海外高层次人才引进平台，定期举办海外优秀创新创业人才招引活动。

2. 加快引进紧缺急需人才。根据我市经济社会转型发展对各类人才的需求，实施“高素质紧缺急需人才引进计划”，有重点地组织企事业单位参加各级各类人才招聘活动、专门人才交流洽谈活动，积极拓展招才引智渠道，加快引进具有扎实专业基础和拔尖技术特长的各类高层次人才以及紧缺急需专业的高校优秀毕业生。

（二）实施“518优秀人才培养计划”。

1. 精心培育企业经营管理人才。以提高企业经营管理水平和国际竞争力为核心，加强与国内外高校、科研和培训机构的合作，定期组织企业高层经营管理人才进行专题研修与学习考察，鼓励企业家参加EMBA深造。实施“科技企业家培育工程”，突出科技企业家及后备人才培养，采取理论研修与实战培训相结合、专家咨询与学习考察相结合等方式，组织企业家进行系统培训，推进企业经营管理人才的职业化、市场化和专业化。

2. 有效提升专业技术人才创新能力。以提高专业技术人员的创新能力为核心，以省“333工程”、泰州市“311工程”为引导，实施“高层次拔尖人才培养工程”，重点选拔培养各类学术技术带头人、中青年拔尖人才和优秀专业技术骨干，统筹推进经济、教育、卫生、文化、建设、农业等各类专业技术人才队伍建设。支持“名师工作室”、“名医工作室”等优秀人才培养载体建设，放大品牌效应和示范作用，带动整支队伍建设。

3. 不断壮大高技能人才队伍。以提高职业素质和专业技能为核心，以技师和高级技师为重点，实施“高技能人才倍增工程”，完善以企业为主体、职校为基础，学校教育与企业培养、政府推动与社会支持相结合的高技能人才培养培训体系，努力建设一支数量充足、门类齐全、梯次合理、技艺精湛的高技能人才队伍。鼓励高技能人才领办工作室，开展人才培养和技术攻关。引导企业按国家规定落实高技能人才培养、使用和激励制度，提高高技能人才的经济待遇和社会地位。

（三）建设优秀人才集聚载体。

1. 加速建设引才载体。重视发挥用人单位的主体作用，实施“人才科技创新载体建设工程”，加大对企业自主创新的支持力度。按照“有技术人员、有固定场所、有研发经费、有科研设备、有研发项目”的要求，实现规模以上企业“一企一院校、一企一平台、一企一团队”目标，引导人才智力向企业集聚。在建设省级以上工程技术研究中心、企业技术中心、工程中心、院士工作站、博士后创新实践基地、研究生工作站、重点实验室等传统载体基础上，鼓励企业建立“千人计划”研究院、诺贝尔奖获得者工作室等新型人才创新载体，承接高端人才来靖创新创业。

2. 深入推进政产学研合作。加强与科研院所、高等院校、知名企业的交流联系，建立以政府为引导、企业为主体的人才科技交流合作机制，鼓励企业与高校院所建立跨地区产学研联合体，促进企业引进转化更多的科技创新成果，吸纳更多的高层次人才。加强产学研人才培养合作，深化科技镇长团、教授博士柔性进企业等工作，引导企业积极开展高端智力合作，通过人才引进先进技术、通过项目引进先进成果，将产业链向前端、高端延伸。

3. 倾力打造人才特区。突出创新要素的集聚和创新活力的激发，创新国家级开发区——靖江经济技术开发区科技人才政策，提升特色产业园区人才吸引力、项目承载力和产业集聚力。以国家级科技企业孵化器——华信科技创业园为主阵地，加强综合孵化器、专业孵化器、企业加速器建设，增强创业孵化功能，大力推动科技创业。完善国家知识产权局沿江产业化基地、中科院理化所高科技产业园、上海交大科技创业园等专业园区功能，打造引才聚才、创新创业的特色产业基地和人才集聚高地。

（四）创新优秀人才支持政策。

1. 支持创新创业人才引进。

（1）资助人才创新创业项目。每年组织本市“双创计划”申报评审活动，对入选的人才（团队），给予创新创业项目30万—100万元资助。其中，对海外创业人才再增加20万元资助。积极推荐引进的高层次创新创业人才申报上级各类人才计划，对入选国家“千人计划”者给予50万元配套资助，对入选省“企业博士集聚计划”者给予5万元配套资助（不包括已入选本市

“双创计划”人才及进站博士后）。

（2）提供投融资政策支持。加大政府及社会资金投入，健全和完善各项金融配套政策，大力发展创业投资、风险投资和科技创业担保等机构，为市“双创计划”人才创办的企业提供投融资服务。

（3）享受技术入股和税收优惠政策。市“双创计划”人才创办企业，以技术成果入股投资的，经评估，其技术成果可按注册资本不少于30%作价入股。企业产生销售后，缴纳的所得税地方留成部分按50%的标准连续三年奖励给企业，用于技术研发或扩大生产。

2．支持紧缺急需人才引进。

（1）发放专家津贴和优秀人才补贴。对从市外引进并在我市工作达一定年限的高层次人才（含“双创”人才）和在我市落户的紧缺急需专业的高校全日制本科以上毕业生等优秀人才，经评审符合条件的，根据不同层次，分别发放1000—5000元专家津贴或300—800元生活补贴。

（2）实施人才安居工程。对从市外引进到我市工作达一定年限的高层次人才（含“双创”人才），可享受3年免费或优惠租住人才公寓待遇。对符合条件、在我市购置自住房的高层次人才（含“双创”人才），根据不同类别，发放10万—50万元安家补贴。

（3）完善配套服务政策。对从市外引进的高层次人才（含“双创”人才），在家属就业、子女入学、社会保障、培养晋升、评优表彰等方面给予优先照顾。

（4）鼓励企事业单位引进紧缺急需人才。对参加市统一组团赴外招聘紧缺急需人才的企业，免收相关费用；对建成高校毕业生就业见习基地，并接纳高校毕业生就业见习的企业给予补贴。事业单位定向引进高层次专业技术人才以及 “211”高校全日制本科以上优秀毕业生，经审核，符合紧缺急需人才引进条件和程序的，可核定专项编制计划、增加专业技术岗位。

3．支持各类优秀人才培养。

（1）资助专业技术人才科研活动和学术进修。支持“高层次拔尖人才培养工程”培养对象承担各级重要科研计划、重大成果转化、重点学科建设和重点实验室项目，培养期内，对培养对象的研究项目，经评审，按不同等次给予1万—3万元的科研资助。选送培养对象参加多种形式的理论、业务培训和学术交流活动，培养期内，每名培养对象每年享受1000元图书资料补贴。

（2）支持企业经营管理人才学习培训。对企业高级经营管理人才参加市统一组织的国内高校专题培训给予全额资助，境外培训给予50%资助；参加我市与相关高校合作开展的EMBA学习的，享受相关优惠政策。

（3）鼓励企业人才在职学习提高。对企业专业技术人才新晋正高级职称者，或在职取得博士研究生学历并获得博士学位者每人奖励5000元；新晋副高级职称者，或在职取得硕士研究生学历并获得硕士学位者每人奖励2000元。对企业员工获得高级技师、技师资格证书者，分别给予每人2000元、800元的奖励。

（4）支持企业人才培养。鼓励企业根据发展需求，加强人才培养，按“谁出资培养、谁享受补贴”原则，对组织职工进行培训的企业或培训机构按标准给予补贴。对中级以上专业技术人员比例首次达到企业员工总数15%以上、高技能人才比例首次达到企业员工总数10%以上的企业，分别给予10万元奖励。

（5）资助人才培养载体建设。对经评审认定为本市“名师工作室”“名医工作室”“名技师工作室”等企事业单位建立的人才培养载体，给予每个载体3万元资助；建成“江苏省高技能人才培养示范基地”的，给予5万元配套资助。

4．支持创新创业载体建设。

（1）推进研发机构建设。对新认定为国家级、省级工程技术研究中心、企业技术中心、工程中心的企业，当年分别奖励50万元、20万元。对新认定为国家级重点实验室、博士后科研工作站和省级院士工作站、重点实验室、博士后创新实践基地的企业，当年分别奖励20万元、10万元；取得科研成果并形成年开票销售首次达到2000万元以上的，再分别奖励30万元、10万元。对新认定为省级研究生工作站的企业，当年奖励5万元，取得科研成果并形成年开票销售首次达到1000万元以上的，再奖励5万元。对诺贝尔奖获得者工作室、“千人计划”研究院等高端人才创新载体，根据引进人才（团队）具体情况，经评审，一次性给予不低于100万元的资助。

（2）推进人才特区建设。支持开发区有条件的特色产业园区、科技型企业在人才发展重点领域改革创新，制定具有比较优势的人才政策。对新认定的省级、国家级高新技术服务中心（孵化器）、大学科技园（科技创业园）分别给予50万元、100万元资助；对新认定的省级、国家级高层次人才创新创业基地、留学人员创业园，分别给予20万元、50万元资助。

（五）优化优秀人才发展环境。

1．完善人才工作投入机制。发挥政府引导调控、统筹协调功能，按照不低于公共财政预算收入3%的标准设立人才发展资金，纳入年度财政预算，用于人才引进、培养、使用、资助、奖励以及人才公共服务基础设施和人才开发重点项目的投入。健全高层次人才项目进展情况定期报告、绩效评估机制，提高资金使用效益。强化用人单位人才投入的主体行为，逐步形成以市场导向为主、政府推动为辅、各方合理分担的多元化人才投入机制。

2．完善人才发展评价机制。

（1）开展人才和人才工作评优表彰。组织“靖江市杰出人才奖”“靖江市科学技术突出贡献奖、贡献奖”“靖江市十佳科技之星、优秀科技工作者”和“靖江市人才工作先进单位”评选表彰活动，对当选的优秀人才和先进单位给予相应奖励。

（2）实施人才创优奖励。我市在职人员被评为国家有突出贡献中青年专家的奖励2万元；被评为享受国务院特殊津贴人员、省有突出贡献中青年专家的奖励1万元；新入选省“333工程”第一、二、三层次培养对象，分别奖励1万元、5000元、3000元；新入选泰州市“311工程”第一、二层次培养对象，分别奖励2000元、1000元；被评为省科技企业家、省产业教授、泰州市有突出贡献中青年专家的奖励3000元；被评为省、泰州市有突出贡献的高级技师、技师，分别奖励3000元、2000元。

其他荣誉参照上述标准给予适当奖励。

3．完善人才使用激励机制。鼓励企业探索股权和分红激励，以股权奖励、股权出售、股票期权等方式对高层次人才实施股权激励，以科技成果投资、对外转让、合作、作价入股的项目收益分成方式对高层次人才实施分红激励。

4．完善人才综合服务机制。

（1）健全人才联系服务体系。建立人才综合服务平台，为各类高层次优秀人才提供便捷周到的一站式服务。完善党政领导联系优秀人才制度，定期走访慰问各类优秀人才。健全“高层次人才服务一卡通”制度，在文化、医疗、交通、社会保障、子女入学、家属安置等方面给予优秀人才优待措施。

（2）推进公共技术服务平台建设。立足区域特点和产业特色，建设仪器设备共享、共性技术服务、成果技术转化和知识产权交易“四大平台”，优化科技创新环境，支持技术创新活动，增强企业技术集成与产业化能力，为科技创新、新兴产业培育和人才集聚提供科技基础保障和条件支撑。

四、组织保障

1．加强组织领导。“马洲英才计划”在市委、市政府统一领导下，由市人才工作领导小组负责统筹协调、宏观指导并组织实施。各成员单位要结合工作职责，按照分工制定并落实相应的配套政策和具体措施。各镇（街道、园区、办事处）、开发区党组织要切实履行党管人才职责，建立人才工作机构和工作班子，制定各自具有比较优势的配套政策，指导督促辖区内企事业单位积极开展引才育才活动，确保各项目标任务落到实处。

2．强化目标考核。建立党委、政府“一把手”抓“第一资源”的目标责任制，重点围绕“马洲英才计划”目标任务和主要工作，研究制定考核办法，把目标完成情况纳入各镇（街道、园区、办事处）、开发区和相关部门年度综合考核内容，每年底，由市人才工作办公室对完成情况进行检查考核，市人才工作领导小组根据考核评比结果予以通报和表彰。

3．扩大舆论宣传。充分利用报刊、电视、网络等媒体，广泛宣传“马洲英才计划”实施的重要意义、目标任务和主要举措，宣传科学人才理念，宣传各单位引进、培养和使用人才的成功经验，特别是加大对突出贡献人才的宣传力度，进一步营造尊重人才、支持创业、鼓励创新的社会环境，努力让人才优势成为靖江科学发展的第一优势。

本意见自发文之日起执行，本意见颁发前有关文件与本意见内容不一致的，以本意见为准。

中共靖江市委员会

靖江市人民政府

二〇一三年九月二十六日

靖江市高层次创新创业人才引进计划实施办法

（靖人发〔2013〕2号）

第一章 总 则

第一条 为深入实施人才强市战略，大力引进高层次创新创业人才，促进自主创新和科技创业，根据市委、市政府《关于实施“马洲英才计划”推进转型升级的意见》（靖发〔2013〕36号）精神，制定本办法。

第二条 “靖江市高层次创新创业人才引进计划”（以下简称市“双创计划”）主要围绕我市“1153工程”和重点发展的船舶、金属材料、粮食、木材、能源等临江产业及优先发展的新材料、新能源、新医药、电子通信和节能环保等新兴产业，从2013年起，用5年时间，从国内外引进350名左右高层次创新创业人才（团队），加快集聚一批能够突破关键技术、具有自主知识产权的创新型科技人才和依靠核心技术自主创业的科技企业家。

第三条 靖江市“双创计划”实行企业为主、项目带动、突出重点、科学管理、注重效益的原则，发挥政府引导和企业主体作用，根据我市产业发展需求，每年编制引才目录，通过报刊、电视、网络等媒体向外发布引才公告，并组织开展有针对性的国内外招聘、洽谈活动，实现人才与用人主体的对接。

第二章 引进对象和条件

第四条 靖江市“双创计划”引进对象分为创新人才和创业人才。

创新人才是指我市高科技企业引进的掌握关键技术的高层次研发人才，以及重点行业、重点企业引进的具有较高社会知名度、突出管理业绩、通晓国际先进管理知识、善于资本运作的高级经营管理人才。

创业人才是指以带技术、带项目、带资金的形式来我市投资创（领）办科技型企业的高层次人才或团队。创（领）办企业属于高成长性科技型企业或现代服务企业，主导产品具有自主知识产权，技术水平达到国际先进或国内领先，能够填补国内空白或引领相关产业发展，有较大的市场潜力和预期经济效益。

第五条 引进人才须具备以下条件：

（一）创新人才

1．具有博士学位或正高级职称，年龄一般不超过55周岁。

2．具有在国内外大型企业或知名高校、科研机构从事研发或管理工作3年以上经历，并取得突出业绩。

3．申报前已到我市工作，并与相关企业达成引进协议。

4．引进后，能连续为引进单位服务3年以上，且每年服务时间不少于6个月。

（二）创业人才

1．具有硕士（含）以上学位或副高级以上职称，年龄一般不超过55周岁。

2．拥有与创业领域产品相关的自主知识产权或关键技术，在产品开发和企业经营管理方面具有比较丰富的实践经验。

3．申报前已在我市创（领）办企业，或能在规定时间内完成工商注册登记等相关手续。

4．引进人才为所创（领）办企业的主要负责人，本人或团队投入企业的实际资本一般不少于100万元（不含技术入股）。

5．引进人才主要工作精力应为所创（领）办企业服务。

优先支持创新团队项目；优先支持创业类人才；优先支持本人参与项目投资、有资金投入并占有股份的企业引进人才。

第六条 创新人才申报企业应具备以下条件之一：

1．国家“千人计划”、省“双创计划”资助对象创办的。

2．省“科技企业家培育工程”培育对象、省“333工程”培养对象、省“产业教授”创办的。

3．国家或省认定的创新型企业、高新技术企业、农业科技型企业、计算机信息系统集成企业、信息系统工程监理企业、软件企业、动漫企业等。

4．承担省科技成果转化专项资金项目的。

5．列为省高层次人才创新创业企业类基地的。

6．拥有院士工作站、博士后科研工作站、研究生工作站、技术中心、工程中心、工程技术研究中心等省级以上创新平台的。

7．省认定的民营科技企业。

8．引进人才特别优秀或实施的项目有较大市场潜力的，可适当放宽条件。

第三章 政策支持

第七条 入选市“双创计划”的人才享受下列优惠政策：

（一）创新人才

1．按照重点支持项目、优先支持项目，经评审，分别给予50万元和30万元的资金资助。重点支持项目中特别优秀的，可突破最高资助标准。

2．技术成果可评估作价出资，根据投资各方约定，其技术成果可按注册资本不低于30%作价入股。

（二）创业人才

1．按照重点支持项目、优先支持项目，经评审，分别给予100万元和60万元的资金资助。重点支持项目中特别优秀的，可突破最高资助标准。海外留学人员带技术、带项目、带资金来我市投资创（领）办科技型企业的，在享受上述资助的同时，再给予20万元资助。

2．根据创业项目投资需求，优先向市创业投资、风险投资和科技创业担保等机构推荐提供投融资服务。

3．创业人才以技术成果入股投资企业的，经评估，其技术成果可按注册资本不少于30%作价入股。创（领）办企业产生销售后，缴纳的所得税地方留成部分按50%的标准连续三年奖励给企业，用于技术研发或扩大生产。

第八条 入选市“双创计划”的人才还可享受以下待遇：

（一）符合省、泰州市“双创计划”申报条件的，给予优先推荐。

（二）优先支持由市“双创计划”人才领衔实施的研究开发和科研成果转化项目列入本市科技计划；优先推荐申报国家、省和泰州市科技计划。

（三）符合申报享受国务院特殊津贴专家、省市有突出贡献的中青年专家以及江苏省“333高层次人才培养工程”、泰州市“311高层次人才培养工程”和我市“高层次拔尖人才培养工程”条件的，给予优先推荐。

（四）符合我市紧缺人才引进计划条件的，享受相应专家津贴、安家补贴或租房补贴。

（五）符合条件的，为其办理“高层次人才一卡通”优待卡，享受相关优惠服务待遇。

第四章 评审确认程序

第九条 组织申报。市人才工作办公室每年发文部署市“双创计划”申报工作，公布申报对象的具体要求、资助数量等，凡符合条件的人才，需按要求填报相关表格并提供证明材料。

第十条 材料初审。相关部门对申请人的学历、经历等进行认定、审核，对申请人的项目计划书及相关材料的具体内容进行初审，对其提交的知识产权和发明专利进行认定、评估。

第十一条 综合评审。组织技术、风投、管理等方面专家，就项目前景、产业化可行性、团队组织、财务报告等进行综合评审。提出重点支持和优先支持项目的建议名单并排序。

第十二条 实地考察。组织专家对通过综合评审的人选进行面谈，到创业企业或引进单位实地考察，全面论证引进人才和项目的真实性、可行性，根据面谈和考察情况，确定拟资助人选。

第十三条 公示审批。将拟资助人选报市人才工作领导小组审定，并在一定范围公示。

第十四条 签订协议。确定资助的人才与市人才工作办公室签订协议，明确双方的权利、义务和相关法律责任。

第十五条 资金拨付。对创办企业已注册或创新项目已落户并且签订资助协议的人才，兑现资助资金。

第五章 组织实施

第十六条 本计划由市人才工作领导小组负责统筹协调，市委组织部（市人才工作办公室）负责牵头组织实施，相关成员单位按照职责分工，共同做好此项工作。市委组织部（市人才工作办公室）负责受理材料申报，并会同市科技、人社部门组织专家进行综合评审，定期对资助项目进展状况进行跟踪、考核和评估。市科技部门负责核实引进人才科技成果、专利等申报资料的真实性，负责各类科技计划对引进人才的支持。市人社部门负责核实引进人才的身份、学历等申报资料的真实性。

第十七条 各申报单位应对申报材料的真实性负责，对有弄虚作假、冒名顶替、侵犯他人知识产权等不良行为者，一经查实，即取消资格，收缴资助资金，并给予通报，5年内不再接受该单位或个人的申报。

第十八条 市“双创计划”资助资金及相关工作经费从市人才工作专项资金中列支。资助资金专款专用，主要用于引进人才在创新创业中的企业运营、课题研究、改善科研条件和对个人的生活补助，结合项目进展情况分3年拨付。资助期间，申报单位每年须向市人才工作办公室报告项目进展和资金使用情况，对不能按期完成项目计划书确定工作目标的，视具体情况停发、取消或收缴资助资金。

第六章 附 则

第十九条 本办法由市人才工作办公室负责解释。

第二十条 本办法自发布之日起施行。

靖江市人才工作领导小组
二〇一三年九月二十六日

浙江省培育科技型中小企业专项行动方案

（浙科发高〔2013〕220号）

科技型中小企业是技术创新的主体，也是最具活力和发展潜力的企业。加快科技型中小企业培育和发展是深入实施创新驱动发展战略，加快高新技术产业发展、优化中小企业结构的重要举措。根据省政府关于贯彻落实省委十三届三次全会决定，开展“八倍增、两提高”科技服务专项行动有关要求，制定培育科技型中小企业专项行动方案。

一、实施目标

根据《中共浙江省委关于全面实施创新驱动发展战略 加快建设创新型省份的决定》和《浙江省人民政府办公厅关于印发浙江省“八倍增、两提高”科技服务专项行动总体实施方案的通知》要求，全省科技型中小企业培育目标是：2013年超过10000家；到2015年超过15000家，力争达到20000家；到2017年达到20000家以上，力争达到30000家。

二、主要任务

（一）大力鼓励科技人员创办科技企业。

1．鼓励科技人员创办科技型中小企业。鼓励科研机构、高等院校和企业的科技人员自主创业，创办一批科技型中小企业。鼓励国内外科技人员携带科技成果来我省创办科技型中小企业。鼓励现有大中型企业孵化、派生科技型中小企业。加强初创期的创业服务与创业资金的支持，促进创业资本与科技成果、创业人才的对接，创办一批科技型中小企业。把工业设计公司、信息软件公司、技术成果贸易中介服务机构、投资创业服务公司、工业工程公司等有助于制造业升级、服务业提升、技术市场活跃、新兴产业发展的科技型中小企业作为培育重点，不断提高科技型中小企业在全省中小企业中的比重。

2．完善对科技人员的激励机制。贯彻落实《浙江省人民政府办公厅关于促进小型微型企业再创新优势的若干意见》（浙政办发〔2012〕47号）文件精神，鼓励技术、管理等生产要素参与收益分配，运用科技创新成果和专利技术创办科技型中小企业的，知识产权等无形资产入股比例最高可达70%。职务发明成果的所得收益，可按一定比例划归参与研发的科技人员及其团队所有。对到科技型中小企业从事技术研发、成果转让的事业单位高层次人才，享受我省有关工资、社保、职称评定方面的优惠政策。省内高校、科研院所科技人员在完成本职工作的前提下在职创业的，其收入归个人所有。

（二）积极引导民间资本投向科技型中小企业。

1．推进民间资本对科技型中小企业的投资。发挥科技型中小企业创业投资引导基金的杠杆作用，运用阶段参股、风险补助和投资保障等方式，支持民间资本创办或参股科技型中小企业。支持民间资本通过设立科技投资和管理机构、发行债券产品等方式引导民间投资投向科技型中小企业。鼓励和支持民间资本与市、县（市、区）有关管理部门、高新园区共同设立担保公司、融资租赁公司等服务机构，支持符合条件的民营企业在高新园区设立小额贷款公司，为科技型中小企业提供有效服务。

2．完善对民间资本投资服务。鼓励行业协会、投资咨询和中小企业担保等中介服务机构为民间投资提供投融资等咨询服务，发挥桥梁纽带作用。建立民间投资平台，加强民间资本与科技型中小企业信息对接，通过网络和新闻媒体发布投资信息，引导民间资本投向符合国家产业政策、市场潜力大、投资回报好的科技项目和科技成果。大力总结宣传星月、万向、正泰、银江等民营企业投资新兴产业的成功经验，营造有利于民间资本投资科技型企业的环境氛围。

（三）加快科技企业孵化器建设。

1. 增强孵化能力。把科技企业孵化器、小企业创业基地、大学科技园作为中小企业创新创业基地的重要组成部分，加强政策扶持力度，鼓励和支持各地、各类园区、大学和相关企业以多种方式建设科技企业孵化器和大学科技园，坚持“企业化、产业化、专业化”的发展方向，进一步扩大科技企业孵化器、小企业创业基地和大学科技园的发展规模，增强功能，提高质量，着力培育一批技术先进、潜力较大的科技型中小企业和高新技术企业。每年新增30万平方米以上孵化面积，新增700家以上在孵企业。

2. 加大支持力度。认定为省级科技企业孵化器或大学科技园的给予200万元资助，认定为国家级科技企业孵化器或大学科技园的给予300万元资助，资助经费主要用于公共实验室建设、设立种子基金和创投基金等。经认定为省级以上科技企业孵化器或大学科技园的，其公用服务设施符合有关税收政策规定，可实行加速折旧。鼓励有条件的市、县（市、区）和高新园区对省级以上科技企业孵化器或大学科技园内的在孵企业缴纳的增值税、营业税、企业所得税地方留成部分，全额奖励给企业。

（四）推动高新园区设立创业投资引导资金。

1. 设立创业投资引导资金。各高新园区和省级特色工业设计基地都要设立不少于500万元的创业投资引导资金，并逐年增加。制定创业投资引导资金的运行和管理规则，明确引导资金支持的重点方向，积极争取国家、省、所在地政府和政策性金融机构的支持，不断壮大引导资金的规模。要充分发挥引导资金的作用，引导国内外创业风险资本聚集高新园区，吸引国内外投资机构、创业风险投资人才集聚高新园区，加快创业风险资本和投资管理机构的集聚。

2. 发挥创业投资引导资金作用。通过政策性引导资金的导向作用，激发创业风险投资投向初创期科技型中小企业，增大科技型中小企业获得创业投资的机会。围绕高新园区产业发展的主攻方向，聚焦高新园区内的科技型中小企业，优选一批、培育一批、引进一批科技型中小企业，加以重点扶持。推动浙江股权交易中心设立科技型中小企业股份转让平台，促进创业投资机构的互动合作。

（五）完善科技创业服务体系。

1. 发挥网上技术市场作用。推广适合中小企业使用的网上技术交易评估报价系统、技术合同网上登记系统，重点抓好中小企业技术需求信息库建设，引导中小企业利用信息网络获得先进适用技术。进一步落实技术市场税收优惠政策和科技中介机构开展技术咨询、技术服务的税收扶持政策，促进技术市场加快发展。对中小企业通过浙江网上技术市场交易实施的产学研合作项目，地方财政可根据年销售收入、税收金额等给予一定额度补助。

2. 建设科技创新服务平台。充分发挥已建省中小企业公共服务平台网络和省重大科技创新平台作用，推动平台面向中小企业提供研发设计、检验检测、技术转移、项目咨询、知识产权、标准、质量品牌、人才培训等服务。出台推进科技资源开放共享的具体实施意见，探索实行“创新服务券”等购买公共服务方式，建立科研设施和仪器设备等科技资源向社会开放的运行机制。在高新园区、高新技术特色产业基地、科创基地、孵化器内，建设一批面向科技型中小企业的区域创新服务平台或区域科技创新服务中心。鼓励引进风险投资公司、创投管理公司、民间投资机构、上市服务公司、律师事务所、会计师事务所、民间私募投资基金等组织，完善中小企业创业创新服务体系。推动科技型中小企业与多层次资本市场对接，建立适合科技型中小企业特点的直接融资体系。

三、保障措施

（六）加大财政科技投入力度。

贯彻落实《中小企业促进法》《科学技术进步法》《浙江省科学技术进步条例》和《浙江省高新技术促进条例》，在确保财政科技投入增长幅度高于财政经常性收入增长幅度的基础上，进一步加大对科技型中小企业培育的投入力度。省、市、县（市、区）和高新园区设立科技型中小企业发展专项资金，重点用于科技型中小企业的技术创新、服务体系建设、教育培训和奖励等，合力推动全省科技型中小企业的发展壮大。

（七）支持关键技术研发应用。

每年面向科技型中小企业，组织实施一批重大科技专项、重大重点项目和成果转化工程项目。积极推荐有条件的科技型中小企业申报国家863计划、国家科技支撑计划和科技型中小企业技术创新基金等项目，增强科技对中小企业发展的支撑作用。

（八）深入实施知识产权战略。

鼓励和支持中小企业开发、申请、转让和许可实施国内外专利尤其是发明专利，形成一批具有自主知识产权的核心技术。加大知识产权保护力度，加强对群体性、重复性侵权案件的调处，探索建立网络购物领域知识产权保护监管长效机制，切实保护中小企业创新权益。

（九）加强科技型中小企业培育的组织领导。

充分发挥各级促进中小企业发展工作领导小组、科教领导小组、促进战略性新兴产业发展工作领导小组、高新技术产业发展工作领导小组的作用，中小企业主管部门要发挥统筹协调作用，科技主管部门要发挥牵头职能作用，形成工作合力，及时解决科技型中小企业培育发展中的重大问题。发挥各中心城市、工业强县（市、区）、高新园区、孵化器的辐射和核心载体作用，完善体制机制，营造科技型中小企业培育发展的良好环境。

附件：2013—2017年各设区市培育科技型中小企业目标分解（略）

中共浙江省委组织部　浙江省科学技术厅

浙江省经济和信息化委员会　浙江省人民政府金融工作办公室

二〇一三年九月九日

浙江省鼓励省级重点企业研究院引进“海外工程师”暂行办法

（浙人社发〔2013〕139号）

为推动引智工作服务产业发展，鼓励省级重点企业研究院引进“海外工程师”，提升企业创新能力，促进经济转型升级，根据《浙江省人民政府关于进一步支持企业技术创新加快科技成果产业化的若干意见》（浙政发〔2012〕45号）精神，特设立“海外工程师”资助项目，对省级重点企业研究院引进的“海外工程师”实行资助。具体办法如下。

第一条 适用范围

本办法适用于列入省技术创新综合试点的省级企业研究院（简称“省级重点企业研究院”）引进“海外工程师”。引进的“海外工程师”应具备下列条件：

（一）在国外企业和机构从事工程、技术、管理工作，掌握核心技术、关键工艺的外籍高层次人才；

（二）在省级重点企业研究院承担技术攻关项目和关键工艺研发，聘用时间原则上不少于1年，每年在企业工作时间不少于2个月，年薪达到50万元人民币及以上；

（三）对已入选国家和省“千人计划”的专家，原则上不再列入“海外工程师”资助项目。

第二条 扶持政策

鼓励引进“海外工程师”，坚持“企业主体、政府引导”的原则，在充分尊重企业自主权，薪酬大部分由企业支付的前提下，由省和当地财政分别对省级重点企业研究院给予一定的扶持和奖励。

（一）省财政给予聘请“海外工程师”的省级重点企业研究院每人10万元年薪资助，每人次在企业研究院工作3年以上的可以有两次资助，资助经费纳入省科技部门预算。宁波市范围内的企业聘请“海外工程师”的资助经费由宁波市财政承担。省级重点企业研究院所在地财政按不低于省级财政资助标准，给予相应的配套资助。

（二）省级重点企业研究院引进的“海外工程师”，符合“千人计划”条件的，积极支持申报国家、省“千人计划”。

第三条 申报和资助程序

（一）申报。每年3月底前，聘请“海外工程师”的省级重点企业研究院填写上一年度《引进“海外工程师”项目申请表》（见附件，表格可在www.zjitm.com下载），并提供申报人选的护照、学历、学位证书复印件、与企业签订的工作（聘用）合同和海外任职证明材料等，经市人力社保部门初审汇总后，报送省人力社保厅。省属企业的研究院直接将材料报送省人力社保厅。

（二）审核与拨付。每年4月底前，省人力社保厅、省科技厅会同省委组织部、省经信委、省财政厅等部门对申报人选进行审核。经审定后，省财政厅会同省科技厅、省人力社保厅下达资金核拨文件。

（三）总结反馈。在申报下一年度资金补助前，接受“海外工程师”项目资助县（市、区）应将本期资金的补贴使用及引进的“海外工程师”作用发挥等情况进行总结，并将情况同时报送省科技厅、省人力社保厅和省财政厅。

第四条 服务保障

（一）建立浙江省引进“海外工程师”信息服务平台，及时发布省级重点企业研究院招聘“海外工程师”的需求信息，增强宣传、申报、审批和管理等服务功能。

（二）建立海外引才引智和人才培养基地。加强海外基地建设，及时发布省级重点企业研究院招聘需求，协助物色和联络国外有关机构和组织，不断拓宽引进“海外工程师”的渠道。

（三）加大引智力度。组织省级重点企业研究院赴海外招聘急需紧缺的“海外工程师”，建立研究院与“海外工程师”对接交流机制；探索“以人引人”的引智模式，提高引进“海外工程师”的成效。

（四）加强舆论宣传。积极宣传引进“海外工程师”成效显著的典型，推广好的经验和做法，营造引进“海外工程师”的良好氛围；“西湖友谊奖”的评选向优秀“海外工程师”倾斜。

第五条 组织管理

（一）建立由省委组织部、省人力社保厅、省科技厅、省经信委、省财政厅等部门参加的联席会议制度，定期召开联席会议，共同研究协调解决引进“海外工程师”工作中的重大事项。

（二）省人力社保厅负责协调、指导全省省级重点企业研究院“海外工程师”引进工作。省外专局具体承办全省“海外工程师”引进计划的实施、日常管理等工作。

（三）建立省级重点企业研究院引进“海外工程师”评估制度，对实施情况进行监督、检查和评估。

（四）建立财务监督检查制度，定期对经费的使用进行检查，切实提高资金使用的安全性、规范性和有效性。对弄虚作假的企业研究院，将收回资助经费，且5年内不得申报引进“海外工程师”项目；对审核不严的管理部门，将予以通报批评。

（五）各市人力社保部门要加强省级重点企业研究院引进“海外工程师”工作的管理和指导，并以此为契机加大工作力度，推动当地引智工作的开展。

第六条 附则

（一）各市在执行本办法的基础上，可结合当地经济社会发展实际需要，进一步制定相关鼓励引进“海外工程师”的政策。

（二）本办法由省人力社保厅、省财政厅和省科技厅负责解释。

（三）本办法自发布之日起30日后实施。

附件：海外工程师申请表（略）

浙江省人力资源和社会保障厅

浙江省科技厅

浙江省财政厅

二〇一三年六月九日

高层次留学回国人员（团队）在杭创业创新项目资助实施办法

（市委办发〔2013〕84号）

为积极推进人才强市战略和创新驱动发展战略的实施，进一步鼓励留学回国人员来杭创业创新，特制定本实施办法。

一、资助范围

杭州市人才战略专项资金每年安排一定数额的资金（以下简称“资助资金”），用于高层次留学回国人员（团队）在杭实施创业类和创新类项目的资助。创业类项目主要资助留学回国人员（团队）带项目、带技术、带资金来杭创办的符合杭州市产业发展导向的企业；创新类项目主要资助留学回国人员（团队）在杭企事业单位从事高新技术研发或从事能够促进杭州经济社会发展且具有一定经济和社会效益的课题研究。

本实施办法所称高层次留学回国人员指在国外学习并获得硕士及以上学位的公派、自费出国留学生（包括已合法获得外国国籍或居住国永久居留权、留学国再入境资格者），以及在国内已取得大学本科以上学历或具有中级以上专业技术职务任职资格，并到国外高等院校、科研机构、公司工作或学习一年以上，取得一定成果的访问学者和进修人员。

创业创新团队一般应具有3名以上海外高层次人才作为核心成员，其年龄一般不超过55周岁。成员间的专业结构和职责分工合理。团队具有明确的创业创新方向和研究开发目标，项目符合杭州市产业发展导向，在相关领域达到国际先进或国内领先水平，拥有领先的发明专利或自主知识产权的创新成果，具备解决重大技术问题的持续创新能力或重大科技成果的转化能力。

二、资助条件

1．创业类项目申请人应为企业法人的法定代表人或股东，自有资金（含技术入股）或海内外跟进的风险投资占公司注册资金的30%以上，或本人投入的实际资金在30万元人民币以上。创新类项目申请人应为所从事研究开发项目、实施技术转化项目或课题研究的主要负责人，或为项目开发或课题研究所需的关键技术和主要思想的持有者。

2．创业类和创新类项目应具有较好的市场前景或先进的技术水平，符合杭州市产业发展导向，具有较大的科学、社会、经济价值。

3．创业团队需在杭注册创办企业，注册资金一般不低于500万元，自有资金（含技术入股）或海内外跟进的风险投资占公司注册资金的50%以上。创新团队成员需与我市高校、科研机构等企事业单位签订正式的工作合同。

4．申请人所在单位须为具备法人资格并在杭州市国税局、地税局注册登记的企业，或为杭州市属高校、科研院所等事业单位。

5、申报项目不涉及知识产权纠纷。

三、资助标准

1．特别项目，资助额度100万元以上，报市政府专题研究后确定。特别项目是指拥有自主知识产权的重大发明创造，项目的技术属国际先进，成果能够填补国内空白，具有较大的市场潜力并能进行产业化的特别突出的项目。

2．重点项目，资助额度100万元。重点项目是指国家、省部级、市级重点攻关项目或国内急需并具有广泛应用前景的新技术研究开发或产业化的项目。

3．优秀项目，资助额度50万元。优秀项目是指在本行业中居先进水平，或在某一学科领域具有领先水平的项目。

4．启动项目，资助额度3万—20万元。启动项目是指具有先进性，处于开发研制阶段，产业化前景较好的项目或学术思想新颖，具有重要科学价值、较好的应用开发前景或社会效益的研究课题。

按现行财政体制，市属单位的资助资金由市级财政承担；上城区、下城区、江干区、拱墅区、西湖区、杭州高新发区

（滨江）（以下简称6个老城区）所辖单位的资助资金由市、区财政各承担50%；萧山区、余杭区及各县（市）所辖单位的资助资金，由市财政承担25%。

对国家、省有关部门组织实施的留学回国人员资助项目，市和区、县（市）财政按照国家、省有关政策要求给予配套资助。

如该项目此前已获得过市、区资助，已资助资金视作配套资助资金；若低于国家、省规定的配套资助标准，不足部分由市、区按比例予以补足。

四、申报程序

6个老城区所辖单位及市直属单位的高层次留学回国人员（团队）在杭创业创新项目资助评审工作，由市人力社保局会同市财政局、市科委组织实施。萧山区、余杭区及各县（市）所辖单位的高层次留学回国人员（团队）创业创新项目资助评审工作，由当地人力社保部门会同同级财政、科技部门组织实施，具体申报程序由各地自行制定。

市人力社保局常年受理申报，一般于每年4月和9月组织专家评审，也可视项目申报情况增加评审次数。申请人应按要求向有关部门递交下列申报材料：

1．《高层次留学回国人员（团队）在杭创业创新项目资助申请表》。

2．《杭州市留学回国人员工作证》复印件。

3．申请人所在单位的企业工商营业执照、税务登记证，或事业单位法人登记证复印件。创业类项目还需提供公司章程、上年度经注册会计师审计的财务报告（新成立的企业提交当年的财务报告）等复印件。

4．项目可行性报告、项目投资预算报告、项目已完成投资额财务清单及有关凭证复印件等。

5．其他与项目有关的关键技术知识产权文件或相关证明复印件。

五、资金管理

资助资金必须专款专用，并由申请人所在单位按财务相关规定进行管理和使用。不能正常开展研发工作或经费使用不当，并有下列行为之一的，将根据《财政违法行为处罚处分条例》的有关规定，视情况给予责令改正、收回资助经费、取消申报资格、罚款等处理：

1．擅自变更资助项目的内容；

2．将资助资金挪作他用。

资助资金到位后次年，项目承担单位须向市人力社保局报告资助项目的进展和经费使用情况；项目完成后须向市人力社保局提交项目总结和财务结算报告。

6个老城区财政安排的配套资金应在市级资助资金下达后半年内拨付给项目承担单位。对财政配套资金不落实的区，市财政局将予以通报。

六、组织实施

高层次留学回国人员（团队）在杭创业创新项目资助工作由市委组织部（人才办）牵头，市人力社保局、市财政局、市科委具体组织实施。市人力社保局负责项目的受理、审核，组织专家评审确定资助额度，社会公示，对资助项目的跟踪、考核和服务等工作。市财政局负责年度专项经费的审批，资金拨付，督查资金配套和资金使用情况等工作。市科委参与项目的评审工作。

七、附则

申请人原则上只能申报一个项目，对启动项目在实施过程中取得重大技术突破或产生巨大经济效益的，可申请特别项目或重点项目、优秀项目资助。

项目尚未落地但有来杭创业意向的留学人员（团队），可先与杭州各留学人员创业园或项目拟落户区、县（市）相关主管部门签订《创业意向书》，并凭《创业计划书》、留学人员身份证明文件及其他相关材料，通过拟落户地区人力社保部门申报。经过专家评审，先确定资助额度，待企业正式注册、项目实施后，再拨付资助资金。

本实施办法由市人力社保局、市财政局、市科委按职责分工负责解释。

本实施办法自发文之日起施行，原《杭州市出国留学人员在杭创业资助实施办法》（杭人专〔2007〕236号、杭财教〔2007〕388号、杭科合〔2007〕124号）同时废止。

中共杭州市委办公厅
杭州市人民政府办公厅
二〇一三年十月十六日

杭州市科技企业孵化器认定和管理办法

（杭政办函〔2013〕129号）

为贯彻落实《中共杭州市委、杭州市人民政府关于实施创新强市战略完善区域创新体系发展创新型经济的若干意见》

（市委〔2012〕18号）等文件精神和我市创新体系建设的要求，引导和推进我市科技企业孵化器（以下简称孵化器）的健康发展，营造科技创新型企业成长的良好环境，特制定本办法。

一、孵化器的认定和功能

（一）孵化器是指以企业孵化场地和配套设施为依托、为科技创业人员和科技型初创企业提供必要的资源和服务、促进科技成果转化、培养高新技术企业和企业家的科技创业服务载体。

（二）孵化器应具备的功能：

1. 培育高新技术企业和企业家，促进企业孵化培育和科技成果转化。

2. 为科技创业人员和在孵企业提供创业场地、研发活动所需的公共科技创新服务平台以及其他共享设施。

3. 搭建服务平台，为科技创业人员和在孵企业提供创业培训、咨询和辅导等的预孵化和孵化服务，开展法律、管理、劳动人事等方面的咨询和代理服务，开展孵化器创业导师行动以及其他有利于企业发展的孵化服务活动。

4. 创造良好的投融资服务环境，积极设立用于对在孵企业投资的创投资金，引导社会力量帮助解决企业投融资问题。

5. 营造良好的创新创业氛围，积极推进扶持在孵企业发展有关政策措施的落实。

二、孵化器和在孵企业的认定条件

（一）孵化器的认定遵循自愿申请原则。申请认定市级孵化器，应具备下列条件：

1. 发展方向正确，服务功能健全，运营主体明确。

2. 在杭州市行政区域内注册，注册资本在100万元人民币以上，独立核算，实际运营时间1年以上。

3. 管理团队健全，机构设置合理，管理人员中具有大专以上学历的人员占65%以上，接受过孵化器专业培训的人员比例在20%以上。

4. 具有较为完善的培育在孵企业的管理制度和服务功能，有明确的企业入孵条件、毕业标准和退出机制，可为科技创业人员和在孵企业提供商务、信息、咨询、培训、市场、投融资、技术开发与合作交流等服务。

5. 可自主支配的孵化场地面积在5000平方米以上，其中直接用于科技创业人员创业预孵化和在孵企业的场地面积占2/3以上，并具有与孵化服务相匹配的公共配套设施。

6. 在孵化场地内注册办公并经当地科技行政管理部门备案的在孵企业20家以上且户均面积原则上不超过300平方米；从事生物医药、航空航天等特殊领域的在孵企业可适当放宽。

7. 孵化器中的在孵企业有20%以上已申请专利。

8. 以转化农业科技成果为主，以农业科技园区、现代农业示范区或特色农业产业基地为载体的农业孵化器，孵化场地面积不小于500亩；以农业科研院所或农业龙头企业为载体的，孵化场地建筑面积不小于2000平方米；在孵农业科技企业和农业专业大户20家以上，其中农业科技企业不少于10家。

（二）在孵企业应具备以下条件：

1. 在我市行政区域内的工商、税务部门注册登记，并经当地科技行政主管部门备案，企业产权明晰，自主经营、自主创新能力较强，从事研发、生产的主营项目（产品）符合我市十大产业发展要求。

2. 申请进入孵化器的企业，成立时间一般不超过24个月。

3. 企业成立时的注册资金，扣除无形资产出资后，现金部分一般不超过300万元人民币，属生物医药、集成电路设计等特殊领域的企业，一般不超过1000万元人民币。

4. 企业在孵时限一般不超过36个月，属生物医药、集成电路设计等特殊领域的企业，一般不超过60个月。

5. 在孵企业如年营业收入达到500万元以上或已被认定为国家重点扶持领域的高新技术企业、技术先进型服务企业、省软件企业或被兼并、收购、上市的，应确定为孵化毕业企业。孵化毕业企业和培育期满未能毕业的企业不再享受在孵企业相关扶持政策，不再纳入在孵企业统计。

三、孵化器的管理

（一）市科技行政管理部门负责对全市孵化器建设进行规划管理和业务指导，是孵化器认定和管理的主管机构。各区、县（市）科技行政管理部门负责对辖区内的孵化器进行管理指导。

（二）孵化器建设坚持“政府创新、民营助推、人才支撑、资本加速”原则，加强分类扶持，强化清理整顿，引导各类非政府机构、高等院校、科研院所、企业和自然人利用社会资金和房产资源等，参与孵化器建设和运营。各区、县（市）政府应高度重视孵化器建设，加大投入，以集聚创业人才和发展高新技术产业为目标，因地制宜建设符合当地经济社会发展需要的孵化器。国家级、省级开发区要继续大力推进孵化器建设。

（三）开展市级孵化器年度考核，并根据考核结果对孵化器进行清理整顿和分类扶持。

1. 考核内容包括科技创业企业预孵化情况，在孵企业、毕业企业和退出企业情况，公共服务平台建设和孵化绩效情况等。

2. 考核结果分优秀、良好、合格和不合格四档。其中优秀、良好的比例分别不超过参加考核孵化器总数的20%和30%。

3. 对当年考核不合格的市级孵化器予以通报并要求限期整改，对连续2年考核不合格的予以摘牌，取消市级孵化器资格，3年内不得重新申报。

4. 对直接用于科技创业人员创业预孵化和在孵企业的面积不足总面积2/3的，或在孵企业不足20家的孵化器，直接取消市级孵化器资格，并在全市予以通报，3年内不得重新申报。

四、扶持措施

（一）被认定为国家级孵化器（国家高新技术创业服务中心）的，按照国家有关政策在一定期限内免征营业税、所得税、房产税和城镇土地使用税。杭州市和区、县（市）两级财税部门要主动帮助符合条件的孵化器落实优惠政策。

（二）落实《浙江省人民政府关于加快科技企业孵化器建设与发展的若干意见》（浙政发〔2005〕38号）精神，对符合土地利用总体规划和城市总体规划的孵化器新建、扩建项目，优先安排农用地转用计划指标。以财政资金为主投资的孵化器新建、扩建和改建项目，涉及城建等有关规费，报经市政府批准后予以减免。

（三）提供国有土地使用权用于市级孵化器项目建设的土地，选址阶段可根据控制性详细规划和孵化器项目的具体情况，研究进一步高效集约利用土地的选址意见或规划条件，经论证确需适当提高容积率等规划指标的，可按相关程序进行控制性详细规划局部调整。

（四）鼓励利用工业闲置厂房兴办孵化器，对利用建成3年以上的闲置工业厂房、仓储用房等存量房地产资源兴办孵化器，不涉及重新开发建设且无需转让房屋产权和土地使用权，经市科技行政管理部门确认并报市政府批准，属于符合国家规定、城市功能布局优化及有利于经济转型升级的，在征收土地年租金时，给予政策倾斜。

（五）在孵企业可按“杭州市科技创新服务平台建设与运行管理办法”，使用“平台优惠券”享受孵化器内外的公共服务平台提供的服务。

（六）根据分类扶持原则，以及考核结果和孵化实绩，对市级以上孵化器给予经费资助。

1. 对新认定为国家级、省级孵化器的，分别给予100万元、50万元的一次性建设经费资助。

2. 对经认定的市级孵化器为科技创业人员和在孵企业投资购置用于公益性的专业性仪器设备（含软件）及提供专业服务的公共服务平台，投资额在100万元以上的，根据设备和公共平台的服务绩效给予实际投入20%的资助，单个孵化器年资助不超过300万元。

3. 年度考核为合格及以上的市级孵化器，根据孵化器内经所在地科技行政管理部门备案的在孵企业在孵化期间和毕业后3年内（毕业后迁出孵化器所在区的企业除外）对市、区（县、市）两级的财政贡献，以及年度考核结果等级，按一定比例（考核结果等级优秀、良好、合格分别为30%、25%、20%），由市和所在区、县（市）两级财政部门按财政体制的分成比例对孵化器给予资助。市本级财政对单个孵化器每年资助最高不超过200万元，专项用于该孵化器的建设与发展。

4. 企业在孵期间或毕业后1年内被认定为国家重点扶持的高新技术企业、技术先进型服务企业，每认定一家，给予企业所在的孵化器15万元补贴；企业在孵期间或毕业后1年内被认定为杭州市高新技术企业，每认定一家，给予企业所在的孵化器5万元的经费补贴（以最高标准补贴一次）。

五、附则

（一）本办法自公布之日起30日后施行，有效期至2015年，由市科委负责牵头组织实施。

（二）杭州市科技企业孵化器认定和管理工作按此办法组织实施。

（三）各区、县（市）应根据本办法制定相应实施办法。

杭州市人民政府办公厅

二〇一三年七月一日

杭州市人民政府办公厅关于科技型中小微企业成长培育工程（蒲公英计划）实施办法

（杭政办函〔2013〕202号）

为进一步鼓励科技人员、大学生创新创业，培育发展科技型中小微企业，增强经济发展活力，全面建设创新型城市，根据省委十三届三次全会、市委十一届四次全会精神，特制定本办法。

一、总体要求

以科学发展观为指导，以科技创业为重点，整合资源，加大政策引导和扶持力度，吸引更多的大学生、留学生、专家学者等人员在我市创办科技型中小微企业，培育一批具有成长性的科技型企业和具有创新精神的企业家，加快我市高新技术产业和高科技服务业发展。

二、培育对象

在我市范围内进行工商注册、缴纳税收，具有健全的财务管理制度和会计核算体系，知识产权清晰，具备法人资格的科技型初创企业。

三、培育条件

（一）主要从事高新技术领域产品开发、生产、经营和技术服务，企业研发投入占当年主营业务收入的3%以上。

（二）有稳定的研发团队，直接从事研发的科技人员占职工总数的10%以上。

四、培育目标

5年内重点培育10000家科技型中小微企业（以下简称“蒲公英计划”企业），形成自主创新能力强、成长性好、市场竞争力强的科技型中小微企业群。具体目标为：

（一）培育规模以上科技型企业1500家，其中年销售收入超5000万元的企业500家。

（二）培育国家重点扶持的高新技术企业或技术先进型服务企业500家以上，市级高新技术企业1000家以上。

（三）“蒲公英计划”企业均拥有自主知识产权（含专利、软件著作权、集成电路布图设计等，下同），累计申报自主知识产权30000项、授权15000项。

（四）培养具有开拓创新精神的科技型企业家队伍和人才队伍，集聚一批科技创新创业人才。

五、重点任务

（一）提高科技型中小微企业比重。激发民营经济活力，引导科技人员创业，提高科技型中小微企业在全市中小微企业中的比重。通过促进科技成果与社会资本对接、鼓励高校院所和企业的科技人员自主创业、招引归国留学人员携带科技成果来杭、鼓励大学生自主创业、鼓励大中型企业通过孵化等形式，创办、派生一批“蒲公英计划”企业。同时，引导传统中小微企业向科技型企业转型。

（二）扶持科技型中小微企业成长。“蒲公英计划”应与市“雏鹰计划”“青蓝计划”和大学生在杭创业计划等衔接，通过支持企业技术创新、拓宽融资渠道、落实税费优惠政策、发挥园区和科技企业孵化器等载体功能、完善公共技术服务平台、方便企业注册登记、加强创业辅导和人才培训等措施，为“蒲公英计划”企业快速成长提供有力支撑。

（三）推动科技型中小微企业做强。通过推进产学研协同创新、实施知识产权和品牌战略、加大对创新人才的激励力度、建设一批市级以上企业研发中心等，促进“蒲公英计划”企业依靠核心技术获得竞争优势，成长为高新技术企业、技术先进型服务企业、专利试点示范企业、创新型试点示范企业。

六、培育措施

（一）实施工商注册优惠政策。探索“宽入严管”的企业登记管理制度。对“蒲公英计划”企业免征注册（变更）费、年检费、补（换）营业执照工本费。允许大学生自主创业企业以及高校教师、科研院所专家团队式创业所创办的科技型企业（青蓝企业）租用、使用高校内的相应场地作为经营场所进行注册登记。鼓励以知识产权、实物、科技成果等多种出资方式投资创办“蒲公英计划”企业，非货币出资金额最高可占公司注册资本的70%。

（二）支持企业研发创新活动。建立全市统一的“蒲公英计划”企业库，入库企业的培育期为3年，并实行动态管理。整合我市各类科技型中小微企业扶持发展资金。入库企业可根据条件申报“雏鹰计划”“青蓝计划”，企业研发创新项目可申报大学生创业项目、出国留学人员在杭创业项目等，并给予相应的资金扶持。鼓励“蒲公英计划”企业申报国家和省科技型中小企业技术创新基金并予以配套资助。同一企业同一项目按就高原则予以资助。

（三）加大科技投融资支持力度。为科技型中小微企业融资提供优质服务。对获得银行贷款且列入“雏鹰计划”“青蓝计划”的“蒲公英计划”企业，以及符合条件的大学生创业企业、留学人员创业企业，按照相应规定给予贷款贴息。设立市“蒲公英天使投资引导资金”，引导民间资本投资“蒲公英计划”企业。鼓励各区、县（市）与银行共建风险池基金，对获得专业风险投资的“蒲公英计划”企业，提供风险投资额50%以上的授信担保。引导行业协会、科技园区、创业基地、企业组织等设立面向“蒲公英计划”企业的各类担保、融资服务机构。设立市科技型企业融资周转金，降低企业贷款周转资金成本。

（四）加强科技创业基地建设。加大对科技企业孵化器、大学生创业园等各类创业基地的扶持力度。对经认定的国家级、省级孵化器，分别给予100万元、50万元的建设经费资助；对经认定的市级大学生创业园，给予50万元的建园资助。对科技企业孵化器培育“蒲公英计划”企业实行绩效目标管理，每孵化毕业1家市级高新技术企业、国家重点扶持的高新技术企业或技术先进型服务企业，分别给予孵化器5万元、15万元的补贴。对孵化业绩好的科技企业孵化器，可视企业在孵化期间和毕业后三年内对地方财政的贡献，给予相应的财政补助，专项用于孵化器建设发展和科技型中小微企业孵化培育。

（五）落实税收优惠政策。“蒲公英计划”企业为开发新技术、新产品、新工艺发生的研发费用，在计算应纳税所得额时，未形成无形资产的，允许其在据实扣除的基础上，按照50%的比例加计扣除；形成无形资产的，按照无形资产成本的150%摊销。对新办的集成电路设计企业和符合条件的软件企业，通过认定后，自获利年度起，享受企业所得税“两免三减半”的优惠政策。支持符合条件的“蒲公英计划”企业申请认定国家重点扶持领域的高新技术企业或技术先进型服务企业，减按15%的优惠税率征收企业所得税。

（六）强化科技创业服务。加强科技创业指导和服务，为科技中小微企业提供政策咨询、经营管理、技术开发、知识产权、投融资等方面的服务和培训，为“蒲公英计划”企业配备创业导师或创业辅导员，提供创业辅导服务。加强科技创业人才培训，实施企业经营管理人才培训和杰出创业人才培育计划，发挥市科技创新服务中心、市科技企业孵化器协会、市大学生创业联盟等平台的作用，帮助“蒲公英计划”企业加强政、产、学、研、金协同创新，加强与科技型大中企业的合作交流。

（七）优化科技创业环境。降低创业成本，对入库培育且符合市大学生创业政策的“蒲公英计划”企业，由其所在地财政给予一定的房租补贴。对符合市本级公共租赁住房申请条件的创业人员、新就业大学毕业生，可按规定申请市本级公共租赁住房。构建科技型中小微企业创新服务网络，整合各类科技资源，并向“蒲公英计划”企业免费开放科学数据、科技文献等数据资源。鼓励“蒲公英计划”企业充分利用市科技创新服务平台采购技术服务，对与平台签订技术合同的“蒲公英计划”企业，按有关政策给予价格优惠。组织开展知识产权托管服务工作，支持“蒲公英计划”企业实施知识产权战略，参与制定国家标准和行业标准，加强品牌建设。加大对“蒲公英计划”企业产品的政府采购支持力度，对非专门面向中小企业采购的项目，采购人和采购代理机构应当在招标文件或谈判文件、询价文件中作出规定，对“蒲公英计划”企业参与政府采购评审报价可给予不超过10%的价格优惠，参与企业应按规定提供《中小企业声明函》。

七、组织管理

（一）加强组织领导。各级政府要高度重视科技型中小微企业培育成长工作，加强对本地区科技型中小微企业发展的组织领导和推动实施。市科委、人力社保局、财政局、工商局、金融办、团市委等部门要各司其职，密切配合，合力推进全市科技型中小微企业发展。

（二）加强培育管理。对“蒲公英计划”企业实行市、区（县、市）两级共同管理。凡符合培育条件的科技型中小微企业，均可向所在区、县（市）政府提出申请，由各区、县（市）政府负责认定并报市科委备案。市科委每年根据各区、县（市）经济发展情况，下达年度培育指标。各区、县（市）政府要加强对“蒲公英计划”企业年度经营情况的督促检查，对明显无法正常运行或经营绩效较差的企业实行淘汰。

本办法自公布之日起30日后施行，由市科委负责牵头组织实施。

杭州市人民政府办公厅

二〇一三年十二月二十五日

宁波市引进重点高层次人才配偶就业子女入学实施细则（暂行）

（甬政办发〔2013〕23号）

为进一步加强我市高层次人才队伍建设，建立健全高层次人才服务保障机制，稳定高层次人才尤其是重点高层次人才队伍，营造良好的人才发展环境，根据《宁波市引进重点高层次人才配偶就业子女入学暂行办法》（甬政发〔2012〕84号，以下简称《暂行办法》），特制定本实施细则。

一、《重点高层次人才优惠证》发放程序

创新型领军拔尖人才、“3315计划”引进的海外高层次人才和团队认定程序与时间按照相关规定确定，外地引进的高级人才由市人力社保局定期组织专家审核认定。在《暂行办法》实施前经认定的所有创新型领军拔尖人才、“3315计划”引进的海外高层次人才和团队主要成员于2012年底前一次性汇总报宁波市高层次人才引进工作配套服务领导小组审核后发放《重点高层次人才优惠证》。2013年起，外地引进的重点高层次人才《优惠证》认定发放时间为每季度一次，引进符合条件的重点高层次人才的单位，每季度末前向宁波市高层次人才引进专项办公室提出申请，由专项办公室汇总后报宁波市高层次人才引进工作配套服务领导小组审核认定，对符合条件的人才准予发放《重点高层次人才优惠证》。

提出申请时应提交如下材料：（1）《引进重点高层次人才优惠证申请表》一式三份（见附件1）；（2）企业单位营业执照副本、税务登记证副本及其复印件或事业单位法人登记证及其复印件；（3）高层次人才身份证、学历学位证书、资格证书、奖励证书、聘用合同等材料及其复印件。

二、重点高层次人才配偶就业协助解决程序

重点高层次人才配偶就业工作，坚持“双向选择为主、统筹调配为辅”的原则，由引进单位为主解决，有关部门协助推荐。持有《重点高层次人才优惠证》的重点高层次人才配偶，引进单位确实无法解决的，可在每季度起始月15日内，由人才引进单位向纳税地高层次人才引进专项办公室申请提出就业协助申请，提交相关证明材料。填写《宁波市重点高层次人才配偶就业协助申请表》，并提供《重点高层次人才优惠证》复印件、现工作单位及情况说明、失业证明等相关证明材料。市专项办公室受理汇总后，及时会同组织、机构编制部门、相关接收单位研究协商解决办法，对符合转（调）任条件可安排在相应机关（含参公管理单位）和事业单位工作的，应根据机关和事业单位人员编制、职数等情况统筹考虑。经研究协商提出初步解决建议意见后，报领导小组审定，形成会议纪要，并按以下程序分类办理解决。

（一）重点高层次人才配偶转（调）任至机关或事业单位的，接收单位应分别及时到机构编制部门、组织、人社部门，按现行有关管理办法申报办理用编、用职数、转（调）任和入编手续。

（二）对有意愿去企业工作的重点高层次人才配偶，可向高层次人才引进专项办公室申请就业协助，由专项办公室委托各级人力资源服务机构帮助推荐解决；亦可持《重点高层次人才优惠证》免费参加我市各类招聘会。重点高层次人才配偶亦可在同等条件下参加宁波市公务员、事业单位及重点国资企业招考，实现就业。

（三）重点高层次人才配偶暂未就业的，档案和人事关系可委托当地人才市场管理办公室代为管理，并按《暂行办法》规定，由重点高层次人才引进单位发给生活补贴。生活补贴计发时间从《宁波市重点高层次人才配偶就业协助申请表》批准次月算起，至重点高层次人才配偶就业成功，但补贴最长期限不超过3年。市本级未就业重点高层次人才配偶生活补贴标准按市区社会平均工资标准掌握。在生活补贴发放期间，可由重点高层次人才所在单位按自由职业者身份为其代缴各项社会保险，标准为当地人社部门发布的自由职业者应缴纳的基本养老保险和基本医疗保险最低标准之和。

三、财政补贴申领程序

暂未就业的重点高层次人才配偶生活补贴、社会保险及人力资源中介机构推荐高层次人才配偶就业补贴，按照《暂行办法》有关规定申领发放。

（一）暂未就业的重点高层次人才配偶生活补贴和社会保险补贴采取先发后补的办法，由重点高层次人才引进单位先行垫付。每年9月，人才引进单位向同级高层次人才引进专项服务机构（企业按纳税地确定）申请财政补贴。各县（市）区高层次人才引进专项服务机构报市专项办公室汇总后，经市高层次人才引进工作配套服务领导小组核准后由同级财政按规定给予相应资助。

引进单位申请未就业重点高层次人才配偶生活补贴和社会保险补贴财政资助时，需提交以下材料：（1）《宁波市未就业重点高层次人才配偶生活补贴、社会保险补贴申报表》一式三份（见附件2）；（2）《重点高层次人才优惠证》复印件；（3）申报企业单位营业执照副本、税务登记证副本复印件或事业单位法人登记证复印件；（4）重点引进高层次人才配偶缴纳社保证明；（5）重点高层次人才与配偶婚姻证明复印件。

（二）人力资源服务机构推荐高层次人才配偶就业补贴，由人力资源服务机构于每年9月份向市高层次人才引进专项办公室提出申请，并提交以下材料：（1）《人才中介服务机构派遣高层次人才配偶补贴申报表》一式三份（见附件3）；（2）人力资源中介服务机构营业执照副本及其复印件、税务登记证副本及其复印件、人力资源中介许可证副本及其复印件；（3）高层次人才配偶与录用企业签订的《劳动合同》及其复印件、《宁波市就业登记表》及其复印件，缴纳社保证明等资料.

市高层次人才引进专项办公室对申报材料进行汇总审查，报宁波市高层次人才引进工作配套服务领导小组核准后由市财政按规定给予相应资助。

四、重点高层次人才子女入学程序

（一）高层次人才子女申请入读幼儿园、小学、初中的或申请转入义务教育阶段学校的，由其父、母或监护人根据省市有关规定，按居住地或暂住地向管辖教育行政部门提出申请入读教育行政部门指定的高层次人才子女入学幼儿园或中小学（学校及教育部门联系表见附件4和5），并提交以下资料：《高层次人才子女入学申请表》《重点高层次人才优惠证》、户籍证明、居住地证明；转学申请表（转学时提供）。

（二）高层次人才子女申请入读或转入市属高中的，向市教育行政部门提出申请，申请入读或转入县（市）区属高中的，向县（市）区教育行政部门申请，并提交以下资料：《高层次人才子女入学申请表》《重点高层次人才优惠证》、户籍证明、居住地证明；转学申请表（转学时提供）。

（三）高层次人才子女入学、转学涉及的有关程序及要求按浙江省、我市有关规定执行。

五、附则

本文件自公布之日起30日后实施。

附件：1. 引进重点高层次人才优惠证申请表（略）

2. 宁波市未就业重点高层次人才配偶生活补贴、社会保险补贴申报表（略）

3. 人才中介服务机构派遣高层次人才配偶补贴申报表（略）

4. 宁波市教育行政部门指定的高层次人才子女入学幼儿园和中小学建议名单（略）

5. 宁波市教育局及县（市）区教育局联系表（略）

宁波市人民政府办公厅

二〇一三年二月一日

温州市引进国（境）外专家智力资助暂行办法实施细则

（温人社发〔2013〕218号）

第一条 为进一步规范引进国（境）外技术、管理人才项目（以下简称“引智项目”）的实施流程，推进阳光政务，根据《温州市引进国（境）外专家智力资助暂行办法》（温委办发〔2012〕142 号），制定本细则。

第二条 凡需要或正在引进国（境）外专家智力的在温企事业单位、高校和科研院所等（中小学和培训机构聘请从事语言类教学、管理的除外）均可以申报引智项目形式的申请资助。

第三条 市人力资源和社会保障局负责全市引智项目的组织和实施。

第四条 引智项目按专家来源分为专家组织项目和非专家组织项目。专家组织项目，是指需要通过与国家外国专家局合作的国（境）外专家组织向项目单位推荐专家的项目。非专家组织项目，是指项目单位已有确定的外国专家人选的项目。按批准机构分为国家、省和市级引智项目。

第五条 申报专家组织项目的，项目单位应在每年8月15日之前通过国家外国专家局网站（http://eo.safea.gov.cn）“引进国外技术管理人才项目综合信息管理系统（经技专家网上洽谈系统）”注册申报下一年度专家组织项目。经国家外国专家局批准的项目，列入下一年度引智项目计划，并提供《引进国（境）外技术、管理人才项目申请表》和《专家需求表》纸质和电子文档。

第六条 申报非专家组织项目资助的，项目单位应在每年4月底之前登陆浙江省外国专家局网站（http://www.zjafea.gov.cn）“国外专家引进项目管理系统”申报当年度引智项目。提供《引进国（境）外技术、管理人才项目申请表》纸质和电子文档。

第七条 申报高端外国专家项目、教科文卫引智项目、“千人计划”引智配套项目和“千人计划”引智培育项目、百村引智示范项目等其他各类引智项目的，登陆温州海外人才网（http://www.wzlx.cn）查看有关通知文件，按照通知要求执行。

第八条 项目单位按上述第五、六、七条要求向各县（市、区）人力资源和社会保障局、高校和科研院所等引智归口部门提交相关材料；各引智归口部门帮助指导项目单位做好申报工作，对上报材料进行初审并汇总上报市人力资源和社会保障局。

第九条 项目单位于每年10月底之前向各县（市、区）人力资源和社会保障局、高校和科研院所等引智归口部门提交引智项目执行情况表和引进国（境）外智力成果统计表，并提供外国专家护照复印件、来华机票复印件、专家工作照等证明材料。同时在浙江省外国专家局网站（http://www.zjafea.gov.cn）“国外专家引进项目管理系统”录入引智项目执行情况总结。

第十条 各引智归口部门对项目单位提交的引智项目执行总结材料进行初审、汇总并提出意见建议，上报市人力资源和社会保障局的材料包括：本地区、本部门引智项目年度工作总结、引智项目执行情况汇总表、引智项目执行情况表、引进国（境）外智力成果统计表和外国专家护照复印件、来华机票复印件、专家工作照等证明材料。

第十一条 由市人力资源和社会保障局会同市委人才工作领导小组办公室组织相关专家对已执行项目根据质量、效益投入等进行评审遴选，市级每年择优选取50个左右重点项目进行资助。

每个市级重点引智项目由市财政资助5万元，效益特别明显的，酌情增加资助金额。引智经费一般于项目执行完毕后的下一年度下拨。

第十二条 列入国家和省资助的引智项目，市财政给予国家和省资助金额一半的经费匹配，如加匹配金额仍不到5万元的予以补足。入选国家高端外国专家项目的，市财政给予不超过国家资助金额的40%经费匹配。

第十三条 被评为国家、省、市引智成果示范推广基地（单位）的，市财政分别给予8万元、5万元和3万元的奖励。

第十四条 引智项目的资助经费使用、管理按照国家外国专家局《关于印发<引进国外人才专项费用管理暂行办法>的通知》（外专发〔1999〕163号）和《关于印发<引进人才专家经费管理实施细则>的通知》（外专发〔2010〕87号）要求执行。

第十五条 引智项目经费是市财政为保证引进国外智力工作正常开展而设置的人才专项经费，各单位应严格按照规定使用经费，不得弄虚作假，或挪作他用，不得以欺骗手段获取资助。对违反规定的，一经核实，市人力资源和社会保障局即停止经费下拨；已经下拨的，及时追缴，并按规定对有关单位和人员进行通报批评等处理，直至追究法律责任。

第十六条 本细则由市人力资源和社会保障局负责解释。

温州市人力资源和社会保障局

二〇一三年五月二十一日

金华市“双龙计划”科技创业创新团队引进实施办法

（市委办〔2013〕14号）

为深入实施人才强市战略，集聚海内外高层次人才助推“赶超发展，浙中崛起”，根据市委、市政府《关于加快引进创业创新领军团队和人才的若干意见》（市委〔2012〕43号）精神，制定本办法。

一、重点支持领域

在电子信息、汽车和新能源汽车、生物医药、新能源、新材料、互联网技术、大数据技术、智能化制造、高端装备制造、节能环保等重点主导产业和新兴产业，面向全球引进并支持一批海内外科技领军人才领衔的，有望突破核心技术、提升产业水平、引领产业发展，产生显著经济和社会效益的科技创业创新团队。

二、对象与条件

（一）科技创业团队。

1. 团队带头人一般应取得博士学位，具有自主创业经验或在国际著名企业、高校、研发机构担任高级职务3年以上，熟悉相关产业领域发展状况和国际规则，有较强的经营管理能力；

2. 团队拥有自主知识产权、核心技术和发明专利，且技术成果国际先进，能填补国内空白，具有较大市场潜力并进行产业化生产；

3. 团队核心成员一般不少于3人，平均年龄不超过45周岁，专业结构合理，具有关联性和互补性，具备持续创新和成果转化能力，在公司拥有股权，能稳定合作3年以上，团队核心成员须有1/2以上全职在金工作；

4．团队在金华注册创办企业，注册资金一般不低于500万元，自有资金（含技术入股）或海内外跟进的风险投资占创业投资的50%以上。

（二）科技创新团队。

1．团队带头人应取得博士学位，一般不超过55周岁，每年在金工作时间不少于6个月。重点引进国内外一流科学家、国际科研大奖获得者和国家级人才计划入选者；在国外著名高校、科研院所担任相当于副教授以上职务或在国际知名企业和机构担任高级职务者；主持过国家级、省部级重大科研项目的专家学者；

2．团队在相关研究领域达到世界先进水平或国内领先水平，在国内外具有重要的创新地位和学术影响，拥有国际先进水平发明专利或自主知识产权的创新成果，具备突破重大技术、学术问题的持续创新能力和成果转化能力；

3．团队核心成员一般不少于5人，平均年龄不超过45周岁，具有博士学位人数不少于60%，专业结构合理，具有关联性和互补性，能稳定合作3年以上，团队核心成员须与我市用人单位签订正式工作合同，1/2以上全职在金工作。

特别优秀或紧缺急需的创业创新团队可适当放宽条件，申报时需说明理由。

三、引进程序

1．申报受理。金华市领军人才引进工作专项办公室（以下简称市专项办）负责发布年度引才公告，申报团队到指定网站下载填报《金华市“双龙计划”科技创业团队申报书》或《金华市“双龙计划”科技创新团队申报书》，同时提供团队成员有效身份证明、学历学位、工作（创业）经历、资质证明、知识产权等相关证明材料，在规定时间内报送到落户地或意向落户地专项办。

2．资格初审。由各县（市、区）、金华经济技术开发区专项办牵头，负责对申报团队提供的相关材料进行初审，对有关知识产权和发明专利等进行评估，确定推荐名单上报市专项办。市专项办根据申报团队性质，组织相关部门对申报材料进行分类审核和初步遴选，提出初审入围名单。

3．专家评审。由市专项办分创业、创新两类，分别组织专家评审委员会，对初审入围团队进行技术评审和综合评审（答辩），专家评审委员会提出分类推荐意见。

4．审批公示。市专项办根据专家评审推荐意见，提出拟引进团队名单和资助档次，提请市委人才工作领导小组审议，并报市委、市政府审定。经审定的拟引进团队，公示无异议后，由市委人才工作领导小组发文公布。

四、扶持政策

1．根据评审结果，给予特别支持团队（A类）2000万元，重点支持团队（B类）1000万元，优先支持团队（C类）500万元的奖励资助。资助经费的25%可用于人才培养、引进、激励等，75%可用于科研设备购置、项目研发、科研交流等。资助经费分三期拨付，创业团队在项目落户（企业注册）并运行正常一个月后，创新团队在核心成员实际到岗工作后可申请拨付40%，以后再根据考核评估情况，第二期拨付30%、第三期拨付30%。对特别优秀或对产业发展贡献突出的团队，经考核评估，可一事一议。

2．优先推荐团队带头人及核心成员申报各级各类人才培养工程、科技计划项目，同等条件下政府采购优先考虑其研发生产的产品。

3．团队带头人和核心成员可按照《金华市领军人才服务保障办法》，在住房保障、医疗保健、配偶安置、子女就学、出入境等方面享受有关优惠政策。

五、组织领导

1．市专项办在市委人才工作领导小组领导下负责“双龙计划”科技创业创新团队引进工作的具体实施，牵头组织发改、经信、科技、财政、人力社保、教育、卫生、公安、工商等部门做好宣传推介、咨询联络、申报受理、组织评审、政策兑现、人才服务等工作。落户地有关单位要积极主动做好意向洽谈、团队落户、日常管理服务等工作。

2．本办法所指科技创业创新团队为我市企事业单位从金华市域外引进的团队，不含金华市域范围内交流的团队。

3．本办法涉及的资助经费，按财政隶属关系由落户地分级负责，落户市区（含婺城、金东、金华经济技术开发区）的，由市、区两级各承担50%；落户县（市）的，根据各县（市）引才政策，由当地财政承担。

4．本办法自发布之日起实施，由市委人才办会同相关部门负责解释。

中共金华市委办公室
金华市人民政府办公室
二〇一三年一月三十一日

金华市“双龙计划”创业创新领军人才引进实施办法

（市委办〔2013〕14号）

为深入实施人才强市战略，集聚海内外高层次人才助推“赶超发展，浙中崛起”，根据市委、市政府《关于加快引进创业创新领军团队和人才的若干意见》（市委〔2012〕43号）精神，制定本办法。

一、重点支持领域

在电子信息、汽车和新能源汽车、生物医药、新能源、新材料、互联网技术、大数据技术、智能化制造、高端装备制造、节能环保等重点主导产业和新兴产业，引进一批学术技术成果处于国际前沿、国内领先，能够突破关键技术、培育高新产业、推动创新发展的创业创新领军人才。

二、对象与条件

（一）创业领军人才。

1．一般应具有硕士及以上学位，年龄不超过55周岁，每年在金工作时间不少于6个月；

2．具有海内外创业经验或曾在大中型企业、知名高校、科研机构关键岗位从事研发或管理工作经历，熟悉相关领域和国际规则，有较强的经营管理能力；

3．拥有自主知识产权和发明专利，或带有比较成熟的创业项目，且技术成果达到国际国内先进水平，具有良好的产业化开发前景；

4．自有资金或跟进的风险投资占创业投资的30%以上，或本人投入企业的实际到位资金在100万元人民币以上。

创业领军人才根据其项目先进性、产业化前景以及对我市经济社会发展的预期贡献，分为重大、A类、B类、C类四个层次，其中重大项目实际投入一般应在5000万元以上（不含技术入股）。

（二）创新领军人才。

须与我市用人单位签订5年以上服务协议，每年在金工作时间不少于6个月，主要包括：

1．两院院士或相当层级的国际顶尖人才；

2．国家863、973重大科研项目首席科学家、国家“千人计划”专家、长江学者或相当层级的专家；

3．省特级专家、省“千人计划”专家、钱江学者或相当层级的专家；

4．我市重点领域紧缺急需的后备领军人才，一般应具有高级专业技术职务或博士学位，年龄不超过55周岁，创新成果领先、专业技术发展潜力较大。

特别优秀和紧缺急需的创业创新领军人才可适当放宽条件，申报时需说明理由。

三、引进程序

1．申报受理。市专项办负责发布年度引才公告。申报人到指定网站下载填写《金华市“双龙计划”创业领军人才申报书》或《金华市“双龙计划”创新领军人才申报书》，并提供有效身份证明、学历学位、资质证明（证书）、知识产权、工作和创业经历等相关证明材料，在规定的时间内报送到落户地或意向落户地专项办。

2．资格初审。由各县（市、区）、金华经济技术开发区专项办牵头，负责对申请人提供的学习经历、工作经历、科研成果等相关材料进行初审，并对其提交的知识产权和发明专利等进行评估，确定推荐人选上报市专项办。

3．专家评审。由市专项办分创业、创新两类，分别组织专家评审委员会，对申报人才项目进行技术评审和综合评审（答辩），专家评审委员会提出分类推荐意见。

4．审批公示。市专项办根据专家评审推荐意见，提出拟引进人员名单和资助档次，提请市委人才工作领导小组研究审定，公示无异议后发文公布。重大项目须报市委、市政府研究审定。

四、扶持举措

（一）创业领军人才。

1．重大项目。给予1000万元创业资助资金，3年内累计最高1000万元贷款的贴息资助；由落户地提供300平方米以上的创业场所，3年免租金或给予同等面积的租金补助；

2．A类项目。给予500万元的创业扶持资金，3年内累计最高500万元贷款的贴息资助；由落户地提供200平方米的工作场所，3年免租金或给予同等面积的租金补助；

3．B类项目。给予300万元的创业扶持资金，3年内累计最高300万元贷款的贴息资助；由落户地提供150平方米的工作场所，3年免租金或给予同等面积的租金补助；

4．C类项目。给予100万元的创业扶持资金，3年内累计最高100万元贷款的贴息资助；由落户地提供100平方米的工作场所，3年免租金或给予同等面积的租金补助。

创业资助资金分三期拨付，创业项目落户（企业注册）并正常运行一个月后可申请拨付40%，3年内根据创业项目进展情况，第二期拨付30%、第三期拨付30%。创业扶持资金主要用于企业设备购置、技术研发、生产经营等相关费用支出。对特别优秀或对产业发展贡献突出的项目，经考核评估，可一事一议。

入选项目根据产业化程度和发展前景，在3年内作出较大税收贡献的，可申请升格资助：

1．年销售收入超1亿元且年缴税收超1000万元（或税收地方留存部分超500万元），可升格为重大项目给予资助；

2．年销售收入超5000万元且年缴税收超500万元（或税收地方留存部分超250万元），可升格为A类给予资助；

3．年销售收入超3000万元且年缴税收超300万元（或税收地方留存部分超150万元），可升格为B类给予资助。

（二）创新领军人才。

1．对两院院士或相当层级的国际顶尖人才，给予不少于1000万元的奖励资助，其中个人奖励200万元、购房补助200万元或领军人才公寓1套，不少于600万元科研项目资助；

2．对国家863、973重大科研项目首席科学家、国家“千人计划”专家、长江学者或相当层级的专家，给予500万元的奖励资助，其中个人奖励100万元、购房补助100万元或高端人才限价销售房1套，科研项目资助300万元；

3．对省特级专家、省“千人计划”专家、钱江学者或相当层级的专家，给予200万元的奖励资助，其中个人奖励60万元、购房补助40万元或高端人才限价销售房1套，科研项目资助100万元；

4．对后备领军人才，根据综合评审，按重点资助、优先资助分别给予40万元、20万元的个人奖励和60万元、30万元的科研项目资助。

个人奖励资金一次性拨付。科研项目资助资金根据考核评估情况分三期拨付，领军人才实际到岗工作一个月后可申请拨付40%，5年内根据科研项目进展情况，第二期拨付30%、第三期拨付30%。科研项目资助主要用于科研设备购置、项目研发和人才培养引进等。对顶尖人才或突出贡献人才，经考核评估，可一事一议。

（三）领军人才创（领）办企业所缴纳企业所得税和领军人才所缴纳个人所得税的地方财政收入部分，按前3年全额、后2年50%奖励给该企业（个人）用于研发。领军人才获得省级以上各类政府奖励，免征个人所得税；企事业单位转化职务科技成果以股份或出资比例等给予个人奖励的，获奖人在获得出资比例及股权取得阶段所产生的个人所得税，暂不缴纳。

（四）领军人才可按照《金华市领军人才服务保障办法》，在住房保障、医疗保健、配偶安置、子女就学、出入境等方面享受有关优惠政策。优先推荐申报各级各类人才培养工程、科技计划项目，同等条件下政府采购优先考虑其研发生产的产品和服务。

（五）鼓励企业引进“海外工程师”。对企业引进的国外专家智力项目，由市外国专家局组织对项目执行效果进行综合评审，分A、B、C类项目分别给予10万元、5万元和2万元的一次性资助。设立金华市“双龙友谊奖”，对我市经济社会发展作出突出贡献的外国专家予以表彰。

五、组织领导

1．市专项办在市委人才工作领导小组领导下负责“双龙计划”创业创新领军人才引进工作的具体实施，牵头组织发改、经信、科技、财政、人力社保、教育、卫生、公安、工商等部门做好宣传推介、咨询联络、申报受理、组织评审、政策兑现、人才服务等工作。落户地有关单位要积极主动做好人才项目对接落户和日常管理服务等工作。

2．本办法所指领军人才为我市企事业单位从金华市域外引进的人才，不含金华市域范围内调动人员。

3．本办法涉及的资助经费，按财政隶属关系由落户地分级负责，落户市区（含婺城、金东、金华经济技术开发区）的，由市、区两级各承担50%；落户县（市）的，根据各县（市）引才政策，由当地财政承担。

4．本办法自发布之日起实施，由市委人才办会同相关部门负责解释，其他已发布的各项人才政策文件与本办法不一致的，以本办法为准。

中共金华市委办公室
金华市人民政府办公室
二〇一三年一月三十一日

中共义乌市委 义乌市人民政府
关于实施“义乌英才”计划的若干意见

（市委〔2013〕32号）

为深入实施人才强市发展战略，大力吸引和集聚海内外高层次人才来义创业创新，打造高层次人才集聚高地，加快创新型城市建设，助推国际贸易综合改革试点，经研究，决定实施“义乌英才”计划，特制定本意见。

一、指导思想

以邓小平理论和“三个代表”重要思想为指导，全面贯彻落实科学发展观，以服务大平台大产业大项目大企业、促进科技成果转化和产业化为目的，以政府为主导、用人单位为主体，明确目标任务，强化政策保障，完善服务体系，健全市场配置机制，优化创业创新环境，加快集聚一批创业创新领军人才和社会事业发展紧缺人才，大力推进高层次人才队伍建设。

二、工作目标

从2013年开始，力争用5年时间，面向全球引进培育国家级、省部级重点领军人才30名；引进培育符合我市新兴产业发展需要的重点创业团队20支、创业人才100名；引进培育能突破核心技术、提升产业水平、引领产业发展的创新人才100名；引进社会事业发展紧缺人才50名，努力把义乌打造成为充满活力、具有核心竞争力的国际贸易人才发展改革试验区。

三、扶持政策

充分把握国际高端人才转移的机遇期，扩大开放度、增强集聚度、提高融合度，以吸纳海内外高层次人才为重点，围绕优先发展的重点产业和科技创新重点领域，引进培育一批高层次人才。对创业、创新、社会事业发展紧缺人才分别给予最高5000万、2000万、400万元的奖励资助。

（一）大力引进培育海内外高层次创业人才。依托商贸服务业集聚区、经济技术开发区、工业园区等创业创新平台，大力引进带项目、带技术、带资金的海内外高层次人才，推进人才、项目、资金的聚集，实现“引进一名人才、带来一个项目、打造一支团队、兴起一方产业”的目标。

由海内外高层次创业人才创办的企业落户义乌，经专家评审，5年内给予最高5000万元的奖励资助。奖励资助主要包含以下内容：

1. 创业启动资金。由两院院士或相当层级人才领衔创设的企业，给予800万元创业启动资金；由国家级重点人才或相当层级人才领衔创设的企业，给予500万元创业启动资金；由省部级重点人才或相当层级人才领衔创设的企业，给予200万元创业启动资金。

2. 地方贡献奖励。企业自注册之日起五年内，正常经营所产生的主营税种地方留成部分按第一年100%、第二年90%、第三年80%、第四年70%、第五年60%奖励企业，用于产品研发与技术改造。

3. 技改贴息。在《关于加快工业经济发展的若干政策意见》（市委〔2012〕35号）贴息的基础上，再提高1%。

4. 生产（办公）用房。由主管部门根据创设企业规模、用地量，提出相应的扶持方案，经相关部门及专家评审认定后，确定提供生产（办公）用房面积或租金补贴。提供生产（办公）用房原则上不超过2000平方米，免费期限不超过5年；对企业自行租赁生产（办公）用房的，按150元/平方米·年给予租金补贴，不超过30万元/年，补助年限不超过5年。实际租金低于补贴标准的，按实际租金给予补贴。

5. 对于特别突出的重大项目，可一事一议，上不封顶。

（二）大力引进培育海内外高层次创新人才。围绕电子商务、物流、会展、金融、旅游和文化创意等现代服务业，新材料、新能源、装备制造、生物医药和电子电器等新兴产业，饰品、无缝织造、拉链和袜业等重点特色优势产业，积极鼓励企业引进海内外高层次创新人才，促进义乌经济发展转型升级。

引进的海内外高层次创新人才，经专家评审后，5年内给予最高2000万元的奖励资助。奖励资助主要包含以下内容：

1. 科研项目启动经费。由两院院士或相当层级人才领衔的创新团队，给予500万元科研项目启动经费；由国家级重点人才或相当层级人才领衔的创新团队，给予300万元科研项目启动经费；由省部级重点人才或相当层级人才领衔的创新团队，给予100万元科研项目启动经费。

科研项目实际投入经费低于补贴标准的，按实际投入经费数额补贴。

2. 科研经费资助。企业引进创新团队后，当年该团队为企业实现新增税收1000万元以上的，为企业实现新增税收地方留成部分按20%的标准资助给企业；新增税收500万元以上的，按实现新增税收地方留成部分15%的标准资助；新增税收200万元以上的，按实现新增税收地方留成部分10%的标准资助。5年内奖励总额不超过1000万元。

科研经费资助属企业科技研发专项费用，专款专用。创新人才的科研经费资助金额计入企业地方贡献奖励。

3. 对于特别突出的人才，可一人一议，上不封顶。

（三）大力引进社会事业发展紧缺人才。围绕优化发展环境，提升城市品位，提高社会管理水平，鼓励行政事业单位引进教育科技、文化卫生、规划建设、交通物流等社会事业发展紧缺人才，并试行聘任制公务员和事业单位专才特聘制度。

引进人才实行协议年薪制，经专家评审后，5年内给予最高400万元的奖励资助。奖励资助主要包含以下内容：

1. 协议年薪。试行聘任制公务员和事业单位专才特聘制度，实行协议年薪制，给予最高60万元的年薪。

对于特别突出的人才，可一人一议。

2. 入驻人才驿站。引进的社会事业发展紧缺人才人事关系统一安排在人才驿站，市编委办单独核定事业编制，可按规定参加专业技术资格评聘。

3. 租房补贴。引进的社会事业发展紧缺人才给予每人每年3万元租房补贴。

4. 科研经费资助。社会事业发展紧缺人才引进后，可享受科研经费资助，主要对本领域我市发展存在的一些主要问题进行研究，科研经费每人每年不超过10万元。

（四）实行高层次人才配套奖励。在义乌申报并入选国家或浙江省“千人计划”的，由市财政按照浙江省奖励标准1:2的比例给予配套奖励，入选“万人计划”的，由市财政按国家资助1:1的比例给予配套资助。已入选国家或浙江省“千人计划”来义创业创新的高层次人才，市财政分别给予每人80万元、50万元奖励；已入选“万人计划”来义创业创新的高层次人才，市财政给予每人50万元奖励资助。

政府优先保障高层次人才住房，妥善解决子女就学、配偶就业等；根据相关政策给予政府津贴，每人每月标准为：两院院士1万元，国家级重点人才5000元，省部级重点人才3000元，博士学位（正高）人才2000元。

入选“义乌英才”计划的人才按照“从高、从优、不重复”的原则享受义乌市其他优惠政策。

（五）金华“双龙计划”配套政策。入选金华“双龙计划”的，奖励扶持政策参照《关于印发金华市“双龙计划”科技创业创新团队引进实施办法>和金华市“双龙计划”创业创新领军人才引进实施办法>》（市委办〔2013〕14号）文件执行。同时入选“双龙计划”和“义乌英才”计划的，按“从高、从优、不重复”的原则享受。

四、保障措施

（一）加强组织领导。“义乌英才”计划由市委人才办（市招才局）牵头负责实施；市财政根据实际需要安排专项资金，用于“义乌英才”的引进、培养和激励保障；市人力社保局负责制定引才目录和计划，组织开展引才活动；市委人才工作领导小组其他成员单位各司其职、密切配合。

（二）加快平台建设。多梯次规划高层次人才项目平台，重点引进和培育一批海内外高层次人才领衔的科技项目。实施北苑创业园改造提升工程，加快推动经济技术开发区“高创园”、佛堂创新基地研发大楼和人才大厦建设，进一步完善产业孵化、科研服务、综合配套等平台功能。围绕孵化区、加速区、产业区“一园三区”的规划布局建设“千人计划”产业园，积极培育人才项目向规模化、高端化发展。

（三）完善引才手段。坚持“走出去”与“请进来”并举，“引人才”和“留人才”并重，以“项目化引才”“平台化聚才”为抓手，以海内外人才工作站为依托，吸引海内外高层次人才来义创业创新。

（四）健全引才奖励。企业、个人和人才服务机构为义乌每成功引进1名两院院士或相当层级的国际顶尖人才，给予50万元奖励；每成功引进1名国家863、973重大科研项目首席科学家或相当层级的专家，给予20万元奖励；每成功引进一名“千人计划”、“万人计划”专家，分别给予20万元、10万元奖励，高层次人才引进并在义乌工作满3年后兑现。对海外高层次人才创业创新基地获评为国家级、省级、金华市级的，分别给予创建单位100万元、50万元、20万元的资助。

（五）强化人才服务。设立高层次人才服务专区，整合资源提高工作效率、提升服务水平，为高层次人才创业创新提供政策咨询、项目申报、融资介绍、产学研合作、产业推进等全程个性化服务。为高层次人才在子女就学、配偶就业、人才住房申报等方面提供一站式服务。

（六）落实责任考核。“义乌英才”计划实行党政一把手负责制，列入年度目标责任制考核。各有关单位要切实加强领导，制定工作计划，明确专人负责，确保“义乌英才”计划取得实效。同时将高层次人才引进、培养、使用工作纳入党政领导班子和领导干部考核评价体系，对先进单位及领导班子给予表彰。

本意见自下发之日起执行，由市委人才工作领导小组办公室会同相关部门负责解释。

中共义乌市委
义乌市人民政府
二〇一三年八月一日

“义乌英才”计划实施细则（试行）

（义人才领〔2013〕6号）

第一章 创业人才及其项目

第一条 对象条件

1. 项目主要负责人一般应具有硕士研究生学历学位或副高以上专业技术职称，年龄一般不超过55周岁；

2. 团队成员拥有自主知识产权和发明专利，且其技术成果为国际先进或国内领先，具有较好的产业化开发潜力；

3. 团队成员有创业经验或曾在国内外知名企业担任中高层管理职务3年以上，熟悉相关领域和国际规则，有较强的经营管理能力；

4. 项目申请人为企业主要创办人，注册资金在500万元及以下的，要求申请人为第一大股东（股权不低于50%、含技术入股）；注册资金在500万元以上的，申请人实际投入资金须达200万元以上。

第二条 评审标准

1. 申请人及团队（20分）：主要从申请人的创业目的、教育背景、工作经历，团队中研发管理人才的组合搭配、创新意识、能力条件、专业素质及开拓能力等方面进行评价。

2. 技术水平（20分）：主要从项目产品的技术创新程度（独创性和新颖性、集成创新和继承创新）、项目产品技术先进性的比较（国际领先还是国际先进、国内领先还是国内先进）、项目的技术含量（主要从项目本身技术的复杂程度、技术的难易度、R&D的投入）等方面进行评价。

3. 管理及资金状况（20分）：主要从企业的组织结构、管理体系建设情况、资金筹措方案的可信度、自有资金投入情况等方面进行评价（或自有资金能力范围）。

4. 市场前景（15分）：主要从项目产品市场需求（项目产品市场的需求程度、市场成熟程度）、项目产品的市场竞争优势（项目产品技术性能、成本、市场准入条件）、产品未来实现产业化可能性及未来的销售情况等方面进行评价。

5. 项目可行性（15分）：主要从项目产品技术性能指标设定的合理性、技术产品商品化经济指标预期的合理性、项目实施方案（商业计划）的合理性及可实现性等方面进行评价。

6. 商业模式（10分）：主要从项目产品开发、生产策略的合理性、市场营销策略、项目产品的获利方式以及未来1-5年的定位与发展规划情况等方面进行评价。

7. 特别加分（10分）：

（1）申请人为两院院士或相当层级的顶尖人才（3分）；

（2）申请人为国家“千人计划”或“万人计划”专家、国家杰出青年科学基金获得者、长江学者或相当层级的顶尖人才（2分）；

（3）申请人为省“千人计划”专家、省特级专家、钱江学者或相当层级的专家（1分）；

（4）已有投资机构或民营企业对项目进行投资，且其占有股权不低于15%（3分）；

（5）申请人或团队成员已有成功的创业经历（1分）。

总分在75分以上者方可入选。

第三条 申报材料

1.《“义乌英才”计划创业申报书》；

2. 身份证或护照复印件；

3. 学历学位证明材料；

4. 技术成果证明材料：技术成果为发明专利的，需提交相应机构颁发的专利证书以及被授予专利权后各年缴纳的年费发票；技术成果为计算机软件的，需提交相关机构颁发的软件著作权登记证书和软件所属领域的情况说明；成果鉴定证书、查新报告、检测报告以及资质证书等其他证明材料；

5. 其他：申请人在该领域内的研究论文以及其他科技成果，用户或权威机构对产品的评价等有关证明文件。

第四条 政策兑现

1. 创业启动资金

申请人及其创业项目经评审认定，企业在办理工商、税务注册登记且注册资金到位并正常运营两个月后，根据企业提供的工商备案材料，按照确定标准预付60%的创业启动资金。企业设备及研发投入达到市经信委和市科技局相关核拨创业启动资金总额标准后，再拨付剩余的40%。创业启动资金申请需提供创业启动资金申请表及营业执照、税务登记证复印件，由市委人才办（市招才局）受理，经产业主管部门初审，工商、税务部门审核，由市财政局拨付。第二期拨付由市经信委和市科技局复审，提交市委人才工作领导小组研究并公示后，由市财政局拨付。

2. 地方贡献奖励

企业于次年年初提出申请，并提交完税凭证和创业研发与技术改造证明材料，由市委人才办（市招才局）受理，会同市经信委、市科技局、市财政局审核公示后，由市财政局拨付。

3. 技改贴息

企业于次年年初提出申请，并提供购买设备发票等技改投入相关证明材料。由市经信委受理，会同市招才局、市科技局、市财政局审核公示后，由市财政局拨付。

4. 生产（办公）用房及租金补贴

入选“义乌英才”计划的创业项目，填写生产（办公）用房申请表，由市委人才办（市招才局）受理，主管部门（或园区）根据创设企业规模、用地量，提出生产（办公）用房扶持方案，由市委人才办（市招才局）会同市科技局、市经信委、市财政局和产业主管部门（或园区）审核，专家评审后确定生产（办公）用房扶持举措，由项目落地园区负责落实。

租金补贴实现先租后补。企业于次年年初提出申请，并提供企业租房合同、房租发票等相关材料。由市科技局受理，会同市招才局、市财政局、产业主管部门对拟定的扶持方案进行审核，公示后由市财政局拨付。

入选的创业人才项目，原则上半年内应办理注册手续，因特殊原因可延长至1年，逾期未办理手续的，不再享受以上扶持政策。

第二章 创新人才及其项目

第五条 对象条件

1. 一般应具有博士学位或正高专业技术职称，年龄一般不超过55周岁，并与我市企业签订5年以上劳动合同。创新人才原则上要求全职引进（省部级及以上重点人才可适当放宽，人事关系和户籍关系可以不转）。两院院士及国家级重点人才每年在义工作时间可适当放宽，两院院士应不少于3个月，国家级重点人才应不少于6个月；

2. 在国内外知名高校、科研院所担任中高级专业技术职务，从事重大项目、关键技术或新兴学科的研究工作，或在国际知名企业、高端服务业、金融业等机构担任中高级管理或技术职务2年以上，精通相关领域业务和国际规则的专业技术人才或经营管理人才；

3. 专业技术人才需具有较高的科技创新能力，拥有的专利发明或重大技术革新具有市场潜力，并能够进行产业化，能推动产业转型升级；

4. 研究方向符合我市产业发展需要，学术成果达到国际先进或国内领先水平。

第六条 评审标准

1. 个人综合素质（20分）：主要对申请人取得的相关荣誉、学历学位、职称以及相关工作经历等方面进行综合评价。

2. 自主创新能力（20分）：主要考察申请人已有的重大发明创造、重大技术革新、发明专利、科研技术成果及产业转化项目、科研著作等方面在国内外学术界、业内所处地位及社会认可度等。

3. 专业技术能力（30分）：主要查看申请人的工作业绩、贡献，主持或参与的科技项目在国家、省、市科研项目中的等次，研究、从事项目与我市重点产业发展导向符合度，研究的领域或掌握的技能、技术及特长在该产业中的核心地位，专业技术是否属于行业和专业领域紧缺急需等方面进行评价。

4. 技术的实用性及预期效益（30分）：主要考察申请人所掌握的技术和专业能力与企业所需岗位的匹配性、适用性，引进后对企业解决关键技术、提供创新技术、提高产品效益等方面的预期贡献，现持有且将实施的科技成果转化或产业化的可行性，并对项目的市场预期进行评价。

5. 特别加分（10分）：

（1）申请人为两院院士或相当层级的顶尖人才（5分）；

（2）申请人为国家“千人计划”或“万人计划”专家、国家杰出青年科学基金获得者、长江学者或相当层级的顶尖人才（3分）；

（3）申请人为省“千人计划”专家、省特级专家、钱江学者或相当层级的专家（2分）。

总分在75分以上者方可入选。

第七条 申报材料

1. 《“义乌英才”计划创新申报书》；

2. 身份证或护照复印件；

3. 申请人研究方向与企业发展匹配性相关材料；

4. 学历学位、职称以及相关荣誉证明材料；

5. 主要成果：代表性论著、专利证书、产品证书等；

6. 劳动合同；

7. 其他：海内外相关机构任职以及相关业绩证明材料，领导和参与过的主要科技研究项目等证明材料。

第八条 政策兑现

1. 科研项目启动经费

申请人提供科研项目可行性报告及项目启动证明等材料，向市科技局申请，专家评审后由市科技局下文立项，立项后两个月内按照科研项目启动经费的60%预付启动资金，项目验收后支付剩余的40%，科研项目实际投入经费低于补助标准的，按实际投入经费数额补贴。科研项目启动经费由市科技局负责实施，会同市招才局、市财政局、产业主管部门进行审核，由市财政局拨付。第二期拨付由市经信委和市科技局复审，提交市委人才工作领导小组研究公示后，由市财政局拨付。

2. 科研经费资助

企业于次年年初向市委人才办（市招才局）提出申请，提交完税凭证和科研项目可行性报告及项目启动等相关证明材料，由市委人才办（市招才局）会同市经信委、市科技局、市财政局、产业主管部门审核，经市委人才工作领导小组研究并公示后，由市财政局拨付。再次申请科研经费资助的，需提供前一次经费使用情况，由市科技局牵头进行检查评估。

第三章 社会事业发展紧缺人才

第九条 对象条件

1. 一般应取得博士学位或正高专业技术职称，年龄不超过55周岁，并与我市行政事业单位签订5年服务协议；

2. 具有坚实的理论基础和较强的创新能力，掌握相关领域的研究进展和前沿动态，具有带领相关学科在前沿领域赶超先进水平的能力，在基础与应用研究和实践工作中取得创造性成果；

3. 在国内外知名高校、科研院所等社会事业领域知名单位担任中高级管理或技术职务2年以上。

第十条 评审标准

1. 个人综合素质（20分）：主要对申请人取得的相关荣誉、学历学位、职称以及相关工作生活经历等方面进行综合评价。

2. 专业技术能力（40分）：主要查看申请人的工作业绩、贡献，主持或参与的科技项目在国家、省、市科研项目中的等次，取得的科研成果、著作等方面在国内外学术界、业内所处地位及社会的认可度，掌握的技能、技术特长等在该领域中的地位，专业技术是否属于行业和专业领域紧缺急需等方面进行评价。

3. 技术的实用性及预期效益（40分）：主要考察申请人所掌握的技术和专业能力与所需岗位的匹配性、适用性、预期贡献等。

4. 特别加分（10分）：

（1）申请人为两院院士或相当层级的顶尖人才（5分）；

（2）申请人为国家“千人计划”或“万人计划”专家、国家杰出青年科学基金获得者、长江学者或相当层级的顶尖人才（3分）；

（3）申请人为省“千人计划”专家、省特级专家、钱江学者或相当层级的专家（2分）。

总分在75分以上者方可入选。

第十一条 申报材料

1. 《“义乌英才”计划社会事业发展紧缺人才申报书》；

2. 身份证或护照复印件；

3. 学历学位、职称以及相关荣誉证明材料；

4. 主要成果：代表性论著、专利证书、产品证书等；

5. 其他：海内外相关机构任职以及相关业绩证明材料，领导和参与过的主要科技研究项目证明材料。

第十二条 政策兑现

1. 协议年薪

年薪由用人单位与引进人才协商。财政全额拨款的行政事业单位，年薪协议方案由主管部门（无主管部门的报市人社局）受理，市财政局、市人社局审核，报市政府审定。

2. 入驻人才驿站

引进的社会事业发展紧缺人才人事关系统一安排在人才驿站，市编委办单独核定事业编制，与义乌工商职业技术学院驿站管理委员会办公室签订有关进站协议，可按规定参加专业技术资格评聘。

3. 租房补助

市政府审定后，引进单位于年底向市人社局提出申请，提供年薪协议方案，经市委人才工作领导小组研究并公示后，由市人社局拨付。

4. 科研经费资助

申请人提供科研项目可行性报告及项目启动证明等材料，向市科技局申请，由市科技局会同市招才局、市财政局、产业主管部门审核，组织专家评审，经市委人才工作领导小组研究公示后，由市财政局拨付。再次申请科研经费资助的，需提供前一次经费使用情况，由市科技局牵头进行检查评估。

五年协议期满后，根据工作进展等实际情况，由用人单位与人才协商是否续聘，如确需续聘的，由用人单位向市委人才办（市招才局）提出申请，经市委人才工作领导小组研究后，报市政府审定。

第四章 附 则

第十三条 评审程序

1．申报受理。每年年初由市委人才办（市招才局）发布“义乌英才”项目、人才征集信息。

2．组织评审。市人社局负责申请人的学历、经历等审核；市科技局负责知识产权证明等资格认定，并对创业项目相关材料及创业计划书进行初审；通过初审的人才和项目，由市委人才办（市招才局）牵头负责组织专家评审委员会进行综合评审和答辩，提出建议名单。

3．审定批准。根据专家评审委员会提出的建议名单，由市委人才工作领导小组确定拟入选名单，报市政府批准。

第十四条 其他配套奖励

1．高层次人才配套奖励。在我市新入选“万人计划”“千人计划”的，分别在国家、省政府给予奖励后，由市委人才办（市招才局）提交市委人才工作领导小组研究后，由市财政局拨付；已入选“万人计划”“千人计划”后来义创业创新的，于引进一年后向市委人才办（市招才局）提出申请，提供相关证明材料，经市委人才工作领导小组研究后，由市财政局拨付。

2．人才住房根据市政府相关文件执行。

3．政府津贴、子女就学、配偶就业按照《<关于大力实施人才强市战略 构筑义乌人才高地的若干意见（试行）>实施细则》（义人才领〔2008〕1号）执行。

4．金华“双龙计划”配套政策。同时入选“双龙计划”和“义乌英才”计划的，按“从高、从优、不重复”的原则兑现。“双龙计划”关于科技创业、创新团队扶持举措中用于人才培养、引进、激励的25%资助经费视同本政策中“高层次人才配套奖励”“高层次人才政府津贴”“人才住房保障”等扶持举措；科技创业团队中用于科研设备购置、项目研发、科研交流的75%视同本政策中创业人才的“创业启动资金”“技改贴息”“生产（办公）用房”；科技创新团队的75%视同本政策中“科研项目启动经费”“科研经费资助”等扶持举措。

“双龙计划”创业领军人才扶持举措中的“创业资助资金”“贷款贴息资助”分别视同本政策中“创业启动资金”“技改贴息”。创新领军人才扶持举措中的“个人奖励”视同本政策中“高层次人才配套奖励”；“科研项目资助”视同本政策中“科研项目启动经费”和“科研经费资助”。

“双龙计划”中“企业所得税奖励”视同本政策中“地方贡献奖励”，按先入选的人才工程奖励标准给予资助；“双龙计划”中“个人所得税奖励”计入本政策中“科研经费资助”。

5．按照“从高、从优、不重复”的原则享受义乌市其他政策。

第十五条 特别优秀的项目、人才可适当放宽条件，申报时需说明理由。

第十六条 特别加分若有重复，按最高项计算。

第十七条 申请人员在海外取得学历学位，需提供护照、教育部留学服务中心出具的《国外学历学位认证书》及驻外使领馆教育（文化）处（组）出具的留学回国人员证明。

第十八条 引才奖励兑现

高层次人才引进后，引才的企业、个人或人才服务机构向市委人才办（市招才局）备案，每年由市委人才办（市招才局）对高层次人才在义工作时间进行审定。引进满三年后，由引才的企业、个人或人才服务机构提供引才协议书、引进人才在义乌取得成果证明及学历学位、职称、荣誉证书等证明材料，市委人才办（市招才局）会同市人社局、市科技局审核，市委人才工作领导小组研究并公示后，由市委人才办（市招才局）拨付。

第十九条 建立绩效评价机制。每年年终，各项扶持资金牵头部门向市财政局递交该项资金的绩效评价报告。

第二十条 本细则自下发之日起试行，由市委人才工作领导小组办公室会同相关部门负责解释。

中共义乌市委人才工作领导小组

二○一三年九月十八日

福建省“海纳百川”高端人才聚集计划（2013—2017年）

（闽委办发〔2013〕3号）

为深入贯彻党的十八大精神，加快各类优秀人才聚集，加快推进我省发展从要素驱动向创新驱动转变，促进主导产业高端化、传统产业新型化、新兴产业规模化，促进社会事业全面进步，建设更加优美更加和谐更加幸福的福建，现制定福建省”海纳百川“高端人才聚集计划（2013－2017年）。

一、总体目标

坚持人才资源优先开发、人才结构优先调整、人才投资优先保证、人才制度优先创新，切实加大人才工作力度，推动福建人才工作走在全国前头，经过5年努力，实现人才资源总量、人才素质、人才竞争力和人才贡献率与我省经济社会发展在全国位次相适应，为推动科学发展跨越发展提供强有力的人才支持。

二、主要任务

1．引进一批高层次人才（团队）

着力引进一批创业创新能力强，学术技术、经营管理水平达到国际先进或国内领先，能引领和带动我省某一领域科技进步、产业升级、文化繁荣、社会发展的高层次人才（团队）。力争全省每年引进1000名以上重点产业发展急需紧缺的高层次人才，入选国家“千人计划”数量、人才综合竞争力居东部沿海地区中上水平，引进中国科学院院士、中国工程院院士有所突破。

实施福建省引进高层次创业创新人才“百人计划”（以下简称省引才“百人计划”）。每年评选100名福建省引进高层次创业创新人才。落实《福建省引进高层次创业创新人才暂行办法》，分别给予入选省引才“百人计划”的团队300万元、海外人才200万元、国内人才100万元补助。引进中国科学院院士、中国工程院院士及发达国家院士按一人一议原则，给予不低于300万元补助。按照《福建省关于奖励高层次人才引进的暂行办法》兑现引才奖励。实施留学人员来闽创业启动支持计划，对经评审确定的重点创业项目和优秀项目，分别给予一次性创业支持资金50万元和20万元，各设区的市给予配套支持。

2．支持一批领军人才

有计划、有重点地遴选支持一批在产业发展、自然科学、工程技术和哲学社会科学领域中能够代表全省一流水平、具有领军才能的杰出人才、领军人才。重点支持科技创业领军人才、科技创新领军人才、企业高级经营管理人才、百千万工程领军人才、哲学社会科学领军人才。力争今后5年内，省内高层次人才规模和综合竞争力居东部沿海地区中上水平，入选“国家高层次人才特殊支持计划”（以下简称“国家特支计划”）数量居全国前列，入选“国家特支计划”杰出人才的数量明显高于全国平均水平。

加大青年拔尖人才培养力度。重点培养35周岁以下，具有特别优秀的科学研究和技术创新潜能，课题研究方向和技术路线有重要创新前景的青年拔尖科技人才；40周岁以下，运用自主知识产权创（领）办科技企业，创业项目符合我省战略性新兴产业发展方向并处于全国或全省领先地位，核心技术的产品年销售收入增速和产值利税率明显高于全国或全省同行业水平的青年拔尖创业人才。力争5年内成为国际、国内一流高级专家的青年拔尖人才分别达到5名、30名，全省入选“国家特支计划”青年拔尖人才达40名，青年拔尖人才创（领）办的上市企业达5个。

实施福建省特殊支持高层次人才“双百计划”（以下简称省特支人才“双百计划”）。每年评选200名科技创业人才、科技创新人才、企业高级经营管理人才、百千万工程领军人才、青年拔尖人才、哲学社会科学领军人才等各类高层次人才，作为福建省特殊支持的高层次人才由省人才专项经费给予特殊支持，其中科技创业人才、科技创新人才每人80万元，企业高级经营管理人才、百千万工程领军人才、青年拔尖人才每人50万元，哲学社会科学领军人才每人30万元。直接入选“国家特支计划”的，自然入选省特支人才“双百计划”，由省人才专项经费按1:1配套；入选省特支人才“双百计划”后入选“国家特支计划”的，省级配套资金按国家标准追加差额部分。

3．激励一批优秀人才

遴选表彰一批各行业各领域中长期在一线工作、有突出贡献、有创新成果、有同行业较高声望、能代表全省同行业一流水平的优秀人才，激励和引导全社会各行各业形成人才辈出、人尽其才、才尽其用的良好局面。

实施福建省优秀人才“百人计划”。每年评选100名文化名家、技能大师、优秀农村实用人才、优秀社会工作专业人才等福建省优秀人才，由省人才专项经费奖励每人10万元。

统筹省内重大人才工程，提高资金使用效益。对入选对象实行“就高从优不重复”原则。福建省杰出人民教师、杰出健康卫士、突出贡献企业家、软件杰出人才纳入省优秀人才，按现行办法和资金渠道单独评选。杰出科技人才、海西产业人才高地领军人才、海西创业英才整合进省特支人才“双百计划”，原已入选的人才按福建省特殊支持人才管理。省教育厅负责实施的高层次卫生人才队伍建设“四项目”，作为福建省“海纳百川”高端人才聚集计划的有机组成部分，入选人才纳入相应高层次人才按现行办法管理，其中入选省引才“百人计划”及省特支人才“双百计划”的由省人才专项经费列支，其他项目经费在现行渠道列支。其他相关部门目前已经实施的人才计划继续按现行办法和资金渠道执行。

三、重点工程

1．打造厦门、平潭人才特区

厦门人才特区以实施综合配套改革试验为契机，以推进两岸人才交流合作为特色，围绕两岸新兴产业和现代服务业合作示范区、两岸金融中心、东南国际航运中心和对台贸易中心等重大项目建设，实行人才发展特殊政策、特别机制、特事特办，培养造就一批推动厦门产业升级发展的高层次创业创新人才及团队，用5年时间，初步建成高端人才聚集、对台优势明显、科技创新活跃、人才效益彰显，带动“厦漳泉”，辐射海西经济区的“人才特区”和人才创业港。

平潭人才特区以“四个一千”人才工程为抓手，5年内面向台湾引进1000名专才，面向海内外招聘1000名高层次人才，从省内选派1000名年轻干部到平潭工作，培养1000名实验区人才，以特别开放的胸襟、特别优惠的政策、特别灵活的机制、特别优良的环境推进人才资源优先开发，把平潭综合实验区建设成为海峡两岸人才交流合作先行先试示范区、海峡西岸人才政策和体制机制改革实验区、海内外创业创新人才宜居宜业聚集区。

2．建设福州等8个特色人才聚集区

在推进厦门、平潭人才特区建设的同时，鼓励和支持其他设区的市根据产业发展阶段和主体功能区布局，研究确定重点人才工程。福州建设闽都人才聚集区，支撑现代化大都市建设；漳州建设重化工业人才聚集区，服务大项目和城市建设；泉州建设民营企业人才聚集区，支撑先进制造业发展；莆田、宁德分别建设湄洲湾、环三都澳海洋和临港产业人才聚集区，服务福莆宁城市联盟和港口群建设；三明建设海西生态工贸人才聚集区，服务绿色腹地产业振兴；南平建设武夷新区人才聚集区，支撑生态闽北跨越发展；龙岩建设红土地人才聚集区，支撑闽西老区加快崛起。

3．建设20个产业人才聚集基地

研究制定加快产业人才聚集基地建设意见。围绕县（市、区）、各类园区主导产业的发展壮大，加大人才工作力度，创新人才工作机制，广泛凝聚产品研发、生产技术、经营管理等各类高层次人才，建设具有明显产业特色、数量充足、结构合理、素质优良、充满活力的产业人才队伍，形成具有明显产业竞争优势的高端人才聚集基地。

4．培育25个企事业人才高地

重点培育人才聚集度高、贡献率大，科研成果居全国前列或核心技术产业化市场前景开阔的企事业人才高地。其中，高等院校、科研机构人才高地必须拥有国际领先、国内一流的科研领军人才，组成若干个实力雄厚、结构合理、灵敏高效的科研核心团队，科研方位居世界前沿，科研成果具有领先性、创造性和突破性。企业人才高地必须拥有国内或国际领先的核心技术，核心技术产品年增加值达1亿元以上，成长性和人均利税明显高于国内同行业水平。

5．搭建6大工作平台

坚持高端引领、整体开发方针，完善高端人才工作机制，创建高端人才工作特色品牌，着力打造闽台人才合作交流平台、产学研合作平台、人才孵化平台、人才创新创业投融资平台、覆盖发达国家地区的引才网络平台、人才资源市场公共服务平台等6个平台，探索建立人才投资基金，推动人才与资本、科技、项目、企业、产业有机结合，确保高端人才引得进、留得住、用得好，充分发挥支撑和引领作用。

每年评选1个人才特区或人才聚集区、4个福建省产业人才聚集基地、5个企事业人才高地，结合人才工作目标责任制考核工作给予表彰鼓励。人才特区、人才聚集区的评选，重点对人才工作力度及人才资源规模、人才综合竞争力、人才贡献率增长提升情况进行综合考评。海西产业人才高地评选整合进企事业人才高地评选。

四、保障措施

1．加强人才工作组织领导

实施"海纳百川"高端人才聚集计划，要认真贯彻落实中央关于加强党管人才工作的意见，在省委统一领导下开展。省委组织部要切实担负起牵头抓总的责任，当好参谋，创新实践，整合资源，示范引领。各有关部门要各司其职、密切配合，按照分类管理的原则，切实承担起本部门人才工作的职责，同时要抓好相关人才队伍建设。各市、县（区）要根据重点产业发展需要，健全完善人才工作领导体制机制，积极推进高端人才聚集。

2．加大人才资金投入力度

省、市、县要将人才经费纳入同级财政预算予以保障，根据人才计划实施情况，逐步加大人才资金投入力度，以满足我省人才发展需要。5年内，省、市、县三级财政共投入人才经费100亿元以上。

3．切实开展人才宣传工作

系统宣传科学人才观，广泛宣传人才工作好的做法和成效，集中宣传人才工作先进典型和优秀人才典型，为加快高端人才聚集提供思想保证、精神动力和舆论支撑。

中共福建省委办公厅
福建省人民政府办公厅
二〇一三年二月二十二日

福建省科技创新领军人才遴选暂行办法

（闽科基〔2013〕9号）

第一条　根据《国家高层次人才特殊支持计划》（中组发〔2012〕12号）和《福建省"海纳百川"高端人才聚集计划（2013—2017年）》（闽委办发〔2013〕3号）要求，结合我省科技工作实际，制定本办法。

第二条　在企事业单位和其他社会经济组织中，选拔具备较强创新能力，引领我省学科建设和产业科技创新，在原始创新、集成创新、引进消化吸收再创新，组织重大科技任务、推动产业发展和关键技术研发中业绩突出，能够代表全省一流创新水平的科技创新领军人才。

第三条　遴选工作坚持公开、公正、竞争、择优的原则，注重创新精神与科研能力的结合、个人创新与团队建设的结合。

第四条　福建省科技创新领军人才应具备以下条件：

（一）在科技前沿或战略性新兴产业领域取得高水平创新性成果，具有较大创新发展潜力。

（二）具备较强的领军才能和团队组织能力。近5年内，有主持承担省级科技重大专项或国家级科技项目的经验；或是省部级二等奖以上科技奖励项目的主要完成人（排名前3名）；或是国家发明专利、植物新品种权和软件著作权的主要完成人（排名前3名）；或是省级以上科技创新平台、创新基地的主要负责人。

（三）原则上应拥有博士学位或副高级以上职称。同等条件下，50周岁以下人才优先入选。

第五条 福建省科技创新领军人才的遴选由福建省科技厅组织实施。主要程序：

（一）申报

1. 实行网上公开申报，申报人在指定的网站上进行注册与填报；申报人所在单位负责核实本单位申报人材料。

2. 各设区市科技局、省直有关部门、高校、科研院所和中央驻闽科研机构负责对本地区或本单位所属机构申报人材料进行复核，并汇总报送省科技厅。

3. 同一申报人仅限申报1项“海纳百川”高端人才聚集计划，且只能通过一个渠道申报。

4. 近年来，已入选省级以上优秀、杰出等人才计划的，有新的突出的创新业绩，且符合申报条件的，也可以申报。在企事业单位中不再从事科研工作的省管领导干部，参照公务员管理的事业单位工作人员，原则上不能申报。

5. 已入选“国家高层次人才特殊支持计划”和科技部创新人才推进计划的科技创新领军人才、获得国家科学技术奖二等奖以上项目的第一完成人，符合条件的自然入选福建省科技创新领军人才。

（二）评审

福建省科技创新领军人才遴选采取专家初选、会议答辩、实地考察等综合评审方式进行。省科技厅根据综合评审结果提出人选名单。

第六条 人选名单按有关程序报省委人才工作领导小组审定、公示，由省委、省政府审批、公布。

第七条 福建省委、省政府授予入选人选“科技创新领军人才”称号，并给予专项经费支持。支持科技创新领军人才优先承担省级科技计划项目，优先配置科技创新平台资源，优先推荐申报国家各类科技计划项目。对符合条件的入选对象，优先推荐申报科技部创新人才推进计划。

第八条 科技创新领军人才申报人选或已入选人选，若有弄虚作假、学术不端、违法违纪等不良行为的，一经发现，取消其申报资格或称号，并追回获得的支持经费。

第九条 本办法由福建省科技厅负责解释。

第十条 本办法自公布之日起执行。

福建省科学技术厅

二〇一三年十月九日

福建省科技创业领军人才遴选暂行办法

（闽科基〔2013〕9号）

第一条 根据《国家高层次人才特殊支持计划》（中组发〔2012〕12号）和《福建省“海纳百川”高端人才聚集计划（2013—2017年）》（闽委办发〔2013〕3号）要求，结合我省科技工作实际，制定本办法。

第二条 在科技型企业中，选拔具有创新创业精神，运用核心技术或自主知识产权创建科技型企业，推动企业技术创新，提升企业集成创新、引进消化吸收再创新能力，加速科技成果转化落地，能代表全省本领域或本行业一流创业水平的科技创业领军人才。

第三条 福建省科技创业领军人才应具备以下条件：

（一）申报人为企业主要创办人或创业团队中的核心研发人员（主要创办人拥有20%以上企业股份，核心研发人员拥有10%以上企业股份）。

（二）有较强的创新意识、市场开拓能力和经营管理能力，具备较强的领军才能和团队组织能力。

（三）企业拥有核心技术或拥有自主知识产权，开发的产品技术先进或服务模式创新，具有较强的市场潜力和竞争力，实现产业化。

（四）所创办的企业在福建省内注册，依法经营，无不良记录，具有良好的经营业绩、纳税记录和高成长性。

创新型企业、高新技术企业的主要创办人，国家科技型中小企业技术创新基金项目主要承担人，科技特派员项目负责人，国家创新创业大赛一等奖及以上获得者，同等条件优先入选。

第四条 福建省科技创业领军人才的遴选由福建省科技厅组织实施。主要程序：

（一）申报

1. 实行网上公开申报。申报人在指定的网站上进行注册与填报；申报人所在单位负责核实本单位申报人材料。

2. 各设区市科技局、省直有关部门、高校、科研院所和中央驻闽科研机构负责复核本地区或本单位所属机构申报人材料，并汇总报送省科技厅。

3. 同一申报人仅限申报1项“海纳百川”高端人才聚集计划，且只能通过一个渠道申报。

4. 近年来，已入选的省级以上优秀、杰出等人才计划的，有新的突出的科技创业业绩，且符合科技创业领军人才申报条件的，也可以申报。

5. 已入选“国家高层次人才特殊支持计划”和科技部创新人才推进计划的科技创业领军人才、获得国家科学技术奖二等奖以上项目的第一完成人，符合条件的自然入选福建省科技创业领军人才。

（二）评审

福建省科技创业领军人才遴选采取专家初选、会议答辩、实地考察等综合评审方式进行。省科技厅根据综合评审结果提出人选名单。

第五条 人选名单报省委人才工作领导小组审定、公示，由省委、省政府审批、公布。

第六条 福建省委、省政府授予入选人选“科技创业领军人才”称号，并给予专项经费支持。支持科技创业领军人才优先承担省级科技计划项目，优先配置科技创新平台资源，优先推荐申报国家各类科技计划项目。对符合条件的入选对象，优先推荐申报科技部创新人才推进计划。

第七条 科技创业领军人才申报人选或已入选人选，若有弄虚作假、学术不端、违法违纪等不良行为的，一经发现，取消其申报资格或称号，并追回其获得的支持经费。

第八条 本办法由福建省科技厅负责解释。

第九条 本办法自公布之日起执行。

福建省科学技术厅

二〇一三年十月九日

福建省科技企业孵化器管理办法（修订）

（闽科高〔2013〕8号）

第一条 为贯彻落实《中共福建省委福建省人民政府关于深化科技体制改革加快创新体系建设的若干意见》（闽委发〔2012〕7号）和《福建省人民政府办公厅关于加快科技企业孵化器建设与发展若干措施的通知》（闽政办〔2012〕198号）精神，引导我省科技企业孵化器健康发展，根据科技部《科技企业孵化器认定和管理办法》（国科发高〔2010〕680号）规定精神，结合我省实际，制定本办法。

第二条 科技企业孵化器（以下简称“孵化器”），是以促进科技成果转化、培养高新技术企业和企业家为宗旨的科技创业服务载体，包括高新技术创业服务中心、大学科技园、留学人员创业园等综合性、专业性的科技企业创业服务机构。

第三条 孵化器主要功能是以科技型创业企业（以下简称“在孵企业”）为服务对象，提供研发、试制、经营的场地和共享设施，提供政策、法律、投融资、企业管理、市场推广和加速成长等方面的培训、辅导与咨询服务，以降低在孵企业创业风险和创业成本，提高企业的成活率和成长性，培育科技型企业和创业人才。

第四条 省科技行政部门负责全省科技企业孵化器的宏观管理和业务指导。设区市、县（区）人民政府是本辖区内孵化器规划和发展的责任主体，同级科技行政部门具体负责本行政区域孵化器的建设和发展管理工作。

第五条 孵化器管理分为组建备案和评估两个层次。具备组建条件的机构可向所在设区市科技行政部门申请备案。达到省级科技企业孵化器（以下简称“省级孵化器”）条件的，可由所在设区市科技行政部门推荐，由省科技行政部门组织评估。

第六条 申请孵化器组建备案应当具备下列条件：

1. 具备独立法人资格。

2. 有固定的工作场所、可自主支配的孵化场地和可共享的基础设施。

3. 有明确的章程，包括宗旨、任务、投资主体、管理体制和运行机制等。制定孵化企业、公共设施、人力资源、财务、孵化基（资）金使用等孵化器管理制度。

4. 有与孵化器工作相适应的管理团队和经费来源保证。

5. 参与全省孵化器年度统计。

第七条 入驻孵化器的在孵企业应当具备下列条件。

1. 企业注册地和主要研发、办公场所须在孵化器场地内。

2. 申请进入孵化器的企业成立时间一般不超过24个月，或注册资金不超过500万元，或上年营业收入一般不超过500万元。

3. 在孵企业从事研发、生产的主营项目（产品），应符合国家重点支持高新技术领域，知识产权界定清晰、无纠纷，并符合国家节能减排标准。

4. 在孵企业管理团队具有开拓创新精神，对技术、市场、经营和管理有一定驾驭能力。在孵企业员工大专以上学历人数占企业总人数的30%以上。

5. 单一在孵企业入驻时使用的孵化场地面积，一般不超过1000平方米，特殊领域可适当增加。

6. 在孵时限一般不超过42个月，属于特殊领域的可适当延长，不超过60个月。

第八条 毕业企业应具备下列条件中的至少两条：

1. 具有自主知识产权。

2. 连续2年营业总收入累计超过700万元。

3. 被兼并、收购或在资本市场上市。

4. 因企业成长，孵化用地已不能满足企业生产经营需求，企业在孵化器外自建或租用生产场地。

第九条 孵化器毕业企业或到期尚未毕业的企业，一般应在规定期限内迁移出孵化器，并办好有关法律法规和约定手续。

第十条 省级孵化器应当具备下列条件：

1. 具有独立法人资格，财务独立核算；管理团队具有较高的管理能力和经营水平，孵化器主要负责人具有较高的专业知识水平和管理水平；从业人员不低于15人，其中管理人员具有大专以上学历人员的比例占90%以上；接受孵化器专业培训的人员比例达30%以上。

2. 可自主支配的孵化场地使用面积10000平方米以上，专业孵化器5000平方米以上。其中，在孵企业使用的场地面积（含公共服务场地）占场地总面积的75%以上。

3. 在孵企业总数达30家以上，在孵企业中应有15%以上已申请专利。

4. 孵化器的运营时间2年以上，参与孵化器年度统计。

5. 建立创业导师工作机制和服务体系，与科技中介机构建立广泛的合作关系，具备创业咨询、辅导和技术、金融、管理、商务等方面的服务能力。专业孵化器应建有专业技术公共服务平台或中试基地并拥有专业化技术服务团队。

6. 孵化器拥有种子资金或孵化资金，并与创业投资、担保等金融机构建立了业务联系。

7. 孵化器运营情况良好，年均毕业企业数不低于在孵企业总数的10%或累计毕业企业数达10家以上。

第十一条 申请省级孵化器须提交以下文件：

1. 福建省省级科技企业孵化器评估申请表。

2. 近2年孵化器运行情况与业绩报告（包括：孵化器现状及运行机制、孵化器服务队伍建设、开展服务取得的业绩、下一步发展目标和工作计划等）。

3. 独立运行的证明文件（孵化器成立的批准文件复印件，事业法人证书、企业法人或民办非企业法人营业执照副本复印件，单位账户的银行开户证明，孵化器机构设置与相关管理的章程性文件等）。

4. 孵化场地及服务设施证明（资产证明、租赁文件等）。申报专业孵化器的还需附专业技术平台或中试基地主要设备清单（包括设备名称、用途和单价等）。

5. 有关附表（附件2）：科技企业孵化器从业人员情况表、公共服务平台主要仪器设备情况表、科技企业孵化器在孵企业情况表、科技企业孵化器近2年毕业企业情况表、科技企业孵化器近2年在孵企业知识产权情况表、科技企业孵化器综合情况表、科技企业孵化器在孵（毕业）企业情况表。

6. 反映孵化器管理制度和运行机制的相关文件资料，以及质量管理认证等资质证明文件复印件。

7. 创业投资、孵化基（资）金情况证明。孵化基（资）金是指在政府拨款或周转金、民间捐款、孵化器自筹资金等多种形式支持下，建立起来的用于扶持孵化企业发展的专项经费。

第十二条 省级孵化器评估程序：

1. 申请者填写《福建省省级科技企业孵化器评估申请表》，并向所在设区市科技行政部门或省直主管部门提出申请。

2. 设区市科技行政部门或省直主管部门对申请材料的完整性和真实性进行审查并进行现场核查，提出推荐意见。

3. 省科技行政部门组织专家或委托有关机构进行评审，并视情况进行实地考察，研究确定省级孵化器名单并发文公布，统一授牌。

第十三条 强化目标管理，各级地方政府、高新技术产业开发区管委会要围绕我省产业发展重点、行业布局和战略性新兴产业，建设和发展一批具有明确产业指向和区域特色的专业孵化器。在发展规划、土地征用和财政投入等方面为孵化器提供政策支持，促进孵化器健康发展。鼓励有条件的市（县、区）根据当地经济发展战略的目标，建设适合区域特色与产业需求的孵化器。

第十四条 孵化器所在地政府及科技行政部门应把对孵化器建设与发展的工作指导作为重要职责，按照国家、省和所在地政府有关文件规定，落实在孵企业用房补助和研发平台建设等扶持政策，并在科技计划项目安排中对孵化器及在孵企业予以支持。

第十五条 孵化器应当加强科技创业服务品牌建设，拓展、完善孵化功能，提高孵化服务水平，探索和推动持股孵化及市场化运行机制。有条件的孵化器要适时完善企业成长加速机制，推动科技企业加速器建设，满足科技型高成长企业的发展需求。

第十六条 建立孵化器绩效评估制度，实行动态管理。省科技行政部门对全省孵化器实行年度统计，对连续2年不参加年度统计的取消其省级孵化器评估资格。每2年对省级孵化器建设和发展情况进行一次评估，对评估优秀的孵化器给予表彰与奖励。省科技行政部门组织推荐我省孵化器申报国家级孵化器认定，并开展年度统计与复核。

第十七条 对在省级孵化器申报过程中弄虚作假的，一经核实，取消其省级孵化器资格，并收回证书、标牌及奖励资金，5年内不得再申报省级孵化器。

第十八条 各地科技行政部门可参照本办法制定当地孵化器管理规定。

第十九条 本办法由省科技行政部门负责解释，自公布之日起实行。《福建省科技企业孵化器管理办法》（闽科高〔2003〕75号）和《省级重点科技企业孵化器管理实施细则（暂行）》（闽科高〔2007〕22号）同时废止。

福建省科学技术厅

二〇一三年二月十二日

中共福州市委 福州市人民政府关于建设中国福州海西引智试验区的意见

（榕委〔2013〕20号）

为实施大开放战略，发展开放型经济，打造闽都人才集聚区，吸引海外高层次人才和外国专家来榕创新创业，为福州大都市区建设提供国外智力支持，现就建设中国福州海西引智试验区（以下简称试验区）提出如下意见。

一、指导思想

以邓小平理论、“三个代表”重要思想、科学发展观为指导，贯彻落实《国家引进国外智力“十二五”规划》《国家外国专家局关于支持海峡西岸经济区建设的若干意见》《国家外国专家局关于在福建省福州市建立“中国福州海西引智试验区”的批复》和《福州市中长期人才发展规划纲要（2010—2020年）》，以试验区建设为载体，着力创新引智体制机制，着力拓展引智工作领域，着力提升引智工作效能，为在更高起点上加快建设闽江口金三角经济圈，推动福州科学发展跨越发展提供智力支持。

二、目标任务

试验区由国家外国专家局、福州市人民政府、福建省公务员局共建，由福州市人民政府为主负责建设与管理。在试验区先行先试，制定相关引智政策，完善海外人才管理服务体制机制，大力引进海外高层次人才和我市急需的紧缺人才，着力培养国际化人才，形成全方位、宽领域、多渠道的引智工作格局，进一步提升福州大都市区国际化水平。重点进行三项引智试验：一是开展吸引高端外国专家来榕创业创新试验，构建海峡西岸高端外国专家人才高地；二是推动海峡两岸人才交流与合作，创新海峡两岸人才交流与合作机制；三是鼓励海外人才来榕发展，建设海外人才集聚区。

三、主要举措

（一）重点引进高端外国专家和海外高层次人才。实施试验区外国专家“百人计划”，用2-3年时间引进100名左右高端外国专家，重点引进一批能够在关键技术领域实现突破，促进新兴学科建设，推动我市战略性新兴产业发展的领军人才。实施“海外高端人才团队计划”，面向全球引进一批掌握国际先进技术、能引领产业发展的海外高端人才团队。

（二）积极促进高端外国专家产业项目合作。实施“高端外专产业项目合作计划”，2—3年内引进100个以上重大经济社会合作项目。依托我市重大科研项目和重大工程、重点学科以及重点科研基地、国际学术交流合作项目，建设“福州国际人才项目孵化器”，引进国外一流的工程技术研发、设计和试验专业人才队伍，探索建立我市高端外国专家创业创新基地。

（三）大力推动榕台人才交流合作。成立海峡两岸（福州）人才交流协会，建立台湾人才中介机构准入标准，加强榕台人才中介服务机构合作，举办海峡两岸人才招聘会，完善台湾人才资源数据库，促进两岸智力资源的对接与合作。鼓励、支持台湾人才到试验区创业或进入在榕事业单位就业。开展聘任制公务人员试点，聘请台湾专业人才参与管理各类园区事务。

（四）鼓励海外高层次人才来榕创新发展。研究出台适合海外华裔高层次人才需求的海外华人身份制度。对于符合条件的海外高层次人才，市政府给予一次性补助，并在子女入学、配偶安置、医疗、保险、住房、税收、社会保障方面提供优惠待遇。为在榕企事业单位聘请的海外高层次人才办理来华工作许可手续和外国专家证提供绿色通道服务。符合条件的海外高层次人才，可担任我市高等院校、科研院所、国有企业中层领导职务和高级专业技术职务，主持重大科研项目和工程项目，申请政府专项扶持资金。

（五）创新高层次人才培养模式。实施青年高层次专业技术人才访学研修计划和聘请海内外高层次人才来榕培养计划，努力培养国际化、复合型、高素质人才和团队。重点支持优秀青年高层次专业技术人员以自主选题、自选导师、自选机构的形式赴海内外知名高校、科研机构和重点实验室培训。支持优秀高层次专业技术人员、企业经营管理者赴发达国家（地区）学习培训。聘请海外高层次专家、学者来榕讲学、开展技术指导及学术交流。鼓励国际著名高等院校、学术机构来榕设立人才培养基地。在福州高新技术产业园区内筹建国家软件与集成电路人才国际培训（福州）基地，着力打造国家级产业发展人才高地。

（六）构建高层次国际人才交流合作平台。依托中国国际人才交流大会、中美工程技术研讨会、外国人才招聘会、“中国·海峡项目成果交易会”等全球性、区域性智力资源交流合作载体，加强与相关国际组织合作，构建海外高层次国际人才交流合作平台。参与举办“中国福建·海外人才创业周”“海外博士海西行·人才项目对接洽谈”“海外大师海西行”等活动，构建外国高层次人才项目对接平台。

（七）提升引进海外高层次人才的服务管理水平。建设中国国际人才市场福州分市场，通过建立国外引进人才联络站、加强与国际猎头公司及其他高层次专业中介机构的合作等方式，积极引进我市急需的海外高层次人才和外国专家。加强引智平台信息化建设，拓展和完善海外人才测评、培训、咨询等市场服务功能，推进人才服务的国际化。

（八）支持企事业单位开展国际人才交流和项目合作。鼓励在榕企事业单位以长期聘用、柔性引进、短期技术交流等多种方式引进海外高层次人才。实施“海外人才特聘岗位计划”，聘请海外高层次人才担任客座教授、名誉教授或特聘研究员、特聘管理专家，实行与国际接轨的“年薪制特聘工资”制度。支持企事业单位选送行业领军人才赴海外开展合作研究、技术攻关，与境外机构开展国际科技项目交流合作。

四、工作保障

（一）强化组织领导。成立建设试验区领导小组，负责制定试验区建设规划。建立建设试验区联席会议制度，定期召开引智联席会议，统筹协调试验区建设，积极争取国家外专局、省公务员局在项目经费、平台建设、渠道拓展、重大人才专项活动等方面的支持。

（二）建立健全机构。完善福州市外国专家局、福州市外国人工作管理局机构设置，进一步发挥其在引进海外智力、国际人才交流合作的牵头作用。各县（市）区可相应设立“海外人才管理局”或“海外人才管理工作站”，配备专职人员从事引智工作。加强福州市国际人才交流协会建设，发挥其作为民间社团在渠道开辟方面的独特优势和作用。

（三）加强服务保障。加大经费投入，市政府在5年内安排3—5亿元作为试验区的建设经费，用于试验区设施建设和人才智力引进。加强市引进人才服务中心建设，配齐服务专员，完善服务机制。建设完善国际学校，鼓励支持有条件的中小学校开办国际部或开展双语教学，解决海外人才子女入学问题。加快建设福州市国际人才交流中心、福州留学人员创业园，为海外高层次人才和外国专家创新创业提供全方位的支持和服务。

附件：中国福州海西引智试验区五大计划和四大工程实施纲要

为深入实施闽都人才集聚工程，打造“人才智力密集、科技创新活跃、体制机制创新”的人才聚集区，在福州海西引智试验区规划实施以下五大计划和四大工程。

一、五大引智计划

1. 试验区外专百人计划

用2—3年时间，引进100名左右外国专家，重点引进一批能够推动我市关键领域突破，带动战略性新兴产业发展、促进新兴学科建设的领军人才。适当放宽外国专家来榕工作时间和年龄上的限制，重点引进高层次急需紧缺人才。引进的对象为非华裔的外国专家，年龄原则上不超过70岁。对于引进长期全职外国专家的事业单位，市政府给予用人单位70%—100%的工薪资助；引进短期工作外国专家的事业单位，市政府给予用人单位50%—70%的工薪资助。对于引进长期全职外国专家的企业，市政府给予用人单位50%的工薪资助；引进短期工作外国专家的企业，市政府给予用人单位40%的工薪资助。工薪资助以用人单位与外国专家签订合同或协议中所规定支付的工薪或报酬为准，资助总额最高不超过50万元，资助年限不超过2年。

2. 高端外专产业项目合作计划

2—3年内，引进100个以上重大经济社会合作项目，重点围绕科技创新体系建设开展合作。“高端外专产业项目合作计划”的专家评选条件略低于“试验区外专百人计划”标准，拟引进的外国专家不受非华裔的限制，专家年龄不超过70岁。对于获批的“高端外专产业项目合作计划”项目，根据综合评价给予每年10万—15万元不等的资助。项目周期为3年，每年对项目效益和取得的阶段性成果进行评估，考核合格后拨付下一年度资助经费。

3. 国际化创新人才培养计划

实施青年高层次专业技术人才访学研修、组团出国（境）培训项目和聘请海内外高层次人才来榕培养等计划，培养一批通晓外语、精通国际规则、具有国际市场竞争能力的国际化、复合型、高素质的人才和团队。支持我市企事业单位根据实际需要，聘请海外知名专家、企业家和院士专家等来榕考察指导、开展互动研讨、举办培训班等活动，进一步拓展开放式人才培养渠道。支持我市汽车、船舶、工程机械制造等相关企业实施技术创新人才培养项目。支持我市企事业单位选送一批基础科学和应用技术研究、高新技术开发以及现代管理等领域的优秀高层次专业技术人才，以自主选题、自选导师、自选机构的形式赴海外知名高校、企业、科研机构进修培训。依托博士后科研工作站、博士后创新实践基地等平台，培育一批具有国际化视野的高层次创新型青年人才。每年选送100名优秀青年高层次专业技术人才赴海内外知名高校、科研院所和重点实验室访学进修；每年组织选派200名优秀高层次专业技术人员、党政领导干部、企业经营管理者赴发达国家和地区学习培训，政府给予培训团组10%—30%的经费资助。

4. 海外高端人才团队计划

在海洋开发、电子信息、石化、纺织化纤、机械制造等支柱产业以及节能降耗、污染减排等重点领域，通过设立海外专家工作站和海外专家技术研发中心等形式，面向全球引进一批由海外创业创新领军人才领衔的海外高端人才团队。在3年内建立30个海外专家工作站，给予每个新设海外专家工作站（海外高端人才团队不少于3人）补助经费15万元，促进企业技术创新和高校研究机构重点学科、重点实验室建设；依托行业、领域科技实力雄厚的重点科研机构、高新技术企业或高校，设立海外专家技术研发中心，引进国外一流的技术研究开发、设计和试验的专业人才团队，邀请国际顶尖研发机构入驻。对经评估后符合建立研发中心条件的企业，奖励30万元作为研发启动资金。

5. 海外人才特聘岗位计划

鼓励和支持外国专家来榕担任聘任制公务员、应聘事业单位管理岗位试点，高端外国专家享受政府特殊津贴和特殊薪金。鼓励我市高等院校、科研院所以及规划、环保、建设、市政、交通、城市管理、教育、公共卫生等领域承担公共管理、公共服务职能的事业单位，根据实际需要设立特聘岗位，聘请海外高层次人才担任客座教授、名誉教授或特聘研究员、特聘管理专家，实行与国际接轨的年薪制特聘工资制度（年薪标准最高不超过50万元）。鼓励企业以长期聘用、柔性引进、短期技术交流等多种方式引进海外高层次人才，为海外高层次人才提供符合国际惯例的薪酬待遇。对做出突出贡献的海外高层次人才可实施期权、股权和企业年金等中长期激励方式。入选海西产业人才高地的企业可根据科研和生产需要，特设1—2个开放式创新岗位，面向海外聘请具有同行业领先水平的外籍技术专家和工程技术人员，主持或参与科技创新，解决关键技术难题。市财政给予每个创新岗位每年10万元科研津贴。

二、四大引智工程

1．国际人才交流中心

依托福州高新技术产业开发区，建设福州市国际人才交流中心。国际人才交流中心由专家公寓、国际人才项目孵化器、国际会议中心和引智交流中心组成，为海外知名专家学者、企业家、院士专家等来榕开展学术交流、创新创业和培养人才提供服务和住房保障。

2．国际人才项目孵化器

依托福州市国际人才交流中心，建设国际人才项目孵化器，鼓励海外跨国公司的研发机构入驻，为入驻的外国人创业企业提供免费的工作、研发场所，为优秀创业项目提供创业启动资金。国际人才项目孵化器管理办公室配备服务专员，负责为入驻的外国人创业企业协调办理相关手续，协助落实有关优惠政策和待遇，为其提供政策咨询、企业对接、园区对接、风险创投公司对接等一站式服务。

3．中国国际人才市场福州分市场

筹建中国国际人才市场福州分市场，为海外人才创业就业提供配套服务，承办外籍人才招聘会，为外籍人才和用人单位搭建双向选择和交流平台，推进与国外人才中介服务机构的合作，拓展海外人才市场业务。

4．国家软件与集成电路人才国际培训（福州）基地

依托福州高新技术产业区，筹建国家软件与集成电路人才国际培训（福州）基地，开展软件与集成电路专项引智工作，培养高素质、国际化、复合型的软件与集成电路专业人才，为我市软件与集成电路产业发展提供智力支持。

中共福州市委

福州市人民政府

二〇一三年四月九日

福州市加快科技企业孵化器建设与发展实施意见

（榕政办〔2013〕40号）

为贯彻落实《中共福州市委、福州市人民政府关于深化科技体制改革加快创新型城市建设的意见》（榕委发〔2012〕4号）和《福建省人民政府办公厅关于加快科技企业孵化器建设与发展若干措施的通知》（闽政办〔2012〕198号），就加快我市科技企业孵化器（简称孵化器）建设和发展提出如下实施意见：

一、明确科技企业孵化器建设目标。围绕我市产业发展重点领域和行业布局，建设和发展一批具有产业和区域特色的孵化器。到2015年，全市孵化器数量达到15家以上，其中新（改）建孵化器10个以上，实现孵化器在全市区县覆盖率80%以上。科技进步先进县（市、区）都应建有市级以上孵化器，高新技术产业开发区、高新技术产业化基地应建有省级以上孵化器，进一步完善现有2个国家级孵化器孵化功能。

二、支持多元化主体创办科技企业孵化器。支持企业、高校院所、高新技术产业开发区、高新技术产业化基地等企事业单位利用存量土地和存量房新建、扩建和改建多种形式的孵化器，包括综合性孵化器、专业孵化器、大学创业园、留学人员创业园等。鼓励国内外著名科技企业孵化器主办机构通过承建、合作投资和服务外包等方式在榕自建或共建孵化器。孵化器用地指标和土地供应按工业用地相关政策执行，并可配以一定比例的生产服务设施用地。新建或改扩建的项目，涉及城建等有关规费，报经相应权限机关批准后予以减免。落实《财政部、国家税务总局关于科技企业孵化器有关税收政策问题的通知》（财税〔2007〕121号）政策，孵化器的配套公用服务设施，可选择采用加速折旧办法。

三、加快“福州市级科技企业孵化器”（以下简称“市级孵化器”）建设。孵化器建设应当符合《福建省科技企业孵化器管理办法（试行）》相关规定。集中各方力量建设一批服务能力较强、服务特色鲜明、服务业绩显著的市级企业孵化器。市级孵化器应当具备以下条件：

（一）地方政府重视和支持孵化器的工作，有一定的资金投入，并给予优惠政策扶持；

（二）孵化器领导班子得力，主要负责人为具有大专以上学历的专职人员，专职管理人员70%以上具有大专以上学历；

（三）孵化器的场地面积在10000平方米以上，其中入孵企业使用的场地占2/3以上；入孵企业20家以上；

（四）专业孵化器孵化场地面积5000平方米以上，入孵企业15家以上，自身应具备专业技术平台或专业化的中试基地，并具备专业化的技术咨询和专业化的管理培训能力；

（五）孵化器设施齐备，服务功能较强，可为在孵企业提供商务、资金、信息、培训、交流等多方面的服务；

（六）孵化器应按照《福建省科技企业孵化器管理办法》的要求，结合自身功能定位，制定企业入孵、毕业的标准和程序，并严格执行。

四、规范入孵企业制度。入驻孵化器的企业应当具备以下条件：

（一）依法登记注册、产权明晰，实行独立核算、自主经营、自负盈亏的经济实体；

（二）新注册企业或申请进入孵化器前成立时间不到2年的企业；

（三）企业从事的研究、开发、生产主营业务应符合福州市产业发展方向；

（四）企业注册资本一般不超过500万元；

（五）属迁入企业的，上年营业收入一般不超过500万元；

（六）科技企业孵化器规定的其他条件。

五、鼓励科技创业创新。对入驻孵化器的科技型内外资有限公司（不含1人有限公司），注册资本在100万元以下的，允许注册资金零首付，股东在核发营业执照6个月内缴足不低于注册资本20%的出资，其余部分在2年内依法缴足。免收在孵企业注册登记费。在孵企业涉及省级及以下的行政服务性收费事项一律取消，国家规定的行政事业性收费事项按照收费标准下限收取。对经人事部门认定的留学人员、具有硕士以上学位人员、具有高级专业技术职务任职资格的人员进入我市属地孵化器创办企业（占35%以上的股份），以及国家863成果转化项目、国家科技进步奖项目、省科技进步二等奖及以上项目入驻孵化的，在孵化器发展资金中优先给予资助。对在孵企业技术含量及附加值高、市场前景好、能形成较好经济社会效益的创新项目，优先推荐申报国家、省、市各类科技计划项目。

六、提升孵化器综合服务水平。培养和引进一批具有先进孵化理念、专业知识和管理水平的优秀孵化服务团队，特别是具有天使投资功能的孵化器管理团队，快速提升孵化功能。支持孵化器自建或合作共建科技创新平台，创造条件，吸引科技中介机构在孵化器开展专利代理、检测、咨询、维权等服务。引导孵化器建立博士后科研工作站和创新实践基地。在孵企业当年对财政的贡献，由同级财政部门全额或部分用于该孵化器公共服务平台的能力建设。完善福州科技企业孵化器联盟，促进我市属地各类孵化器间的协调沟通和交流合作，实现公共技术平台、中介服务机构、培训等各类资源的共享，并逐步实现孵化服务网络化，增强福州市各级科技企业孵化器的整体孵化能力。

七、提高财政资金扶持强度。扩大“福州市科技企业孵化器发展资金”（以下简称“发展资金”）规模，支持市级孵化器和其公共服务平台的建设，扶持入孵企业高新技术项目的孵化。市级新建孵化器按12元/平方米的标准给予一次性补助（指在孵企业使用面积，含公共服务场地），最高补助40万元；改扩建的孵化器按6元/平方米的标准给予一次性补助，最高补助20万元（上述两项补助视为闽政办〔2012〕198号文件中市级财政分担部分）。市级孵化器为入孵企业投资购置专业性仪器设备（含软件）及提供公共技术服务，投资额在100万元以上的，给予10%比例的经费补助，最高补助50万。优先推荐市级孵化器申报省级、国家级科技企业孵化器。对我市属地范围内新通过国家级、省级认定的科技企业孵化器，分别一次性补助100万元、50万元（不重复补助）。

八、推动金融与科技融合。落实《福建省人民政府关于印发支持小型和微型企业发展的十二条金融财税措施的通知》（闽政〔2011〕89号）精神，鼓励支持地方政府及民营企业等单独或联合设立科技信贷风险补偿资金，引导金融机构为在孵科技企业提供信贷支持，依托福建海峡银行福州科技支行等优先为符合条件的在孵企业提供贷款融资。鼓励担保机构为在孵企业提供以专利、软件著作权、商标等知识产权为反担保的担保业务，担保机构负连带责任担保的在孵企业高新技术孵化项目（产品）的担保金，符合财产损失税前扣除条件的，可以申请税前扣除。

九、建立健全评估制度。各县（市）区人民政府是本行政区域孵化器规划和发展的责任主体。同级科技行政部门具体负责本行政区域孵化器的建设和发展管理工作。孵化器企业所享受的租金减免等优惠额度，由各孵化器根据自身情况自行制定。各级财政都要安排资金支持孵化器建设和发展。建立孵化器绩效评估制度，实施动态管理，每2年对市级孵化器建设和发展情况进行一次考核，对考核优秀的给予奖励。

各县（市）区、各部门要紧密结合实际，认真组织实施，确保政策措施落实到位。

福州市人民政府办公厅

二〇一三年三月八日

厦门市科技企业孵化器认定和管理办法

（厦科联〔2013〕50号）

第一章 总 则

第一条 为贯彻落实科技部《科技企业孵化器认定和管理办法》（国科发高〔2010〕680号）、《福建省科技企业孵化器管理办法（修订）》（闽科高〔2013〕8号）和《中共厦门市委 厦门市人民政府关于深化科技体制改革 全面加快区域创新体系建设的实施意见》（厦委发〔2012〕5号），引导我市科技企业孵化器的健康发展，提升其管理水平与创业孵化能力，进一步营造我市科技型创业企业的成长环境，培养科技创业领军人才，推进厦门创新型城市建设，制定本办法。

第二条 科技企业孵化器（以下简称孵化器），是以促进科技成果转化、培养高新技术企业和企业家为宗旨的科技创业服务载体。具体形式包括科技创新创业园区、高新技术创业服务中心、大学科技园、软件园、留学生创业园、国际企业孵化器、大学生创业孵化基地等。

第三条 孵化器的主要功能是以科技型创业企业（以下简称在孵企业）为服务对象，通过开展创业培训、辅导、咨询，提供研发、试制、经营的场地和共享设施，以及政策、法律、财务、投融资、企业管理、人力资源、市场推广和加速成长等方面的服务，以降低创业风险和创业成本，提高企业的成活率和成长性，培养成功的科技企业和企业家。

第四条 鼓励大型企业、科研机构等建立专业孵化器，形成专业技术、项目、人才和服务资源的集聚，促进传统产业的技术升级和经济结构调整，提升行业竞争力。

专业孵化器是指围绕特定技术领域或特殊人群，在孵化对象、服务内容、运行模式和公共技术服务平台上实现专业化服务的孵化器。

第五条 市科技局负责对本地孵化器进行宏观管理和业务指导，负责本地市级孵化器的认定工作，并推荐申请国家级孵化器的认定。

第二章 市级孵化器认定

第六条 申请认定市级孵化器，应具备下列条件：

1．具有独立法人资格，财务独立核算；领导团队得力，机构设置合理，从业人员不低于10人，其中管理人员中具有大专以上学历的占90%以上，接受孵化器专业培训的人员比例达30%。

2．可自主支配的孵化场地（自有或租用）使用面积达10000平方米以上（专业孵化器达5000平方米以上）。其中，直接用于孵化企业（含公共服务场地）的场地面积不低于2/3。

公共服务场地是指孵化器提供给在孵企业共享的活动场所，包括公共餐厅和接待室、会议室、展示室、活动室、技术检测室等非盈利性配套服务场地。

3．在孵企业达30家以上（专业孵化器的在孵企业应达20家以上），在孵企业应有30%以上已申请专利。

4．累计毕业企业达到10家以上。毕业企业和在孵企业提供的就业岗位超过300个（专业孵化器的累计毕业企业5家以上，毕业企业和在孵企业提供的就业岗位超过150个）。

5．孵化器自有种子资金或孵化资（基）金不低于200万元人民币，并至少有2个以上的资金使用案例。种子资金是指为开展新业务或项目的企业提供初期融资。孵化资（基）金是指在政府拨款或周转金、民间捐款、孵化器自筹资金等多种形式支持下，建立起来的用于扶持孵化企业发展的专项经费。

6．孵化器的运营时间一般达2年以上，并至少连续2年上报相关统计数据，且数据齐全、真实。

7．具有创业导师工作机制和专业服务体系，能够提供创业咨询、辅导和技术、金融、管理、商务、市场、国际合作等方面的服务；专业孵化器应具备专业技术领域的公共技术服务平台或中试平台，并具有专业化的技术服务能力和管理团队。

第七条 申请市级孵化器需提交下列材料：

1．厦门市科技企业孵化器评估申请表（附件）。

2．近两年孵化器运行情况与业绩报告（包括：孵化器现状及运行机制、孵化器服务队伍建设、开展服务取得的业绩、未来3—5年发展目标和工作计划等）。

3．独立运行的证明文件（孵化器成立的批准文件复印件，事业法人证书、企业法人或民办非企业法人营业执照副本复印件，单位账户的银行开户证明，孵化器机构设置与相关管理的章程性文件等）。

4．孵化场地及服务设施证明（资产证明、租赁文件等）。申报专业孵化器的还需附公共技术服务平台或中试基地主要设备清单（包括设备名称、用途和单价等）。

5．有关附表（附件）：科技企业孵化器从业人员情况表、公共技术服务平台主要仪器设备情况表、科技企业孵化器在孵企业情况表、科技企业孵化器近2年毕业企业情况表、科技企业孵化器近2年在孵企业知识产权情况表、科技企业孵化器综合情况表、科技企业孵化器在孵（毕业）企业情况表。

6．反映孵化器管理制度和运行机制的相关文件资料，以及质量管理认证等资质证明文件复印件。

7．创业投资、种子资金、孵化资（基）金情况证明。创业投资是指向创业企业进行股权投资，以期所投资创业企业发育成熟或相对成熟后主要通过股权转让获得资本增值收益的投资方式。

第八条 市级孵化器认定程序：

1．申报主体向市科技局提出书面申请；孵化器申请采取成熟一个审核一个的方式进行。

2．由市科技局聘请行业技术专家3—5人、财务专家2人组成评审小组，评审组形成综合评审意见后，由市科技局、市财政局审定，市科技局发文确认为市级科技企业孵化器。

3．被认定为市级孵化器的单位，其原产权和隶属关系不变。

第三章 在孵及孵化成功企业

第九条 在孵企业应具备下列条件：

1．企业注册地和主要研发、办公场所须在本孵化器场地内。单一在孵企业入驻时使用的孵化场地面积，一般不超过1000平方米，属生物医药、集成电路设计等特殊领域可适当增加，一般不大于2000平方米。

2．申请进入孵化器的企业成立时间一般不超过24个月，或注册资金不超过500万元，属迁入的企业，其产品（或服务）

尚处于研发或试销阶段，上年营业收入一般不超过200万元；属生物医药、集成电路设计等特殊领域的创业企业，可适当增加，其注册资金和上年营业收入一般不超过300万元人民币。

3．在孵时限一般不超过42个月（纳入“国家创新人才推进计划”“国家海外高层次人才引进计划”“福建省百人计划”“厦门双百人才计划”的人才或从事生物医药、集成电路设计、现代农业等特殊领域的创业企业，可适当延长，一般不超过60个月）。

4．在孵企业从事研发、生产的主营项目（产品），应符合国家战略性新兴产业的发展导向，并符合国家节能减排标准。在孵企业开发的项目（产品），知识产权界定清晰，无纠纷。

5．在孵企业团队具有开拓创新精神，对技术、市场、经营和管理有一定驾驭能力。在孵企业员工大专以上学历人数占企业总人数的30%以上，留学生和大学生企业的团队主要管理者或技术带头人，由其本人担任。

第十条 毕业企业应具备下列条件中的至少两条：

1．具有自主知识产权。

2．连续2年营业总收入累计超过700万元。

3．被兼并、收购或在资本市场上市。

4．因企业成长，孵化用地已不能满足企业生产经营需求，企业在孵化器外自建或租用生产场地。

第十一条 孵化成功企业应同时具备下列认定条件：

1．已被市科技局认定为高新技术企业。

2．连续2年企业营业总收入累计超过1000万元；属生物医药、集成电路设计等特殊领域的创业企业，为800万元。

3．企业入驻孵化器时符合在孵企业的条件，且入驻孵化器年限未超过在孵时限。

第十二条 孵化器申请认定孵化成功企业需提供下列材料：

1．各孵化器申请认定上一年度成功孵化企业汇总表。

2．企业营业执照、高新技术企业证书。

3．企业2年经会计师事务所审计的审计报告、上一年度经税务机关盖单的纳税证明。

4．企业与孵化器签订的租赁合同。

第十三条 孵化成功企业认定程序：

1．每年3月，由经认定的市级孵化器（含已确认的省级、国家级孵化器）向市科技局上报上一年度孵化成功企业汇总表和附件材料。

2．市科技局组织对每家企业实地考查和材料核查。核查无误后，市科技局集中发文确认上年度孵化成功企业。

第四章 孵化器及在孵企业的管理与扶持

第十四条 各区政府和科技行政主管部门要把孵化器发展作为引进高层次科技创业人才、提升区域自主创新能力和产业技术升级的中心环节，建立适合于自身特点和需求的孵化器，在孵化器的发展规划、用地、财政等方面提供优惠政策支持。

第十五条 各类孵化器要建立创业培训、咨询和辅导的预孵化体系，坚持“专业孵化+创业导师+天使投资”的孵化模式，探索和推动持股孵化及市场化运行机制，完善企业成长加速机制，提高创业企业的存活率，满足毕业企业的高成长发展需求。

第十六条 孵化器毕业企业或到期尚未毕业企业，应在规定期限内迁移出孵化器，并办好有关法律和约定手续。

第十七条 为支持科技企业孵化器建设，对企业、科研机构、高等院校及其他投资主体创办的科技企业孵化器，经认定为市级科技企业孵化器的，给予专项补助100万元。已认定为国家级孵化器且未享受100万元专项补助的，在原有孵化面积（认定为国家级时）的基础上，增加10000平方米以上（专业孵化器增加5000平方米以上）的，可以申请100万元专项补助。

对企业、高校、科研机构及其他投资主体创办的孵化面积10000平方米以上的具有中试产业化功能的孵化器，可根据厦委办〔2013〕10号文中“厦门市支持科技创新平台建设促进人才创新创业暂行办法”相关条款，给予专项建设经费补助。

第十八条 经认定的市级、省级和国家级科技企业孵化器每孵化成功（获得孵化成功企业认定的）一家科技型企业，给予科技企业孵化器（园区）建设单位20万元奖励。

第十九条 鼓励台商借鉴台湾科技园区管理模式，在厦门自主开发建设科技产业园区（孵化器），其中由政府主导开发建设的科技产业园区，可按“科技计划申报指南”申请最高额度资助。在孵企业可按相关规定申请“对台科技合作专项资金”项目。

第二十条 鼓励专业孵化器依托技术力量雄厚的骨干企业在孵化器中设立公共技术服务平台或带产业化项目的研发机构，孵化器应提供房租免费或优惠政策，并按相关规定向市科技局申请经费资助。

第二十一条 孵化器内符合留学人员创业企业在孵企业，可参照《厦门市留学人员创业扶持资助办法》，申请留学人员10万元专项资金资助、不低于30万元的创业启动资金资助、以及不超过500万元的创业扶持资金支持。

第二十二条 孵化器在孵企业可以参加科学仪器设备资源共享服务，可参照《厦门市科学仪器设备资源共享管理暂行办法》加入共享服务，并申请分析测试服务优惠与补贴。

第二十三条 支持孵化器在孵企业申请高新技术新产品和高新技术成果转化项目，经认定之年度起2年内，分别按其应缴已缴营业税和增值税地方留成部分的50%给予扶持。

第二十四条 支持孵化器在孵企业申请国家重点新产品项目，获得立项且未获得项目经费支持的企业可获得10万元产品中试产业化奖励。

第二十五条 根据科技部"苗圃—孵化器—加速器"科技创业孵化链条建设指南，为形成从项目初选到产业化发展的全链条一体化创业孵化服务体系，营造良好的创新创业生态环境，促进科技企业迅速成长壮大，推动产业集聚，鼓励具备条件的孵化器申报科技部科技创业孵化链条建设示范单位。

创业苗圃鼓励有创业意向的科研人员、大学生、留学人员等开展创业见习实习，为未成立企业的优秀创业项目和创业团队提供专业、系统的"预孵化"服务，提高创业团队的素质和技能，降低创业成本和门槛，开展选苗、育苗和移苗入孵工作。

加速器以孵化器毕业的高成长性企业为主要服务对象，通过产业组织创新、资源配置方式创新和服务模式创新，充分满足高成长性企业对于发展空间、技术研发、资本运作、人力资源、市场开拓、国际合作等方面个性化需求，帮助企业加速成长，培育区域经济新增长点。

第二十六条 对在市级孵化器申报过程中弄虚作假的，一经核实，取消其市级孵化器资格，并收回专项补助资金，3年内不再受理其申报市级孵化器。

第二十七条 市科技局依据孵化器评价指标体系，对市级孵化器实行年度统计、复核和动态管理，对连续2年复审不合格的，取消其市级孵化器资格。

第五章 附 则

第二十八条 本办法由市科技局负责解释，自2013年12月6日施行，有效期5年。

厦门市科学技术局
厦门市财政局
二〇一三年十一月五日

厦门市留学人员身份认定办法（试行）

（厦人〔2013〕28号）

第一章 总 则

第一条 根据《厦门经济特区鼓励留学人员来厦创业工作规定》（以下简称《规定》），制定本办法。

第二条 厦门市公务员局是综合管理留学人员的职能部门，其所属的厦门市留学人员管理中心具体负责留学人员身份认定工作。

第三条 留学人员的认定应符合《规定》第二条所要求的条件。

高层次留学人员应符合《规定》第三条所要求的条件。

第四条 经认定的留学人员发给《厦门市留学人员身份认定证书》，高层次留学人员经认定后，发给《厦门市高层次留学人员身份认定证书》。

第五条 《厦门市留学人员身份认定证书》与《厦门市高层次留学人员身份认定证书》是留学人员在厦门创业或工作享受相关优惠政策的凭证。

第六条 留学人员身份认定日常受理，符合条件、材料齐全的，即来即办。不符合条件、决定不核发的，应向申请人说明理由。高层次留学人员不能直接确认的，原则上每半年组织一次集中评审认定（特殊情况除外）。

第二章 认定程序

第七条 一般留学人员身份认定程序：

（一）申请。申请人登陆"厦门留学人才网"注册登记，在线如实填写《厦门市留学人员身份认定申请表》后在网上提交。

（二）初审。厦门市留学人员管理中心根据认定条件与要求在网上进行初审。

（三）上报。申请人通过网上初审后，在线打印表格、并准备好有关材料后由本人或授权委托代理人上报厦门市留学人员管理中心。

（四）核发。厦门市留学人员管理中心确认后核发《厦门市留学人员身份认定证书》。

第八条 高层次留学人员认定程序：

（一）申请。申请人登陆"厦门留学人才网"注册登记，在线如实填写《厦门市高层次留学人员认定申请表》后在网上提交。

（二）初审。厦门市留学人员管理中心根据认定要求决定是否受理申请。不予受理的，要说明原因。

（三）上报。网上初审通过后，申请人在线打印表格、并准备好有关材料向所在工作单位提出申请。用人单位签署推荐意见加盖公章，报上级主管部门或所在园区审核签章后，由用人单位统一上报厦门市留学人员管理中心。

（四）评审。不能直接确认为高层次留学人员的，由厦门市留学人员管理中心组织相关业务部门、行业专家组成评审组进行评审。评审组由3—5人的单数组成，采用综合评议与投票相结合的评审方式，并形成专家评审意见。申请人需获得评审组半数以上的赞成票方可认定为高层次留学人员。

（五）核发。高层次留学人员认定须报厦门市公务员局审批后，再核发《厦门市高层次留学人员身份认定证书》。

第三章 认定材料

第九条 一般留学人员身份认定需提供个人近期免冠照片5CM（二寸）2张，《厦门市留学人员身份认定申请表》一式一份，并根据个人情况提供以下相关材料的原件和复印件：

（一）出国留学获得学士以上学位的：

1．本人留学期间护照；

2．我国驻外使、领馆的证明（留学回国人员证明）；

3．国外学历、学位证书以及成绩单；

4．教育部留学服务中心出具的《国外学历学位认证书》；

5．出国前国内高等教育阶段的学位、学历证书；

6．目前有效身份证件。

（二）到国外高等院校、研究开发机构等访问进修的：

1．本人国外进修期间的护照；

2．我国驻外使、领馆的证明（留学回国人员证明）；

3．国外学习证书、进修证书、成绩单、邀请函、留学基金委派出证明、公派出国留学人员的派出机构相关证明等材料；

4．国外学习进修后发表的有关论文或成果证明；

5．目前有效身份证件；

6．出国前国内高等教育阶段学历、学位证书；

7．出国前取得的国内专业技术职务任职资格证书。

第十条 申请高层次留学人员认定时需提供个人近期免冠照片5CM（二寸）3张，申请表一式二份，及以下相关材料的原件和复印件：

（一）引进时人事行政主管部门审批材料（如：《人事关系介绍信》《人才调动介绍信》或《厦门市人才柔性引进申报表》等）以及与引进单位签署的劳动合同、聘书等。

（二）其他证明材料，如专利证书、知识产权证书、核心技术说明、查新报告、验收证书、科技成果鉴定证书，项目获奖证明、国外工作单位的证明或推荐信、国外工作的纳税证明或工资单、特殊专才证明等。

（三）来厦创业的，需提供企业工商营业执照的有效复印件，如留学人员本人不担任法人，须同时提供验资报告。

（四）厦门市留学人员身份认定证书。尚未办理留学人员身份认定的，还需根据本认定办法第九条规定提供相应材料。

第四章 附 则

第十一条 《厦门市留学人员身份认定证书》与《厦门市高层次留学人员身份认定证书》有效期限均为5年；有效期满后或留学人员的个人信息发生变动的需按照认定程序申请换证或申请变更。

第十二条 留学人员的评审认定原则上必须自引进入厦之日起1年内提出申请，逾期不予受理。

第十三条 提供虚假材料获得《厦门市留学人员身份认定证书》或《厦门市高层次留学人员身份认定证书》的，一经查出，取消认定资格，并根据情节轻重，报有关部门处理。

推荐单位负责人或工作人员滥用职权、玩忽职守，提供虚假材料，协助他人获得留学人员身份认定的，由其主管部门通报批评，并依法追究责任。

第十四条 从香港、澳门、台湾出国的留学人员适用本办法。

到香港、澳门、台湾学习、工作的同等条件人员参照适用本办法。

第十五条 本办法由厦门市公务员局负责解释，自发布之日起施行，有效期2年。

厦门市公务员局

二〇一三年三月十一日

泉州市加强高层次人才服务工作的实施意见

（泉人综〔2013〕6号）

为贯彻落实人才政策，优化人才服务环境，加快实施人才强市战略，推动我市科学发展跨越发展，根据《中共福建省委、福建省人民政府办公厅关于印发〈福建省引进高层次创业创新人才暂行办法〉等三个文件的通知》（闽委办〔2010〕2

号）、《中共泉州市委、泉州市人民政府关于印发<泉州市引进高层次创业创新人才若干规定>等三个文件的通知》（泉委〔2010〕53号）、《中共泉州市委、泉州市人民政府关于推进民营企业“二次创业”的若干意见》（泉委发〔2012〕2号）、《中共泉州市委办公室、泉州市人民政府办公室关于引进高层次创业创新人才对象条件和政策措施的补充通知》（泉委办〔2012〕33号）等文件精神，结合我市实际，制定本实施意见。

一、服务对象

（一）我市入选国家“千人计划”“万人计划”（国家特支计划）专家。

（二）福建省“引进高层次创业创新人才（团队）”“海西产业人才高地领军人才” “海西创业英才”、福建省“优秀人才”。

（三）泉州市“引进高层次创业创新人才（团队）”、泉州市“产业人才高地领军人才”、泉州市“优秀人才”。

（四）泉州市院士专家工作站进站院士及其团队。

（五）经市委人才工作领导小组认定的其他高层次人才。

二、服务方式

（一）在市行政服务中心设立“泉州市引进高层次人才服务中心”窗口，纳入市行政服务中心统一管理。“泉州市引进高层次人才服务中心”窗口负责为高层次人才提供政策咨询，指导、协调、督促相关责任部门为高层次人才享受相关优惠政策和待遇提供“一站式”服务。

（二）已进驻市行政服务中心的部门，要根据本实施意见在中心服务窗口增加相应审批服务项目，并按照“八公开”“六办理制”“七件管理制”等相关制度要求办理；未进驻市行政服务中心的部门，要在本单位设立服务窗口，提供相应的服务。各服务窗口要统一按市行政服务中心工作规程制作《服务指南》，明确服务项目的办理程序、办理依据、办理材料、承诺时限、收费标准及各个办理环节的办理时限和责任人；《服务指南》经市行政服务中心管理处会同市公务员局审核同意后，统一编制《泉州市引进高层次人才服务手册》。《服务指南》和《服务手册》放置服务窗口，为高层次人才提供信息咨询服务。

（三）高层次人才向已进驻市行政服务中心的部门申请办理相关手续的，可在“泉州市引进高层次人才服务中心”窗口工作人员的引导下，直接到该部门服务窗口申请办理；向未进驻市行政服务中心的部门申请办理相关手续的，“泉州市引进高层次人才服务中心”窗口负责统一接待，并根据高层次人才申请的服务项目，通知、协调相关部门及时办理。

（四）在泉州市行政服务中心网站上设立“泉州市高层次人才服务专区”，及时公布泉州市相关人才政策、文件和其他信息；各责任部门应在服务专区设立服务专栏，公布相关服务项目的具体办理流程、申报材料、办结时限、责任人等信息。各部门要按照市行政服务中心要求，推动各自负责办理的服务项目尽快实现全程式网上办理，打造“一站式”网上服务平台。

（五）高层次人才服务项目纳入市行政服务中心“绿色通道”项目进行管理，按照跟踪督办、限时快办、主动协办、预约办理、容缺预审的原则实行特事特办，为高层次人才提供优质、便捷、高效的服务。

三、服务项目与分工

（一）资金补助及相关津补贴。

1．项目内容：（1）符合《泉州市引进高层次创业创新人才若干规定》和《中共泉州市委办公室、泉州市人民政府办公室关于引进高层次创业创新人才对象条件和政策措施的补充通知》规定的七个不同层次人才，分别给予100万元、100万元、100万元、50万元、30万元、15万元、10万元的资金补助（省部属在泉单位引进的，市政府按上述标准给予每人50%的补助）。（2）根据《泉州市产业人才高地和领军人才队伍建设意见》规定，泉州市产业人才高地领军人才给予每人10万元的资金补助；对利用自主知识产权的科技成果创（领）办科技型企业的泉州市产业人才高地领军人才（领军人才应为法定代表人或第一大股东，股权一般不低于30%），给予30万元资金补助作为启动资金；被确认为“海西创业英才”的泉州市产业人才高地领军人才，每人给予80万元的奖励；对于每年在泉实际工作时间超过3个月的，又不符合引进人才条件的“开放式创新岗位”人才，给予每年5万元的科研津贴。

2．牵头部门：市公务员局。

3．责任部门：市委组织部，市财政局。

（二）住房保障。

1．项目内容：（1）符合《泉州市引进高层次创业创新人才若干规定》《中共泉州市委办公室、泉州市人民政府办公室关于引进高层次创业创新人才对象条件和政策措施的补充通知》规定的第一至第五层次的引进人才，可向政府租住人才用房，3年工作合同期内免收租金（不含中央、省属在泉单位引进的），租金由市政府、用人单位所在地政府和用人单位按各1/3比例承担；3年工作合同期满后，如愿意购买的，可按承租时同期经济适用房的价格优先购买；如继续承租的，租金按同期政府公租房标准的50%收取；不愿意继续承租的，由政府收回；对符合保障条件的引进对象，申请首套保障性住房时，给予优先选购。（2）符合《中共泉州市委办公室、泉州市人民政府办公室关于引进高层次创业创新人才对象条件和政策措施的补充通知》规定的（六）（七）层次引进人才，同等条件下可优先申请租住或申购人才用房。（3）鼓励用人单位为引进人才提供住房或住房补助。引进人才如按规定逐月足额缴存住房公积金，在泉州市区域内购买首套自住住房申请住房公积金贷款时，可不受住房公积金缴交年限和单套建筑面积的限制。根据《泉州市产业人才高地和领军人才队伍建设意见》规定，泉州市产业人才高地领军人才在泉州市区域内购买自住住房的，在按规定比例缴纳首付款后，其余未付房款可全部享受住房公积金贷款；购买首套住房时，符合申购限价房条件的，给予优先安排。

2．牵头部门：市公务员局、市住房和城乡建设局、市住房公积金管理中心。

3．责任部门：市财政局、市国土资源局，各县（市、区）政府、泉州开发区管委会、台商投资区管委会。

（三）落户、居留与出入国（境）。

1．项目内容：符合《泉州市引进高层次创业创新人才若干规定》《中共泉州市委办公室、泉州市人民政府办公室关于引进高层次创业创新人才对象条件和政策措施的补充通知》规定的七个不同层次的国内引进人才可直接落户到用人单位所在地，海外引进人才可先办理回国定居手续后落户；国内外引进高层次人才办理居留签证（注）及出入境证件时，符合相关规定，材料完整的，可优先办理。

2．牵头部门：市公安局。

3．责任部门：各县（市、区）政府、泉州开发区管委会、台商投资区管委会。

（四）配偶安置。

1．项目内容：（1）符合《泉州市引进高层次创业创新人才若干规定》《中共泉州市委办公室、泉州市人民政府办公室关于引进高层次创业创新人才对象条件和政策措施的补充通知》规定的第一至第五层次引进人才的配偶，可选择通过直接考核聘用到用人单位所在地的专业对口、缺编的事业单位（参照公务员法管理的事业单位除外）工作；暂时无法安排工作的，用人单位可参照当地城镇人均收入水平，以适当方式为其发放生活补贴。（2）符合《中共泉州市委办公室、泉州市人民政府办公室关于引进高层次创业创新人才对象条件和政策措施的补充通知》规定的（六）（七）层次引进人才的配偶符合招工、录（聘）用条件的，同等条件下优先解决。用人单位（行政机关及参照公务员法管理的事业单位除外）有缺编岗位的，可根据引进人才配偶的学历和所学专业等实际情况，通过直接考核方式聘用到相应缺编岗位工作。暂时无法安排工作的，用人单位可参照当地城镇人均收入水平，以适当方式为其发放生活补贴。

2．牵头部门：市公务员局。

3．责任部门：市委编委办，市人力资源和社会保障局，各县（市、区）政府、泉州开发区管委会、台商投资区管委会，用人单位。

（五）子女入学。

1．项目内容：根据《泉州市高层次人才子女入学申请和办理规定（试行）》规定：（1）福建省引进高层次创业创新人才、海西产业人才高地领军人才、福建省优秀人才的子女，申请就读或转入就读我市学前教育、义务教育阶段学校的，可以申请到户籍迁入地或工作单位所在地县（市、区）属公办学校就读，也可以申请到市直属公办学校就读。（2）泉州市引进高层次创业创新第（一）至第（五）层次人才、泉州市产业人才高地领军人才、泉州市优秀人才的子女，申请就读或转入就读我市学前教育、义务教育阶段学校的，可申请到户籍迁入地或工作单位所在地县（市、区）属公办学校就读。（3）泉州市引进高层次创业创新第（六）和第（七）层次人才、民营企业高层次人才子女申请初次就读或转入就读我市学前教育、义务教育阶段学校的，由企事业单位所在县（市、区）教育行政部门按免试就近原则安排就读，其中泉州市民营企业第一、二、三类别高层次的人才，其子女可申请到县（市、区）属幼儿园、中小学就读；民营企业第一、二类别高层次人才（如两院院士、享受国务院特殊津贴专家等），其子女可选择在市属幼儿园、中小学入读。（4）各类高层次人才子女，申请转入我市高中学校就读，执行“同级互转”的原则，按照省教育厅普通高中学籍管理规定办理。其中，福建省引进高层次创业创新人才、海西产业人才高地领军人才、福建省优秀人才以及泉州市民营企业第一、二类别高层次人才的子女，可申请转入市属一级达标中学就读。（5）对部分在泉州市参加中考中招的高层次人才子女，给予加分照顾：福建省引进高层次创业创新人才、海西产业人才高地领军人才、福建省优秀人才以及泉州市民营企业第一、二类别高层次人才的子女加5分；泉州市引进高层次创业创新人才、泉州市产业人才高地领军人才的子女加4分。（6）经泉州市组织人事主管部门认定的省、市各类高层次人才以及民营企业高层次人才，其非本市户籍子女在本市接受学前教育、义务教育、高中教育的，可享受本市户籍学生同等待遇，所在学校不得收取政府规定以外的任何费用。

2．牵头部门：市教育局。

3．责任部门：市公务员局，各县（市、区）政府、泉州开发区管委会、台商投资区管委会。

（六）医疗保障。

1.项目内容：（1）根据《泉州市引进高层次创业创新人才若干规定》《中共泉州市委办公室、泉州市人民政府办公室关于引进高层次创业创新人才对象条件和政策措施的补充通知》引进的中国科学院院士、中国工程院院士、中国社会科学院学部委员（荣誉学部委员）按规定享受省部级医疗保健待遇；海外引进的人才享受地厅级医疗保健对象待遇；国内引进的其他人才享受与本市同等条件人员相同的医疗待遇。（2）根据《泉州市产业人才高地和领军人才队伍建设意见》规定，泉州市产业人才高地领军人才享受我市相当条件人员同等医疗待遇；（3）根据《泉州市优秀人才选拔管理规定》，市优秀人才每年享受一次公费健康体检待遇。

2．牵头部门：市卫生局。

3．责任部门：市委组织部，市财政局、市人力资源和社会保障局，各县（市、区）政府、泉州开发区管委会、台商投资区管委会。

（七）社会保险。

1．项目内容：（1）符合《泉州市引进高层次创业创新人才若干规定》要求的引进人才，用人单位应按有关规定为其办理基本养老、城镇职工基本医疗、失业保险、工伤保险等社会保险，同时为海外引进人才未就业的配偶、子女缴交城镇居民医疗保险。（2）根据《泉州市优秀人才选拔管理规定》要求，市委组织部每年为市优秀人才办理年度人身意外保险。

2．牵头部门：市人力资源和社会保障局。

3．责任部门：市委组织部，市地税局，用人单位。

（八）专业技术资格评聘。

1．项目内容：（1）符合《泉州市引进高层次创业创新人才若干规定》《中共泉州市委办公室、泉州市人民政府办公室关于引进高层次创业创新人才对象条件和政策措施的补充通知》规定的第一至第五层次引进人才可按其业绩和能力，申报评审相应专业技术资格，聘任时不受评聘时限和岗位职数的限制。（2）符合《中共泉州市委办公室、泉州市人民政府办公室关于引进高层次创业创新人才对象条件和政策措施的补充通知》规定的（六）（七）层次引进人才，属于我市经济社会发展急需紧缺的，聘任时不受评聘时限和岗位职数的限制；对成绩显著、贡献突出的优秀人才，在学历、资历等方面可适当放宽，经考核合格后，可破格晋升专业技术职务；对于海外引进人才（包括留学回国人员），可根据其学历、工作经历、学术或技术水平，按规定确认相应的专业技术职务任职资格；在国外已取得专业技术职务、职业资格的，经有关部门审核后予以确认，并根据有关规定享受相应的待遇。（3）根据《泉州市产业人才高地和领军人才队伍建设意见》规定，泉州市产业人才高地领军人才及其团队申报评审职称，以其技术创新、新产品开发、知识产权拥有量和转化效益等业绩作为职称评定、职级晋升的主要依据；对成绩优异、有重大贡献的专业技术人才，开辟绿色评价通道，组建专门评审小组，评审确认其专业技术资格，聘任时不受评聘年限和岗位职数的限制。

2．牵头部门：市公务员局。

3．责任部门：用人单位。

（九）人事档案管理与工龄计算。

1．项目内容：符合《泉州市引进高层次创业创新人才若干规定》《中共泉州市委办公室、泉州市人民政府办公室关于引进高层次创业创新人才对象条件和政策措施的补充通知》规定的七个层次引进人才，属于辞职、离职或公派留学人员、访问学者回国后来我市工作的，若原单位同意移交档案的，给予整理入档；若原单位不同意移交档案，经本人及用人单位申请，人事部门根据其工作经历予以办理重新建档；辞职、离职前或在国外学习的时间和出国前参加工作的时间可与来泉后的工作时间合计为连续工龄。

2．牵头部门：市公务员局。

3．责任部门：用人单位。

（十）编制与岗位设置。

1．项目内容：根据《泉州市引进高层次创业创新人才若干规定》《中共泉州市委办公室、泉州市人民政府办公室关于引进高层次创业创新人才对象条件和政策措施的补充通知》和《泉州市产业人才高地和领军人才队伍建设意见》规定引进的事业单位（不含参照公务员法管理的事业单位）特殊需要的高层次人才，在编制满额的情况下，可按照事业单位岗位管理有关规定，通过设置特设岗位予以聘用和管理。

2．牵头部门：市委编委办。

3．责任部门：市委组织部，市公务员局，用人单位。

（十一）项目用地安排。

1．项目内容：根据《泉州市引进高层次创业创新人才若干规定》引进的高层次创业创新人才并创（领）办企业的，由市政府按产业鼓励政策优先安排用地指标，并按规定享受地价优惠政策。

2．牵头部门：市国土资源局。

3．责任部门：市发改委、市城乡规划局，各县（市、区）政府、泉州开发区管委会、台商投资区管委会。

（十二）贴息贷款申请。

1．项目内容：根据《泉州市引进高层次创业创新人才若干规定》引进的高层次创业创新人才并创（领）办企业的，其产品产业化生产过程中流动资金不足向银行申请项目贷款的，创（领）办企业所在地政府按50%给予贷款贴息，贴息总额在200万元以内，贴息期不超过2年。

2．牵头部门：市财政局。

3．责任部门：各县（市、区）政府、泉州开发区管委会、台商投资区管委会。

（十三）工作场所提供。

1．项目内容：根据《泉州市引进高层次创业创新人才若干规定》引进的高层次创业创新人才并创（领）办科技型企业的，如果落户到园区，由园区提供不少于100平方米的工作场所，3年内免租金。

2．牵头部门：市外经贸局、市科技局。

3．责任部门：各县（市、区）人民政府，泉州开发区管委会、台商投资区管委会，用人单位。

（十四）贡献奖励兑现。

1．项目内容：根据《泉州市民营企业高层次人才贡献奖励申报与拨付规定（试行）》规定：（1）当年度在泉纳税额500万元以上的民营企业（指依法经工商部门登记注册的民营资本或民营资本占股50%以上的企业，不含房地产企业，下同），按企业当年度纳税额安排贡献奖励名额，由受益财政按人才当年度在本地缴纳的个人所得税地方留成部分的50%予以人才奖励；（2）总部企业按当年度纳税额安排贡献奖励名额，由受益财政按人才当年度在本地缴纳的个人所得税地方留成部分的50%予以人才奖励；（3）省引进高层次创业创新人才、海西产业人才高地领军人才、海西创业英才、泉州市引进高层次创业创新人才等高层次创业创新人才，由受益财政按其前一年在本地缴纳的个人所得税地方留成部分全额给予奖励（奖励期限为3年）。

2．牵头部门：市公务员局。

3．责任部门：市委组织部，市财政局、市国税局、市地税局、市工商局，各县（市、区）人民政府，泉州开发区管委会、台商投资区管委会。

（十五）科技计划项目或课题申请。

1．项目内容：根据《泉州市引进高层次创业创新人才若干规定》，优先支持高层次人才及其团队申报和承担国家、省、市各类科技计划和重点课题项目，市、县（市、区）的科技专项经费和市人才培养专项经费相应给予资助；支持泉台人才专家的交流合作，对泉台专家合作开展技术攻关、技术转移、学术交流等活动，市科技专项经费给予优先支持。

2．牵头部门：市科技局。

3．责任部门：市委组织部，市财政局。

（十六）创新团队奖励与专项资助。

1．项目内容：根据《泉州市引进高层次创业创新人才若干规定》要求：（1）对承担我市重大科技项目、重大工程、重点建设项目，能突破产业关键共性技术难题，带来重大经济效益和社会效益的创新团队，市政府给予100万元的奖励；（2）研发团队不在我市的，而由我市企业出资进行产品（技术）开发或与我市企业建立3年以上的合作协议、所取得的科技成果经鉴定为国内先进水平以上，并在我市产业化的，市政府给予50万—100万元的奖励；（3）对掌握自主知识产权且在我市进行产业化、有望形成新的经济增长点的创新团队，市政府给予300万元的专项工作经费。

2．牵头部门：市公务员局。

3．责任部门：市委组织部，市发改委、市科技局、市财政局。

（十七）博士后科研工作站资助。

1．项目内容：根据《泉州市产业人才高地和领军人才队伍建设意见》要求：（1）对新设立的博士后科研工作站，市人才开发专项经费给予30万元建站资助，对新进站博士后科研人员5万元的科研和生活补助；（2）博士后科研人员出站后留泉工作并与用人单位签订3年以上工作（聘用）合同的，给予5万元启动资金和生活补贴。

2．牵头部门：市公务员局。

3．责任部门：市委组织部，市财政局。

（十八）院士专家工作站资助。

1．项目内容：根据《泉州市院士专家工作站建设管理规定（试行）》要求，对经认定的院士专家工作站给予30万元的补助。

2．牵头部门：市科协。

3．责任部门：市委组织部，市财政局。

（十九）产业人才高地资助。

1．项目内容：市政府按《泉州市产业人才高地和领军人才队伍建设意见》规定：（1）泉州市产业人才高地每个每年给予50万元资助；（2）大力吸引各类大型企业、著名高校和科研机构来我市创办或与我市共建高水平研发机构，创建市级以上工程技术研究中心、企业技术中心、行业技术中心、重点实验室等各类产业人才高地，按我市有关规定予以资金和政策扶持，并积极推荐申报为科技型企业；（3）支持产业人才高地申报国家级、省级重点实验室、技术中心等高层次研发机构，按我市有关规定优先给予资金和政策扶持。

2．牵头部门：市公务员局。

3．责任部门：市委组织部，市科技局、市经贸委、市财政局、市科协、市人力资源和社会保障局。

（二十）高级人才证办理。

1．项目内容：根据《泉州市引进高层次创业创新人才若干规定》要求，为引进人才颁发高级人才工作证。

2．牵头部门：市公务员局。

3．责任部门：市委组织部。

四、保障措施

（一）建立领导协调机制。在市委人才工作领导小组的领导下，成立“泉州市高层次人才服务协调领导小组”，统筹协调、检查、督促高层次人才服务项目及各项政策的落实情况。有关部门各确定1名工作人员作为联络员，负责具体的联络工作。协调领导小组的具体事务由市公务员局牵头协调落实。

（二） 强化协同协作机制。牵头部门要按照“谁牵头、谁负责”的原则，积极主动负起总协调的责任，并根据需要召开工作协调会研究相关问题，及时了解相关责任部门的工作情况，提出完成相关工作任务的意见建议。相关责任部门要服从牵头部门的组织协调，提出完成任务的具体意见，及时反馈相关工作信息，按分工要求完成工作任务。各有关部门要按职责分工密切配合、协同协作，确保人才服务工作高效落实。

（三）落实行政问责机制。各责任部门要切实负起做好引进高层次人才服务工作的责任，对工作敷衍塞责、推诿扯皮、未能按规定完成工作任务，造成不良影响的，由领导小组提供相关事实和依据，市监察局、市效能办根据有关规定对相关部门负责人和责任人予以问责处理。

五、其他事项

（一）工作落实过程中遇到的其他未尽事宜，由泉州市高层次人才服务协调领导小组确定具体落实办法。

（二）各县（市、区）要根据本实施意见，结合各地实际，制定相应实施意见，依托各地行政服务中心落实各项人才优惠政策。

（三）今后新出台人才文件中相关优惠政策的具体落实、督促与管理等各项工作，自文件出台后自然适用本《实施意见》，不再单独行文。

（四）本实施意见自发布之日起实施，由市公务员局负责解释。

附件：泉州市高层次人才服务协调领导小组（略）

中共泉州市委组织部　中共泉州市委编委办
泉州市公务员局　泉州市教育局
泉州市科技局　泉州市公安局
泉州市财政局　泉州市人力资源和社会保障局
泉州市国土资源局　泉州市住房和城乡建设局
泉州市外经贸局　泉州市卫生局
泉州市行政服务中心管理处　泉州市科学技术协会
二〇一三年一月九日

南昌市高层次人才创新创业激励办法

（洪府发〔2013〕26号）

第一章 总 则

第一条 根据《市委办公厅关于进一步加强党管人才工作的意见》[洪办发（2013）3号]，为吸引和集聚一大批高层次、高技能（以下简称“高层次”）人才来我市创新创业、引领和服务我市发展，加速我市打造核心增长极，特制定本办法。

第二章 适用对象

第二条 本办法适用于来我市工作或为我市服务，具有良好职业道德和操守，业绩显著，在同行中有较大影响力，且所工作或服务的企业或科研机构具有独立法人资格、工商注册和税收汇缴在我市域内的各类高层次创新创业人才。其中柔性引进为我市服务的，应在我市工作时间每年不少于3个月，或每月不少于1周。

具体须符合下列条件之一：

（一）中国科学院院士或中国工程院院士；

（二）国家“千人计划”入选者或国家“新世纪百千万人才工程”第一、二层次入选者；

（三）国家“万人计划”入选者或国家有突出贡献的中青年专家；

（四）博士研究生（全日制）或正高专业技术资格人员；

（五）具有国内外知名企业、金融机构、行业组织的工作经历并在其中担任中高级管理职务2年以上，或具有世界500强、国内200强企业的工作经历并在其中担任中高级经营管理职务1年以上的经营管理专家；

（六）具有自主知识产权或发明专利，其技术或产品处于国内领先、有市场潜力的创业者；

（七）在某一技术工种上拥有国内领先能力水平的优秀高技能人才；

（八）我市急需、紧缺专业，经评审认定的优秀创新创业者。

第三章 激励政策

第三条 创新扶持。为高层次人才提供科研平台建设支持、科技项目资助、创新成果奖励和工作补贴。

（一）科研平台建设支持。对来我市建立工程技术（研究）中心、企业技术中心、重点实验室的，优先供应土地；对新认定为国家级或省级的，给予一次性建设经费补助100万元或30万元；对获批新设立的博士后工作站，给予一次性建站补助50万元，给予每名进站博士后科研资助10万元；对获批新设立的院士工作站，给予一次性建站补助100万元，给予进站院士科研资助100万元。

（二）科技项目资助。对我市的企业和科研院所的各类研发机构获得国家级或省级科研项目的，按照国家或省下达科研资金额的50%给予配套资助，最高不超过100万元；对从事符合我市科技、产业发展战略的重大科技项目攻关的，按程序优先列入南昌市科技重大专项计划，优先推荐申报国家、省科技项目，并按项目单位在该项目上投入资金的30%给予科研项目资助，最高不超过150万元。

（三）创新成果奖励。对获得国家科学技术进步、技术发明一等奖、二等奖且已在生产过程中推广应用的，给予创新团队一次性奖励100万元、50万元；对获得省科学技术进步一等奖、二等奖且已在生产过程中推广应用的，按照省奖励金额1:1

给予创新团队配套奖励；对新认定为国家级或市级知识产权示范企业的，给予一次性奖励30万元或10万元。创新成果奖励资金在市科技专项资金中列支。

（四）工作补贴。对掌握核心技术且有贡献的高层次创新人才，给予工作补贴，其中院士每月5000元，“千人计划”入选者每月3000元，其他科技人才每月1000—2000元。

第四条 创业支持。为高层次人才搭建创业平台，提供启动资金资助、办公补贴、风险投资、融资贷款贴息。

（一）创业平台建设支持。对来我市创业的，优先提供办公用房或厂房；对入驻我市工业园区或留学人员创业园区创业的，提供100—300平方米的办公用房，3年内免租金；对在我市其他区域创业的，给予一次性办公补贴10万元。由市和受益财政按1:1分担。

（二）启动资金资助。对来我市创业的，根据其创业项目等级，给予100万—300万元的启动资金资助，按项目进展分期拨付。对来我市创业的高层次人才团队在3人以上（含）的，给予200万—400万元的启动资金资助。

（三）风险投资。依据高层次人才的申请和其创业项目的需求，可由市属创业投资公司给予项目注册资本25%的股权投资，投资总额最高不超过500万元。

（四）融资贷款贴息。对获1年期以上银行贷款（包括政策性银行的软贷款）且未列入其他贴息计划的高新技术产业化项目，给予同期中国人民银行贷款利率50%的贷款贴息，贴息期不超过3年。多次申请贷款贴息的，累计贴息总额不超过300万元。对以知识产权质押获得银行贷款的，贴息期为1年，贴息总额不超过50万元。

（五）信贷支持。设立南昌市高层次人才创新创业风险担保专项资金，用于与金融机构共同承担信贷风险，鼓励银行、保险、担保、创投公司等金融机构加大对高层次人才创新创业项目的信贷支持。

第五条 引才奖励。支持用人单位自主引进高层次创新创业人才，凡一次性引进高层次创新创业人才在3人以上（含）的，给予用人单位3万元的奖励。对机构、社会团体和自然人推荐介绍并成功引进高层次创新创业人才1人以上，且高层次人才开展了实际创新创业项目的，给予其2万元的奖励；所引进的人才是国家“千人计划”入选者，或是经我市推荐并成功入选国家“千人计划”的，给予其6万元的奖励。引进的高层次人才在我市工作须满3年。

第六条 鼓励市属事业单位专业技术人员或研究人员创新创业。市属事业单位专业技术人员或研究人员自主创业，或到企业、高校、科研院所从事科研攻关的，其原个人身份和技术职务职称可保持不变，最长不超过3年。对在创新创业中做出突出贡献的，除国家法律法规政策已有明确规定的外，可适当放宽学历、资历、外语条件限制，破格申报评聘高级专业技术资格和职称。

第七条 所得税奖励。

（一）凡来我市新落户的高层次人才创新创业企业，从纳税年度起，其上缴的企业所得税地方留成部分，经企业注册地县区（开发区、新区）政府同意，由受益财政按100%给予奖励，奖励期不超过3年。

（二）凡来我市创新创业的高层次人才工作或服务满3年的，前3年按年度上缴个人所得税地方留成部分的100%给予奖励；第4、5年按年度上缴个人所得税地方留成部分的50%给予奖励。

第八条 住房优租、安家补助和购房补贴。

（一）住房优租。凡来我市创新创业的高层次人才可优先租用政府人才公寓，一般不低于100平方米，租期不超过3年，租金由用人单位和受益财政按1:1分担。已享受安家补助的，不再享有住房优租政策。

（二）安家补助。凡来我市创新创业的院士或相当于院士的领军人才，给予安家补助100万元；对国家级领军人才或相当水平的人才，给予安家补助50万元；对省级领军人才或相当水平的人才，给予安家补助30万元。安家补助由市和受益财政按1:1分担，分3年拨付到用人单位。

（三）购房补贴。凡来我市创新创业的高层次人才在我市工作满3年并在本市购房的可享受一次购房补贴，按购房总额的30%给予补助，补助额最高不超过60万，由市和受益财政按1:1分担。

第九条 优惠待遇。凡来我市创新创业的高层次人才，按照《南昌市高层次人才优惠待遇“一卡通”实施办法》，享有配偶安置、子女入学、出入国境、医疗保健、在职培养等方面的优惠待遇。可优先推荐担任中央、省、市直接联系人才，优先推荐申报各级政府津贴，授予政府荣誉。

第四章 申报认定程序

第十条 申报。凡来我市创新创业（高新技术产业）的高层次人才，应与用人单位签订工作或服务合同（协议）。由用人单位向市人社局高层次人才服务窗口提出高层次人才（创新创业）资格认定及项目认定申请，并提供高层次人才本人缴纳社会保险或个人所得税等相关在我市工作或为我市服务凭证。

第十一条 审核。市人社局初审后，由市委人才办、市人社局、市科技局、市工信委、市财政局、市发改委等部门联合组织的专家评审组评审，提出评审意见。

第十二条 确认。经审核通过的高层次人才及项目由市人社局在南昌人才网上公示5个工作日。无异议的，报市委人才工作领导小组审定。

第五章 附 则

第十三条 本办法在市委人才工作领导小组领导下，由市委人才办会同市人社局具体负责组织实施。涉及高层次人才创新创业激励工作的部门，应按照各自职能认真履职，保障各项政策的落实。

第十四条 对来我市创新创业的重点高层次人才的扶持和奖励政策，按照“一事一议、一企一策”的原则，报市委、市政府研究确定。

第十五条 除已明确来源的外，各项激励政策资金均从市人才发展专项资金中列支，受市财政、审计部门监督。资金管理和使用单位须严格遵守《南昌市人才发展专项资金暂行管理办法》，同一事项已获市政府资助、补贴、奖励的，按照就高不就低原则，不再重复享受。

第十六条 本办法自印发之日起施行，由市委人才办、市人社局负责解释。以前出台的文件政策与本办法不相符的，即行废止，不再适用，以本办法为准。

南昌市人民政府

二〇一三年六月二十三日

济南市引进国外技术、管理人才项目管理办法

（济人社发〔2013〕146号）

第一章 总 则

第一条 为健全完善引进国外技术、管理人才项目（以下简称“引进外国专家项目”）管理制度体系，进一步加强对引进外国专家项目的管理，提升引进外国专家项目工作水平，根据国家外国专家局《引进国外技术、管理人才项目管理办法》，结合我市引智工作实际，制定本办法。

第二条 引进外国专家项目，是指我市机关、企事业单位、民办非企业单位和社会团体等各类非外资单位（以下简称“项目单位”），为解决生产、科研和管理过程中存在的目前国内尚未解决的技术和管理难题，聘请外国专家或外国专家团队来济工作的项目。

第三条 引进外国专家项目工作应坚持“以我为主、按需引进、突出重点、讲求实效”的方针，推动引资、引技、引智有机结合。

第四条 引进外国专家项目按经费资助类别，分为外专千人计划项目、高端外国专家项目、重点项目、东欧和独联体引智专项项目、软件与集成电路引智专项项目、引进国外智力成果示范推广项目、常规项目等。按经费资助来源，分为国家资助项目、省资助项目和市资助项目。按专家来源，分为专家组织项目和非专家组织项目。

第五条 引进外国专家项目实行计划管理。引进外国专家项目应当经项目单位申报、主管部门同意、专家评审委员会评审，经国家、省、市引智主管部门批准后组织实施。

第六条 本办法适用于国家外国专家局、山东省外国专家局和济南市外国专家局批准的我市引进外国专家项目。

第二章 管理机构及职能

第七条 市外国专家局负责全市引进外国专家项目的具体管理和服务工作。主要职责是：

（一）拟定引进外国专家项目的规划；

（二）组织引进外国专家项目申报、评审，编制立项建议和经费资助预算；

（三）根据国家外国专家局和山东省外国专家局及有关部门批复情况，下达全市引进外国专家项目计划和经费资助预算；

（四）组织、协调项目计划的实施，并对执行情况进行跟踪、总结和绩效评估；

（五）会同有关部门做好引智经费的使用指导、核销拨付和监督检查等工作；

（六）建立外国专家资料库，与有关部门协调配合，搞好外国专家资料收集、储备、保管，向项目单位推荐外国专家。

第三章 申报与评审

第八条 市外国专家局按照上级部门部署，于每年第三季度下发申报下一年度引进外国专家项目和引智经费的通知。

第九条 项目单位应在规定时间内上报申报材料，并对材料真实性负责。

第十条 市外国专家局负责对全市申报的引进外国专家项目提出初审意见，组织专家评审委员会，并征求市相关行业主管部门意见。

第十一条 市外国专家局根据评审结果编制引进外国专家项目计划立项建议，经市人力资源社会保障局审核后，上报国家外国专家局、山东省外国专家局。

第十二条 市外国专家局对项目单位申请的引进外国专家项目，实行集中受理、一次评审。

第四章 实施与跟踪

第十三条 市外国专家局根据国家外国专家局、山东省外国专家局批复意见，下达全市引进外国专家项目计划。

第十四条 项目单位根据项目计划制订项目实施工作方案，落实项目启动报告制。

第十五条 市外国专家局对项目实施进行全过程管理，建立日常通报制度，落实项目实施跟踪制。

第十六条 项目计划须在当年执行完成，因特殊情况需要调整或补充部分项目，应于第三季度上报市外国专家局。

第五章 总结与评估

第十七条 引进外国专家项目结项后，项目单位应及时组织项目验收，向市外国专家局报送项目总结和自评报告，市外国专家局对项目进行初评。

第十八条 引进外国专家项目形成重大引智成果的，项目单位须向市外国专家局提交引智成果报告。

第十九条 对国家、省、市重点项目和连续获得引智经费资助的项目，市外国专家局组织有关专家对项目进行绩效评估。绩效评估结果作为立项和经费支持的依据。

第六章 经费管理与监督

第二十条 引进外国专家项目经费实行先由项目单位垫支、后集中核销拨付。

第二十一条 引进外国专家项目经费必须专款专用，开支范围和标准、预算和执行管理、经费拨付与管理、会计账簿和报表以及监督和检查等，按照国家、省、市有关规定执行。

第二十二条 市外国专家局依据项目实施情况和项目总结等有关材料，提出核销意见。未按有关规定使用经费的，未按规定上报实施和总结材料的，不受理其核销申请。

第二十三条 市外国专家局会同市人力资源社会保障局财务审计部门，根据国家、省拨付的引智经费和全市年度项目资助计划，办理引智经费的核销和拨付手续。依据国家和省、市有关规定对引智经费使用情况进行检查。对查出违规、违纪问题的，应当及时整改；情节严重的，依照法律法规有关规定严肃处理。

第七章 附 则

第二十四条 聘请香港、澳门、台湾等地区专家的项目管理参照本办法执行。

第二十五条 本办法自2014年1月1日起施行，有效期5年。

济南市人力资源和社会保障局
二〇一三年十月十四日

济南市引进国外技术、管理人才项目管理办法实施细则

（济人社发〔2013〕147号）

为规范引进国外技术、管理人才项目（以下简称“引进外国专家项目”）管理，提升引进外国专家项目管理工作水平，根据《济南市引进国外技术、管理人才项目管理办法》，制定本实施细则。

第一章 申报与评审

第一条 我市机关、企事业单位、民办非企业单位和社会团体等各类非外资单位（以下简称“项目单位”），计划聘请外国专家并申请国家、省、市引智专项经费的，均可提出申请。

第二条 市外国专家局按照国家外国专家局和山东省外国专家局部署，每年组织一次下一年度引进外国专家项目和经费申报工作。

第三条 项目单位应在“外国专家来华工作证件管理系统”和“引进国外技术、管理人才项目综合信息管理系统”完成登记注册。

第四条 项目单位应按要求填写项目申请表，提出引进外国专家项目立项和经费申请，经各县（市）区人力资源社会保障局、市直主管部门同意后，在规定时间内将正式材料和电子版上报市外国专家局。报送材料须附3名以上同行业专家对项目的书面推荐意见，并出具保证真实性的承诺书。（附表1）

第五条 市外国专家局负责汇总全市申报的引进外国专家项目，对符合申报条件的项目进行分类、排序，提出初审意见，并组织引进外国专家项目评审会。

第六条 专家评审委员会由高等院校、科研机构和行业主管部门等专家组成。

第七条 引进外国专家项目评审依据主要包括：

（一）项目符合国家产业政策和我省、我市国民经济和社会发展规划、国家和省引智发展规划；

（二）具有明确的引智工作目标、合理的项目实施方案以及必要的实施条件；

（三）具有学术技术水平高、管理能力强的项目负责人和精干的项目组成员；

（四）聘请的外国专家层次高且专业对口，项目可望取得突破性进展；

（五）具有必要的资金投入以及合理的经费预算等。

第八条 引进外国专家项目评审会采用集中评审、分类评议、量化赋分的方式，按照材料审阅、小组讨论、发表初审意见、评委会评议投票的流程进行。

第九条 市外国专家局根据评审结果编制引进外国专家项目计划立项建议，经市人力资源社会保障局审核后，上报国家外国专家局、山东省外国专家局。

第二章 实施与跟踪

第十条 市外国专家局根据国家、省、市批复意见向各县（市）区人力资源社会保障局、市直主管部门下达引进外国专家项目计划。项目单位应根据项目计划，制定项目实施工作方案（内容包括：项目概况、工作目标、实施进度、预期效益、组织保障、项目主管责任人等），上报各县（市）区人力资源社会保障局、市直主管部门和市外国专家局备案。

第十一条 项目单位应当遵守涉外法律法规和外事纪律，建立健全外国专家管理制度和外事人员工作制度，承担外国专家管理服务的首要责任和义务，依法保障外国专家的人身、财产安全和合法权益。项目单位聘请外国专家前要详细了解专家情况，达成意向后双方签订书面合同。

第十二条 引进外国专家项目实行启动报告制，项目单位启动时应填写《引进外国专家项目启动报告表》（附表2），于启动前10日内上报各县（市）区人力资源社会保障局、市直主管部门和市外国专家局。

第十三条 引进外国专家项目实行实施跟踪制，项目启动后，项目单位应于每月月底前向各县（市）区人力资源社会保障局、市直主管部门和市外国专家局上报《引进外国专家项目执行情况跟踪表》（附表3）。市外国专家局对项目执行情况实行全程跟踪管理、定期检查，及时发现和研究解决项目实施过程中的问题。

第十四条 引进外国专家项目计划须在当年执行完成。对于当年尚未完成、第二年仍需执行的项目，应在下一年度重新申报。因特殊情况需要调整的项目，必须在每年9月底前专函上报市外国专家局，报请国家外国专家局、山东省外国专家局批准后执行。

第三章 总结与评估

第十五条 引进外国专家项目完成的单位，应组织相关专家进行项目自评，在项目结项后10日内向各县（市）区人力资源社会保障局、市直主管部门上报项目总结和自评报告等材料，经各县（市）区人力资源社会保障局、市直主管部门审核后上报市外国专家局。市外国专家局受理后于5个工作日内提出初评意见。

第十六条 引进外国专家项目执行过程中形成重要引智成果或出现重大问题，项目单位应及时上报市外国专家局。

第十七条 引进外国专家项目均需绩效评估，常规项目以单位自评为主，国家、省、市重点项目、连续获得资助的引进外国专家项目，由市外国专家局组织绩效评估。

第十八条 评估内容包括绩效总目标、阶段性目标、主要经济和社会效益、项目执行情况、专家工作成绩、经费使用情况等。

第十九条 市外国专家局组织有关专家或委托中介机构进行绩效评估，评估结果作为引进外国专家项目立项和重点支持的依据。

第四章 经费管理与监督

第二十条 引进外国专家项目经费的核销和拨付，实行集中核销、年终一次拨付，由市外国专家局会同市人力资源社会保障局财务审计部门组织实施。

第二十一条 引进外国专家项目经费开支范围和标准，按照《引进国外技术管理人才项目管理办法》（外专发〔2008〕2号）、《引进国外人才专项费用管理暂行办法》（外专发〔1999〕163号）、《引进人才专家经费管理实施细则》（外专发〔2010〕87号）、《山东省省级引进国外智力专项资金管理暂行办法》（鲁财社〔2012〕50号）、《山东省省级引进国外智力项目和专项资金管理使用规程》（鲁人社办发〔2013〕73号）的规定执行。

第二十二条 项目单位申请经费核销须提交项目实施工作方案、项目启动报告表、项目执行情况跟踪表、自评报告和绩效评估报告。

第二十三条 不按规定要求上报的单位，取消该年度项目资助，并不再受理其下一年度引进外国专家项目和经费申请。项目实施当年10月底前，未能按规定提交核销手续的项目单位，视为自动放弃资助资格。

第二十四条 资金拨付流程：项目经费核销后，市人力资源社会保障局拨付到各县（市）区人力资源社会保障局、市直主管部门和项目单位。各县（市）区人力资源社会保障局、市直主管部门应在收到决算拨款后5个工作日内，将项目经费下拨到项目单位。项目单位收到决算拨款后，应在10个工作日内开具合法票据加盖财务专用章，按规定程序报市外国专家局。

第二十五条 引智经费必须专款专用，项目单位要单独立项核算，按规定设立会计账簿和会计科目，实行按项目管理（台账管理），按项目核算。

第二十六条 项目单位为引智经费管理第一责任人，要建立健全财务内部管理制度，加强经费管理和使用效益，防止出现截留挪用、虚列支出等违规行为，自觉接受监督检查。

第二十七条 各县（市）区人力资源社会保障局、市直主管部门要切实履行对引进外国专家项目和经费的监管职责，要加强对项目申报资料的审查和核实工作，确保上报资料真实完整、准确及时；要加强对引智经费管理使用情况的监督，及时纠正问题、总结经验，完善相关工作机制。

第二十八条 市外国专家局按照国家和省有关规定，履行引智经费的督查职责，对经费使用情况实行定期或专项检查。对查出违规、违纪问题的，应当及时整改；情节严重的，依照法律法规有关规定严肃处理。

第五章 附 则

第二十九条 项目评审人员应严格遵守有关纪律要求，客观公正地履行职责，遵守职业道德。

第三十条 项目单位对外国专家的宣传报道，要严守国家保密规定，要切实保证外国专家的安全和利益。新闻媒体公开宣传和报道外国专家及其事迹前，须征得聘请单位和外国专家本人的同意，新闻稿件应当报市外国专家局审核。

第三十一条 本实施细则自2014年1月1日起施行，有效期5年。

附件：1．项目申报材料真实性承诺书（样本）（略）

2．引进外国专家项目启动报告表（略）

3．引进外国专家项目执行情况跟踪表（略）

济南市人力资源和社会保障局

二〇一三年十月十四日

淄博市人民政府办公厅
关于金融支持小微企业发展的意见

（淄政办发〔2013〕74号）

小微企业是国民经济发展的生力军，在稳定增长、扩大就业、促进创新、繁荣市场和满足人民群众需求等方面发挥着极为重要的作用。完善小微企业金融服务，全力支持小微企业良性发展，事关经济社会发展全局，具有十分重要的战略意义。按照《国务院办公厅关于金融支持小微企业发展的实施意见》（国办发〔2013〕87号）精神，结合我市实际，现就提升小微企业金融服务水平提出如下意见：

一、明确银行业金融机构支持小微企业发展的目标和保障措施

1．确保实现小微企业贷款增速、增量和覆盖面“三个不低于”的目标。各银行业金融机构要按照要求，对小微企业信贷计划实行单列，在商业可持续和有效控制风险的前提下，通过优化绩效考核机制，推动计划落实，逐步提高小微企业贷款客户增长率、贷款覆盖率、服务覆盖率和申贷获得率，确保每年小微企业贷款增速不低于全部贷款增速，贷款增量和覆盖面不低于上年水平。（市人民银行、淄博银监分局负责）

2．设立小微企业贷款风险补偿机制。设立小微企业贷款风险专项资金，以上年度全市银行业金融机构小微企业贷款余额为基数，本年度超基数10%以上部分，按照3‰设立专项风险补偿资金，对全年小微企业贷款完成“三个不低于”考核目标的银行机构小微企业不良贷款，按当年该机构小微企业贷款增加额的一定比例进行风险补偿。各区县（含高新区、文昌湖旅游度假区，下同）可按照“谁出资、谁受益”的原则，追加、补充或单独成立辖区小微企业风险补偿专项资金，加大银行业金融机构信贷资金向小微企业发展倾斜的支持力度。（市财政局、各区县政府负责）

3．优先支持小微企业信贷风险处置。税务部门要进一步简化程序、提高效率，做好银行业金融机构小微企业不良贷款造成资产损失的申报受理工作，帮助银行业金融机构及时核销小微企业不良贷款。有关部门对银行业金融机构处置小微企业不良贷款抵质押品要开辟“绿色通道”，优先予以支持。（各区县政府、市金融办、市国税局负责）

4．强化货币政策引导和责任考核落实。围绕“三个不低于”目标，加大对小微企业信贷政策执行情况的监督、检查、评估力度，将小微企业信贷政策执行情况作为差别存款准备金动态管理政策调控的重要依据，对主要服务于小微企业的中小金融机构继续实行较低的存款准备金率。进一步细化分解各银行业金融机构的小微企业贷款比例、贷款覆盖率、服务覆盖率和申贷获得率等指标，定期考核，按月通报，引导银行业金融机构优化信贷结构，腾挪信贷资源，在盘活存量中扩大小微企业融资增量，在新增信贷中增加小微企业贷款份额。对任务目标完成较好的银行业金融机构，适当放宽监管容忍度，在机构布局、市场准入、业务创新等方面予以优先支持。对考核任务目标完成不力的银行业金融机构，加大非现场监管和现场检查力度，强化窗口指导，控制或停止发放再贷款、再贴现。（市人民银行、淄博银监分局负责）

二、完善小微企业金融服务体系

5．建设广覆盖、差异化、高效率的小微企业金融服务体系。国有大型银行和股份制银行要完善小微企业金融服务专营机构，向下延伸服务网点，推出扁平化、批量化、流程化的小微企业金融服务模式，做深、做实小微企业金融服务。齐商银

行、农商行、农信社及各类农村中小金融机构要立足本地，明确市民银行、社区银行的市场定位，强化对小微企业金融服务的主体地位。大力发展村镇银行，争取3年内实现村镇银行县域全覆盖。对接国家相关政策，探索尝试由民间资本发起设立自担风险的民营银行、金融租赁公司和消费金融公司等金融机构。（市人民银行、淄博银监分局负责）

6. 充分发挥齐鲁股权交易中心的功能作用。充分发挥齐鲁股权交易中心挂牌交易、托管信息发布、综合展示三大平台的功能作用，鼓励支持小微企业到中心挂牌交易，参与企业综合展示平台展示，通过股权融资、股权质押融资、银行集合授信、发行私募债等多种方式实现多元融资。大力支持创新型企业挂牌交易，积极推动各类科技型小微企业到中心托管挂牌或发布信息，优先推动中试基地产业化企业和孵化器项目挂牌，实现资本市场的有效对接。利用齐鲁股权交易中心这一服务平台，积极引进发展各类金融要素机构，为推动小微企业快速健康发展提供有力支撑。（市金融办、高新区管委会、市科技局负责）

7. 规范引导民间资本。支持民间融资登记服务中心规范运作，有序对接民间资金供给和需求，引导民间资本向小微企业合理流动。鼓励支持民间资本发起设立小额贷款公司，拓宽小贷公司融资渠道，鼓励符合条件的小贷公司增资扩股、增设分支机构，推动符合条件的小贷公司改制为村镇银行。对小额贷款公司和融资性担保机构小微企业贷款风险补偿和奖励参照银行业金融机构执行，并逐步将民间融资机构纳入小微企业贷款风险补偿奖励和服务业有关扶持政策范围。（市金融办、市工商局、市人民银行、淄博银监分局等按职责分工负责）

三、创新小微企业融资服务方式

8. 完善小微企业金融服务。转变服务理念，提高支小扶微金融服务意识，针对不同类型、不同发展阶段的小微企业，创新小微企业金融服务产品，满足小微企业信贷资金需求。各国有银行、股份制银行市内分支机构要积极争取上级行政策，创新小微企业金融服务产品，优化小微企业信贷流程，不断提高小微企业金融服务水平。要大力发展产业链融资、商业圈融资和企业群融资，推动开办商业保理、订单融资、金融租赁和定向信托等融资服务。创新开办优质小微企业信用贷款业务，推动贷款方式由单纯的重抵押、重担保向抵押、担保、信用多种贷款形式并重转变。具备承销资质的银行业金融机构，要逐步扩大中小企业集合票据、短期融资券等非金融企业债务融资工具的发行规模，拓宽小微企业融资渠道。支持信贷资产证券化向常态化发展，将资产证券化腾挪出的信贷资源专项用于小微企业贷款。符合条件的银行业金融机构发行小微企业专项金融债，用所募集资金发放的小微企业贷款不纳入存贷比考核。支持保险机构创新资金运用安排，通过投资企业股权、基金、债权、资产支持计划等多种形式，为小微企业发展提供资金支持。（市人民银行、淄博银监分局、市保险行业协会负责）

9. 拓宽小微企业抵（质）押物范围。探索开展知识产权质押、商标质押、动产质押、企业联保、集体土地使用权抵押、可转让林权和土地承包经营权抵押、仓单质押、应收款质押、理财产品质押等抵（质）押贷款业务，创新抵（质）押贷款方式，提高小微企业的申贷获得率。（市金融办、市人民银行、淄博银监分局按职责分工负责）

10. 推进小微企业上市与债券融资。加大对小微企业上市后备资源的培育力度，积极推动小型企业上市融资，鼓励科技型小企业到创业板融资。加快建立齐鲁股权交易中心与全国中小企业股份转让系统双向“转板”机制，打通挂牌企业“转板”通道，提高再融资能力。鼓励和支持小微企业发行集合票据、集合债券和短期融资券，加快推进“区域集优债务融资”等适应小微企业融资特点的金融服务，积极探索发行中小企业私募债。引进发展并购投资基金，支持私募股权投资基金、创业投资企业投资小微企业。支持符合条件的创业投资企业、股权投资企业等发行企业债券，扩大资本规模。引导和支持股权资本、创业资本投资处于初创期或成长期的小微企业，并依法落实相关税收政策。鼓励新兴产业创投计划参股创业投资企业，加大对战略性新兴产业和高技术产业领域小微企业的投资力度。（市发展改革委、市经济和信息化委、市财政局、市金融办、市国税局、市地税局、市人民银行、淄博银监分局等按职责分工负责）

四、提高小微企业融资能力

11. 完善小微企业贷款担保体系。采取政府注资、社会资金参与等方式，做大做强融资性担保机构，全面提高担保机构的担保能力。具备条件的区县要进一步加大财政投入，做大“助保金”资金池，扩大资金池覆盖范围，实施金融支持小微企业的“融资增信工程”，为银行增加对“重点小微企业池”中的企业贷款授信提供安全屏障。推进银行业金融机构与担保机构建立公平诚信、互惠互利的长期合作关系，健全完善合作长效机制。（各区县政府、市财政局、市金融办、市人民银行、淄博银监分局负责）

12. 发挥好保险机构和各行业协会在增信方面的作用。加大保险产品和服务创新力度，支持保险机构开发适合小微企业的信用保证保险产品，简化小微企业投保理赔服务流程。各行业协会要积极组织行业内企业实施联合增信，推动加强行业内小微企业的合作互助。（市经济和信息化委、市保险行业协会负责）

五、进一步优化小微企业金融服务发展环境

13. 加强金融支持小微企业发展组织领导。成立由市政府分管领导任组长、各相关部门负责人为成员的金融支持小微企业发展领导小组。领导小组负责全市小微企业推介、金融创新、风险补偿、通报考核等方面的推进、指导和协调工作。（名单附后）

14. 切实减轻小微企业融资负担。对小微企业管理类、登记类、证照类等行政事业性收费，在扣除上缴上级部分后，对市及以下部分采取“先征后返”的方式予以支持。加强小微企业产权确权登记工作，开展小微企业产权价值评估，逐步建立完善产权流通市场。税务部门要坚持依法征税，认真落实国家对小微企业发展的税收优惠政策。切实加强对担保机构的监督，规范担保机构收费定价行为。认真执行中国人民银行利率政策，加大监督检查力度，严格规范收费行为，禁止一切不合理收费和不正当竞争，定期开展专项检查，对落实不到位的银行业金融机构进行严肃处理。（市财政局、市国税局、市地税局、市金融办、市人民银行、淄博银监分局等按职责分工负责）

15. 加强小微企业信用体系与金融服务平台建设。用好人民银行应收账款质押登记及融资租赁登记等公示系统，开展

"征信+评级+信贷"一体化试点工作，加快建立小微企业信用征集体系、评级发布制度和信息通报制度，推进银行业金融机构建立针对小微企业的信用评审机制，加大小微企业信用培植力度，深化信用体系建设。建立小微企业金融、信息网络服务平台，整合注册登记、生产经营、人才技术、纳税缴费、劳务用工、用水用电、节能环保等信息资源，为小微企业提供代理记账、财务管理和融资顾问等服务。（市人民银行、淄博银监分局负责）

本意见自2014年2月1日起施行，有效期至2018年12月31日。

附件：淄博市金融支持小微企业发展领导小组组成人员名单（略）

淄博市人民政府办公厅

二〇一三年十二月三十一日

洛阳市关于进一步提高人才工作服务水平的实施方案

（洛发〔2013〕7号）

为深入贯彻落实党的十八大精神和《中共中央办公厅印发<关于进一步加强党管人才工作的意见> 的通知》（中办发〔2012〕22号），进一步提升人才工作服务人才、服务企业、服务全市经济社会发展水平，借鉴先进地区经验，结合我市实际，特制定本实施方案。

一、指导思想

坚持党管人才原则，坚持服务发展、人才优先、以用为本、创新机制、高端引领、整体开发基本思路，根据全市经济社会发展需要和人才需求，以市场为导向，以用人单位为主体，不断创新方式方法，进一步完善人才工作政策体系，建立健全领导体制与运行机制，突出高层次创业创新人才重点，统筹推进党政人才、企业经营管理人才、专业技术人才、高技能人才、农村实用人才、宣传思想文化人才、社会工作人才等七类人才队伍建设，全面提升人才工作服务"福民强市"总目标、服务各类人才的能力和水平。

二、主要目标

根据全市2010年至2020年10年人才发展规划，到2015年，新培养洛阳本土院士1人，新增中原学者3—5人、省优秀专家10人左右，市级各类拔尖人才达到3000人左右，通过优秀人才招聘会等形式引进一批企业急需的经营管理与专业技术人才，支持和鼓励企业、科研院所新建一批院士工作站、博士后科研工作（流动）站等研发机构；到2020年，以两院院士、国家"千人计划"人选、"百千万人才工程"国家级人选等为主的领军型人才达到30人左右，以中原学者、省优秀专家等为主的高层次人才达到100人左右，市级各类拔尖人才达到6000人左右。

三、推进措施

围绕我市经济社会发展需求，大力实施人才优先发展战略，突出人才工作重点，创新人才引进、培养、使用方式方法，全面提升各类人才队伍建设成效。

（一）多策并举引进人才。

1．积极实施好重点引才工作

（1）着力推进四项引才计划

一是紧紧围绕重点产业大力引进优秀人才。即紧紧围绕铝工业及新材料、轴承及高端装备制造、锂离子电池及电动汽车、现代中药及生物制药以及文化旅游、电子信息服务等重点产业，积极探索"人才+项目"引才模式，大力引进一批重点产业需要的各类优秀人才。

该类人才一般应具有本科以上学历，年龄原则上不超过60周岁。项目必须符合我市重点产业发展需要、达到我市对各产业设定的投资规模与科技层次，必须完成核准或备案、并已开工建设或已投产。该类人才引进的项目须经市发展改革委、市商务局、市科技局等单位组成专家评审组进行评估和考核，最后报市人才工作领导小组审定。

二是积极实施"520 计划"引进国内高层次创业人才。"520计划"即围绕竞争优势突出的装备制造、新材料、硅光电、能源电力、石油化工等五大战略支柱产业和重点培育发展的新能源、节能环保、生物医药、新一代信息技术、新能源汽车等五大战略性新兴产业以及人文社科领域，用5年时间，每年引进20名具有自主创新能力的国内高层次创业人才。

该计划引进的人才是指以带技术、带项目、带资金的形式来我市投资创（领）办企业且具有自主创新能力的高层次人才。一般应具有博士学位或高级职称，年龄原则上不超过55周岁。须具备下列条件之一：

①有海外创业经验或曾在国内外知名企业（近三年美国《财富》杂志发布的世界企业500强）担任中高层管理职务，熟悉相关领域和国际规则，有较强的经营管理能力；②为企业开发的新产品具有独立知识产权和发明专利，技术水平达到国际先进或国内领先，能够填补国内外空白或引领相关产业发展，有较大的市场潜力和预期经济效益；③为所在企业的主要创办人且为第一大股东，股权一般不低于30% ，本人投入企业的实收资本一般不少于100万元（不含技术入股）。

"520计划"人才引进后，属于战略支柱产业和战略性新兴产业领域的，须经市发展改革委考评认定；属于人文社科领域的，须经市委宣传部考评认定。最后报请市人才工作领导小组审定。

三是稳步推进"1211工程"引进海外高层次人才。"1211工程"即用5—10年时间，在国家和省重点创新项目、重点学科和重点实验室、重点企业和地方商业金融机构、以高新技术产业开发区为主的各类园区等，集聚10名具有国际化水平的领军型人才（或其带领的团队），20名创业创新人才（或其带领的团队），100名优秀高层次人才。在符合条件的大中型重点骨干企业、高等院校和科研机构以及高新技术产业开发区等，建立1个海外高层次人才创业创新基地。

该工程引进的人才一般应在海外取得博士学位，年龄原则上不超过60周岁。

领军型人才和创业创新人才须符合下列条件之一：①在国际学术技术界享有声望，对某一领域的发展有过贡献的科学家；②在国外知名高校、科研机构担任相当于副教授以上职务的专家学者；③在国际知名企业和金融机构担任高级职务的专业技术人才和经营管理人才；④拥有自主知识产权或掌握核心技术，具有海外自主创业经验，熟悉相关产业领域和国际规则的创业人才；⑤主持或作为重要成员参加过国际大型科研、工程项目，具有丰富经验的专业技术人员。

海外优秀高层次人才须符合下列条件之一：①在国际学术技术界有一定知名度，对某一领域的发展有一定专长和创造的专家；②在国外知名高校、科研机构担任一定职务的专家学者；③在国际知名企业和金融机构担任中级以上职务的专业技术人才和经营管理人才。

"1211 工程"人才引进后，属于重点创新项目、重点学科和重点实验室领域的，须经市科技局牵头组织有关单位考评认定；属于商业金融机构领域的，须经市政府金融办牵头组织有关单位考评认定；属于重点企业领域的，须经市政府国资委牵头组织有关单位考评认定。最后报请市人才工作领导小组审定。

四是注重引进其他各类高层次人才。范围是指除上述引进的三类人才以外的其他各类高层次人才，主要包括两院院士、中组部掌握和直接联系的专家、"百千万人才工程"国家级人选、长江学者和中原学者等，经市人才工作领导小组办公室（以下简称市人才办）组织认定后，报请市人才工作领导小组审定。

（2）认真落实相关优惠政策

以上各类人才引进后，须连续在洛工作不少于3年、每年不少于6个月，可享受以下相关优惠待遇：

一是在安置费用方面，分别给予重点产业优秀人才30万元、"520计划"人才60万元，"1211工程"领军型人才和创业创新人才（团队）120万元、海外优秀高层次人才40万元，两院院士200万元、中组部掌握和直接联系的专家与"百千万人才工程"国家级人选60万元、长江学者和中原学者40万元。安置费用由市财政与用人单位按1:1比例共同承担。其中属市财政支付的，按照4:3:3的比例分3年批次拨付。引进的人才可在政策范围内就高享受一次安置费用。

二是在科研经费支持方面，在洛主持实施国家"863计划""973计划"重大科研项目和国家科技重大专项的，市财政给予研发经费120万元，按照4:3:3的比例分3年批次拨付。用人单位要按照不低于市财政研发经费1:1比例配套支持。

三是在洛投资创（领）办企业方面，可同时享受以下待遇：

第一、市财政一次性给予企业发展专项资金项目支持。以贷款贴息为主，中型、小型、微型企业每户支持额度分别为100万元、30万元和10万元。

第二、3年内年销售收入均超过5000万元且符合科技资助方向的，给予最高50万元的科研经费资助。

第三、凡在洛主持实施省级以上科研项目，且属于我市传统主导产业或有发展潜力领域的，市级科技计划项目予以优先支持。对获得国家人文社科基金以及教育部、省人文社科规划的研究项目，市财政分别给予一定的配套资金支持。

四是"1211 工程"引进人才还可同时享受以下优惠政策：

第一、进入国家"千人计划"、省"百人计划"的，同时享受国家和省一次性补助。

第二、从事的科技开发项目，经论证审批，根据项目投资需求，由企业落户园区通过提供风险投资、担保贷款等方式，协调解决不低于100万元的创业投资。

第三、可以聘任为中层以上领导职务（外籍人士担任法人代表的除外）或高级专业技术职务，编制、职数和专业技术职务计划单列；可以担任重大科技专项、科技工程、科技攻关以及"863计划""973计划"、自然科学基金等项目的负责人（对涉及国家安全的，须另行批准）；可以申请专项资金、产业发展扶持资金，用于在洛阳开展科学研究或生产经营活动，必要时，有关部门应以特别项目形式予以支持。

第四、担任项目负责人的，在规定的职责范围内，有权决定科研经费的使用，包括用于人力成本投入；有权按照有关规定对项目研究内容或技术路线进行调整；有权决定团队成员的聘任，所聘人员可采取协议工资制。

2．多渠道引进急需紧缺人才

根据用人单位改革、发展需求，有针对性地引进不同层次、不同类型的急需紧缺人才。

（1）利用牡丹文化节、河洛文化旅游节等平台，每年组织举办多种形式的优秀人才招聘会，重点为企业等用人单位引进急需经营管理与技术人才。

（2）通过一定方式，面向社会与高校，重点为事业单位引进紧缺专业人才。

（3）拓宽视野，面向科研院所和高校，为党政机关选拔一定数量的优秀人才。

（4）指导企业、高校等用人单位通过校园招聘、网络招聘及柔性引才引智等形式，引进各类急需人才。

（二）改进方式培养优秀人才。

坚持人才的培养与引进并重，强化培养措施，突出业绩导向，完善激励机制，大胆探索创新，下大力气抓好各类优秀人才的培养选拔工作。

1．抓好市级拔尖人才的培养选拔

坚持公开、公平、公正原则，认真开展市级优秀专家、优秀科技人才、“四个一批”人才、优秀技能人才、优秀实用人才、名医名护、名师、学术技术带头人、“德艺双馨”文艺家、优秀社会工作人才等拔尖人才的培养选拔工作，进一步激发各类人才干事创业的热情。

（1）优秀专家。实行届期制，四年一届，每届评选300名左右，由市委、市政府命名表彰并授予荣誉证书，发放优秀专家证。届期内实施动态管理，由市委组织部组织开展年度考核；对考核结果为合格（称职）及以上的，由市财政发放8000元年度津贴。

（2）优秀科技人才。实行届期制，三年一届，每届评选领军人才50名、杰出人才300名和创新团队300个。对评选的领军人才和创新团队择优进行科研经费支持；对评选的领军人才和杰出人才，由市人才工作领导小组命名表彰并授予荣誉证书。届期内实施动态管理，由市科技局组织开展年度考核；对考核结果为合格（称职）及以上的，由市财政分别发放5000元、3000元年度津贴。

（3）“四个一批”人才。实行届期制，三年一届，每届评选20名左右，由市人才工作领导小组命名表彰并授予荣誉证书。届期内实施动态管理，由市委宣传部组织开展年度考核；对考核结果为合格（称职）及以上的，由市财政发放4000元年度津贴。

（4）优秀技能人才。实行届期制，三年一届，每届评选200名左右，由市人才工作领导小组命名表彰并授予荣誉证书。届期内实施动态管理，由市总工会组织开展年度考核；对考核结果为合格（称职）及以上的，由市财政发放4000元年度津贴。

（5）优秀实用人才。实行届期制，三年一届，每届评选100名，由市人才工作领导小组命名表彰并授予荣誉证书。届期内实施动态管理，由市农业局组织开展年度考核；对考核结果为合格（称职）及以上的，由市财政发放4000元年度津贴。

（6）名医名护。实行届期制，三年一届，每届评选名医、名护各100名（特级名医、名护各10名，优秀名医、名护各30名，百佳名医、名护各60名），由市人才工作领导小组命名表彰并授予荣誉证书。届期内实施动态管理，由市卫生局组织开展年度考核；对考核结果为合格（称职）及以上的，由市财政分别为特级、优秀、百佳名医名护发放5000元、3000元、2000元年度津贴。

（7）名师。实行届期制，三年一届，每届评选中小学名师350名（特级名师50名，优秀名师100名，名师200名），由市人才工作领导小组命名表彰并授予荣誉证书。届期内实施动态管理，由市教育局组织开展年度考核；对考核结果为合格（称职）及以上的，由市财政分别为特级名师、优秀名师、名师发放6666元、3000元、1500元年度津贴。

（8）学术技术带头人。实行届期制，两年一届，每届评选200名左右，由市人才工作领导小组命名表彰并授予荣誉证书。届期内实施动态管理，由市人力资源社会保障局组织开展年度考核；对考核结果为合格（称职）及以上的，由市财政发放4000元年度津贴。

（9）“德艺双馨”文艺家。实行届期制，三年一届，每届评选10名左右，由市人才工作领导小组命名表彰并授予荣誉证书。届期内实施动态管理，由市文联组织开展年度考核；对考核结果为合格（称职）及以上的，由市财政发放4000元年度津贴。

（10）优秀社会工作人才。实行届期制，三年一届，每届评选10名左右，由市人才工作领导小组命名表彰并授予荣誉证书。届期内实施动态管理，由市民政局组织开展年度考核；对考核结果为合格（称职）及以上的，由市财政发放4000元年度津贴。

同时，开展以下两项评奖活动：一是优秀青年科技奖评选活动。由市科协组织实施，每两年评选一次，每次评选50名，由市人才工作领导小组授予荣誉证书，市财政发放4000元奖金；二是市优秀社科成果奖评选活动。由市社科联组织实施，每两年评选一次，每次奖励一等奖5项、二等奖20项，由市人才工作领导小组授予荣誉证书，市财政分别发放5000元、3000元奖金。

对评选出的上述各类拔尖人才，在申报国家级、省级优秀人才时可择优、优先推荐。

2．探索开展“校企合作”培养人才

采取“走出去，请进来”的方式，依托国内知名院校，开展企业经营管理人才等各类人才培养项目，提升综合素质。

（1）与北京大学光华管理学院等国内知名院校合作，每年组织开展1—2期企业经营管理人才培训班，培训大中型企业、民营企业中高级经营管理人才。

（2）与上海复旦大学等高校合作，每年举办2期优秀人才培训班，重点培训市优秀专家、行业拔尖人才及各级人才工作部门工作人员等。

（3）与云南大学等高校合作，每年举办2期旅游人才培训班，重点培训各主要景点和展馆的经营管理人员及导游、讲解员等。

（4）与北京师范大学、华东师范大学等部属师范大学或权威教育部门合作，每年举办1—2期优秀教育管理人才培训班，重点培训各中小学校校长等。

3．探索引进知名高校和科研院所在洛建立分院

围绕我市经济社会发展需要、特别是产业优势，加强与知名高校和科研院所的沟通、联络与协调，探索通过在洛设立分院的形式引进优质教育和科研资源，并在项目建设、用地、资金扶持等方面提供优质服务。

4．试点开展挂职服务

探索推行机关、高校、科研院所与企业之间挂职试点工作，实现人才培养与服务企业的有效结合。

（1）有计划、有条件选派有关部门干部到重点产业、重点项目挂职或担任项目代办员、首席服务官等，为企业提供针对性服务。

（2）有计划选派高校、科研院所硕士以上学位或副高职称以上人员到企业挂职，为企业提供技术指导等。

（3）有计划选派我市部分学校校长到教育发达地区学校挂职，学习先进办学经验。

5．支持在职学习培养高层次人才

党政机关、财政全供事业单位干部职工，参加指定的相关院校和专业研究生学习并取得学位的，财政、所在单位分别给予1/3学费补贴。企业、自收自支事业单位人员，由所在单位给予不少于1/3的学费补贴。

6．鼓励用人单位自主培养人才

（1）指导企业等用人单位通过开展“首席员工”评选、建立管理和技术人才职业发展双通道等方式，自主培养人才。

（2）鼓励企业等用人单位直接与高校合作，通过建立实习生制度等多种形式培养急需人才。

（3）对新培养的两院院士，中组部掌握和直接联系的专家及“百千万人才工程” 国家级人选，长江学者和中原学者，由市财政分别给予80万元、40万元、20万元奖励。用人单位要参照市财政奖励标准再给予一定奖励。

（三）搭建平台用好各类人才

1．支持建立研发机构

鼓励和支持企业、科研院所和高校通过建立院士工作站、博士后科研工作（流动）站等研发机构留住人才、用好人才，加强科技创新。

（1）对建站成功的，市财政分别一次性给予院士工作站15万元、博士后科研工作（流动）站10万元奖励。

（2）对经认定的国家级、省级、市级研发平台，市财政分别一次性给予100万元、30万元、10万元资助；对引进的符合我市产业发展方向且成果在我市转化的国家级研发平台，市财政一次性给予50万元资助。

2．加强多种形式的合作

提倡和鼓励有条件的企业广泛开展技术、项目等多种形式的合作。

（1）鼓励企业加强与国内外高校和重点科研院所合作，采取联合技术研发、联建实验室和实践基地等形式，将高校、院所科研成果转化为企业生产力。

（2）鼓励企业与国内外优秀人才签订项目合作协议或聘为首席专家、技术顾问等，以“打短工”方式到企业进行技术指导，帮助解决科技研发与生产工艺等方面的问题。

（3）鼓励企业把研发机构设在人才资源丰富的大城市乃至国外，将这些研发机构作为吸引高技术产业人才的域外“触角”。

3．广揽人才发挥作用

（1）健全市优秀专家联谊会、博士联谊会制度，探索建立行业协会、行业分会，有计划地组织会员围绕重点产业领域，开展交流合作，促进产学研军融合。

（2）探索成（建）立北京、上海等重点城市洛阳籍优秀人才联谊会，以及海外洛阳籍优秀人才联谊会和校友会等社会团体组织，广揽人才、集聚人才。

（3）引导会员担任“ 引才大使” ，吸引更多高层次人才来洛创业创新。

4．组织专家开展服务基层活动

（1）围绕县（市）区经济社会发展中的难点热点问题、基层单位急需解决的关键技术难题、重点科研项目等，组织有关专家、拔尖人才开展“面对面”服务、“一对一”指导。

（2）针对基层产业发展面临的难题，建立以市优秀专家为主的专家团与县拔尖人才结对帮扶制度，加快培养基层急需紧缺人才；鼓励优秀人才通过与基层签订技术承包服务协议等形式，在关键技术研发设计、生产应用等方面提供有效服务。

（3）围绕基层群众看病难问题，指导、鼓励市级医院与基层医院、卫生院开展联建活动，定期选派专家到基层坐诊，提供诊疗服务等；组织开展名医名护下基层活动，通过疾病义诊、健康咨询等活动，为基层提供高质量的公共卫生服务。

（4）围绕基层师资力量不足难题，通过送教下乡等形式，组织名师到基层开展讲座、支教等活动。

5．推行重大决策专家咨询制度

成立由各方面专家组成的重大决策咨询论证专家委员会，各级党委、政府在编制国民经济和社会发展规划、制定城市总体规划和做出土地管理、劳动就业、社会保障等涉及公共利益和群众切身利益的重大决策时，都要组织有关专家进行咨询论证，有效发挥各类专家的参政议政作用。

四、优化服务

坚持以用人单位为主体、市财政为引导，健全完善人才扶持政策和激励措施，营造人才发展的优良环境，进一步提高人才工作服务质量。

（一）进一步完善优惠政策

1．住房政策

（1）拿出10套高层次人才居住区住房，免费分配给新引进和培养的两院院士、国家“千人计划”人选，在洛工作满5年办理房产所有权证。

（2）按照一定的条件和程序，以低于市场平均价30%的价格，采取“一事一议”等办法，主要面向以下七类在职在岗人才销售高层次人才居住区剩余住房：①经省政府、各部委或央企批准上报的两院院士人选；②中组部掌握和直接联系的专家、省“百人计划”人选、中原学者；③享受国务院特殊津贴的专家、博士生导师、省优秀专家、省级学术技术带头人；④获得国家自然科学奖、国家技术发明奖、国家科学技术进步二等奖以上的前五名人员（行政管理领导除外）；⑤连续三年税收及销售收入均高于全市工业和同行业平均增长水平，对市财政贡献每年达1000万元、且较上年逐年增长20%的企业党政正职

（党委书记、董事长、总经理）；⑥驻洛省部属科研院所、副厅级以上高校和知名高校、科研院所洛阳分院的党政正职；⑦获中华技能大奖或全国技术能手及以上称号的高级技术工人等其他优秀人才。上述各类人才连续3年年度考核或绩效考核结果均须在称职（合格）以上。

（3）“1211工程”引进的海外高层次人才愿意购买住房的，可申请入住高层次人才居住区，由所在单位给予40%房款补贴；引进人才不购买自用住房的，由所在单位提供10万元房租补贴。

（4）实行高层次人才住房货币补贴基金制。由财政和用人单位共同出资建立基金，对新引进的符合上述第（2）项所列条件的七类人才，在我市工作满3年后购买的商品房，凭售房证明由同级财政将房款补贴（总房款的1/3，一般不超过30万元）从基金中直接划转给开发商。对其缴纳的契税，政府以奖励形式进行返还，免收房屋登记费，本人在洛工作5年后获得100%的产权。

（5）实行人才公租房政策。由市政府出资建设一定数量的公租房，面向新就业的大学生等优秀人才，通过一定的方式，按地段以每平方米6—10元每月的标准收取租金，租期一般为3—5年。

（6）实行住房补助政策。新引进的博士或正高职称人员，在洛工作期间可享受为期3年、每月400元的住房补助；补助资金由市财政与用人单位按1:1比例共同承担。新引进的硕士或副高职称人员在洛工作期间可享受为期3年、用人单位每月150元的住房补助（享受上述（1）（2）（3）（4）（5）条待遇的，不再享受此待遇）。

（7）实行住房公积金贷款政策。对新引进的高级专业技术人才、部队转业技术干部、大学毕业生，所在单位连续正常缴存住房公积金并为其开设个人住房公积金账户的，申请住房公积金贷款不受缴存时间限制。

（8）建设外国专家公寓。由市财政出资，建设外国专家公寓，入选“外专千人计划”“高端外国专家”项目以及国家、省重点引进国外人才项目的外国专家可免费入住；持有《外国专家证》的外国专家，由用人单位支付市场价50%的租金提供给外国专家居住。

（9）各县（市）区及市直有关部门要根据市人才工作领导小组统一安排和用人单位建设人才公寓需求，将人才公租房优先列入用地计划，在依法依规的前提下保证用地需求。

2．个人所得税返还奖励政策

（1）对“1211工程”引进的海外高层次人才，3年内由同级财政全额返还个人所得税市和县（市）区级收入部分；5年内境内取得的住房补贴、伙食补贴、搬迁费、探亲费等，按照国家税收法律法规的有关规定，予以税前扣除。

（2）新引进的其他高层次人才，年薪达到15万元以上的，按照“谁征收、谁受益、谁奖励”的原则，按其上一年度缴纳个人所得税地方留成部分的50%，给予为期3年的奖励；年薪达到30万元以上的，给予为期3年、地方留成部分全额奖励。

（3）对获得省部级以上科研成果奖励和符合国家“千人计划”引进的海外高层次人才回国（来华）时取得的一次性补助，视同国家奖金，免征个人所得税。

（4）根据《中华人民共和国个人所得税法》及其实施条例，对新引进的外籍专家型人才在洛工作期间取得的工资、薪金所得，可以在每月减除3500元费用的基础上，再减除附加减除费用1300元。

3．资金扶持政策

（1）对符合我市重点产业发展方向的高新技术产业，在申请固定资产投资贷款时予以优先支持。

（2）对经批准立项的国家、省重点产业项目，根据申报类别，分别给予贴息、资金补助、拨款补助、融资基金、投资补助、资金奖励、优惠规费等相应扶持，同时可申请市级认定企业技术中心和重大投资项目规费减免。

（3）重点科研项目和特别优秀的高层次人才，可一事一议、一人一策给予研发经费等方面的扶持。

4．出入境政策

新引进外籍人才及其随迁的外籍配偶和未成年子女，如申请《外国人永久居留证》，公安机关在受理申请的15日内，上报省级公安机关。对于尚未获得《外国人永久居留证》的引进人才及其配偶和未成年子女，需多次临时出入境的，为其办理2—5年有效期的多次往返签证。

5．学术活动资助政策

对国内外知名学术机构和学术组织在洛举办的高层次学术活动，由市财政择优给予不少于5万元资助；在洛建立学术会议基地的，市财政根据会议层次和规模予以重点资助。支持高层次人才参加各类学术组织以及在高校、科研院所兼职从事学术活动。

6．专项编制政策

设立事业单位专项人才编制，按照“特需特办，人编对号，人留编留，人去编销”的原则，为事业单位引进专业对口的博士或正高职称人员“开绿灯”。

7．保险政策

（1）在企业工作5年以上（含5年）的硕士或副高职称以上人员，达到退休年龄时，参加本单位职工养老保险累计缴费不足15年的，可由用人单位一次性补缴不足年限。

（2）“1211工程”引进的海外高层次人才及其配偶子女，可参加中国境内各项社会保险，包括基本养老、基本医疗、工伤保险等。缴费年限以实际缴纳各项社会保险费的年限为准；参保缴费办法、在中国境内办理社会保险关系转移接续、享受各项社会保险待遇的办法等，与中国公民有相同权利；在引进人才参加各项社会保险的基础上，用人单位可为引进人才购买商业补充保险。

8．配偶就业政策

企事业单位新引进的博士或正高职称人员，配偶愿意一同来洛工作的，由市有关部门和用人单位协调安排工作；暂时无法安排的，用人单位可按照不低于市区最低工资标准的50%为其发放至少1年的生活补贴。

9. 计划生育政策

在我市经济社会发展中做出突出贡献的高层次人才，按有关规定，经研究批准可以享受二胎生育政策。

10. 子女就学政策

院士、国家“千人计划”人选、中组部掌握和直接联系的专家、“百千万人才工程”国家级人选、省“百人计划”人选、长江学者、中原学者、省优秀专家、“1211工程”人选、“520 计划”人选等高层次人才的子女，和受到市委、市政府两年一次表彰奖励的优秀人才及市优秀专家的子女可根据本人意愿优先安排到所需学校（小学、初中、高中）就读。

11. 年度津补贴政策

对在洛两院院士、国家“千人计划”人选，市财政每年给予2万元年度津贴、2万元医疗保健补助、1万元差旅费；对共享的两院院士和国家“千人计划”人选，市财政每年给予5000元医疗保健补助、5000元差旅费；对中组部掌握和直接联系的专家、“百千万人才工程”国家级人选，市财政每年给予2万元年度津贴、5000元医疗保健补助、5000元差旅费；对长江学者和中原学者，市财政每年给予1万元年度津贴、5000元医疗保健补助、5000元差旅费。用人单位要按照不低于市财政津补贴50%的标准再给予上述人才补助。

12. 医保与旅游政策

（1）市优秀专家以上的各类优秀人才可免费享受市里统一组织的健康体检活动，免费办理旅游年票等。

（2）市优秀专家以上的各类优秀人才享受医疗照顾人员待遇，由市级卫生行政部门为其发放医疗证。所需医疗资金通过现行医疗保障制度解决，不足部分由用人单位按照有关规定予以解决。

（二）进一步健全激励机制。

1. 重奖优秀人才

完善以贡献大小为依据的奖励制度，充分发挥经济利益和社会荣誉的双重激励作用，重奖有突出贡献的各类优秀人才。设立“优秀人才贡献奖”“优秀企业家奖”“高技能人才成就奖”“ 引进人才工作奖”“人才培养工作奖”“人才工作先进奖”等奖项，两年评选一次，由市委、市政府统一表彰奖励。

2. 奖励优秀成果

在洛实施完成的科研项目，获得国家级、省级奖项的，在国家、省奖励的基础上，市财政再分别给予一定的奖励。

（1）获得国家自然科学奖和国家技术发明一等奖、二等奖的，市财政分别给予50万元、20万元奖励；获得国家科学技术进步奖特等奖、一等奖的，市财政分别给予30万元、20万元奖励；获得国家科学技术进步奖二等奖、省科学技术进步奖一等奖的，市财政给予10万元奖励。

（2）获得国家级、省级“文华奖”“梅花奖”“群星奖”的，市财政分别给予10万元、5万元奖励。

（3）获得教育部人文社科研究成果一等奖、二等奖，省人文社科优秀成果一等奖、二等奖的，市财政分别给予一等奖10万元、二等奖5万元奖励。

3. 营造良好氛围

（1）在洛阳电视台、洛阳日报等市级主要媒体开设“人才之窗”栏目，广泛宣传我市经济社会发展中成绩突出的优秀人才、人才工作政策及先进经验等，大力营造关心人才、尊重人才、爱护人才的良好社会氛围。

（2）在市区适当位置修建“人才长廊”，宣传我市院士、国家“千人计划”人选等有突出贡献的杰出人才。

4. 联系高层次人才

市、县两级党政领导班子的领导干部每人联系1—2名高层次人才，定期进行走访、座谈、慰问，听取他们对人才工作的意见建议，发挥好他们的参谋智囊作用，并及时研究解决他们在工作生活中遇到的困难和问题。

5. 加大投入力度

市财政预算每年列出5000万元人才专项资金和200万元工作经费，为人才的引进、培养、使用、表彰奖励及专家型人才的健康体检等提供资金保障。

五、组织保障

进一步加强和改进党对人才工作的领导，创新党管人才体制机制，完善党管人才方式方法，强化人才工作目标管理，不断提高人才工作服务全市经济社会发展水平。

（一）进一步强化领导体制。

1. 充分发挥各级党委领导核心作用，健全完善市、县两级人才工作领导小组体制，及时调整充实成员单位；组织部门要切实履行好牵头抓总职责，配齐配强工作人员，确保人员到位、工作到位、职责到位。

2. 切实加强人才工作综合协调，在市科技局、市财政局、市人力资源社会保障局等市人才工作领导小组成员单位设立市人才办副主任职位，由分管人才工作副职兼任，不占领导职数。有条件的县（市）区可参照试行。

（二）进一步健全运行机制。

1. 联席会议制度

每半年召开一次由市人才工作领导小组各成员单位主要领导参加的联席会议，研究全市人才政策、重要事项等。

2. 季度例会制度

每季度召开由市人才工作领导小组各成员单位人才工作分管领导参加的季度例会，通报人才工作情况，研究协调有关问题。

3. 重大事项报告制度

市人才工作领导小组各成员单位要及时向市人才办报告上级领导在本地、本单位调研时做出的有关人才工作重要指示和制定的人才工作政策、开展的优秀人才评选表彰活动、本单位（系统）高层次人才及人才工作人员变动等情况。

4．述职报告制度

原则上以会议形式进行，由市人才工作领导小组各成员单位分管领导对本年度人才工作开展情况及今后工作安排等进行述职。

5．目标考核奖惩制度

建立健全各县（市）区、重点用人单位、市人才工作领导小组成员单位人才工作目标责任制，对重大项目、重点工作实施项目化管理，明确目标任务，明确责任主体，明确完成时限，纳入平时考核和年度考核，对人才工作成绩突出的单位以市委、市政府名义进行表彰，对工作落后单位在一定范围内通报批评。

中共洛阳市委

洛阳市人民政府

二〇一三年十二月四日

湖北省促进高校、院所科技成果转化暂行办法

（鄂政发〔2013〕60号）

为贯彻落实《中共中央关于全面深化改革若干重大问题的决定》，大力实施创新驱动发展战略， 充分调动全省高等院校、科研机构（以下简称高校、院所）科技人员创新创业积极性，促进科技成果在鄂转化应用，特制定本办法。

一、改革科技成果类无形资产处置方式。授予高校、院所研发团队研发成果的使用权、经营权和处置权。科技成果处置后由研发团队1个月内报所在单位，所在单位2个月内报国有资产管理部门备案。科技成果转让遵从市场定价，可以选择协议定价或者挂牌转让方式。

二、深化科技成果转化收益分配改革。高校、院所研发团队在鄂实施科技成果转化、转让的收益，其所得不得低于70%，最高可达99%。研发团队将个人收益直接用于创办企业或者投入受让企业所形成的股权收入，在形成现金收入后，按国家有关政策缴纳个人所得税。

三、支持高校、院所科技人员创新创业。高校、院所科技人员创办科技型企业、对科技成果进行转化开发，申请省级创新项目优先给予支持。高校、院所在职称评聘和相关考核工作中，科技人员创办科技型企业所缴纳的税收和创业所得捐赠给原单位的金额，等同于纵向项目经费。经高校、院所同意，科技人员离岗转化科技成果、在鄂创办科技型企业的，保留编制、身份、人事关系，档案工资正常晋升，5年内可回原单位。

四、积极引导科技成果在鄂转化。高校、院所自主实施具有应用前景的项目，列入省级科技计划引导性项目管理，项目完成后形成的科技成果，在2年内以技术入股、技术转让、授权使用等形式在本省转化的，省科技厅按其技术合同成交额给予适当补助。

五、引导社会资本促进科技成果转化。整合现有财政科技专项资金，引导创业风险投资机构、科技小额贷款公司、担保公司和“天使基金”为科技型企业成果转化提供融资服务。建立科技成果转化风险补偿机制。

六、支持高端人才创新创业。鼓励和支持“两院”院士、“千人计划”“973”和“863”首席专家、“长江学者”“楚天学者”、省“百人计划”等高层次人才及其创新团队在鄂转化科技成果或科技创业，省级科技、人才计划，每年安排一定资金予以支持。

七、加强科技成果转化服务体系建设。大力发展科技成果转化中介服务机构，加快技术经纪人队伍建设，以政府购买服务的形式支持中介服务机构（个人）的科技成果转化和技术转移活动。积极创建国家中部技术转移中心，完善技术转移服务体系，促进创新能力提升和科技成果转化。

八、支持大学生创新创业。允许在读大学生休学创业，创业实践可按照相关规定计入学分，创业之后可重返原校完成学业。鼓励科技企业孵化器设立“零房租”大学生创业专区。省科技、教育、人社部门每年遴选一批大学生创新创业项目给予支持。

九、创新科技成果转化评价机制。将科技成果转化率和技术合同成交额作为对高校、院所考核评价的重要指标，并与财政投入挂钩。高校、院所高级技术职称评聘，参与技术转移、科技成果转化的科技人员必须占有一定比例。将科技成果转化作为重要指标纳入科技人员考评体系，对在技术转移、科技成果转化中贡献突出的，可破格评定相应专业技术职称。

十、建立促进科技成果转化保障机制。各地、各部门要依据本办法，制定促进科技成果转化的实施细则；各高校、院所要结合实际，认真抓好贯彻落实。中央在鄂高校、院所参照本办法执行。

省相关规定与本办法不一致的，以本办法为准。

本办法由湖北省科学技术厅负责解释。

湖北省人民政府

二〇一三年十二月十八日

武汉市科技创业天使投资基金暨种子基金管理暂行办法

（武政办〔2013〕125号）

第一章 总 则

第一条 为培育和促进武汉地区科技企业孵化器内初创企业发展壮大，鼓励和促进大学生、科技人员入驻科技企业孵化器创新创业，市人民政府决定设立武汉市科技创业天使投资基金暨种子基金（以下简称基金），对符合条件的种子期或者初创期科技型企业和科技创业个人提供股权投资、履约投资，以及创业辅导、人才培训、管理咨询等服务，为规范基金管理和运作，特制定本办法。

第二条 基金按照政府主导、社会参与、专业化管理、市场化运作的原则，对全市科技企业孵化器内符合我市产业发展方向、拥有技术创新与经营模式创新能力的种子期和初创期的在孵企业及科技创业个人给予资金支持。

第三条 基金总规模为3亿元，其中首期规模为1亿元。资金来源主要是：市科技创业投资引导基金、市级科学技术研究与开发资金等市本级财政资金，各区（含武汉东湖新技术、武汉经济技术开发区、武汉化学工业区，下同）相关财政专项资金，湖北省创业投资引导基金，国家科技型中小企业创业投资引导基金、科技成果转化引导基金以及有意开展天使投资的社会资金。

第四条 基金由武汉科技投资有限公司与其他出资人采用有限合伙制共同设立，并委托专业的基金管理公司即基金管理人进行管理，基金存续期暂定为10年。基金管理人为基金的普通合伙人，对基金的债务承担无限连带责任，且出资不少于实收资本的1%。

第二章 投资对象及投资方式

第五条 基金重点投资于在我市工商行政管理部门注册，且在武汉地区科技企业孵化器内孵化的种子期、初创期科技型企业或者创新创业拟发起设立的入孵企业。具体条件如下：

（一）所属领域符合我市产业发展规划，重点为光电子与新一代信息技术、新材料、先进装备制造、高新技术服务、生物医药、新能源与新能源汽车、节能环保、现代农业及应用高新技术提升传统产业等领域。

（二）在孵科技型企业需具有企业法人资格；原则上成立不超过5年；职工人数在100人以下，具有大专以上学历的科技人员占职工总数的比例达30%以上，从事研究开发的科技人员占职工总数的比例达10%以上；年销售额在2000万元以下，净资产在1000万元以下；每年用于高新技术研究开发的经费占销售额的5%以上；企业运作规范。

（三）拟设立入孵科技型企业的，主要发起人应为拥有自主知识产权或者创新商业模式的个人，包括海外留学生、全日制大学专科以上学历的在校生、5年以内毕业生及其他科技人员；知识产权权属清晰；有完整的创业计划。

第六条 基金根据企业成长的种子期、初创期不同阶段，采取股权投资或者履约投资方式运作，可以通过发起设立、增资扩股、股权受让及其他符合法律、法规规定的方式获得被投资企业的股权。

第七条 企业成长的种子期、初创期不同阶段认定，除具备第五条要求外，还应当具备以下任一条件：

（一）种子期：1．创新创业拟发起设立企业；2．企业主要技术还处于研发阶段，尚未形成销售；3．企业有产品试销，尚未形成成熟的盈利模式；4．企业有产品销售，但收入少于支出，尚未盈利。

（二）初创期：1．企业在技术创新及经营模式创新上特色明显，有一定的业绩；2．企业已有稳定盈利模式，开始由研发中试阶段向批量生产及销售发展。

第八条 基金按照被投资企业规模、发展阶段等实施差别化投资：对处于种子期的单个企业投资金额原则上不超过100万元，对处于初创期的单个企业投资金额原则上不超过300万元。基金不为被投资企业实际控制人，不参与企业日常经营管理。

第九条 基金为符合种子期的企业或者个人提供履约投资，企业单笔资金原则不超过30万元，个人单笔资金原则不超过10万元，期限不超过1年。履约投资总额原则上应当不高于基金总额的10%。

第十条 基金存续期内对各区企业累计投资额不低于该区出资额的2倍。

第十一条 基金的使用方式应当符合相关政策规定，不得用于抵押、担保、股票（被投资企业上市后所持未转让及配售部分除外）、期货、房地产、赞助、捐赠等支出，不得挪作他用。闲置资金可存放于银行或者投资于国债等。

第三章 基金管理

第十二条 基金中市本级财政资金全部纳入市科技创业投资引导基金管理委员会统筹管理，委托武汉科技投资有限公司为出资人。

第十三条 基金管理人与符合条件的商业银行签订托管协议，设立专项托管账户，接受市科技创业投资引导基金管理委员会办公室（以下简称基金办）监督，并按照要求提供月度报表。

第十四条 基金的日常管理和运作由基金管理人按照市场化、专业化的要求实施。

第十五条 基金管理人建立规范的投资流程管理制度，由项目经理根据基金的投资计划，收集拟投资企业信息，并经过筛选、评估立项及尽职调查等程序，形成投资建议书。

第十六条 基金管理人设立投资决策委员会（以下简称投委会），负责审定基金拟投资项目和基金所持有股权（或者其他权益）的出售。

投委会成员为5人，由基金管理人推荐3人，基金主要发起人推荐2人，最终人选由基金管理人决定。市科技局和市财政局可委派非常设委员，对基金的投资区域、投资对象是否符合本办法规定进行监督。投委会严格依照《项目投资管理实施细则》开展工作。《项目投资管理实施细则》由基金管理人拟定，报合伙人大会同意后生效。

第十七条 投委会会议以通讯或者其他非现场方式召开的，作出决策需全体委员同意；以现场方式召开的，作出决策需2/3以上委员同意；对项目退出作出决策时，实行简单多数制。

第十八条 基金管理人根据投委会的决策，与被投资企业签署投资合同等法律文书，并根据投资合同向托管银行发出划款指令。

第十九条 基金管理人指派专人对被投资企业进行跟踪管理，可通过派出董事、监事等管理人员参与公司经营决策，并对被投资企业提供战略规划、创业辅导、管理咨询等增值服务，但不参与被投资企业的日常经营管理。基金管理人应当定期将投资情况、被投资企业经营情况报基金办及各合伙人。

第四章 基金退出

第二十条 基金对单个企业投资原则上不超过5年，在约定投资期满或者提前退出时机出现时，应当由基金管理人根据投资合同约定或者实际情况拟订退出方案，报投委会决策。退出决策形成后，由基金管理人实施退出手续。

第二十一条 基金以股权转让方式退出的，投资合同对退出价格有约定的，执行合同；投资合同没有约定的，按照市场公允价格执行。同等条件下，按照基金中社会资金出资人、其他出资人的顺序转让出资。被投资企业若破产或者清算的，基金按照实际出资比例，承担相应的损失或者收回剩余资金和资产。

第二十二条 基金单个项目退出后，先提取净收益的5%作为风险准备金，用于弥补可能发生的亏损。剩余净收益用于分配，其中20%奖励给基金管理人，80%向全体合伙人分配。市本级财政资金所得应当存入市科技创业投资引导基金专户，由基金办统筹管理。

第二十三条 基金运行满3年后，由市级财政资金形成的天使基金部分，允许优先转让社会资本投资人。允许社会资本投资人将其所持有的基金份额，按照初始投资额转让给基金主要发起人。

第五章 支出、考核与激励

第二十四条 基金向基金管理人支付管理费，年管理费为实收资本总额的2%。管理费用于基金管理人日常运营支出、项目投资产生的中介费用及薪酬和奖励等。

第二十五条 对基金的考核，应当遵循天使投资市场规律，重在被投企业的创新性、成长性、科技成果转化效果和科技创业人才的培养。建立风险容忍和尽职免责机制，允许基金出现年均10%以下亏损；超过10%的，以基金管理人应分得的剩余资产进行弥补，基金管理人弥补的亏损额以其应分得的剩余资产额为限。支持基金申请各级政府部门的风险补偿资金。

第二十六条 基金办于每年度结束后3个月内对基金进行年度考核，考核内容如下：

（一）投资对象：符合本办法第五条规定；

（二）投资进度：基金年度新增投资额达到实到资金总额的30%以上（基金成立当年按月均计）；

（三）投资组合：对种子期企业投资额度占当年度投资余额达20%以上；

（四）投资效果：被投企业科技创新、商业模式创新、团队建设及成长性等；

（五）投资管理：严格按照管理办法规定的工作流程进行决策。

年度考核合格的，由基金办按照市人民政府有关规定对基金管理人、管理团队予以当年基金投资余额1%的奖励，年度奖励金额最高不超过50万元。

年度考核不合格的，由基金管理人予以说明并提出整改措施；若考核不合格且有重大失误的，可按照本办法第二十九条规定处理，并可要求更换基金管理人。

第二十七条 基金出现投资损失时，若基金管理人在投资决策和投资管理过程中满足下列条件的，基金管理人及项目相关人员不承担投资损失责任：

（一）投资前对拟投资项目进行了必要及充分的可行性研究论证；

（二）投资项目已经过投委会审议通过；

（三）已办理了投资相关的法律手续；

（四）投资完成后，对项目进行了有效跟踪管理并定期汇报项目运行情况；

（五）项目发生风险时，能够及时向基金合伙人及基金办反馈并采取有效措施；

（六）因不可抗力因素导致投资损失。

第二十八条 由于被投资方提供虚假信息，采取欺骗手段、误导投资决策导致投资损失，由基金管理人负责追究被投资方法律责任。

第二十九条 有证据表明，在投资决策和投资管理过程中，基金管理人存在徇私舞弊、滥用职权、玩忽职守等违法违规行为；或者损失发生后，未及时报告且未采取有效措施而导致损失继续扩大的，视情节轻重给予基金管理人及相关人员处罚；涉嫌犯罪的，依法移送司法机关处理。

第六章 监督管理

第三十条 基金中财政专项资金部分纳入公共财政考核评价体系。基金办对基金的政策目标、执行效果及基金运作等实施监督、考核和指导。

第三十一条 基金管理人应当于每个年度结束后3个月内和半年度结束后1个月内向基金办提交基金年度和半年度运行情况报告，对基金的投资领域、投资比例、损益情况进行动态分析及自评。

第七章 附 则

第三十二条 根据《武汉市科技创业投资引导基金管理办法》规定，市科技局承担基金办职责。

第三十三条 基金办责成武汉科技投资有限公司会同基金管理人根据本办法制订相关实施细则。

第三十四条 各区利用财政资金开展天使投资，可参照本办法执行。

第三十五条 本办法由市科技局、市财政局负责解释。

第三十六条 本办法自印发之日起施行。

武汉市人民政府办公厅
二〇一三年九月四日

武汉海外高层次人才社会保险工作暂行办法

（武人才〔2013〕1号）

第一条 为优化我市人才成长和聚集环境，引进和留住海外高层次人才来汉创新创业，根据《中共武汉市委、武汉市人民政府关于建设国际性人才高地的若干意见》（武发〔2012〕12号）文件精神，制定本办法。

第二条 本办法所指的海外高层次人才为：在我市工作、创业的中央“千人计划”、国家“高层次人才特支计划”、省“百人计划”、市“黄鹤英才计划”（含“3551光谷人才计划”、武汉经济技术开发区“高端人才聚集工程”）等中央、省市级重大人才工程入选的海外高层次人才和经市委人才办认定的急需紧缺海外高层次人才（认定办法另行制定）。

第三条 海外高层次人才，可参加我市城镇企业职工基本养老保险、城镇职工基本医疗保险和大额医疗保险、失业保险、工伤保险和生育保险等各项社会保险，缴纳社会保险费，并按规定享受社会保险待遇。

第四条 海外高层次人才，男性年龄未满60周岁、女性年龄未满55周岁，与用人单位建立劳动关系的，随所在用人单位参加社会保险。

第五条 海外高层次人才在我市参加城镇企业职工基本养老保险时，本人可按规定自愿一次性补缴1996年1月1日至归国来汉前的基本养老保险费。具体按照我市有关政策规定执行。

第六条 海外高层次人才自愿一次性补缴基本养老保险费后，其一次性补缴的年限，可按规定计算为实际缴费年限；本人1995年12月31日以前在中华人民共和国国家机关、事业单位和国有企业按规定可计算为连续工龄的工作年限，经社保经办机构审核认定，可认作视同缴费年限，并与实际缴费年限合并计算为基本养老保险缴费年限。

第七条 海外高层次人才参加企业职工养老保险，达到退休年龄时，累计缴费不足15年的，可采取适当延长缴费年限或一次性补齐不足15年年限的办法，具体按照本市有关政策规定执行。

第八条 按照规定建立企业年金的用人单位，可对引进的海外高层次人才在企业年金分配上作重点倾斜。鼓励用人单位为海外高层次人才建立商业补充养老保险等多层次养老保险体系。

第九条 海外高层次人才比照我市有关保健医疗待遇，其在职工基本医疗保险和大额医疗保险政策范围内的普通门诊、住院和在门诊治疗重症疾病（慢性疾病）的医疗费用，由补充医疗保险支付到95%。

第十条 海外高层次人才参加生育保险，从参保次月起即可享受生育保险待遇。

第十一条 海外高层次人才配偶、子女，均可按我市社会保险政策参保，并按规定享受相应待遇。

第十二条 海外高层次人才的配偶，男性年龄满60周岁、女性年龄满55周岁，未享受基本养老保险待遇的，可采取“一次性缴费15年”的办法参加我市城镇职工基本养老保险，缴费基数按照参保时上年度全市在岗职工月平均工资的100%确定，缴费比例按照灵活就业人员缴费比例即20%执行，从缴费的次月起，按规定享受基本养老保险待遇。

第十三条 海外高层次人才配偶、成年子女，自谋职业或灵活就业的，可参照灵活就业人员办法，参加基本养老保险和职工基本医疗保险。

第十四条 海外高层次人才配偶、未成年子女，未参加职工基本医疗保险的，可按规定参加城镇居民基本医疗保险，享受城镇居民基本医疗保险待遇。

第十五条 海外高层次人才配偶、子女参加生育保险，从参保次月起即可享受生育保险待遇。

第十六条 建立海外高层次人才社会保险专项补助资金，所需资金从市人才工作专项经费中列支，列入市财政年度预算。专项补助资金主要用于为海外高层次人才办理补充医疗保险及经办工作经费等。

第十七条 海外高层次人才及其配偶、子女的社会保险经办服务工作，统一由用人单位或居住地社保经办机构负责。急需紧缺海外高层次人才，在武汉高层次人才服务“绿色通道”申请认定身份后，再到当地社保经办机构办理社会保险事宜。

第十八条 建立武汉海外高层次人才社会保险专员服务制度，从专项社会保险补助资金中设立必要工作经费，选拔配备专门的对口服务人员，提供优质高效服务。

第十九条 本办法由市委人才工作领导小组办公室协调相关部门组织实施，由市人力资源和社会保障局负责解释。

第二十条 本办法自印发之日起施行。

中共武汉市委人才工作领导小组
二〇一三年一月十九日

武汉市人力资源和社会保障局 武汉市财政局关于海外高层次人才及其配偶子女参加社会保险的实施意见

（武人社发〔2013〕27号）

为了贯彻落实《武汉海外高层次人才社会保险工作暂行办法》（武人才〔2013〕1号），现就做好海外高层次人才及其配偶子女参加社会保险的各项管理服务工作提出如下实施意见：

一、实施范围及对象

（一）在我市工作、创业的中央“千人计划”、国家“高层次人才特支计划”、省“百人计划”、市“黄鹤英才计划”（含“3551光谷人才计划”、武汉经济技术开发区“高端人才聚集工程”）等中央、省市级重大人才工程入选的海外高层次人才。

（二）经认定批准的急需紧缺海外高层次人才。

（三）海外高层次人才的配偶及其子女。

对于符合上述实施范围及对象的人员，由市人力资源和社会保障局统一办理参加社会保险资格认定手续。

海外高层次人才社会保险实行年审制度，对不再符合上述条件的海外高层次人才及其配偶子女，其按本意见享受的有关社会保险优惠政策即行终止。

二、参保登记及缴费

（一）凡与用人单位建立劳动合同关系的高层次人才及其配偶子女，应随所在用人单位参加城镇企业职工基本养老保险、职工基本医疗保险、失业保险、工伤保险、生育保险等各项社会保险，并由用人单位和本人按规定缴纳社会保险费用。

（二）凡自主创业的海外高层次人才，原则上随所创办的企业法人单位参加城镇企业职工基本养老保险、职工基本医疗保险、失业保险、工伤保险、生育保险等各项社会保险；也可以在个人创业初期，经社保经办机构审核同意，在规定的期限内，参照灵活就业人员办法，参加基本养老保险和职工基本医疗保险。

（三）海外高层次人才的配偶子女从事灵活就业的，可以按照灵活就业人员办法参加职工基本养老保险和基本医疗保险；海外高层次人才的未成年子女和未就业的配偶及成年子女可以按规定参加城镇居民基本医疗保险。

（四）海外高层次人才及其配偶子女在参加我市城镇企业职工基本养老保险时，可依据自愿原则，一次性补缴1996年1月1日至归国来汉前的基本养老保险费，补缴基数按照参保补缴时上一年我市在岗职工平均工资的60%至300%范围内申报核定，补缴比例统一为28%。在按照上述政策规定补缴了以前年度基本养老保险费以后，海外高层次人才原在国内机关、事业、企业单位工作且符合国家政策规定的连续工龄可以计算为视同缴费年限，并与归国后参保的实际缴费年限连续计算。

（五）海外高层次人才及其配偶子女参保后，在达到退休年龄时，其基本养老保险缴费年限累计不满15年的，可以由本人选择采取适当延长缴费年限（延长缴费时间不得超过5年）或一次性补齐不足15年缴费年限的办法，使其达到国家规定的最低缴费年限15年的领取条件。具体按照本市统一的政策规定执行。

（六）海外高层次人才的配偶，参保时男性年龄已满60周岁、女性年龄已满55周岁，且未享受基本养老保险待遇的，可采取“一次性缴费15年”的办法，参加我市城镇企业职工基本养老保险，缴费基数按参保时上年度全市在岗职工月平均工资的100%确定，缴费比例按照灵活就业人员缴费比例即20%执行。在一次性缴费后，可按规定核定、计发和领取基本养老金。

三、待遇核定及结算

（一）海外高层次人才及其配偶子女，按规定参加城镇企业职工基本养老保险，达到国家规定退休年龄，缴费年限累计满15年以上的，可按规定享受基本养老金待遇，并统一执行企业退休人员基本养老金调整政策。

（二）海外高层次人才及其配偶子女，参加基本医疗保险、工伤保险和生育保险的，按照本市规定享受相应的待遇。海外高层次人才在享受职工基本医疗保险和大额医疗保险待遇的基础上，再比照我市有关保健医疗待遇享受补充医疗保险待遇。

（三）海外高层次人才在定点医疗机构普通门诊就医，其合规医疗费用先由个人账户支付（个人账户不足支付时，由个人用现金支付。现金支付时也需要刷社会保障卡，便于计算机系统记录消费信息）。年度累计合规普通门诊医疗费的95%超过本人个人帐户年度配置额的部分，由补充医疗保险按年支付给个人。市医保中心在每年3月底前将上年度的普通门诊补充医疗保险支付款拨付到个人社会保障卡金融账户内。补充医疗保险支付普通门诊医疗费的计算公式为：

普通门诊补充支付金额=年度累计的合规普通门诊医疗费用×95%－本人个人帐户年度配置额

（四）海外高层次人才在定点医疗机构门诊治疗重症疾病（慢性疾病，下同）和住院发生的医疗费用，暂实行“二次结算”，待条件具备后，过渡到实时直接结算。

在医疗保险结算系统升级完善前，属职工基本医疗保险和大额医疗保险支付的门诊治疗重症疾病和住院医疗费用，由定点医疗机构记账并与市医保中心结算，属补充医疗保险和个人支付的医疗费用，先由个人与定点医疗机构结算。个人垫付的补充医疗保险费用再按月结算，由市医保中心在每月初将上月的补充医疗保险支付款拨付到个人社会保障卡金融账户内。

在医疗保险结算系统升级完善后，海外高层次人才在定点医疗机构门诊治疗重症疾病和住院，只需与定点医疗机构结算应由个人支付的医疗费用，余下应由职工基本医疗保险和补充医疗保险支付的医疗费用，由定点医疗机构记帐并与市医保中心结算。由补充医疗保险支付的门诊治疗重症疾病和住院医疗费用的计算公式为：

门诊治疗重症疾病和住院补充支付金额=门诊治疗重症疾病和住院的合规医疗费用×95%-由职工基本医疗保险基金和大额医疗保险基金支付的费用。

（五）海外高层次人才在定点零售药店购药，其合规费用由个人账户支付，个人账户不足支付时，由个人用现金支付。上述购药费用不纳入补充医疗保险支付范围。

（六）海外高层次人才常驻外地、因公出差、探亲或在法定假期期间在市外医疗机构就医发生的医疗费用，因紧急抢救在非定点医疗机构发生的医疗费用，以及因社保卡遗失、损坏等原因未持卡在定点医疗机构发生的医疗费用，均先由个人垫付。治疗终结后，携带身份证（居住证）、社会保障卡、住院费用汇总清单、发票、住院病历资料复印件等相关资料到市医保中心办理医疗费审核报销手续。

（七）海外高层次人才及其配偶子女参加生育保险，从参保次月起即可享受生育保险待遇。已参加生育保险的海外高层次人才，其未就业配偶和子女，可享受生育医疗费用待遇；生育医疗费用先由个人现金垫付，然后由市医保中心按规定办理费用审核结算。

四、资金使用及管理

（一）设立海外高层次人才社会保险专项补助资金，主要用于海外高层次人才补充医疗保险。每年由市人社局会同市财政局根据海外高层次人才参保及结算情况进行测算，列入年度财政预算。

（二）海外高层次人才补充医疗保险费单独建账，专款专用，与基本医疗保险基金分开核算。海外高层次人才补充医疗保险费实行储备金制度。由市财政局预拨补充医疗保险费至医疗保险基金专户，市医保中心按照核定的应付账申请拨付款项，并定期向市财政局核销预拨的补充医疗保险费。补充医疗保险费储备不足时，市医保中心应及时向市财政局申请补足储备金，保证补充医疗保险费及时、足额发放。年度末，与市财政局核对本年度补充医疗保险费拨付使用情况。

五、职责分工及经办

（一）用人单位负责提供海外高层次人才及其配偶子女的身份认定证明及相关参保手续。

（二）市人力资源和社会保障局认定海外高层次人才及其配偶子女的身份和视同缴费年限，相关社保经办机构完成身份信息的登记、参保手续和待遇给付工作。

（三）各社保经办机构负责辖区单位海外高层次人才及其配偶子女的社会保险服务工作。根据工作需要，每个经办机构应安排1—2名业务熟悉的人员作为服务专员，为海外高层次人才提供优质高效的社会保险服务。

六、其他事项

本意见实施中的具体问题由市人力资源和社会保障局负责解释。

附件：武汉海外高层次人才及其配偶子女参加社会保险资格认定办法

武汉海外高层次人才及其配偶子女参加社会保险的资格认定工作，根据部门职责分工，按照简化办理流程和提高办事效率的原则，实行“牵头负责、归口管理、协作配合、统一对外”的认定流程模式。

一、认定部门及职责分工

武汉市人力资源和社会保障局专业技术人员管理处牵头负责武汉高层次人才及其配偶子女参加社会保险的资格认定工作，养老保险处、市社会保险基金结算中心按照各自分工配合做好各项资格认定的具体工作。

1．专业技术人员管理处负责审核确认海外高层次人才及其配偶子女的基本信息，定期向养老保险处、市社会保险基金结算中心提供详细资料及名单。

2．养老保险处负责审核海外高层次人才及其配偶子女补缴基本养老保险费或一次性缴纳基本养老保险费的资格，认定实际缴费年限及视同缴费年限。

3．市社会保险基金结算中心负责审核确认海外高层次人才及其配偶子女参加社会保险的类别及险种，核定补缴或一次性缴纳基本养老保险费具体数额，指导社保经办机构操作，实行备案管理。

二、认定流程及所需资料

武汉海外高层次人才及其配偶子女参加社会保险资格认定工作由资料采集、个人申报、审核确认三个环节组成。

1．资料采集。申报人员须提供本人及配偶子女的居民身份证或护照、居住证、学历证书、婚姻证书等相关资料，其中，随用人单位参保的人员，还须提供劳动合同书、工资发放凭证等资料；自主创业及灵活就业的人员，还须提供机构代码证、工商注册登记证副本、个体工商户营业执照副本、就业证等资料；申请补缴基本养老保险费的人员，还须提供本人原始档案、原服务单位身份证明等材料。

2．个人申报。申报人员统一向市人力资源和社会保障局专业技术人员管理处提交上述资料，填写《武汉海外高层次人才及其配偶子女参加社会保险资格认定表》。

3．审核确认。市人力资源和社会保障局专业技术人员管理处会同养老保险处、市社会保险基金结算中心审核确认参保资格及相关条件，专业技术人员管理处负责提供武汉海外高层次人才名单，审核确认基本信息，核验相关资料，并定期移交养老保险处、市社会基金结算中心审核确认其他参保资格及条件；养老保险处负责审核确认补缴及一次性缴纳基本养老保险资格，核定计算实际缴费年限和视同缴费年限；市社会保险基金结算中心负责审核确认参保类别及险种，计算核定补缴及一次性缴纳基本养老保险费数额。

三、资格年审

武汉海外高层次人才及其配偶子女参加社会保险资格认定工作，实行日常管理与年审制度相结合的办法，具体由市人力资源和社会保障局专业技术人员管理处会同社保经办机构及有关服务单位负责承办。海外高层次人才出现以下几种情况，应及时终止参加社会保险或享受补充医疗保险待遇的资格。

1．海外高层次人才由于各种原因离开本市的，服务单位及本人应及时向市人力资源和社会保障局报告，并申请终止享受海外高层次人才补充医疗保险待遇的资格。

2．海外高层次人才及其配偶子女由于各种原因离开本市后，服务单位应及时申报，积极配合社保经办机构，按规定办理海外高层次人才及其配偶子女社会保险关系的转移、接续、终止等手续。社保经办机构办理相关手续后，应及时向专业技术人员管理处反馈和备案。

3．海外高层次人才及其配偶子女参加社会保险资格，在上述日常管理的基础，实行年度审核制度，时间安排在每年的12月份，具体由市人力资源和社会保障局专业技术人员管理处负责组织实施，各社保经办机构、服务单位和高层次人才及其配偶子女应给予协助和配合。

武汉市人力资源和社会保障局
武汉市财政局
二〇一三年四月八日

武汉市高层次人才居住证申领办法

（武人社发〔2012〕33号）

第一条 为服务海内外高层次人才来汉创业，根据《武汉市高层次人才居住证管理暂行办法》（武人才〔2012〕7号）规定，特制定本办法。

第二条 来本市工作或者创业，非武汉户籍人员、符合下列条件之一的，可以申领《武汉市高层次人才居住证》（以下简称《高层次人才居住证》）：

（一）中央“千人计划”入选者。

（二）省“百人计划”入选者。

（三）市“黄鹤英才计划”（含东湖新技术开发区“3551光谷人才计划”，武汉经济技术开发区“高端人才聚集工程”）入选者。

（四）经市委人才办认定的其他高层次人才。

第三条 按照简化程序，提高服务效率的要求，办理《高层次人才居住证》需查验下列材料（其中（二）至（四）项需提供复印件）：

（一）《武汉市高层次人才居住证申请表》（一式三份）及电子版。

（二）有效身份证明：

1．具有外国国籍并持有外国护照的人员，提交本人护照；

2．取得外国永久居住权、仍持有中国护照的人员，提交本人护照和外国永久居留证明；

3．其他非武汉户籍的人员，提交本人居民身份证或户口本。

（三）在本市工作或创业证明：在本市工作的，提供与单位签订的符合国家规定的劳动合同或聘用合同；在本市创业的，提供创办企业的组织机构代码证、营业执照副本或投资证明。

（四）本市居住证明：港、澳、台及外国国籍人员应当提交居住地派出所出具的境外临时住宿人员登记簿或境外常住人员登记簿，其他非武汉户籍的人员应当提交本人武汉市居住证或流动人口登记证明。

（五）符合第二代居民身份证标准的一寸彩色数码照片。

第四条 在东湖新技术开发区已办理《武汉市人才居住证》且符合本办法第二条规定的人员，可以凭《武汉市人才居住证》和第三条（一）项材料换领《高层次人才居住证》。

第五条 随同高层次人才来汉的配偶、子女申请《武汉市高层次人才居住证（副卡）》（以下简称副卡）需提供下列材料（其中（二）至（五）项需提供复印件）：

（一）《武汉市高层次人才居住证（副卡）申请表》（一式三份）及电子版。

（二）本人居民身份证、户口本或护照等有效身份证明。

（三）随行配偶应提供合法的婚姻证明（外国婚姻证明请同时提供翻译件）。

（四）随行子女应提供合法的亲属关系证明。

（五）本市居住证明：港、澳、台及外国国籍人员应当提交居住地派出所出具的境外临时住宿人员登记簿或境外常住人员登记簿，其他非武汉户籍的人员应当提交本人武汉市居住证或流动人口登记证明。

（六）符合第二代居民身份证标准的一寸彩色数码照片。

第六条 申领《高层次人才居住证》及副卡按以下程序办理：

（一）填写表格

申请人在市人社局网站（www.whrsj.gov.cn）下载《武汉市高层次人才居住证申请表》或《武汉市高层次人才居住证（副卡）申请表》，并按要求填写。

（二）单位盖章

申请人携带申请所需材料到工作单位主管部门或所在区审签盖章。

（三）提交材料

申请人到市民之家（江岸区金桥大道117号）服务窗口提交申请材料。属于本办法第二条（四）项的高层次人才及其配偶子女，到市委人才办窗口提交申请。符合第二条（一）至（三）项的高层次人才及其配偶子女，直接到市人社局窗口申请。申请材料符合要求的，工作人员接收申请材料并发给申请人《受理凭据》。对材料不齐全的，由工作人员告知所需补交的材料，同时退回申请材料。

（四）制发证件

对符合申领条件的申请材料，工作人员在24小时内将制证信息传送给制证部门，申请人在15个工作日后凭《受理凭据》到市民之家市人社局窗口领取证件。

第七条 《高层次人才居住证》及副卡有效期为3年。有效期满需要续办的，应在有效期满30日内持《高层次人才居住证》或副卡原件、《续办申请表》（一式三份，在市人社局网站下载）及高层次人才在本市工作或创业证明到市民之家市人社局窗口提出续办申请。符合续办条件的，按制证、发证流程办理换领新证。

第八条 《高层次人才居住证》及副卡遗失的，持证人应及时到市民之家市人社局窗口办理挂失手续，并凭本人身份证明原件和复印件申请补办。

第九条 高层次人才与单位中止、解除劳动（聘用）合同或者在本市撤资的，用人单位或创业所在区要及时向市人力资源和社会保障局报备，持证高层次人才及其配偶子女应将《高层次人才居住证》及副卡交回发证机关。

第十条 持证人取得本市户籍时，由市公安局收回《高层次人才居住证》或副卡。

第十一条 本办法自印发之日起施行，由市人力资源和社会保障局、市公安局负责解释。

武汉市人力资源和社会保障局
武汉市公安局
二〇一三年四月十九日

广东省人民政府关于进一步扶持中小微企业发展和民营企业做大做强的意见

（粤府〔2013〕115号）

2012年省政府出台了《2012年扶持中小微企业发展的若干政策措施》，对推动我省经济平稳较快发展起到了重要作用。为进一步加大对我省中小微企业的扶持力度，促进中小微企业健康发展，同时加快培育壮大民营骨干企业，努力培育一批百亿级、千亿级的民营骨干企业，形成“大企业顶天立地、中小企业铺天盖地”的企业生态，使民营企业成为支撑我省经济内生增长和参与国际竞争的重要力量，提出以下意见。

一、加大对中小微企业的扶持力度

1．继续执行省政府关于《印发2012年扶持中小微企业发展若干政策措施的通知》（粤府〔2012〕15号）中的50项政策措施。（详见附表）

2．自2013年8月1日起，对增值税小规模纳税人中月销售额不超过2万元的企业或非企业性单位，暂免征收增值税；对营业税纳税人中月销售额不超过2万元的企业或非企业性单位，暂免征收营业税。（省国税局、地税局负责）

3．对从事蔬菜批发、零售的纳税人销售的蔬菜免征增值税；对从事农产品批发、零售的纳税人销售的部分鲜活肉蛋产品免征增值税。（省国税局负责）

4．符合条件的中小企业信用担保机构按照不超过当年年末担保责任余额1%的比例计提的担保赔偿准备，允许在企业所得税税前扣除，同时将上年度计提的担保赔偿准备余额转为当期收入。符合条件的中小企业信用担保机构按照不超过当年担保费收入50%的比例计提的未到期责任准备，允许在企业所得税税前扣除，同时将上年度计提的未到期责任准备余额转为当期收入。中小企业信用担保机构实际发生的代偿损失，符合税收法律法规关于资产损失税前扣除政策规定的，应冲减已在税前扣除的担保赔偿准备，不足冲减部分据实在企业所得税税前扣除。（暂执行至2015年12月31日，省国税局负责）

5．全面落实国家和省已取消、免征、降低行政事业性收费的各项规定，同时进一步清理、减免我省现有行政事业性收费。自2014年1月1日起2年内，堤围防护费按现行征收标准下调20%；对月营业额2万元以下的中小微企业免征；在保证足额上缴省级统筹部分的前提下，允许各地级以上市政府自行决定是否“封顶”征收堤围防护费。减收治安联防费，并推动尽快取消该项收费。加快研究完善城市、村镇基础设施配套费管理规定。（省物价局、财政厅负责）

6．鼓励各金融机构盘活信贷存量、优化增量，将全年新增贷款部分和“高耗能、高污染”贷款到期回收部分主要用于支持小微企业发展，完善绩效考核机制，适当提高小微企业不良贷款容忍度，力争全年小微企业贷款增速不低于当年各项贷款平均增速、贷款增量不低于上年同期水平。（人民银行广州分行、广东银监局负责）

7．引导资信良好、实力较强的小微企业利用私募债、区域集优集合票据、中小企业集合票据等债券市场融资。（省金融办、经济和信息化委、人民银行广州分行、广东银监局、广东证监局负责）

8．支持民间资本在符合准入条件、承诺自担风险的前提下探索发起设立民营银行等民营金融机构，完善金融服务体系，提升对中小微企业的金融服务水平。（省金融办、人民银行广州分行、广东银监局负责）

9．落实货物贸易外汇管理制度改革，降低外贸小微企业经营成本。调整短期外债余额指标，重点向服务中小微企业的银行倾斜。（人民银行广州分行负责）

10．鼓励省内中小企业申报挂牌全国中小企业股份转让系统；大力支持省内区域股权交易市场建设，为中小企业提供合法、规范的股权转让和私募融资平台。（广东证监局负责）

11．举办创新创业大赛，支持科技型中小企业创新创业。推动中小微企业公共技术服务机构、创业投资机构建设，引导公共技术服务平台为中小微企业创新创业开展基础性、公益性和开放性的专业化技术服务。发挥省级示范公共技术服务机构的辐射带动作用，为中小微企业营造良好的技术创新环境。（省科技厅、经济和信息化委负责）

12．支持建设大学科技园、科技企业孵化器等科技创业服务机构，完善区域孵化服务网络；引导各地加快建设科技企业加速器；支持各地建设特色产业园，促进中小微企业集群化发展。（省科技厅负责）

13．引导支持中小微企业“上网触电”，激励电商平台开展让利促销，2013年省中小企业专项资金安排2000万元补贴中小微企业“上网触电”，推动中小微企业利用电商平台开拓国内市场。（省经济和信息化委负责）

二、培育壮大民营骨干企业

14．对列入全省重点支持大型骨干企业目录的民营企业加强跟踪服务工作，确保省相关扶持政策不折不扣落实到位。（省经济和信息化委负责）

15．在全省大型骨干企业目录之外，将珠三角地区年营业收入超50亿元、粤东西北地区年营业收入超10亿元的民营企业列为省重点培育对象，并授予省重点培育民营骨干企业牌匾，参照列入目录的大型骨干企业给予相关扶持政策。（省经济和信息化委负责）

16．支持民营骨干企业牵头申报省战略性新兴产业、国家重大科技、重大成果转化、省部（院）产学研合作、省重点实验室等专项资金，加快突破关键核心和产业化技术。（省财政厅、经济和信息化委、科技厅负责）

17．对民营骨干企业的投资项目优先给予用地保障。各地应建立民营骨干企业用地专项保障制度，加大民营企业用地供给规模。（省国土资源厅负责）

18．鼓励银行业金融机构加大对民营骨干企业的信贷支持，对民营骨干企业贷款规模增长较快的银行业金融机构，相关单位可根据各银行机构的贷款支持情况，在安排扶持重点金融产业发展专项资金时给予综合考虑。（人民银行广州分行、广东银监局、省金融办、省财政厅负责）

19．鼓励各地设立上市扶持基金，支持民营骨干企业通过发行股票、债券、可转换债、并购私募债等方式并购重组融资。支持符合条件的民营骨干企业参与广东现有地方金融机构改革重组，以及发起设立或参与设立企业财务公司、汽车金融公司、融资租赁公司、股权投资企业、航运保险公司、消费金融公司等新型金融机构。（省金融办、人民银行广州分行、广东银监局、广东证监局负责）

20．支持以民营骨干企业为载体，建设一批产业特色鲜明、产业链较完善、辐射带动作用强的战略性新兴产业基地。

（省科技厅、经济和信息化委、发展改革委、财政厅负责）

21．支持民营骨干企业创建国家级和省级工程技术研究中心、重点实验室、企业技术中心等创新平台。支持以民营骨干企业为主导发展产业技术创新战略联盟，建立联合开发、优势互补、成果共享、风险共担的产学研用合作机制。（省科技厅、经济和信息化委、财政厅负责）

22．鼓励国家级和省级工程技术研究中心、重点实验室、企业技术中心等创新平台向民营骨干企业开放并提供服务。省结构调整、技术创新、中小企业等专项资金要对创新平台服务民营骨干企业给予支持。（省科技厅、经济和信息化委、财政厅负责）

23．加快民营科技企业创新产业化基地建设，建设一批科技型民营企业自主创新、引进消化吸收再创新、产学研联合创新等产业化示范基地。（省科技厅、经济和信息化委负责）

24．鼓励民营骨干企业开展强强联合、上下游整合等多种形式的并购重组，提高产业集中度和资源配置效率。鼓励民营骨干企业赴境外收购兼并实体经济、设立研发设计机构、招聘吸收高层次人才、投资办厂、建立营销渠道，参与全球资源整合与经营。（省外经贸厅、经济和信息化委负责）

本意见所列扶持政策措施，国家和省有实施年限规定的，按其规定执行。各地、各有关部门要根据本意见，结合实际制定具体实施意见。省政府将对本意见各项政策措施的落实情况进行督查。

附表：粤府〔2012〕15号文继续执行的50项政策措施（略）

广东省人民政府

二〇一三年十一月二十一日

广东省人民政府办公厅关于促进科技和金融结合的实施意见

（粤府办〔2013〕33号）

为深入贯彻落实党的十八大以及省委十一届二次全会精神，大力实施创新驱动发展战略和推进金融强省建设，积极引导金融资源向科技领域配置，促进科技和金融结合，加快科技成果转化和培育战略性新兴产业，根据《广东省自主创新条例》、科技部等部委《关于促进科技和金融结合加快实施自主创新战略的若干意见》（国科发财〔2011〕540号）等规定，经省人民政府同意，现就促进科技和金融结合提出以下实施意见：

一、指导思想与目标要求

（一）指导思想。坚持以邓小平理论、“三个代表”重要思想、科学发展观为指导，围绕“三个定位，两个率先”总目标，以转变发展方式、加快转型升级为主线，创新科技和金融结合体制机制，构建多层次、多渠道、多元化科技投融资体系，形成科技与金融创新协同效应，促进技术、资本、人才等要素向科技型企业集聚，发展高新技术产业和培育战略性新兴产业，为实施创新驱动发展战略、建设创新型广东提供有力支撑。

（二）目标要求。按照省委、省政府建设创新型广东和金融强省的总体部署，遵循科技创新和金融创新客观规律，建立健全以市场为导向、产业为支撑、政产学研金紧密合作的科技金融服务体系，走出一条具有广东特色的科技和金融结合道路。到2015年，确保科技贷款余额、科技型企业境内外上市数和融资额、创业投资管理资金规模等在“十一五”基础上翻一番，争取全省科技金融创新水平和服务能力跻身全国前列。通过开展试点示范工作，全省逐步建立促进科技和金融结合工作机制，科技投融资环境不断优化，科技型企业尤其是民营科技型中小企业融资难问题得以解决，科技金融服务业规模不断发展壮大，形成一支高素质科技金融人才队伍，科技金融产品创新取得显著进展。

二、积极培育和发展创业投资

（一）加快设立发展种子基金和科技孵化基金。省粤科金融集团设立省级种子基金，支持初创期科技型企业发展，并逐年增加种子基金规模，争取到2015年达到5亿元。鼓励各地参照省的做法，大力发展政策性种子基金。积极引导社会资本设立科技孵化基金，加强科技企业孵化器的金融支持，支持前孵化器、孵化器、加速器等公共服务平台建设，建设综合性大型孵化器。开展大中型仪器设备融资租赁等业务，投资扶持科技型企业，促进科技成果转化。鼓励各地、各有关单位采取参股、设立专项资金和科技计划项目支持等方式，引导高等院校、科研院所、科技园区以及社会资本加大对孵化体系投入。

（二）充分发挥省战略性新兴产业创业投资引导基金带动作用。建立和完善创业投资引导机制，加强省级创业投资引导基金使用和管理，优化投入结构，增强引导放大能力。鼓励各地级以上市设立创业投资引导基金，逐步形成省、市联动的创业投资引导基金体系。创业投资引导基金参股设立的创业投资基金，投资于初创期和早中期科技型企业的比例不低于基金注册资本或承诺出资额的60%。

（三）引导创业投资机构投资科技型企业。探索建立政府科技、产业财政资金、财政经营性资金股权投资和创业投资资金共同投入科技型企业的新机制，利用财政资金引导更多的创业投资资本进入广东。探索建立创业投资机构集聚区，吸引境内外创业投资机构入驻。加强与国内外知名创业投资机构及行业组织合作，建立健全长效合作机制，积极举办创业投资机构和省内科技型企业对接合作活动。鼓励各地、各有关部门根据创业投资发展需求，研究制订财政投入、风险补偿、人才引进等政策措施。建立完善适合国有创业投资机构发展的考核评价和激励约束制度，进一步发挥国有创业投资机构政策性引导作用。

（四）探索开展科技产品金融化试点。积极开展科技型企业的专项或定向资产管理、资产证券化试点工作。鼓励采用合同能源管理、供应链融资、融资租赁等模式，帮助科技型企业筹集资金进行新技术、新设备和新产品大规模市场推广等活动，促进战略性新兴产业加快发展。

三、引导发展科技信贷

（一）鼓励金融机构创新科技型企业贷款模式、产品和服务。引导政策性银行、商业银行和非银行金融机构创新信贷工具，开展股权、专利权、商标权和版权等担保贷款业务。鼓励金融机构发展应收账款、保理等供应链融资和票据贴现业务，积极创新科技型企业流动资金贷款还款方式。支持省、市、县（区）联动设立政府科技贷款风险补偿金和科技贷款贴息资金，形成政府引导、多方参与的科技型企业贷款风险补偿机制。

（二）促进新型科技金融机构发展。鼓励社会资本借鉴国内外经验，探索创办具有独立法人资格的科技银行；支持商业银行在高新技术产业开发区、专业镇和孵化器等建立科技支行，实行专门的客户准入标准、信贷审批、风险控制、业务协同和专项拨备等政策机制。在省级以上高新技术产业开发区、经济技术开发区、大学科技园、民营科技园、农业科技园、海洋与渔业科技园以及专业镇，开展科技小额贷款试点工作。规范租赁物权属登记公示和权证办理，加大对租赁和融资租赁业务发展的财税支持，促进科技融资租赁机构发展。鼓励设立科技担保公司，为科技型企业提供担保、再担保及反担保等业务。鼓励按规定设立风险准备金、风险池资金或专项补贴资金，主要用于科技银行（支行）、科技小额贷款公司、科技融资租赁机构及科技担保公司的风险分担或补贴。

（三）推动科技保险产品创新和科技担保业务发展。不断丰富科技保险产品，通过保费补贴、专项奖励等方式，鼓励保险机构开发自主创新首台（套）产品（设备）推广应用、融资以及人员保障类等适合科技型企业的保险产品。支持广州、深圳、佛山、东莞等市开展科技保险试点和“国家专利保险试点”工作，鼓励有条件的地区和高新技术产业开发区、专业镇设立科技保险补贴、担保补偿专项资金，并适当提高补贴比例。建立完善担保、再担保、反担保机制，支持科技融资担保机构进一步开发适合科技型企业的担保新品种。通过共享项目资源、探索使用认股权证等方式建立担保与创投业务协同机制，促进科技融资性担保机构与创投机构合作。

（四）积极开展知识产权投融资服务。逐步完善知识产权质押融资贷款贴息扶持政策，对符合条件的知识产权质押融资科技型企业适当提供贷款贴息。支持知识产权质押融资中介服务机构规范行业管理，加强行业自律和合作，提高品牌影响力和信誉度。支持金融机构扩大质押物范畴，开发知识产权质押融资新品种，开展以知识产权组合为基础的资产管理、信托等业务。依托高新技术产业开发区、专业镇和行业协会，引导科技型企业建立知识产权质押融资综合授信模式，扩大质押融资规模，降低融资成本和风险。加大体制机制创新，及时总结推广成功经验，支持佛山市南海区建设“国家知识产权投融资综合试验区”、顺德区开展“国家知识产权投融资服务试点”。

四、大力发展多层次资本市场

（一）积极推动科技型企业上市。推动各地建立科技型企业上市后备资源库，稳步有序扶持企业上市。大力发展科技中介服务机构，加强对科技型中小企业上市的预辅导。引导民营科技型中小企业进行股份制改造，建立现代企业制度。各地、各有关单位共同加大扶持力度，在权益明确、发展用地保障、申报科技和产业化项目等方面，对后备上市科技型企业给予优先支持，推动符合条件的企业在主板、中小板及创业板上市。鼓励已上市的科技企业通过增发股份、兼并重组做大做强。

（二）加快发展场外交易（OTC）市场发展。支持广州、深圳、佛山等市规范发展区域场外交易市场，重点引导和支持民营科技型中小企业挂牌交易。完善非上市公司股份公开转让的标准流程，加强场内科技型企业分类指导和分层管理，鼓励区域场外交易市场结合科技型企业融资需求，不断创新交易产品和服务模式。全面推动国家级高新区进入“新三板”扩容试点。鼓励科技型企业到“新三板”挂牌融资，推动高新技术产业开发区加强与金融机构合作，为园区企业改制、“新三板”挂牌及上市提供支持和服务。

（三）鼓励科技型企业发行区域集优融资模式下的中小企业集合票据。开展战略性新兴产业区域集优集合票据试点工作，鼓励各地按规定设立区域集优集合票据政府偿债基金，扩大区域集优融资工作试点规模和范围。创新债券发行主体、发行机制和交易模式，鼓励政策性银行、商业银行、证券公司等大力发展科技型企业债券承销业务。积极支持创新能力强、经济效益好的科技型企业在银行间债券市场发行短期融资券、中期票据等债务融资工具。鼓励科技型上市企业发行公司债券和可转换债券，加大债券市场产品创新力度。进一步推进科技型企业资产证券化产品创新，多渠道扩大债务融资规模。

（四）建立健全技术产权交易市场。依托中国（华南）国际技术产权交易中心和南方联合产权交易中心等平台，创新产权评估机制，开展专利技术评估、交易和管理保护等业务。鼓励各地建立健全技术产权交易信息平台等服务体系，落实合同登记、技术装备进出口、企业研究开发经费税前加计扣除等税收优惠政策，对符合条件的技术产权交易项目予以重点扶持。

五、完善科技金融服务体系和机制体制

（一）做大做强省粤科金融集团。充分发挥省粤科金融集团作为促进科技和金融结合的主渠道、主平台和主力军作用，提升科技金融业务核心竞争力和影响力。支持省粤科金融集团完善管理经营机制，拓宽科技金融服务领域，在原有创业投资业务基础上，积极拓展科技小额贷款、科技融资担保、科技融资租赁、科技资产评估与交易、科技产业基金、科技金融产业园区等业务，在全省国家级高新技术产业开发区设立科技金融服务机构，并逐步推广至各省级高新技术产业开发区、专业镇，形成科技金融产业发展新格局。

（二）积极推广“三资融合”模式。在民营科技园中大力推行土地资本、金融资本和产业资本相融合的建设模式。探索民营科技园创新体制机制的做法，引导产业资本向民营科技园集聚，壮大民营科技经济发展规模。增强土地资本产出效益，提升民营科技园土地集约化水平。鼓励和支持民间及社会资本投资建设民营科技园，扶持民营科技企业发展壮大，实现土地资本、金融资本和产业资本深度融合。

（三）深入开展科技金融试点示范工作。发挥广州、深圳的金融辐射带动作用，加大政策创新和专项资金支持力度，重点建设好“广佛莞”和深圳两个国家级促进科技和金融结合试点，创新促进科技与金融结合模式。以广东金融高新技术服务区和东莞松山湖高新技术产业开发区等为载体，集成土地、资金、政策、服务等优势资源，打造科技金融创新发展示范区，构建科技金融服务体系。支持有条件的专业镇、民营科技园、高新技术产业园区等产业集聚区结合自身实际，积极开展促进科技和金融结合试点示范工作。

（四）加强科技金融信用体系建设。各地、各有关单位要加强合作，促进信息资源互通共享，对科技型企业、科技金融中介服务机构和创业投资机构的社会信用进行规范管理。鼓励有关单位组建科技金融行业协会，加强行业自律管理。鼓励高新技术产业开发区、民营科技园和专业镇等建设科技金融信用体系建设示范区。鼓励有条件的单位设立科技信用评级机构，依托人民银行企业征信系统加强科技型企业信用管理工作。

（五）建立和完善科技金融服务平台。充分发挥生产力促进中心、科技园区、孵化器、产业技术联盟和行业协会的作用，建立服务功能较完善、服务水平较高的全省性科技金融服务体系。依托中国（广州）国际金融交易博览会、中国国际高新技术成果交易会等大型会展平台，强化科技金融交易和服务功能。

（六）加强农业等领域的科技和金融结合。加大金融支持力度，鼓励高科技人才创业和提供科技服务，推动农业、林业、海洋与渔业等领域的科技成果转化推广与应用，加大相关产品研发力度，提升产品质量，延长产业链，提高产品附加值。支持文化科技核心技术研发和推广应用，培育新型文化业态，推动文化科技创新和文化产业优化升级。引导金融机构、民间资本投入农业、文化等产业，鼓励设立产业化基金，支持农业龙头企业和骨干文化科技企业做大做强，促进科技和金融与农业、文化等领域的深度融合。

六、保障措施

（一）加强组织领导，形成工作合力。建立省政府促进科技金融结合工作协调机制，明确目标任务，完善政策保障体系和监管机制，统筹各地、各有关部门资源，形成上下联动、协同推进的工作格局。省科技、金融部门要会同发展改革、经济和信息化、财政、工商、税务、人行、银监、证监、保监以及知识产权等部门，充分发挥各自优势，加快形成具有广东特色的科技和金融结合发展模式。各地要建立相应的工作机制，明确责任部门，制订工作方案，突出重点，抓好落实。各试点、示范地区要先行先试，积极创新工作思路，切实发挥示范引领作用。

（二）加大资金投入，完善人才机制。充分利用好现有的科技、金融、贷款贴息等相关专项资金，支持国家和省级科技金融工作试点、示范区建设科技金融公共服务平台，促进科技金融人才队伍建设。鼓励各地以及各高新技术产业开发区、专业镇结合实际加大对科技和金融结合的投入力度。探索与发达国家及港澳台地区建立科技金融人才交流培养机制，加大科技金融人才培养和引进力度。鼓励高等院校建立科技金融教育、培训和研究基地，加强科技金融相关学科建设，提高科技金融人才培养水平。落实和完善扶持政策，进一步完善对科技金融人才激励机制。

（三）完善科技计划管理体制，拓宽科技项目融资渠道。完善科技项目评审和经费投入机制。探索建立财政科技计划经费与创业投资协同支持科技项目的机制，进一步降低科技型企业融资成本和创业投资机构经营风险。收集科技项目投融资需求信息，加强与创业投资、银行等机构联系沟通，建立产学研金合作信息共享机制。发挥省科技咨询专家库作用，增加金融、投资、财税类入库专家数量，鼓励其参与具有明确产业化目标的科技项目评审、咨询和验收工作，增进科技界和金融界交流合作。

（四）建立评估监测机制，营造良好发展环境。开展科技金融理论和应用研究，建立完善统计指标体系，加强动态监测评估，编制发布科技金融发展规划和年度报告等。抓好促进科技和金融结合宣传工作，举办各类培训交流活动，促进有关扶持政策落实，总结推广先进经验，形成有利于创新创业的良好氛围。

广东省人民政府办公厅
二〇一三年八月十四日

广州市留学人员优惠资格认定办法

（穗人社发〔2013〕47号）

第一条 为做好来穗工作留学人员的优惠资格认定，根据《广州市鼓励留学人员来穗工作规定》（广州市人民政府令第76号），制定本办法。

第二条 市人力资源和社会保障局负责本市留学人员优惠资格认定。

第三条 认定条件：1998年后来穗，在广州市属国家机关、企事业单位工作或在广州创办企业，且符合下列条件之一的留学人员：

1. 公派、自费出国学习，并取得国外硕士及以上学位的人员；

2. 在国内取得研究生以上学历或者硕士以上学位后到国外进修、做访问学者、或者从事博士后研究1年以上，取得一定科研成果的人员。

符合前款第1、2项中学历、学位和成果条件的港、澳、台地区来穗工作的人员，参照执行。

第四条 认定程序：

1.留学人员登陆广州市人事电子政务系统（网址：http://www.hrssgz.gov.cn/vsgzhr/Login_LX2.aspx）进行业务申报，广州留学人员服务管理中心（以下简称“留学管理中心”）在5个工作日内完成网上初审工作，并通知留学人员递交纸质材料；

2. 留学人员持规定的申请材料到留学管理中心办理认定手续；

3. 留学管理中心按照认定的条件进行审核并提出意见，报市人力资源和社会保障部门审批；

4. 对符合认定条件的留学人员颁发《广州市留学人员优惠资格证》（以下简称《资格证》）。

第五条 认定需要提供的材料：

1. 《广州市留学人员优惠资格证申请表》1份；

2. 国外毕业证书（学位证书）与教育部留学服务中心出具的《国外学历学位认证书》或国内学历、学位证书与国外进修证明、博士后证明及复印件1份；

3. 驻外使（领）馆出具的有效证明及复印件1份；

4. 学习期间所持护照、有效期内护照及复印件1份，获国外长期（永久）居留权的留学人员提供国外长期（永久）居留证明及复印件1份（港、澳、台居民需额外提供相关身份证明材料）；

5. 所在单位工作证明原件及企业法人营业执照副本复印件（自办企业但尚未取得企业法人营业执照者，可先提供《企业名称预先核准通知书》）；

6. 近期大一寸免冠半身蓝底照片2张。

相关证明材料提交复印件，在递交纸质申报材料时，一并核对原件。外文证明材料需同时提供具有资质的翻译机构出具的中文翻译件。所报材料，不予退回。

第六条 留学人员可委托他人代办留学人员优惠资格认定证书。代办人应提交上述规定的材料和代办人的身份证件、委托人亲笔签名的代办委托书。

第七条 留学人员优惠资格认定手续自纸质材料受理之日起15个工作日内完成。

第八条 《资格证》自发证之日起有效期为2年，每2年换发一次。

第九条 办理及换领《资格证》不收取任何费用。

第十条 本办法自颁布之日起施行。原市人事局印发的《广州市留学人员优惠资格认定办法》（穗人〔2000〕69号）同时废止。

广州市人力资源和社会保障局

二〇一三年四月二十四日

深圳市关于支持中小微企业健康发展的若干措施

（深府〔2013〕56号）

为贯彻落实《国务院关于进一步支持小型微型企业健康发展的意见》（国发〔2012〕14号）和《深圳经济特区中小企业发展促进条例》，切实营造有利于中小微企业发展的营商环境，进一步发挥中小微企业在推动科技创新、促进战略性新兴产业发展和加快经济结构优化升级等方面的重要作用，推动中小微企业提升发展质量，加快做大做强，为我市实现“有质量的稳定增长，可持续的全面发展”夯实基础、提供动力，特提出以下措施。

一、促进中小微企业转型升级和创新发展

（一）提升产业层次。积极引导中小微企业进入战略性新兴产业和现代服务业领域，大力支持优势传统产业中小微企业通过技术创新、品牌建设等手段向高端化发展。进一步加大对中小微企业技术改造的支持力度，市产业技术进步资金重点支持传统产业的中小微企业进行技术改造。推动中小加工贸易企业转型升级，对转型升级涉及的备案、结转手续、设备检验等提供便利。加快淘汰高能耗、高污染、低效能中小微企业。（市经贸信息委、财政委、深圳海关）

（二）提高发展质量。加大对中小微企业工艺改进、检测检验、认证认可、技术攻关的扶持，支持中小企业提升产品质量，打造知名品牌。支持中小微企业通过实施管理咨询项目和信息化应用提升经营管理水平。探索中小企业诚信体系建设新模式，建立健全中小企业诚信奖惩机制和信息资源共享机制，对高信用中小企业给予高级别通关待遇等奖励。（市市场监管局、经贸信息委、深圳海关）

（三）夯实创新基础。鼓励中小微企业加大研发投入，帮助中小微企业落实研发费用税前加计扣除等政策。加快建设一批中小微企业技术创新、产品研发、检验检测等公共服务平台。为中小微企业与高等院校、科研院所等机构对接合作搭建平台，支持双方联合建立研发机构。进一步强化科技孵化器和中小微企业创新创业基地的创新支撑功能，重点为初创期科技型和创新型小微企业提供服务。（市科技创新委、经贸信息委）

（四）开展创新帮扶。实施中小微企业创新帮扶计划，通过创新帮扶模式、建立帮扶激励机制，促进高校院所、中介机构、上市公司等各类社会创新资源与中小微企业进行服务对接，支持建设若干创新帮扶示范服务平台。鼓励产业技术创新战略联盟向中小微企业转移扩散技术创新成果。重点帮扶培育一批“专精特新”的创新型中小微企业发展壮大。加强中小微企业知识产权保护，开展面向中小微企业的专利辅导、专利代理等服务，培育中小微企业成为知识产权示范企业。（市经贸信息委、科技创新委、财政委、市场监管局）

（五）强化人才支撑。提升企业家培训的规模和层次，重点培养企业领导者和高管的创新能力。支持中小企业引进国内外行业领军和高层次人才，鼓励大中型企业为配套小微企业培训专业人才。为中小微企业培养质量、标准化、检测等各类专业技术人才和行业紧缺人才提供免费培训。将更多中小企业纳入人才安居工程范围，在符合规划前提下，鼓励重点中小企业在自有产权的待建土地上按一定比例配建产业配套住房，解决员工安居问题。鼓励高校毕业生到中小微企业就业，对小微企业招用高校毕业生按有关规定给予一定的培训费和社会保险费补贴。（市人力资源保障局、经贸信息委、科技创新委、规划国土委、住房建设局、各区政府、各新区管委会）

二、扶持中小微企业做大做强

（六）实施梯度培育发展战略。进一步加强中小微企业梯队建设，以创新型小微企业、成长型中小企业、国家和深圳市高新技术企业、上市培育企业为基础，逐步培育扩大梯队规模，根据企业不同发展阶段的主要需求制定针对性强的扶持政策，打造“标准化扶持”加“个性化服务”的模式，每年推动一定比例的企业进入更高层次梯队，促进重点中小微企业发展壮大。（市经贸信息委、财政委、科技创新委、市场监管局、规划国土委）

（七）推动并购重组和集约化发展。制定鼓励企业并购重组的具体措施，发挥我市上市公司资源丰富的优势，鼓励上市公司对其产业链关联的中小微企业开展多种形式的并购，鼓励中小微企业以并购重组的方式走资本市场发展道路，支持中小微企业之间通过合并重组加快做大做强。实施产业链配套计划，建立健全各类产业链服务平台，通过推动产业链整合发展、商业模式创新和中小微企业协作发展，提升中小微企业专业化和集约化发展水平。（市经贸信息委、财政委）

（八）加强政府采购支持。落实国家政府采购支持小微企业发展的各项规定，制定实施细则。市、区两级政府采购中小微企业产品、工程和服务的预算比例不低于30%，其中面向小微企业的比例不低于60%。在采购评审中，对小微企业产品可视不同行业情况给予6%—10%的价格扣除。鼓励大中型企业与小微企业组成联合体共同参加政府采购，小微企业占联合体份额达到30%以上的，可给予联合体2%—3%的价格扣除。（市财政委、经贸信息委、各区政府、各新区管委会）

（九）加大对开拓市场的支持力度。支持中小企业参加政府组团项目赴境内外参展，鼓励中小微企业以行业协会或行业龙头企业为主导建立联盟协同开拓市场。加大对中小微企业自行参加境内外重点综合性展会和专业性展会的资助力度。加快电子商务公共服务平台建设，发挥“深商e天下”作用，支持小微企业利用电子商务开拓市场。为企业“走出去”提供国别投资环境信息库、境外合作项目库等公共信息服务。改善通关服务，为符合条件的小微企业提供担保验放、集中申报、24小时预约通关和不实行加工贸易保证金台账制度等便捷通关措施。提高出口退税效率，凡符合退税规定、单证齐全的，20个工作日内完成退税审批。（市经贸信息委、财政委、深圳海关、深圳国税局、各区政府、各新区管委会）

三、加大对中小微企业的财税支持力度

（十）加大专项资金投入。市民营及中小企业发展专项资金每年预算规模扩大为2亿元，各区（新区）要安排配套的扶持中小企业发展资金，重点支持小微企业发展。市、区（新区）各类中小企业专项资金每年资助小微企业的数量比例不低于60%，其他用于支持企业发展的各类专项资金要提高受资助中小微企业的数量比例。（市财政委、经贸信息委、科技创新委、交通运输委、文体旅游局、各区政府、各新区管委会）

（十一）依法设立中小微企业发展基金。市创业投资引导基金和市民营及中小企业发展专项资金分别投入一定资金，设立深圳市中小微企业发展基金，争取国家中小企业发展基金支持，吸引社会资本参与，委托专业机构进行市场化管理运作，重点支持符合我市产业导向的初创期、成长期中小微企业发展。鼓励向基金捐赠资金，对企事业单位、社会团体和个人等向基金捐赠资金的，企业在年度利润总额12%以内的部分，个人在申报个人所得税应纳税所得额30%以内的部分，准予在计算缴纳所得税税前扣除。（市创投办、财政委、经贸信息委、科技创新委、地税局、深圳国税局）

（十二）落实对小微企业的税收优惠政策。符合条件的小型微利企业，减按20%的税率缴纳企业所得税，对其中年应纳税所得额低于6万元的小型微利企业，其所得减按50%计入应纳税所得额。将符合条件的中小企业公共服务示范平台中的技术类服务平台纳入科技开发用品进口税收优惠政策范围。对金融机构与小微企业签订的借款合同按规定免征印花税。（市地税局、深圳国税局）

（十三）减免行政事业性收费。落实国家和广东省减免缓征小微企业部分行政事业性收费的有关政策。取消我市企业注册登记费和发票工本费，工伤保险基准费率下浮20%。进一步清理行政事业性收费，严格执行行政事业性收费公示制度。（市发展改革委、财政委、市场监管局、人力资源保障局、经贸信息委、地税局、深圳国税局）

四、加强对中小微企业的融资支持

（十四）拓宽融资渠道。深化中小企业上市培育工作，引导支持更多符合条件的中小企业上市融资。支持中小微企业在全国中小企业股份转让系统、前海股权交易中心等各类交易市场挂牌交易。逐步扩大中小企业集合票据、集合信托和短期融资券等发行规模，鼓励保险资金购买中小企业集合债券和集合票据等。积极推动商圈融资、融资租赁、供应链融资、典当融资等融资模式。（市经贸信息委、科技创新委、金融办、前海管理局、深圳银监局、深圳保监局）

（十五）完善贷款增信与风险补偿机制。按照政府增信、企业联保的原则，建立中小微企业贷款增信与补偿机制，与重点民营企业池共享财政增信与补偿资金，调动商业银行积极性，重点解决中小微企业短期流动资金融资问题。发展中小微企业贷款保证保险，引入保险公司分担中小微企业贷款风险。（市财政委、经贸信息委、深圳保监局）

（十六）促进银行业金融机构对中小微企业的信贷支持。在落实银监会小企业贷款“两个不低于”的基础上，加大对单户授信500万元以下小微企业贷款的支持，其增速不低于全部贷款平均增速。进一步加强银企信息交流与合作平台建设。通过深圳市金融创新奖引导银行业金融机构扩大中小微企业贷款抵质押物范围，加快做实知识产权质押融资，积极开展股权、应收账款、仓单、商铺经营权、商业信用保险保单等多种方式的质押贷款业务。对小微企业贷款余额和客户数量超过规定比例的商业银行，给予增设同城支行和小微企业专营支行等激励。将小微企业不良贷款率放宽至5%。（深圳银监局、市金融办、经贸信息委）

（十七）完善融资担保体系。引导促进融资性担保公司更多地为中小微企业融资提供担保服务，支持其参与中小企业集合债券、集合票据发行，鼓励担保公司参加小微企业集合担保信贷计划和政府采购融资担保试点。落实中小企业信用担保机构准备金所得税税前扣除政策和免征营业税政策。对小微企业通过融资性担保公司贷款的担保费给予一定补贴。（市经贸信息委、财政委、地税局）

（十八）发挥民间资本的重要作用。引导民间资金通过参与私募股权投资、小额贷款公司和村镇银行等途径实现规范化、阳光化发展。建立小额贷款公司监管信息系统，明确小额贷款公司适用金融企业的税收政策，进一步研究支持小额贷款公司发展的政策措施。支持天使投资发展，积极争取村镇银行试点名额。（市金融办、经贸信息委、财政委、深圳银监局、地税局）

五、保障中小企业发展空间

（十九）完善中小企业用房用地机制。建立以房招商、以房养商新机制，鼓励中小企业通过参与旧工业区改造、购买改造用房等多种途径，优先利用现有产业用房空间满足发展需求。企业在市高新园区、产业集聚区及其他政府优惠出让土地上建设的办公及生产经营用房，可以出租的，应优先出租给符合条件的中小微企业。（市规划国土委、经贸信息委、科技创新委、各区政府、各新区管委会）

（二十）各区（新区）优先解决上市中小企业总部落户。对没有自有总部的已上市中小企业，依据属地管理原则，上市中小企业注册地所在区（新区）应会同市规划国土部门在3个月内提出具体解决方案，原则上1年内予以解决。对于暂时未能解决总部用房用地的上市企业，企业所在区（新区）应对企业总部租用办公场地的费用给予一定补贴。（各区政府、各新区管委会、市规划国土委、经贸信息委）

（二十一）统筹协调解决上市中小企业总部用房用地。市上市培育工作主管部门负责牵头协调上市中小企业总部落户我市工作。已上市企业注册地所在区（新区）确实无法解决企业总部用房用地的，由市上市培育工作主管部门梳理汇总，协调市产业和规划部门提出意见后，提交市政府在全市范围内统筹安排，确保上市企业扎根深圳发展壮大。政府直接投资建设、政府租赁或购买的符合条件的工业厂房、政府回购的城市更新项目中配建的创新型产业用房优先用于解决上市中小企业总部落户需求。（市经贸信息委、规划国土委、各区政府、各新区管委会）

（二十二）积极解决上市中小企业募集资金落地。支持符合我市产业发展要求的上市中小企业募集资金投资深圳，对申请在我市新建和扩建的募投项目，经用地单位在我市产业用地供需服务平台提交申请后，由市产业主管部门在2个月内提出意见。符合落地条件的，纳入产业用地供需平台中的产业项目库，由市土地主管部门采取用地预申请的模式组织供应，原则上2年内予以解决。市、区（新区）有关部门要进一步加大上市企业园区建设力度，积极推进土地二次开发尤其是旧工业区改造，在产业用地规划中优先考虑上市中小企业的需求。（市规划国土委、经贸信息委、各区政府、各新区管委会）

六、健全中小微企业公共服务体系

（二十三）健全创业服务体系。深入实施商事登记制度改革，全面降低创办企业的门槛和成本。在整合改造提升旧工业区、闲置厂房、商务楼宇、创业园区的基础上，重点支持建设一批功能完备、运作规范的小微企业创业示范基地。引导各类专业服务机构在小微企业集聚区和创业基地设立辅导中心。联合高校和各类科研机构建立创业项目信息发布平台，联合创业服务机构建立一站式创业咨询服务平台，建立初创企业、创新型小微企业与天使投资的信息对接平台。继续办好中国（深圳）创新创业大赛，支持大赛获奖项目落户深圳。研究出台鼓励支持大型企业、上市公司高管等具有一定工作经验和资源、拥有核心技术的人才进行创业的措施。（市经贸信息委、市场监管局、科技创新委）

（二十四）推进公共服务平台建设。按照政府指导监督、公益性服务与市场化运作相结合的原则，支持建设我市中小微企业公共服务平台网络，“十二五”期间完成1个总平台和15个分平台的枢纽服务平台网络建设，与其他公共服务平台实现对接互通。推动建设一批面向小微企业服务的信息化应用服务平台和卓越绩效示范基地。发起成立中小微企业服务联盟，聚集300家以上专业服务机构充实服务网络。认定扶持一批市级中小微企业公共服务示范平台，支持我市服务机构申报国家级和省级中小企业公共服务示范平台。各级示范平台要面向中小微企业提供公益性或低收费服务。（市经贸信息委、市场监管局、深圳海关、各有关单位）

（二十五）鼓励行业协会（商会）参与中小企业服务体系建设。引导各类行业协会（商会）加强与政府的信息对接，为会员企业提供信息发布、政策宣讲、权益保障等更多及时周到的服务。市中小企业主管部门等有关单位要加强对行业协会（商会）等组织服务中小微企业的指导和协调，研究建立相应的激励机制。（市经贸信息委、深圳海关、各有关单位）

七、优化中小微企业服务

（二十六）加强组织保障。成立市中小微企业发展工作领导小组，完善市区联动的工作机制，全面统筹协调中小微企业发展。分管副市长任组长，领导小组办公室设在市中小企业主管部门。（市经贸信息委、各有关单位、各区政府、各新区管委会）

（二十七）建立中小微企业发展顾问制度。聘请国内外著名企业家、经济学家、管理咨询与创投机构专家等与中小企业发展相关的知名专家学者作为我市中小微企业发展顾问，探讨研究我市中小微企业发展的趋势方向和路径，创新发展机制。（市经贸信息委）

（二十八）健全中小微企业统计监测机制。加快完善市区联动的中小企业分类统计、经济运行监测与发布机制。市有关部门应指导推动各区（新区）逐步建立对中小微企业的分类统计和数据定期发布制度，完善全市中小微企业市场监测、风险防范和预警机制。研究对中小微企业进行识别标识，方便各有关机构更加清晰、便捷地对中小微企业进行分类支持。（市统计局、国家统计局深圳调查队、经贸信息委、市场监管局、各区政府、各新区管委会）

八、附则

（二十九）本措施所适用的中小微企业是指符合我市产业发展规划，并且符合工业和信息化部等4部委联合下发的《关于印发中小企业划型标准规定的通知》（工信部联企业〔2011〕300号）中，根据各行业企业从业人员、营业收入、资产总额等指标制定的中型、小型、微型三种类型企业的标准。

（三十）本措施自发布之日起实施，有效期4年，由市中小企业主管部门负责解释。

深圳市人民政府
二〇一三年六月七日

深圳市人才引进实施办法

（深府办函〔2013〕37号）

第一章 总 则

第一条 为进一步优化我市人口结构，改革和完善人才引进工作，根据《中共深圳市委深圳市人民政府关于加强高层次专业人才队伍建设的意见》（深发〔2008〕10号）、《印发深圳市关于加强和完善人口管理工作的若干意见及五个配套文件的通知》（深府〔2005〕125号），制定本办法。

第二条 引进市外人才，包括从市外调入干部和招调工人，以及引进留学回国人员，适用本办法。接收全日制普通高校应届毕业生除外。

第三条 人才引进工作按照综合评价、量化标准、公开透明、程序规范的原则，实行统一政策、统一审核标准、统一信息管理。

第四条 人才引进工作原则上采用积分核准制，通过建立科学合理的量化指标体系，对申请引进的市外人才进行多元评价、综合计分。拟引进市外人才积分达到规定分值时，可依程序申请办理人才引进、工作关系和档案转接、户籍迁入等手续。

第五条 市发展改革部门负责将人才引进计划指标统一纳入全市年度户籍人口机械增长计划内管理，并对人才引进工作予以指导、协调和检查。

市人力资源保障部门负责本市人才引进工作的政策制定和统筹协调，并与区人力资源部门（以下简称市、区人力资源部门）在各自职责范围内具体实施。

市公安部门负责审核拟引进人才的居住证登记和守法情况，并办理经审批同意引进人才的入户手续。

市卫生人口计生部门负责审核拟引进人才的计划生育情况。

市规划国土部门负责审核拟引进人才的房地产权登记信息。

市地税、深圳国税部门负责审核拟引进人才的纳税情况。

市科技创新、民政、市场监管等部门按各自职责，协助做好有关审核工作。

第二章 立户登记及业务受理

第六条 用人单位在办理人才引进业务前，应先办理人才引进立户登记。

第七条 在本市依法成立且正常运作的各类法人机构或具有用人自主权的其他组织均可申办立户登记。

第八条 国家、省驻深单位或企业、市国资部门直管企业申请人才引进业务的，由市人力资源保障部门办理；区属国有企业申请人才引进业务的，由区人力资源部门办理。

其他用人单位可自主选择在市人力资源保障部门或所在区人力资源部门办理人才引进业务，但须与其办理接收全日制普通高校应届毕业生业务的受理部门保持一致，且不得在市、区人力资源部门同时办理人才引进业务。

第九条 拟引进人才可自主委托人力资源服务机构代理人才引进业务。委托市属人力资源服务机构代理人才引进业务的，由市人力资源保障部门办理；委托所在区人力资源服务机构代理人才引进业务的，由区人力资源部门办理。

第三章 办理条件和程序

第十条 申请人才引进应符合以下基本条件：

（一）年龄在18周岁以上，48周岁以下（本办法另有规定的除外）；

（二）身体健康；

（三）已在我市办理居住证和缴纳社保（符合本办法第二十四条规定的人员除外）；

（四）符合《深圳经济特区人口与计划生育条例》的规定；

（五）未参加国家禁止的组织及活动，无刑事犯罪记录。

第十一条 人才引进核准分值设定为100分。

第十二条 符合第十条、十一条规定的市外人才可通过所在工作单位，或以个人身份委托具有人才引进业务代理资质的人力资源服务机构，向市、区人力资源部门提出人才引进申请。

市外人才提出申请时，应如实申报本人调出单位和人事档案（干部档案或工人档案，下同）情况。有人事档案的，需在申请人才引进时一并办理人事档案商调手续。

有人事档案且已商调到我市的，经市或区人力资源部门审核确认，具有干部身份的办理调干手续，具有工人身份的办理调工手续。其他人员办理招工手续。

有档案保管权的用人单位可自行办理档案商调手续，个人、无档案保管权的用人单位应委托市人力资源保障部门认可的有档案保管权的人力资源服务机构办理档案商调手续。

第十三条 市人力资源保障部门对达到人才引进核准分值的申请人名单予以滚动公示。

第十四条 经公示无异议的申请人可通过所在工作单位或受托人力资源服务机构向市、区人力资源部门提交书面申报材料。

第十五条 市、区人力资源部门收到书面申报材料后，根据不同情形分别作出以下处理：

（一）申报材料齐全、符合规定要求的，接收申报材料；

（二）申报材料不齐全或者不符合规定要求且无法当场补正的，退回申报材料，并注明需要补正的全部内容；

（三）不属于受理范围的，不予受理并告知理由。

第十六条 市、区人力资源部门接收书面申报材料之日起，15个工作日内出具审批结果。对情况特殊需进一步审查核实的，审批时限可适当延长，但最长不得超过30个工作日。

第十七条 经审核批准的申请人，可持审批文件办理户籍迁入等手续。

对审核未批准的申请人，市、区人力资源部门书面通知其用人单位或受托人力资源服务机构并说明理由。

第十八条 申请人办理迁户时，如系农业户口，可予办理深圳市“农转非”手续；其符合本市随迁政策的子女可随其同时迁户。

第四章 监督管理

第十九条 市人力资源保障部门负责对各区人力资源部门人才引进工作的业务指导和监督检查。

第二十条 申请人未如实申报人事档案情况或未按规定办理档案商调手续的，有关责任后果由其本人承担。

申请人有提供虚假材料等行为的，记入本市人才引进征信系统，5年内不得申办人才引进业务；涉嫌犯罪的，移送司法机关依法处理。

第二十一条 用人单位、人力资源服务机构均应保证有关申报材料的真实性，在申报过程中实行法定代表人（或负责人）和经办人共同签字负责制。

第二十二条 用人单位或人力资源服务机构有下列情形之一的，记入本市人才引进征信系统；该用人单位或服务机构及其法定代表人、经办人5年内均不得办理人才引进业务；涉嫌犯罪的，移送司法机关依法处理：

（一）用人单位为非本单位人员办理人才引进手续的；

（二）不具备代理资质的机构以代理方式办理人才引进业务的；

（三）伪造、变造或故意提供虚假材料的；

（四）不严格核实申报材料造成不良后果的；

（五）有行贿、受贿或索贿情形的；

（六）有其他违法犯罪行为的。

第二十三条 市、区人力资源部门在人才引进业务审核中实行经办负责制，违反有关规定的，追究行政责任；涉嫌犯罪的，移送司法机关依法处理。

第五章 附 则

第二十四条 以下人才已经有关职能部门认定或审核，可直接办理人才引进手续：

（一）两院院士；

（二）享受国务院特殊津贴专家，全国杰出专业技术人才，“百千万人才工程”国家级人选，国家、省（部）级有突出贡献中青年专家，国家重点学科、重点实验室学术技术带头人，年龄在55周岁以下的；

（三）广东省和国家部级以上自然科学奖、技术发明奖、科技进步奖或深圳市科技创新奖的项目主要完成人，年龄在50周岁以下的；

（四）经市人力资源保障部门认定并在任期内的高层次专业人才，且不超过其该类人才认定标准对应的最高年龄；

（五）经市人力资源保障部门认定的海外高层次人才，且不超过该类人才认定标准对应的最高年龄；

（六）取得《深圳市出国留学人员资格证明》，且年龄不超过48周岁的留学回国人员。

第二十五条 市政府对高层次专业人才及其配偶、获得特殊奖项或表彰人员、投资纳税人员、机关事业单位和驻深单位人员、随军家属等引进另有规定的，按其规定执行。

第二十六条 本办法所称“以下”不包含本数，“以上”包含本数。

第二十七条 市人力资源保障部门可依据本办法制定深圳市人才引进综合评价指标及分值表、具体操作指引，确保人才引进工作有序执行。

第二十八条 本办法自2013年5月15日起施行。《深圳市外来务工人员积分入户暂行规定》（深府办函〔2012〕40号）和《深圳市引进人才实施办法》（深人社规〔2012〕4号）同时废止。

深圳市人民政府办公厅

二〇一三年四月十七日

深圳市前海外籍高层次人才居留管理暂行办法

（深府办函〔2013〕98号）

第一条 为在前海从业的外籍高层次人才提供居留便利，根据《国务院关于支持深圳前海深港现代服务业合作区开发开放有关政策的批复》（国函〔2012〕58号）、《中共中央组织部人力资源社会保障部等五部门关于为外籍高层次人才来华提供签证及居留便利有关问题的通知》（人社部发〔2012〕57号）和相关法律法规，结合前海实际，制定本暂行办法。

第二条 本暂行办法适用于下列对象：

（一）符合《前海深港现代服务业合作区境外高端人才和紧缺人才认定暂行办法》（深前海〔2012〕151号，以下简称《认定暂行办法》）和《前海深港现代服务业合作区境外高端人才和紧缺人才认定暂行办法实施细则（试行）》（深前海〔2013〕115号，以下简称《实施细则（试行）》）规定条件的外籍高层次人才及其外籍配偶和未满18周岁的外籍子女。

（二）符合《认定暂行办法》和《实施细则（试行）》规定条件的中国籍回国高层次人才的外籍配偶和未满18周岁的外籍子女。

第三条 居留便利。

（一）可以获签2—5年有效期的外国人居留证件。

（二）符合办理永久居留条件的，可以申办《外国人永久居留证》。

第四条 长期居留。

（一）外籍人士申请办理长期居留手续的，由高层次人才所在单位向市前海管理局申请。市前海管理局填写《高层次外国专家登记表》（国家外专局网站下载）或《高层次留学人才登记表》（人力资源保障部网站下载）和名单，与相关证明材料一并报送广东省人力资源保障厅审核。广东省人力资源保障厅将名单函告广东省公安厅出入境管理局。市公安局出入境管理处凭广东省人力资源保障厅公函方可受理个人申请、审发居留证件。

（二）首次在深圳申领居留证件的，需申请人本人办理（未满18周岁的外籍未成年人由其父母代为申请）；再次办理且符合代办条件的，经提交由市公安局出入境管理处提供的《法人授权委托证明书》，可以由高层次人才所在单位代办。对于代办的，市公安局出入境管理处必要时可要求面见申请人，并进行必要的询问。

（三）外籍人士申请长期居留的，应向市公安局出入境管理处提交以下书面材料：

1. 填写完整并贴有近期二寸正面免冠半身蓝底彩色照片的《外国人签证、居留许可申请表》（市公安局出入境管理处网站下载）并加盖单位公章；

2. 提供有效的《广东省外国人签证数字相片采集检测回执》；

3. 护照或者其他国际旅行证件；

4. 最后一次入境签证或居留证件的复印件；

5. 深圳暂住地派出所出具的《境外人员临时住宿登记表》或已与公安机关联网的酒店出具的《境外人员临时住宿登记表》（申请延长或补办居留证件且住址未改变的不用提交）；

6. 检验检疫部门出具的健康证明（申请延长或补办居留证件不用提交）；

7. 亲属关系证明：高层次人才的外籍配偶提交婚姻关系证明、外籍子女提交出生证明；

8. 公安机关认为有必要提交的其他证明文件。

（四）市公安局出入境管理处自受理次日起3个工作日办结。公安机关认为有必要进行调查的，调查时间不计入办结时限。

第五条 永久居留。

（一）提请办理永久居留手续且符合有关条件的外籍人士，由高层次人才所在单位向市前海管理局申请。市前海管理局填写《高层次外国专家登记表》或《高层次留学人才登记表》和名单，连同有关证明文件一并报送人力资源保障部专业技术人员管理司审核，并由人力资源保障部定期向公安部提供名单。市公安局出入境管理处接公安部通知后方可受理个人申请、审发《外国人永久居留证》。

（二）申领永久居留证件的，由申请人本人办理（未满18周岁的外籍未成年人由其父母代为申请）；确需代办的，由本人出具委托书和所在单位证明。

（三）外籍人士申请永久居留的，应向市公安局出入境管理处提交以下书面材料：

1．填写完整并贴有近期二寸正面免冠半身蓝底彩色照片的《外国人在中国永久居留申请表》（由市公安局出入境管理处提供）并加盖单位公章；

2．背景为蓝色或白色的二寸免冠正面近照2张、附照片电子数据光盘；

3．护照及签证复印件；

4．深圳暂住地派出所出具的《境外人员临时住宿登记表》或已与公安机关联网的酒店出具的《境外人员临时住宿登记表》；

5．亲属关系证明：高层次人才的外籍配偶提交婚姻关系证明、外籍子女提交出生证明；

6．高层次人才的外籍配偶需提供健康证明和国外无犯罪记录证明；

7．公安机关认为有必要提交的其他证明文件。

本款第5、6、7项所列材料中，如为外国有关部门出具的，需经我国驻外使、领馆认证。

（四）市公安局出入境管理处自受理之日起30日内完成初审，并上报公安部。

本暂行办法自2013年9月1日起施行，暂行2年。

深圳市人民政府办公厅

二〇一三年八月二十日

深圳市前海深港现代服务业合作区境外高端人才和紧缺人才认定暂行办法实施细则（试行）

（深前海〔2013〕115号）

第一条 为推动落实前海深港现代服务业合作区（以下简称前海）境外高端人才和紧缺人才认定工作，根据《深圳前海深港现代服务业合作区境外高端人才和紧缺人才个人所得税财政补贴暂行办法》（深府〔2012〕143号）、《前海深港现代服务业合作区境外高端人才和紧缺人才认定暂行办法》（深前海〔2012〕151号，以下简称《认定暂行办法》），制定本实施细则。

第二条 深圳市前海深港现代服务业合作区管理局（以下简称市前海管理局）为前海境外高端人才和紧缺人才认定的责任单位。

第三条 申请认定为境外高端人才和紧缺人才应符合《认定暂行办法》规定的基本条件，在所在单位连续工作满1年、申请年度在前海实际工作时间不少于6个月，并具备下列条件之一：

（一）经国家、省级政府、深圳市认定的海外高层次人才；

（二）在前海注册并按照《深圳市鼓励总部企业发展暂行办法》（深府〔2012〕104号）认定的总部企业、世界500强企业及其分支机构的管理或技术类人才；

（三）在前海注册的其他企业的中层及以上管理或同等层次技术类人才；

（四）拥有国际认可执业资格或国内急需的发明专利的人才。

不具备前款规定第（一）至（四）项条件，但确属前海发展紧缺的境外人才，能够证明其具有相应技术资历、专业能力或工作成就的，可通过所在单位申报，由市前海管理局会同市有关行业主管部门和行业协会共同认定。

第四条 符合前海境外高端人才和紧缺人才认定标准的人员，可于每年1月1日至1月31日通过所在单位向市前海管理局进行上一年度人才认定申报。

第五条 申请单位向市前海管理局申请人才认定时，应提交以下资料：

（一）申请单位出具的申请函及本单位境外高端人才和紧缺人才审核汇总表；

（二）申请人的护照复印件、工资表、劳动合同、扣缴个人所得税报告表、个人所得税完税凭证复印件（验原件）；

（三）申请人个人所得税财政补贴审核表；

（四）其他有助于认定申请人人才身份、资质、收入、应纳税所得额、应纳税款和已纳税款的有效文件。

第六条 对于资料齐全符合要求的，市前海管理局应予以受理，出具受理回执，并在受理申请15个工作日内予以审核，形成初步审核意见；对于情况复杂、不能在规定期限内完成审核的，可以适当延长审核期，但延长期限不超过10个工作日。

第七条 市前海管理局审核后，将拟认定的人才名单提交市公安局、人力资源保障局、地税局、知识产权局、金融办、深圳国税局等进行审核。

第八条 符合条件的人才在市前海管理局网站进行公示，公示期7天。

第九条 经公示无异议的，市前海管理局向市财政委、申请单位分别出具境外高端人才和紧缺人才认定意见，并报市人才工作领导小组办公室备案。

第十条 申请人及其所在单位应当如实提供申报材料，对申报材料的真实性和准确性负责。申报人或者所在单位提供虚假申报材料或者采取其他方式骗取补贴的，一经查实，取消申请人或者申请单位3年内申请人才认定的资格，并将有关情况分别提交市个人信用征信机构和市企业信用信息中心。

第十一条 本实施细则由市前海管理局负责解释。

第十二条 本实施细则自2013年8月16日起施行，试行2年。

深圳市前海深港现代服务业合作区管理局

二〇一三年八月十三日

惠州市引进领军人才和创新团队“天鹅计划”实施方案

（惠市组通〔2013〕57号）

为加强我市高层次人才队伍建设，进一步加大从海内外引进高水平领军人才和创新团队的力度，促进自主创新能力提升和经济发展方式转变，为尽快进入珠三角第二梯队提供人才支撑，根据市委、市政府颁布的《惠州市人才双高计划实施方案》，特制定本实施方案。

一、引才目标

围绕我市尽快进入珠三角第二梯队的总目标，配合我市“产业培育计划”和“企业成长计划”对高层次人才的需求，力争5年内引进100名左右高水平的科技领军人才和30个以上具有省内领先水平以上的科技创新团队来惠创新创业。突出我市支柱产业和战略性新兴产业领域的人才队伍结构优化和自主创新能力提升，推动经济发展方式进入创新驱动发展轨道。发挥“天鹅计划”引才品牌作用，力争把惠州建设成为海内外高层次人才向往的“创新创业之城”。

二、引才重点和分类

以推动石化、电子信息等支柱产业发展，培育高端新型电子信息产业、LED产业、新能源汽车产业、新材料、新能源、节能环保、生物等战略性新兴产业为重点，引进一大批科技领军人才和科技创新团队。

引进领军人才分三类：第一类为中国两院院士（含双聘院士）、外国国家院士，中国国家最高科学技术奖获得者以及诺贝尔奖等国内外知名大奖获得者等杰出人才；第二类为国家有突出贡献的中青年专家、新世纪百千万人才工程国家级人选、全国杰出专业技术人才、“长江学者”特聘教授、入选省“珠江人才计划”的领军人才和创新团队带头人等领军人才；第三类为拥有核心技术来惠创业的海内外高层次人才。

引进创新团队分三类：第一类是具有国际先进水平的科技创新团队；第二类是具有国内领先水平的科技创新团队；第三类是具有省内领先水平的科技创新团队。

三、主要措施

（一）建立公告和申报制度。原则上每年开展一次“天鹅计划”申报工作，由市人才工作领导小组确定当年具体申报条件后，统一发布《申报公告》和《申报指南》，明确引进领军人才和创新团队的学历要求、团队人员组成、到惠年限等具体申报条件。各县（区）、企事业单位在引进领军人才和创新团队后，分别向市人力资源和社会保障局（以下简称“市人社局”）、市科学技术局（以下简称“市科技局”）进行申报。允许申报创新团队的带头人或成员同时申报领军人才。

（二）建立认定和评审制度。第一、二类领军人才采取直接认定方式进行确认，对第三类领军人才和创新团队采取评审办法进行确认。领军人才的认定办法、评审和管理办法由市人社局制定并实施；创新团队的评审和管理办法由市科技局制定并实施。入选者由市委、市政府颁发证书，凭证书享受有关待遇。

（三）建立审核和评估制度。财政扶持经费必须专款专用，接受监管，资助的专项工作经费主要用于入选者的项目研发、项目管理和改善科研条件。定期开展年度检查和期满评估验收，对“天鹅计划”实施情况进行全面评估，根据评估情况不断完善“天鹅计划”。

（四）健全服务和管理制度。领军人才由市人社局为主负责跟踪服务和综合管理，列为市高层次人才服务中心（服务窗口）重点服务对象，落实各项人才优惠政策。科技创新团队由市科技局为主负责跟踪服务和综合管理，扶持创新团队多出科技成果。

（五）完善引才和宣传制度。积极利用广州留交会、深圳高交会、佛山博交会和国际人才交流大会等平台，全方位宣传“天鹅计划”。利用外专、外事、侨务等部门的联系渠道，加强与海外留学社团、境外人才市场、猎头机构和驻外机构的联系，在海外建立一批高层次海归人才引才联络处（联络站）。借助经信、外经等部门的招商引资平台，深入开展招才引智活动。

四、引才待遇

（一）领军人才扶持资金从市人才专项资金中列支，具体标准为：

1．被认定为第一类领军人才的，在到惠工作并签订资助协议后给予100万元一次性专项工作经费资助，已入惠州户籍的给予50万元一次性住房补贴，在与用人单位签订的工作合同期内给予每月10000元人才津贴补助。

2．被认定为第二类领军人才的，在到惠工作并签订资助协议后给予50万元一次性专项工作经费资助，已入惠州户籍的给予30万元一次性住房补贴，在与用人单位签订的工作合同期内给予每月5000元人才津贴补助。

3．被评审确定为第三类领军人才的，在到惠工作并签订资助协议后给予30万元一次性专项工作经费资助，已入惠州户籍的给予10万元一次性住房补贴，认定之月起的5年培育期内给予每月3000元人才津贴补助。

4．未入选“天鹅计划”但属于惠市委发〔2008〕45号文重点引进的高级人才，按该优惠政策享受一定的人才津贴补助和一次性住房补贴。

领军人才符合市级多项引才优惠政策的，按相对应的最高额度标准享受有关待遇，不重复享受。

（二）科技创新团队扶持资金从市人才专项资金中列支，具体标准为：

1．被评审确定为第一类（具有国际先进水平）科技创新团队的，在到惠工作并签订资助协议后分批给予共1000万元专项工作经费资助。

2．被评审确定为第二类（具有国内领先水平）科技创新团队的，在到惠工作并签订资助协议后分批给予共500万元专项工作经费资助。

3．被评审确定为第三类（具有省内领先水平）科技创新团队的，在到惠工作并签订资助协议后分批给予共200万元专项工作经费资助。

入选创新团队的团队带头人或成员不再同时享受领军人才的专项工作经费资助。入选创新团队属于县（区）推荐申报的，鼓励各县（区）给予配套资金支持，资助比例自行确定。

入选“天鹅计划”的创新团队如入选国家级或省级创新团队，市政府已拨付的配套专项工作经费计入资助资金额度。

五、相关责任

引进领军人才和创新团队以用人单位（企业）为主、政府引导支持为辅。用人单位（企业）负责提出引才需求、推荐拟引进人选、建设工作平台、安排岗位职务、落实配套政策等具体工作。

入选“天鹅计划”领军人才须与市人社局签订《领军人才经费资助协议书》（用人单位签署担保意见）；入选“天鹅计划”创新团队的用人单位须与市科技局签订《创新团队项目资助协议书》后，再向市政府申请专项工作经费资助。领军人才或创新团队获得市财政资助后应严格按照资助协议履行相关责任和义务。

（一）对不履行资助协议约定的，按有关规定和协议约定承担责任；

（二）对弄虚作假、徇私舞弊骗取资助的，追回已资助的资金，并依法追究法律责任。

六、组织保障

“天鹅计划”由市人才工作领导小组负责组织领导，市委组织部负责牵头抓总、统筹协调和监督落实；领军人才引进工作主要由市人社局负责；创新团队引进工作主要由市科技局负责；市财政局负责对专项资助资金进行核拨和监督；市人才工作领导小组其他成员单位做好配合服务。“天鹅计划”有关宣传、评审工作经费由市财政安排解决。

中共惠州市委组织部
惠州市人才工作领导小组
二〇一三年十月八日

东莞市特色人才特殊政策暂行办法

（东委发〔2013〕8号）

第一章 总 则

第一条 为加快实施“人才东莞”战略，构建东莞“人才型城市”，充分发挥各类特色人才在“加快转型升级、建设幸福东莞、实现高水平崛起”中的引领和支撑作用，聚合特定的人才群体，聚焦特色的产业，实行特殊的政策措施，营造特优的人才环境，特制定本办法。

第二条 本办法所指的“特色人才”（以下简称“人才”），包括“三重”建设、园区建设、特色区域建设等所涉及的行业、产业、项目、企业和社会组织的紧缺急需或做出突出贡献的人才。“特色人才”共分为三大类，包括：

（一）一类人才，是指获得相关国家级、特别份量的省级荣誉、奖项和技术职务及称号的经认定、评定的高层次人才；

（二）二类人才，是指获得相关省部级、特别份量的市级荣誉、奖项和技术职务及称号的，或一类人才中相应国家级荣誉、奖项和技术职务及称号的次位的经认定、评定的高层次人才；

（三）三类人才，是指获得相关市级荣誉、奖项和技术职务及称号的，或二类人才中国家、省级荣誉、奖项和技术职务及称号的次位的经认定、评定的高层次人才。同时，包括相当一、二、三类人才的国（境）外人才和经市委、市政府认定的特殊人才。

第二章 资金资助和奖励

第三条 配套资助

（一）国家级人才配套资助。对于一、二类人才标准中如中央“千人计划”“万人计划”等国家级荣誉和奖励，在我市申报并成功入选的人才，视人才项目层次及对东莞经济社会贡献等情况，由市财政按国家资助的1:1至1:2的比例配套资助资金；由市外迁入我市的人才，视人才项目层次及对东莞经济社会贡献等情况，由市财政按国家资助的1:0.5至1:1的比例配套资助资金，国家政策规定不予地方资金配套的除外。

（二）省级人才配套资助。对于一、二类人才标准中如入选省创新科研团队和省领军人才等国家、省级荣誉和奖励，视人才项目层次及对东莞经济社会贡献等情况，按国家、省资助1:0.5至1:1的比例配套资助资金，国家、省政策规定不予地方资金配套的除外。

第四条 创业资助和奖励

提高对我市创新科研团队和创新创业领军人才创业奖励标准：

（一）对我市引进的国际国内先进水平创新科研团队，应给予500万—1000万元的一次性创业资助资金；在其来莞工作2年以上，其团队人员到位、技术研发创新、成果转化和产业化、人才聚集培养以及产业带动等方面取得一定成绩的，给予团队500万—1000万元创业奖励，给予团队带头人最高100万元的创业奖励。

（二）对我市引进的创新创业领军人才，给予100万—200万元一次性创业资助资金；在来莞工作2年以上，其技术创新推进、行业带动、技术项目或所创企业的高层次人才聚集、营业额和税收成长等方面取得一定成绩的，给予领军人才100万—300万元创新创业奖励。

第五条 荣誉奖励

（一）设立“莞邑人才功勋奖”。奖励有突出贡献的人才，每名奖励500万元。

（二）设立优秀人才奖励。设立“东莞优秀人才创新奖”“东莞优秀技能人才奖”“东莞人才工作贡献奖”等奖项，并给予适当奖励。

第三章 生活待遇

第六条 居留和出入境

（一）中央“千人计划”引进的外籍人才及其随迁外籍配偶和未成年子女申请在中国永久居留的，市公安局在10天内完成初审工作并上报省公安厅，50天内发放《外国人永久居留证》。其他外籍人才及其随迁外籍配偶和未成年子女，符合《外国人永久居留证》申请条件的，市公安局在受理申请的2个月内完成初审上报工作。

（二）外籍人才及其随迁外籍配偶和未成年子女，尚未获得《外国人永久居留证》，可以办理1—5年的居留许可，在居留许可的有效期内多次临时出入境，并提供签证到期提醒服务。

（三）快速办理外国人就业证、居留许可等相关证件，本办法中一、二、三类人才及其家属开放快速绿色通道，必须在其提交申请日起3个工作日内办结。居留许可有效期一律放宽至3年。

（四）引进人才凭通行证或护照、在莞居住和工作证明，可申领境外驾驶证换发国内驾驶证。市车管部门设立专门窗口，当场受理、当天考试，并开通多种语言考试系统，考试合格的一周内送达。

第七条 落户

（一）具有中国国籍的人才，可不受出国前户籍所在地的限制，落户东莞，由公安机关简化程序，优先办理。

（二）本办法中一、二、三类人才，没有加入其他国籍和没有在国外定居的，在市内范围，可不受地域限制，选择任意新型社区落户。

（三）打破以“落户东莞”为依据的政策限制，来莞就业创业人才可凭劳动合同、社保缴纳、个人所得税完税凭证、公司注册登记等证明材料申请享受我市住房奖励等人才资助政策。

第八条 住房

（一）租住人才公寓。各镇（街道）、园区、企业要建设高层次人才公寓，为工作关系在本市，且尚未在本市购买市场商品房的，提供租住人才公寓优惠。租住人才公寓时间最长不超过其任期。

（二）租房补贴。对于来莞工作，且尚未在本市购买市场商品房，也未申请人才公寓的，可申请租房补贴租住市场商品房。本办法中一类人才可享受每月2500—3000元租房补贴，二类人才可享受每月2000—2500元租房补贴，三类人才可享受每月1500—2000元租房补贴，为期3年。

（三）住房奖励。各类人才来莞工作3年以上的，一是获得本办法中一类人才所属的荣誉称号、奖励项目、技术职务及称号，或达到相应的评定标准的，给予住房奖励150万—200万元；二是获得本办法中二类人才所属的荣誉称号、奖励项目、技术职务及称号，或达到相应的评定标准的，给予住房奖励100万—150万元；三是获得本办法中三类人才所属的荣誉称号、奖励项目、技术职务及称号或达到相应的评定标准的，给予住房奖励50万—100万元。

第九条 医疗

（一）本办法中一、二、三类人才及其子女可在我市任意一间三甲医院享受绿色通道服务，快速便捷就医。

（二）为本办法中一、二类人才配备健康咨询专家顾问，制定个性化保健方案，提供健康咨询、健康评估、健康干预等服务。

（三）本办法中一、二、三类人才在市定点医院就医时，由导医护士全程陪同，并帮助办理门诊、急诊、住院等手续，如遇病情比较严重的疑难病例，优先安排专家会诊，提供优质医疗和护理服务。

第十条 社保

（一）引进的外籍人才及其配偶、子女，凡与国内企业建立劳动关系或在国内创业的，在国家相关规定出台前，可按照《关于在东莞市就业的港澳台侨及外籍人员参加社会保险有关问题的通知》（东社保〔2010〕44号）规定将在我市就业的港澳台等人员纳入我市社会保险参保范围。港澳台人员在我市参保并缴费后，按照权利与义务相对应的原则，其各项保险的相关待遇均按我市现行的相关规定给予支付。

（二）建立企业年金的用人单位，可对引进人才作重点倾斜，在规定范围内提高其企业年金单位缴费额度；尚未建立企业年金的用人单位符合建立企业年金条件的，可优先为引进特色人才建立企业年金，再逐步覆盖全体职工。同时，用人单位也可以为其办理商业补充保险。

（三）本办法中一、二、三类人才在莞工作服务期间，无论其在何单位任职，不受单位形式的限制，允许其参加综合基本医疗和住院补充医疗保险，享受相应的医疗保险待遇，并允许其未在本市就业的配偶及直系亲属以灵活就业人员的方式参保。

（四）引进人才达到退休年龄时，参加企业职工养老保险累计缴费不足15年的，可由用人单位按相关规定为其进行补缴。

（五）对本办法中一、二、三类人才参加社会医疗保险（含市内外参保）个人缴费部分，分别给予每人每年定额补助3000元、2000元、1000元，补助费用统一由“人才东莞”专项资金划拨。

第十一条 税收

（一）人才取得的省级人民政府、国务院部委和人民解放军军以上单位，以及外国组织、国际组织颁发的科学、教育、技术、文化、卫生、体育、环境保护等方面的奖金，免纳个人所得税。

（二）本办法中一、二、三类人才按照对我市经济社会发展贡献程度按其上一年度所缴个人工薪收入所得税地方留成部分80%的标准予以政府奖励，为期3年。

（三）引进外籍人才以非现金或实报实销形式取得的住房补贴、伙食补贴、搬迁费、洗衣费，暂免纳个人所得税。从外商投资企业取得的股息、红利，以及按合理标准取得的出差补贴、语言训练费、子女教育费等，暂免纳个人所得税。

第十二条 通关

（一）回国定居或来华工作连续1年以上的一、二类人才进境时，规定范围内合理数量的科研、教学物品，海关依据有关规定予以免税验放。进境规定范围内合理数量的自用物品，海关依据有关规定予以免税验放；可以申请从境外运进自用机动车辆1辆（限小轿车、越野车、9座及以下的小 客车），海关依据有关规定予以征税验放。

（二）海外留学人才来莞创办的企业属于国家鼓励发展的投资项目，在投资总额内因生产需要进口必要的自用设备和按照合同随设备进口的技术及配套件、备件，除国家规定不予免税的商品外，可申请办理减免税手续。

第十三条 配偶安置

（一）引进人才配偶一同来莞并愿意在本市就业的，按照双向选择的原则，根据人才配偶原就业情况及个人条件，有关部门及用人单位积极做好联系协调等工作。

（二）用人单位安置就业有困难的，各级人力资源和社会保障部门积极帮助推荐就业，人事档案免费挂靠当地人才服务机构。

第十四条 子女入学

（一）本办法中一、二、三类人才，其子女入学时由市或镇街教育部门直接安排到市一级以上（含市一级）义务教育阶段公办中小学就读，并享受免费义务教育待遇；初中毕业生可按本市户籍学生待遇报考高中阶段学校。

（二）其他人才子女在入学时除通过积分制途径申请入读义务教育阶段学校外，还可按企业投资规模和税收贡献等按分配指标数安排入读义务教育阶段公办学校。

（三）引进人才子女办理转学手续，教育行政部门优先受理，在3个工作日内办结。

第十五条 薪酬

（一）用人单位参照引进人才回国或来莞前的收入水平，协商确定引进人才的合理薪酬，可不受国内薪酬体系的限制。

（二）用人单位及有关主管部门对做出突出贡献的创新创业人才，可实施期权、股权和企业年金等中长期激励方式。

第十六条 其他

（一）免费游览东莞市属园林景区。

（二）优先参观东莞市属博物馆，在东莞图书馆及各分馆免费查阅图书资料。

（三）其他新增服务。

（四）国家、省、市对引进人才的其他待遇规定，从其规定。

第四章 日常管理

第十七条 组织架构

人才的认定评定工作由市人才工作领导小组统筹领导，日常管理工作由市人才工作领导小组办公室（以下简称“市人才办”）负责，具体业务工作由市人才办会同市人力资源局、市科学技术局、市经济和信息化局、市发展和改革局等相关部门共同实施。

第十八条 人才目录

根据“三重”建设的战略重点和人才引进重点的调整，每2年编制一次人才目录，基本明确国家、省和市级的荣誉、奖项和技术职务及称号的范围，为人才认定、评定提供标准和依据。

第十九条 认定评定的原则和程序

（一）符合一、二、三类人才规定的相关荣誉、奖项和技术职务及称号的标准范围的人才，由市人才办会同市相关部门进行资格审查，审查通过人员经公示后，定期或不定期报市人才工作领导小组审定。

（二）各级优秀的人才达到或接近高一级别特色人才标准的，均可以申请高一级别特色人才评审，由市人才办会同市相关部门进行资格审查，经市相关部门的业务领导和相关行业技术专家组成的高层次人才评委会评审，评审通过人员经公示后，定期或不定期报市人才工作领导小组审定。

第二十条 人才在同类优惠政策符合多种优惠层级的，只可以享受一种优惠形式，不可以重复享受。人才同时符合多个人才层级的，按照其最高人才层级享受优惠政策，但其自愿按照低人才层级申请的，不可以按照高人才层级再次申请；人才层级提升后，符合规定条件、标准的，可以再次申请人才优惠。

第二十一条 建立健全人才资助、奖励和补贴等支出效益监管和绩效评价制度。通过第三方评估等形式，对人才、团队的产业化和成果化进行考核，不断提高人才、团队引进培养的科学性、针对性和实效性。

第二十二条 建立支持特色人才创新创业的知识产权激励与保护机制，鼓励特色人才创新成果知识产权化，推动特色人才的自主知识产权优先在东莞实现产业化和资本化，并为其提供知识产权优先服务和重点保护。

第二十三条 持有《广东省人才居住证》，且符合本办法规定的人才，可签注东莞市人才工作领导小组办公室印章，并享受本办法规定相应层级的生活待遇。

第二十四条 有下列情况之一的，不再享受本办法规定的生活待遇：

（一）因违法犯罪受到处罚造成严重社会影响的；

（二）在申报各级财政扶持资金、各类人才计划和科技项目，以及从事科学研究中，存在弄虚作假的；

（三）因个人原因或工作变动不在东莞工作的；

（四）人才所属的荣誉、称号等到了管理期限的；

（五）其他应当予以注销的情形。

第二十五条 本办法明确的人才生活待遇，按照属地原则，由所在镇（街道）、园区职能部门提供相应服务。

第五章 附 则

第二十六条 本办法由东莞市人才工作领导小组办公室会同相关部门负责解释。各职能部门在本办法颁发实施后3个月内制定相应的实施细则，报市人才工作领导小组同意后实施。

第二十七条 本办法施行以前本市有关人才优惠政策与本办法不一致的，以本办法为准。

第二十八条 本办法自2013年1月1日起至2015年12月31日止试行。

附件：东莞市特色人才目录（2013—2015年）

第一章 一类人才

第一条 荣誉称号的认定范围

国家最高科学技术奖获得者；中国科学院院士、中国工程院院士；中国社会科学院学部委员、荣誉学部委员；国家百千万人才工程第一、二层次人选、新世纪百千万人才工程国家级人选；中央“千人计划”入选者（近5年）；国家有突出贡献中青年专家；全国杰出专业技术人才；中国工艺美术大师；全国工程勘察设计大师。

第二条 奖励项目的认定范围（近5年获奖）

（一）自然科学和工程技术领域

1. 国家自然科学奖一等奖前5名完成人，国家自然科学奖二等奖前3名完成人；
2. 国家技术发明奖一等奖前5名完成人，国家技术发明奖二等奖前3名完成人；
3. 国家科技进步奖一等奖前3名完成人；
4. 中国青年科学家奖；
5. 中国专利金奖（须为专利发明人或设计人）。

（二）其他综合领域

1．世界知识产权组织版权创意金奖人物奖；

2．南粤功勋奖和南粤创新奖（以及同类省级奖励）；

3．广东省创新科研团队带头人和领军人才。

第三条 技术职务及称号的认定范围（近5年获评选或聘任）

（一）自然科学和工程技术领域

1．国家高技术研究发展计划（863计划）专家委员会主任、副主任，领域专家组组长、副组长；

2．国家重点基础研究发展计划（973计划）专家顾问组组长、副组长，领域专家咨询组组长、副组长；

3．国家科技重大专项总体组技术总师、技术副总师，重大专项项目技术负责人；

4．国家科技支撑计划项目技术负责人（且项目已通过结题验收）；

5．国家自然科学基金重大项目负责人，国家自然科学基金“国家杰出青年科学基金”项目负责人（且项目已通过结题验收）；

6．国家实验室、国家重点实验室、国家工程实验室、国家工程研究（技术）中心首席科学家。

（二）其他综合领域

1．全国专业标准化技术委员会主任委员；

2．获得“中华技能大奖”荣誉称号的高技能人才。

第四条 评定标准

（一） 社会组织管理领域在国内外知名社会组织机构中担任过高级管理职务，来莞工作后能够带领我市两新组织工作有革新性、引领性的重大发展，受到社会广泛公认和好评的社会组织管理的特色人才。

（二）经营管理领域

1．在国际500强、国内100强或其他知名企业内担任过高级管理职务，或具备引进重要重大项目的管理能力，来莞工作后能够显著推动我市“三重”建设，取得重大社会经济效益的经营管理特色人才；

2．在海外拥有国际发明专利或拥有核心技术国内发明专利在东莞创业，其专利技术国际领先或填补国内空白，所创企业被认定为国家高新技术企业的企业董事长、总经理或首席技术专家。

（三）自然科学和工程技术领域

在国际500强、国内100强或其他知名机构内担任过高级技术职务或首席技术顾问，拥有国际领先水平的自主知识产权和发明专利，具备以下条件之一：

1．来莞工作后能够将自主技术项目化和产业化，形成广阔市场前景，能够带动一个特色产业的高技术特色人才；

2．来莞工作后能够在“三重”建设中发挥重大关键技术引领作用，对推动“三重”建设起到不可或缺的关键作用的高技术特色人才。

第二章 二类人才

第五条 荣誉称号的认定范围

享受国务院特殊津贴人员；省部级有突出贡献的中青年专家；省级以上优秀专家；省工艺美术大师；国家百千万知识产权人才工程第一层次人选。

第六条 奖励项目的认定范围（近5年获奖）

（一）自然科学和工程技术领域

1．国家科技进步奖二等奖前5名完成人；

2．长江韬奋奖；

3．部省级科学技术奖特等奖前5名完成人、一等奖前3名完成人；

4．部省级技术发明奖一等奖前3名完成人；

5．省科技突出贡献奖。

（二）其他综合领域

1．中国专利优秀奖、省专利奖金奖（须为专利发明人或设计人）；

2．省创新科研团队带头以外的核心成员；

3．莞邑人才功勋奖；

4．东莞市引进创新创业科研团队带头人和领军人才。

第七条 技术职务及称号的认定范围（近5年获评选或聘任）

（一）自然科学和工程技术领域

1．国家高技术研究发展计划（863计划）重大项目负责人，重点项目负责人；

2．国家重点基础研究发展计划（973计划）专题专家组组长、副组长，重大科学问题专家组组长、副组长，重大科学研究计划重大项目首席科学家，重大科学问题导向项目首席科学家；

3．国家科技重大专项课题技术负责人（且课题通过结题验收）；

4．国家科技支撑计划课题技术负责人（且项目已通过结题验收）；

5．国家自然科学基金项目负责人，国家自然科学基金“创新研究群体科学基金”项目负责人（且项目已通过结题验收）；

6．科技部国际科技合作计划项目中方项目第1负责人（且完成项目通过验收）；

7．国家实验室副主任前2名，国家重点实验室副主任前2名，国家工程实验室副主任前2名；

8．国家工程研究中心副主任前2名；国家工程技术研究中心主任副主任前2名；

9．部省级实验室主任，部省级重点实验室主任，部省级工程实验室主任；

10．部省级工程研究中心主任，部省级工程技术研究中心主任。

（二）其他综合领域

1．全国专业标准化技术委员会副主任委员；

2．获得“全国技术能手”荣誉称号的高技能人才。

第八条 评定标准

（一）社会组织管理领域

在国内外知名社会组织机构中担任过高级管理职务，来莞工作后能够带领我市两新组织工作有重大发展，受到社会较广范围公认和好评的社会组织管理的特色人才。

（二）经营管理领域

在国际500强、国内100强或其他知名企业内担任过高级管理职务，或具备引进重大项目的管理能力，来莞工作后能够在我市“三重”建设中发挥重要作用，取得较大社会经济效益的经营管理特色人才。

（三）自然科学和工程技术领域

在国际500强、国内100强或其他知名机构内担任过高级技术职务或首席技术顾问，拥有国际先进水平、国内领先的自主知识产权和发明专利，具备以下条件之一：

1．来莞工作后能够将自主技术项目化和产业化，形成广阔市场前景，产生较大社会经济效益的高技术特色人才；

2．来莞工作后能够在“三重”建设中发挥关键技术引领作用，对推动“三重”建设起到重要关键作用的高技术特色人才。

第三章 三类人才

第九条 荣誉称号的认定范围

获得南粤技术能手奖、广东省技术能手、东莞市优秀技能人才一等奖的高技能人才。

第十条 奖励项目的认定范围（近5年获奖）

（一）自然科学和工程技术领域

1．省级科学技术奖二等奖第1完成人；

2．市（地级市及以上）级科学技术奖一等奖第1完成人。

（二）其他综合领域

1．省专利奖优秀奖（须为专利发明人或设计人）；

2．东莞市拔尖人才；

3．东莞市培养科技创新团队带头人和领军人入选者。

第十一条 技术职务及称号的认定范围（近5年获评选或聘任）

（一）自然科学和工程技术领域

1．国家高技术研究发展计划（863计划）课题组组长、副组长（且课题通过结题验收）；

2．国家重点基础研究发展计划（973计划）课题组组长、副组长（且课题通过结题验收）；

3．国家科技重大专项课题第2、3负责人（且课题通过结题验收）；

4．国家科技支撑计划课题第2、3负责人（且课题通过结题验收）；

5．国家自然科学基金面上项目、青年科学基金项目第1负责人（且课题通过结题验收）；

6．科技部国际科技合作计划项目中方主要参加人员前3名（且完成项目通过验收）。

（二）其他综合领域

1．担任全国专业标准化技术委员会分技术委员会主任委员；

2．高等院校省重点学科带头人、博士生导师、教授；

3．在生产一线从事专业技术工作，具备正高级专业技术资格或具备高级技师职业资格的人员；

4．具有2项以上发明专利或3项以上应用专利的博士后人员；

5．在海外知名大学取得博士学位，或在国内获得全日制博士研究生学位，拥有1项以上发明专利，且在海外从事相关专业领域研究或工作3年以上的人员。

第十二条 评定标准

（一）社会组织管理领域

在国内外大型社会组织机构中担任过中层管理职务，来莞工作后能够在我市两新组织工作重要作用，能够提高和优化我市两新组织管理水平，受到社会和同行业者的公认和好评的社会组织管理的特色人才。

（二）经营管理领域

在国内外比较大型的企业内担任过中层以上管理职务，来莞工作后能够在我市传统产业转型升级、战略性新兴产业和

“三重”建设项目中发挥重要的管理作用，在提升和优化我市现代化企业管理水平方面取得较大的社会经济效益的经营管理特色人才。

（三）自然科学和工程技术领域

在国内外大型企业或其他机构内担任过高级技术职务或高级技术顾问，拥有国内先进水平的自主知识产权和发明专利，具备以下条件之一：

1．来莞工作后能够将自主技术项目化和产业化，形成广阔市场前景，能够产生较大的社会经济效益的高技术特色人才；

2．来莞工作后能够在“三重”建设中发挥重要技术作用，推动“三重”建设对解决重要技术难题、新型技术工艺起到攻坚作用的高技术特色人才。

第四章 其他人才

第十三条 经市委、市政府认定的紧缺急需的其他方面的相当于上述三类层级的人才。

中共东莞市委员会

东莞市人民政府

二〇一三年三月十三日

中共海口市委办公厅
关于加快引进海外高层次人才的意见

（海办发〔2013〕12号）

为加快推进人才强市战略，大力引进海外高层次人才来海口创新创业，更好地为海口建设“四宜三养”最精最美省会城市和海南“首善之城”提供人才智力支撑，根据《中央人才工作协调小组关于实施海外高层次人才引进计划的意见》（中办发〔2008〕25号），结合我市实际，就加快引进海外高层次人才工作提出如下意见。

一、指导思想、基本原则和总体目标

（一）指导思想。

认真贯彻落实党的十八大和省、市党代会精神，紧紧围绕我市优先发展的重点产业和重大项目，从海外引进一批急需紧缺的高层次人才，充分发挥他们在促进经济转型升级、加快发展方式转变中的引领和支撑作用，为推动海口科学发展、实现绿色崛起提供坚强有力的人才保证和智力支撑。

（二）基本原则。

一是按需引进。围绕推动海口支柱产业和战略性新兴产业领域的人才队伍结构优化和自主创新能力提升，重点引进急需紧缺的高层次创新创业人才和团队。

二是引以致用。把充分发挥海外高层次人才作用作为出发点和落脚点，创新体制机制，搭建事业平台，营造良好环境，吸引和留住国际化高端人才。

三是特事特办。对于特需、关键的高端人才，采取畅通的引才渠道和特殊政策措施，成熟一个，引进一个。

四是统筹实施。成立市海外高层次人才工作小组，负责海外引才的组织领导和统筹协调，在市外事侨务办设立市海外高层次人才工作小组办公室（以下简称“海高办”），负责人才引进工作的具体实施。

（三）总体目标。

从2013年开始，用5—10年时间，围绕我市第十二次党代会和“十二五”发展规划确定的经济、文化、科技、旅游、现代服务业、热带高效农业、海洋经济等重点领域，汽车、机电、食品饮料等支柱产业和新能源、新材料、生物医药、新一代信息技术、高端装备制造、节能环保等战略性新兴高新技术产业发展的需要，依托我市“两区一城八园”（海口国家高新技术开发区、海口综合保税区、美安科技新城、保税区园区、马村港物流园区、临空经济园区、药谷工业园区、海马汽车工业园区、狮子岭工业园区、云龙产业园区、文化创意产业园区）的重点产业发展规划布局，重点引进产业领域和关键性技术方面实现突破的实用型人才；重点引进具有领军作用的学科带头人和项目负责人；重点引进掌握自主知识产权、有望形成新的经济增长点的创新创业人才和团队；重点引进具有金融管理和资本运作经验的高层次管理人才；重点引进具有社科理论、文化传媒、文化创意、文化经营管理和应用技术等方面的紧缺人才。

二、引进对象

本意见所称的海外高层次人才是在海外学习并取得硕士及以上学位，学成后在海外创业或工作2年以上，并符合以下条件之一的人才或团队：

1. 在国（境）外著名高校、科研院所任相当于副教授以上职务，在国际著名的学术刊物发表过有影响的学术论文；获得有国际影响的学术奖励，成果处于本行业或本领域学术前沿，为业内普遍认可的专家学者。

2. 在国际知名跨国企业和专业机构的关键岗位上从事研发或管理工作，担任高级职务的专业技术人员或中层以上管理职务，精通专业领域，熟悉国际规则，善于经营管理的专家。

3. 具有海外自主创业经验，熟悉相关产业领域国际规则，在专业领域拥有自主知识产权，掌握核心技术，其技术成果领先、能够填补国内空白，并具备良好市场潜力和产业化条件的创业团队或个人。

4. 我市支柱产业和战略性新兴产业急需紧缺的其他海外高层次人才。

三、引进方式

（一）刚性引进（全职服务）：主要是指引进后在我市行政机关担任政府雇员，或在企事业单位工作，并签订3年以上合同，每年在本地工作时间不少于6个月。

（二）柔性引进（非全职服务）：主要是指用人单位通过项目引才方式引进，参与我市经济社会发展中的重大项目、科技攻关和招商引资、引才引智等方面的决策咨询、技术指导等。柔性引进海外高层次人才，在本地工作时间和工作方式可根据实际灵活设置。

（三）自主创业（含产学研）：主要指带技术、带资金、带项目，创办具有自主知识产权、技术领先、成果产业化前景广阔的高新技术企业；利用先进科学技术、设备和资金等条件，与高等院校、科研院所、各类企业等开展合作研究，建立研发基地或设立博士后工作站。

四、引进途径

（一）举办专场招才活动。每年定期收集海外人才项目需求信息，编制并发布海外人才项目需求目录。有计划、有目的地组团赴海外开展引才推介或招才引智活动，或组团参加在国内举办的国际人才交流会议等。

（二）依托中介组织引才。发挥海外华侨华人、社团、驻外使领馆和留学人员组织等作用，在高层次人才集聚的国家和地区，设立海口招才引智海外联络站，聘请海外招才引智联络员，宣传海口相关政策措施，招聘急需紧缺的海外人才。不定期组织海外高层次人才及团队来我市考察，开展人才交流活动。

（三）加强“项目引才”。围绕我市重点发展领域和重点科研项目，通过短期培训、项目咨询、技术攻关、合作研发等形式，加强与海外高等院校、培训机构和科研院所的合作。

（四）实行“以才引才”。充分发挥海口市海外智囊团成员、国内外知名专家和已引进的海外人才的重要作用，通过师生、同窗同事、合作伙伴等关系，多渠道、多形式引进更多优秀海外人才。

五、政策措施

（一）优先支持。我市行政机关、企事业单位对符合条件的海外高层次人才，可采取录（聘）用优先考虑、职级优先晋升等措施引进；引进后在本市工作3年以上的，享受住房政策优先安排；优先推荐申报各级科技计划、科技成果研发、转化项目和各类人才支持项目；自主创业的企业产品、服务符合要求的，优先纳入政府采购目录。

（二）科技扶持。凡符合国家、省、市鼓励和扶持相关产业发展政策规定的，市政府牵头协调相关职能部门，依据“一企一策”原则全程跟踪扶持资金的落实。相关政策详见附件《国家、省、市相关产业发展政策文件目录（选编）》。

（三）配套支持。凡获得国家或省级各类人才项目资金扶持的，市人才资源开发专项资金按不少于50%的比例、最高不超过100万元进行配套支持。

（四）专家资助。以项目引才方式柔性引进的海外专家，专家资助费比照国家外专局关于引进人才专家经费管理的规定，最高资助标准不得超过每人次4.5万元，支付范围包括：国际旅费、专家零用费、专家生活费、城市间交通费和其他费用。

（五）安家补助。与用人单位签订全职服务3年以上合同的海外高层次人才，可享受安家补助，分3年支付，第一年按40%支付，第二、三年各支付30%。补助标准为：海外知名专家、学者教授补助30—50万元；取得博士学位（高级职称）的补助20万元；取得硕士学位（中级职称）的补助10万元。引进的海外高层次人才经评审认定后，在市行政机关、国有企事业单位的，安家补助由市人才资源开发专项资金按年度划拨给单位进行支付；在民营企业工作的，安家补助由市人才资源开发专项资金和引进企业按照同等比例共同承担，市人才资源开发专项资金承担部分按年度划拨的方式进行支付。

（六）岗位津贴。对引进的全职服务的高层次专业技术人才由用人单位根据具体情况按1000—5000元/月的标准发给岗位津贴，发放岗位津贴时间为3年，不重复享受。

（七）荣誉称号。对引进的海外高层次人才授予市委、市政府“特聘专家”称号。对做出突出贡献的外籍高层次人才，符合相应条件的，可授予“海口市荣誉市民”称号，也可推荐上报省政府授予“椰岛纪念奖”或“椰岛友谊奖”。

（八）奖励机制。对引进海外高层次人才及其团队发挥重要作用的单位或个人，经履行相关审批程序后，由市人才资源开发专项资金给予5万—20万元的奖励。

（九）服务保障。提供口岸出入境、申办《外国专家证》、签证、居留证件等方面的便利；提供知识产权政策咨询服务和融资便利、金融个性化服务；享受工商、税务相关优惠政策；协调解决户籍、配偶随迁、子女入学、健康体检、职称评定等问题；用人单位按规定办理五项社会保险，适当考虑商业性补充保险。

中共海口市委办公厅

二〇一三年六月一日

重庆市科技创新创业人才支持计划实施办法

（渝委组〔2013〕28号）

为加快实施人才强市战略，建设一支高层次科技创新创业人才队伍，根据《国家高层次人才特殊支持计划》（中组发〔2012〕12号）和《创新人才推进计划实施方案》（国科发政〔2011〕538号）精神，统筹市内高层次人才计划，特制定本办法。

一、目标任务

人才资源是第一资源，科技创新创业人才是急需紧缺人才资源。加强科技创新创业人才队伍建设，既是应对日益激烈人才竞争的迫切需要，也是提高自主创新能力的客观要求。实施科技创新创业人才支持计划，旨在培养造就一批专业品德优秀、能力出类拔萃、综合素质全面的科技创新创业领军人才。计划的主要任务是：

（一）培养科技创新领军人才。瞄准世界或国内科技前沿和战略新兴产业，从2013年开始，每年遴选20名左右能够引领相关领域科技创新发展、主持承担重大科技任务的领军人才，力争到2020年达到200名，其中30人入选国家科技创新领军人才计划。

（二）培育科技创业领军人才。立足推动企业成为技术创新主体，加快技术研发和成果转化，从2013年开始，每年遴选10名左右具有自主知识产权或核心技术的科技创业领军人才，力争到2020年达到100名，其中15人入选国家科技创业领军人才计划。

二、选拔原则

（一）公开公平、竞争择优。公开选拔标准、评审程序，实行专家评审，确保好中选优、优中选强。

（二）突出实绩、注重潜力。突出科技前沿、重点领域和战略需求，在国家和市级重大科技项目、重点工程项目、重点建设项目和重大成果转化中，重点选拔综合素质高、创新能力强、工作实绩好、发展潜力大的优秀人才。

（三）统筹兼顾、合理布局。坚持产学研用相结合，强化人才、项目、基地协同发展，统筹兼顾各区域、行业、领域、专业科技创新创业人才，确保选拔培养科技创新创业人才，与全市区域发展相结合，与经济社会发展相协调。

（四）改革创新、分类推进。遵循人才成长规律，创新人才培养开发、评价发现、选拔任用、激励保障机制。按照“整体部署、分类推进、试点先行、逐步完善”工作原则，针对不同任务特点，确定具体实施方法和工作步骤。

三、遴选条件

（一）科技创新领军人才。

1．拥护党的路线、方针、政策，热爱祖国，遵纪守法，具有“献身、创新、求实、协作”的科学精神，作风正派；

2．具有中国国籍，在市内高等院校、科研机构、重点企业等单位，全职工作1年以上的在聘在岗人员；

3．具有广阔的学术视野和创新思维，有很好的学术发展潜力，有志于在一线潜心研究，建功立业；

4．年龄原则上不超过50周岁，具有硕士及以上学位或正高级职称，拥有自主知识产权或掌握核心技术；

5．具有较强领军才能，领衔的团队专业结构和年龄结构合理；

6．在相应领域具有较高声望，具有明确稳定的学科或专业方向，在引领科技创新、突破关键技术、推动成果转化、促进经济社会发展等方面成效显著，已经取得国内外同行公认，或者已经取得初步成果且具有较大发展潜力。

（二）科技创业领军人才。

1．拥护党的路线、方针、政策，热爱祖国，遵纪守法，具有“献身、创新、求实、协作”的科学精神，作风正派；

2．具有中国国籍，在市内重点企业、科研机构、高等院校等单位，全职工作1年以上的在聘在岗人员；

3．具有本科以上学历；

4．原则属于市委市政府确定的“6+1”支柱产业和“2+10”战略性新兴产业领域；

5．具有全球战略眼光、市场开拓精神、管理创新能力和社会责任感的优秀企业家；

6．企业拥有自主知识产权或掌握核心技术；

7．企业具有较好的经营业绩和成长性，或者已经取得初步成效且具有极大发展潜力。

四、选拔程序

（一）推荐申报。相关单位按照有关要求进行申报。

（二）资格审查。所在单位初审，市科委复审。

（三）专家评审。邀请市内外相关领域知名专家，组成专家评审委员会，对申报人选进行专业评审和综合评审，提出建议人选名单。

（四）组织审定。市委人才工作领导小组根据专家评审意见，按有关程序研究确定人选。

（五）公示公布。入选名单面向社会公示后，正式向社会公布。

五、支持措施

支持周期3年。经专家考核评估，对成果突出、培养前途大的科技创新、创业领军人才，可连续支持2个周期。

（一）科技创新领军人才。

1．入选国家科技创新领军人才计划的，按照国家特殊支持经费标准，市财政给予同等经费支持。入选市级科技创新领军人才计划的，按45万元/3年标准给予经费资助。入选国家和市级科技创新领军人才计划的，主管部门和所在单位应配套给予一定经费支持。入选市级科技创新领军人才计划，且又入选其他市级重大人才专项的，按“就高不就低”原则享受经费资助政策。

2．优先支持其围绕我市“6+1”支柱产业和“2+10”战略性新兴产业或科技重点工作承担市级科技计划项目。

3．优先支持具备条件的依托单位建设市级重点实验室、工程技术研究中心等研发基地。

4．优先支持其建设高水平创新团队，帮助引进培养急需骨干人才。

5．优先支持其到世界一流高等院校、科研机构访问研修，主办或参加高水平的国际学术会议。

6．同等条件下，优先推荐科技创新领军人才到国际、国内学术组织任职，优先参评市级以上成果和荣誉奖励，优先推荐作为市党代会代表、市人大代表和市政协委员人选。

7．纳入市委直接掌握联系的高级专家范围，加强跟踪培养与服务。

（二）科技创业领军人才。

1．入选国家科技创业领军人才计划的，按照国家特殊支持经费标准，市财政给予同等经费支持。入选市级科技创业领军人才计划的，优先支持其围绕我市“6+1”支柱产业和“2+10”战略性新兴产业或科技重点工作承担市级科技计划项目，享受我市相关高层次人才财税支持政策。

2．优先支持其建设市级重点实验室、工程技术研究中心等研发基地。

3．优先支持其建设高水平创业团队，帮助引进培养急需骨干人才。

4．优先支持其组建产业技术创新战略联盟，加强产学研合作。

5．同等条件下，优先推荐科技创业领军人才到国际、国内学术组织任职，优先参评市级以上成果和荣誉奖励，优先推荐作为市党代会代表、市人大代表和市政协委员人选。

6．纳入市委直接掌握联系的高级专家范围，加强跟踪培养与服务。

六、考核评价

（一）考核主体。市科委牵头，市委组织部、市人力社保局、市教委、市中小企业局、市国资委等部门参与考核。

（二）考核方式。采取年度报告、中期评价、终期考核等方式。第二年进行中期评价，第三年进行终期考核。年度报告由科技创新创业人才撰写，报所在单位和主管部门备案，中期评价和终期考核由主管部门组织进行。

（三）考核重点。中期考核不设硬性指标，以主观评价为主，邀请有关专家对科技创新创业人才的工作进行重点考察：正在从事的工作是否具有创新性；是否瞄准国际前沿和战略性新兴产业；从工作进展看是否具备处于国际前列的发展潜力；工作是否按进度进行；是否能够保证足够的工作时间等等。终期考核强调实际成果产出，根据科技创新创业人才的领域采取分类评价的方式，重点从科研诚信、创新成果、持续创新能力三个方面考核。

七、组织实施

（一）在市委人才工作领导小组领导下，市科委会同市级相关部门，具体组织实施科技创新创业人才的评选管理工作。

（二）对入选的科技创新创业人才实行动态管理，对不符合要求的不再作为计划人选，并从下一年起停止经费资助。

（三）首批市级科技创新创业人才申报遴选工作于2013年启动。

中共重庆市委组织部
中共重庆市委宣传部
重庆市财政局
重庆市教育委员会
重庆市科学技术委员会
重庆市人力资源和社会保障局
二〇一三年三月十八日

贵州省高层次人才引进绿色通道实施办法（试行）

（黔人领发〔2013〕5号）

第一章 总 则

第一条 为进一步推进人才强省战略，为推动贵州科学发展、后发赶超、同步小康提供人才支撑，根据《中共贵州省委关于进一步实施科教兴黔战略大力加强人才队伍建设的决定》有关规定，制定本办法。

第二条 建立高层次人才引进绿色通道，在省人才工作领导小组领导下，由省委组织部、省人力资源和社会保障厅会同省直相关部门共同组织实施。

第二章 对象条件

第三条 本办法所称高层次人才，主要指从省外、国（境）外引进的以下三类人才：

第一类：中国科学院院士、中国工程院院士，国家最高科学技术奖获得者，国家自然科学奖、技术发明奖、科学技术进步一等奖的前2位完成人。

第二类：长江学者，国家“千人计划”和“万人计划”入选者，国家有突出贡献中青年专家、国家杰出专业技术人才、国家杰出青年科学基金获得者和国家级重点学科、重点实验室学术技术带头人，中华技能大赛优秀奖获得者，以及其他省、部级以上管理的高层次人才。

第三类：具有学历学位的博士，正高级职称人才及其他急需紧缺高层次人才。

第四条 引进的高层次人才，除本办法第三条规定的第一类人才外，其他人才年龄一般应在55周岁以下。柔性引进的，每年在贵州工作时间不少于3个月。

第三章 人才认定

第五条 由省委组织部、省人力资源和社会保障厅会同省直相关部门共同开展高层次人才认定工作。

第六条 引进高层次人才按以下程序认定：

（一）申报。引进人才根据相关规定，填写《贵州省引进高层次人才审核认定申报表》，并提供相关证明材料，自愿进行申报。各用人单位核实后上报行业主管部门。

（二）评审及认定。各行业主管部门对用人单位上报的相关材料进行审核，提出初步意见后报送省人力资源和社会保障厅。对可以直接认定的高层次人才，由省人力资源和社会保障厅进行认定并颁发《贵州省引进高层次人才服务绿卡》；对需要评审认定的，由省委组织部、省人力资源和社会保障厅会同省直相关部门及相关领域专家共同开展高层次人才评审认定工作，对通过评审认定的高层次人才颁发《贵州省引进高层次人才服务绿卡》。获得《贵州省引进高层次人才服务绿卡》的高层次人才，享受本办法规定的相关服务内容。

第四章 绿色通道服务内容

第七条 编制管理。确因工作需要引进高层次人才到满编的机关、事业单位工作的，编制管理部门凭《贵州省引进高层次人才服务绿卡》办理进编手续，采取超编进入、逐步消化的方式实现单位编制平衡。

第八条 职称评（认）定。引进高层次人才需评定专业技术职称的，可按正常程序申报，随年度参加评审；也可根据需要，由省人力资源和社会保障厅组织评审委员会进行评审认定。取得省外人力资源和社会保障部门授权评审的专业技术职务资格，均予以承认并享受本省同级人员待遇。对具有博士学历学位的高层次人才，在第一个聘期内享受副高级专业技术职务待遇。引进的高层次人才，可根据其学术、技术水平和工作需要，直接申报相应的职称。

第九条 岗位聘用。引进到事业单位工作的高层次人才，凭《贵州省引进高层次人才服务绿卡》不受单位岗位总量和最高等级结构比例限制，特设岗位进行聘用。

第十条 出入境和居留服务。经公安部审核批准的持外国护照入境的海外引进人才及其配偶、未成年子女，可以申请办理2—5年多次入境有效访问签证；符合永久居留条件的，可申请外国人永久居留证，作为其在我省的合法身份证件。相关手续可到当地公安机关出入境管理部门办理，永久居留业务公安机关自受理之日起30个工作日内办结；2—5年多次入境有效访问签证办理在3个工作日内办结。

第十一条 户籍办理。经认定引进的高层次人才，可在其工作地或居住地落户，其配偶、未婚子女及父母可随本人迁移户口，由落户人或接收单位向拟落户地公安机关提出申请，公安机关自受理之日起10个工作日内办结。

第十二条 医疗保障。经认定引进的本办法第三条所列第一、二类人才，享受医疗照顾人员待遇，所需医疗费用通过现行医疗保障制度解决，不足部分由用人单位按照有关规定解决。省卫生厅要及时建立健康服务档案，定期开展医疗保健和体检服务。

第十三条 科研服务。经认定引进的高层次人才，需要借助省内科研平台进行资料查阅、实验和产品研发的，在不涉及国家秘密或商业秘密的情况下，可无偿使用相关单位的科研场地、仪器设备等。申报国家和省有关科技项目时，省级科技行政部门应优先立项、优先推荐，并做好相关服务工作。

第十四条 创业培训。经认定引进的高层次人才，可免费接受政府相关部门提供的创业培训服务，根据需要可向相关部门申请为其聘请创业导师、咨询顾问及科技助手。

第十五条 社会保险办理。经认定引进的高层次人才到贵州工作后，人力资源和社会保障部门应按有关规定，及时为其办理或接续基本养老、失业、工伤、医疗等社会保险。用人单位可为其购买商业性补充保险。

第十六条 档案重建。引进的高层次人才档案无法转入的，引进人才的单位可为其重新建立人事档案，人力资源和社会保障部门对其以前的工作经历核实后予以承认。

第十七条 购置汽车优惠政策。引进的高层次人才可购买1辆自用国产小汽车，凭其《贵州省引进高层次人才服务绿卡》、身份证明及购买机动车相关凭证，到公安部门办理机动车注册登记手续，并免征车辆购置税。

第十八条 配偶安置。引进高层次人才配偶的就业安置，应坚持双向选择为主、统筹调配为辅的原则，根据引进的高层次人才配偶原就业情况及个人条件，多种渠道、多种方式，有重点、分层次协调解决。本办法第三条所列第一、第二类人才配偶的安置问题，根据需要由用人单位提出申请，由省委组织部、省人力资源和社会保障厅协调解决；第三类人才的配偶安置问题，原则上以用人单位为主进行安置；超出用人单位安置能力，需要协调其他部门进行安置的，报请省委组织部、省人力资源和社会保障厅协调解决。市（州）引进的高层次人才配偶的安置，由市（州）负责解决。非公有制经济组织和其他社会组织引进的高层次人才配偶的安置，原则上由用人单位协调解决。

由省委组织部、省人力资源和社会保障厅协调安置的，根据实际情况按以下方式解决：

（一）原属公务员（含参公管理人员，下同）且愿意到贵州继续从事公务员工作的，由引进人才所在单位向省委组织部、省人力资源和社会保障厅提出公务员调配申请，由省委组织部、省人力资源和社会保障厅及时根据本人专长，以及相关单位人员编制、职位空缺和人员配备情况，按有关程序协调安置。

（二）原属事业身份的，根据本人条件和我省相关事业单位编制、职位空缺情况协调安置；对原在企业工作，具有本科以上学历的，可通过面试、考察等形式招录到相关事业单位工作。

（三）自谋职业、自主创业的，可直接向省人力资源和社会保障厅提出自主创业申请，按程序审批后，可享受贷款扶持等自主创业的优惠政策。引进高层次人才配偶积极参加职业技能培训和相关鉴定的，按有关规定给予职业技能培训补贴和鉴定补贴。

（四）对其他尚未就业且愿意就业的，省人力资源和社会保障厅商用人单位按程序安置到有关单位工勤岗位工作；愿意参加贵州省公务员或事业单位公开招考（聘）的，非本省户籍人员可按贵州省户籍人员条件报考；暂时不能安置的，二年内由用人单位按当地城镇居民最低生活保障金标准发放生活补助金。

第十九条 子女入学。由教育行政主管部门牵头，相关部门积极配合，负责解决引进高层次人才子女入学问题。引进高层次人才子女申请转（入）贵州省义务教育阶段学校就读的，根据本人意愿和实际情况，在其父母服务居住地县（市、区）内，按免试就近入学原则安排就读。申请转入贵州省普通高中就读的，按与原就读高中学校类别相同的原则，结合本人意愿与实际情况，安排在其父母服务（居住）地县（市、区）内普通高中入学。

引进高层次人才非贵州省户籍子女，在贵州省就读义务教育阶段学校和普通高中期间，享受贵州省户籍学生同等待遇。高中毕业后在贵州省参加高考的，按贵州省普通高校招生工作有关规定执行。

引进高层次人才子女报考普通高中时，可享有与贵州省户籍初中毕业生同等的报考资格，并优先录取。

第五章 工作机制

第二十条 建立贵州省引进高层次人才绿色通道服务工作联席会议制度，定期研究引进高层次人才绿色通道服务工作涉及的相关重大事项，日常工作由省人力资源和社会保障厅承担。相关行业主管部门要认真履行职责，精心做好相关服务工作，对未按要求完成服务工作的，将对相关部门负责人和责任人给予问责处理。

第二十一条 由省人力资源和社会保障厅牵头建立贵州省引进高层次人才信息库，实行定期更新、动态管理的网络化、信息化服务，及时了解掌握引进人才有关情况。

第六章 附 则

第二十二条 各市（州）人才工作领导小组要结合本地实际，制定具体实施办法。各地引进的高层次人才要报省委组织部、省人力资源和社会保障厅备案，对符合本办法规定的引进高层次人才由省人力资源和社会保障厅颁发《贵州省引进高层次人才服务绿卡》。

第二十三条 经认定引进的高层次人才，除享受本办法规定的相关优惠政策外，同时享受用人单位提供的其他优惠政策。

贵州省人才工作领导小组
二〇一三年三月十四日

云南省科技小巨人企业培育认定管理办法

（云南省科学技术厅公告第25号）

第一章 总 则

第一条 为深入实施创新型云南行动计划，进一步推动高新技术企业自主创新，加强企业高端人才团队和创新平台建设，提高企业核心竞争力，培育一批具有国内外行业竞争优势的科技小巨人企业，加快培育高新技术企业上市，促进区域战略性新兴产业发展和经济增长，根据《中华人民共和国中小企业促进法》等法律法规，结合云南省实际，制定本办法。

第二条 科技小巨人企业培育认定的对象，是指在本省工商注册登记，从事符合国家及云南省产业发展方向的高新技术领域产品开发、生产、经营和技术（工程）服务，创新性突出、产业规模明显、示范性显著的高新技术企业。企业应有较稳定的高端技术创新和管理团队；良好的硬件平台条件；较完善的企业创新体系、创新机制及与之相适应的科研投入；具有自主知识产权的品牌产品；一定的经济规模和良好成长性；良好的信用和较强的融资能力。

第三条 科技小巨人企业培育认定的重点是国家及云南省战略性新兴产业发展的新材料、节能环保、生物、高端装备制造、新能源、光电子、新一代信息技术、新能源汽车等八大产业领域。

第四条 科技小巨人企业培育认定采取省州（市）联动方式。各州（市）科技行政管理部门负责本地区科技小巨人企业培育认定的组织申报审核推荐、实施管理，可制订相应的实施办法和细则。省科技厅负责受理各州（市）推荐的科技小巨人企业培育认定申请、组织认定评审、实施培育认定等管理工作。

第二章 认定条件

第五条 申请科技小巨人企业培育认定企业应具备下列条件：

（一）上年度或近3年年均利税不低于6000万元，净利润不低于3000万元。

（二）上年度或近3年年均研究开发费用投入不低于年销售额的3%；制造类企业研发人员数不低于职工总数的15%，高技术服务类企业不低于50%。

（三）上年度或近3年年均主营业务销售收入一般应在2亿元—50亿元人民币，近3年企业有良好的成长性。

（四）企业应拥有1项以上达到国际同类产品水平的标准或一项同行业中的知名品牌，应拥有专利（发明或实用新型）、软件著作权、集成电路布图设计、国家农作物新品种或植物新品种保护授权、保健食品证书、新药证书或专有技术等自主知识产权2项以上。

（五）应有研发机构（技术中心、实验室、测试平台等）、研发计划及与之相适应的知识产权保护、人才培养（含引进）、创新激励等运作机制，并有一套较完善的规范化管理制度。

（六）企业应有优秀的领军人物与良好的经营管理团队，有较稳定的高端技术创新团队，有较强的抵御各类风险的运营机制，有健全的各项规章制度。

（七）列入省科技厅上市培育的高新技术企业符合上述条件者，优先认定支持。

第三章 申请、推荐与受理

第六条 符合科技小巨人企业培育认定条件者，均可按要求提供相应的申请材料向所在州（市）科技行政管理部门申请。

第七条 各州（市）科技行政管理部门应对申报企业进行审核，将符合本办法规定的科技小巨人企业认定申报材料汇总后向省科技厅推荐。推荐单位应同时承诺对所推荐企业的配套资助。

第八条 省科技厅受理各州（市）科技行政管理部门的推荐申报，全年受理，分批认定。

第四章 评审与认定

第九条 科技小巨人企业的评审工作，由省科技厅组织专家或委托评估机构集中评审。

第十条 认定工作按照科学公正、竞争择优的原则，综合考虑专家评审意见和州（市）的建议。认定为科技小巨人企业的，由省科技厅授予“云南省科技小巨人企业”称号。

第五章 支持方式

第十一条 经认定的云南省科技小巨人企业，视其是否已有省科技厅在研项目等情况，由省科技厅以项目形式，主要围绕重点新产品开发，酌情安排不超过200万元的科技计划项目。支持培育认定科技小巨人企业的项目实施周期一般不超过3年。

第十二条 推荐申报云南省科技小巨人企业培育认定的企业，各州（市）应当先行立项支持。认定后省科技厅资助资金与州（市）配套资金资助比例不高于5:1。两者资助总额不超过企业项目投入的20%。

第六章 实施管理

第十三条 各州（市）科技行政管理部门负责所在地科技小巨人企业的管理，协助解决企业在实施过程中遇到的困难与问题，每年将汇总情况报省科技厅。

第十四条 获得立项支持的科技小巨人企业需与省科技厅签署科技小巨人企业培育认定项目实施合同（计划任务书），并经所在地州（市）科技行政管理部门确认配套资助。

第十五条 科技小巨人企业项目实施期完成后，由该企业向州（市）科技行政管理部门提交书面的验收申请与总结报告，由省科技厅组织专家或委托评估机构验收。科技小巨人企业培育认定项目的管理、验收按照《云南省科技计划项目管理办法》《云南省科技计划项目经费管理办法》《云南省科技计划项目验收管理办法》《云南省科技计划项目验收管理实施细则（暂行）》和《云南省科技计划项目财务验收办法（暂行）》等科技计划项目管理办法执行。

第十六条 科技小巨人的复审周期为3年。对复审未达到云南省科技小巨人企业条件的，予以摘牌。复审条件不低于云南省科技小巨人企业认定条件。

第七章 附 则

第十七条 本办法自2013年5月8日起施行。

云南省科学技术厅

二〇一三年四月八日

甘肃省人民政府关于强化企业技术创新主体地位全面提升企业创新能力的实施意见

（甘政发〔2013〕30号）

为贯彻落实《国务院办公厅关于强化企业技术创新主体地位全面提升企业创新能力的意见》（国办发〔2013〕8号），全面加强我省企业创新能力建设，现提出以下实施意见。

一、指导思想和主要目标

（一）指导思想。坚持以邓小平理论、“三个代表”重要思想、科学发展观为指导，深入实施创新驱动发展战略，以3341项目工程为抓手、以非公经济跨越式发展为突破，建立健全企业主导产业技术研发创新的体制机制，促进创新要素向企业集聚，增强企业创新能力，推动实现传统产业现代化、新兴产业高端化、军工技术民用化、科技成果产业化。

（二）主要目标。到2015年，基本形成以企业为主体、市场为导向、产学研相结合的技术创新体系。培育发展一批创新型企业，企业研发投入明显提高，在规模以上工业企业中，有稳定研发活动的比例达到60%，设立研发机构的达到30%，大中型工业企业平均研发投入占主营业务收入比例达到1%以上，战略性新兴产业增加值占国内生产总值比重达到12%，企业发明专利申请和授权量实现翻一番。企业主导的产学研合作深入发展，建设一批产业技术创新战略联盟和产业共性技术研发基地，突破一批核心、关键和共性技术，形成一批技术标准，转化一批重大科技成果。国家级企业技术中心达到30个，行业技术中心达到30个，产业技术创新联盟达到20个，省级企业技术中心达到180个以上，省级企业工程技术研究中心达到100个以上，省级企业重点实验室达到20个以上。

到2020年，企业主导产业技术研发创新的体制机制更加完善，企业创新能力大幅度提升，形成一批创新型领军企业，带动经济发展方式转变实现重大进展。

二、重点任务

（一）进一步完善引导企业加大技术创新投入的机制。深入实施技术创新工程，推动企业成为技术创新决策、研发投入、科研组织和成果转化的主体，发挥企业在创新目标、资源配置和组织实施过程中的主导作用。培育企业自主创新的内生动力，建立健全企业主导产业技术研发创新的体制机制，鼓励和引导企业加大研发投入，大力培育创新型企业，充分发挥其对技术创新的示范引领作用。征集省级各类科技项目计划、编制项目指南要充分听取企业专家的意见，产业化目标明确的重大科技项目由有条件的企业牵头组织实施。加强科技奖励对企业技术创新的引导激励。充分利用资本市场的直接融资功能，培育10—20家科技型企业首发上市。

（二）支持企业建立研发机构。“十二五”末，大中型骨干工业企业必须建立研发机构，鼓励中小企业、民营企业建立研发机构，政府给予资金和政策支持。国家和省级工程技术研究中心、工程实验室、企业技术中心、技术创新示范企业和重点实验室的设立以及各类科技计划项目的立项，优先在建立了研发机构和中试基地的企业布局。引导企业围绕市场需求和长远发展，健全技术研发、产品创新、科技成果转化的机制。对民办科研机构等新型研发组织，在承担科技计划项目、人才引进等方面，与同类公办科研机构实行同等的支持政策。

（三）实施“六个一百”企业技术创新培育工程。重点培育100家科技创新型企业，依托企业建设100个工程技术研究中心、实验室和协同创新中心，引进和培育100个科技创新创业团队，重点资助100个重大科技成果转化项目，培育100个国家级科技新产品，贴息补助支持100亿元科技贷款。对进入100个国家级科技新产品行列的企业，省级科技投入可转化为股权，奖励新产品研发人员；同时企业可优先享受贷款贴息。

（四）培育科技型中小企业。鼓励科技型中小企业申报国家科技型中小企业技术创新基金、中小企业发展专项资金、中小企业技术改造资金、新兴产业创投计划、中小企业创新能力建设计划、中小企业信息化推进工程、火炬计划、星火计划、农业科技成果转化资金、国家重点新产品计划，引导和支持中小企业创新创业。鼓励小型微型企业开发自主知识产权新产品，创建自有品牌、名牌，不断提高品牌的知名度，培育竞争力强、知名度高的名牌产品，加大驰（著）名商标培育扶持力度，实行创品牌全过程跟踪服务。扶持1000家科技型中小微企业，重点培育100家创新能力和市场竞争力强、销售收入在3000万元以上的“小巨人”科技型企业，力争经过3至5年促使其销售收入过亿元。

（五）推动循环经济发展。依托16条主导循环经济产业链建设，加快建立具有甘肃特色的循环经济新发展模式。培育60户循环经济示范企业，促进形成涵盖循环经济关键共性技术、行业与区域实践模式、创新能力与平台建设的循环经济技术创新体系。总结推广10个企业层面循环经济技术集成与模式，突破科技成果从工程示范向产业转化的瓶颈，引进消化一批循环经济产业共性技术再创新项目，培植具有自主知识产权的循环经济技术品牌。研发、推广和储备一批环境友好产品设计、清洁生产、废物资源化、产业生态链、决策支撑等循环经济核心技术，加快推进我省循环经济发展由理念和理论完善到模式实践、由试点示范到规模化发展的转变。

（六）促进军民结合产业发展。依托国家级兰州军民结合产业基地和省级军民结合产业园，积极培育引进一批军民结合创新型企业，充分发挥军工企业的人才和装备优势，促进军工技术与民用技术双向转移、双向融合，着力提高企业军民两用技术的开发能力，共建军民两用创新平台，实现多种资源的优化组合，加强与高校、科研院所、大型企业的协同创新，把军工科技成果转化和引导省内民用技术优势参与国防建设作为重要切入点，积极引导社会资本参与推动军民两用技术产业化，研发科技含量高、市场前景好的军民结合高技术产品，提高军民结合产业发展的能力和水平。

（七）以企业为主导打造产业技术创新战略联盟。围绕传统产业改造升级、发展战略性新兴产业、循环经济等延伸产业链重点领域，择优扶持10个产业技术创新战略联盟，每个给予300万元资金支持。支持行业骨干企业与科研院所、高等学校签订战略合作协议，建立联合开发、优势互补、成果共享、风险共担的产学研用合作机制，开展共性技术攻关。

（八）打造西部科技创新高地。制定培育高新技术企业办法，采取多种措施，促使更多企业进入高新技术企业行列。吸引集聚国内外优质科技资源，整合省内科技资源，依托兰州新区与国家科技部火炬中心共建“兰州新区科技创新城”，加快建设完善科技企业孵化器、生产力促进中心、大学科技园、技术转移中心、军民融合产业孵化平台、碳交易平台等。围绕国务院对兰州新区产业发展定位，广泛吸引国内外高新技术企业、科研院所、高等学校在科技城内转化科技成果、创新创业。

（九）强化科研院所和高等学校对企业技术创新的源头支持。鼓励科研院所和高等学校与企业共建研发机构，共建学科专业，实施合作项目，加强对企业技术创新的理论研究、基础和前沿先导技术的研发支持。面向产业发展需求，整合科技资源，组建及重组新型研发机构，提升产业研发能力。引导和支持省内企业积极参与国家相关领域产品和服务自主标准的制订工作，加强对新技术、新服务模式相关标准的研究，促进自主知识产权与标准相结合，完善有利于应用推广的标准化机制。省属科研院所、高等学校在机构编制范围内分别按机构编制人数的20%、3%设置流动岗位或专职科研岗位及科技成果推广转化岗位，吸引高层次创新人才，鼓励技术创新与成果转化。

（十）完善面向企业的技术创新服务平台。面向行业技术创新需求，促进科技资源整合和优势互补，推动形成一批专业领域技术创新服务平台，培育一批专业化、社会化、网络化的示范性科技中介服务机构。省内高新技术产业开发区、经济技术开发区等都应建设科技企业孵化器，所需土地可享受政府划拨政策；以财政资金为引导，带动社会投入，围绕我省特色优势产业和战略性新兴产业创新发展，在全省新建100万平方米的科技企业孵化器，建设10—15个中小企业公共科技服务示范平台，形成2000人的创业创新服务队伍。向中小企业提供研发设计、检验检测、技术转移、大型共用软件、知识产权、标准、质量品牌、人才培训等服务，提高专业化服务能力和网络化协同水平。

（十一）加强企业创新人才队伍建设。进一步强化急需紧缺高层次人才、高层次人才创新创业扶持行动、杰出青年（群体）计划等相关重大人才计划和政策实施，支持企业引进海内外高层次人才，引导和支持归国留学人员创业，加快建立以人为本、事业留人、柔性流动、鼓励创新创业的人才保障机制。加强专业技术人才和高技能人才队伍建设，培养科技领军人才、优秀创新团队。加强对企业科研和管理骨干的培训。健全科技人才流动机制，鼓励科研院所、高等学校和企业创新人才双向流动和兼职兼薪。支持企业建立院士专家工作站、博士后工作站，推动科技特派员服务企业，不断完善评价制度，构建长效机制；对于服务企业、贡献突出的科技人员，给予优先晋升职务职称等奖励。培育职工技术创新队伍，鼓励支持深入开展职工技术创新活动；对职工技术创新成果给予奖励和支持转化。

（十二）推动科技资源开放共享。健全科技资源开放共享制度，建立和完善科技人才网、技术成果交易网、大型科学仪器网共享运行机制，深入开展科技资源调查，促进科技资源优化配置和高效利用。建立健全科研院所、高等学校、企业的科研设施和仪器设备等科技资源向社会开放的合理运行机制。加大重点实验室、工程实验室、工程技术研究中心和拥有大型科学仪器的机构向企业开放服务的力度，将资源开放共享情况作为其运行绩效考核的重要指标。加强对科技基础条件平台和行业技术创新平台开放服务工作的绩效评价和奖励补助，积极引导其对企业开展专题服务。加强科研设备协作，提高对企业技术创新的支撑服务能力。加强知识产权保护，依法惩治侵犯知识产权的违法犯罪行为。推动知识产权和股权质押贷款。支持高新技术企业参与军品科研生产，在军工保密资格认证、质量体系认证、生产许可证等市场准入方面给予“绿色通道”服务，在争取国防军工科研、固定资产投资项目上享受同等政策。

（十三）提升企业技术创新开放合作水平。鼓励企业通过人才引进、技术引进、合作研发、委托研发、参股并购、专利交叉许可等方式开展国际创新合作。加强国际科技创新信息收集分析，为企业开展国际科技合作提供服务。鼓励企业到海外建立研发机构，联合科研院所承担国际科技合作项目。支持企业参加各类国际标准组织，积极参与国际技术标准的制修订工作。鼓励和支持企业向国外申请知识产权。加大科技计划开放合作力度，鼓励跨国公司依法在我省设立研发机构，与我省企业、科研院所和高等学校开展合作研发，共建研发平台，联合培养人才。

三、支持政策

（一）财政政策。

1．经认定的高新技术企业，自工商注册之日起5年内，其缴纳的营业税、企业所得税、增值税地方分享部分，采取“先征后奖”形式，由同级财政全额奖励给企业用于新产品研发或扩大再生产。

2．省工信委技术改造专项资金的50%，采取贴息方式，重点支持以战略新兴和军民结合为主导产业的高新技术企业发展。对军民结合成果转化项目，给予贷款额5%的贴息补助，贴息最高额不超过500万元。

3．政府主导的各类创投基金，优先支持科研机构科技成果的产业化项目。对承担国家科技重大专项的企业和单位，地方财政给予配套资金支持。对金融机构开展专利权质押贷款给予贴息。

4．设立企业技术创新示范奖和优秀科技创新企业家奖。对获得国家和省级以上技术创新示范企业给予奖励；对积极在本企业开展科技创新活动，引进高层次创新人才并取得显著成绩的企业家给予表彰奖励。

5．对符合先进技术发展要求的试制品和首次投放市场的自主创新产品，实行政府首购制度；对重大自主创新产品和服务，实行政府订购制度。

（二）税收政策。

1．加大落实企业研发费用税前加计扣除政策，明确具体操作流程，加强部门联动。

2．企业拥有并使用于生产经营的主要或关键的固定资产，由于以下原因确需加速折旧的，可以缩短折旧年限或采取加速折旧的方法：一是由于技术进步，产品更新换代较快；二是常年处于强震动、高腐蚀状态的。加速折旧方法一经确定，不得随意变更。

3．企业购置并实际使用《环境保护企业所得税优惠目录》《节能节水专用企业所得税优惠目录》和《安全生产企业所得税优惠目录》规定的环境保护、节能节水、安全生产等专用设备，该专用设备投资额的10%可以从企业当年的应纳税额中抵免；当年不足抵免的，可以在以后5个纳税年度结转。

4．省内科研机构、高等院校转化职务科技成果，以股份或出资比例等股权形式给予科技人员个人奖励，暂不征收个人所得税。

（三）金融政策。

1．从2013年起，省政府连续5年每年整合1亿元资金，吸纳金融资金、国内外创业风险投资机构资金及社会资金参与，5年内争取资金总额达到20亿—50亿元，用于培育战略性新型产业，发展高新技术产业。

2．促进科技和金融结合，在风险可控原则下和国家允许的业务范围内，鼓励政策性银行加大对企业转化科技成果和进出口关键技术设备的支持力度。对市场前景良好、具有自主知识产权且已取得商业贷款的项目，按1年期银行贷款基准利率给予贴息补助。

3．鼓励保险机构开展首台（套）重大技术装备保险机制，支持企业研发和推广应用重大创新产品。

4．对符合条件的高新技术企业发行企业债、短期融资债、中期票据、中小企业集合票据等公司信用类债券、上市融资以及已上市创新型企业再融资和市场化并购重组给予总额最高不超过200万元的奖励。支持科技成果出资入股并确认股权。积极推动科技创新型企业在甘肃区域股权交易市场挂牌交易，开展股权融资和私募债券融资。

5．支持商业银行探索适应科技创新需求的金融服务模式，鼓励企业、科研单位与商业银行开展买方信贷、金融租赁等新的合作业务，扩大银行授信额度；鼓励社会资本建立产业型科技创新股权投资基金，拓展科技创新企业私募融资市场。支持金融机构进行服务创新，针对科技创新创业企业特点，开展股权、专利权、商标权的质押融资。

6．加快全省中小企业信用担保体系建设，推进商业银行与信用担保机构的合作，鼓励各类信用担保机构为科技创新创业企业融资提供信用担保。建立科技金融结合专项风险补偿金，推动商业银行加大对科技型“小巨人”企业的贷款规模，对合作的商业银行为科技型中小企业贷款所产生的本金损失承担有限补偿和代偿责任。

（四）科技政策。

1．鼓励企业与高等院校、科研院所合作共建研发中心，对在兰州新区设立的国家级工程技术研究中心和重点实验室，兰州新区给予500万元的一次性奖励；对省级企业工程技术研究中心兰州新区给予200万元的一次性奖励；对新认定的国家级产业技术创新战略联盟的牵头单位给予300万元的一次性奖励；新认定的国家级和省级企业技术中心分别给予50万元、30万元的创新能力建设补助。

2．鼓励国际国内高层次工程中心、研发中心等科研机构及中央企业、跨国公司的研发机构转移省内，按该机构新增研发仪器设备实际投资额的30%予以资助，其中：设立具有独立法人资格研发机构的最高资助可达1000万元，非独立法人研发机构的最高资助可达500万元。

3．鼓励企业与院士或境内外著名高校、研发机构合作建立研发中心、企业技术中心、工程技术（研究）中心、工程实验室和重点实验室等，对认定为国家级研发机构的企业给予100万元补助。对国内外知名企业、大型企业将研发机构迁至省内的，给予一定补助，最高不超过100万元。

4．支持企业应用科技创新成果，对承接高等院校、科研院所重大科技成果并在省内成功转化的企业，合作的项目经认定后，给予其技术合同交易额的20%、不超过300万元的补助或贴息。

（五）人才政策。

1．鼓励在甘高校、科研院所和国有事业、企业单位科技人员（包括担任行政领导职务的科技人员）离岗创业，3年内保留其原有身份和职称，档案工资正常晋升。

2．鼓励在甘高校、科研院所和国有事业、企业单位职务发明成果的所得收益，按至少60%、最多95%的比例划归参与研发的科技人员及其团队拥有。

3．对科技领军型创业人才创办的企业，允许将知识产权等无形资产按至少50%、最多70%的比例折算为技术股份。高校、科研院所转化职务科技成果以股份或出资比例等股权形式给予科技人员个人奖励，按规定暂不征收个人所得税。科技领军型创业人才申请设立科技型企业注册资本在10万元以下的，其资本注册实行“自主首付”办理注册登记，其余出资2年内缴足。

4．企业引进的国家级有突出贡献的中青年专家、国家重点学科、重点实验室、工程研究中心主要专家，在同等条件下优先入选甘肃省领军人才、甘肃省特聘科技专家、甘肃省优秀专家等并享受相关待遇，优先推荐申报国家千人计划、长江学者、两院院士、国家杰出青年基金、享受国务院特殊津贴等，入选人享受甘肃省引进急需紧缺人才相关政策。

5．对于从国外、省外全职引进的急需高级专业技术人才、高级经营管理人才、高级技师等，经省委、省政府相关部门评审认定后，享受甘肃省引进急需紧缺人才相关政策，用人单位须提供免租公用周转房或发放住房补贴，可根据本人意愿在省内选择落户，相关部门和用人单位须妥善解决配偶安置、子女入学等问题。

6．高层次人才创办的企业，经有关部门认定属高新技术企业的，5年内除按15%税率征收企业所得税外，其实际缴纳的企业所得税地方留成部分按前2年全额、后3年50%返还企业。高层次人才创办企业从事技术转让、技术开发和与之相关的技术咨询、技术服务，免征营业税和技术市场登记费。

7．企业对技术创新中做出突出贡献的创新团队，可按创新团队完成项目新增税前利润的10%进行奖励，并据实列支计入当年成本，奖金由带头人分配，带头人所得占奖金总额的30%—50%。

8．对获得省工信委评定的技术创新奖主要研发人员（多人研发的为前2名），在评定职称时按同级别专业奖项使用。有突出贡献的，可破格提拔或晋升专业技术职务。

（六）股权激励政策。

1．省属高等院校、科研院所、院所转制企业、国有高新技术企业，以及创新型企业、技术中心企业、工程技术研究中心企业、重点实验室企业，鼓励企业对做出突出贡献的科技人员和经营管理人员给予股权奖励、股权出售、股份期权等股权激励。股权激励具体意见由省政府国资委会同省工信委、省科技厅、省财政厅拟定。

2．采取股权奖励和股权出售方式的，可以按照《国务院办公厅关于国有高新技术企业开展股权激励试点工作的指导意见》（国办发〔2002〕48号）、《财政部国家发展改革委科技部劳动保障部关于企业实行自主创新激励分配制度的若干意见》（财企〔2006〕383号）的规定，按照一定的净资产增值额，以股权方式奖励有关人员，或按一定的价格系数将企业股权（份）出售给有关人员。用于奖励股权（份）和以价格系数体现的奖励总额之和，不超过试点企业近3年税后利润形成的净资产增值额的35%。

3．采取股份期权方式的，可以参照《国务院办公厅关于国有高新技术企业开展股权激励试点工作的指导意见》和《上市公司股权激励管理办法（试行）》（证监公司字〔2005〕151号）的规定，结合本单位的实际情况，完善股权激励业绩考核体系，设定经营难度系数，科学设置业绩指标和目标水平，切实将股权的授予、行使与激励对象业绩考核结果紧密挂钩，并根据业绩考核结果分档确定不同的股权行使比例，对有关人员实施股份期权激励。

（七）土地政策。

1．对引进的主要承担公益性任务的国内外一流大学、科研机构所需用地，按划拨方式供应。

2．对符合《甘肃省优先发展目录》和《农产品初加工项目目录》且用地集约的工业类科技创新项目，在确定土地出让底价时可按不低于所在地土地等别对应《全国工业用地出让最低价标准》的70%执行。对利用土地利用总体规划确定的城镇建设用地范围内的国有未利用地的工业项目，以及依法可使用上述范围外国有未利用地的工业项目，且土地前期开发由土地使用者自行完成的工业项目用地，在确定土地出让底价时可分别按不低于所在地土地等别相对应《全国工业用地出让最低价标准》的50%、15%执行。

3．实行以“以项目带土地”的优惠政策，对于战略新兴产业和高新技术项目启动后3年内实际投资额5亿元及以上，或投产后3年内年销售额收入200万元／亩及以上，或年均从业人数500人以上的企业，按照不超过项目总用地面积7%的比例配套所需行政办公及生活服务设施用地。

4．对企业高新技术产业化项目用地，在不改变土地用途的前提下提高土地利用率，可不再增收土地出让金，鼓励企业集约用地。

四、组织实施

（一）加强组织领导，强化统筹推进。各地、各有关部门要切实增强责任感和紧迫感，围绕全面实施创新驱动发展战略，加大推进技术创新的力度，全面提升企业创新能力。工信、科技、发改、财政、国资、教育、农业、人社、金融、工会等有关部门和单位要建立深入实施国家技术创新工程的联合推进机制，充分调动各方面的积极性，发挥各自优势，加强协同创新，形成工作合力，共同推进企业技术创新工作。各地要结合实际，制定贯彻本意见的具体方案。

（二）完善考核机制，树立发展导向。省政府国资委要建立健全国有大中型企业技术创新的经营业绩考核制度，加大研究与实验发展经费投入和技术创新指标在企业领导任期考核评价中的权重。省科技厅、省工信委等有关部门要加强对不同行业研发投入和产出的分类考核。省科技厅、省教育厅等有关部门要制定和完善以提高科研院所、高等学校科学研究的质量和效益为主的科研成果考核评价体系。省科技厅等有关部门要建立中央在甘企事业单位研发投入的考核评价机制，并将评价结果函告其主管部门。通过以上考核机制，推动企业加大研发力度，加快科技成果转化。

（三）加强监测评估，务求取得实效。加强分类指导，建立监测评价机制，对各项重点任务推进和各项政策措施落实的情况进行督促检查，定期总结和发布工作进展情况。逐步建立企业技术创新调查制度。对探索性强的政策任务要加强研究，通过试点积累经验，并及时总结推广。要加强宣传和舆论引导，大力宣传企业技术创新工作的重要意义、政策措施、进展成效和先进经验，营造有利于工作顺利推进的良好社会氛围。

甘肃省人民政府

二〇一三年四月十五日

新疆维吾尔自治区人民政府
关于进一步支持小型微型企业健康发展的实施意见

（新政发〔2013〕52号）

小型微型企业是实体经济的重要组成部分，在增加社会就业、推动科技创新、保持经济平稳较快发展、保障社会和谐稳定等方面具有不可替代的作用，对推进新疆实现跨越式发展和长治久安具有重要的战略意义。为认真贯彻落实《国务院关于进一步支持小型微型企业健康发展的意见》（国发〔2012〕14号），进一步优化发展环境，促进自治区小型微型企业健康发展，结合我区实际，提出以下实施意见：

一、充分发挥财政资金支持作用

（一）自治区中小企业发展专项资金对小型微型企业创新成果应用、技术改造、转型升级项目予以重点支持。自治区其他支持企业发展的各类专项资金加大对小型微型企业的支持力度。（责任单位：自治区经信委、财政厅）

（二）设立自治区中小企业发展基金。基金的资金来源包括自治区财政预算安排、基金收益、捐赠等。基金主要用于引导地方、创业投资机构及其他社会资金支持处于初创期的高成长性、科技创新型、劳动密集型小型微型企业。（责任单位：自治区经信委、财政厅）

（三）自治区根据财力情况，适当增加自治区新产品新技术开发推广资金、科技型中小企业技术创新基金规模，对小型微型企业科技项目和产学研合作项目予以优先支持。（责任单位：自治区经信委、科技厅、财政厅）

（四）负有编制部门预算职责的各部门在满足机构自身运转和提供公共服务基本需求的前提下，应当预留本部门年度政府采购项目预算总额的30%以上，专门面向自治区中小企业采购，其中，预留给小型微型企业的比例不低于60%。（责任单位：自治区财政厅）

（五）落实中央和自治区财政、价格主管部门已公布取消的行政事业性收费，继续清理涉企不合理的经营性收费。自2012年1月1日至2014年12月31日对小型微型企业免征部分管理类、登记类和证照类行政事业性收费。（责任单位：自治区财政厅、发改委、减负办、监察厅）

二、落实扶持小型微型企业发展的税收优惠政策

（六）自2012年1月1日至2015年12月31日，对年应纳税所得额低于6万元（含6万元）的小型微利企业，其所得减按50%计入应纳税所得额，按20%税率缴纳企业所得税。将符合条件的国家中小企业公共服务示范平台中的技术类服务平台，纳入现行科技开发用品进口税收优惠政策范围。（责任单位：自治区国税局、地税局、财政厅）

（七）创业投资企业采取股权投资方式投资于未上市的中小微型高新技术企业2年以上的，可按其投资额的70%在股权持有满2年的当年抵扣该创业投资企业的应纳税所得额；当年不足抵扣的，可以在以后纳税年度结转抵扣。（责任单位：自治区国税局、地税局、经信委、财政厅）

三、加大金融支持力度

（八）各银行业金融机构要在确保"两个不低于"（对小型微型企业贷款的增速不低于全部贷款平均增速，贷款的增量不低于上年同期水平）的基础上，不断创新小型微型企业金融产品、信贷模式和服务方式。（责任单位：新疆银监局、人民银行乌鲁木齐中心支行）

（九）允许商业银行将单户500万元（含500万元）以下的小型微型企业贷款视同零售贷款计算风险权重，降低资本占用。对商业银行小型微型企业贷款不良率的容忍度放宽至5%。对信用等级高的小型微型企业，要降低利率上浮幅度或执行基准利率，对经营正常的企业不得提前收贷。（责任单位：新疆银监局、人民银行乌鲁木齐中心支行）

（十）推动小型微型企业进行股份制改造，完善小型微型企业上市扶持引导机制。对具有上市潜力、成长性好的小型微型企业及时纳入自治区重点培育成长性企业上市后备资源库进行重点指导、培育，对自治区企业上市给予资金支持，帮助其在中小板、创业板、新三板（全国中小企业股份转让系统）上市融资。（责任单位：自治区金融办、新疆证监局）

（十一）支持符合条件的小型微型企业通过发行短期融资券、集合票据、区域集优、企业债券等形式进行融资。自治区中小企业发展专项资金对成功发行集合票据和通过区域集优模式融资的小型微型企业的发行费用给予一定额度的补助。（责任单位：自治区经信委、人民银行乌鲁木齐中心支行、财政厅、发改委）

（十二）对担保机构当年新增小型微型企业担保业务额占新增担保业务总额70%以上，且新增担保业务额达到平均净资产2倍以上的融资性担保公司，自治区中小企业发展专项资金按每年年末新增平均在保余额的一定比例给予补助。（责任单位：自治区经信委、财政厅）

（十三）对经确认的小型微型企业延期贷款担保损失，中小企业发展专项资金对担保机构给予一定比例的损失补偿，单户每年最高不超过80万元；对融资性担保公司针对小型微型企业开展的专利权、股权质押融资的贷款损失，按损失额20%给予补偿，单户每年最高不超过60万元。（责任单位：自治区经信委、财政厅）

四、帮助小型微型企业积极开拓市场

（十四）支持小型微型企业积极开拓国际市场。对小型微型企业参加境外商品展览、开展境外商标注册和专利申请、进行国际市场宣传推介等国际市场开拓活动给予补助。对通过公路运输将其产品销往内地的小型微型工业企业给予一定的运费补贴。（责任单位：自治区商务厅、经信委、财政厅）

（十五）鼓励和支持农产品小型微型企业在京、津、沪、粤、苏等援疆省市的批发市场、农贸市场、商场和超市，建立特色农产品综合展馆、展厅、专营店、直销店和销售专区、专柜。（责任单位：自治区商务厅、农业厅、工商联）

（十六）深化分类通关改革，缩短符合条件的小型微型企业进、出口货物在口岸的滞留时间。设立乌鲁木齐海关集中接单现场，降低企业通关成本。扩大跨关区"属地申报、口岸验放"的通关模式范围，在保障有效监管的前提下，将适用企业范围由之前的AA类及A类以上放宽至一年内无走私违规记录、资信良好的B类生产型出口企业。降低企业进出口货物运输成本和通关时间，海关与出入境检验检疫局共同探索实现"一次申报，一次查验，一次放行"。对出口瓜果、蔬菜等农副产品以及深加工制品，海关在通关过程中开辟"绿色通道"，给予"提前申报，货到验放""预约通关""加急通关"等多项通关便利措施。（责任单位：乌鲁木齐海关、新疆出入境检验检疫局）

（十七）引导大企业与小型微型企业开展多种形式的经济技术协作，构建良好的利益机制，主动将外包产业链条有关环节给小型微型企业，实现互利双赢。研究制定防止大企业长期拖欠小型微型企业资金的政策措施。（责任单位：自治区国资委、经信委）

五、鼓励小型微型企业创业发展，增加就业

（十八）从2012年1月1日至2014年12月31日，对新设立的注册资本（金）50万元以下的企业（含个体工商户）免收注册登记类、证照类行政事业性收费。对大中专毕业生、城镇失业人员、退役士兵、返乡创业农民、残疾人等困难群体初次创业申办企业的，实行注册资本零首期缴纳，自领取营业执照后2年内缴足出资人认缴的注册资本（注册资本不得低于法定最低注册资本）。（责任单位：自治区工商局）

（十九）对小型微型企业和个体工商户在当年新招用大中专毕业生，与其签订1年以上期限劳动合同并交纳社会保险费的，在5年内按实际招用人数每人每年4000元为限额扣减地方税收，其中对吸纳南疆三地州、少数民族大中专毕业生限额标准可上浮20%。政策审批期限截止到2015年12月31日。（责任单位：自治区人力资源和社会保障厅、财政厅）

（二十）鼓励建设小企业创业基地。各地政府要优先安排用地计划指标，规划建设小企业创业基地，简化审批手续。鼓励各级工商联、行业协会、商会和异地协会、商会投资创办小企业创业基地（园区）。"十二五"期间，每个地州市至少建设一个小企业创业基地。（责任单位：各州、市人民政府，各行政公署）

（二十一）支持利用闲置的厂房、场地或依托工业园区、大学科技园区，建设小企业创业基地。鼓励创业基地和各类园区建设标准厂房，为小型微型企业提供生产经营场地。对建设小企业创业基地实施的交通、供水、绿化、能源供应及排污综合治理等基础设施建设给予支持。对创办三年内租用经营场地和店铺的小型微型企业，各地中小企业发展专项资金给予一定比例的租金补贴。（责任单位：自治区经信委）

（二十二）对进入自治区创业孵化基地和国家级开发区（园区）的小型微型企业，其新建、技改项目自治区中小企业发展专项资金予以倾斜支持。（责任单位：自治区经信委）

六、加强对小型微型企业的人才培养

（二十三）按照《自治区中长期人才发展规划纲要（2010—2020）》确定的重点领域，组织开展面向小型微型企业各类人才的培训，选拔一批小型微型企业经营管理人才、专业技术人才、高技能人才和企业信息化人才纳入自治区新型工业化人才库统一培养。（责任单位：自治区经信委、人力资源和社会保障厅）

（二十四）继续组织实施中小企业银河培训工程。以小型微型企业为重点，支持社会化培训机构开展小型微型企业经营管理人才、专业技术人才和高技能人才培训，"十二五"期间，培训万名经营管理人才和创业者。（责任单位：自治区经信委、人力资源和社会保障厅、财政厅）

七、帮助小型微型企业提升经营管理水平

（二十五）支持小型微型企业取得质量管理体系认证、环境管理体系认证和产品认证等国际标准认证，推广先进的质量管理理念和方法，严格执行国家标准，建立健全质量管理体系、企业标准体系，严格执行生产许可、经营许可、强制认证等准入管理，增强产品质量安全保障能力。（责任单位：自治区质监局、经信委）

（二十六）支持和推进信息技术在小型微型企业的产品设计、生产管理、采购管理、销售管理、经营管理等环节中的应用，提升小型微型企业经营管理水平。（责任单位：自治区经信委）

（二十七）组织实施创品牌、育名牌工程，建立小型微型企业的品牌培育及奖惩激励机制，强化企业对维护品牌信誉的自我约束。积极引导和鼓励小型微型企业参与标准制（修）订工作。建立以组织机构代码实名制为基础的企业质量信用档案，以物品编码为溯源手段的产品质量信用信息平台。（责任单位：自治区质监局、经信委）

（二十八）支持中小企业提升知识产权创造、运用、保护、管理能力，依靠自主创新开拓市场。有针对性地对中小企业进行知识产权培训，提高企业知识产权意识。推进知识产权试点示范，引导企业建立和完善知识产权工作体系、制度和机制，加强企业运用知识产权制度的能力。提升知识产权管理和服务工作，提供申请、运用、保护、托管、咨询、质押融资等服务。完善知识产权专业技术评价体系和人才评价标准，开展企业知识产权管理工作人员职称评定工作，为中小企业培养储备人才。（责任单位：自治区科技厅、知识产权局、经信委）

（二十九）指导小型微型企业认真实施《小企业会计准则》，建立以财务管理、成本核算为中心的技术、生产、安全、质量等基本管理制度，提升信息化应用能力和企业管理水平。（责任单位：自治区财政厅、经信委）

八、强化对小型微型企业的公共服务

（三十）小型微型企业营业执照年度检验，免予提交审计报告，实施绿色通道快捷服务；生产经营正常，因特殊原因不能按要求提交材料按时参加年检的，经企业申请，可延期90天年检。个体工商户转为企业时，其名称符合企业名称登记相关规定的，允许继续使用原个体工商户名称、字号。（责任单位：自治区工商局）

（三十一）到2015年，支持建立和完善100个为小型微型企业服务的公共服务平台，重点培育认定50个自治区中小企业公共服务示范平台，发挥示范带动作用。实施中小企业公共服务平台网络建设工程，支持各地州市统筹建设资源共享、服务协同的公共服务平台网络，建立健全服务规范、服务评价和激励机制，调动和优化配置服务资源，增强政策咨询、创业创新、知识产权、投资融资、管理诊断、检验检测、人才培训、市场开拓、财务指导、信息化服务等各类服务功能，重点为小型微型企业提供质优价惠的服务。充分发挥行业协会（商会）的桥梁纽带作用，提高行业自律和组织水平。（责任单位：自治区经信委、财政厅）

（三十二）建设自治区级小型微型企业电子商务平台。重点在装备制造、农产品加工、医药、高新技术、能源化工等领域培育一批集交易、物流、支付等服务于一体的行业电子商务平台。引导帮助小型微型企业开展搜索营销经营方式，利用搜

索引擎拓展市场。（责任单位：自治区经信委）

（三十三）进一步加强对小型微型企业的调查统计工作，2013年底前建立和完善小型微型企业分类统计体系和监测分析、信息发布制度，为宏观决策和企业运营提供决策依据。（责任单位：自治区统计局、工商局、经信委）

九、加强组织领导

（三十四）各地、各部门要进一步加强组织领导，建立健全责任机制，确保国家和自治区的各项扶持小型微型企业发展的政策措施落到实处。自治区人民政府将对各地的贯彻落实情况不定期组织专项督查。（责任单位：各州、市人民政府，各行政公署，自治区监察厅、经信委）

十、小型微型企业标准

（三十五）本意见所指小型微型企业的标准执行《关于印发中小企业划型标准规定的通知》（工信部联企业〔2011〕300号）。

新疆维吾尔自治区人民政府

二〇一三年五月八日

昌吉回族自治州引进高层次紧缺人才暂行办法的实施细则（试行）

（昌州党组〔2013〕85号）

第一章 总 则

第一条 为规范高层次紧缺人才引进工作，根据州党委办公室、州人民政府办公室《关于印发〈自治州引进高层次紧缺人才暂行办法〉的通知》（昌州党办〔2013〕24号，以下简称《暂行办法》）精神，制定本细则。

第二条 本细则所指引进人才，是指符合自治州年度紧缺人才需求指导目录以及《暂行办法》第五、六、七条确定的范围、条件的人员。

第二章 工作机构及职责

第三条 州党委人才工作领导小组负责引进人才工作的组织领导和统筹协调，具体审定拟引进人选，制定相关政策措施，协调解决人才引进工作中的重大问题。

第四条 州党委组织部人才办（以下简称“州人才办”）负责引进人才工作的组织实施，具体受理拟引进人选申报材料，协调办理引进手续，落实相关政策待遇，建立人才信息库，实施评审、考核、监督等工作。

第五条 州人力资源和社会保障局根据自治州经济社会发展和产业结构调整情况，结合人才存量、结构和需求，定期编制和发布自治州紧缺人才需求指导目录。

第六条 行业主管部门负责对单位提交的申报材料进行审核，并协调落实人才引进后各项保障措施，定期对引进人才实施考核等。

第七条 用人单位负责推荐拟引进人选、搭建工作平台、落实相关待遇、定期对引进人才考核等工作。

第三章 引进程序

第八条 人才引进按以下程序办理：

（一）发布需求，物色人选

单位依据州人力资源和社会保障局发布的紧缺人才需求指导目录，结合工作需求确定引进计划，并与高校、人力资源市场、猎头公司等机构联系，或委托州人民政府人才服务机构组团招聘。单位确定拟引进人选后，将考察材料、《昌吉州引进高层次紧缺人才资格认定表》，与拟引进人选提供的材料一并报行业主管部门审核，通过审核的材料报州人才办。机关事业单位引进人才须在核定的编制限额内。

（二）认定资格，下达批复

1．评审。州人才办会同行业主管部门组织有关专家或委托有关机构对拟引进人选相关资料进行评审，并确定通过评审人选的人才层次。对拟引进的高技能人才，也可委托自治区职业技能鉴定机构对其技能水平进行测评。拟引进人选须提供的资料（原件和复印件）：身份证、学历证书、学位证书、专业技术职务任职资格证书，近期（三个月内）体检表，以及反映本人业务能力和技术水平的证明材料（学术论文、专著、专利证书、获奖证书等）。

2．报批。州人才办将评审结果报州党委人才工作领导小组审批。

3．公示。对审批通过的拟引进人才通过报纸、网站等媒体进行公示，公示期为5—7个工作日。经公示无异议的，由州人才办下达批复。

（三）签订合同，颁发证书

单位与引进人才签订服务协议或聘用（任）合同。州人才办为引进人才发放《引进人才工作证》（以下简称《工作证》），作为引进人才享受相关政策、待遇的依据。

第四章 待遇保障

第九条 引进人才在我州工作期间取得的科研成果获国家、自治区、自治州科技进步奖项的，根据获奖级别、等次给予科研补助。具体标准为：国家级奖项8万—10万元，自治区级奖项5万—8万元，自治州级奖项3万—5万元。

第十条 通过刚性方式引进的人才，按以下规定享受相关待遇：

（一）引进到机关、事业单位的，其工资、福利待遇按国家、自治区有关规定执行；引进到企业的，双方协议确定相关待遇。

（二）引进到机关、事业单位的，按月享受租房补贴。具体标准为：《暂行办法》中第一层次人才160平方米，第二层次人才140平方米，第三层次人才120平方米，第四层次人才110平方米，第五层次人才105平方米，第六层次人才100平方米。夫妻双方均为引进人才的，租房补贴按一方享受最高标准执行；单位提供免费住房的，不享受租房补贴。

（三）引进人才具有专业技术职务任职资格的，可优先聘任相应的专业技术职务；对做出突出贡献的，可破格推荐、评审相应的专业技术职务任职资格。用人单位可根据工作需要，对引进人才低职高聘。

（四）引进人才因特殊原因不能调转人事关系的，根据本人提供的相关资料，用人单位对其身份、级别、专业技术职务、工龄等进行审核，按管理权限和职责分工报州组织、人社部门认定后，由州人民政府人才服务机构为其建立档案，并实行人事代理。引进人才原单位同意将档案转来我州后，新建档案中在我州工作经历部分与原档案相应内容合并，其他部分收回处理。引进人才离开我州时，由州人民政府人才服务机构按有关规定办理档案转递手续。

（五）引进人才及配偶、子女愿意落户的，公安部门直接办理落户手续；暂不迁入户口的，凭《工作证》享受城镇居民同等待遇。

（六）引进人才的配偶、子女在职的，原则上按原工作单位性质、岗位类别对口安置；配偶、子女原来没有工作要求安排的，由人力资源和社会保障部门推荐就业；未成年子女在义务教育阶段的，凭《工作证》由教育部门优先安排就学。

（七）用人单位按国家有关规定为引进人才办理各项社会保险，引进人才每年享受一次探亲假。因工作需要本人不能探亲的，其配偶或父母可来我州探亲，探亲旅费由用人单位报销。

（八）引进到企事业单位的人才，凭《工作证》到州人民政府人才服务机构免费办理人事代理业务。

第十一条 通过柔性方式引进的人才，除享受《暂行办法》中的相关待遇外，按照与用人单位签订的服务协议（合同）享受其他待遇。

第十二条 在自治州博士后工作站服务期满的博士，出站后继续留在我州工作的，视情况享受《暂行办法》中的相关待遇。

第五章 考核管理

第十三条 用人单位与引进人才签订的服务协议（合同）报州人才办备案。通过刚性方式引进的人才，应与用人单位签订不少于5年的服务协议。

第十四条 对引进人才实行考核管理，主要考核其履行岗位职责、取得研究成果、促进成果转化、产生经济社会效益等方面情况。考核结果作为续签服务协议、续聘职务、享受待遇、表彰奖励的依据。

第十五条 对刚性方式引进的人才，实行年度考核和期满考核：

（一）年度考核由用人单位会同行业主管部门组织实施，考核结果报州人才办备案。考核合格的，继续履行服务协议（合同）；考核不合格的，报州党委人才工作领导小组审批后，收回《工作证》，提前解除服务协议（合同）。

（二）期满考核由州人才办牵头，会同行业主管部门及用人单位组织实施。考核合格的，用人单位可根据工作需要与引进人才续签服务协议（合同）；考核优秀的，根据项目完成情况和工作业绩给予奖励。

第十六条 对柔性方式引进的人才，由用人单位依据服务协议（合同）进行考核。

第十七条 引进人才如提出终止协议（合同），须提前一个月向用人单位递交书面申请，经州党委人才工作领导小组研究同意后，收回《工作证》，办理解除协议（合同）等手续。

第十八条 引进人才在协议（合同）期内无特殊原因，未履行协议或有学术不端、触犯刑律以及其他违法违纪行为，造成恶劣影响的，经州人才办核实、州党委人才工作领导小组审批后，收回《工作证》，终止协议（合同），取消其享受的相关待遇，并承担相应违约责任。

第十九条 引进人才与用人单位发生人事争议，按管理权限分别由行业主管部门和组织、人社部门协调解决；无法协调的，可向同级劳动人事争议仲裁委员会提出仲裁申请，或按有关规定向同级公务员主管部门或上一级机关提起申诉。

第二十条 用人单位在引进人才工作中有违反规定、弄虚作假行为的，除追究单位领导和有关责任人的责任外，3年内取消设置引进人才岗位的资格。

第六章 经费管理

第二十一条 引进人才专项资金由州党委组织部管理，单独设账、单独核算、专款专用，当年结余结转下年度使用。

第二十二条 引进人才专项资金主要用于各类人才的租房补贴、生活津贴、购房补贴、科研资助、成果转化奖励、新建博士后工作站启动经费及进站博士生活资助、优秀人才奖励等支出。

第二十三条 引进人才专项资金的使用：

（一）用人单位提交经费申请报告，经州人才办审核批准后，办理拨款手续。

（二）州人才办依据《暂行办法》有关条款，将引进人才的生活津贴、租房补贴按月拨付到用人单位，由用人单位按月拨付到个人账户。

（三）引进人才及团队的成果转化奖励、科研补助、生活资助等经费，由州人才办一次性拨付给用人单位，由用人单位发放给个人。

（四）引进到企业的人才，服务期满5年并在我州落户购房的，凭服务协议、企业工资表和购房合同等材料，由州人才办将一次性住房补贴拨付给用人单位，由用人单位发放给本人。

（五）每年年底前，用人单位应向州人才办报送专项资助经费使用情况和经费决算表。

第二十四条 用人单位应单独设立引进人才资助经费账目。州人才办将定期对用人单位的专项资金使用情况进行检查。

第七章 附 则

第二十五条 本细则由州党委组织部、州人力资源和社会保障局负责解释。

第二十六条 本细则自发布之日起执行。

附件：昌吉州引进高层次紧缺人才资格认定表（略）

中共昌吉回族自治州委员会组织部
昌吉回族自治州人力资源和社会保障局
二〇一三年八月十四日

昌吉回族自治州引进高层次紧缺人才暂行办法

（昌州党办〔2013〕24号）

第一章 总 则

第一条 为深入实施“人才强州”战略，加快建设一支适应自治州经济社会发展转型需要的人才队伍，为跨越式发展和长治久安提供坚强的人才保证和智力支持，根据《昌吉州中长期人才发展规划（2011—2020年）》，制定本办法。

第二条 引进人才工作应坚持科学人才观，遵循“服务发展、以用为本，突出重点、按需引进，不求所有、但求所用，特事特办、一事一议”的原则，建立以企事业单位为引进主体，以党委、政府提供公共服务、引导支持为基础的工作机制。

第三条 本办法所称高层次紧缺人才，是指符合当年自治州经济社会发展紧缺人才需求指导目录中确定的重点行业和紧缺专业，不受地域、户籍、身份限制，通过公开招考、“绿色通道”难以补充的各类人才。

第四条 本办法适用于自治州直属机关、事业单位及行政辖区内各类企业。

第二章 引进范围及对象

第五条 引进人才的重点范围：

（一）现代煤电煤化工、石油天然气生产及下游产品精深加工、机电和新型建材制造、有色金属冶炼、农副产品精深加工等支柱产业；

（二）新材料、新能源、生物工程、电子信息、现代物流等新兴产业；

（三）政法、宣传、科技、教育、卫生、文化、旅游、社会管理、城市建设管理、交通、水利、金融、现代农牧业、生态环保等领域；

（四）重大科研项目、高新技术孵化基地，企业技术中心、工程技术研究中心，重点实验室、博士后工作站、院士工作站等科研平台。

第六条引进对象：

（一）中国科学院、中国工程院院士；

（二）国家“千人计划”（新疆项目）入选者，国家新世纪“百千万人才工程”第一、二层次人选，国家高层次人才特殊支持计划入选者，国家有突出贡献的中青年专家及学术技术带头人；

（三）享受国务院特殊津贴专家，省部级有突出贡献的中青年专家及学术技术带头人，自治区“特聘专家”和“天山学者”；

（四）自治州急需紧缺专业的博士研究生（全日制）或具有正高级专业技术职务任职资格人员；

（五）自治州急需紧缺专业且具有副高级专业技术职务任职资格或国家注册资格的人员；

（六）具有特殊才能且属自治州经济社会发展重点领域紧缺的经营管理人才、专业技术人才或高技能人才。

第七条 引进人才应拥护中国共产党的领导，遵纪守法，诚实守信，具有良好的政治素质和职业道德，具有正常履行职责的身体条件。

第三章 引进方式

第八条 引进人才采取刚性引进（调动、招聘）和柔性引进两种方式，以柔性引进为主。柔性引进主要指兼职、挂职、讲学、咨询、短期服务，以及担任技术顾问、参与技术合作、技术转让、技术入股等方式。

第九条 机关单位引进人才应符合公务员法和干部队伍建设有关规定。

第十条 机关单位刚性引进的人才，按有关规定办理调入或录用报批手续；企事业单位刚性引进的人才，由用人单位与其签订聘用（任）合同或服务协议。柔性引进的人才，由用人单位与其签订服务协议。

第四章 待遇保障

第十一条 引进人才享受以下待遇：

（一）享受每月500—10000元的生活津贴。具体标准为：本办法第六条第一层次10000元，第二层次5000元，第三层次3000元，第四层次2000元，第五层次1000元，第六层次500元。

（二）对参与重大科研项目、重大工程或建设项目攻关，解决重大技术难题等的人才及团队，研究成果通过专家论证的，一次性给予50万的奖励。

（三）对在我州工作期间取得的科研成果获国家、自治区、自治州级科技进步奖的，根据获奖等次，给予个人3万—10万元的科研补助。

（四）在参与科技项目招投标、申报科技奖励、领办创办科技型企业等方面，享受本地同类人员同等待遇；在州内投资申办企业，享受我州招商引资优惠政策。

（五）对新建博士后工作站的企业，一次性奖励启动经费20万元；对进站工作的博士，给予每人每年10万元的项目研究和生活资助经费。

（六）对建立高层次人才创业创新基地的企业、经济技术开发区或高新技术产业园区，政府在政策、资金方面给予扶持。

（七）引进到企业的人才，与企业签订5年以上服务协议，服务期满在我州落户并购房的，一次性给予10万—50万元的住房补贴。具体标准为：本办法第六条第一层次50万元，第二层次40万元，第三层次30万元，第四层次20万元，第五层次15万元，第六层次10万元。

（八）引进到机关、事业单位的人才，服务期间按照不低于100平方米的面积，每月享受相应的租房补贴；具有专业技术职务任职资格的可优先聘任，也可根据工作需要设置特设岗位；因特殊原因不能调转人事关系的，经组织、人社部门审核认定相关材料后，可重新建立人事档案；配偶、子女在职的，原则上按原工作单位性质、岗位类别对口安置。

（九）引进人才缴纳的个人所得税地方留存部分，每年年终由州、县（市）财政以奖励形式返还本人。引进到企业的人才，由企业所在县市财政返还；引进到州直机关、事业单位的人才，由州财政返还。

（十）引进人才及父母、配偶、子女愿意落户的，由公安部门直接办理落户手续；暂不迁入户口的，享受城镇居民同等待遇。

（十一）引进人才的配偶、子女没有工作要求安排的，由人社部门推荐就业；未成年子女在义务教育阶段的，由教育部门优先安排就学。

（十二）用人单位按国家有关规定为引进人才办理各项社会保险。通过辞职、自动离职等方式来我州工作，但养老保险关系及个人账户基金无法转入的，可比照同类人员的标准缴纳养老保险。

第十二条 自治州每年设立引进人才专项资金1000万元，纳入财政预算，专款专用，当年结余接转下年度使用，并根据经济社会发展情况逐年递增。

第十三条 对为自治州经济社会发展做出突出贡献的引进人才、引进人才工作先进单位以及从事人才中介的社会组织，给予表彰和奖励，并优先推荐作为各级党委、政府相关表彰奖励活动的候选人。

第五章 附 则

第十四条 州党委组织部人才办作为引进人才工作的办事机构，负责本办法的具体组织实施。

第十五条 州党委组织部、州人力资源和社会保障局依据本办法制定实施细则。实施细则对引进人才的认定，引进人才的工作程序、考核管理、经费管理以及办事机构的工作职责等具体事宜予以明确规定。

第十六条 引进人才符合本办法及各县市、园区人才引进政策规定的，不重复享受相关待遇。

第十七条 本办法自发布之日起30日后实施。《昌吉回族自治州鼓励引进人才若干规定》及实施办法同时废止。

第十八条本办法由州党委组织部、州人力资源和社会保障局负责解释。

中共昌吉回族自治州委员会办公室

二〇一三年五月十日

昌吉市高层次人才引进暂行办法（试行）

（昌市党办〔2013〕1号）

为深入实施人才强市战略，进一步加大引进符合我市经济社会发展和产业结构调整急需紧缺的高层次人才，为昌吉市跨越式发展和长治久安提供坚强的人才保证和智力支持，结合我市实际，制定本办法。

第一章 引进原则及对象

第一条 引进原则

（一）突出重点。紧紧围绕昌吉市先进装备制造和农副产品、食品加工产业、资源开发及深加工产业、高新技术产业、现代服务产业、农业特色产业等五大产业，以及科技、教育、卫生、文化、城建、规划、交通、社会管理等社会发展重点领域，引进一批国内外高层次创新创业人才及团队。

（二）使用为本。坚持不求所有、但求所用，搭建事业平台，营造良好环境，充分发挥高层次人才的作用。

（三）特事特办。建立以政府提供服务为基础，以用人单位为主体，以特设岗位为载体的引才机制，为引进人才提供高效、便捷、全方位及个性化的服务保障。

第二条 本办法包括的高层次人才主要是指下列对象：

（一）中国科学院院士、中国工程院院士；

（二）“千人计划”新疆项目人选，自治区“特聘专家”和“天山学者”；

（三）国家、省、自治区级有突出贡献的中青年专家或国家级重点学科、重点实验室、工程技术（研究）中心、企业技术中心的学术技术带头人；

（四）享受国务院特殊津贴人员、在国内外某一学科（领域）的学术技术带头人、拥有国内外领先技术或发明专利并具有较好市场前景和产业化潜力的创业型领军人才；

（五）具有正高级专业技术职务任职资格的专业技术人才、具有高级技师任职资格的人员或其他具有特殊专能的优秀人才；

（六）我市经济社会发展急需紧缺的博士研究生（全日制并取得博士学位）、硕士研究生（全日制并取得硕士学位）或经市人才工作领导小组认定的其他特殊人才；

（七）在国外知名高校取得硕士及以上学位的海外人才；

（八）鼓励我市户籍或原属我市户籍的专业人员回乡工作，在同等条件下优先享受本办法相关政策。

第二章 优惠政策及享受待遇

第三条 引进高层次人才享受以下待遇：

（一）薪酬待遇。党政机关、公益性事业单位引进的高层次人才原则上确保高于原单位同职级薪资水平。企业或自收自支事业单位引进的高层次人才，可实行年薪制、协议工资制、项目工资、股权、期权等多种形式的分配机制，用人单位可视其贡献大小对其工资予以浮动，具体由用人单位与引进人员商定。

（二）专项津贴和住房待遇。

引进的中国科学院、中国工程院院士，全职在昌吉市服务五年以上的，经核准审批，给予500万元的专项津贴并提供150平方米左右专家公寓一套。服务满五年且经考核完成协议规定的任期目标的，专家公寓产权归个人所有。

引进的享受国务院特殊津贴人员、国家有突出贡献中青年专家、国家级重点学科、重点实验室、工程技术（研究）中心、企业技术中心的学术技术带头人，全职在昌吉市服务五年以上的，经核准审批，给予300万元的专项津贴并提供140平方米左右专家公寓一套。服务满五年且经考核完成协议规定的任期目标的，专家公寓产权归个人所有。

引进的在国内外某一学科（领域）的学术技术带头人、拥有国内外领先技术或发明专利并具有较好市场前景和产业化潜力的创业型领军人才，省、自治区级有突出贡献的中青年专家，“千人计划”新疆项目人选，自治区“特聘专家”和“天山学者”，全职在昌吉市服务五年以上的，经核准审批，给予200万元的专项津贴并提供130平方米左右专家公寓一套。服务满五年且经考核完成协议规定的任期目标的，专家公寓产权归个人所有。

引进的具有正高级专业技术职称任职资格的专业技术人才、博士研究生（全日制）并取得博士学位的人才，全职在昌吉市服务五年以上的，经核准审批，给予100万元的专项津贴并提供120平方米左右专家公寓一套，专家公寓实行零租金。服务满五年且经考核完成协议规定的任期目标的，按当年政府指导价享受120平方米购房优惠，超过面积部分按市场价结算。

引进的具有高级技师任职资格的人员或其他具有特殊专能的优秀人才、硕士研究生（全日制）并取得硕士学位的人才，全职在昌吉市服务五年以上的，经核准审批，给予50万元的专项津贴并提供110平方米左右专家公寓一套，专家公寓实行零租金。服务满五年且经考核完成协议规定的任期目标的，按当年政府指导价享受110平方米购房优惠，超过面积部分按市场价结算。

上述专项津贴从来昌吉市工作之日起按比例逐年支付，第一年10%，第二年15%，第三年20%，第四年25%，第五年30%，每年根据任期目标考核完成情况发放。

（三）夫妻双方同为引进人才的，住房待遇按一方享受的最高标准执行。用人单位属财政全额拨款的，专项津贴和住房待遇由市财政全额承担；属财政差额拨款的，报经市人才工作领导小组审批后由市财政承担50%；其他单位引进的人才，可视其贡献大小，报经市人才工作领导小组审批后由市财政给予适当奖励或资助。

（四）配偶工作及子女入学。引进的高层次人才，其配偶及未成年子女可随调随迁，减免有关费用。配偶的工作由组织人事部门协调用人单位及其主管部门比照迁入前工作岗位性质予以协调解决。配偶符合就业条件而未就业并有就业愿望的，由人社部门推荐就业。子女需转入本市中小学校入学或幼儿园入托的，由教育部门优先照顾，妥善安排。

（五）落实各项社会保险和职称待遇。用人单位与受聘人才确立聘用关系后，应为其办理各项社会保险，各方应足额缴纳社会保险费，使受聘人才按规定的条件和标准享受各项社会保险待遇。对已实行社会保险的单位引进的人才，按国家有关规定为引进人员办理社会保险。通过辞职、自动离职等方式来我市工作而出现养老保险关系及个人帐户基金无法转入的情况，可比照同期参加工作同等条件人员的标准，由用人单位采取补办养老保险的方式，补缴养老保险费，其中补缴的个人缴费部分也由用人单位承担。已婚且配偶不在昌吉市居住或未婚且父母不在昌吉市居住的高层次人才，由用人单位按照国家有关规定报销其每年一次的探亲往返交通费用。

（六）辞职或自动离职来昌吉市工作的高层次人才，原单位同意移交档案的，可按工作调动的有关程序办理相关手续，其在原单位工作时间可合并计算工龄；原单位不同意移交档案的，经用人单位考察、组织人事部门审核同意，由组织人事部门及相关单位重新建立其人事档案，原工龄以审核属实的工作经历为准，可连续计算，其工资待遇比照现任职务同类人员进行套改，对其原获得的各种荣誉称号予以承认、保留。

（七）科研经费。鼓励和支持引进人才创新创业，市科技局制定特殊政策措施，对引进的高科技人才在申请市级及以上科研项目、科技资金等方面予以优先安排，或专项提出申请另行安排专项支持资金。有关部门应在项目立项、经费资助、成果申报、学术交流和培训等方面优先予以支持，用人单位应在实验设备、科技资料等方面提供保障。

（八）高层次人才携带技术、项目、专利在我市投产或研制开发新产品、推广应用新成果产生经济效益的，由受益单位从税后利润中按一定比例提取给予奖励。

（九）符合《新疆维吾尔自治区高层次人才引进暂行办法》，又符合本《办法》的，可同时享受自治区和我市相关优惠条件。

第三章 引进方式及程序

第四条 引进高层次人才实行灵活多样的方式，可采取聘用、兼职、挂职、人才租赁、科研与技术合作等形式到我市工作或服务。

第五条 引进的高层次人才，一般侧重于到我市的企事业或科研单位，确需到党政机关的，应符合各级领导班子建设和干部队伍建设的需要和规定。

第六条 引进高层次人才程序：

（一）用人单位向主管部门申报高层次紧缺人才需求计划，市人才工作领导小组办公室会同行业主管部门组织有关专家评审委员会对需求计划中所需解决的课题和项目、引进高层次紧缺人才的资格条件、能力条件等进行评审，通过后报市人才工作领导小组审批。根据审批结果，由人社部门制定并发布我市《高层次紧缺人才需求目录》。

（二）用人单位根据《高层次紧缺人才需求目录》中的岗位进行搜索、接洽，按照不少于1:2的比例拟定初步引进人选，达成初步引进意向后向主管部门申报。

（三）市人才工作领导小组办公室会同主管部门对申报人选进行资格审查，组织专家组对申报人选科研和实际工作能力进行评审，提出引进建议。

（四）市人才工作领导小组办公室征求上级有关业务单位和主管部门意见后报市人才工作领导小组研究确定人选，经市委常委会研究决定后批复，并进行公示。用人单位根据批复意见，按照有关规定进入试用期，与引进人才签订协议。

第四章 组织管理

第七条 引进的各类人才，须与用人单位签订服务期不低于五年的协议，并签订目标责任书，方可享受专项津贴和住房待遇。凡享受专项津贴和住房待遇的人员，五年内因个人原因解除协议的，或经考核未完成任期工作目标的，须退回已享受的专项津贴和住房待遇。该经费由签订协议单位负责收回，并按资金来源渠道予以上缴。

第八条 实行试用期制度：引进到我市工作的高层次人才实行试用期制度，应届博士、硕士研究生试用期为半年，有相关工作经历的高层次人才试用期为三个月。试用期满后，由市人才领导小组办公室会同主管部门提出聘用意见。符合聘用条件的，签订正式聘用合同，发放《引进人才工作证》；不符合聘用条件的，中止引进程序。

第九条 引进的高层次人才在协议执行期间，如协议双方有一方提出终止协议，必须征得另一方同意，并提前一个月递交书面申请，由市人才领导小组办公室审核，报经引进人才工作领导小组同意后，再按有关规定办理解除协议等手续。

第十条 引进的高层次人才在协议期满且通过任期目标考核后，愿意留在昌吉市定居、工作的，市委、市政府另行研究，给予政策支持。

第十一条 高层次人才的引进和管理工作，在市委、市政府的领导下进行。市人才工作领导小组负责引进高层次人才工作的组织领导和统筹协调；审定引进高层次人才特设岗位、高层次人才引进目录和年度工作计划；制定和落实特殊政策措施；协调解决引进高层次人才工作中的重大问题。领导小组定期召开会议，专题研究人才引进等工作，协调解决相关重大问题。

人才办作为人才工作领导小组的日常办事机构，负责引进高层次人才的具体组织实施工作，同时，负责建立高层次人才信息库，组织各单位实施评估、考核、监督等工作。市人社局建立专门服务窗口，会同相关部门协助引进人才落实居留、落户、医疗、社保、住房、子女入学、配偶安置等方面的政策和日常工作。

第十二条 实行引进人才工作责任制。有关职能部门要在党委、政府的领导下，认真履行职责，卓有成效地开展工作。各人才工作成员单位要认真做好有关工作，确保引进人才工作的顺利进行。

第五章 附 则

第十三条 本办法适用于我市行政区域内的各级党政群机关、企事业单位。

第十四条 本办法由昌吉市人才领导小组办公室负责解释。

第十五条 本办法自发布之日起执行，此前凡与本办法不符的有关规定同时废止。本办法实施前已办理引进手续的人员仍按原办法执行。

中共昌吉市委员会办公室

昌吉市人民政府办公室

二〇一三年一月四日

第三部分

园区篇

园区篇

2013年度留学人员创业园园区概况

北大留学人员创业园

园区概况

北大留学人员创业园成立于2002年9月，由北京大学与中关村科技园区管理委员会共建，开创了国内高校与地方政府合作共同扶持留学人员回国创业的先例，实现了地方政府与国家高等院校共同利用大学优势资源服务高层次留学人员自主创业的先河。

创业园在响应国家和中关村人才战略，大力发展自主创新和人才优势实现高新技术成果产业化的背景下，由中关村管委会留学服务总部和北京北达燕园科技孵化器有限公司管理团队共同推动，在全国掀起了首都高校与地方政府合作吸引海外留学生回国自主创业的高潮，为国家引智战略输送了大量新鲜的、高品质的血液。2006年2月，被北京市人事局和市科委评审认定为首批“北京留学人员创业园”。

创业园地处中关村核心区，依托北京大学，汇聚多领域的创新技术、管理思想和人文精神，吸引着众多海外留学人员回国入园创办高科技企业。同时，创业园积极为园区企业提供专业的咨询辅导、投融资、建立营销渠道、促进技术成果转化等服务，是一家为具有原创自主知识产权的项目提供全程创业孵化及促进科技成果转化的专业机构。

创业园实施以3M+T孵化服务模式（Money、Mentor、Marketing、TLO）为核心的融资服务体系、创业辅导体系、市场营销服务体系以及技术成果转化服务。为入驻企业提供完善的全方位服务，提供创业资金支持，专业的投资、融资服务；提供宝贵的境内外上市联合推荐机会；提供熟知国际惯例、符合中国国情的全程创业咨询与孵化服务；同时协助申请国家科技产业资金，提供更多留学人员创业贷款贴息机会；协助办理专利注册申请、科技成果鉴定、新技术企业资格认证、先进技术企业申报；协助办理“火炬计划”“新产品开发计划”“成果推广计划”；协助申报北京市人民政府设立的北京市留学人员创业奖、科技进步奖；集中政府审批，集中工商、税务服务；专业的政府公关、媒体运作、市场推广及广告服务等。此外，园区搭建企业共性技术平台，整合北京大学52家省部级重点实验室，推动北京大学科技成果转化及横向技术交流与合作；搭建知识产权平台、微构分析测试平台、光电子精密测量仪器研发平台，为入园企业提供国际顶尖的技术以及系统服务，加速园区企业发展。

截至2013年底，园区累计入驻留创企业125家，目前在园留创企业35家，在园海归人才68人。园区入选国家“千人计划”6人、北京市“海聚工程”1人、中关村“高聚工程”4人。入孵企业平均入孵时收入98.7万元，平均毕业时收入1248万元；年度海创人员创办企业13家，2013年企业收入总额67402.1万元。

联系方式

地　址：北京市海淀区中关村北大街127-1号
邮　编：100080
电　话：86-10-62769088
传　真：86-10-82667188
邮　箱：pkuincubator@pkusp.com.cn
网　址：www.pkusp.com.cn

北工大留学人员创业园

园区概况

北工大留学人员创业园成立于2005年12月，由北京工业大学和中关村科技园区管理委员会共同建设，主要服务对象是海外留学归国人员创办的高新技术企业。2012年被北京市人力资源和社会保障局评为北京市留学人员创业园。

创业园位于北京工业大学西校区，面积共2万平方米，先期启动4000平方米，园区一期孵化器已经驻满，二期孵化器目前也已投入使用，该孵化器集科研、开发、办公为一体，为留学人员创办的高科技企业提供水、电、暖、电梯、通讯、健身、会议、网络接入、绿地、停车场、打印、收发、卫生、安保等物业服务，可容纳50多家留创企业，内设学术报告厅、会议室、中介服务中心、健身房等基础设施，宽敞明亮、造型别致的阳光厅将为留学人员营造又一个幽雅、舒适、安全、现代的创业环境。

为加速北工大留学人员创业园的创新发展，进一步优化创新创业服务环境，提升创业园的服务层次和质量，更好地为园内企业服务，北工大留创园2012年申请政府专项，投资14万余元建立了北工大留学人员创业园的网上“园区创新创业公共服务平台”。该平台将针对留学人员来园创业所关心的各种优惠政策及主管部门的行政审批统一整合，形成网上宣传与办公的窗口，为留学人员创业提供更加便捷的服务，为园区科学管理和服务提供保障，打造国内领先的创新创业软环境。目前该平台已开始试运行。平台具体包括：（1）建设园区对外门户官网，实现园区对外形象宣传展示。（2）建设网上办公平台，提升办公能力和效率。（3）建设创业绿色服务通道。（4）建设企业商务服务支持平台。（5）建设园区创业专家智库。（6）建设企业资源和设备共享平台。（7）建设企业研发技术和成果推介平台。（8）建设校企对接人才服务平台。（9）建设创业者俱乐部。（10）建设创业园“虚拟微企业群”孵育管理平台。

联系方式

地　址：北京市海淀区车公庄西路35号
邮　编：100048
电　话：86-10-68458163
传　真：86-10-68458163
邮　箱：zhenxiaohang@bjut.edu.cn

北航留学人员创业园

园区概况

北航留学人员创业园成立于2003年4月12日，由北京航空航天大学和中关村科技园区管委会共同建立，以促进北京航空航天大学及周边高校科技成果转化、培育中小企业及造就科技企业家为宗旨，加速创业企业的群体成长，推动区域经济发展，提高区域创新能力。

创业园位于北航国家大学科技园内，共有孵化场地2.7万平方米，下设企业服务部、财务服务部、人力资源部及投融资部等部门，为企业提供工商注册、高新技术企业认证、财务代理、税收申报、人事代理、人才引进与招聘、科技企业优惠政策咨询，并协助企业进行市场开拓与融资。

截至2013年底，创业园有在孵企业80余家，累计毕业企业30多家，初步形成了以软件企业为主，生物医药、机电一体化、环保节能、新材料企业为辅的高新技术创业群体。

创业园将不断提高服务队伍素质，聚集与整合政府有关部门、中关村科技园区与海淀园区、北京航空航天大学、北航大学科技园以及其他社会资源，构建完善的企业服务支撑体系，有效地支持大学科研成果的转化，更好地开展企业创业辅导、优惠政策咨询、企业管理与发展规划、企业体制改革咨询及投融资服务，逐步形成以北航科技园、北航创业园入驻企业为服务主体，面向中关村科技园区及海淀园区企业的开放式发展格局，打造北航创业园的企业孵化服务品牌。

联系方式

地　址：北京海淀区北四环中路238号柏彦大厦406室
邮　编：100083
电　话：86-10-82316255
传　真：86-10-82338204
邮　箱：zhaibin@bbi.com.cn

北京化工大学留学人员创业园

园区概况

北京化工大学留学人员创业园成立于2009年3月，由北京化工大学和中关村科技园区管理委员会共同建立。园区位于北京化工大学西校区，拥有良好的交通环境、办公设施和服务功能，为入驻企业提供了良好的创业平台。创业园日常管理工作由北京化大科技园科技发展中心负责，作为北京化工大学科技园的园中园，充分依托北京化工大学的资源优势，为留学生从事高科技创业提供优质服务。园区的建设宗旨是吸引更多优秀海外留学人员回国创业，促进科技创新，为首都的经济发展增添新的活力。

作为创业园的资源平台，北京化工大学是教育部直属的全国重点大学、国家“211工程”和“优势学科创新平台”重点建设大学。经过近50多年的建设，已经发展成为理科基础坚实，工科实力雄厚，文、法、管、经济学科富有特色的多科性重点大学，形成了从本科生教育到硕士研究生、博士研究生、博士后流动站以及留学生教育等多层次人才培养格局。北京化工大学科技园于2004年经国家科技部、教育部批准，被认定为“国家大学科技园”。

创业园积极扶持鼓励留学人员来园区创业，为留学人员创业提供了诸多优惠政策。首先，可申请管委会设立的中关村科技园区归国留学人员创业企业扶持资金；其次，落户创业园的高新技术企业自成立之日起，将享受有关税收优惠政策；留学人员创办企业注册公司时，在申办营业执照和高新技术企业认定等方面中关村管委会将给予优先办理和减免相关费用的支持。同时，入园企业第一年可免交40平方米孵化场地面积的租金，第二年开始采取优惠收取租金的方式，优惠期限为3年。入驻园区的优秀企业，在申请银行贷款时，可以享受管委会制定的留学人员贷款贴息和担保政策，另外，园区高新技术企业还可以享受北京市财政专项资金和其他形式的资金支持。

创业园自成立以来，经过一段时间的发展，已有10多家留学人员企业入住，吸纳了来自美国、日本、英国、法国、德国、瑞典、巴西、韩国等国的20多名留学人员来园创业，从业人员近百人，行业涉及新材料、新能源、电子信息、机械、远程教育等多个领域。

联系方式

地　址：北京市海淀区紫竹院路98号北京化工大学（西校区）科技园写字楼
邮　编：100029
电　话：86-10-88588552，64435482
传　真：86-10-51589055
网　址：www.bhlcy.com

北京交通大学留学人员创业园

园区概况

北京交通大学留学人员创业园成立于2007年7月，由北京交通大学与中关村科技园区管委会共建。创业园依托北京交通大学的学科优势、专业优势、教育资源优势和中关村科技园区企业创新机制优势、政策优势，旨在吸引更多轨道交通领域专业人员创业，促进科技创新、服务创新、人才创新等新型创业企业的发展，加快中关村科技园区的全面建设，为首都高新技术产业的发展增添新的活力。

创业园位于北京交通大学东校区内，由交大科技园划拨5000平方米科教楼房屋用于孵化建设，办公设施齐全、服务功能完备。通过产学研结合和完善的孵化服务体系为创业企业提供优质的孵化服务，为地区培育出新的经济增长点和产业热点。创业园主要为轨道交通技术及相关领域业务的企业提供创业孵化服务，通过构造新型实验平台，提供专业化的技术服务，增强轨道高新技术企业的自主创新能力。

联系方式

地　址：北京海淀区高梁桥斜街44号一区89号科教楼1018室
邮　编：100044
电　话：86-10-51686946
传　真：86-10-51686946
邮　箱：dinglei-1983@hotmail.com

北京经济技术开发区留学人员（汇龙森）创业园

园区概况

北京经济技术开发区留学人员（汇龙森）创业园正式挂牌成立于2005年5月，是在北京经济技术开发区管委会和中关村科技园区管委会大力支持下，经北京经济技术开发区管委会批准，由北京经济技术开发区人才交流服务中心与汇龙森国际企业孵化（北京）有限公司共同创建的北京第一家民营留学人员创业园。

创业园地处北京经济技术开发区和中关村科技园区亦庄园的重叠区域，是目前开发区唯一一家留学人员创业园。2006年3月，正式被纳入中关村科技园区留学人员创业服务体系，命名为“中关村科技园区亦庄汇龙森留学人员创业园”。

创业园以“迎来创业者、送出企业家”为宗旨，按照“政府指导、企业运作”的模式，本着人才培养与成果转化相结合的原则，充分发挥园区自主经营、高效便捷的机制优势，集中资金、人才、市场、管理、政府等各种资源，为园区留学人员企业提供多层次、多角度的创业服务，吸引和扶持海外留学人员入园创业发展，协助解决创业初期的发展难题。园区的发展目标是通过技术、信息、智力等资源优势与政策的有效结合，使之成为培育具有创新能力和国际竞争力的高新技术企业成长的摇篮，成为留学人员回国创业和海外高层次人才聚集的重要基地。

汇龙森2006年12月被科技部火炬中心授予“国家高新技术创业服务中心”及被北京市科委授予“2006年度北京市优秀科技中介机构”；2012年汇龙森被北京市经信委认定为“北京市中小企业公共服务平台”“北京市小企业创业基地”；被市科委认定为“战略性新兴产业孵育基地”；被北京市委组织部、北京市科委、北京市人社局等共同认定为“北京市优秀留学人员创业园”。

目前，汇龙森已经完成三个园区建设，自有建筑面积28万平方米，已经建成的园区分别位于北京经济技术开发区中和街14号、西环南路18号和科创14街99号，均处于北京经济技术开发区和中关村科技园区亦庄园的重叠政策的覆盖区域。

汇龙森累计投资3500万元建设了生物医药服务平台，共有分析测试、分子生物学和中试研究三个功能实验室及5套GMP车间，总面积4000平方米，拥有仪器设备320多台套；新材料平台拥有1000平方米的实验场地，已采购气氛气旋粉碎分级机、自动干压机、冷等静压机等设备15台套；汇龙森通过入股专业软件服务公司购置服务器等设备及开发相关软件，初步建立了对内部实现管理支持、对园区企业进行信息化服务的孵化器信息管理应用网络系统，购置高端服务器6台，网络设备30余台/套，自行开发软件6套；开辟了2900平方米的公共服务空间，为园区企业提供综合商务服务；公司每年拿出1000万元的直投基金，直接投资于园区内的初创企业，同时还与赛伯乐基金合资成立了基金管理公司，管理首期募集资金1.33亿的中孵高科基金，间接投资于园区高成长型企业。

2013年汇龙森在园企业收入总额35370万元。截至2013年底，在园留学人员企业总数75家，累计孵化留学人员总数156家，2013年新增留学人员企业6家，2013年毕业留学人员企业3家。

截至2013年底，在园留学人员总数118人，2013年新引进留学人员15人。入选中央“千人计划”16人，省级人才引进计划35人，市区级人才引进计划人数66人。

联系方式

地　址：北京经济技术开发区科创十四街99号
邮　编：101111
电　话：86-10-59755345，59755588-8835/8833/8832
传　真：86-10-59755396
邮　箱：liuchuangyuan@huilongsen.com
网　址：www.huilongsen.com

北京经开·北工大软件园留学人员创业园

园区概况

北京经开·北工大软件园留学人员创业园是北京经开工大投资管理有限公司为深入贯彻落实北京经济技术开发区科技强区、人才强区战略，在北京经济技术开发区管委会相关部门指导下，于2011年11月份成立。创业园以“营造环境、培育企业、孵化项目、造就人才”的发展思路，积极整合各种资源，提升和拓展创业服务功能，不断加大对入驻企业的扶持力度，园区被评为“北京市小企业创业基地”“院士专家工作站”，并先后设立北京12330知识产权服务工作站、工商服务工作站等，为园区企业提供全程、全方位的服务。

创业园位于北京新城市发展规划的“东部发展带”——北京经济技术开发区的核心发展区域。总占地面积17.41万平方米，一期A区3.7万平方米2003年建成开园，二期B区11万平方米建筑于2010年开园投入使用。园区包括研发办公、孵化器、教育培训、综合配套服务等功能分区，统一规划，整体开发，具备良好的硬件设施、完善的服务体系，可为上万名研发人员提供良好的工作、生活环境。

园区周边各大生活配套、商务配套均已呈现规模，形成高档、成熟的生活社区氛围，区内可供出租与出售的房源充足。开发区“青年公寓”“博大永康公寓”项目，可为入区各企业员工提供居住服务。并且开发区有完善的医疗、商业、金融及休闲配套，满足办公居住的各种需要。凉水河景观公园环绕园区，为入孵企业创造出极优的生态商务环境。

创业园为入孵企业提供独栋专享办公区域，将36号研发楼8000平方米面积用作孵化器第一期专用孵化场地，研发楼地下一层为孵化器专用停车场，地上8层为办公区，可为入园孵化企业提供多种规格的独立办公空间作为孵化单元。园区内拥有1.4万平方米的公共服务设施，包括会议中心、企业会所、员工餐厅、银行自助取款机、便利店等，孵化企业可同其他入园企业共享园区内便利的配套设施。

作为北京市三大软件园之一，北工大软件园拥有北京云基地、美国应用材料、中国路桥研发中心、中国电子、民生证券、贝达药业等世界500强在内的众多国内外著名企业。北工大软件园以创新驱动、聚力发展，通过完善公共服务平台，升级园区“软”服务，来构建差异化的竞争优势。目前园区已初步形成包括基础物业、技术支撑、中介咨询、创业孵化、投融资等五大服务模块。

截至2013年底，园区有在园企业130余家，涉及软件研发、集成电路、互联网信息服务、生物医药等领域。其中小微企业38家，留学人员创办企业18家，留学归国人员25人。

联系方式

地　址：北京经济技术开发区地盛北街1号A区2号楼4层
邮　编：100176
电　话：86-10-67862520
传　真：86-10-67877560
邮　箱：zhangchuntao0530@126.com
网　址：www.bpusp.com.cn

北京科大留学人员创业园

园区概况

北京科大留学人员创业园成立于2003年6月，由北京科技大学和中关村科技园区管理委员会共同组建。

2005年9月，创业园被原北京市人事局和北京市科委首批认定为“北京留学人员创业园”；2007年12月，被教育部、科技部联合授予“春晖杯创业大赛创业基地”荣誉称号；2011年底，通过“北京市留学人员创业园”复核考评。

北京科大留学人员创业园依托北京科大国家大学科技园、方兴孵化器等平台，始终坚持企业化、专业化、网络化的发展模式，围绕新材料、制造业信息化、新能源行业领域建设专业园区，先后搭建了北京市新材料技术转移中心、北京科大分析测试服务中心、北京市留创新材料共性技术支撑体系、北京北科大新兴产业技术研究院等重要支撑平台，可为企业、项目提供孵化资金、中试、生产场地、项目管理、市场咨询等成果转化服务，以及联合研发、材料分析测试、技术咨询、实验室建设，人员培训等技术咨询特色服务。同时，园区与多类型专业机构、中介服务公司建立长期战略合作伙伴关系，为园区企业提供法律、工商、税务、人才、融资、培训、策划、知识产权等各类综合性咨询与服务。

截至2013年底，在园留学人员企业总数31家，累计孵化留学人员总数90家，在园留学人员总数为45人。入选中央千人计划6人，省级人才引进计划4人，市区级人才引进计划7人，在园外国专家1人。培育上市留学人员企业1家。2013年企业收入总额为232889万元。

截至2013年底，园区为留学人员企业申请中关村创业企业资助资金300余万元，科技型中小企业创新基金、成果转化项目专项资金、专利创业资助、择优资助等政策性资金900余万元，担保贷款1100万元，成功帮助企业实现技术转移、项目推广十余项，技术交易总额逾1500万元，在创业环境营造、创新人才培养、科技企业孵化方面做出了品牌，为区域经济发展做出了一定贡献。

联系方式

地　址：北京市海淀区学院路30号方兴大厦6层617室
邮　编：100083
电　话：86-10-62316722
传　真：86-10-62316722
邮　箱：zhanghq@ustbcm.com
网　址：www.ustbsp.com

北京理工留学人员创业园

园区概况

北京理工留学人员创业园成立于2003年，由北京理工大学和中关村管委会共建。创业园以服务企业为宗旨，追求高效务实的工作作风，致力于为留学人员搭建创业平台，落实政府专项政策，创造和谐创业环境。根据园区的功能定位，着力于创新创业能力建设，通过资源整合提供各种增值服务，搭建有特色的创新创业平台，加强了学校与园区及园区留学人员企业的合作和交流，为企业与风险投资、中介机构等搭建了沟通的桥梁，完善了创业服务体系和创新支撑体系，促进了园区的发展、留学人员企业的成长，为更多的海外留学人员回国创业搭建了平台。

2006年5月，经北京市人事局、北京市科委认定为“北京市留学人员创业园”；2012年5月，经北京市社保局、北京市科委认定为“北京市优秀留学人员创业园”。自成立以来，北理工留创园多年的建设与发展成绩得到了各级政府部门的肯定。2012年2月9日，通过国家级科技企业孵化器复核；2012年3月31日，通过国家大学科技园绩效评价；2012年11月6日，通过战略性新兴产业孵育基地年度答辩；2012年12月12日，被北京市经信委授予“北京市小企业创业基地”称号。

北理工留创园创园至今，先后吸引了300余名留学人员，其中2013年新引进留学人员18人，累计吸引了200余家企业入驻园区创业，这些企业分别涉及信息技术、光机电一体化、生物医药、新能源环保、新材料等领域。2013年新增留创企业9家，目前在园留创企业102家。截至2013年底，引进中央千人计划3人，省级人才引进12人，市区级人才引进13人。2013年企业收入总额达到63387.7万元。截至2013年底，北理工留创园4家企业共获得4000余万元的风险投资。

2013年，创业园以讲座、沙龙、座谈会等多种形式，为园区企业提供内容丰富、实用性强的培训活动。继续为入驻的留创企业提供落实国家、北京市、中关村国家自主创新示范区有关留学人员创办企业的支持政策方面服务。积极与投融资机构接洽，根据企业需求，及时开展了融资洽谈会及大规模的项目推介会，并且为企业提供市场推广服务。为解决科技型中小企业在建设初期资金有效的难题，创业园为企业提供了有效的人力资源服务，免费为园区企业提供法律咨询服务及知识产权服务。为了帮助企业稳定发展，留创园还建立了市场信息咨询服务平台。

联系方式

地　址：北京市海淀区中关村南大街9号理工科技大厦902室
邮　编：100081
电　话：86-10-68470073，68470075
传　真：86-10-68470073转8999
邮　箱：bitrp@126.com
网　址：www.bitrp.com.cn

北京市留学人员大兴创业园

园区概况

北京市留学人员大兴创业园是由北京市留学人员服务中心与大兴开发区开发经营总公司于1997年成立的北京市第二家留学生创业园，于2003年9月被市科委认定为“北京市高新技术产业孵化基地”。

创业园位于国家新媒体产业基地核心地带，占地50亩，分为一期、二期、三期工程，总建筑面积5万多平方米，是集办公、商务、娱乐、生活为一体的高档综合服务园区。

创业园致力于打造以新媒体产业为主的专业集聚区，

建设集文化创意产业、现代服务业、现代制造业等业态为主的新型园区，并建立了相应的孵化服务平台，具备研发、培训、创作、孵化、制作、交易、展示与体验和配套服务等八大功能。园区目前孵化面积38000平方米，管理团队17人。

联系方式

地　址：北京市大兴经济开发区科苑路18号
邮　编：102600
电　话：86-10-61271941/42、61273247
传　真：86-10-61271943
邮　箱：msx7060@126.com
网　址：www.coeland.com

北京市留学人员海淀创业园

园区概况

北京市留学人员海淀创业园成立于1997年10月，是北京市人社局与海淀园创业服务中心共建的北京市第一家留学人员创业园，现有总建筑面积4.6万平方米。2007年10月，海淀创业园成为国家人社部与北京市政府的共建单位，并正式命名为中国北京（海淀）留学人员创业园。

1998年7月，园区被国家科技部授予国家高新技术创业服务中心；2000年1月，被北京市科委列为高新技术产业孵化基地；2000年10月，被国家科技部、人事部、教育部和外国专家局确定为国家留学人员创业园示范建设试点单位；2001年9月，被国家科技部认定为国家高新区先进孵化服务机构；2003年7月，被北京创业孵育协会评为在孵企业素质最佳奖；2003年9月，被国家科技部评选为火炬计划十五周年先进高新技术创业服务中心；2005年12月，被荷兰科技联盟评选为最佳社会投资收益奖；2008年12月，被评为“实施国家科技计划先进服务机构”；2009年3月，获得“中关村科技园区20周年突出贡献奖”。

海淀创业园自成立之日起，就树立了把自身建设为一所“针对特殊人群，培育明星企业和优秀企业家”学校的宗旨，在孵化器建设就是学校建设的理念引导下，目前已经形成一个中心、三个平台、六项服务的完整孵化服务体系，即围绕海淀园创业服务中心，构建企业孵化平台、科技条件平台、创业导师平台，以推进对企业的创业辅导、人才引进、企业融资、成果转化、股权投资、产业促进六项服务，促进创业者向企业家的转变，助力科技成果快速转化。

海淀创业园下设三大孵化基地，分别是创业谷、留学人员创业园、留学人员发展园，孵化面积近5万平方米，配有良好的通信条件、完善的共用设备及完备的服务设施。

创业谷，亦叫“零成本创业谷”，于2013年9月正式启动，目前完成创业谷办公场所、公共会议室等基础设施改造，并陆续启动了创业谷-微学堂、微沙龙、微咨询等系列创业辅导活动。“零成本创业谷”办公区域面积超过1000平方米（公共办公场地面积300平方米左右），是面向早期创业者而专门设立的，分为开放区、洽谈区和工位区域等。

留学人员创业园孵化场地面积22000平方米，主要服务于留学人员新办的科技型中小企业，创业园通过整合多种资源为入园企业提供全方位的创业辅导，包括政策咨询、管理咨询、融资协助、人才引进等，为企业提供优惠的办公用房并协助办理工商、税务、知识产权代理等相关事务。

留学人员发展园孵化场地面积17000平方米，主要服务于留学人员创业园毕业企业，为快速发展的企业提供配套的办公场地，服务的重点为融资咨询、产品宣传及推广。

截至2013年底，在园留学人员企业数达到160家，其中2013年新增留学人员企业30家，毕业留学人员企业11家，累计孵化留学人员企业720家。截至2013年底，在园留学人员总数169人，2013年新引进32人，2013年企业收入总额115675万元。截至2013年底，入选中央“千人计划”23人，省级人才引进34人，市区级人才引进45人。

联系方式

地　址：北京市海淀区上地信息路26号中关村创业大厦106室
邮　编：100085
电　话：86-10-82898748，82898799
传　真：86-10-62984933
邮　箱：chuangye@ospp.com
网　址：www.ospp.com

北京望京留学人员创业园

园区概况

北京望京留学人员创业园成立于1999年8月，依托于北京望京科技园。2000年2月，望京科技园被市科委认定为北京市首批高新技术企业孵化基地。2000年8月，被科技部火炬中心认定为国家级高新技术创业服务中心。2000年12月，北京市人事局留学人员服务中心与朝阳区人事局和望京高新技术产业区签订协议，在望京科技创业园基础上共建“北京市留学人员望京创业园”。2001年6月12日，经国家科技部批准，望京高新技术产业区内以望京科技创业园为中心的3平方公里范围，正式加入中关村园区，称为“中关村科技园电子城西区”，在税收、人才、财政等各方面享受与中关村园区同等的优惠政策。2002年7月，国家人事部批复，与北京市政府共建中国北京（望京）留学人员创业园。2003年4月，中国北京（望京）留学人员创业园正式揭牌。2005年12月，望京科技园被团中央和全国青年联合会正式授予“中国青年留学人员创业基地”的称号。2006年2月，望京科技创业园被北京市人事局与市科委于联合授牌为首批8家“北京留学人员创业园”之一。

园区现有孵化场地约2.5万平方米，并于2012年底承租朝来高科技发展园9号楼作为创新企业加速器，面积近8000平方米。

截至2013年底，园区累计孵化入园企业636家，累计毕业企业数量641家，累计吸引留学人员288人，在海外取得博士学位68人、硕士学位97人。园区现有在孵企业83家，其中留学人员创办企业74家，在园留学人员117人，主要产业方向包括电子信息、软件开发、移动通讯技术、生物试剂、文化创意、新能源及大数据处理技术等。2002年共建至今，在园企业实现技工贸总收入69.537亿元，上缴税收8.1894亿元，其中留学人员企业实现收入11.9223亿元，应缴税收总额1.4238亿元。2013年全年，在园企业实现技工贸总收入3.87亿元，上缴税收2887.4万元，其中留学人员企业实现收入2.694亿元，应缴税收总额1861.77万元。在创新方面，入园年企业专利申请量累计达到1008件，其中发明专利425件，专利授权355件，承担国家各级科技项目达42件，充分体现了科技园区的高技术性及承担重要项目的卓越能力。

联系方式

地　址：北京市朝阳区望京新兴产业区利泽中二路2号
邮　编：100102
电　话：86-10-64390345
传　真：86-10-64392019
邮　箱：wangjingkejiyuan@126.com
网　址：www.wangjing.gov.cn

北师大留学人员创业园

园区概况

北师大留学人员创业园于2005年12月成立，由中关村科技园区管委会和北京师范大学共同创建。园区在中关村科技园区管委会、海淀园区管委会的支持下，依托学校的优势资源，不断完善孵化服务体系，吸引了来自美国、加拿大、法国、日本、澳大利亚、俄罗斯等数十个国家的近百名海归精英在此创业。借鉴国内外大学留创园的建设经验，本着特色办园的思想，依托百年师大的优势资源，北师大留创园充分整合北京师范大学科研资源、人才资源、产业资源，以“北师大教育服务产业研究院”和“高科技产业研究与技术转移中心”为依托，以中医药现代化、特色新材料、现代放射性化学药物、环境保护及减灾与公共安全等技术平台为支撑，搭建大学资源与社会资本对接的有力平台。

园区以“中关村国大中小微企业成长促进会”和“中关村科学城”建设项目两个新的平台为契机，全面延伸留创园企业服务范围，重点挖掘和培育“金种子”企业、高端人才创业企业，进一步完善了专业技术平台和科研资源。

目前，园区已获得科技部“火炬计划重点单位”、团中央“青年就业创业见习基地”“北京市专利试点单位”“北京市海淀区产学研示范基地”、教育部“高校学生科技创业实习基地”“北京留学人员创业园”“北京市高新技术产业专业孵化基地“等称号，加入“中关村科学城”项目，全面构建以北师大产学研为核心的地缘文化经济产业链，打造中国领先的教育、科技、文化联动产业聚集区，并获得中国产学研合作促进奖。

截至2013年底，园区累计孵化留学人员企业58家，在园留学人员企业26家。2013年新增4家，毕业5家。截至2013年底，培育上市留学人员企业1家。截至2013年底，在园留学人员总数38人，2013年新引进9人。2013年企业收入总额5343.2万元。

联系方式

地　址：北京市海淀区学院南路12号A座
邮　编：100082
电　话：86-10-62205399
传　真：86-10-62206051
邮　箱：Bsd_kjy@163.com
网　址：www.park.bnu.edu.cn

北邮留学人员创业园

园区概况

北邮留学人员创业园成立于2003年12月4日，由北京邮电大学和中关村管委会共建。创业园位于北京邮电大学校内，总建筑面积为1万平方米，先期启动5000平方米，办公设施齐全，服务功能完备。

北邮留创园是以北京邮电大学为依托，充分利用北京邮电大学的综合智力资源优势，通过包括风险投资在内的多元化投融资渠道，在政府政策的引导和支持下，建立从事技术创新和企业孵化的信息通信类孵化基地。更好地吸引海外留学人员归国创业，加快中关村科技园区的建设，提升北京邮电大学产学研相结合的能力，发挥一流高校服务区域经济的社会职能。创业园结合北京邮电大学的学科特点和优势，主要面向IT行业，着眼通讯领域，立足信息特色，定位于专业的信息科技园，以特色求发展，以创新达成功。在产业定位上，以通信信息为特色，企业不求多、求大、求全，而是求精、求质、求孵育成功率；在经营定位上，强调要服务、投融资、运营管理、相关培训、市场拓展五位一体，不仅着眼于一般的服务性收入，更应着眼于孵化项目成功后的利润分成。强调高额经济回报应源于孵化成功后的资本运作。

北邮留创园搭建了面向信息通信领域的“3+2”服务体系，可为入园企业提供具有专业特色的科技创新和成果孵化服务。创业园在确保为入驻企业提供基本商务、管理咨询和资本运作等立体式服务同时，充分利用北邮在信息产业的行业优势，在园区内搭建了互联网技术条件、电信产品推广服务和电信增值业务条件三个核心公共技术平台。开放时间每周在20小时以上，可以向企业提供信息通信领域的科学研究和技术开发平台，为企业科技创新提供覆盖整个通信信息领域从底层到应用，各种不同媒介的，向企业提供试验开发平台，测试平台，验证平台的使用服务。切实帮助创业企业降低了IT行业准入门槛和创业成本。创业园与北邮生命电子科学工程中心EMC—EMB实验室以及北邮宽带通信网络实验室合作，为入园企业提供优惠的专业服务，并以此为契机，共同向北京市申报实验室开放平台资助。

截至2013年底，园区孵化总面积1.3万平方米，留学人员企业总数27家，累计孵化留学人员企业45家，2013年新增留学人员企业2家，毕业2家。截至2013底，在园留学人员总数27人，2013年新引进2人。在园留学人员企业中，主要集中在高科技领域，行业遍及电子信息、软件、集成电路、生物医药、新能源等行业。

联系方式

地　址：北京市海淀区西土城路10号北京邮电大学178信箱（邮寄）
北京市海淀区西土城路10号北京邮电大学综合服务楼5楼510室（办公）
邮　编：100876
电　话：86-10-62281497，62281487
传　真：86-10-62285259
邮　箱：1409000@sina.com
网　址：www.buptincubator.com

瀚海智业留学人员创业园

园区概况

瀚海智业留学人员创业园是在中关村科技园区管委会和东城区政府的大力支持和指导下，于2009年依托汉潮大成国家级科技企业孵化器创建而成。瀚海智业留学人员创业园是北京市中心城区第一家留学人员创业园，园区位于东直门商圈，交通便利、商务配套设施齐全，园区周边总部林立、人才密集。园区拥有创业孵化面积7000多平方米，种子孵化基金500万元，并配备留创服务专业团队，为留学人员企业提供政策指引、创业辅导、投融资等多层次、多角度的优质配套服务，助力企业健康快速发展。

创业园秉承“商以载道、成人达己”的经营理念，按照“政府指导、企业运作”的运营思路，充分发挥园区自主经营、高效便捷的机制优势，集聚资金、人才、市场、管理等各种资源，协助留学人员企业将技术、信息、智力等优势与政策有效结合，致力于成为培育具有创新能力和国际竞争力的留创企业的摇篮。

创业园成功打造了文化创意和中医药两个特色专业品牌，截至目前，瀚海智业留创园在园留创企业19家，聚集了一批如招通致晟、永航科技、宇信金实、朗动科技等由海外高层次人才回国创办的优秀留创企业，带动了园区内中小企业创业创新活力以及上下游产业生态的形成，正逐步成为东城区高层次人才引进的聚集高地和新的亮点。

2012年，瀚海智业留学人员创业园的海外窗口——中关村瀚海硅谷科技园正式运营，开启了瀚海智业留创园国际化发展新征程。海外窗口的建设旨在引导和帮助海外留学人才归国创业，促进海外优质项目和人才与国内留创园全面对接，实现归国留学人才聚集，打造文化与科技高端人才和项目汇聚的创业生态基地。

联系方式

地　址：北京市东城区东直门内海运仓1号
　　　　瀚海海运仓大厦1018室
邮　编：100007
电　话：86-10-64050488，64050575，51239477
邮　箱：bjhcdc2011@163.com
网　址：www.bjhcdc.com

华北电力大学留学人员创业园

园区概况

华北电力大学留学人员创业园成立于2008年10月，由华北电力大学和中关村科技园区管委会共同建立。旨在吸引优秀海外留学人员回国创业，加快中关村科技园区建设，提升华北电力大学产学研结合能力，发挥一流高校服务区域经济的社会职能。创业园位于华北电力大学国家大学科技园内，面积约2万平方米，办公设施齐全，服务功能完备。

创业园充分利用和发挥华北电力大学创新创业环境和人才、学科、科研、设施及成果转化等综合资源优势，同时依托国内外的校友资源优势，着重吸引、发掘、培育一批创业团队完备、跨洋研发能力出众、拥有自主知识产权的国际领先技术、产业化前景巨大、国家重点支持领域项目的优秀留学人员创业企业，为首都科技创新体系建设和区域经济发展做出贡献。

联系方式

地　址：北京市昌平区北农路2号华北电力大学主楼
　　　　D1006
邮　编：102206
电　话：86-10-61772723
传　真：86-10-61772866
邮　箱：chx@ncepu.edu.cn

清华留学人员创业园

园区概况

清华留学人员创业园成立于2002年12月，是清华大学和中关村管委会共同发起设立，由北京启迪创业孵化器有限公司负责日常运营和管理。

清华创业园依托清华大学的科技优势和清华科技园的资源优势，采用“孵化＋风险投资”的经营模式，重点吸引回国留学人员创办的拥有国际先进技术、具有高附加值、高成长性的企业入园。清华创业园通过整合“政、产、学、研、金、介、贸、媒”等创新资源、搭建成熟完善的创新创业孵化体系、开发建设信息化的创新服务网络平台，并借助清华科技园辐射全国近30个城市和地区的分园网络，已经成为促进区域经济发展和科技型创业企业发展的强大支撑力量。

园区被评为“国家级留创园”“国家级孵化器”“优秀留学人员创业园”；是火炬中心认定的国家级孵化器之一；是北京市科技条件平台首批试点机构；海淀区企业服务体系首批合作伙伴；曾被荷兰科学联盟组织的全球科技孵化器评选为“科学孵化器最佳实践奖”。

清华留创园和启迪孵化器不断谋求为中小企业发展提供多种增值服务，探索创新服务内容，与企业共同成长，与各类金融机构进行沟通合作，联合浦发银行推出了中小企业信用贷款一站式服务平台；与齐鲁证券达成战略合作意向，为园区企业开展新三板上市咨询与相关服务工作。启迪孵化器和启迪创投联合设立了启迪天使投资（北京）有限公司，专注于投资早期企业，基金规模5000万，覆盖TMT、清洁技术、新能源、生命科学、消费品等领域。清华科技园知识产权服务平台始建于2008年，是国知局首批“企业专利工作交流站”之一，“海淀园知识产权服务平台”，北知局企业知识产权托管服务平台。

联系方式

地　址：北京市海淀区清华大学科技园创新大厦
　　　　A座15层
邮　编：100084
电　话：86-10-62785888
传　真：86-10-62772777
邮　箱：xuyy@tuspark.com
网　址：www.spmember.com，www.tusstar.com

首都师范大学留学人员创业园

园区概况

首都师范大学留学人员创业园成立于2007年10月，由首都师范大学与中关村科技园区管理委员会共同建立，是中关村科技园区创业体系的组成部分之一，是留学人员回国创业的重要基地。创业园位于北京市海淀区首都师范大学校内，一期与首都师范大学科技园共用一座教学楼，办公环境良好，软硬件设施一应俱全。

创业园充分发挥首都师范大学深厚的文化、教育资源优势，突出“以文化、教育为特色，以高新技术为依托”的建园方针，以产学研联合工作为纽带，在留学人员创业企业与高校间建立通畅的桥梁，为企业的孵化、发展、壮大提供优质高效的服务。创业园重点吸纳、培育在文化创意及科技创新方面具有特色优势，具有自主研发能力和自主知识产权，与国内文化及经济建设需求紧密结合的留学人员创业企业。

经过不断的努力，园区逐步确立了“以高新技术为依托，以文化教育优势为特色，以产学研联合工作为主体，以科学技术成果的市场转化为手段，以服务于北京市社会、经济、文化建设发展为目标”的建设宗旨。一批优秀科研成果进入科技园进行孵化，并取得了良好成绩。2003年7月，首都师范大学科技园被市科委、市教委认定为北京市大学科技园，标志着科技园整体工作跃上了一个新的台阶。到目前为止，科技园已经初步形成了文化创意、教育技术、高新技术三个重要产业化发展方向。

联系方式

地　址：北京海淀区西三环北路105号首师大科技园（留学人员创业园）教一楼207室

邮　编：100037

电　话：86-10-68907023

邮　箱：kjy@mail.cnu.edu.cn

中关村多媒体创意产业园博雅留学人员创业园

园区概况

中关村多媒体创意产业园博雅留学人员创业园由北京市人民政府中关村科技园区管理委员会和北京市海淀区人民政府共同建立，是中关村多媒体创意产业园吸引海外人才、推动留学生回国创业工作的重要组成部分。

中关村多媒体创意产业园是中关村国家自主创新示范区的专业科技园，地处示范区核心区，位于中国北京市海淀区西三环紫竹桥与西四环四季青桥之间，占地95公顷，是北京率先以多媒体创意产业为核心发展方向的跨媒体专业园区。

为落实中关村建设人才特区的要求，园区创新服务模式，重点搭建平台，营造创新环境，旨在建设高层次人才的创业支持体系，培育和壮大一批多媒体创意企业，促进人才和企业的双发展。留创园的建设是为了积极落实中关村人才特区的总体要求，促进科技创新、体制创新，吸引更多的以海外高层次人才为代表的发展所特需的各类留学人员回国创业，服务于留学归国人员创办的高新技术企业。

留创园依托中关村多媒体创意产业园的资源与服务体系，为入园的留学归国创业人员提供行业指导、战略顾问、金融投资、创业辅导、品牌建设、市场推广、项目融资、高层次人才对接和运行团队组建等方面的系统服务，为企业的创新发展提供有力的支持。

目前，园区已聚集企业及机构800余家，累计吸引投资超过26亿元，其中已产生区域经济贡献的企业685家。园区企业创新活跃、发展迅猛，产值增幅迅速，形成涵盖物联网、移动互联网、电子支付、动漫游戏、软件开发、系统集成、广告会展等领域在内，集产品、服务和应用等方面于一体的跨媒体产业集合。园区产业生态循环体系发展完善，企业已呈现出以产业集群模式进行集群化、规模化发展趋势，具有显著的产业聚集与辐射带动能力。

联系方式

地　址：北京市海淀区紫竹院路116号C座

邮　编：100097

电　话：86-10-51709191

中关村法大科技服务园

园区概况

中关村法大科技服务园（以下简称“法大科技园”）成立于2007年5月28日，由中关村科技园区管理委员会和中国政法大学共同建立，是全国首家以法律服务为主的大学科技园。园区依托中国政法大学优势学科，发展法律服务产业，包括法律咨询服务、知识产权和专利服务、法律信息和法律出版服务、法学教育培训服务、证据和法庭科学技术服务、律师和公证服务等法律相关领域的新兴特色产业。

园区的目标是使法律服务范围覆盖中关村科技园区的所有创新企业；建立与全国法律信息资源的建设者、所有者、使用者之间的多边联合；与中关村其他专业园区形成产业互补，促进和服务高科技产业发展。

联系方式

地　址：北京市海淀区西土城路25号中国政法大学旧1号楼109室

邮　编：100088

电　话：86-10-58908009

传　真：86-10-58908007

邮　箱：lyl0312@163.com

中关村国际孵化园

园区概况

中关村国际孵化园（北京中关村国际孵化器有限公司）创立于2000年12月26日，是科技部认定的“国家级高新技术创业服务中心”“北京市高新技术产业孵化基地”“北京留学人员创业园”和“北京市小企业创业基地”。按照“政府引导，市场运作”的模式，国际孵化园为留学人员归国创业提供“孵化＋创投”的全程、全方位服务。2003年1月，胡锦涛总书记在市委书记刘淇等领导的陪同下到北京中关村国际孵化器有限公司视察，对留学人员归国创业做出了重要指示。

中关村国际孵化园发挥自身优势，整合各方资源，引入工商注册、法律、会计、人才等中介机构，搭建产学研平台，举办产品推介会和企业家沙龙，争取政府资助，设立贷款担保保证金和投资基金，带动风险投资，为企业走向成功铺路搭桥。

园区与北京大学光华管理学院、清华大学经济管理学院、北京航空航天大学软件学院、中国科学院软件学院、新加坡南洋理工大学联手打造了国际MBA和创业与创新学生实习基地、软件工程师实训基地。

园区与中关村科技园区驻硅谷、伦敦、多伦多、马里兰、东京、伦敦、悉尼络处建立了密切关系，为海外留学人员回国创业提供服务，为园内企业向海外拓展、寻求国际合作创造条件。

园区引入专业科技中介服务机构，搭建中介服务平台；组织企业成立企业家沙龙，促进企业间及企业与社会各界间的交流与合作；与北京软件产品质量监测检验中心合作建立共享软件技术平台；与海淀生物医药园合作建立生物医药技术平台；投资建立电子信息技术测试与展示中心；投资开发企业评估体系软件等等。

在园企业可享受诸多优惠政策，孵化园为企业提供免费创业服务，帮助企业争取非北京生源应届毕业生北京户口；组织企业参加各种项目推介会及融资洽谈会；协助企业申请“北京市留学人员创办企业开办费资助资金”、申请国家科技型中小企业创新基金、申请国家、北京市和园区的各种政府专项资助；通对优秀企业给予投资支持；帮助企业引进风险投资；协助企业申请各种贷款；提供产业化发展和市场开拓服务等等。

园区地处上地信息产业基地，毗邻地铁13号线、昌平线西二旗站，交通便利。拥有两幢共2.14万平方米的现代化商务楼，设有贵宾厅、大小会议室、免费洽谈间、展示厅及可容纳150人的报告厅，可满足入驻企业不同发展阶段的各类商务需求。

截至2013年底，在园留学人员企业达到92家，2013年新入驻的海归企业17家。截至2013年底，已累计吸引海外留学人员831人，共创办企业637家，已孵化毕业企业373家，离园108家，其中2013年新引进留学人员25人。

2013年企业收入总额27043.02万元。2013年有2人入选“千人计划”，3人入选“海聚工程”，3人入选“高聚工程”。截至2013年底，在园企业总计入选“千人计划”12人，入选北京市“海聚工程”8人，入选中关村“高聚工程”5人。

联系方式

地　址：北京市海淀区上地信息路2号创业园D栋
邮　编：100085
电　话：86-10－82893008
传　真：86-10－62974804
邮　箱：fjy1726@139.com
网　址：www.incubase.net

中关村集成电路留学人员创业园

园区概况

中关村集成电路留学人员创业园是在充分依托北京集成电路设计园现有的专业技术优势，于2006年1月由北京集成电路设计园和中关村科技园区管委会共同建立的。创业园位于中关村科技园区高科技企业云集的核心地带——北京市海淀区知春路27号北京集成电路设计园内，包括量子芯座和量子银座两座写字楼，创业园总面积约20000平方米。

园区自建设以来，先后被国家及地方科技部门授予国家（北京）集成电路产业园、中关村开放实验室、中关村科技园区海淀园高新技术企业服务平台、国家中小企业公共服务示范平台等称号，具有鲜明的专业特点和服务特色。2007年3月，中关村科技园区管理委员会在北京集成电路设计园挂牌“中关村集成电路EDA开放实验室”；2011年11月，由工信部授予“国家中小企业公共（技术）服务示范平台”的牌匾，科技部授予“北京现代服务业基地”；2012年12月，北京市经信委授予“北京市小企业创业基地”。

创业园依托北京地区丰富的集成电路设计资源优势，重点建设了以EDA工具为主的集成电路设计公共技术平台，为集成电路设计留创企业提供包括：EDA工具、IP、芯片生产、封装、测试和专业人才培养等集成电路设计产业链专业技术服务，帮助留创企业降低研发成本和技术门槛，加快留创企业发展。创业园建设的留创企业服务体系，可为留创企业提供政策法规咨询、企业注册咨询、行业信息发布、招商引资及知识产权等服务内容，结合园区掌握的国际国内行业发展情况，提供行业咨询，帮助留创企业迅速融入国内的产业环境；另，根据集成电路留创企业的投融资需求，创业园积极与国资公司系统内的投融资机构及创业投资机构进行交流与合作，为留创企业与创投机构之间牵线搭桥，助力留创企业的成长。同时，创业园在对留创企业孵化及服务的过程中，积极落实各级政府制定的支持留创企业发展的支持政策，配以园区的服务支持，已成功协助园区留创企业获得了企业开办费、房租补贴等；并成功推荐园区的优秀海归人才入选了国家“千人计划”、北京市“海聚工程”等。

创业园现有入驻企业72家，主要为集成电路电子信息和设计领域的中小科技企业，企业产品涉及视频解码、网络通讯、有限电视等众多领域，其中留学生企业2家，都集中在集成电路领域。截至2013年底，创业园累计入驻留学归国人才创业企业13家，毕业11家，累计吸引创业类人才21人，工作类人才15人，并成功推荐3人入选国家“千人计划”、6人入选北京市“海聚工程”。

联系方式

地　址：北京市海淀区知春路27号量子芯座508
邮　编：100191
电　话：86-1082357176
传　真：86-1082357178
邮　箱：service@bjicpark.com
网　址：www.bjicpark.com

中关村京仪海归人才创业园

园区概况

中关村京仪海归人才创业园由中关村科技园区管委会与北京京仪集团有限责任公司共建，北京京仪科技孵化器有限公司负责创业园的组织实施和日常管理。

京仪留创园总孵化面积9098平方米，其中大钟寺总园面积2300平方米，百万庄分园面积6798平方米。园区主要吸引新一代信息技术以及高端装备制造领域海归人才企业，通过整合京仪集团相关技术和市场资源为入驻企业提供创业服务。

京仪集团在创业园建设上给予政策方面的支持，一是开放集团自身的试验测试和加工资源，二是开放产业化的市场推广和销售渠道，三是在房租和场地上给予优惠，四是充分发挥北京市仪器仪表工业人才服务中心的人才服务功能，为海归人才创业企业提供人才培训、人事代理和人力资源咨询等相关人力资源服务。

同时，创业园通过公共服务平台（关键共性技术服务平台、科技咨询服务平台、市场推广服务平台、技术转移服务平台、中介服务平台）的建设运营，把海归人才创业企业的研发和成果资源与京仪集团产业化资源进行结合，实现产、学、研、用联合，促进行业技术进步和产业升级，助力海归人才创业企业的发展。

联系方式

地　址：北京市海淀区大钟寺东路9号

邮　编：100098

电　话：86-10-82121529

传　真：86-10-62252281

邮　箱：lijin5903@sohu.com;

网　址：www.jyfhq.com.cn

中关村科技园区丰台园留学人员创业园

园区概况

中关村科技园区丰台园留学人员创业园成立于2004年4月，依托中关村科技园区丰台园，由中关村科技园区丰台园科技创业服务中心（北京IBI）具体运作。北京IBI以输出品牌和管理的方式，低成本、高速度运营，整合丰台园基地一期及“科技一条街”资源，已形成中关村丰台园软件孵化中心、赛欧科园孵化中心、颐安鑫鼎孵化中心、生命科学孵化中心等分中心，作为留学生企业发展园、产业园。以北京IBI为龙头的孵化器网络，已实现了“由点到线、由线到面”的发展格局，形成了丰台区的高科技产业聚集地。2007年，被北京市人事局、北京市科委批准为“北京留学人员创业园”。

海创园积极响应国家大力吸引海外高层次人才的号召，以“五大创新服务体系”和综合性技术服务平台为支撑，以提高自主创新能力和可持续发展能力为核心，不断推进留学人员创业服务体系建设，优化创业服务措施，营造优质创业环境，努力打造产业聚集区和高端人才聚集区。为企业推出“留学生服务直通车”计划，推动科技中介服务体系建设，打造交流合作平台，营造引资引智氛围，申请政府资助，落实优惠政策，搭建引智渠道，完善人才资源服务平台。

海创园成立以来，先后吸引了200余名留学人员，累计创办了149家企业。截至2013年底，园区在孵留学生企业90家，毕业企业59家。企业研究方向和生产的高新技术产品涉及新能源、新材料、光机电一体化、生物医药、电子产品、软件开发、环保等多个领域。累计推荐26人次申报中央“千人计划”、北京市“海聚工程”、中关村“高聚工程”。其中北京三益能源环保发展股份有限公司2012年9月5日成功登陆新三板，北京全有时代科技股份有限公司于2012年12月31日正式在新三板挂牌。

联系方式

地　址：北京市丰台区科兴路9号

邮　编：100070

电　话：86-10-63744650

传　真：86-10-63728448

邮　箱：zxx@bjibi.org.cn

网　址：www.bjibi.org.cn

中关村软件园留学人员创业园

园区概况

中关村软件园留学人员创业园法人单位为北京中关村软件园孵化服务有限公司，公司成立于2001年11月28日，由北京中关村软件园发展有限责任公司、中关村高科技产业促进中心、北京软件与信息服务业促进中心以及北京赛西电子科技公司联合出资成立，注册资金5300万元。

在十余年的建设和发展中，创业园集成政府、社会、团体和企业的多种资源，在软件企业的专业服务领域不断探索和实践，期间得到了政府的大力扶持和认可。2002年1月1日被北京市科委认定为“北京高新技术产业孵化基地”；2004年1月被正式命名为“中关村科技园区留学人员创业园”；2006年被国家科技部认定为“国家高新技术创业服务中心”；2006年获“2006年度北京市优秀科技中介机构”称号；2007年被北京市人事局和北京市科委联合命名为“北京留学人员创业园”；同时园区还获“中关村科技园区20周年突出贡献企业”“海淀区企业党的纪检工作优秀党组织”“海淀园先进基层党组织”“北京市知识产权托管基地”“北京市小企业创业基地”“北京市战略性新兴产业孵育基地”等称号。

创业园在未来的发展规划中，将继续依托国家软件产业基地、国家软件出口基地良好地产业发展态势，利用丰富的政府资源、科技资源和社会资源，不断完善面向中小软件企业的创业孵化服务体系。始终把握“做专业资源的整合者”和“聚集‘一横两纵’企业”的产业定位，在创业服务不断深化、细化、专业化的过程中，促进软件企业的产业合作与发展。

多年来，中关村软件园孵化器一直注重“学习型组织”

的建设，加强理论学习，瞄准孵化服务领域最前沿，行动研究及时跟进。同时，积极与国内外孵化器同行保持沟通和交流，学习对方先进的管理经验，努力提升自身服务水平。2012年，中关村软件园与以色列施拉特公司合作共建“中以国际技术创新合作转移中心”，引进以色列创新、创业、创投有效结合的机制，打造一个集技术引进、成果转化、创业孵化和产业发展功能为一体的具有全球影响力的高科技创新合作与转移平台。此次合作是在企业孵化、市场拓展领域的一次创新，有助于中关村软件园孵化器提升在国际化合作方面的服务水平。

园区孵化服务建设围绕公司贴身、贴心的服务宗旨，建立了一中心七平台及特色服务体系，一中心指企业服务中心，为企业提供基础的创业服务，七平台包括：软件人才服务平台（为企业提供人才招聘及人才互济服务）、网络产品发布平台（在中国软件网宣传企业产品）、投融资服务平台（为企业提供投融资对接服务）、科技创新平台、软件综合资源平台（建立项目库，促进企业间技术合作）、产业促进平台（促进企业与企业间的合作）、国际交流合作平台（促进企业进行国际技术转移及合作）。另外，特色服务包括创业导师行动（为企业提供融资、知识产权、法律、管理、技术、市场等方面的创业指导）、知识产权托管基地（帮助企业建立知识产权规划、申请、维权等服务）、信用工作平台（帮助企业建立信用制度及与信用有关的服务）、商标工作平台（帮助企业建立商标制度及商标维权等服务）、创业企业家俱乐部（促进企业间的交流合作）。

联系方式

地　址：北京市海淀区东北旺西路8号中关村软件园3号楼B座1318室
邮　编：100093
电　话：86-10-82825187，82825188
传　真：86-10-82825186
邮　箱：spi@zgcspi.com
网　址：www.zgcspi.com

中关村生命科学园留学人员创业园

园区概况

北京中关村生命科学园留学人员创业园成立于2004年，具体工作由生物医药科技孵化有限公司承担。创业园的主要宗旨是帮助中小型生物医药企业成长，为归国留学创业人员提供良好环境，推动生命园区及北京市生物医药产业的发展。

创业园成立以来受到了社会各界的肯定与好评，获得了荣誉包括国家级科技企业孵化器，国家中小企业窗口示范平台；北京市战略新兴产业孵化基地，北京市科技成果转化基地，北京市优秀留学人员创业园，北京市科技条件平台，中关村开放实验室等众多行业的标杆性资质。同时孵化器技术平台还通过了CNAS专业资格认证，北京市优秀基层科技工作单位，中关村20周年突出贡献奖单位等荣誉。

创业园总体孵化面积50000平方米，包括各类实验室，细胞室、中试洁净车间、清洗消毒室、纯水制备间、洁净空调室、试验废水处理间、行政办公室和公共会议室等各种类型的场地和专业设施，能为企业提供完备的办公和生物医药研发条件。

在基础设施建设方面，生命园创业园能为企业提供包括分析检测实验室、分子生物学实验室、固体制剂实验室、纯水系统、实验污水处理系统、通风及空调系统、中试车间、万级细胞培养室及公用会议室在内的工作条件，以确保创业企业工作的顺利展开。

在产业引导与合作方面，生命园创业园建设或组织成立了中关村生命科学园开放实验室、中关村生物医药研发外包联盟、生命科学园资源网络同盟、生命园产业及孵化公共服务平台网等技术或产业联盟，整合了大量科技资源，为生物医药企业提供了良好的资源环境。生命园孵化器在留学生创业、专业技术服务、产业资金申请、医药产品注册咨询，引导性创业投资等方面形成了自身的服务优势。

生命园留创园累计投入1500万元用于平台的建设工作，先后获得北京市科技条件平台，中关村开放实验室，国家CNAS认证。目前具有较强服务能力的四个平台包括分析检测平台，分子生物学平台，固体制剂平台及细胞级药筛平台。同时留创园还整合园区各类仪器资源近2亿元人民币，充分实现了科技资源的优惠共享。

截至2013年底，在园留学人员企业66家，其中2013年新增留学人员企业11家，新增上市留学人员企业1家，毕业留学人员企业2家。截至2013年底，在园留学人员总数为117人，2013年新引进15人。2013年企业收入总额56000万元。在园留学人员企业中，主要集中在战略新兴企业，行业涉及生物及化学药物研发、新型诊断试剂、医疗器械、生物农业、健康环保、医疗保健、研发外包服务、科研设备及试剂生产销售等各个门类，完成了上下游产业链条，形成了具有产业辐射及汇集作用的产业集群。

联系方式

地　址：北京昌平区生命园路29号孵化科研生产大楼B-215
邮　编：102206
电　话：86-10-80715731
传　真：86-10-80715732-1005
邮　箱：zgcbmi@yahoo.com.cn

中关村数字娱乐留学人员创业园

园区概况

中关村数字娱乐留学人员创业园成立于2006年9月8日，是中关村科技园区管理委员会和北京市石景山区人民政府的第一个合作项目，主要服务于北京市文化创意产业留学生企业，是全国第一个专注于数字文化产业的留学人员创业园，是全国第一个以文化创意产业为服务对象的留学人员创业园。

创业园坐落于北京西山脚下，背靠八大处风景区，周边环绕着具有悠久历史的旅游文化博览圣地。整个地区风景秀丽、富含创意、宜居宜商，为从事文化创意创业的留学人员提供了得天独厚的工作及生活环境。创业园一期建筑面积

8000平方米，拟扩充至28000平方米。优雅的人文环境、便捷的交通环境和齐全的基础设置配备，为海归留学人员企业的发展推波助澜。

对于从事文化创意、数字娱乐产业创业企业，在办公环境上“求新、求变”的特别需求，创业园给予了充分考虑。创业园配套有米黄色大型沙发茶座，在整个楼层无线网络的覆盖下，拓展了创业人员办公及思考空间。园内设有24小时保安和电子指纹式门禁系统。为进一步降低创业企业运营成本，创业园设立独立房间分体式空调、集团程控电话分机和计算机网络宽带接入。水、电、暖等基础配备24小时均设专人负责维护，复印机、传真机以及会议室等公用设施对入驻企业全部开放。

创业园在中关村石景山园管委会的指导下，依托石景山区打造首都休闲娱乐中心区的特点，旨在打造具有知名品牌、最多服务功能、最低创业成本的留学人员创业园，为留学人员归国后从事文化创意、高科技产业的创业提供全方位的服务，协助创业企业在全球创意经济迅猛发展的浪潮中不断壮大。

联系方式

地　址：北京市石景山区八大处高科技园区实兴东街11号楼北楼1层
邮　编：100043
电　话：86-10-88794725
传　真：86-10-88794725
邮　箱：suppersix@gmail.com

中国科学院中科海外人才创业园

园区概况

中国科学院中科海外人才创业园（原中国科学院中自留学人员创业园）成立于2004年10月，由中国科学院与中关村科技园区管委会共建而成，是中国科学院北京地区第一家海外人才创业园；同时，也是中国科学院目前唯一的一家海外人才创业园。现建有主园区和分园区（与北京市科委创业中心共建）两部分。其中，主园区位于海淀区中科资源大厦、中科院自动化所；分园区位于朝阳区北京创业大厦。中科院中科海创园由北京中科喀斯玛科技孵化器有限公司负责具体管理和运营。中科喀斯玛公司重组于2013年底，前身是中科院自动化所国有资产管理公司、中科院国家技术转移中心子平台，现为（中科院）北京中科资源有限公司控股、中科院自动化所参股的国有控股企业。

创业园作为中关村国家自主创新示范区人才特区创新创业服务的组成部分，围绕北京市和中关村整体发展部署，借同中科院的尖端科技、优秀人才和先进研究成果以及各科研院所的支持等丰厚的资源优势，为海外人才企业提供有力的技术支持、良好的创业氛围和中介机构增值服务的同时，也开展了一系列为企业提供科研成果转化、科技资源整合、科学研究交流与大型企业对接合作等园区特色服务，充分满足海外人才创办企业的需求，现已发展成为独具特色的、带有鲜明中科院品牌的海外人才创业园。

截至2013年底，创业园累计吸引75位海外人才，创办科技企业45家。其中，具有博士学历的人才26人、硕士44人、本科5人，这些海外人才分别来自于美国、英国、德国、加拿大、日本、芬兰、新西兰、新加坡等国家，科技企业研发主题多以电子信息、光机电为主，也涉及到新材料、节能环保及生物医药等诸多领域。目前，园区累计入园企业45家，累计毕业企业17家，在园海创企业28家（含高新企业10家）。园区企业先后承接过多个国家、各部委、地方等大中型科技项目，并累计获得或吸引了超过千万的社会资金。园区成功推荐并入选“千人计划”1人、“海聚工程”2人。

联系方式

地　址：北京市海淀区中关村东路95号自动化大厦东楼309室
邮　编：100080
电　话：86-10-61943380
传　真：86-10-61943380
邮　箱：casmpark@126.com，Zhouy_work@126.com
网　址：www.casmpark.com

中国矿业大学留学人员创业园

园区概况

中国矿业大学留学人员创业园暨中关村能源安全科技园成立于2007年7月12日，是中国矿业大学（北京）与中关村科技园区管委会共建的具有显著能源与安全特色的专业科技园区，是我国第一家能源安全科技园，是中国矿业大学（北京）产学研结合及科技创新体系、中关村国家自主创新示范区及首都区域创新体系建设的重要组成部分。

国家、北京市和相关部委领导十分重视和关心创业园的建设发展，国务委员刘延东，教育部部长周济，国家安全生产监督管理总局局长骆琳，教育部副部长陈希、吴启迪，科技部副部长刘燕华、尚勇，国家安全生产监督管理总局副局长梁嘉琨，国务院研究室副主任江小涓，北京市委常委赵凤桐等先后来创业园视察工作，并对创业园成立以来取得的成绩给予了充分肯定。

创业园地处中关村科技园区的核心地带，交通便利，位于城市主干道学院路和清华东路的交汇处附近，一期已启动孵化面积1.5万平方米，其中在园企业用房12002平方米，公共服务用房845平方米，办公用房421平方米。

创业园始终致力于打造能源安全品牌，为能源安全新技术产业集聚创造一流的服务平台，在完善多项基础设施建设的同时，搭建了创业服务、企业经营服务、公共技术服务、知识产权服务、信息服务、物业服务等15项软环境平台，开展了高效、快捷、全面的企业专业服务工作，累计共为入园企业提供各项服务两千余次。

创业园紧密服务于学校的产学研体系和人才队伍建设，将学校优秀科研成果在科技园推广，鼓励学校教师到园区创业。创业园累计实现科技成果转化和技术转移115项。11家教师创办的企业入驻科技园。

创业园针对煤炭能源行业的现状和亟待解决的突出问题，创新性的以“孵化+创投”的形式进行“项目孵化”，即对有前景的高新技术项目和项目所有人进行吸收，设立工程技术研究中心，直接面向矿山一线，形成产学研紧密结合的技术与产业平台。目前，已成立节能减排、绿色开采、矿山建设、固液处理、矿山机电和矿山数字化等6个工程技术中心，投入孵化资金近1800万元。

同时，创业园公司（北京矿大能源安全科技有限公司）利用中国矿业大学的科研优势和工程技术中心的产业优势，自主研发核心技术，培育核心竞争力，2009年通过了国家级高新技术企业认证，获得了中小企业创新基金，研发成功两项煤矿高新技术产品，研发项目——矿井回风源热泵系统与配套技术，获得了煤炭行业科技进步一等奖。

联系方式

地　址：北京市海淀区清华东路16号3号楼中关村能源与安全科技园A2-1803
邮　编：100083
电　话：86-10-51733888
传　真：86-10-51733590
邮　箱：menggy@263.net

中国农大留学人员现代农业创业基地

园区概况

中国农大留学人员现代农业创业基地成立于2005年8月4日，由中国农业大学和中关村科技园区管理委员会共同创建，主要服务对象是海外留学归国人员创办的以现代农业和生物技术领域为主的高新技术企业，重点吸引、发掘、培育一批创业团队完备、跨洋研发能力出众、拥有自主知识产权的国际领先技术、农业产业化潜力巨大、国家重点支持领域项目特别是面向“三农”的高质量留学人员创业企业。

创业基地位于中国农大科技园的西区核心园区，面积共20000平方米，先期启动7200平方米。创业基地拥有完善的供电系统、供水系统和供暖系统，可供租用已装修不同档次的各种规格研发单元；对入驻企业提供各类的会议室、报告厅、接待室、餐厅、客房和娱乐、购物场所；提供宽带多媒体通讯网络服务，光缆已进入室内，每个单元均配置CATV接口。创业基地有可供租用的会议室、洽谈室共计15间，具备多媒体音像、投影设备。

创业基地依托中国农业大学在种子、农兽药、畜牧、肥料、农产品与食品、农业工程与装备及农业信息化等领域的人才和科研优势及在高新技术转化方面积累的经验，进一步将孵化功能向企业发展的上下游延伸。自成立以来，已经与20个留学人员（团队）创办的企业达成入园意向。通过产学研的有机结合、孵化体系的日益完善，创业基地将吸引更多优秀海外留学人员归国创业，从而为地区培育出新的经济增长点及产业热点，形成中关村科技园区中的农业研发、推广和示范基地，成为国家农业高技术创新创业源头。

联系方式

地　址：北京市海淀区清华东路17号科贸楼C201
邮　编：100083
电　话：86-10-62732266
传　真：86-10-62736902
邮　箱：hujy@cau.edu.cn
网　址：www.cau.edu.cn

中国人民大学留学人员创业园

园区概况

中国人民大学留学人员创业园成立于2005年12月，由中国人民大学与中关村科技园区管委会共建，是全国第一家文化主题的留学人员创业园，在留学人员创业园普遍只服务高新技术企业的背景下开始针对非科技类的文化创意企业提供创业服务。

2012年3月，创业园被北京市委组织部、北京市人力资源和社会保障局、北京市科学技术委员会评为“优秀留学人员创业园”。2012年4月，中国人民大学文化科技园运作公司北京人大文化科技园建设发展有限公司，全资设立子公司北京人大文化科技企业孵化器有限公司，专业负责中国人民大学留学人员创业园运营管理。2012年12月，获中国留学人员创业创新大赛组委会授予“春晖杯”创业大赛创业基地。2013年，被认定为“北京市战略性新兴产业孵育基地”。2013年4月，获得第七届中国北京国际文化创意产业博览会“单项活动优秀组织奖。2013年5月，获得第九届中国（深圳）国际文化产业博览交易会优秀组织奖。

创业园地处中关村核心区，交通便利，配套设施完备。园区内建设有全国第一家文化创意产业特色的国家大学科技园、全国第一家国家版权贸易基地、全国第一家依托大学建立的国家文化产业示范基地。创业园致力于孵化文化创意企业，着力打造中国文化创意产业品牌和有全球影响力的文化创新中心。

园区借助中关村国家自主创新示范区的政策优势和中国人民大学在人文社会科学方面的资源优势，建立了以科技及文化创意相关产业为主导方向，以“创业服务+创业投资+创业导师”为核心的综合孵化服务体系，为企业提供包括人事、财务、法律、投融资等六大方面一站式的基础服务，同时为其配备专业知识深厚、具有丰富实战经验的创业导师，帮助企业快速成长。搭建投融资服务平台，设立种子基金，为企业提供投融资相关政策培训、投融资对接以及直接投资等服务内容。重点面向新闻出版、广播影视、游戏动漫、广告设计、文学艺术、文化娱乐、电子信息及计算机软件等文化创意及科技相关领域，提供创业孵化服务。

截至2013年底，在园留学人员企业57家，其中2013年新增28家。毕业8家，累计孵化留学人员企业182家。2013年企业收入总额550151.57万元。截至2013年底，在园留学人员总数71人，2013年新引进41人，入选中央“千人计划”1人。

联系方式

地　址：北京市海淀区中关村大街甲59号人大文化大厦2104室
邮　编：100872
电　话：86-10-82509532
传　真：86-10-62516386
邮　箱：cspruc@ruc.edu.cn
网　址：www.cyruc.com

中央财大留学人员创业园

园区概况

中央财大留学人员创业园成立于2006年12月8日，由中央财经大学与中关村科技园区管委会合作共建，是中关村留学人员创业园协会秘书长单位。园区管理机构为北京中财园科技有限公司。创业园的服务对象是海外留学回国人员创办的各类高新技术企业、文化创意企业和创新服务企业。创业园重点培育、孵化在海外学有所成、学有特色、有跨国研发能力、创业团队较为完备、拥有自主知识产权、产业发展潜力大的留学回国人员的创业企业。

依托中央财经大学及中央财经大学科技园的资源优势，创业园搭建了财税事务公共服务平台、经济法律事务公共服务平台、科技认证及工商注册公共服务平台、人才交流培训平台、投融资事务公共服务平台等创业孵化服务平台，为企业提供财税咨询、法律咨询、科技企业认证及注册、企业文化宣传、人才培训、融资推荐等服务。平台不仅为创业园内企业提供各类服务，而且已将服务功能拓展至整个中关村科技园区。

创业园新建规划，位于北京市海淀区学院南路39号中央财经大学校内东南角。规划用地面积10000平方米，规划建筑面积将达3万余平方米。建成后的创业园将是一个办公环境优美、配套设施齐全、服务功能完备的一流企业孵化器。创业园将利用中央财经大学在财经、金融领域的学科、人才等资源优势，通过产学研的结合和完善的孵化服务体系，为入园留学人员企业创造良好的成长环境。创业园重点吸引、发掘、培育、孵化在海外真正学有所成、学有特色、有跨洋研发能力、创业团队较为完备、拥有自主知识产权、产业发展潜力巨大的高质量留学人员创业企业，从而为首都培育出新的经济增长点及产业热点。

联系方式

地　址：北京市海淀区学院南路39号
邮　编：100081
电　话：86-10-62288385
传　真：86-10-62288385
邮　箱：cufezcy@163.com
网　址：www.cufesp.org

天津滨海高新技术产业开发区海外留学生创业园

园区概况

天津滨海高新技术产业开发区海外留学生创业园成立于1998年8月，是天津滨海高新区管委会创办并直接管理的孵化器，是国内唯一一个处于都市中心区的留学生创业园。作为国家级留学生创业园，天津滨海高新区海外留学生创业园先后被批准为部市共建“中国留学生创业园”“国家留学人员创业园示范建设试点”，被中央组织部授予“全国留学回国人员先进工作单位”等9个国家级创业基地品牌和8个国家级和市级荣誉称号。

创立十余年来，国际创业中心以“促进科技成果转化、培育高新技术企业和企业家”为创办宗旨，始终坚持“孵化精品企业”的基本工作方针，求真务实，不断进取，形成了以归国留学人员创办的企业为重点孵化对象，以具有自主知识产权的高科技项目为重点孵化项目的发展特点。国际创业中心高效的孵化机制和优良的孵化业绩得到了国家各有关部委、天津市各有关部门以及社会各界的一致肯定和高度评价。创业园目前已成为天津滨海高新区国家海外高层次人才创新创业基地的核心孵化载体、部市共建国家生物医药国际创新园核心实施主体和天津滨海新区的核心孵化器。天津高新区海外留学生创业园“精品”孵化模式是全国孵化器五种最具典型的孵化模式之一，可为创业者提供无障碍、一站式、个性化、全方位的服务。

中心拥有三个孵化场地，总孵化面积3.3万平方米，在孵企业319家，累计孵化企业591家；孵化管理服务人员14人，全部是本科以上学历，其中博士1人、硕士7人。重点围绕天津滨海高新区绿色能源、高端信息制造、生物医药、先进制造、现代服务业等主导产业领域吸引高层次人才，重点吸引能够参与全球竞争、处在世界科技前沿和产业高端、熟悉国际市场和国际规则的海外高层次人才来区创新创业并提供全方位服务。中心重点打造了公共技术平台、人力资源服务平台、投融资平台与公共秘书平台等四大平台，为创业者提供无障碍、一站式、个性化、全方位的“全案式”服务。以培养战略性新兴产业企业、高成长性企业、领军企业、科技小巨人企业、上市企业为目标，深入开展精品孵化服务。

中心不断完善公共技术平台、人力资源服务平台、投融资平台与公共秘书平台等四大平台建设。通过积极引入人力资源机构、会计师事务所、律师事务所、商业银行办事处等机构的引入，解决企业日常经营中所需要的各种综合配套服务，真正做到足不出户，全案式办公。国际创业中心自身获得科技部火炬计划支持建设“生物医药研发资源共享服务平台”；并争取到滨海新区支持对“生物医药及医疗器械专业孵化器”孵育载体与服务平台进行建设提升；开发建设面向科技型企业的云服务平台国际创业中心“数字社区”。

截至2013年底，累计吸引来自美国、加拿大、日本、澳大利亚、法国、德国、英国、瑞典等20余个国家近300名留学人员归国创办企业。培育了协和干细胞、天堰医教、华翼蓝天等一大批行业领军企业。一大批优秀企业已成为高新区加快高新技术成果转化、提升区域自主创新能力、促进地区经济发展的重要力量。引进的海外人才中，有171人入选天津滨海高新区海外高层次留学人员，6人入选天津滨海高新区科技领军人才，32人入选国家“千人计划”，31人入选天津市“千人计划”，1人入选天津市生物医药科技领军人才。

联系方式

地　址：天津滨海高新技术产业开发区华苑科技园华天道2号
邮　编：300384
电　话：86-22-83710085
传　真：86-22-83710936
邮　箱：tibi@thip.gov.cn
网　址：www.tibi.com.cn

天津经济技术开发区留学生创业园

园区概况

天津经济技术开发区留学生创业园（天津泰达国际创业中心）成立于1996年8月；位于天津滨海新区核心区——天津经济技术开发区（泰达），与天津经济技术开发区生产力促进中心系同一机构，是天津开发区管委会下属事业单位，是天津泰达科技发展集团的核心成员单位，担负战略性新兴产业促进、高水平人才创业、科技平台运营、科技中小企业孵化和加速成长、科技园管理运营的职责。多年来天津开发区留学生创业园充分发挥了为留学回国人员企业提供全方位孵化和服务的职能，取得了显著的工作成绩。

2002年，中心经科技部认定成为国家级高新技术创业服务中心；2004年经国家人事部批准成为国家级留学生创业园；2009年，中心荣获“天津市留学回国人员工作先进单位”称号；2010年，成为首批高校学生科技创业实习基地，被科技部火炬中心批准为中国创新驿站天津基层站点；2011年，加入两个国家级留学人员工作联盟——“中国技术创业协会留学人员创业园联盟”和“中国留学人员回国服务联盟”，中心被授予滨海国家科技创意创业园；2012年，中心被推选为中国留学人员创业园联盟副理事长单位和天津市国际人才交流协会常务理事单位。

天津开发区留创园一直以来担负着战略性新兴产业促进、海外高层次人才创业、科技平台运营、科技中小企业孵化和加速成长、科技园区管理运营的职责。作为天津滨海新区最大的中小科技企业孵化器，园区已经成为滨海新区科技创新创业的旗舰，为海外人才创业营造了良好的办公、生产、技术研发、资本运作、人才培育、信息交流的发展环境，成为滨海新区高新技术企业和海外高层次人才创新创业的聚集地。

为了更好的为园区企业服务建立了“四化六板块”的企业服务工作体系。“四化”为系统化、专业化、定制化、长期化。“六板块”为：一是管理提升，包括企业培训、企业家成长、创业导师、管理咨询、企业信息化应用推广等；二是技术创新，包括公共技术平台、产学研合作、成果转化、技术转移等；三是人力资源，包括人才招募、人才培训等；四是科技融资，包括担保、银行产品创新、投资对接、直投等；五是政策咨询，包括政策宣讲、项目申报、政策兑现、政府关系、留学生服务等；六是市场开拓，包括企业宣传、产品推介、专业会展等。作为推进企业服务工作的主要依托载体，园区重视做好公共服务平台建设与运营、产业联盟组建与活动、科技中介服务网络搭建与服务三项工作。

截至2013年底，园区孵化总面积为15万平方米，孵化场地由创业中心、天大科技园等构成。截至2013年底，在园留学人员企业98家，2013年新增企业30家。2013年企业收入总额122658万元。2013年创业园新引进留学人员36人，在园留学人员总数226人。2013年园区有1人入选国家创业类“千人计划”，1人入选国家“创业启动支持计划”，2人获得国家留学人员科技活动项目择优资助经费，7人入选天津市创业类“千人计划”，2人入选天津市外专千人。园区恒拓开源、数字太和、天达联合3家企业入选“2013中国留学人员创业园成长性创业企业”，深之蓝、英特格灵、百萤生物、斯芬克司、阿尔塔、裕川环境、金栅科技7家企业入选“2013中国留学人员创业园创业潜力企业”，凯莱英医药集团股份有限公司洪浩博士成功入选“2013中国留学人员创业园十大领军人物”。创业园全年入选天津市级以上海外人才政策项目近30人。截至2013年底，园区入选中央创业“千人计划”共13人，入选天津市创业“千人计划”共24人。

联系方式

地　址：天津经济技术开发区第四大街80号天大科技园A1楼四层
邮　编：300457
电　话：86-22-66211527
传　真：86-22-66211504
邮　箱：caoyp@teda.net
网　址：www.newteda.com

海外留学人员石家庄市创业园

园区概况

海外留学人员石家庄市创业园于2000年4月经河北省人事厅批准成立，坐落在石家庄高新技术产业开发区（西区）。创业园的建立旨在依托石家庄高新区的政策、职能优势，充分发挥创业服务中心创新孵育功能，营造良好的软硬环境，吸引高层次的海外留学人员来石创办高新技术企业，促进经济发展。

十几年来，在党和各级政府有关部门的悉心关怀和大力支持下，创业园作为留学人员归国创新创业的重要载体和平台，在推动整个河北省经济社会发展中发挥了重要的作用。经过近十年的发展，创业园区已初具规模，拥有12000平方米的孵化场地，先后接纳了来自美国、英国、德国、日本、澳大利亚等14个国家的130多名留学归国人员，涉及电子信息、生物医药、环保节能及新材料等领域。十几年来，在创业园精心打造的良好环境中，一批又一批的留学人员在这里取得累累硕果，一批又一批的留学人员企业从无到有从小到大从弱到强走向更广阔的天地。留学人员石家庄市创业园以优美的自然环境和融洽的人文环境成为海外学子报效祖国的创业乐园。

随着改革开放的深化，千人计划在全国范园内的实施，以及人才竞争的国际化，大批的留学生将回国创业，新的形势给留学人员创业园建设既带来了机遇也提出挑战。下步计划确立的战略目标是，紧紧围绕海外人才资源开发，以留学人员为本，营造政策环境，完善服务体系，提高服务质量，真正把创业园建成吸纳高层次的基地和高新技术成果转化的孵化器。我们按照科技部、人事部、教育部、外专局三部一局联合制定的“国家留学人员创业园示范建设”标准，加强石家庄创业园的建设，争取达到国家级留学人员创业园标准。高新区管委会拟在西区建设新的留学生创业大楼。预计共投资2000万元，建筑面积15000平方米，建成后，可容纳200家留学生企业，将成为河北省最大的留学生创业基地。

石家庄留学人员创业园区将继续以科学发展观统领全局，不断探索有利于自主创新的体制机制，不断完善创业园区创新服务平台，使石家庄创业园真正成为科技型中小企业的孵化摇篮和自主创新的基地，为我国高新技术产业的发展做出更大贡献。

截至2013年底，创业园累计孵化留学人员企业76家，其中2013年新增3家，毕业3家。2013年企业收入总额为5600万元。截至2013年底，在园留学人员总数为38人，2013年新引进3人。

联系方式

地　址：河北石家庄市新石北路368号科技创业园
邮　编：050091
电　话：86-311-83815014，83818546
传　真：86-311-83825920
邮　箱：hbsjzlcy@126.com
网　址：www.sjzlcy.com

海外留学人员廊坊燕郊创业园

园区概况

海外留学人员廊坊燕郊创业园成立于2001年12月，是河北省人事厅批准成立的省级海外留学人员创业园。其宗旨是充分发挥人事系统的人才管理优势，利用创业园的优惠政策、良好的投资环境和一流的服务水平，创造海外留学人员回国创业的局部优化环境，加速高科技成果的商品化、产业化、国际化，促进高新技术产业发展和国内外科技交流。

创业园设在燕郊经济技术开发区创业大厦内，与燕郊经济技术开发区创业中心合署办公，是河北省距北京市最近的一家留学人员创业基地，具有独特的区位优势、明显的人才优势、“九平一通”的高质量园区服务优势。创业中心初建于1999年10月，正式成立于2005年3月，隶属于燕郊开发区管委会，属事业单位、实行企业化管理，以促进科技成果转化、培植高新技术企业和企业家为宗旨的社会公益性科技服务机构，属于综合性科技企业孵化器。

2005年，创业中心孵化场地燕郊创业大厦正式竣工，现有孵化面积2.3万平方米，拥有130个30—150平方米不同规格的孵化单元。根据创业大厦建筑格局，按照“一器多区”发展模式设立了电子信息、生物医药、光机电一体化、新材料、环保新能源等5个专业孵化功能区，可满足不同类型科技型中小企业的孵化需求。并设有商务中心、网络中心、多功能厅、接待室、洽谈室、会议室、图书室、健身活动室、餐厅等完善的配套设施以及会计师事务所、律师事务所、公证处、风险投资公司、管理咨询公司、生产力促进中心等中介服务机构，可为入驻企业提供全方位、多层次的优质服务，解决企业在创业发展过程中的困难和问题。

创业园遵循“瞄准制高点、服务争一流、创新求发展”这一总体发展思路，依托燕郊开发区得天独厚的区位、环境、政策、产业等优势以及北京的各科技信息、人才资源，为高新技术成果向现实生产力转化提供孵化场地、资金支持、创业辅导、企业诊断、项目包装、技术产权交易、中介服务、人才培训及对外交流等综合性配套服务，努力营造适合于科技型中小企业发展的局部优化环境，从而降低创业风险和创业成本，提高孵化成功率，为燕郊开发区培育有市场竞争力、成熟的高新技术企业。

联系方式

地　址：北京市东燕郊迎宾北路2号
邮　编：101601
电　话：86-316-3314523
传　真：86-316-3327322
邮　箱：quhongbo@yanjiao.jov.cn

海外留学人员邯郸创业园

园区概况

海外留学人员邯郸创业园是经河北省人事厅正式批准的新型科技园区。主要为留学人员提供优质服务和良好的孵化条件，创造与国际接轨、适合中外科技型企业发展的环境，进行科技成果转化，推动经济与科技的结合，进一步促进本地区产业结构的优化。

创业园位于邯郸经济技术开发区内，拥有研发用房及科技孵化大楼，内部设施完善，水、电、宽带等各项配套设施全部齐全到位，并具有多功能展示厅、多功能休闲活动室、会议室、洽谈室、培训中心、商务中心。经过多年的发展，邯郸经济技术开发区已经从一片荒沙地发展为配套设施完善、管理完备的科技区，并以加快建设“生态型、文化型、科技型”现代化综合性新城区为目标，不断优化投资环境，同时就高层次人才创业、技术创新和技术改造等制定扶持政策，营造了宽松、高效的创业环境。目前，邯郸开发区以新材料、生物医药、信息技术、先进制造业为支柱产业的产业布局基本形成，并以建设国家级新材料基地为目标，重点引进一批科技含量高、产业关联度大的项目，设立研发基地，加快形成特色产业集群。

经过多年的发展，创业园已经形成了一个完善的科技企业培育体系，吸引了一大批从美国、瑞士、荷兰、土耳其等国家留学回国人员创办的企业进驻，累计孵化了勇龙陶瓷、鑫诺光纤、克莱锐富、凯利奥拉色谱分析、土金科技、凯瑞特科技、长寿源健康科技等70余家科技企业。

联系方式

地　址：河北省邯郸市开发区世纪大街2号
邮　编：056107
电　话：86-310-8067891，8067896
邮　箱：chenghui315@126.com

秦皇岛市留学生创业园

园区概况

秦皇岛市留学生创业园成立于2006年8月，依托秦皇岛经济技术开发区国家级高新技术创业服务中心为平台，是秦皇岛市唯一针对海外留学人员归国创业成立的创业服务机构。创业园以服务留学人员创业为宗旨，为创业初期的中小型留学生企业提供办公及研发场地，资金筹措、人员培训等方面的综合性服务，重点发展光机电一体化、电子信息、生物工程等国家鼓励支持的行业。

创业园下设综合部、项目部、企业发展部、园区管理办公室、专家评审委员会。为吸引高新技术企业入驻，一是从房租、税收、项目申报等方面提供一系列优惠政策；二是由秦皇岛市财政和开发区财政每年共同出资200万元，设立留学人员创业基金，重奖为该市作出突出贡献的留学人员；三是扶持中小企业里有上市条件的企业上市，培育更多更好的企业，为他们提供项目储备和经济支撑。

创业园利用秦皇岛开发区已建成的河北省软件产业（秦皇岛）基地、秦皇岛开发区服务外包基地、在建的秦皇岛数据产业园等高新技术产业集群优势大力发展高新技术产业。成立至今，已经成功地引入秦皇岛海纳电子设备有限公司和秦皇岛燕秦纳米科技有限公司等70多家企业，涉及的领域包括机电、化工、环境保护、电子、计算机软件、医疗设备、新材料及纳米技术等，企业产品和技术研发、市场营销、企业管理等方面均处于良好状态，表现出很高的成长性。

联系方式

地　址：河北秦皇岛经济技术开发区珠江道29号
邮　编：066004
电　话：86-335-8576605
传　真：86-335-5909689
网　址：www.qhdcy.cn

沧州市海外留学人员创业园

园区概况

沧州市海外留学人员创业园由沧州市人市局、沧州市经济技术开发区联合创办，于2000年12月12日正式开园。其宗旨是利用创业园的优惠政策和良好的投资环境，专门吸引海外留学人员回国创办企业，以促进高新技术成果商品化，培育一流科技企业，促进劳动区域经济发展。

创业园提供先进的数字智能新硬件环境，提供办公、研发、中试生产、会议等场地及配置设施。协助企业办理进区审批、工商注册、税务登记银行开户手续；协助项目申报、转移嫁接，以及新产品研究开发、鉴定；提供咨询服务；提供打字、复印、电传及互联网通信等。在创业园注册企业，从事研发的博士、硕士，由“开发区科技发展基金”分别给予每人每年1万—3万元不等的补助经费，由其个人支配；属于高新技术企业的，还享受其他政策优惠。

联系方式

地　址：河北沧州经济技术开发区纬二路18号
邮　编：061000
电　话：86-317-3093322
邮　箱：lige77999@163.com

唐山市归国留学人员创业园

园区概况

唐山市归国留学人员创业园成立于1999年9月，是唐山市人事局和唐山市高新技术开发区管委会共同创办的为归国留学人员提供科技创业服务的公益性孵化器。2001年6月，被团中央、国家青联授予“中国青年科技创新行动示范基地”；2002年7月，被国家人事部批准为人事部和唐山市政府共建的“中国唐山留学人员创业园”；2002年12月，被团省委、省青联授予“河北省青年科技创新杰出奖”；2002年4月，唐山高新技术创业中心被科技部认定为国家级创业中心，是省内唯一的一家由省级开发区主办的创业中心晋升为国家级的创业中心。

创业园与共同管理的唐山高新技术创业中心、高校科技创业园实行三个园区、一套机构的管理模式，构成唐山市的技术创新以及高新技术创业基地。园区内有孵化场地26000平方米，每个孵化间有独立计量的水、电设施以及供暖设施，配有语音接口和到桌面10兆的国际互联网接口，配备会议室、学术报告厅、产品展示厅、餐厅、客房以及停车场、商务、餐饮、住宿、健身等服务设施完备，可为入驻企业提供完善的生产及经营条件，是适合IT、生物工程、新材料、节能环保、机电一体化等高新技术项目创业的理想环境。

创业园积极创造良好条件促进入驻企业发展，免费为入驻企业办理或协助办理工商、税务登记、日常服务等基本服务，并向更高层次服务发展。成立以来，在国家、省、市人事部门的大力支持与帮助下，唐山留学人员创业园实现了快速发展，已成为唐山科技创新体系的重要环节。

联系方式

地　址：河北省唐山市高新区西昌路北口创新大厦
邮　编：063020
电　话：86-315-3859345，3856847
传　真：86-315-3856847
邮　箱：info@mail.tsdz.gov.cn
网　址：www.iodd.com.cn

太原高新区留学人员创业园

园区概况

太原留学人员创业园（以下简称创业园），成立于2003年，是太原高新区管委会的直属事业单位。负责留学人员创业园的管理和高新区内所有留学人员及留学人员企业的服务工作。具体包括留学人员创业园的招商引资、引智，留学人员企业的项目申报、项目扶持和国家“千人计划”，山西省“百人计划”的申报工作，落实留学人员回国创业的各项优惠政策以及依托中介服务机构为留学人员及留学人员企业提供商务服务、企业代理、投融资、培训、讲座、财务代理、项目对接、市场运作等系列服务。目前是山西省唯一一家国家级留学人员创业园。创业园依托太原高新区的整体资源优势，弘扬“勇于创新、敢于冒险、宽容失败、讲求诚信”的创业文化，构建了标准的“6S企业服务平台”为海外学子提供全方位、高层次的创业孵化服务，已是山西省吸引海外归国人员创新创业的重要载体和高新技术成果转化的主要基地。

目前，创业园总孵化面积15万平方米，孵化项目涉及电子信息技术、软件开发、生物医药与新医药开发、环保节能、新材料等多个先进技术领域，逐步形成山西特色的产业发展格局。

在高新区管委会的正确领导下，通过多年的努力，创业园投资环境渐趋优良，基础设施日臻完善，为胸怀大志的创业者们搭建了一个理想的创业平台，成为广大企业家投资兴业、报效家乡的一片沃土。我们重点提供以下政策支持：留学人员进入留学生创业园创业，可享受60—100平方米研发、办公场地，免房租费三年。留学人员在留学生创业园新创办经认定符合条件的企业，太原高新区财政配给一定的启动资金。留学人员在留学生创业园新创办经认定符合条件的企业，可获得山西省人事厅留学人员科技活动项目择优资助经费。留学人员在留学生创业园创办经认定项目优秀的企业，可优先获得山西省科技厅科技攻关计划项目资助。留学人员创办符合条件的企业，可优先享受太原高新区的所有相关优惠政策。同时，我们还在留学人员及家属居住便利化、子女入学入托、微利房分配、职称评定、驾证管理等方面，连续出台了多项政策，方便“海归们”在太原的工作生活。

创业园自成立以来已吸引来自美国、德国、加拿大、日本等12个国家的留学人员250多名，其中国家“千人计划”12名、山西省“百人计划”15名，累计孵化留学人员企业154家，已毕业企业59家。截至2013年底，在园留学人员企业82家，2013年新增41家，毕业10家。2013年全年在孵企业实现总收入为3.3亿元，上缴利税1100万元。截至2013年底，在园留学人员总数达到146人，2013年新引进41人。

联系方式

地　址：山西省太原高新技术产业开发区科技街15号
邮　编：030006
电　话：86-351-7033799，7033029
传　真：86-351-7033799
邮　箱：gxqcz@126.com
网　址：www.sxlcy.cc

内蒙古自治区留学人员创业园

园区概况

内蒙古自治区留学人员创业园成立于2002年5月23日，是自治区人民政府批准成立的第一家省级留学人员创业园。留学人员创业园坐落于包头稀土高新区，拥有留学人员归国创业场地1.1万余平方米、产业化用地700亩。留学人员创业园以优惠的政策环境和良好的软硬环境为留学人员服务于自治区社会、经济建设搭建了良好的创业平台。2010年1月被国家人社部批准为省部共建的国家级创业园——中国包头留学人员创业园。被自治区党委组织部、人社厅、发改委、科技厅共同认定为“内蒙古自治区高层次人才创新创业基地”，同年成为全国“春晖杯”创业大赛创业基地。2012年底，被国家科技部正式认定为“国家级科技企业孵化器”。

创业园借助国家级稀土高新技术产业开发区和内蒙古自治区留学人员创业园的政策优势，积极打造引进海外高层次人才的政策洼地。针对高层次海归人员这一特殊创业群体，制定了一系列特殊政策，包括对其领办、创办的企业比照高新技术企业享受各项优惠政策，为其免费提供办公场所，对入驻的创业人员根据创业性质、科技含量、市场潜力和预期经济效益等要素，从项目启动资金、住房补贴、贷款贴息、优先推荐申报国家各类资金等多方面给予重点支持等。建立了资金库，引入风险投资机构，组织投融资座谈会、项目资本对接会，加强与银行、担保、风险投资、产权交易等融资服务机构和民营企业家的联系，通过多种渠道为企业融通资金。

创业园与上级科技主管部门和高校科研院所加强联系合作，通过开放仪器设备和研究基地，共享科学数据和科技文献，建设一个资源配置更优、开发能力更强、服务水平更高、具有良性自我发展机制的公共服务平台，为中小企业的发展提供公用设计、研发、试验、分析、检验检测、质量认证等方面的技术支持与服务。帮助企业制定营销策略、创新营销方式、扩大营销渠道，为企业提供形象设计、产品推广、展览展销、品牌打造和传播、对外贸易、技术合作、招商引资等服务，组织企业参加各类展销展示会、产品交易会、供需洽谈会，为中小企业开拓国内外市场，提高市场占有率和产品知名度，提供优质和有效的服务。

内蒙古留创园网站是留创园与企业交流平台的重要组成部分，网站以服务企业、服务招才引智、招商引资为主要内容，聚焦创新创业政策、人才和项目，向海内外高层次人才推介包头市、稀土高新区、创业中心的创业环境，及时介绍内蒙古留创园的动态和政策；网站还开设了网上邮箱、信息留言等互动栏目，促进了留创园与企业的交流互动。创建了短信服务平台和QQ企业群，通过这些平台，及时发布各类项目申报、培训讲座、财政资金返还等相关信息，成为留创园与企业交流的又一重要窗口，降低企业信息搜索成本。

截至2013年底，在园留学人员企业总数为187家，2013年新增19家，毕业10家，累计孵化留学人员企业315家。2013年企业实现收入总额154300万元。截至2013年底，在园留学人员总数194人，2013年新引进18人。创业园目前已成功培养4名国家“千人计划”创业人才，入选内蒙古自治区“草原英才”已达20人。

联系方式

地　址：包头稀土高新区创业园区软件园大厦B座203室
邮　编：014010
电　话：86-472-5328646，5326636
传　真：86-472-5165902
邮　箱：ldqre@163.com
网　址：www.nmglcy.org.cn

呼和浩特留学人员创业园

园区概况

呼和浩特留学人员创业园是2004年国家人事部批准设立的省部共建的国家级留学人员创业园，成为36家国家级“省部共建”留学人员创业园之一，新园于2010年3月26日成功揭牌，启动运行。2010年12月22日国家科技部正式批准呼和浩特留学人员创业园为国家级科技企业孵化器（高新技术创业服务中心），填补了首府没有国家级高新技术创业服务中心的空白。2012年4月7日，与内蒙古自治区团委共建“内蒙古青年创业人才示范基地”和“内蒙古青年就业创业见习基地”；2012年4月25日，被自治区人才工作协调小组批准认定为“内蒙古自治区高层次人才创新创业基地”；2013年9月13日，被自治区人才工作协调小组认定为首批“自治区级人才改革试验园区"；2013年12月30日，被内蒙古自治区中小企业局授予"自治区小企业创业示范基地"称号。

呼和浩特留学人员创业园是自治区打造"草原硅谷"的核心区，是首府"一体两翼"人才建设工程和科技创新体系的重要载体，是首府正在建设的如意总部基地的重要组成部分，是开发区实现"二次创业"的重要引擎，是中国留学人员创业园联盟产业化基地。

呼和浩特留学人员创业园出台的《中国呼和浩特留学人员创业园管理暂行办法》和《呼和浩特经济技术开发区管理委员会鼓励留学人员和各类高层次人才入驻中国呼和浩特留学人员创业园创业发展暂行规定》（简称《优惠政策18条》），为留学人员和各类高层次人才入驻国家级呼和浩特留学人员创业园创新创业，实现研发创新、技术创新、材料创新、产品创新、营销创新、品牌创新、实现产业化提供了政策上的保证。

截至2013年底，园区孵化总面积0.45万平方米，开发区租用众生大厦4500平方米，用于办公、公共服务、企业孵化。截至2013年底，在园留学人员企业34家，2013年新增留学人员企业8家，毕业留学人员企业6家。2013年企业收入总额达到109159.7万元。在园留学人员企业中，主要集中在新能源、新材料、现代服务业、电子信息、科技服务、环境工程及文化创意等领域。2013年新引进留学人员8人，在园留学人员总数41人，其中博士、硕士学历分别占49%、27%，本科24%。截至2013年底，入选中央"千人计划"2人，省级人才引进计划5人。

联系方式

地　址：内蒙古呼和浩特市赛罕区如意工业园区腾飞大道1号众生大厦
邮　编：010010
电　话：86-471-4617766，4614220
传　真：86-471-4617766，4610755
邮　箱：hhhtibi@163.com
网　址：www.hhhtibi.com

沈阳海外学子创业园

园区概况

沈阳海外学子创业园成立于1999年8月，与沈阳国家高新技术创业服务中心一套机构、两块牌子，是沈阳国家高新区管委会所属的社会公益性科技创新服务机构和海外归国高层次人才创新创业基地。2000年5月，被国家科技部、人事部、教育部、国家外专局联合批准为国家留学人员创业园示范建设园区；2001年3月，成为国家人事部和沈阳市人民政府联合共建基地；2002年5月，被中国侨联评为"科技兴业示范企业"；至2009年连续7年被国家科技部评为"国家高新区先进孵化服务机构"；连续6年成为国家创新基金小额资助项目依托单位；2010年3月，被科技部评为全国首批"大学生科技创业见习基地"。

创业园以吸引海外学子、促进科技成果转化和高新技术产业化、培养高新技术企业和企业家为宗旨，坚持"孵化梦想，助推创业，实践成功，传递感悟"的服务理念，按照重点产业集群化、创业服务专业化、服务平台标准化、服务内容国际化的发展原则，积极整合各种资源，努力创造适合技术创新、利于中小科技企业发展的软硬环境，有效促进科技成果商品化、产业化和国际化，不断完善创新孵化体系，全力打造一流科技企业孵化器。

创业园孵化场地目前由生物医药孵化园、火炬信息园、德宝大厦3个园区构成，总建筑面积3.5万平方米，其中可用于海外学子创业面积2.8万平方米。沈阳海外学子创业园在孵化器原有规模的基础上，结合新区的主导产业，调整并建设了专业孵化器，形成生物医药、位置信息、软件及动漫等领域的专业孵化器。

下一步沈阳海外学子创业园将优化高层次专业技术人才队伍建设的政策环境。积极引进海外高端人才和国内外科技创新人才。根据重点行业、支柱产业和重大科技项目等领域对紧缺人才和高层次人才的需要，采取调入、聘用、兼职、咨询、讲学、科研与技术合作、项目指导、技术攻关、建立特聘专家制度等灵活多样的形式吸引并培育高层次人才和专家团队。

截至2013年底，园区入驻海外学子企业45家，留学人员118人，累计毕业海外学子企业105家，成功孵化留学人员200余人。园区2013年引进海外学子企业12家、毕业11家。2013年度园区产值达到5.3亿元，上缴税金3600万元。金万码、亿灵医药、斯佳科技、宜事达等一批高科技海外学子企业成功毕业，年产值均超过千万元；以美行科技、智汇文化、坤泰消防、铭基电子、麒麟影视为代表的一批极具发展潜力的海外学子企业入驻孵化园区。

联系方式

地　址：沈阳市浑南新区世纪路22号
邮　编：110179
电　话：86-24-23745001
传　真：86-24-23781091
邮　箱：sykjcyzx@163.com
网　址：www.sy-incubator.com

鞍山海外学子创业园

园区概况

鞍山海外学子创业园成立于2001年6月29日，是鞍山市政府为海外学子回国创业建设的专业园区，是鞍山高新区创业中心直属单位。为进一步优化海外学子创业环境，创业园采取民办公助共建孵化器的模式，并建成了鞍山海外学子创业大厦。同时，创造了二级孵化新理念，通过采取二级孵化的模式为园区内的中小企业提供一定规模的产业化基地，大大降低了园区企业生产经营成本，实现快速发展。

与国内同类园区相比，创业园是依托鞍钢老工业基地改造和鞍山产业结构调整而建立的，因此围绕钢铁冶金这一产业发展特色，鞍山海外学子创业园的发展目标是建成具有钢铁冶金自动化产业特色的全国一流高科技园区。

目前，创业园拥有孵化基地3.5万平方米，有来自美国、加拿大、澳大利亚、日本等国家和地区的70多名海外学子在园区创业，先后有90余家海外学子企业相继落户园区，企业注册总资本达2.2亿元。其中，毕业企业46家，实现产业化企业9家。企业主要涉及信息技术、光电子、生物医药、环保、新材料等产业，涉及项目60多项，多数具有国际领先水平。几年来，大多数海外学子企业从孵化期逐步发展进入成长期，呈现了良好的发展势头，不仅为鞍山高新区的经济发展和科技进步做出了巨大贡献，而且也为海外学子回国创业起到了良好的示范带头作用。

联系方式

地　址：鞍山市千山中路288号
邮　编：114044
电　话：86-412-5216552
传　真：86-412-5212221

大连海外学子创业园

园区概况

大连海外学子创业园创建于1991年，其管理主体为大连市高新技术创业服务中心，是为海外留学人员归国创业而设立的专业孵化器。1998年，创业中心通过国家科技部认定，成为“国家高新技术创业服务中心”；创业中心及创业园曾先后获得“全国最佳留学人员回国工作机构”“中国青年留学人员创业基地”“全国最佳创意产业园区”“春晖杯中国留学人员创新创业大赛创业基地”“科技部创新基金依托机构”“火炬计划十五年先进高新技术创业服务中心”“火炬计划二十年先进服务机构”、辽宁省“中小企业公共技术服务平台”“大连五一巾帼奖”“大连市十佳科技企业孵化器”等多项荣誉称号。创业园致力于整合各种资源要素，解决企业发展不同阶段存在的不同问题，做创业企业成长的引领者和园区产业发展的促进者。

创业园坐落在大连高新区的核心功能区内，依山傍海，风景秀丽、交通便捷、地理位置优越。大连理工大学、大连海事大学、东北财经大学等十几所国家级重点学府怀抱其间，为其发展提供充足的人才储备和科技支撑。本着“鼓励创业，宽容失败”的孵化理念，创业园充分发挥孵化器的作用，为入驻企业提供工商税务登记、投融资、政策咨询、场地租赁、人才培养、专业培训、技术支持等全方位的创业服务。同时依托大连高新区，大连海外学子创业园以优惠的政策、充足的资金、完备的基础设施、先进的服务体系和多渠道的市场信息为入驻企业提供了良好的发展空间。目前，已形成海外学子创业园、海外学子产业园、创意孵化园、软件加速器、科技孵化器、海创孵化器等为主体的全方位、多功能的孵化格局，以满足不同类型创业企业的发展需要。

创业园注重解决创业企业的共性问题和个性问题，已经从最基本的场地物业服务、工商税务登记服务向更深层次的服务发展。同时不断探索人才、技术、资本、政策相融合，企业、政府、科技院校和各类社会中介组织相配合的企业成长生态环境的打造。在“破围墙、延手臂、做环境”工作理念的指导下，通过“活动、阵地、队伍”建设，服务面向全区域创业企业、向创业前后端延伸。现在已经建立了创业工坊天使投资孵化基地，“天使投资+项目孵化+产业培育”的服务新模式让天使投资人与人才、项目、企业高度凝聚；建立了创业导师制度，让成功的企业家与创业者建立紧密关系；通过创业驿站、创业者俱乐部、中小企业商会等组织形式，加强创业者交流，打造云服务和创业社区的概念，让企业与企业之间相互融合，形成一个创新生态系统；根据企业发展不同阶段，通过主任茶座、天使在身旁、创业讲堂、融资汇、新企业学校等一系列活动，有针对性的提供政策、投融资、人才、市场、信息等个性化服务。

创业园自有孵化场地15万平方米，累计孵化企业1321家，在孵企业495家。创业园在孵企业成活率达到90%以上，培育出高新区第1家、大连市第2家创业板上市企业易世达新能源，培育出新三板拟上市企业17家；50家企业购地建厂，总购地面积达82万平方米。目前正在规划建设20万平方米的大连海外学子产业基地。

联系方式

地　址：大连高新区火炬路32号创业大厦A座6楼
邮　编：116023
电　话：86-411-84754903
传　真：86-411-84792713
邮　箱：wsl@dhbi.cn
网　址：www.dhbi.cn

长春海外学人创业园

园区概况

长春海外学人创业园成立于1999年6月，是由吉林省人事厅、科技厅、教育厅、长春市人民政府外事办公室、人事局、科技局、教育局、长春高新区、长春科技创业服务中心，以及吉林大学、东北师大、中科院长春应化所、中科院长春光机所等13家单位共同发起创办的。2001年3月，创业园被国家人事部、科技部、教育部和外国专家局联合认定为“国家留学人员创业园示范建设试点”园区；2003年被国务院侨办确定为重点联系单位。

创业园建立以来，按照营造良好的创新创业环境，吸引和扶持海外留学人员归国创业，促进了国外先进技术、管理经验与国内资源的有效结合，培育了一批具有国际竞争力的高新技术企业和复合型的企业家，成为吉林省相关产业中的骨干企业和地方经济新的增长点。

围绕留学人员为国服务的需求，创业园通过协调各级政府部门职能，整合资源、扩张自身服务功能，初步形成一整套覆盖长春市的服务体系。创业园立足留学人员企业的需求变化趋势，围绕打造孵化企业核心竞争力，对孵化流程进行了重新定位，把创业园自身的孵化功能和能调动的社会资源，综合运用于各个流程阶段，以最高的效率，最少的资源占用量，使企业得到量身定制的有效服务。

创业园先后搭建了工程咨询中心、生产力促进中心、留学人员服务中心、中小企业创业服务网、中国留学人员之家和博士后中国专业网站，并通过协调政府职能，整合社会资源，完善自身孵化服务功能，构建了10大类30项专业化服务功能，覆盖了企业成长的全过程，为科技企业营造一流的创业平台和交流平台。

为使入驻园区的能够快速发展，创业园推出了做好组织保障、做好资金保障、做好政策和法规保障的运行机制。进一步创新了工作方式，拓展了工作领域，在资金注册、税费、房租和信息服务等方面给予了企业更大的政策扶持，吸引更多的海外高层次人才到创业园进行技术转让、技术承包、技术入股，自办或合办民营科技企业、股份制企业，促进了智力成果的产业化、市场化。

在国家、省市有关部门的关怀和指导下，依托吉林省科技、政策和环境优势，实施人才战略，创业园正逐步成为吉林省和长春市促进高新技术产业发展、培养引进高素质人才的重要基地。

联系方式

地　址：长春市高新开发区锦湖大路1357号
邮　编：130012
电　话：86-431-85542465
传　真：86-431-85528550
邮　箱：adele0814@hotmail.com
网　址：www.chida.gov.cn

吉林高新区留学人员创业园

园区概况

吉林高新区留学人员创业园始建于2000年。多年来在国家科技部的大力支持下，先后建设了国家火炬计划电力电子特色产业基地、电力电子公共研发平台、精细化工专业技术创新与孵化平台、软件公共开发测试平台等园区、特色产业基地和公共服务平台，服务平台的建设极大地促进了留学人员企业快速健康地发展。

经过多年发展，创业园已初具规模，进一步完善了技术创新体系建设，通过加强引导和加大扶持力度，为海外留学人员提供优惠的创业政策和全方位的优质服务，使高新技术企业和孵化企业真正成为实施技术创新的主体。同时，建立了为企业提供工商注册、财务记账、投融资服务、商务中心、科技咨询和服务、组织项目评审、专利申请等中介服务机构，并且积极拓宽融资渠道，为企业加快产业化步伐提供良好的软硬件环境。

目前，创业园已经成为培养留学人员创办高新技术企业的孵化器及海外留学人员创业的乐园，涌现出了一批在新材料、电子信息等行业领域发具有国际竞争力的企业，有力地带动了地方经济的发展。

联系方式

地　址：吉林市深圳街86号创业园A419
邮　编：132013
电　话：86-432-4648201
传　真：86-432-4648207
网　址：www.jlincubator.com.cn

哈尔滨海外学人创业园

园区概况

哈尔滨海外学人创业园创建于2000年6月，是在哈尔滨市委市政府支持下，由哈尔滨开发区管委会投资建设的专门为海外学人来哈创办科技型企业服务的专业孵化器，由哈尔滨高科技创业中心负责管理。2010年6月8日，被国家科技部、国家人事部、国家教育部、国家外专局的联合认定为"国家留学人员创业园示范园区"。

哈尔滨市政府为营造良好的政策环境，于2000年12月出台了《哈尔滨市鼓励留学人员入创业园创业的若干规定》，开发区在资金、服务等方面也给予了特殊的倾斜。

为突出软件服务外包产业特色，在原海外学人创业园的基础上，开发区管委会于2006年投资建设了留学生创业二园，配备了功能完善的报告厅、会议室、接待室、活动室、信息中心、商务中心、多功能厅等共享服务设备设施，建设了电子产品共享实验室、软件开发平台等专业技术服务平台，使创业园总规模达到17500平方米，孵化企业的能力达到140家左右，硬件建设总体上达到了"环境优美、设施优良"，实现了与国际接轨。

为做好为创业园入驻企业的服务工作，创业中心还设立专门机构留学生服务部负责创业园的建设与管理，并负责对区内企业的培育与服务，全力培育一批能与国际接轨的、在国内外市场上都有竞争力的高新技术企业，成为振兴地方经济的生力军。

联系方式

地　址：哈尔滨开发区南岗集中区嵩山路5号
邮　编：150090
电　话：86-451-82344005
传　真：86-451-82321334
邮　箱：huangrf100@sina.com
网　址：www.hrbincubator.com

大庆留学人员创业园

园区概况

大庆留学人员创业园成立于2001年6月，是大庆市委市政府和大庆高新区工委、管委会为鼓励海外学子创新创业、报效祖国，按智能化、国际化、高标准建设的创业基地。创业园内环境优美、共享设施配套齐全，配备高素质的管理队伍，为留学人员回国创业提供高效快捷、热情周到的服务。

创业园成立以来，依托大庆高新技术创业服务中心的孵化管理服务，在各级政府的关心和全体员工的共同努力下，通过给予项目启动费、免费提供用房等优惠政策，创业环境日臻完善。吸引了从美国、加拿大、德国、澳大利亚、英国、日本、法国、俄罗斯等10多个国家的归国留学人员，在新材料、精细化工、节能环保、生物医药、软件、先进机械制造业等高新技术领域开发和实施了一批技术含量高、发展潜力大的项目，已经发展成为高新区技术创新体系的核心、人才聚集的高地、小型科技企业创新创业的理想家园。

联系方式

地　址：大庆高新区高新路10号
邮　编：163316
电　话：86-459-6282541
传　真：86-459-6282536
邮　箱：hancq6618@163.com
网　址：www.dhbi.org

上海宝山留学人员创业园

园区概况

上海宝山留学人员创业园成立于2003年3月，是由上海市人事局、上海市宝山区人民政府、上海市宝山区城市工业区建立的高科技、外向型创业园区，以企业孵化为主，重点引进留学人员开发的高新技术项目。创业园位于上海宝山城市工业园区内，环境优越，交通便捷，四通发达。

宝山区委、区政府对创业园的发展在政策、人力、资金上给予大力支持，明确城市工业园区两个楼面共3500平方米、纳米大楼一个楼面1400平方米供创业园使用，在租金上给予优惠，在税收上享受三资企业的待遇，对留学生创业具有极大的吸引力。创业园从起步到逐步规范，从体制调整到创业基地的拓展，现已走上健康发展的轨道，逐步成为宝山吸引海外高层人才的集聚地和高新技术企业的孵化基地。

园区分为三个部分，总部坐落于海纳大厦上海宝山科技园区内，园区位于上海宝山区大场镇上大路以南、中环路以北、祁连山路以东、沪太路旁侧。海纳科技大楼是由加拿大HOK设计师事务所设计，建筑面积1.2万平方米。可使用面积7246.2平方米共112间办公室。外部通体玻璃设计，使得外观时尚前卫；内部采用扇形设计，通风采光充足。真陈路分部位于上海宝山城市工业园区，南接普陀西连嘉定，距铁路新客站8公里，虹桥国际机场15公里，浦东国际机场50公里，上海港码头15公里，外环线0.5公里，交通便捷，四通发达。淞宝路分部为企业服务部办事处，位于淞宝路50号科委科协院内，临近宝山区中心、吴淞口码头以及宝山区招商大楼，为企业办证服务提供便利。

联系方式

地　址：上海市宝山区丰翔路1409号
邮　编：200436
电　话：86-21-56171777
传　真：86-21-36161568

上海留学人员漕河泾创业园区

园区概况

上海留学人员漕河泾创业园区成立于1996年6月，是由上海漕河泾新兴技术开发区与上海市人事局共建的上海第一批留学人员创业园区。创业园位于国家级漕河泾新兴技术开发区内，目前已拥有6.8万平方米创业基地（其中孵化基地大楼1.6万平方米，国际孵化中心5.2万平方米），环境良好，交通便利，区内基础设施齐全，通讯捷达，集中了众多的科研院所和高新技术企业。十余年来园区致力于以优惠条件、优良环境和优质服务支持科技型中小企业及加速企业，特别是归国留学人员企业的创办和发展，全方位地积极做好留学生企业服务工作，充分发挥企业孵化培育的功能，为留学人员企业的快速发展创造与国际接轨的环境。同时，作为上海市重要的留学人员创业基地，园区也是促进科技成果转化和技术创新、推动地方经济发展的一个重要基地。注重科技成果商品化、商品的市场化和市场的国际化，营造适合留学人员企业发展的办公环境、技术环境、人才环境、资本环境、信息环境和市场环境，为入驻的留学人员企业提供入驻、孵化、毕业三个阶段的完整规范、高效优质的服务。

创业园区在体制上三位一体，由留学人员创业园区、国家级高新技术创业服务中心和上海国际企业孵化器（漕河泾基地）共同组成。园区管理机构为上海漕河泾新兴技术开发区科技创业中心，是由上海市漕河泾新兴技术开发区发展总公司全额投资并主管的以培育和支持高新技术企业及其产业发展，促进科技成果商品化、产业化、国际化为目的的企业孵化器。创业中心先后被国家科技部评为“国家级高新技术创业中心”“国家高新区先进孵化服务机构”，被国家科技部与联合国开发计划署（UNDP）共同认定为“上海国际企业孵化器（基地）”。2009年4月，园区与徐汇区共建“大学生创业创新园”，重点帮助大学生和留学生创业，获团中央“大学生创业就业见习基地”；2009年9月，被中国技术创业协会留学人员创业联盟评为“第一届理事会常务理事单位”，园区总经理韩宝富任选为中国留学人员创业园联盟第一届理事会副秘书长；2011年，创业园区成立国际孵化中心，同年，园区管理机构创业中心被亚洲企业孵化器协会（AABI）授予“2010年度亚洲最佳企业孵化器”奖，被上海市孵化行业协会评价为年度优秀孵化器、再获2009—2010年度上海市文明单位、并被市中小办推荐为上海市“2011年度科技创新创业（双创）品牌服务”。此外，还荣获“国家级海外高层次人才创新创业基地”“上海市首批知识产权示范园区”“上海张江高新技术产业开发区建设发展突出贡献单位”“百家企业文化建设优胜单位”等荣誉称号；2013年第八次被上海市孵化行业协会评价为年度优秀孵化器，获2013中国技术创业协会科技创业服务机构模式奖。

截至2013年底，在园留学人员企业155家，2013年新增12家，累计孵化留学人员企业275家。留学人员企业主要集中在高科技领域，行业遍及电子信息、生物医药、新材料、新能源等国家重点导向型产业，园区以电子信息行业为主，电子信息类企业约占73%。2013年企业收入总额达到10.35亿元。截至2013年底，园区培育上市留学人员企业2家。截至2013年底，在园留学人员总数为1632人，2013年新引进132人。入选中央“千人计划”19人，省级人才引进13人，市区级人才引进30人。

联系方式

地　址：上海市徐汇区桂平路410号国际孵化中心B区3楼
邮　编：200233
电　话：86-21-64952625
传　真：86-31-64951721
邮　箱：scic@caohejing.com
网　址：www.caohejingibi.com

上海留学人员嘉定创业园

园区概况

上海留学人员嘉定创业园建立于1996年，是上海国家高新技术产业开发区“一区六园”之一，也是第一批被国家人事部、科技部、教育部确立的国家级留学人员创业园示范园区。南北两大园区采取“两块牌子、一套班子”的方式进行企业化管理。2002年以来，园区先后被评为“全国十佳民营科技园”“最具活力科技园区”“全国先进科技产业园”“上海市高新技术企业认定工作优秀单位”。

园区占地面积42.6万平方米，拥有孵化楼、产业楼3万平方米，配套的服务中心1600平方米。新规划的上海嘉定高新技术园北园区占地500亩，划分为4个板块：打造面向头脑型、研发型和孵化型企业的“嘉定硅谷园”，建设成高新技术研发和科技孵化基地；集中多功能商务会所、培训中心、宾馆酒楼、展示大厅等的生产生活配套服务区；建设高档标准厂房，并提供智能化安全技术防范和物业管理的先进制造业生产加工区；用以吸引国内外的著名高科技企业投资建厂的高新技术企业生产用地。

凭借自身优势和嘉定工业区的广阔空间，创业园得到长足发展，已经成为引导企业自主创新、发挥孵化器功效的重要载体。创业园以高起点的布局规划，以汽车零部件、信息电子、医疗设备、机电配件的现代制造业为产业导向，力求凭借标准的设计建设程序、产学研一体的创新制度、功能齐全的配套服务，为嘉定工业区不断聚集科技动力，成为海外学子归国创业的摇篮，科技企业投资开发的热土，成为全国留学人员创业园中聚集留学生最多的园区之一。

截至2013年底，在园留学人员企业达到270家，产业分布于汽车及关键零部件、高端设备制造、新能源、新材料、电子信息等行业。2013年新增留学人员企业10家，毕业50家，已孵化培育成功的企业累计达120家，其中“新三板”上市企业2家。2013年，留学生企业总产值26.9亿元，占比11.7%；税收1.4亿元，占比14%。2013年，留学生企业中，产值超千万的企业22家，税收超百万元的企业有16家。2013年在园留学人员总数达到780人，2013年新引进80人。截至2013年底，入选中央“千人计划”9人，7人入选上海市“千人计划”。

联系方式

地　址：上海市嘉定区叶城路1288号
邮　编：201821
电　话：86-21-59166232
传　真：86-21-69524530
邮　箱：Zhangyf@jdhitech.com
网　址：www.jdhitech.com

上海莘闵回国留学人员科技创业园区

园区概况

上海莘闵高新技术暨回国留学人员科技创业园区成立于2000年7月，是由上海市人保局与闵行区人民政府共建留学人员创业园，是政府为留学人员创业企业和科技孵化企业搭建的服务平台，是以促进科技成果转化、培养高新技术企业和企业家为宗旨的社会科技创业服务机构。

园区的工作得到政府各方的支持帮助，也得到了社会的认可和上级主管部门的肯定。园区是国家科技部认定的“国家高新技术创业服务中心”；科技部教育部命名的“春晖杯”中国留学人员创新创业大赛创业基地；上海市人保局与闵行区人民政府共建的市级留学生创业园区；“YBC中国青年创业国际计划服务站”；2008年被评为上海市火炬计划实施20周年先进单位；2009年获上海市科技孵化协会颁发“最佳创新孵化环境奖”；2010年被上海市科技创业中心评为“创新创业服务先进集体”，2011年通过国家级孵化器复核，并获得上海市孵化器考评A级称号。

园区目前拥有近10万平方米的8大孵化基地，园区环境优美、政策优惠、交通便利、设施优良。园区提出建立一个有特色的、高效的“创业企业技术孵化服务体系”，针对孵化企业成长发展中的需求，有效帮助和支持这些企业克服影响阻碍他们发展的技术、市场、资金瓶颈性问题，通过提供全面的、专业化的孵化服务，营造一个促进自主研发和自主创新的良好环境，使园区成为留学人员企业自主创新之源、优秀企业和人才、品牌的发源地、科技成果转化的摇篮。

园区开发并完成“园区可视化数字服务平台系统”，该系统上线使用后增强了企业形象传播的速度、深度和广度，以其可视化表现形式，树立一流科技园区的形象，让客户在千里之外，轻点鼠标，即可身临其境地感知园区、感受服务；而所属企业展馆的设立为企业形象、文化、产品、市场开拓了一个全新的展示领域。

截至2013年，莘闵园区累计培育科技企业500多家，吸纳留学人员企业达372家，引进海外高层次人才298人，其中博士85名，硕士208名，中组部”千人计划“5名，落户企业涵盖生物制药、电子信息、新材料、节能环保等高新技术领域。

莘闵园区自成立以来，孵化企业共获得各级政府科技项目285项，扶持资金9624万元，其中国家创新基金项目59个，国家863项目3个，上海市高新技术企业37家，上海市高新技术成果转化项目60个，申报发明专利823项，创建博士后创新实践基地5个。充分体现了园区科技孵化体系的重要作用，不仅为回国留学人员提供了报效祖国、施展才华的舞台，也为地区的科技创新体系建设和经济发展做出了贡献。

联系方式

地　址：上海市金都路4299号
邮　编：201109
电　话：86-21-34121224
传　真：86-21-64123218
邮　箱：xmxmxm@263.net
网　址：www.shxinmin.org

上海普陀留学人员创业园

园区概况

上海普陀留学人员创业园设立于上海天地软件园内。上海天地软件园成立于2004年11月，是由上海市经济和信息化委员会与普陀区人民政府联合创办的、以软件和信息服务业、数字内容产业为主的信息产业基地。园区空间集中，占地面积近100亩，由26栋花园式标准厂房组成，整体建筑面积为11万平方米，入驻企业180多家，是上海中心城区最大的信息产业集聚地。

2005年园区被市经委认定为“上海市创意产业集聚区”

之一；2006年被上海市发改委和上海市信息委联合认定为“上海市级软件产业基地”之一，并通过上海市人事局评审认定为“上海市留学人员创业园”之一；2007年被中国电信上海公司授牌“信息化应用示范产业园区”；2009年被中共上海市委宣传部、上海市经济和信息化委员会、上海市文化广播影视管理局、上海市新闻出版局四部门联合认定为“上海市文化产业园区”之一，并通过中共上海市委宣传部、上海市科学技术委员会、上海市教育委员会、上海市科学技术协会的联合评审认定为“上海市科普教育基地”。

创业园依托上海天地软件园的硬件设施，通过建设一流的宽带数据通讯平台，形成“千兆作主干，百兆到桌面”的网络结构和300多平方米的园区中心机房；通过建设动漫制作公共服务平台和多媒体紧缺人才培训基地，为园区企业的发展提供强大的技术和人才支撑，降低企业的成本；园区还建设了全覆盖的监控、电子巡更等安保系统，能够全天候保障入驻企业的安全。

自创建以来，创业园确立了以软件园的硬件和软件资源优势，吸引集聚海外留学人员创业，鼓励和培育一批软件企业、孵化一批软件创新成果、培养一批中高级软件人才为工作重点，吸引海外留学人员来园区施展才华。

为促进留学人员创业园发展，园区从财税、公共服务、人事人才、资金扶持等方面提供相应的配套服务，除享受区政府制定的财税扶持政策、相应的创业资金资助和部分“中小企业贷款信用担保资金”融资贷款贴息支持外，还在“一门式”免费服务、人事人才代理和家属就业推荐、子女入学，以及海外人才信息交流沟通、专业化增值服务等方面提供服务，积极搭建优质、高效的留学人员服务平台。同时，创业园定期和不定期举办科技政策宣讲、大型人才招聘会、企业经理人沙龙等活动，为园区企业申报各类创新项目、招聘人才、获得风险投资和相关行业资讯提供帮助，营造了一个良好的发展环境。

联系方式

地　址：上海市中江路879号天地园管理有限公司
邮　编：200333
电　话：86-21-61423089
传　真：86-21-52595508
邮　箱：15821056781@139.com
网　址：www.universal.sh.cn

上海徐汇留学人员创业园

园区概况

上海徐汇留学人员创业园是由上海徐汇区人民政府根据有关鼓励留学人员归国发展的有关政策和徐汇区现有的科技产业功能、形态布局而建立。

徐汇区作为科技资源集聚之地，拥有包括复旦大学、交通大学在内的10余所高校和包括中科院上海分院、上科院在内的100多家科研院所和国家级的漕河泾新兴技术开发区。近年来，徐汇区委、区政府坚持“科教兴区”的主战略，依托辖区内丰富的科技资源，不断优化科技创新的综合环境，形成了以高新技术产业为先导、各类科技产业同步协调发展、科技进步促进区域经济持续发展的良好格局。

创业园以“一园多基地”形态构成，分别利用各个不同的高新技术产业化基地现有的功能，为留学人员创业和企业发展提供空间和服务。分别包括：

徐汇软件基地：国家级产业化基地，基地共辖虹桥路628号、虹桥路550号、天文大厦等六块基地，建筑面积46500平方米。徐汇软件基地第七、八块基地——两幢5A级智能化大厦已经在建，面积共达40000平方米。

慧谷高科技创业中心孵化基地：面积43000平方米，在孵企业中70%以上是IT企业，是上海市绿色都市型工业园区、上海市级软件产业基地（软件园）、国家高新技术创业服务中心、上海国际企业孵化器基地。

上海聚科生物园区是徐汇区人民政府和中国科学院上海生命科学研究院联合创办的生物技术创业企业孵化园区，园区现有漕宝路500号和关港共两期基地。

上海纳米技术孵化基地位于梅陇地区，孵化面积6000多平方米，与华东理工大学、上海交通大学、上海市计量测试技术研究院、上海材料研究所等单位联合成立了“上海市纳米材料检测中心”，为上海市及全国提供纳米材料检测、分析、评估服务。

徐家汇青年创业孵化园区园区面积2100平方米，作为徐汇区留学人员创业园区的一个点，既充分发挥了园区“青年”和“创业”特色，又提升了园区的科技含量。

可拓展和持续发展的基地：在徐汇区今后要发展的枫林国际医学城和南站新媒体城项目中，将会不断嵌入相应产业领域的留学人员创业基地的形态和功能，给予留学人员创新创业以更广的产业空间和可持续发展的园区生态结构。

在原有服务功能的基础上，园区还增加了投融资、进出口、信息综合等体现中心城区国际化的商务、便捷的生活功能，并对留学人员企业在人力资源建设、市场开拓及本土融入等方面进行指导。同时，提供各类政府绿色通道，加速留学人员企业高科技成果产业化，打造成为海外归国留学人员回国创业的成长基地。

联系方式

地　址：上海市徐汇区番禺路1028号102室
邮　编：200030
电　话：86-21-64077973
传　真：86-21-64077973
邮　箱：mail@decsh.org
网　址：www.decsh.org

上海虹桥临空留学人员创业园

园区概况

上海虹桥临空留学人员创业园（以下简称“创业园”）成立于1996年6月，是上海市人事局下设的市级留学生创业园区。创业园位于上海市长宁区虹桥临空经济园区民营经济城内，环境配套均已臻成熟。上海留学人员虹桥临空创业园区作为由长宁区人民政府和新泾镇人民政府投资兴建的上海虹桥临空经济园区的重要组成部分，其日常管理机构实行两块牌子、一套班子，即日常管理机构为上海虹桥临空经济园区开发建设办公室和上海虹桥临空经济园区发展有限公司。长宁区人民政府专门设立上海虹桥临空经济园区开发领导小组，组长由长宁区人民政府分管区长担任，第一副组长和副组长分别由新泾镇镇长与园区开发建设办公室主任担任，区府各经济部门主要负责人担任成员。

目前，区内产业规划为重点鼓励发展以IT为主的高科技产业和高附加值的电子电器、服装服饰，吸引跨国公司、国内外著名企业的地区总部、研发中心、销售中心、现代物流中心、营运管理中心落户，以奥雷、贝奥路、奥米、我武、昂信等在园企业为代表，在科技创新开发等方面已在行业内独树一帜，开始了重点以科技成果转化为产品的新起点。

长宁区属上海中心城区，城市基础设施健全，人文环境良好，长宁区域内的虹桥开发区和古北新区向归国留学人员展示了现代化城市的魅力。在市人事局的关心、支持下，临空园区品牌效应、招商的集聚效应日渐显现，留学生企业与其他企业一样纷纷落户园区。目前，园区引进企业200多家，每天至少有2至3家企业主动上门要求入户。长宁区委、区府和区政府各级领导清醒地认识到，进入21世纪，市场竞争首先是人才竞争，随着上海城市建设和高新技术产业、信息产业的日益发展，必然是精英荟萃，聚集大量的人才研制、开发而形成产业规模效应。为此，长宁区政府已将大量吸引留学人员来长宁区落户办企业作为实施"五业拓展"发展战略，推动长宁区新一轮经济发展的重要任务。其基本目标是在二年内引进企业300家，集聚一批在国内和国际上技术处于领先的企业。

联系方式

地　址：上海市长宁区天山西路789号1楼
邮　编：200335
电　话：86-21-52180000
传　真：86-21-52187709
邮　箱：jemmyxie@vip.163.com
网　址：www.hqlk.com.cn

上海留学人员张江创业园区

园区概况

上海留学人员张江创业园区成立于1996年6月，由上海市人事局与上海张江高科技园区发展总公司共建。2000年，创业园区被国家科技部、教育部、人事部、国家外国专家局认定为国家留学人员创业园示范基地。

创业园区作为国家批准设立的国家级高新技术产业开发区，经过十年的开发建设，已成为集科研、教育、科技创业孵化、高科技产业和休闲生活于一体的国际化的高新技术开发区。

为了推动张江高科技园区的发展，上海市和浦东新区先后出台了《上海市促进张江高科技园区发展的若干规定》等一系列推动园区发展的专项优惠政策，为张江国家留学人员创业园的建设提供了迅速发展的机遇。

创业园区具有优美的自然环境，北邻汤臣高尔夫球场，西靠中央公园和新国际博览中心，南依川杨河自然景观。园区绿化面积40%，设置公共绿化链，绿化链由大片有坡度的共享绿地和人工湖泊组成，形成主导景观。高标准的住宅小区与高雅的别墅、齐全的文化娱乐设施、良好的医疗卫生、各类学校、商业中心等构成了令人满意的园区环境。

浦东新区留学生服务中心对在张江服务和创业的留学人员提供更直接、更便捷的一揽子服务。帮助已落户的留学人员企业和个人解决融资贷款、厂房用地、进口关税、商检外汇、子女入学、户口档案挂靠等实际困难。园区建造了23000平方米的创业公寓，为归国留学人员解决安居问题，两幢博士后公寓已可入住。园区内建有实行双语教学的上海外国语大学附属中学，留学人员子女义务教育阶段可在浦东新区自选学校。体育休闲中心为留学人员提供了餐饮、休闲、娱乐的良好环境。

为了支持创业园区的发展，浦东新区工商、财税、科技、海关、出入境和招商中心等政府部门在园区内设一门式办事机构，新区留学生服务中心、生产力促进中心、创业服务中心和人才交流中心张江分部纷纷进驻园区，银行、产权交易、律师事务所、会计师事务所、审计师事务所等中介机构等服务部门一应俱全，为进驻和落户园区的企业提供“一门式”服务，已形成服务创新体系。浦东新区财政还拨专款设立了浦东新区海外留学人员创业专项资金和每年1000万元的浦东科技创业（人才）资助资金；在园区设立了专项担保基金，解决中小企业担保难的问题；设立专门机构协助企业申请国家及市区有关基金，如国家中小企业创新基金、上海市种子基金、浦东新区科技发展专项基金等；引入了政府为主体的财政资本金与民间资本相结合的机制并成立了相应的运作机构，如上海创投、浦东创投、浦东科投、张江创投等10多家投资公司，积极探索风险投资的市场化运作机制，培养和发展风险投资公司，吸纳境内外风险投资管理基金，探索风险投资退出机制，使风险投资行为规范化；推动高新技术企业在国内和国外上市；成立专业协会，作为对金融服务体系的补充，如投资银行家俱乐部、张江创业俱乐部等。

创业园区从人才吸引、开发和人才培训、服务两方面入手加强人才服务体系建设。连续多年赴海外招聘，吸引美国、加拿大、法国、德国、英国和香港等国家和地区人才加盟园区，建成了浦东海外人才网。在人才培训、服务方面，针对大型高科技项目及关联的新兴产业部门开展专业人才培训和继续教育，引进了复旦国际信息科技学院、中科大培训中心、软件园培训中心等机构。

联系方式

地　址：上海市张江高科技园区科苑路1300号2楼
邮　编：201203
电　话：86-21-61053526
邮　箱：hyw205@hotmail.com
网　址：www.zjpark.com

上海杨浦知识创新区
留学人员创业园

园区概况

上海杨浦知识创新区留学人员创业园是根据上海新一轮发展总体规划，由上海市人事局和杨浦区人民政府共同组建的创业园区。创业园位于上海中心城区东北部，地处高校集中的地区，开发占地3.4公顷，拥有建筑面积9.5万平方米的商务办公大楼和中试综合楼。

创业园围绕杨浦大学城的建设，以教育服务、科学研究、科研成果孵化、产学研一体化为核心，以IT产业、微电子、生命科学、生物医药、建筑设计、环保科技、新材料、评估咨询为主要发展方向，重点引进留学人员开发的高新技术项目，为创办企业的留学人员提供免费办理证照和税务登记等“一条龙”服务。

为进一步吸引海外学子到杨浦知识创新区创业，杨浦区发布了一系列优惠政策，包括提供100万元的创业启动资金、100万元的创业补偿金、200万元的信用担保贷款、500万元的创业贷款息贴、100万平方米的创业办公用房、100平方米的人才公寓等。

联系方式

地 址：上海杨浦区大学路243号8楼
邮 编：200433
电 话：86-21-55062055
传 真：86-21-55067190
邮 箱：yp3310@163.com
网 址：www.yp3310.sh.cn

上海杨浦海外高层次人才创新创业基地

园区概况

上海杨浦海外高层次人才创新创业基地于2009年6月成立，是全国第一家综合性、区域性海外高层次人才创新创业基地。基地占地9.46平方公里，集中了复旦、同济、上海财大、二军大、上海理工等10余所知名高校、150余家科研机构、66个国家重点学科和22家国家重点实验室，专业科技园区12家，5000余家知识密集型企业云集于此，成为上海最大的科技企业孵化基地。

基地推出“3310”计划，即“三大工程三大目标十项政策”。实施“百千万”工程，实现标志性人才集聚的目标；实施人才环境工程，实现标志性成果突出的目标；实施主导产业集群发展工程，实现标志性产业清晰的目标，并配套十项创新创业扶持政策，海外高层次人才带技术、带资金、带项目在杨浦创业，可以通过“三方两审”（“三方”指技术专家、风险投资专家、经营管理专家，“两审”指函审和面审），分别给予A、B、C类扶持。

基地还设立5年共3亿元专项资金，用于扶持海外高层次人才创新创业，设立杨浦区高层次人才创新创业服务中心，为海外高层次人才提供“一口式受理”、“一门式服务”，具体推进基地建设。

杨浦高层次人才创新创业服务中心是专门为海外高层次人才提供全方位、动态服务的机构，其主要职能：一是在杨浦海外高层次人才创新创业基地建设领导小组领导下，具体承担领导小组办公室的日常工作；二是负责杨浦海外高层次人才创新创业基地政策推介、对外宣传工作，引进海外高层次创新创业人才；三是会同区有关职能部门，推进“3310”计划，落实杨浦海外高层次人才创新创业基地扶持政策；四是负责组织海外高层次人才创业项目申报、评审、对接、服务工作；五是跟踪反馈海外高层次人才创新创业活动信息，提供政策制定、调整与决策依据；六是负责开展海外高层次创新创业人才申报中央“千人计划”、上海“千人计划”的工作。

截至2013年底，杨浦区域内共集聚中央“千人计划”人才110人，集聚上海“千人计划”人才62人，海外人才创业企业达400余家，创业项目广泛分布于电子信息、节能环保、生物医药、光机电一体化及科技金融等领域。上海杨浦海外高层次人才创新创业基地秉持“基地共建、人才共享、资源共用、发展共赢”的“四共”原则，整合大学校区、科技园区、公共社区的优势资源，为海外高层次人才提供创新创业的广阔舞台。

联系方式

地 址：上海市杨浦区大学路243号8楼
邮 编：200433
电 话：86-21-55062055
传 真：86-21-55067190
邮 箱：yp3310@vip.163.com
网 址：www.yp3310.sh.cn

上海国际医学园区·留学生创业园

园区概况

上海国际医学园区·留学生创业园成立于2009年1月，是由上海市人力资源和社会保障局、原南汇区人民政府共建，以服务、扶持落户南汇的海外归国人员创业的产业平台。创业园位于上海国际医学园区核心区域，是浦东外高桥、金桥、张江产业带上又一个新兴产业园区，是张江产业联动的优质高地。

创业园通过构建科技成果孵化平台，初步实现产、学、研相结合，推动先进制造业和与之配套的生产性服务业快速发展，从而提升上海的自主创新和科技成果转化能力。同时作为上海国际医学园区的园中园、生产性服务业外包基地，创业园和其他版块分别承担着不同的产业功能定位。园区共规划有1栋综合服务楼，6栋研发办公用房，创业环境与国际接轨，重点孵化高新技术研发和生产企业。

创业园充分享受浦东新区财税扶持政策和一系列优惠政策。包括：经评定符合相应条件的相关企业，给予一定的创业前期费用补贴；每年安排一定数额的资金，专项用于企业贷款贴息；经审定符合相应条件的人员，给予一定的住房补贴；对入园创新创业的海外留学人员，帮组其办理本市户口，落实配偶就业以及子女入学等。

联系方式

地 址：上海市周祝公路337号1号楼214室
邮 编：201318
电 话：86-21-38019319，38019333
传 真：86-21-38019309
邮 箱：simz@simz.com.cn
网 址：www.simz.gov.cn

南京留学人员创业园

园区概况

南京留学人员创业园于2005年由国家人事部与南京市人民政府共建，前身为1994年由南京市人事局和南京高新区共建的“金陵海外学子科技工业园”，2004年，教育部和人事部与南京市政府共建“中国·金陵留学人员创业园”，2006年9月，经南京市编委同意成立“南京高新技术产业开发区留学人员创业园管理服务中心”（全额拨款事业单位），行政隶属南京高新区管委会；后更名为“中国·南京留学人员创业园”。2010年12月获科技部“国家级科技企业孵化器”称号，综合影响力在业内名列前茅。创业园成立后依托于南京国家科技创业服务中心，是国家人事部、教育部和南京市政府共建的全国第一个留学人员创业园，是江苏省第一家科技成果转化、创新创业以及企业的孵化基地。

经过多年的发展，当年的金陵海外学子创业园已经发展成为当前包括了经济技术开发区创业园、江宁经济技术开发区创业园、金港科技创业园、珠江路科技创业园、东南大学国家大学科技创业园、南京大学——鼓楼高校国家大学科技创业园、高淳外向型农业综合资源创业园、傅家边现代农业创业园和河西新城创业园在内的“一区十园”的规模，形成了十园共建、资源共享的创业网模式。同时，通过医药研发平台带动企业研究发展。2004年3月份建成的“江苏省新药创业服务中心”作为江苏省的重点技术基础设施平台，建立了41500平方米生物医药专业孵化器和国内一流的生物医药公共技术服务平台；建设规模3.6万平方米的国际生物医药孵化器已投入使用并通过省级认证；另有南京大学国家小鼠基因库、南京工业大学国家生化工程中心等创新平台。

目前，创业园正积极通过“三创”载体搭建产学研合作模式，集中大学院所的科教优势和高新区创业平台，南京高新区和南京工业大学共同引进海内领军型人才进行创新、创业、创优。

南京留创园以“集约化、专业化、信息化、社区化、国际化”为建设和运营标准，通过集聚科技创业企业、科技成果、科技创业人才，构建“创业苗圃+孵化器+加速器”科技创业链条和服务体系；全力推进高新区创新孵化体系从单体孵化器、专业园向品质一流、功能完善的科技创业园区提升。

2013年，南京留创园步入快速发展期，逐步完成了总面积83000平方米的孵化载体建设，搭建形成特色化的科技服务平台体系，为留学人员创新创业提供专业化孵化服务，在引进海外高层次人才、推进科技成果转化、培育新兴产业等方面取得了显著成效，有力推动了地方经济和社会发展。

南京留创园成立以来，累计吸引498名海内外留学人员在园区内就业、创业。园内企业科技成果转化成功率达70%。园内企业注册资金累计近4亿元。建成以来，累计孵化企业135家，毕业企业30家；累计为社会提供2813个就业机会；自有种子基金300万元，孵化资金6000万元。在孵企业累计获得各级财政资助额达2297万元。

园内企业注册资金累计近7亿元，年总收入1.3亿元，出口创汇近千万美元，RD投入7300万元。有4家产值超千万的企业，近10家企业年产值过500万元。2013年，南京留创园在孵企业和公共服务设施占用6万平方米，约占总面积的80%。实现企业技工贸总收入1.2亿元，在孵企业R&D投入达7283万元，在孵企业从业人员1081人。申请知识产权保护数85项，批准46项。截至2013年底，园区在孵企业90家，其中生物企业占45%，IT企业占37%，新材料新能源企业占11%，其它企业占7%。

联系方式

地　址：江苏省南京高新区惠达路9号A座508室
邮　编：210061
电　话：86-25-66000613
传　真：86-25-66000623
邮　箱：zhaohang0903@163.com

南京金港留学人员创业园

园区概况

南京金港留学人员创业园成立于2000年10月，与2000年8月成立的南京金港科技创业中心施行“两块牌子、一套人马”。创业中心于2004年被科技部认定为“国家级高新技术创业服务中心”。创业园位于南京市东北部栖霞区，地处南京仙林大学城和南京经济技术开发区的中间地带，直接受惠其人文与产业辐射，投资环境优美、开发潜力巨大、科技人才优越、人居环境舒适。

创业园依托自身雄厚的场地和科技孵化资源优势，积极与劳动、人事、发改、工商、税务等部门合作，全力打造海外学人创业发展基地，为归国创业的学人提供场地和资金等方面的优惠政策扶持和专业化服务。

创业园针对中小型科技企业的需求特点，不断完善创业服务体系，以系列化、全程化、模块化的服务方式，拓宽服务范围，提升服务品质，全力满足企业在金融、培训、项目申报等方面的新需求。

创业园大力推进金融服务体系建设，初步建立起可满足企业多种资金需求的金融服务网络体系，园区与交通银行签订金融服务协议，与广发银行合作设立特色信贷产品基地。同时，积极探索建立企业融资担保和股权投资机制，为符合条件的企业提供信用担保，对有潜力的企业进行股权投资。

创业园与省标准化研究院共建“江苏省射频识别产品质量监督检验中心暨省射频识别技术公共服务中心”。园区配备建设射频识别产品公共检验检测服务平台和产品研发公共实验室，为物联网领域中小科技型企业的孵化和培育提供技术支持；

与南京师范大学共建“南京师范大学科技创新中心”，切实推进高校的应用技术研究与发展，促进高校优秀应用型成果转化和孵化。

联系方式

地　址：南京市栖霞区甘家边东108号
邮　编：210046
电　话：86-25-85551126
传　真：86-25-85550902
邮　箱：njjgkjcyzx@163.com
网　址：www.njqxkj.gov.cn

南京归国博士创业园

园区概况

南京归国博士创业园成立于2009年6月，由江宁开发区与硅谷留美博士企业家协会合作共建。创业园主要围绕新能源、新材料、节能环保、生物医药、电子信息、服务外包、动漫设计等新兴产业，着力引进在国内外具有创新创业经历、引领相关产业发展、市场开发前景广阔的人才，以及引领产业发展的带技术、带项目、带资金和具有自主创新能力的创业领军人才。

在各级领导的关怀和支持下，2009年11月，创业园大厦正式投入使用。目前，已接待创业博士100多人，创业项目50多个，有12名高层次人才通过综合评审入孵，其中2人获“省双创”计划扶持，6人获区“千百十”政策资助。

联系方式

地　址：南京市江宁区秦淮路20号
邮　编：211106
电　话：86-25-52078592
网　址：www.jndz.gov.cn

无锡留学人员创业园

园区概况

无锡留学人员创业园成立于2000年3月。2004年创业园与无锡国家高新技术创业服务中心合署办公；2006年国家人事部与江苏省人民政府合作共建“中国无锡留学人员创业园”；2008年由无锡科技创业发展有限公司和无锡市创业投资有限公司共同出资组建了无锡留学人员创业园发展有限公司，注册资本1亿元，公司负责无锡留学人员创业大厦（530大厦）的规划建设及留学人员创业园的运营管理。创业园是全国首批科技型中小企业创新基金创业项目投资补贴型地方服务机构、科技部火炬中心首批国际科技合作依托机构试点单位之一、2007年度国家唯一实施创新基金项目地方现场评审的服务机构。多年来，先后获得国家科技部授予的“国家高新技术创业服务中心”“国家高新区先进孵化器服务机构”、火炬计划十五周年“先进国家创业服务中心”、火炬计划二十周年“先进国家创业服务中心”、江苏省“优秀科技企业孵化器”、江苏省高新技术产业化工作先进集体、江苏省服务业名牌、无锡市腾飞奖等荣誉称号。2013年获得国家科技部首批“苗圃—孵化器—加速器”科技创业孵化链条建设试点。

创业园率先推行辅导员制度，传感网大学科技园通过以服务股权为特色的辅导员工作，开展个性化增值服务，建设孵化器、加速器核心服务优势的长效机制。按照不同孵化企业的发展阶段和发展特点，向企业派遣不同特长的工作人员担任企业辅导员，推行个性化服务。辅导员既要帮助企业解决问题，建立个性化的科技战略和产业战略，又要对企业实行监督，防止无谓的损失。辅导员一般由创业中心派人出任，部分通过外部专家聘用形式，通过双向选择、定期考核的原则对辅导员进行聘任、评估。为更好推进辅导员工作制度，园区引入了服务股权的概念。通过服务股权这一市场化手段，完善了园区的造血机制，降低财政压力，从孵化成果中为传感网大学科技园的生存和发展争取了更大的空间。

创业园先后出台了《无锡新区推进“人才特区”建设工作意见》《无锡新区“十一五”人才规划》《关于加快新区人才引进工作的实施意见》《无锡高新区高级人才奖励办法》《无锡新区关于海外留学人员来区创业的若干规定》《无锡新区关于加强科技创新发展的若干意见的补充意见》《无锡新区专利资助和奖励资金管理暂行办法》《无锡新区关于推动科技创新创业促进经济转型发展的实施意见》等相关规章制度。2009年，新区从现有科技政策和产业扶持政策着手，出台了系统全面的《无锡高新区关于推进科技创新创业的实施意见》，突出了对企业创新、高层次人才创业的资金扶持力度，以政策措施来促进人才工作的开展。

截至2013年底，园区孵化总面积达到25万平方米，其中无锡新区长江路地块约6.1万平方米；新区太湖国际科技园地块约20万平方米，生命科技园总部研发区5万平方米。截至2013年底，在园留学人员企业225家，累计孵化企业790家。2013年新增企业65家，毕业企业40家。2013年企业销售收入达到112亿元。2013年新引进留学人员11人，在园留学人员总数391人，其中，博士、硕士、本科学历分别占36%、51%、23%。截至2013年底，入选中央“千人计划”31人，入选省级人才引进计划31人，入选市区级人才引进计划181人。

联系方式

地　址：无锡新区太湖国际科技园大学科技园清源路530大厦A区2层
邮　编：214135
电　话：86-510-85229915
传　真：86-510-85213590
邮　箱：lxs@wnd.gov.cn
网　址：www.wxsp.gov.cn

无锡滨湖留学人员创业园

园区概况

无锡滨湖留学人员创业园前身为江苏省无锡蠡园经济开发区。2003年5月，被国家科技部批准为国内首家以工业设计为主题的高新技术专业化园区；2006年9月，被国家知识产权局认定为无锡（国家）工业设计知识产权园；2007年被认定挂牌为江苏省现代服务业集聚区、江苏省国际服务外包示范区、江苏省无锡滨湖留学人员创业园。

为推动工业设计产业发展，创业园投资建成了创意园、工业设计大厦、530大厦、中锐大厦、联创大厦等80多万平方米的“三创”载体，已初步形成了以汽车设计、集成电路设计、软件研发、模型和工具设计、建筑设计、产品设计、自控系统设计、服务外包为主的创意产业格局。同时，创业园结合无锡“530”政策，努力吸引国外领军型海外留学归国创业人才来园区创业，一批涉及无线设频技术、汽车检测系统研发、纳米生物科技的创新企业已入驻园区。

联系方式

地　址：无锡市太湖西大道1890号太湖明珠发展大厦

邮　编：214072

电　话：86-510-85101872

传　真：86-510-85102785

网　址：www.dpark.gov.cn

无锡惠山留学人员创业园

园区概况

无锡惠山留学人员创业园成立于2006年10月。创业园位于惠山经济开发区，致力于为科技型中小企业提供优质高效服务和良好的创业环境，加速科技成果的商品、产业化、国际化，为地区培育高新技术企业和企业家。

创业园内水、电、电梯、通讯、互联网接入及绿地、广场、餐饮、会议、娱乐、健身等基础设施完备，环境优美，为进园企业提供良好的办公、科研和生产空间。创业园一期工程建筑面积1万平方米已全部驻满，二期工程2.3万平方米也已基本饱和。同时，以惠山区良好的投资环境为基础，以政府的相关职能为依托，为进园企业提供包括税收、人才、资金、用房、征地、工商行政管理等各方面的优惠待遇和全方位、全过程的高效优质服务，是留学人员回国创业的理想天地。

经过几年来的发展，创业园已经成为惠山区重要的科技成果转化基地、创新人才集聚高地和创新服务体系建设载体，特别是在承接无锡市“530”计划过程中，开展了一系列扎实有效的工作，对全区发展高新技术产业、促进经济增长方式转变、提高自主创新能力作出了积极贡献。

联系方式

地　址：无锡市惠山区政和大道189号

邮　编：214174

电　话：86-510-83593668

传　真：86-510-83595062

邮　箱：whedzcn@yahoo.com.cn

网　址：www.whedz.com

无锡崇安区留学生创业创意园

园区概况

无锡崇安区留学生创业创意园成立于2008年5月，紧靠闻名中外的京杭古运河边，规划建筑面积2万余平方米，一期建筑面积约7000平方米，利用一幢民族工商业特色鲜明的丝茧仓库改造而成，创业园的设计被中央电视台、时尚杂志共同评为年度“中国最具创意奖”。目前，各类设计企业已入驻经营。

创业园二期建设将通过整体收购、承租等形式，总投资3亿元，沿古运河建成占地约20亩，建筑面积2万平方米以上的创意产业集聚区，使其成为集艺术创作设计、文化传媒、工艺装饰、服装设计、前卫演出、美术展览、休闲会客于一体的文化创意高地。另配套建设2000多平方米的餐饮、购物、娱乐等各种生活设施，把创业园建成留学生创业的摇篮、成长的家园。

联系方式

地　址：无锡市崇安区北仓门37号

邮　编：214008

无锡北塘留学人员创业园

园区概况

无锡北塘留学人员创业园位于无锡市国家高新技术创业服务中心内。创业园以一流的区域位置，一流的服务理念，一流的政策环境，吸引大量有识之士投资创业，形成了以电子产业、信息产业、科技服务业、节能产业等为产业特色的科技成果转化基地，具有为科技成果转化提供信息、中介、培训、资金、市场等综合服务的功能。

联系方式

地　址：无锡市新源北路401号

邮　编：214043

电　话：86-510-82600211

传　真：86-510-82600211

无锡南长留学人员创业园

园区概况

无锡南长留学人员创业园是依托南长区科技创业服务中心运营管理的创业载体、服务体系和发展平台，与南长区科技创业服务中心采取“一套班子、两块牌子”的运作方式，在南长区科技创业服务中心增挂“无锡南长留学人员创业园”牌子，办公地点设在无锡市清扬路333号南长创业大厦内。为吸引更多海外留学人员来南长创业发展，提升南长科技创新水平，营造南长发展新优势，推进南长经济社会又好又快发展，2009年南长区政府决定在原南长区科技创业服务中心（2008年12月批准认定的省级科技孵化器）的基础上，积极争创省级留学人员创业园。2009年10月，获批成为省级留学人员创业园。

目前创业园拥有“三创”载体三个，分别是扬名高新科技创业园、扬名奕淳大厦1—6层和南长创业大厦，总面积约4.56万平方米。为进一步帮扶归国留学人员创业，创业园在硬件设施和软件设施上加大投入，配备了双回路供电，保证入驻企业24小时连续供电，并为归国留学人员提供千兆网络、地下停车场、一站式服务中心，同时配备了多功能会议中心和接待中心，为入驻企业提供便利。

扬名高新科技创业园位于无锡市下甸桥堍，总建筑面积1.01万平方米。园内已成功孵化出年销售上亿元的无锡国盛精密模具有限公司和无锡意昂数字技术有限公司。扬名奕淳大厦为南长区科技创业服务中心营运管理的科技孵化器二期，总面积1.8万平方米，主要引进以电子信息技术、现代信息技术为基础的科技型服务外包企业和研发机构。南长创业大厦于2006年破土动工，2008年年底交付使用，总投资7000万元左右，占地面积3000平方米。发展定位是：建成一个以软件研发、委托设计、动漫制作、外包服务为主导，融培训、展示、贸易、孵化于一体的特色专业楼宇。另外，配有无锡市国际商务人才培训中心、无锡纵横知识产权代理有限公司、无锡润德管理培训有限公司、江苏洲豪风险投资担保有限公司、江苏苏亚金诚会计师事务所有限公司、无锡市基础信息安全测评认证中心等配套服务机构。

目前，创业园在孵企业有44家，在孵企业中浏立方科技有限公司是“江苏省双创人才计划项目”；达思网络、亿路科技、佳美自控、学承软件、全维智码、博达乐思、中科水质等公司为无锡市“530计划”项目。

联系方式

地　址：无锡南长区清扬路333号金匮苑27号楼
邮　编：214021
电　话：86-510-85025990

无锡海泰留学人员创业园

园区概况

无锡海泰留学人员创业园（中国无锡国际科技合作园）是无锡市科技局构筑国际新技术高地、人才高地的重要载体，主要面向留学归国人员创新创业、国际研发中心、电子信息产业成果转化。园区位于无锡国家高新技术产业开发区内，区位优势明显，交通便利，享受国家级高新技术产业开发区的所有优惠政策。

园区建筑面积15000平方米，综合服务楼内建有多功能会议室、咖啡吧、商务中心、产品展示厅等，功能齐全、布局合理，环境舒适幽雅，是一个智能化、园林化、现代化的科学园区。无锡市科技局集其政府职能为入园企业进行政策、资金、项目专项支持，并根据入园企业的科技特点对工程中心、国际合作、知识产权保护等重点项目进行资金扶持，为符合政策的企业进行流动资金担保。同时，积极协助入驻园区的科技创业企业申报高新技术产品、高新技术企业及申报市、省、国家的各类科技攻关项目、中小企业创新基金等。

联系方式

地　址：江苏省无锡新区泰山路2号
邮　编：214028
电　话：86-510-8525971
邮　箱：Spsp0722@163.com

锡山留学人员创业园

园区概况

锡山留学人员创业园暨江苏省锡山经济开发区科技创业园成立于2008年6月，是锡山经济开发区投资建设的综合型科技园区，是中国科学院—清华大学（无锡）青年创新创业实践基地、清华大学无锡科技成果转化基地、江苏省电子信息产业基地、江苏省省级留学生创业园，也是无锡市重点建设的十大主题科技园区之一。2008年9月，被认定为省级科技创业园和省级留学人员创业园；2008年12月，被认定为江苏省中小企业创业基地；2009年1月，被批准建设江苏省博士后工作站。

创业园位于江苏锡山经济开发区腹地，沪宁杭经济圈中心，东靠上海，南临杭州，西临南京，北依长江，处于得天独厚的水陆枢纽位置。规划建设面积750亩，目前已建成区面积18万平方米，16栋研发楼，已启用一期12万平方米。

创业园以电子信息、生物医学、新材料，软件外包为主要发展方向，引进海外留学人员、科研院所科技人员创业项目，以及具有高科技含量和成长性的产业类项目和建设商、运行商、投资商、各类中介机构的服务类项目。同时，为海外领军人才创业提供创业投资、孵化场地、决策咨询、项目研究论证、科技攻关、信息化支持、人才支撑、投融资等全方位的服务，推行管家式、专家型服务。目前，园区几乎集中了锡山区所有的无锡市“530”计划项目。

联系方式

地　址：江苏省锡山经济开发区芙蓉中三路99号
邮　编：214192
电　话：86-510-83781855
传　真：86-510-83781733
邮　箱：xs.vpark@gmail.com
网　址：www.xkkj.org.cn

徐州留学人员创业园

园区概况

徐州留学人员创业园于2005年经江苏省人事厅批准建立，由徐州市人事局会同市科技局、徐州经济开发区创办，是以促进科技成果转化、培育高新技术企业、为留学人员回国创业提供综合服务的公益性科技中介机构。

创业园位于江苏徐州科技创业园内，毗邻中国矿业大学。按照徐州的特色产业、医疗器械企业的共性需求，提供医疗电子产业研发的常规设备及测试仪器，减少企业的前期投入，提高企业的自主创新能力，培育医疗电子特色基地，打造医疗电子企业特色产业群。

针对江苏省徐州市医疗电子企业研发能力弱，产品档次低的情况，创业园建立了医疗电子共性技术的共享研发平台，提供安全测试、超声测试、细胞显微、频谱分析、红外热成像、微波试验、光纤测温等医疗电子产品研发中的共性技术研发测试、实验手段。

同时，整合与江苏徐州市医疗电子企业合作的东南大学毫米波实验室、上海交大电力实验室、中国矿大信电学院等研发力量，提升研发能力。在强化徐州市在超声仪器设备和光学仪器与窥镜等优势产品领域的市场竞争优势，扶持企业在优势产品领域做大、做强的同时，提高高档医疗电子产品的研发，树立品牌，促进产品升级和换代，提升企业的核心竞争力，将徐州建成我国医疗电子行业的研发基地和特色产业基地。

目前，园区已累计孵化中小科技企业146家，8家企业被评为省级高新技术企业。市委、市政府十分重视留学人员来徐创业创新工作，先后制定出台了《关于进一步加强人才队伍建设的实施意见》《徐州市引进海外留学人员来徐创业服务规定》《关于徐州科技创业园进园项目的优惠政策》《中国矿业大学国家大学科技园优惠政策（试行）》等文件，并且不断加大徐州留学人员创业园的建设力度，大力营造和改善其创业环境。

联系方式

地　址：徐州市解放南路科技城高新技术创业中心307室
邮　编：210000
电　话：86-516-83897228
传　真：86-516-83990238
邮　箱：cyzx2004@126.com

宜兴经济开发区留学人员创业园

园区概况

宜兴经济开发区留学人员创业园成立于2007年10月，是江苏宜兴经济开发区为进一步加快高新技术产业的发展，提高园区自主创新能力，引进高层次创新创业人才，实施转型发展、优化发展战略而设立的综合性科技企业孵化机构。2008年6月，被江苏省科技厅认定为省级高新技术创业园；2009年9月，被江苏省人力资源和社会保障厅认定为省级留学人员创业园。

创业园现拥有创业园一期、二期和创意软件大厦等各类“三创”载体30万平方米。同时，正在加紧建设以华东光电子科技创新基地、创业孵化大厦、投影产业园和白领公寓等项目为核心，总面积超40万平方米的“三创”载体。为进一步支持高层次人才创新创业，创业园组建了一期总额1亿元的风投基金，投入创业风险投资总额2000万元以上。

目前，创业园已引进各类高新技术孵化企业30余家，入围无锡市“530计划”项目超过30多个，以“世界液晶先生”张宏勇博士和“中国投影光源第一人”沈立博士为代表的高层次科技领军人才100人以上，初步形成了以光电子、汽车关键零部件、软件服务外包等为代表的特色产业。

联系方式

地　址：江苏省宜兴经济开发区锦城大道11号
邮　编：214213
电　话：86-510-87822622
邮　箱：webmaster@hky.gov.cn
网　址：www.hky.gov.cn

江阴留学人员创业园

园区概况

江阴留学人员创业园暨江阴高新技术创业园成立于2005年1月，隶属江阴经济开发区。2005年9月，被江苏省人事厅批准为省级留学人员创业园，与江阴高新技术创业园“两块牌子、一套班子”，合署办公。2006年8月，经江阴市委，市政府调整改用江阴市人民政府直接管理。2007年8月，被江苏省科学技术厅正式认定为省级高新技术创业园；2008年12月，被认定为国家高新技术创业服务中心。

创业园总规划面积20万平方米，一期4.5万平方米建筑入驻率达100%，二期2.8万平方米的研发用房和3万平方米的人才公寓楼及其他配套设施已于2009年底启用。创业园以新传感、新医药、新能源、新材料、新装备、文化创意设计等为研发培育重点，搭建了五大公共服务平台，初步形成了项目引进——孵化育成——科技加速——产业化的科技企业成长路线。

目前，创业园已累计引进孵化企业130多家，引进留学归国人员60多人，培育了一批以远景能源、力博生物、迈康升华、德飞激光、强顺科技等为代表的重点企业。

联系方式

地　址：江苏省江阴市澄江中路159号
邮　编：214434
电　话：86-510-81602108
传　真：86-510-81602220
邮　箱：jycyy@jycyy.com
网　址：www.jycyy.com

泰兴留学人员创业园

园区概况

泰兴留学人员创业园位于泰兴市经济开发区高新产业园内，区位优越、交通便捷、设施齐全，是研发、创业、投资、发展的理想场所。2010年11月被江苏省人力资源和社会保障厅批准为省级留学人员创业园。

创业园首期占地100亩，建筑面积3.5万平方米，总投资8000万元，内设电讯网络、商务会议中心、科技展示交易大厅、科技报告厅、职工餐厅、留学人员公寓等公用设施，拥有60多个孵化单元，可为不同类型的留学人员回国创办企业提供50—300平方米的孵化空间和研发基地。

创业园以促进科技成果转化、培育高新技术产业、带动全市工业转型升级发展为目标，依托园区完善的创新培育体系和优越的创业服务体系，降低留学人员创业成本，吸引更多的留学人员来泰创业。现有留学美、德、加拿大、日等国家的近20名从事电子信息、新材料、机械等高新技术领域研究开发的博士在园创新创业。

联系方式

地　址：江苏省泰兴市大庆西路39号
邮　编：225400
电　话：86-523-87662686
邮　箱：yongzhong@126.com

常州留学人员创业园

园区概况

常州留学人员创业园（常州国家高新技术创业服务中心）是隶属于常州高新区管委会的公益性科技服务机构。中心经江苏省科委批准始建于1993年；1994年经省科委批准成为省级科技创业服务中心；1999年12月被认定为国家级高新技术创业服务中心；2001年3月由省人事厅认定为省级留学人员创业园；2001年10月，被科技部授予“先进孵化服务机构”称号；2008年被江苏省政府授予“江苏省留学归国工作先进单位”。

创业园始终贯彻区委、区政府提出的“加强自出创新，加快建设创新型园区”的指导思想，以大力推进高科技产业发展为目标，以“项目聚集、人才聚集和资金聚集”为抓手，坚持创新的理念，围绕光伏、创意、生物医药和新能源车辆等重点产业，突出专业孵化，加强孵化服务体系建设，培育企业自主创新能力，取得了明显成效。

随着园区服务功能的不断完善，中心积累了大量企业孵化服务的先进管理经验和服务经验，目前除了提供常规服务外，建立起了咨询、留学生专项服务等个性化的服务。为创业者和企业提供入驻、成长直至毕业的过程中所需的培训、项目申报、咨询、创业导师、分级分类、种子资金、融投资、知识产权、公共技术平台、国际合作以及会议、餐饮、物业服务等全方位的服务。使一大批科技型中小企业从无到有，从小到大，实现了超常规发展，已经成为区域科技创新的重要力量、科技成果产业化的重要基地、吸引和集聚科技人才的重要载体和培育中小科技企业的主要力量。

联系方式

地　址：常州新北区高新科技园10号楼310
邮　编：213022
电　话：86-519-85106846
传　真：86-519-85106846
网　址：www.czibi.com.cn

常州科教城留学人员创业园

园区概况

常州科教城由江苏省教育厅、江苏省科技厅与常州市人民政府共同建设，2011年经省人力资源和社会保障厅批准为省级留学人员创业园。创业园占地5平方公里，分为高教园区、科技园区两部分，是国家高职教育发展综合改革实验区、国家大学科技园和国家海外高层次人才创新创业基地。胡锦涛、江泽民、温家宝等党和国家领导人先后视察常州科教城，对常州大力发展高职教育和构筑产学研协同创新平台给予了充分肯定。

2007年园区被江苏省发改委认定为江苏省“现代服务业集聚区（科技服务业）”；2008年园区被科技部国际合作司认定为“国际科技合作基地”；2008年园区被科技部认定为“国家可再生能源基地”；2008年园区被江苏省对外贸易经济合作厅认定为“江苏省国际服务外包人才培训基地”；2009年园区被科技部、教育部认定为“国家大学科技园”；2009年园区被江苏省商务厅认定为“江苏省国际服务外包示范区”；2010年园区被江苏省科技厅确认为首批“省级科技企业加速器”；2010年园区被江苏省人力资源与社会保障厅认定为“江苏省留学人员创业园”；2010年园区被江苏省发展和改革委员会认定为“江苏省新能源汽车特色产业基地”；2010年园区被中国科学技术协会认定为“海外智力为国服务行动计划工作站”；2011年园区被中央人才工作协调小组定为“国家海外高层次人才创新创业基地”；2011年园区被省经信委授予“江苏省信息化和工业化融合服务产业示范园”称号。

常州市国家大学科技园管理中心是园区的日常运行管理机构，为常州市科教城管理委员会隶属的自收自支的事业单位，注册资本金300万元，编制20人。中心制定了《常州市大学科技园管理中心员工管理手册》，以规范日常管理及运作。

园区推行在常州科教城、武进高新区建立“一园两区”的发展格局，在创新创业环境的建设上充分积聚创业优势和产业优势，实现联动双赢发展。“创业孵化区”设在常州科教城。“产业拓展区”设在武进高新区。

科教城全力打造了科技金融中心，积极组织投融资对接会、精品项目路演、科技创业投资论坛等活动，拓宽支持创业企业发展的融资渠道，包括财政拨款、风险投资、银行贷款、信用担保、民营或私人自募资金等，建成一个以PE/VC为主、股权投资基金为特色的综合金融服务平台，实现科技和金融的无缝对接。

园区目前有公共研发机构30家。其中，中科院已有20多个研究所在此设立了14个分中心和6个研究院所，建成了26个专业实验室，与企业共建26个研发中心，科研人员达420余人。同时，南京大学、东南大学、北京化工大学、合肥工业大学、西南交通大学等17所著名高校在此设立了研发机构或孵化基地，其中9家大学在此建立研究院，为园区企业的发展提供技术支持。为进一步深化产学研合作，每年均举办中国常州先进制造技术成果展示洽谈会，组织成果发布、对接洽谈、专题论坛、开工揭牌等活动，并收到良好的效果。

联系方式

地　址：江苏省常州市常武中路801号
邮　编：213164
电　话：86-519-86339226
传　真：86-519-86339658
邮　箱：czlian@yeah.net
网　址：www.czkjc.gov.cn

常州市天宁留学人员创业园

园区概况

常州市天宁留学人员创业园成立于2009年12月，依托于常州市天宁高新技术创业服务中心。常州市天宁高新技术创业服务中心位于天宁经济开发区，是天宁区政府创办的公益性科技企业孵化器，成立于2008年4月，2009年2月被省科技厅认定为省级科技企业孵化器，2009年12月被批准为常州市天宁留学人员创业园，2012年12月被国家科技部认定为国家级科技企业孵化器。已建成4个园区，其中河海东路、高阳路、丰润大厦为孵化园区，弘达园区为加速园区，孵化总面积5.7万平方米。建有会议室、接待室、餐厅、人才公寓、公共技术服务平台、标准厂房等基础设施。

园区以“引进海外高层次人才、培育高新技术企业和培养科技型企业家”为宗旨，以建设“企业孵化”“公共服务”“招才引智”三大平台一体化发展为目标，充分发挥园区服务高效、机制灵活、政策优惠、团队优秀等优势，整合资金、人才、市场、管理等社会资源，为园区创业企业提供多层次、全方位的创业服务。

联系方式

地　址：江苏省常州市河海东路9号
邮　编：213164
电　话：86-519-85506272
邮　箱：tncy@tncy.org
网　址：www.tncy.org

常州钟楼留学人员创业园

园区概况

常州钟楼留学人员创业园（常州钟楼高新技术创业服务中心）是在2003年由钟楼区科技局管理的钟楼科技创业服务中心的基础上演化而来，2006年正式成立由钟楼经济开发区管理的高新技术创业中心。

常州钟楼高新技术创业服务中心（企业性质）与常州钟楼高新技术创业中心（事业性质）、江苏常州钟楼留学人员创业园（挂牌性质）实行“三块牌子、一套班子”的管理体制，是国有性质的不以赢利为目的，发挥政府导向功能作用的综合型科技企业孵化器。

2008年被江苏省人力资源和社会保障厅批准为江苏省留学人员创业园；2009年被科技部批准为国家级高新技术创业服务中心。创业园还先后获得“江苏省工程技术文献中心”“常州市大学生创业见习基地”“常州市小企业创业示范基地”等多个荣誉称号。

针对任何一个孵化器都不可能包揽所有功能和服务的客观现实，创业园把整合社会创新资源作为重要服务内容，在选择部分科技、中介机构进驻大楼直接为被孵化企业服务的同时，与40多家科技咨询、科技成果转让、科技创业投资、人才服务、财务服务、法律服务、报关货代、速递物流、创意策划、快速成型、工业设计、专利代理、商标服务、图文快印、电信服务、科技查新、质量检测等机构建立了战略合作关系，与这些机构签订到创业中心进行定点定时服务的协议，并将这些科技、中介服务机构的联系方式公示，方便进驻企业与社会创新资源互动，从而放大了创业中心的服务功能和服务能力。

在做好常规服务的同时，钟楼留学人员创业园特别注重特色服务。与中国佰腾专利网共建的“常州钟楼科技创新（专利信息）技术服务平台”已经开放运行，苏州软件测试中心常州工作站已开始正常工作，共建“快速制造国家工程研究中心常州服务中心”的商谈进展顺利。“企业科技创新管理”是钟楼留学人员创业园精心打造的优势服务项目。这个项目的亮点是帮助进驻企业构建和运营好企业内部的技术创新管理系统，使进驻企业在科技创新中合理解决“有事做、有人做、有机构做、有资金做、有能力做”的问题。创业中心多次给企业作辅导，向企业发放《科技创新服务手册》光盘，转发各种创新管理的电子资料，使初创型小企业的科技创新很快走上了科学规范有序的轨道。为增大海归人才申报项目和落户创业的成功率，钟楼创业中心及时指导海归人才起草项目申报表、创业计划书，为海归人才寻求创投公司和项目投资者牵针引线。

对常州市组织认定的领军型海外留学归国创业人才园区还专门制定了优惠政策。即：一次性给予100万—300万元创业启动资金，三年内免费提供不少于100平方米的创业场所和100平方米的住所；对钟楼区组织认定的高层次创新创业人才，在区科学技术支出中一次性给予30万—100万元创业启动资金，三年内免费提供不少于100平方米的创业场所和100平方米的住所，并设有专门的人才公寓提供居住；对市、区组织认定的高层次创新创业人才，三年内超过100平方米的创业场所、住所的房租金实行5—8折的优惠，重点项目一事一议；高层次创新创业人才研发、生产、经营的项目，从企业注册之日起，前三年上缴的增值税、营业税、企业所得税地方留成部分由同级财政全额奖励给企业，后两年地方留成部分的50%奖励给企业。同时，人才引进工作中的子女入学、家属安置等方面也制定了相应的优惠政策。

联系方式

地　址：江苏省常州市钟楼区玉龙路213号
邮　编：213012
电　话：86-519-83976975
传　真：86-519-83976972
邮　箱：sun995110@163.com

武进留学人员创业园

园区概况

武进留学人员创业园创立于2004年8月（经常州市人事局批准设立），坐落在江苏省常州市城南；2007年4月被认定升级为省级园区。从“高效、精简”的角度出发，创业园依托武进（国家）高新技术创业服务中心的现有条件，与创业中心合署办公，实行“两块牌子、一套班子”的运作机制。

创业园已投入资金近5000万元，建成了3.6万多平方米的孵化场地，办公设施齐全，服务功能完备。目前在孵留学归国人员创办企业近20家。孵化企业技术涉及电子信息、软件开发、精密机械、新材料、生物医药等领域。经过几年的建设与发展，为园内企业营造了良好的创业环境，提供管理咨询、人才培训、融资担保、物业支撑等优质高效服务。武进留学人员创业园将进一步健全和完善自身建设，通过优化机制、提升服务、营造环境、落实政策，吸引更多海外学子来武进创业，努力成为留学人员回国创业、大展宏图、报效祖国实现自身价值的创业乐园。

武进高新技术创业服务中心与武进海外留学人员创业园、武进经济创业服务中心、武进科技物业管理有限公司实行四块牌子、一套班子的管理模式。其中武进高新技术创业服务中心和武进海外留学人员创业园专门负责初创型科技企业的孵化，武进经济创业服务中心主要负责经济创业中心进驻企业的管理，武进科创物业管理有限公司实施企业化运作，主要对两个中心进驻企业实施物业管理、餐饮服务，向进驻企业开具水、电增值税发票、协调解决员工人事劳资档案关系问题。

武进留学人员创业园注意瞄准当今世界科技发展潮流，

把孵化重点放在电子信息、新材料、机电一体化等新兴产业，严格把好项目入口关，加快引进高新技术项目，努力营造高新技术优势，对每一个洽谈项目都要进行科学的评估和决策。企业批准进驻后，则给予较宽的创业平台，提供全方位的服务，在创业环境、创业条件、创业资金、创业政策等方面提供方便，同时针对不同企业的实际情况进行针对性孵化，使企业在宽松广阔的创业平台上运作。

在武进区委和深圳清华大学研究院领导的全力支持下，2005年初，创业中心与深圳清华力合国际技术转移有限公司共同出资设立了江苏武进力合企业孵化器有限公司，将创业中心的主营业务采取委托方式，由孵化器公司运营。孵化器公司的成立，整合了地方政府和深圳清华大学研究院双方的优势资源，在孵化项目筛选、高层次人才引进、为孵化企业提供创业投资等增值服务方面，提供了更广阔的发展空间。

联系方式

地　址：常州市武进人民东路158号
邮　编：213161
电　话：86-519-86322963
传　真：86-519-86574082
邮　箱：Bcd_cz@hotmail.com
网　址：www.wjibi.com

津通留学人员创业园

园区概况

津通留学人员创业园由津通集团有限公司建设、运营，位于长三角地理心脏和沪宁高速公（铁）路中段的江苏省武进高新技术产业开发区内的津通国际工业园，距上海1小时40分钟车程，离南京禄口国际机场40分钟车程，2小时可达杭州，具有吸收沪宁杭等特大城市辐射并向周边腹地扩散的焦点区位。创业园建筑面积10.2万平方米，为津通国际工业园1号、2号、5号、16号楼。

津通国际工业园总规划建筑面积90万平方米，已建成近30万平方米的高标准工业厂房、生产服务中心和生活服务中心。园区完全参照国际先进科技工业园的标准建设，吸纳众多科技工业园的特点和要求，整体形态、功能设置和运作拓展已形成了以现代化高标准厂房为主体，集科研孵化中心、制造生产中心和现代服务中心为一体，以花园式社区为环境特征的智能化管理新型高新技术产业园区。整个园区已通过ISO 9001和ISO 14001体系认证，从设计风格、建筑形态、企业运营和物流保障等都一步到位地实现了与发达国家产业环境及企业平台的完美对接。

津通国际工业园作为一个省级开发区内的“区中园”，受到海内外的广泛关注和高度赞赏，曾先后被联合国中小企业联合会、美国电子协会、欧盟机械制造协会等国际组织列为“外商在华投资重点推荐园区”；被美国威斯康星州商会等六个州商会列为“首推在华投资营运平台”。

园区受到国家及省市各级领导的表彰鼓励，原国务院副总理曾培炎在全国服务业工作会议上给予了津通国际工业园很高的评价，称赞津通“现代服务的一些理念和发展流程与国内的生产能力结合起来”“给我们展示了一个新的发展方向”。园区先后获得国家级“国际科技合作基地”；国家级“海外人才中国创业示范基地”；国家级“孵化器”；省级“江苏省两化融合产业服务示范园”；省级“现代服务业集聚区”；省级“重点培育小企业创业基地”；省级“留学人员创业园”；省级“特色产业园”；华侨华人专业人士江苏创业基地；中国民营科技促进会“津通科技产业化示范基地”等荣誉称号。

创业园通过在园区内集聚大量的服务业企业，为留创园内初创型留学人员企业提供生产性服务、生产要素公共支撑服务、公共技术支撑服务、投融资服务、信息化服务和创业辅导服务，帮助这些企业将其非专业、不经济的业务流程外包，通过社会化资源配置，以实现其运作的扁平化，降低运作成本、提升运行效率，帮助初创型企业快速成长。

常州市及武进区政府通过领军型海外留学归国人才创业计划、龙城英才计划、科技基础设施计划、国际科技合作专项等计划，对引进的具有前瞻性的留学人员人才及企业实施的项目，在资金上，给予专项支持；在政策上，给予优惠待遇，落实各项国家、常州市、武进高新技术产业开发区等相关优惠政策，引进并留住海外留学人员。

留创园内建有信息电子产品检测平台、基于提供远程服务的SaaS生产性信息服务平台、嵌入式信息技术平台、先进制造与科技服务集成平台等专业平台，并与常州佰腾科技有限公司合作共建中国企业专利信息服务平台、高校科技成果转化平台，为留创园内在孵企业提供各类专业服务。

联系方式

地　址：江苏省常州武进高新区西湖路8号
邮　编：213164
电　话：86-519-86220888转8107，8056
传　真：86-519-86220616
邮　箱：yppei@jinton.com
网　址：www.jinton.con

苏州留学人员创业园

园区概况

苏州留学人员创业园创建于1998年2月，是依托苏州高新技术创业服务中心，由教育部留学服务中心、科技部火炬中心、江苏省人才流动服务中心、苏州市科技发展中心、苏州新区管委会等部门联合组建，是苏州国家高新技术产业开发区重要的科技创新创业载体和国际科技合作基地，也是苏州高新区重点打造的两个服务外包集聚区之一。

1999年12月，创业园被团中央、全国青联授予“中国青年科技创新行动示范基地”；2001年5月，被国家科技部、人事部、教育部和外国专家局联合授予“国家留学人员创业园示范园区”称号；2003年9月，被中共中央组织部、宣传部、统战部，国务院人事部、教育部、科技部共同授予“留学回国人员先进工作单位”；2003年还被科技部授予“先进高新技术创业服务中心”，被江苏省科技厅授予“江苏省高新技术产业化工作先进集体”；2004年8月，被中共江苏省委、省政府授予“江苏省留学回国人员工作先进单位”；2005年被江苏省科技厅工商局等联合授予“江苏省AAA级信誉咨询企业”；2006年被中国民营科技促进会授予“全国民营科技企业奉献奖”；2007年被苏州市政府授予“苏州市服务业发展重点集聚区”，2007年12月，被江苏省名牌战略推进委员会授予“江苏服务业名牌”称号；2010年被科技部确认为“全国大学生科技创业见习基地试点单位”；2011年被苏州市知识产权局授予“苏州市知识产权工作示范园区”。

目前园内的服务平台包括国家火炬计划现代化中药工艺研究和中试平台、国家软件和集成电路公共服务平台江苏分中心、江苏省生物医药创业服务平台和苏州高新区嵌入式系统软件公共服务平台等。产学研方面，与中科院医工所、浙江大学、中国传媒大学、等苏州大学等科研院所和高校开展了广泛而深入的产学研合作。

创业园为企业搭建各种市场推广的平台，如南京国际软件博览会、中国国际进口产品博览会、中国苏州文化创意设计产业交易会、苏州市公共机构节能新产品、新材料、新技术推介会、苏州电子信息博览会、中国（泰州）国际医药博览会等活动。

作为全国9家中国国际企业孵化器网络成员单位之一，我们通过“走出去”“引进来”的策略促进国内外合作与交流平台的建设。在引进来策略上不断吸引海外留学生回国创业，建立外资研发机构服务中心，在走出去方面，引导并帮助园内企业走出去，主动寻求国际交流与合作。目前已经与德国海德堡科技园、芬兰德里玻里科技园、土耳其梅尔辛科技园等多个海外孵化器签订了合作协议。

联系方式

地　址：江苏省苏州市竹园路209号
邮　编：215011
电　话：86-812-68089925
传　真：86-812-68783306
邮　箱：qth@csibi.cn
网　址：www.csibi.cn

苏州国际科技园

园区概况

苏州国际科技园地处苏州中国新加坡合作区的西南角，于2000年4月启动建设，是苏州工业园区科技创新、知识创新和企业孵化的重要载体，是国家级科技企业孵化器、软件产业基地、动画产业基地、欧美软件出口工程试点基地以及中国服务外包示范基地的骨干成员。国际科技园以软件研发、集成电路设计和数码娱乐三大特色产业为基础，大力发展以业务流程外包和信息技术外包为核心的服务外包产业，以及以动漫游戏、工业设计为核心的创意产业。

国际科技园总体规划占地面积62公顷，规划建筑面积114万平方米，总投资逾40亿元，分六期建设。一至四期工程建筑面积32万平方米，主要承担科技企业孵化基地、服务外包基地和软件产业基地的功能；正在建设的占地74万平方米的五期“创意产业园”，以及已建成的占地2万平方米的六期工程“创意泵站”，主要在软件开发、动漫游戏等现有特色产业的基础上，大力引进、培育和扶持艺术、传媒、广告、数码娱乐、时尚设计及工业设计等服务外包和现代创意产业。同时，逐渐完善了创业咨询、政策信息、技术支撑、成果转化、知识产权保护等服务体系，以及以软件评测中心、知识产权保护中心、软件园培训中心、集成电路设计中心、动漫影视技术平台、综合数据服务中心、中小企业信息化平台等七大公共技术服务平台体系。

目前，苏州工业园区正以国际科技园等创新载体为核心，大力推动创新型经济。工业园区内累计注册企业达到1034家，高新技术企业400多家，集聚各类高科技人才23000多名，并有各类研发机构150多个，IC设计、软件评测、生物医药、动漫影视等公共技术服务平台10多个，区域创新活力不断增强。

联系方式

地　址：江苏苏州工业园区金鸡湖大道1355号
邮　编：215021
电　话：86-512-62529888
传　真：86-512-62529777
邮　箱：hej@sipis.com.cn
网　址：www.sispark.com.cn

苏州吴中留学人员创业园

园区概况

苏州吴中留学人员创业园成立于2004年12月，位于吴中科技创业园内，是专门为海外留学人员回国创业服务的载体。苏州吴中科技创业园是由政府投入、以企业化机制运作的公益型科技企业孵化器，2006年12月被科技部认定为“国家级科技创业园”。

在区域医药和IT产业快速发展的大背景下，创业园通过创造局部优化的创新创业环境，提供特殊优惠政策和优质高效服务，积极有效地培育和引进电子信息及软件企业、生物医药和光机电一体化企业。入驻企业不仅享受企业注册、税务登记、人才支撑及政策咨询等“一站式”服务，而且还可以获得国家高新技术产业园区的各项相关优惠政策。在提供场地租用及物业服务同时，创业园还建设了中心机房、多功能厅、电子阅览室和公共实验室，完善了相关配套设施。建立并完善了吴中科技创业园网站，同时连接江苏省工程技术文献信息中心，对专业数据库、专业性数据软件、数字化图书杂志进行筛选和协议使用，为企业开通专业信息服务、科技查新服务。

联系方式

地　址：江苏省苏州市吴中区东吴北路31号
邮　编：215128
电　话：86-512-65270617
邮　箱：zhu_qin1@163.com
网　址：www.wzcy.cn

金坛留学人员创业园

园区概况

金坛留学人员创业园是于2007年11月由原常州市人事局批准成立的综合型科技创新创业场所，与江苏省金坛市高新技术创业服务中心合署办公，实行“两块牌子，一套班子”

的运作机制。

2009年2月19日，被省科技厅认定为省级高新技术创业服务中心；2009年10月19日，被省中小企业局认定为省重点培育小企业创业基地；2010年7月7日，被省中小企业局认定为江苏省小企业创业示范基地；2011年5月19日，中国科协海智基地金坛工作站在中心挂牌成立；2011年12月1日，被认定为“江苏省留学人员创业园”。

园区管理机构为江苏省金坛经济开发区。针对创业孵化器要求管理人员综合素质好、知识面广、活动能力强等特点，采取多种形式，加强学习和培训，着力打造一支充分履行服务和管理职能的高效能队伍，通过学习政治理论和各项业务知识，不断提高服务和管理水平，进一步强化工作责任考核。结合全年工作部署，明确人才引进、项目引进和科技项目申报、成果转化等工作目标，细化工作措施，分解落实责任，创新工作方法，不断提升创业中心各项工作的成效。

园区推行“一站式”、“保姆式”服务，在此基础上继续强化服务功能，开展个性化、增值化服务，对在孵企业按规模、分门类提供有针对性的帮扶，促进创业者尽快成长和创业企业发展壮大。

在做好基础性服务工作的同时，强化政策配套的实施，积极与各类中介结构如会计事务所、律师事务所、专利事务所等加强合作。加快创投公司和科技小贷公司的引进。引进成立了金坛协立创投、江苏凯迪创投、东华矿业投资、行知常峰创投4家创投公司，成立了金坛瑞丰科技小贷公司1家。这些创投公司和小贷公司今年投入中小企业资金达1.2亿元。有力推动了技术与资本的深度融合，促进了优质中小企业的快速发展。

创业中心依托政府平台与北京中关村、清华科技园建立了紧密的合作关系，利用中关村科创硅谷孵化器这一大平台搭建国内外区域政府间的合作交流平台，实现国内外高端创新要素的集成和流通。同时，中心着力加强与海外各科技团体和科技专家学者的联系，拓展交流渠道。我们与海外人才网、美国华人专业团体、中国旅美科技协会、北美华人创业协会、加拿大华人信息技术专业人士协会等多家海外科技团体取得合作，并保持了密切联系。

联系方式

地　址：江苏省金坛市华城路296号
邮　编：213200
电　话：86-519-82693333
传　真：86-519-82693333
邮　箱：jsjtlh@126.com

扬州留学人员创业园

园区概况

扬州留学人员创业园于2003年8月由江苏省人事厅批准成立，2004年6月30日正式挂牌。创业园依托于扬州高新技术创业服务中心的现有条件，与创业中心实行“两块牌子、一套班子”。扬州高新技术创业服务中心于1998年11月成立，是集管理、科研、生产、经营、服务于一体的科技服务机构。其主要职能是为企业和科技创业者提供多种有效服务，创造一个局部优化适合体制创新和技术创新的环境和条件，引进、开发和转化高新技术成果、孵化高新技术企业，并吸引留学回国人员来园创业。

创业园自成立以来，已经有来自日本、法国、英国、德国等国的留学人员创办的多家企业入驻，主要以软件及电子产业为主，许多产品和软件具有国际先进水平。

联系方式

地　址：扬州市邗江中路119号
邮　编：225009
电　话：86-514-87898911
传　真：86-514-85126567
邮　箱：yzgxjs@yahoo.com
网　址：www.yzgxjs.com

江苏信息服务产业基地（扬州）海外留学人员创业园

园区概况

江苏信息服务产业基地（扬州）成立于2007年，2008年，经市人事局批准成立留学人员创业园，成为扬州市第2家专为留学人员回国创业所建立的市级科技企业孵化器。2011年11月，产业基地正式被省人力资源与社会保障厅批准为省级留学人员创业园。

创业园主要是引进、研发和转化信息服务类高新技术成果、孵化高新技术企业、双软企业，培养懂技术、善管理的高新技术企业家，为科技创业者提供多种有效的技术服务。为此，产业基地管理办采取切实有效措施为科技型中小企业开展多种形式服务，对入驻孵化软件企业提供研发、中试生产、经营场地和办公方面的实施条件，提供政策、管理、法律、财务，融资、市场推广和培训等方面的服务。

创业园2007年开工建设，总投资10亿元，已投资3亿元，实现了环境园林化、区域功能化、交通网络化、后勤社会化、办公数字化、研发系列化、服务优质化、招商国际化。先后组织同济大学建筑学院、南京大学设计院、北京蔡德勒设计院、中国电子工程设计院等专业设计机构，从建筑物的层高、承重、网络等方面，针对性地对首发项目单体建筑物的形态进行了设计，在“国际研发社区”的标准中创造性地植入了“商务公园”的理念，为投资者提供了“成本最低化、效益最大化、质量最优化”的创业空间。规划包括呼叫中心产业区、数据服务产业区、软件研发产业区、教育培训区和综合配套区共五个专业区。规划建有便利店、健身房、员工宿舍、员工餐厅、声谷咖啡厅、多功能报告厅。创业园占地63亩，规划建筑单体6座，其中标准面积的产业楼3幢，配套服务楼1幢，配套会所及展示中心2座，总建筑面积近5万平方米。

目前，创业园累计共有留学人员创办的企业23家，其中孵化毕业企业7家，在孵企业16家。留学人员中有6人是中组部“千人计划”入选者，有4人入选江苏省高层次创新创业人才引进计划，5人入选扬州市“绿扬金凤”引才计划。企业先后承担国家科技型中小企业技术创新基金项目和江苏省科技支撑计划等各级各类科技计划项目。

联系方式

地　址：扬州市广陵新城信息大道1号信息服务大厦2层
邮　编：225000
电　话：86-514-87456015
邮　箱：glgeyb2010@gmail.com
网　址：www.cnccdc.com

扬州市邗江区留学人员创业园

园区概况

扬州市邗江区留学人员创业园是以国家级科技企业孵化器——扬州市邗江区高新技术创业服务中心为依托所建立的为留学人员企业提供科技创新创业公共服务的载体，2005年被认定为市级留学人员创业园。作为全区高新技术成果孵化的重要载体和高层次人才创业的重要平台，近年来留创园紧紧围绕"打造一流环境、引进一流人才、赢得一流效益"的目标，全力营造创新创业环境，全面推进标准化服务工作，留创园建设取得一定成效，在区域经济结构优化、区域经济协调发展中发挥了重要作用。

留创园地处江苏省扬州高新技术产业开发区北园科技集聚区，交通便捷，是人流、物流、资金流聚集之地。园区占地面积88亩，总投资约1.2亿元，建筑面积6.3万平方米，其中孵化用房面积59000平方米、配套设施面积4000平方米。

留创园充分运用高新区和国家级创业中心的影响力、辐射力，增强对留学人员的吸引力，在特色定位上与扬州高新区的产业特色相呼应，将智能装备、电子信息和生物医药及其配套业作为留创园的主导产业，通过高新区产业特色和大企业的配套和带动，以产业吸引项目，以项目集聚人才。

截至2013年底，留创园现有在孵留学人员创业企业16家，孵化毕业企业9家，拥有海外留学人员32名，其中国家"千人计划"4名，省双创、市绿扬金凤计划人才10名。2013年，留创园在孵企业共实现销售收入1.3亿元，上交税收600多万元；毕业企业共实现销售收入2.8亿元，上交税收2600多万元。在孵企业中拥有36项专利，共有11个产品认定为省高新技术产品，承担国家科技型中小企业创新基金2项、省市创新资金6项；毕业企业中7家企业承担市级以上科技计划12项。

联系方式

地　址：扬州市开发西路217号
邮　编：225127
电　话：86-514-87860259
传　真：86-514-87860259
邮　箱：Hjkj1118@163.com

江苏中关村留学人员创业园

园区概况

江苏中关村留学人员创业园于2013年认定为省级留创园。始成立于2001年，是江苏省省级孵化基地，由江苏中关村科技产业园科技局管理。致力于培育高新技术企业、为初创阶段高科技企业及项目提供综合服务。作为承载江苏中关村产业园及整个溧阳市高新技术成果转化和技术创新的重要基地，江苏中关村产业园孵化器力求成为高素质人才、高水平研发机构、高科技创业企业集聚的一流的科技创业服务中心。

目前孵化基地现有企业42家，已孵化出企业近22家。孵化器成立的十二年间，共培育国家高新技术企业2家，获得国家、省市各类创新创业基金项目10个，国家"863"项目1个，国家"973"子项目1个，在孵企业共计申请各类专利100多项。龙城英才项目30个，在孵企业的创办人中，有1人入选"国家特聘专家"和"中国侨界创新人才贡献奖"，4人入选中组部"千人计划"，2人入选择"省双创人才计划"，1人入选"江苏省海归博士集聚计划"，1人被评为常州十大杰出青年，3人被评为溧阳十大科技人才。在吸引海外人才、转化科技成果，孵化具有自主知识产权的科技企业，发展高新技术产业，培养创新创业人才，创造新的就业机会等方面作出显著成绩，取得明显的经济效益和社会效益，为地区的科技创新和经济可持续发展作出了贡献。

2013年园区共签约龙城英才项目26个，其中国家"千人计划"项目8个，并组建了千人计划精密机械研究院。同时，成功申报省双创计划人才1人，省博士计划人才2人。26个签约项目涉及园区各大产业，他们的落户、培育、成长将有力地促进园区经济转型升级。为此，我们对每一项目都高度重视，指定专人跟进服务、及时提供满意的创业场所、积极对接风投创投及民营企业寻求股权融资合作。现已落户14个，还有7个项目正待落户。

千人计划精密机械研究院下属5家千人专家公司，已分别开始运营，其中常州精骋动力科技有限公司工程机械（千人专家袁一卿）TC-AMT项目准备和山推股份合作；常州逸动机械有限公司（千人专家李功赋）液力变矩器项目正在和吉利公司、溧阳力士集团进行对接；常州易构电子设备制造有限公司（千人专家陈震）3D打印项目正和大连金马进行对接；常州本方机械制造有限公司（千人专家赵坤民）轻量化项目已和国强镀锌对接，成本控制测试之后，会进行产业化生产；百壹电器公司项目已经产业化生产，目前正在与资本进行对接。千人院院长周士建为精骋公司、逸动公司分别联系了山推股份、吉利汽车等合作企业，为百壹电器联系了千人专家金一町技术合作；完成了省创新团队的申报；申请发明专利两项；千人专家陈宝兴正在引进洽谈中。

2013年通过参加"南京留学生交流会""海归人才相聚长三角"等人才活动，与各界高层次人才进行交流，推介江苏中关村科技产业园；组织开展"北京大学学生实践基地授牌仪式活动""2013海外华侨华人高层次人才江苏中关村科技产业园行"等人才活动，使得全年来园实地考察的高层次人才达200多人。2013全年第四批、第五批"龙城英才计划"领军人才项目引进申报数为118项，超过全年目标任务97%；国家"千人计划"项目数8个，超过全年目标任务100%。

联系方式

地　址：江苏省溧阳市泓口路218号
邮　编：213399
电　话：86-519-87310357

仪征留学人员创业园

园区概况

仪征留学人员创业园由仪征高创科技发展有限公司负责管理和运营，在企业注册、租金减免、项目申报、投资融资等方面为入驻孵化企业提供一系列的优惠政策和服务。2008年被认定为省级高新技术创业服务中心，2009年7月，被确定为扬州市县级首家省级留学人员创业园。创业园总投资1.1亿元，占地面积100亩。一期工程两幢5层14200平方米孵化厂房及附属设施已于2009年投入使用，二期工程28400平方米4栋研发用房和8880平方米6栋厂房已经封底，2011年上半年建成。

目前，创业园累计孵化企业30多家，吸纳了包括真云计算马庆鸣、稻源微电子王彬、万能动力李林峰在内的各类高层次人才15人，其中海外创新创业领军人才5人，省“双创人才引进计划”资助对象3人，扬州市“绿扬金凤计划”资助对象2人。

联系方式

地　址：仪征经济开发区闽泰大道9号
邮　编：211400
邮　箱：gxb200910@163.com

张家港留学人员创业园

园区概况

张家港留学人员创业园是张家港市为留学人员回国创新创业、施展才华提供的重要舞台。由张家港市人民政府于2001年投资兴建，2002年5月投入运营。为强化管理与服务，创业园同时挂张家港市高新技术创业服务中心牌子，实行“两块牌子、一套班子”的运作模式。创业园2010年起划归张家港经济技术开发区管理。

自2001年建设初期开始，创业园就按照整体规划、分步实施、滚动发展的建设模式推进，目前共有孵化大楼8幢、建筑面积6万多平方米，包括综合服务楼1幢、生物医药专业孵化楼1幢。2003年11月，张家港留学人员创业园被江苏省人事厅批准为省级留学人员创业园；2004年4月，被苏州市委、市政府授予“苏州市留学人员先进工作单位”；2006年12月，被国家科技部认定为国家级科技企业孵化器；2011年，被苏州市知识产权局授予“苏州市知识产权示范园区”。

中心拥有总投资1200万元，总面积1200平方米的生物医药公共技术服务平台。主要为园区内处于初创期的生物医药类企业提供研发实验、分析检测等方面的专业技术服务，该平台建成以来，吸引了越来越多的海外高层次人才落户，生物医药产业链初显端倪。

园区通过“政府投资、公益性引导、事业单位管理”的运营模式，旨在培养拥有自主知识产权的科技企业和具备自主创新能力的科技企业家。以公共服务为主线，推行融资推荐、项目申报、定期走访、创业导师以及市场推广等增值服务，引入中介服务机构，打造专业服务，增强孵化能力。

截至2013年底，园区累计孵化留学人员企业72家，其中2013年新增14家，毕业17家。孵化企业主要涉及电力电子、新一代信息技术、新型材料、智能装备、生物医药等产业领域。2013年企业收入总额达到31295万元。已成功培育高新技术企业15家，获批省级以上高新技术产品60个，1家企业成功上市，2家企业进入上市预备期，承担国家、省、市科技型中小企业技术创新项目10项、20项、50项。截至2013年底，在园留学人员总数达到193人，2013年新增58人。拥有国家“千人计划”专家8人，江苏省“双创人才”9人、姑苏领军人才8人、张家港市领军型人才45人。

联系方式

地　址：张家港市国泰北路1号
邮　编：215600
电　话：86-512-58541960
传　真：86-512-58541980
邮　箱：htic@zjghtic.gov.cn
网　址：www.zjghtic.gov.cn

常熟留学人员创业园

园区概况

常熟留学人员创业园位于常熟市经济开发区内，交通便利，环境优美，政策宽松、人才资源和资金资源丰富，具有良好投资环境。其创办旨在为给学有所成、回国创业的留学人员创造良好的创业环境。

创业园首期开发面积1平方公里，现有智能化大楼1幢，建有标准化厂房5000多平方米，配套设施齐全，创业环境优越，可提供一流水准的孵化服务。创业园鼓励留学人员回国创业，科研院所来常合作，加速科技成果商品化、产业化、国际化，进一步推动经济与科技的结合，促进常熟市产业结构的调整，为区域经济的发展不断培育拥有民族自主知识产权的高新技术企业群体。

联系方式

地　址：常熟经济开发区滨江新城
电　话：86-512-52805327
传　真：86-512-52805310
邮　箱：info@ppos.com.cn

常熟高新技术产业开发区留学人员创业园

园区概况

常熟高新技术产业开发区留学人员创业园成立于2010年4月，是由常熟高新区依托常熟国家大学科技园建立了市级留学人员创业园。2013年10月获批省级留学人员创业园。

创业园本着牢固树立“人才是第一资源”“人才是第一竞争力”的理念，立足优化产业结构、提升产业层次、培育新兴产业，不断加大人才投入，突出载体建设，强化创业服务，全力为区域产业转型升级提供坚强的人力、智力保障。在园区人才工作中，更是把引进海外高层次留学人员放在最突出位置，不断创新与整合留学人员人才政策比较优势，吸引和聚集国外高端科技人才入园创新创业。

创业园依托教育部“春晖杯”创业基地，以“综合孵化器+专业孵化器+加速器”的载体建设，以“创业孵化+创业投资+创业导师”的专业服务，常熟高新区留学人员创业园良好的创新创业环境吸引着越来越多的海外留学人员。

目前，留学人员创业园建成孵化场地13.8万平方米，累计引进留学人员创办企业42家，涉及高端基础器件、新兴行业电子等多种领域，其中在园企业30家、毕业企业12家。这些留学人员创办企业均入选常熟市海内外领军型创业创新人才计划项目，其中入选国家“千人计划”2个、省高层次创新创业人才计划8个、姑苏创新创业领军人才计划12个。累计引进海外留学人员82名，其中博士51名、硕士31名。

自建园以来，常熟高新区留学人员创业园先后承办或参加苏州国际精英创业周、海外华侨华人高层次人才江苏行、美南中国专家协会联合会江苏行、美中高层次人才常熟行等活动，每年参与广州春晖杯留交会、大连海外学子创业周等各地人才盛会。通过一系列的举措，高新区为留学人员搭建了优质的创业平台。常熟高新区留学人员创业园未来将不断完善留学人员创业园管理体制和运行机制，进一步加大政策扶持力度，提升园区服务专业化水平，不断提高孵化效率，吸引和集聚更多的海外高层次人才，为推进常熟高新区发展提供强力的人才、智力支撑。

联系方式

地　址：江苏省常熟市东南大道333号科创大厦3楼
电　话：86-512-52350317
传　真：86-512-52355339
邮　箱：gl@changshu.net

太仓市留学人员创业园

园区概况

太仓市科技创业园暨留学人员创业园成立于2004年9月。园区以生物医药、电子信息、新材料、新能源、节能环保及服务外包、文化创意等产业为重点开发领域，以培育战略性新兴产业源头企业和创新创业领军人才为目标，努力营造科技创新创业良好环境，力争成为海内外高层次人才和团队的首选园区之一。园区位于太仓经济开发区北京西路6号，占地约100亩，总建筑面积10万平方米，拥有餐厅、宿舍、超市等配套服务设施。园区为入驻企业提供普适普惠的标准化硬件平台及政策性保障，并深入研究入驻企业的个性化服务需求，搭建企业深度孵化服务平台，以创业协作中心、创新研究中心为核心，针对不同的企业和不同发展阶段，为入驻企业提供深度孵化服务，帮助企业成长。

园区先后被认定为国家级科技企业孵化器、国家大学生科技创业见习基地、省级留学人员创业园、省级博士后科研工作站、省级小企业创业示范基地、省三星级中小企业服务机构、苏州市服务业重点集聚区。

通过园区的培育，园内企业已申请专利及软件著作权150余项，入选国家“千人计划”1名，联合申报863项目1项，获国家创新基金项目3项、国家重点新产品1项、省中小企业创新资金4项，省基础研究项目1项、省文化产业引导资金项目1项，入选省“科技创新团队”1支、省“双创”人才引进计划4项、省“三三三”培养对象1名、省“六大人才高峰”2项、省青年科技创业明星1名、入选“姑苏人才计划”4项，经认定省高新技术企业2家、省高新技术产品30只、软件企业10家、软件产品登记100余只，获评省软件金慧奖1只、省中小企业服务机构1家，通过省成果鉴定2项，7人列入苏州“省双创”培育对象，1人获得“江南十大创意策划师”提名奖，还多名科技人员获评苏州市十大杰出青年提名奖、十大女性创新人才奖、太仓市杰出人才、优秀科技专家、优秀专业技术拔尖人才、十佳创新先锋等。

联系方式

地　址：太仓市经济开发区北京西路6号
电　话：86-512-53990555
传　真：86-512-53990556
邮　箱：kjcyy@yahoo.com.cn
网　址：www.kjcyy.com

昆山留学人员创业园

园区概况

昆山留学人员创业园是吸引海外留学人员回国创业的科技园区，1998年由江苏省人事厅、科技厅和昆山经济技术开发区联合创办，是全国首家设立在县级市的留学人员创业园。园区现拥有孵化面积14万平方米，形成了比较完善的科技企业培育体系，吸引一批海外学者创办的科技企业，引进了一批高层次科技人才，开发了一批技术领先并拥有自主知识产权的产品，推动了与大院大所的项目合作，培育了华恒、网进、锐芯等一批明星企业。

创业园先后被命名为全国首批“中国青年科技创新行动示范基地”“国家火炬计划先进管理单位”“国家先进高新技术创业服务中心”“江苏省优秀科技企业孵化器”“江苏省先进科技企业孵化器”“江苏省火炬先进管理单位”“江苏省留学回国人员工作先进单位”“江苏省博士后管理工作先进单位”“江苏省文明单位”，被国家科技部、人事部、教育部、国家外国专家局联合评审为全国首批“国家留学人员创业园”，成为全国县级市中唯一进入“国家队”的创业园区；被中央组织部、宣传部、统战部、国家人事部、教育部、科技部联合授予“全国留学回国人员先进工作单位”荣誉称号。2011年获批为国家人社部和江苏省人民政府共建的国家创业园，成为全国唯一一家设立于县级市的“省部共建”创业园。

园区拥有孵化面积14万平方米，包括科技广场、现代广场、科技创业基地等载体。园区设有公共会议室、学术报告厅、图书馆、“第三空间”咖啡室、工程技术文献检索服务平台，非核心业务公共服务中心等。吸引留学英、美、法、德、日等国学者来园区创办科技企业，引进了一批高层次科技人才，开发了一批技术领先并拥有自主知识产权的产品，推动了与大院大所的项目合作，培育了华恒、网进、锐芯、澳昆等一批明星企业。

园区先后建立全国县市级首家微软技术中心公共平台、专利信息检索服务平台、工程技术文献检索服务平台、集成电路失效分析技术平台、知识产权网络公共服务平台、园区网络信息服务平台等，为企业提供个性化科技公共服务，已服务企业5000余次。

园区不断完善创业园“科技企业评估诊断系统”，对企业经营及发展中遇到的问题进行诊断评估，为企业决策提供政策、信息咨询和各种帮助，建立完善“1+3”跟踪服务机制，确保每家企业均有1名联络员、1名辅导员、1名创业导师负责帮扶指导，定期举办专业培训、创业沙龙，为初创型科技企业的培育、成长，传授经营经验，提供业务辅导。

联系方式

地　址：江苏省昆山市前进东路科技广场二楼

电　话：86-512-50360660，50360661

传　真：86-512-50360660

邮　箱：kspcn@yahoo.com.cn，kscyyoa@yahoo.com.cn

网　址：www.kscyy.com.cn

连云港留学人员创业园

园区概况

连云港留学人员创业园成立于2003年，是苏北地区第一家留学人员创业园，设在省级高新技术产业开发区内。园区管理机构为连云港经济技术开发区管委会、连云港市人社局，连云港经济技术开发区经济发展局和区党群工作部共同负责管理。创业园与市科技创业服务中心、省级服务外包示范区实行“三块牌子、两套班子”的管理模式。

留学人员入园创业除了可以享受国家规定的各项优惠政策，还可以享受该园专门制定的一系列优惠政策。如：可享受开发区“科技发展金”和“科技创业风险基金”的扶持和融资担保，并提供贷款贴息；土地实行优惠地价，直至零地价，并提供孵化场地，减免租金供企业使用；免费办理常住户口，免费提供设施完善的住房；对于贡献突出的创业人员，将授予科技贡献奖，奖励现金20万—50万元，并授予荣誉称号等。

全区建立了省级以上研发机构58个。其中，省级以上重点实验室7个，省级以上企业技术中心15个，省级以上工程技术（研究）中心23个，省级以上公共技术服务平台6个，省级以上博士后科研工作站7家。

截至2013年底，园区孵化总面积0.7万平方米，占地面积16亩，其中：孵化面积7000平方米，拥有52个孵化单元。

截至2013年底，累计孵化企业10余家。在园留学人员企业中，主要集中在软件、电子、机电、新材料、服务外包、医疗器械等。在园留学人员总数10余人，其中，博士、硕士、本科学历分别占45%、30%、25%。截至2013年底，入选省级人才引进计划1人，入选市区级人才引进计划5人。

联系方式

地　址：连云港经济技术开发区振华路15号

邮　编：222047

电　话：86-518-82341701

传　真：86-518-82341025

连云港科教创业园区留学人员创业园

园区概况

连云港科教创业园区留学人员创业园成立于2008年，主要为海外归国留学人员为主的高层次人才创新创业和具有自主知识产权的高新技术成果孵化提供服务，江苏省海洋资源开发研究院、淮海工学院大学科技园同年正式启动建设。

通过多年的发展建设，形成了“一园多区”的发展格局，“一园”即科教园区留学人员创业园，“多区”主要由花果山大学科技园、淮海工学院大学科技园、省海洋资源开发研究院三大板块组成。2011年12月，经省人力资源和社会保障厅批准，科教园区留学人员创业园正式升格为省级留学人员创业园。

管理机构为连云港市新海新区建设指挥部。园区设立管理委员会、留学人员创业园服务中心、工商分局、投资公司等机构，成立专业招商及管理队伍，80%工作人员拥有大专以上文凭，为留学人员来园区创业创新提供全方位的服务。

园区设立帮办制度，一对一企业服务。着力打造以人才培养、科技研发为主体的智慧产业集聚区，以低碳便捷、山水田园为特色的自然生态宜居区，以文化创意、旅游休闲为要素的城市软实力核心区。

园区拥有科教、旅游、文化三大特色产业板块。免费提供工商注册、税务登记等服务，协助办理高新技术产品、科技发展计划等项目及技术成果鉴定、登记等，并提供人事、财务等多项代理服务。

园区出台了《连云港市科教创业园区关于支持留学人员创业园建设若干优惠政策的规定》并配合落实，与各银行开展对接，建设了留创园融资平台。择优推荐留学人员企业向银行申请贷款服务，优先推荐与国内外投资者进行嫁接和建立联系。

园区还帮助留创园企业与各大高校、科研院所开展产学研合作，吸引了南京大学、南京理工大学、南京工业大学高新研究院落户，成立合作科研机构。

园区目前落户一批市临港产业、新能源、新医药、新材料等高新技术研发基地。

截至2013年底，园区孵化总面积4万平方米，其中科研孵化面积3万平方米，公共服务面积1万平方米。

截至2013年底，在园留学人员企业30余家，累计孵化企业60多家。在园留学人员企业中，主要集中在新医药、机械制造、环境保护等行业。2013年在园留学人员总数30余人，其中，博士、硕士、本科学历分别占35%、45%、20%。截至2013年底，入选中央“千人计划”1人，入选省级人才引进计划6人，入选市区级人才引进计划5人。

联系方式

地　址：连云港市新浦区晨光路2号职业技术学院科技南楼

邮　编：222006

电　话：86-518-81089913

传　真：86-518-81089915

吴江市留学人员创业园

园区概况

吴江市科技人员暨留学人员创业园成立于2007年2月，由吴江市科技局与吴江经济开发区管委会共同建设，并由开发区发展总公司和市科技开发中心共同出资5000万元成立吴江科技创业投资有限公司，负责创业园内项目建设管理、物业管理和各类专业申报等业务。

创业园的设立主要用于鼓励和吸引国内外优秀科技人才来开发区创新创业，加快企业科技创新水平和高科技成果的转化，提升开发区的自主创新能力，加快企业科技创新的速度和加强科技创新能力，是促进产业由劳动密集型向科技密集型转变，加快实现从“吴江制造”向“吴江创造”转化的有效载体。

创业园位于吴江经济开发区内，占地面积1万平方米，其中研发大楼占地面积1500平方米，6层建筑面积为7500平方米，6幢生产厂房为24500平方米，合计园内建筑面积为32000平方米。园内设有多功能厅、多媒体会议室、商务、展示厅、超市、物业、专家用住房、餐厅、车库、停车场、警卫室等齐全的配套设施，二期研发大楼2万平方米业已动工。2008年，吴江市政府下发了《关于明确我市科技人员暨留学人员创业园优惠政策的意见》，明确了吴江市科技人员暨留学人员进入创业园创业可享受的优惠政策。

联系方式

地　址：吴江经济技术开发区云梨路1688号
邮　编：215200
电　话：86-512－63960806
传　真：86-512－63960811
网　址：www.wjkfq.gov.cn

南通市经济技术开发区留学人员创业园

园区概况

南通市经济技术开发区留学人员创业园成立于2003年，由江苏省南通市人事局联合市经济技术开发区共同创办。作为高新技术产品和项目的孵化器，创业园通过营造优良的环境、优质的服务、优惠的政策，已逐渐成为留学人员创业和不断走向成功的支点。

目前园区孵化总面积28.2万平方米，采取一中心多园区的建设模式，实现园区孵化器规模扩大、质量提升、环境优化的和谐推进。

在平台建设方面园区建立了商务服务平台、科技服务平台、中介服务平台三大服务平台，实现了园区与园区间、园区与企业间、企业与企业间的信息交流、技术合作等功能，极大地提高了园区管理和服务效率。

在创业启动资金方面、办公场地房租的租金、创业平台载体建设等方面园区也在进一步制定适合区情的创业园优惠政策，吸引更多的留学生入园，增强园区的创新能力和成果技术的转化能力，建立种子期创业基金，引入风险投资公司，促进中心和创业园的科技企业的发展。

同时鼓励各大企业和省级以上科研院所、全国重点高等院校产学研合作共建创新载体，钻研攻关关键技术，同时将科研院所、高等院校的成果和当地产业相结合，寻求产业化。围绕骨干企业整合资源，依托国家火炬计划椒江缝制设备高新技术特色产业基地和省级化学原料药高新技术特色产业基地，加大对企业技术创新能力的建设，着力培育一批高技术含量、高附加值、高市场占有率的高新技术企业。

近年来，园区在市人事局、外侨办、科技等部门的支持下积极加强与外国专家组织、海外留学生团体、海外同乡会、华侨社团组织的沟通与联系，先后与中国旅美科技协会、中国留日同学会、中国海外科技创业投资协会、中国海外博士专家回国创业联合会达成了多项合作协议。相继组织举办了“中国南通国际人才技术合作洽谈会”“中国留日同学会技术项目交流洽谈活动”“中国海外人才项目洽谈会”等多项海外留学人员交流活动，邀请了近千名海外留学人才来通开展项目交流与合作，达成合作协议200多项。

联系方式

地　址：南通市经济技术开发区中央路29号
邮　编：226009
电　话：86-513-85922263
邮　箱：ntchyy@163.com
网　址：www.ntkfqrl.gov.cn

淮安留学人员创业园

园区概况

淮安留学人员创业园成立于2006年，是淮安市政府直属正处级事业单位，下设综合管理部、企业发展部、规划建设部等部门，主要为海外归国留学人员为主的高层次人才创新创业和具有自主知识产权的高新技术成果孵化提供服务。作为淮安市高新技术产业孵化的重要载体，留创园紧紧围绕新一代信息技术、新能源新材料、生物医药、高端装备制造四大战略性新兴产业的功能定位，全力打造科技成果转化基地、高新技术创业基地、高层次人才汇聚基地、现代服务业集聚基地、总部经济基地。2007年被国家人力资源和社会保障部批准为省部共建国家级留学人员创业园，目前是江苏省江北地区唯一一家国家级留学人员创业园；2009年被科技部批准为国家高新技术创业服务中心、国家级大学生创业见习基地；留创园还先后获得“省级现代服务业集聚区”“省级小企业创业示范基地”“省级博士后工作站”“省级文明单位”等多个荣誉称号。

留创园位于淮安经济技术开发区，总占地面积约200亩，建有载体孵化面积约23万平方米。迎宾大道园区（一期）占地100亩，可提供孵化面积约10万平方米。建有一幢23层研发大楼、一幢综合办公大楼、两幢留学生公寓、四幢孵化楼，定位为光机电一体化、生物医药、电子信息、高端装备制造科技型企业小试、中试以及小型规模生产载体。生态新城园区（二期）占地88亩，孵化面积约13万平方米。建有一幢23层科研大厦、两幢23层专家公寓楼、四幢孵化楼，定位为集高端研发、创意设计、总部经济于一体的多功能新型园区。此外，节能环保、电子信息、新能源新材料等多个科技企业加速器已投入运营。

截至目前，留创园共吸引以归国留学人员为主的高层次创新创业人才近百名，其中留学人员60多名，国家“千人计划”专家12名，省“双创计划”人才20名。园区在孵企业105家，成功出孵企业45家，培育列统企业10多家。园区共有省市级高新企业34家，省市级高新产品42项，孵化企业专利、软件著作权等各类知识产权达到100多件。

联系方式

地　址：江苏省淮安市经济技术开发区海口路9号
邮　编：223005
电　话：86-517-83600288
传　真：86-517-83600262
邮　箱：liyueping0707@163.com
网　址：www.hacyy.com

盐城留学人员创业园

园区概况

盐城高新技术创业园暨留学人员创业园成立于2004年10月，是江苏省盐城市人民政府兴办的培育和扶持高新技术企业的非盈利服务机构。2009年4月，被批准为省级留学人员创业园。创业园占地百亩，位于江苏省盐城经济开发区内，地理位置优越。

创业园投巨资高标准建设基础设施，2.6万平方米的孵化用房已竣工，并实现了“六通一平”，具备了企业入驻的必备条件。江苏盐城市科技局、盐城经济开发区管委会、盐城市财政局联合组建了盐城高新技术创业园有限公司，对进园企业实行服务承诺制度，推行“一站式”全程服务。

创业园通过提供政策优惠、免费物理空间、项目扶持等各种有效的支持和服务，降低创业者的创业风险和创业成本，吸引高等院校、科研院所和科技人员的高新技术成果到创业园实现产业化，提高创业成功率，促进科技成果转化，培育科技型企业和企业家，推动盐城高新技术产业的发展。

联系方式

地　址：盐城市世纪大道东路15号
邮　编：224007
电　话：86-515-88155332
传　真：86-515-88155332
网　址：www.ycdc.cn

扬中留学生创业园

园区概况

扬中留学生创业园成立于2007年，由扬中市政府创办，2009年经镇江市人事局批准为镇江市扬中留学生创业园，2011年经江苏省人力资源和社会保障厅批准为省级留学人员创业园。园区孵化总面积7.5万平方米。扬中创业园是一家公益性的综合科技服务机构，主要为留学人员创业企业提供全方位服务和一流的孵化条件，促进园区产业结构调整和经济的持续、持久发展。

2008年6月27日，被江苏省信息产业厅授予“江苏（镇江）太阳能光伏产业园”称号；2010年4月，被省商务厅等单位授予江苏省知识产权重点联络点；2011年1月18日，江苏扬中经济开发区获省环保厅、省商务厅、省科技厅批准创建生态工业园区；2011年9月9日，在2011年第13届中国国际光电博览会暨2011第三届中国光电投资大会上，开发区荣获“中国光电产业最具投资潜力园区”；2011年12月29日，扬中经济开发区获省商务厅批准设立“江苏扬中新能源产业园”；2012年1月，被扬中市委、市政府评为2011年度“双提升”有功单位。

园区成立了江苏大行临港产业投资有限公司，与扬中经济开发区形成政企合一的管理模式，为园区发展提供资产整合、投资、融资等服务。对入园创业创新企业提供“一条龙”“全过程”服务，从企业注册、人力资源、技术开发、科技人才立项等提供“保姆式”服务。贯彻落实省、市、县人才计划，为入园创业创新企业提供免费研发场所，落实人才津贴，提供配套资金。

在技术服务平台建设和产学研方面园区建立了光伏产业平台，与复旦大学、浙江大学、东南大学、厦门大学进行产学研合作，推进了企业工程中心、技术中心建设。省级光伏产业网上平台，目前正在稳步推进。并与浙江大学、复旦大学、华中科技大学等高校科研院所建立了良好的合作交流机制。

联系方式

地　址：江苏省扬中市开发区2号线港隆路科创中心
邮　编：212215
电　话：86-511-88224055
传　真：86-511-88224055
邮　箱：my2890756@163.com
网　址：www.yzedz.gov.cn

镇江留学人员创业园

园区概况

镇江留学人员创业园成立于2000年，由镇江市人事局与镇江新区管委会联合创办，2002年经国家人事部批准成为首批由人事部与地方政府共建的国家级留学生创业园。园区聚合镇江国家大学科技园、国家级镇江高新技术创业服务中心、省级镇江软件园、镇江国际服务外包示范区，实行“五位一体，资源共享，合署办公”。

创业园先后被评为“镇江市科技进步先进集体”“镇江市创业实训基地”“镇江市大学生创业见习基地”“国务院侨务办公室引智引资重点联系单位”“清华大学研究生江苏省就业实践基地”。

在园区管理中，积极探索，勇于创新，完善动态跟踪机制。通过“中心积极推动企业加强与上级部门沟通、激发企业主动申报、带动企业科技专员专职做好项目申报”三线联动，不断加强重大项目的组织和申报工作，特别是加强“省科技创新团队”的扶植和培育力度，力争实现零的突破。

园区根据企业的孵化情况，将为入园微型企业提供包括孵化企业专属资助、共享科技创新平台、人力资源服务、资本技术服务、商务物业服务等多种个性化特色服务。

园区与中科控股、银河证券、深创投等十余家风投机构和金融机构建立正式合作和长期联系。农业银行科技支行在科技新城挂牌营业；联合市科技局和江苏银行科技支行设立的可撬动银行贷款2亿元。江苏银行科技支行作为省风险补偿资金贷款试点银行，与小贷公司先后为园区30家企业发放科技贷款3000万元。

园区依托北交大、东大、南大等合作高校的研究院、技术转移中心，通过广泛宣传、上门走访等多种形式，鼓励企业与合作高校科研院所进行深度产学研合作。同时，通过积极引荐和全力推动，促成人才落户企业，为企业的进一步发展提供坚实的人才支持。

联系方式

地　址：镇江市高新园区丁卯经十二路
邮　编：212009
电　话：86-511-88895106
传　真：86-511-88895106
邮　箱：lgyonline@163.com

镇江市丹阳留学人员创业园

园区概况

镇江市丹阳留学人员创业园与丹阳留学人员科技创业园于2009年8月同时获得镇江市人事局批准正式成立，这标志着镇江市留学生创业园规范化建设正式启动。丹阳留学人员创业园与丹阳留学人员科技创业园分别位于该市经济技术开发区和云阳镇高新技术产业集中区，各占地面积180亩和1500亩，目前已经吸引了来自加拿大、挪威以及美国等多个博士团队领军的生物医药、新能源、软件开发和半导体存储等企业落户园区。

创业园的成立，进一步完善了丹阳海外留学人员回国创业的重要条件，将显著提升高新技术产业的积聚和人才的吸纳效应，在引导我市留学人员企业向规模化、高端化发展等方面具有重大的战略意义。

联系方式

地　址：丹阳经济开发区金陵西路101号
邮　编：212300
电　话：86-511-86987909
传　真：86-811-86989005
网　址：www.dykfq.com.cn

镇江市句容留学人员创业园

园区概况

镇江市句容留学人员创业园于2009年9月批准成立，由句容市人事局与句容经济开发区联合筹办，并由后者具体负责创业园内的实施工作。

创业园位于句容经济开发区的核心位置，占地面积100亩，总建筑面积11.2万平方米，项目总投资1.6亿元。创业园的设立，将进一步加强句容经济开发区的建设和发展，增强园区科研开发的实力和水平，吸引留学归国人员来句容创办新产品研究开发基地，兴办实业和各种科技服务机构，推动园区经济和科技的整合，促进科技成果的商品化、产业化和国际化。

创业园为进驻企业提供生产、科研、市场营销等全方位的一条龙服务，目前已有句容弛遨运动器材有限公司等多家企业入驻，未来几年将建成长三角地区具有鲜明特色的光电子、输变电、新材料和运动休闲的研发设计、品牌推广的服务业集聚区。

联系方式

地　址：句容市华阳西路开发区综合服务部
邮　编：212400
电　话：86-511-87265575
传　真：86-811-87266222
邮　箱：jrkfq@jrkfq.com.cn

泰州留学人员创业园

园区概况

泰州留学人员创业园位于江苏泰州开发区高新技术园内，是2003年8月经江苏省人事厅批准的省级创业园。园区规划总面积140亩，分办公区、生产区、研发区、生活服务中心区，建筑面积近13万平方米，绿化面积12000平方米，总投资8000万元。已建成综合办公楼4000多平方米、标准厂房12万平方米。

创业园内有会议中心、接待室、健身房、餐厅、展览中心等配套设施，入园留学生创企业近20家。根据泰州的产业基础和产业特色，结合开发区招商引资实际，创业园产业定位于精密机械、机电一体化、生物医药、嵌入式软件、汽车零部件、新型材料等。

联系方式

地　址：泰州市凤凰西路98号1号楼
邮　编：225300
电　话：86-523-80660007
邮　箱：tonyblire@hotmail.com
网　址：www.tzibi.com

海安留学人员创业园

园区概况

海安留学人员创业园位于省级开发区江苏海安经济开发区内，是江苏省海安县人民政府领导、策划，由南通华新建工集团投资3.6亿元兴建，旨在鼓励和吸引海外留学人员创业、创新，促进高新技术成果产业化，为区域经济长远发展提供人才支撑、技术支撑和项目支撑的科技创业服务机构。创业园由海安高科技创业园管理中心负责管理运营。

创业园先后被认定为市级科技孵化器、省级科技企业孵化器。已建成孵化载体3万平方米，留学人员创业项目主要涉及软件开发、机械制造、精细化工、新能源等高新技术领域。

联系方式

地　址：江苏省南通市海安县海安镇长江西路288号
邮　编：226602
电　话：86-513-88783122
传　真：86-513-88783119
邮　箱：hakech@163.com
网　址：jshxbi.com

东陇海留学人员创业园

园区概况

东陇海留学人员创业园成立于2008年9月22日，经省人事厅正式批准，在无锡—新沂工业园创建。鼓励海内外留学人员以知识、技术、专利等到新沂市创业，从事新产品研发，实施科技成果转化，进行高新技术研究、技术交流合作等活动，为他们在东陇海产业带创业、创新、实践提供一流的基地和发展平台。创业园与“无锡新区留学人员创业园”“江阴留学人员创业园”联合，实行人才、项目、技术对接，努力把东陇海留学人员创业园打造成先进制造业、现代服务业和高新技术研发的“人才高地”，以增强开发区创新能力，加快科技成果转化。

新沂市是江北唯一的“三级一类中心城市”，被省委、省政府定位为“江苏新兴工业城市”“苏鲁接壤地区新兴的交通枢纽和商贸旅游中心”，先后两次当选“长三角最具投资价值县（市）”“全国最具投资潜力中小城市百强”，是江苏省“人才特区”试点单位之一，是东陇海产业带上的高新产业基地、物流服务基地。新沂市工业基础扎实雄厚，拥有省级经济技术开发区和无锡—新沂工业园，拥有大中型企业100多家，其中高新技术企业20多家。新沂市较好的工业、农业、旅游、服务、社会事业等行业、产业基础，成为“江苏省东陇海留学人员创业园”的孵化基地。在无锡—新沂工业园区创办“江苏省东陇海留学人员创业园”有利于应对鲁南竞争，加快人才向苏北集聚，促进留学生创新、创业，推动新沂及沿东陇海产业带的经济跨越发展，为苏北的振兴增加带动力。

创业园坐落在28平方公里的无锡—新沂工业园内，占地8平方公里，4000平方米的办公大楼已经建成并投入使用，一期专家楼项目2010年4月开工，2011年2月竣工。总投资5000万元、建筑面积5万平方米的标准厂房已经全部建成，作为留学人员科技成果转化的孵化基地。

创业园设立了专门的管理机构，根据职能设有主任室、综合管理部、科技招商部、企业发展部和财务部，新沂市发改委、税务、国土等13部门一次授权到位，由园区代替部门行使行政职权，为来新沂创业的留学人员提供全方位的快捷服务。为留学人员提供税收、高新科技项目研发经费，获得财政匹配奖金支持及职称评审、住房、配偶就业、子女就学等一系列服务。

为了扎实推进“江苏省东陇海留学人员创业园”建设，新沂市采取有力措施和扶持政策支持留学人员创业园建设，先后制订出台了《江苏省东陇海留学人员创业园管理暂行办法》《关于加快引进高层次人才和紧缺人才的意见》《江苏省东陇海留学人员创业园组织机构及职能》等政策文件，推进留学人员创业园建设，达到了“五有”：有优惠的政策条件、有科学规范的管理体系、有完善的基础设施、有健全的组织机构、有配套齐全的办公场所。经过一段时间的建设，“江苏省东陇海留学人员创业园”已经形成了一个初步的高新企业培育体系，引进了一批高层次人才和高科技项目，促进了无锡-新沂开发区创新能力、科技成果的转化，为打造先进制造业、现代服务业、高新技术研发的“人才高地”，起到了强有力的推动作用。

联系方式

地　址：新沂市无锡—新沂工业园管委会
邮　编：221400
电　话：86-516-81600111，88898366
邮　箱：liuluping001@126.com

大丰留学人员创业园

园区概况

大丰留学人员创业园建设成立依托省级孵化器——大丰市科技创业园。大丰市科技创业园建成于2008年，2009年被省科技厅命名为省级科技孵化器。为进一步改善留学人员办公、生活条件，提升创业园的品牌影响力，创业园利用24层的国际商务大厦部分楼层设立了办公区，该办公区集留学人员办公、休闲为一体，配备了多功能展示厅、网络中心、会议洽谈室、健身中心、餐厅等公共服务平台，专门服务留学人员创新创业。

大丰留学人员创业园园区分为两区：一是科技研发区，利用层高24层的国际商务大厦裙楼及主楼部分楼层建设。针对海外留学人员科技、办公、生活的不同需求，配备了功能齐全、技术先进的“科技研发平台”“技术创新平台”等相关专业平台和多功能展示厅、网络中心、会议洽谈室、健身中心、酒店式公寓、公园等公共服务配套设施。也为留学人员提供顶级的科技研发平台和一流的生活娱乐设施；二是科技孵化区，在国家级孵化器——大丰市科技创业园建设“高标准、高规格”创业孵化厂房，园区占地面积56000平方米，基础设施配套齐全，共建有各种规格的标准厂房40000平方米，为留学人员提供一流的科研成果孵化和中试基地。

创业园内设五大信息平台：一是开发区规划展示平台。将大丰经济开发区的总体规划、控制性详规及相关专项规划制作成沙盘结合视频，利用这一平台向各界宾朋进行展示；二是风电产业信息平台。以大丰风电产业园这一载体，向风电企业及时提供国内外风电产业发展最新信息，并进行软件开发、新产品研发及展示等；三是科技信息平台。帮助园区企业进行发明专利包装申报，争取科技项目经费等；四是园区企业公共服务平台。为园区所有企业提供生产经营等一系列综合服务，包括数据统计、图纸设计、产品推介、信息咨询、人才培训、商务洽谈等；五是园区网络共享平台。这一平台与开发区管委会办公机构进行联网，提高办事效率，纵向组织和协调好相关中介服务机构，横向联合企业、高校、研发机构等，组成网络，形成合力，建立一个快速、高效的信息资源配置平台。创业园将按照“支持创新、鼓励创业、优化环境、拓展功能”的原则进行运作，为留学人员及企业提供孵化、企业推介及产品展示、信息资源等多种有效的服务措施。

联系方式

地　址：江苏省大丰市南翔西路666号
邮　编：224100
电　话：86-515-83855923
传　真：86-515-83855922
邮　箱：xzqyk@163.com，jssdflcy@163.com

杭州高新区留学人员创业园

园区概况

杭州高新区留学人员创业园创建于1998年，是浙江省第一家留学人员创业园。创业园先后成为国侨办两家重点联系单位之一，国家“三部一局”的国家留学人员创业园示范建设试点单位，国家人事部与杭州市政府共建单位，被中组部、国家人事部等六部委联合授予“全国留学回国人员先进工作单位”称号。

2009年，创业园被中央人才工作协调小组批准成为“海外高层次人才创新创业基地”。基地成立后，园区在工作机制、服务机制、政策扶持、创业环境等方面进行改革和创新，出台《关于进一步鼓励海外留学人员来杭州高新区（滨江）创新创业的若干意见》和《关于实施海外高层次留学人才来杭州高新区（滨江）创新创业的“5050计划”的暂行办法（试行）》，进一步鼓励扶持海外高层次人才创新创业，推进基地建设，打造人才特区。

目前，创业园已成为海外高层次人才创新创业的重要舞台。园区已有690余名海归创业人才，创办企业370多家，其中年技工贸总收入超亿元企业11家，超千万企业28家。涌现出了一批能够突破关键技术、发展高新产业、带动新兴学科的创业领军人才，有11名创业人才和3名创新人才入选国家“千人计划”。留学人员创业企业已成为推动区域经济社会发展的一股重要力量。

截至2013年底，全区人才资源总量达17.6万人，引进留学人员3700余人，海外归国留学创业人员946人，创办企业594家，拥有国家“千人计划”专家33人，浙江省“千人计划”专家71人。并于近年被中央人才工作协调小组、国家科技部先后确定为全市首家“海外高层次人才创新创业基地”和“创新人才培养示范基地”。2013年，杭州高新区在全国114个国家级高新区中综合排名升至第6位，初步跻身国家高新区第一方阵，实现了历史性的突破。

联系方式

地　址：杭州市滨江区江南大道100号区政府1楼1129室
邮　编：310051
电　话：86-571-87703201
传　真：86-571-87702525
邮　箱：hhtzrc@163.com
网　址：www.hhrc.com.cn

杭州市经济技术开发区留学人员创业园

园区概况

杭州市经济技术开发区留学人员创业园成立于2005年10月。创业园以科技产业园区的建设为支撑，充分依托杭州经济技术开发区的综合优势，全面利用国家级开发区对人、财、物的集聚效应，积极营造与国际接轨、符合国际惯例的留学人员创业软硬件环境。

创业园作为一个工业园区与高教园区融合互动的新型创业园区，着力打造“四优四新”现代产业体系（生物医药、电子信息、食品饮料、装备制造四大优势产业，汽车及零部件、新能源新材料、服务外包及文化创意、现代物流四大新经济产业）的人才创业天堂。目前，创业园已有海外创业人员580名，其中列入国家“千人计划”1名，浙江省海外高层次人才引进计划5名，留学人员创办的企业37家，留学人员服务企业90家，行业涉及电子信息、生物医药、新能源环保、精密机械等多个领域，已经成为开发区推进科学发展、跨越发展的一支重要力量。

杭州经济技术开发区党工委、管委会专门成立以工委主要领导为组长、各部门负责人为成员的人才工作领导小组和创业园领导小组，建立了人才工作联席会议制度，加强对开发区留学人员创业工作的指导。近年来，在省、市有关部门的指导和帮助下，创业园申报的多个留学人员项目获得了杭州市留学人员创业资助资金的扶持。2007年，杭州经济技术开发区出台了《关于加强高层次人才队伍建设的暂行办法》《关于鼓励留学人员来杭州经济技术开发区创业发展的若干意见》《关于鼓励设立博士后科研工作站的暂行规定》等“三大人才政策”体系，设立了1000万元人才发展专项资金。2008年，开发区根据杭州市委、市政府的相关要求，制定了“留学回国人员创业三年行动计划”，通过明确目标、落实责任、开拓创新，建立起招商、工商、税务等部门的定期联络制度，强势推进开发区创业园的建设，为留学人才创业提供一条龙服务。

杭州经济技术开发区拥有新加坡科技园、高科技孵化器、服务外包人才培训基地等创新创业平台，这些创新创业平台包括以高新技术项目的研发、生产为主体，配套商务中心、金融管理、法律咨询等服务的综合性平台，可以为留学人员科技企业研发、孵化提供完善的共享设施和配套服务。通过依托这些创新创业平台，为留学人员创办的科技型企业提供了更为广阔的发展空间，营造了更加优越的创新创业环境。为吸引更多的海外人才到园区投资创业发展，创业园每年都积极参加由省、市组织的各类海外人才招聘会以及“中国留学人员广州科技交流会”等活动，通过拓宽海外人才沟通渠道，向海外人才宣传开发区优越的投资环境、良好的创业氛围，激发海外人才来开发区投资创业发展的热情。同时，为不断健全服务制度，向留学人员提供优质服务，创业园每年都会定期举办留学人员座谈会和联谊会，并通过日常的上门走访、电话访谈、问卷调查等多种形式，在加强与留学人员沟通交流的同时，及时了解留学人员的最新动态以及对创业园建设的合理建议。

联系方式

地　址：浙江省杭州经济技术开发区学林路1288号
邮　编：310018
电　话：86-571-86794698
传　真：86-571-86878786
邮　箱：chenyaoya@163.com
网　址：www.hedarc.gov.cn

杭州市留学人员上城区创业园

园区概况

杭州市上城区留学人员创业园成立于2006年9月，由杭州市人事局与上城区政府联合创建，是杭州市首家位于老城区的留学人员创业园。创业园自成立以来，以上城区科技创业中心和工业功能区为依托，坚持政府推动与企业主导相结合、政策支持与优化环境相结合，招商引资与招才引智相结合，加大高层次、创新型人才引进力度，加强创业园规模化建设，不断增强创新创业优势，充分发挥了海归群体在构筑区域创新体系中的引领作用，创业园发展成效显著，创新能力不断增强，以促进高新成果转化和自主创新为有效载体，形成了电子信息、生物医药、食品化工为主，创意产业为新内容的发展格局，实现了经济效益和社会效益双丰收。

创业园现有省级高新技术企业2家，省市级研发中心3家，已获得授权专利180多项。在孵企业科技创新活动十分活跃，涌现了一大批高新产品和专利成果。如近江染化的“阳离子染料”被列入国家火炬计划项目；微宏软件的“支撑大型企业工作流程的学习型知识管理平台”软件获国家科技部中小企业创新基金；奥普电器被《福布斯》杂志评为亚洲10亿美元收入企业200强，并在中国香港成功上市。

目前，上城区有自美国、英国、法国、德国、日本和澳大利亚等发达国家的归国的60多名留学人员，创办或合办了20多家企业，运转良好。在留学企业的创办团队中，具有博士学位人员10人，硕士学位人员40余人。绿盛集团的创办人林东，是继马云之后第二位登上美国《福布斯》的中国企业家，被评为“风云浙商”；留学人员方杰创造了“浴霸”这个全新的卫浴电器，在改变中国人卫浴习惯的同时也缔造了一个全新的行业。

联系方式

地　址：杭州市惠民路26号区政府综合楼510室
邮　编：310002
电　话：86-571-87822813
邮　箱：hzscrc@163.com
网　址：www.scrcw.com

杭州市下城区留学人员创业园

园区概况

杭州市下城区留学人员创业园暨杭州市大学生创业园（下城）成立于2009年5月31日，由杭州市人事局和下城区政府共同创建。

创业园位于下城区星火电子商务产业园内，依托于下城区科技创业中心和科技孵化园，建筑面积3600平方米。目前一期1200平方米已进行了设计、招标、装修。园区内办公场所、会议室、休息洽谈室、通信网络、员工餐厅、商务中心、员工宿舍、物业管理等工作、生活配套设施一应俱全。为了能给留学人员到下城创新创业营造氛围，创业园不仅为留学生提供包括政策咨询、扶持资金申请、企业登记注册、商务、融资等在内的“一站式服务”，还同时配套出台了一系列优惠扶持政策。

联系方式

地　址：杭州市下城区东新街道费家塘路588号
邮　编：310004
电　话：86-571-85820625

杭州市留学人员萧山区创业园

园区概况

杭州市留学人员萧山区创业园成立于2006年1月。创业大厦坐落于杭州市萧山区金融、行政、商务中心区，总面积约8000平方米。创业大厦配备多功能厅、接待室、会议室、健身活动室等完善的配套设施以及会计师事务所、律师事务所、公证处、风险投资公司、管理咨询公司、生产力促进中心等外围中介服务机构，可为入驻企业提供全方位、多层次的优质服务。

创业园主要针对高科技企业和回国创业的留学人员，通过免租、减租、奖励、资助等手段重点扶持电子信息、生物与医药科技、新型材料、机电一体化、新能源、高效节能与环保等高科技产业。依托得天独厚的区位、环境、政策、产业等优势以及杭州的科技信息、人才资源，营造适合于科技型中小企业发展的优化环境，为萧山培育有市场竞争力的、成熟的高新技术企业。

联系方式

地　址：杭州市萧山区金城路1038号
邮　编：311201
电　话：86-571-82898583
邮　箱：ljping@xs.zj.cn
网　址：xiec.xswjm.gov.cn

杭州市留学人员江干区创业园

园区概况

杭州市留学人员江干区创业园成立于2009年12月，由杭州市人事局与江干区政府联合创建。创业园以江干区科技创业中心和江干科技经济园为依托，并逐步向全区辐射。创业中心以吸引创业初期尚处在起步阶段的留学人员企业为主，科技经济园则重点吸引初具规模、具有一定科研与成果转化能力的留学人员企业。

杭州市江干区科技创业中心（天城信息产业研发基地、海潮信息产业研发基地）是浙江省科技厅认定的省级重点科技企业孵化器，研发基地位于城市核心商务区，地理位置优越，交通便捷，周边配套设施齐全，浓郁的研发氛围和优良的环境是创业者的理想选择。

杭州市江干科技经济园位于杭州城市东部，总规划面积505公顷，是杭州市高新技术产业园和特色城镇工业功能先进单位，已成为拉动江干经济稳健强劲发展的重要平台。园区着重以引进、培育、调整、服务为手段，鼓励企业走“品牌+研发+网络+核心工厂”的发展路子，通过多元招商和项目筛选，引进、培育生物医药、新材料、新能源等高新技术产业，加快高新技术企业的发展。

创业园在充分发挥孵化器和产业基地的高新技术企业培育功能的基础上，集人事、科技、发改、工商、招商、财税、劳动、教育等各职能部门于一体，强化创业服务体系建设，为留学人员来江干创业提供政策咨询、人才人事、融资、公用、商务等一站式、一条龙配套服务，构筑留学人员创业平台。

联系方式

地　址：杭州市九堡九盛路9号江干科技经济园管委会408室
邮　编：310000
电　话：86-571-86905958
传　真：86-571-86909219
网　址：www.eastcloud.com.cn

杭州市留学人员拱墅区创业园

园区概况

杭州市留学人员拱墅区创业园成立于2008年8月，由拱墅区与杭州市人事局共同创立，与拱墅区国家级创业服务中心、北部软件园相互依托，优势互补，实行“三园一中心”统一管理服务模式。创业园坐落在杭州市中心城区北部，区域位置、交通优势明显，是投资创业的理想去处。

为了让留学生拥有优惠、稳定的创业环境，降低留学生创业风险，拱墅区出台了《关于印发吸引和鼓励留学人员来拱墅区创业的若干意见（试行）的通知》，实施政府支持、政策配套.拱墅区人事局下属人才交流中心成立了“拱墅区留学人员创业服务中心”，为留学生提供政策咨询、人事代理、项目代理申报、落户以及组织开展公交、文化交流活动等一系列服务。

依托拱墅区科技功能功能区为留学人员创业实体平台，创业园为留学人员创业提供政策咨询和扶持、融资、商务、信息交流、场地管理等一站式一条龙配套服务。留学人员在园区创业可享受优惠政策包括：资助资金配套，经认定纳入拱墅区科技企业孵化器的可享受区级孵化器相关优惠政策、科技立项企业税收优惠、投资奖励；鼓励技术成果投资，对于办高新技术企业、中介服务企业、文化创意产业业绩突出的给予政府奖励；减免部分房租，优先列为拱墅区杭州市专项经济适用住房的申购对象等。

创业园内现有办公用房面积20万平方米，留学人员创办企业15家，固定资产投入超65亿元。

联系方式

地　址：杭州市台州路1号区政府大楼1号楼1325室
邮　编：310015
电　话：86-571-88259665
网　址：www.hzzjlx.com

杭州市留学人员西湖区创业园

园区概况

杭州市留学人员西湖区创业园成立于2008年12月，由西湖区政府经市人事局批准设立。创业园以“一街二带六园”及九大科技企业孵化器为载体，初期以西湖科技园、之江文化创意园为基地，逐步向浙大科技园、转塘科技经济区块、西溪文化创意园等园区辐射，建设泛西湖区域的留学人员创业园。

杭州西湖区推出六大服务新举措，致力打造一个具有最佳创业环境的创业摇篮。一是为创业企业提供房租补贴和配套设施，同时为创业企业提供共享服务设施，方便创业企业开展商务活动，降低企业运营成本；二是推荐和协助企业申报政府资金扶持计划。设立“西湖区留学生创业专项资金”，给予留学人员创业企业20万元以下一次性创业资助资金，同时积极帮助创业企业申请浙江省各类科技计划项目、杭州市科技创业种子资金项目，解决制约初创企业发展的投融资瓶颈，帮助高科技、高成长性、高附加值创业企业做大做强；三是免费为企业提供人才代理服务。根据企业需求，加强创业企业人才档案管理、人才引进、外地人员进杭落户手续办理等服务工作；四是打造信息服务平台。开设“西湖人才邮箱”、短信服务平台，为创业企业提供便捷、高效的网络信息服务，举办创业者沙龙和创业论坛，为创业企业经理人创造信息交流和思维碰撞的互动平台；五是建立公共技术服务平台。依托浙江大学雄厚的科研技术和完善的设备条件，目前已建成“浙江大学国家大学科技园光与电技术开放实验室”和“浙江大学科技园生物医药技术测试中心”，为信息技术、光机电一体化、生物医药、新材料、新能源和生命科学等技术领域的留学人员企业技术研发和分析测试提供便利条件；六是强化创业培训。帮助创业企业联络辖区高校、科研院所及有关培训机构，为创业企业提供政策、管理、金融、税务、法律、市场、财务等方面的培训。

联系方式

地　址：杭州市浙大路1号
邮　编：310013
电　话：86-571-87935180
网　址：www.xhkjy.com

杭州市留学人员余杭区创业园

园区概况

杭州市留学人员余杭区创业园成立于2009年3月，由杭州市人事局与余杭区政府共建，由杭州余杭高新技术产业园区创业中心负责管理。

创业中心占地11亩，建筑面积6787平方米，可供孵化面积5772平方米，在硬件配套上拥有公共接待大厅，配有培训室、会议室及休息洽谈室。在软件服务上，中心还设立了留学人员服务办和科技项目服务办等，一对一地为项目的发展做好服务。初始阶段创业园将以余杭经济开发区（省级高新园区）、仓前高新高教园区余杭创新基地——生态科技岛两个重点集聚地为依托，按实体与虚拟相结合的原则建成，并逐步向全区辐射。科技孵化器以吸引创业初期尚处在起步阶段的留学人员企业为主，工业基地则重点吸引初具规模、具有一定科研与成果转化能力的留学人员企业。

联系方式

地　址：杭州市余杭区东湖街道保健路67号

邮　编：311199

电　话：86-571-86223642

杭州市留学人员富阳创业园

园区概况

杭州市留学生人员富阳创业园成立于2009年12月28日，由杭州市人事局和富阳市政府共同创建，是杭州五县市中首家留学人员创业园，以吸引创业初期尚处在起步阶段的留学人员企业为主。

创业园位于东洲街道，拥有5000平方米的创业孵化楼，集工作、休闲、娱乐于一体，设有会议室、报告厅、展示中心、商务中心等开放设施，并且提供税收、土地、资金、用房等各方面的优惠待遇，为园区企业提供全方位、全过程的优质高效服务。2010年4月12日，杭州市留学人员富阳创业园生物医药基地正式成立，是创业园设立的首家留学人员专业性创新创业孵化基地。基地的建立，可以有效地满足生物医药科研项目的环境孵化需求，加快生物医药项目落地转化步伐，更好地实现留学人员和企业互利双赢。

创业园成立以来，主动发挥自身引才主体，并扮演"游资"推动"转型升级"服务角色，引导富阳民营资本主动参与转型升级，合力推进"招才引智"工作。这一独特的引才方式很好地宣传了富阳，同时也结出了成果。

联系方式

地　址：杭州富阳市江滨东大道138号

邮　编：311499

电　话：86-571-87196586，87196588

传　真：86-571-87196587

邮　箱：hzfylcy@163.com

宁波保税区留学人员创业园

园区概况

宁波保税区留学人员创业园成立于1999年9月，由浙江省人事厅、宁波市人事局、宁波保税区管理委员会联合组建，是目前我国唯一一家设在保税区内的留学人员创业园。2000年10月，被国家科技部、人事部、教育部和国家外国专家局批准为首批9家国家留学人员创业园示范园区之一；2001年12月，被团中央、全国青联授予"中国青年海外学人创业基地"。2005年7月，被命名为2004年度宁波市"青年文明号"，并经国家人事部批准设立了区域博士后科研工作站；2006年被授予"国家高新技术创业服务中心"称号。

园区已建成并投入使用创业大楼3栋，拥有创业孵化场地总面积13.7万平方米，目前已转让给孵化毕业企业9.1万平方米。创业孵化场地配套齐备，拥有学术交流、网络教学、商务接待、样品展示等综合服务设施和各类文体休闲娱乐设施及人才公寓等生活服务设施，大部分设施均供创业企业免费使用。

经过多年实践探索，服务中心形成了具有自身特色的"三级孵化模式"（即成果孵化、创业孵化、实现产业化）和"六大服务体系"（由创业支撑服务、政策信息服务、人力资源服务、后勤保障服务、创业融资服务、科技合作服务构成）。

十多年来，除硬件设施建设投入外，区管委会累计投入创业平台运作经费4000多万元，投入种子孵化资金3000多万元，获得上级科技经费资助8300多万元，累计转化科技成果360多项。在孵企业和毕业企业共获得各级各类科技计划立项项目280项，承担并完成国家科技计划项目53项，拥有发明专利80多件。

截至2013年底，入园投资创业和开展技术合作的留学人员来自欧美和日本、澳大利亚、新西兰等10多个国家。主要从事电子信息、光机电一体、生物医药、新材料、新能源和节能环保等领域高科技产品的研发生产，高新技术领域的引进消化吸收和再创新能力大幅提升，直接创造就业岗位上万个，在孵企业中本科以上学历有1590多人，占企业总人数60%以上，其中博士研究生30人，硕士研究生156人，孵化器内聚集了一大批高科技人才，人才聚集效应突出。

联系方式

地　址：浙江省宁波市保税区大厦6楼

邮　编：315800

电　话：86-574-86865661

传　真：86-574-86869112

邮　箱：zjie@nftz.gov.cn

网　址：www.pioneers.gov.cn

宁波高新区留学人员创业园

园区概况

宁波高新区留学人员创业园经宁波市人事局批准成立于2002年。2003年12月，经浙江省人事厅批准为省级留学人员创业园；2007年成为国家人事部与宁波市人民政府共建的中国宁波留学人员创业园。管理机构为宁波国家高新技术产业开发区管委会。创业园创业大厦建筑面积3.07万平方米，按智能化要求建造，网络宽带千兆到大楼，孵化场地宽敞，拥有学术报告厅、会议中心、电子阅览室、商务中心、咖啡厅、商场等配套设施。2009年建成10万平方米标准厂房并投入使用，为留学人员创业企业提供后期产业化基地，现已形成了以人才创业为核心，项目孵化、企业加速、规模上市一体化的递进式孵化服务体系。

近十年来，创业园不断完善孵化设施建设、优化海外人才创业平台服务功能。2002年12月，被国家科技部批准为国家高新技术创业服务中心；2004年2月被国家科技部创新基金管理中心正式列为创新基金小额资助依托机构；2005年10月成为国务院侨办的重点联系单位；2006年4月成为科技部火炬中心全国16家国际科技合作依托机构之一；2007年4月成为宁波市科技创业孵化协会会长单位，2010年3月，被科技部列为国家大学生科技创业见习基地试点单位；2011年1月，荣获省级文明单位称号。中国宁波留学人员创业园已成为区域科技自主创新，培育高新技术产业，吸引海外高技术人才来宁波创业的重要载体。

为推进人才特区建设，集聚海外人才回国创业，宁波市、高新区人社部门上下联动借助宁波新材料科技城建设全面启动的契机，以“五特建设”（特别机制、特色载体、特惠政策、特优环境、特殊合力）为主线，推进“四大工程”（大平台、大载体、大政策、大合作）建设；以“三创举措”（创新、创业、创意）为抓手，推进“二大特区”（海外高层次人才创新创业基地和人才管理改革试验区）发展，人才工作取得了明显成效。

宁波新材料科技城2013年8月28日正式成立，其管委会与宁波国家高新区管委会实行“两块牌子、一套班子”合署办公，规划面积由18.9平方公里扩大到55平方公里，努力打造“创新驱动先行区，新兴产业引领区，高端人才集聚区，生态智慧新城区，国际一流、国内领先的新材料创新中心”（简称“四区一中心”），为国内外高层次人才提供了更大的创新创业舞台和更广阔的发展空间。

截至2013年底，园区累计孵化留学生企业262家，在园企业133家，新增加33家，毕业17家。2013年企业收入总额8.52亿元，产业领域主要有电子信息、生物医药 、文化创意、新能源与节能、新材料等等。2013年园区新引进海外人才121人，在园留学人员人数达361人，其中博士、硕士、本科学历分别占41%、49%、10%，区域分布主要集中在美国，达31%。海外回国创业人才中入选“国家千人”人才12人，“浙江省千人”人才13人，宁波市人才计划24人。

联系方式

地 址：宁波市国家高新区研发园c区9号楼3楼
邮 编：315040
电 话：0574-87907074
传 真：0574-87907875
邮 箱：28897364@qq.com
网 站：www.nbiip.com

宁波经济技术开发区留学人员创业园

园区概况

宁波经济技术开发区科技创业园暨宁波经济技术开发区留学人员创业园成立于2000年5月，是专供海外留学人员回国从事科研、开发、生产的创新基地。旨在充分发挥国家级开发区的综合功能优势，鼓励和吸引国内外优秀科技人才创新创业，促进高新技术成果产业化，为区域的长远发展提供充分的人才支撑、技术支撑和项目支撑。2002年5月，被中华全国侨联授予“科教兴国示范基地”称号。

创业园采用独特的“一园多基地”组建模式，同时设立留学人员创业园、宁波国际软件园开发区基地，其中宁波国际软件园已被国家科技部认定为国家火炬计划宁波软件出口加工实验园。

创业大厦高8层，采用智能化综合布线系统，适合不同产业的科技企业从事研发、办公。标准厂房高三层，空间布局灵活，便于分隔，适合不同产业的科技企业入驻，从事研发、中试和生产。同时，园区高标准地配备了供水、排水、排污、电力、通信、蒸汽、宽带网络、员工餐厅等基础设施。留学人员、科研人员、国内外中小型科技企业以及科研院所、大专院校等均可在创业园设立外资企业、中外合资（合作）经营企业和内资性质的各类有限责任公司，享受各级政府及开发区管委会提供的优惠政策。

自成立以来，创业园已引进各类科技型企业，涉及电子信息、生物工程、新材料等高新技术领域，总投资超过9亿元。园区企业共获得国家“863计划”、国家“星火计划”、国家科技型中小企业创新基金、国家重点新产品计划、留学回国人员科技活动择优资助、宁波市重点博士基金、科研攻关、科技难题联合招标、创业基金、高新技术成果转化项目等各级、各类科技项目20多个，累计获得各项奖励、补助资金近千万元。

园区累计入驻各类科技型创业企业200多家，引进各类人才378人，其中海外留学人员164人，留学归国博士李霖、张发饶入选国家“千人计划”，5名留学归国人员入选省“千人计划”。截至目前，园区企业共获得141项各类科技项目，包括国家级科技项目34项，留学人员项目26项，其中国家863计划1项，国家星火计划2项，国家火炬计划2项，国家重点新产品计划3项，国家科技型中小企业技术创新基金9项，国家科技攻关计划引导项目1项，国家电子信息产业发展基金项目1项，国家留学回国人员科技活动择优资助6项。宁波开发区科创园获得各级各类科技项目补助资金4400多万元，其中留学人员创业项目资助3100万元；2006年以来获得各类专利73件，其中发明专利26件。

联系方式

地 址：浙江省宁波市北仑明州西路477号
邮 编：315800
电 话：86-574-86783582
传 真：86-574-86783589
邮 箱：zhangliang@mail.netd.gov.cn
网 址：www.nbcyy.com

宁波江北区留学人员创业园

园区概况

宁波江北区留学人员创业园（宁波海外人才江北创业中心）成立于2009年11月，是由宁波市人事局批准的首家海外人才创业园，也是宁波首家由政企结合进行企业化运作的创业园。创业园由宁波蓝野医疗器械有限公司等4家民营企业投资建设的江北区中部科技创业服务有限公司进行管理。由企业承担公益性创业园功能，改变了以往由政府出钱、出人、出力兴办创业园的模式，注入了市场机制和创新活力，为创业园发展提供了强大的利益驱动机制。

创业园与宁波海外人才江北创业中心以“两块牌子、一套班子”的方式运营，有孵化用房8700平方米，可容纳几十家创业企业入驻。入驻企业在享受政府专业服务的同时，也可以享受到一定的政策、税收优惠。

目前，创业园已入驻的18家企业，其中有来自法国、美国、瑞典和澳大利亚等4个国家的8名海外外籍人才创办的外资企业，另有4家归国留学人员创办的企业，涉及电子信息、技术研发、医疗器材等创意创新产业。

联系方式

地　址：宁波市江北区洪塘街道长阳路35号
邮　编：315033
电　话：86-574-55003300
传　真：86-574-55003300
邮　箱：incubator@cn4311.com
网　址：www.nscse.com

宁波鄞州区留学生创业园

园区概况

宁波鄞州区留学生创业园于2008年8月经宁波市人事局批准建立，旨在吸引留学人员到鄞州区创业，为海外留学人才及其项目开发提供新的平台。创业园位于鄞州区中心城区，面积达6.5万平方米，交通便捷、配套设施齐全。园区依托宁波市鄞创科技孵化器管理服务有限公司，由鄞州区政府牵头，是一家“资源整合一体、功能覆盖全区”的多投资主体孵化器管理机构。主要有四个分支机构，包括以动漫、软件信息产业为主的科技中心分支；鄞州大学生创业园分支；以能源新材料和机电一体化产业为主的杉杉科创基地分支；以军转民技术应用、能源环保、新材料、光机电、精细化工、电子信息、先进制造、激光应用为主的中物九鼎孵化器分支。目前园区被评为“国家级科技企业孵化器”、“国家级大学生科技创业见习基地试点单位”、“浙江省留学人员创业园鄞州园区”。

鄞创孵化器是由区内5家核心机构（宁波市鄞州区科技创业投资有限公司、宁波杉杉科技创业服务有限公司、浙江中物九鼎科技孵化器有限公司、宁波恩科投资有限公司、宁波市鄞州区青年创业协会）出资成立的一家“资源整合一体、功能覆盖全区”的多投资主体孵化器管理机构。对外统一宣传与招引，对内统一政策与管理，实现对鄞州全区孵化服务功能和资源的共享，综合协调全区科技孵化器的建设和发展。鄞创孵化器实行“政府指导、企业化运作”的发展模式，一方面政府通过国有企业的大股东地位主导孵化器的发展方向，另一方面按现代企业制度来经营、运作孵化器，保持其发展活力，打造具有“鄞州牌”特色的科技企业孵化器。采用“孵化器＋加速器＋产业园”的器园结合发展模式，把创业苗圃、孵化器、加速器、产业园紧密相连，形成完整的科技孵化产业体系。

园区除入驻服务、创业培训、人才招聘、项目申报、风险投资、中介服务等基本服务外，建立了联络员、辅导员、创业导师三位一体的创业辅导服务模式，总部与基地配备两级专职联络员，帮助企业健康快速的成长。同时，鄞州区政府与杭州银行宁波科技支行建立合作关系，成立风险池基金，在无需抵押或担保前提下，在孵企业园区除入驻服务、创业培训、人才招聘、项目申报、风险投资、中介服务等基本服务外，建立了联络员、辅导员、创业导师“三位一体”的创业辅导服务模式，总部与基地配备两级专职联络员，帮助企业健康快速的成长。同时，鄞州区政府与杭州银行宁波科技支行建立合作关系，成立风险池基金，在无需抵押或担保前提下，在孵企业科技贷款可达100万元，毕业企业可达300万元，特别优秀的企业经科技管理部门核准后还可放宽贷款额度。

截至2013年底，园区孵化总面积8.76万平方米，其中：科技中心孵化器1万平方米，恩科科技创业园2.08万平方米，首南科技创业园0.7万平方米，鄞州大学生创业园0.7万平方米，杉杉科创孵化器2.96万平方米，高桥普天科技创业园0.72万平方米，中河街道和邦孵化器0.6万平方米。

截至2013年底，在园留学人员企业33家，累计孵化企业170家。2013年新增企业52家，毕业企业56家。2013年企业收入总额4599.15万元。在园留学人员企业中，主要集中在新一代信息技术行业，如软件业、网络服务业等。2013年在园留学人员总数56人，其中博士、硕士、本科学历分别占17.8%、66.1%、16.1%。截至2013年底，入选中央“千人计划”1人，入选省级人才引进计划2人，入选市区级人才引进计划6人。

联系方式

地　址：宁波鄞州区学士路298号
邮　编：315100
电　话：86-574-87417791
传　真：86-574-87417791
邮　箱：2658298410@qq.com
网　址：www.yzbizs.com.cn

宁波镇海区留学人员创业园

园区概况

宁波镇海区留学人员创业园于2007年12月通过宁波市人事局批准正式设立，是宁波市11个县（市）、区中首家市级留学人员创业园。

目前，创业园已形成集技术创新、高新技术企业孵化、创新人才培育、科研成果产业化等四大功能为一体的新型园区，拥有国内著名大中型企业40多家。如今，园区绿色园林、高等学府、科技创新、公共服务、衣食住行融为一体，是归国留学人员创新创业的理想之地。

创业园坐落于风景优美的宁波市高教园区（北区）的宁波市大学科技园内，该区块毗邻中科院材料所、宁波大学、宁波工程学院等科研院所和高等院校，规划为未来宁波市的高端研发机构集聚基地、科技创新创业孵化基地、高新技术产业化基地、创意产业基地和留学人员创业基地。创业园所在的科技创业大厦，建筑面积达2.6万平方米，集研发办公、创业孵化、展示交易及专业市场等综合功能和一流物业管理于一体，以为包括留学人员在内的人才创业发展提供良好的平台。

联系方式

地　址：宁波市镇海区胜利路112号
邮　编：315200
电　话：86-574-86681188
传　真：86-574-86256470
邮　箱：zhdxscyy@163.com
网　址：www.zhrsrc.gov.cn

宁波（浙江慈溪出口加工区）留学生创业园

园区概况

宁波（浙江慈溪出口加工区）留学生创业园于2008年8月经宁波市人事局批准设立。创业园由慈溪市和杭州湾新区共同投资建设，受杭州湾新区科技创业服务中心管理。

创业园占地面积60亩，建筑面积3.86万平方米，总投资1.2亿元。由服务外包产业基地、高端研发机构集聚基地、科技创新创业孵化基地、高新技术产业化基地四大基地和一个博士后工作站、一个院士工作站组成，是一个以应用型开发为主，兼具孵化、中试、商务办公及娱乐休闲为一体的综合性公共服务平台。主要扶持的产业包括创意设计、广告策划、电子信息、生物医药、新能源新材料、机电一体化、环保节能等高新创新产业。创业园将充分依托杭州湾新区的区位优势和政策优势，全力吸引慈溪及周边地区海外留学人员回国创业，成为宁波市人才智力引进的一个重要平台。

联系方式

地　址：浙江慈溪市杭州湾新区兴慈一路1号
电　话：86-574-63071029
传　真：86-574-63071000
邮　箱：office@cepz.ningbo.gov.cn
网　址：cepz.ningbo.gov.cn

金华留学人员创业园

园区概况

金华留学人员创业园成立于2003年6月，由金华省级高新技术产业园区管委会与金华市人事局共同创建。为培育和提升企业的自主创新能力，高新区管委会构筑了一套功能完善的技术创新服务体系和健全的管理服务机制，并依托金华科技园创业服务中心的孵化场地和共享设施，为企业自主创新提供强有力的人才引进、技术研发与合作平台，使创业园建设取得跨越式发展。2005年经浙江省人事厅批准成为省级留学人员创业园。

成立于2001年3月的金华科技园创业服务中心目前已建成六个孵化基地，场地面积5万平方米，孵化器规模名列浙江省前茅。2005年被评为国家级高新技术创业服务中心。创业中心可为留学人员创业园在孵化场地、办公、研发、生活和园区信息化等方面提供配套齐全的共享设施，在企业孵化、科技创新、成果转化等方面提供全方位的配套服务，成为留学人员强有力的创新、创业支撑体。

创业园充分利用中科院金华科技园、浙江网上技术市场、“工科会”等科技合作与人才交流平台，推动园区企业与院校所开展科技合作和引进人才。积极筹办“金华籍博士故乡行”、海外博士科技成果展示交易会、海外博士科技信息发布会和海外博士座谈会等活动，吸引留学人员来园区创业。为解决企业在引进技术、管理、技能人才方面的困难，创业园还成立了博士后科研工作站，与金华职业技术学院建立了全面合作关系，建立起一套多层次的高、中、初级人才引进体系。

近年来，创业园充分利用海外留学人员在技术、观念、管理、市场等方面的优势，培育一批高科技企业，留学人员创业园发展呈现出“一快三高”的特点，即增速快、创业人员素质高、发展产业档次高、孵化项目科技含量高。近几年入园的留学人员年龄大多在40岁以下，大多在国外从事产品研发，充分了解各自领域的最新科技发展动态，掌握关键技术。留学人员企业涉及电子信息、生物医药、机电一体化、环保、新材料等高新技术产业，为高新园区已成规模的电子信息、生物医药、汽车及配件、机电一体化及新材料四大特色产业提供了量的补充和质的提升。

创业园不仅吸引了一批高素质的留学人员来园区创业，还涌现出一批技术含量高、销售前景广阔的高新技术产品。如荷兰闫克平博士创办的中荷环保有限公司承担的“近海工程高分辨率多道浅地层探测技术”被列为国家“863”计划；由美国董永华博士创办的微创医疗设备有限公司研发的“二氧化碳气体造影输送装置”已通过省重点孵化器专项评审，属国内领先技术，填补了国内空白，并获一项实用新型专利，申报了一项发明专利；美国周彤博士创办的爱司米电气公司研发的电动代步车系统其技术处于国内先进水平，带动金华电动车产业的规模化生产，产品已辐射东南亚及欧美市场，销售前景广阔。

联系方式

地　址：金华市双溪西路620号
邮　编：321017
电　话：86-579-83183913
传　真：86-579-83183913
邮　箱：7427098@qq.com
网　址：www.jhcy.cn

湖州留学人员创业园

园区概况

湖州留学人员创业园暨浙江省留学人员创业园湖州园区成立于2001年，由浙江省留学生工作站、湖州市人事局、湖州高新技术园区管委会共同组建。2002年5月经浙江省人事厅批准升格为省级园区。创业园位于湖州市西北部，地处湖州经济技术开发区、湖州高新技术产业园内，规划面积2平方公里，分为研发和创业投资两个区块。为便于资源共享、效能统一，创业园与湖州经济技术开发区、湖州高新技术产业园区合署办公。

创业园依托经湖州济技术开发区近十年来开发建设所积

累的通信、电力、能源、污水处理等资源优势，按照市场经济的运作要求，建立了与国际接轨的经济运行体制，土管、城建、财政、公安、工商行政管理等市级职能部门在开发区设立了分局，对园区内企业实行全过程“宾馆式”服务。

建园之初，创业园就以吸引留学人员发展高新技术产业为目的，紧紧围绕“高科技、产业化”的发展方向，着力推进技术创新和科技进步，积极鼓励企业以实施高新技术项目和产品为准绳，企业技术创新势头强劲。为支持园区建设，创业园着力吸引具有较高技术含量的留学人员企业入驻，并设立了科技创业基金，每年安排100万元，重点支持高科技企业产业化和海外留学人员创业项目产业化。此外，创业园大力规划建设了南太湖科技创新中心、生物技术产业化公共平台，旨在更好地服务留学人员创新创业。南太湖科技创新中心总建筑面积30余万平方米，建设了生物技术、环保技术、电子信息技术等科技产业化公共平台，目前已有中科院湖州应用技术与产业化研究中心、中电15所等4家单位提出入驻意向。生物技术产业化公共平台一期建设细胞基因生物技术和抗体技术两个相关技术研究及产业化中心，分别由相关生物技术企业及技术团队为主建设。

在园区建设发展的过程中，创业园借助长三角人才开发一体化的大好发展机遇，积极开展与留学人才的交流与合作，与其他兄弟城市协作，进一步扩大园区的影响力。

联系方式

地　址：湖州市龙溪路208号
邮　编：313000
电　话：86-572-2101018
传　真：86-572-2101753
邮　箱：kfqgw@mial.huptt.zj.cn
网　址：www.hetd.gov.cn

吴兴留学人员创业园

园区概况

吴兴留学人员创业园创建于2008年3月。2010年10月，被认定为浙江省留学人员创业园吴兴园区，是全市三县两区仅有的一家省级创业园，首家国家级孵化器。

留创园总面积25.45万平方米。其中，研发基地1.68万平方米，中试产业化标准厂房20万平方米，总投资约3亿元。为了给留学人员创业营造优良环境，园区构建了专业技术服务、投融资服务、技术合作与交流、人才引进四大平台，并为入驻企业提供工商注册、创业培训、商务支撑等一系列基础性服务。

吴兴创业园不仅成为留学回国人才的聚集之地，还有力促进了吴兴区培育形成产业集群。在留学人员创业企业中，交达数控科技、环友橡塑材料、顺先高分子材料、瑞丰生物科技4家公司已达产业化。“三电”产业企业达20家，其中交达数控圣地诺自动化设备、量王机器人为留学人员创办企业，促进了吴兴区“三电”产业的发展和产业链的形成。节能、新能源产业企业包括创盛光能源、威远光电科技等，涉及LED显示、照明及封装，太阳能电池片及配套组件等，已形成一定规模。

创业园将按照科技创新引领全区产业转型升级的总目标，充分发挥公共技术服务平台的技术支撑作用，加大力度培育战略性新兴产业，加深科技与金融的结合，积极推动高新技术产业示范园的建设，力争使科创园真正成为该区“高新技术产业发展的示范区、科技成果转化的加速区、精英人才的集聚区、转型升级的引领区”。

截至2013年底，园区已有留学人员创办企业31家，其中2013年新增留学人员企业7家，毕业2家，培育孵化取得了一定成效。在孵各类企业达到83家，产业主要涉及“三电”、新能源、新材料、节能环保、生物医药及器械等。2013年企业总产值达到5.1亿元。截至2013年底，在园留学人员总数达到217人，其中博士占30.1%，硕士占45.6%，本科占24.3%。截至2013年底，入选千人计划2人，省级人才引进计划3人，市级人才引进计划14人。截至2013年底，在园外国专家人数达到12人，创办企业1家。

联系方式

地　址：浙江省湖州市吴兴区八里店镇曹报村
　　　　中小企业创业园
邮　编：313028
电　话：86-572-2282122，2282630
邮　箱：117901415@qq.com
网　址：www.wxkcy.com

温州留学人员创业园

园区概况

温州留学人员创业园是2002年7月经国家人事部批准，由人事部与温州市人民政府共建的国家级留学人员创业园。2003年12月，创业园被中国侨联列为全国第二批23个“科教兴国示范基地”之一。

创业园坐落在温州高新园区黄金地段，紧邻温州市行政中心区和城市“绿色之肾”三垟湿地。目前，创业园已拥有设施齐全的花园式办公及生产用房9万平方米，以及完善的后勤服务设施。坐落在高新园区的温州科技城核心区已全面动工建设，几大机构共享园区资源，在技术、人才、设施、服务平台、资金等要素资源方面产生互动发展的集聚效应。创业园提供特殊优惠政策和优质高效服务，为海外归国留学人员创造一个良好的创业环境和创业平台，吸引留学人员回国创办科技型企业，从事高新技术研究开发和技术创新活动，已成为海外学子回温州创业的首选之地。

园区优惠政策包括：1）租金优惠：留学人员租用孵化用房，在核定面积内，第一年免收租金，第二年按基价的30%收取，第三年按基价的50%收取；2）创业资助：设立每年300万元留学人员创业资金用于资助入驻创业园的留学人员前期费用补贴、安家费补助及企业科研项目开发等；3）优质服务：协助办理公司成立手续，指导申报各级科技计划，提供政策信息和企业管理咨询，协助人才引进和人才培训，提供配套的后勤服务等公共服务设施。

联系方式

地　址：温州高新技术产业园区创业园（中兴大道）
邮　编：325011
电　话：86-577-81581002

传　真：86-577-86581003
邮　箱：4718199@qq.com
网　址：www.wzbi.com

绍兴留学人员创业园

园区概况

绍兴留学人员创业园（浙江省留学人员创业园绍兴园区）经浙江省人事厅批准于2004年4月成立。创业园位于绍兴袍江工业区科技企业孵化中心内，依托绍兴袍江工业区的软硬环境和多年来形成的健全服务体系，为广大留学人员、博士等高层次人才创业和发展提供政策指导、优惠政策、投融资服务、管理咨询、培训等全方位的服务，在局部构建一个优化的创业环境，以吸引海内外学人前来进行科技成果转化，提高绍兴市的科技水平和国际化程度，培育具有一定竞争能力的高新技术企业和高素质的科技型企业家。

创业园成立以来，积极通过组织和参加各种博士、留学人员座谈会，走访全国重点院所、院校等形式，为入园企业拓展资源，开辟发展空间。

联系方式

地　址：绍兴市袍江工业区教育路66-9号
邮　编：312000
电　话：86-575-88132889
传　真：86-575-88132889
邮　箱：wuyan020@163.com

嘉兴留学人员创业园

园区概况

嘉兴留学人员创业园（浙江省留学人员创业园嘉兴园区）于2000年7月与嘉兴科技创业服务中心同时挂牌成立，并设立在嘉兴科技创业服务中心内，实行“两块牌子、一套班子”。2006年，成为由嘉兴市科技局、嘉兴市人事局、嘉兴高新技术产业园区管委会和浙江省留学生工作站联合共建的省级创业园区。嘉兴科技创业服务中心是浙江省嘉兴市首家国家高新技术创业服务中心。中心占地近200亩，规划孵化面积18.6万平方米。

中心成立多年来，以“创造环境、孵化项目、培育企业、造就人才”为宗旨，努力优化创业环境，强化孵化功能，积极扶持在孵企业发展。发展至今，入驻孵化企业累计近300家，培育了省、市级高新技术企业40余家，软件企业29家。现有在孵企业140余家，在孵企业就业人员2000多人。良好的创业环境促使一批高科技企业和科研项目脱颖而出。先后有45家企业孵化成功，从中心毕业。中心已发展成为嘉兴市高新技术研发、中试的重要基地和区域科技创新服务体系的重要组成部分。中心先后被授予“浙江省重点科技企业孵化器”“浙江省青年创业基地”等荣誉称号；2005年创建“浙江省小企业创业基地”，12月，被国家科技部认定为“国家高新技术创业服务中心”；2006年被省信息产业厅批准为“浙江省软件产业（嘉兴）基地”，与嘉兴学院共建“嘉兴学院科技创业基地”。

创业园利用各项优惠政策，通过有效服务，吸引海外留学人员前来创业，加快科研成果产业化，促进嘉兴市开放型经济的发展，并将继续以孵化科技型企业、培养科技创业人才、促进科技成果转化为己任，努力打造成为科技企业的摇篮、技术创新的基地、科技创业的舞台。

联系方式

地　址：浙江省嘉兴市城南路1369号
邮　编：314031
电　话：86-573-82651772
传　真：86-573-82651779
网　址：www.jxbi.com

嘉善留学人员创业园

园区概况

嘉善留学人员创业园设立于2006年，是由嘉善县人民政府全额投资的公益性科技服务机构，与嘉善科技创业服务中心合署办公。2006年6月，被浙江省人事厅认定为省级留学人员创业园，是浙江省首家设立在县一级的省级留学人员创业园。同年12月，被浙江省人事厅定为省级博士后试点工作单位。

创业园占地面积75324平方米，总投资1.6亿元，规划建筑面积6.3万平方米。一期投资7500万元，建设孵化用房3万平方米，公寓房、报告厅和食堂等7000平方米。已建成的中心分为三个区域：东区为五栋孵化楼，主要是新型材料和电子信息项目的孵化区；中区为综合孵化楼，用于综合项目、软件企业的孵化和服务管理机构用房；西区为后勤服务区。园区内硬软件配套设施齐全，每栋孵化楼均配有齐全的通信、网络、有线电视、供水、排污、通风管道和客货两用电梯。整个中心实行双回路供电，装备了监控系统、一卡通系统、广播系统等，网络实现“千兆到中心、百兆到桌面”。中心配有大小不等的会议室、计算机教室、接待室、可容纳200人的报告厅，是中国长三角地区规模较大、设施齐全的综合性孵化园。

嘉善县政府为了增强地方科技创新能力，发展高新技术产业，每年安排2000多万元科技专项经费，重点扶持高新科技企业的发展，并降低创业者的创业风险和创业成本推出了多项扶持政策。同时，创业园为入驻企业提供商务、融资、信息、咨询、培训、技术开发与交流、国际合作等多方面的服务。为扶持入驻企业快速成长，从入驻项目的洽谈，到评审、签约、入驻、种子资金初审和考核等，制定了一整套的服务和管理制度。

创业园目前已吸纳了众多留学美国、德国、加拿大、日本、芬兰、西班牙等国的归国学者出资创办企业，入园项目主要涉及电子信息、软件开发、生物医药和新材料等高科技产业。并将提供一流水准的孵化服务，努力创造一个适合技术创新的优良环境，使科技成果迅速转化为生产力，为区域经济的发展聚集一批高水平的创业企业家，转化一批高科技的自主创新成果，孵化一批具有高成长潜力的高新技术企业，成为区域创新体系的重要核心内容和国家创新体系的重要组成部分。

联系方式

地　址：浙江省嘉兴市嘉善县晋阳东路568号
邮　编：314100
电　话：86-573-4228239
传　真：86-573-4228250
邮　箱：office@fhq.zj.cn
网　址：www.fhq.zj.cn

嘉兴科技城留学人员创业园

园区概况

嘉兴科技城留学人员创业园建立于2003年12月，是嘉兴市政府根据浙江省政府“打造环杭州湾先进制造业基地”、实施“引进大院名校共建创新载体”的战略要求而设立的。

目前，创业园已经吸引了来自麻省理工学院、东京大学、瑞士苏黎世学院、广岛大学等知名高校的各类留学回国人员，开办了软件开发、无线终端、集成电路、精密装备、新材料、节能环保等多个领域的研发制造企业。下一步，创业园将积极构建科技创新平台，加快推进高新技术产业化，突出重点，加强体制创新，为留学人员回国创业搭建更好的平台。

创业园设在南湖科技创业中心，5万平方米孵化园已全面投入使用，构筑起了以浙江清华长三角研究院、中国科学院嘉兴中心为核心，以软件园、通讯园、芯片园、新材料园、生物园、孵化园为主体的高新技术产业创业群的“双核六园”创新创业发展格局。

同时，创业园也为海外高层次留学生的创业营造了良好的创业氛围，积极贯彻嘉兴市政府出台的《关于进一步加强高层次人才和智力开发工作的若干规定》《关于鼓励引进海外高层次留学人才的若干规定》等7个政策和南湖区政府制定的《关于进一步加强人才队伍建设的若干规定》等一系列政策措施，通过科技创新种子资金、留学人员创业补助基金等，为留学人员投资创业创造了一流的环境。

联系方式

地　址：浙江省嘉兴市南湖区凌公塘路3339号
　　　　嘉兴科技城
邮　编：314006
电　话：86-573-83915021，83915022
传　真：86-571-83915022
邮　箱：jiaxing812@hotmail.com
网　址：www.jxsc.gov.cn

浙江海外高层次人才创新园

园区概况

浙江海外高层次人才创新园成立于2010年12月27日。海创园按照“属地政府建园区、企业投资办平台、条块政策做支撑”的开发模式，由省市区三级共建，定位为浙江省按照全新机制运行的人才改革发展试验区和国内一流的人才创新基地。园区规划面积约3平方公里，位于杭州主城西侧杭州市余杭创新基地，园区周边有省委党校、浙江大学、杭州大学城等高等院校和高教科研平台，是杭州市科创产业集聚区西湖、南湖、青山湖高新产业带的重要节点，目前已建成5万平方米科创中心作为海创园先导区。同时，周边还有多个先进制造业功能区可作为配套产业化区块。杭州市余杭创新基地规划面积98.9平方公里，已落户了阿里巴巴淘宝城、恒生科技园、联强国际、加利利等一大批优质项目，集聚了信息服务、文化创意、设计研发、高教科研等领域的大量高端人才、创业团队和项目。创新基地作为杭州市科创产业集聚区核心区块，已列入浙江省“十二五”重点发展战略平台，为海创园发展奠定了良好的环境基础。

针对电子信息、生物医药、新材料新能源、环境资源、现代服务、高教科研等园区六大重点产业门类，海创园制订了全方位政策体系，形成了集浙江省扶持海外高层次人才创新创业政策和个性化优势政策于一体的价值洼地，海创园将集中政策、资金、人才、市场、管理、政府等各种资源，为海外高层次人才提供多层次、多角度的创业服务。

海创园的发展目标是：通过5年左右的努力，引进10名左右在业内有较大影响、居于世界先进水平和国内领先地位的科学家，集聚100名左右掌握核心技术或关键技术的高端研发人才，1000名左右熟悉掌握研发技能的科研骨干，将海创园打造成一个立足余杭、服务浙江、面向全国，具有国际影响力和竞争力的新型业态和产业品牌。

联系方式

地　址：杭州市文一西路1500号
邮　编：311121
电　话：86-571-88607711，88606688
传　真：86-571-88607677
网　址：www.xs-ti.gov.cn

合肥留学人员创业园

园区概况

合肥留学人员创业园成立于2000年6月，经安徽省人民政府批准，由安徽省科技厅、省人事厅、省教育厅、合肥市人民政府、合肥国家高新区管委会联合创办合肥留学人员创业园，在合肥高新区正式挂牌开园，集中吸纳和为海外留学人员回国创业服务。2001年被科技部、人事部、教育部确定为国家留学人员创业园示范建设试点单位。2008年5月国家人事部正式授牌“中国合肥留学人员创业园”。

“十一五”以来，创业园步入了加速发展的快车道。在上级部门的支持和关怀下，紧紧围绕经济社会发展大局，在实施高新区“二次创业”、打造“千亿”园区的战略中，不断引进海外留学人才，优化留才环境，构建柔性引才机制，海外留学人员回国创业工作取得了显著成绩，为高新区经济社会发展做出了积极贡献。

创业园依托高新区优良的软硬环境经过十年的运作发展，园区孵化设施已配套完善，服务范围也由原来的一两幢楼的三四万平方米延伸至整个高新区。通过为留学人员创业和发展提供政策咨询、优惠待遇、投融资服务、人才培训、合作交流、企业发展战略指导、物业管理等全方位、全过程的优质高效服务，形成了较为健全的创业服务体系，各项服务工作全面开展，企业发展势头良好。

近年来，合肥留学人员创业园在“抢”字上下功夫，以项目引才、政策引才、外出引才等方式，大力引进海外留学人才，强力构建高新区海外留学人才创新创业的基地。一是抢抓国家和省大力引进海外留学人才的政策机遇；二是抢抓国际金融危机背景下海外人才回流的大好机遇；三是抢抓高新区集聚海外高层次人才的战略机遇。

优惠的创业政策和成功的示范效应，引来了大批海外留学人员来高新区咨询和创业，两年来先后已有30余个海归创业项目来创业园接洽和落户，这些落户的海归创业项目中有相当一些是具有国际领先水平的，他们的落户带动了合肥高新区新兴产业发展、提升了园区形象，也产生了海归创业的集聚效应。

“栽好梧桐树，引得凤凰来”。创业园将构建引才基地作为引进海外高层次人才的总“引擎”。在当今国际国内经济环境新形势下，为适应海内外人才创业的需求，接纳更多的高科技项目来高新区落户，2011年高新区新建的35万平方米的创新创业基地又已竣工招商，这将能容纳更多的海内外创业和产业化项目。我们将进一步建设和完善创新创业服务体系，抓住新兴产业转移的机遇，加大扶持海外留学生回国创业的力度，使合肥留学人员创业园成为安徽全省乃至中部地区最重要的海外人才创新创业平台。

目前，合肥留学人员创业园已经成为合肥高新区海外留学人才科技创新、智力创新的高地。未来，高新区将进一步加大对海外人才的引进、投入、服务保障力度，努力将合肥留学人员创业园打造成具有自主创新和产业特色的海外人才“硅谷”，成为海外人才展示才华，发挥激情、运用才智的广阔天地。

联系方式

地　址：安徽省合肥市望江西路860号307室
邮　编：230088
电　话：86-551-5869520
邮　箱：yimingfan888@yahoo.com.cn
网　址：www.hefei-stip.com.cn

留学人员马鞍山创业园

园区概况

留学人员马鞍山创业园是2006年经安徽省政府批准的全省第三家专门服务留学人员创业的孵化基地，位于马鞍山国家“863”新材料成果产业化基地主体园区内。创业园建立后，市人社局、市科技局、马鞍山经济技术开发区管理委员会共同组建了创业园管理办公室，与马鞍山市高新技术创业服务中心合署办公，配有专职管理服务人员16人；三个部门实行既有分工负责、更有协调配合的管理机制，为创业园的有效运转提供了组织和人员保障。

创业园由政府专项资金建设，位于市国家“863”新材料成果基地主体园区内，共占地20亩，建筑面积8464平方米，大楼为7层结构，配有公寓式工作单元27间、生产办公用房30间等。此外，由市政府投资300万元在园区内建立了“马鞍山市生物医学公共技术服务平台”，该平台已于2012年建成，并获认证为“国家生物芯片工程中心马鞍山分中心”，为我市的生物医学产业发展奠定了良好的基础。

为加快实施“科教兴市、人才强市”战略、建设自主创新型城市，马鞍山市制定了一系列吸引海外人才来马创业的政策措施，为留学人员来马创业营造了良好的政策环境，同时也有效促进了留学人员马鞍山创业园的发展。创业园充分落实高层次人才引进和留学人员回国创业的相关优惠政策，在开办资金、房租减免和孵化资金资助等方面予以大力扶持。同时，还积极帮助留学创业人员申报各类项目资金，历年来所孵化的21家留学人员创业企业已累计获得国家、省级创新基金立项8项，获无偿资助374万元；安徽省人才开发资金立项4项，获无偿资助14万元；国家、省级留学人员科技活动择优资助经费7项，获无偿资助33万元。

截至2013年底，在园留学人员企业12家，累计孵化留学人员企业22家。2013年新增企业2家，毕业企业3家。在园留学人员企业中，主要集中在新材料和机械制造类，生物医学和节能环保类。2013年企业收入总额644.35万元。截至2013年底，在园留学人员总数24人，其中博士、硕士、本科学历分别占63%、132%、6%，2013年新引进留学人员2人。截至2013年底，入选省级人才引进计划4人，入选市区级人才引进计划10人。

联系方式

地　址：安徽省马鞍山市经济技术开发区梅山路399号
邮　编：243000
电　话：86-555-8323440
传　真：86-555-8323429
邮　箱：1370647855@qq.com
网　址：www.mascyzx.net

留学人员芜湖创业园

园区概况

留学人员芜湖创业园成立于2003年4月，是经安徽省人民政府批准成立的科技服务机构，同年12月国家人事部批准在创业园设立博士后科研工作站。创业园位于国家级芜湖高新技术创业中心内，占地面积25万平方米，规划建筑面积30万平方米，现已建成面积5.7万平方米。

近年来，创业园致力于引进留学归国人才，建立了一整套服务体系，从申请孵化、申办企业、产品鉴定到成熟毕业，提供全过程、全方位的服务。并设置了人才交流培训、法律咨询、商务信息、财税代办、产品质量检测等服务机构。良好的创业环境和完善的配套设施孕育了一批自主创新技术，一大批留学人员创办、领办的高新技术企业显露出勃勃生机，茁壮成长。

联系方式

地　址：芜湖市经济技术开发区银湖北路
邮　编：241009
电　话：86-553-5848089
传　真：86-553-5848005
邮　箱：whcyzx@163.com
网　址：www.whgkc.com

留学人员安庆创业园

园区概况

留学人员安庆创业园成立于2006年8月，经安徽省人民政府批准设立。创业园坐落在安庆经济技术开发区的中心区域，建筑面积9万平方米，已建成首期创业基地5000多平方米。随着国家实施中部崛起战略，安庆经济技术开发区将会成为国内外客商投资置业的热土，创业园也将加紧基础建设，加强园区的管理与服务，围绕“活力安庆”的目标，积极引进人才，不断完善政策措施，为优秀人才来园区创业营造良好的发展环境。

创业园重点鼓励汽车零部件、生物制药、电子信息、光机电一体、精细化工、新能源新材料及提升传统产业升级换代的新工艺新技术等高新技术项目入园发展。同时提供一条龙的优质服务，包括接待留学创业人员，提供咨询服务和创业辅导；为进园企业提供政策指导、优惠政策、投融资、企业发展战略指导、物业租赁等全方位、全过程的创业服务；提供注册登记、项目申报、财务代理、人事代理、物业管理、网络通信等系列服务；提供办公（部分免费）、生产、商务洽谈、会议接待、产品展示等场所；协助申报高新技术产品、“火炬计划”、科研成果等认定、科研项目的资助经费等。留学人员进园创业，可享受的优惠政策包括创新奖励、税费减免、资金扶持、房租减免、科研经费补助、用地扶持等。

联系方式

地　址：安庆经济技术开发区宜煌路1号综合楼
邮　编：246005
电　话：86-556-5317981
邮　箱：aqlxcyy@163.com

福建留学人员创业园

园区概况

福建留学人员创业园成立于1998年11月，由福建省人事厅、中国海峡人才市场等单位联合创办。2000年10月，被国家科技部、人事部、教育部和外国专家局列入首批国家留学人员创业园示范建设试点单位之一。2003年9月，被中央组织部、中央宣传部、中央统战部、人事部、教育部、科技部授予“留学回国人员先进工作单位”荣誉称号。2004年12月，成为国家人事部与福建省人民政府共建的“中国福建留学人员创业园”。

创业园建设将分两期完成。一期工程开发内容除建设研究试验综合楼外，还包括高新技术孵化用房、研发楼和科研配套用房等，总建筑面积为54780平方米，其中研究试验综合用房建筑面积31708平方米。此外，“福建省生物农药工程研究中心”和“福建省海峡国际学院”等项目，已确定将进驻建成后的新园区。

福建省留学人员创业园管理中心是创业园的管理部门，主要工作职能是协助有关部门开展留学人员工作调查；研究提出留学人员来闽投资兴办企业优惠政策及园区建设发展纲要，广泛联络海外留学人员，举办留学人员人才技术交流活动；安排回国人员来闽进行项目考察，并负责有关项目的具体承办工作；代办入园企业注册、科研项目申报及协助企业解决相关问题；承担园区的日常管理工作。

近年来，福建留学人员创业园大力开展招才引智和项目引进工作，积极组织留学人员为海峡西岸经济区服务。举办“海外留学博士海峡西岸行”活动和“福建（厦门）海外留学人才与项目对接洽谈会”，并以“中国海峡项目成果交易会”活动为平台，促进海外留学人才与项目对接，为我省企事业单位引进留学人才与智力牵线搭桥。与此同时，已建成总建筑面积3.16万平方米的福建留学人员创业园马尾园区综合楼项目；正在抓紧建设一期105亩的“福建人才限价商品住房”项目，用于解决引进高层次人才住房问题。

联系方式

地　址：福建省福州市马伟江滨东大道108号创业园管理中心
邮　编：350015
电　话：86-591-87609259
传　真：86-591-87677833
邮　箱：office@fjlx.net

厦门留学人员创业园

园区概况

厦门创业园是厦门高新技术创业中心、厦门留学人员创业园、厦门台湾科技企业育成中心、厦门光电子孵化器、厦门科技企业加速器的总称，拥有孵化场地总建筑面积40多万平方米，是科技部重点扶持、海峡西岸最大、厦门火炬高新区管委会直属的国家级科技企业孵化集群。

厦门高新技术创业中心于1996年12月成立，2001年8月被科技部认定为“国家高新技术创业服务中心”，2002年经人事部批准设立“博士后科研工作站”，2006年被共青团中央、中国科协、教育部、全国学联联合认定为首批“中国大学生创业园”，2010年被教育部、科技部联合认定为全国首批“高校学生科技创业实习基地”，先后获得科技部“实施火炬计划十五周年先进高新技术创业服务中心”“国家科技计划（火炬计划）实施二十周年先进服务机构”“优秀国家高新技术创业服务中心”“第四届中国技术市场协会金桥奖先进集体奖”和福建省“火炬计划先进管理单位”“科技管理系统先进集体”“青年创业示范基地”等荣誉称号。

厦门留学人员创业园创建于2000年4月，占地面积6.8万平方米，建筑面积10.84万平方米，2001年6月被科技部、人事部、教育部、国家外专局联合认定为“国家留学人员创业园”。2004年12月，人事部与厦门市人民政府共建“中国厦门留学人员创业园”。2006年1月14日，中共中央总书记、国家主席、中央军委主席胡锦涛亲临厦门留学人员创业园视察，对创业园的孵化工作给予了充分肯定，并对创业园的未来发展做出重要指示。

“激情孵化梦想，创新成就未来，智慧孕育财富，诚信缔造伟业”，充满技术创新活力的厦门创业园已成为厦门市留学人员回国创新创业的热土、引进国外智力成果的示范基地以及科技成果转化和高新技术产业发展的示范区，在推动厦门高新技术产业发展、建设区域科技自主创新体系、构建特色产业链、集聚高新技术人才等方面发挥了重要的作用。

今后，厦门创业园将全面贯彻落实科学发展观和胡锦涛总书记视察厦门留学人员创业园的重要指示精神，在厦门市委、市政府“着力打造新火炬”政策方针和厦门火炬高新区管委会“项目、研发、资本、人才”四个带动发展战略引导下，重点构建市场推广网络平台、专业化技术研发平台、规模化融资平台、高端人才服务平台四大创业促进公共服务平台；每年引进100家光电、生物、电子信息等领域科技型中小企业，每年向高新区和厦门市成功输送20—30家拥有创新产品、市场竞争力强、经营达到千万元以上规模的大中型科技企业；借力深交所创业板和“新三板”，储备和推动园区更多中小企业积极走向资本市场，力争每年能有1—2家企业成功登陆，最终形成孵化器与加速器并行、具有强大孵化培育服务功能的科技企业孵化器集群，在国内孵化器第一阵营的基础上再上新台阶。

2013年，创业园共引进158家企业（其中留学人员企业16家），总注册资金8.24亿元（其中合同外资2313.03万美元）。目前，园区在孵企业569家。园区在孵企业申请专利490项，获批准专利371项(其中发明专利80多项)。

在火炬高新区“人才带动”战略引导下，厦门创业园已累计引进海内外科技创业人才1000多人，其中海外留学人员460人，占来厦创业留学人员总数的90%。园区留学人员企业具有高层次人才、高科技项目、高成长性的显著优势，其中博士和硕士创业者比例超过90%。

在引进海外高层次人才方面，自2009年以来，厦门创业园已承接48位厦门市“双百计划”人才落户创业，其中有3位人才入选国家“千人计划”创业型人才；3位人才入选科技部“科技创新人才推进计划”；4个创新团队、22位人才入选福建省“百人计划”，4位人才入选福建省首批海西创业英才。厦门创业园已成为厦门市“双百计划”和福建省“百人计划”的最重要载体和平台，担负起全市领军人才创业孵化和培育的重任。

联系方式

地　址：厦门留学人员创业园创业大厦一层
邮　编：361015
电　话：86-592-3923888
传　真：86-592-3923999
邮　箱：office@xmibi.com
网　址：www.xmibi.com

南昌留学人员创业园

园区概况

南昌留学人员创业园于2000年4月经省政府批准在南昌国家高新技术产业开发区内成立。2003年4月，成为国家人事部与江西省人民政府共建的国家级创业园。创业园围绕留学回国人员和留学人员创业园这两个载体，坚持“优质为留学人员服务，优质为园区服务，组织开展为社会服务”的服务宗旨，开拓创新，不断进取，为有效地发挥留学人员的聪明才智，起到了积极的作用。

在省委、省政府高度重视下，创业园得到了较快的发展，形成了江西省高技术产业发展中心园区、南昌高新技术产业开发区创业服务中心园区、南昌大学国家科技园园区“三块孵化基地”的组成模式。近年来，先后有近50家企业入驻园区，他们分别来自美国、加拿大、英国、法国、德国、澳大利亚、日本、比利时、芬兰、新加坡等10多个国家，项目全部涵盖高新技术领域。在当前全省大力推行和谐创业，富民兴赣，鼓励创新，鼓励创造，鼓励创业的良好氛围下，已呈现出勃勃生机。

江西省先后出台了《江西省人民政府关于印发中国江西留学人员创业园管理暂行办法的通知》，中国江西留学人员创业园领导小组办公室、江西省人事厅《关于印发<中国江西留学人员创业园专项资金管理暂行办法>的通知》《江西留学人员创业园专项资金评审办法》《关于支持留学人员企业发展的政策措施》和《省直有关部门挂钩帮扶留学人员企业发展的工作方案》。这些政策措施的出台，加大了创业园对外的影响，极大地调动了留学人员创业的积极性。同时，省财政从2004年始，每年拨出200万元专项资金，用于重点扶持留学人员创业园企业的项目延续、衔接和开发。几年来，共为创业园28家留学人员企业下拨扶持资金283.5万元人民币，重点扶持的项目有信息技术、电子技术、食品开发、建筑材料、新能源、电器、电化学、遥感技术、中药开发、新药开发等。

联系方式

地　址：南昌高新区火炬大街201号
邮　编：330029
电　话：86-791-8113085

济南留学人员创业园

园区概况

济南留学人员创业园成立于1999年5月。2000年被国家科技部、人事部、教育部、国务院外国专家局联合批准为全国首批“国家留学人员创业园”；2002年成为国家人事部与济南市政府共建的“中国济南留学人员创业园”。在各级政府人事部门大力支持下，在高新区管委会具体领导下，经过十余年的发展建设，济南创业园已成为全市海外高端人才归国创业的乐土、高新技术企业集中发展的聚集地和自主知识产权项目的发源地。

经过近几年的加速发展，济南留学人员创业园孵化场地实现了飞速扩张，总计已达85万平方米，其中自建孵化基地53万平方米，联建孵化器9万平方米，产业园加速器23万平方米，为留学人员来济创业提供了场地保证。同时，21万平米的药谷平台区和产业化基地即将投入使用。截至2013年底，累计孵化培育各类科技企业逾千家，其中留学人员企业246家；累计转化高新技术项目1300余项，其中330余项处于国内领先水平，170余项处于国际先进水平。

创业园以健全、成熟的孵化培育服务体系为依托，以“一切为企业着想、为企业创造价值、让企业百分之百满意”为宗旨，以促进科技成果转化为己任，快速、有效地帮助企业将外围的技术、人才、资本、信息、市场、环境等创新资源合理、科学配置于企业创新创业的全过程，为技术创新提供全方位的服务；并在实践中开辟了一条具有济南特色的孵化发展之路；建成了适合初创中小科技企业生存发展的配套较为完善、环境优良、孵化服务体系较为健全的科技企业创业孵化基地。

面对国家科技重大专项——山东省重大新药创制平台和创新药物孵化基地落户高新区这一契机，济南留创园加快专业孵化器、加速器、产业区建设。以山东国家重大新药创制平台为技术支撑，以山东国家创新药物孵化基地为产业支撑，广纳海外生物医药领域高端人才和技术项目，全力打造生物医药产业集群，推动引进海外高层次人才创新创业实现新跨越。

济南留创园按照技术链和产业链相结合打造高新区生物医药创新产业体系，以“一平台、一基地、一园区”的发展思路，加大力度进行空间建设和企业聚集，突出优势构建起化学药、生物工程、预防与健康、医疗器械、医药物流五大产业集群，加快建设“济南药谷”。

位于两河片区的济南药谷产业园一期占地326亩，建筑面积20万平方米。先后克服现场条件复杂、启动资金匮乏、项目开工手续复杂等重重困难，取得重大进展。目前已完成立项、环评、地勘、施工图设计、景观设计、规划道路调整等工作。土方挖填达15万立方米，初步强夯三个标准车间，全部工程2013年底竣工。产业园区的开发建设，将为发展规模生产企业提供发展空间。

联系方式

地　址：济南市高新区出口加工区港源二路
邮　编：250100
电　话：86-531-88037888
传　真：86-531-88037860
邮　箱：deng003@vip.sina.com
网　址：www.jnbi.com.cn

山东省医疗卫生行业留学人员创业园

园区概况

山东省医疗卫生行业留学人员创业园成立于2002年10月，由山东省人事厅、山东省卫生厅联合批准成立，是全国第一家医疗卫生行业的专业性留学人员创业园。创业园根据卫生行业的特点，发挥专业优势，为全国医疗卫生行业的科技成果转化和产业化担负起开路先锋和示范作用，努力把创业园办成促进医疗卫生高新技术产业发展，培养引进高素质人才的重要基地。

山东省生殖医学中心改制成为股份制的高新技术医疗卫生企业，并成为第一家入园单位。中心在留美博士陈子江教授的带领下成为国内体制、技术、设备最先进、规模最大的生殖医学临床治疗中心及科研基地之一，是山东省医学重点实验室、山东大学生殖医学研究中心、山东大学博士后流动工作站，取得了一系列举世瞩目的科研成果。

创业园以山东省立医院为依托，充分利用和享受同高新技术开发区及经济技术开发区等同的企业孵化优惠政策，按《山东省人才柔性流动若干规定》标准，为广大留学人员创造了良好的创业环境和巨大的发展空间。山东省立医院拥有国内先进的配套设施和科技人才，充足的留学人力资源和国际、国内学术交流合作网络，并得到了国家卫生部等部委和山东省人民政府有关部门的大力支持，为归国留学人员创业提供优质高效的孵化服务和现代化的孵化环境。创业园享受济南高新技术开发区和经济开发区企业内孵化机构的优惠政策，为留学人员回国创业提供研发基地、税收优惠，以及创业咨询、投资、融资、市场开发、人才、信息、后勤等各方面的服务，促使其发展成为成功企业。

联系方式

地　址：济南市经五路纬七路324号
邮　编：250001
电　话：86-531-86881659
传　真：86-531-87904002
邮　箱：syrsc@tom.com

烟台留学人员创业园区

园区概况

烟台留学人员创业园区成立于1996年10月，是全国最早设立的留学人员创业园区之一。2001年被国家科技部、人事部、教育部和外国专家局联合认定为国家级留学人员创业园；2003年被中组部、中宣部、统战部、人事部、科技部和教育部授予“留学回国人员先进工作单位”，被科技部认定为国家高新技术创业服务中心；2009年被省政府授予“全省留学人员回国创业工作先进单位”，被市政府授予“人才工作先进单位”，被市民营企业经济发展局与市财政局联合认定为烟台市中小企业创业辅导基地；2010年被国家科技部认定为“大学生科技创业见习基地试点单位”，被山东省发改委认定为“省重点服务业科技创业园区”。近年来，创业园区建载体、引人才、强服务，逐步形成了海内外人才高地和特色产业品牌，被社会各界誉为“金种子工程”。

开发区管委先后出台了《烟台留学人员创业园区有关政策规定》《关于进一步加快创新型开发区建设的意见》等政策文件，形成了留学人员及高层次人才创新创业政策体系。如创新创业领军团队最高可获得2000万元的资金扶持，科技创业领军人才，最高可获得500万元创业启动资金、200平方米工作场所和100平方米的住房，科技创新领军人才最高可获得200万元的项目经费支持，在开发区购买自住商品房，最高可享受50万元购房补助。

创业园区孵化面积累计达12万平方米，其中公共孵化平台近8万平方米、专业孵化场地2.8万平方米、“孵化加速器”厂房1.2万平方米，可满足不同类型海内外高层次人才创业需求。

截至2013年底，在园留学人员企业38家，累计孵化留学人员企业330家，2013年新增7家，毕业8家。截至2013年底培育上市企业3家，上市储备企业近10家，累计实现工业产值约180亿元，利税29亿元，形成了以生物医药、电子信息、精细化工、新材料和新能源为主的产业格局，逐步发展成为区域性的高新技术项目孵化基地和产业化基地，对社会经济发展起到了积极的推动作用。2013年度共引进留学人员及高科技项目31个，注册资本30225万元。

截至2013年底，在园留学人员总数85人，2013年新引进8人，创业园区已累计引进海外留学人才350名，其中国家“千人计划”17名，省“泰山学者海外特聘专家”17名，市“双百计划特聘专家”16名，开发区“科技领军型人才”13名，形成了30多个海归博士创新团队。

联系方式

地　址：烟台开发区珠江路28号科技大厦10楼

邮　编：264006

电　话：86-535-6385289

传　真：86-535-6379571

邮　箱：yt_cyyq@126.com

网　址：www.cyyq.org

青岛市留学人员创业园

园区概况

青岛市留学人员创业园（中国青岛留学人员创业园）成立于2002年4月，经原国家人事部批准，由原国家人事部、青岛市人民政府共同组建。创业园坐落在风景秀丽的青岛石老人旅游度假区，一期占地面积100亩，按照综合布局、资源共享、效能统一的原则，设有留学人员创业孵化园区、人才评荐中心、中高级人才市场、企业家会所四大区域。

为适应留学人员来青创业形势发展的需要，2010年初通过提升留学人员创业基地水平，整合资源、规范管理、整体推进、合作新建留学人员创业园区5家（青岛留学人员市南创业园、青岛留学人员市北创业园、青岛留学人员四方创业园、青岛留学人员崂山创业园、青岛留学人员开发区创业园），共有创业孵化面积80多万平方米，全市形成各具特色、优势互补、功能完善的留学人员创业园体系。是青岛市委、市政府实施人才强市战略，引进海外高层次人才来青创新创业的重要平台。

联系方式

地　址：青岛市海尔路178号

邮　编：266101

电　话：86-532-88911726

传　真：86-532-88911726

邮　箱：xch0618@126.com

网　址：www.qdpb.gov.cn

青岛留学人员开发区创业园

园区概况

青岛留学人员开发区创业园成立于2010年1月，前身是青岛开发区高科技创业服务中心。中心创办于2001年，2006年被国家科技部认定为国家高新技术创业服务中心。目前，中心孵化基地总面积已达1.5万平方米，累计吸纳电子信息、新材料、生物医药等多类孵化企业148家（其中在孵企业100家，已毕业企业48家），吸纳管理咨询、投融资、专利代理、会计事务所、保险等中介服务机构23家，园区企业入住率达95%；转化科技成果250余项，申请专利170余项，为社会提供就业岗位4000多个。

中心有健全、成熟的孵化培育服务体系，以促进科技成果转化，培育科技企业家，扶持和帮助留学人员回国创业为己任，依托青岛开发区雄厚的科技资源，努力营造适合于中小科技企业的发展环境和创新环境，力争不断促进高科技成果的商品化、产业化、国际化。

联系方式

地　址：青岛市经济技术开发区香江路110号

邮　编：266555

电　话：86-532-86971838

传　真：86-532-86971838

青岛留学人员四方创业园

园区概况

青岛留学人员四方创业园成立于2010年1月，依托于青岛大都市科技园建立，由青岛科大都市科技园发展有限公司进行管理运营。在青岛市委、市政府高度重视下，2004年由青岛市科技局、青岛市四方区政府及青岛科技大学发起，正式成立青岛科大都市科技园。2005年11月，青岛科大都市科技园发展有限公司由科技园发起人投资正式成立，公司注册资金2000万元人民币。青岛科大都市科技园发展有限公司是青岛科大都市科技园建设运营的主体单位，具体承担着青岛科大都市科技园的规划、建设、运营、管理、服务等主要职能，公司在2006年被确定为青岛市科技企业孵化器，2009年2月经青岛市工商行政部门的批准，由发展公司变更为集团公司。

青岛科大都市科技园总体发展思路是“政府推动、依托大学、总体规划、分步实施、市场化运作”。在发展过程中，得到了各级政府领导的高度重视，同时在科技园的建设方面给予了大力的支持。2010年12月，青岛科大都市科技园集团有限公司被国家科技部认定为国家级科企业孵化器。

联系方式

地　址：青岛市四方区郑州路53号

邮　编：266045

电　话：86-532-68606066

传　真：86-532-68606066

青岛留学人员市南创业园

园区概况

青岛留学人员市南创业园成立于2010年1月29日，由青岛市人力资源和社会保障局与市南区共建，依托市南区软件园和青岛国际动漫游戏产业园，为留学人员在青岛创业搭建专业平台。

软件园一期（市南软件园）背靠浮山生态山林，直面黄海之滨的奥帆赛场，是全国少有的坐落在城市中心区的软件产业园区。园区占地12.6万平方米，规划建筑面积26万平方米，目前已有约20万平方米办公面积投入使用。为满足产业集聚发展需求，目前园区正在增建东园区、南园区研发楼。另外园区配套设施建设不断完善，园内建有1.5万平方米的停车场和3.5万伏变电站；设有3500平方米，可同时容纳1200人就餐的公共餐厅；建有综合性商务酒店；引进了交通银行、青岛银行两家银行。

软件园二期（青岛国际动漫游戏产业园）占地150亩，建筑面积11.6万平方米，2009年1月5日正式开园投入使用，是目前国内第一家全新的、独立的、以国际招商为主的专业化动漫游戏产业园区。园区三面环山，由A、B、C、D、E五座楼宇组成，其中A、B座为大企业研发楼；C座为培训楼；D座为公共技术平台及孵化器；E座为综合研发楼。三面环山的自然风光和贯穿其中的万米人工湖使动漫游戏园被誉为“深林中的产业园，山谷中的研发楼”。

联系方式

地　址：青岛市宁夏路288号3号楼四层
邮　编：266073
电　话：86-532-88728875
传　真：86-532-88728588

青岛留学人员市北创业园

园区概况

青岛留学人员市北创业园创建于2010年1月。创业园依山而建，环境优雅，总建筑面积达6万平方米的多功能、综合性文化创意产业基地。利用特有的高低错落台地，分成南北两个园区，以现代艺术、建筑设计、工业设计、广告和时尚品牌设计、管理咨询、创意产品展示等创意产业为主要特色，吸引国际、国内各创意产业门类中的领军企业入驻。

园区为入园企业提供完善、系统的工商、税收、资金、产业支持等“一条龙”配套服务；政府贴租、税收奖励；科技类企业自主创新，著作权登记奖励1000元/项；留学归国人员创业小额资金扶持，最高额10万元；对入驻的创意企业，实行从入驻之日起连续三年给予税收政策优惠支持；在科技经费中设专项资金，按照科技三项经费的使用程序，对入驻企业的重点创意产业项目进行鼓励、扶持等；外地户口企业投资人，子女就近入学、入托等政策扶持。

联系方式

地　址：青岛市上清路12-16号
邮　编：266022
电　话：86-532-83631379，83641669
传　真：86-532-83631379

青岛留学人员崂山创业园

园区概况

青岛留学人员崂山创业园成立于2010年1月，是经国家科技部认定的“国家高新技术创业服务中心”，市政府批准的“民营与中小企业创业辅导基地”。

创业园设立了生物园、软件园、大学科技园等12个创业服务载体，统一以“青岛创业园”的品牌亮相全国，孵化基地总面积近30万平方米，配套有水、电、宽带网、公共餐厅、商务中心、网络系统、多媒体报告厅、接待室、洽谈室、会议室、健身活动室等，并为入园企业提供场地、注册登记、咨询、培训、融资、协助申报国家科技型中小企业技术创新基金及相关事务代理等全方位的专业化服务。

联系方式

地　址：青岛市崂山区株洲路153号
邮　编：266101
电　话：86-532-88998816
传　真：86-532-88998816

潍坊留学人员创业园

园区概况

潍坊留学人员创业园成立于1999年，位于潍坊高新技术产业开发区科技孵化基地。创业园依托高新区完善的服务体系和优越的创业环境条件，吸引海外留学人员到潍坊工作和创业，发挥留学人员在信息技术、科研等方面的优势，把在国外学到的知识、掌握的技术、积累的经验和研究的成果带到本市进行开发，加快科技成果向现实生产力的转化，促进潍坊市高新技术产业发展。

创业园在为留学人员企业提供必要的基本服务基础上，引进了金融、会计师事务所、律师事务所、国际货运代理公司、报关代理公司、企业策划等社会中介服务机构，为企业提供更为丰富的业务咨询和服务。

联系方式

地　址：潍坊高新区玉清东街高新大厦
邮　编：261031
电　话：86-536-2999009
传　真：86-536-2999009

威海留学人员创业园

园区概况

威海留学人员创业园成立于2006年5月，由威海经济技术开发区创新中心与教育部留学服务中心共建。创业园主要为海外留学归国人员创办企业提供服务，旨在加快威海市科技创新、科技进步，促进科技成果转化和高技术产业化，推进智力资源本土化，智力成果产业化，提升威海市科技创新竞争力。创业园秉承“引进原创性，鼓励创新型，促进产业化”的原则，引进科技创新企业，促进科技成果转化。主要服务对象是中小型高新技术企业、海外留学人员回国创办的企业及中小型韩日科技企业。

2006年，创业园与北京中关村国际孵化园共建威海产业化基地，将中关村先进的技术及科研成果引进威海，实现和威海传统产业的对接，在实现先进技术产业化的同时，促进了威海传统产业的技术升级，达到双赢的目的。同时，与国家教育部留学服务中心、科技部火炬中心共建“春晖杯”中国留学人员创新创业大赛评审基地，为留学人员创办船舶制造、港口信息管理、软件信息等为核心的高科技企业提供有力支持和理想服务。

联系方式

地　址：威海经济技术开发区海滨南路28号建设大厦1层
邮　编：264209
电　话：86-631-5980656

威海海外学人高科技创新园

园区概况

威海海外学人高科技创新园成立于1999年12月，由威海高新区高新技术创业服务中心与中国留日同学总会共同创建，位于威海火炬高技术产业开发区。

2001年4月与自26个国家归国的32个留学生团体创建了“威海留学人员创业创新示范基地”，同年12月由国家人事部批准设立了“博士后科研工作站”，营造了宽松优良的创业环境，对海外留学人员产生了较大的吸引力。

联系方式

地　址：威海市文化西路288号火炬大厦
邮　编：264200
电　话：86-631-5629100
邮　箱：webmaster@whctp.gov.cn
网　址：www.whtdz.com.cn

泰山留学人员创业园

园区概况

泰山留学人员创业园成立于2000年8月，隶属于泰安高新区管委会，与泰安高新技术创业服务中心合署办公。创业园旨在引进高层次的科技人才，吸引海外人员创办高新技术企业，进行科技成果转化，推动科技与经济结合，使之成为留学人员回国创业的基地、发展高新技术产业的孵化器、对外开放和招商引资的窗口。

创业园依托泰安高新技术产业开发区良好的投资环境和完善的基础设施，为留学人员创业提供税收、资金、用房、工商行政管理、出入境等各方面的优惠待遇和全方位、全过程的优质高效服务，创造与国际惯例接轨、适合科技成果转化和产业发展的环境条件，成为留学人员施展才干、成就事业的理想天地。

联系方式

地　址：泰安高新区泰山科技城
邮　编：271000
电　话：86-538-8515685
传　真：86-538-8938300
邮　箱：tcyzx@taigx.cn
网　址：www.taigx.cn

济宁留学人员创业园

园区概况

济宁留学人员创业园成立于2001年11月，由山东省济宁市人事局、济宁市高新区管委会联合创建。创业园依托高新区完善的服务体系和国家级创业中心优越的创业环境，为归国留学人员来济宁搭建创业的载体和平台。济宁留学人员创业园在做好“待遇留人”“感情留人”的同时，更加注重“事业留人”，立足搭建“政、产、学、研、资、介、贸”等创业要素集合的平台，让留学人员的成果在这里得到转化，让留学人员企业在这里扬名，让留学人员的个人价值在这里实现。

创业园先后获得山东省政府“归国留学人员工作先进单位”（全省两家之一）、国家人事部“国家博士后科研工作站建站单位”、国家科技部“火炬计划国家生物产业基地”、国家科技部“全国优秀国家级高新技术创业服务中心”、山东省首批软件产业基地和全国博士后管委会“全国博士后科研工作先进单位”等称号。

联系方式

地　址：济宁市金宇路52号
邮　编：272023
电　话：86-537-2363611
传　真：86-537-2168952
邮　箱：jncyzx109@163.com
网　址：www.jnhn.gov.cn

淄博留学人员创业园

园区概况

淄博留学人员创业园成立于1999年，是淄博高新区管委会投资建设的科技企业孵化器，与淄博高新技术创业服务中心合署办公。2002年被认定为国家创业中心。

创业园切合实际情况和孵化器的发展趋势，在整体布局上形成了高层次人才创业区、生物医药暨新材料孵化区、电子信息暨软件孵化区、环保暨光机电一体化孵化区、综合服务区等专业功能相对集中的“一器多区”的格局，并规划逐步建立完善无机非金属材料、生化技术、电子信息等专业技术孵化平台，逐步实现由专业孵化区向专业孵化器的转变，最终形成“一园多器”的格局。同时，在资金扶持、办公、住宿、家庭子女、土地使用、项目发展等方面都有具体的扶持措施。经过几年的运作，目前园区内已有一大批由留学回国人员创办、领办的高科技企业进驻。

联系方式

地　址：淄博高新区政通路135号
邮　编：255086
电　话：86-533-3583091，3580205
传　真：86-533-3583091
邮　箱：muxianquan@hotmail.com
网　址：www.ziboibi.com

临沂留学人员创业园

园区概况

临沂留学人员创业园位于临沂高新技术产业开发区科技孵化基地内，与临沂高新技术创业服务中心合署办公，其主要任务是通过国家、省、市及高新区的优惠政策和创业服务中心的优质服务，为学有所成的归国留学生人员提供广阔的发展空间。

创业园现有建筑面积11500平方米的科技孵化大楼一座，由临沂市政府投资2000万元建设。科技孵化大楼按国内一流标准设计，内设管道纯净水系统、中央空调、电讯宽带网络、产品展示厅、科技报告厅、餐饮娱乐中心等公用设施，拥有120多个孵化单元，可为不同类型的科技企业提供40—200平方米的孵化空间，创业园可为留学人员创办的企业提供技术、人才、信息、咨询、培训、融资等一系列的服务，为科技企业的发展营造良好的创业环境。

留学人员创办的企业可享受的主要优惠政策有：享受国家、省、市及高新区对高新技术企业制定的相关政策；设立“科技创业基金”以无偿补助、贴息和资本金投入等方式扶持科技型企业的发展；对留学人员创办的企业，在一定的开发、生产及经营用房面积内，实行房租减免政策，并实行税收返还政策；对于科技含量高、市场前景好、具有自主知识产权的项目，在资金、税收、工商行政管理、出入境等方面享受更优惠的待遇等等。

联系方式

地　址：临沂高新区新华路西段创业大厦

邮　编：276017

电　话：86-539-7109126

传　真：86-539-7109096

邮　箱：lycyzx@126.com

网　址：www.lycyzx.org.cn

日照留学人员创业园

园区概况

日照留学人员创业园成立于1999年9月，属于公益性科技事业服务机构。创业园按照国际惯例进行建设，重点发展以电子信息、生物技术、新型材料、海洋化工、机电一体化为主导的高新技术产业，积极引进各类高级专业技术人才、管理人才、留学归国人员，鼓励各类人才带项目、带资金、带课题进园创业。

经过十年的发展，创业园已初步建立了适合中小科技企业发展的体制和机制，已先后引进凯威数码、凯讯电子、斯文电子、哈工大微电机项目、红惠医药、中科生物、平易软件等20余家高科技企业和科研机构，引进留学人员和各类高科技人才50余名。创业园将积极发挥对外交流和人才引进的窗口带动作用，以建设成为全市高新技术产业基地为发展目标，进一步加大园区建设力度，加强对科技企业的孵化，吸引更多的留学人员和高科技人才来园区创业。

创业园位于日照开发区的黄金地段，拥有孵化面积3万余平方米，设有精简高效的管理服务机构，在项目建设、劳动人事等方面享有市级管理权限，实行封闭管理，为留学人员进园创业提供便捷高效的“一条龙”优质服务。为吸引广大的海外留学人员进园区创办企业，创业园在税费政策、房屋租赁、工商注册、资金等方面给予最大限度的优惠和扶持。

联系方式

地　址：日照经济技术开发区

邮　编：276800

电　话：86-633-8339816

传　真：86-633-8331049

邮　箱：rdp@rz-public.sd.cninfo.net

网　址：www.lietou.com

德州市留学人员创业园

园区概况

德州市留学人员创业园成立于2007年，是由德州市人民政府投资兴办的社会公益性科技服务机构，2010年2月被国家科技部火炬中心授予“大学生科技创业见习基地”荣誉称号，同年12月被科技部认定为国家级科技企业孵化器。其主要职责是：为留学人员创业提供综合服务，促进科技成果转化，培养高新技术企业和企业家。

园区先后被评为“国家级科技企业孵化器”“全国大学生科技创业见习基地试点单位”“山东省大学生创业孵化示范基地”“德州市留学人员创业园”“德州市中小企业创业辅导基地示范单位”“中国留学人员创业园联盟理事单位”。

园区坐落于国家级开发区德州经济技术开发区，环境优美，位置优越。规划面积70万平方米，规划建筑面积45万平方米，建设研发服务核心区、大学生创业孵化基地、科技企业孵化基地、科技企业加速器和新能源新材料、电子信息、光机电装备制造、生物医药、农产品深加工五个专业孵化器，初步形成集“发生、孵化、加速、产业化”四位一体的现代孵化体系。

研发服务核心区占地3.2万平方米，建筑面积2.5万平方米，建有多功能报告厅、展厅、会议室、培训室、接待室等公共设施，并配套建设新能源新材料公共技术服务平台、科技中小微企业创业综合服务大厅和科技成果展示交易大厅，主要对接大学科研院所建设科研机构，引进高端科技人才创新创业。大学生创业孵化基地现有孵化面积7500平方米，水、电、暖、通讯等设施齐全，配有专业孵化指导和服务团队，能够为大学生创业提供良好的环境和培训、指导等服务。科技企业孵化基地占地15亩，建筑面积1.1万平方米，孵化楼主体现已完工，拟建生物医药、先进装备制造产业孵化器。科技企业加速器位于高铁新区，交通便利，距高铁德州东站仅5分钟车程，占地900亩，一期占地360亩，建成标准厂房10万平方米，服务楼2万平方米。

园区拥有一支素质优良、精干实效的管理服务团队，引进各类科技中介服务机构，能够为在孵企业提供完善的投融资、对外合作交流、专利代理等服务。与高校科研院所建立合作关系，为中国人民大学经济学科研实习基地、天津大学博士生创新实践基地、山东大学新材料研究中心、德州学院大学生创业见习基地。

联系方式

地　址：德州经济开发区晶华大道587号
邮　编：253076
电　话：86-534-2558586
传　真：86-534-2556586
邮　箱：Dz587@163.com
网　址：www.dzgczx.com

莱芜市留学人员创业园

园区概况

莱芜市华侨华人、留学人员创业园成立于2001年9月，又称莱芜高新技术产业开发区，是山东省政府批准的省级高新区。创业园坐落于莱芜城区东部，总规划面积35平方公里。创业园紧连市区，两条高速公路、两条铁路专用线贯穿其中，与济青高速、京沪高速以及胶济、京沪两大铁路相连，距济南国际机场80公里，距青岛港300公里，形成了四通八达的交通网络。区内已铺设通信光缆，可提供互联网的高速接入。通关快速便捷。区内有青岛海关莱芜办事处，企业可办理海关业务，产品直通国际市场。区内现已形成“十纵十横”的道路主网络，并建设了110千伏输变电站、热力站、水厂等一批能源设施，在14.5平方公里范围内实现了“九通一平”，30平方公里范围内实现了“五通一平”。

创业园管委会始终致力于创业环境的不断优化，形成了良好的运行机制，营造了优良的投资软环境。以“亲商、富商、安商”和“你投资经营、我服务全程”为最高服务理念，设立了“一站式”服务大厅，全面落实了服务承诺、首问负责、违诺处罚、手续代办等制度，实现了涵盖“项目审批、开工建设、投产经营”的一条龙全过程服务，赢得了广大客商的一致好评。入驻企业除享有山东省省级高新区的优惠政策外，还享有莱芜市委、市政府在土地政策、财政政策、收费政策等各方面赋予的更大程度的优惠。

创业园优美的环境、优惠的政策、优良的秩序、优质的服务，已经吸引了自美国、德国、加拿大、韩国等10多个国家和地区归国的留学人员前来投资兴业。

联系方式

地　址：山东省莱芜市汇源大街108号
邮　编：271100
电　话：86-634-8867136
传　真：86-634-8867960

河南留学人员创业园

园区概况

河南留学人员创业园成立于1998年1月。2002年12月，由国家人事部和河南省政府共建，成为河南唯一的国家级留学人员创业园。2002年7月，经国家人事部批复，河南省人民政府与国家人事部共同成立河南留学人员创业园，成为河南省唯一的国家级留学人员创业园；2010年12月，成功进入科技部国家级科技企业孵化器行列。留创园基本功能定位于孵化、服务、示范、聚集，紧紧围绕海外归国留学生的科技创业活动，输入园区政策、资金、服务，使海外科技成果转化为生产力，培养大批高素质的留学生科技企业和企业家，成为转变经济发展方式、调整经济结构和发展高新技术产业的重要载体。除了获得国家级留学人员创业园、国家级科技企业孵化器的称号，园区依托引进“千人计划”人才优势，先后被评为河南省中小企业创业基地、郑州市创业孵化基地、河南省留学归国工作先进单位。

创业园位于国家郑州经济技术开发区内，地理位置优越，交通便捷，京广铁路、陇海铁路、京珠高速公路、310国道、107国道、环城公路环绕四周。距新郑国际机场22公里，距陇海铁路圃田站3公里，距国家一类铁路口岸郑州东站1.5公里，距公路货运中心站2.5公里，至天津、青岛、连云港港口铁路运输最多不超过12小时，紧临河南出口加工区、保税区。

创业园自成立以来，在国家、河南省、郑州市人事部门的大力支持下，在河南省留学人员与外国专家服务中心的悉心指导下，认真贯彻落实河南省委《关于加强海外高层次留学人才引进工作的通知》、郑州市委《关于进一步加强人才工作的意见》等文件精神，在园区建设、招商引资、孵化扶持等方面取得了可喜的成绩。创业园将不断加快基地建设进度，积极落实孵化扶持政策，努力提高服务水平，为广大海外留学回国人员提供更加良好的创业平台和政策环境，逐步使园区成为留学人员投资兴业、施展才华、报效祖国的创业热土，为实现中原崛起贡献力量。

园区市级以上重点实验室和工程技术中心8家，其中科技部十二五支撑计划研发中心1家（新视野），省级重点试验室1家（优特），市级重点实验室6家（新视野、格然林、博赛、微纳、动力能源、蓝宝石光电）。园区企业拥有发明专利452项，其中海外专利135项，获得国家和省市奖励及表彰257项，完成国家及省部级重点工程63项。目前，以园区重点项目为中心的产业集群现象呈现雏形，生物医药、电子信息、新能源节能等项目成为园区经济发展的新生力量。其中，生物医药、生物技术及应用项目为园区重点引进的项目，目前已经有13家该行业企业，这些企业中仅有2家为留学归国硕士创业，其余是国外博士归国创业，在各自研究领域均有建树。留创园将致力于打造一个生物医药研发、生物技术应用的孵化及产业化基地。

截至2013年底，园区孵化总面积21537万平方米，其中：办公用房200平方米，在孵企业用房20937平方米，公共服务用房400平方米。

截至2013年底，在园留学人员企业126家，培育上市企业1家，2013年新增企业13家，毕业6家。2013年企业收入总额60亿元。在园留学人员企业中，机电一体化、软件开发、电子信息、生物技术、新材料等科技项目占项目总数的一半以上。目前创业园已初步形成了以电子器材、生物工程、新型材料和道路检测等为主导的产业布局。目前“以高层次留学人员为主体、以高新技术项目为载体、以科技创新为依托”的留学人员创业群体正在形成，有力地推动了园区的科技创新与发展，服务了地方经济建设。

截至2013年底，在园留学人员总数达到162人，2013年新引进留学人员16人。园区目前有5位海外高层次人才获得国家“千人计划”（全省14人）、2人获得河南省“百人计划”（全省23人），“千人计划”数量占河南省的36%。

联系方式

地　址：郑州经济技术开发区航海东路1356号创业大厦A座507室
邮　编：450016
电　话：86-371-66786588
邮　箱：hnlxrycyy@126.com
网　址：www.hnchuangtou.com

郑州留学人员创业园

园区概况

郑州留学人员创业园于2001年8月由河南省人事厅批复成立，是郑州高新区为充分发挥我国留学人员特殊的智力资源优势，在园区营造有利于留学人员创新创业的良好环境而兴办的公益性科技服务机构。

创业园位于郑州国家高新区，现有办公（孵化）场地3.5万平方米，内设中央空调系统，停车场、商务中心、休息室、会议室、宽带等公共设施，服务健全，环境幽雅、舒适，是集办公、生产、科研、休闲、娱乐、餐饮于一体的综合型现代化的孵化基地，适合中小型科技企业入驻创业。

入驻创业园的孵化企业，符合相应条件的，除可以享受郑州高新区的有关税收优惠政策之外，还可以申报中小型科技企业创新基金，高新区孵化基金等科技计划项目。此外，创业园建立了一套趋于完善的服务体系，包括多元化的投融资服务体系、宣传培训体系、专家咨询体系、中介服务体系等，全力提高对企业的孵化成功率。

目前入驻留学人员创业园的留学生企业有50余家，留学人员分别来自美国、加拿大、英国、澳大利亚、日本等国家，他们大都具有硕士以上学位，从事的产业涉及光机电、电子信息、生物医药等领域。其中海而思郑州科技有限公司、立宇郑州化学有限公司、郑州枫华科技有限公司、郑州谐创科技有限公司、郑州同创测控技术有限公司等，在各自领域内已达到国内领先水平。

联系方式

地　址：郑州高新技术产业开发区长椿路11号
邮　编：450001
电　话：86-371-67980650
传　真：86-371-67986162
邮　箱：chenbr@zzgx.gov.cn

洛阳留学人员创业园

园区概况

洛阳留学人员创业园成立于2007年7月，由河南省人事厅批准，洛阳高新技术创业中心和捷威精密制造（洛阳）有限公司共同创办。

创业园坐落于洛阳高新技术开发区滨河路中段，交通便利，环境优美。园区建有多层标准厂房3栋33000平方米，钢结构厂房4000平方米，综合办公楼8000平方米，高层科研商务楼和生活服务设施29000平方米，是集办公、科研、生产、商住于一体的智能化、多功能、花园式的高新技术产业孵化基地。作为连接政府、企业、社会资源的纽带，创业园按照“政府引导、市场运作、专业服务”的运营模式，利用政府及社会资源优势，拓展和提升服务功能，不断加大对入驻企业的扶持力度，实行规范化的统一物业管理，为留学人员归国创业提供“孵化＋创投”全方位服务。

入驻创业园的企业可享受国家高新技术开发业的各项优惠政策，比如留学人员创办企业从事技术转让、技术开发和与之相关的技术咨询、技术服务取得的收入，经税务机关认定后免征营业税；对获得省高新技术产品证书、获得科技进步奖、获得专利、获得著作权的企业，给予一定的经济补贴等。创业园还为入驻企业搭建起广阔的服务平台，提供全方位的优质服务。比如引进、协调各类中介机构，建立中介服务体系，为入驻企业提供包括工商登记、高新技术企业资格认证、科技成果鉴定、法律业务咨询、财务顾问、信用评估、专利申请、媒体策划等全方位的综合性服务；协助入驻企业办理引进人才的户口、人事档案、技术职称评定、社会劳动保险等相关事宜；为企业提供价格优惠的标准厂房、写字间、会议室和商住两用房，以及科研实验室等场地，并提供水电、通讯、交通等配套服务。

创业园积极整合多种优势资源，不断拓展、提升自身的服务功能，加大对入驻企业的扶持力度。除了给予入驻企业良好的发展环境外，还积极通过中小型企业贷款平台、担保平台、孵化基金和联保基金等向符合条件的入驻企业提供融资服务，并与国内著名院校、科研机构和海外留学人员等建立密切联系，为企业积极寻求技术扶持，铺就发展之路。创业园与清华大学和西安交通大学等著名院校建立了研发合作战略联盟，建立了中关村国际孵化园洛阳基地，使优势资源入驻园区，推动了高新技术产业化发展。

创业园积极探索科技成果转化的有效形式和机制，不断优化园区的创业环境，推动高新技术企业快速成长，为打造国内一流高新技术产业基地而不懈努力。自建立以来，创业园已汇集了捷威精密制造（洛阳）有限公司、洛阳美克金刚石有限公司和河南健古生物工程有限公司等一大批知名企业，覆盖多行业高新技术领域。

联系方式

地　址：洛阳高新区滨河路22号
邮　编：471003
电　话：86-379-64338125
传　真：86-379-64310818
邮　箱：zhcluoyang@tom.com

许昌留学人员创业园

园区概况

许昌留学人员创业园正式挂牌成立于2011年12月22日，是由许昌市人社局和中原电气谷管委会共同创建的省级留学人员创业园，是许昌市委、市政府实施人才强市战略，吸引海外高层次人才来许创新创业而设立的新型现代化科技园区，是许昌市首个针对海外留学人员建设的高新技术产业创业示范园。许昌留学人员创业园由市政府委托中原电气谷管委会管理，成立“一组一中心”作为行政、经济、建设、投资、服务的专职机构。

创业园位于许昌新区中原电气谷核心区，占地面积285亩，目前已建成办公场地1.5万平方米、科研场地1.1万平方米、标准化厂房12.3万平方米，配套建设有职工公寓和职工食堂。许昌留学人员创业园二期将新增投资3亿元，用于建设8.2万平方米标准化厂房及科研、办公场所。届时，它将形成总建筑面积13.3万平方米，办公、科研和产业化配套厂房等较为完善的高新技术产业孵化体系。为了加快园区发展，促进企业孵化，缩短科研成果产业化、商品化、效益化，使企业快速发展壮大，形成产业规模，市政府颁布实施了《许昌留学人员创业园管理暂行办法》，为鼓励海外留学人员入园创业提供了一系列优惠政策。

目前，许昌留学人员创业园的配套政策日趋完善，环境逐步优化，初步形成了一个布局合理、环境适宜、现代化、多功能的高科技园区。园区集企业孵化、产业培育、功能园区建设、科技人才培养等职能为一体，以新能源、电力电子、电力装备制造等产业为发展方向，为海外高层次人才搭建的广阔创业平台。

联系方式

地 址：许昌市魏武大道中段许昌新区管理委员会
邮 编：461000
电 话：86-374-3190067，3190068
传 真：86-374-3190081
邮 箱：zydqgbgs@126.com，zydqgzs@126.com

平顶山留学人员创业园

园区概况

平顶山留学人员创业园位于平顶山设路东段平顶山高新区，平顶山高新区是以新材料、新能源和机电装备为主导产业的高新区和产业集聚区，整体发展水平位居全省前列。设立留学人员创业园，以此为平台引进海外高层次留学人员，发挥其科技创新优势，提高企业参与国际竞争的能力，推动高新技术产业快速发展，促进高新区经济社会跨越式发展。

借鉴先进地市的成功经验，高新区与市人力资源与社会保障局联合提出在高新区创业中心设立平顶山留学人员创业园，并开展了大量的前期工作，拟定了实施方案，出台了管理办法和优惠政策，联合向省人力资源和社会保障厅提出了设立平顶山留学人员创业园的请示，并于2012年7月获得正式批复，成为省级留学人员创业园。

平顶山高新技术创业服务中心（平顶山高新区创业中心）现有孵化器管理人员20人，自主支配孵化基地32600平方米。创业中心2010年底被科技部火炬中心认定为国家级科技企业孵化器。创业中心以促进科技成果转化，培育高新技术企业和企业家为宗旨，先后成立了专利技术孵化转移中心，归国留学人员创业园等专业孵化器。为促进平顶山地区经济结构调整和经济增长方式的转变，为建设创新型城市、促进区域知识经济发展做贡献。

联系方式

地 址：河南省平顶山市建设路东段高新区创业服务中心
邮 编：467000
电 话：86-375-3987501
传 真：86-375-3987502

武汉留学生创业园

园区概况

武汉留学生创业园成立于1998年5月，是武汉市政府为了吸引和鼓励海外高层次留学人员回武汉创业而专门成立的科技企业孵化器。目前武汉留创园成为湖北省科投集团有限公司下属单位。

2001年6月，创业园被国家科技部、人事部、教育部和国家外专局认定为“留学人员创业示范建设单位”；2003年9月被中共中央宣传部、组织部、统战部和国务院人事部、科技部、教育部联合授予“全国留学回国人员先进工作单位”光荣称号；2004年12月与国家人事部、市人事局共建国家级创业园；2006年被科技部批准成为国家高新技术创业服务中心。2011年1月被湖北省科技厅授予“优秀科技企业孵化器”称号，被武汉市科技局授予“武汉市科技企业孵化示范基地”、“武汉市全民创业科技行动立功单位”荣誉称号；2011年年2月被武汉市人民政府授予“留学人员先进单位”称号；创业园还被认定为国务院侨办首家“重点联系单位”“湖北省博士后产业基地”及欧美同学会认定的“报国计划基地”。2012年8月升级为国家级科技企业孵化器，12月获评武汉市科技企业孵化器双年度考核优秀等级；2013年2月获第十二届华侨华人创业发展洽谈会“项目促进先进单位”；创业园还获得2013年度武汉市中小企业中介服务“示范机构”。

武汉留创园现有自营及委托经营的标准孵化场地面积共61633.85平方米，先后建成了光电技术中心（数码港和国企中心）、软件技术中心、集成电路设计中心、生物技术中心四大专业园区。其中光电技术中心为自有孵化场地23394.09平方米，另外三个园区托管孵化场地38329.76平方米均为湖北省科技投资集团公司商业贷款购置后交付武汉留创园委托经营管理。

留创园通过营造局部优良环境，为留学人员创业企业集中解决共性和个性问题，有效促进了企业的快速成长。留创园除了为入孵企业提供设施完备、功能齐全、价格低廉的孵化场地外，还提供政策、管理、市场、人力资源、融资、上市等全方位的咨询和对接服务，协助企业办理工商、税务、海关、居留资格申请、项目申报等事务，并针对企业不同阶段的发展需求，提供企业培训、企业联谊等个性化服务。

2013年，创业园经常组织创业导师会诊，适时搭建“创业园区自助式服务平台”，尝试将其移植到园区的创新创业文化建设中来，一是平台利用互联网技术，及时发布政策、动态，让入驻企业享受科技进步所带来智能化的自助服务；二是展示园区建设的新成果、新风貌，吸引更多优秀的企业入驻；三是便于企业样板工程的推广，帮助企业取得了一定的订单，及时缓解了企业现金紧张的困难。

截至2013年底，留创园累计引进的留学人员已由当初的不足50人发展到现在的1200余人，留创园企业总数达到188家，园内聚集了一大批高层次创新创业人才，其中享受国务院政府特殊津贴7人、国家中组部“千人计划”入选者新增3人，达到22人；湖北省“百人计划”入选者新增13人，达到22人；东湖高新区“3551人才计划”入选者新增23人，达到135人。武汉市第一届“大学生创业先锋”入选者31人，占总人数1/3；此外，在第二届中国创新创业大赛（湖北赛区）“中，园区企业荣获二等奖2项、三等奖2项。

2013年，留创园组织和辅导园区企业累计申报项目23大类401项，其中科技类项目申报209个、人才类项目80个、资质类项目30个、大学生创业专项申报82个；合并立项289项，立项率达到70%以上，立项总额突破亿元大关，呈现企业参与度高、立项名额占比高，申报通过率高等特点。

联系方式

地　址：武汉东湖高新区高新大道666号光谷生物城C5栋北楼1楼
邮　编：430075
电　话：86-27-87617342
传　真：86-27-87747847
邮　箱：wosp@wh-newstart.org
网　址：www.wh-newstart.org

湖北省留学生襄阳创业园

园区概况

湖北省留学生襄阳创业园成立于2010年3月11日，经湖北省人力资源和社会保障厅批准由襄阳市人事局、市人才办和高新技术开发区合作共建。创业园坐落在襄阳高新技术开发区，为留学人员入园进行高新技术开发、创办企业提供优质高效服务和优良的孵化场所，并努力降低入园企业的创业成本和风险，帮助受孵化企业渡过企业初期的高风险阶段。

襄阳高新技术产业开发区特别设立了“留学人员创新创业专项资金”，自2010年起每年至少安排2000万元资金，重点支持留学人员到高新区留学人员创业园创新创业。以下各种奖励、资助和补贴均在专项资金中列支。

创业资助：给予创业资金资助。带项目、带资金来区创业的留学人员所办企业，其研发产品、技术有一定优势，企业发展前景良好，入园满一年后经申请，可按照国家高新技术企业资格认定办法对企业进行初步审核评估，审核合格的企业，予以在企业设立时法定代表人实际出资额20%的创业资助，最高30万元；企业正式获得国家高新技术企业资格认定后，可再获得同等额度的创业资金资助；留学人员所办企业，每吸引1名全日制硕士以上（含硕士）学位的人员到企业工作，可享受三年每年5000元专款补贴用于企业交纳各类社会保险，享受补贴人数最多5人；三年内免费提供最高100平方米的工作场地。

鼓励政策：对符合规定到园区创办企业，且担任法定代表人的留学人员，三年内每年给予1万元的住房补贴；对其未满18周岁在学子女，五年内每人每年发放5000元的教育津贴；三年内给予个人所得税留区部分的全额奖励。

社会化服务保障：为企业成立代办各种审批手续；人事代理、委托招聘服务；后勤物业保障服务；企业融资与财税服务；信息咨询服务；协助企业申报认定高新技术企业，组织企业科技成果和产品鉴定；专利产品代理服务；提供企业诊断、人才培训、CI策划，协助企业开辟国际合作渠道。

工作与生活待遇：包括子女入学入园、人才落户、职称评定等方面享受相关待遇。

联系方式

地　址：湖北省襄阳市高新区追日路2号
邮　编：441003
电　话：86-710-3756010，3700606
传　真：86-710-3756011
网　址：www.xfhdz.org.cn

长沙留学人员创业园

园区概况

长沙留学人员创业园成立于2002年，是科技部、人事部、教育部和国家外专局共同审批确定的首批“国家留学人员创业园”。是以促进科技成果转化、产业化，为初创型、中小型高新技术企业提供创新创业综合服务的公益型事业单位，隶属于长沙高新区管委会，是“全国优秀国家级创业园”、科技部火炬中心“创新基金初创期小企业创新项目服务机构”“湖南省留学生创业园先进单位”“湖南省大学生创新创业基地”及长沙市首批“中小企业创业基地”。2003年12月，被国家科技部批准为国家级高新技术创业园；2004年，被评为科技部全国25家优秀留学人员创业园之一；2005年，被国家发改委批准为国家大学生创业就业服务中心项目承担单位。2005年，与意大利西西里科技园合作互设办事处，设立欧洲在中国建立的第一家科技创业园。2006年10月，获批国家人事部和湖南省人民政府“部省共建”留学人员创业园。2007年12月，创业园成为“中国火炬创业导师行动”首批12家启动单位之一。2011年12月，获评湖南省唯一一家“国家海外高层次人才创新创业基地”。2012年被评为湖南省优秀留学人员创业园。

为了吸引海内外高端人才来园区创业，长沙高新区管委会先后出台了《长沙高新区关于建设国家创新型科技园区的若干政策意见》《长沙高新区关于进一步加强人才工作的意见》《长沙高新区引进高层次人才五年行动计划（2012—2016）实施办法》等政策，并拨款1亿元设立高层次人才创业投资基金，成立高层次人才创业投资有限公司作为基金的管理机构，由留创园具体负责公司日常管理和运营，鼓励和支持留学人员入园工作和创业。留创园在全力落实管委会政策的同时，制定了《长沙高新区创业园鼓励留学人员、大学生来区创业的实施办法》《长沙留学人员创业园房租补贴细则》等配套落实文件，并提供全方位的创业服务，为留学人员企业发展创造良好的环境。

2013年，留创园大力拓展孵化服务内涵，提升创业服务品质，成立麓谷创业学院、承办湖南省创新创业大赛、不断夯实服务平台，丰富服务内容，塑造创业服务品牌。

截至2013年底，园区孵化总面积22万平方米，园区有巨星创业基地、延农创业基地、C2创业基地、MO创业基地、长海创业基地、新瑞信创业基地、天劲创业基地、德邦创业基地、人印创业基地等孵化场地。

截至2013年底，在园留学人员企业129家，累计孵化企业210家，培育上市企业2家，其中2013年新增上市企业1家。2013年新增企业30家，毕业企业15家。2013年企业收入总额9.8亿元。2013年新引进留学人员54人，在园留学人员总数320人，其中，博士、硕士、本科学历分别占55.6%、30%、14.4%。截至2013年底，入选中央“千人计划”8人，入选省级人才引进计划8人，入选市区级人才引进计划17人。

联系方式

地　址：长沙高新技术产业开发区麓景路8号
　　　　巨星创业基地205
电　话：86-731-89777053
传　真：86-731-89777055
网　址：www.cnibi.cn

长沙经济技术开发区留学人员创业园

园区概况

长沙经济开发区留学人员创业园于2010年6月经省人力资源和社会保障厅、长沙市人力资源和社会保障局联合授牌成立。创业园重点吸引留学人员在工程机械、汽车制造、电子信息、新材料等高科技产业领域创业，形成与创业园建设总体目标相适应、符合“创业之都”战略要求的功能格局。创业园由长沙经开区管委会授权长沙经开区创业服务中心统一管理。

长沙经济技术开发区创业服务中心成立于2002年，是长沙经济技术开发区管理委员会全额拨款事业单位，是为留学人员创业企业提供综合服务的公益性科技事业服务机构。创业服务中心以“创造优良环境、提供优质服务、培育优秀企业家”为目标，在各级政府和社会各界及广大创业者的关心支持下，已建立了比较健全的创业服务体系，形成了规范化、专业化的创业服务机制。

创业园以国阳科技园为核心，以和祥科技园、物丰科技园等其他孵化基地为补充，孵化面积达14万多平方米。

国阳工业园占地60亩，总投资8600多万，园区按孵化生产区、公共服务区、生活配套区三大功能规划建设。和祥科技园占地98亩，已开发面积80亩，完成投资7452万元，建筑面积6万平方米，由标准厂房、办公楼和公寓楼三大部分组成。园内配套完善，餐饮、娱乐、购物、健身一应俱全，是长沙经开区最早的孵化基地。物丰机电产业园占地面积59966平方米，总建筑面积50740平方米，总投资7000多万元，由钢结构标准厂房、通用厂房、员工宿舍楼和综合楼四大部分组成。园区拥有完善的生产、商务、办公功能区，布局科学合理，使园区企业足不出园就进行各种活动。

联系方式

地　址：湖南省长沙市星沙三一路2号长沙经济技术
　　　　开发区创业服务中心
邮　编：410100
电　话：86-0731-84020187
网　址：www.cetz.gov.cn

湖南生物医药留学人员创业园

园区概况

湖南生物医药留学人员创业园是由湖南省人事厅正式批准成立的全省6个留学生创业园之一，是以生物医药领域高科技项目孵化为主的专业机构。创业园建设是长沙国家生物产业基地重要发展战略之一，该基地是2006年10月由国家发改委批准认定的、以湖南浏阳生物医药园区为核心区的国家级生物产业基地，是中西部地区第一个国家级生物产业基地，是由联合国工发组织与长沙市政府共建的国际医药产业园，是科技部的生物医药火炬计划基地，国家商务部定点的全国十二大医药出口基地之一，湖南省的重点工程、长沙市十大标志性工程。

创业园总建筑面积3万平方米，其中孵化场地5200平方米，依托基地良好的投资环境、较为完善的产业化共享服务平台体系，通过创造一个局部优化、适合留学人员创业的环境和条件，提供具有国内先进水平的生物医药专业化服务，以加速中小科技创业型企业能够依托基地资源迅速发展。创业园以资源整合、优化配置为主线，逐渐形成了基因芯片技术、胶体金诊断试剂技术、组织芯片技术、病理检测抗体技术、组合生物合成、化学药物研究以及中药提取技术等七大共享实验技术平台，并积极协助入园企业共同建设新的技术平台。

创业园还与欧洲最大生物基地德国柏林生物医药园、挪威生物医药创业中心等建立了合作关系；承担了国家发改委的中国政府与古巴的生物技术合作并与三家古巴国家生物所签订合作协议；参与科技部的中英剑桥园并负责生物技术类项目洽谈合作；在省政府支持下，建立了药用植物资源国际合作研发中心、生物技术服务外包国际合作中心等。

创业园将重点发展生物诊断试剂、单克隆抗体外以及新药研发外包服务（CRO）三大技术领域，积极引进著名企业和投资商，促使创业园生物单克隆抗体产业规模化，并成长为园区继标准化提取物之后第二大的出口品种。

创业园较为完善的产业服务平台与专业化的服务，使园区目前集聚了包括全美青年生命科学排名前15位的searle奖获得者、两位华人科学家霍普金斯大学刘钧教授、威斯康星大学沈奔教授创办的组合生物合成和天然产物药物工程研究中心等企业和研究机构；引进了美国加州大学教授杨福生开发的姜黄素抗老年痴呆药物，中国工程院院士周宏灏教授的高血压个体化用药诊断基因芯片项目，夏家辉院士的用于染色体病和基因病诊断的人类外周血培养基、羊水快速培养基项目，加拿大归国留学生张毓博士的梅毒胶体金快速诊断试剂项目以及美国知名科学家彭早元教授的单克隆项目等一批先进生物技术项目。逐渐形成了生物芯片技术、诊断试剂技术、新药研发外包服务技术、单克隆抗体技术以及中药标准化提取物技术等产业集群。

联系方式

地　址：浏阳生物医药园区科创大楼
邮　编：410329
电　话：86-731-3280359
传　真：86-731-3280666

邮　箱：13907484359@139.com
网　址：www.lipip.corn

株洲留学人员创业园

园区概况

株洲留学人员创业园成立于1999年7月，是湖南省成立的第一家留学人员创业园。与株洲国家高新技术创业服务中心、大学生创业示范园是一套人马三块牌子采取“三块牌子、一套人马”的方式运作，按企业化管理模式运行，实行自收自支的财务管理体制。2010年6月成立株洲市大学生创业示范园。

近年来，创业园先后荣获“全国先进高新技术创业服务中心”“湖南省留学人员创业园先进单位”“湖南省国家火炬计划实施20周年先进服务机构”“湖南省非公有制经济服务先进单位”“湖南省先进基层党组织”“湖南省文明窗口单位”“湖南省科技管理系统先进集体”“湖南省和谐劳动关系示范工业园区”“湖南省优秀留学人员创业园”“株洲轨道交通产业集群创新创业平台”“湖南省促进就业创业孵化基地”“国家级大学生科技创业见习基地”等100多项荣誉。2013年获株洲市首届吴运铎创业服务奖、株洲市中小企业优秀服务机构、株洲市文明机关。

园区与省内外高校及科研机构建立长期合作关系，发挥其人才、学科和科技成果优势，搭建多种技术合作平台，推进产、学、研结合，加速科技成果转化。与株洲时代新材国家级检测中心合作成立了“株洲高新区轨道交通产业科研测试中心”，与湖南大学、湖南科技大学、湖南工业大学、湖南商学院、株洲职业技术学院、湖南省化工职业技术学院等高校合作共建技术合作基地、MBA教育实习基地、学生创新实践基地，与湖南工贸技师学院合作创办工人技能培训班基地。

园区大力推进“苗圃—孵化器—加速器”一体化的科技创业孵化链建设，更好地满足不同发展阶段的创业企业和团队的要求，进一步提升孵化器的服务能力和服务水平。将大学生创业示范园作为创业苗圃的主体，设立了专门的科技创业服务部，和中心共用创业基地网络服务平台。鼓励有创业意向的科研人员、大学生、留学人员等开展创业见习实习，组织长、株、潭地区科研院所专家学者、园区成功创业的企业家作为创业导师来园讲学，提供团队组建、管理运营、技术攻关、产品市场前景分析等具体指导，为未成立企业的优秀创业项目和创业团队提供专业、系统的“预孵化”服务。

截至2013年底，园区孵化总面积14.87万平方米，包括“一园两基地”创业园本部和天台金谷孵化基地。

截至2013年底，在园留学人员企业38家。2013年新增企业5家，毕业3家。2013年企业收入总额6.2亿元。在园留学人员企业中，主要集中在电子信息、生物医药、新材料、新能源、高端制造为重点的创业孵化领域。2013年新引进留学人员8人，在园留学人员总数51人，其中博士、硕士、本科学历分别占20%、55%、25%。

联系方式

地　址：株洲市天元区泰山路43号
邮　编：412007
电　话：86-731-28827865，86-73128811372-804
传　真：86-731-28836881
网　址：www.zzic.com.cn

湘潭留学人员创业园

园区概况

湘潭留学人员创业园于2003年8月29日经湖南省人事厅批准成立，10月28日正式授牌，并作为湘潭高新开发区管委会直属的公益性科技型事业单位，与湘潭国家高新技术创业服务中心采取“两块牌子、一套人马”的方式运作。

创业园依托创业中心新建的3.8万平方米创业孵化大楼，建设1.44万平方米的标准厂房，以优惠的政策和良好的服务，吸引海内外留学人员归国创业。同时利用好中德友好合作的历史机遇，配合德国科技园建材、机电、环保三大特色产业崛起的需要，提高服务功能，引进国外项目进行孵化，将高新区创业孵化基地逐步建成国际企业孵化器。

联系方式

地　址：湘潭市晓塘中路火炬创新创业园创新大厦2楼
邮　编：411100
电　话：86-0731-58551800
传　真：86-0731-58551800
邮　箱：haoxinqing@sohu.com
网　址：www.xtctp.com

常德留学人员创业园

园区概况

常德留学人员创业园于2005年6月成立，是继长沙、株洲、浏阳、岳阳、湘潭之后湖南省内第六家留学创业园。常德市政府采取灵活政策，提出“外地有的优惠政策，我们都有；外地没有的，我们也可以有。”政府提供启动经费与免费办公条件，并将创业园交给留学人员自己经营管理。

按照“政府搭台，企业唱戏；民办官助，大胆创新”的建设方针，创业园已经吸引了第一批来自美国、日本、加拿大等国的留学人员。他们从事信息技术、材料、能源、交通、农业等项目，成功开发半导体灭虫灯Bugstar、64位双核Linux高性能服务器、新型光缆材料、网络教育资源平台、GPS车辆监控系统、建筑节能系统、生物试剂等产品与服务。第二批来自比利时、爱尔兰、英国等国留学人员也陆续入园。

联系方式

地　址：常德市人民东路320号农业局大厦1楼
邮　编：415003
电　话：86-736-2597057
传　真：86-736-2519882
邮　箱：hncdwsb517@163.com

岳阳留学人员创业园

园区概况

岳阳留学人员创业园创建于2001年6月，经湖南省人事厅批准，于2002年7月正式挂牌。创业园位于岳阳高新技术产业开发区内，是吸引留学人员来岳阳创业发展的重要平台，是推动岳阳高新区及其高新技术产业发展的重要载体。

创业园实行优惠政策，广泛吸引留学人员来岳阳创业。同时为自带项目或科研成果的留学人员提供优质的创业环境，为留学人员新办企业提供场地，为资金筹措提供便利，为申报科技计划、办理相关手续提供服务。

创业园成立之初，高新区管委会规划了8000平方米的厂房作为孵化基地，并建设了留学人员创业科技大楼。目前，创业园引进项目大多处于国际国内领先水平，有的填补了国内空白。多名科技人员在区内置办各种科技项目，成功兴办高新技术企业。组织认定高科技企业和项目，部分被列入湖南省科技厅重点支持项目。

联系方式

地　址：湖南省岳阳市巴陵中路创业大厦
邮　编：414000
电　话：86-730-8720888
邮　箱：282423357@qq.com
网　址：www.yykfq.gov.cn

留学人员广州创业园

园区概况

留学人员广州创业园是广州开发区留学人员创业的主要聚集地，1999年8月由广州开发区投资创办并与国家教育部、科技部合作共建。2001年8月被国家科技部、教育部、人事部和外国专家局联合认定为国家留学人员创业园建设示范点，是广东省唯一的国家级留学人员创业园。其管理机构广州火炬高新技术创业服务中心（以下简称“广州火炬中心”）是科技部认定的国家级高新技术创业服务中心、首批国家级“大学生科技创业见习基地试点单位”。

留学人员广州创业园已建成了广州科技创新基地园区、广州科学城综合研发孵化区园区、广州开发区西区园区、广州国际企业孵化器园区、广东软件科学园园区、科学城信息大厦园区六个园区，形成了资源互补、配套齐全的孵化网络，总孵化场地达15万平方米。

广州创业园致力于为广大留学人员提供从企业筹建、项目研发到产业化的全过程、全方位、专业化的孵化服务，引进和培育了大批优秀留学人员企业，涉及生物医药、电子信息、新材料、光机电一体化等多个产业领域。

目前，广州创业园各园区累计孵化留学人员企业491家；引进创办企业的留学人员688人，其中博士414人、硕士237人；毕业企业168家；产业化企业160家；15家企业购地建立产业化园区，总购地面积超过60万平方米。

广州创业园作为重要的创新人才聚集地，汇集了中央海外高层次人才引进计划（简称“千人计划”）入选者8人、广州市海外高层次人才入选者2人、广州市“创新创业领军人才百人计划”入选者11人、广州开发区领军人才入选者9人。广州创业园已成为广州开发区、广州市提高自主创新能力、推进高新技术产业化和社会经济发展的重要力量。

联系方式

地　址：广州科学城揽月路80号广州科技创新基地
　　　　综合服务楼708
邮　编：510663
电　话：86-20-32290476，32290563
传　真：86-20-32290839
邮　箱：anleex@enterpark.com
网　址：www.entrepark.com

广州市留学人员创业（海珠）基地

园区概况

广州市留学人员创业（海珠）基地成立于2001年9月，是为留学人员来海珠市创业而设立的科技企业孵化器。基地与广州市海珠高新技术创业服务中心实行“两个牌子、一套班子”进行运作。

创业中心是由海珠区政府于2000年1月建立的科技创业服务机构，隶属广州市海珠区科技产业基地管理委员会直接管理。2000年12月，被广州市科技局认定为“市级高新技术创业服务中心”；2001年9月，被市科技局批准成为“广州市留学人员创业（海珠）基地”；2005年12月被科技部认定为“国家高新技术创业服务中心”。

创业基地位于广州城市新中轴线，占地面积1.1万平方米，有6座主要建筑物，可供科技企业创业的建筑面积有1.5万平方米，内设置有高新技术成果（产品）展览厅、多功能会议厅、商务中心、培训中心以及宽敞的停车场等基础设施，环境优美，周边生活服务设施齐全。创业基地为扶持进入中心的企业发展制定了各项优惠政策，入驻企业除可享受国家、省、市扶持发展高新科技产业的各项优惠政策外，还设有项目扶持资金及纳税奖励等一系列优惠措施，按照《留学人员入驻海珠创业基地的暂行办法》执行。对留学人员自带项目到基地创业，经审查批准，可从广州市留学人员管理服务中心申请留学人员专项资金10万元；在此基础上，还可从海珠区高新技术创业扶持资金中获得10万元以上的资助，作为留学人员的项目启动资金。同时，提供园区物业管理、后勤服务，为入园企业办理工商、税务、证照等服务。

联系方式

地　址：广州市海珠区敦和路189号
邮　编：510300
电　话：86-20-89225040
传　真：86-20-89225984
邮　箱：gzlinjin@sina.com
网　址：www.cy-center.com

广州市荔湾留学生科技园

园区概况

广州市荔湾留学生科技园是荔湾区人民政府出资、由荔湾区科学技术局主办、荔湾区生产力促进中心创办并管理的科技企业孵化基地。旨在建立一个良好的创业环境，以鼓励和支持留学人员和高新技术企业来区创业发展，为进驻的科技型企业提供从项目研究开发、中试小规模生产到市场开拓的多功能、全方位、全过程的优质服务。园区位于中山七路，临近荔湾区政府及地铁，交通便利，环境优美。

从2002年建立首个园区，荔湾留学生科技园已形成由中山七路园区、穗丰大厦园区和聚龙中试基地（广州市市级高新技术创业服务中心）、东沙创业中心四个园区组成的完整体系。新成立的东沙创业中心位于荔湾区东沙工业园区内，建筑面积达4500平方米。

荔湾留学生科技园成立以来，吸引了近200家科技型企业入园，近半是海归创办的企业；引进各类人才400多人，其中归国留学人员60多人，硕士以上学历人员100多人，已成为推动荔湾科技、经济和社会发展的一亮点。

联系方式

地　址：广州市荔湾区逢源路330号3楼
邮　编：510000
电　话：86-20-81377323
传　真：86-20-81033258
邮　箱：leif1963@21cn.com

深圳市留学生创业园

园区概况

深圳市留学生创业园成立于2000年10月，由深圳市人事局、高新办、龙岗区政府和美国国际华人科技工商协会联合投资兴办，实行“政府引导，企业化运作，留学生管理”，这种模式在全国尚属首创。2004年12月，成为国家人事部与深圳市人民政府共建的“中国深圳留学人员创业园”，并被国家科技部认定为“国家高新技术创业服务中心”，2010年被广东省认定为“广东省小企业创业基地”，2012年被广东省认定为“广东省科技服务业百强企业（机构）”。2013年3月，被深圳市委组织部确定为“人才工作基层联系点”。

创业园首创“政府引导，留学生管理”的运作模式。留学生创业园提供基础设施、创业辅导、融资、人才引进、交流培训、市场推广、管理咨询、项目推介、联谊沟通等服务。

创业园拥有孵化、项目管理和资金管理三大功能，建立了财税咨询服务平台、创业园网络管理平台、企业知识产权全流程服务平台和多媒体培训平台四大公共服务平台，为入园企业提供基础设施、创业辅导、融资服务、人才引进、交流培训、市场推广、管理咨询、项目推介、专业服务、联谊沟通等十大类百余项服务内容。

创业园现有孵化场地33,364平方米，已累计孵化企业767家，毕业企业544家。目前在园企业163家。截至2013年，企业在园期间累计实现总技工贸总收入67.13亿元，出口3.25亿美元，上缴税金3.98亿元。截至2013年，累计吸引来自美、英、法、加、日等20多个国家和地区的留学人员1010人，其中博士373人，硕士587人。创业园成立以来，入园企业中有2人获得全国留学回国人员先进个人称号，1家企业获得深圳市科技发明一等奖，1家企业深圳市科技进步一等奖，2家企业获得深圳市科技创新奖，有12人入选中组部组织实施的“千人计划”创业人才，4个团队入选国务院侨办认定的重点华人华侨团队，5个团队入选广东省引进海内外创新科研团队。截至2013年，企业在园期间获得的专利数从2001年的28项，增加到2013年的647项，其中发明专利173项。在园期间，企业累计获国家、省、市各类资助金额2.26亿元，获得各类融资12亿元。

联系方式

地　址：深圳市南山区高新南环路29号留学生创业大厦2101室
邮　编：518057
电　话：86-755-86329000
传　真：86-755-86329004
邮　箱：Sz86329000@163.com
网　址：www.szchuangye.com

深圳市留学人员（龙岗）创业园

园区概况

深圳市留学人员（龙岗）创业园成立于2001年7月，是深圳市龙岗区为吸引海外留学生来龙岗创办高新技术企业而投资兴建；以引进优秀归国留学人员携带高科技项目来龙岗创业，提高相关产业水平，加快科技成果化，引导和带动自主创新体系建设为目的的综合性科技企业孵化器。2004年通过深圳市科技企业孵化器认定，2005年通过国家级科技企业孵化器认定，2006年被授予“深圳市优秀引智单位”称号，2007年被认定为“深圳市优秀科技企业孵化器”，2008年4月成立知识产权工作站，2008年6月通过ISO 9000管理体系认证。

创业园地理位置优越、环境优美，总孵化面积近4万平方米，各项配套设施完善。科技图书馆、商务中心、情报中心、乒乓球室、台球室、会议室、洽谈室、展览厅、多功能厅均免费对企业开放；引进了深圳低成本健康实验室和CAE实验室、深圳市声学噪音处理检测平台、深圳市环保环评检测等公共技术检测平台；引进了咖啡厅、社康中心等社会配套机构；同时为创业企业提供低成本的办公、科研及生产场地，以及一站式、全方位的服务。

联系方式

地　址：深圳市龙岗区中心城留学生创业园一园213室
邮　编：518172
电　话：86-755-28938007
传　真：86-755-28938001
邮　箱：lgcy@vip163.com
网　址：www.cy.longgang.gov.cn

深圳市留学人员（福田）创业园

园区概况

深圳市留学人员（福田）创业园成立于2003年，依托于福田区高新技术创业中心（深圳市软件园福田分园），创业中心是由深圳市福田区人民政府投资创办的，为创业阶段的科技企业提供各种服务、不以营利为目的的公益型科技服务机构。。2003年认定为深圳软件园（福田）分园，深圳市留学人员（福田）创业园和深圳市留学生联谊会（福田）分会，2007年通过深圳市科技企业孵化器认定。

创业中心（软件园）现有4个孵化基地：总孵化面积约110000平方米，位于松岭路1号的“松岭”基地（孵化面积5000平方米），位于彩田北路的“彩田”基地（孵化面积6700平方米），位于八卦三路荣生大厦的“八卦岭”基地（孵化面积10980平方米）及位于福田保税区的福田软件出口基地（孵化面积约58000平方米），具有完善的配套设施松岭基地，位于滨河路边，交通十分便利。入驻企业主要是刚起步的企业，主要以电子信息，软件开发为主。

彩田基地，也称中科大（福田）产学研基地，其主要是充分发挥中国科技大学的人才和技术支撑点作用，将中国科技大学的高新技术成果引入福田区内孵化和产业化，促进海外学生、毕业生带科技成果来深圳福田创业，将学校的科研成果引入深圳，把福田科技产业的发展推向一个新的台阶。

八卦岭基地，位于深圳市老工业区八卦三路，是利用原有的工业办公楼进行功能重新定位，创建了工业产房向科技产业转型的典范，吸引了大批科技企业进入。

福田保税孵化基地，位于福田保税区，是福田软件园出口基地，利用保税区的政策优势，吸引海内外创业投资福田，重点发展行业应用软件，行业应用中间件，工业自动化软件，提升福田区软件产业的规模和水平，成为软件出口的重要聚集地。

联系方式

地　址：深圳市福田区松岭路1号
邮　编：518031
电　话：86-755-83650188
传　真：86-755-83650588

深圳市留学人员（光明）创业园

园区概况

光明新区留学人员创业园（以下简称园区）成立于2013年11月，是新区管委会为落实国家留学政策，吸引学有所成的海外留学人员到新区创办企业，促进新区经济与社会发展，培育具有国际竞争力的企业和企业家，而投资设立的高新技术成果孵化基地。

园区一期启动区4000平方米的场地已完工并将投入使用，地理位置优越，周边环境优美，配套设施完善，是新区为海外留学人员投资创业量身打造的理想场所。

园区主要承担海外留学人员创业企业成长前期的孵育功能，以非常优惠的政策为入园企业提供孵化场地，并针对处于创业期、成长前期企业的特点，提供各类孵化服务，促进科技成果转化，帮助海外留学人员实现技术项目商品化与产业化。

根据市委、市政府要求，园区已定位为新区引进、培养和发挥留学人员作用的重要载体，是实现科技成果转化的重要基地，是海外留学人员施展才华的创业舞台。

联系方式

地　址：深圳市光明新区观光路招商科技园A3栋C2—C6单元
邮　编：518107
电　话：86-755-88211505
传　真：86-755-88211505

深圳市留学人员（国际科技）创业园

园区概况

深圳市留学人员（国际科技）创业园于2013年12月10日挂牌成立。为搭建国际化的技术创新平台，引进国际先进技术和高端创新团队，促深圳自主创新型城市建设和福田产业高端化发展，深圳市科学技术协会、深圳市福田区人民政府及光启合作建立“深圳国际科技创业园”（以下简称“国际创业园”），国际创业园为入园企业提供国际专业化支持和智力服务，从政府扶持政策与创业配套服务等方面帮助国际创新团队尽快建立企业化运营模式，实现技术产业化和生产规模化。

在福田区人民政府、深圳市科学技术协会等单位的大力支持下，深圳国际科技创业园过渡基地于香蜜湖中投国际商务中心落成。在福田区深圳国际创新中心拥有超过2万平方米的办公空间提供给高端海归创业团队施展抱负。

深圳市留学人员（国际科技）创业园项目将分两个阶段运行：第一阶段为示范项目阶段，选址位于福田区中投国际商务中心作为过渡基地，共约3000平方米，计划引进海外高端创业团队或项目6—8家，目前已达到基本饱合状态。第二阶段为拓展运营阶段，选址福田区深圳国际创新中心，计划投入运营面积约20000平方米，将引进40—60家海外高端创业团队，计划于2013年中旬正式投入运营。已有近200家国际高科技创业团队或项目向园区提出了入园申请，进入园区优质“种子企业库”。

国际创业园以光启所拥有的国际智力资源为核心驱动，以超材料产业发展基金为重要支撑，引入一批国际化、专业化的高层次运营管理团队、投资团队和科学家团队为入园企业提供全面的创业服务支持，并依托光启的海外合作机构，促进园区与海外机构的深入合作。同时，以新材料和新一代信息技术两大战略性新兴产业为主线，通过人才聚集和项目运作，集中特色技术进行园区产业布局。

联系方式

地　址：深圳市福田区香梅路1061号中投国际商务中心A座18-B
邮　编：518040
电　话：86-755-23482785转812
传　真：86-755-82705173
邮　箱：sziip@kuang-chi.org

深圳市留学人员（坪山）创业园

园区概况

深圳市留学人员（坪山）创业园（以下简称园区）成立于2012年11月，是坪山新区管委会为落实国家留学政策，吸引学有所成的海外留学人员到新区创办企业，促进新区经济与社会发展，培育具有国际竞争力的企业和企业家，而投资设立的高新技术成果孵化基地。

园区位于新区金牛西路16号华瀚科技工业园内，地处新区中心区的核心区，17500平方米的科研、实验、办公场地已建成并投入使用。地理位置优越，周边环境优美，配套设施完善，是海外留学人员投资创业的理想场所。

园区由新区管委会主导建设，主要承担海外留学人员创业企业成长前期的孵育功能，以优惠价格为入园企业提供孵化场地，并针对处于创业期、成长前期企业的特点，提供各类孵化服务，促进科技成果转化，帮助海外留学人员实现技术项目商品化与产业化。

根据市委、市政府要求，园区已定位为新区引进、培养和发挥留学人员作用的重要载体，是实现科技成果转化的重要基地，是海外留学人员施展才华的创业舞台。

联系方式

地　址：深圳市坪山新区金牛西路16号（华瀚科技工业园内）
邮　编：518000
电　话：86-755-28339215
传　真：86-755-28339266
邮　箱：cx10001@126.com
网　址：www.psxq.gov.cn/main/service/cyyq/

深圳市留学人员（龙华）创业园

园区概况

龙华新区留学生创业园于2013年8月20日在观澜银星工业园挂牌成立，依托“龙华新区科技企业孵化器”创建。2013年11月第12届中国国际人才交流大会期间，由市领导授“深圳市留学人员（龙华）创业园”的牌匾，正式成为深圳市留学人员创业园中的一个重要组成部分。创业园在成立之初由龙华新区组织人事局负责日常管理，现在采用“政府指导、民间运营”的方式，由深圳市龙新国际孵化器管理有限公司直接运营管理。深圳市留学人员（龙华）创业园立足为留学归国人员创业提供优质服务平台，龙华新区重点发展“一个发展中轴，九个重点片区”，其中有五个片区在深圳市留学人员（龙华）创业园周围，为深圳市留学人员（龙华）创业园未来发展提供了坚强的地域与空间活力保障。

创业园总建筑面积约10万平方米，可容纳200家创业企业和100家成长性企业入驻，留创园（龙华）一期有1.5万平方米。配备有公共服务平台（培训、政策咨询、创业咖啡、特色餐饮、专家公寓、交通配套、秘书服务、法律服务站、财务服务站、人才服务站、超级前台、电子商务、知识产权代办机构、创投机构、知识产权服务站）和公共技术平台（公共实验室、公共测试平台、公共技术开发体系），并有员工食堂、班车、宿舍以及公共会议室、培训室等配套。

创业园构建科技服务创新系统，能有效聚集整合政府、协会等多方面资源，入驻企业将享受专项资金扶持等优惠；为支持企业发展，园区对于重大项目的引进，可提供长免租期、厂房订制、股权投资、银行贷款、资金补助申请等方面的增值服务。项目提供高标准的硬件配置及专业、高素质人才服务等全方位的软件配套。针对有投资价值的入孵企业、经企业双方同意，也可以不同程度将租金转为投资款投资该企业，设立创业咖啡吧和成果展示中心，通过舒适的创业环境激发优秀的创业灵感，通过专业成果展示勾兑高效的成果转移，最大限度的提供增值服务和模式创新，加快深圳市留学人员（龙华）创业园企业成长。

截至2013年底，创业园入驻留学生创业团队共12个，行业方向涵盖电子信息、生物科技、新材料、智慧城市及大数据解决方案、垃圾自动化与资源化等。这些留学科研创业团队来自美国、英国、澳大利亚、加拿大、荷兰、新加坡等发达国家，全部拥有国家发明专利或实用新型专利。其中创业团队中入选中央“千人计划”2人，入选省级人才引进计划4人，入选市区级人才引进计划3人。

联系方式

地　址：深圳市龙华新区观澜街道观光路1301号银星高科技大厦
邮　编：518110
电　话：86-755-23703093
传　真：86-755-23317956
邮　箱：szlhti@szyxjt.com
网　址：szlhti.com

华丰（龙岗）留学生产业园

园区概况

华丰（龙岗）留学生产业园成立于2009年5月，是由华丰世纪集团投资兴建的留学生产业园，是深圳市引智办和龙岗区科技局重点项目。

产业园一期规划用地面积约4.5万平方米。总建筑面积逾10万平方米，地理位置优越、环境优美、配套完善。园区建有标准化工业厂房8栋，配套公寓5栋，华丰集团先后投入300余万元改造资金根据国际标准化工业园对园区的绿化、监控系统、电梯系统、配电系统、热水系统、通信系统、有线电视系统、语音广播系统、办公会议系统进行全面的改造。商务中心、情报中心、乒乓球室、台球室、会议室、洽谈室、展览厅、多功能厅等均免费对企业开放。产业园客户服务中心积极与外部企业及政府机构沟通交流，同时进行全方位的合作，龙岗区留学生联谊会已经成为联系园内外留学生的重要纽带。

产业园累计引进高新科技型企业25家，其中留学生企业16家、外资企业1家、中国台湾合资企业1家；获得专利20余项，其中数项获得了“蓝天奖”等奖项；6家企业已采用或通过ISO等国际质量标准管理体系，1个博士后科研工作站、1个产学研合作基地正在筹建中；累计吸引投资4亿元人民币，其中外资1500万美元；提供就业岗位3000余个，投产年产值数亿元。

联系方式

地　址：深圳市龙岗区宝龙工业区宝龙一路与宝荷路交叉路口

邮　编：518116

电　话：86-755-89668288

传　真：86-755-27856777

珠海留学人员创业园

园区概况

珠海留学人员创业园成立于2003年，是国家人事部与珠海市政府共建的国家级创业园。由珠海高新区管委会管理，珠海市政府人事和科技行政部门归口指导。高新区管委会下设珠海留学人员创业园管理服务中心，具体负责留学人员创业园的日常管理和服务工作。

创业园设在珠海国家高新技术产业开发区内，面积2.3万平方米，分为A、B两区，A区位于科技创新海岸的南方软件园内，面积1万平方米；B区位于南屏科技工业园内，面积1.3万平方米。已形成了集研究、实验、中试、孵化为一体的留学人员创业基地，成为了基础设施完善、信息网络发达、生态环境优美、技术创新氛围浓郁的智能型园区。

创业园建园以来发展迅速，进驻的留学人员企业由最初的19家增至目前的70多家，实现产值超过10亿元；80多名留学人员在园区发展，成长起了欧比特控制工程、福尼亚医疗器械、博佳冷源等一批品牌知名度高、自主创新能力强、产品市场占有率高的留学人员企业；涌现了一批优秀的留学人员企业家，3名创业成就显著的留学人员入选国家“千人计划”。创业园已成为珠海市实现科技成果转化的重要基地。

联系方式

地　址：珠海市唐家湾镇港湾大道科技一路10号民营科技大厦一楼

邮　编：519085

电　话：86-756-3629995，3629996

传　真：86-756-3629900

网　址：www.zhhbi.com

东莞市留学人员创业园

园区概况

东莞市留学人员创业园创建于2003年底，是东莞市委、市政府实施科教兴市和人才强市战略，吸引海外留学人员来莞创业的重要平台。其宗旨是为留学人员来莞创业提供优质服务，营造适宜中小科技企业成长的创新环境，促进先进科技成果转化，加快培育自主创新型企业和现代企业家，推动东莞新兴产业、高科技产业发展。2005年底，被团中央授予“中国青年留学人员创业基地”的称号；2007年12月，被国家科技部认定为“国家高新技术创业服务中心”。

创业园设在风景优美的东莞松山湖科技产业园区，有孵化场地面积4万多平方米，建成生物医药专业孵化器、创意产业孵化器，以及生物医药工程中心、微电子材料研发中心等多个公共技术平台。此外，还专门配备了会议室、多功能报告厅、员工食堂、咖啡厅、文体活动室等，为入驻企业提供良好的商务、生活环境。

在市委、市政府的大力支持下，通过积极的招才引智，创业园已引进各类高层次人才350人，其中、谭文、陈友斌两人已入选国家“千人计划”。创业园还引入创业企业200多家，合同注册资本6亿多元人民币，创业企业主要分布在电子信息、生物医药、软件开发、新材料、环保节能、机电制造、医疗器械、文化创意、互联网等高新技术领域。部分入园较早的企业已经成功孵化，具有自主知识产权的科技成果转化为受市场青睐的高科技产品。如东莞市泛亚太生物科技有限公司，在创业园孵化成功后在松山湖园区北部购买60亩土地，投资5亿元建设总部和生产基地。

联系方式

地　址：东莞市松山湖科技产业园区学术交流中心

邮　编：523808

电　话：86-769-22891118

邮　箱：ljy@ssl.gov.cn

网　址：www.dghg.org

中山留学人员创业园

园区概况

中山留学人员创业园成立于2007年8月，由中山市人事局批准成立，与中山火炬高技术创业中心、中山火炬生产力促进中心合署办公，实行“一套人马、三块牌子”的运作机制。中山火炬高技术创业中心由火炬开发区管委会于1992年创办，2005年被科技部认定为“国家高新技术创业服务中心”，同时被广东省科技厅批准为“广东科技人才基地（中山）”建设的依托单位。2011年12月27日，首家由广东省人力资源和社会保障厅与中山市人民政府共建的省级创业园“广东中山留学人员创业园”正式揭牌。

创业园已建成的建筑总面积达到30万平方米，包括投资大厦、数码大厦、科技大厦、孵化中心大厦，有商务酒店、商业购物区、学校、专家楼、留学人员公寓等配套设施。对入园创业的回国留学人员，创业园提供以下优惠政策：一是开发区一次性补贴10万元创业投资资金；二是从企业设立之日起的2年内，根据企业固定资产投资规模给予一次性的3%补贴，最高达到60万元；三是企业从登记之日起3年内，按投资总额的20%一次性给予贷款贴息；四是对于进入创业园达到博士学位或者是博导职称的，给予安家费10万—30万元，另外每月给予1000—3000元工资外的生活补贴。在科技创新方面，科技专项经费也给予优先的资助，同时，子女进入园区之后的就学、就业、家属安置等方面也给予优惠。

目前，创业园已聚集了20多家留学人员科技创业企业，拥有1个综合孵化器和5个专业孵化器，专用于留学人员创业的孵化大楼——数码大厦已开始投入使用。创业孵化场地面积将近10万平方米，可容纳企业近500家。“科技中介服务区、创业人才生活区、高新技术成果展示区、高新技术产品交易区”等四大人才创业配套服务功能区也已基本成形，将为留学人员提供广阔的创业平台和优质的生活环境。

目前，创业园聚集了一批电子信息和软件开发、包装印刷、生物医药、新能源与新材料、光机电领域的高新技术企业和项目，逐步形成了创业园的五大支柱产业，多个项目已被列入国家、省、市科技重点支持对象。

联系方式

地　址：中山市中山港康乐大道创业大厦101
邮　编：528437
电　话：86-760-85316969，85316213
传　真：86-760-5310271
邮　箱：hpp7943@sohu.com
网　址：www.zstorchibi.com

惠州仲恺高新区留学生创业园

园区概况

惠州仲恺高新区留学生创业园（广东惠州仲恺（国家级）高新区留学生创业服务中心）成立于2003年7月，通过提供基础性服务、金融服务、创业培训服务、信息服务等服务事项，帮助留学归国人员创业。2006年底，仲恺高新区成立了科技创业服务中心，与留学生创业服务中心合署办公，秉承“服务科技，扶持创新”的发展思路，吸引初创期科技型中小企业和创业企业入孵。2008年底，科创中心已基本完善配套的基础服务设施和相应的服务功能建设，为归国留学创业人员提供创业启动资金、科技服务和商业配套服务。

2008年9月，科创中心被省科技厅认定为“广东省高新技术创业服务中心”以及被中共惠州市纪委、惠州市监察局认定为“惠州市改革开放成果教育基地”；2009年先后获得“省中小企业服务机构示范单位”及“广东省高校毕业生科技创业孵化基地”认定；2010年被省中小企业局认定为“广东省小企业创业基地”；被人力资源和社会保障部全国博士后管委会认定为“博士后科研工作站”；被省发改委员会认定为“广东省现代服务业集聚区”；12月，被科技部火炬中心认定为“国家级科技企业孵化器”；2012年被市政府认定为“惠州市现代服务业集聚区”；被省中小企业局认定为“广东省中小企业公共服务示范平台”；被广东省人力资源和社会保障厅认定为“广东省创业带动就业孵化基地”。

园区积极探索“前孵化器”和异地科技创新服务体系建设。依托国内外知名高校和科研院所，推动产学研合作，支持有创业需求的精英和创新团队把仍处于研究早期的技术产品甚至技术思路进一步完善并在仲恺高新区进行产业化。

园区建立“创业苗圃+孵化器+加速器”的孵化体系。针对不同成长阶段科技企业的需求，建设与之相适应的不同类型科技创新创业孵化载体，从创业苗圃到孵化器、加速器，再到产业园等，建立完善科技创新创业孵化链条。

为进一步优化仲恺高新区人才政策环境，2011年仲恺高新区出台《仲恺高新区引进扶持高层次人才激励政策（暂行）》《仲恺高新区管委会关于仲恺高新区“恺旋人才计划”的实施意见》，针对海外高层人才，协助其办理工商注册、税务登记、海外高层次人才居住证等一站式服务，提供生活津贴及一次性住房补贴等补贴待遇。

目前，园区孵化总面积20万平方米，孵化场地由仲恺高新区科技创业服务中心1、2、3号楼，TCL科技大厦科技创新研究服务中心，惠南、东江产业园科技创业服务中心，陈江、惠环加速器，北京中关村异地孵化器、美国波士顿异地孵化器，政企共建孵化器等。陈江、惠环加速器是以快速成长企业为主要服务对象，通过服务模式创新充分满足企业对于空间、管理、服务、合作等方面个性化需求的新型空间载体和服务网络，具有较强的集群吸引力和创新网络形态。园区内留学生创办的科技企业将成为孵化器和加速器新的生力军，成为园区新的经济增长点。

联系方式

地　址：广东惠州仲恺高新区惠风东二路16号
邮　编：516006
电　话：86-752-2653699
传　真：86-752-2653896
邮　箱：smart008@21cn.com
网　址：kc.hzzk.gov.cn/lxscy

南宁留学人员创业园

园区概况

南宁留学人员创业园成立于2000年初，由南宁新技术创业者中心负责服务管理。

创业园坐落在南宁国家高新技术产业开发区内，拥有孵化场地4000平方米。经过多年建设，创业园建立起了较为完善的孵化培育服务体系。同时，结合南宁高新区的实际情况制定了一系列的优惠措施，主要包括：提供留学人员创业启动资金、办公科研场地的优惠使用、协助企业申请各项科技经费、提供专家公寓、提供企业发展咨询服务等多种方式。已经吸引了一批来自美国、英国、日本等国家和地区的海外人员和国内博士和博士后前来创业。

联系方式

地　址：南宁市科园大道68号4栋6层
邮　编：530004
电　话：86-771-3213233，3213368
邮　箱：smart008@21cn.com
网　址：5039993.my.sme.cn

桂林留学人员创业园

园区概况

桂林留学人员创业园创建于2001年3月，于2001年12月正式挂牌。创业园由原国家人事部、广西壮族自治区人民政府和桂林市人民政府联合共建，位于桂林国家高新技术产业开发区内，由桂林国家高新区管委会负责具体实施，是专为到桂林创业的留学人员、博士等高层次人才而设立的创业基地。创业园正式挂牌运作以来，充分利用国家人事部、自治区人民政府、桂林市人民政府的政策导向，依托桂林国家高新区良好的投资环境，发挥共建各方自身优势，吸引留学人员、博士以及立志创业的各方人士前来创业。促进科技成果商品化、产业化、国际化，培育一流的高新技术企业，造就精通技术、善于管理、通晓经营的复合型科技人才。2006年12月，创业园被广西区党委组织部授予“广西留学人员工作先进单位”的称号。

创业园现有四大孵化场地：创新大厦、创业大厦、铁山科技园、创意产业园。

创新大厦，高新区电子信息产业专业孵化器所在地，一期孵化场地面积2.7万平方米。该孵化器利用地处信息产业园优势，专门吸纳中小型电子、通电企业，形成电子、通信企业集群，作为园区各规模企业产业链延伸的载体和末端，逐渐形成完整的产业链条，到“十二五”末期，该专业孵化器内的入驻企业数量将达到200家，孵化面积将增加至4.2万平方米。有一定规模场地做基础，承接东部产业转移就有了保障。

创业大厦，孵化场地面积2.1万平方米，地处高新区老区1平方公里内，有8000平方米的轻钢工业厂房，周边有华诺威制药、晖昂制药、金可保健等生物医药骨干企业，地理位置优越，交通便利，知名度高，重点孵化生物医药、光机电一体化企业。该园区中的“广西数字化产品开发制造公共技术服务平台”“桂林工业产品设计人才培训基地”除面向整个高新区提供专业人才和技术的支撑之外，该基地在“十二五”期间，将着力打造成为创业中心招商引资的重要平台及创业苗圃。

铁山科技园，一期孵化场地面积1.6万平方米，主要用于吸纳大专院校、科研院所成果转化，创业者以留学人员、博士、大学老师、在校生（或毕业两年内大学生）等高素质、高智商人群为主体。创业中心的本部、中国桂林留学人员创业园、全国大学生科技创业实习基地均设于此，它将发挥“一个中心”的引领示范作用，成为多个专业孵化器的“辐射源”。

创意产业园，孵化场地面积6.8万平方米，该园承载着高新区转变经济增长方式，文化立区新理念，是一个全新的，以集聚动漫制作、软件开发、产品设计等创意型企业为首要的园区。它未来的发展方向，非创意企业专业孵化器莫属，建设中的“高新区软件外包人才培训基地”“高新区动漫制作公共技术服务平台”将为园区企业的发展提供人才和技术的支撑。

桂林留学人员创业园得益于国家人事部的政策和人才优势，得益于各级政府的重视和支持，在局部打造了一个吸引留学人员回国创业的优化环境，在求得自身发展的同时也为高新区科技创新营造了一个新的亮点。“十一五”期间，孵化场地面积由2.7万平方米增加到近9万平方米，在孵企业达到300多家，培育规模以上企业80多家。

联系方式

地　址：桂林国家高新区大学科技园二楼
邮　编：541004
电　话：86-773-2670907
传　真：86-773-5819274
邮　箱：44603899@qq.com
网　址：www.glbic.com

北海留学人员创业园

园区概况

北海留学人员创业园成立于2006年2月，由北海市人民政府和广西壮族自治区人事厅合作共建。创业园分别设在北海市贵州路科技创业中心大楼，北海市北海大道科技大厦精品项目孵化器，北海市体育北路综合孵化基地等三个孵化器内，日常服务工作由北海市高新技术创业服务中心负责。

创业园先后引进了广西桂能信息工程有限公司，促成了广西桂能集团在北海工业园的亿元投资，产生了拉动北海经济发展的巨大效益；引进了北海金明阳风力潮汐发电科技有限公司，也促成了广西柳州明阳机电集团公司在北海市投资1.3亿元建设风电项目。园区企业为北海市的园区经济、高新技术产业的发展注入了新的活力，增添了新的力量。

联系方式

地　址：北海市北海大道科技大厦7楼
邮　编：536000
电　话：86-779-2020594
传　真：86-779-2023001
邮　箱：bhsulidong@sina.com

柳州留学人员创业园

园区概况

柳州留学人员创业园成立于2007年8月，由柳州市人事局、柳州高新区共同组织和管理，并为留学回国人员提供一定的资金、场地及相关的配套服务。

创业园实行“政府引导、企业运作、留学生管理”的运作管理模式，即通过海外留学生入股，创造“一头在国内、一头在国外、中间是政府”的“杠铃模式”。以最优惠的价格提供科研、实验、办公、配套和管理服务，利用政府资源参与运作和管理，引进风险投资资金，协助入园企业解决融资问题。

早在2003年就进入国家级的柳州高新技术创业服务中心，已形成了一整套完善的孵化服务体系，共有孵化场地2.7万平方米。创业园成立后，又制定了一系列优惠政策，除设立了留学人员基金外，还在柳州高新区中心和柳东新区提供了近1000平方米的场地，免费作为入园留学生的研发和生活区。园区主要构建生物工程和生物制药、高新技术及新材料新能源、软件及文化产业、投融资等四大优势产业。

联系方式

地　址：柳州市高新一路科技工业苑11层
邮　编：545006
电　话：86-772-3998128
传　真：86-772-3998138
网　址：www.lzisti.net.cn

海口国家高新区留学人员创业园

园区概况

海口国家高新区留学人员创业园于2001年12月由海南省人力资源和社会保障厅与海口国家高新区共同创建，由海口国家高新区科信局主管，旨在吸引优秀留学人员入园创办高新技术企业，重点孵化一批具有国际领先技术和自主知识产权、市场潜力巨大、国家重点支持领域的项目，促使先进技术与本地资源的有效结合，加快科技成果转化和产业化，促进海南经济的快速发展。2009年海口创业园被海口市创建创业型城市领导小组认定为“创业孵化示范基地”，并名列第一。

创业园区在管理模式上创新，以“媒婆+保姆”的管理模式和“以人为本”的服务理念，努力为在孵企业和创业人员提供有效服务。

海口国家高新区将设立创业扶持基金，每年筹备200万元作为扶持创业的匹配资金，联合政府部门、金融部门、风投机构建立投融资平台，努力让在孵项目和资金对接。并联合省、市科技部门对技术成果的鉴定、推广、交易。通过组织部门协调高校、科研院所的科学实验平台进行资源共享，重大科技项目可联合多方研发。

截至2013年底，园区孵化总面积1800平方米，目前是借用保税区开发建设总公司的两层小楼作为海口创业园的创业孵化基地，但海口国家高新区已拟建1.8万平方米创业孵化大楼作为海口创业园新的创业孵化基地。工程分两期建设，第一期工程已于今年动工建设，两期工程完工后，可满足创业人员办公、科研、中试的需求。

在园留学人员企业中，主要集中在高科技农业、信息技术、生物医药、干细胞工程研究、蛋白质工程研究、分子细胞技术应用、中子核辐照技术应用、热带海洋研究等行业。主要以高科产业为特色。

联系方式

地　址：海口市南海大道168号（海口保税区内）留学人员创业园112室
邮　编：570216
电　话：86-898-66826121
传　真：86-898-66826151
邮　箱：Hkwsyao@126.com

重庆留学人员创业园

园区概况

重庆留学人员创业园成立于2003年8月，由重庆市政府批准设立，其前身为重庆高新技术产业开发区管委会于2000年3月所创建的重庆高新区出国留学人员创业园。2007年成为国家人力资源和社会保障部与重庆市人民政府共建的“中国重庆留学人员创业园”。2009年10月，被重庆市委、市政府评选为“留学人员归国创业服务工作先进单位”。

创业园位于重庆高新区二郎科技新城，于2005年建成投入使用，总建筑面积8.92万平方米，总投资额为22亿元，是集科研、中试、生产、办公、展厅为一体的综合性现代化创业园区。

现园区内有留学人员创办或领办企业23家，主要涉及电子信息、生物医药、新材料、先进制造等领域；企业从业人员总数从业人员3645人，其中大专以上人员2363人，留学人员总数624人，国家千人计划5人。2013年重庆留创园预计实现技工贸总收入18.3亿元，纳税近1亿元。建园以来，成功培育华邦制药成为全国首批中小板上市企业，梅安森科技成为西部首家煤矿安全领域创业板上市企业。

联系方式

地　址：重庆高新区二郎科城路77号A座2楼
邮　编：400039
电　话：86-23-68683600
传　真：86-23-68416305
邮　箱：7009932@QQ.com

成都留学人员创业园

园区概况

成都留学人员创业园成立于1998年8月，是成都高新区管委会下设的为留学人员回国创业提供服务、促进成果转化的公益性科技事业服务机构，是全国首家由国家人事部与地方政府共建的留学人员创业园。旨在为海内外优秀人才回国创业营造良好的创业环境，提供优质的创业服务，促进科技成果转化。创业园经过多年的发展，不断完善留学人员回国创业的激励机制，按照“以优惠的政策吸引人才，以优良的环境留住人才，以优异的事业发展人才”的发展思路，通过有针对性的基础服务、增值服务和定制服务，促进人才资源向人才资本转化。

创业园在高新区管委会的大力支持和领导下，实施大孵化战略，聚集高层次的创新创业人才，培育企业自主创新能力，创业园在聚集高层次人才方面取得了显著成绩。高新区列入科技部科技服务体系建设试点单位；创新中心被省经信委认定为“四川省中小企业公共服务示范平台”；中国大学生创业园（成都）被教育部、科技部授予“2010年度高校学生科技创业实习基地”的称号。

截至2013年底，园区累计孵化企业500多家。在园留学人员企业中，主要集中在信息技术、生物医药、新材料、环保节能、光机电一体化等高技术领域的研发生产。已成功培育了飞博创和芯微电子、亚连、摩尔、特普等一批拥有自主知识产权、具有核心竞争优势的留学人员企业。培育了一批懂技术、懂管理、善经营的优秀企业家，为高新技术产业发展作出了贡献。

联系方式

地　址：成都高新区高鹏大道5号B座5楼
邮　编：610041
电　话：86-28-85141636
传　真：86-28-85177578
邮　箱：zhanglu@cdibi.org.cn
网　址：www.cdibi.org.cn

绵阳留学人员创业园

园区概况

绵阳留学人员创业园建立于2000年初，2002年5月由四川省人事厅、科技厅、教育厅与绵阳市人民政府联合共建，由市人事局、教育局、科技局与高新区管委会具体承建。

创业园依托绵阳国家级高新技术产业区，按照市场经济规律和国际通行规则运作，以吸引和扶持留学人员，培育具有创新能力与国际竞争力的高新技术企业和科技企业家为重点，促进高新技术的发展和科技成果转化。

创业园规划面积50万平方米，实现园区的连片开发和集中管理。园区内已建成孵化中心、标准厂房和博士别墅住宅等基础设施，已投入使用孵化面积4000多平方米，标准厂房面积5000多平方米，引入会计师事务所、企业咨询、风险投资等中介服务机构，为留学人员来区创业提供专业化服务。

创业园吸引了来自美国、加拿大、日本、澳大利亚、德国、英国等国家的留学人员创办高科技企业，为促进高新技术成果的转化，提高绵阳高新区科技创新能力作出了突出贡献，初步形成了人才聚集效应。

联系方式

地　址：绵阳市普明南路东段95号创业服务中心
邮　编：621000
电　话：86-816-2546170，540097
传　真：86-816-2535118

贵阳留学归国人才创业园

园区概况

贵阳留学归国人才创业园暨贵阳海外高层次人才创新创业基地成立于2010年2月，其前身是成立于2003年的贵州留学回国人员创业园、贵州学子回乡创业园，由贵阳国家高新区投资建设，与贵阳高新技术创业服务中心实行“两块牌子、一套人马”。贵阳高新技术创业服务中心于1992年成立，是直属贵阳国家高新区管理委员会领导下的科技服务机构，1998年被科技部认定为国家级创业服务中心。

作为贵阳市实施高端人才引进战略的重要载体和留学人员回国创业和海外高层次人才聚集的重要基地，贵阳市高新区管委制定了系统管理办法和政策措施，搭建平台，培育具有创新能力和国际竞争力的高新技术企业。

搭建政府服务平台，摸清辖区内科技人才的家底，逐步完善人才信息库、人才供求信息网络和人才档案管理中心的服务功能。通过人才服务机构与中介机构，更好地发挥市场对人才资源的配置作用。

搭建人才创业平台，设立科技人才创业基金和科技成果转化基金，开辟科技成果转化的融资渠道，鼓励科技人才走向社会带头创业，实现科研、技术成果转化，帮助科技人才成就事业。通过引导有条件的企业组建新产品研发中心、申建与本企业研发新产品紧密相关的博士后科研工作站、建立企业与博士联谊会等形式，搭建高层次科教人才创业发展平台。

搭建人才柔性流动平台，变“所管”为“所用”，打破了国籍、户籍、身份、档案、人事关系等人才流动中的刚性制约，突破工作地、工作单位、工作方式的限制，采用进出更自由、渠道更畅通、方法更灵活的人才流动方式，鼓励和引导企业主动到高等院校、科研院所去聘请专家、租赁科技人才。创造条件让科技人才走出“学堂”、“书房”和“实验室”，到市场经济的大潮中施展抱负，促进了人才的自我开放性流动。

联系方式

地　址：贵阳高新区金阳科技产业园创业大厦
邮　编：550022
电　话：86-851-4700588，4701009
传　真：86-851-4700588
邮　箱：260875268@qq.com
网　址：www.gyibi.net.cn

云南留学人员创业园

园区概况

云南留学人员创业园成立于2001年9月，是云南省政府、昆明市政府为吸引海外留学人员来云南省创业而设立的孵化基地。创业园与云南省国家大学科技园两园合一，合署办公。2012年，昆明高新区将原昆明高新技术创业服务中心（含合署办公的云南软件园管理办公室、云南省生产力促进中心）、两园（指云南省大学科技园办公室、云南留学人员创业园管理办公室）逐步合并统一组成昆明高新区孵化器管理中心。昆明高新区孵化器管理中心现已成为昆明高新区技术创新体系的重要组成部分，成为云南省、昆明市重要的创新平台。2004年被共青团中央评为“中国青年科技创新示范基地”；2008年被科技部评为“国家火炬计划先进集体”；2009年被省科技厅评为“优秀科技企业孵化器”；2010年被昆明市科技局认定为市级孵化器；荣获2011年度“昆明名牌产品”称号；2012年获“国家中小企业公共服务示范平台”称号。

创业园起步之初就以吸引国外高层次留学人员、促进科技成果转化、孵化高新技术企业、培育创新型企业家三大功能为宗旨，在全国首创了“联合式、开放式、网络式、虚拟式”的管理模式，得到各级政府和社会的充分肯定。创业园鼓励走“产、学、研”相结合之路，对留学回国人员在科研开发、技术成果转化和产业化方面予以扶持，对留学回国人员创办的高新技术企业给予贷款贴息。入园企业经云南省科技厅认定为高新技术企业后可享受减免税的优惠政策。

孵化中心整合后确立了以观念创新为先导、以体制创新为保证、以机制创新为动力的发展思路，以昆明高新区较为完备的软硬环境为依托，系统整合了昆明高新区的创新创业资源，互为补充、优势叠加，通过昆明高新区的政策条件、运行机制、投资环境等优势，为中小企业开展了综合性、多层次、全方位的服务，建立了高效合理的管理体制和运行机制。

截至2013年底，园区孵化总面积1.4万平方米，其中：办公用房504平方米，在孵企业用房12170平方米，其他用房1326平方米。

截至2013年底，在园留学人员企业42家，累计孵化企业55家。2013年新增企业5家。2013年，全年在孵企业实现技工贸总收入62亿元，全年实际上缴税额3.5亿元，实现房租收入2065万元。2013年新引进留学人员5人，在园留学人员总数41人。截至2013年底，入选省级人才引进计划2人，入选市区级人才引进计划4人。

联系方式

地　址：云南昆明二环西路220号云南软件园产业楼501室
邮　编：650106
电　话：86-871-68180605
传　真：86-871-68181219
邮　箱：1716175429@qq.com
网　址：www.ynupp.org.cn

云南海归创业园

园区概况

昆明经济技术开发区云南海归创业园于2006年成立，是一个由政府指导、股份制企业化运作的综合性科技企业孵化器，在经开区理委员会的指导下，以更高标准、更细分的产业规划为定位，重点面向海归创业者建设的中小型科技企业孵化器。产业发展以信息技术、生物技术和环保新材料等为重点，不仅具有依托经开区新兴产业发展产业链，构筑产业机构支撑点的优势，还具有面向东南亚和南亚的地域优势。发展至今，已经成为云南目前单体规模最大的科技企业孵化器，也是云南目前规模最大的留学人员创业园。2011年,云南海归创业园通过国家科技部火炬中心评审，获得国家级科技企业孵化器称号。

园区位于经开区信息产业基地，占地109亩，是省内单体规模最大的海归创业园。自成立以来，该创业园已建设完成投入使用的面积总计达15.48万平方米。其中，用于孵化企业的场地面积为50731平方米；用于公共配套服务1771平方米；3000平方米作为专属的留学生和大学生创业实习基地；103592平方米作为产业加速器，主要用于规模化生产。它的建立，起到了降低留学人员创业门槛，对接优势资源、搭建融资平台、提供技术保障、营造国际化生活配套环境，带动留学人员归国创业的积极作用。在云南海归创业园自成立之初就明确，将承担起培育创新型企业，促进科技成果转化，完善经开区科技创新体系、带动和引领产业结构调整优化和产业升级的重要职能。

云南海归创业园目前已全部建成并投入使用，能同时孵化300—500家科技型企业，提供5000—10000个就业岗位。而为了将云南海归创业园打造成为高成长企业的聚集地，经开区以及创业园管理方在政策配套、服务体系打造上均作出了积极努力。

海归创业园作为园区的重要支撑合作平台，园区将充分借助海归园区资源优势，为择优入园企业提供研究、生产、经营的场地，通讯、网络与办公等方面的共享设施，系统的咨询、政策、融资、法律和市场推广等方面的支持；并进行孵化，以推动合作交流，使创业者将发明成果尽快形成商品进入市场，提供综合服务帮助企业成熟长大。

今年内，由云南海归创业园自行投资建设的多功能综合实验室将投入使用。占地2500平方米的实验室可以满足在孵企业在化工、医疗、新材料等多个产业领域的相关检测。与此同时，云南海归创业园也在持续完善从基础服务到投融资服务，从创业导师到行业专家库的孵化体系建设。

目前，云南海归创业园已在向入驻企业提供“育林式全程服务”，即“预孵化”—“技术孵化”—“企业孵化”—“企业加速”全过程、全阶段的跟踪孵化服务。同时提供网络技术公共信息服务、技术产权交易服务、以产学研合作体系为支撑的技术服务、人才服务、国际合作和创业辅导等。

截至2013年底，在园留学人员企业41家，累计孵化留学人员企业56家，2013年新增3家，毕业15家。2013年企业收入总额达到5.1亿元。截至2013年底，在园留学人员总数达到82人，其中2013年新增6家。

联系方式

地　址：昆明市经济技术开发区信息产业基地
　　　　春漫大道80号
邮　编：650217
电　话：86-871-7425424，66358816
传　真：86-871-7425424
邮　箱：ynhaigui@163.com
网　址：www.ynorpp.com

西安留学人员创业园

园区概况

西安留学人员创业园成立于1998年5月，位于国家级西安高新技术产业开发区内，是国家科技部、人事部、教育部和国家外专局共同审批确定的首批“国家留学人员创业园”。2002年7月，成为国家人事部与陕西省政府共建的留学人员创业园，同年12月被团中央认定为“青年科技人才创新基地”；2003年9月被中央组织部、宣传部、统战部、人事部、教育部、科技部六部委共同授予“留学回国人员先进工作单位”称号。2006年6月被中国民营科技促进会组织评为“全国先进科技产业园和先进管理者”。2008年12月，西安高新区被中央人才工作协调小组列为“海外高层次人才创新创业基地”；2009年4月被列为“国务院侨务办公室引智引资重点联系单位”。2012年8月，西安留学人员创业园入选“新侨人才创业孵化团队”，是全国唯一入选的留创园。

2013年3月，西安留学人员创业园被西安市外侨办评为“西安市侨务工作先进集体”。

创业园拥有由孵化基地、产业化基地、综合性功能园区组成的总面积达83.38万平方米的创业基地，是中国规模最大的国家级科技企业孵化器和国际企业孵化器。创业园牢固树立“至诚服务、创造一流”的理念，充分发挥政策优势、产业优势和环境优势。在促进海外科技成果的引进、吸收、再创新方面取得了显著的成绩，促成了大批海外学人创业项目在西安高新区落户，培育有高度创新能力和强劲市场竞争力的大批高科技企业和现代企业家。截至2011年底，有主要来自美国、日本、加拿大、澳大利亚、欧洲各国等国家的794名留学人员在西安高新区创业，创办留学人员企业680家。主要从事软件、通信、电子、生物医药、光机电一体化、环保、新材料等领域高新技术项目的研发和生产。园区共有6人列入国家“千人计划”创业人才；26人列入陕西省“百人计划”，50余家留学人员企业及个人受到国务院侨办、中国侨联、科技部、教育部等国家部委的表彰。

西安留学人员创业园已形成由1个综合孵化器和8个专业孵化器相结合的1+8的孵化器集群发展模式，围绕中小型科技企业的发展需求，提供创业咨询与指导服务、投融资促进服务、培训服务、共性技术服务、项目策划与申报服务等20多项专业化服务，建立了面向高新区科技型中小企业的分阶段、分领域培育的创业服务体系，有力促进了企业的快速发展。园区企业主要经济指标近年来年均增长超过30%，已有170余家留学人员企业毕业。

截至2013年底，在园留学人员企业达到344家，累计孵化留学人员企业800家，2013年新增企业60家，毕业企业5家。2013年企业收入总额179885.73万元。在园留学人员企业中，主要集中在高科技领域，行业遍及电子信息、生物医药、新材料、新能源等国家重点导向型产业，园区以电子信息行业为主。2013年新引进留学人员66人，在园留学人员总数达到366人，累计引进留学人员980人。截至2013年底，入选中央“千人计划”6人，入选省级人才引进计划32人，入选市区级人才引进计划59人。

联系方式

地　址：西安高新区锦业路69路瞪羚谷G座2层
邮　编：710077
电　话：86-29-88314728
传　真：86-29-88320126
邮　箱：lixu@xdz.gov.cn
网　址：www.xibi.com.cn

西安经济技术开发区留学人员创业园

园区概况

西安经济技术开发区留学人员创业园成立于2008年8月，由西安市人事局和西安经开区共同组建，共建双方发挥各自优势，共同推进创业园的发展。西安经开区管委会负责园区的各项管理和具体运作，设立专门办事机构，配备专职人员，提供专门办公场所，制定相关办法和细则，建立创业扶植基金等，规划园区建设用地及负责项目建设；西安市人事局将在宏观规划、指导协调以及对创业园的考察评估等方面发挥职能优势。

创业园以经开区总体发展战略规划为依托，以经开区创业园管理办公室为政策管理及服务平台，以留学人员和国际高端人才为智力资源，结合区域实际，以经开区现有产业板块、入驻企业及科研项目为留学人员和国际高端人才创新及就业提供服务，以培育具有创新能力与国际竞争力的高新技术制造企业和科技企业家为重点，促进高新技术制造业的发展和科技成果转化，引领产业升级，逐步建立专业化创业基地，充分发挥示范、导向带头作用，为进一步建立国家级留学人员创业园奠定基础。

西安经济技术开发区留学人员创业园服务管理中心负责留学人员创业园管理工作，不但为留学生创办的企业提供共享服务空间、经营生产场地、办公设备、交通工具等基础设施服务，还为企业提供政策指导、优惠政策落实、国际合作及各类咨询服务。

西安经开留学人员创业园开设留学人员创业频道，设专栏和信箱并由专人负责留学人员到西安经开创业的前期咨询服务工作。创业园协助留学人员创办企业过程中的企业名称审定、工商注册、税务登记、银行开户、办理企业代码证、海关登记等手续。留学人员企业租用办公和研发场地，给予不超过10万元的房租补贴。

西安经开区还设立了“人才服务中心”，帮助企业招聘所需的各类人才。经开区社会保障中心负责经开区内企业员工的养老、失业、医疗等社会保险及保险基金管理工作。

创业园负责协助留学人员及留学人员企业解决科学实验、产品检测、检索查新等所需的仪器、设备等。

联系方式

地　址：西安市凤城十二路1号凯瑞大厦A座206室
邮　编：710018
电　话：86-29-86135117，86517914
网　址：www.etpc.com.cn

杨凌示范区留学人员创业园

园区概况

杨凌示范区留学人员创业园成立于2000年8月，经杨凌示范区管委会批准，在杨凌示范区创业服务中心的基础上组建，是我国最早设立的农业高科技留学人员创业园，旨在吸引立志创业的留学人员创办企业，发展农业高新技术产业。留学人员创业园与创业中心合署办公，实行“一套人马、两块牌子”的运作机制。

创业园通过提供与国外接轨的良好的孵化条件和优质服务，鼓励吸引海外留学人员来杨凌示范区投资创业，加快农业高新技术成果的商品化、产业化、国际化进程。

创业园基础设施配套完善，拥有1.1万平方米的创业大厦、6500平方米创新大厦、1.4万平方米的创业园标准厂房。创业大厦地理位置优越，办公室宽敞明亮，物业管理服务已达到星级水平。

创业园还具有完善的共享设施，如中央空调系统、ADSL宽带信息网、多功能会议室、健身房、餐厅、娱乐厅，是企业开展科学研究、进行产品生产和办公的理想场所。创业园提供从创业策划到注册登记、办公和生产场地选择、员工住宿、申报各类科技产业计划、申报科技企业和高新技术企业认定以及组织企业参加各类经贸活动等方面的全程服务，并向有希望的项目提供贷款推荐、贷款担保、风险资金、短期合作等。

中心在孵企业主要涉及生物医药、绿色食品、环保农资、良种繁育和涉农服务业等产业，在孵企业注册资金累计5亿元，年产值3亿元，共开发转化科技项目310项，形成具有生产能力的产品220个，并有3项达到世界领先水平，3项达到世界先进水平，11项达到国内领先水平，90项达到国内先进水平，85项为专利技术，105项获国家及地方各类计划资金支持，55项列入国家和省火炬计划、攻关计划和重点新产品计划等。中心还协助创业企业在美国纳斯达克、德国法兰克福证券市场和英国伦敦AIM市场成功上市，融资近5亿元。

联系方式

地　址：杨凌示范区神农路16号创业大厦
邮　编：712100
电　话：86-29-87036933，87035538
传　真：86-29-87035398
网　址：www.cysn.net

兰州留学人员创业园

园区概况

兰州留学人员创业园成立于2001年12月，由甘肃省人事厅、兰州市人事局、兰州高新技术产业开发区管理委员会共同发起组建。2010年1月19日国家人力资源和社会保障部同意与甘肃省人民政府共建“中国兰州留学人员创业园”，并于2010年12月7日揭牌成立。

在兰州高新区党工委、管委会的大力支持下，为了进一步优化发展环境，吸引更多的留学人员到兰州高新区创新创业，聚集人才，加速科技成果转化，加快兰州高新区创新体系建设。园区租用了科庆科技园综合楼部分办公用房建立了兰州高新区留学人员创业孵化基地、兰州高新区人才特区示范基地，连续三年无偿提供给留学人员创新创业。目前，基地已引进20名留学人员创办的企业15家入驻孵化，另外还有15位留学人员正在申请到基地创办企业。目前基地储备的留学人员及项目呈现出三个特点：一是年纪轻、学历高，这些留学人员大部分年龄都在40岁以下，博士学历多达16名，正处于创业的黄金期；二是留学人员在企业中持股比例大，持股比例50%以上的占企业总数的70%左右；三是知识产权及专利拥有率高，14家企业中拥有软件著作权10项，专利6项。通过基地的建设和全方位的创业服务，将吸引更多的拥有自主知识产权的留学人员在兰州高新区创新创业，聚集起一批具有世界先进技术和水平的前沿项目，形成高端人才的密集区、科技型企业的集聚区，真正发挥示范基地的引领和示范带动作用。

为了全面提升兰州高新区创新创业环境，加快中国兰州留学人员创业园的发展，吸引更多的学有所成的留学人员为国服务，来兰州创业。同时为解决专业园区生产场地缺乏的问题，加速留学人员创业园的建设和发展，为归国留学人员提供优质的服务环境，正在建设中的中国兰州留学人员创业园彭家坪产业研发基地（部省共建）总占地面积为61.67亩，建筑面积14万平方米，建设投资3亿多元。园区建有标准化厂房、办公楼、公共基础设施等，建成后设施完整，公共配套全面，可为众多的“海归”人员提供发挥才能的场所和条件，能够为100—160家相关企业提供开发场地和共享的创业保障平台，可提供2000个以上就业岗位，营业收入达10亿元，形成产业集群，实现社会效益与经济效益共赢。

留创园自成立以来，在甘肃省委、省政府及兰州市委、市政府的高度重视和各有关部门的支持帮助下，大力开展招商引智工作，建立健全了招才引智运作制度，包括身份认定、入园手续办理、优惠政策研讨、项目申报、协助企业成果鉴定等；不断强化服务功能，针对留学人员特点，不断简化工作程序，做到热心、细致、专业、务实，积极扶持园区企业的技术研发和创新；不断改善园区软、硬环境，结合园区实际情况，突出重点，扎实工作，优化创业环境，扩大对外宣传，多渠道、全方位吸纳留学人员回国创业，目前已取得了较好成果。

联系方式

地　址：兰州市城关区南面滩268号45号信箱
邮　编：730010
电　话：86-931-8552029
传　真：86-931-8553171
网　址：www.lzgxcy.com

宁夏留学人员创业园

园区概况

宁夏留学人员创业园成立于2003年6月，是经宁夏回族自治区人民政府批准，自治区人力资源和社会保障厅、银川市人民政府、银川经济技术开发区管委会共同主办。创业园与宁夏高新技术创业服务中心合署办公。由宁夏留学人员创业园管理办公室代表开发区管委会管理宁夏留学人员创业园。

创业园自成立以来，在自治区人力资源和社会保障的关怀指导下，在开发区党工委、管委会的高度重视和各有关部门的支持帮助下，不断改善园区软、硬环境，优化回宁留学人员创业环境。

园区配套政策初步形成。为吸引优秀留学人才回宁创业，管委会先后制定了《银川经济技术开发区管委会留学人员创业园管理规定（暂行）》《银川经济技术开发区管委会吸引优秀人才基金管理办法（试行）》《银川高新区高新技术风险担保基金管理办法》《银川高新区扶持高新技术企业发展基金管理办法》和《银川经济技术开发区“十二五”时期建设“人才特区”暂行办法》等配套政策，提出了引进人才智力的一系列政策措施；对留学人员创业园的建设、发展提出了具体的目标要求和扶持政策。

园区运行服务体系逐步完善。建立健全包括身份认定、入园手续办理、优惠政策落实、项目立项申请、高新科技成果转化等运作制度。园区管理不断强化服务功能。针对留学人员特点，不断简化工作程序，做到热心、细致、专业、务实，积极扶持园区企业的技术研发和创新。

依托银川经济技术开发区（银川高新技术产业开发区）的优惠政策和投资环境，创业园秉承“以人为本、引智创新”的办园宗旨，大力开展引智招商工作，取得了较好的成果。截至目前，创业园先后有17家留学人员企业入驻，共有44名（其中：博士26名，硕士10名，在国外学习深造回国人员6名，外籍人员2名）回国留学人员，先后在各企业进行科研项目的开发，累计注册资本2800万元，项目涉及生物工程、新材料、汽车制造、电子信息、网络通讯等。

联系方式

地　址：宁夏回族自治区银川市黄河东路创新园48号
　　　　银川经济技术开发区管委会组织人事劳动局
邮　编：750001
电　话：86-951-5062867
传　真：86-951-5062830，5062845
邮　箱：ycdaldj@163.com

乌鲁木齐留学人员创业园

园区概况

乌鲁木齐留学人员创业园成立于2002年，2010年获批人力资源和社会保障部与新疆维吾尔自治区人民政府共建“中国乌鲁木齐留学人员创业园”。乌鲁木齐留学人员创业园和乌鲁木齐高新技术产业开发区高新技术创业服务中心实行“两块牌子，一套班子”的运作方式，管理机构为乌鲁木齐高新技术产业开发区管理委员会。

创业园现有孵化场地面积2.69万平方米，其中供孵化企业使用的场地2.65万平方米。按照ISO 9000质量管理体系要求，规范了服务质量，建立起了创业导师制度，定期组织创业专题讲座；认真贯彻落实对科技创业企业和博士留学人员创业企业的支持政策，聘请了法律顾问和专业技术顾问，为入孵企业提供法律咨询和各类专业技术服务；开发了面向中小企业电子商务平台，链接“万方数据”“维普资讯”“新疆科技文献资源共享平台”，为入驻企业免费提供科技文献查询。

园区2004年被科技部认定为“国家级高新技术创业服务中心”；2009年4月被新疆维吾尔自治区人民政府授予“自治区留学回国人员工作特别贡献奖”；2010年2月被科技部认定为“科技企业孵化器大学生科技创业见习基地”；2010年8月获批人事部与新疆维吾尔自治区人民政府共建“中国乌鲁木齐留学人员创业园”；2010年10月被教育部、科技部认定为“高校学生科技创业实习基地”；2011年3月被乌鲁木齐市委、市政府认定为“先进公共服务机构”；2012年12月被新疆维吾尔自治区经济和信息化委员会认定为“2012年新疆维吾尔自治区中小企业公共服务示范平台”。

创建孵化“苗圃”。创业服务中心收集整理国内大学生创业实习基地和创业苗圃规章制度和入园要求，修改《高新区（新市区）创业服务中心入驻管理办法》及《管理办法的相关说明》，并与乌鲁木齐中奥文泰教育咨询公司签订共建“新疆科技创业（教育）培训学校”合作协议，创建孵化“苗圃”，面向在校大学生、社会科技创业人才，搭建以“创新形式、力求实效、内外互动、跨越发展”为理念的科技创业培训高地。9月，乌鲁木齐高新技术创业园职业技能培训学校被市人力资源和社会保障局认定为“已通过2011年年审评估后新审批的职业培训机构”。通过开展企业咨询活动，重点培养科技创业者，将孵化“苗圃”建设为高新技术企业发展的助推器、现代科技企业家成长的摇篮。

加强科技加速器运营管理。创业服务中心为最大化发挥科技企业加速器的职能，对加速器的入驻企业进行调研。对不符合加速器定位要求的企业，中心按要求将其搬离，并引进了更具发展性的电子商务企业如新疆兄弟联盟网络科技有限公司，以壮大新区电子信息产业规模。

抓紧开展生物医药专业孵化器专业技术服务平台建设。创业服务中心积极与中科院新疆分院新疆理化所联系，不断完善生物医药专业孵化器专业技术服务平台建设，同时，由创业服务中心参与实施的“新疆维吾尔自治区民族药创新工程研究中心”项目得到上级部门的高度重视，自治区、市发改委有关领导亲赴高新区生物医药孵化器建设项目施工现场，调研项目实施进展情况。

创业服务中心创业者俱乐部于2011年底成立。俱乐部积极开展创业者各项活动，对园区在孵企业家进行全方面的培训。创业服务中心通过组织参观空军博物馆、听取领袖素质培训课程及开展题为“创业中的感悟与收获”的激励座谈，不断丰富创业者俱乐部活动。通过开办创业企业大讲堂，安排中介服务机构就中小企业如何融资及享受税收优惠政策和如何中小企业项目申报及管理水平解答园区企业疑问，对企业宣传中小企业能享受税收优惠政策，提供技术合同、双软认定等优惠条件，实实在在地为园区在孵企业减轻负担。创业服务中心组织园区生物医药类企业参观北区在建的生物医药专业孵化器，并安排施工方讲解专业孵化器内的实验室、中试车间及厂区的结构和设备情况。在参观后与园区内生物医药类企业负责人进行座谈，探讨专业孵化器今后的运行模式，以便能更好地服务于企业，帮助新区生物医药类企业迅速发展壮大。

联系方式

地　址：乌鲁木齐天津南路682号创业大厦三楼
邮　编：830011
电　话：86-991-3651366，3672988
传　真：86-991-3671733
邮　箱：wlmqlxrycyy@163.com
　　　　hitechincubator@sina.com
网　址：www.xjidi.org.cn

园区篇

2013年度留创园十大创业领军人物

2013年度中国留学人员创业园十大创业领军人物

中国留学人员创业园联盟

2013年12月14日至15日，由中国技术创业协会留学人员创业园联盟、中国高新技术开发区协会创业中心专委会、中国留学人员广州科技交流会组委会办公室共同主办的“2013年度中国留学人员创业园十大创业领军人物”评选活动在天津东丽湖举行了隆重的颁奖典礼，洪浩等10人评为“创业领军人物”。

“2013年度中国留学人员创业园十大创业领军人物”面向全国留学人员创业园在园的留学回国创业者，评选标准包括社会影响力、创新力、产业影响力、资本市场影响力、前瞻性、领导力等。评选分为初选、复选和终审三个阶段。初选由留学人员创业园作为推荐单位自主评选，复选由媒体评审团进行投票评选，终审由专家评审团按照指标进行考评打分，从中选出10人作为当选者。

洪浩：凯莱英医药集团（天津）股份有限公司董事长

天津泰达留学人员创业园

洪浩，凯莱英医药集团（天津）股份有限公司董事长。博士毕业于中国医学科学院，后赴美国Georgia大学进行博士后研究。2009年5月，入选首批“国家千人计划”，并在2010年全国人才工作会议上被评为“千人计划国家特聘专家”。

洪浩博士领导的凯莱英医药集团目前已发展为国内最大的集合同研发和生产于一体的制药外包行业领军企业。自1998年建立第一家公司以来，洪浩博士已在华投建六家企业，主要从事临床研究阶段的新药和专利保护期内的上市药物的cGMP标准中间体、原料药及制剂产品的研究开发、工艺优化和规模化生产，可为国际制药公司提供药品的药物化学、生产和控制（CMC，Chemical Manufacuring Control）解决方案的一体化医药服务，逐步搭建起符合国际标准的中间体、原料药和制剂产品从新药筛选、实验室研发、临床前研究、临床研究直至上市的一站式服务平台。现在已与美国默沙东（Merck）、辉瑞（Pfizer）、罗氏（Roche）等世界前十大制药公司建立起紧密的业务关系，并成为各大制药公司在中国地区的原料药供应商首选合作伙伴。

洪伟：清源科技（厦门）股份有限公司董事长

厦门留学人员创业园

洪伟，清源科技（厦门）股份有限公司董事长。1984年毕业于中国西南科技大学获电力工程学士学位，2000年获得澳大利亚Swinbourne 大学光电通讯工程硕士学位。先后服务于国际知名企业NEC公司及IBM 公司，任首席咨询顾问、精通企业管理、光电通讯工程技术及信息工程技术。2004年创办澳大利亚KerryJ Investment Pty Ltd.，主要涉及光伏、网络信息、光电行业，有丰富的光伏行业市场及技术资源。

清源科技致力于可再生能源事业投资、光伏电站EPC业务，同时是太阳能光伏电站整体建设方案及相应设备提供商，涵盖了家用、商用到大型电站级等各个领域，可为客户提供品类丰富的标准化产品和定制化解决方案。清源科技创新性的产品、方案和服务极富市场竞争力，在世界范围内赢得了系统集成商，安装商和经销商的广泛青睐。目前，已经与国内外诸多知名光伏企业均建立了长期合作的战略伙伴关系。清源科技的光伏电站方案和产品通过全球战略合作伙伴和经销商销往全球，已被世界上超过19个国家引进和使用。

李子樵：上海蓝怡科技有限公司董事长

上海莘闵留学人员创业园

李子樵，上海蓝怡科技有限公司董事长。硕士毕业于黑龙江中医药大学，1991 年起在日本从事医学研究工作，先后在日本名古屋大学医学部和日本老化制御研究所担任研究员，成为日本老化制御研究所的首位中国籍“高级研究代表”。

蓝怡公司目前在全国有20家全资子公司或办事处，近300名销售人员和近80名工程师，拥有长期服务的医院客户近4000家，为基层医院提供共同建设特色医疗专科的整体解决方案，帮助基层医院实现新诊疗业务和价值的最大化。作为专业的试剂诊断盒的供应商，拥有强大的自主研发和生产能力，严格的质量控制体系以及完善的销售网络。“蓝怡”品牌在中国的自主品牌市场中，市场占有率全国第三。如今，公司从中心城市医院逐渐向基层医院拓展市场，从临床检验产品向多科室多产品扩大，从为医院提供合适的优质产品和专业化的便捷服务，竭力打造医院综合服务供应商。

王耀辉：东莞泛亚太生物科技有限公司董事长

东莞留学人员创业园

王耀辉，东莞泛亚太生物科技有限公司董事长。1983年毕业于中国华南农业大学畜牧兽医系，1992年在澳大利亚著名学府悉尼大学获博士学位。曾在澳大利亚联邦科工组织做博士后研究、科学研究员，罗氏（Roche）公司担任中国地区精细化工及维生素市场技术经理，英国ABN集团任该集团海外业务技术总监。

泛亚太生物主要从事酶制剂在不同行业应用的研发，将基酵生物科技研发的酶制剂基因及菌种进行规模化生产以及在饲料、食品等行业进行应用和销售。目前，泛亚太酶制剂应用技术研发部门拥有国内最完善而且独立的酶制剂测试体系包括应用酶制剂检测实验研究中心，饲料生产厂以及大型养殖场（猪场、肉鸡以及蛋鸡场）实验基地进行产品的筛选，初试以及终试。泛亚太生物在为市场提供标准化产品的同时，还根据客户的情况和要求，结合客户的实际提供酶制剂使用方案的专业性的指导和客户定制的酶制剂产品。

杨丰收：西安力邦制药有限公司董事长

西安留学人员创业园

杨丰收，西安力邦制药有限公司董事长。本科毕业于西北大学，后赴日留学深造。其组织研发的双异丙酚先后被列为国家“八五”“九五”计划攻关项目及国家医药总2010前首荐试制药品。1999年5月被国家科学技术部列入“国家火炬计划”项目，并被列为国家级重点新产品。

西安力邦制药有限公司是以高新生物医药产品的研究、生产、销售、产业化开发为主的现代化新型生物医药公司，现有小针、大输液、冻干粉针、口服、胶囊5条生产线通过GMP认证，形成麻醉用药、营养制剂和心脑血管用药等三大产品系列。目前有国药准字号产品共计119个，陕西省名牌产品1个，通过FDA原料认证的原料药物2个。1999年，力邦在国内率先研制成功曾获得“英国女皇奖”殊荣、迄今仍是最接近理想状态麻醉制剂的丙泊酚注射液——“力蒙欣”，并连续多年稳居国内丙泊酚市场榜首，填补国内空白。公司先后被授予西高新明星科技企业、纳税大户等多项荣誉称号，2010年、2011年连续两年跻身国家工信部百强制药企业。

余平：精进电动科技（北京）有限公司董事长兼CEO

北京望京留学人员创业园

余平，精进电动科技（北京）有限公司董事长兼CEO。1995年本科毕业于清华大学汽车工程专业，1999年赴美国密歇根大学和麻省理工学院深造，在美国通用汽车公司任职多年，负责公司全球混合动力战略和规划。2010年被评为“北京市中关村高端领军人才”，2013年入选第九批中央“千人计划”。

精进电动是我国新能源汽车驱动电机行业的领军企业，目前新能源汽车电机企业产量、销量和出口量已经高居于全国第一。公司有代表性的产品包括目前国际上功率最大的车用永磁同步驱动电机（已经批量生产并出口美国菲斯科汽车公司），国际上第一个直接耦合的商用柴油机ISG混合动力电机，国内第一套插电混合动力汽车的油冷双电机系统，国内第一代动力分流式强混合动力电机，国内第一套完全自主开发的BSG电机和控制器、国际上功率最高的并联混合动力电机，以及国际上转矩最高的电动大客车直驱电机。公司的国内外客户包括美国菲斯科、克莱斯勒、康明斯、德国奥迪、美国博格华纳、一汽、上汽、吉利、北汽、福田、海格等知名企业，已经成为我国新能源汽车电机最大的生产企业。

袁国文：德威华泰（北京）科技有限公司总经理

北京市留学人员海淀创业园

袁国文，德威华泰（北京）科技有限公司总经理。曾在英国谢菲尔德大学和德国斯图加特大学留学深造，2009年入选中组部“千人计划”，分别被聘为“北京市海外高层次人才”“国家特聘专家”等。袁国文博士是我国著名的水处理专家，发明专利3项，实用新型专利8项。主要研究领域包括滤布过滤器、CPMem超滤平板膜技术与产品、活性膜生物反应器（MAC技术）、除磷脱氮工艺技术、纳滤技术处理难降解有机物、合流制雨水处理技术与设备、高浓度有机废水深度处理与回用、生物制药废水的深度处理与回用，以及安全饮用水处理技术与产品等方面。

德威华泰致力于向客户提供面向未来的水循环代谢系统及其核心设备，主要业务涉及安全饮用水、城市污水和工业废水处理与利用、水质净化、污泥的处理、处置及其综合利用等领域的技术开发、工程设计、工程施工和设备制造。德威华泰在合流制雨水处理技术、高效微滤技术、超滤平板膜技术、现代生物技术在水质净化和污水处理中的应用等方面处于国内领先水平。

袁建华：广州洁特生物过滤制品有限公司创始人

留学人员广州创业园

袁建华，广州洁特生物过滤制品有限公司创始人。1985年毕业于中国医科大学，后赴美国哈佛大学公共卫生学院进行博士后研究工作，从事艾滋病和血吸虫病的免疫机理及疫苗研究。作为专利权/发明人向国家知识产权局申请专利38项，授权29项，其中发明专利4项，实用新型专利25项。荣获“广州市十大优秀留学回国人员”称号等，还被聘为广州市萝岗区“创业导师”以及国家科技部“国家级创业导师”。

洁特生物过滤制品公司是专门从事生物实验室一次性塑料耗材中高端产品研发、生产和销售的高新技术公司。目前，公司产品已发展到26大类320余种。产品主要以出口为主（>80%），远销美国、加拿大、德国、澳大利亚、以色列、俄国、印度、日本及韩国等近40个国家，其中细胞培养瓶、细胞培养板、细胞培养皿、真空式与针头式过滤器、移液管、吸管以及离心管等产品以优良的品质和极具竞争力的价格，受到广大客户的一致认同。有相当一部分产品，如细胞培养瓶、真空式过滤器和移液管，成为在中国境内的唯一生产厂家。未来，公司期望三年打造成为国内“一次性使用生物实验室高端耗材产品”的龙头企业，产品的国际品牌影响力进一步提升，加大在国内及国际上的市场份额。

邹学明：奥泰医疗系统有限公司董事长

成都留学人员创业园

邹学明，奥泰医疗系统有限公司董事长。本科毕业于吉林大学，后前往美国俄勒冈州立大学和美国麻省理工学院攻读硕士和博士。曾任美国Picker国际集团高级工程师，美国USA仪器公司总裁，美国通用电气医疗集团副总裁。拥有33项欧美技术专利，荣获“美国俄亥俄州州长杰出奖”和“美国安永最佳企业家奖”，2010年入选中组部“千人计划”，2011年入选四川省委组织部“百人计划”。

作为中国超导磁共振产业的创领者，奥泰医疗致力于研发、生产和销售超导磁共振医学成像系统，是全球第四家、中国第一家掌握超导磁共振核心部件和整机制造技术的高科技公司。2007年研制出中国第一台具有自主知识产权的1.5T超导磁共振医学成像系统。该产品打破了GE、西门子和飞利浦等跨国公司在全球1.5T超导磁共振技术领域长达25年的垄断，填补了国内空白。目前该产品已经申请12项专利和6项计算机软件著作权，在北京301医院、华西医院、湘雅医院等国内近百家综合性医院投入临床使用，并出口到美国、欧盟、中东、东南亚等海外市场。未来，奥泰致力于成为一家世界先进、国内领先的高端医学影像诊断技术及产品解决方案的供应商，成为世界先进、国内领先的多元化医学影像技术及产品解决方案的供应商。

Eric Q.Song：烟台希尔德新材料有限公司技术副总

烟台留学人员创业园

Eric Q.Song，烟台希尔德新材料有限公司技术副总。留学欧美日等国，进行博士后的研究和深造。2009年山东省“万人计划”第一层次人才、“泰山学者”海外特聘专家；2012年烟台市第一层次高端创新人才、“双百计划”特聘专家；2012年荣获“山东省海外专业人士创新创业杰出成就奖”。

在其带领下，希尔德公司产品已覆盖平板显示、半导体芯片、太阳能薄膜、LED封装、高端显示和照明等诸多领域，生产出高纯钼铌靶材产品已通过了世界第一大触控屏生产企业TPK的认证，并销售给长信科技、莱宝高科、方兴科技等知名企业；微电子芯片用钴靶材已进入国际生产大厂深圳力合、中芯国际、海力士、Intel的主要生产线；TFT-LCD用靶材的主要客户包括友达光电、京东方、奇美电子、龙腾光电、深天马等，替代了日本及美国厂商的相关产品，打破国外高端靶材长期的技术垄断，填补国内尚未规模量产的行业空白，产品技术已达到国际先进国内领先水平。

园区篇

2013年度留创园百家优秀创业企业

2013年度中国留学人员创业园百家优秀创业企业

中国留学人员创业园联盟

2013年12月14日至15日，由中国技术创业协会留学人员创业园联盟、中国高新技术开发区协会创业中心专委会、中国留学人员广州科技交流会组委会办公室共同主办的“2013年度中国留学人员创业园百家企业”评选活动在天津东丽湖举行了隆重的颁奖典礼，有来自北京、上海、天津、广州、厦门、西安等20多个省市30余家留学人员创业园的22家企业入选“2013年度中国留学人员创业园最具成长性企业”、63家企业入选“2013年度中国留学人员创业园最具创业潜力企业”行业涉及生物医药、电子信息、新能源、新材料、环境保护、现代服务等高新技术产业领域。

“2013年度中国留学人员创业园百家企业”评选活动，面向全国留学人员企业。其中，“中国留学人员创业园最具成长性企业”评选重点考察企业的经营指标、创新指标、管理指标、环境指标等；“中国留学人员创业园最具创业潜力企业”评选重点考察企业的创新力、成长性、创始人特质、产业前景等。依照评选流程安排，各留学人员创业园、孵化器进行初审并推荐企业参评，并递交企业资料，评审委员会将对提交的资料进行审核，筛选项目指标优秀的企业，最终评选出入围企业。

威海远航科技发展股份有限公司

创 始 人：王仕伟

成立时间：2003年8月

所在地区：威海

所在园区：威海高新技术产业园区

所属领域：制造业领域的成长企业

威海远航科技发展股份有限公司是国内一流的食品原料前处理设备的专业开发制造商。自主研发的系列食品原料前处理设备包括：MSGX麦芽湿粉碎机、DMGX大米湿粉碎机、DMGF淀粉调浆机、GLFS系列精细调湿粉碎机、LFS-A系列立式锤片粉碎机、高效智能麦汁压滤机、机器视觉在线检测系统等。公司产品率先得到了中国啤酒行业的认可，现已拓展到糖浆、制麦、饮料等食品行业。

远航科技董事长王仕玮为留英博士、国家“千人计划”特聘专家、山东省“泰山学者”。曾获得中国轻工业联合会2011年度科技进步二等奖、旅英中国自动化与计算机协会第11届年会最佳论文奖、2012年山东省留学人员回国创业奖、2011年山东省齐鲁青年榜样、山东省留学人员协会青年委员会主任委员、2011威海市优秀共产党员、2010威海最具影响力经济年度人物“年度创新奖”、第十二届威海市优秀企业家等荣誉。目前公司已与190多家食品企业建立了合作关系，重点客户包括华润雪花、青岛啤酒、燕京、重啤、金威、百威英博等均为国内外大型企业集团，产品已覆盖全国三十多个省市，在国内啤酒行业占有90%以上的市场份额，并出口到德国、日本、东南亚等国家和地区。

无锡识凌科技有限公司

创 始 人：刘军

成立时间：2010年7月

所在地区：无锡

所在园区：无锡新区科技创业园

所属领域：物联网领域的成长企业

无锡识凌科技有限公司是一家专注于物联网RFID技术研发以及在智能医疗等领域应用的高新技术企业，其自主研发的微波（2.45GHz）无源RFID技术产品在国内属于首创，填补了我国在物联网RFID该领域的空白，达到国际领先水平。公司主要客户包括东京三乐医院、官野医疗器株式会社、无锡市第三人民医院等。

创始人刘军是国际知名的物联网RFID专家，在RFID和无线通讯领域，拥有60项以上的美国和国际专利，参与了4项美国IEEE技术标准制定，发表EI和SCI论文十余篇。现已入选江苏省“双创计划”并成为江苏省“333”工程重点培养对象。自主技术及产品主要应用在医疗领域，微医院的实时信息化及职能管理提供多方位的解决方案和系统，通过与国内外医院的密切合作，开发的“RFID智能医疗管理系统”实现了和现有医院信息系统的无缝连接。公司还开发了RFID产品系列包括轻量化手持终端、医用标签、智能药柜及云计算中间件管理平台等。2013年5月，公司新一代“RFID智能终端（BN-HH-G02）荣获全美国“RFID行业十佳创新产品奖”，此次获奖是中国在世界物联网行业的一次历史性突破。

深圳市金研微科技有限公司

创 始 人：李敏

成立时间：2009年7月

所在地区：深圳

所在园区：深圳市留学生创业园

所属领域：移动互联网领域的成长企业

深圳市金研微科技有限公司是全球领先的高端智能商务终端的解决方案提供商，是国内唯一的基于X86架构、Windows平台下的、既拥有完整的研发实力又拥有品牌运作能力的方案公司。其相关产品已通过FCC、CE、CCC、Rohs和微软WIN8 WHQL等多项认证。

创始人李敏，具有多年的海内外国际化公司工作经验，有极强的国际市场营销、销售渠道架设、供应链整合、公共关系维护和企业管理能力，是全球资深供应链管理和企业管理专家。同时，在技术研究开发领域也有丰富实践和成熟经验，现已取得的专利知识产权十余项。

金研微公司系微软认可的全球14加核心方案公司之一，也是微软中国的核心品牌合作伙伴，同时亦是英特尔全球核心方案设计公司。在全球50余个国家和地区注册有高端品牌KUPA，在全球率先提出平板笔记本概念和产品，并引起包括INTEL在内的众多厂商认可和跟进。公司产品KUPA X系列平板笔记本具有众多创新化设计，性能强大，全面支持Windows系列包括WIN8，具有模块化自由组合设计理念、内置式可插拔式电池设计和多功能拓展底座，在功能、重量、尺寸、散热、续航、电磁干扰综合性解决水平处于世界领先地位。未来，金研微科技将以应用和创新以及产业化微导向，继续深化云计算、双模触控和无线网络的相关软/硬技术的自主核心研发，并同国内外高校形成产学研合作，提升自主知识产权，创造更多、更大的价值。

风脉（武汉）可再生能源技术有限责任公司

创 始 人：叶毅
成立时间：2009年10月
所在地区：武汉
所在园区：武汉留学生创业园
所属领域：新能源领域的成长企业

风脉（武汉）可再生能源技术有限责任作为专业的新能源行业咨询设计公司，其业务范围涵盖整个新能源项目生命周期。截至2012年6月，风脉团队负责设计和评估的项目超过200个，分布在全球各地。风脉与中国国电集团、湘电集团、华电集团、中电投、大唐集团等知名企业在国内与国际业务上有着广泛的战略合作。

公司总经理叶毅博士领导的核心团队拥有在美国NextEra Energy（原FPL能源公司）多年技术和管理经验，开发了美国2007—2009年间近1/3的新建风电项目。

公司业务包括项目前期技术服务、测风工程及测风数据管理、测光工程、风资源评估、太阳能资源评估、微观选址、风功率预报系统、太阳能光伏发电预报系统、项目可研报告编撰及复核、施工图设计、项目尽职调查报告、第三方独立评估报告、风机功率曲线测试、风电场后评估、风电场运行维护等，其中风机功率曲线测试和风电场后评估填补了国内技术空白。目前公司已与20多家分布在北美、加拿大、南美、中亚、非洲、欧洲等多个地区的海外风电企业签署了项目合作协议，风脉参与国内大型风机厂家及风电开发商电力公司投资的海外项目评估多达20多个。

风脉所独有的世界气象数据库包含了全球8000个气象站点的长期监测数据，其中包含了中国1300个气象站点的长期监测数据，为客户项目设计评估提供了很好的数据支持，其中风机功率曲线测试和风电场后评估填补了国内技术空白。未来，风脉技术将继续致力于为中国新能源产业提供世界一流并具有自主知识产权的一站式技术服务。

北京信普达系统工程有限公司

创 始 人：刘国贤
成立时间：2006年8月
所在地区：北京
所在园区：中关村国际孵化园
所属领域：电子信息领域的成长企业

北京信普达系统工程有限公司是一家从事电力信息化的软件企业，专门从事电力安全、生产、教育培训等管理软件的开发、工程服务等工作，是北京市2008年首批通过重新认证的高新技术企业，是国家电网公司SG186生产系统五个开发、实施单位之一。

信普达公司现已开发完成和投运的产品包括图形化智能工作票系统、图形化智能操作票系统、电力设备状态检修决策支持系统、智能型标准化作业指导书系统、电子资源三维可视化管理系统、电力调度业务管理系统等，用户覆盖国家电网多个电业局、1000多个变电站，受到了用户的广泛好评。

信普达公司创始人刘国贤先生毕业于华北电力大学，曾先后留学英国和日本，具有深厚的电力及计算机相关知识。目前公司拥有高级系统构架分析师10人，高级软件工程师30人，高级软件测试工程师10人，具备3年以上电力行业软件实施经验的软件实施工程师数十人。

秉承“诚信、创新、协同、高效”的宗旨，信普达公司建立了用户至上、诚信为本、以创新求发展，以及协同、高效为主的企业文化体系，正致力于电力系统新一代安全、生产业务职能系统的开发，在构建企业数字模型（数据模型+业务模型）的过程中，坚持面向电力数据平台、面向生产全过程的思想，产品技术特色鲜明，未来目标是要打造成具有行业重要影响力的软件开发、系统集成、工程安装及技术服务一体化的高新科技企业。

天津天达联合工程技术有限公司

创 始 人：卫宏远
成立时间：2009年1月
所在地区：天津
所在园区：天津泰达留学人员创业园
所属领域：科技交流和推广服务领域的成长企业

天津天达联合工程技术有限公司是由海外留学归国博士卫宏远创办的现代化专业性高新技术企业。卫宏远博士是结晶领域和计算流体领域的国际级专家，国家“千人计划”特聘专家，天津市“千人计划”特聘专家，天津经济技术开发区管理委员会“政府高级产业顾问”。

公司利用自己的技术骨干在国外长期积累的医药结晶、化工工艺开发和放大、分离设备设计与改造、过程安全检测与评估等方面的丰富知识和深厚工程化经验，创新地开发出磷铵吸收法生产无水氨、大颗粒硫氨生产工艺等一批先进的技术产品及相关设备，面向制药、材料、冶金、化工、电子、食品等多个行业提供平台性技术开发服务。硫铵结晶工艺包、电子级磷酸工艺技术、结晶过程在线监控系统、新型生物发酵反应器等皆取得了国际先进水平，其中“高炉煤气净化技术及氨资源的回收与综合利用技术”荣获2009科技部中小企业创新基金资助。

公司具有较完整的技术开发软硬件条件，拥有世界上最先进的过程模拟软件和计算流体力学软件，不仅可对单个的操作单元，还能为客户提供整个流程的优化设计方案和基本设计，以提高产品的质量和产量，减少能源消耗。大颗粒硫铵技术已在中石化、宝钢化工、攀钢西昌、宝钢湛江等知名企业实施产业化，并为国家节约大量的引进费用。自主研发的磷铵吸收法生产无水氨工艺也在宝钢化工、青海盐湖、大黄山煤焦化、河南煤化、辽宁海城等企业实现产业化成果。目前，公司即将开展焦炉煤气净化系统的大型化研发。

恒拓开源（天津）信息科技有限公司

创 始 人：马越

成立时间：2007年6月

所在地区：天津

所在园区：天津泰达留学人员创业园

所属领域：电子信息领域的成长企业

恒拓开源（天津）信息科技有限公司是国内第一支专注于软件开源化服务的本土团队，在IT建设中通过开源软件替代传统商业软件，并以之为基础驱动创新，全力吸引资深IT开源技术开发和技术咨询的专家加盟，帮助客户通过IT手段获得市场竞争优势。

恒拓开源经过不断在技术上投入和积累，已从软件架构和项目生命周期两个维度形成了大量最佳实践。基于管好系统、管好应用、管好数据及管好项目等四个方面完成的开源技术商业产品相比传统的商业产品可以极大降低总用有成本，使企业的信息化建设取得最佳性价比，主要业务包括咨询培训服务、应用开发服务、系统运费服务、IT维保服务。

恒拓开源以建设国内开源技术生态环境为己任，一直不遗余力的进行开源社区推广工作，旗下的“开源中国”（www.oschina.net）是目前国内最大的开源技术社区，收录了超过2万款开源软件，其中包含500多款国产开源软件。开源中国自成立以来已经推广、分享了200多款国内外开源软件，包括原创、翻译、转载相关技术文章。目前开源中国拥有120万的会员，每天新注册会员数量是2000人。2013年3月，开源中国每天的页面访问量已达到300万，网站流量已进入全球1000名，全国150名。

另一个旗下运营的中国最大的中间件社区（www.jbosschina.org）已累积注册会员6万多名，www.foreveross.org社区正在筹划中，计划将公司自主研发的开源软件投放到开源社区进行分享，同时吸收国内一些优秀的开源项目，加以指导和孵化，力求将这些社区打造成为本土开源技术爱好者项目孵化和技术分享的乐园。

浙江天泉表面技术有限公司

创 始 人：崔琛焕

成立时间：2011年5月

所在地区：湖州

所在园区：湖州南太湖科技创新中心

所属领域：新材料领域的成长企业

浙江天泉表面技术有限公司是由海外高层次人才领军创办、浙江天泉控股有限公司支持的高科技企业。浙江天泉将美国先进的热喷涂表面技术引进中国，既可以生产高科技高规格的工业应用涂层，同时又能够使用公司独创的工艺技术精确地检测现有涂层产品的质量和缺陷。公司装备了两条具有国际先进水平的全自动机器人控制涂层操作系统，建立了一条半自动涂层操作工艺流程，主要客户均为国内高端装备制造商。

公司由美国波士顿大学机械工程系热喷涂实验室及高级材料公司提供的独家技术支持，积极开拓中国国内市场表面工程业务，未来进一步开拓国际热喷涂市场。同时，将筹建美国波士顿大学在中国唯一的热喷涂科研及产业化中心，确保公司在生产和市场开发领域保持持续创新能力，也确保公司拥有强有力的科研能力与大型国有企业及国内大学研究院联合开展国家或省部级攻关项目研究，并为国内大型企业和科研院校提供表面涂层技术咨询服务。

目前，公司研究并开发出先进的多计算机联网加红外光学传感器的实时等离子热喷涂涂层控制系统、精确的涂层检测系统、针对不同工业产品和应用的独特的涂层配方和生产实践中符合热喷涂特殊工艺的质量管理体系，极大地减少加工过程中的产品质量波动，持续提供高质量热障涂层，可广泛应用于航天/航空、能源、汽车、冶金、造纸、重型机械等行业。

公司创始人崔琛焕博士致力于热喷涂技术和材料的开发，积累大量的经营管理经验，获得湖州市2011年“南太湖精英计划”A类项目支持，并入选浙江省“千人计划”、“钱江人才计划”。

深圳市金鹏正科技有限公司

创 始 人：许旭波

成立时间：2009年4月

所在地区：深圳

所在园区：深圳市留学生创业园

所属领域：电子信息领域的成长企业

深圳金鹏正科技有限公司是国内领先的数据中心基础设施管理解决方案提供商，成立至今，以卓越的产品质量和优质的服务，给客户以崭新的体验，迅速成长为业内主要的系统供应商。已有超过1000个应用案例，产品广泛应用于银行、证券、政府、电力、医院、学校、军队、石油石化、广电传媒等各行业。公司打造了专业素质可靠、服务意识强烈的团队，在全国设有十余个办事处，可提供本土化的销售、技术、维护服务。

公司主营业务包括以信息化系统的基础设施（数据中心）为主要对象，旨在保障数据中心可靠、高效、低耗运行的数据中心运维管理系统，以及其他物联网行业应用系统。目前，公司的核心产品是自主研发的Watchsys智能化监管平台，融合了当前数据中心基础设施管理需求及最新的软件开发技术，是目前国内机房监控市场功能和性能最优越的管理平台。其运行效率高，由于模块化架构，集中管理，分布处理，可高效分配系统资源；可靠性强，由于容错能力强，关键业务节点冗余热备，保证系统的高可靠性；适应性好，由于功能工具化成熟应用，数据标准化传输，可定制适应各种客户环境。

此外，公司以Watchsys智能化平台为核心，结合部署各种硬件设备，形成了适用各种客户的DCIM数据中心基础设施管理解决方案。其中包括Watchsys机房设备监控（动环及IT监控）系统、Watchsys能耗分析管理系统、Watchsys热场监测及节能控制系统、Watchsys资产及容量管理系统。

天津爱迪通智科技有限公司

创 始 人：伍筱姗

成立时间：2008年9月

所在地区：天津

所在园区：天津新技术产业园海外留学生创业园

所属领域：电子信息领域的成长企业

爱迪通智是一家集自主研发运营一体，主营业务包括传统网络游戏、创新寓教于乐云应用平台、互联网技术、云计算、大数据、数字内容制作等的多元化全面发展的高新技术企业。

目前爱迪通智在京、津、沪及美国均成立了游戏研发团队和运营分支机构，公司已与微软、华纳兄弟、雅虎、EA等业界知名公司建立了良好的合作关系，同时取得了国家及地方相关政府部门的大力支持，在开发推广运营方面赢得了强劲的保障。

在技术力量方面，公司的研发领导团队由一支由国内知名业内公司优秀的动漫游戏研发团队和来自美国著名游戏公司Electronic Arts的游戏制作人及其团队成员共同组成，先后投入近亿元开发完成具有先进技术的3D MXW数字互动网络平台引擎。在此引擎基础上，于2009年与中国动漫集团合作，聘请多位外藉网络游戏（EA）研发专家与公司人员共同研发具有中国风格及元素、完全自主创新、自主知识产权的大型3D MMORPG中西方文化题材的益智类网络游戏《三界轮回》，并荣膺2011年度中国游戏行业年会最受期待游戏奖、2011中国电子商会年度最佳创新奖。如今产品即将运营上线，同时在线可达50000用户，按照业界规律可影响到3000万目标用户。在产品研发上，公司在传统网络游戏的基础上，利用原有坚实的技术研发及市场的优势，创新了绿色寓教于乐商业模式，借助资本的力量，发展成为中国青少年网络益智教育游戏领导厂商。2012年12月，公司成功参加了第十届中国国际网络文化博览会，旗下所属的主打的自主研发产品“三界轮回、飓风行动、快乐岛、逗逗宠、生命之痕”取得了良好的市场反响，得到了业内外一致的关注与好评，发展前景乐观。

厦门科拓通讯技术股份有限公司

创 始 人：黄金练

成立时间：2006年6月

所在地区：厦门

所在园区：厦门留学人员创业园

所属领域：安防领域的成长企业

厦门科拓通讯技术股份有限公司具有7年的停车引导工程实施经验，是中国智慧停车场缔造者，致力于研发并提供多元全面的智慧停车场应用解决方案，包括全视频智慧停车场解决方案、多样化停车场车位引导解决方案、城市停车诱导解决方案，构成了一套各有针对性的完整的解决方案体系，为增加停车场使用率，提升经营者经济效益，改善城市交通状况，提高驾驶人员停车效率提供了有效的技术支持。科拓的产品包括车位引导系统、停车场找车机系统、城市停车诱导系统等，是目前中国销量最大的停车引导系统品牌企业。

成立至今，作为中国最早的停车引导领域开拓者之一，科拓凝聚了一批敢于创新、精于技术、善于管理并具有丰富实战经验的精英团队，在吸收国内外先进技术的基础上，结合中国城市特点，以客户需求为导向，形成了旗下专业化的产品线。目前科拓产品已应用在全球30多个国家的停车场中，包括新加坡樟宜国际机场、波兰克拉科夫机场、台湾桃园机场、深圳京基金融中心、北京前门大街商圈、厦门市政务服务中心等众多海内外知名停车场。截止到2012年底，科拓成功案例已经超过700个，不仅创下了智能停车引导行业的多项纪录，同时其持续的开拓创新，成功引领了行业发展方向。公司明星产品“科拓停车场找车机”是国内目前唯一成功实施并拥有实际应用案例的视频全自动寻车系统，在全球众多停车场已获得广泛好评。

作为万达集团指定车位引导系统供应商之一，科拓已与其在沈阳、合肥、芜湖、郑州、泉州、漳州、厦门等十余城市的商业地产项目展开紧密合作，立志成为享誉国内外的智慧停车场综合解决方案提供商。

烟台开发区蓝鲸金属修复有限公司

创 始 人：陈梦霁

成立时间：2005年10月

所在地区：烟台

所在园区：烟台留学人员创业园区

所属领域：制造业领域的成长企业

烟台蓝鲸金属修复有限公司是集开发、制造、销售为一体的综合性金属修复制造公司，依托从国外引进的先进保养焊接技术，在注重消化、吸收的基础上不断创新，集先进设备、工艺和进口材料于一体，为国内冶金、机械、化工、水泥、发电等行业客户提供了及时有效的服务，为客户解决了大量高价值冶金备件及其他机密机件的修复再利用难题。公司主营业务以冶金备件修复与再制造为主，并从事具有国际先进水平的超音速热喷涂项目的开发和利用，近期又开展了不锈钢—碳钢复合材料的研发与市场开拓工作。

公司主营产品主要针对钢铁行业大型高附加值备件的点蚀、磨损、裂纹、断裂、拉伤、掉块等修复或在线抢修，例如轧机牌坊现场抢修、铜螺母、接轴、花键轴、曲轴、齿轴、铁水包、轴承座、炉卷辊筒、风机转子修复以及热卷取炉卷筒和复合铜螺母等专利产品的再制造，同时公司也兼顾机械、化工、水泥、发电等行业备件的修复。

2006年，蓝鲸公司在世界上第一次成功修复热卷取炉卷筒，使用寿命超过进口新件水平。2010年首创炉卷轧机热卷取炉卷筒国产化并取得成功，产品获得国家发明专利。2011年完成国家嫦娥3号探月工程项目上海65射电天文望远镜轨道现场整体安装和焊接工程。截至目前，蓝鲸公司已自主研发申报的专利中，获得授权的国际PCT1项，国内发明专利3项，实用新型3项，目前在大型高附加值冶金备件修复领域无人超越。

艾迪慧讯信息科技有限公司

创 始 人：曹敏会

成立时间：2009年9月

所在地区：西安

所在园区：西安留学人员创业园

所属领域：电子信息领域的成长企业

艾迪慧讯已发展成为数字内容权益标准规范的制定者，全球领先的文化内容所有者、内容发行和运营商、设备制造商和数字媒体的高端合作伙伴。

作为重大专项、军方等众多国家级、省部级科研项目和国家（国际）标准的承担者，艾迪慧讯颠覆以往基础理论与应用，站在国际前沿创新性领先性研究出下一代的数字媒体与文化娱乐产业新标准新规范新业态，填补了国内乃至国际空白。通过自主创新的、国际领先的ECC认证系统、资源标定技术、数字水印、权益算法、权利描述语言、信任管理和可信计算等核心关键技术成就颠覆性创新设计的卓越不凡的内容安全保护、条件接收、运营支撑系统、权益服务和增值应用等系列产品，提供具有高度灵活性的、开放的、可扩展的和成熟可靠的数字资产生命周期泛DNA网格技术来保护和秩序化次序化权利化互动化货币化文化内容，全局性、战略性满足广电、宽带、移动等网络运营广播影视、新闻出版、游戏动漫、软件、业务支撑等多种应用需求的基础技术平台以及最大化从任何网络传输至任何设备的任何内容的收益，以确保对文化内容实现自如的访问与互动并保障内容所有者、运营服务商和消费者等多方权益。

艾迪慧讯在几年前就已建立了“数字内容安全保护生态系统”联盟，艾迪慧讯和全球领先的技术提供商、众多的数字媒体产业厂商合作确保了其进入市场的解决方案最具创新性。这种合作关系使艾迪慧讯优先参与到早期的程序开发进程中，以帮助规划未来产品的方向、特性和功能。

广州市博善生物饲料有限公司

创 始 人：潘军

成立时间：2007年3月

所在地区：广州

所在园区：广州留学人员创业园

所属领域：生物饲料领域的成长企业

广州博善生物饲料有限公司以高品质绿色安全饲料发酵制品为开发方向，开发营养性发酵制品，聚焦于酵母培养物、发酵肽、诱食剂，努力推动饲料技术升级。目前已陆续推出酵母培养物、芽孢菌、发酵肽螯合微量元素及其衍生产品等系列微生物代谢产品。

其中，以明显改善适口性和可消化性为目标，进行高档教槽料核心技术与产品的研发，包括产品定位、设计、原料品控、效果验证；高成活率保育猪营养方案—“100+1”方案，该方案以酵母培养物、腐植酸与药用植物混合发酵制品（益生宝）、自产有机微量元素（富硒、富铬酵母培养物、富锌、富铁善元肽等）为核心原料，在保证动物喜食、生长正常情况下，健康状况和均匀度明显改善，成活率提高1%；大猪促长与肉质改善核心技术与产品—“Tai--真棒”方案，构建自由基清除组合（舒体清—富锌善元肽、富硒酵母培养物、VE），发挥芽孢菌发酵肽（博元肽803）优势，预防黄膘、改善肉质、促进生长；母猪核心技术与产品—“450”方案，组合富硒、富铬酵母培养物、富锌、富铁善元肽、红酵母培养物、芽孢菌，提高母猪日采食量0.45千克以上，改善生产性能；颗粒料软化技术，以独创脂肪乳化（脂肪伴侣）为主要手段，通过降低饲料硬度，改善脂肪利用率，提高适口性，改善饲料效果。

广州博善主持的2007年度科技型中小企业技术创新基金项目“微生物二次发酵生产代谢产物型益生素”，目前已通过验收。2007年，广州博善获得“广州市新办高新技术企业”证书，2010年获得“广州市民营科技企业”证书，2011年获得“国家高新技术企业”证书。

天津数字太和科技有限公司

创 始 人：王兴军

成立时间：2006年6月

所在地区：天津

所在园区：天津泰达留学人员创业园

所属领域：电子信息领域的成长企业

天津数字太和是以北京数字太和数字内容保护和机卡分离方案和技术为基础，立足中国自主创新，吸纳全球领先科技，面向用户实际需求，成功研发了一系列UTI及DRM产品，拥有DRM的核心技术和产品，包括UDRM数字版管理系统以及多种UDRM安全芯片。所研产品不仅具有国际领先水平，还解决了三网融合的安全管理瓶颈和数字电视一体机的机卡分离问题，得到国内外市场的普遍欢迎。

UDRM数字版权管理系统是数字太和自主开发的对数字内容进行版权保护的端到端系统。UDRM系统遵循CDRM标准，兼容CA（条件接收）系统，可以和目前国内外主流CA系统集成并组装基于CA+DRM的广电数字内容保护的完整解决方案。UDRM系统采用基于硬件保护的解决方案，将授权解密和内容解扰一起设计在数字太和自主开发的独立安全芯片中，兼容并支持DVB CSA标准并支持全部CA系统。

UDRM/CAS系统已成功运用国内有线、卫星、地面广电网络运营商的数字电视系统，可以对广电的直播业务、点播业务、下载业务、推送业务和录像存储业务提供更加安全的内容保护，特别适合数字化和三网融合下的各种广电新型业务的开展。目前，已经和数字电视系统提供商、数字电视机顶盒厂商、数字电视内容提供商以及各地广电运营商展开广泛的合作，在深圳、北京、广州、河北、安徽、湖南等省市的广电运营商获得大规模使用，并已经推广到欧洲、东南亚、拉丁美洲和非洲的多个国家。

山东创新药物研发有限公司

创 始 人：邢艳秋

成立时间：2008年6月

所在地区：济南

所在园区：济南留学人员创业园

所属领域：生物医药领域的成长企业

山东创新药物研发有限公司主要从事化学药物、天然药物、中药、药品仿制，天然药物活性成分的提取分离新分析方法研究、新剂型研究、医药中间体以及保健品的研究与开发。公司现有员工71人，其中本科以上学历61人、硕士17人、博士7人；高级职称10人、中级职称27人；10名国内著名专家组成公司学术委员会，中国工程院院士洪涛教授为主任委员。公司以质量控制为核心，把质量做成公司品牌作为公司的最高目标，建立健全了质量检测和控制体系，确保项目试验和资料质量完全符合国家标准。

自成立以来，已研发新药项目100多项，与制药公司签订技术转让合同80多项，已获得申报国家新药受理号60个，获得国家新药临床批件27个（共10个品种），其中13个批件（5个品种）一次性通过；申报发明专利4项，获得发明专利

2项，申报并获得实用新型专利7项。承担国家、省、济南市和高新区科研项目16项(其中国家级6项)，并取得了较好的经济和社会效益。截至目前，公司申报国家3类新药项目的数量和质量，已经走在了济南地区和山东省的前列。

现在，公司已与哈佛等国内外著名大学、中国工程院等科研单位及江苏扬子江药业、南京先声药业、吉林修正药业、石家庄华北药业、南京正大天晴、杭州华东药业、四川百利药业、广州一力药业、湖南洞庭药业、陕西杨凌科森制药及山东齐鲁制药、瑞阳药业、罗欣药业等知名药品生产企业等百余家建立了良好的交流和合作关系。

烟台艾德康生物科技有限公司

创始人之一：韩玉田

成立时间：2006年8月

所在地区：烟台

所在园区：烟台留学人员创业园区

所属领域：医疗器械领域的成长企业

烟台艾德康生物科技有限公司是高端医疗检测设备研发生产企业，主要产品是具有完全知识产权的全自动酶免工作站及相关配套产品。其自主研发生产了全自动酶免工作站、化学发光分析仪、荧光分析仪和样本处理器四个产品系列，产品为医疗、疾控、司法、科研、食品安全等机构化验室的必备设备，可用于检测血液中甲乙肝、艾滋、梅毒等和食品中药物残留、生物毒素等多个项目，具有高通量、高速度、高精准度的特点，检测速度可达到2200个/小时，适应中国国情，填补国内空白，被国家科技部选定为“十一五”国家重大科技成果。

公司目前拥有全自动酶免分析仪的关键结构和工艺过程的所有专利技术，已获得国家批准的发明专利1项，实用新型专利24项，软件著作权5项。在中国检测量大、标本量大的国情下，作为园区重点扶持单位，其自主研发生产的流水线式全自动酶联免疫工作站完全实用于中国当下各大型医院检测需要，产品型号齐全，可以根据用户不同的需求进行不同的配置，真正实现个性化定制，满足不同规模医疗和科研机构的需要。

按照规划，公司集生产与商务于一身，形成强大的生产和营销能力，逐步成为以一流的国内研发合作为背景，以国内市场为导向的高盈利能力的生物技术上市公司，成为中国实验室自动化行业的龙头企业，成为国家高科技项目转化重点示范工程，产业链有效整合的生物诊断产品的示范区，力争在3—5年内使“艾德康”的系列产品成为全国知名品牌。

太原市医达维科医药科技开发有限公司

创 始 人：赵剑锋

成立时间：2003年9月

所在地区：太原

所在园区：太原留学人员创业园

所属领域：医药研发领域的成长企业

太原市医达维科医药科技开发有限公司致力于医药科技开发和信息咨询，主要从事新药及仿制药的研究开发、工艺优化、药品注册等方面工作。公司团队中，有两人具有美国留学的博士后经历以及国际知名实验室科研工作经验。硕士研究生以上学历占研究人员的30%，具有丰富的药物研发和申报经验。

公司分析检测中心配备进口高效液相色谱仪20多台，多台进口制备液相，同时还配备液质联用、气相色谱仪、红外分光光度计、紫外分光光度计、渗透压检测仪、自动电位滴定仪、自动水分测定仪、熔点仪、智能溶出仪、恒温恒湿箱等药物分析检测的完善设施，以及冷冻干燥机、压片机、全自动灭菌器、安瓿熔封机等制剂生产设备。实现从实验室工艺至工业化工艺的无缝衔接，同时，建立规范化实验室，可以满足从小试研究到中试生产优化的技术开发要求。

目前，已申报专利多项，已经获得的发明专利授权2项。目前，公司与中科院、中国中医研究院等国内科研院所开展了多个领域的合作，并与国内多家制药企业建立了长期战略合作关系。公司拥有国内优秀医药技术专家学者，法规专家和管理学者做顾问支持，并拥有高素质的新药开发技术人员，现已形成了一整套高效率的开发运转体系。

未来，在实验室检测网络发展方面，以太原为核心，成立GMA-F认证实验室，构建并加强覆盖全山西省的服务网络建设的同时，密切关注全国食品保健品检验市场，树立“优秀的独立第三方检测机构”的品牌，参加标准制定，逐步发展品牌影响力。

陕西源能微电子有限公司

创 始 人：李萌

成立时间：2010年10月

所在地区：西安

所在园区：西安留学人员创业园

所属领域：电子信息领域的成长企业

陕西源能微电子有限公司是专业从事集成电路芯片设计、生产与销售的高新技术企业，公司目前的产品实现了在电子应用包括LED照明、手机充电器、电脑、液晶电视、DVD播放机、机顶盒、家电、电信网络设备等领域的广泛应用。

源能微电子是一家致力于自主知识产权的研发，为客户提供适用的集成电路产品和完整的系统解决方案的公司。专业的设计、生产、质量和销售团队，将为客户带来专业的质量保证和产品应用服务。公司主要客户将面向Notebook、LCD Monitor、LCD TV、Portable Machine、LED 制造商。公司的设计师有超过10年的设计经验，并领先于世界领先的半导体公司的设计团队，致力于为广大客户提供高性能、高性价比的IC产品，具有为客户提供芯片的全方案解决能力。主要员工来自于中国台湾和中国大陆，他们为源能微电子带来先进的管理思想和文化，并且结合中国的本土文化，以先进的管理实现公司的高效运作和发展。

目前，源能微电子与技术一流的代工厂合作，在中国大陆、台湾、新加坡等地建立了晶圆生产、测试、封装的代加工以确保优质的产品服务和低成本，已经拥有顺畅的市场销售渠道。

广州菲特网络科技有限公司

创 始 人：何冠斌

成立时间：2007年9月

所在地区：广州

所在园区：广州留学人员创业园

所属领域：服装定制领域的成长企业

广州菲特网络科技有限公司是一家引领大众定制潮流的电子商务公司，“让定制产品随手可得”是公司团队一致的奋斗目标。旗下的IWODE品牌是公司目前的主营业务。这个品牌致力于打造一个私人化的服装定制平台，把传统的服装定制服务融合到互联网上，提供专业的上门量身和衣着搭配建议服务，让男士们足不出户都可以得到最“FIT”自己的定制衬衫、西装等。

IWODE埃沃裁缝的独到之处在其满足客户个性化需求。一件衬衫，IWODE埃沃裁缝根据流趋势推出每个部分中不同的样式供消费者选择。消费者可以根据自己的喜欢进行组合，系统会把颜色、尺寸、用料情况等统一汇整好，按照标准化的生产，而不需要进行二次修改，这种新的定制方式开拓了礼装定制的新趋势。埃沃裁缝还会及时地通过短信、电子邮件等方式温馨告知定制者每一个制作环节和制作时间，实时跟踪自己的衣服生产。

除了网站和目录手册销售外，IWODE更拥有品牌体验店。近期，公司获得众多风险投资基金的青睐，正处于业务的飞速发展阶段。

湖南富利来环保科技工程有限公司

创 始 人：刘哲勤

成立时间：2003年5月

所在地区：株洲

所在园区：株洲留学人员创业园

所属领域：环保节能领域的成长企业

湖南富利来环保科技工程有限公司是一家集环保节能工程设计、环保节能设备研发制造、环保节能工程施工、运营维护于一体的综合型环保节能高科技企业。

目前公司拥有三大事业部（环保事业部、给排水事业部、节能事业部），三大生产基地（长沙宁乡基地、云龙示范区基地、高新技术开发区基地），公司环保事业部以新农村及小城镇污水治理项目施工及污水治理成套设备生产为特色；给排水事业部以城乡建设所需求的水箱及净化池为特色；节能事业部以再生能源应用及热源塔热泵研发生产、合同能源管理项目为特色。三大事业部所经营项目及产品均符合国家节能减排、环境保护的重大国策。

武汉明德生物科技有限责任公司

创 始 人：陈莉莉

成立时间：2008年1月

所在地区：武汉

所在园区：武汉留学生创业园

所属领域：生物医药领域的成长企业

武汉明德生物科技有限责任公司主营临床检验分析仪器及体外诊断试剂生产及研制、开发；进出口。该行业是国家“十二五”和东湖开发区重点支持行业。经过在留学生创业园5年的孵化，公司现已进入快速发展期。至2012年底，有免疫定量分析仪和17个体外诊断试剂已取得注册证并上市销售。2013年20个新产品正在注册过程中，年底即可建成由30多个产品组成的体外诊断试剂的产品链。与此同时，家用市场的定量平台开发在同步进行并取得实质性进展，2010年已申请“基于信息化平台的便携式定量检测系统”国家发明专利，其核心软件已完成开发并在评测中，该检测系统有望进入家用市场。

公司成立以来，已获得实用新型专利两项，外观专利两项，申请发明专利四项。公司核心研发人员陈莉莉和王颖博士先后入选东湖高新技术开发区“3551人才计划”并获得相应基金扶持，同时公司还获得了东湖高新区生物专项基金、国家创新基金、东湖高新区新产品研发奖励基金等政府资金的奖励和资助。

北京博如德工程技术研究有限公司

创 始 人：孟鸿

成立时间：2012年6月

所在地区：北京

所在园区：中国人民大学留学人员创业园

所属领域：新材料领域的潜力企业

北京博如德工程技术研究有限公司主要从事有机光电材料和高分子功能材料的研发应用以及半导体电子化学产品研发和商业化。公司创始人孟鸿博士是中组部“千人计划”专家，在有机光电功能材料、导电高分子材料和高分子微球材料等领域也有开创性的成绩。

博如德公司以市场需求为导向，以“高新科技、高端人才、高速发展、低廉成本”为主要优势，开发高品质、节能的新型有机电子产品，如电致变色玻璃背板、柔性电子变色显示器等，为我国有机电子产业的创新、国际竞争力的提升以及科技兴国和低碳节能减排事业做出贡献。同时公司将建立有机半导体技术研发平台，力求建设成为国际第一流的有机半导体材料与应用公司，以适应未来柔性电子产业的发展，满足这个巨大市场的需求。

公司近期研发的电致变色材料，经过测试后光电性能优异，得到了国外相关企业的认可。目前，博如德公司已提交的相关项目发明专利5件和实用新型专利2件，同时在各种评选活动和创业大赛中也崭露头角。

未来，公司主要是开发新型有机半导体材料和器件，以适应未来柔性电子产业的发展，满足这个巨大市场的需求。在拥有强大专业知识背景的研发团队带领下，博如德公司将创造出更先进的高端有机光电材料，带动国内的有机光电材料产业链，进一步提升企业的影响力。

思科涡旋科技（杭州）有限公司

创 始 人：倪诗茂

成立时间：2010年12月

所在地区：杭州

所在园区：杭州海外高层次人才创新创业基地

所属领域：节能环保领域的潜力企业

思科涡漩科技（杭州）有限公司于2010年创立，主要从事高性能涡旋压缩机与真空泵的研发、生产和销售。公司主要产品包括涡旋高压压缩机、涡旋真空泵、涡旋膨胀机、制冷压缩机、热泵压缩机及延伸产品，具有可靠性高、使用寿命长、能效比高等特点，同时也可根据客户需求定制产品及提供整体解决方案。

董事长倪诗茂，入选第八批国家“千人计划”和杭州首批“521人才计划”。2001年在美国芝加哥创立美国涡旋实验室有限公司，开拓并积累了浮动式涡旋技术的核心发明专利及多项专有技术。其中，浮动式无油涡旋压缩机获得美国《DESIGN NEWS》2004年度优秀设计二等奖，成为全球浮动漩涡技术的开创者和引领者。现在，公司成功进入了医疗设备、航空航天、新能源、半导体新材料等行业，在节能减排、高端制造等诸多领域有着基础性平台价值和巨大经济效益。未来，恩科漩涡科技期望在中国打造一个掌握自主知识产权，具有较大规模的先进精密制造基地，并具有“全球自主定价和自主销售网络”的完整产业链企业。

英特格灵芯片（天津）有限公司

创 始 人：金学成

成立时间：2010年3月

所在地区：天津

所在园区：天津泰达留学人员创业园

所属领域：电子信息领域的潜力企业

英特格灵芯片（天津）有限公司是一家创新模拟和混合信号集成电路设计公司，是世界领先的音频、视频AFE、射频提供商，其产品主要应用在平板电视、LCD TV、PDAs、数码相机等消费类电子产品，以及移动通讯、汽车电子、医疗仪器以及高精尖电子设备等领域。目前，公司已成为海尔、大唐、长虹、君正、中星微、中芯国际、展讯等多家中国知名企业提供商和合作伙伴。

公司执行董事金学成，在该专业领域成就卓著，被收录的论文30余篇，拥有美国专利9项，是多家高科技公司的理事及科学顾问。同时担任美中高层次人才交流协会理事、庆华企业家协会理事、庆华企业家协会北美分会主席、清华企业家协会天使基金创投合伙人，共同管理数百万美元的早期天使风险投资基金。英特格灵芯片已相继在北京、天津两地创建了科技创新中心，专注于射频和混合信号芯片及解决方案的研究和开发工作，并计划进一步扩大在美国硅谷的研发规模，加强国际领域的技术合作，着力将企业打造为技术领先、立足本土的自主创新型高科技公司。

湖州中宏传感科技有限公司

创 始 人：杨宏愿

成立时间：2013年1月

所在地区：湖州

所在园区：湖州经济技术开发区

所属领域：电子信息领域的潜力企业

湖州中宏传感科技有限公司是一家专业从事微型姿态方位参考系统的装备制造企业，已累计拥有自主知识产权5项，发明专利3项，主导产品Mini-AHRS在航空航天、车辆行驶智能定位等方面具有广泛的应用，已与北京航宇测通、中船重工第702研究所等建立了良好的合作。

公司创始人杨宏愿，带领公司团队所研发的Motioncore与Dynacube系列Mini AHRS 产品已在渠道商处通过了国军标认证，正式配备于我军多类机型中的飞行姿态控制模块与“黑匣子”中；同时，公司产品通过了中船重工第702 研究所（即863 重大专项，潜水深度达7000 米的载人潜水器蛟龙号的诞生地）的自航模测试认证与标定认证，即将全面配备于702 研究所负责设计的各类军用、民用舰船以及深海探测器、深海机器人，还包括未来的飞航鱼雷等新型武器系统中。

北京释码大华科技有限公司

创 始 人：王晓鹏

成立时间：2010年8月

所在地区：望京

所在园区：北京望京留学人员创业园

所属领域：生物识别领域的潜力企业

北京释码大华科技有限公司是一家致力于虹膜识别技术研发与集成的科技公司，是国内少数几家成熟掌握高性能虹膜识别技术的企业之一。公司主要从事虹膜生物识别算法研究与系统集成、嵌入式系统开发、虹膜芯片（SOC）设计、软件开发、超大规模虹膜数据库管理系统等开发。其产品和技术广泛应用于对安全性能有较高要求的各个行业领域。

公司创始人王晓鹏，虹膜识别核心算法历经八年持续研发，荣获2009年度全球知名咨询公司Frost & Sullivan颁布的全球虹膜生物识别系统技术“创新奖”，处于世界领先水平。已入选北京市“海聚工程”“凤凰计划”，为北京市“特聘专家”、北京市海外高层次人才、北京市“科技新星”。未来，公司着眼于生物识别信息安全领域的新兴市场开拓，积极与世界领先的生物识别公司和智能安防公司合作，为企业、机构及个人提供专业、个性化的整体解决方案及服务，并且为广大客户提供算法级、芯片级的支持和服务，力争成为全球领先的虹膜识别及信息安全整体解决方案供应商。

北京海博思创科技有限公司

创 始 人：张剑辉

成立时间：2011年11月

所在地区：北京

所在园区：中关村国际孵化园

所属领域：新能源汽车领域的潜力企业

北京海博思创科技有限公司主要从事智能电网储能系统、纯电动汽车电池系统的研发、工程设计及系统集成。公司的“动力锂电池成组技术”及“海博思创大容量锂电池管理系统”广泛应用于电动汽车及电网储能行业，成为电动汽车及电网储能的核心技术之一。

公司创始人张剑辉，专业技术力量雄厚，主持和主导了多个智能电网相关产品的研发工作，如智能电网风电、光伏及储能互补控制系统，智能微电网能量管理系统等。曾负责西门子公司在中国的储能研发及市场发展战略，电网设备智能在线监测系统及智能电表通信系统在中国的发展战略和建立技术合作伙伴及合资企业。2012年入选了中关村高端领军人才、北京市“海聚工程”海外高层次人才。目前，公司核心技术产品技术理念创新，在业界均取得不错反响。未来，公司将依靠自己的技术力量和与现有用户的紧密合作关系，提高产品质量，保持项目产品在国内的技术领先优势，并通过严格管理降低成本，以更优异的性价比占领市场。

烟台绿水赋膜材料有限公司

创 始 人：胡云霞

成立时间：2011年3月

所在地区：烟台

所在园区：烟台留学人员创业园区
所属领域：新材料领域的潜力企业

烟台绿水赋膜材料有限公司主要从事新型膜材料技术研究开发与生产、膜组件与设备的开发制造和销售以及废水的资源化处理技术设计与开发。公司主要业务包括水分离膜的研发与制备，主要应用于高纯水制备、净化水制备、污水处理、海水淡化、药物筛选、化工分离等多种行业；通过研发的复合分离膜法处理重金属废水进行方案设计与施工，该方法能够实现废水零排放。

公司董事长兼首席科学家胡云霞，2012年被评为国家“千人计划”创业人才，山东省“泰山学者海外特聘专家”，烟台市“双百计划特聘专家”和烟台开发区“科技领军人才”。在水分离膜方面，公司研发产品在膜的通透率、抗污染和使用寿命等性能指标超过目前国外先进公司水平，中试结果显示已具备产业化的技术条件，正在与某大型集团公司合作进行产业化运作。

上海爱壹得信息科技有限公司

创 始 人：王卓耀
成立时间：2011年6月
所在地区：上海
所在园区：上海莘闵留学人员创业园
所属领域：医疗和计算机领域的潜力企业

上海爱壹得信息科技有限公司由德国医疗信息领域工作多年的海归精英及国内具有深厚医疗背景的专家共同创立，拥有一流的技术和丰富的经验，并和德国卡尔斯鲁厄大学软件研究所、德国SAP公司、德国数字系统公司合作，致力于创建中国新一代医疗信息平台，以迎接国内数字化医疗的全新革命。

公司立足中国数字卫生信息化事业，致力于打造统一平台、统一标准和统一服务的数字医疗卫生信息化创新模式。公司汇集了目前国内外医疗卫生行业顶尖的政策分析、标准研究、技术研发、应用推广等各类型高端人才。凭借丰富的行业经验、创新的设计理念、先进的解决方案和强大的研发实力，在移动医疗应用、云计算、IHE医疗数据集成及数据资源共享和业务流程化等信息综合应用领域管理系统的研发、示范和推广等方面取得了突出的成绩，得到了国内、欧美及日本医疗界的广泛认可，是当前国内医疗卫生行业、领域最具创新性的前沿综合应用解决方案提供商和服务商。

爱壹得信息科技有限公司是具有海外研发资源的新兴企业，致力倡导和推广数字移动技术在医疗卫生行业的创新应用，逐渐成为国内移动医疗应用领域的领导者，积累了大量欧美地区的高端客户群体。此外，还是上海市卫生局、上海市发改委、中国社区健康联盟以及中华医学会的长期合作伙伴，公司也积极参与国家自然基金项目课题《移动医疗标准的探索》、《家庭医生制的研究》两个项目，主要承担移动医疗、标准化医护流程、家庭医生信息化应用领域的探索、研发和产业化推广工作。

大连环信科技有限公司

创 始 人：刘瑀
成立时间：2011年11月
所在地区：大连
所在园区：大连海外学子创业园
所属领域：电子信息领域的潜力企业

大连环信科技有限公司致力于海上运输事业的蓬勃和可持续发展，联合大连海事大学环境信息研究所及辽宁省船舶污染监测与检测信息化技术重点实验室，以船舶污染遥感监测技术及其污染物化学检测技术为主线，整合了包括地理信息系统、环境科学、海事管理、海洋科学等相关的学科队伍和条件，形成结构合理、重点学科突出的船舶污染监测与检测信息化技术研究团队体系。主要研究方向为：海上溢油遥感监测技术；海上溢油稳定同位素指纹鉴别技术；船舶压载水信息管理技术；船舶节能减排技术等。

着眼于科研服务于实践与应用，公司自主研发了港口溢油监测报警系统、航海雷达溢油检测系统、便携式远程红外污染监测系统、机载激光荧光系统，多元卫星溢油信息遥感监测系统、航空遥感溢油监测系统、压载水风险评估系统、船舶压载水快速检测技术、船舶发动机节能减排控制技术等具有国内领先、国际先进的技术，应用于实践。海上溢油应急反应体系核心技术在2010年大连“7.16溢油事件”中得到了成功运用，获得了交通部表彰。

近年来，公司主要技术人员承担了6项国家、22项省部级以及国际科研项目，取得了一系列具有国际先进水平的科研成果，申请了十余项专利，先后20余次为各地方海事局对海上油气泄漏事故进行成功监测，荣获辽宁省船舶污染监测与检测信息化技术创新团队。获得省部级等各类奖项7项，发表论文100余篇。通过多年的发展和积累，培养了一批本领域的专业人才。

成都福际生物技术有限公司

创 始 人：宋旭
成立时间：2011年4月
所在地区：成都
所在园区：成都留学人员创业园
所属领域：生物医药领域的潜力企业

成都福际生物技术有限公司主要专注于核酸纯化技术的研发和产品生产、销售，已经正式推出的主要产品包括DNA纯化系列试剂盒、直接PCR系列试剂盒，所采用技术和产品性能指标均处于世界领先水平。公司历经五年自主研发的质粒提取试剂盒、基因组DNA提取试剂盒等系列产品，其品质已经明显超过国外进口产品，特别是鼠尾专用基因组DNA提取试剂盒，目前样品处理时间为全球同类产品最短，得率及纯度均显著优于进口产品。同时，公司将陆续开发并上市分子生物学、细胞生物学系列产品。

福际公司目前所有产品均为自主研发，目前已经提交专利申请的DNA-only硅胶膜技术，是以硅胶膜技术操作方法和价格达到了离子交换柱纯化技术的纯度，集中了两种技术的所有优势，该技术处于世界领先水平。基于该技术的基因组DNA纯化试剂盒不但可以得到更长、更纯的DNA，而且处理时间是目前国内外市场上所有产品中最短的，连最难处理的鼠尾样本也只需同类产品1/8的时间。

创始人宋旭主要从事长非编码RNA及抗肿瘤药物研究，是该领域的开拓人之一，成绩卓著，已在国际一流刊物“美国国家科学院院报”发表五篇论文，主持国家及地方重大专项课题近十项。

未来，福际生物将进一步加大研发投入，丰富产品种类，致力于发展成为世界一流的集研发、生产、销售、技术支持、技术服务为一体的生物技术公司。

桂林坤鹤文化传播有限公司

创 始 人：王羽潇

成立时间：2011年10月

所在地区：桂林

所在园区：桂林留学人员创业园

所属领域：文化创意领域的潜力企业

桂林坤鹤文化传播有限公司前身是专注原创动漫策划编剧的“坤鹤创作室”，该创作室于2006年在上海成立营运，2011年底入驻“山水甲天下”的桂林城国家高新区创意产业园成立公司，专注于精品原创动漫品牌的营运。

坤鹤公司推出国内首部定位为“弘扬美德、传播文明”的500集原创动漫公益广告品牌《可可小爱》，该项目为坤鹤公司独家拥有全部知识产权，规格为每集30秒的二维系列公益广告动画片。项目创意是以温馨童趣、活泼可爱的动漫宝贝“可可小爱”来演绎“公民道德、生态环保、人文关怀、文明礼仪、少儿品德培育、安全教育”等公益主题。每集通过新颖时尚、轻松幽默的创意点再配以生动活泼的童话动画风格来讲一个公益主题，从而寓教于乐让观众会心一笑，而让观众对原本刻板教条的公益理念更乐于接受。

目前，《可可小爱》项目已于CCTV播出并长期合作，并已与全国300余家省市电视台播出签约，也已登陆新浪、网易、腾讯、搜狐、土豆、优酷、酷6、爱奇艺等门户网站做专题。《可可小爱》项目于2012年被国家人力资源和社会保障部评定为“择优扶持”项目。

坤鹤公司有着动漫业内最稀缺的高水准动漫创意团队，曾在广电总局立项动画10部、获奖项殊荣16项、为CCTV编创项目3部、为迪斯尼编创项目1部、在日本播出动画1部、合作公司23家、已播动画片剧本超150万字。

目前，《可可小爱》项目由于具备播放平台高、传播范围广、传播速度快、政府支持力度大等种种优势，已开始启动与多家企业的品牌授权合作，将开始展开广泛的对外品牌授权和衍生品销售活动，预计在未来的三年内将达到500万的市场规模。

北京和竑灵源照明技术有限公司

创 始 人：李忠凯

成立时间：2010年10月

所在地区：北京

所在园区：北京市留学人员海淀创业园

所属领域：节能环保领域的潜力企业

北京和竑灵源照明技术有限公司是一家专业研究、设计、开发及生产高效节能灯具的留学生企业。公司自成立之初，就将推进中国的“绿色节能照明”作为公司的发展目标，并延续至今。已成功获得国家授权的发明专利9项，实用新型专利21项，并攻克了一系列技术难题，完成了12项专利成果转化。产品性能填补国内空白，已达到并且超过国际知名企业同类产品的性能指标。

公司的主营业务就是设计并生产处一系列能与各种节能光源有效结合的采用高效发光材及光控系统的高节能灯具，相比现有传统产品能实现10%-66%的高效节能。在灯具效率这一技术指标上已超越了国际知名照明企业的灯具性能。这一技术的应用将有效改善原有照明环境，使得现有的照明环境更加人性化，在提升我国自主品牌形象的同时，也将为我国的节能减排事业作出贡献。

成立几年来，公司始终专注于高品质、高效率的反光系统研发设计，并成功地将其应用于高效照明灯具中。在新建及改造工程中，相比于市场上现有的传统灯具，公司的“蝠翼”牌系列节能灯具的节能可达到33%以上。目前灯具已在国家发改委、中国石化、中国移动、北京现代、北汽福田等大中型国有企事业单位和知名外资企业成功使用。公司客户遍布政府机构、写字楼、商超、学校、地铁、机场等领域。

公司产品无论是质量还是节能效果，都得到了业界和社会的广泛认可。尤其是照明节能改造回收周期短、见效快、维护成本低。不仅省电，而且大幅提升了用户现有的照明情况，广泛赢得了节能公司和用户的一致好评和大力支持。

茵卡动力系统（上海）有限公司

创 始 人：王用林

成立时间：2011年6月

所在地区：上海

所在园区：上海莘闵留学人员创业园

所属领域：新能源汽车领域的潜力企业

茵卡动力系统（上海）有限公司是一家专门从事新能源电动汽车动力电池组（PACK）的研发、生产、检测、销售及服务为一体的高新技术企业。即在电池模块、电池管理、电芯平衡、传感器及监控、热管理、高压安全管理和物理集成等组件上进行面向客户的专业开发、集成和生产，推出完整的能量存储系统解决方案产品。

公司提供的新能源混合动力汽车动力电池组能够做到高功率、高寿命、高度安全。其特征是：在发生特殊情况时颈部能够有效熔断，从而为电池组甚至整个电路系统提供保护；电池组中的上片及下片都采用相同结构的支架，而且本实用新型中的支架能够任意组合；实现高倍率的充放电，适合混合动力汽车，而且散热更加均匀。

公司成立至今，已完成了从产品研发到样件的试制，并且成功的开发了数十家国内、外的供应商资源，为批量生产做好了充分准备。产品已经通过国家强制性试验检测和客户的使用验证，性能完全达到客户的使用要求。公司已经在江苏南通建立批量生产基地，开始实现小批量销售。

公司具有一支资深商用车行业背景、高学历、丰富的外企技术工作经验和海外工作背景的团队。公司具有良好的主机厂和终端用户的市场资源，已取得了和多家主机厂的合作意向。同时，公司与伊顿工业（无锡）有限公司和美驰（中国）投资有限公司达成长期合作协议，形成重要战略合作伙伴，还与长安大学达成全面合作协议，是长安大学汽车学院的教学实习基地。

白银博赛宁生物科技有限公司

创 始 人：赵晨阳

成立时间：2012年5月

所在地区：兰州

所在园区：兰州留学人员创业园

所属领域：生物医药领域的潜力企业

白银博赛宁生物技术有限公司主要从事中药现代化技术开发、抗肿瘤药物以及生物制品的研发。公司团队成员长期从事肿瘤生物学和药理药效学研究，熟悉肿瘤相关信号转导与分子机制研究，研发骨干长期在国外从事药物研发。

公司依托白银高新技术产业园孵化器基地，正在建设标准化的新药研发实验室，为公司和园区新药作用机理研究和产业化开发提供平台和技术支撑。公司团队自主研发建立了一整套靶向抗肿瘤高通量药物筛选平台，平台包括STAT3、NFκB、p53、Wnt等肿瘤相关信号通路，能够在一次筛选之后锁定药物作用的靶向，平台筛选快速、高效、靶点明确，日筛选能力达到1万个化合物单体或中药及天然产物组分，适于靶向抗肿瘤药物高通量筛选。

在此基础上，公司还在国际上首创了STAT3、NFκB双信号靶向抗肿瘤药物筛选系统，能够同时筛选确定对两条信号通路靶标响应情况，实现了抗肿瘤靶向药物多靶点、高内涵筛选。尤其是公司独有的活性筛选专利技术，在不外加刺激的情况下，完全以肿瘤细胞真实情况为背景，筛选得到的先导化合物更为真实有效。

目前，公司运用已建立的靶向抗肿瘤高通量药物筛选平台对14万个小分子化合物及中药天然产物单体化合物进行高通量筛选，筛选得到了40个具有潜在的抗肿瘤活性的先导化合物，并在分子生物学水平得到验证，其中10个化合物完成了肿瘤细胞和实体动物水平验证。公司现已申报发明专利7项，其中4项专利是高通量靶向药物筛选系统，3项专利是靶向信号通路抑制剂，其他靶向抗肿瘤先导化合物发明专利正在按计划整理申报过程中。

惠州市易晖太阳能科技有限公司

创 始 人：王洋

成立时间：2011年3月

所在地区：惠州

所在园区：惠州仲恺高新区留学生创业园

所属领域：新能源与节能领域的潜力企业

惠州市易晖太阳能科技有限公司是惠州市易晖太阳能光伏系统工程有限公司的控股母公司，致力于开发和销售太阳能发电行业的原创型新技术和新产品。公司设有研发中心，对所开发新产品拥有自主知识产权，主营业务采用自有知识产权的原创技术开发和生产了薄膜太阳能电池专用的新一代绒面导电玻璃，并通过控股子公司易晖光伏系统工程有限公司进行产品在分布式光伏发电中的应用。

易晖太阳能的成立源于以王洋博士为首的海归科技型创业人才与本土天使资本的有机结合，完成了先进实验室原创技术——“太阳能电池专用新型绒面导电玻璃”的大规模工业化验证，培育出了可创造可观经济效益的商业化高科技产品，目标市场为光伏薄膜电池组件生产企业。该项新产品具有完整自主知识产权，已获得国家发明专利授权和欧美日等地区专利保护，即将成为行业内的替代型新主流产品，具有国际领先水平。该产品可有效降低薄膜电池生产成本20%以上，降低光伏系统发电成本10%以上，并将在分布式光伏发电系统等领域获得广泛应用。

目前，公司的新型绒面导电玻璃产品的潜在国内市场规模超过1000万平方米，国外市场规模超过5000万平方米，且呈快速增长态势。这主要源于薄膜光伏组件不受欧美贸易双反措施影响及技术的不断进步。公司一期规划产能10万平方米，总投资1200万元，2013年底建成投产，2014年将实现导电玻璃产品的销售收入1100万元，实现利润400万元。公司将在未来4—5年内逐步扩大生产规模至500万平方米以上，年产值达到5亿元，成为国际上主要的光伏导电玻璃供应商之一。

北京安生绿源科技有限公司

创始人之一：周娟作

成立时间：2013年

所在地区：北京

所在园区：北京市留学人员海淀创业园

所属领域：环保领域的潜力企业

北京安生绿源科技有限公司主要开发拥有核心技术优势的生物酶制剂、菌剂、生物酶传感器等产品，为食品企业、质量监管部门、地质矿物环境勘探部门、工业客户等提供从“前期预防监控到现场检测到修复”的食品与环境安全解决方案，未来打造形成 “研发-生产-应用”为一体的酶制剂产业链。

公司初期将推出便携式实时荧光生物传感器技术平台。核心技术主要运用自主创新的核酸酶特异识别、荧光特异标记技术、生物酶催化原理，结合光电检测技术及自动控制模块化分析系统，开发出可现场定量检测各项指标的生物传感器荧光检测平台。可应用于食品安全和环境质量有害成分如重金属、毒素等化学残留物、微生物等的快速检测。目前已获得产品原型，技术居国际领先地位。

公司的中长期目标产品是酶制剂系列。公司的核心技术主要是通过将非天然氨基酸植入大肠杆菌，对酶的特殊位点进行定点改造，获得可表达更高活性酶的菌株，大大缩短酶的生产周期，降低生产成本，构建通用性强的规模表达体系及拥有自主知识产权的技术和菌种。将最新的基因和蛋白质研究成果及工程技术应用于酶制剂的生产当中，打破外企对数十亿美元酶制剂市场的垄断格局，在核心技术创新上取得竞争优势，降低酶制剂的生产成本，让酶制剂在中国工业领域得到广泛应用。

此外，公司现已开发环境微生物制剂，针对餐厨垃圾、废水或污染土壤如高分子多环芳烃污染土壤的生物修复技术，已成功获得可有效降解餐厨垃圾、污染物等的无毒性菌株，不仅发酵简便，成本低且具有抗酸能力强、耐高温、能够有效抑制有害微生物生长等诸多优势。

北京江加软件有限公司

创 始 人：刘瑄

成立时间：2010年8月

所在地区：北京

所在园区：中关村国际孵化园

所属领域：电子信息领域的潜力企业

北京江加软件有限公司由国家千人计划专家刘瑄领军，带领其1996年首建于美国洛杉矶的研发及管理团队，致力于云计算环境中的医疗信息平台及软件开发建设，提供与中国实际结合，与国际标准相融的各级医疗云服务。

研发与管理团队具有在美国医疗信息服务行业十六年的丰富开发及管理运行经验。长期国际医疗信息服务第一线的实践，使北京江加团队的视野开阔，各项国际标准娴熟于胸，开发的平台软件遍布全美各地，具有与美国几乎所有著名医疗软件厂商合作的成功经验。2011年，北京江加软件公司及其美国产品先后获取了美国卫生管理部门最新的住院病人电子病历，门诊病人电子病历的认证，成为国内首家获取美国全套电子病历“有意义使用”认证的软件企业。

公司围绕“EHR（Electronic Health Record）电子健康档案管理系统及相关BPO外包服务”项目，通过软件和技术，实现健康档案管理流程（从生成、存储、流转、查询到存档），以及相关BPO服务业务协同工作平台电子化，并与移动技术结合，实现移动信息查询和基本管理功能。EHR充分考虑了基于WAN环境的应用特点，在数据压缩和加密方面采取了有效措施，提供了安全高速的信息通道，此外，EHR充分考虑当前产业移动而带动的BPO业务发展在技术方面的新需求，深入研究了基于BPO模式的协同技术。

未来三年是公司发展的关键阶段，公司将专注新技术和新产品研发，通过技术和产品创新带动专业服务发展，在特定的行业为客户提供软件产品和专业服务的整体解决方案，成为软件外包和ITO/BPO服务外包领域的知名公司，为国内外市场提供医疗行业电子管理系统领域产品和BPO服务，为我国信息产业的发展做出贡献。

北京可视化节能科技有限公司

创 始 人： 高维嘉
成立时间： 2010年5月
所在地区： 北京
所在园区： 北京望京留学人员创业园
所属领域： 节能领域的潜力企业

北京可视化节能科技有限公司是以向客户提供能源管理中心、节能设计、施工、改造、能源托管等服务的综合性节能公司，是国家发改委评定合同能源管理服务公司之一，是国家高新技术企业以及中关村高新技术企业。

节能减排是全社会的共同义务，工业企业作为重点管理对象承担了主要的节能减排任务，在传统的设备和系统节能已经取得了巨大成果的同时，对于企业的能源管理信息化和精细化需求也成为了越来越受关注的节能方式。

可视化能源管理中心系统是为企业提供的精细化能效管理工具，对能耗全过程可观察、可分析、可计量、可验证、可持续，具有操作性强的特点。此技术是从传统的以设备节能为主发展到现在以管理节能为主的典型技术，是节能领域中的一张王牌，本项目技术产品可应用于政府、工业企业、公共建筑等诸多领域。可视化能源管理中心可以逐步改变企业的节能理念，让企业管理者从被动接受性到主动探索性不断转变，可视化能源管理中心从管理和自控角度转变企业管理者的节能理念，提高企业管理者的水平和操作人员的规范。

公司以先进的可视化节能理念，针对目前国内节能领域和高能耗企业的现状，自主研发了具有挖掘节能空间与节能量分析功能的系列软件及控制技术，为企业量身打造可视化能源管理中心。公司以强大的专家研发团队、精湛的技术服务奉献于水泥、电子制造、热力等不同领域的高耗能企业，帮助企业提升管理水平，降低能源消耗。同时，公司引进国外先进节能理念与技术，与公司的技术优势相结合，创出了以管理节能为主的高效节能减排的新思路。

烟台隽秀生物技术有限公司

创 始 人： 王爱军
成立时间： 2012年10月
所在地区： 烟台
所在园区： 烟台留学人员创业园区
所属领域： 生物医药领域的潜力企业

烟台隽秀生物科技有限公司是一家集生物医用材料类医疗器械的研发、生产和销售于一体的高新技术企业，产品主要为组织修复用生物工程产品，目前已有多项技术达到国际领先水平。

秉持与国际再生医学材料前沿科技同步发展的理念，不断加强自主创新与发展，公司已掌握目前世界上最先进的神经组织、血管组织、骨组织及皮肤组织的损伤修复技术，产品涉及Ⅰ类、Ⅱ类和Ⅲ类医疗器械，能够提供包括生物诱导仿生骨组织工程支架、多通道神经修复导管、仿生纳米纤维人工神经移植物、纳米纤维人工血管移植物、纳米纤维防粘连膜、手术隔离膜、纳米纤维人工皮肤修复膜、纳米纤维脊膜移植物及缓控释药物释放体系等多种组织损伤修复仿生材料，并提供相关技术咨询与支持服务。

目前，公司技术已达到国际领先水平的产品包括具有高度仿生结构的纳米纤维神经导管、医用多孔止血微球、微纳米纤维皮肤修复膜等。其中，纳米纤维神经导管是公司首席科学家王爱军教授带领团队独立研发，是公司主打产品，具有自主知识产权，国内首创，技术水平国际领先。该产品主要用于桥接离断的外周神经，使无法进行端端缝合的缺损神经通过神经导管吻合起来，为外周神经的修复再生提供辅助支持。与同类产品相比，该产品由人工合成材料制作而成，创造性地对产品的物理结构进行了革新。

同时，公司重视产学研合作，目前已与清华大学、山东大学等国内著名高等院校建立良好合作关系，形成以企业为主体、以市场为导向、以高校技术创新为重点、紧密依靠项目作为载体的合作模式，在优势互补、信息共享的良好合作模式，亦成为推动公司发展最强劲的动力。

新疆华德软件科技有限公司

创 始 人： 严文彬
成立时间： 2010年6月
所在地区： 新疆
所在园区： 乌鲁木齐留学人员创业园
所属领域： 信息产业与现代服务业领域的潜力企业

新疆华德软件科技有限公司团队以在美国、加拿大及国内的博、硕士为主，熟悉且了解国内外的青少年教育、教育游戏类软件设计、具备丰富的实际设计开发经验。公司在北京中关村上地园区、上海交大慧谷创业中心设有研发基地，同时拥有优秀的本地管理团队和销售团队。

近年来，公司与新疆大学、新疆艺术学院等疆内院校展开积极合作；与南京理工大学、河南大学签订了产学研合作协议；与北京发行集团、凤凰传媒及国内多省新华书店签订了分销协议；与中华文化促进会（文化部主管）、北京山花工程慈善基金会、新疆青少年发展基金会建立战略合作关系。

公司自成立以来先后研发了多种教育教学课件、《维汉桥》有声互译软件等教育类软件产品，主营产品《穿越时空》系列Ⅰ少儿3D趣味学英语软件自2011年先后上市以来，经济效益喜人。《穿越时空》系列Ⅰ是一款大型3D趣味学英语软件，除可学习小学1-6年级的英语知识及弟子规的内容以外，还可充分了解新疆地区的人文景观和民俗文化。产品内含五大管卡，分别是西域古城、天山天池、火焰山谷、沙漠绿洲、冰雪高原，内容串联大量新疆耳熟能详的传说和故事，对弘扬和传播地域民俗文化、中国传统文化，有着积极、深远的意义。

《穿越时空》少儿3D趣味学英语软件分为汉英和汉维英两种版本，目前计划在国内全面销售汉英版本，在疆内地区销售汉维英版本。因市场同类产品极少或几乎没有且疆内双语教育需求较大，该产品具有良好的市场前景、社会意义和经济意义。

北京维康双元生物医药科技有限公司

创 始人之一：廖文强
成立时间：2012年3月
所在地区：北京
所在园区：北京市留学人员海淀创业园
所属领域：生物医药领域的潜力企业

北京维康双元生物医药科技有限公司是一家致力于将最新生物医药高科技技术与成果快速产业化的新型高科技企业。公司目前研发中心在清华大学以及北大生物城，拥有细胞工程中心、中药研发中心、生物制药中心以及生物技术中心，并拥有一批来自国内外生物医学领域的知名科学家组成的技术研发团队。

北京维康双元团队发明了一种新型生物相容的纳米介质材料的制备方法，成功地将一系列酶、酵母、药物以及细胞等固定化在纳米介质材料之中。该制备和固定化技术具有生产简单（常温常压下反应制备）、廉价、产品生物相容、纳米孔道各向同性、孔径可调节、原料—过程—完全“绿色”无污染等特性。

纳米固定化纤维素酶的研究与开发是公司目前的重点项目，已经获得了国内最大的燃料乙醇厂的认可，并达成合作意向。与未经过固定化的纤维素酶比较，纳米固定化的纤维素酶具有可反复回收多次高效重复使用、酶稳定性明显提高，易于保存、酶催化效率明显提高等特点，因其可反复高效回收使用，大大降低纤维素乙醇的酶成本，解决纤维素乙醇不能商业化生产的瓶颈问题。该品主要应用于纤维素乙醇的生产及酿造、食品、纺织、造纸、饲料、石油勘探、中药提取等领域，并且本市产业发展规划，具有较好的市场前景。

北京维康双元创始发起人之一的廖文强博士，主要研究领域保罗分子医学、生物医药、再生医学（干细胞、组织工程及细胞治疗）、中药复方制剂研究，在国内外医学期刊发表论文30余篇，申请发明专利3项。

太原大易科技有限公司

创 始 人：康睿
成立时间：2011年3月
所在地区：太原
所在园区：太原留学人员创业园
所属领域：电子商务领域的潜力企业

太原大易科技有限公司着力于第三代互联网（WEB3.0）、物联网技术的开发与应用，基于认知心理学的用户行为模式分析系统，结合旅游市场，开拓酒店在线预订细分市场，为消费者提供真正优质价廉的酒店预订服务，为酒店合作伙伴提升闲置客房利用率。

大易科技创新地在中国提出了一种与现有主流OTA网站完全不同的商业模式——“你定旅行网”，通过为普通消费者提供个性化的“用户定价、酒店竞价”服务，帮助消费者获得真正物美价廉的产品和服务。同时，采用半透明的交易形式，保护酒店价格体系、隐私、品牌、市场形象，为酒店实现其资源的最优配置，在提高营业收入的同时，为酒店提供运营管理规划层面的战略指导意义。

大易科技开创的你定旅行网，为上游酒店和下游消费者带来实实在在的利益。第一，真正超低价、超优质的产品和服务；第二，旅游产品自由配置和选择的权利；第三，现实生活中“讨价还价”所带来的交易成就感，以及极大缩短产品搜索时间。同时，也为酒店带来长久闲置资源的最大化利用，下降了交易成本。你定旅行网通过聚众式的C2B营销模式，为其所处产业链的上游商家和下游消费者都带来其他模式和平台无法带来的创新型利益，进而从上下游两端都增加产业链黏度。

2011年，大易科技与中国移动山西分公司达成长期排他性合作协议，成为其在酒店入住领域全国唯一指定合作商，一次性吸收会员2700余万。

杭州清睿信息技术有限公司

创 始 人：朱奇峰
成立时间：2011年3月
所在地区：杭州
所在园区：杭州高新区留学回国人员服务中心
所属领域：电子信息领域的潜力企业

杭州清睿信息技术有限公司以感知心理声学的语音评测技术为基础，专注于人工智能语音分析系统的研发、销售和服务。通过近一年的研发投入，公司在具有世界领先水平的核心语音识别技术上形成了两大产品系列：以个人用户为目标的移动终端应用软件和以教育院校、培训机构为市场的口语发音训练平台。

利用该技术开发的产品给每个外语学习者提供一个“一对一”的智能口语教练，通过互联网站、智能手机、平板电脑等终端为学生提供口语训练服务，解决普遍存在的哑巴英语问题。此外，在智能口语教练上配以简单易用的监督功能，能方便家长随时掌握孩子的学习情况和进展。

本项目的语音分析技术具有世界领先水平，是朱奇峰博士十余年在语音信号处理领域研究工作的成果。这项基于感知心理声学模型的专有技术性能大大领先于其他基于统计模型的语音识别技术，是目前唯一能在音节层次上对发音准确度给出客观评分的技术。同时也是目前唯一可在智能手机上运行的发音分析技术。因为不需要建立统计模型，使得软件系统规模小、对运算能力要求低、抗干扰能力强。

目前，基于互联网的口语100智能口语教学平台http://www.kouyu100.com，是为广大加盟中小学校提供口语教学服务的门户网站；供口语学习者使用的一系列智能手机产品，如口语健身房、人教口语教练、91熊猫口语等十余种合作或独立品牌的手机应用，已在移动互联网市场上取得了一定的知名度，并受到业内的广泛重视。

厦门惟华光能有限公司

创 始 人：范斌
成立时间：2010年8月
所在地区：厦门
所在园区：厦门留学人员创业园
所属领域：新能源领域的潜力企业

厦门惟华光能有限公司是中国第一家从事有机太阳能电池研发、生产与销售的新能源科研企业。公司拥有一支由多位博士、硕士等高级人才组成的技术研发团队，其前身是清华大学与瑞士联邦材料研究所的电化学实验室核心成员。该研发团队经过数年的艰苦研制，成功突破了关键难题，研发出具有国际领先水平的有机太阳能电池技术，并回国成立厦门惟华光能有限公司进行成果转化，实施工业化生产。

该技术采取了更为先进的小分子提纯和合成印镀技术，使有机太阳能电池的寿命大大提升，并拥有8%的电池光电转换效率，领先国际同类产品。此种材料的太阳能电池无须再依赖高纯度的无机半导体材料，从而可以极大地降低电池成本。有机太阳能电池可依托基础化工原料的合成物，将其以印刷或蒸镀的工艺附着在导电衬底之上，非常便于大规模生产，产业链远远短于前两代电池。有机太阳能电池生产全过程均清洁环保，产生的废弃物均可自然回收，不排放任何有害物质，同时，其生产无需依赖高温或大规模的真空环境，因此生产耗能很低。与许多薄膜电池一样，有机太阳能电池可采用柔性衬底进行制备，从而制造出轻、薄、柔软的柔性电池，扩展产品的应用范围。

厦门惟华光能有限公司于2010年被评为厦门市火炬高新区领军人才项目，公司目前已经与包括清华大学、厦门大学、瑞士洛桑高等理工大学（EPFL）和瑞士联邦材料研究所（EMPA）在内的国内外多家高水平科研机构建立了深入的合作关系。

普强信息技术（北京）有限公司

创 始 人：李全忠
成立时间：2010年9月
所在地区：北京
所在园区：北京市留学人员海淀创业园
所属领域：电子信息领域的潜力企业

普强信息技术（北京）有限公司是一家以智能语音识别和语言处理技术产业化为主要发展方向的新锐科技公司，是以中文为主的智能语音和语言核心技术提供商、应用方案提供商、云平台服务提供商。公司在硅谷和中关村均建设有技术研发中心，集合了语音识别、语言处理和云计算技术领域世界级专家，拥有一流的研究及工程团队，并与美国卡内基美隆大学、北京大学、清华大学、中科院等科研机构共建了联合实验室。

基于拥有自主知识产权的世界领先智能语音技术，普强信息已推出千语语音识别引擎、千语语音云平台、普强呼叫中心系统、普强语音分析系统等一系列语音识别和语义理解的解决方案和服务云平台，并成功应用于电信、金融、移动互联网等行业用户。其中，千语语音云计算平台通过“平台即服务”的方式提供语音识别及相关服务，可弹性地支持大规模的用户群，免去了应用和服务提供商对复杂和占用资源的语音识别系统的安装与维护。移动软件开发商尤其是中小开发商可以迅速便捷地使用此平台服务，而不需要购买、安装和维护大量昂贵的语音相关的软硬件资源。且大大降低了利用语音作为输入的门槛，使软件开发者省时、省力就可以使用语音相关的服务，并可以专注自身资源于语音相关的创新应用。

以简单易用的语音及语言理解等智能人机技术和云计算技术，使得基于互联网及电话网络的各种服务或应用更加智能便捷，为企业提供有竞争力的智能语音解决方案和服务，持续为客户创造最大价值，这是普强存在的根本意义和一贯追求。

成都理想境界科技有限公司

创 始 人：宋海涛
成立时间：2012年3月
所在地区：成都
所在园区：成都留学人员创业园
所属领域：移动互联网领域的潜力企业

成都理想境界科技有限公司是一家新兴的移动互联网创业公司，主要从事云图像识别与增强现实平台产品的研发，在核心技术上拥有业界领先优势，并拥有全部自主知识产权，目前已基本完成技术和产品平台的开发，并已将产品和平台服务迅速推广至纸媒、广告、电商、教育等领域。已获得上海源相创投资本的天使首轮投资，目前正在积极开拓日本市场业务。

公司核心技术主要包括图像识别与增强现实两方面。其中，图像识别被认为是“21世纪在机器视觉、人工智能等领域最激动人心的变革”，增强现实则被《时代》周刊评为近年来最受瞩目技术，两者都位于计算机视觉与模式识别领域的前沿，皆有很高的技术壁垒。目前图像识别领域掌握全自主核心技术的基本是谷歌、亚马逊、百度、高通等行业巨头；而（第三代）增强现实技术尚处于技术垄断期，全球范围内拥有全自主核心技术的仅有高通、Total immersion等另外5家公司。理想境界公司团队经过愈10年的技术积淀和技术公关，全面攻克了上述核心技术的技术壁垒，取得了重要的技术创新，在多项指标上达到了行业领先，并申请了全面的知识产权。

未来，公司“移动云图像识别与增强现实技术平台“项目成果的应用将有可能彻底变革人们的信息获取习惯，极大提升用户信息交互体验，广泛用作国内外B2B、B2C等移动互联网典型应用中的基础技术平台，并可以移动互联网客户端的形式广泛用于新闻出版、教育、建筑地产、演艺娱乐等传统行业，具有广阔的市场前景和重大的产业价值。

河北亚创软件科技股份有限公司

创 始 人：宁宇
成立时间：2012年11月
所在地区：石家庄
所在园区：海外留学人员石家庄市创业园
所属领域：信息科技领域的潜力企业

河北亚创软件科技股份有限公司是业界领先的，面向生命与材料科学，系统提供综合研发信息化平台的高技术公司，是全方位IT解决方案与支持服务外包提供商，为客户提供IT咨询、解决方案、平台及相关软件产品及外包服务。

其中，可以为生命科学和材料科学行业的用户提供包括计算模拟与业务智能、研发信息管理和研发信息调研等三大信息化平台的综合解决方案和服务，提升这些用户在研发领域的管理、决策和创新能力。与国际上在业界领先的著名信息技术公司拥有长期而紧密的合作关系，并拥有业界最先进的开发平台和较强的研发能力，能够为中国的企业和科研机构提供当前世界上最先进的信息技术解决方案和服务。

公司创始人2009年获得中石化IDT实时动态数据接收系统科技进步一等奖。2013年3月，亚创软件公司与美国LABWARE公司共同成立“石家庄技术中心”。此外，还与河北医科大学新药研发实验室合作建立“基于IOT技术的生物制药QC/QA/R&D实验室自动化信息管理系统”项目样板。

公司拥有高素质人才和经验丰富的管理团队，可向用户提供一流的技术支持和服务。目前，已为包括生物制药、石化、化工、烟草、能源业、医疗健康业及政府公用事业等行业提供了相应的产品和服务，其中包括国内最大的新药研发外包企业、石化企业以及主要的高校和政府科研单位。

嘉兴嘉游信息科技有限公司

创 始 人：刘翔
成立时间：2012年3月
所在地区：嘉兴
所在园区：嘉兴南湖区科技软件园
所属领域：软件领域的潜力企业

公司是一家由留学归国人员创办的高科技企业，团队成员均有多年工作经验。一位核心成员在世界著名的芬兰手机游戏开发公司Rovio工作多年，积累了大量的游戏开发和运营的经验；而另一位曾在日本从事软件项目管理工作多年。其他的开发和设计人员也均具有3年以上的工作经验。团队开发速度远远领先业界的平均水平，目前游戏已经在国内外各大平台发行，总下载超过千万，所有软件均为自研产品。

当前流行的智能手机均拥有多种无线通讯的能力，但普通用户往往不能合理利用手机上的通讯资源。公司团队将在诸多通讯协议的上层设计一个手机移动通讯的超协议，并且开发一个基于此协议的强联接手机游戏对战平台，该平台下的软件既可使用收费的互联网3G通讯，也能利用蓝牙和WIFI这样的免费的短程通信协议进行数字交换。使用此平台中的用户可以无缝地、不中断地、智能地在多种通讯协议中自由切换，实现通信资源最优化。无论用户的手机是否接入了互联网，用户都能在支持超协议的手机游戏中体验到经济、高速、稳定的联机对战，以及多媒体互动和文件传输。

公司设计的平台并非一个独立的软件或应用，而是由海量的支持超协议的手机游戏配合强大的后台服务构成，不光对终端用户开放，同时也将对所有的游戏开发者开放，所有游戏的用户将从游戏开发者的用户转成公司平台用户。

天津派尔尼尔科技发展有限公司

创 始 人：唐珮虹
成立时间：2010年4月
所在地区：天津
所在园区：天津滨海高新区留学生创业园
所属领域：新材料领域的潜力企业

天津派尔尼尔科技发展有限公司主营业务包括重防腐涂料研发、生产及施工，水处理工程设计和施工以及化工过程节能新技术咨询，以开发适用于特殊环境和操作条件下的高性能、高技术含量重防腐涂料为市场定位，集合中美尖端技术，为客户提供世界一流的设备腐蚀的综合解决方案，2011年被认定为天津市科技小巨人企业。创始人唐珮虹1995年取得纽约哥伦比亚大学化学工程系博士，是国家第七批和天津市第五批“千人计划”人选，合伙人包括20余年美国500强涂料公司研发经验的资深科学家，中国国家科技进步奖两次获得者。

根据国内保温材料使用情况，尤其是大型厂房和大型娱乐场所，层面裸露的聚氨酯硬泡沫保温材料极易引起火灾。公司开发的新产品——聚氨酯硬泡沫专用防火涂料，填补了我国在聚氨酯硬泡沫保温材料防火涂料领域的空白，该项研究的创新点是涂层超薄、耐燃时间长、抑烟、防水、低毒等。

公司新研制的聚苯胺高性能水性转锈涂料，是采用化学氧化聚合得到的聚苯胺材料加入到水性转锈涂料中而配制成的高性能涂料。国外已证明聚苯胺可以在碳钢表面形成一层钝化膜，可以大幅度提高金属抗腐蚀能力，同时具有超强的抗划伤和抗点蚀性能，它与水性树脂混合后，配制的水性涂料，无毒、高效，是一种前景应用广泛，特别适用于海洋、航天等严酷条件下的新型金属腐蚀防护涂料。目前小试样品正在检测机构进行多项性能检验，预计在2015年全面推向市场。

北京志光伯元科技有限公司

创 始 人：马兆远
成立时间：2012年12月
所在地区：北京
所在园区：北京市留学人员海淀创业园
所属领域：高端设备制造领域的潜力企业

北京志光伯元科技有限公司主营业务为蓝宝石晶体生产设备的制造及蓝宝石生产全套解决方案的咨询服务，并进行蓝宝石晶体的研发和生产销售。目前是国内少有的同时具备长晶技术和设备制造能力的公司，长晶工艺师与设备设计者间的有效沟通促进所研制的长晶设备处于国内领先地位。

公司拥有一批国内、外光电技术顶尖人才组成的高素质专家团队，保证了充分持续研发能力，如身为中科院百人计划研究员、博士生导师、北京大学兼职教授的马兆远博士及中科院上海光机所材料学博士丁雨憧等。经营管理方面，有前中国惠普市场总监、中国香港和内地投资及业务发展顾问姚伟杰先生和前中国惠普副总裁、剑桥大学BMA、德鲁克商学院兼职教授吴岸先生。合作单位为北京大学量子电子所、中科院上海光机所、中科院上海硅酸盐所、中科院沈阳科学仪器厂和美国BMI咨询中心等技术权威性机构，获得足够和最先进的技术支持。

计划3年内，无论在生产技术还是生产规模、经济效益等，力争成为该行业的领导者，建立蓝宝石衬底和晶体炉生产与服务基地，成为国内行业标准起草制定者，同时成为国内和国际市场蓝宝石衬底和晶体炉的主要供应商，力争实现蓝宝石衬底和晶体炉国产化，逐步占领国际市场，成为国际著名的蓝宝石衬底制备和晶体炉制造公司。公司将通过对蓝宝石生长技术的深入研究和高强度开发，打造本公司在蓝宝石衬底市场的核心竞争力，完成100公斤生长炉的稳定性和自动化设计，使得100公斤级蓝宝石生长技术在国内处于绝对领先地位。

上海英磁新能源科技有限公司

创 始 人：裴瑞琳

成立时间：2012年10月

所在地区：上海

所在园区：上海财大科技园

所属领域：新能源领域的潜力企业

随着电动汽车热的升温，国家相关部门将纯电动汽车升格为国家新能源汽车的发展路线，并加以政策扶持。目前有实力生产电动汽车电机的厂家屈指可数，设计上很有难度，要求小而轻、效率高、转矩大。

上海英磁新能源科技有限公司是一家致力于设计、制造和销售新能源电机（风力发电和电动汽车电机）的留学生高新技术企业，主要团队由来自英国剑桥大学和牛津大学归国的留学人员组成。公司拥有核心自主知识产权，已研发出一款超导风力发电机，两款新能源电动汽车驱动电机产品。目前公司自筹及已获得的各项资助为200万元，并与欧通集团在电动车方面达成产品销售意向。

公司的主要项目曾获得2012年国家科技部、教育部和中央电视台举办的“首届中国创新创业大赛”团队组全国第2名，应邀参加上海电视台第一财经频道《天使爱上谁》节目获得新能源组第2名，获得2012年上海杨浦区“3310海外人才计划”资助，2006年中国“首届春晖杯海外留学人员创业创业大赛”全国二等奖。

据了解，在风力发电机的电机制造上，英磁新能源公司采用新型超导材料，该材料低温下电阻基本为零，同时还有悬浮特性，电机体积更小，效率更高，可容纳更大的单机容量。此外，公司还具有多项性能优势：在电机产品的材料研究使用上有很多经验，用超导体等新材料和压制工艺使电机效率升高，此项技术已经成熟。同时，公司团队一直在做材料储备，不断对产品进行更新换代。

天津深之蓝海洋设备科技有限公司

创 始 人：王晓鸣

成立时间：2013年1月

所在地区：天津

所在园区：天津泰达留学人员创业园

所属领域：海洋环境监测技术领域的潜力企业

天津深之蓝海洋设备科技有限公司是一家专业从事水下机器人研发的高科技企业，是国内第一家自主研发、生产水下滑翔器和缆控水下观测机器人的高科技企业。公司围绕海洋资源探测和海洋环境监测两大主题面向社会提供自主水下航行器（AUV）、水下滑翔机（Underwater Glider）以及缆控水下机器人（ROV）等小型水下运动载体的相关技术解决方案和产品。

深之蓝公司拥有实力雄厚的科研开发团队，核心成员具有十余年从事水下机器人研发的经验。目前已经在本领域诸多关键技术方向实现突破，拥有水下有缆机器人的核心技术、知识产权和相关专利；自主研发并销售与机器人动力系统、控制系统、通信系统、导航系统、测量系统等相关的软件水下推进器、水下摄像机、水下灯、磁耦合密封器、ROV专用控制箱等相关的硬件。同时，公司根据客户需求定制提供专用水下机器人，如AUV、中大型ROV等。

其中，海洋温跃层剖面测量水下滑翔器作为公司一款重要的水下自主监测机器人，可不间断工作62天。河豚是天津深之蓝海洋设备科技有限公司开发的一款结构小巧、设计精致的微型缆控水下观测机器人，其平台重量仅有3kg，设计操作潜深高达200米。

成立以来，公司根据客户要求和市场需求已完成多款水下机器人的设计、定型和长时间的可靠性测试。深之蓝公司水下摄像机、水下推进器、ROV等已经全面推向市场，深之蓝水下滑翔器凭借其在湖试海试中的卓越表现，得到海军高度认可，并与国内各界用户全面展开洽谈。未来，公司致力于成为国内水下机器人行业的领军企业，为我国海洋资源开发和国家安全提供核心装备保障能力。

西安鸿雅达电子有限公司

创 始 人：张伟伟

成立时间：2011年2月

所在地区：西安

所在园区：西安留学人员创业园

所属领域：新能源与高效节能领域的潜力企业

西安鸿雅达电子有限公司是一家以太阳能光伏、风力发电和半导体照明和电源产品为主要业务方向的留创企业，引进加拿大和美国先进的太阳能光伏控制技术、风力发电和风光互补技术、半导体照明和特种变频电源技术，并结合西安高新区的科研人才优势，组成强大的技术研发队伍，同时和多家世界跨国公司建立了紧密的合作关系，目前已发展成为陕西省主要的太阳能光伏和半导体照明企业。

公司自成立以来，先后推出了太阳能独立光伏系统、太阳能并网发电系统、风光互补系统、LED照明、特种电源等多个系列产品，广泛应用于各界客户，并以此为基础开发了适用于通信、市政、交通、水利、消防、森林、公安、救灾等多个行业的专用系统。在国际市场开拓方面也实现了零的突破，通过和一些外贸公司的合作，已经将产品出口到日本、朝鲜、俄罗斯、科特迪瓦、纳米比亚、巴基斯坦和孟加拉等国家和地区。在直接对外合作方面，公司已经和尼日利亚、科摩罗、埃及几个国家的当地经销商建立了初步的合作关系。

公司充分利用西安高等院校、科研机构的教授及高级科研人员众多的人才优势，结合自身条件和有关机构建立了长期合作、共同合作的关系，与西安电子科技大学、西安交通大学和西安电力电子技术研究所等科研院所建立了长期的合作关系，形成了产、学、研模式，在人才与技术方面拥有很强的实力，为发展注入了强劲的动力。同时，技术力量雄厚，管理体系健全，先后通过ISO9001和ISO14000体系认证，获得了多项太阳能、风能和半导体照明和电源等方面的专利证书。

苏州异导光电材料科技有限公司

创 始 人：李兴存
成立时间：2012年4月
所在地区：常熟
所在园区：常熟留学人员创业园
所属领域：电子信息材料领域的潜力企业

苏州异导光电材料科技有限公司主要产品是各向异性导电膜（ACF），ACF在液晶显示屏模组起到导电和连接固定的作用，广泛应用于电视、电脑和手机等。我国的ACF市场需求在50亿元/年，97%以上由日本公司垄断。目前公司ACF项目已完成关键材料及工艺流程的开发，进入产品量产阶段。

公司与日本产品具有以下优势：本团队具有自主完整开发ACF技术的优势；生产成本低，产品具有销售价格优势；销售上具有近水楼台的区域优势；从低端用户切入市场。开始开始实行代理商销售，逐步转向代理商和培养大客户相结合的销售模式。

公司创始人李兴存博士从2000年开始从事各向异性导电膜（简称ACF）研究和开发工作，先后在美国北达科塔州立大学材料系、电子科技大学光电学院从事高分子微球合成、导电金球以及胶液的开发工作。所合成的微球在真圆度、单分散性、均一性等方面达到ACF的要求；采用独创的微球表面化学镀纳米金工艺，所制作的导电金球达到日本NCI的水平，处于世界领先水平。

公司发明了多项相关产品的专利，特别是突破了ACF的原料微米级微粒的制备技术、镀球技术以及胶液的配方，是目前为止国内唯一一家全面开发ACF技术，并且达到了日本同类水平的团队。目前公司已经开发出用于手机面板的产品ACF7106，产品长100m，宽1.5mm，膜厚0.025mm，并且并且实现50万元/月的销售。

天津阿尔塔科技有限公司

创 始 人：张磊
成立时间：2011年7月
所在地区：天津
所在园区：天津泰达留学人员创业园
所属领域：生物医药领域的潜力企业

天津阿尔塔科技是国内第一家专业从事化学标准品研发生产与销售的企业，拥有装备完善的合成实验室、先进的精密分析仪器与支持平台，致力于标准品生产的国产化，为客户提供国产质量稳定的高纯度分析检测用有机化学标准参照物纯品、纯品溶液和各种混标溶液，可替代进口产品。品牌产品还包括高纯化学试剂、分析试剂、医药中间体、精细化工产品等，并不断开发稳定同位素标记化合物、生物偶联试剂、荧光标记试剂等产品。

同时，阿尔塔公司还致力于为全球客户提供标准参照物定制合成与标准溶液配制，以及OEM服务，品牌产品主要集中于医药与生物活性化合物、兽残、农残分析用化合物，以及食品检验、环境监测所需标准品等。

阿尔塔公司国产研发用有机化学试剂产品按照国际最致命试剂公司标准进行严格的产品分析检验，所有产品都可提供完整的可溯源的生产和储存记录、产品检验合格证书、原始分析数据与检测报告等文件，从而确保分析结果的重复性、产品质量与稳定性不亚于国际致命试剂公司的产品，而且具有价格优势。

为了公司长期可持续发展，阿尔塔科技正在加强与美国哈佛大学医学院、麻省州立大学医学院、东北大学、A ChemTek公司、CellMosaic公司以及南开大学的密切合作，共同研发市场急需的医药与医疗标准品参照物、新型生化产品、新型生化检测方法与试剂盒。

目前，阿尔塔与美国A ChemTek、CellMosaic、天津博纳已签订代理产品合作意向书。与此同时，公司积极利用网站和各种数据库平台作为产品的宣传门户，增加公司的知名度和影响力，培养未来的客户群。

深圳维示泰克技术有限公司

创 始 人：陈文娟
成立时间：2011年5月
所在地区：深圳
所在园区：深圳市留学生创业园
所属领域：3D打印领域的潜力企业

深圳维示泰克技术有限公司是由留德博士创建的，国内首家专业从事桌面3D打印机、3D打印耗材、3D打印软件的三维成型产品开发、制造、销售及提供3D打印服务的高科技企业。成立以来，维示泰克已开发三代拥有自主知识产权（专利及软件著作权）的3D打印机和多种可降解环保3D打印材料，致力于专业、高效、便捷的桌面3D打印解决方案。

维示泰克提供工程塑料ABS、生物降解塑料PLA、水溶性材料、尼龙Nylon、可降解环保材料等材质，多达20余色的专用3D打印线条、夜光线条、导电线条等多种通用及功能性打印耗材。创新性提供3D打印服务，客户只需提供3D设计文件即可享受专业、高效、便捷的3D打印服务。

维示泰克自主研发的3D打印机和3D打印材料已在口腔医疗、消费电子、动漫影视、包装、礼品、文具、玩具、灯饰、建筑、眼镜、钟表、珠宝等多个领域得到推广应用；产品成功销往美国、德国、荷兰、英国、加拿大、日本、澳大利亚、印度、巴西、俄罗斯等国家以及港、澳、台地区；已在全国各大城市及美国、英国、澳大利亚、荷兰等国建立经销渠道。

维示泰克自主研发的3D打印技术获得欧盟CE产品安全认证、美国联邦通信委员会FCC认证以及多项国家专利和软件著作权，在2012年美国纽约MakerFair展会上作为唯一参展中国企业参展。维示泰克在连续两年的高交会，国内多场专业展会上也获得国内外同行的一致好评，其第三代3D打印机还荣获2012年中国（深圳）国际创意设计品牌博览会“卓越产品设计奖”。

北京金达雷科技有限公司

创 始 人：李厚民
成立时间：2012年6月
所在地区：北京
所在园区：北京理工留学人员创业园
所属领域：电磁场与微波技术领域的潜力企业

北京金达雷科技有限公司以世界级先进雷达硬件技术“超级电路”技术为创业起点，该技术是目前国内唯一拥有自主知识产权的第五代无线射频前端传输线技术，可在性能与成本方面全面超越现有军事、国家安全、民用高性能通讯等一切需广泛部署的高性能多功能毫米波系统，符合国家需求，前景广阔。创始人李厚民从事先进材料技术研发已逾十年，科研能力突出，在国内外知名期刊发表十余篇高质量论文，受理发明专利三项，主持和参加多项国内外研究课题。

超级电路技术是传统PCB在毫米波系统中的延伸，应用微电子技术与先进材料技术，在传统平面导波结构上，形成了矩形中空同轴电缆结构。目前超级电路技术是世界上最先进的雷达硬件技术，公司自主研发已取得阶段性成果，与世界最先进水平相差5年，国内外知识产权申报正在进行中。该项目获得了第七届春晖杯创新创业大赛电子信息组评委高度评价与重点推荐。预期通过5—10年运作在高频高速电路Foundry领域成为全球行业领先者，为我国下一代超高频信息系统与相控阵雷达奠定技术基础。

同时，基于公司的超级电路核心技术的衍生技术——光敏材料技术，结合完全自主知识产权的立体光刻3D打印技术，公司正筹备推出能提供一键式高精度立体光刻激光三维打印技术平台，将高质量3D打印普及至每个普通用户。公司开发的iSLA3D打印机具有打印成品速度快，打印细节丰富，打印精度高等特点，伴随着公司研发的3D打印用光固树脂种类的丰富，金达雷科技研发的3D打印机的应用前景也会越来越广阔。

天津百萤生物科技有限公司

创 始 人：第五振军

成立时间：2011年11月

所在地区：天津

所在园区：天津经济技术开发区天大科技园

所属领域：生物医药领域的潜力企业

天津百萤生物科技有限公司是一家由留学人员和专业管理人员组成的新型生物科技型中外合资企业。主营产品系列包括核酸电泳试剂、荧光定量PCR试剂及试剂盒、活体成像试剂、荧光探针标记用试剂、细胞转染、细胞毒性检测、酶荧光底物等相关系列产品，产品广泛应用于临床诊断、高通量筛选、活体成像、生物技术、生物制药等领域，为生命科学研究、诊断R&D及药物开发领域提供生物分析研究试剂和试剂盒。

新一代荧光染料分子与目标分子严格定量，光信号稳定，能非常准确得反映目标分子的真实情况；实际应用方便，公司开发的绝大部分染料能实现“免洗”操作；信噪比高，与常规产品使用同样的激发波长和仪器观测，但“信噪比”比常规染料高出2—4倍；产品质量优于市场主流产品的前提下，价格仅为同类进口产品的1/3，可替代几乎所有进口高端生物荧光和发光试剂及试剂盒，计划用3—4年时间，获得国内市场10%的市场份额。其中，新推出的EB替代染料——Tj系列染料，同期推出其他系列产品市场占有率都很高，销售额很乐观。

百萤生物技术成熟，基于公司雄厚的科研能力及技术储备，研发推出了众多创新产品，推出的荧光染料光信号强、信噪比高、操作简便，大部分产品均为目前市售产品的下一代创新产品，市场反响强烈，得到广大科研工作者很高的美誉度。同时与国内众多科研机构、高校院所、生物医药公司建立了稳定的业务往来关系，销售额同比增长。

济南纽华医药科技有限公司

创 始 人：路国梁

成立时间：2011年9月

所在地区：济南

所在园区：济南留学人员创业园

所属领域：生物医药领域的潜力企业

济南纽华医药科技有限公司由济南市“5150人才”路国梁博士与合作伙伴共同创办，是一家主要从事新型抗肿瘤药物及医药中间体的研发、合成、生产的高新生物医药技术企业。创始人路国梁博士从事化学专业研究20余年，近十年来从事新型抗肿瘤药物的合成，在抗癌药物研发、药物化学、有机合成、金属有机合成、精细化工开发以及相关产业的生产和经营管理等方面积累了丰富的经验。先后在国内外发表学术论著70余篇，获国际、国内发明专利7项。

公司主营业务如下：一类新药高选择性抗肿瘤分子靶向药物（HSMTD）的开发；即在肿瘤特有的缺氧微环境下，利用公司核心技术对抗肿瘤分子靶向药物进行修饰，形成无毒或低毒的HSMTD药物；在肿瘤的缺氧环境中，这类药物被激活释放出有效药物，达到杀死癌细胞的目的，本项目的开展将填补我国在HSMTD药物开发方面的空白；心血管、糖尿病、抗生素等多种3类或6类仿制药物的研发、注册申报；抗肿瘤分子靶向药物及其中间体和小杂环类化合物的定制合成业务，医药中间体主要为各种含氮类杂环化合物，如吡啶类、吡嗪类、哒嗪类、（异）噻唑类等，目前已开发产品1000余种，销往国内外多家科研机构。

公司采取“仿创结合求生存，自主创新促发展”的发展思路，集科研、生产、销售为一体，三管齐下，用仿制药文号转让和医药中间体定制合成所获取的收入，支撑一类新药HSMTD的研发，致力于为全世界，尤其是发展中国家癌症患者，提供廉价高效低毒性的抗肿瘤化疗药物。

西安拽亘弗莱工业自动化科技有限公司

创 始 人：韩炜

成立时间：2011年6月

所在地区：西安

所在园区：西安留学人员创业园

所属领域：工业自动化领域的潜力企业

拽亘弗莱自动化软件有限公司始立于2001年，总部位于加拿大的多伦多。作为加拿大新锐工业自动化控制企业的领头羊，拽亘弗莱在航空航天、机械制造、工厂自动化和高端的精密仪器设备等领域为来自全球的客户提供专业的管理以及控制系统产品解决方案。

为了更好地服务于中国市场，公司于2011年8月在西安成立了拽亘弗莱（DAS）中国技术研发中心暨拽亘弗莱（西安）工业自动化科技有限公司，旨在于为中国客户提供高端的工业自动化解决方案和相关服务。

公司目前的主要研究攻关方向为高端工业自动化设备及控制系统（包括纳米材料自动化生产设备）、高端工业自动化设备控制系统、智能无人值守全自动生产线、太阳能器件生产设备及生产线。其中，在高端注塑机控制系统和控制器、DHMI人机交互自动化软件平台、激光等离子相贯线切割机控制系统、五轴工具磨床数控系统、智能工厂自动化生产线暨相关MES管理软件等领域均有创新，无论从控制系统的上位机人机交互软件，底层实时控制系统的PLC 控制逻辑，架构，所有关键核心的控制算法，功能块，都完全由自主研发实现。尤其是针对例如PET 或大型机等完全依赖进口的高端注塑机的控制系统，产品的出现彻底填补这一领域国内的空白。

公司定制了多元化的研发合作方案，其中包括技术转让、技术研发+后期产品合作、技术研发+整体电气硬件系统集成、研发战略合作伙伴。未来，计划推出更多的高端控制产品、软件以及设备级产品，为市场化以及高端前沿产品打下良好基础。

成都颐泰合同能源管理有限公司

创 始 人：张洋

成立时间：2011年10月

所在地区：成都

所在园区：成都留学人员创业园

所属领域：新能源与节能领域的潜力企业

成都颐泰合同能源管理有限公司是一家在国家大力推行节能减排和倡导合同能源管理服务模式的政策背景下注册成立的专业化的节能服务公司。经营范围为包括合同能源管理、建筑智能化工程施工；销售机电产品、电气设备；节能技术研发并提供咨询服务。

公司以其强大的技术优势和专业的团队资源为楼宇、交通以及工业企业提供能源审计、节能规划、节能评估、合同能源管理、可再生能源设计及地铁咨询等服务。2012年，成都颐泰合同能源管理有限公司成为经国家发改委、财政部审核备案的第四批节能服务公司之一，拥有照明系统、变频调速系统、热泵、交通系统节能技术改造资质，也是全国唯一一家拥有交通系统节能技术改造资质的节能服务公司。

公司自主研发自然光优化系统通过优化楼宇灯光，从而降低室外自然光射入室内时带进的热能而增加的中央空调的能耗。此系统能完美的平衡自然光，室内灯光以及中央空调的能耗，使这三种独立系统的能耗总值达到最低。预期达到在原有的楼宇能耗基础上，降低10%—30%的能耗。

公司技术力量雄厚，拥有以水泵、风机、电机、变频调速、自动控制等专业的中、高级人才为主的国内一流水平的专业技术团队，拥有多项具有国内领先水平的交通系统节能技术。技术战略合作伙伴包括中国的聚灿光电科技（Focus Lighting）、丹麦的丹佛斯（DANFOSS）、英国的科吉特瑞（COGITARE）、新西兰的亚太电效（ASIANET）、德国的科士特（KOSTER LIGHTING）等。

北京钱粮科技有限公司

创 始 人：康睿

成立时间：2011年4月

所在地区：北京

所在园区：中关村软件园

所属领域：互联网领域的潜力企业

北京钱粮科技有限公司是掌握互联网领域全球顶尖技术的IT信息技术企业，公司目前的主要项目为开发基于用户认知心理学的用户行为模式分析技术的全新智能旅游电子商务平台——你定旅行网，开辟了一条与目前市场主流旅游电商平台、OTA模式不同的预定销售模式。

钱粮科技致力于通过C2B逆向竞拍模式，开拓酒店在线预定的细分市场，为消费者提供真正质优价廉的酒店预定服务，为酒店合作伙伴带来真正优质的、出行目的符合其经营理念的客人，提高客房入住率。目前，酒店在线智能预定平台的开发已经完成，并与各星级酒店中的优质酒店达成长期合作协议，成为其在线智能预定合作伙伴，独家销售其闲置资源。公司已申请电子商务用户行为模式分析模型国家知识产权局发明专利一项，国家知识产权局软件著作权九项。

天津市斯芬克司药物研发有限公司

创 始 人：姚庆佳

成立时间：2009年12月

所在地区：天津

所在园区：天津开发区留学人员创业园

所属领域：生物医药研究领域的潜力企业

根据国际医药发展的状况和我国制药业现状，天津斯芬克司药物研发有限公司主要以药物研发外包服务为突破口，以此业务支持首仿原料药和制剂的开发，继而以首仿药来支持新药开发，最后将公司发展为国际知名制药企业。

目前，关于药物研发外包服务，在两年半的时间内为客户研发出了1700多个化合物，客户覆盖了全球大部分制药公司。关于原料药方面，成功研发出一国内空白的原料药——戊聚糖多硫酸钠(PPS)。此项目的生产工艺开发已完成，现准备建厂投产。此药主要有两大用途：一是治疗间质性膀胱炎，二是治疗风湿性关节炎；PPS注射针剂与澳大利亚CEVA公司合作，研发已经完成，该针剂用于治疗类风湿关节炎小白鼠动物模型实验取得很好疗效。

2010年，公司被认定为“天津市科技型中小企业”；2011年，被评为“天津市滨海新区高新技术企业”；2012年，被评为“国家高新技术企业”。

天津金栅科技有限公司

创 始 人：柳晓春

成立时间：2013年3月

所在地区：天津

所在园区：天津开发区留学人员创业园

所属领域：计算机领域的潜力企业

金栅科技有限公司专注于网络流量监控与安全相关产品的研发和生产，拥有专业的研发团队。创始人柳晓春，曾是由生产网络流量智能分析产品的国际知名品牌——Netoptics公司的创始人之一，其拥有与网络流量监控系统相关的众多项美国专利和中国专利。

由于网络智能流量监控产品的用户广泛，市场巨大。其应用主要集中在以下几个方面：电信运营商，主要应用从传统的“信令监控”到尚未实施的“流量经营”；金融业，主要应用从传统的“灾备”到尚未实施的“交易监控”；各级政府，从“舆情监控”到“关键词阻断”等；大中型企业，主要应用从“内网监控”到“流量负载均衡”等等。但长期以来，由于国内从业人员长期缺乏对该项技术的正确认识，国内在网络监控设备产品的研发，生产及应用普及上与国外的设施现状的巨大差距。

随着近年网络应用爆炸式的普及和发展，其结构已经迈入到高速化，多样化以及虚拟化的阶段。在这种现实下，对网络监控的需求从过去可有可无的网络设备可选项，变成今天必不可少的必选元素。尤其是中国国内无论在产品方面，还是实施手段上，在这方面都尚属雏形，供需矛盾显著。

正是基于国内市场对网络监控设备的爆炸性需求和政治任务上的刚性要求，金栅科技致力于在国内研发，生产和推广此类产品，抓住市场机遇，填补国内在该领域的空缺。

包头市优诣网络科技有限公司

创 始 人：李寒
成立时间：2009年7月
所在地区：包头
所在园区：内蒙古自治区留学人员创业园
所属领域：电子信息领域的潜力企业

包头市优诣网络科技有限公司主营业务是以建立大规模的WEB2.0服务，为政府机关和企事业单位提供以SAAS模式为主的IT咨询、解决方案、系统集成和维护服务；在多语种、定制化、可扩展方面成为公司的技术创新点，主要应用于多语种的电子政务、双语教育、外经外贸、电子商务、分类广告、语言翻译、信息服务、企业集团等多个领域。

特别是在内蒙古自治区以传统蒙文应用为突出特点，形成民族自主品牌和自主知识产权，先后确定了“可定制、易扩展的蒙汉双语网络教学平台”“社会性、交互式的传统蒙文传承和保护网络平台”“ROR框架REST模式可定制的嵌入式系统”“基于ruby动态语言的蒙汉双语通用微云计算平台”等重点项目的研发工作。项目平台基于国际标准编码、linux操作系统环境，大大降低了项目实施和应用成本；运用RUBY计算机语言开发，发挥了解释型动态脚本语言的优势，软件平台实现了良好的定制化特点，可扩展应用到多个领域，实现实用性、通用化的软件应用平台的研发目标；应用最新的ROR开发框架，具有持续创新的技术前景。

目前，软件平台试用用户群达到10万级，经受了大量用户的检验，运行稳定，用户反应良好。项目突出传统蒙文的特点，实现了在民族地区使用少数民族语言文字提供电子政务服务。研发建立了“一个平台、一套标准”：即为使用传统蒙文的地区提供一个电子政务软件平台，一套传统蒙文电子政务的标准软件体系。

甘肃百合物联科技信息有限公司

创 始 人：安宁
成立时间：2011年7月
所在地区：兰州
所在园区：兰州留学人员创业园
所属领域：计算机软件领域的潜力企业

甘肃百合物联科技信息有限公司是以先进的老人福祉信息技术为基础、科技助力养老为宗旨、遵循市场规律为中国老龄事业服务的创新型社会企业。

公司搭建的百合智慧养老云计算平台为个人、家庭、医院、政府及社会服务机构之间建立起一张实时、精准、区域协同的信息综合网，为及时、动态、全面掌握管辖老人基础数据和需求信息提供了有效的支持。公司采用国际先进的云计算SaaS服务模式，创新性地避免了目前政府、养老机构对养老服务基础设施重复投资和运营成本居高不下的问题，结合“移动健康宝”和“时康宝”等系列移动互联网产品，将直接面对市场为老人提供紧急援助、安全管理、心理慰藉和健康管理等服务。

秉承科技创新的先进理念，甘肃百合物联科技信息有限公司致力于从根本上改变我国养老产业的业态关系，开启老年福祉科技产业发展的新篇章。

北京神州仪亮科技有限公司

创 始 人：胡力游
成立时间：2011年9月
所在地区：北京
所在园区：北京望京留学人员创业园
所属领域：通信领域的潜力企业

北京神州仪亮科技有限公司是致力于研发、生产以3G、4G空中接口协议解析技术为核心的电子测试仪器仪表的高科技企业。公司拥有包括基站仿真器、手机终端、传输信道仿真器、WiFi仿真器、WiMax仿真器、多制式多协议软件模拟开发平台、空中接口协议解析仪等多项通讯产品的研发经验和能力。

公司技术团队的核心技术人员曾在日本长期与第一大移动运营商NTT DoCoMo及运营商KDDI等日本通信公司合作，承担了OFDM通信系统仿真器、3G系列空中接口协议解析仪器等先端仪器的开发研制，在日本3G网络建设及完善过程中起到了关键作用。特别是3G空中接口协议解析器帮助运营商快速、准确定位移动通信网络所出现的许多难题的根本原因，在使日本3G无线移动通信网络能够在较短时间内达到最优的过程中起到了不可替代的作用。团队也曾经是三洋、夏普等手机厂商的合作伙伴，为客户研制了多款手机，在移动通信相关的产业领域积累了丰富的经验，拥有移动通信领域中雄厚的领先的技术底蕴。

天津市裕川环境科技有限公司

创 始 人：左健
成立时间：2011年1月
所在地区：天津
所在园区：天津泰达留学人员创业园
所属领域：节能环保领域的潜力企业

天津市裕川环境科技有限公司是天津市裕川置业集团有限公司旗下环境领域的一家全资子公司。裕川置业集团有限公司是天津市百强民营企业之一，环境科技是裕川置业与海外留学归国博士共同组建的高科技企业。

公司以自主开发的“微生物蛋白提取方式的污泥处理及资源化利用技术”为核心，从事污泥处理及资源化技术与设备的研发、设计、咨询和转让；环境管理咨询；环境设备、化工产品、绿化土、土壤改良剂、有机肥和建材制品的批复兼零售；环境污染治理工程的设计、施工。

公司主要为客户提供污泥、污水、建筑垃圾等废弃物的再生利用与资源化技术和设备的深度研发及咨询服务；污泥、污水、建筑垃圾处理与资源化设备的设计、生产、安装、调试及售后服务；污泥、污水、中水、建筑垃圾处理和资源化设施的建设与运行。公司在进行污泥无害化和减量化处理的同时，生产包括蛋白发泡剂、蛋白泡沫灭火剂、蛋白泡沫混凝土、绿化种植土、有机肥、复合肥、液体肥等污水处理厂活性污泥资源化产品。

天津谷堆生物医药科技有限公司

创 始 人： 高清志
成立时间： 2010年8月
所在地区： 天津
所在园区： 天津滨海高新区留学生创业园
所属领域： 生物医药领域的潜力企业

天津谷堆生物医药科技有限公司利用最先进的生物靶点技术——靶向前药技术平台将国外已开发上市的医药产品赋予新的分子结构和靶向功能，快速开发具有自主知识产权的靶向型一类新药。

靶向前药技术是利用一种新的生物靶点进行“药物靶向传递“的技术。该技术的药物传递生物靶点是人体内用来吸收和运送营养的蛋白通道，例如肠道营养吸收通道，肿瘤特异性营养吸收通道以及血脑屏障高表达营养传送通道等。公司利用上述技术平台将先进国家已经通过临床验证的上市药物在分子结构上进行靶向化修饰，消除原来药品在疗效、选择性、副作用、耐药性以及使用过程中存在的种种缺陷，创造拥有自主专利权的一类新药重新投放国内和国际市场。此外，公司通过应用计算机辅助分子设计技术来提高靶向药物设计和筛选的效率，避免盲目的资源浪费和大量的实验室合成工作，缩短新药开发的进程。

目前在抗肿瘤和CNS（中枢神经）两个主要领域在研的孵化项目共5项，目前完成了国内新药发明专利申请5项，国际PCT发明专利申请4项。

天津市普莱克医药科技有限公司

创 始 人： 黄伟强
成立时间： 2011年11月
所在地区： 天津
所在园区： 天津市科技创业服务中心
所属领域： 生物医药领域的潜力企业

天津市普莱克医药科技有限公司为以有自主知识产权的药物以及新型药物中间体的研究开发为主营业务，以提供药物研发科技服务为辅助业务的科技型研发公司。同时，公司也从事药物中间体的外包合成，工艺流程的优化和放大量合成等相关业务。公司现有客户包括国有上市公司，欧美大型药企和国内外科研院所。

公司拥有一支强大的科研团队，公司创始人为归国留学人员黄伟强博士与南开大学吴德明教授。核心团队成员全部具有硕士以上学位或者教授职称，是一支科研素养高、研究经历丰富的研究团队。另外公司具备美国公司的优势，诸如与美国大医药公司交流便利，能够快速获取原料化学药品和相关文献资料以及了解最新化学发展动态。而且也具备中国公司的优势，例如充足的人才储备和较低的公司运营成本。

烟台羿中医疗科技有限公司

创 始 人： 焦秉立
成立时间： 2010年12月
所在地区： 烟台
所在园区： 烟台留学人员创业园区
所属领域： 医疗器械领域的潜力企业

烟台羿中医疗科技有限公司是一家由留学归国人员创办的集科研开发、生产经营、健康服务于一体的新兴高科技企业。公司主要从事无线医疗技术研发、多种传感器的研发、无线医疗监护服务、医疗信息化方案解决、医疗物联网项目设计、研发及相关设备生产。

公司的第一代产品——远程动态实时心电监测系统，是在公司起初与北大共同合作研发的心电原型机的基础上研发而成，该原型机曾获得了美国微软发明奖，科技性处于世界领先水平。公司的远程动态实时心电监测系统，是专为心脏病患者保健设计的一款心脏动态监测智能化产品，通过了山东省医疗器械产品质量检验中心的型式检测以及山东中医院及济南市中心医院的临床试验，于2013年1月10日取得由山东省食品药品监督管理局颁发的医疗器械产品注册证，并且已经进入烟台本地医院实际临床应用，产品的便携性、安全性、有效性等都得到了临床的好评。

公司的下一代产品“无线多参数生命体征监测及管理系统”，是在一代产品的基础上进行功能的扩增，其应用之一是可以把用户的心电（ECG）、呼吸（RESP）、血氧饱和度（SPO2）、血压（BP）等参数通过无线、或宽带网络传送至监护中心显示，医护人员通过对用户的各生理参数分析，作出诊断结论，并通过短信的形式将诊断结论、用药提醒及需要注意事项发送到用户的手机上，起到无线医生和随身药箱的作用。其应用之二是，用于社区的定期查体服务，通过该产品将采集的病人信息发送到上一级医院。

郑州英博锐电子技术有限公司

创 始 人： 雷耀辉
成立时间： 2013年3月
所在地区： 郑州
所在园区： 郑州留学人员创业园
所属领域： 电子信息领域的潜力企业

郑州英博锐电子技术有限公司是专门从事智能机器人和智能控制方面的研发与技术服务，是国家级海外高层次人才创新创业基地内重点培育的科技企业。

目前，公司团队主要致力于智能教育机器人和智能家居机器人的研发和生产，其中智能教育机器人面向全国高校和各类培训机构的基础教育、科研创新、工程教育以及中小学素质教育。该产品将运动学建模、运动学分析求解、动态路径规划、驱动控制及其计算机编程控制、传感器技术、智能决策、机电一体化、图像处理、超宽带精准导航、无线通信等多项科研和技术融合在一起，构建一个扩展性强、涉及内容前沿的智能机器人学习平台，在此平台上，用户可以学习机械设计、计算机、通信系统、信号处理、人工智能以及相关交叉学科的基础理论实践，也可以进行创新科研的探索和验证，将极大推动我国智能机器人教学发展和智能机器人技术发展。

陕西泽明信息科技公司

创 始 人： 杨艳霞
成立时间： 2011年12月
所在地区： 西安
所在园区： 西安留学人员创业园
所属领域： 电子信息领域的潜力企业

泽明信息是中国领先的移动互联网应用平台产品、技术服务和解决方案提供商，面向电信运营商、应用服务商、行业客户等移动应用运营主体，致力于数字内容、传输与移动云计算中间件技术等核心技术的创新突破，从而大幅提升移动体验质量、简化移动应用开发模式、改善移动应用运营环境，提高移动数据流量单位价值；多次荣获欧美智能终端支撑系统卓越奖、中国自主创新最具成长产品奖、中国软件与信息服务业最具竞争力产品奖等。

泽明移动互联应用平台是多种能力模块的有机结合，包括移动能力模块、移动云计算中间件模块、移动支付能力模块、移动地理信息能力模块、移动搜索能力模块、移动内容管理和用户管理模块等。其中，移动能力模块和移动中间件模块是公司核心能力，移动能力模块在低带宽环境下致力于实现数字内容的流畅展现，在较高带宽环境下致力于提高单位流量经济价值；移动云计算中间件模块致力于屏蔽移动终端、网络通讯、操作系统多样化差异，实现移动应用的“一次部署、多平台运行”。

泽明信息至今获得软件著作权25项，申请发明专利18项。移动能力模块和移动中间件技术已经成为国内移动互联的事实标准之一，并有望成为输出国际的技术标准之一。

西安艾姆高分子材料有限公司

创 始 人：相鹏
成立时间：2011年7月
所在地区：西安
所在园区：西安留学人员创业园
所属领域：全合成润滑油领域的潜力企业

西安艾姆高分子材料有限公司由加拿大劳伦森大学留学生相鹏携其“新型聚烯烃高分子”成果创办的科技企业，主要从事先进高分子材料和纳米复合材料的技术研发、产品推广和销售。

公司坚持自主研发，已成功研制出达到国际标准的绿色环保、无毒无害的新型全合成润滑油（基础油），在此基础上，科研人员发现该产品在食品、化妆品、医药领域有巨大的应用潜力，目前正在完善食品级全合成润滑油的各项性能指标。此外，艾姆公司2013年4月6日西安在“第十七届中国东西部合作与投资贸易洽谈会”上与合阳县人民政府签署“合阳新型全合成润滑油项目合同书”，主要涉及艾姆产品规模化生产基地的购地事宜，至目前为止，公司已购地50亩并开工建设。

IAM拥有创新意识强的科研团队和配套的研发中心。经过科研人员不断创新，摸索出一条独特、环保节能的生产工艺路线，制备出的新型全合成润滑油性能指数符合甚至超出中国国家标准、美国API标准以及美国SAE标准，其品质远远超越了传统的矿物润滑油，可应用于航空、汽车、船舶、军工、机械、化妆品、医药等领域。同时，IAM将继续关注国内外市场对新材料的各种需求，不断研发出更环保、更节能、可适用于更多领域的一系列产品。

成都天钥科技有限公司

创 始 人：熊楚渝
成立时间：2011年3月
所在地区：成都
所在园区：成都留学生创业园
所属领域：电子信息领域的潜力企业

公司用全球首创的先进技术产品开启了通用身份认证新纪元。完善解决手持设备上实现多重用途身份认证及其服务的难题，这是世界著名的安全认证公司都一直在寻求解决方法的研究领域。

技术创新带动了商业模式的创新，商业模式将引入新的互联网上的服务行业——身份管理。这样的行业的建立，将极大帮助世界上任何地方的用户，不仅能在工作流程上带来便利，而且防盗、防破解方面也提升到全新的高度。

武汉鹰飞拓光电子有限公司

创 始 人：白燕
成立时间：2010年6月
所在地区：武汉
所在园区：武汉留学生创业园
所属领域：光电子领域的潜力企业

武汉鹰飞拓光电子有限公司是一家专业从事便携式拉曼光谱检测仪以及相关硬、软件产品研发、制造、销售的高科技企业。

公司创办人及主要开发团队由有丰富研发经验的海归人员担任，是武汉东湖高新区“3551人才计划”引进的高新企业。公司产品具有对人眼安全、户内外和全天候使用的特性，并具备远距离探测、大面积搜索、行驶中探索的能力，能广泛运用于痕迹探测、毒性分析、物质构成分析等领域，其综合技术指标国际领先。

产品的主要的应用范围：食品、药品安全与成分检测；环境安全；安检安防爆炸物和毒品检测；大型化工企业成分检测；实验室成分鉴定等。

杭州轩儒电子科技有限公司

创 始 人：刘宗孺
成立时间：2010年12月
所在地区：杭州
所在园区：杭州滨江高新区
所属领域：微电子工程领域的潜力企业

公司研发的60GHz芯片产品比现有蓝牙快1000倍，同时将作为下一代高速Wi-Fi植入智能手机，平板电脑，手提电脑，高清电视等消费电子品中。其中第一阶段为两年，完成中国CWPAN标准的手持设备（智能手机、平板电脑）高速无线数据传输芯片的开发；第二阶段时长两年，研发兼容英特尔主导的IEEE802.11ad/WiGig协议，具备中国自主标准协议的三模Wi-Fi芯片的开发，该芯片将替代/补充现有Wi-Fi市场产品。目前公司已于华为及高通签订战略合作协议。

此外，基于此Wi-Fi模块方案开发的一系列“轻”智能家居系列产品将颠覆目前的商业模式。当前的智能家居产品存在需专业人士安装、配置维护复杂、需额外的网关、价格昂贵等瓶颈。公司研发产品将以平民化的价格、全DIY的理念彻底解决上述问题。

目前，公司的60G Wi-Fi射频芯片已完成样片，正在和新加坡资讯通信研究院、清华大学、浙江大学合作开发高速基带芯片，争取将于2014年上市。

联优机械（常熟）有限公司

创 始 人：陈文政
成立时间：2011年5月
所在地区：常熟
所在园区：常熟留学人员创业园
所属领域：制造业领域的潜力企业

联优机械（常熟）有限公司是一家专业从事透平膨胀机的设计研发、生产制造和销售服务的中外合资企业。公司设有工程设计中心、膨胀机装配车间、转子动平衡试验、3D检测中心、试验台、备件仓库以及相关的配套设施。

透平膨胀机主要应用于空气分离、石油气液化、低温粉碎、废热及地热发电、冷能发电机综合利用、尾气/汽和废气/汽中的能量回收再利用、余压的能量回收再利用等领域。

透平膨胀机是空分设备和液化装置中的重要部机，是能量回收再利用中的主要设备，国内国外在设计技术水平、研究开发能力以及应用领域都存在很大差距，中高端产品现在几乎全部依赖国外进口，国内基本上还是空白。

苏州罗兰生物科技有限公司

创 始 人：宋相志
成立时间：2012年4月
所在地区：常熟
所在园区：常熟留学人员创业园
所属领域：生物医药领域的潜力企业

苏州罗兰生物科技有限公司主要从事生物医用材料的研发、生产与销售，公司产品主要用于疾病诊断、DNA测序、基因测序及环境监测方面等。核心技术团队在美国哈佛大学、纽约血液中心和世界知名生物材料公司任职多年，研发生产经验丰富，掌握着国际领先的生产技术。目前，团队拥有1项国际专利，申请了4项美国Provision专利和5项中国专利。

公司通过研发团队所掌握的国际领先专利核心技术，对产品的结构及制备工艺进行优化创新，在标记强度、稳定性及生物活性等方面优于市场同类产品。目前，公司已经开发出近200种产品，现已逐步进入国内生物医药荧光材料市场，同时向国际市场进军。

浙江峰盛生物工程有限公司

创 始 人：亓立峰
成立时间：2010年7月
所在地区：嘉兴
所在园区：嘉兴留学人员创业园
所属领域：生物制药领域的潜力企业

浙江峰盛生物工程有限公司经营范围为生物制剂、化学制剂、生物医用材料、诊断试剂、药物、保健品的研发，现主营业务为体外诊断试剂的研发及生产和销售。

浙江峰盛生物工程有限公司是一家专注于重大疾病早期诊断与靶向治疗领域的高科技企业，秉承“绿色制药、成就未来”的经营宗旨，致力于发展成为中国创新绿色生物医药开发的领先者。峰盛生物与美国华盛顿大学、加州大学、德国海德堡大学、同济大学等多所海内外高校建立了广泛的国际合作。已经建立了以重大传染性疾病、肿瘤诊断试剂和抗癌纳米药物为主的系列产品计划。公司核心技术项目曾获教育部第三届“春晖杯”中国海外留学人员创新创业大赛二等奖，获国家自然科学基金、863科技计划资助，获中国科技创业大赛新苗奖等系列国家级奖励和资助。

赫利森（厦门）生物科技有限公司

创 始 人：刘润泉
成立时间：2010年8月
所在地区：厦门
所在园区：厦门留学人员创业园
所属领域：生物化学领域的潜力企业

赫利森在新技术、新产品的研发上具有高度创新能力，这主要是因为公司研发团队由世界一流的科学家、工程师组成，不仅拥有强大的生物诊断技术研发能力，而且有一个超强的工程设计团队，尤其在光学仪器设计、制造领域有丰富的经验和深厚的造诣。公司和厦门大学国家传染病诊断试剂工程中心（NIDVD）、复旦大学-帝斯曼联合实验室建立了强有力的战略伙伴关系，共同研发新产品。研发中心的科研人员具有良好的有机化学、分析化学、生物化学、光学、机械学、电子工程及相关的专业背景和训练有素的专业技能。

公司主要研发中心设在厦门，公司的战略合作伙伴—厦门大学国家传染病诊断试剂工程中心及复旦大学-帝斯曼联合实验室—都是实力雄厚的世界级研发基地，可为公司提供广阔的资源。同时，公司还在美国硅谷设有实验室，以作为公司的国际窗口，及时吸收并消化世界最先进的研究成果。

惠州龙为科技有限公司

创 始 人：徐友龙
成立时间：2011年12月
所在地区：惠州
所在园区：惠州仲恺高新区留学生创业园
所属领域：通讯设备领域的潜力企业

惠州龙为科技有限公司是一家专注于移动电源，蓝牙耳机、LED照明系列以及聚合物锂电池的研发生产公司。2012年荣获得惠州市全民创业发展资金。公司拥有一批在跨国集团、科研单位工作几十年的研发团队，生产管理团队和运作成熟的市场经营团队，并在西安、惠州、南昌、北京、上海、深圳、沈阳、长沙设立了研发中心。公司十分注重产品研发能力，在充电器领域有着很高的声誉，研发了全球第一款快充15分钟充电器。

公司倡导全员质量管理，严格执行ISO9001质量、ISO14001环境管理体系，ISO/TS16949：2009的质量体系，每一款产品从立项、研发开始，到上游物料的制造，以及产成品的制造、出厂检验、市场跟踪，都严格按照作业流程与质量标准执行，以确保产品质量精益求精，切实保障消费者利益。目前，公司大部分产品均已通过了FCC、UN、UL、CE和CCC认证，符合RoHS指令要求。

龙为科技在新型电解电容器、超级电容器、锂离子电池材料与器件、导电聚合物、纳米复合介质材料等方面已拥有12项国家专利，其中1项发明专利获得全国发明展览会金牌。

第四部分

人物篇

注：本人物篇所收录的是在2013年入选中央“千人计划”的创业人才，按姓氏拼音排序。

柏威廉

浙江通源材料科技有限公司总经理。英国帝国理工大学博士。曾在美国燃料电池技术能源有限公司担任首席科学家，获得欧洲科学基金授予纳米材料科学的“欧洲杰出青年科学家奖”。在英国和美国先后成立过3家纳米材料高科技公司，拥有19项发明专利、6项实用专利，先后主持过8项国际重大研究项目。2008年回国，任钱江集团技术总监。2010年12月，与钱江集团共同注资4250万元，成立浙江通源材料科技有限公司，任总经理。公司主要从事机动车辆尾气净化材料和装置、工业尾气净化材料及装置的研发、生产和销售。凭借精良的研发制造设备和先进的技术方案，实现当年投资，当年投产，至2012年年底，已累计销售机动车辆尾气净化产品170万支，累计实现销售产值1亿元。2013年5月，公司与帝华动力签订合作协议，进军汽车和柴油机行业，目前样品进入送样实验匹配阶段。同时公司还针对锂电池在新能源车领域的使用和市场普及，提前布局了锂电池的研发与产业化，已经建立了动力锂电池正极材料生产线，还将投资1.2亿元与美国K2公司合作建立LiFePO4锂离子动力电池生产线，正计划全面投产。2013年，个人入选第十批中央引进海外高层次人才“千人计划”创业人才。

蔡新元

武汉麦塔威科技有限公司总经理兼CTO。留美博士。2010年回国，从事新媒体艺术与创新设计的研究与教学。2011年，带领自己的学生成立了武汉麦塔威科技有限公司，任总经理兼CTO。兼任华中科技大学建筑与城市规划学院艺术设计系教授、新媒体艺术研究所所长。公司专注于扩展“裸眼3D建筑投影”“互动展览展示”“多媒体数字演艺”业务领域，致力于打造成为国际化的“光影大师”与“互动展馆建造专家”，构造全新的文化创意产业链及商业模式。公司与德国国立卡尔斯鲁厄艺术与设计大学（HFG）、德国国家艺术与媒体研究中心（ZKM）、清华大学、华中科技大学、武汉理工大学等国内外一流研究单位建立了紧密的合作关系，在多通道影像融合技术、多边形曲面校正技术、数字内容管理技术和创意设计等方面实现了突破，取得了一批自主知识产权的新技术，并在创新设计与实践中取得了大量应用成果。2013年2月，承办了2013“武汉元宵光影秀”，受到广泛好评。公司先后荣获“东湖国家自主创新区现代服务业综合试点企业”“湖北省科技创新领军企业”“湖北省第六届科技明星企业”“武汉市首批文化与科技融合示范企业”荣誉，并成为湖北省软件行业协会和中国展览展示协会的会员单位。2013年，个人入选第十批中央引进海外高层次人才“千人计划”创业人才。

蔡颖昭

天津安普德科技有限公司总经理。女。毕业于美国西北理工大学，曾在摩托罗拉无线事业部任技术主管，后又在美国硅谷成功创办两家科技公司。2009年，回国创办天津安普德科技有限公司，任总经理。公司主要从事无线互联通信芯片设计、生产及提供无线互联解决方案，并与本行业的国际知名公司合作，引进先进技术、产品。公司先后与意法半导体、意法爱立信等世界500强公司形成战略合作伙伴，大大提升了技术进步，完成了核心技术蓝牙3.0、蓝牙4.0协议栈及嵌入式系统、无线互联芯片技术的开发，获得8项软件著作权，蓝牙4.0技术经科技成果鉴定达到国际先进水平。目前，公司销售渠道畅通，销售收入每年稳定增长，产值从成立时的27万，发展到2013年的3000万元产值，成长为国内为数不多的可以提供无线互联芯片设计、生产和软件协议栈、组网技术等软硬件相结合的高端产品和解决方案的公司。2013年，个人入选第十批中央引进海外高层次人才“千人计划”创业人才。

曾福泉

泉州市约克颜料有限公司执行董事兼总经理。1992年留学美国，获博士学位。2008年，回国创建泉州约克颜料有限公司，执行董事兼总经理。公司是国际上最具技术实力的液体色母、添加剂和自动液体色母添加设备制造商之一，也是国内第一家液体色母研发、生产、销售企业企业。公司致力于将液体色母用于塑料的染色和改性，把液体色母应用在化纤纺丝前染色，产品应用于化妆品、食品包装、电器件、片材、日用品、管道等行业领域。公司研发并已量产的液体色母自动添加设备简化了塑料染色工艺，研发生产的液体色母大部分都很容易用水清洗，使用方便。公司成立了华南技术服务中心、华东技术服务中心，专业的售后服务工程师可提供配色、试样、现场服务。2013年，个人入选第十批中央引进海外高层次人才“千人计划”创业人才。

曾毅

普霖医疗科技（广州）有限公司总经理。留美博士。2011年9月回国，创办普霖医疗科技（广州）有限公司，任总经理。公司主要从事医疗器械的研发和生产，重点研发项目是球囊导管类介入产品及外周血管介入类产品。球囊导管系列产品包括冠状动脉扩张球囊导管、外周球囊导管、椎体球囊导管、尿道球囊扩张导管等；外周血管介入类产品包括外周球囊导管、外周血管支架等。目前公司占地面积近1400平米，拥有900多平方米的万级、十万级净化间及菌检室，并于2012年5月通过GMP审核取得了医疗器械生产许可证和ISO13485质量体系认证。公司通过技术的创新和产品进步，先后获得了科技部“科技型中小企业投资引导基金”、广州市“科技创新基金”、广州市“创业领军人才”、广州开发区“科技领军人才”以及广州市“引进国外技术和管理人才”等支持和荣誉，并已申报获批多项实用新型专利。公司致力于发展成为中国介入医疗器械领域的领军企业，为推动中国介入医疗事业的发展做出贡献，目前所生产和研发的产品均处于国际领先地位，曾多次与美国知名的医疗器械厂家合作并长期从事相关产品的代工业务。2013年，个人入选第十批中央引进海外高层次人才“千人计划”创业人才。

车磊

湖州宜可欧环保科技有限公司总经理。1979年出生。日本国立金沢大学工学博士。长年从事研究废弃物的热解炭化技术在多个领域的运用，是国内首创的厨余垃圾处理系统的发明者。2011年回国，带领在日本组建的团队在吴兴科技创业园创办湖州宜可欧环保科技有限公司，任总经理。公司主要从事环保技术和产品的研发、生产、项目的投资运营及相关后续服务。公司通过与国际著名高校、科研院所及企业的深入合作，将国外多项先进、成熟的环保技术成功地引进到中国，并在此基础上开发了一系列具有自主知识产权及先进水平的环保高科技成果，用于工程实践。目前已经与湖州病死动物无害化处理中心、日本明和工业株式会社等国内外高科技企业，以及浙江大学热能工程研究所、能源清洁利用国家重点实验室、清华长三角研究院等科研院、湖州师范学院达成相关合作协议。其中厨余垃圾处理终端设备、病死害动物热解炭化、污泥炭化处理等产品和技术正在国内逐步推广使用。个人先后入选浙江省“千人计划”、湖州市“南太湖精英计划”。2013年，入选第十批中央引进海外高层次人才“千人计划”创业人才。

陈功祥

杭州创新生物检控技术有限公司董事长兼总经理。1982年毕业于浙江农业大学，并考取出国研究生。1983年赴日本留学，于1990年取得日本京都大学农植物化学博士学位。同年赴美，在美国肯塔基大学做应用微生物博士后研究。1992年加入美国宝洁公司的研究开发部门，先后在生物技术部等从事人体骨头生长因子及其受体和相关医药品、皮肤保护用品和抗菌、卫生用品的技术及产品的研究开发工作，是宝洁公司所申请的8个国际专利的发明人或发明人之一，曾获1997年获亚洲研究开发中心最佳创造发明奖和1998年宝洁全球独立研究计划奖。在国外工作期间共发表科研论文18篇，其中有10篇发表于所从事领域的国际顶级杂志。2002年作为海外人才引进入浙江大学医学院附属第二医院，任临床检验中心学术主任，兼任浙江省微生物与免疫学会副主任委员。同年11月，创办杭州创新生物检控技术有限公司，任董事长兼总经理。公司是专业从事体外诊断试剂研发、生产、销售于一体的高新技术医药企业，由日本、美国的生物诊断试剂公司与国内资深投资人共同出资组建，首期投资2000余万元人民币，占地面积1.5万平方米，拥有先进的实验技术、精良的仪器设备、深厚的专业背景和完善的商业运作机制，致力于向客户提供优质的医用诊断产品和专业化的技术服务。公司建立了快速诊断系列和微生物培养系列开发技术平台，首期系列产品包括呼吸道疾病系列快速诊断试剂、消化道致病菌和细菌毒素系列快速检测试剂、环境有害因子系列快速检测试剂、医用生化检测试剂类，产品远销美国、日本、东南亚等30多个国家和地区。其中流感快速诊断系列产品在日本市场占有率超过60%（包括OEM加工生产）、结核快速诊断产品相关技术已纳入日本国家标准，并在国内已取得新药证书和药品生产批文。2013年，个人入选第十批中央引进海外高层次人才“千人计划”创业人才。

陈天蛋

南京志绿新型建材有限公司董事长兼总经理。美国加州大学材料科学博士，全球节能环保新材料领域的技术领军人。曾在美国硅谷工作，担任过美国海军研究院首席科学家，获得过两项发明专利。2009年10月回国，在南京归国博士创业园成立南京志绿新型建材有限公司，任董事长兼总经理。公司致力于开发高性能的、具有革命突破意义的隔声材料以及超级节能绿色新型材料，以满足社会和个人对宁静、绿色生活空间的需求，并降低建材生产过程以及建筑运营过程中的能耗，为中国的环保和节能减排做出贡献。2010年初获得风险投资公司近千万元人民币的风险投资，并先后获得南京市江宁区“千百十”工程的无偿资助以及南京市归国博士创业资金专项补贴；2012年又成功引入数千万PE投资，并被南京市政府列为科技型中小企业重点扶持。公司主打产品“超级隔音板”隔音效果10倍于普通隔音板，用材降低70%，进入市场当年就实现销售收入200多万。目前，已有包括隔音密封剂、隔音涂料、隔粘毡和隔热涂料等多个产品开发成功，陆续推向市场，并运用到中国教育台配音室、解放军总装备部高速交通艇等多项大工程中。2013年，个人入选第十批中央引进海外高层次人才“千人计划”创业人才。

陈文政

联优机械（常熟）有限公司总经理。美国亚利桑那州立大学博士。国际知名的机械专家，美国机械工程师协会院士，在国际机械设计制造行业有很高的知名度，在转子动力学对轴承设计方面受到业内普遍公认，曾多次在国际上获奖。曾在世界500强企业之一的美国英格索兰公司设计部门工作，历任工程部工程师、工程部经理、研发团队负责人，参与和主持了多种压缩机、涡轮机、膨胀机、电机、发电机等产品的设计和制造，在滑动径向轴承和气体轴承的研究方面有4项专利。2010年回国，创办联优机械（常熟）有限公司，任总经理。公司主要从事透平膨胀机的设计开发和生产制造，主导产品透平膨胀机系列及系统用途主要针对节能环保、高效低耗、能量回收及再生等设备的企业用户。公司还经营附属装备的设计、开发、生产制造，以及提供相应相关的各类技术服务。公司产品采用国际上最先进并拥有自主知识产权的设计软件进行主体设计，使主机效率可比国内同类产品提高约5%或以上；独特的轴承设计和配置较大地降低了功耗；全新设计的润滑辅助系统大大简化了机组结构，减少了零部件，提高了机组的可靠性。2012年，个人入选江苏省“双创人才计划”。2013年，入选第九批中央引进海外高层次人才“千人计划”创业人才。

程宝洪

美芯晟科技（苏州）有限公司董事长兼总经理。1967年出生。美国加州大学洛杉矶分校博士，拥有几十项美国和中国半导体技术方面的专利，是半导体领域具有深厚造诣与杰出贡献的科学家。2008年，回国创办美芯晟科技（苏州）有限公司，任董事长兼总经理。公司是一家具有创新性、专门从事模拟及混合信号集成电路的设计的公司，旨在通过最佳性价比的LED驱动芯片和卓越的服务，为广大消费市场、计算机行业以及通信领域提供高效、环保的电路设计解决方案，立志于成为国际领先的LED驱动芯片及解决方案供应商。公司致力于技术创新，拥有几十项国内外发明专利，并以高电压模拟集成电路为基础，研发重点放在发展通用照明白光HB-LED驱动芯片、中大液晶屏幕LED背光照明驱动芯片、D类音频功放和电源管理芯片等领域。公司先后入选2008年度“Red Herring亚洲百强”、美国电子工程杂志EE TIMES“Silicon 60”、EE TIMES“十大最具发展潜力中国IC设计公司”，产品MT7910-非隔离式AC-DC降压型LED照明驱动-荣获EE TIMES 2010年度五大热门产品奖（控制/驱动类）。2013年，公司荣获半导体业界权威杂志《电子工程专辑》所授予的“十大最具潜力中国IC公司”称号，个人被评为“中国杰出IC设计公司管理者”。2013年，入选第十批中央引进海外高层次人才“千人计划”创业人才。

段江

成都恒图科技有限责任公司总经理。英国诺丁汉大学博士，期间进入世界著名顶级计算机实验室——施乐公司欧洲实验室开展研究工作，并以第一发明人的身份申请了多项国际专利。2006年进入美国西北大学深造，师从HDR（高动态范围图像）领域泰斗杰克•汤布林进行博士后研究工作。2007年，作为引进人才回国，任西南财经大学教授、博士生导师，研究的方向是数字图像技术，曾获四川省青年科技奖。2009年9月，创办成都恒图科技有限责任公司，任总经理。公司是国内HDR技术领域的领跑者，为用户提供专业便捷和高质量的摄影后期处理及分享体验。先后开发了将近20款数字图像软件，包括高动态范围图像软件“HDR Darkroom Pro”、苹果桌面图片处理软件Great Photo、图片特效软件Photo Effect Studio等，覆盖Windows、Mac以及iOS平台，产品在海外市场取得了不俗的成绩。其中，HDR Darkroom获得2011年数码相机日本国际大奖赛银奖，并进入美国、英国的图像软件销售排行榜前5名；Great Photo被苹果公司官方选入为全球摄影师推荐的摄影软件系列短名单，是图像类别中唯一的中国桌面软件。目前，公司在全球积累了超过1000万iOS产品用户，100万桌面产品用户，其中桌面产品付费用户达到10万。2012年，公司发力深耕国内市场，推出多平台专业级摄影后期图片处理软件“好照片”，iPhone版成功进入App Store中国区工具榜第1名、总榜第3名；桌面版for Mac夺得苹果Mac store中国区总榜第1名，长期占据分类榜第1名；桌面版for Windows 8成为免费图像应用第1名。公司也因此获得“中国娇子天府榜样——2012年度传媒大奖”。2013年，个人入选第十批中央引进海外高层次人才“千人计划”创业人才。

范犇

武汉康桥伟业高新科技有限公司董事长。2003年以全国化学竞赛总决赛金牌的身份保送北京大学元培计划实验班，师从著名纳米科学家刘忠范院士。凭着在碳纳米管转移方面的技术发明获中国发明专利并在化学顶级期刊J. Am. Chem. Soc.发表文章，被美国哈佛大学化学系以全额奖学金录取为博士研究生。博士期间任“德国巴斯夫化工—哈佛大学”自主研发中心研究员，研发了一系列新型高分子和无机纳米载药材料，在国际权威期刊发表论文多篇，并获得美国和中国发明专利近10项。美国化学会（ACS）、美国材料研究学会（MRS）会员。2010年初，受邀加入波士顿教育集团（Eduboston, LLC），任全球副总裁、大中华区总经理，代表波士顿教育集团与新东方集团建立了战略合作关系，联合举办全国巡回教育展10站，2012年实现了大中华区近2亿元的年销售收入。2010年中，在美国波士顿参与创立了Cambridge Innovation Group, LLC，任总经理，从事中美两国新材料技术的研发、授权和产业化。2011年6月，回国创办武汉康桥伟业高新科技有限公司，任董事长，并入选武汉东湖新技术开发示第四批“3551人才计划”。公司注册资金1000万元，专注于节能环保型新技术和新材料的研发、生产和销售。目前拥有研发中心1000平方米，生产厂房约2万平方米，以绿叶康居节能环保建筑系统、ALADIN虚拟人系统为代表的拥有自主知识产权的多项技术达到国际领先，在美国曾荣获麻省理工学院100k、哈佛创业论坛、普林斯顿创业等多项世界知名大赛奖项，并在美国波士顿建有技术转化中心cambridge innovation group。公司计划在5年内引进100名美国高层次人才，打造一支拥有300人的研发团队，在武汉建立全国乃至全球技术领先的研究院。2013年，个人入选第九批中央引进海外高层次人才“千人计划”创业人才，以28岁的年龄成为全国最年轻的“千人计划”入选者。

范群

广州市威格林环保科技有限公司董事长兼CEO。毕业于广州华南师范大学物理系，并留校任教。1987年赴美国留学，获得雪城大学（Syracuse University）物理学博士学位。后任职于硅谷的Symyx Technologies科技公司（NASDAQ上市公司SMMX），先后任技术职务、副总裁；此后转任硅谷Accelergy Corporation副总裁，兼任Accelergy上海亚申科技研究院院长。2010年带领创业团队回国，创办广州市威格林环保科技有限公司，任公司董事长兼CEO。兼任广东工业大学校长特别顾问、广州市政府留学人员专家顾问。公司专业从事环保科技和产品的开发、生产、销售和服务，现拥有3000多平方米的办公、研发实验室和生产场地，配置有先进的研发和小型生产设备，第二期规模化生产用地也在规划之中。公司目前主要产品是利用自有专利技术开发和生产满足国四以上标准的柴油车用SCR脱硝催化剂，满足国三、国四标准以上的汽油车用三效催化剂。公司还利用废旧塑料和廉价的生物纤维，开发出系列合成木塑模板，其抗弯和抗折断强度均达到用木塑新塑料制作建筑木板的国际要求，具有防腐、防水和可再生利用的特点。公司目前已与国内一些高校建立了密切的科研合作关系，并与产品相关的知名企业建立了长期战略合作关系。个人入选广州市“百人计划”创业领军人才。2013年，入选第十批中央引进海外高层次人才“千人计划”创业人才。

冯翔

上海汉物天物联网技术有限公司创始人及执行董事。留美博士，曾在美国创办高科技公司。2011年12月，回国创办上海汉物天物联网技术有限公司，任执行董事。公司坐落于上海市杨浦区创智天地科技园区，总部位于美国德州首府奥斯汀市。公司专注于无线传感网络的高可靠短距离无线通信技术（基于WirelessHART标准），包含协议栈技术、无线接入技术、网关和无线网络管理器技术，实现灵活兼容的无线传感网络通信。依托美国德州大学奥斯汀分校30年科研成果、6年攻关开发，现已开发完成完全符合HART标准的WirelessHART协议栈，以及基于此的WirelessHART网关、网络节点、网络管理器等系列产品，拥有包括多项国际专利组成的完备知识产权。相关成果已经在HART基金会的无线测试套件产品和美国Emerson公司的无线产品中得到应用和验证，代表了国际最先进的技术水平。目前全球范围内能够提供此类产品的三家公司中，汉物天是唯一一家正式进入中国的企业。公司致力于成为国内外领先的工业无线传感器网络WSN核心技术及产品的提供商。通过为设备制造商、系统集成商及服务商提供遵循先进工业无线标准WirelessHART的设备、模块、无线网关以及无线系统平台和技术服务，满足各类工矿、市政等短程无线传感和监控项目的应用需求。2013年，个人入选第十批中央引进海外高层次人才“千人计划”创业人才。

高国强

无锡高顿传感技术有限公司总经理。1980年至1984年，苏州大学本科毕业；1984年至1987年，上海工业大学硕士毕业。1987年至1993年，任中国药科大学讲师、实验室主任。1993至1998年，赴美国阿拉巴马大学攻读博士和博士后；1998年至2000年，在美国得克萨斯大学奥斯町分校从事博士后研究。毕业后曾任美国约翰逊太空宇航中心资深研究员、美国巴德列·吉姆斯公司资深研究员、美国科顿仪器公司（Golden Scientific）技术总监。2005年回国，任南京安力凯电子科技有限公司总经理兼执行董事，兼任南京工业大学高技术研究院教授。后创办无锡高顿传感技术有限公司，任总经理。公司以纳米催化和光纤传感为核心技术，专业从事易燃易爆气传感器、毒气传感器、气体监测报警器、及光纤氧气传感器的研发、制造和应用，为石油、化工、煤炭、冶金、公共安全、智能消防与平安家居等提供有毒气体和易燃气体传感器、监测报警设备和技术方案。公司拥有多名国际知名博士、多项专利和传感核心技术，代表性产品有燃料电池型电化学一氧化碳、硫化氢、氨气和氧气传感器；纳米催化燃烧型易燃气传感器；荧光光纤溶氧传感器等，其中多项产品填补中国空白。2013年，个人入选第十批中央引进海外高层次人才“千人计划”创业人才。

高平

嘉兴行健生物科技有限公司总经理兼CEO。留美博士。曾在美国圣地亚哥创办Epitope Diagnostics, Inc.公司。公司是一家集研发、生产及销售为一体的高科技企业，其研发产品处于世界一流水平，产品质量可媲美全球一线品牌，产品应用于全球的生物制药、医院、学术研究等机构。2010年12月，在嘉兴科技城创办嘉兴行健生物科技有限公司，任总经理兼CEO。公司是一家致力于研发、生产、销售具有自主知识产权的临床用体外诊断试剂的美国独资企业，依托美国母公司Epitope Diagnostics, Inc.成熟的技术平台和产品的独特性，不断开发新的产品。公司拥有近1300平方米的实验室和10万级净化生产区域，主要从事研发、生产、销售具有自主知识产权的，供科研与临床用的酶免试剂盒、抗体标记试剂盒、包被稳定试剂、HRP酶稳定试剂、HRP酶标记试剂、抗体亲和提纯柱试剂，以及在欧洲CE认证和美国FDA批准的酶免试剂盒，同时提供客户专用单克隆抗体和多克隆抗体的制备，试剂盒研发等技术服务。公司重点项目“高端新型临床体外诊断试剂盒的研发和产业化”，以市场为导向，涉及数百个多层次，多系列的产品（胃肠道疾病、肿瘤、骨钙代谢、心血管疾病、糖尿病等），拥有多个具有自主知识产权，大部分产品已产业化和成熟。2013年，个人入选第十批中央引进海外高层次人才“千人计划”创业人才，并入选浙江省“千人计划”。

高清志

天津谷堆生物医药科技有限公司董事长。天津大学化工系硕士，1990年赴日本名古屋大学留学，在著名的Hisashi Yamamoto课题组研究仿生物酶金属有机催化剂，历时四年发表8篇学术论文取得了应用化学与合成化学专业博士学位。1994年博士毕业后加入日本帝人制药公司生物医学研究中心，在日本从事了长达7年的新药研发工作，期间受公司派遣于1999年至2000年赴美国斯坦福大学化学系跟随著名的BarryTrost教授进行了近两年的博士后研究工作。于2001年底接受美国硅谷生物制药公司XenoPort的聘任，再次回到生物制药企业学习和从事新药研发工作，在美国经历了近8年的靶向新药研究和项目管理工作，并以客座教授的方式帮助天津大学建立计算机辅助药物设计实验室。期间共发表论文30余篇，参与编写并出版著作3部，在生物医药领域申请和获得的专利50余项。2009年全职回国，受聘于天津大学任药学院教授。2010年，创立天津谷堆生物医药科技有限公司，任董事长。同时兼任天津市现代药物传递及功能高效化重点实验室主任，日本东丽制药、石药集团、先声药业高级技术顾问。公司拥有创新的“靶向前药”技术，即在先进国家已经上市医药品的基础上针对不具有靶向性的现有医药产品在分子水平上进行靶向化修饰，应用先进的计算机辅助药物设计技术创造具有自主知识产权的靶向型一类新药。该类靶向新药能够在身体内释放出原来的药物，并具有靶向功能，能够实现比原来药物更好的疗效、更高的生物利用度、更低的副作用和更好的临床应用价值，是适合我国生物医药快速发展的新技术和捷径。公司在上述靶向新药领域目前有4个新药项目，完成申请的专利2项，已经实现面向产业化的合作开发和专利转让1项。2013年，个人入选第十批中央引进海外高层次人才“千人计划”创业人才。

高源

北京泰合源通生物科技有限公司总经理。毕业于北京大学化学系，考入中国科学院上海有机化学研究所攻读博士，后在美国华盛顿大学医学院进行两年博士后研究，进入英特尔公司担任生物医学部高级科学家，主要进行智能材料的设计、合成。2008年11月，回国创办北京泰合源通生物科技有限公司，任总经理。公司主营汽车专用聚碳酸酯（PC）系列产品的研发、生产和销售，产品包括PC/ABS合金、PC/PBT合金、PC/PET合金、玻纤增强型PC及其他车用特种PC工程塑料。公司利用创新的化学及生物技术，围绕助剂、共混合设备改造三大核心技术，开发了车用聚碳酸酯的全套产品系列，相关技术已经申请15项国家专利，可以全面满足包括汽车、电子电器、设备外壳、建材、航天等多领域的产品需求。2013年，个人入选第十批中央引进海外高层次人才“千人计划”创业人才。

郭宏亮

浙江立恩生物科技有限公司董事长兼总经理。留美生物化学博士。曾在美国工作生活十几年。2010年，回国创办浙江立恩生物科技有限公司，任董事长兼总经理。公司是立恩集团的子公司。立恩集团是一家专业从事生物医药、医疗器械技术研究和进出口贸易的综合性大型集团公司，集团旗下有广州立恩生物科技有限公司、浙江立恩生物科技有限公司、浙江华祥福医用器材有限公司、美国立恩生物科技有限公司、立恩集团上海总部（筹建中），其实体生产企业创建于1983年，属国家食品药品监督管理局审批认可的一次性医疗器具生产的专业厂家。立恩生物科技在生物医药和医用高分子方面拥有独特的科研技术和营销经验，除为集团旗下产品拓展海外市场外，与国际上一些知名企业以OEM的形式进行合作。不仅利用立恩集团自己现有基地（符合GMP要求的厂房设施），同时也联手国内诸多知名生物医药和医用高分子生产企业进行紧密性的技术合作。公司主要产品有输液器类、输血器类、医用高分子类、麻醉穿刺类、造影介入类、注射器耗材、眼科植入类、医用设备、实验室耗材等。公司不断开发拥有自主知识产权的产品，相继开发了一次性使用安全溶药器、一次性使用石英玻璃辐照输血器、一次性使用滴定管式石英玻璃辐照输液器等。经过前期建设，2013年6月，公司投入试生产，年目标销售收入2000万元，力争几年后成为行业领军企业。个人入选浙江省“千人计划”人才、嘉兴市“创新创业领军人才”。2013年，入选第十批中央引进海外高层次人才“千人计划”创业人才。

郭振荣

浙江蓝宇数码科技有限公司董事长。1998年从复旦大学化学系本科毕业后，继续在该校高分子系攻读硕士学位。2001年，赴美国威廉玛丽学院深造，获得应用科学系博士学位。毕业后进入美国金佰利公司工作，开始接触国际前沿数码打印技术和商业化产品应用。曾在国际专业期刊上发表学术论文20余篇，拥有7项材料制备及数码打印应用方面的国际和国内专利。2009年回国创业，于2010年底成立浙江蓝宇数码科技有限公司，任董事长。公司主要从事水性数码纺织墨水、耗材的生产以及纺织面料数码印花工艺的开发。相比于传统纺织印花方式，数码印花技术具有快速高效、节能环保等特点，有助于企业降低成本、创新产品，更好地满足市场的个性化需求。公司于2011年9月试投产，当年即实现销售额193万元；2012年3月正式投产，年销售额达3600万元。公司研制的一套“百分百精准高速打印”的设备、工艺和耗材应用于义乌十字绣市场，使得原本需要1年工期的十字绣作品，如今1个月就能制作完成。这场技术带来的革命，使得义乌140多家十字绣企业数量缩减到三分之一，但全国市场占有率却从70%提升到90%。未来，公司将在原有业务基础上推出自己的终端产品，包括数码印花服装、丝巾、家纺、工艺礼品等，并力争建设一个综合性的数码印花产业示范园区。2013年，个人入选第九批中央引进海外高层次人才“千人计划”创业人才。

何爱民

光景生物科技（苏州）有限公司董事长兼总经理。美国爱荷华大学药学院微生物和生化药学博士，麻省理工大学博士后。回国后创办光景生物科技（苏州）有限公司，任董事长兼总经理。兼任西安交通大学苏州研究院教授。公司致力于开发基于纳米技术为基础的感染控制、药物开发和临床诊断专利技术和产品，凭借专有的微球包装技术开发了新一代卫生和感染控制产品。公司专注的另一个方向是开发、建立和验证新一代低成本高效快速诊断技术和产品，主要用于心脏病、妇女健康、传染病、癌症检测治疗等领域。公司与美国多家高科技公司组成战略联盟，组建了一支有多年跨国公司工作经历的以留学人员为核心的创业团队，在多方投资者的大力支持下，搭建了具有自主知识产权的新一代感染控制和快速诊断技术平台，目前拥有700多平方米的实验室场地和投资500万元的实验器材。通过与全球战略伙伴的紧密合作，公司致力于成为用于研究、诊断和流式细胞术的分子探针以及含不同染料、功能基团的微球产品的领先供应商。2013年，个人入选第十批中央引进海外高层次人才“千人计划”创业人才。

何建伟

浙江精通科技有限公司执行董事兼技术总监。1994年在加拿大温莎大学获得化学博士学位，后在美国圣母大学博士后科研流动站从事科学研究，此后进入全球500强企业3M公司任研发及产品工程师，拥有多项国际专利技术。2000年，带着当时国际上最先进的“高分子类的荧光着色材料”技术回国创办了杭州精彩化工有限公司，从事高分子类环保型荧光着色材料的研发和生产，打破了德国技术对中国的垄断。2011年，通过湖州市“南太湖精英计划”引进，成立浙江精通科技有限公司，任执行董事兼技术总监。公司专业研发和生产高分子类高档环保型荧光着色材料产品和高分子类有机微球产品，产品广泛应用于涂料油墨、塑料、化妆品等领域，目前已经逐步实现全面产业化。2012年，个人入选浙江省“千人计划”。 2013年，入选第十批中央引进海外高层次人才“千人计划”创业人才。

胡建军

常州汉迪机器人科技有限公司董事长。1983年毕业于湖南大学电气工程专业，2000年8月获美国麻省理工学院电气工程专业博士学位。多年来致力于机器人、自动化生产、智能控制等方面的科学研究与应用开发，拥有国际及美国研究专利8项，自主知识产权4项，获得美国政府授予的部分相关SBIR（高新科技小型企业创新研究）奖励项目12项。2010年，回国创立武汉汉迪机器人科技有限公司，任董事长。公司专业从事人工智能机器人技术开发、产品制造和市场推广与发展，致力于人工智能机器人在家庭、教育、医疗保健、工业生产等方面的应用。公司核心技术团队来自美国麻省理工学院（MIT）人工智能实验室孵化公司（美国康星科技公司），将世界闻名的人与机器人系统实验室和人工智能实验室研究工作的经验运用于适合国内工业柔性生产线使用的相关产品开发，在全向移动可控机器人、远程临境（Telepresence）机器人、机器人灵巧操控、人机交互作用、机器人感知系统、人形机器人操控等方面具有国际领先的技术。目前公司的核心产品全向移动平台、机械臂、叉车等都已成熟，即将投入市场。2013年，个人入选第九批中央引进海外高层次人才“千人计划”创业人才。

胡立江

浙江和也健康科技有限公司总经理。1978年出生。东北林业大学学士、硕士。2009年在日本东京大学完成博士学位后，被聘为东京大学农学与生命科学学院特任研究员。2010年，回国创办浙江和也健康科技有限公司，任总经理。公司率先将“纳米技术”运用于传统纺织业，开发出“新一代复合功能性纳米纤维纺织材料”，将新材料与健康产业相结合，成为我国先进制造业的典型代表。公司是中国保健协会（原中国保健学会）理事单位，主导多项国家（行业）标准的起草和修订的工作，并作为国家“十二五”规划“慢性病预防”的行业典型和行业标杆企业，被浙江省委授予“小微企业科技标杆”称号，荣获2012年科技部“中国首届创新创业大赛优秀企业”、新华社“中国创造力产品”大奖、“第四届中国保健品公信力产品金奖”和浙江省第三届中小企业“名优新”博览会产品金奖等荣誉。公司成立的“和也健康产业研究院”成功引进国家“千人计划”特聘专家、科技部“科技创新创业人才”等科研博士10名；并先后与浙江大学、纳米技术及应用国家工程研究中心建立产学研合作，加快了科技成果产业化，增强了公司核心竞争力。公司自主申报并荣获国内外授权专利百余项，产品先后被天津市科委、浙江省科技厅认定为“科学技术成果”。个人先后入国家选科技部“科技创新创业人才”、浙江省“千人计划”和“钱江人才计划”、湖州市“1112人才工程”。2013年，入选第十批中央引进海外高层次人才“千人计划”创业人才。

胡如意

浙江竟成环保科技有限公司董事长。1982年出生。本科毕业于中南大学制药工程系，之后获得国际留学生奖学金到英国拉夫堡大学（Loughborough University）就读硕士。毕业后加入英国最大的水利公司United UtilitiesGroup（联合公共事业集团）任职，负责新技术的开发和研究，专攻低碳环保技术和可再生能源。期间于国外期刊和国际学术会议上发表论文近20篇；在各种研讨会、国际研究峰会、大学等做过近100场演说；曾获英国荣誉工程师委员会和国际水协会共同颁发的2009 Water Engineer Award（2009年度水利工程师奖）；2010年被评为第二届大本钟奖之“英国十大杰出华人青年”和“世界温州人十大骄傲”；2011年再次获得2011 Water Engineer Award（2011年度水利工程师奖）。2011 年7月，同国外和国内的几位专家共同创办浙江竟成环保科技有限公司；2012年4月永久回国，任浙江竟成环保科技有限公司董事长。公司注册资金2150万元，是一家整合环评、检测、治理和运营四大核心业务的综合环保服务企业。公司现有办公场地3000平方米，其中实验室1200平方米，核心技术微生物治理和修复技术，拥有多项国际PCT发明专利和国家知识产权局授权专利，广泛用于黑臭河道治理、工业废水处理和污泥厌氧消化等领域。公司获浙江省科技（创新）型企业和温州市优秀聚才企业称号。目前已拥有国家环保部环评资质，浙江省废水和废气共2项总承包资质，浙江省废水和废气、生态和固废共4项专项设计资质；实验室获得省级认定和浙江省质检局计量认证资质。2013年，个人入选第九批中央引进海外高层次人才“千人计划”创业人才。

胡雪蛟

武汉米字科技有限公司执行董事兼总经理。1994年至1999年，在清华大学热能工程系学习，获工学学士学位；1999年至2001年，在清华大学热能工程系学习，获工学硕士学位。2001年至2005年，在美国斯坦福大学机械工程系学习，获博士学位。2005年至2008年，在英特尔公司工作，任高级工程师。2008年11月回国，任武汉大学教授，后任武汉大学动力与机械学院副院长。主要从事清洁可持续能源的开发与利用、微电子和光电系统的冷却与封装、基于激光的能源系统和环境检测等方面的研究与应用。后牵头创办武汉米字科技有限公司，任执行董事兼总经理。公司主要致力于石化、天然气、食品、大气探测等领域的微量气体检测设备的研发及产业化。个人入选湖北省“百人计划”、东湖开发区“3551人才计划”。2013年，入选第十批中央引进海外高层次人才“千人计划”创业人才。

黄剑

赛凡信息科技（厦门）有限公司总经理。美国明尼苏达大学计算机科学博士。活跃在高性能计算研究领域，在HPCA、PACT、ICS、IEEE *Transactions on Computers*等多个顶级国际会议和期刊上发表学术论文30多篇。毕业后，在太阳微系统公司（SUN，后被甲骨文公司收购）性能和应用工程（PAE）部门任顾问工程师，负责大型商业应用以及服务器和微处理器设计工作；2004年至2008年，任英特尔公司集群软件和技术事业部高级顾问研究员，负责高性能计算（HPC）与互联网门户数据中心环境中的分布式文件系统和集群互联网络的性能优化，是英特尔Cluster-Ready（ICR）标准制定小组的核心成员；并曾担任英特尔中国研究院开源Runtime（OSR）部门高级经理，负责Java虚拟机技术的研发。2011年，作为厦门市首批“双百计划”海外高层次人才被引进，创立赛凡信息科技有限公司，任总经理。公司历经两年时间，研发出了目前国内最尖端的“NAS分布式集群系统”存储设备，具有大规模、高可靠、高性能、易部署等显著优势。目前，公司已经成功研发出技术领先、具有差异化的系列云存储产品，系统技术、产品质量媲美国际一流标准，成为中国自主研发创造的高端存储品牌。2013年5月，公司与中国统计信息服务中心、厦门市信息化局共同签署框架协议，确定在厦门建立“中国统计信息云平台暨大数据研究服务基地”，这是福建省首个基于大数据开发应用的全国性云计算平台。2013年，个人入选第十批中央引进海外高层次人才“千人计划”创业人才。

金刚

上海必豪生物医药技术有限公司董事长兼总裁。1990年毕业于复旦大学医学院（原上海医科大学），后留校在中山医院从事影像医学诊断工作。1993年赴美在国加州大学圣地亚哥分校生物工程系攻读博士。2000年起任Salk生物研究所功能基因组学实验室主任；2001年至2012年发起创立国家生物芯片上海工程研究中心，任主任；2001年至2005年任普度制药公司（Purdue Pharma）基因组学部总监；2005年创立美国ShanghaiBio Corporation（USA）公司，兼任上海生物芯片公司高级副总裁。2008年发起与跨国制药公司三巨头辉瑞（Pfizer）、Merck（默克）、礼莱（Eli Lilly）共同筹建亚裔人群癌症研究基金会（美国），对亚裔高发性癌症如肝癌、肺癌和胃癌的基因组学和转化医学研究。2011年起促成哈佛医学院与中国医科院、复旦大学医学院和上海交通大学医学院的合作，并在卫生部的支持下签约备忘录，成立中国—哈佛医学院转化医学联合中心，启动中美转化医学研究和联合教育培养的国际合作项目。曾在国内外专业杂志发表40多篇论文，获专利3项。于2008年被美国时代周刊评为美籍华裔10位杰出成功海归之一。2011年，创办上海必豪生物医药有限公司，任董事长兼总裁。公司是一家为个性化诊疗提供分子（生物标志物）早期诊断、药物敏感性检测、药物疗效监测以及研发和产业化相关检测产品的生物医药高科技公司。在成立一年多时间内，先后在张江高科技园区建立了基因检测研发中心实验室，与复旦大学上海医学院病理系建立了分子诊断联合实验室，与广州中山大学胃肠道研究所建立了分子诊断联合中心实验室，拥有多个技术平台，能完全满足转化医学研究和诊断试剂盒研发的需求。同时通过美国窗口公司的项目引进，成为美国著名生物信息分析公司Ingenuity唯一国内合作伙伴，可提供高级基因数据分析的整体方案，共同挖掘对临床应用有价值的信号通路和靶标基因。2013年，个人入选第十批中央引进海外高层次人才“千人计划”创业人才。

靳忠效

无锡耐克赛尔电池有限公司董事长。1982年从西安理工大学本科毕业后，申请到新疆第二汽车厂做技术员，其间运用所学的知识解决了厂里长期存在的材料热处理的技术问题；1983年考入哈尔滨工业大学材料系攻读硕士，对金属材料摩擦学进行深入研究。硕士毕业后回到西安理工大学材料系担任金属材料学的讲师，利用课余时间申请并通过了两项实用新型专利。1991年前往日本福井大学留学，并于1997年获得了物质工学博士学位。博士毕业后，进入福井当地一家中小企业，从进货、送货、会计、销售及贸易等各个方面实践，积累了丰富的企业经营管理经验。2001年在日本创办ACOZ公司，以电池和充电器为主营业务；2006年收购了公司的其他股份，更名为nexcell（耐克塞尔），完全独立自主地开始经营；2009年收购了东芝公司的锌空气电池生产线，备受当地政府和日本电池行业重视，因此成为日本电池工业会唯一的外国籍会员、纽扣专业运营委员会会员。2010年4月，回国创办无锡耐克赛尔电池有限公司，任董事长。公司是一家致力于新型电池研发、生产、销售和服务于一体的高科技新能源企业，批量生产销售锌空气电池。公司位于无锡滨湖区山水城科教产业园，是无锡市政府重点扶持的“530”A类企业，拥有世界最先进空气电池全自动生产线，是助听器的专业电池供应商。目前，公司已经逐步打开市场，在江苏、浙江、北京、福建、广东等20多个省获得了100多家客户的认可，并逐步开拓国际市场。同时，公司十分关注残疾人公益事业，从产品上市就开始开展“关爱听障儿童，我们在行动”系列活动，与无锡市儿童干预中心和特殊教育学校合作开展了多次爱心捐赠活动，累计捐赠已超过2万粒电池。2013年，个人入选第九批中央引进海外高层次人才“千人计划”创业人才。

蓝田

赛业（苏州）生物科技有限公司总经理。1986年考入北京大学生物系，并于1988年转学哈佛大学生物系，1991年取得哈佛大学学士学位，1998年取得麻省理工学院博士学位。1999年起担任美国芝加哥大学人类遗传系助理教授、休斯医学研究所HHMI（Howard Hughes Medical Institute）研究员，2003年受聘为中山大学兼职教授，2006年初被芝加哥大学晋升为正教授。2006年初，受聘担任美国赛业生物科技（Cyagen Biosciences）首席科学顾问。2011年5月，回国与合作伙伴共同创办赛业（苏州）生物科技有限公司，任总经理。公司主要从事转基因动物及生命科学科研试剂的研发、生产，经营范围涵盖细胞生物学、分子生物学、转基因模式动物、生物纳米材料、体外诊断、药物筛选和生物信息学等生命科学领域多个分支学科。公司的发展目标是通过实现转基因动物及科研试剂的产业化大规模生产，打破国外垄断，改善国内生命科学基础研究和药物研发的生态环境。2013年，个人入选第九批中央引进海外高层次人才“千人计划”创业人才。

雷良军

无锡中普微电子有限公司董事长。1992年考入清华大学工物系，获得工程物理和自动化系双学士学位和工程物理硕士学位。2000年赴美留学获里海大学（Lehigh University）电子工程硕士学位。毕业后在美国RFMD、Samsung等企业从事产品研发、设计和管理工作，具有丰富的射频产品开发管理经验，经验涵盖手机、基站以及广播卫星通信设备。2010年，回国创办无锡中普微电子有限公司，任董事长。公司是一家快速成长的无晶圆半导体设计企业，主要从事3G/4G射频微波模块产品的设计、制造和销售，在无锡、上海、深圳以及香港设有研发和销售基地。公司在消费类市场为手机制造商提供3G到4G最高性价比完整的射频前端解决方案，公司的手机功放产品已广泛应用于中兴、华为、宇龙酷派及联想等品牌手机中。同时关键技术可以延展开发以下非消费电子产品：支持微波/毫米波通讯，微波点对点、卫星通信/导航及光电通讯所需的射频/微波组件、收发模块及驱动设备；支持国防领域军用设备，电子雷达、电子对抗等高频仪器/设备所需的射频/微波链路及收发模组。个人先后被评为江苏省“双创人才计划”、无锡“530计划”领军人才。2013年，入选第十批中央引进海外高层次人才“千人计划”创业人才。

李德林

深圳首创光伏有限公司董事长兼总裁。留美材料科学与工程博士。曾任职于美国英特尔、Tessera 等高科技公司，长期从事新能源、光电转换和微电子产品的开发，获得24项美国授权发明专利。回国后创办深圳首创光伏有限公司，任董事长兼总裁。公司是由美国Soltrium 公司和东方汇富等多家创投基金共同投资设立的中外合资企业，核心技术团队来自美国硅谷。公司从事世界上最为领先的具有自主知识产权的高性能超低成本的新一代非真空CIGS薄膜太阳能电池技术开发和工业化生产，其太阳能组件制造成本将低于每瓦0.45美元，发电成本（平准化电力成本 LCOE）将达到0.075美元/千瓦时，低于传统能源煤炭发电成本0.08美元/千瓦时（美国平均煤炭发电成本）。这一技术突破，将大大促进太阳能技术的商业应用。公司具有全套的进口生产设备并配以标准化的洁净厂房以及先进的测试设备包括分散评估、粘度测试、粒度测试、振实密度测试、微观形貌分析、热分析、丝网印刷、烧结、IV、EL等，以保证产品性能的稳定性。

公司具有强大的研发能力，能够按照用户和市场的要求，不断推出具有竞争力的新产品，创造洁净的可持续发展的新能源，努力打造比常规能源发电更为节约的太阳能电池技术。2013年，个人入选第十批中央引进海外高层次人才“千人计划”创业人才。

李迪

广东博观科技有限公司董事长兼CEO。1996年北京大学物理系本科毕业，赴美国莱斯大学攻读应用物理系硕士；1999年起在得克萨斯大学攻读电子工程系博士学位；2001年9月，在得克萨斯仪器公司的微电子技术研究院完成了关于芯片理论技术和生产流程相关研究博士论文，进入全球第二大半导体存储器公司美国美光公司技术研究院。2002年到2007年，先后担任美光科技公司的器件工程师和器件模拟项目主管，从事前沿存储器技术研究和产品开发工作。先后参与研发了90和72纳米闪存，当时世界首个50纳米闪存芯片的技术研究和产品开发工作，以及35和25纳米闪存的可行性论证工作。个人获得的多项相关专利被广泛地应用在英特尔公司和美光科技公司生产的闪存产品上。2007年，在美国创办隆智半导体有限公司，致力开发基于量子共振隧道穿越技术的静态和闪型存储器，任技术总监。2011年，隆智公司被美国飞索公司成功收购，任飞索公司高级研究员，进行最新一代开发基于电荷俘获的NAND闪存芯片的研发、试产及量产，同时负责存储器技术前瞻性研究和开发。2012年4月回国，自带600万人民币并携手国内风投的第一期3000万人民币启动资金的支持到广东珠海高新区创业，创办广东博观科技有限公司，任董事长兼CEO。公司致力于高端集成电路闪型存储器通用芯片的研发设计和产业化，自主完成研发、测试、量产及销售。目前，正在研发和量产的3.0V及1.8V，从4 Mb到256 Mb高端通用芯片系列产品属国家重点鼓励发展的核心产业，代表性产品SPI串行闪存已经完成研发设计和试生产，主要指标参数已全面通过客户的验证，在2013年中期实现了量产。2013年，公司与中国科学院微电子研究所达成了合作研发的65纳米及以下节点的闪型存储器的项目。该项目是国际高端存储器产业的升级型主流产品，是国际市场下一步的主要产品，目前已进入试生产和验证阶段。该系列产品的推出，将会推进产业技术的提高和中国半导体存储器行业科技发展，改变中国高端通用芯片依赖进口的格局。2013年，个人入选第十批中央引进海外高层次人才“千人计划”创业人才，并获得“广东省科技领军人才”荣誉称号。

李纪阳

苏州浩欧博生物医药有限公司董事长兼CEO。1963年出生。美国俄亥俄州立大学经济管理硕士。曾历任美国贝迪公司大中华区总经理，美国百得（Black & Decker）公司中国首席代表，美国爱尔康公司（Alcon Labs）得克萨斯总部中国项目经理、国际部物流经理，诺信（Nordson）公司北亚区董事总经理，在多家上市公司及世界500强企业中担任管理职务，拥有丰富的企业运营管理经验。1998年创办北京浩奥博科技（HOB）公司，任董事总经理，主要经营数字全自动采血仪等产品。2006年创办北京海瑞祥天生物科技有限公司，主要从事变态反应源（即过敏原）、自身免疫、传染病、早产诊断等诊断试剂和仪器的研发、生产和销售。2009年在苏州工业园区创建苏州浩欧博生物医药有限公司，任董事长兼CEO。公司是一家致力于研发、生产过敏原诊断和传染病诊断的高科技企业，致力于新一代多项过敏原快速定量检测系列产品的研发及产业化。在短短的几年内，公司完成的过敏原检测系列产品，其性能完全达到甚至超过了进口产品，打破了国外产品的垄断，有效地填补了国内过敏原检测的空白。目前，在过敏原和自身抗体检测这两个主营业务领域，公司已成为国内产品线最全、研发实力最强、生产规模最大、市场占有率最高和价格最具竞争力的领军企业，是全国唯一能够提供过敏和自身免疫疾病诊断全面解决方案的厂家。2013年，个人入选第九批中央引进海外高层次人才“千人计划”创业人才。

李进

成都先导药物开发有限公司董事长兼首席执行官。毕业于四川大学化学系，获得英国阿斯顿大学高分子专业博士学位，后在曼彻斯特大学从事生物化学方面的博士后研究工作。曾任职于全球500强企业，担任世界四大制药巨头之一的英国阿斯利康公司全球化合物科学/计算科学总监，拥有超过25年的药物研发和科研管理经验，主要负责计算科学、计算化学、计算生物学以及化合物筛选优化。回国后，在成都华川进出口集团有限公司的投资支持下创办成都先导药物开发有限公司，任董事长兼首席执行官。公司总部坐落于成都市高新区天府生命科技园，是一家以创新为动力、以服务客户为宗旨的生命技术公司，专注于药物研发早期阶段的先导化合物的发现及优化，立志成为将项目由靶标阶段推向先导药物阶段的领先供应商。目前，公司已建立了核心技术研发平台，拥有包括优质的大型DNA编码化合物库以及在蛋白表达和纯化、体外筛选和亲和选择、化合物库设计与合成、药物化学等领域的出色的研发能力，同时为客户提供其他生物试剂和服务。2013年，个人入选第十批中央引进海外高层次人才“千人计划”创业人才。

李鹏

苏州微木智能系统有限公司总经理。本科毕业于南京大学，后留英深造，获得了剑桥大学传感器专业博士学位。2011年9月，携英国剑桥大学团队回国创办苏州微木智能系统有限公司，任总经理。公司注册资本500万元，在一年多内完成了痕量气体配置系统及危险品检测仪等多项国内领先的创新性产品开发，并在当年实现200万元的产值，赢得了公安部检测中心及中科院等关键客户。公司基于微型离子迁移谱传感器独立开发的安检仪除了检测专业爆炸物外，还可以检测农药、汽油、酒精、丙酮及煤气等危险品，在检爆、缉毒、安检、危险品检测领域有效弥补了传统安检仪的不足。同时，检测软件具有升级功能，即在检测到新的危险品时，仪器可以进行识别记录并自动升级，下一次再遇到同样的危险品将会准确捕捉。微型离子迁移谱传感器是目前世界上唯一采用芯片微加工技术的通用化学传感器，其核心传感器芯片体积仅硬币大小，检测灵敏度超过了现有大型实验室检测设备，检测时间仅10毫秒左右，在国际上处于绝对领先地位。公司的产品目前已被美国陆军、百事、Craft、Alphasense以及英国国防部等客户采用，在公共安全、食品、化工、环境和医疗诊断等领域都具有十分广阔的应用前景。公司已申请发明专利6项，同时承担了2012年江苏省科技支撑计划项目和2012年苏州市国际科技合作计划项目等10余项合作项目和课题。个人先后入选江苏省"双创人才计划"和苏州市"姑苏创业领军人才计划"。2013年，入选第十批中央引进海外高层次人才"千人计划"创业人才。

李松

珍爱信息技术（深圳）有限公司董事长兼CEO。美国哥伦比亚大学金融学博士。曾任纽约贝尔斯登公司（Bear Stearns）的债券部副总裁和摩根士丹利公司（Morgan Stanley）亚洲区执行董事。2001年，与四个合伙创立讯龙科技，主要从事移动增值服务。2003年1月，讯龙付费用户达到220万，月收入1200万元人民币，跻身当时中国三家收入最高的移动增值服务公司，同月被新浪收购，改称新浪无线。2006年，和原美国戴尔公司职业经理人陈思共同创办珍爱网（Zhenai.com），任董事长兼CEO。公司前身是创办于1998年的中国交友中心，是中国最早最大的相亲网站。珍爱网在中国首创网络征选+电话红娘的高效婚配服务模式，专为忙碌的城市白领省时高效地成就姻缘。目前，珍爱网在北京、上海、广州、厦门、南京、苏州、重庆、成都、长沙等十几个城市设有分支机构，有注册会员超过7000万，被互联网周刊评为"2008中国最佳婚恋网站"，被中国互联网高峰大会评为"2008年中国互联网最具价值网站奖"，以及被美国Red Herring杂志评为"2008年Red Herring亚洲百强科技创业公司"，2012年被评为"广东十大互联网企业"之一。2010年，又创办手机位置社交服务商嘀咕网，任董事长。公司致力于为用户提供微博客服务，获得美国新闻集团的战略投资，与诺基亚达成战略合作，合作过的商户包括麦当劳、MOTO、耐克、百事可乐、哈根达斯、联想、TCL、康佳集团、步步高、星空卫视、湖南卫视等国内外知名品牌。先后荣获2010年中国互联网大会颁发的"最佳手机位置社交服务"奖、中国互联网经济论坛颁发的"2010最佳手机位置签到服务商"奖、第六届艾瑞年度高峰会议颁发的"2010—2011年度最佳移动互联网应用产品奖——位置服务类"等。2013年，个人入选第十批中央引进海外高层次人才"千人计划"创业人才。

李玮

河北博伦特药业有限公司总经理。1988年硕士毕业后，在河北省科委工业处工作，曾担任河北省海洋局副局长。1995年自费去日本留学，用4年时间获得了东京工业大学工学博士学位。1999年9月，在加拿大多伦多大学从事一年半博士后研究，后供职于一家化学公司。2005年回国发展，任某上市公司总工程师职位。2010年2月，创办河北博伦特药业有限公司，任总经理。公司以技术研发为主导，以高附加值和高技术含量的医药中间体/手性化合物的研发和生产为基础，以原料药（API）为终端产品，以产业化为最终目标，打造手性合成、化学/酶催化、清洁生产工艺等核心技术。产品主要立足于国外高端市场，并为国内原料药的生产配套中间体。公司成立三年来，完成研发、中试和工业化生产项目50多项，其中工业化产品20项，多项填补国内空白，已形成了抗生素侧链和母核系列产品、手性胺、手性酸、手性醇、生物酶制剂以及医药前体和原料药的核心技术，构建了国内外市场渠道，主导产品远销日本、韩国、印度和欧美地区。2012年，个人入选河北省"百人计划"。2013年，入选第十批中央引进海外高层次人才"千人计划"创业人才。

李湘

杭州中肽生化有限公司董事长。1963年出生。1983年在武汉大学化学系取得无机化学学士；1989年，在中国科学院化学研究所取得有机化学博士学位。1989年，在美国柏克莱大学进行有机合成博士后研究。曾任美国多肽公司首席运营官。2001年5月回国，在杭州经济技术开发区创办杭州中肽生化有限公司，任董事长。公司是一家致力于多肽类试剂和医药中间体的集研究、开发和生产于一体的高新技术企业。作为国内较早从事多肽研究开发的生产企业，通过多年努力，中肽不仅仅在产品的质量安全，并且在技术服务和品牌建设上都走在行业前列，是国内率先获得美国FDA认证的多肽制造商。公司拥有自主知识产权的PeptidEXTM合成技术，建立了容量超过5万个的多肽库，为从多肽库中高通量筛选有生物活性的多肽，进而发展成原创性新药提供了充分条件。目前，公司已已立项合作研发2个多肽一类新药（分别获国家"十一五"和"十二五"重大新药创制立项）；独立研发多个多肽三类新药；其中1项已获国家三类新药证书、2项获得GMP生产批件；由中肽生化合作开发与支持的企业共有10个多肽药物批准上市，50多个进入一期到三期临床；所开发的快速诊断试剂已获得多项国家医疗器械证书和CE证书。公司已与辉瑞、礼来等知名医药企业建立了长期战略合作伙伴关系，是他们的多肽主要供应商，2013年销售额达到1亿元人民币。2013年，个人入选第九批中央引进海外高层次人才"千人计划"创业人才。

李阳

广州慧智微电子有限公司董事长兼总经理。2001年获得清华大学电磁场与微波技术专业博士学位，2010年取得美国巴布森商学院MBA学位，发表学术论文20多篇，申请专利9项，其中5项已授权。2011年回国，在广州科技城创办广州慧智微电子有限公司，任董事长兼总经理。公司主要从事射频模拟集成电路芯片和微波器件的设计、开发、销售并提供相关技术咨询和技术服务。核心技术团队在射频、模拟及SOC各领域均具有颇强的研发实力，创造了多项国际先进的发明专利及核心技术。公司致力于技术创新，实现高效运营，满足客户日益增长的对高性能、高集成度、小尺寸和低成本等需求，实现高性能微波、先进射频集成电器及模块的产业化，创造业界领先产品，成为射频微波器件领域的领导厂商。2013年，个人入选第十批中央引进海外高层次人才"千人计划"创业人才。

连子龙

山东锐择光电科技有限公司总经理。1999年毕业于北京大学，后又深造于美国休斯顿大学、哥伦比亚大学和宾夕法尼亚州立大学，相继获得硕士学位和博士学位。2005年到2010年，在美国威特集团担任首席信息官，主持开发了第三方物流管理系统，实现了国际间端对端无缝物流管理。其中的仓储管理模块首创了仓库人力、空间等资源的自动优化配置，当年直接节省成本约500万美元。如今，该系统每年帮助亚马逊、梅西百货等美国零售商处理个人消费品货值约60亿美元。2010年回国，在北京创办了北京东方锐择科技有限公司，从事光纤传感产品的开发和优化设计。2013年4月，在济南高新区成立了山东锐择光电科技有限公司，任总经理。公司注册资金2000万元，是一家集光学技术研究、光学产品开发和制造于一体的高新技术企业，拥有2000多平方米现代化的净化车间和国际一流的生产及研发设备。同时，公司在北京中关村设有600平方米的研究分支，并正在投资建设位于济南国家信息通信国际创新园的36亩产业基地。公司的技术优势和产品研发集中在光通信器件、物联网光纤传感器以及超快光纤激光器，拥有自主研发的、居世界领先地位的核心技术，面向的应用领域涵盖了信息通讯、高压电气、工业加工、生命科学、激光医疗、石油石化、国防装备、智能建筑、大型水利及交通工程等诸多领域。2013年，个人入选第九批中央引进海外高层次人才“千人计划”创业人才。

梁国春

江苏贝孚德通讯科技股份有限公司董事长兼总经理。1959年出生。美国加州大学伯克利分校博士。2010年2月回国，与地方民营资本合资创办江苏贝孚德通讯科技股份有限公司，任董事长兼总经理。公司主要从事射频、微波元器件等前端模块产品的专业设计、生产和销售，产品广泛应用于无线传输基站设备、室内分布及网络优化系统设备、无线传输中继设备和卫星传输设备等无线通信系统。公司与上海交通大学建立了密切的产学研合作关系，在科技研发、信息互享、人员培养等多个领域开展实质性合作。其中，“高频率低损耗宽阻带小型化通讯设备前端模块的开发及产业化”项目基于企业自主研发的高次模谐振和低损耗设计技术，以及上海交通大学加载山形或扇型微带分支设计技术的基础上完成，产品是3G/4G等无线通讯基站系统的核心部件，其主要功能为信号的选择和隔离，干扰过滤和信号恢复和预处理。2010年，公司入选无锡市“530”A类项目，获得惠山区”十大新兴产业企业”等荣誉称号。个人入选江苏省“双创人才计划”。2013年，入选第十批中央引进海外高层次人才“千人计划”创业人才。

廖秀高

无锡蕾明视康科技有限公司总经理。留美博士，世界新型人工晶状体产品领域的知名研发专家，其领导研发的人工晶状体产品，已经有四个在世界市场上销售。回国后创办无锡蕾明视康科技有限公司，任总经理。公司注册资本2000万元人民币，主要研发的产品为超小切口球面和非球面高折射率疏水性聚丙烯酸酯软性人工晶状体和新型动态可变焦疏水性聚丙烯酸酯软性人工晶状体。该系列的疏水性聚丙烯酸酯人工晶状体的成功研发，将使我国自主研发的人工晶状体产品达到世界先进水平。人工晶状体在中国的市场巨大、前景极为广阔，中国每年约有800万人需要做白内障移植手术，而目前只有不到100万人能得以实施。随着中国医改的推行，国内人工晶体状的需求以每年30%的速度增长，公司产品研发的成功，将会对中国的白内障患者的复明工程做出巨大的贡献。2013年，个人入选第十批中央引进海外高层次人才“千人计划”创业人才。

凌建群

江苏吉锐生物技术有限公司董事长兼总经理。本科毕业于北京大学，在浙江大学生物技术研究所工作5年；后赴日本茨城大学分子生物学与生物化学研究室做访问学者，并于2004年获得东京农工大学攻读获生物工程与生物化学博士学位。随后在斯坦福大学医学院从事生物医学博士后研究，主要方向是生物医学和表位遗传学，并作为实验室主任和资深研究员工作至2010年底。1999年获国家自然科学基金资助项目一项，是当时最年轻的项目获得人和主持人；2006年和2011年分别获美国国防部（US DoD）资助项目各一项；2009年获美国国立卫生研究院（NIH）资助项目一项（T-R01项目）。2004年，创办杭州基伟生物技术有限公司，主要从事抗肿瘤项目的研发和产品生产。2010年在硅谷创办Intgenome Biotechnology, Inc.，任CEO。2011年3月，在园区创办江苏吉锐生物技术有限公司，任董事长兼总经理。公司注册资金为5000万元，以独立开发的基因重组操作系统（IOS）这一专利为技术基础，形成基因功能研究用的试剂的生产和销售。公司现有1000多平方米的生物净化实验室和科研办公区，技术开发和生产过程可实现无污染排放，业务主要来源于欧美、日本等地区的国际制药和生物技术类公司、一流科研院校及研究所，并逐步开拓国内市场，为生物医学研究和药物研发各阶段，如靶基因筛选、药物筛选、动物试验和基因治疗等，提供一流的产品和技术服务。2011年，个人入选江苏省“双创人才计划”、南京市“紫金人才计划”、鼓楼区“海内外产业技术领军人才”；2012年，入选南京市“科技创业家培养计划”。2013年，入选第九批中央引进海外高层次人才“千人计划”创业人才。

凌志敏

浙江昱能光伏科技集成有限公司董事长兼CEO。美国加州大学伯克莱分校电子专业博士。在美国生活工作20余年，长期在硅谷高科技公司担任资深总监、资深副总裁等高管职务。在美国已批准获得15项专利，还有8项正在审批过程中。在各种国际会议和杂志上发表近20篇文章，多次受邀在国际研讨会上演讲。2009年回国，在嘉兴科技城创办浙江昱能光伏科技集成有限公司，任董事长兼CEO。公司致力于微型逆变器及建筑光伏一体化系统的研发和产业化。研发的产品拥有完全自主知识产权，目前已有1项发明专利、18项实用新型专已获授权，3项软件著作权获登记，6项专利正申报PCT国际专利。其中YC200微型逆变器通过省级新产品鉴定，3项产品列入省新产品试制计划。产品同时获得中国、澳大利亚、欧盟和美国4个国家和地区认证证书，上市后获得光伏行业的普遍认可，入选“2011年度光伏行业十大创新企业”。2013年5月，公司推出了其正式营运以来的第三代产品——全球首款“三相”微型逆变器。个人入选浙江省“千人计划”，被认定为省市两级政府特聘专家。2013年，入选第十批中央引进海外高层次人才“千人计划”创业人才。

刘党会

浙江温医雷赛医用激光科技有限公司副总经理兼首席科学家。16岁考入北京航空航天大学电子工程专业，1986年获得北京航空航天大学电子工程硕士；1990年赴美国留学，1996年获得休斯顿大学机械工程学博士学位。毕业后，曾担任美国著名眼科医疗器械公司美国EyeSys公司研发总监、美国准分子行业技术巨头美国雷赛技术股份公司CEO、首席科学家。主要研究领域为光机电一体化工程、计算机软件编程和医用激光技术，从事眼角膜地形图仪、准分子激光、YAG激光等医用诊疗设备关键技术研究和产品开发十多年，是当今世界医用激光技术尤其是准分子激光技术的主要领军人物之一。2008年回国，借助国家科技部国际合作重点项目“优化切削模式新型眼科准分子激光治疗机”的研发，与温州医学院眼视光研究院、深圳新产业医学发展有限公司联合创建了浙江温医雷赛医用激光科技有限公司，任副总经理兼首席科学家。目前，该项目产品样机已经完成，正进入临床验证阶段，其技术水平已达到国内先进，国际一流水平。该项目的实施，将突破进口产品垄断准分子激光治疗机国内市场的境况。公司以研发、生产、销售眼科准分子治疗机、医用铒激光治疗仪等医学激光治疗设备和角膜地形图仪、眼球追踪仪等眼科检查仪器等为主要业务，依托温州医学院在眼视光学和视觉科学的研究优势，立足眼视光学和视觉科学国家重点实验室培育基地、卫生部视光学研究中心、教育部现代眼视光技术与装备工程研究工作，并引进世界医学激光领域的主要领导者之一、全球拥有准分子激光领域最多知识产权的美国雷赛的整体技术，研制世界一流的医学激光治疗设备。2013年，个人入选第十批中央引进海外高层次人才“千人计划”创业人才。

刘德华

科晶（宁波）生物科技有限公司董事长。留美博士。在美国创办Crystalgen Inc.，任总裁。Crystalgen Inc.是从事医用及生物实验室耗材、器械、设备、生化试剂、临床检验试剂及器械的国际公司，集研发、生产和销售一体，不断推出创新型产品及OEM（客户定制）服务，以满足不同用户的需求。Crystalgen Inc.在全球有近百家分销商，服务于46个国家和地区。2011年，为了直接和全面的服务于中国大陆及周边国家，在国内投资创办科晶（宁波）生物科技有限公司，任董事长。公司作为美国Crystalgen Inc.全资子公司，负责国内的产品销售及市场推广，主要从事医用及生物实验室耗材、器械、设备、生化试剂、临床检验试剂及器械销的销售和服务。公司依托美国总部提供的强大的科研团队和管理团队做后续支持，产品主要应用于各大高校、医疗单位及科研单位的实验室、化验室。2013年，个人入选第十批中央引进海外高层次人才“千人计划”创业人才。

刘福平

山东信义粉末冶金有限公司总经理。留美博士。拥有多年粉末冶金经验，属世界行业首席技术专家。曾作为通用、福特、克莱斯勒、万国的粉锻连杆供应商的研发经理，代表美国麦特达因公司（Metaldyne）领导十几家企事业单位成功联合开发了铝粉锻连杆，采用一系列独特的改革方案，填补了国际粉末锻造连杆生产工艺的空白，其技术达到了国际领先水平。2010年回国，与信义集团联合创办山东信义粉末冶金有限公司，任总经理。公司是汽车发动机连杆的专业化生产企业，拥有同行业中最领先的制造技术粉锻连杆自动化生产工艺。公司率领行业队伍开发研制出具有国际领先水平的汽车发动机连杆，改进了预压件的设计和控制技术，增强了工艺设备和工艺的柔性，打破欧美公司的垄断，填补了中国的空白。公司拥有先进的计算机管理网络和技术开发能力，具有与国内主要配套客户进行同平台的计算机数据交换能力及信息传递能力。公司发展的目标是引领汽车关键零部件产业的科技转型升级，成为中国一流的汽车发动机连杆制造企业。2013年，个人入选第十批中央引进海外高层次人才“千人计划”创业人才。

刘江

无锡生命树医疗科技有限公司董事长。1967年出生。毕业于加拿大多伦多大学医学院，获博士学位。先后在著名的多伦多总医院和玛格丽特公主医院从事临床治疗和癌症研究工作，研究重点为淋巴靶向给药这一少人问津的医学难题，历经15年主导发明了国际独创的靶向递药平台技术。为使这项技术能够进行商业开发，花了近3年时间，个人投入250多万元从加拿大多伦多总医院、玛格丽特公主医院以及多伦多大学要回了全部专利所有权。2011年3月，带着自主研发的淋巴靶向化疗技术回国创业，与民营企业沛裕药业共同成立无锡生命树医疗科技有限公司，任董事长。公司致力于癌症靶向药物和技术的开发，以造福更多的癌症患者。公司和中科院上海药物所等国内顶尖药物研发单位合作进行制剂开发，在短短两年时间内，已在制剂研发上取得了重大突破。目前，制备出来的国际独创的淋巴道靶向递药系统的样品（首个产品针对肺癌治疗）正在开展临床前的动物试验。公司先后获得了无锡市“530”科技创业计划、无锡市“中小企业技术创新基金”等多重市级项目资助。个人曾入选2012年度江苏省“双创人才计划”和江苏省“333”计划。2013年，入选第九批中央引进海外高层次人才“千人计划”创业人才。

刘杰

江苏捷峰高科能源材料股份有限公司董事长。1996年获得哈佛大学博士学位。1999年以来，在美国杜克大学化学系任职，长期从事碳纳米管、石墨烯等先进纳米材料和新一代储能技术研究。期间进入莱斯大学的全球第一家碳纳米材料研究机构，跟随1996年诺贝尔化学奖获得者理查德•斯莫利教授研究碳纳米材料，并与IBM合作开发碳纳米晶体管和芯片，突破了硅晶片的物理极限，提高了计算机芯片的运行频率，同时掌握了碳纳米材料储存能量的技术，开发出新的超级电容——碳纳米电容。目前已发表论文160篇，包括*Science*5篇和*Nature*系列刊物5篇，研究成果总引用次数超过13000次。2012年3月，将自己在美国研发的国际领先碳纳米材料及其储能技术引入国内，创办江苏捷峰高科能源材料股份有限公司，任董事长。公司致力于新一代高性能碳基储能材料与高性能储能器件的研发及产业化。先后建成国际一流水准的研发实验室及温湿度严格控制的高标准洁净生产车间，建立了可控杂质的特殊前驱体制备、碳基复合储能材料的微纳米尺度结构控制与修饰、碳基复合储能材料规模化生产工艺研发及器件生产产业化工艺研发等技术于一体的完整开发技术链。公司先后建立了与国内外知名大学，如美国杜克大学、北京大学、南京大学、复旦大学及兰州大学的科研合作。正在研发的用于超级电容器领域的碳基复合储能材料已取得突破性进展，性能达到国际顶尖水平。同时公司正在研发的超级电容器领域的低成本碳基复合材料、用于锂电池负极的高性能储能材料及相关高性能储能器件为公司形成多种产品灵活组合的战略布局，抢占相关产业国际制高点。2013年，个人入选第九批中央引进海外高层次人才“千人计划”创业人才，并当选为选为美国科学促进协会会士（AAAS-Fellow）。

刘轶

深圳市北科瑞声科技有限公司总经理。香港科技大学博士。2008 年3 月到深圳创业，创立了深圳市北科瑞声科技有限公司，任总经理。公司主要研发及产品方向包括高性能语音识别、跨信道海量音频和语音检索、复杂环境下抗噪声处理、海量数据资源建设。公司拥有独立自主核心知识产权，研发完成了中文领域的人机交互和音频检索系统，在中国电信118114、友邻通讯、东莞广电、深圳证券信息有限公司等得到初步应用。近年来还承担了科技部中小企业创新基金、深圳市科技计划、中国电信以及国外知名机构和企业的研发项目。公司软硬件设备齐全，同时利用和全球最大的数据中心LDC合作的机会，以及与深港产学研基地和深圳市智能媒体和语音重点实验室开展产学研合作的机会，通过共建联合研发中心、设备资源共享等机制，减少研发成本投入和资源重复建设。目前已经拥有各种平台、各种环境、各种采集设备完成的数据资源，组建了深圳地区重要的研发团队，培养了一批专业人才，成为目前国内跨平台中文语音识别核心技术和智能人机交互领域拥有数据类型最全、数据质量最高、专业人员最充足、数据总量最大的机构。此外，作为研发型企业，公司重点关注核心技术的研发、推广和授权使用。面向庞大的车载信息系统的需求，建立多模块体系应用于大众电子语音消费产品，部分模块已经集成到赛格、路畅、美赛达和众鸿（我国车载电脑市场占有率最大的方案商）的方案和产品中。2013年，个人入选第十批中央引进海外高层次人才“千人计划”创业人才。

陆侨治

浙江海牛环境科技有限公司董事长兼首席技术官。1984年毕业于中国石油大学；1989年获浙江大学硕士学位后，赴加拿大留学。1994年获加拿大阿尔伯塔大学化学工程博士学位，并进行博士后研究。在加拿大期间，在世界一流期刊上发表学术论文3篇，获美国专利1项，在生物反应器研究方面取得了一定成就。1995年起，在商业活动的同时，开始活跃于政坛，多次陪同加拿大总理、部长等政要访问中国。1996年，代表加拿大来上海签署中加环境合作备忘录；1997年，协助加拿大相关政府部门与中国国家环保总局开展ISO14000项目合作。2002年，成立杭州金枫叶科技有限公司，后又成立“第五大道”咖啡馆，进行天使投资。2011年，在金枫叶科技公司的基础上，在浙江海外高层次人才创新园创办了浙江海牛环境科技有限公司，任董事长兼首席技术官。兼任浙江省政协特邀委员、浙江省海外交流协会名誉理事、杭州市海外留学归国人士创业发展促进会执行会长、杭州市侨商协会常务副会长等社会职务。公司拥有2400平方的研发、生产基地，是一家按照现代企业制度建立的高新科技企业，主要从事石油化工、环保和节能等领域的新技术开发、服务及相关专业设备的生产和销售，国外环保设备在中国市场的代理销售。公司通过与浙江大学、中国石油大学开展科研合作，具有废液处理、有价组份回收利用、过滤、蒸发等领域的专有技术，并拥有多项具有自主知识产权的核心技术。同时与GE、陶氏化学、中石化、中石油等世界知名500强企业，以及荷兰、德国、美国等多家专注分离技术领域的专业公司保持良性互动与密切合作关系。2013年，个人入选第十批中央引进海外高层次人才“千人计划”创业人才。

罗培志

天演药业（苏州）有限公司董事长兼总裁。在斯坦福大学完成了蛋白质折叠的博士后研究工作，并拥有芝加哥大学化学博士学位，中科院高能物理研究所应用物理学硕士学位及北京大学应用化学学士学位。曾担任美国Xencor公司的首位领头科学家，专攻蛋白质药物的超级计算机设计并兼蛋白质实验室的主管；后在美国成功创立Abmaxis公司，任首席技术官、总裁和董事；2006年Abmaxis被默克制药公司以独特的新药创新技术收购，被聘任为默克公司生物制药主任兼子公司首席技术长，负责开发作为默克创新生物药研发引擎的抗体生成及工程技术。回国后，在全球最大的投资管理集团富达风险基金——美国富达生物科技（Fidelity Bioscience）、富达国际风险投资（Fidelity Growth Partners Asia）和药明康德风险基金（Wuxi AppTec Venture）共同投资下，与药明康德总裁李革一同创建天演药业（苏州）有限公司，任董事长兼总裁。公司致力于原创性生物抗体技术的开发，将先进的信息技术和生物技术相结合，突破现有抗体技术在免疫应答方面的局限性，开发出原创性的智能化抗体技术，实现准确、快速、有效地控制靶向人源化抗体的生成、优化及表达。公司重点针对恶性肿瘤的靶向治疗及诊断用抗体，并进一步扩展至针对重大疾病的抗体产品线。目前公司已建立起了完整的计算及分子生物学实验设备与研发、管理核心团队，完成了智能化抗体技术平台的建设，并筛选出了针对多个药物靶标的创新抗体。2013年，个人入选第十批中央引进海外高层次人才“千人计划”创业人才。

马福元

杭州新研动力能源有限公司副董事长兼技术总监。加拿大麦吉尔大学化学博士。从事镍锌电池的研究工作20余年，主持过多个研究项目，先后申请专利17项。1999年至2007年在美国工作期间，攻克了镍锌电池锌枝晶这一世界性难题，使得镍锌电池产业化成为可能。回国后与杭州豪盛机电工贸有限公司共同组建了杭州新研动力能源有限公司，任副董事长兼技术总监。公司是集镍锌电池的研发、生产及销售为一体的中外合资企业，生产的镍锌可充电电池具有电池功率高能量足（是铅酸电池的4倍），无环境污染（不含铅、不含镉、不含汞），高可靠性和安全性（不易燃），成本低廉，使用寿命长等特点。公司目前已形成高倍率动力型电动工具用环保型镍锌系列电池、AA型民用镍锌电池等核心产品，在国际上处于领先水平，主要用于大功率充放电的电动工具、电动电池市场等领域。2013年，个人入选第十批中央引进海外高层次人才“千人计划”创业人才。

马书根

青岛海艺自动化技术有限公司董事长。1963年出生。1991年3月毕业于日本东京工业大学研究生院，获博士学位。日本立命馆大学理工学部机器人学科教授、博导；中国科学院沈阳自动化研究所研究员，入选2001年中科院“百人计划”；哈工大海外兼职博导；西安交通大学兼职教授。曾任IEEE Transaction on Robotics副主编，现任Advanced Robotics编委；IEEE高级会员、日本机械学会会员、SICE和日本机器人学会会员。主要从事新型机器人的机构和控制、生物仿生学、灾难救援机器人等方面的研究。2011年回国，带领多位留日归国博士和硕士联合日本关联企业发起并创立青岛海艺自动化技术有限公司，任董事长。公司公司致力于数控机械设备及工业控制自动化相关技术，面向工业企业不同行业提供搬运码垛、自动焊接、机床上下料、喷涂、装配领域工业机器人系统集成解决方案、工业机器人自动化生产线设备，相关技术服务及工业机器人编程培训。同时面向石油天然气及相关特种领域提供智能特种机器人产品的研发、仿真、虚拟样机试制、加工、测试、批量生产。公司在多个行业工业机器人自动化解决方案、特种夹具设计、智能特种机器人方面拥有强大的技术研发团队及多项核心技术，目前已经拥有多项相关领域的自有知识产权。2013年，入选第十批中央引进海外高层次人才“千人计划”创业人才。

母治平

重庆伟渡医疗设备股份有限公司总经理。美国韦克福里斯特（Wake Forest）大学生物医学工程博士，曾在美国耶鲁大学做博士后研究，并在西门子医疗、埃克瑞等世界知名医疗设备公司工作多年，长期在医学影像领域从事最前沿的科学研究和产品研发，已发表多篇国际一流学术期刊和重要国际会议论文，申请多项专利，已授权两项。2010年7月，回国创办重庆伟渡医疗设备股份有限公司，任总经理。公司是一家专业从事医疗影像产品研发、生产、销售和服务的高新技术企业，拥有具有国际领先水平的核心技术和自主知识产权，致力于研制具有国际先进水平的医疗设备，填补国内在医疗装备上的技术空白，以实现大型医疗设备的进口替代，提高我国在这一产业中的国际竞争力。公司总部所在地重庆北部新区高新园，隶属于新成立的两江新区，同时在北京中关村高新技术园区设有研发中心，拥有一支经验丰富而完备的国际化管理团队，既有在世界一流大学和国际著名医疗设备公司从事前沿技术研究和产品开发多年的科技领军人才，也有毕业于美国顶级商学院的MBA和在国内高科技产品和互联网行业服务多年的商界精英，拥有多年的国内外营销和世界500强企业的管理经验。2013年，个人入选第十批中央引进海外高层次人才“千人计划”创业人才。

潘克菲

苏州诺菲纳米科技有限公司总经理。美国普林斯顿大学化学工程博士。作为资深纳米材料及镀膜工艺专家，有着15年以上的纳米薄膜研究和工业生产经验，拥有十多项国际专利技术。曾参加首届“千人计划”创业大赛，获得二等奖，并得到了大赛参与机构北极光创投220万美元的天使投资。2012年1月回国，创办苏州诺菲纳米科技有限公司，任总经理。公司专注于新一代纳米级材料技术的应用和开发，拥有处于国际先进水平的多项核心技术，产品包括触摸屏、可穿戴设备、柔性显示、薄膜光复、智能节能玻璃等，应用于新能源、显示技术等领域。公司初始团队来自美国硅谷，汇聚了来自斯坦福、普林斯顿、加州柏克莱、麦肯锡、通用电气等世界著名学府和五百强企业的精英，积累了深厚的管理和技术经验。公司目前融资总额已超过人民币4000万元，以推动可持续发展工业技术作为重要的社会价值定位，为全球企业提供低能耗，零污染的技术产品及服务，助力本土企业促进生产力和竞争力，力争成为国际一流的绿色领军企业。2013年，个人入选第十批中央引进海外高层次人才“千人计划”创业人才，并入选苏州市“姑苏创新创业领军人才计划”。

庞慰

诺思（天津）微系统有限公司总裁。2001年获得清华大学学士学位，后留学美国，获得美国南加州大学（University of Southern California）电子工程专业硕士和博士学位。在美工作期间，曾主持硅基AlN MEMS器件和系统的研发和产业化工作，在MEMS谐振器、振荡器、滤波器和传感器等方面取得多项突破性成果。2009年回国，担任天津大学教授和博士生导师。2011年，创办诺思（天津）微系统有限公司，任总裁。公司从事无线通信射频前端 MEMS芯片、模块、应用方案的设计、研发、生产和销售，核心产品技术具有国际领先水平。同时，兼任天津大学微纳机电系统（M/NEMS）实验室主任，领导70余人团队开展微米纳米器件和系统创新型研究，相关科研成果转化被列为天津市2012年20项重大工业项目。近年来在Lab Chip、APL、JMEMS、JMM等本领域高水平学术期刊和国际会议发表论文60余篇，论文被《Nature》和《Nature Nanotechnology》等期刊杂志引用，他引次数近500次；在该领域重要国际会议上做特邀和口头报告18次，已获授权和公开美国和中国发明专利40余项。2013年，个人入选第十批中央引进海外高层次人才“千人计划”创业人才。

裴建川

临安伍特环境工程有限公司董事长。1997年7月毕业于浙江大学，2007年在德国国立利珀霍克斯特高等专业学院（Lippe und Hoexter）获得环境规划与管理专业硕士学位，并留校任教同时攻读博士学位。在德国留学期间，曾参与德国比勒费尔德（Bielefeld）污水处理厂、垃圾焚烧厂、垃圾回厂（垃圾处理中心）等的规划与管理工作。2007年9月，回国创建临安伍特环境工程有限公司，任董事长。公司专门从事废水、废气、固体废弃物的处理以及国外先进技术与设备引进应用。公司依托德国重点高校的科研力量，主要致力于生产、生活环境的治理与改善，现公司下设中国总部、研发中心、产业基地以及德国办事处。公司目前已承担了几十项重大工程，2008、2009年连续中标临安市重大科技农业招投标项目，拥有一系列的研发成果和自主知识产权，7项已授权专利。2009年个人入选度临安市“812”人才培养工程第一层次，“农村生物质能源实用技术研究与示范”项目获得“中新创投杯”首届长三角科技创新创业大赛二等奖，“农村养殖场污水处理回用系统”项目荣获第四届“春晖杯”中国留学人员创新创业大赛二等奖；2010年荣获浙江省政府侨办新农村建设“贡献奖”和临安市十大科技创新人才；2011年荣获“浙江省特聘专家”称号，入选浙江省“千人计划”。2013年，入选第九批中央引进海外高层次人才“千人计划”创业人才。

彭涛

广东华南联合疫苗开发院有限公司董事长。1965年出生。留美博士。主要从事针对传染性疾病的应用性研究，编撰了《核酸等温扩增技术及其应用》等专著，获得5项国际发明专利授权，并担任国际抗病毒领域期刊《抗病毒研究》（Antiviral Research）编委。回国后在广东省科技厅和广东华南新药创制中心的支持和组织下，创办广东华南联合疫苗开发院有限公司，任董事长。公司致力于突破基因工程疫苗的核心关键技术，建立基因工程疫苗研发及产业化平台。公司成立以来，承担了广东省科技重大专项项目、国家科技部中国—加拿大疫苗国际合作项目专项、广州市医疗联合创新疫苗项目等重大科技项目。公司拥有2700平方米的实验场地，建设了包括病毒研究实验室、细胞研究实验室、中试规模生物反应器细胞培养实验室、中试规模纯化研究实验室、基因工程实验室、制剂实验室、免疫试验室和质量研究实验室在内的能满足疫苗开发工作要求的多个实验室，以及完备的疫苗研发相关设备，获得中国食品药品检定研究院颁发的疫苗生产用毒种全检合格报告。申请基因工程疫苗相关技术专利6项，已获得专利证书1项。其中，大规模生物反应器培养的精制乙型脑炎疫苗已完成全部人体临床研究工作，正进行产业化转化，即将投放市场；基因工程乙肝疫苗进入Ⅱ期人体临床试验阶段，多个品种正处在不同研发阶段。2013年，个人入选第十批中央引进海外高层次人才“千人计划”创业人才。

彭跃南

亚超特工业有限公司董事长兼总经理。1958年出生。美国犹他州立大学硕士。在铝基复合材料及其应用领域有着十余年的研发、制造和市场开拓经验，拥有3项美国发明专利技术。2009年11月回国，在江苏省昆山国家高新技术产业园区创建亚超特工业有限公司，任董事长兼总经理。公司属中美合资高新技术企业，注册资本2亿元，占地规模200亩，公司使用其专利技术生产的铝基复合材料高性能减重结构产品，及其民用航空、汽车、发动机、核能、高端运动器材、3C电子产品等工业减重结构件产品，在民用飞机制造、赛车和中高档车、核电工业以及运动器材等市场领域具有很强的竞争力。此外，公司与上海硕能实业股份有限公司进行合作，共同研发生产的气动冷喷和低温3D打印等产品，也具有鲜明的技术特点和市场前景。2013年，个人入选第十批中央引进海外高层次人才“千人计划”创业人才。

漆一宏

珠海德百祺科技有限公司总经理。加拿大麦克马斯特大学博士。密苏里科技大学（MST）EMC（电磁兼容）实验室兼职教授；IEEE EMC SC（无线系统专业委员会）发起者、主席；IEEE高级会员，IEEE2014和2015年度杰出讲师（Distinguished lecturer）。曾设计发明了全球第一款对助听器无干扰的智能手机，设计发明了全球范围内具有最高总全向灵敏度（TIS：Total Isotropic Sensitivity）的GPS/北斗终端产品。2011年3月，创办珠海德百祺科技有限公司，任总经理。公司是一家从事移动通信平台软硬件以及移动互联网业务研发的中外合资企业。公司团队在智能手机、专用终端的软硬件设计、开发方面具有深厚的理论基础和成功经验，核心的硬件研发团队主要来自国内外大型电讯行业早期的创业团队和技术骨干，软件团队主要来自清华大学等国内一流高校。目前，公司已在加拿大滑铁卢、北京设立分部。2013年，个人入选第九批中央引进海外高层次人才“千人计划”创业人才。

齐欢

上海彩石激光科技有限公司总经理。毕业于清华大学汽车工程系，拥有美国密西根大学机械工程系博士学位，长期从事激光直接成型技术的研究工作，曾在美国通用电气公司从事激光先进制造研发和项目管理工作，持有多项美国专利。2012年2月，回国创办上海彩石激光科技有限公司，任总经理。公司是以激光金属直接成型技术为核心的高技术型企业，不到一年的时间，成功研制出了具有自主知识产权的Metal+激光金属直接沉积成型系统，该系统在快速修复、表面强化、直接成型等领域的应用前景十分广阔，目前已经和国内外多家公司展开合作。公司将致力于发展3D打印技术在工业方面的应用，研发和制造以激光金属直接沉积成型技术为核心的金属快速成型设备（金属3D 打印设备），为航空、航天、模具制造、医疗、军工等高科技工业企业提供高端的先进材料直接快速成型服务和修复服务。彩石公司自主研发的计算机辅助增材制造（CAAM）软件系统与闭环反馈技术，使金属3D 打印技术在工业领域应用的可操作性与可靠性更趋成熟，为制定行业标准并推动3D 打印制造技术迈向实际应用奠定基础。2013年，个人入选第十批中央引进海外高层次人才“千人计划”创业人才。

钱海鹏

凡登（常州）新型金属材料技术有限公司总经理。1965年出生。1981年考取北京大学无线电系，获得理学学士学位。1985年毕业后由国家教委公派赴欧洲留学，在比利时鲁汶大学机器人研究专业攻读7年，取得工学博士学位。1993从比利时引入外资回国创建中国贝卡尔特钢帘线有限公司，成长为中国最大的子午线轮胎用钢丝帘线的生产基地，填补了国内质量和规格方面的多项空白，结束了中国全部依赖进口帘线生产高规格轮胎的历史，1998年被评为江苏省优秀外资企业。2000年应邀赴美国ISF公司担任总经理及技术总裁。全程策划并操作了与爱立信、杜邦、阿克发和石桥等世界顶级公司的合作项目，领导ISF成功兼并硅谷Neo Vac公司。2003年在美国创办了QSI集团，集成美国中小企业在电子、信息及通信等行业的核心技术，为中国系统集成商和服务商提供技术解决方案，从而打破了跨国公司对中国市场核心技术的垄断。2008年9月，回国创办凡登（常州）新型金属材料技术有限公司，任总经理。公司是迄今市场上唯一的同时具备高质切割钢线、专利切割砂浆与线切应用研发能力的太阳能硅片切割专业辅料方案提供商。公司用短短三年时间，3条生产线年生产多晶硅切割钢丝的规模达1.5万—1.7万吨，销售实现15亿元，实现利税1.5亿元，一跃成为常州最年轻的五星企业，并入选“中国最具投资价值企业”前五强。个人先后入选浙江省“双创人才计划”和常州市“领军型海归创业人才”。2013年，入选第九批中央引进海外高层次人才“千人计划”创业人才。

钱长庚

广州必贝特医药技术有限公司总裁。1955年出生。1985年至1989年，在湖南医科大学攻读药理学专业博士（毕业论文课题在美国橡树岭联合大学完成）。1989年至1992年，在美国陆军感染性疾病研究院承担美国国家科学院博士后课题研究。1993年任湖南医科大学教授，1996年起担任药理学博导。1996年至2001年，在美国Leukosite和Mellennium药业公司担任药理学资深研究员；2001年至2006年，在美国Curis公司担任药理学总监和资深总监2006年至2011年，担任Curis公司副总裁和资深副总裁。2012年入选Marquis（第66版）美国名人录，个人资讯载入福布斯。申请了29项国际专利，并获得了26项美国授权发明专利；发表30多篇学术论文。2012年3月，在广州科学城创办广州必贝特医药技术有限公司，任总裁。公司致力于研究和开发自主产权一类新药，目前拥有3个专利产品一类靶向抗癌新药项目。其中PI3K/HDAC抑制剂BEBT-908已经基本完成临床前申报CMC和GLP毒理，2013年正式向国家食品药品监督管理局申报新药临床，力争5年内上市，成为治疗多种淋巴瘤、骨髓瘤和淋巴性白血病晚期复发或耐药病人的有效药物。SAC/Abl/HDAC抑制剂BEBT-201已经完成临床前药学和药理学研究，与合作伙伴一道力争5至6年内上市，成为治疗慢性粒细胞性白血病和实体瘤转移的有效药物。此外，公司已经和台湾上市公司智擎生技（PharmaEngine，Inc.）达成协议，共同合作开发抗癌新药，寻求开创海峡两岸资源共享合作研发新药的合作模式。2013年，个人入选第十批中央引进海外高层次人才“千人计划”创业人才，并入选《科学中国人》年度人物。

佘晓成

广州摩拉网络科技有限公司董事长。1975年出生。毕业于广州美术学院，美国耶鲁大学工商管理专业博士，曾任麦考林国际邮购有限公司市场营销副总裁。2006 年 12月，回国创办广州摩拉网络科技有限公司，任董事长。公司于2007年1月正式上线运营梦芭莎电子商务平台，创建了“moonbasa梦芭莎”品牌，并组建了梦芭莎内衣艺术俱乐部，该品牌以拓展女性内衣为主，涵盖女装、鞋、包、饰品、泳装、家居服等十大品类。“梦芭莎”作为以数据库营销为核心的新型电子商务品牌，将电子商务、商品手册和商品体验店三位一体有机结合，产生最大的价值链叠加效应，配合高效的全球物流配送服务，致力于为女性提供健康舒适、时尚美体的高性价比内衣商品和服务，传播美丽、自信的内衣新概念。目前，梦芭莎网站已拥有超过1000万顾客，同时公司旗下还运营包括若缇诗、蒙蒂埃莫、所然、韩伊儿等女性品牌。2013年5月，公司获得国家商务部“中国电子商务示范企业”称号。2013年，个人入选第十批中央引进海外高层次人才“千人计划”创业人才。

沈月雷

北京百奥赛图基因生物技术有限公司董事长兼总经理。1992年本科毕业于武汉大学病毒学及分子生物学系，并考入中国药品生物制品检定所攻读硕士学位，期间主要从事人巨细胞病毒感染早期诊断试剂盒的研制和病毒类疫苗的质检工作。1997年赴美，于2003年在美国麻省大学获博士学位后，赴纽约大学医学院霍华德休斯医学研究所进行博士后研究，主要从事利用模式小鼠模型进行自身免疫性疾病致病机理的基础研究。2008年6月在美国马萨诸塞州发起成立Biocytogen生物技术公司，任总裁兼CEO。带领团队研发出多个基因剔除、基因嵌入模式小鼠品系，成果在包括《Nature》《Nature Immunology》《Immunity》等顶尖杂志上发表，已授权给全球上百家科研机构和医药企业使用。2009年11月，回国创办北京百奥赛图基因生物技术有限公司，任董事长兼总经理。公司建立起由独特的基因打靶载体构建技术、传代稳定的C57BL/6遗传背景的小鼠胚胎干细胞、稳定的显微注射系统以及标准的技术评价与检测体系共同组成的，完整而高效的基因敲除模式动物开发与技术服务平台，向科研机构和医药企业提供制备各类基因敲除模式小鼠的CRO服务。目前公司客户包括Harvard Medical School、John Hopkins University、NIH、中科院动物所、中科院神经所、协和医科大学等30多家国内外著名科研机构，承接国内外委托服务订单上百个。2011年4月，个人入选北京市“海聚工程”。2013年，入选第十批中央引进海外高层次人才“千人计划”创业人才。

施钟鸣

无锡士康通讯技术有限公司董事长。1992年毕业于瑞士联邦高等工学院，获博士学位。复旦大学兼职教授、复旦大学无锡研究院研究员，美国IEEE高级会员，英国IET上海执委，欧洲和中国数字对讲机标准委员会专家委员，江苏省高层次创新创业人才。2010年3月回国，在国家集成电路设计无锡产业化基地内成立无锡士康通讯技术有限公司，任董事长。公司专注于通讯产品、芯片、模块的设计、研发和生产，其产品主要特点为高性能、高集成度、低功耗。公司已与世界一流系统产品供应商和半导体代工厂建立了战略伙伴关系，为客户提供高可靠和高性能的技术产品及完美的系统解决方案。目前公司公司拥有十余名资深工程师的核心研发团队，设计能力覆盖数字基带芯片，射频收发，功率放大等多个领域，技术和创新能力得到世界同行的承认，是数字对讲机欧洲标准（DPMR）及中国数字对讲机企业标准联盟（DRA）成员。公司推出了低功耗高性能的单芯片系统集成芯片，同时完成了信号调制解调、语音编解码和所有层次的通讯协议（L1-L3）功能，目前民用级芯片已通过欧洲测试标准，进入设计制造阶段。2013年，个人入选第十批中央引进海外高层次人才“千人计划”创业人才。

石磊

广州迪澳生物科技有限公司董事长兼首席科学家。1981年至1985年，河北大学生物系微生物及生化专业学士；1996年至1997年，日本国立冈山大学药学院生物调节科学专业研究生；1997年至2000年，日本国立冈山大学药学院生物调节科学专业博士。1985年至1995年，任河北省疾病预防控制中心传染病防治科主管；2000年至2008年，先后任日本冈山大学药学部研究员、日本人类科学财团研究员、日本国立国际医疗中心研究员、日本大阪府立大学大学院研究员、华南理工大学轻工与食品学院教授等职，主要从事病原微生物快速诊断方法及临床微生物耐药基因解析及耐药性基因诊断研究。2008年6月，创办广州迪澳生物科技有限公司，任董事长兼首席科学家。公司致力于医学、食品安全、环境监测等领域的基因快速诊断技术平台的建立以及新一代基因检测系统的开发应用。现有超过1000平方米的研发实验中心、十万级的GMP生产车间及体外诊断试剂生产线，产品获得医疗器械生产企业许可证和国家食品药品监督管理总局颁发的医疗器械注册证，申请相关专利20余项，获得专利授权10项。目前，公司开发了应用于临床医学、食品安全、公共防疫、动植物疫情防控等方面的一系列基因快速诊断试剂盒。由于产品的先进技术和出色性能，参与了国家质检总局主导的国内首个基于迪澳自主技术平台的转基因快速检测技术行业标准的制订，近年来承担了包括国家“十二五”科技重大专项和国家海洋局水产病害高科技检测产品产业化项目在内的各级政府项目。同时，公司与德国知名设备开发团队合作，共同打造了自己的专属检测设备——迪澳恒温荧光检测仪，打破了分子检测设备价格昂贵的现状。2013年，个人入选第十批中央引进海外高层次人才“千人计划”创业人才。

宋恩民

武汉伟龙思博特工程信息技术有限公司董事兼技术总监。华中工学院计算机专业学士，华中理工大学计算机软件专业硕士，英国提赛德（Teesside）大学电子工程与计算机专业博士，曾在美国加州大学旧金山医学院放射系从事医学影像博士后研究工作。2002年被国际电子电气工程师协会（IEEE）推选为高级会员。曾先后在武汉空军雷达学院、华中理工大学任教，2004年起被聘为华中科技大学计算机学院教授，成立医学图像信息研究中心并担任主任，兼任华中科技大学计算机学院计算机科学与应用系系主任、图像信息处理与智能控制教育部重点实验室副主任。长期领导研发团队从事医疗健康相关的科学研究与产品开发工作，包括智能化医疗健康装备如人体平衡功能检测板、生理参数检测仪器如无线动态血糖检测仪、体育健身促进装备如自适应步态跟随节拍动态调整音乐播放器、健康信息分析方法如基于电子健康病案的决策支持系统、图像处理如基于视频图像分析的步态检测评估系统等。在国内外学术期刊和国际会议上发表论文90余篇，申请专利20余项。2010年3月，成立武汉伟龙思博特工程信息技术有限公司，任董事兼技术总监。公司主要从事计算机软硬系统工程的技术开发咨询服务及产品的生产、销售，自动化控制产品及开发、生产、销售，以及自动化控制系统工程的设计及施工。2013年，个人入选第十批中央引进海外高层次人才“千人计划”创业人才。

宋梁

湖州欧麦斯通信科技有限公司CEO。留学加拿大，获博士学位。曾在加拿大长期从事电子通信领域的研发。2008年，在加拿大创办OMESH Networks股份有限公司，主要从事无线传感网络的开发、研制、生产及销售。2011年回国，在吴兴科创园成立湖州欧麦斯通信科技有限公司，任CEO。公司致力于把国外OPM（Opportunistic Mesh适机认知无线网络）传感网组网技术带到国内，更好的服务智慧城市建设。公司目前拥有的核心技术和成熟产品为自主知识产权OPM适机认知无线自组网专利，此专利技术与传统无线传输技术相比，在更低的无线网络成本的情况下，能实现10倍以上的带宽及传输稳定性，较大幅度领先国际可比公司。基于OPM组网技术的各种优势，公司将技术产品包括城市消防应急、无线路灯节能控制、老年人及幼孩的实时定位监护、停车位智能管理及预订网络、智慧农业无线传感网络、无线物联网门禁系统等，广泛应用于智能交通消防、人员定位、节能环保、智慧社区等多个领域。2012年底，公司与上海电器科学研究所、南京三宝科技公司等签订了无线灯控、无线水气表网络的合作协议，使填补国际空白的无线组网技术应用从专业领域逐步发展至人们的日常生活。个人入选湖州市“南太湖精英计划”，获得“浙江省特聘专家”称号。2013年，入选第九批中央引进海外高层次人才“千人计划”创业人才。

苏辉

福建中科光芯光电科技有限公司董事长兼总经理。2004年，获得美国新墨西哥大学电子工程系光学专业博士学位。先后担任美国ZIA LASER公司研发工程师、EMCORE公司高级科学家，长期从事半导体光电子学研究与产品研发，并在APPL、PHYS、LETT等核心杂志上发表过多篇有影响力的论文。2010年回国，作为中科院“百人计划”引进人才，加入中国科学院福建物质结构研究所，任研究员。主要负责“光通讯用的半导体激光器与探测器的产业化”项目的研发。2011年8月，与中科院福建物质结构研究所、福建省大同创业投资有限公司共同组建福建中科光芯光电科技有限公司，任董事长兼总经理。公司致力于高速半导体激光器、探测器、调制器等光纤通信领域，具有中国本土特色的光芯片及光器件的研发和生产。公司拥有一支由多名长期在美国著名光通信企业工作，并在芯片设计研发、生产工艺方面有着丰富工作经验的留美博士组成的核心技术团队，具有完整的MOCVD外延生长、芯片生产和自动封装测试老化生产线。目前公司主要产品有FP、DFB、PIN、APD、SLED芯片和器件等产品，主要应用领域有高清视频、数据通信、以太网FTTH、SDH\SONET、CATV、QAM、DWDM、RF高速率光通信存储及其他光纤信息传输领域。2012年12月，公司总投资4000多万元的半导体“光芯”高端微纳工艺生产线在福州软件园开机，标志着中国光通信产业链中最上游和最核心的技术被攻克。2013年，个人入选第十批中央引进海外高层次人才“千人计划”创业人才。

孙安

江苏安德信超导加速器科技有限公司董事长。2000年获兰州大学理学博士学位，2002年在中国科学院高能所完成了博士后工作。2002年至2005年，在美国橡树岭国家实验室继续博士后研究，期间曾作为美国散裂中子源项目的超导加速器技术代表，被派往杰斐逊实验室受训，从事高β超导腔的制造、测试等工作。2005年至2009年，任韩国原子能研究院超导组组长，是韩国超导加速器领域的学术带头人，负责主持超导射频项目的实施。2009年至2011年，担任韩国浦项工科大学浦项加速器研究所正高研究员和加速器部高频组组长，主持负责浦项光源二期工程的储存环高频系统的选择、设计和工程设施。2011年6月回国，在镇江市创办江苏安德信超导加速器科技有限公司，任董事长。2011年10月，被聘为南京大学教授，创建了南京大学能源科学研究院质子直线加速器研究所并担任所长，负责洁净核能源关键技术的研发。并在2013年在南大科学园创办江苏德佐电子科技有限公司，从事大功率固态放大器的科研及成果转化。安德信公司主要从事从事超导加速器及其相关成果的产业化，拥有2000平方米的研发中心和5000余平方米的制造中心，可进行超导加速器、质子加速器、电子加速器、辐照加速器、固态放大器及其相关产品的研发与制造，产品用于第五代核电站、医药行业、环保行业、军工行业、散裂中子源等高尖端领域。公司在2012年完成第一个多单元洁净核能源用强流质子超导腔，辐照加速器项目获得2012年江苏省科技支撑支持，目前已完成大部分产品的产业化。公司目前拥有专利19项。授权发明专利1项，授权实用新型专利11项，另有发明专利8项正在审批。公司团队获得了江苏省“双创人才计划”重点支持和镇江市“331计划”优先资助。2013年，个人入选第十批中央引进海外高层次人才“千人计划”创业人才。

孙锋青

厦门颉轩光电有限公司董事长、总经理兼技术总监。1971年出生。2008年获得美国加州大学洛杉矶分校光子学专业博士学位。曾任西门子光学网络通讯公司资深光学系统主任工程师、美国风光光电有限公司执行长兼技术总监。主要从事数码成像技术研究，特别是移动电话光学成像系统研究。与同事合作开发了HYATM算法技术，并利用该技术，成功地抑制了镜片的厚度偏差、曲率偏差、倾角、偏心和面形不规则度等偏失，使微型化光学镜片价格更低、良品率更高、成像质量更好。2010年9月引进厦门市，创办厦门颉轩光电有限公司，任董事长、总经理兼技术总监。公司是一家在高端光学设计、非球面塑料光学、注塑成型、玻璃模压成型、超高精密光学模仁加工、产品封装等领域有着世界领先的研发和生产能力的高科技企业。主要经营超高精密光学镜头、发光二极管、光电子元器件及其他光电产品，用于光电产品的模具的设计、开发、生产、批发和进出口，并提供相关技术咨询与服务。公司已建成的厂房1800平方米，具备大规模量产化的生产能力。2013年，公司开始进行1500平方米二期厂房的扩充。公司以自主研发的“高良品率自适应算法”技术为依托，研发高精密、微型化的非球面光学系统相关产品，技术具有国际领先水平。2013年，个人入选第十批中央引进海外高层次人才“千人计划”创业人才。

孙威

浙江海聚科技有限公司董事长。浙江大学1997届机械系机械电子工程专业本科毕业生；浙江大学2000届机械电子工程专业硕士毕业生。2001年至2004年在芬兰坦佩雷工业大学（Tampere University of Technology）学习，攻获液压控制与自动化博士学位。期间担任芬兰坦佩雷学生学者联合会主席、芬中文化教育科技交流协会副主席。曾获多项国际专利，独立在国际会议和国际杂志上发表论文多篇并出版英文专著。2006年，回国创办浙江海聚科技有限公司，任董事长。兼任丹纳森工程装备（杭州）有限公司执行董事。公司是一家以液压传动与控制技术为核心的高科技企业，在移动装备制造领域从事元件、单元、系统、直至整体解决方案的研发、生产、销售与服务。公司拥有国际顶尖的系统设计理念，多年系统集成经验的技术团队顾问，长期与欧美厂商合作经验，创新地综合应用机械、电子、液压与控制技术，在工程机械装备、矿山机械装备、特种车辆、撬装液压设备以及清洁可再生能源装备等领域独树一帜。公司设计制造和集成各种机电液控制系统，包括机械、液压、电气、嵌入式控制系统、软件信息化等内容在内的综合性系统集成整体解决方案，同时致力于非稳定能源开发利用，为海浪能、风能、潮流能等清洁可再生能源利用项目提供核心关键设备。2009年，个人作为教育部推选的海外留学人员归国创业者的唯一代表，参加了国庆60周年天安门群众彩车《我的中国心》游行，受国家领导人接见；并在国家“863”项目“基于摆式振荡浮子海浪能吸收机械的液压海浪能电站基础单元体研究”中作为唯一负责人主持工作。2013年，个人入选第九批中央引进海外高层次人才“千人计划”创业人才。

孙永健

南京领先环保技术有限公司董事长。美国辛辛那提大学博士，美国西北大学博士后，曾任美国SOLAR BEE公司首席科学家。2009年3月，回国创办南京领先环保技术有限公司，任董事长。兼任南京理工大学教授。公司是一家专业从事水环境一体化治理和可持续保护的高新技术企业，先后研发了“艾溥”系列太阳能水生态修复系统、复氧除臭控藻机、吸附过滤设备、原水膜脱氮除磷装置、电解水处理设备、人工湿地等低碳环保技术和产品，主要用于饮用水源地的水质改善和保护，富营养化湖泊水库的治理和改善，城市污染河道和污染景观水体的综合治理与保护，市政尾水的深度处理和农村污水处理。公司在国内率先在地表水行业为客户提供从规划设计、核心技术设备、工程施工到后期运维管理的一体化水环境治理服务，先后承接了无锡太湖、云南滇池、南京方便水库、济南鹊山水库、天津于桥水库、徐州小沿河、太仓市政尾水、厦门农村生活污水、东莞松木山水库、洪泽10万吨尾水处理工程等30多项水环境治理项目，其中政府示范工程12项，同时还承担了建设部“十一五”饮用水源地保护水专项、环保部“十二五”滇池蓝藻治理水专项、江苏省尾水生态-生物处理湿地研究专项课题、南京市科技创新基金项目、上海市科委崇明水专项5项科研项目。公司成立5年来，年复合增长率达到200%，已成为国内领先的水环境综合治理解决方案提供商。2013年，个人入选第十批中央引进海外高层次人才“千人计划”创业人才，并入选南京“321”人才项目领军型科技创业人才。

谭方平

青岛伟世隆电子科技有限公司董事长。1962年5月出生。美国韦恩州立大学工业工程电子专业和西弗吉尼亚大学计算机控制系统专业双硕士。先后在美国福特汽车公司、美国伟世通公司、日本Vis-teon等多个业内知名公司工作，担任汽车电子核心问题技术专家和专业前沿技术主管。2006年回国，任北汽集团北汽福田汽车集团副总工程师和工程研究院副院长，在机械自动化、电气控制、计算机等方面颇有建树。2010年6月，创办青岛伟世隆电子科技有限公司，任董事长。公司拥有丰富的专业石英晶体谐振器和汽车电子控制器生产经验，产品定位于及新能源汽车电辅助系统研发生产和制造新型精密电子元器件。公司建设了一流的标准化厂房和1000平方米高洁净恒温恒湿的无尘净化车间，配备了先进的美国、日本及香深圳生产的各类生产和测试设备，管理和工艺环节均按照ISO质量体系的要求运行。产品除可要用汽车电子行业外，还可以应用于无线通讯、移动电话、计时线路控制、计算机、数码相机、遥控系统等领域。企业研发团队在新能源汽车电辅助系统方面具有多年的研发经验，参与过多项国家“863”项目。目前，公司主要产品石英晶体谐振器已进入量产，新能源汽车用集成式DCDC功率变换器完成中试，正进行小批量生产。2013年，个人入选第九批中央引进海外高层次人才“千人计划”创业人才，被评为山东省“泰山学者”，并入选青岛市“创业创新领军人才计划”。

汪峻峰

威海峻博新材料研发有限公司总经理。1989年，赴德国攻读博士学位，毕业后先后受聘于德国雄堡公司、格拉路尔公司，担任技术主管和公司全权代理人，还相继成为德国化学家协会和美国混凝土协会会员。在科研上的一系列成就，使他迅速赢得德国业界的认可。自1995年起，时常受邀回国参加各种专业学术会议。2011年回国，在文登经济开发区新型建材科技园内创立了威海峻博新材料研发有限公司，任总经理。公司所研发的高性能砂浆技术处于国际领先地位，填补了国内技术空白，目前有4个项目正在转化。个人于2012年被评为山东省“泰山学者海外特聘专家”， 先后被同济大学、武汉理工大学、海南大学等多家国内高等学府聘为客座教授。2013年，入选第十批中央引进海外高层次人才“千人计划”创业人才。

王广欣

昆山海普电子材料有限公司董事长。留美博士。在铝基复合材料及其应用领域有着十余年的研发、制造和市场开拓经验，拥有丰富的高纯新材料专业理论知识及应用经验，掌握世界先进水平的高纯材料及溅射靶材生产技术。回国后创办昆山海普电子材料有限公司，任董事长。公司是一家专业的生产高纯金属材料及其制品的高科技公司，是中国领先的高端高纯材料提供厂商。公司不仅能为客户提供优质的定制产品，还能会同下游厂商共同进行新产品的研发、设计及材料选择，从而提供全方位的综合服务解决方案。主营产品有高纯金属钴、镍、钛、铜、铝；溅射靶材：钛靶、铬靶、钛铝靶材、铬铝靶材、钼铌靶材、镍铬靶材、钨钛靶材等常规靶材，广泛应用于各专业领域。2013年，个人入选第十批中央引进海外高层次人才“千人计划”创业人才。

王立

深圳市网信联动技术有限公司首席科学家兼技术总监。留英博士。曾任T-Mobile（德国电信）英国公司网络性能部总裁，参与并经历了欧洲从第一代到第四代移动互联网的试验、论证、规划、建设及网络运营和技术研发、管理工作，具备先进的无线电网络技术和丰富的管理经验。2010年回国，与合伙人共同创办深圳市网信联动技术有限公司，任首席科学家和技术总监。公司注册资本人民币2600万元，是一家拥有自主核心技术，专业开发和提供无线网络性能分析平台和分析及优化技术服务的高科技公司，是广东省和深圳市政府认定和扶持的高新技术企业和民营高科技企业，具备双软认证资质。公司掌握了世界先进的无线电网络性能优化和管理的技术，自主开发并研制了跨设备（多厂家网络设备）、跨制式（GSM、CDMA、WCDMA等）的、统一的无线网络性能综合分析优化系统平台（MARS系统）。该系统两次获得国家“863”计划支持，获得深圳市自主创新产品认定证书以及国家软件著作权认证和专利许可。公司依托欧洲先进的无线电网络管理技术，应用WX-MARS系统首创了“系统+服务”的网络性能管理模式，与中国的移动运营商紧密合作，致力于提供无线网络性能管理和优化分析的平台工具和技术解决方案，为无线电通信网络运营商等提供各种“常态化、标准化、流程化”的技术服务。2013年，个人入选第九批中央引进海外高层次人才“千人计划”创业人才。

王暾

成都市美幻科技有限公司总经理。浙江大学工学学士，中科院力学研究所及美国康涅狄格大学物理学双博士学位，曾在欧洲顶级科研机构从事超冷原子和量子信息研究。2008年7月，回国创办成都市美幻科技有限公司，任总经理。公司位于成都市高新区天府软件园区，主要从事地震预警和烈度速报的关键技术和产品的研发、设计、生产及销售。2008年9月，公司自主研发的填补民用地震报警器的技术，通过了中国地震局工程力学研究所的检测，并在地震灾区进行大量的试用和测试。2009年3月，该项创新技术通过了四川省科技厅的鉴定，成为了国内首款民用地震报警器，填补了世界民用地震报警产品的两项空白。同年4月，公司开始研制地震紧急处置、地震烈度速报系统，这是国内首个专业地震紧急处置系统，并在四川省内外多所学校、核工业单位使用，技术成果得到国内大量媒体和报纸的详细报道。目前，公司正在着力研制QuakeSolutionTM 地震预警技术系统，形成物联网应用于地震和地质减灾方面的核心技术，引领地震预警在包括公众、高铁、燃气管线、核设施等行业的示范应用，以减少地震中的人员伤亡和次生灾害，推动中国在地质灾害减灾科技的进步。2012年，个人入选“成都人才计划”。2013年，入选第十批中央引进海外高层次人才“千人计划”创业人才。

王小良

苏州良辰生物医药科技有限公司董事长兼技术总监。1963年出生。上海生化制品研究所医学博士，曾在美国纽约血液中心（NYBC）、SHIRE、WERFEN等著名生物技术公司担任科学家、高级科学家等职务，参与并领导了多项生物制品的研发和生产。申请美国专利3项，中国专利1项。2010年3月，回国创办苏州良辰生物医药科技有限公司，任董事长兼技术总监。公司主要从事心血管、血液系统诊断试剂的研发、生产，不仅拥有细胞培养、蛋白质分离纯化、配方和冻干等技术和生产设备，而且具有完备的蛋白质分析和微生物检测能力，同时开展有关技术的外包服务。目前，几个产品的关键技术已取得突破，3个产品原型已经完成，预计两年内可取得生产许可证。公司被列入首批张家港市“领军型创业人才”项目和2010年度苏州“姑苏创新创业领军人才”项目。2013年，个人入选第十批中央引进海外高层次人才“千人计划”创业人才。

王元龙

天津瑞发科半导体技术有限公司总经理。留美博士。2009年，与多名归国硅谷半导体技术专家和本土资深半导体营销行家共同创办天津瑞发科半导体技术有限公司，任总经理。公司在发展过程中获得了君联资本（原联想投资）、赛富投资基金、联想之星等全球著名产业风险投资基金支持。公司专注于开发和行销基于高速模拟电路技术并具有完全自主知识产权的集成电路和软件。公司作为USB3.0相关芯片的一站式供应商，拥有世界领先的高速模拟电路设计技术，先进SOC芯片设计和量产经验，建立了完整的研发、行销和供应链体系，凭借稳定、高效、极具潜力的工程团队，面向移动存储、移动终端、安防监控和新一代多媒体显示等市场领域提供“高技术、快创新、低成本”的产品和完整解决方案。2011年，个人入选天津高新区首批科技领军人才。2013年，入选第十批中央引进海外高层次人才“千人计划”创业人才。

吴清国

浙江瓦力新能源科技有限公司执行总裁。加拿大皇后大学材料化学博士，美国麻省理工学院材料化学博士后，曾在美国诺发系统公司担任首席科技专家。在材料化学和电化学研究领域具有深厚的学术造诣，拥有申报或批准的美国专利等近30项，美国化学会杂志、美国材料化学、德国化学会杂志等专业期刊著作近60篇。2010年回国，协同创办浙江瓦力新能源科技有限公司，任执行总裁。公司是一家倡导绿色能源的高科技企业，主要从事电池材料的研发、生产与销售，以镍钴锰酸钾（三元材料）、改性锰酸锂为核心产品，并涉及钛酸锂、磷酸铁锂、负极材料等系列产品。公司拥有由多名留美博士、博士后和资深企业家组成的优秀管理和研发团队，配备了一系列先进的生产、检测设备，形成了完善的产品检测手段和质量保证体系。建有一流的研发实验室进行各种高性能新型锂离子电池材料的研发、性能测试与表征和工艺优化。个人入选宁波市第一批“3315计划”创业人才、慈溪市第一批“上林英才”计划A类新兴产业领军人才。2013年，入选第十批中央引进海外高层次人才“千人计划”创业人才。

伍筱姗

新智力文化科技（上海）有限公司董事长。女。曾在大学任教，留学美国攻读法学博士和MBA，并在美国律师事务所、花旗银行集团、联邦法院等从事法律、金融等相关工作。在美期间担任留美企业家联合会（大华府地区）副会长，美中工商联合会常务理事、法律顾问、秘书长，美国乔治·梅森大学国际顾问，美中中小企业交流协会副会长等多项社会职务。2007年，回国创办天津爱迪通智及北京美华新智力公司，任董事长。公司致力于青少年益智教育游戏、3D娱乐互动游戏、无线互联网等绿色健康主题游戏及平台的开发运营。目前，爱迪通智在京、津、沪及美国均成立了游戏研发团队和运营分支机构，旗下拥有天津爱迪通智科技有限公司、北京美华新智力科技有限公司、新智力网络科技（上海）有限公司，与微软、华纳兄弟、雅虎、EA等业界知名公司建立了良好的合作关系，同时取得了国家及地方相关政府部门的大力支持。公司先后投入近亿元开发完成具有先进技术的3D MXW数字互动网络平台引擎，于2009年开始研发具有中国风格及元素、完全自主创新、自主知识产权的大型3D MMORPG中西方文化题材的益智类网络游戏《三界轮回》，荣获“2011年度中国游戏行业年会最受期待游戏奖”“2011中国电子商会年度最佳创新奖”，以及“2011年度文化创意产业最具投资价值企业”称号。个人曾荣获中国妇联和品牌中国评选的“2009品牌中国创新女性”称号，并入选天津市首批“千人计划”。2013年，入选第十批中央引进海外高层次人才“千人计划”创业人才。

武华

华威特（江苏）生物制药有限公司董事长。美国堪萨斯州立大学博士后，从事抗菌肽研究。曾任美国先灵葆雅动物保健品公司资深研究员，从事猪病毒病疫苗研究；巴克动物保健品公司研发部病毒疫苗研发经理，从事牛病毒病疫苗和宠物病毒病疫苗研究；辉瑞动物保健品公司任首席研究员。2004年回国后，任乾元浩生物科技有限公司总经理，后组建必威安泰生物科技有限公司并任总经理。期间先后主持了“八五”国家攻关专题，参加并主持我国兽医领域国家重大项目攀登计划，主持“十一五”国家支撑计划、农业部公益性行业专项、863计划等多项国家级科研重大项目、研究涵盖了影响我国畜牧业发展的动物重要疫病，被评为中国农业科学院一级岗位杰出人才、北京经济技术开发区认定的海外高层次人才，兼任中国畜牧兽医学会理事、中国畜牧兽医学会口蹄疫学分会常务理事。2011年11月，创办华威特（江苏）生物制药有限公司，任董事长。公司是以动物生物制品科研开发、销售和技术服务为一体的高新技术企业，依托研发其独特的技术优势，与辉瑞动物保健品公司建立了研发战略联盟，在病毒悬浮培养、疫苗冻干保护剂、基因缺失疫苗和新型多联疫苗的构建等方面处于国内或国际领先水平，并拥有国际上唯一的高致病性猪繁殖与呼吸综合征（TJM-F92株）与猪瘟二联活疫苗和国内首个猪流感二价灭活疫苗（H1N1 LN株+H3N2 HLJ株）的自主知识产权。同时，公司投资2亿元建设了华威特江苏研究院、GMP生产车间（活疫苗生产线和灭活苗生产线各2条）、质检楼及相应的辅助设施等，主要产品为蓝耳—猪瘟二联弱毒苗、猪流感灭活疫苗、牛病毒性腹泻病毒疫苗、牛传染性鼻支气管炎病毒疫苗等新型疫苗，两条生产线投产后年产值分别达3亿头份、2亿毫升，预计年销售收入4.8亿元人民币。2013年，个人入选第十批中央引进海外高层次人才“千人计划”创业人才。

夏淳

码实信息科技（苏州）有限公司总裁。1962年出生。清华大学本科和硕士，美国伊利诺大学计算机专业博士。曾于1998年和2000年在美国成功创办BrightInfo和Thinkmart两家计算机公司。2007年开始在美国SUN公司做PaaS技术和产品研发，任首席云编程架构师，是硅谷第一代PaaS和web时代的云编程体系的研发人员。2010年11月，在美国硅谷成立科技公司，专注于企业移动应用的PaaS平台，开发智能理货管理软件系统和互联网营销系统。2011年8月将技术和团队引进国内，创建码实（苏州）科技有限公司，任董事长。2013年2月，在苏州高新区创办码实信息（苏州）科技有限公司，任总裁。公司致力于云时代的企业移动应用开发，提供移动智能应用解决方案。目前公司已成功开发出智能移动PaaS平台，平台融合了新一代信息科技中最热门的移动、社会化、云计算、信息等技术；移动应用已运营，对高铁运维、高速公路运维、中国商品交易网等高端客户已经实施了复杂业务系统；公司已申请5项美国专利，10项国内软件著作权。初步完成了智能应用的技术体系开发，形成了完整的智能应用产品体系，并开始进入市场销售。2013年，个人入选第十批中央引进海外高层次人才“千人计划”创业人才。

夏献民

武汉益承生物科技有限公司董事长兼总经理。1962年出生。留美博士。在美国大学和研究机构工作和学习多年，曾任马里兰大学肿瘤研究中心担任研究教授，美国癌症研究协会（AACR）理事、美国内分泌研究协会（ASE）理事。主要研究恶性肿瘤形成和治疗的基础和应用。1998年，在世界上首次发现p55PIK、PI3K的一个亚型成员在细胞周期调控中的重要作用，并证实该蛋白质可以作为抑制细胞生长，促进细胞分化的药物靶点，为治疗肿瘤和其他细胞分裂异常疾病开辟了一个全新的途径。2002年在美国芝加哥参与创办PTG公司，同时回国在武汉组织创办PTG公司国内分支机构武汉三鹰生物技术公司。目前美国PTG公司的年销售超过250万美元，产品在国内的销售也取得快速增长。2005年，创办湖北荆州康泰生物科技有限公司，专门从事生物重组技术表达和生产融合蛋白质，以满足药物研发和科研项目的需求。2009年，携带核心技术和自主知识产权在武汉创办益承生物科技公司，任董事长兼总经理。公司专业从事p55PIK特异抑制剂治疗肿瘤和其他细胞分裂异常相关疾病创新药物的研发、生产和销售。个人入选湖北省“百人计划”。2013年，入选第十批中央引进海外高层次人才“千人计划”创业人才。

夏志杰

南京通软信息技术有限公司总经理。1967年出生。留美博士。2012年，回国创办南京通软信息技术有限公司，任总经理。公司致力于先进通信软件的开发与通信网络的运营维护服务，注册资金2000万元人民币，创业团队具有丰富的国际软件开发经验，曾获得多项专利以及研发成果。公司主营业务有计算机软件开发、销售、售后服务；通信工程施工；建筑智能化工程的设计、施工；自动化控制技术研究等，主打产品为通软系列通信网络运维管理系统。该系统填补了我国通信网络代维软件的空白，达到了国际先进水平，将可以改变我国通信网络代维行业目前主要依赖人工经验，普遍存在的技术水平低、运维成本高、网络运行质量差的现状。公司瞄准我国近千亿的通信网络综合代维服务市场，将利用我国大力发展通信网络，通信代维业务规模快速增长的有利条件，以领先的技术为引擎，不断强化团队竞争力，创新营销模式，实现跨越式发展，力争建成为国内一流的大型通信软件和服务企业。2012年，个人入选南京市“领军型科技创业人才”。2013年，入选第十批中央引进海外高层次人才“千人计划”创业人才。

谢涛令

苏州海博智能系统有限公司董事长。北京大学核物理学士，中国科学院高能物理所硕士，美国麻省大学博士和加州理工大学博士后。曾先后在美国宇航署NASA火箭推进实验室、IBM美国和CA美国总部工作，是世界上网络安全和移动互联网的先驱者之一，对于移动互联网和金融安全等课题有深刻的造诣和理解。2008年，回国创建苏州海博智能系统有限公司，任董事长。兼任北京大学工学院云身份安全研究所所长。公司是世界领先的智能可视卡技术、产品以及解决方案提供商，以智能可视卡设计和制造工艺为技术核心，致力于智能手机安全和移动物联网安全。公司整合了创业团队多年来积累的技术创新，包括在美国和中国授权的20多项专利，在超薄电子和智能可视卡制造工艺方面的专利填补了国内空白，成为中国银联在金融IC卡标准制定上的重要技术基础。公司把密码器植入信用卡而形成可视IC卡系列产品，从而提供移动互联网线上线下从云端到移动客户端的身份认证、加密、权限管理、支付和票证等“多卡合一”解决方案，让客户做到身份认证即个性化云服务、即资源管理、即行为管理、即交易支付、即大数据收集、即大数据溯源、即信用系统、即绿色无纸信息消费等“多流合一”，广泛应用于信息安全、电子商务和电子支付等领域，覆盖金融、教育、政府、军队、电信企业和智慧城市等领域。目前，在中国、北美及亚太地区拥有多家子公司。2013年，个人入选第十批中央引进海外高层次人才“千人计划”创业人才。

徐霆

吉林康慧生物科技有限公司总裁。美国马萨诸塞州塔夫茨大学生物化学专业硕士，哈佛医学院博士。毕业后，先后担任多家国际知名公司的首席研究员，从事重组蛋白和单抗药物的研发，在蛋白质药物筛选、表达、纯化、分析、质控及动物药理毒理等方面具有丰富的经验。2009年，回国创办苏州康宁杰瑞生物科技有限公司，任总裁。公司运用蛋白质工程、全人源化抗体的先进技术致力于大分子药物研发。2010年，与施慧达药业集团（吉林）有限公司达成战略合作，投资1.3亿元，在白山成立吉林康慧生物科技有限公司，任总裁。公司专注于蛋白质和单抗药物的新药研发及产业化发展，在凝血因子、肝癌的单抗研究和生物开发技术上取得极大突破，建成了高效的治疗用蛋白质和抗体药物的工艺开发、质量分析和中试生产三大研发平台，搭建了大分子药物研发的快速通道，30多个在研项目正在快速推进，极大缩短了药品研发的周期，缩小了与欧美国家的差距。截至目前，公司累计研发品种43个，其中有自主知识产权专利的11个。转让品种15个，转让的品种中9个已申请临床。目前，公司又在长春投资10亿元，开建占地10万平方米的康宁杰瑞（吉林）生物科技有限公司。公司主导产品——治疗类风湿关节炎的阿达木单抗，预计实现产值近20亿元、利税3亿元。2013年，个人入选第十批中央引进海外高层次人才“千人计划”创业人才。

颜国顺

武汉无线飞翔科技有限公司总经理。1997年，从华中科技大学硕士毕业后，进入深圳一家国有银行。后获得全额奖学金赴美留国，获得印第安纳大学计算机信息通信、管理工程、工商管理三个硕士学位。2000年毕业后，就职于世界500强企业、全球消费类电子巨头汤姆逊公司的北美业务中心，任程序员、团队技术总监、首席信息官、信息总监等职务。2009年，由武汉东湖开发区“3551人才计划”引进回国，成立武汉无线飞翔科技有限公司，任总经理。以中国自创TD-SCDMA国际标准为3G技术平台，致力于3G无线通信技术、智能视觉传感技术、物联网技术在智慧城市等应用领域产品的研发、销售和技术服务，先后推出了无线固定电话、无线摄像头等产品，均被中国移动批量采购，填补了华中地区没有3G终端应用产品的空白。2011年，公司正式启动“智慧停车”项目。当年7月，在武汉市城市道路智慧停车项目招标中成功中标。如今，该系统管理着武汉市近5万个停车位，每天处理交易量达50万笔。该系统还覆盖了我省随州、孝感、荆州等城市，在省外的石家庄、深圳等城市也开始落地应用。2013年，个人入选第十批中央引进海外高层次人才“千人计划”创业人才。

杨凡

北京华脉泰科医疗器械有限公司总裁。1969年出生。1990年大学毕业后，先后在日本、美国工作。2010年11月回国，在北京中关村科技园区大兴生物医药产业基地创办北京华脉泰科医疗器械有限公司，任总裁。公司是以心脏及血管相关的高端III类微创介入医疗器械的研发、生产为主要业务的科技创业型企业。公司管理及研发团队不仅具有国际医疗器械大公司和风险型创业小企业的工作经验，而且拥有丰富的管理美国和中国团队成功的经验，研究、开发工作条件完备，拥有包括研发实验室、测试实验室、无菌检测实验室等研究实验室，以及各种配套试制、分析测试设备等，可以开展主动脉瘤和主动脉夹层腔内（微创）修复产品研发的各种关键技术研究、核心部件研制及模拟试验等。2011年，个人入选第一批中关村“高聚工程”。2013年，入选第十批中央引进海外高层次人才“千人计划”创业人才。

杨云春

北京耐威时代科技股份有限公司董事长。1969年出生。哈尔滨船舶工程学院惯性导航与仪表专业学士，哈尔滨工程大学惯性导航与仪表专业硕士，美国加州大学电子工程专业博士。多年从事微机电惯性技术、卫星导航技术、捷连导航技术、姿态确定技术和系统融合技术等方面的研究工作。在美学习期间，承担美国交通部自动驾驶项目的组合导航部分，将路面磁化传感器航向技术跟微机电捷连惯导和GPS融合技术应用于高速公路车辆自动驾驶的应用中，获得车辆自动控制厘米级精度的效果。2002年，回国创办北京云海蓝天科技有限公司，任董事长；2006年更名为北京耐威时代科技有限公司。公司专注于卫星导航定位产品、惯性导航产品及组合导航定位产品的研发、生产与销售，是国内唯一一家既能研制惯性导航产品，又能研制专业卫星导航产品的高新技术企业。公司应用自主掌握的核心算法软件等卫星导航定位关键技术，产品可实现毫米级的测量精度，达国际先进水平，形成了从惯性传感器到惯性导航系统、组合导航系统的完整产业链，广泛应用于国防、航空航天、仪器设备、科研院所、教育机构等等行业和领域。个人曾承担多项国家“863”计划课题、国家科技支撑计划（导航产业联盟）课题、科技部科技型中小企业技术创新基金资助项目；发表论文10篇，拥有专利技术7项。2012年，荣获第四届“北京市留学人员创新创业特别贡献奖”。2013年，入选第十批中央引进海外高层次人才“千人计划”创业人才。

姚毅

苏州雷泰医疗科技有限公司董事长。留美博士。在美国硅谷创办从事医疗产品开发的高科技跨国公司LinaTech（雷泰），主要从事放射治疗领域医疗设备和医疗软件的研发、生产和销售，业务范围遍及美洲、欧洲和东南亚等全球数十个国家和地区，是全球重要的放疗设备和服务供应商。2010年，在国内成立苏州雷泰医疗科技有限公司，任董事长。公司作为美国LinaTech公司中国研发和服务中心，负责中国地区的业务和全球技术支持。2012年公司相继成立了北京办事处、上海分公司、广州分公司和成都办事处，并已全部投入运营。近百位博士和硕士组成的研发团队，经过十余年的技术攻关，不断研发放射治疗新技术，成功开发完成了一系列具有国际先进水准的放疗产品，为国内外客户提供高性能、个性化的新产品和可持续的产品升级。2007年，公司开发的逆向动态适形调强放疗系统获国家科技进步二等奖。数十项研发成果获国家专利，相关产品通过美国FDA和CE认证。主打产品放射治疗计划系统和电动多叶准直器，为全球超过500家大型医疗机构的放疗中心提供了全面解决方案。公司以其创新的精神、前沿的技术和诚信的服务在国内外赢得了良好的声誉。2013年，个人入选第十批中央引进海外高层次人才“千人计划”创业人才。

余强

盛世泰科生物医药技术（苏州）有限公司首席执行官。1990年获北京大学学士学位；1999年在美国取得博士学位。2010年，回国成立盛世泰科生物医药技术（苏州）有限公司，任首席执行官。公司是一支由在中国和美国有超过20年新药研发实战经验的团队创办的药物研发与产业化企业，技术力量雄厚，建立了完善的新药开发公司管理体系并申报多项国家发明专利，研究领域跨越药物研发涉及的所有重要学科，包括分子生物学、医学、组合和计算化学、药理学和临床前及临床开发。在一类新药研发方面，盛世泰科的1.1类化学降糖新药获得国家十二五“重大新药创制”专项支持；在三类新药到六类仿制药研发方面，包括阿塞那平和恩替卡韦在内的四个创仿新药项目已经进入等待国家药监局临床批件阶段。此外，公司拥有多个成熟的化学新药合成工艺和制剂技术储备，可以随时转入申报或生产，同时也能提供原料药及合成工艺中的关键中间体化合物的销售。公司成立以来，除建成重大新药创制和闪释制剂中心外，还获得了“江苏省科技支撑计划”“江苏省民营科技企业”“苏州内资研发企业”等多个项目的资金支持和资质认证。个人先后入选江苏省“双创人才计划”、苏州市“姑苏创业创新人才计划”、苏州工业园区“科技领军人才计划”。2013年，入选第十批中央引进海外高层次人才“千人计划”创业人才。

俞青

上海华美络信息技术有限公司董事长兼总经理。中国科技大学本科毕业，美国罗切斯特大学博士。主要从事智慧医疗、区域医疗信息服务、健康管理平台方面的研究，先后开发移动医疗体系、“私人医生”进社区等软件，通过将患者即时信息传送给主治医师，节省了抢救时间，通过网络将社区居民的健康信息录入系统，并配置私人医生定期为居民体检，在一定程度上减少了部分疾病的发病率。2010创办上海华美络信息技术公司，任公司董事长兼总经理。公司从事医疗卫生行业信息系统的研发、销售和运营，目前在杭州、上海和美国硅谷都设有相关机构。公司致力于为医疗卫生机构（各级医院、诊所、社区卫生服务中心、急救中心、体检中心等）提供基于互联网的数字医疗诊断与健康服务协作平台，将高质量的音频/视频/数据通讯和丰富的诊断协作功能通过网络（窄带/宽带，有线/无线）卫生行业的各个层次和角落，使优质的医疗和健康服务不再受时间、地点的束缚。2013年，个人入选第九批中央引进海外高层次人才“千人计划”创业人才。

袁崇生

宁波紫园生物医药研发有限公司董事长兼总经理。1984年赴日本福冈大学留学，1991年到美国堪萨斯大学药物化学部留学获博士学位，并留任该校副教授、教授，后在美国圣地亚哥一家跨国公司研究所任研究室主任。拥有20年以上的制药与临床诊断试剂研发从业经验，有《S—同腺半胱氨酸水解酶抑制素的最新发展和它们潜在的临床应用》等学术著作。2013年，回故乡宁海投资3.2亿元创办波紫园生物医药研发有限公司，任董事长兼总经理。公司聚焦新药研发、临床诊断试剂、仪器研发与生产，立志打造一个综合性的生物高科技研发中心。目前公司已完成了基础设施建设，与2013年下半年开始展开各项研发项目。在公司的带动下，中科院上海药物所宁波生物产业创新中心、宁波文达生物医药科技有限公司、宁波人源抗体筛选研发中心等9个生物医药项目相继落户宁海，为宁波生物医药产业园区的发展奠定了基础。2013年，个人入选第十批中央引进海外高层次人才“千人计划”创业人才，并入选浙江省“千人计划”。

张德龙

苏州威格高纯气体科技有限公司董事长。1979进入北京大学化学系学习，1983年获得化学学士学位，同年考入北京大学研究生院，在当时的中国化学学会理事会理事长、学部委员徐光宪教授和现学部委员黄春辉教授指导下进行了硕士和博士论文工作，研究稀土配合物结构和稀土分离机理，论文工作获得国家科技进步奖二等奖。1989赴美留学，在前美国化学学会主席、著名配位化学教授和人造血专家Daryle H.Busch教授指导下，从事人造血和超氧化物歧化酶模拟物的研究，1994年获博士学位。1995在美国太平洋西北国家实验室从事博士后工作，应用分子力学计算法进行分子设计研究工作。在攻读硕士、博士和博士后期间，先后在国内外一流杂志上发表了20多篇论文。1996年进入世界500强之一的美国Praxair公司技术中心工作十年，先后领导氧气吸附材料研发组和化学气相沉积MO源研发组，取得多项成果，包括发明了模仿血红蛋白的氧气吸附剂和用于制作下一代计算机芯片（32纳米工艺）的TaN的原子层沉积（ALD）MO源。2005年回国，在苏州工业园区创立威格高纯气体科技有限公司，任董事长。公司从事高效气体吸附剂和气体分离工艺的研发工作，研制出世界技术领先的氧气吸附剂和技术先进的高效氮气吸附剂及其气体分离新工艺，并开发出无泄漏密封专利技术。2006年在苏州工业园区投产生产手套箱和超高纯气体纯化设备。2007年个人以高效制氧分子筛的研发与生产项目，被授予苏州工业园区首届“科技领军人才”称号。2013年，入选第九批中央引进海外高层次人才“千人计划”创业人才。

张极

苏州杰成医疗科技有限公司董事长。毕业于北京医科大学，留加医学博士。曾在人民医院创立心脏外科，有着20多年心脏外科临床和15年的手术器械研发经历。2009年9月，在吴江创办苏州杰成医疗科技有限公司，任董事长。公司以研发和生产人工心脏瓣膜及植入系统等系列产品为主。公司所研制的世界首创的拥有自主知识产权的“无缝线微创人造心脏瓣膜置换系统”，是一种新型的微创、无手术缝线、无需体外循环和无须开胸手术的人造心脏辧膜及导管植入系统，采用微创技术、利用植入器具将人工心脏瓣膜植入心脏，替换已经病变的心脏瓣膜。这种新型产品将使心脏瓣膜置换手术过程简化、治疗风险大幅降低、成功率将显著提高，同时也将缩短病人术后恢复时间及大大降低费用，使得更多的病人能够承受手术的风险和费用而得到治疗。目前产品已基本定型，成功完成动物试验，取得国家三类医疗器械生产许可证书，准备进入人体临床试验阶段。2013年，个人入选第十批中央引进海外高层次人才“千人计划”创业人才。

张剑辉

北京海博思创科技有限公司创始人、董事长兼总经理。清华大学电机系电力系统自动化专业硕士及学士，美国加州大学伯克利分校电机工程博士。2005年至2010年，就职于美国国家半导体公司，作为技术团队的负责人创新性的研发了SolarMagic产品；2010年至2012年2月，担任西门子中国有限公司智能电网集团首席技术官，主持智能电网产品研发及技术管理工作，主持和主导了多个智能电网相关产品的研发工作。具有多年电力电子与大规模集成电路的产品研发及技术管理经验，拥有十余项美国技术发明专利及申请，发表十余篇国际会议及学术专刊论文。2011年11月，创立北京海博思创科技有限公司，任董事长兼总经理。兼任中国科学院深圳先进技术研究院的客座教授、中美绿色能源促进会董事等职务。公司主要从事新能源行业电动汽车电池管理系统、智能电网储能系统的研发、工程设计和系统集成服务，采用国际先进的技术理念，开发出拥有自主知识产权的电池管理系统和储能系统，产品先后应用于东风汽车、北京高安屯充换电站、国家电网智能微电网储能系统、青海省玉树3MW光储电站整站监控系统等领域。个人入选北京市“海聚工程”，被授予北京市特聘专家称号。2013年，入选第十批中央引进海外高层次人才“千人计划”创业人才，并被评为“2013年度中关村十大海归新星”。

张铭

南京声准科技有限公司董事长兼总经理。1991年成都电子科技大学博士毕业，后到南京航空航天大学工作，一年后破格提为副教授，成为南航当时最年轻的副教授之一。在此期间，获国防科工委科技进步二等奖、江苏省科技进步二等奖和航空总公司科技进步二等奖各一项。1994年受新加坡南洋理工大学电子电气工程学院院长、国际著名学者Prof. Er Meng Hwa的邀请去做博士后，1996年博士后出站后任新加坡国家信号处理研究中心研究员、高级研究员及部门经理，获该中心最佳部门奖及新加坡陈嘉庚青年发明奖银奖的领导奖。2001年3月，接受索尼美国公司的聘请前往美国硅谷任主任工程师。2001年底，成为美国硅谷Fortemedia公司联合创办人，任公司技术副总裁兼CTO。目前Fortemedia公司已成为世界著名语音处理公司，是该公司语音处理芯片技术的第一发明人，曾获得第十届亚洲创新奖，是唯一的IT类的获奖者。所发明的芯片的用户覆盖众多的世界500强企业，如微软、谷歌、三星、英特尔、思科、华为、联想、富士康、奔驰、宝马等，获美国授权专利32项（其中第一发明人27项），其他国家和地区授权专利几十项。2011年6月，回国创立南京声准科技有限公司，任董事长兼总经理。公司主要从事手机等通信终端音频测试系统、电声元器件测试系统、元器件和整机产线测试系统的开发，所提供的ACTS手机音频测试系统是全球第一个多麦克风消噪测试系统。2011年个人入选南京市“紫金人才计划”；2012年入选江苏省“双创人才计划”。2013年，入选第九批中央引进海外高层次人才“千人计划”创业人才。

张仕进

上海狮迈科技有限公司总经理。重庆大学硕士，美国密苏里大学博士。博士毕业后，进入美国傲马公司从事研发工作，曾先后参与了美国波音公司、美国空军、美国海军的多个水射流研究项目，成功解决了多项难题。2008年回国，在重庆大学任教。2010年，与世界智能水刀奠基者曾继跃博士共同创办上海狮迈科技有限公司，任总经理。公司专业从事智能数控高压水刀切割机（智能水刀）研发和生产，产品不仅拥有世界先进的精密五轴联动系统，而且配备了智能切割软件，解决了传统水刀的切面锥度、射流后拖等难题。通过智能软件实现的独特的过切技术，大大提高了水刀的切割效率，简化了操作流程，降低了对操作者的要求；水下切割技术的应用大大降低了噪音、灰尘，为用户提供了一个干净、舒适的操作环境；同时热处理工艺消除了系统结构应力，保证了机器结构的稳定性。产品达到国际先进水平，市场前景广阔。2013年，个人入选第十批中央引进海外高层次人才“千人计划”创业人才。

张万虎

宁波博利隆复合材料科技有限公司董事长兼技术总监。留日博士。2012年，与中国塑协专家委员会委员李志刚在浙江余姚经济技术开发区共同创立宁波博利隆复合材料科技有限公司，任董事长兼技术总监。公司致力于碳素纤维复合材料的研发和生产。碳素纤维是由碳元素组成的一种特种纤维，在国际上被誉为“黑色黄金”，用碳素纤维制成的复合材料具有极高的强度，且超轻、耐高温，用途十分广泛。目前此项技术仅被日本、美国等少数几个国家掌握。在公司研发团队潜心攻关下，碳素纤维复合材料终于成功试产，200项产品中已有4项获发明专利、5项获实用新型专利，并于2013年上半年开始批量生产。目前公司以碳素纤维复合材料为原料生产的纺织机配件，已被国内几家纺织配件企业订购，并将用于制造飞机配件。此外，还与西班牙Kytazik集团签订了碳纤维热塑型复合材料购促合同，用于生产新型石油接箍，其耐磨、耐高温、使用寿命超过传统金属一倍的特性，将为石油开采带来革命性的变化。公司借助新材料的领先优势，还将在滨海新城涉塑产业园建造生产基地，全面扩大产能，力争在5年内实现5亿元的年销售额，成为国内碳素纤维复合材料的龙头企业。2013年，个人入选第十批中央引进海外高层次人才“千人计划”创业人才。

张霞昌

宁波博能印刷电子科技有限公司董事长兼总经理。1980年考入华东化工学院（现华东理工大学），获得硕士学位后留校工作。1989年自费赴芬兰留学，在赫尔辛基理工大学攻读化工博士学位，并开始研究生物燃料电池。博士毕业后，继续留校从事相关研究。2002年，和同事一起创办了芬兰电池公司，致力于推广生物燃料电池，研发更便宜、更有市场前景的纸质电池。2005年至2006年，公司先后从芬兰政府获得几十万欧元的资助和风险基金，使纸质电池的研发工作得以顺利进行并获得了成功，作为纸质电池发明人荣获“2006影响世界华人大奖”，获得世界经济论坛颁发的“2007技术先锋奖”，并被被美国《时代》周刊评为2006年八大最佳创新技术之一。2009年，以“薄型柔性纸电池在中国的应用和市场开发”项目荣获中国科技创业计划大赛“创业精英奖”一等奖。2003年9月起，兼任常州印刷电子产业研究院院长。2010年2月，创办宁波博能印刷电子科技有限公司，任董事长兼总经理。公司致力于具有清洁属性的小电源的开发及应用，核心产品是薄膜印刷纸电池及其应用和集成服务。薄膜印刷电池的产品特点是柔软、轻巧、微薄，电量与纽扣电池相当而且对环境更友善，独特的产品性质使得这种电池也被称为“未来型电池”。薄膜印刷纸电池的终端产品包括有源或半有源型的RFID电子标签、标签传感器、智能卡和智能包装、医用电子药贴和化妆品等。这一技术在中国的产业化和推广，填补了该领域的空白。公司的发展目标是在短期内通过不断创新研发，建成具有世界规模的中国最大的可印刷电子产品的企业和基地。2013年，个人入选第十批中央引进海外高层次人才“千人计划”创业人才。

张晓晗

江苏汉尚新材料科技有限公司总经理。女。美国里海大学高分子材料专业博士，在美国工作多年，在紫外固化体系研发，薄膜研究等方面拥有国际领先的技术成果。创业项目“紫外固化防雾膜”被评为2009年无锡市“530”计划A类项目，自主研发的紫外固化防雾膜，在性能、工艺（能耗）与成本三方面均优于国外厂商的同类产品，一举打破了美国、日本等跨国厂商在国内防雾膜市场的垄断。2009年，回国创办江苏汉尚新材料科技有限公司，任总经理。公司主要从事光学功能涂料、镀膜及材料的研究开发和市场推广，目前已建成1100平方米生产车间和200平方米净化生产车间，研发团队中有多位留美博士、世界一流的纳米研究领域的专家学者，在光学涂料、纳米材料技术等方面具有世界先进水平。公司已成功研发一种光学级功能性塑料膜，具有防雾、强化的作用，在生产中具有高效、低能耗、绿色工艺等特点，与国内外普遍采用的传统热固化工艺相比，生产单位面积光学膜节约能耗80%以上，生产效率提高上百倍，而且更容易实现流水线生产。由于该产品有良好的生物相容性，无毒、耐磨，可广泛应用于摩托车头盔、体育用护目镜、防护眼镜、培养箱、汽车车灯、超市冰柜等领域。目前，产品已进入中试阶段，并取得了数百万元的产品订单。2013年，个人入选第十批中央引进海外高层次人才“千人计划”创业人才。

章罕

合肥超科电子有限公司总经理。美国爱荷华州立大学超声无损检测博士。2009年1月，回国创立合肥超科电子有限公司，任总经理。公司是专门为铁路安全检测事业而成立的高新技术公司，主要经营超声波产品的开发和销售，特别是针对国内铁路高速发展开发急需的一系列可靠的钢轨探伤设备。公司先后获得了科技部创新基金、安徽省和合肥市人才发展基金的支持，并被国务院侨办遴选为“重点华人华侨创业团队”，入选合肥市“228”产业创新团队。目前公司专注于钢轨探伤设备的研发，已开发出了以超声波轮式探头专利为核心的手动轮式钢轨超声波探伤仪、便携式中速钢轨超声波探伤车、高速钢轨超声波探伤车。高效可靠的钢轨检测设备可满足国内外不同客户、不同使用环境的探伤要求，对确保列车的安全运行，特别是对越来越多的动车组及城际高速铁路的安全运营具有十分重要的意义。特别是中、高速钢轨探伤产品打破了欧美企业在此领域的价格和技术垄断，为我国高速铁路的持续发展在钢轨探伤领域提供了技术保障。个人入选安徽省第二批“百人计划”创业人才。2013年，入选第十批中央引进海外高层次人才“千人计划”创业人才。

章寅

北京晟视万维科技有限公司执行董事。美国康奈尔大学计算机科学博士，德州大学奥斯汀分校计算机科学系副教授（终身教职），美国电气和电子工程师协会高级会员（IEEE Senior Member）。曾获美国国家科学基金会青年科学家奖（NSF AREER Award），AT&T研究院优秀科研奖。共发表近70篇论文，大部分发表于通信网络领域的顶级会议和期刊（其中包括10篇发表于ACM SIGCOMM）；有16篇论文被引用超过100次，所有论文总引用次数超过4000次。拥有 8项已批准的美国专利和多项在审美国专利，多项网络管理和优化技术被大型网络运营商所采用，并被应用于每日的网络运维中；从美国国家科学基金会（NSF）获得的科研基金总额超过4百万美元。2012年，回国创办北京晟视万维科技有限公司，任执行董事。公司主要从事免插件P2P点播和直播视频技术开发与服务。2013年，个人入选第十批中央引进海外高层次人才“千人计划”创业人才。

赵伟

安进医疗科技（北京）有限公司董事长兼总经理。曾留学日本，在日本主版上市公司担任执行董事等高管职务，在国外发明的电磁刀产品为世界首创。2010年3月回国，在北京邮电大学留学人员创业园创办安进医疗科技（北京）有限公司，任董事长兼总经理。公司是一家在医疗技术、人体传感网络、融合医疗与通信为一体的研发、生产、销售的中外合资高新技术企业，在日本设有分部。公司主要研发、生产和销售医疗设备相关的产品，同时提供相关的医疗技术、解决方案和市场咨询服务。此外，还代理进出口各类设备、工业、材料等国际业务；并提供中日间投资、贸易、交流、市场等方面的咨询服务。公司重点围绕微创手术及内窥镜手术领域、人体传感信息领域、远程医疗领域及医疗产品追迹跟踪领域，研发新技术、新产品及新应用，为医疗事业提供更加安全、方便、高性能和低成本的医疗产品，力争在国际市场上创设一个具有不断创新精神的医疗设备的品牌。2012年，个人入选北京市“海聚工程”、中关村“高聚工程”。2013年，入选第十批中央引进海外高层次人才“千人计划”创业人才，并被评为“2013年度中关村十大海归新星”。

赵毅

青岛康立泰药业有限公司总经理。美国南加州州立大学医学院博士。回国后与青岛恒生生物制药技术开发有限公司和山东利星有限公司联合创建青岛康立泰药业有限公司，任总经理。公司是一家从事医药领域技术研发和生产技术创新研发综合性的中外合资企业，注册资金5000万元。公司拥有高水平的研发团队和技术人才，入选“第一批青岛市企业创新重点项目计划”“青岛市新药创制重点项目”“青岛市战略新兴产业培育计划项目”等，重点研发国家一类生物新型药物白细胞介素12（IL-12）等生物药品。IL-12是目前唯一能够全面恢复血象，并有效抑制肿瘤细胞生长的药物，对肿瘤放、化疗和核辐射等急性放射损伤造成的血象破坏都具有很好的预防及治疗作用。IL-12用药剂量小、无毒副作用，能够从根本上刺激骨髓微环境，全面均衡的使红细胞、白细胞、血小板得到恢复，而不会造成某一个血系细胞恢复导致的副作用，如其他血系细胞减少、血小板过多造成血栓等。目前，该产品开发工作已经进入中试生产阶段，工程细胞大规模生产工艺以及蛋白纯化工艺已基本完成，蛋白纯度达到国家药典要求。个人入选青岛市“创业创新领军人才计划”。2013年，入选第十批中央引进海外高层次人才“千人计划”创业人才。

赵岳星

浙江月旭材料科技有限公司执行董事兼总经理。1987年毕业于复旦大学化学系，之后又读了两年多的本校研究生。1989年赴美国留学，1995年获得加州大学伯利克分校物理化学专业博士学位。毕业后在硅谷工作多年，曾担任IBM全球研发中心高级工程师、硅谷高科技公司Lam Research中国区事业部总经理。2010年，回国创办浙江月旭材料科技有限公司，任执行董事兼总经理。公司主要从事色谱分离材料的研发、生产和销售，并提供色谱应用技术的开发、咨询和培训等相关的研发和技术服务，产品广泛应用于生物制药、食品安全、天然产物、环境和精细化工等关乎国计民生的重要领域。公司目前的主打产品色谱柱，是一种制造色谱检测仪的核心部件，依靠自主研发的小粒径颗粒表面处理和修饰等技术，产品在性能和质量上都已达到国际先进水平，完全可以取代同类进口产品，打破了国际巨头在中国市场的行业垄断。2013年，个人入选第九批中央引进海外高层次人才“千人计划”创业人才。

赵喆

宁波吉瑞陶瓷技术有限公司董事长。清华大学无机非金属材料专业博士，瑞典斯德哥尔摩大学物理无机与结构化学系博士后和副教授，在先进陶瓷的整体发展趋势和产品技术方面有着深厚的造诣。2010年3月回国，在宁波高新区成立宁波吉瑞陶瓷技术有限公司，任董事长。公司主要从事高纯度和高透明度全陶瓷牙、陶瓷刀具和风力发电设备用大尺寸氮化硅基陶瓷轴承等高端陶瓷科技产品的研发、生产和销售及相关技术咨询服务。公司以来自瑞典、英国、中国科学院和清华大学的研发团队作为技术依托，拥有国家千人计划专家、上海市东方学者等一批技术骨干，曾获得中国科技创业计划大赛二等奖并入选宁波市“3315”计划创业团队，具有极高的陶瓷材料生产工艺水平和较强的产品持续研发能力。公司目前主要研发生产全瓷义齿用氧化锆系列产品，于2012年通过国家食品药品监督局的各项评估，并于同年推出高透光性氧化锆瓷块，具有目前国际领先的美学性能和优异的机械加工性能，产品一经推出迅速进入了包括北上广深四大一线城市在内的大部分主要城市的市场。2013年，个人入选第九批中央引进海外高层次人才“千人计划”创业人才。

郑春阳

天津强微特生物科技有限公司董事长兼总经理。1994年至1998年北京大学学士；1998年至2004年罗彻斯特大学博士，2004年至2006年康奈尔大学博士后；曾在美国学习和工作了12年，主持或参与过多项生物医学尖端技术项目，发表过多篇英文学术论文，并获得过两项美国国家级研究奖励。2010年回国，在滨海高新区留学生创业园创办天津强微特生物科技有限公司，任董事长兼总经理。公司致力于新型极端工业酶制剂、分子生物学工具酶及化妆品用生物活性因子的研发与产业化。公司汇集了具有具有分子生物学、发酵工程、蛋白纯化等不同学科背景的高级技术人才，形成了结构合理、知识经验互补的研发团队，共申请中国专利37项，其中20项专利已授权。目前，公司产品研发四大方向，分别是新型极端工业酶制剂、分子生物学工具酶、化妆品用生物活性因子、顶级生物护肤品。其中新型极端工业酶制剂目前已经完成数种极端耐热纤维素及半纤维素水解酶工程菌株构建、蛋白表达及纯化工作，于2012年初销售生化试剂级小包装产品，2012年10月销售大宗工业级酶制剂产品。此类产品将是世界上首次商品化，预计会给纤维乙醇、造纸、纺织、中药等行业带来新一轮技术革新和产业进步。2011年，个人入选天津市“千人计划”、天津市“131”创新型人才培养工程（第一层次），是天津市唯一同时入选这两个高级人才项目的“双跨人才”。2013年，入选第十批中央引进海外高层次人才“千人计划”创业人才。

郑攀

微泰医疗器械（杭州）有限公司总经理。美国佛罗里达州立大学机械工程博士。曾任美国Centurion Wireless Technologies资深机械工程师，Flextronics硅谷医疗器械设计中心资深机械工程师、资深项目经理等职，在医疗器械产品设计及制造方面拥有丰富的经验，曾成功研发了国际首创微米级硅泵，主持和参与研发的多种先进医疗器械及电子产品（如Varian 的肿瘤放射治疗仪、微软XBOX等）已成功在美国上市。2011年1月回国，带领硅谷团队在浙江杭州未来科技城创立微泰医疗器械公司，任总经理。公司注册资金4100万元，现有近2000平方米的GMP洁净车间和办公场地，主要从事第三类医疗器械研发、生产、销售及维护，目前拥有包括国际领先的智能贴敷式胰岛素泵系统、血糖监测系统、耗材等完整的糖尿病检测和治疗产品线。公司自主研发的一款贴敷式智能胰岛素泵，采用先进的胰岛素给药装置，改变了用注射器注射胰岛素的方法，可以使糖尿病人血糖控制到最佳，饮食多样化，打破了欧美医疗器械巨头在胰岛素泵及耗材市场的垄断。公司的发展目标是依靠国际化的管理团队和强大的核心技术优势，以国际领先的贴敷式智能胰岛素泵和血糖监测系统为开端，逐步打造成为针对糖尿病为主等各类慢性病的检测和治疗器械的市场领导者。2013年，个人入选第十批中央引进海外高层次人才“千人计划”创业人才。

周凯

上海昀石信息技术有限公司董事长兼总经理。上海交通大学学士，哈尔滨工业大学硕士，新加坡国立大学硕士，四川大学博士，美国西北大学EMBA。历任惠普高管、华为研发部经理，拥有核心软件专利12项。2009年，创办上海昀石信息技术有限公司，任董事长兼总经理。公司是一家专业提供各类网络及软硬件技术研究、开发与维护的高科技企业，主要运营零售业物联网云服务平台，通过对企业应用集成多年研究的积累，迅速完成了SOA中间件（业务集成平台）的核心产品开发，为金融、电信、制造业等领域超过3000家企业服务，年销售近亿元。2013年，创办协运天下电子商务有限公司，致力于打造按照电子商务和O2O概念、以云架构搭建的服务平台，主要应用在航运领域，为货主和货代提供在线竞价和操作的“一站式”供应链服务。“协运天下”平台模式极具创新竞争力，目前产品功能已经部分上线，现在正在进行后续一些功能模块的开发。项目入围第二届“千人计划”创业大赛决赛，并入选2013克莱斯勒杯黑马大赛50强。2013年，个人入选第十批中央引进海外高层次人才“千人计划”创业人才。

周志颖

苏州梦想人软件科技有限公司董事长。毕业于新加坡国立大学，主攻人机交互与增强现实，取得博士学位。此后经历了新加坡政府推进互动数码媒（IDM）技术发展的整个时期，包括前期筹划、实行到推广。期间还曾担任新加坡媒体发展局（全权负责IDM项目的政府部门）交互多媒体技术委员会的成员，并到美国南加州大学排名世界第一的交互媒体学院为担任为期一年的访问科学家，协助设立了新加坡国立大学好莱坞实验室（NUS Hollywood Lab），培养了几十名由新加坡选送到好莱坞工业界实习的学生和研究员。在读博期间开始技术商业化，基于其博士课题的3个美国专利，于2004年在新加坡成立MXR（梦想人）公司，同年获美国国际创业大赛 I2P 的银奖（IT类），次年获得500万人民币的天使投资。2007年3月研发出全世界第一款增强现实教育产品，销售到全球10几个国家，被誉为“未来一代的学习方式”，在上海世博会上被指定为中国航天馆特供商品。2010年带领核心团队归国创业，创建苏州梦想人软件科技有限公司，任董事长。兼任新加坡国立大学苏州研究院助理院长。公司是全国唯一从事增强现实技术科研与产业化推广的高科技企业，拥有长足的突出的技术优势。目前，公司已经完成100余个项目，其中包括惠普、英特尔、思科、迪斯尼、联想、丰田、联通、中石油、中国科学技术馆、广东科学中心、合肥科技馆、新加坡科学中心等，销售额累计达1200多万元。在2012北京科技周上，产品获得时任国务委员刘延东等领导的高度评价；2013年北京分公司被认定为北京市科普基地。2013年，公司将增强现实技术引入智能电视，并与数家互联网电视企业和机顶盒运营商达成合作协议，将开拓更大的市场空间。2013年，个人入选第十批中央引进海外高层次人才“千人计划”创业人才。

朱笑慷

杭州龙旗科技有限公司创始人兼CEO。1990年进入武汉大学世界经济专业学习，1995年毕业后赴美国留学，获得美国波士顿大学经济学博士学位和特许金融分析师资质。后在一家美国顶尖的金融咨询公司任资深经理，与美国商学院、法学院、经济学院的知名教授有着紧密的合作关系，为500强客户提供金融咨询，对美国金融市场、证券法及监管有着深入的研究。此后加入当时全球最大的资产管理公司巴克莱国际投资人任基金经理，直接管理高达20亿美金的美国市场对冲基金产品。2009年12月，巴克莱被贝莱德以150亿美金兼并，任贝莱德科学主动股票投资部基金经理、投资策略研究员，帮助管理多达1000亿美金的全球股票投资，为包括中国国家外汇管理局在内的机构客户提供专业的投资服务。2012年，在海邦人才基金牵线下回国创办杭州龙旗科技有限公司，任CEO。公司致力于提供全方位、高端的金融解决方案，包括中国量化对冲产品、金融科技产品的开发等。公司的专业投资团队借助先进的计算机技术对金融市场的数据进行大规模量化分析，给客户提供可持续的优秀投资回报以及严格的、系统化的风险控制。目前，公司已与博时基金、东方证券、兴业证券等达成委托开发量化金融软件的意向协议。2013年，个人入选第九批中央引进海外高层次人才“千人计划”创业人才。

庄雪锋

苏州凯隆医疗科技有限公司执行董事兼总经理。1996年毕业于江苏省常熟中学，同年受国家教委选派获意大利政府奖学金赴意大利世界联合书院留学，后赴美深造，获斯坦福大学电子工程系博士学位。拥有10年传感器及诊断仪系统开发经验，5年研发项目管理经验，是第一个实现了二维微纳机电超声传感器列阵和集成电路整合而演示实时三维立体超声图像的创新者，已获2项美国专利。2006年，在美国创立Kolo Technologies（凯隆科技）公司，带领团队开发了新一代的微纳机电（MEMS/NEMS）超声传感器及其系统技术，并申请了30个国际和美国专利，有10多项专利已经生效，已累计募集了1200多万美金的创投资金。2011年11月回国，在常熟创办苏州凯隆医疗科技有限公司，任执行董事兼总经理。公司是一家以微纳机电传感科技为核心技术的医用超声系统企业，传承了美国Kolo Technologies的研发成果，掌握微纳机电、传感器、超声成像系统等核心技术，拥有自主知识产权和多项国际国内专利。公司的宗旨是将所拥有的世界最尖端的微纳机电MEMS/NEMS超声波传感器技术产业化，开发出新一代医用超声波诊断系统，填补国内在这一技术领域的空白。公司将致力于推广医用超声的应用范围，生产出有自主知识产权并领先世界的医疗超声产品。2013年，个人入选第十批中央引进海外高层次人才“千人计划”创业人才。

第五部分

社团篇

欧美同学会·中国留学人员联谊会

概况

欧美同学会于1913年成立，2003年增冠“中国留学人员联谊会”会名，是由中国留学海外各国归国同学自愿组成的群众团体。由中共中央书记处领导，中央统战部代管。

欧美同学会·中国留学人员联谊会设有理事会、常务理事会和会长会，理事会为最高权力机构。下设留美、苏、英、德奥、法、意、加、瑞士、东欧、北欧、拉美、日本、澳新、朝韩14个分会（东南亚分会正在筹建中）；16家团体会员及近百个校友会；组织、宣传、联络、建言献策、团体会员、社会服务、会员活动7个专门工作委员会；MBA协会、企业家联谊会、商务人士委员会、酒店业专家委员会。与21个省区市留学人员组织，美、英、德、日、澳等主要留学国家的百余家留学人员团体建立了工作联系。

欧美同学会·中国留学人员联谊会广泛联系海内外留学人员，反映他们的意见建议和愿望要求，团结和引导广大留学人员服务于社会主义经济建设、政治建设、文化建设和社会建设，如发起“报国计划”，组织“为国服务团”，召开21世纪中国研讨会和海外留学人员座谈会，服务奥运，举办募捐赈灾活动，参与主办中国留学人员广州科技交流会、中国·海峡项目成果交易会、中国海外学子辽宁（大连）创业周，还作为海外高层次人才引进计划（简称“千人计划”）的主要窗口单位开展各项工作。

欧美同学会·中国留学人员联谊会工作机构下设行政事务管理部、人事文秘部、会员工作部、联络工作部、社会服务部和宣传部，办有会刊《留学生》（月刊），《欧美同学会通讯》和网站。

党和政府高度重视欧美同学会·中国留学人员联谊会及留学人员工作。毛泽东主席对留学人员寄予了“希望寄托在你们身上”的深情厚望，周恩来总理曾亲自来会所探望、视察。1987年，邓小平同志为《欧美同学会会刊》题写刊名。1997年，江泽民同志为欧美同学会题词“学习、奋斗、团结、奉献”，2003年，题写“中国留学人员联谊会”新会名。党和国家领导人多次出席欧美同学会举办的重要活动。1993年，江泽民同志出席欧美同学会成立80周年大会并发表重要讲话；2003年，胡锦涛同志出席欧美同学会成立90周年纪念大会并强调指出，欧美同学会要“努力成为党联系广大留学人员的桥梁和纽带，成为党和政府做好留学人员工作的助手……努力成为留学人员之家。”

在新的历史条件下，欧美同学会·中国留学人员联谊会将坚持“团结立会、民主办会、依章治会、实干兴会”的办会方针，高举留学报国的爱国主义旗帜，弘扬留学报国的光荣传统，广泛团结和凝聚海内外留学人员，为全面建设小康社会，实现中华民族的伟大复兴作出新的贡献。

宗旨

以邓小平理论和“三个代表”重要思想为指导，团结和服务海内外留学人员，继承发扬留学报国的爱国主义传统，秉持修学、游艺、敦谊、励行的理念，为全面建设小康社会和实现中华民族伟大复兴服务，为完成祖国完全统一大业服务，为维护世界和平与促进共同发展服务。

主要任务

一、学习贯彻党和政府关于留学人员工作、知识分子工作和人才工作的方针政策。

二、推动留学人员报国实践，宣传留学人员报国业绩。

三、开展咨询、信息服务和人员培训等，为促进国家和地方经济社会发展献策出力。

四、联系海外留学人员和团体，开展科技、经济、文化、教育、卫生等领域的交流与合作，组织和推动海外留学人员为国服务。

五、开展多种形式的活动，加强学术交流，丰富文化生活，增进留学人员之间的联系和友谊。

六、反映留学人员的意见和要求，维护会员的合法权益，关心会员的工作和生活，努力为留学人员服务，把本会办成留学人员之家。

七、表彰优秀留学人员，积极举荐人才。

联系方式

地　址：北京市东城区南河沿大街111号
邮　编：100006
电　话：86-10-65592511，65255269
传　真：86-10-65273621
邮　箱：wrsa-hyb@coesa.cn
网　址：www.coesa.cn

中国技术创业协会留学人员创业园联盟

概况

中国技术创业协会留学人员创业园联盟（又称“中国留学人员创业园联盟”）是在国家科技部、教育部、人力资源和社会保障部、国家外国专家局以及中国致公党中央等共同支持下，由致力于支持留学人员创新创业发展的创业园和相关企事业单位、机构共同发起，以自愿方式组成的全国性非营利性的社会组织，在中国技术创业协会领导下开展工作。业务指导单位为国家科技部火炬高技术产业开发中心、国家教育部国际合作与交流司、国家教育部留学服务中心、国家人力资源和社会保障部留学人员和专家服务中心、国家外国专家局经济技术专家司、中国国际人才交流中心、中国致公党中央留学人员委员会。英文名称China Overseas Scholars Pioneer Park Alliance。

联盟承担起国家有关部门的业务委托，围绕科技创新、人才引进、载体建设，积极开展各项工作，不断探索行业发展的新思路，通过汇聚全国留学人员创业园的各类优质资源，搭建政策、活动、宣传、交流与合作、国际技术转移、投融资等平台，形成人才、技术、资本、市场等方面的资源共享机制，探索行业发展模式，推动园区品牌创新，加快科技成果转化，提升孵化服务能力，营造海外高层次人才归国创新创业的良好环境。联盟制定了较为完善的服务工作体系，为留学人员创业园、留学人员企业提供服务支持。

宗旨

遵循国家法律法规和相关方针政策，全面整合各方的资源，推动全国留学人员创业园的全面发展，为建设创新型国家做出贡献。

主要任务

一、制定全国留学人员创业园指标评价体系，认定和命名园区，进行行业规范指导和形成示范品牌效应；在全国范围内评选表彰优秀留学人员创业园区和企业、园区先进工作者，树立行业优秀典型；通过中国留学人员创业园发展基金，对园区、企业和个人给予资金支持和服务倾斜。

二、构建中国海外高端人才协同创新创业网络，实施中国留学人员创业园“联盟孵化”工程，并借助中国海外高端人才创新创业中心、首都高校海外高端人才创新创业中心、海外高端团队技术转移基地等平台，以留学人员创业园为服务重心，全面整合各级政府、各地高新区和科技园区、大中型企业、高校院所、海内外相关机构和团体等各类资源，打造“人才服务+企业孵化+产学研合作”发展模式；建立全国留学人员创业园工作服务平台，提供信息、市场、资本等对接服务，实现园区、企业、人才的资源聚合、共享和流动。

三、发起成立中国留学人员创业园创业投资基金，为在园企业提供更为便利的融资渠道，解决企业资金难题，助推企业成长；通过两只基金（中国留学人员创业园发展基金、中国留学人员创业园创业投资基金）和“中国留学人员创业园百家企业”评选活动，遴选优秀企业，从项目申报、成果转化、市场拓展、创业投资、品牌传播等方面对接各类社会资源，提供各类服务，促进园区企业成长。

四、主办全国留学人员创业园年会、“中国留学人员创业园百家企业”评选活动、中国留学人员西部科技交流洽谈会等活动，参与承办和协同开展“春晖杯”创业大赛、中国留学人员广州科技交流会、中国海外学子创业周等大型行业活动；组办行业及联盟区域性工作交流研讨会，拓展引才路径，促进园区交流，探索发展模式，推动企业发展。

五、编撰《中国留学人员创业园年度发展报告》《中国留学人员创业年鉴》，开展留学人员回国服务领域基础性重大问题前瞻性研究，为政府部门制定各项推进留学人员创业园发展的政策和措施提供建议；对留学人员创业园等科技创业平台和服务体系建设提供战略咨询，提出政策建议，提升园区核心竞争力；出版《中国留学生创业》杂志，运营中国留学人员创业园联盟网，联合战略合作媒体，构建立体化企划推广平台和行业信息主干道；主办海归文化艺术节，拍摄海归题材电影、纪录片、宣传片，传播海归文化。

联系方式

地　址：北京市海淀大街3号鼎好大厦A座19层1923室
邮　编：100080
电　话：86-10-82698998
传　真：86-10-62261247
邮　箱：lianmeng@osechina.com
网　址：www.osechina.com

中国留学人员回国服务联盟

概况

中国留学人员回国服务联盟（简称“服务联盟”）成立于2011年8月22日，是由首批92家国内从事留学人员回国服务工作的组织发起成立，专门为留学回国人员和留学回国工作提供服务的一个开放式的非法人行业联盟组织与合作交流平台。英文名称China Union of Service Organizations for Returned Overseas Students，简称CUSOROS。

中国留学人员回国服务联盟将致力于健全留学人员回国服务机构的合作机制，加强各服务联盟成员间的协调配合，推动服务联盟成员间在编制留学人才引进计划、实施重点项目、落实重要政策时，加强沟通与协调，共同营造和谐的服务工作环境。还将建设留学人员回国服务信息平台，以中国留学人才信息网为依托，构建面向社会和广大海外留学人员的留学回国工作信息平台，促进留学人才、项目、政策、资金等信息资源的交流和共享。

宗旨

以邓小平理论和“三个代表”重要思想为指导，深入贯彻落实科学发展观，坚持“支持留学、鼓励回国、来去自由”的方针，按照“拓宽留学渠道、吸引人才回国、支持创新创业、鼓励为国服务”的要求，团结各留学人员回国服务组织，整合服务资源，提高服务能力，落实具体政策，加快建设服务理念先进、服务机制健全、服务功能齐全、服务质量优良的留学人员回国服务体系，为充分开发利用留学人才资源，吸引更多优秀留学人员回国工作、创业和以多种方式为国服务提供保障。

主要任务

一、推进留学人员回国服务网络建设。以各地区各部门所属留学人员服务机构为骨干，充分发挥各服务联盟成员作用，统筹服务资源，实现资源共享，完善留学人员回国服务网络。

二、健全留学人员回国服务机构的合作机制。加强各服务联盟成员间的协调配合，推动服务联盟成员间在编制留学人才引进计划、实施重点项目、落实重要政策时，加强沟通与协调，共同营造和谐的服务工作环境。

三、建设留学人员回国服务信息平台。以中国留学人才信息网为依托，与有关服务联盟成员留学信息网相互贯通，充分利用互联网便捷高效的特点，构建面向社会和广大海外留学人员的留学回国工作信息平台，促进留学人才、项目、政策、资金等信息资源的交流和共享。

四、组织成员单位开展相关活动。组织协调服务联盟成员单位开展区域性合作活动和跨区域的专业性交流活动；发挥服务联盟成员单位的资源优势，加强服务联盟成员单位的自身培训，通过多种途径和形式，对留学人员开展国情、政策和就业等方面的培训。

联系方式

地　址：北京市海淀区学院路30号博士后公寓办公楼
邮　编：100083
电　话：86-10-82388262，62322968，62330841
传　真：86-10-62321842
邮　箱：lxhgfw@163.com
网　址：www.chinatalents.gov.cn

“千人计划”专家联谊会

概况

“千人计划”专家联谊会成立于2011年1月15日，是欧美同学会·中国留学人员联谊会的一个分会，是国家“千人计划”项目引进专家自愿发起和组成的非营利性社会团体。联谊会凝聚全体“千人计划”专家，旨在联谊交流、协同合作、建言献策和服务社会。联谊会将团结并服务于海内外留学人才，积极践行科技兴国和人才强国战略，努力成为国家创新创业的生力军，为建设创新型国家、实现中华民族的伟大复兴贡献智慧和力量。“千人计划”专家联谊会热爱祖国，拥护中国共产党的领导，遵守国家宪法和法律，积极反映会员的意见和要求，维护会员的合法权益。

“千人计划”专家联谊会办公室是联谊会具体工作的执行机构。联谊会办公室在专项办及执委会的指导下，办公室主任的领导下，八个专业委员会的配合下，主要负责活动组织、联系交流、新闻宣传等方面工作，力求实现联谊会办会宗旨。“千人计划”专家联谊会根据专业发展需要设立专业委员会，目前设信息科学与技术；化学化工；能源、资源与环境；工程与材料；生物医药与生命科学；数学物理；经济、金融与管理；高新技术；青年委员会9个专业委员会。

宗旨

凝聚全体“千人计划”专家，团结并服务于海内外留学人才，积极践行科教兴国和人才强国战略，努力成为国家创新创业的生力军，为建设创新型国家、实现中华民族的伟大复兴贡献智慧和力量。

主要任务

一、开展会员间的联谊交流。

二、推进会员间、本会与其他社会团体间，在学术、科研、产业发展等方面的交流合作。

三、为国家科技、经济、教育、产业、人才等方面的科学发展建言献策。

四、关心公益，服务社会。

联系方式

地　址：北京市东城区南河沿大街111号
邮　编：100006
电　话：86-10-65127388-8007
传　真：86-10-65266906
邮　箱：lianyihui@1000plan.org
网　址：www.1000plan.org/lianyihui2

中华全国青年联合会留学人员联谊会

概况

中华全国青年联合会留学人员联谊会成立于2004年12月21日，是由愿意遵守本会章程的中国青年留学人员（含青年华侨华人）和留学人员社团（含华侨华人社团）自愿结成的、非营利性的社会团体，接受中华全国青年联合会的领导。英文全称Returned and Overseas Chinese Scholars Association of All-China Youth Federation，简称ROCSA。

联谊会的领导机构是理事会，每届任期三年。联谊会设会长1人、副会长22人、秘书长1人，组成会长会议，在理事会闭会期间主持本会工作。设农业科学、信息技术、生物技术、材料科学、管理科学、金融投资、商贸物流、法律、教育文化、新闻传媒、医药卫生、华侨共12个专业委员会，由各专业委员会秘书长主持开展工作。联谊会秘书处设在全国青联海外学人工作部。

联谊会会员主要为在本行业、领域有一定成就和影响的青年留学人员代表性人物，分布在国内各省、区、市和香港、澳门特别行政区以及美国等15个国家。

宗旨

广泛联系，促进交流，凝聚力量，为国服务。

主要任务

一、广泛联系、团结海内外青年留学人员，大力弘扬爱国主义传统，加强青年留学人员之间及与国内社会各界的交流。

二、宣传祖国经济和社会发展成就，广开渠道，促进青年留学人员与国内各地开展人才、资金、项目、技术等合作。

三、维护青年留学人员的合法权益，为青年留学人员的成长成才和事业发展服务，举荐、宣传优秀青年留学人员。

四、会同有关方面开展青年留学人员工作，提出意见和建议，努力优化青年留学人员成长和创业环境。

五、开展中华全国青年联合会授权的其他工作。

联系方式

地　址：北京市前门东大街10号
邮　编：100051
电　话：86-10-85212680
传　真：86-10-85212680
网　址：www.ocss.com.cn

北京市侨联归国留学人员联合会

概况

北京市侨联归国留学人员联合会成立于2004年1月6日，是在北京市侨联领导下，在中国侨联及北京市委统战部的指导下，由在北京创业或工作的归国留学人员自愿组成的、自主管理的、非营利性的社会团体。联合会承认《中华全国归国华侨联合会章程》，面向北京5万多名归国留学人员。

宗旨

团结、教育、引导广大归国留学人员及其眷属，维护归国留学人员的合法权益，为归国留学人员在北京创业和工作服务，发挥归国留学人员的团体优势，成为北京市委和市政府联系团结广大归国留学人员的桥梁和纽带。

主要任务

一、做好吸引海外人才和智力工作，为实现“新北京、新奥运”得战略目标，为首都率先基本实现现代化服务。

二、面向最基层广大归国留学人员，为留学人员创业、就业、社会交往提供各种服务。

三、维护留学人员合法权益，协助政府有关部门解决留学人员实际困难。

四、关心归国留学人员的政治诉求，积极推荐表彰留学人员代表人物；弘扬创业精神，宣传推介留学人员的事迹和成就；

五、发挥北京人才与高新技术优势，组织广大会员积极参与其他省市的科技、人才交流等活动。

六、加强自身建设，积极推进留学人员工作的理论研究。

七、加强与海外留学人员、海外留学人员社团组织及新侨组织的联谊工作，推动国际交流与祖国统一进程。

联系方式

地　址：北京市上地东路5-2号京蒙高科大厦B座702-711
邮　编：100085
电　话：86-10-82782346
传　真：86-10-64398744
邮　箱：member@ocsf.com
网　址：www.rocsf.org

北京海外高层次人才协会

概况

北京海外高层次人才协会成立于2011年12月12日，由北京海外学人中心和李彦宏等5位在京的优秀海外高层次人才共同发起成立，是经北京市社会团体管理办公室核准登记的非营利性社会团体法人。英文全称Beijing Overseas Talents Association，简称BOTA。接受业务主管单位、社团登记管理机关北京市民政局的业务指导和监督管理。

协会是北京海外高层次人才联谊交流的桥梁和纽带，是促进科技与产业资源整合的人才集群，也是进一步推动北京以及北京周边地区高端人才一体化发展的枢纽型人才组织。

宗旨

遵守宪法、法律、法规和国家政策，遵守社会道德风尚，搭建海外高层次人才交流平台，团结、凝聚和服务在京地区创新创业的优秀海外高层次人才，拓展渠道、整合资源、加强合作，促进海外人才的聚集和发展，充分发挥海外高层次人才的作用，服务北京的创新发展，为北京有中国特色的世界城市建设提供人才支持保障。

主要任务

一、组织海外高层次人才学习贯彻党的方针政策和国家法律法规，了解国家和北京市经济社会发展情况和海外人才相关政策。

二、广泛开展形式多样的交流联谊活动，增进北京以及与津冀地区海外高层次人才之间的联系与交流。

三、加强对海外高层次人才的联系服务，反映海外高层次人才的意愿，进一步优化高端人才的发展环境。

四、为海外高层次人才搭建学术研讨、科技联合攻关、创业合作、投融资服务、科研成果转化等服务平台。

五、发挥海外高层次人才的优势，为北京有中国特色的世界城市建设与“首都经济圈”发展建言献策。

六、开展海外高层次人才相关的研究，编辑出版刊物或书籍，组织论坛、研讨、展览等各种宣传活动。

七、通过多种渠道广泛宣传北京市的优秀海外高层次人才。

八、广泛联系海外专家组织、留学生组织和海外人才交流机构，促进会员开展国际交流合作，吸引更多优秀海外人才到北京创新创业。

联系方式

地　址：北京市西城区德外大街83号德胜国际中心B座6层
邮　编：100088
电　话：86-10-58540533，58540534
传　真：86-10-58540535
邮　箱：bota@8610hr.cn
网　址：www.8610hr.cn/xiehui

天津市留学人员联谊会·天津市欧美同学会

概况

天津市留学人员联谊会成立于2005年4月22日，是由天津市留学海外的归国同学及海外留学人员自愿组成的群众组织（联合性非营利性组织）英文全称Tianjin Overseas Returned Scholars Association，简称TORSA。

天津市留学人员联谊会在理事会领导下开展工作，有长设办事机构秘书处，现有理事93名。联谊会力图完善自身组织的建设，按国别、专业等分别设立留美、留欧、留日等分会，逐步发展会员，形成覆盖海内外的天津留学人员队伍。

宗旨

遵守国家的法律、法规和国家政策，遵守社会道德风尚，团结和组织广大留学人员，增进友谊，交流学术，努力成为党和政府密切联系广大海内外留学人员、学者的桥梁和纽带。积极提供信息、开展服务，围绕国家的人才战略，服务天津发展，促进经济社会、科学技术、教育卫生、文化体育和各项事业发展。

主要任务

一、弘扬爱国主义思想，倡导报国奉献精神，宣传留学人员的先进事迹和学术成就。

二、开展海内外学友之间的联谊活动，加强学术交流和信息沟通，丰富文化生活，增进会员联系和友谊。

三、推动海内外专家、学者及各界人士之间的联系，增进相互了解，在科技、文化、教育、经济等领域广泛开展合作。

四、组织会员发挥综合智力优势，为天津的发展献计献策，为天津企事业单位提供各类咨询、信息服务和人员培训，为各行业对外合作与交流开辟渠道。

五、联络与天津有渊源的海外学友和留学人员团体，加强他们与天津的沟通。

六、维护会员的合法权益，积极反映海内外留学人员的需求，协助解决困难和问题。

联系方式

地　址：天津市新技术产业园区华天道2号国际创业中心
邮　编：300041
电　话：86-22-27126427，60330550
传　真：86-22-27112792，60330551
邮　箱：tjtorsa@163.com
网　址：www.tjtorsa.cn

河北留学人员联谊会

概况

河北留学人员联谊会是由河北省归国留学人员自愿组成的非营利性社会团体，由河北省人事厅进行工作指导。在2008年7月正式成为欧美同学会·中国留学人员联谊会团体会员。

宗旨

紧密结合河北省改革建设实际，密切关注人才紧缺的专业和行业，开展多层次、多领域、多形式的咨询服务和智力招聘活动，为海外留学人员和用人单位牵线搭桥；有效利用现代信息工具和手段，为实施人才强省战略、建设创新型河北提供坚实的信息资源保障；营造留学人员来河北工作的良好氛围，让一切有志于来河北发展的留学人员有才可用、有业可创、有誉可享。

主要任务

一、积极宣传、贯彻执行国家和河北省有关留学人员工作的方针、政策。为各类留学人员回国工作和为国服务开展咨询、提供服务。

二、收集反映留学人员的意见、建议和要求：维护留学人员的合法权益，为留学人员创造良好的学习、工作和生活环境。

三、积极组织多种形式的联谊活动，加强海内外留学人员之间和留学人员社团之间的信息、技术和学术交流，丰富会员文化生活，加强留学人员之间的联系与友谊。

四、宣传留学人员留学报国的业绩和贡献，动员组织在河北省的留学人员为振兴河北做贡献。开展留学人员表彰、奖励活动。

五、受主管部门委托，组织留学人员为各级党政机关、企事业单位和非公有组织等部门开展决策咨询、信息服务和人员培训等工作，为河北省建设沿海经济社会发展强省提供智力支持和人才保障。

联系方式

地　址：石家庄市维明北大街118号

邮　编：050051

电　话：86-311-88616757

传　真：86-311-88616757

邮　箱：hbzl@hebrs.gov.cn

山西欧美同学会·山西留学人员联谊会

概况

山西欧美同学会·山西留学人员联谊会成立于2008年10月26日，是欧美同学会·中国留学人员联谊会的团体会员，是由山西归国留学人员自愿组成的、非营利性的群众团体。该组织受中共山西省委领导，由省委统战部代省委管理，是省委联系广大留学人员的桥梁和纽带。

宗旨

遵守国家宪法、法律、法规和政策，发扬留学报国的爱国主义传统，团结归国留学人员，广泛联系海内外学友，团结立会，依章治会，民主办会，实干兴会，为振兴中华、繁荣山西作贡献。

主要任务

一、充分认识开展留学人员工作的重大意义，增强做好留学人员工作的责任感、使命感和光荣感。

二、充分发挥留学人员联谊会的作用，引导支持广大留学人员为山西省实现“三个发展”做出积极贡献。

三、在各级统战部门统一领导下，与有关部门加强协调沟通，逐步形成职责明确、制度健全、运转高效的留学人员统战工作机制，把留学人员统战工作真正落到实处。

四、积极开展工作，当好党联系广大留学人员的桥梁纽带，党和政府做好留学工作的助手，最广泛地把广大留学人员团结在党和政府的周围，把广大留学人员的智慧和力量凝聚到山西省经济社会又好又快发展上来。

联系方式

地　址：中国山西省太原市迎泽大街369号山西省委统战部六处

邮　编：030071

电　话：86-351-4019502

传　真：86-351-4019502

欧美同学会·中国留学人员联谊会留学报国大连基地

概况

欧美同学会·中国留学人员联谊会留学报国大连基地（以下简称“大连基地”）是中央统战部批准成立的全国第一个留学报国基地。2008年9月24日，时任全国政协副主席、九三学社中央副主席王志珍，中共中央统战部副部长、欧美同学会党组书记陈喜庆和中共大连市委副书记里景瑞为大连基地揭牌，正式成立。大连基地由欧美同学会、中共大连市委统战部、大连高新技术产业园区共建，坐落于大连高新技术产业园区。

大连基地成立以来，依托欧美同学会、大连市海外联谊会、大连市归国留学人员联谊会，先后同30个国家、150多个华人华侨专业团体、300名海外社团负责人、1500多名海外留学人员、160名国家“千人计划”专家建立了密切的联系；以海外联谊会的名义，先后在东京、香川、首尔、悉尼、墨尔本等10个城市建立了海外工作站。大连基地先后组团参加了“21世纪中国、海外留学人员服务祖国科学发展研讨会”等九次国际人才大会；会同海外华人团体举办了20余场人才项目洽谈会；访问了美国、日本、英国、德国等22个国家和地区，同69个华人团体和留学人员组织开展了密切交流；定期组团参加无锡举办的国家“千人计划”人才项目洽谈会、广州“人交会”等重要活动。大连基地借助大连“海创周”平台，4年来，先后邀请了欧、美、亚30多个国家150个华人团体、两个国家“千人计划”专家团、1000多位海外留学人员出席“海创周”。先后举办了“激扬青春风采，创业振兴大连”“国际IT产业发展高端论坛”“低碳经济与城市发展论坛”“头脑风暴”等系列主题活动，组织了10场次人才项目对接洽谈会，达成合作意向102项。

目前，大连基地共引进并已落户的科技项目共48项，其中：国家“千人计划”专家项目1项；中科院百名领军人才项目1项；申报国家“千人计划”项目1项；入选辽宁省“十百千工程”项目2项；入选大连市“海创工程”项目8项；正在洽谈，拟将落户大连的重点项目20项；并为高等院校引进推荐海外教授级人才4名。并先后向辽宁省推荐85个人才项目，多次带领海外留学人员赴营口、锦州、盘锦等城市考察洽谈。大连基地于2010年被辽宁省人社厅确定为辽宁省“十百千人才工程”直报单位，从而进一步确定了大连基地在人才项目引进工作上的优势地位。

创立留学报国大连基地不仅成为吸引海内外留学人员回国创业、为国服务的一项新举措，而且创造了开展留学人员统战工作的“大连模式”。

宗旨

人才创造未来，创新引领世界，点燃创业激情，成就创业梦想。大连基地始终把引进人才、培训人才、举荐人才、孵化企业作为发展建设的总体目标，以引进人才项目作为抓手，扩大与海内外留学人员团体及广大留学人员的联系，为归国留学人员创新创业服务，打造留学人员创新创业之家，服务国家和地方经济社会发展。

主要任务

一、认真贯彻落实党和国家关于留学人员的工作方针、政策及上级各项决定、决议。

二、积极开展留学人员人才、项目的引进和推介工作，为留学人员创新创业发展提供服务。

三、加强与海内外留学人员团体和代表人士的联系、联谊、交友工作。

四、为留学人员归国创业、为国服务提供咨询，协调办理留学人员出入境、临时居留、子女入学、家属落户和生活服务等有关事宜。

五、举办留学人员人才、项目的招聘洽谈活动，包括活动组织、接待、咨询、推介等。

六、开展留学人员工作调查研究，为上级机关制定政策、工作决策提供参考，为相关部门制定引进人才、培训人才、举荐人才、孵化企业政策提出建议等。

联系方式

地　址：大连市高新园区火炬路32号创业大厦A座8层

邮　编：116023

电　话：86-411-39842790

邮　箱：tzb_gmh@hotmail.com

大连市归国留学人员联谊会

概况

大连市归国留学人员联谊会成立于2007年1月10日，是在大连市委统战部领导下，由工作、生活在大连市的归国留学人员自愿组成的地方性、联合性和非营利性的社会团体。

联谊会成立以来，积极争取欧美同学会•中国留学人员联谊会留学报国基地落户大连；申请欧美同学会·中国留学人员联谊会作为大连“海创周”主办单位，邀请300余名海外留学人员参加“海创周”；组团出访日本、韩国、澳大利亚等国家，与海外留学人员团体建立广泛密切的合作机制；每两年举办一次归国留学人员创业英才评比表彰活动。

宗旨

以邓小平理论和“三个代表”重要思想为指导，全面贯彻落实科学发展观，高举社会主义、爱国主义旗帜，宣传和贯彻党的留学人员政策，广泛联系本市归国留学人员，促进会员交流交往，帮助留学人员创业发展和以多种形式为国服务，引导留学人员为推进我市率先实现全面振兴贡献力量。

主要任务

一、广泛凝聚大连市归国留学人员，积极吸引海外留学人员。

二、适应大连市贯彻国家战略、提升核心地位的新形势，围绕全市工作大局，抓住加快“三个中心”建设的重大课题，开展调查研究，积极建言献策。

三、发挥归国留学人员联系广泛的优势，密切与海外留学人员团体、友好城市的交流交往，主动为招商引资、项目对接牵线搭桥。

四、鼓励归国留学人员在立足岗位做贡献的同时，广泛参与社会服务和公益事业，努力把联谊会建设成为归国留学人员锻炼成长的园地和摇篮。

联系方式

地　址：大连市中山区鲁迅路278号

邮　编：116002

电　话：86-411-82758937，82758947

传　真：86-411-82758947

邮　箱：glh937@sina.com

丹东市留学人员联谊会

概况

丹东市留学人员联谊会成立于2004年12月8日，是由丹东籍的留学人员和在丹东市工作的归国留学人员自愿结成的联合性、非营利性的地方社会团体。

宗旨

作为与海内外留学人员和学者密切联系的桥梁和纽带，积极宣传和推介丹东，吸引和凝聚更多的留学人员来丹东创业发展，为促进丹东经济发展和社会进步做出贡献。

联系方式

地　址：丹东市振兴区六纬路24号608室

邮　编：118000

电　话：86-415-2127846

传　真：86-415-2121479

邮　箱：ddmjwrj@126.com

吉林省留学人员联谊会

概况

吉林省留学人员联谊会成立于2006年10月13日，是由在（来）吉工作的留学归国人员、在国（境）外学习、工作并关心吉林发展的留学人员和热心留学事业的吉林省社会各界人士自愿组成的非营利性社会团体组织，是省委、省政府联系广大留学人员的桥梁和纽带，是做好留学人员工作的重要社会力量，是留学人员之家，是中国留学人员联谊会的地方分会。英文全称JILIN OVERSEAS SCHOLARS UNION，简称JOSU。

联谊会进一步扩大了与国（境）外留学人员的交流与合作，增强了留学人员到吉工作的吸引力，推动留学人员的能力建设、继续教育和社会实践，造就了一支能够为振兴吉林老工业基地提供智力支撑的高层次留学人员队伍。

宗旨

遵守国家宪法、法律法规和各项政策，遵守社会道德风尚；以马列主义、毛泽东思想、邓小平理论和“三个代表”重要思想为指导；坚持科学技术是第一生产力，认真落实党的人才政策，积极有效地调动各类留学人员的创新创业精神，努力营造“尊重劳动、尊重知识、尊重人才、尊重创造”的良好社会氛围，为实施科教兴省和人才兴业战略做出应有的贡献。

主要任务

一、向省委、省政府反映留学人员的意见、建议和要求，协助省委、省政府做好留学人员服务工作，不断改善留学人员的工作、生活环境，维护留学人员的合法权益。

二、开展留学人员业绩和成果的宣传工作，组织各种形式的联谊活动，加强国内外留学人员和留学人员社会团体之间的信息交流、学术技术交流，促进不同领域留学人员之间的了解与沟通。

三、推动留学人员科技与专利成果的转化，研究成果转化的途径和方式，开辟科技成果向现实社会生产力转化的“绿色通道”，有效地开展资金、技术和人才的引进工作。

四、发挥留学人员的智囊作用，将留学人员的潜能转化为现实生产、管理能力。受政府有关部门委托，组织留学人员投入生产、管理第一线，为各级党政机关、企事业单位、非公经济组织和个人开展综合性管理和单项技术的咨询论证工作。

联系方式

地 址：长春市人民大街7988号
邮 编：130022
电 话：86-431-89997998
邮 箱：liudj999@sina.com

长春市留学人员联谊会

概况

长春市留学人员联谊会成立于2004年12月25日，是在中共长春市委统战部的指导下，由长春市归国留学人员自愿组成的群众团体。

长春市委统战部高度重视留学人员联谊会作用的发挥，坚持指导联谊会加强组织建设，特别是2007年以来，支持有条件的城区和高校成立了联谊会分会。同时，指导联谊会加大引才力度，开展交流交往，加强自身建设，努力把联谊会建设成为广纳人才的集聚地、收集和提供信息的智囊团、政府和人才的连心桥。联谊会结合市情，有针对性地开展了联谊交友、市情调研、专题议政、座谈交流、学术研讨、对口帮扶等工作，在经济社会建设中发挥了独特作用。

宗旨

高举社会主义和爱国主义旗帜，团结归国留学人员，广泛联系海内外学人，促进合作，为统一祖国、振兴中华、建设长春贡献力量。

联系方式

地 址：长春市人民大街2626号341房间
邮 编：130041
电 话：86-431-88776527
传 真：86-431-88776527
邮 箱：tuoliqin@changchun.gov.cn

黑龙江省欧美同学会·黑龙江省留学人员联谊会

概况

黑龙江省欧美同学会创建于1998年12月22日，是由黑龙江省留学世界各地归国学人自愿组织的群众团体，也是一个覆盖面广的高层次人才团体。英文全称Heilongjiang Overseas Returned Scholars Association，简称HORSA。联谊会会员留学国别涉及30个国家和地区，下设5个分会和1个专业委员会。

宗旨

团结归国学人，联系海内外学友，增进友谊、沟通信息、交流学术、开展协作，为振兴中华和黑龙江经济建设做出贡献。

主要任务

一、学习、宣传并贯彻党和政府关于留学人员和人才工作的方针政策。

二、弘扬爱国主义思想，倡导留学报国，宣传介绍留学人员的优秀事迹和学术成就。

三、联系海外留学人员和留学人员团体，开展经济、科技、文化、教育、卫生等领域的交流与合作，努力拓宽海外留学人员与黑龙江省联系和为国服务的渠道。

四、开展咨询、信息等服务，为黑龙江省的经济建设和社会发展献策出力。

五、开展多种形式的活动，加强学术交流，丰富文化生活，增进会员联系和友谊。

六、维护会员的合法权益，关心会员的工作和生活，发挥会员的专长和作用，反映会员的建议和要求。

七、表彰、奖励优秀留学人员，积极举荐人才。

联系方式

地 址：哈尔滨市南岗区文敏街9号
电 话：86-451-82628104
传 真：86-451-82648814
邮 箱：horsa@horsa.org
网 址：www.horsa.org

哈尔滨市留学人员联谊会

概况

哈尔滨市留学人员联谊会成立于2004年12月，其前身是哈尔滨市留日学生联谊会和哈尔滨市归国留学生联谊会。是以哈尔滨市留学人员为主体，自愿组成的非营利性的联谊性社会团体。接受业务主管单位中共哈尔滨市委统战部和社团登记管理机关的业务指导和监督管理。

宗旨

在遵守国家宪法、法律、法规和国家政策，遵守社会道德风尚的原则下，发扬爱国传统，团结哈尔滨市归国留学人员和与哈尔滨有渊源关系的华裔、华侨学人，广泛联系海内外学友，促进哈尔滨市对外科学技术、经济文化交流，起到留学人员与党和政府间的桥梁和纽带作用，为繁荣哈尔滨作出贡献。

主要任务

一、弘扬爱国主义思想，倡导报国奉献精神，宣传海内外留学人员的先进事迹和学术成就。

二、推动哈尔滨市海内外留学人员和企业人士之间的联系，增进相互了解，在科技、文化、教育、经济等领域广泛开展交流与合作。

三、发挥综合智力优势，为哈尔滨市的发展提供建设性意见，为企事业单位的发展开展各类咨询、信息服务和人员培训。

四、联络哈尔滨海外学友和留学人员团体，广交朋友，增进友谊，促进哈尔滨市对外交流与合作。

五、维护会员的合法权益，积极反映留学人员的需求，协助解决困难和问题。

联系方式

地 址：哈尔滨市道里区兆麟街123号
邮 编：150010
电 话：86-451-84693198
传 真：86-451-84696365
邮 箱：zhangchangzain@sina.com
网 址：www.hrbofa.com

上海市欧美同学会·上海市留学人员联合会

概况

上海市欧美同学会·上海市留学人员联合会（英文简称SORSA）是上海市留学归国学人自愿组织的民间团体，也是一个覆盖面广的高层次人才团体。

早在1905年7月1日，李登辉在上海创立了寰球中国学生会，此为欧美同学会前身。1913年又成立了上海欧美同学会；1919年在上海成立了全国中华欧美同学会；1984年9月3日，恢复成立了上海市欧美同学会；为适应新世纪新阶段留学人员工作的发展需要，在保持同学会优良传统的同时最大限度地团结海内外广大留学人员，于2007年12月29日正式增冠新会名“上海市留学人员联合会”。

宗旨

广泛团结归国留学人员，联系海内外学友，增进友谊、沟通信息、交流学术、开展协作、发挥纽带和桥梁作用，为振兴中华、繁荣上海作出贡献。

主要任务

一、举办学术讲座、论坛、研讨会，以及各种联谊、交流活动。

二、编印出版《会讯》及各种文集。

三、组织参观考察，发挥跨学科、跨行业、跨部门优势，建言献策，提供服务咨询，协助引进人才、技术和资金，为上海社会、经济和文化发展牵线搭桥。

联系方式

地　址：上海市陕西北路128号5楼
邮　编：200041
电　话：86-21-62673528
传　真：86-21-62728215
邮　箱：sorsa@sh163.net
网　址：www.china-sorsa.org

上海市留学人员联谊会

概况

上海市留学人员联谊会是由来上海工作和为上海建设发展服务的出国留学人员组成的民间组织，经上海市民政局核准登记成立，取得社会团体法人资格。业务主管部门是上海市人力资源和社会保障局。

联谊会作为联结海内外留学人员的“桥梁”和“纽带”，在团结海内外留学人员、帮助留学人员了解上海的发展、鼓励他们回国工作和为国服务、促进和帮助上海构筑人才资源高地等方面发挥了积极的作用。联谊会集聚的一大批优秀人才，有的已经成为上海科研和高新技术领域的中坚力量和学科带头人，被誉为“留学人员之家”。

联谊会鼓励海外归国人员以各种方式为国服务。自1997年起，联谊会每年都要参加“上海市赴海外慰问招聘留学人员工作团”，让海外高层次留学人员多方面了解上海的情况，多途径为上海的经济建设服务。自1997年以来，每年接待200多人次的海外留学人员来沪交流考察。

联谊会还通过开展各类学术活动，为留学人员为国服务搭建交流平台。在2000—2001年先后多次组织在法律、金融界工作的留学人员举行座谈会和开展有关的咨询活动，为市政府的重大决策提供参考意见。2000年10月，成功举办了“新世纪上海人才国际化论坛暨高新技术项目洽谈会”，该会所取得的学术成果对上海实施人才战略、构筑人才资源高地具有启迪和借鉴意义。联谊会积极宣传留学人员创业成果，编写了大型画册——《上海留学人员成果集》，展示了留学人员回国创业的风采。

联谊会在有关部门的支持下，针对留学人员回国工作时存在的一些共性困难，积极采取措施，逐步加以解决，使他们能全身心地投入到工作中去。还针对留学人员的特点组织各类活动，与侨办、妇联、青联、欧美同学会等团体联合举办联谊活动，加强了留学人员与社会各界的联系和沟通。

宗旨

坚持四项基本原则，团结广大留学人员，鼓励留学人员为报效祖国、振兴上海贡献聪明才智。

主要任务

一、贯彻落实“支持留学，鼓励回国，来去自由”的留学工作总方针，宣传上海经济和社会发展的成就，鼓励留学人员回国来上海工作和以多种形式为国、为上海服务。

二、发挥留学人员的专业特长和对外联系的桥梁作用，推动上海的科技、文化、经济的发展和对外交流。

三、对留学人员工作提出咨询意见及建议。

四、团结海内外留学人员，共同为把上海建设成国际经济、金融、贸易中心之一而贡献力量。

联系方式

地　址：上海市浦东新区世博村路300号
邮　编：200125
电　话：86-21-23110328
传　真：86-21-50722823
邮　箱：srsf@21cnhr.gor.cn
网　址：www.21cnhr.gov.cn

上海市闵行区留学人员联谊会

概况

上海市闵行区留学人员联谊会成立于2004年11月30日，是由闵行区内留学人员自愿组成的非营利性社会团体法人，业务主管单位为闵行区人事局。联谊会成立以来，按照自身宗旨，在团结海内外留学人员，帮助留学人员了解闵行，鼓励他们为国服务，在贯彻落实“人才强区”战略方针中发挥了积极作用。是党和政府团结联系广大留学人员的桥梁和纽带。联谊会于2008年9月19日召开了第二次全体会员大会，大会产生了第二届理事会，现有理事17名。

宗旨

坚持四项基本原则，遵守宪法、法律、法规和国家的政策，遵守道德风尚，团结广大留学人员、华侨华裔，鼓励他们为报效祖国、振兴上海贡献聪明才智。

主要任务

一、学习、贯彻党和政府关于留学人员工作、知识分子工作的方针政策。

二、弘扬爱国主义思想，倡导报国奉献精神，宣传留学人员报国业绩。

三、组织会员发挥综合智力优势，为闵行经济社会发展建言献策。

四、反映留学人员的意见和要求，维护会员合法权益，关心会员的工作和生活，努力为留学人员服务，把本会办成留学人员之家。

五、表彰奖励优秀留学人员，积极举荐优秀留学人员。

联系方式

地　址：上海市沪闵路6555号（莘庄建设银行大楼内）1707室

邮　编：201100

电　话：86-21-54176205，541762056

传　真：86-21-64140775

邮　箱：mhlxslyh@yahoo.com.cn

网　址：www.mhll.org.cn

上海市浦东新区归国留学人员联合会

概况

浦东新区归国留学人员联谊会成立于2000年，是由浦东新区归国留学人员自愿组成的非营利性社会组织，是经上海市浦东新区民政局核准登记的社会团体法人。2005年更名为浦东新区归国留学人员联合会。联合会接受业务主管单位浦东新区人事局和社会团体登记管理机关浦东新区民政局的业务指导和监督管理。

宗旨

遵守宪法、法律、法规和国家政策，遵守社会道德风尚，遵守诚实、信用、公平的原则，团结浦东新区归国留学人员，联系海外留学人员和华侨华裔学者，增进友谊，沟通信息，交流学术，开展协作，为留学人员回国创业提供帮助；为科教兴国，为浦东科技进步、社会发展和繁荣做出贡献。

主要任务

一、宣传爱国主义思想，倡导报国奉献精神，介绍浦东发展现状和未来前景，宣传留学人员在浦东开发建设的先进事迹和学术成就。

二、开展多样性的海内外留学人员之间的联谊活动，加强学术和创业经验交流以及信息沟通，促进行业之间的合作。

三、推动与海外留学人员、专家、学者和企业人士之间的联系，促进相互了解和对浦东的了解，开展民间往来，在引智、科教、经济等领域广泛开展交流与合作。

四、组织会员发挥综合智力优势，为浦东的开发开放建设提供建设性的建议，为浦东企事业单位发展开展信息服务和人员培训。

五、维护会员的合法权益，向有关部门反映并协助解决留学人员的困难和问题。

作为留学人员在浦东的民间组织，联合会在团结归国留学人员，联系海外留学人员和华侨华裔学者，开展协作，为留学人员回国提供帮助，为浦东科技进步、社会发展等方面作出了贡献和努力。

联系方式

地　址：上海市浦东新区松涛路563号A座

邮　编：201203

电　话：86-21-50800484，50800485

传　真：86-21-50800439

邮　箱：service@paros.cn

网　址：www.paros.cn

南京留学人员联谊会

概况

南京留学人员联谊会成立于2005年1月16日，是由南京市有代表性、有影响性的各界留学人员代表人士自愿组成的，具有团结性、知识性、互助性、联合性、地方性和非营利性的社会团体组织。英文全称NANJING OVERSEAS AND RETURNED SCHOLARS ASSOCIATION，简称NORSA。联谊会的业务主管部门为中共南京市委统战部，同时接受南京海外联谊会的指导和监督管理。

宗旨

以邓小平理论和“三个代表”重要思想为指导，遵守国家的宪法、法律；宣传和贯彻党的统一战线方针政策，加强本市各界留学人员之间以及他们与港澳台同胞和外籍华人之间的了解和友谊、交流与合作；维护留学人员的权益，团结和调动广大留学人员，为促进南京经济和社会发展，促进祖国统一大业做出贡献。

主要任务

一、学习和宣传党的方针政策，了解和反映留学人员的意见、建议和要求；关心留学人员的工作、学习和生活，维护他们的合法权益；协助解决他们的困难和问题。

二、开展形式多样的海内外学友之间的联谊活动，加强学术交流和信息沟通。

三、联络海外留学人员，努力拓宽他们同祖国的联系渠道；促进海外学友、专家学者、企业家和各界人士与南京的联系，增进互相了解，加强民间往来，在科教、文化、经济等领域广泛开展交流与合作。

四、发挥理事的智力优势和专业特长，围绕我市的中心工作建言献策。开展各种形式的社会讲学、培训、科技咨询、科技开发等活动，帮助理事将科技成果转化为现实生产力，为社会谋福利，为人民服务。积极推动理事为我市的改革开放和“两个率先”做贡献。

五、培养输送优秀党外代表人士。

联系方式

地　址：南京市北京东路41号6号楼

邮　编：210008

电　话：86-25-83637720

传　真：86-25-83637720

邮　箱：nanjingzgc@163.net

无锡市留学人员联谊会

概况

无锡市留学人员联谊会是以无锡市留学人员为主体所组织的非营利性的民间团体。英文名称为Wuxi Overseas & Returned Scholars Association，简称WORSA。联谊会接受无锡市委组织部、无锡市委统战部、无锡市人事局的业务指导及无锡市民政局的监督管理。

宗旨

团结留学人员和与无锡有关的华裔、华侨、海内外学友，增进友谊，沟通信息，交流学术，开展协作，促进创新，为推动无锡城市国际化进程作出贡献。遵守宪法、法律、法规和国家政策，遵守社会道德风尚，在有关政策规定指导下开展活动。

主要任务

一、宣传爱国主义思想，倡导报效祖国、振兴民族的奉献精神，宣传海内外留学人员的先进事迹和学术成就。

二、促进与海内外会员、专家、学者和企业人士之间的联系，增强相互了解，开展民间往来，在科教、文化、经济等领域广泛开展交流与合作。

三、组织会员发挥综合优势，为无锡的发展提供人才和智力支持，开展各类咨询、信息服务和人员培训；联络与无锡有关的海外学友和留学人员团体，加强他们与无锡的沟通。

四、维护会员合法权益，向政府有关部门反映并协助解决海内外留学人员的困难和问题。

联系方式

地　址：无锡市解放东路888号无锡人才信息大厦4楼
邮　编：214007
电　话：86-510-82828102，82823057
传　真：86-510-82828102
邮　箱：chinawuxi530@vip.163.com
网　址：www.wxrcw.com

常州市留学归国人员协会

概况

常州市留学归国人员协会成立于2007年11月13日。协会的成立，是为了进一步发挥留学归国人员的作用，为留学归国人员和外国专家创建一个新的沟通平台，也标志着常州市人才工作在国际化的道路上又迈上了新的台阶。

常州市制定落实了引进高层次人才尤其是针对海外高层次人才的多项优惠政策，如鼓励支持海外高层次人才来常州投资入股、领办创办企业，对领军型海归创业人才给予“三个百”的优惠政策等等，使常州成为海外人才创新创业的一方“热土”。

常州市留学归国人员主要分布在新能源、新材料、软件、现代制造、现代服务和教育卫生等行业。留学归国人员协会成立后，将加快建立海外人才信息网络和畅通高效的海外沟通平台，热忱为留学归国人才和外国专家服务，同时加大“招才引智”力度，吸引更多更优秀的人才来常州创业，真正成为一个层次最高、力量最强、成效最好的协会，成为常州留学归国人员自己的“家”。

宗旨

自愿、自治、自律、自尊、自强。

主要任务

一、弘扬创新创业的精神，发挥桥梁纽带的作用，吸引更多更优秀的海外人才。

二、广泛联系留学归国人员，组织留学人员积极参与科技创新、创办企业等多种形式的活动。

三、维护留学归国人员的合法权益，会同有关部门落实留学人员政策，帮助留学人员解决实际困难。

联系方式

地　址：常州市博爱路3号楼1楼
邮　编：213003
电　话：86-519-86677276
传　真：86-519-86677276
邮　箱：czrosa@163.com
网　址：www.czrc.com.cn

苏州市留学人才协会

概况

苏州市留学人才协会是由致力于留学生工作的人员和留学生自愿组成的非营利性社团组织，是具有独立法人资格的社会团体，接受苏州市人事局的业务指导、管理和监督。

协会和政府相关部门积极行动，为留创企业争取资金、技术和高层次人才，创造更好的发展环境；同时加强苏州留学回国人员及苏州留创企业间的交流，充分发掘苏州留创人员资源，形成合力，推动苏州留创企业的深入发展，做大做强，形成区域特色和品牌，积极对外拓展市场、辐射影响。

宗旨

通过留学生工作以及与国内外留学人员和组织、团体建立广泛联系与合作关系，推动国际人才交流，为促进苏州的改革开放和经济建设，尽快实现建成新兴科技城市、人文城市、环境城市、法治城市的目标做出贡献。

主要任务

一、针对苏州经济发展的总体目标，组织会员研究、探讨经济发展的情况和加强留学人才工作的经验交流和工作研讨，为苏州市政府有关部门提供做好留学人才工作的决策参考。

二、会同有关部门开展、推荐、选派会员外出考察、参观、学习、研修，帮助会员提高思想文化素质和专业技术才能。

三、提供政策咨询服务，帮助会员及时获取有关经济信息和留学人才工作的政策。

四、促进会员与政府部门、社会各界的联系交流，为我市的经济建设、科研献计献策。

五、加强同兄弟省市相关协会的交流，积极参与社会公益活动，扩大会员的交往范围和社会影响。

六、为地方经济和社会发展无偿提供翻译任务。

七、反映会员的意愿和要求，维护会员的合法权益。

八、配合有关部门搞好优秀留学人才的评选和表彰。

九、完成苏州市人事局交办的其他任务。

联系方式

地　址：苏州市道前街170号
邮　编：215002
电　话：86-512-65228871
传　真：86-512-65228832
邮　件：fhy@rsj.suzhou.gov.cn
网　址：www.csisuzhou.com

太仓市留学人才协会

概况

太仓市留学人才协会成立于2007年6月11日，是由太仓市留学归国人员自愿组成的非营利性社团组织，是具有独立法人资格的社会团体，接受太仓市人事局的业务指导、管理和监督。英文全称：Taicang Returnese Association。

协会的成立旨在进一步做好太仓市留学回国人员服务工作，加强留学回国人员之间的交流，通过与国外留学人员和组织、团体建立广泛的联系与合作关系，推动国际人才交流，吸收和借鉴人类社会创造的文化成果，学习世界各国现代化生产和商品经济一般规律的经营方式、管理办法和科学技术，为太仓市的改革开放和经济发展，实现“东方新欧洲”发展战略服务。

宗旨

发扬爱国主义精神，团结太仓市留学归国人员，增进友谊、沟通信息、交流学术、开展协作，共同繁荣太仓、振兴中华。

主要任务

一、在太仓市人事局指导下，通过与海外劳动局和华人团体的合作，吸纳优秀海外人才来太仓工作，形成以人才促进项目，以项目吸引人才的良性循环。

二、同海外华人团体和中文媒体合作，宣传太仓人文居住及工作环境，扩大太仓在海内外的知名度。

三、组织会员发挥专业和语言特长，为太仓市经济建设和社会全面发展出谋献策，做企业技术咨询的专家组和政府决策的顾问团。积极参与社会公益活动，发挥会员语言优势和跨文化沟通能力。

四、着眼太仓可持续发展，建立与国外华人科技专业协会的联系与合作，增强太仓市非公有制企业科技创新能力及技术本土化转化能力。

五、联络海外留学人员，努力拓宽他们同祖国，尤其是和太仓的联系渠道；促进海外留学人员、专家学者和各界人士与太仓的联系，增进相互了解，加强民间往来，在科教、文化、经济等领域广泛开展交流与合作。

六、提供政策咨询服务，帮助会员及时获取有关政策信息。维护会员合法权益，协助解决他们在工作和生活中的实际困难和问题。

七、太仓市人事局交办的其他工作。

联系方式

地　址：太仓市上海西路5号

邮　编：215400

电　话：86-512-53545982

邮　箱：webmaster@tcrc.com

浙江省留学人员和家属联谊会

概况

浙江省留学人员和家属联谊会，简称“浙江省留联会”，其前身为“浙江省出国留学人员家属联谊会”，成立于1998年9月28日，是浙江省留学人员和家属自愿组成的联谊性社会团体。英文名称为“ZHEJIANG ASSOCIATION OF SCHOLARS ABROAD AND THEIR FAMILIES”。浙江省留联会是经省民政厅注册登记具有法人资格的社会团体，主管单位为省委统战部，日常办事机构设在省侨联，在省侨联的具体指导下开展工作。

浙江省留联会成立后，按照“先挂牌子，后搭架子，再探路子”的策略，一方面立足留学人员家属，开展丰富多彩的联谊活动；另一方面积极搭建引智平台，全力推进高层次海外留学人才回国服务和为国服务。2006年底，经民政厅批准，“浙江省出国留学人员家属联谊会”正式更名为“浙江省留学人员和家属联谊会”，有效拓展了留联会的工作领域。随着留联会工作的不断深入发展，全省留联会组织不断发展壮大。目前，全省已有9个市已建立留联会组织，浙江大学等6所省部属高校和瑞安市、海盐县、吴兴区等56个县（市、区）也成立了留联会。全省从无到有，已建留联会组织71家。

宗旨

遵守中华人民共和国宪法、有关法律、法规和政策，努力维护会员的合法权益，积极倡导会员遵守社会道德风尚；高举社会主义、爱国主义旗帜，团结和组织全省留学人员及其家属，加强联系、交流信息、增进友谊，为弘扬民族文化、早日实现祖国统一、促进家乡和祖国的繁荣昌盛作出贡献。

主要任务

一、调查了解留学人员的希望和要求，反映他们的切身问题，维护他们的正当权益。

二、为留学人员和家属提供咨询服务，协助其在浙江创业、生活等有关事宜。

三、密切与留学人员和家属的联系，传达、贯彻党和国家以及省委、省政府的有关侨务政策与对留学人员工作的方针政策，沟通思想、交流信息，增进相互之间的了解、理解和友谊。

四、发挥留学人员和家属的积极作用，促进浙江与海外经济、文化、体育、科技等方面的合作与交流。

五、配合侨务工作中心，搞好有关社会服务。

六、组织各种健康文化娱乐活动，为会员丰富业余生活服务。

七、开展有利于实现本会宗旨的各种其他活动和服务。

联系方式

地　址：杭州市保俶路24号

邮　编：310007

电　话：86-571-85118535

传　真：86-571-85151007

邮　箱：zjqlwz@126.com

网　址：www.zjsql.com.cn

福建省留学生同学会·福建留学人员联谊会

概况

福建省留学生同学会成立于1986年10月，是由福建省留学归国人员自愿结成的联合性、非营利性社会组织。2005年增冠“福建留学人员联谊会”会名。英文名称为Fujian Overseas and Returned Scholars Association，简称FORSA。协会接受业务主管单位中共福建省委统战部和社团登记管理机关福建省民政厅的业务指导和监督管理。

在福建省委、省政府的关心下，在福建省委统战部的直接领导下，在福建省有关部门的大力支持和协助下，联谊会组织不断发展壮大，从成立时的161名会员发展到1750多名会员，根据会员的分布情况和开展联谊活动的需要，先后成立了12个分会和5个会员小组。

宗旨

继承爱国主义优良传统。遵守宪法、法律、法规和国家政策，遵守社会道德风尚。团结福建留学归国同学，广泛联系海内外同学、学人，增进友谊，沟通信息，交流学术，开展协作，共同为繁荣福建、振兴中华和统一祖国大业作出贡献。

主要任务

一、弘扬爱国主义精神，倡导留学报国思想，宣传介绍海内外留学人员的先进事迹和学术成就。

二、开展形式多样的海内外学友之间的联谊活动，加强学术交流和信息沟通。

三、联络海外福建留学人员和留学生团体，努力拓宽他们同祖国的联系渠道；促进海外专家学者和各界人士之间的联系，增进互相了解，加强民间往来，在科教、文化、经济等领域广泛开展交流和合作。

四、组织会员发挥专业特长，为我省经济和社会全面发展出谋献策；举办各种类型的咨询、信息服务和人员培训等活动。

五、维护社会的合法权益，关心他们的工作和生活情况，及时向有关部门反映他们的建议和意见，并协助解决他们的困难和问题。

联系方式

地　址：福州市湖东路276号同心楼20层
邮　编：350001
电　话：86-591-87532516
传　真：86-591-88016835
邮　箱：forsal@forsa.org.cn
网　址：wwww.forsa.org.cn

福州市留学生同学会

概况

福州市留学生同学会成立于1998年11月，是经福州市民政局正式批准具有法人的社团组织。福州市留学生同学会成立以来，在福州市委、市政府的关心和支持下，在福州市委统战部的领导下，发扬爱国主义优良传统，团结福州市归国学人，广泛联系海外学友，增进友谊、沟通信息、交流学术、开启协作，共同为繁荣福州作出贡献。特别是2007年4月份换届以来，同学会领导层积极贯彻胡锦涛总书记提出的“欧美同学会要按照党领导的人民团体的要求、切实加强和改进自身建设，成为党领导留学人员的桥梁和纽带，成为党和政府做好留学人员工作的助手，成为留学人员之家”的精神。几年来，在全体会员的共同努力和各界朋友的热情支持下，围绕中心，把握大局，团结教育、科研、医疗卫生、企业等各个界别、各个领域的留学归国人员，共同为福州省会中心城市经济建设和海西发展出谋献策，贡献力量。

2007年换届时本会会员仅100多人，现已发展到将近330人，主要由企业家会员、医学界会员、党政机关骨干会员、大学研究所中高级职称会员组成，留学国别分布20多个国家，涉及30多个专业。同学会现已建立网站并与北京欧美同学会、省留学生同学会联网，并定期编印会刊，发给相关领导及会员。

主要任务

一、弘扬爱国主义思想，倡导留学报国精神，宣传介绍海内外留学人员的先进事迹和学术成就。

二、促进与海外留学生、专家学者和各界人士之间的联系，增进了解，发展民间往来，在科教、文化、经济等领域开展交流合作。

三、利用我会企业家较多的优势，积极参加本市经济活动。

四、组织医务界会员到缺医少药的农村义诊及举办科普讲座等社会公益性活动。

五、维护会员的合法权益，关心他们的工作和生活情况，向有关部门反映他们的建议及意见，并协助解决他们的困难和问题。

联系方式

地　址：福州市鼓楼区福飞路井尾5号福州市委统战部大楼201室
邮　编：350012
电　话：86-591-87750076
传　真：86-591-87891282
邮　箱：orsafz@163.com
网　址：www.orsafz.org

厦门市留学生联谊会

概况

厦门市留学生联谊会成立于2000年4月，是厦门市留学归国人员自愿组成的具有独立法人资格的地方性、联合性、非营利性社会组织。英文名称为ASSOCIATION OF XIAMEN OVERSEAS AND RETURNED SCHOLARS，简称AXORS。联谊会接受业务主管单位厦门市委统战部、社团登记管理机关厦门市民政局的业务指导和监督管理。

宗旨

发扬爱国主义精神，团结厦门市留学归国人员，广泛联系海内外学人，增进友谊，沟通信息，交流学术，开展协作，共同为繁荣厦门、振兴中华和统一祖国大业服务。

主要任务

一、弘扬爱国主义精神，倡导留学报国思想，宣传介绍海内外留学人员的先进事迹和学术成就。

二、开展形式多样的海内外学友之间的联谊活动，加强学术交流和信息沟通。

三、联络海外留学人员，努力拓宽他们同祖国，尤其是和厦门的联系渠道；促进海外学友、专家学者和各界人士与厦门的联系，增进互相了解，加强民间往来，在科教、文化、经济等领域广泛开展交流与合作。

四、组织会员发挥专业特长，为厦门市的经济建设和社会全面发展进行专题调查研究、出谋献策。举办各种类型的咨询、信息服务和人员培训活动。

五、维护会员的合法权益，关心他们的工作和生活情况，及时向有关部门反映他们的建议和意见，并协助解决他们的困难和问题。

六、承接政府部门委托与本会有关事项。

联系方式

地　址：厦门市白鹭洲路16号团结大厦1310室
邮　编：361004
电　话：86-592-2296646，2699024
传　真：86-592-2699024
邮　箱：axors@public.xm.fj.cn
网　址：www.xmlxs.org.cn

泉州市留学人员暨归国创业人员联谊会

概况

泉州市留学人员暨归国创业人员联谊会是由泉州市留学归国人员组成的具有独立法人资格的地方性、联合性非营利性社会组织。英文名称为QUANZHOU OVERSEAS RETURNED SCHOLARS ASSOCIATION，简称QORSA。业务主管部门是中共泉州市委统战部，同时接受泉州市民政局的监督管理，并接受福建留学人员联谊会的业务指导。

宗旨

广泛联系和团结海内外泉州籍和来泉工作、生活的留学人员及归国创业人员，继承发扬留学报国的爱国主义传统，秉持修学、游艺、敦谊、励行的理念，为家乡发展、海西建设，为全面建设小康社会和实现中华民族伟大复兴服务，为完成祖国完全统一大业服务，为维护世界和平与促进共同发展服务。

主要任务

一、倡导留学报国思想，宣传介绍海内外留学人员的先进事迹和学术成就。

二、开展形式多样的海内外学友之间的联谊活动，为留学人员提供科技交流、互通信息、交流感情、横向合作的渠道。

三、发挥会员的专长和智力优势，为泉州市的经济建设和社会发展进行调查研究、出谋献策，举办各种类型的咨询、信息服务和培训活动。鼓励会员利用所掌握的技术、管理、资金等资源优势，自主创业，为提升我市传统产业，发展我市第三产业，活跃我市资本、文化市场做出贡献。

四、联络海外留学人员，努力拓宽他们同泉州的联系渠道，促进海外学友、专家学者和各界人士与泉州的联系，增进了解，加强在科技、文化、经济等领域的交流合作。

五、维护会员的合法权益，收集、反映留学回国人员的意见和要求，及时向有关部门反映他们的建议和意见，协助有关部门解决留学回国人员在工作、学习、生活等方面的问题与困难。把本会办成留学人员之家。

六、举办扶困济贫活动和慈善、光彩活动，关心、帮助社会困难群体，促进社会和谐。

七、表彰、奖励优秀留学人员，积极举荐人才。

八、承接政府部门委托的有关任务。

联系方式

地　址：泉州市市政府行政服务中心
邮　编：362000
电　话：86-595-22276209
网　址：www.qorsa.com

龙岩留学人员联谊会

概况

龙岩留学人员联谊会是由龙岩市留学人员为主体自愿结成的联合性、非营利性社会组织。英文名称为LONGYAN OVERSEAS AND RETURNED SCHOLARS ASSOCIATION，简称LORSA。本会接受上级留学生同学会、留学人员联谊会的指导，接受业务主管单位中共龙岩市委统战部和社团登记管理机关龙岩市民政局的业务指导和监督管理。

宗旨

继承爱国主义优良传统。遵守宪法、法律、法规和国家政策，遵守社会道德风尚。团结龙岩市留学归国人员，广泛联系海内外留学人员、学人，增进友谊，沟通信息，交流学术，开展协作，共同为促进海西重要增长极服务，为促进祖国和平统一大业作贡献。

主要任务

一、弘扬爱国主义精神，倡导留学报国思想，宣传介绍海内外留学人员的先进事迹和学术成就。

二、开展形式多样的海内外学友之间的联谊活动，加强学术交流和信息沟通。

三、联络海外龙岩留学人员和留学生团体，努力拓宽他们同祖国的联系渠道；促进海外专家学者和各界人士之间的联系，增进互相了解，加强民间往来，在科教、文化、经济等领域广泛开展交流和合作。

四、组织会员发挥专业特长，为我市经济和社会全面发展出谋献策；举办各种类型的咨询、信息服务和人员培训活动。

五、维护会员的合法权益，关心他们的工作和生活情况，及时向有关部门反映他们的建议和意见，并协助解决他们的困难和问题。

联系方式

地　址：福建省龙岩市新罗区溪畔路11号外经大楼三楼
邮　编：364000
电　话：86-597-2301879
邮　箱：lylxrytxh@163.com

济南留学人员联谊会

概况

济南留学人员联谊会成立于2006年4月6日，是山东省统战系统成立的第一个留学人员联谊会。联谊会的成立，为广泛联系和团结留学人员开辟了一条新的渠道，标志着济南市留学人员工作进入了一个新的阶段。

宗旨

成为开展留学人员工作的有效载体，成为了解留学人员情况、反映他们真知灼见的重要渠道，成为输送留学人员代表性人物的人才库，为济南的改革、发展发挥积极的作用。

主要任务

一、团结济南广大留学人员，充分发挥联谊会作为党和政府联系海内外留学人员的桥梁和纽带作用，巩固和壮大爱国统一战线。

二、不断增强做好留学人员工作的责任感和使命感，积极探索新的机制，加强对留学人员代表人士的培养选拔。

三、加强自身建设，为做好留学人员工作提供保障。

四、主动进入经济主战场，倾力推进科教兴市战略的实施，为济南市改革开放和建设创新型城市做出贡献。

联系方式

地　址：济南市建国小经三路37号市委统战部知识分子处
邮　编：250001
电　话：86-531-82038318
传　真：86-531-82038318
邮　箱：yaoaiyu@jn.gov.cn

青岛市留学人员协会

概况

青岛市留学人员协会成立于2004年2月7日，由青岛市留学回国人员自愿组成的具有独立法人资格的群众团体。

宗旨

凝聚、联系和服务留学回国人员，促进留学回国人员在青岛建功立业。

主要任务

一、及时传达国家和青岛的留学回国工作优惠政策，凝聚留学人员来青岛工作和以各种方式为国家、为青岛服务。

二、组织广大留学人员发挥专业特长，积极参与科技创新、创办企业和多种形式的咨询服务活动。

三、广泛联系留学人员，倡导留学报国，宣传介绍留学人员为国服务的先进事迹和学术成就。

四、多渠道开展科技、经贸、教育、文化等方面的对外交流，联系海内外的留学人员及团体，为青岛招才引智、招商引资牵线搭桥。

五、根据青岛市经济建设和社会发展的需要，为用人单位推荐和引进急需的留学人才。

六、维护留学人员的合法权益，会同有关部门落实留学人员政策，帮助留学人员解决实际困难。

联系方式

地　址：青岛市同安路189号青岛市留学回国人员创业园201室
邮　编：266101
电　话：86-532-89913130
传　真：86-532-88916306

烟台市留学人员联谊会

概况

烟台市留学人员联谊会是烟台市留学人员的群众性、非营利性的社会组织机构，同时也是党和政府团结联系广大留学人员的桥梁和纽带。

宗旨

依照宪法和法律，贯彻落实党中央和国务院关于“支持留学、鼓励回国、来去自由”的留学工作方针，维护留学人员合法权益，团结广大留学人员，发扬团结、奉献、奋发创业的精神，为把烟台市建设成现代化、国际性港口城市发挥作用。

主要任务

一、宣传烟台市经济、社会发展形势和对外开放政策，支持和引导留学人员为我市的建设和发展多做贡献。

二、联络广大留学人员对烟台市经济、科技等领域的工作进行研究探讨，为有关部门决策提供咨询服务。

三、组织留学人员广开渠道，积极促进烟台市同国外开展经济、技术、文化交流，为引进国外智力、技术和资金发挥牵线搭桥作用。

四、协助有关部门积极改善留学人员的学习、工作、生活条件，更好地发挥留学人员的作用。

联系方式

地　址：烟台市莱山区观海路128-108
邮　编：264003
电　话：86-535-6683330
传　真：86-535-6683269
邮　箱：rsjhbh@163.net

河南省留学人员联谊会

概况

河南省留学人员联谊会成立于1992年10月，是河南省留学回国人员自愿组成的群众性团体，是河南省委、省政府联系海内外留学人员和海外专家的桥梁和纽带。

宗旨

宣传党的基本路线，坚持党的改革开放方针，执行党和国家的留学工作政策，加强与海内外留学人员的联系，积极为留学人员创造优良环境和条件，充分发挥留学人员的作用，拓宽对外开放的渠道，依靠科技进步，为促进我省经济发展贡献力量。

主要任务

一、举办研讨会、座谈会、学术讲座；

二、提供服务咨询，协助引进人才、技术和资金；

三、为河南省社会、经济和文化发展牵线搭桥。

联系方式

地　址：郑州市顺河路32号
邮　编：450004
电　话：86-371-66359360
传　真：86-371-66329937
邮　箱：ylxec@163.com

洛阳市留学人员联谊会

概况

洛阳市留学人员联谊会是洛阳市侨联下属的社团组织，成立后将依法登记，独立开展工作。联谊会为纯服务性机构，不进行商业活动，会员需缴纳会费，联谊会工作所需经费由市侨联保障。联谊会的主要工作是依托侨联海内外联系广泛的优势，加强留学人员之间的交流，为我市留学人员在国内外的学习、工作、生活等方面提供帮助和服务。

宗旨

加强我市留学回国人员与党和政府的联系，团结联系广大留学人员为我市发展多做贡献；加强与国内外及其他留学生组织的联络合作，为留学人员提供科技交流、互通信息、交流感情、横向合作的渠道；帮助留学人员回国创业发展，从留学生创业生态环境体系入手，收集、反映留学回国人员的意见和要求；协助有关部门解决留学回国人员在工作、学习、生活等方面的问题与困难，更好地发挥留学回国人员在我市发展建设中的作用。

主要任务

一、扬爱国主义精神，倡导留学报国思想，宣传介绍海内外留学人员的先进事迹和学术成就。

二、形式多样的海内外学友之间的联谊活动，加强学术交流和信息沟通，丰富文化生活，增进会员联系和友谊。

三、联络海外留学人员，努力拓宽他们同祖国，尤其是和洛阳的联系渠道，促进海外学友、专家学者和各界人士与洛阳的联系，增进互相了解，加强民间往来，在科教、文化、经济等领域广泛开展交流与合作。

四、组织会员发挥综合智力优势，为洛阳市的经济建设和社会全面发展进行专题调查研究、出谋献策。举办各种类型的咨询、信息服务和人员培训活动。

五、积极动员会员为我市引进海外高层次人才牵线搭桥，鼓励和扶持海外留学归国人员来我市创业，促进我市高新技术产业的发展。

六、联络与洛阳有渊源的海外学友和留学人员团体，加强他们与洛阳的沟通与联系。

七、维护会员的合法权益，关心他们的工作和生活情况，及时向有关部门反映他们的建议和意见，并协助解决他们的困难和问题。

八、承接党委、政府部门委托与本会有关的事项。

联系方式

地　址：洛阳新区政和路市委院东楼

邮　编：471000

电　话：0379-63317355

邮　箱：luoyangqiaolian@163.com

yql2009@126.com

湖北欧美同学会·湖北留学人员联合会

概况

湖北欧美同学会·湖北留学人员联合会成立于2011年4月8日，是以湖北省留学海外各国归国同学为主体自愿组成的组织，以加强与海内外留学人员和留学团体的联系和交往，开展在经济、科技、文化、教育、卫生等领域的交流与合作，组织和推动海外留学人员为湖北服务等为任务。第一届理事会共有理事216名，由各市和有关高校、企事业单位、省直有关部门、有关机构和团体等推荐。

湖北欧美同学会·湖北留学人员联合会将团结和依靠广大归国留学人员，发挥自身优势，秉持修学、游艺、敦谊、励行的理念，不断增强吸引力和凝聚力，将该会建设成联系广大留学人员的桥梁和纽带，成为湖北省做好留学人员工作的助手，成为全省留学人员的温馨家园。

联系方式

地　址：武汉市武昌区洪山路16号

邮　编：430071

电　话：86-27-87824798

传　真：86-27-87824798

邮　箱：hbomtxh@126.com

湖北省留学人员联谊会

概况

湖北省留学人员联谊会创建于1992年1月7日，是非政府民间团体。通过定期组织各种会务活动，探讨学术，日益成为联系海内外留学人员的桥梁和纽带。

宗旨

遵守宪法、法律、法规和国家政策，遵守社会道德风尚。团结广大留学人员，密切留学人员与党和政府的联系，加强留学人员与海外科技、经贸及文化教育界的沟通，促进留学人员来鄂工作或为鄂服务，推动湖北对外开放和现代化建设。

主要任务

一、努力当好党和政府团结、联系广大留学人员的桥梁和纽带，认真宣传党和政府有关留学人员的方针、政策，动员留学人员团结协作、奋发图强，在各自的工作岗位上为湖北的经济建设和社会发展作贡献。同时，以向有关部门推荐人才、提供咨询服务等多种方式积极参政议政。

二、发挥沟通海内外的桥梁和纽带的作用，以多种方式积极促进和组织我省同国外开展科技、经济、文化、教育、卫生等领域的交流和合作，为引进国外智力、技术和资金发挥牵线搭桥作用。

三、强化留学人员之间联谊的桥梁和纽带的功能，努力维护留学人员的合法权益，及时向有关部门反映他们的意见和要求，协助有关部门积极为他们来鄂创业以及在海内外的学习、工作和生活创造良好的环境。办好会刊、交流信息、推广经验、宣传先进、促进湖北留学人员工作进一步改进和提高，以达留学人员“强强联合、优势互补、共同发展”。

四、建立“湖北留学人员数据库”、开设“湖北省留学回国人员网站”。

联系方式

地　址：武汉市武昌区中南路14号发展大厦5层

邮　编：430071

电　话：86-27-87257932

传　真：86-27-87257976

网　址：www.hbllh.com

武汉欧美同学会·武汉留学人员联谊会

概况

武汉欧美同学会成立于1998年12月，2007年8月增冠“武汉留学人员联谊会”会名，是以武汉地区留学归国人员为主体自愿组成的群众组织。联谊会接受中共武汉市委统战部、武汉市民政局的业务指导和监督管理。

宗旨

高举社会主义和爱国主义的旗帜，团结留学归国同学，广泛联系海外学人，修学敦谊，相互切磋，扩大交流，促进合作，为统一祖国，振兴中华，发展武汉做出贡献。

主要任务

一、弘扬爱国主义思想，倡导留学报国精神，宣传海内外留学人员的先进事迹和学术成就。

二、举办各种活动，加强学术交流和信息沟通，增进会员联系和友谊。

三、加强与海外专家、学者和各界人士的联系，增进相互了解与合作，开展民间往来，在科技、经济、文化等领域进行交流与合作。

四、发挥会员综合智力优势，开办各类咨询、信息服务和人才培训，为武汉科技、经济和社会发展献计献策。

五、联络与武汉有渊源关系的海外学人和留学生会，拓宽他们与武汉的联系和为国服务的渠道。

六、维护会员的合法权益，向政府有关部门反映他们的建议和要求，协助解决武汉归国留学人员的困难和问题。

联系方式

地　址：武汉市汉口沿江大道149号

邮　编：430014

电　话：86-27-82306250

传　真：86-27-82306250

邮　箱：worsa@vip.sina.com

网　址：www.worsa.org.cn

湖南欧美同学会·湖南留学人员联谊会

概况

湖南欧美同学会·湖南留学人员联合会（英文简称HORSA）成立于2009年5月26日。该会是在中国共产党领导下，由湖南省归国留学人员自愿组成、非营利性质、具有法人资格的群众团体，也是一个覆盖面广的高层次人才团体，理事有158名，海外特邀理事有17名。

宗旨

以邓小平理论和“三个代表”重要思想为指导，全面贯彻落实科学发展观，团结和服务海内外留学人员，继承发扬留学报国的爱国主义传统，秉持修学、游艺、敦谊、励行的理念，为振兴中华和湖南发展作出贡献。

主要任务

一、弘扬爱国主义思想，倡导留学报国，宣传介绍和组织交流留学人员的优秀事迹和成就。

二、举办各种活动，加强学术交流，丰富文化生活，增进理事联系和友谊。

三、促进与海外专家学者及各界人士的相互了解与合作，开展民间友好往来，在科技、经济、文化等领域进行人才交流暨学术交流。

四、发挥理事专长，为政府及企事业单位提供咨询及中介服务、为留学人员在创办高新技术企业、合作项目、开展交流活动等方面提供服务。

五、维护理事的合法权益，关心他们的工作和生活，促进并发挥他们的专长和作用，向有关方面反映他们的建议和要求。

六、联络海外留学人员和留学生团体，努力拓宽他们与祖国联系和为国服务的渠道。

联系方式

地　址：湖南长沙市迎宾路185号

邮　编：410011

电　话：86-731-82215613，82217095，82217219

传　真：86-731-82215749

邮　箱：hwrsa@163.com

网　址：hnwrsa.hnswtzb.org

湖南省留学人员联谊会

概况

湖南省留学人员联谊会是湖南海内外留学人员自愿参加的社会团体。业务主管部门为湖南省人事厅，并接受社会团体管理机关的监督与管理。

宗旨

遵守党的基本路线，协助业务主管部门执行党和国家有关的方针、政策，团结海内外留学人员，加强广大留学人员与党和政府的联系，充分发挥留学人员的聪明才智和对外联系的桥梁纽带作用，促进我省改革开放和现代化建设事业的发展。

主要任务

一、宣传党和国家关于留学人员工作的方针政策以及留学人员报效祖国的先进事迹。

二、促进湖南省同国外开展经济、科技、文化、教育、卫生等领域的交流与合作，为引进国外智力、技术和资金牵线搭桥。

三、加强同广大留学人员的联系，了解和反映他们的意见与要求。维护留学人员的合法权益，协助有关部门为留学人员的学习、工作和生活创造良好环境。鼓励广大留学人员为湖南省社会经济发展建功立业。

四、接受政府主管部门的委托，为湖南省留学人员管理工作和政策法规建设提供咨询与服务，完成托办的任务。

五、有计划地开展丰富多彩的联谊活动，沟通思想，交流信息，增进友谊，团结海内外留学人员。

六、面向社会，广开渠道，积极开展科技咨询、开发、服务和外引内联等活动。

联系方式

地　址：长沙市中共湖南省委办公楼5楼521室

邮　编：410011

电　话：86-731-82216523

广州欧美同学会·广州留学人员联谊会

概况

广州欧美同学会创建于1925年，1936年更名为广东欧美同学会，会址设在广州市文德路39号，这幢美式洋房是由留学欧美的学者集资兴建起来的永久性会址。历任会长黄宪昭、韦增復、李禄超（曾任孙中山先生秘书）、陈宗南等。建国后，因会员四散、会务停顿。1984年，为团结广大留学欧美的学者专家，切磋学术交流，弘扬爱国主义精神，报效祖国，由在广州工作的留学欧美学者、原广东欧美同学会老会员：蒲蛰龙（中山大学）、罗明燏（华南工学院）、罗开富（中科院广州地理所）、李炳熙（暨南大学）、黎献勇（珠江水利委员会）等5人联名发起和倡议，向广州市人民政府和广大留学欧美学友提出恢复“广东欧美同学会”的活动，得到了时任广州市市长叶选平的关心，并批示由广州市科协牵头组织。经过两年多时间的筹备，于1987年6月14日在广州市委礼堂正式宣布重新恢复活动，成立广州欧美同学会。叶选平学长任名誉会长，我国著名淀粉糖专家、化学家、留美学者张力田教授，华南理工大学原校长刘焕彬教授先后任会长。2010年9月6日，广州市机构编制委员会正式下文《关于广州欧美同学会列入市群众团体序列等问题的批复》，明确了广州欧美同学会的性质和地位，并批准增冠“广州留学人员联谊会”会名。

广州欧美同学会是由留学欧美或其他国家的学友组成，会员遍布广州地区各行各业，是一个覆盖面广的高层次人才团体。现有会员3000多人。广州欧美同学会是欧美同学会·中国留学人员联谊会省市团体会员单位之一，中共广州市委统战部主管。

宗旨

加强联系、增进友谊、交流经验、相互激励、团结学友、奉献祖国。

主要任务

一、发挥联系海外留学人才的优势，积极做好引荐海外高层次人才工作。

二、发挥留学人员高知识性优势，努力推进留学报国实践活动。

三、发挥留学人员之家的优势，团结和凝聚学友。

联系方式

地　址：广州市天河区五山路381号华南理工大学校
邮　编：510641
电　话：86-20-87111484
传　真：86-20-87110668

广州留学人员商会

概况

广州留学人员商会创建于2002年，是全国首家商会性质的非营利性留学归国人员组织。现有会员逾千名，已成为在穗留学人员的真正家园。

本着“为会员谋利益，为社会谋共识”的目的，在祖国高速腾飞的今天，商会主动承担起了团结归国创业精英的责任，以期通过这一平台，积极参加国家建设，配合政府主办的各项大型招商会展及交流活动，同时开展与其他大型民间社团组织的交流，共创和谐广州。商会也是信息交流、学术交流及情感交流的场所，帮助留学归国人员尽快融入当地文化，使所学所能得以充分发挥。同时，针对会员特性建立了5个专业委员会和1个中心，并以此为基础开展针对性的活动。

宗旨

一、联合在广州及周边地区的留学归国人员，组建成一个在党和政府领导下的留学归国人员的非营利性组织。

二、为会员及会员企业与政府搭建友好的沟通和合作的桥梁。

三、发挥商会凝聚力，服务会员，为会员的事业发展搭建创业及发展平台，最大程度地发挥他们的经济及社会效益，从而实现他们知识报国、技术报国的良好夙愿。

四、最大限度地引进和输出境内外的技术和信息，利用境内外的投资资金，促进境内外的人才交流。

主要任务

一、向回国留学人员介绍情况、发布信息、提供各种优惠政策。

二、协助留学人员在国内注册公司、寻找合作伙伴、风险基金。

三、协助留学人员与各级政府、各职能部门沟通，组织有关留学回国政策、工商税务的发布会。

四、组织参加各种商业活动、展览会、交易会、交流会，促进留学人员项目转化及项目招商。

五、联系新闻媒介，及时报道宣传优秀留学人员及其创业企业，向社会呼吁保护留学创业人员的合法权益。

六、充分发挥利用海内外留学人员的潜力和优势，服务于中国民营经济发展，与工商联其他职能部门合作，定期组织举办服务于民营经济的各种讲座与活动。

七、与各地政府、教育部、人事部、科技部、经贸部、侨办、侨联、欧美同学会、开发区、商业团体、公司联系并协调关系，与海内外留学生团体、华人商会建立友好协作关系，与国外商会、学校建立友好协作关系。

联系方式

地　址：广州市海珠区敦和路189号留学人员创业园3栋307
邮　编：510310
电　话：86-20-34321880，34321883
传　真：86-20-34321885
邮　箱：contact@ocscc.org
网　址：www.ocscc.org

广州留学回国科技工作者协会

概况

广州留学回国科技工作者协会成立于1998年8月3日，是由广州地区学有所成的归国科技精英倡议，广大留学回国科技工作者及留学生热烈响应，在广州市领导及有关部门热情关怀和大力支持下成立的群众性组织，是广州市科学技术协会的团体会员，也是泛珠三角区域“9+2”合作组织的重要成员单位。

宗旨

在党和政府的领导下，团结广州及其周边地区留学归来的科技工作者，组成具有整体优势的一支生力军，充分调动他们的积极性，发挥他们的聪明才智，把他们在海外所学知识、技术运用到科技进步与经济发展中去。

主要任务

一、通过协会，加强与国内外专家学者、科技团体及企业的联络，促进对内对外科技、经济的交流与合作。

二、架起沟通广大科技人员与政府之间的桥梁，维护他们的权益，反映他们的心声。

三、协助政府做好留学生与进修生的吸引、接收、安置等方面的工作，鼓励更多的海外学子回国服务。

联系方式

地　址：广州市解放北路618-620号府前大厦A座1805室
邮　编：510130
电　话：86-20-83325995，83325053，83325019
传　真：86-20-83325995
邮　箱：ocs413@126.com

惠州市留学人员联谊会

概况

惠州市留学人员联谊会在惠州市委市政府的关心与支持下于2006年1月23日成立，是以留学人员及海外归国人员为主体的、学术性的、自愿结成的非营利性社会组织。英文名称Huizhou Association of Overseas & Returned Scholars，简称HAORS。接受业务主管单位惠州市科学技术协会及社团登记管理机关惠州市民政局的业务指导和监督管理。

宗旨

继承爱国主义传统，团结留学归国学子，广泛联系海内外学人共同为振兴中华做出贡献。

主要任务

一、举办或承办各种与惠州经济建设和社会发展有关的国际、国内学术研讨会。

二、组织会员发挥本会的综合智力优势，为惠州的发展献计献策。

三、为惠州企事业单位的发展开展各类咨询、信息服务和人才培训、交流，开展出国留学咨询与服务。

四、通过海内外的民间学术团体和留学人员组织，为我市的智力、人才、技术、资金、项目的引进做好中介服务。

五、积极反映海内外留学人员的需求，协助解决他们的工作及生活难题。

六、采取多种多样的联谊方式加强海内外专家、学者和企业人士之间的联系，促进惠州与海外在科技、文化、教育、经济等领域开展广泛的交流与合作。

七、团结广大归国留学人员和仍在海外的惠州籍学子、华裔、华侨学人，以各种方式为惠州经济社会发展服务。

八、国家法律允许范围内的其他专业性服务。

联系方式

地　址：惠州仲恺国家高新区惠台工业园54号小区科创中心
邮　编：506001
电　话：86-752-2653896
传　真：86-752-2601581
邮　箱：haors@163.com
网　址：www.haors.org

东莞市侨联归国留学人员联谊会

概况

东莞市侨联归国留学人员联谊会成立于2012年6月9日，是在东莞市归国华侨联合会领导下，由在东莞工作或生活的、具海外留学经历和与东莞有紧密联系的归国留学人员自愿组成，承认《中华全国归国华侨联合会章程》，是独立自主开展活动的非营利性侨界团体，东莞市侨联的团体会员，现有注册会员1000多人。

宗旨

一、海纳百川，团结奉献。

二、了解国家和东莞的建设发展情况，鼓励、引导、发挥留学人员优势，广泛联络海内外留学人员，为推进东莞经济社会双转型、建设富强幸福新东莞服务。

主要任务

一、组织广大归国留学人员学习党的方针政策、国家的法律法规，提高他们的爱国和建国热情。

二、引导归国留学人员参政议政，反映侨界的利益要求；关心归国留学人员，就他们在工作与生活中的问题和困难，向政府及职能部门提出意见和建议。

三、依法维护归国留学人员合法权益，推动社会经济文明建设；协助政府为归国留学人员在东莞创新创业、工作和生活等方面提供支持和服务。

四、组织开展适合归国留学人员特点的科技、经贸、对外联络交流等活动，促进归国留学人员事业的发展。

五、广泛联络海内外留学人员及其智力团体，促进交流与合作，为东莞招才引智服务。

联系方式

地　址：广东省东莞市莞城向阳路侨务楼
邮　编：523007
电　话：86-769-33229088，22227821，22221033
传　真：0769-22221829，22232539
邮　箱：mail@dgosa.com
网　址：www.dgosa.com

中山市留学回国人员联谊会

概况

中山市留学回国人员联谊会成立于2008年6月10日。联谊会的成立，是中山市经济建设和社会发展的需要，是中山市扩大对外开放和参与国际人才竞争的需要，也是联系和服务广大留学回国人员的需要，将进一步密切留学回国人员与市委、市政府的联系，为留学回国人员提供了感情交流、信息互通、科技交流、横向合作的渠道，也便于收集、反映留学回国人员的意见和要求，协助有关部门解决留学回国人员在工作、学习、生活方面的问题和困难。一直以来，中山市有关部门高度关注海外留学生和留学回国人员，为筹备成立中山市留学回国人员联谊会做了大量的前期工作。联谊会的成立得到广东省侨办和市委市政府的大力支持。

联谊会成立4年来，目前会员已发展至150多人。联谊会积极贯彻市委市政府关于进一步加快培养引进紧缺适用人才的战略部署，主动联系，服务我市广大留学回国人员，不断完善中山市海外引智网络，成为“留学回国人员之家”。联谊会先后组织会员前往多个镇区、企业参观考察，推动成立了留美、留加中山同学会，多次联合组织、人事、科技等部门赴美国、英国、加拿大等地举办招才引智推介会，积极向海外留学生和各界人士宣传推介中山人才政策。目前，已有中国留德学者学生联合会、中国留德计算机学会等海外留学生组织向中山表达了合作意向和计划，北美洲中国学人国际交流中心、美国安良工商总会、全球知名智库——兰德公司等国际人才资源组织，与联谊会建立联系寻求合作。

联系方式

地　址：中山市松苑路1号中山市外事侨务局国际交流部
邮　编：528400
电　话：86-760-88334455
传　真：86-760-88334455
邮　箱：irs88332136@gmail.com

潮州市留学回国人员联谊会

概况

潮州市留学人员联谊会成立于2012年7月6日，是在潮州市归国华侨联合会（以下简称“潮州市侨联”）领导下，由在潮州工作或生活的、具海外留学经历和与潮州有紧密联系的归国留学人员自愿组成。联谊会承认《中华全国归国华侨联合会章程》，是独立自主开展活动的非营利性侨界团体，潮州市侨联的团体会员。

宗旨

以马克思列宁主义、毛泽东思想、邓小平理论、“三个代表”重要思想和科学发展观为指导，高举中国特色社会主义和爱国主义旗帜，根据本章程，积极团结潮州市归国留学人员，发挥归国留学人员的团体优势，联络海外留学人员等专业人才，秉着“团结、互助、共进”的精神，为归国留学人员在潮州创业、发展服务，为潮州经济建设和社会发展，为实现中华民族伟大复兴和祖国完全统一作贡献。

主要任务

一、了解国家，特别是潮州的建设发展情况，鼓励、引导、发挥留学人员优势，广泛联络海内外留学人员，为加快经济发展、建设幸福潮州做出贡献。

二、组织广大归国留学人员学习党的方针政策、国家的法律法规，提高他们的爱国爱乡热情。

三、引导归国留学人员参政议政，反映侨界的利益要求。

四、关心归国留学人员，将他们在工作与生活中的问题和困难，向政府及职能部门提出意见和建议。

五、依法维护归国留学人员合法权益，推动社会经济文明建设。

六、为有意赴国外留学的学生提供相关资讯及帮助。

七、为归国留学人员在潮州创新创业、工作和生活等方面，提供支持和服务。

八、组织开展适合归国留学人员特点的科技、经贸、对外联络交流等活动，促进归国留学人员事业的发展。

九、加强自身建设，加强与社会各界的联系与交流，积极参加社会公益事业，维护和提高潮州归国留学人员群体形象。

十、广泛联络海内外留学人员及其智力团体，促进交流与合作，为潮州招才引智服务。

十一、表彰、奖励优秀归国留学人员，积极举荐人才。

十二、承接潮州市政府及其职能部门委托与本会有关的事项。

联系方式

地　址：潮州市新洋路新阳楼5号大地教育
邮　编：521000
电　话：86-18948509206
传　真：86-768-2211838
邮　箱：1292919492@qq.com
网　址：www.cosa.org.cn

广西留学人员联谊会（广西欧美同学会）

概况

广西留学人员联谊会（广西欧美同学会）成立于1986年，是以广西壮族自治区留学人员为主体的、适当吸收海外华裔和华侨学人自愿参加的非营利性的人民群众团体。英文名称为Guangxi Association of Overseas & Returned Scholars，简称GAORS。主管部门为自治区统战部，会址设在广西南宁市。

宗旨

继承爱国主义传统，团结留学归国学子，广泛联系海内外学人和与广西有渊源关系的华裔、华侨学人，修学敦谊，相互切磋，共同为振兴中华、繁荣广西做出贡献。

主要任务

一、继承爱国主义思想，倡导报国奉献精神，宣传海内外留学人员的先进事迹和学术成就。

二、团结广大归国留学人员和仍在海外的广西籍学子、华裔、华侨学人，以各种方式为广西经济社会发展服务。

三、采取多种多样的联谊方式加强海内外专家、学者和企业人士之间的联系，增进相互了解，促进广西与海外在科技、文化、教育、经济等领域开展广泛的交流与合作。

四、组织会员发挥本会的综合智力优势，为广西的发展提出建设性意见，为广西企事业单位的发展开展各类咨询、信息服务和人才培训与交流，开展出国留学咨询与服务，开展各项对广西经济和社会发展有意义的活动。

五、通过国外的民间学术团体和留学人员组织，为我区的智力、人才、技术、资金、项目的引进做好中介服务。

六、承担政府部门委托的广西重大经济建设项目的立项、鉴定、评估任务或其他课题。

七、维护广大留学人员的合法权益，积极反映海内外留学人员的需求，协助解决他们的困难和问题。

八、举办或承办各种与广西经济建设和社会发展有关的国际、国内研讨会。

九、协助党委和政府部门做好与留学人员沟通等工作。

联系方式

地　址：南宁市滨湖路63号
邮　编：530028
电　话：86-771-5568639，5568677
传　真：86-771-5568649
邮　箱：gaors_gx@126.com
网　址：gorsa.gxnews.com.cn

桂林欧美同学会·桂林留学人员联谊会

概况

桂林欧美同学会·桂林留学人员联谊会成立于2004年12月19日，是由桂林归国留学人员组成的群众团体。

桂林留学人员学成归国，行业涉及了金融、法律、传媒、旅游、科教、城建等各个领域。他们具有较高的知识文化水平和较成功的事业，有较强的组织和社会活动能力，以及对祖国和家乡赤诚的友好情怀，在中外经济、教育等领域的交流与合作中发挥了重要的桥梁作用，成为桂林市同海外友好往来的使者。桂林欧美同学会作为在党领导下的群众团体，为桂林市归国留学人员搭建起了一个交流平台，把服务桂林建设与发展同服务广大留学人员结合起来，把做好回国留学人员的工作同做好海外留学人员的工作结合起来，把发挥广大留学人员的作用同在他们中发现、培养和举荐人才结合起来，为大力推进桂林市“三个文明”做出了贡献。

宗旨

团结桂林市海内外留学人员，广泛联系海内外学人和与桂林有渊源关系的华裔、华侨学人，修学敦谊，相互切磋，构架与广大海内外人员和学者密切联系的桥梁和纽带，共同为繁荣桂林做贡献。

联系方式

地　址：桂林市榕湖路北路6号

邮　编：541001

电　话：86-773-2818858

传　真：86-773-2823330

邮　箱：gllx2007@126.com

重庆留学人员联谊会

概况

重庆留学人员联谊会于1994年5月成立，共有1990名会员。其中，高校及科研院所有1940人，企事业单位有27人，机关有49人；具有研究生学历以上的1441人，占72%，其中博士研究生达到1040人，占52%。

宗旨

坚持以邓小平理论和“三个代表”重要思想为指导，深入贯彻落实科学发展观，按照党和国家关于“支持留学，鼓励回国，来去自由”的方针，采取多种形式，鼓励海外人才回国为社会经济建设服务。遵守国家宪法、法律、法规和各项方针政策，继承和发扬留学报国的爱国主义传统，团结、吸引、联系广大留学回国人员，增进友谊，沟通信息，交流学术，开展协作，为促进重庆对外开放和经济社会发展做出贡献。

主要任务

一、弘扬爱国主义思想，倡导留学报国精神，宣传海内外留学人员的先进事迹和学术成就。

二、举办各种活动，加强学术交流，丰富文化生活，增进海内外留学人员的联系和联谊。

三、推动海内外专家、学者和各界人士之间的联系，增进相互了解，在科技、文化、教育、经济等领域广泛开展交流与合作。

四、为海外学人回国创业兴业提供智力支持。

五、组织会员发挥综合智力优势，积极开展各类咨询、信息服务和人员培训等活动，为重庆的发展提供建设性意见。

六、联络与重庆有渊源关系的海外学人和留学人员团体，努力拓宽他们与祖国的联系和为国服务的渠道。

七、维护会员的合法权益，关心他们的工作和生活，积极反映他们的需求，协助解决困难和问题。

联系方式

地　址：重庆市渝北区新牌坊一路1号

邮　编：401147

电　话：86-23-86868567

传　真：86-23-86868567

四川省留学人员联谊会

概况

四川省留学人员联谊会成立于2006年10月28日，是四川省各行业留学人员及部分企事业单位自愿结成的社会团体组织。英文名称为SICHUAN OVERSEAS SCHOLARS UNION，简称SOSU。联谊会的成立进一步整合四川省已有的各类留学人员资源，服务四川省经济社会建设。作为连接政府、社会和留学人员的桥梁，加强留学人员之间、留学人员与政府之间、留学人员和社会之间的良好沟通。

宗旨

通过联络感情、沟通信息，成为留学人员之家。

主要任务

一、向党和政府反映留学人员的意见、建议和要求，协助党委和政府做好留学人员服务工作，不断改善留学人员的工作、生活环境，维护留学人员的合法权益。

二、开展留学人员业绩和成果宣传工作，组织各种形式的联谊活动，加强国内外留学人员之间的信息交流、学术交流，促进不同领域留学人员之间的了解与沟通。

三、加速留学人员科技与专利成果的转化，研究成果转化的途径和方式，开辟科技成果转化为现实社会生产力的“绿色通道”。

四、发挥留学人员的智囊作用，激励留学人员开展科技咨询，鼓励并组织留学人员投入生产、管理第一线，为各级党政机关、企事业单位、个体业主和农户做顾问，开展单项技术、经济咨询和综合性管理“会诊”，将留学人员的潜能转化为现实生产、管理能力。

五、加强同国内外知名留学人员和留学人员社会团体的联系，交换信息，扩大视野，有效地开展资金、技术和人才的引进工作。

联系方式

地　址：成都市东二巷18号四川省人事厅509室

邮　编：610015

电　话：86-28-86763106，86627109

传　真：86-28-86627109，86765106

邮　箱：yybeauty@tom.com

网　址：www.sczjfw.com

贵州留学人员联谊会（贵州欧美同学会）

概况

贵州留学人员联谊会（贵州欧美同学会）成立于2008年12月。联谊会的成立，为贵州省广大留学人员创造了一个学术交流的平台，一个反映意见建议的渠道、咨询服务的窗口和寻求支持的依托。

联谊会在政府与留学人员之间充分发挥了桥梁和纽带作用，为留学人员提供优质服务，并通过自己在国外的各种联系，为贵州引进更多人才，尤其是贵州经济社会发展急需的领导人才。在团结凝聚留学人员发挥作用方面作出新贡献，在协助党和政府开展留学人员工作方面取得新成效，在加强自身建设方面实现新突破，真正成为党联系广大留学人员的桥梁纽带，成为党和政府做好留学人员工作的助手，成为具有广泛影响力和强大凝聚力的留学人员之家，为推进贵州经济社会历史性跨越作出新贡献。

宗旨

继承爱国主义传统，团结留学归国学子，广泛联系海内外学人和与贵州有渊源关系的华裔、华侨学人，修学敦谊，相互切磋，共同为振兴中华、繁荣贵州做出贡献。

联系方式

地　址：贵阳市广胜路1号

邮　编：550002
电　话：86-851-5895140
传　真：86-851-5895140

云南省留学人员联谊会

概况

云南省留学人员联谊会成立于2008年12月21日。联谊会的成立得到了云南省委统战部、云南省民政厅的批准指导。

宗旨

为云南省留学人员搭建参政议政、建言献策、施展才华、加强联系与合作、加深友谊的平台，进一步调动云南省留学人员的积极性、创造性，开拓留学人员工作新局面。

主要任务

一、充分发挥智力密集、联系广泛的优势，调动一切可以调动的积极因素，团结一切可以团结的积极力量，群策群力，服务于云南改革发展大局，服务于解放和发展生产力。

二、围绕云南省经济社会发展中的重大问题，深入调查研究，为各级党委政府多献科学发展之言，多谋富民惠民之策。

三、进一步加强同港澳台和海外各界人士的联系，广交朋友，联络感情，宣传政策，牵线搭桥，推动云南与港澳台和海外在经济、科教、文化等方面的交流与合作，为云南省扩大开放、整合资源、加快发展、提高竞争力作出贡献。

联系方式

地　址：昆明市广福福路8号中共云南省委统战部
邮　编：650228
电　话：86-871-3992481，3992488
传　真：86-871-3992482
邮　箱：ynlyh@126.com
网　址：www.ynrosa.or.cn

云南省留学人员创业协会

概况

云南省留学人员创业协会成立于2008年9月，是由云南省留学归国人员及有关企事业单位、民间组织自愿组成的非营利性社会团体。协会会员主要来自留学归国人员在滇创业的企业和企业家，留学归国的中高级人才和经理人，以及正待归国、有意归国创业的留学人员。云南留学人员创业协会的成立，顺应了广大留学人员归国创业发展的需求，为他们提供了难得的高端交流平台，同时也为海内外各界有识之士为中国现代化大业建言献策提供了便捷渠道。

宗旨

立足于云南、面向全国、团结四海、放眼世界。秉承老一辈留学人员留学报国的优良传统，进一步团结和凝集广大在滇留学人员，努力成为党和政府联系留学人员的桥梁和纽带。协会通过搭建平台，为会员提供创业互助，合作交流，共谋发展。为政府建言献策，招商引资引智。

主要任务

一、充分发挥留学人员创业精神足，创新能力强，掌握国际先进技术，具有中外文化合璧的背景和广泛的国内外人际关系等独特优势，搭建科技交流、信息交流、创业服务平台，促进项目技术、人才、资金的国际流动。

二、帮助留学归国人员解决创业过程中面临的实际困难，维护留学人员的合法权益，会同有关部门落实留学人员政策。

三、组织留学人员积极参与科技创新，创办企业和多种形式的活动。

四、进一步发挥留学人员的作用，为云南省的社会经济事业的可持续发展作出自己的贡献。

联系方式

地　址：国家级昆明经济技术开发区云大西路39号
　　　　创业大厦608室
电　话：86-871—6358828
传　真：86-871—6358788
邮　箱：ypocepa@163.com
网　址：www.ypocepa.com

昆明留学人员联谊会

概况

昆明留学人员联谊会成立于1993年4月，由本地区各行各业的留学归国人员组成，与海外相关科研院所、社会组织、高层次人才保持着密切联系，具有广泛群众性、高知识、多元性和开放性。

联谊会在各级领导的关心下，在市委统战部及市科协的领导下，在全体会员的积极支持与参与下，始终紧密围绕昆明市经济社会发展重点开展工作，为实施科教兴昆，人才强市，以开放促发展，促进科学技术的引进、普及与推广，为经济结构的调整做出了贡献。

宗旨

抓住云南省桥头堡战略实施，扩大对外开放，以及昆明市建设中国面向西南开放的国际性区域城市的机遇，围绕党和政府的中心工作，进一步做好广大留学人员的工作，整合广大归国人员的智力与人脉资源，服务地方经济社会发展，将联谊会建设成为党和政府联系广大留学人员的桥梁和纽带，成为党和政府做好留学人员工作的助手。

主要任务

以服务留学人员为宗旨，关心留学人员的工作、学习和生活，反映他们的愿望和要求，维护他们的合法权益，为留学人员回国创业和为国服务创造条件、搭建平台，成为留学人员之家。

联系方式

地　址：昆明市呈贡新区市级行政中心7号楼135室
电　话：86-871-3192873
传　真：86-871-3192873
邮　箱：gjb@kmkp.net.cn
网　址：www.kmkp.net.cn

陕西省留学人员联谊会

概况

陕西省留学人员联谊会成立于1989年，是在省民政厅注册的陕西省留学人员群众性组织，主管部门为省人力资源和社会保障厅，日常业务受省外国专家局指导。作为党和政府团结、联系广大留学人员的纽带和桥梁，二十余年来，通过各种形式的活动，组织广大留学人员在国内外广泛开展科技、经济、文化交流，为陕西经济建设和社会发展作出了积极贡献。

宗旨

广泛联系全省留学人员，促进全省留学人员的团结和进步，帮助留学人员在陕创业，引导广大留学人员以多种方式参与陕西省的经济建设和社会发展。

联系方式

地　址：西安市西二路23号万景商务中心11层

邮　编：710004

电　话：86-29-87543436，87543240

传　真：86-29-87543436

宁夏留学人员联谊会

概况

宁夏留学人员联谊会于2009年4月28日成立，是由在宁夏工作的留学人员自愿组成的非营利性的社会群众团体。业务主管单位是宁夏回族自治区党委组织部、人力资源和社会保障厅，社团登记管理机关是宁夏回族自治区民政厅。团体接受业务主管单位和社团登记管理机关的业务指导和监督管理。英文名称为Ningxia Returned Scholars Association，简称NXRSA。

宗旨

遵守国家宪法、法律、法规和国家政策，遵守社会道德风尚，坚持科学发展观，以人为本，广泛联系海内外留学人员，广交朋友，增进友谊，宣传宁夏，吸引国（境）外人才、智力、技术和资金，为宁夏经济建设和社会发展服务。

主要任务

一、通过宁夏留学人员联谊会向自治区党委和政府反映在宁夏留学人员的意见、建议和要求，协助党委和政府做好留学回国人员服务工作，不断改善留学回国人员的工作、生活环境，维护留学回国人员的合法权益。

二、开展留学回国人员业绩和成果宣传工作，组织各种形式的联谊活动，加强国内外留学人员之间的信息交流、学术交流，促进不同领域留学回国人员之间的了解与沟通。

三、加速留学回国人员科技与专利成果的转化，研究成果转化的途径和方式，开辟科技成果转化为现实社会生产力的“绿色通道”。

四、发挥留学回国人员与其他人才的智囊作用，激励留学回国人员开展科技咨询，鼓励并组织留学人员投入生产、管理第一线，为各级党政机关、企事业单位、个体业主和农户做顾问，开展单项技术、经济咨询和综合性管理“会诊”，将留学回国人员的潜能转化为现实生产、管理能力。

五、加强同国内外知名留学人员及留学人员社会团体的联系，交换信息，扩大视野，有效地开展资金、技术和人才的引进工作。

联系方式

地　址：宁夏银川市上海东路40号

邮　编：750001

电　话：86-951-5099081

传　真：86-951-5099100

邮　箱：nxzj2088@126.com

新疆留学人员联谊会

概况

新疆留学人员联谊会成立于2006年7月24日，是在新疆维吾尔自治区党委组织部、统战部、自治区人事厅等有关部门的共同发起下成立的，由新疆维吾尔自治区各行各业的留学人员自愿组成的，具有独立法人资格的非营利性社会团体组织，是党和政府联系广大留学人员的桥梁；是留学人员间相互联系与合作的纽带。联谊会的成立标志着新疆留学人员从此有了自己的组织，也有了加强交流、施展才干、报效祖国的平台。

联谊会自成立以来，继承和发扬留学报国的光荣传统，充分发挥桥梁、纽带作用，以“团结立会、依章治会、民主办会、实干兴会”为办会方针，依托自身的独特优势，积极探索在新形势下做好留学人员工作的新思路、新方法，创造性地开展工作，组织了丰富多样的活动，努力凝聚广大留学人员，并通过与境外合作，拓展为新疆服务的平台。

宗旨

发扬爱国主义精神，团结广大新疆籍留学人员，广泛联系海内外学人，增进友谊，沟通信息，交流学术，促进合作，共同为振兴新疆经济、维护祖国统一服务。

主要任务

一、弘扬爱国主义精神，倡导留学报国，宣传介绍海内外留学人员的先进事迹和学术成就。

二、组织归国留学人员发挥专业特长，加强学术交流，举行各类咨询、信息服务和人员培训等活动，为自治区经济发展开展招才引智、招商引资、扶贫帮困等工作；进行专项调研，为新疆的经济建设和社会全面发展出谋献策。

三、联系海内外留学人员及其团体，拓展他们与祖国联系和为国服务的渠道，加强民间友好交往，开展在经济、科学、教育和文化等领域的交流与合作。

四、维护归国留学人员的合法权益，向党和政府反映留学人员的意见、建议和要求，做好留学人员服务工作。

五、增进留学人员的联系和友谊，丰富文化生活，举办各种有益的联谊活动。

联系方式

地　址：乌鲁木齐市文化路38号

邮　编：830002

电　话：86-991-2398135，2391342，2391123

传　真：86-991-2391342

邮　箱：xjlxrylyh@xjts.cn

网　址：www.xjlxrylyh.com

第六部分

附录篇

附录篇

留学人员回国服务机构一览

中国（教育部）留学服务中心

为了适应国家改革开放、教育国际交流与合作发展，在邓小平同志的亲自提议和关怀下，国家教委留学服务中心于1989年3月31日批准成立。1998年，更名为教育部留学服务中心，对外称中国留学服务中心。

中国（教育部）留学服务中心，是教育部直属事业单位，以事业单位法人注册，主要从事出国留学、留学回国、来华留学以及教育国际交流与合作等领域的相关服务。其主要业务范围包括：公派留学、自费留学、签证代理、国外宣传保障、留学人员档案管理、留学人员集体户口管理、国(境)外学历学位认证、留学人员回国安置、受理留学回国人员科研启动基金申请、中国留学人才市场、中国国际教育巡回展、留学中国教育展、来华留学毕业生联络联谊工作、回国创业政策咨询、承办“春晖杯”中国留学人员创新创业大赛以及承办其他政府项目等。目前中心设有13个部门、两个直属注册企业和30个各地分中心。伴随着新中国留学工作的不断发展，教育部留学服务中心走过了光辉历程，取得了伟大成就，其留学服务工作在我国教育、科研、经济、文化、社会发展以及中国的对外开放和国际交流等方面，均起到了不可替代的重要作用。

作为教育部在留学服务领域里的助手和依托，教育部留学服务中心将不断适应中国留学事业的发展和需求，坚持服务创新，按照社会化、市场化、国际化、专业化、网络化的发展思路，努力工作，开拓进取，为配合国家实施“科教兴国”和“人才强国”战略，做出新的更大贡献。

主要职能：

一、出国留学

1．中国国际教育巡回展是经教育部批准，中国（教育部）留学服务中心主办，以介绍国外优质教育资源为主要内容的大型展览，通常在每年春季举办。

2．公派留学和出访签证代理。受教育部委托并经外交部批准，中心公派出国留学事务处主要负责为各类公派留学(包括：国家留学基金全额资助，国家留学基金部分资助，政府互换奖学金项目，各部委、科研院所、地方省市自筹资金以及院校际交流等)人员提供办理出国和出境手续的服务，保证公派出国留学人员顺利出国学习和从事科研、进修。

3．自费留学。自2003年起，在教育部国际司的指导下，中心承担了以教育部的名义公布国外院校名单的工作。同时，受教育部委托，中心还负责对外提供自费留学信息咨询与确认服务。

4．留学人员档案管理。经国家主管部门批准，中心于1997年成立留学人员档案室，专门从事留学人员人事档案的管理及相关业务的咨询工作。其服务内容主要包括：为出国留学和留学回国人员提供档案管理服务、开具各种人事证明、记录国外留学经历等。

二、留学回国

1．留学人员集体户口管理。2005年5月，为解决出国留学人员户籍管理和迁移问题以及部分留学回国人员落户难问题，经北京市公安局批准，中心设立留学人员集体户口，负责部分出国留学人员和留学回国人员的户口管理工作。

2．国（境）外学历学位认证。经国务院学位委员会和国家教育部批准同意，中心面向全国开展对国（境）外学位证书和高等教育文凭的认证服务。2001年4月，经国务院学位办批准，中心正式对外受理中外合作办学颁发国外学位证书的认证申请。

3．中国留学人才市场。是中国（教育部）留学服务中心为适应海外留学人才回国就业需要而设立的专门机构，它是国内首家获得国家主管部门许可专事留学人才中介服务的机构。中国留学人才市场以“中国留学英才网”网络平台为依托，结合传统网下人才招聘会和视频招聘等多种形式，面向海外留学人才和国内用人单位提供专业化人才中介服务。

4．留学回国就业。受教育部委托，中心负责为留学回国人员办理就业报到相关手续。

三、来华留学

1．科研启动基金申请。教育部于1990年特设立留学回国人员科研启动基金项目，受教育部委托中心承担有关该项目的咨询、申请、初评、上报和拨款工作，并协助主管部门进行项目效益的追踪与调研工作。

2．回国创业。1995年4月，国务院决定在中心成立留学人员投资事务处，加大留学人员为国服务，特别是为留学人员回国创业提供服务的力度，负责为在外留学人员回国投资创办企业、短期讲学、合作科研、科技成果转让、新技术开发、引进国外先进技术项目等提供政策咨询和中介服务，为海外高层次人才以多种形式为国服务提供多次入出境及在华长期居留的便利服务。

3．留学中国教育展。是经教育部批准，由中心牵头组织中国院校赴境外招收来华留学生的国际教育展览，每年有计划地、有重点地在部分国家的重要城市举办。

4．留华毕业生联络联谊。留华毕业生联络处是中心受教育部委托建立的机构，旨在将全世界在华留学生和毕业生联系起来，为他们提供信息交流的平台和组织联谊活动，努力使他们成为沟通中国和世界的桥梁。

四、国际合作

1．英国高等教育文凭项目。2003年，中心与英国苏格兰学历管理委员会（SQA）合作，将英国高等教育文凭项目引入中国。

2．中国留学服务中心-荷兰高等教育国际交流协会合作办公室。中国留学服务中心-荷兰高等教育国际交流协会合作办公室(CSCSE-Neso China)系中国（教育部）留学服务中心与荷兰高等教育国际交流协会（Nuffic）于2001年在北京联合成立的非营利性组织，旨在为促进中荷教育交流与合作提供服务与支持。

3．新加坡政府奖学金项。1992年和1993年，经原国家教委批准，中国（教育部）留学服务中心先后与新加坡教育部、卫生部合作，开展了新加坡本科奖学金项目和新加坡护理奖学金项目。

4．中俄联合培养本科生项目。根据中俄教文卫体合作委员会第五次会议纪要和中俄教育合作分委会第四次会议纪要规定，2004年教育部设立了中俄联合培养本科生项目。受教育部委托，中国（教育部）留学服务中心负责对中俄联合培养本科生项目进行统一管理，以保证和促进该项目能够稳定健康发展。

五、其他服务

1．出国留学培训基地项目。出国留学培训基地的建立是中心协助教育部规范出国留学市场秩序，建立出国留学示范样板的重要举措。

2．境外教育机构资质鉴定服务。中心根据长期专门从事出国留学、留学回国、国际教育资源信息咨询、国外学历学位证书认证等相关业务所积累的工作经验和资源优势，开展境外教育机构资质情况查询服务。

3．教育外事服务。受教育部委托，中心公派团组护照签证事务处主要负责为教育部机关、企事业单位、部直属高校校级领导以及部分直属高校因公临时出国人员提供办理护照和签证服务，负责对上述人员因公护照进行管理和监督，负责为教育部驻外使（领）馆人员及其家属办理出国护照和签证手续，确保了公务团组的顺利出访和外交人员的顺利赴任。

4．信息服务。为满足信息化、网络化办公和广大留学人员信息咨询的需要，中国（教育部）留学服务中心在教育部的大力支持下，于1996年建立了“中国留学网”。经过多年来的建设和改版，中国留学网已经建设成为中国（教育部）留学服务中心对外交流合作的窗口和服务平台。

5．承担着教育部、科技部主办的“春晖杯”中国留学人员创新创业大赛相关的组委会办公室工作，并为留学人员回国创业提供相关的服务。

联系方式：

地　址：北京市海淀区北四环西路56号辉煌时代大厦5层
邮　编：100080
电　话：86-10-62677800
传　真：86-10-62677504
网　址：www.cscse.edu.cn

科学技术部火炬高技术产业开发中心

1988年，党中央、国务院正式批准实施旨在发展中国高新技术产业的指导性计划——火炬计划。作为火炬计划的具体组织实施单位——科学技术部火炬高技术产业开发中心（简称“火炬中心”）成立于1989年10月，是隶属于国家科学技术部的独立事业法人单位。在科学技术部指导下，火炬中心以“发展高科技，实现产业化”为己任，大胆探索，不断创新，推动了中国高新技术产业不断向前发展。

20年来，火炬中心坚持以“国家目标、地方组织、市场导向”为方针，以创新谋发展，创造性地丰富了火炬计划的内涵。通过国家高新技术产业开发区、科技型中小企业技术创新基金、科技企业孵化器等一系列政策工具的制定和实施，在建设创新创业环境，聚集科技资源，促进技术创新与转化，加强科技和经济结合，调整产业结构，增强区域创新能力等方面，火炬计划取得了卓越的成绩，极大地推动了我国高新技术的商品化、产业化和国际化。“火炬”已成为中国发展高新技术产业的一面光辉旗帜。

为了更好地贯彻实施《国家中长期科学和技术发展规划纲要》，实现“增强自主创新能力、建设创新型国家”的国家使命，加强技术创新环境建设和高新技术产业化进程，科技部对原“科学技术部火炬高技术产业开发中心”“科学技术部科技型中小企业技术创新基金管理中心”“中国技术市场管理促进中心”进行了合并重组，组建了新的“科学技术部火炬高技术产业开发中心”。在科学技术部的领导和社会各界的大力支持下，火炬中心将继续高举“火炬”旗帜，以落实科学发展观为统领，以提高企业自主创新能力为核心，以营造技术创新环境和促进高新技术产业化为主线，通过实施“育苗造林”工程，大力发展科技型中小企业群体，推进产业集群向创新集群升级，聚集和激活人才、技术和资本等创新资源要素，推动“火炬”全面走进国家经济建设主战场，为建设创新型国家做出应有的贡献。

主要职能：

1．研究我国高新技术产业化及高新区发展的状况和问题、为科技部宏观决策提出建议和对策；研究提出火炬计划，国家高新区的发展规划、计划及有关政策建议。

2．研究我国技术市场发展的状况和问题，提出技术市场的发展规划及有关政策，为科技部宏观决策提出建议和对策。

3．承担火炬计划管理办公室的事务性管理工作，承担火炬计划的组织实施工作，推进高新技术产品成果商品化、产业化和国际化。

4．负责国家高新技术开发区的日常管理，为高新区的发展提供咨询与服务。

5．承担科技型中小企业技术创新基金的组织实施工作。

6．承担全国技术市场日常运行管理，以及登记、统计、培训、信息交流与技术转移等工作；联系和协调全国技术市场管理机构；开展科技成果推广和产业化咨询服务等工作。

7．研究提出科技企业孵化器发展规划、计划和有关政策建议，承担孵化器的日常管理；承担高新技术企业、国家级创业服务中心、国家留学人员创业园、技术交易机构、海外科技园、创业投资机构等的管理。

8．承担生产力促进中心、大学科技园、高新技术产业化基地、工业领域国家工程中心、国家重点新产品计划、科技兴贸行动专项等的组织实施工作。

9．承担火炬计划软件产业化工作；承担火炬计划产业化基地的管理工作。

10．研究提出高新技术产业化投融资政策建议，组织并推动科技风险投资工作。

11．承担编制《中国高新技术产品目录》及技术出口产品目录等工作。

12．负责火炬计划国家级高新区统计的专项工作，承担高新技术产业化的统计、宣传、信息交流、培训以及国际合作等工作。

13．承担科技部有关司局委托的工作。

14．承担科技部领导交办的其他工作。

联系方式：

地　址：北京市三里河二区甲18号
邮　编：100045
电　话：86-10-88656100
传　真：86-10-88656116
邮　箱：Mail@chinatorch.gov.cn
网　址：www.chinatorch.gov.cn

人力资源和社会保障部留学人员和专家服务中心

留学人员和专家服务中心为人力资源和社会保障部直属事业单位，同时作为中国博士后科学基金会的办公机构。中心拥有权威的高层次人才信息和丰富的科技成果资源，为“千人计划”引进的海外高层次人才落实特定生活待遇，为留学人员回国工作、创业、为国服务提供咨询、推介、人事代理等各种服务；承担高层次专业技术人才选拔、培养等事务工作，为专家队伍建设和发挥专家作用提供各种形式的服务；承办边远、少数民族地区专业技术人才特殊培养工作；负责中国博士后科学基金规划、筹集、管理工作；承担中国博士后网、中国留学人才网和中国专家网网站的建设、运营和管理；参与建立和完善我国高层次人才信息库。

主要职能：

1．负责海外高层次人才引进服务窗口工作：负责“千人计划”服务窗口工作，为“千人计划”引进的海外高层次人才落实居留和出入境、落户、医疗、住房、税收、子女就学等方面的特殊政策，办理相关手续。根据政策规定，按照引进人才的需求，为引进人才提供优质服务，营造海外高层次人才回国（来华）创新创业的良好环境。

2．负责中国留学人员回国服务联盟秘书处有关工作：承担服务联盟具体日常工作，负责服务联盟组织建设工作，召开服务联盟成员大会，审核加入或退出的成员单位，成员单位间的沟通协调工作等。主要工作任务有，推进留学人员回国服务网络建设，健全留学人员回国服务机构的合作机制，建设留学人员回国服务信息平台，组织成员单位开展相关活动。

3．负责中国留学人员回国创业专家指导委员会秘书处有关工作：会同欧美同学会建言献策委员会承担专家委员会具体日常工作，组织专家委员会入选专家，为“千人计划”创业人才入选者、中国留学人员回国创业启动支持计划入选者、各地及留学人员创业园推荐的具有发展潜力的重点留学人员企业等，开展创业培训、创业咨询、创业指导、深度合作、企业推介等形式的留学人员回国创业指导与服务。

4．管理海外高层次人才联系窗口：承担“千人计划”人力资源和社会保障部网上海外高层次人才联系窗口（www.mohrss.gov.cn）管理工作，积极宣传海外高层次人才引进工作，认真做好接受海外高层次人才自荐有关工作。收集海外高层次人才基础信息，配合做好海外高层次人才信息库建设。

5．管理运营中国留学人才信息网（www.Chinatalents.gov.cn）：中国留学人才信息网作为专门服务于海内外留学人员的政府网站，权威性和政策性强，已初步成为宣传党和国家有关留学人才政策，为留学人员和国内用人单位提供信息服务，做好留学人才资源开发工作的一个重要窗口。网站目前设有留学与人才、综合报道、要闻与动态、留学人才推荐、专家与博士后、工作交流、政策法规、回国指南、人才自荐、单位招聘、创业园区、经费资助指南、异域生活等栏目。

6．组织留学人员回国服务活动：中心与各地地方政府或地方人事部门合作，组织了多次海内外留学人员智力服务与科技项目示范活动，这些活动的成功举办为带动地方经济、科技发展，促进地方引进高层次海外留学人才工作发挥了重要的推动作用。有些活动在当地已形成品牌，取得了很好的效果，深受海外留学人员和当地各界的好评。

7．海外留学人才推荐工作：在中国留学人才信息网上开设留学人才推荐、回国指南、单位招聘、人才自荐等栏目，收集、发布国内人才和技术需求，协助用人单位开展招聘海外留学人员活动。根据留学人才特长和需求，采取网上推荐、出函推荐、重点推荐等形式，为留学人员回国提供就业推荐、信息咨询等各项服务。

8．留学人员创业园管理服务工作：帮助创业园协调落实鼓励、支持留学人员回国创业的有关政策，为创业园提供人才、项目推荐服务。为留学人员创业提供人才、成果、推介及信息咨询服务。

联系方式：

地　址：北京市海淀区学院路30号博士后公寓办公楼
邮　编：100083
电　话：86-10-82388262，62322968，62330841
传　真：86-10-62321842
邮　箱：lxhgfw@163.com
网　址：www.chinatalents.gov.cn

中国留学人员回国创业专家指导委员会

为完善留学人员回国创业服务体系，配合实施国家“千人计划”和中国留学人员回国创业启动支持计划，进一步加大对留学人员回国创业的支持力度，人力资源社会保障部会同欧美同学会成立中国留学人员回国创业专家指导委员会。

专家委员会成员由下列人员担任：风险投资专家，市场营销专家，世界五百强企业以及著名跨国企业的高管，创业成功的留学人员企业家，全国省部共建国家级留学人员创业园负责人，从事企业咨询、人力资源管理以及会计师事务所、律师事务所等可为海归创业提供服务与咨询的相关领域专家。

专家委员会的主要服务对象包括入选“千人计划”的创业人才，入选“中国留学人员回国创业启动支持计划”的创业人才，各地人社部门和省部共建留学人员创业园推荐的、具有较大发展潜力的留学人员企业。

专家委员会秘书处设在人力资源和社会保障部留学人员和专家服务中心。

主要职能：

1．创业培训。举办留学人员回国创业培训班，邀请专家委员会成员以及其他国内外优秀的企业家、知名专家学者、金融领域的知名专家，对回国创业的留学人员进行创业培训与辅导。

2．创业咨询。组织专家委员会相关专家到留学人员创业园对企业开展创业咨询服务，现场调研，现场诊断，现场解决问题，传授成功经验，进行针对性辅导，提供个性化服务。

3．创业指导。由各地或省部共建留学人员创业园推荐具有发展潜力并有创业服务需求的留学人员企业提交专家委员会，各位专家根据不同产业方向和市场前景以及创业者的需求，选择1至3家创业企业进行对接服务，给予企业全面创业指导，协助解决问题，推动企业发展。

4．深度合作。鼓励专家委员会专家与留学人员企业开展投资、入股、贸易、技术交流、合作开发等不同形式的深度合作，做到优势互补，加快国际先进技术与国内市场运作的交流，加大上下游产品的相互促进，加快技术和产品的转化。

5．企业推介。每年由专家委员会根据创业指导情况，推出一批最具成长潜力的留学人员企业，为留学人员企业创造良好的环境，助推留学人员企业快速成长。

联系方式：

地　址：北京市海淀区学院路30号博士后公寓办公楼
邮　编：100083
电　话：86-10-82388262、62322968、62330841
传　真：86-10-62321842
邮　箱：lxhgfw@163.com
网　址：www.chinatalents.gov.cn

北京海外学人中心

北京海外学人中心是北京市委市政府于2008年12月成立的专门联系海外学人、引进海外学人、服务海外学人的工作机构。中心秉承“尊重劳动、尊重知识、尊重人才、尊重创造”的方针，凭借专业化、信息化、国际化的人力资源开发能力，将为高层次人才和广大留学人员来京创新创业提供广阔的发展平台和全面的服务保障，力图打造连接海外优秀人才与北京的纽带和首都海外学人温馨之家。

北京海外学人中心将以“海纳百川，汇聚英才”的胸怀欢迎每一位海外学人的归来。

主要职能：

1．宣传国家和北京市关于海外人才的工作政策及经济社会发展情况。

2．研究提出北京市海外人才开发工作的中长期规划和政策措施建议。

3．收集、发布重大项目信息，海外学人信息和海外高层次人才政策信息。

4．负责北京市引进海外人才的认定评估工作。

5．广泛联系驻外使领馆、海外专家组织、海外人才交流机构、留学生组织、海外人才和国内相关组织，代表市委市政府多渠道寻访海外高层次人才。

6．组织实施海外人才培训交流活动。

7．为北京市重大科技项目、重点学科建设和重要产业发展提供引进海外高层次人才和智力的有关支持。

8．为在北京创新创业的海外人才提供事业发展和生活条件等综合配备服务。

9．为中央实施海外高层次人才开发工作服务。

10．联系指导协调本市各海外学人分中心的工作。

11．开展公派、自费出国留学咨询服务和回国留学人员工作创业指导。

联系方式：

北京海外学人中心

地　址：北京市西城区德外大街83号德胜国际中心B座6层

邮　编：100088

电　话：86-10-58540566，58540567，58540568

传　真：86-10-58540568

邮　箱：botc@8610hr.cn

网　址：www.8610hr.cn

北京海外学人中心服务大厅

地　址：北京市海淀区中关村海淀北二街10号泰鹏大厦二层

邮　编：100080

电　话：86-10-82484901，82484905，82484907

传　真：86-10-82484897

邮　箱：fuwu@8610hr.cn

天津市留学服务中心

天津市留学服务中心是天津市人事局直属事业单位，是负责全市留学人员服务工作的专门服务机构。天津市留学人员服务中心又是中国（教育部）留学服务中心天津分中心。主要任务是宣传、贯彻、落实国家关于留学人员工作的方针、政策、规定；为天津市留学回国人员提供全方位的管理与服务；积极引进海外留学人员中的人才、智力、技术、资金；承办天津市人事局及国家留学人员工作主管部门委托和交办的任务；与国内外相关组织建立业务合作关系。

主要职能：

一、出国留学服务

1．为预备出国留学人员提供各类外语培训。

2．自费留学咨询服务工作，提供国外有关学校的信息资料，协助联系学校、申请就读、申办签证等事宜。

二、留学回国服务

1．为各类留学人员来津工作和用人单位录用留学人员提供信息服务和双向选择服务，并根据双方需要进行重点推荐。

2．为各类留学人员短期来津讲学、学术交流、合作科研、投资考察提供牵线搭桥服务。

3．为已加入外国籍的高层次留学人才办理2至5年期多次入境签证、外国人居留证。

4．为外省市来津工作的留学回国人员办理工作接转、派遣和落户等相关手续。

5．为来津工作、创业的留学回国人员制作并颁发《留学回国人员证书》。

6．组织天津市留学回国人员开展留学人员联谊活动。

三、留学综合服务

1．提供国家及天津市有关留学人员工作的政策、规定的咨询服务。

2．为天津市自费出国留学人员提供档案管理等服务。

3．管理“天津留学人才网”及“天津市留学人员数据库”。

联系方式：

地　址：天津市河东区九经路25号中国（天津）人力资源发展促进中心3楼D区

邮　编：300171

电　话：86-22-24236966、24236951、24236952

邮　箱：haiwairencai@hotmail.com

河北省专家与留学人员服务中心

河北省专家与留学人员服务中心是2002年河北省编办批准成立的全额拨款的事业单位。主要任务是为河北省享受津贴的专家发放国务院特殊津贴和省政府专家岗位津贴；为河北省人事厅组织的来河北省的留学人员提供各项服务，协助用人单位开展招聘留学人员活动，为留学人员就业提供信息咨询服务；受河北省人事厅委托，与河北省选派的出国培训专家签订《出国培训协议书》，并负责违约人员培训经费的收回和违约金的追缴工作；为专家开展科技活动提供信息和服务；负责“河北留学人员联谊会”秘书处的日常工作。2004年5月与中国留学服务中心正式签订合作协议，成为中国（教育部）留学服务中心河北分中心。

主要职能：

一、专家服务工作

1．为发挥我省专家队伍的作用提供各种服务。负责专家津贴拨款统计和各类专家变化的跟踪服务工作；组织专家开展学术和联谊活动，协助专家管理处做好政府资助的专家休假工作，为人社部门组织的专家休假、学术交流等各种活动提供服务，组织开展专家和高层次人才培训工作。负责国（境）外机构在国内招聘专业人才出国（境）工作的审核、认证。

2．承担建设和完善我省高层次人才信息库的工作。

二、津贴发放工作

1．为我省享受国务院特殊津贴专家和享受省政府岗位津贴专家发放津贴。

2．建立专家津贴发放责任制。

三、留学派出工作

1．对我省选派的出国培训人员进行外语培训。

2．为出国培训人员办理出国前和回国后的各项手续。

3．将培训人员的研究成果分类汇集出版，对研究成果进行评审奖励。

4．违约追究。

四、留学回国服务

1．为省人事厅组织的来我省的留学人员提供各种服务；

2．负责各类留学回国人员的讲学、考察、技术交流、科技开发的组织和接待。

3．为留学人员回河北工作、创业和发挥作用提供各种中介服务。宣传和发布我省引进留学人员的优惠政策；收集、发布国内急需人才和技术需求的信息；协助用人单位招聘海外留学人员，为留学回国人员就业提供信息、咨询和服务；组织交流洽谈，为留学人员提供就业推荐、信息咨询、人事代理等各项服务；开展留学人员技术成果评价、开发、转让等服务工作。

4．承办留学回国人员科技活动择优资助经费申报的事务性工作。

5．承办我厅批准或与有关部门合办的省级留学人员创业园的具体工作，帮助创业园落实国家及省制定的有关鼓励、支持留学人员回国创业的政策，为留学人员创办企业疏通渠道。

6．积极和国家人事部留学人员与专家服务中心配合，拓宽留学和专家境外培训的形式与渠道。

7．接待留学人员来信、来访。

五、中国留学服务中心河北分中心服务项目

为创新为留学人员服务方式，拓宽为留学人员服务领域，中心与国家教育部中国留学人员服务中心开展以下几项留学业务的合作。

1．建立“中国留学服务中心河北分中心”。

2．开展海外高层次留学人员身份确认业务。

3．受理“教育部留学回国人员科研启动基金”申请。

4．办理我省留学人员档案存放。

5．与“中国留学网”链接分中心网页。

6．建立“国外学历（学位）认证”申请材料河北验证点。

六、“河北留学人员联谊会”秘书处的日常工作

1．积极宣传、贯彻执行国家和我省有关留学人员工作的方针、政策。为各类留学人员回国工作和为国服务开展咨询、提供服务。

2．向上级部门收集反映留学人员的意见、建议和要求；维护留学人员的合法权益，为留学人员创造良好的学习、工作和生活环境。

3．积极组织多种形式的联谊活动，加强海内外留学人员之间和留学人员社团之间的信息、技术和学术交流，丰富会员文化生活，加强留学人员之间的联系与友谊。

4．宣传留学人员留学报国的业绩和贡献，动员组织在冀留学人员为振兴河北做贡献。开展留学人员表彰、奖励活动。

5．受主管部门委托，组织留学人员为各级党政机关、企事业单位和非公有组织等部门开展决策咨询、信息服务和人员培训等工作，为我省建设沿海经济社会、发展强省提供智力支持和人才保障。

联系方式：

地　址：河北省石家庄市维明北大街118号

邮　编：050051

电　话：86-311-88616757

传　真：86-311-88616757

邮　箱：li_chang_75@163.com

山西海外人才服务中心

山西海外人才服务中心隶属山西省人事厅，为政府全民事业单位。依托地方各地政府、人事、财政、商务、科技、教育、企管等相关部门，本着务实、推进对外开放、促进经济发展、引导人才互动的宗旨，服务于海外各类人才（含外籍）、山西省各类企事业单位和各级政府。充分发挥观念新、思路宽、点子多、空间大、成本低的服务优势，实行融入式服务，以项目为载体，人才和企业为主体，培训、考察、讲学、中介、代理、认证兼做。

主要职能：

1．以项目+人才为主要方式引进国外智力、人才，为全省企事业单位服务。

2．负责山西国际人才交流协会各项工作的组织落实。

3．创办、经营山西国际人才市场和海外留学人员创业园。

4．负责全省国家公务员、专业技术和管理人才出国(境)培训的组织实施。

5．承办外国专家学术交流、考察、疗养、休假、联谊、奖励、技术培训，承办各类讲学、办学事宜。

6．组织经济、贸易、技术等信息咨询服务、成果鉴定推广、人才评价、项目论证及技术攻关。

7．提供国内外人才的人事代理服务。

联系方式：

地　址：太原市迎泽西大街80号希望大厦7-8F

邮　编：030024

电　话：86-351-6179963

传　真：86-351-6177978

邮　箱：yuandingan@163.com

网　址：www.huisx.com

沈阳市留学人员服务中心

沈阳市留学人员服务中心隶属于沈阳市人事局（外国专家局），是负责沈阳市留学人员管理与服务工作的专门机构。主要任务是：宣传、贯彻、落实国家、省、市有关留学人员工作的方针、政策和规定；为在沈留学人员提供全方位的管理与服务；积极引进留学人员中的人才、智力、技术、资金；承办沈阳市人民政府和沈阳市人事局（外国专家局）委托和交办的任务；与国内外有关组织建立交流与合作。

主要职能：

一、公费出国留学服务

承担沈阳市非教育系统公费留学工作咨询、申报、选拔和派出工作。

二、留学回国服务

1．有针对性地为来沈留学人员和用人单位提供信息服务和双向选择服务。

2．协助留学人员短期来沈进行学术交流、企业合资、项目合作等活动。

3．为来沈的海外高层次留学人员进行身份认定并出具证明。

4．定期组织在沈留学人员开展座谈、联谊等活动，为其提供沟通交流条件。

三、留学综合服务

1．提供国家及省、市有关留学人员的政策、规定的咨询服务。

2．收集留学人员信息，建立留学人员信息库。

3．通过网站发布用人单位人才需求信息和留学人员求职信息。

联系方式：

地　址：沈阳市市府大路260号1号楼240房间

邮　编：110013

电　话：86-24-22728564，23768159

传　真：86-24-23768039

大连市留学人员服务中心

大连市留学人员服务中心是大连市人事局直属事业单位，是负责全市留学人员服务工作的专门服务机构。大连市留学人员服务中心又是中国（教育部）留学服务中心大连分中心。

主要职能：

1. 为引进的留学人员办理来连工作和落户等相关手续。

2. 为引进的留学人员提供国（境）外学历学位认证材料审核服务。

3. 为承担科研项目的留学人员向国家人事部申请科研资助经费。

4. 每年组织“海外学子创业周”活动，为留学人员回国创业搭建平台。

5. 组团赴国外招聘留学人员。

联系方式：

地　址：大连市沙河口区联合路100号

邮　编：116021

电　话：86-411-84618663，84618798

传　真：86-411-84618883

邮　箱：dlgirc@yahoo.com.cn

网　址：www.dl-rc.com

吉林省留学回国人员和专家服务中心

吉林省留学回国人员和专家服务中心是吉林省人力资源和社会保障厅直属事业单位，是负责吉林省留学人员、专家及博士后人员服务工作的专门服务机构。吉林省留学回国人员和专家服务中心又是中国（教育部）留学服务中心吉林分中心。

主要任务是宣传、贯彻、落实国家关于留学人员、专家及博士后人员工作的方针、政策、规定；为吉林省各类留学人员、专家及博士后人员提供全方位的管理与服务；承办吉林省人力资源和社会保障厅及国家主管部门委托和交办的任务。

主要职能：

一、留学人员服务工作

1. 建立留学人员的基本情况资料库，向社会提供服务。

2. 为留学回国人员提供就业推荐、信息咨询、人事代理等服务。

3. 收集、发布省内急需人才和技术需求，帮助用人单位招聘海外留学人员。

4. 负责各类留学人员来我省讲学、考察、技术交流、科技开发的沟通与衔接，为留学人员来我省创业提供人才、成果及有关信息服务；负责留学回国人员科技活动择优资助经费评审事务，对资助项目的情况进行跟踪，帮助解决有关问题。

5. 组织开展留学回国人员联谊活动。

6. 管理“吉林省院士专家留学人员服务网”，通过国际互联网向社会各界及海内外留学人员提供各种信息服务及相关服务。

7. 开展海外留学人员学历学位认证工作。

8. 负责吉林省留学生联谊会各项工作。

二、专家及博士后人员服务工作

1. 为专家队伍建设和发挥专家作用提供各种形式的服务。

2. 组织专家异地休假考察、专家年度体检工作。

3. 负责各类专家特殊津贴的发放工作。

4. 组织各类专家采用多种形式为经济建设服务。

5. 组织开展专家及专业技术人员培训活动。

6. 负责博士后公寓的建设管理及博士后人员服务工作。

7. 负责职称评审申报和初级职称认定工作。

8. 开展专家智力帮扶活动和建立各类专家服务基地。

9. 负责高级专家研修班工作。

联系方式：

地　址：长春市人民大街7988号

邮　编：130022

电　话：86-431-89997998

传　真：86-431-89997996

邮　箱：liudj999@sina.com

黑龙江省留学人员服务中心

黑龙江省留学人员服务中心是黑龙江省人事厅直属事业单位，是负责全省留学人员服务工作的专门服务机构。主要任务是宣传、贯彻、落实关于留学人员工作的方针、政策、规定；为黑龙江省各类留学人员提供全方位的管理与服务；积极引进海外留学人员中的人才、智力、技术、资金；承办省人事厅及国家留学人员工作主管部门委托和交办的任务；与国内外相关组织建立业务合作关系。

主要职能：

一、留学回国服务

1. 为各类留学人员来黑龙江工作和用人单位录用留学人员提供信息服务和双向选择服务，并根据双方需要进行重点推荐。

2. 为各类留学人员短期来黑龙江讲学、学术交流、合作科研、投资考察提供牵线搭桥服务。

3. 为外省市进黑龙江工作、落户的留学人员办理工作安置、落户及家属随归、随迁、随调子女上学相关手续。

4. 为来黑龙江创办企（事）业的留学人员进行身份认定并颁发证书。

5. 组织留学回国人员申请留学回国人员的科研资助经费。

6. 指导全省留学人员创业园建设工作。

二、留学综合服务

1. 提供国家及黑龙江省有关留学人员工作的政策、规定的咨询服务。

2. 管理黑龙江省留学人员档案库，为在外留学人员及部分留学回省工作的人员提供档案管理及相关服务。

联系方式：

地　址：哈尔滨市南岗区中山路68号

邮　编：150036

电　话：86-451-87130140

传　真：86-451-87130140

邮　箱：rstwanghaiquan@163.com

上海市人才服务中心

上海市人才服务中心（上海市流动人才党员服务中心、上海市回国留学人员服务中心）是在原市人事局所属上海市国际人才服务中心和上海市回国留学人员服务中心的基础上，整合其服务功能而成立起来的海外人才公共服务平台机构。中心将海外留学人员、外国专家、香港专才及澳、台专业人士一起纳入服务对象范围，上海国际人才交流协会、上海市留学人员联谊会两个社团设立社团事务部，派驻在上海市人才服务中心。组建工作协作网，在原有市工商局、市税务局、市外经委、海关、市技术监督局、市外汇管理局等6

个政府部门“一门式”服务的机制上，扩大市公安局、市社保局、市医保局、市外办等部门组成职能处室层面上的工作协作网络，作为海外人才服务中心的支持部门。

上海市人才服务中心成立以来，按照《上海市“十一五”人才发展规划纲要》，努力构建海外人才服务平台。中心以一门式服务为抓手，努力建设海外人才公共服务体系，已经初步形成海外人才专业、便捷、高效、全方位的服务网络。

主要职能：

1. 申办《上海市居住证》B证，同时根据需要代办《外国专家证》《外国人居住证》《外国人就业许可证》《港澳华侨暂住证》《台湾居民通行证签注》。

2. 留学人员申办上海户籍手续。

3. 受理留学人员申办企业的资格认定，同时根据需要代办工商局、外资委、税务局、海关、技监局、外汇管理局等相关政府部门的审批事项。

4. 受理代办留学人员境外学历、学位认定事项（由国家教育部留学服务中心认定）。

5. 受理留学人员回国工作求职推荐（万名海外留学人才聚集工程项目移交进来）。

6. 受理境外专业人士来沪工作求职推荐（外国专家及港澳台专业人士、香港专才的引进工作移交进来）。

7. 委托受理上海国际人才交流协会、上海留学人员联谊会秘书处的相关事务性服务。

8. 留学人员公寓租赁服务。

9. 留学人员非专业人士配偶来沪工作求职推荐服务。

10. 海外人才来沪定居工作，生活物品保管服务。

11. 海外人才子女来沪就学咨询及代理服务。

12. 出国（境）留学咨询服务。

13. 受委托办理出国（境）培训的事务性服务。

14. 留学人员企业融资咨询服务。

15. 海外人才投资咨询服务。

16. 海外人才法律咨询服务。

17. 海外人才来沪购房、租房咨询及代理服务。

18. 组织海外留学人员子女假期来沪学习中文培训服务。

19. 代办飞机、火车、轮船票务服务。

20. 受理特殊需要的其他专项服务，如为各类领军人才配备行政助理服务等。

21. 其他交办和委托的事务。

22. 海外人才服务中的延伸机构及职能。为了使海外人才服务中心的职能能够覆盖全市，并使人才服务走社会化、市场化道路，海外人才服务中心动员和依靠区（县）政府和相关机构的人事部门、社会力量参与服务体系建设，形成全社会服务网络的格局。

联系方式：

地　址：上海市闸北区梅园路77号人才大厦4楼
邮　编：200070
电　话：86-21-32511599
邮　箱：hrsc@shrc.com.cn
　　　　shfwck@sotsc.com
网　址：www.shrc.com.cn

江苏省留学回国人员服务中心

江苏省留学回国人员服务中心创建于1995年12月，与江苏省人才流动服务中心、中国留学服务中心江苏分中心合署。江苏省留学回国人员服务中心以为江苏经济与社会事业发展服务，为用人单位服务，为广大留学人才和海外人才服务为宗旨，经过近十年来的不断探索与努力，服务项目逐步齐全，服务功能日益完善，已经成为留学人才、海外人才为江苏服务必不可少的桥梁和纽带。

主要职能：

1. 组织赴国外招聘：组织有留学人才需求的单位赴国外招聘，吸纳有意为江苏服务的留学人才、海外人才。

2. 设立海外联络机构：设立留学回国服务海外联络处，直接开展全方位服务，实现国内机构在外的延伸服务。

3. 留学人员登记与推荐：收集留学人员信息，建立留学人员信息库，有针对性地向用人单位推荐留学人才就业。

4. 留学回国政策咨询与就业指导：解答留学人员来江苏就业、创业、进行项目合作及以其他方式为江苏服务的相关政策，开展相关就业指导工作。

5. 需求岗位与留学人员信息发布：不定期发布用人单位需求岗位信息和留学人员来苏求职信息。

6. 留学回国人员学历学位认证：根据中国留学服务中心的相关规定，受理留学回国人员的学历学位认定，办理相关手续。

7. 留学回国人员接受录用：办理江苏省省属企事业单位录用留学回国人员的接收手续以及身份认定。

8. 留学人员人事档案保管：保管留学人员的人事档案，并围绕档案提供各类服务。

9. 留学回国人员户口申报及家属子女随迁：办理留学回国人员及其家属子女的户口申报、随迁手续。

10. 留学回国人员社会保障代办：根据留学回国人员需要，办理社会保障事宜。

11. 留学人员联谊：定期组织留学人员开展联谊、座谈等活动，提供沟通交流的条件。

12. 根据留学人员需求提供其他服务等工作。

联系方式：

地　址：南京市广州路213号
邮　编：210029
电　话：86-25-83238876
传　真：86-25-83238880
邮　箱：jshwrc@126.com
网　址：www.jsrsrc.gov.cn

南京留学人员服务中心

南京留学人员服务中心（又称“中国留学服务中心南京分中心”）是直属于南京市人事局的事业机构，专职从事南京地区留学人员的引进和服务工作。业务上受国家人事部、教育部的指导。主要任务是宣传、贯彻国家关于留学人员工作的方针、政策、规定；为南京地区各类留学人员提供全方位的专业化服务；积极引进海外留学人才、智力、技术、项目和资金；承办南京市人事局委托和交办的任务；与国内外相关组织建立业务合作关系。

主要职能：

1. 为来南京工作的留学人员提供接待咨询，并受理学历验证申请。

2. 为引进留学人员来南京工作和用人单位聘用留学人员提供信息服务，组织国内外留学人才供需洽谈活动。

3. 为来南京工作的留学人员提供岗位实训、假期见习，并协助办理落户手续。

4．具体实施以技术合作和学术交流为主题的留学人员短期回国服务项目的组织与资助。

5．为留学人员在南京推广新技术、新产品举办多种形式的推介会，协助寻求合作伙伴。

6．为各类留学人员来南京创办企业、技术转让、新产品研发等提供咨询服务和政策支持。

7．负责组织留学人员申报国家、省、市等各级留学主管部门的各类资助经费申报工作。

8．负责南京留学人员协会秘书处的工作，推动并指导协会组织南京留学人员开展技术服务、技术咨询、技术转让、产品开发和其他科技和社会公益服务活动。

9．推动并指导南京（金陵）留学人员创业园建设，并为各分园及成员单位提供政策支持、人才和项目信息服务、专家咨询服务、法律服务和宣传推介等专项服务。

10．管理“南京国际人才智力网”，通过该网站向社会各界及海内外留学人员提供各种信息服务。

联系方式：

地　址：北京东路63号南京人才大厦一楼服务大厅17号柜台

邮　编：210008

电　话：86-25-83151722

传　真：86-25-83213166

网　址：www.njrsrc.com

常州市国际人才服务中心

常州市国际人才服务中心是常州市人事局、常州市外国专家局下属的，专业从事人才国际化交流服务的全民事业单位。通过人才国际交流的形式，以实现人才与国际结轨，为常州市开放型经济提供国际化人才保障。主要任务是宣传、贯彻、落实国家、省、市关于留学人员工作的方针、政策、规定，为归国留学人员来常州创业、就业提供全方位的管理与服务，积极引进海外智力项目、为外国专家在常州工作提供专门的服务，同时大力开展海外招聘、境外就业、境外培训等业务，促进人才国际交流和提高本地人才国际化程度。

主要职能：

1．代理国外学历学位证书认证。

2．办理户口迁移核办手续。

3．办理回国留学人员就业、恢复国家干部身份手续。

联系方式：

地　址：常州市博爱路129号3号楼1楼

邮　编：213003

电　话：86-519-86677276

传　真：86-519-86677276

邮　箱：service@czite.com

网　址：www.czite.com

浙江省专家与留学人员服务中心

浙江省专家与留学人员服务中心（浙江省留学生工作站、中国留学服务中心浙江分中心）是浙江省人民政府为海内外留学人员及专家提供综合服务的专门机构，隶属于浙江省人事厅，为财政全额拨款的县处级事业单位，中心致力于为各类专家，特别是海外高层次留学人员来浙江参加经济建设服务，努力为浙江提前基本实现现代化做出贡献。

主要职能：

1．为来浙江工作或短期服务的留学人员与专家提供咨询服务，帮助联系、落实接收单位。

2．组织留学人员与专家开展技术咨询、技术转让、新产品开发等科技活动，为留学人员来浙创办企业牵线搭桥，提供服务。

3．为定居浙江或来浙短期工作的国内外留学人员和专家提供过渡用公寓。

4．对非教育系统回国留学人员开展科技活动提供必要的资金资助等。

5．负责管理浙江省留学人员创业园杭州高新园区、宁波保税区园区、宁波高新区园区、温州园区、湖州园区、绍兴园区、金华园区、嘉兴园区、嘉善园区，以及宁波、台州、海宁、余姚、乐清五市博士后科技开发基地。

6．负责管理浙江省欧美同学会、浙江省博士后联谊会的日常工作。

7．建有浙江省留学人员与专家信息网（www.zjlx.gov.cn），为留学人员和各类专家提供国家和浙江省有关政策法规、浙江投资环境、科技人才需求、技术合作项目等信息，并通过专家库、科技成果库和项目库，开展多种形式的科技服务活动。

联系方式：

地　址：浙江省杭州市西湖区古翠路50号人力社保大楼

邮　编：310013

电　话：86-571-88394819

传　真：86-571-88394815

邮　箱：chl@zilx.gov.cn

网　址：www.zjlx.gov.cn

杭州市专家与留学人员服务中心

杭州市专家和留学人员服务中心是经杭州市人民政府批准成立，专门为来杭工作、创业、交流合作的留学人员及社会各类企事业单位提供全方位服务的机构，隶属杭州市人事局。

主要职能：

1．建立各类专家、博士后、留学人员信息库。

2．开展专家、博士后、留学人员科技成果的宣传、推广、开发、转让等服务。

3．开展留学人员政策咨询，帮助留学人员推荐接收单位。

4．为海外留学人员来杭短期工作和留学人员引资、投资、创办实体、搞合作研究等提供服务。

联系方式：

地　址：杭州市东新路155号4楼E105

邮　编：310004

电　话：86-571-88389576

传　真：86-571-88389576

邮　箱：rsj.lxfw@hz.gov.cn

宁波市海外人才服务中心

宁波市海外人才服务中心是宁波市人力资源和社会保障局直属事业单位，是宁波市唯一综合性的留学人员工作管理和服务机构。宁波市海外人才服务中心又是中国（教育部）留学服务中心宁波分中心，接受国家教育部、人社部的业务指导，并且与本市各高等院校、科研单位、各机关和企事业单位保持着密切的联系。宁波市海外人才服务中心的主要工作职责是贯彻上级有关留学人员工作的方针、政策和规定，为来甬工作、创业、交流合作的留学人员及社会各类企事业单位提供服务，具体承担市人社部门交办的相关海外留学人员、海外人才的活动和任务；承担“宁波海外人才网”建设和日常运行与管理，负责留学人员、海外工程师工作的有关信息的采集、处理和发布，加强供求双方沟通、对接和合作，组织海外留学人才网上洽谈会，实现宁波海外人才队伍建设数据化、网络化、现代化；开展留学人员回国派遣、就业落户、国内外学历认证、海外人才洽谈引进等工作。

主要职能：

留学回国服务

一、国（境）外学历学位认证：

经中国（教育部）留学服务中心授权，开展国外学历学位证书和高等教育文凭认证代办服务。此外，针对宁波有中外合作办学项目的高校，提供集中上门服务办理。

主要作用：

1.留学人员在国内升学、就业及参加各类专业资格考试。

2.为用人和招生单位鉴别国（境）外学历学位证书及高等教育文凭提供依据和相关咨询意见。

二、国内学历学位证书鉴定

提供国内学历学位真伪鉴定服务。

主要功能：

1.外省市人才引进（落户）。

2.为各企事业单位招聘人才把好学历关。

3.为各企事业单位员工评聘职称、升职晋级把好学历关。

三、留学人员回国派遣、落户

为来宁波就业、落户的留学回国人员办理派遣手续。

四、浙江省海外高层次人才居住证——“浙江红卡”

旨在鼓励海外高层次人才来浙江省创新创业。持卡人员将在创业、投资、教育、社保、住房等各方面享受相对应的保障和服务。

五、浙江省海外高层次留学回国人才工作证

旨在全面实施人才强省战略，更多地引进海外高层次留学人才参与浙江现代化建设。

其他特色服务：

一、海外人才引进（海外人才网络视频见面会）

旨在甬企事业单位与海外人才、项目、资本、信息搭建对接平台，为海外人才就业、有海外人才需求的企业提供专业性服务；

二、国家“千人计划”、省“千人计划”、“3315计划”和留学人员择优资助等项目申报

三、留交会及赴外相关工作

1.组织高校、科研院所、留创园、企业参加杭州、南京、广州等国际交流大会。

2.组织赴外学习交流、高端团队引进及创业服务工作。

四、沙盘推演等创业服务活动

旨在通过案例教学、情景模拟、沙盘对战推演与模拟市场竞争等环节，检验企业决策思路，提升留学创业人才在认识企业全局经营的思考要素，提升其创业水平。

五、网络宣传平台

通过3315海外人才网，以及包括神州学人等合作网站的信息发布，加强宁波各个县市区留创园及相关单位的政策宣传，切实提高海外留学人员了解信息的渠道，搭建互相了解交流的虚拟平台。

联系方式：

地　址：宁波市兴宁东路228号人力资源大厦2楼服务大厅56—57号窗口

邮　编：315000

电　话：86-574-87116274，87115191

传　真：86-574-87116274

网　址：www.nb3315.org/www.nscse.com

福建省海外人才中心

福建省海外人才中心是中国海峡人才市场直属事业单位，又是中国（教育部）留学服务中心福建分中心，主要从事国际间人才交流与培训，为出国及回国人员提供咨询及系列服务。福建省海外人才中心目前与福建省人事厅所属的福建留学人员创业园管理中心、福建省留学回国人员工作站合署办公。

主要职能：

一、人才出国服务

1．出国留学服务：选送高中生、大中专毕业生以及在职的技术和管理人员赴国外留学。

2．移民出入境中介服务：为福建省公民赴境外定居、探亲、访友、继承财产和其他非公务活动提供信息介绍、法律咨询、沟通联系、境外安排、签证申办及相关服务。

3．出国考察培训服务：联系国外专家组织、国际猎头公司、国际人才中介机构，组织国内单位出国招聘，进行商务考察、项目商谈、招商引资、技术转让、专业培训等活动。

4．中外合作办学业务：开展工商管理、计算机、英语等课程的中外合作办学，培养具有国际竞争力的专门人才。

二、留学回国人员服务

1．留学人员学历验证服务：鉴别国外或境外颁发学位证书或高等教育文凭机构的合法性，甄别外国或境外高等教育机构颁发的学位证书或具有学位效用的高等教育文凭、证书的真实性，为经认证的外国或境外学位或高等教育文凭出具认证证书。

2．留学回国人员身份认定服务：依托福建省留学回国人员工作站，认证公派或自费留学人员以及到国外高等院校、科研机构开展合作研究的访问学者和进修人员。

3．留学人员回国创业服务：依托福建留学人员创业园管理中心，提出留学人员企业优惠政策及福建留学人员创业园园区建设发展纲要；联络海外留学人员，举办交流活动；负责福建留学人员创业园园区的日常管理和服务工作；参与福建留学人员创业园基地的开发、建设、经营和管理。

4．海外人才交流服务：为留学人员和愿意来闽工作的外籍人士与国内有关部门开展以交流学术、项目协作、科技攻关、信息沟通为主要内容的交流与合作提供优质服务。组织留学回国人员深入基层、厂矿企业，举办讲座、培训和咨询活动，解决问题。

联系方式：

地　址：福州市东大路36号福建人才大厦六层

邮　编：350001

电　话：86-591-0591-87676833

传　真：86-591-87677833

邮　箱：fscrs@fjlx.net

网　址：www.fjlx.net

福建省引进人才服务中心

福建省引进人才服务中心（福建省留学回国人员工作站），为福建省公务员局直属事业单位，机构规格相当于正处级，主要承担为引进高层次创业创新人才（含留学回国人员）协调办理相关手续，落实有关优惠政策和待遇，建立相

关数据以及海内外人才智力引进交流等服务性工作；中心同时协助开展海外人才招聘会和座谈会；帮助海外高层次人才和留学人员来闽创业或工作；协助省内企业与国内外科研机构、专家进行对接；积极为引进高层次创业创新人才建立服务绿色通道，采用“征集需求、一窗接件、并联预审、集中反馈、专员办理、统一建档”的方式，为引进人才提供“一对一、全程式、保姆式”服务。

主要职能：

承担为引进高层次创业创新人才（含留学回国人员）协调办理相关手续，落实有关优惠政策和待遇，建立相关数据以及海内外人才智力引进交流等服务性工作。

联系方式：

地　址：福建省福州市鼓楼区思儿亭路11号专家服务中心4层

邮　编：350003

电　话：0591-87679659

传　真：0591-88520059

邮　箱：gzz@fjrs.gov.cn

网　址：www.fjrs.gov.cn

厦门市留学人员管理中心

厦门市留学人员管理中心是厦门市政府设立的、负责全市留学回国人员工作的专门机构，隶属于厦门市人事局。与厦门市留学人员工作站实行二块牌子，一套人马。负责组织实施《厦门经济特区鼓励留学人员来厦创业工作规定》，具体行使全市留学人员工作的行政管理和服务职能，为广大海外留学人员来厦创业、工作无偿提供各种服务，包括留学人员身份认定、户口入厦、子女入学、人事关系迁入、安家费申请、生活津贴发放、教育部学历学位认证等等“一站式”服务，以及接待、咨询、协调、投诉受理等服务内容。

主要职能：

1．在海内外留学生群体中宣传厦门市的人才、招商引资政策与环境。

2．提供留学人员在境外期间的人事档案代理。

3．创建、管理留学人员供需信息库，为留学人员来厦创业、工作和企业的人才需求、项目需求等提供双向选择的服务平台。

4．接受留学回国人员来厦登记，身份认定，帮助推荐就业。

5．协助留学回国人员科研活动资助经费的申报和进入留学人员创业园的项目资助款的申请划拨。

6．为各类留学人员短期回国讲学、合作科研、学术交流牵线搭桥。

7．协调相关部门落实留学人员的有关待遇。

8．协助回国独资创办企业的留学人员办理有关手续。

9．接受留学人员委托，协助办理在厦有关服务项目。

10．受厦门市人事局、厦门财政局的委托，负责厦门市留学人员专项资金的日常管理工作。

联系方式：

地　址：厦门市湖滨东路319号c座3楼B区

邮　编：361012

电　话：86-592-5396698，5396699

传　真：86-592-5396697

邮　箱：xmlx@xmlx.gov.cn

网　址：www.xmIx.gov.cn

江西省留学人员服务中心

江西省留学人员服务中心是江西省人事厅的内设机构，行使江西省留学人员服务的职能。

主要职能：

1．积极开展专家科技成果推介服务；举办高层次人才及专业技术人才研讨（修）活动；协助做好留学回国人员认证工作；协助有关部门做好专家、学者出国（境）考察的组织推荐工作和服务保障工作。

2．在专家管理处指导下，建立和完善江西省高层次人才信息库；承担留学人员和专家信息网站的具体管理和运营。

3．办理江西省专家国贴、江西省贴的发放；协助专家管理处做好江西省博士后科研流动站、企业博士后科研工作站审报的有关事务性工作；为博士后设站单位和博士后人员提供各类中介服务。

4．承担享受政府特贴专家变化的跟踪服务工作；加强与留学人员和专家的联系，反映他们的意见、建议，为政府部门决策提供参考；承担职称社会化评价有关事务工作。

5．协助有关部门管理好留学人员创业园；承办专家、学者的学术交流、专业会议、科技活动的组织工作；做好人事部门组织的专家休假、学术交流等工作。

6．在专家管理处指导下，承办专家联谊会和留学回国人员联谊会日常工作。

7．承办上级交办的其他工作。

联系方式：

地　址：南昌市省府大院南一路10号14楼

邮　编：330046

电　话：86-791-86386196

传　真：86-791-86386196

邮　箱：jiangshup@163.com

山东省留学人员和专家服务中心

山东省留学人员和专家服务中心是山东省人力资源和社会保障厅厅级直属事业单位。

主要职能：

1．贯彻执行国家和省吸引留学人员的政策和规定，承办引进海外高层次人才及留学人员来鲁服务工作。

2．办理海外留学人员来鲁就业的服务指导工作。

3．承办山东省留学人员协会秘书处的日常工作。

4．承办公费和自费留学的事务性工作。

5．为专家队伍建设和发挥专家作用提供各种形式的服务。

联系方式：

地　址：济南市燕子山路2号531室

邮　编：250014

电　话：86-531-88597979

传　真：86-531-88597986

邮　箱：shandongok@gmail.com

网　址：www.sdlx.sdrs.gov.cn

济南市留学回国人员工作站

济南留学回国人员工作站（济南市人才引进办公室）是济南市人事局直属的正县级全额拨款事业单位，主要负责全市海外留学回国人员和高层次急需人才的引进工作。2006年教育部留学服务中心同意在工作站原有业务的基础上成立教育部留学服务中心济南分中心。主要任务是引进、接收、安置留学回国人员和高层次急需人才；负责来济留学人员的身份认定、接待服务、信息咨询、政策落实等工作；负责留学人员的管理和服务工作，指导留学人员创业园区工作。

主要职能：

1．负责《济南市引进海外留学人员规定》和《济南市引进高层次急需人才规定》及其他相关政策的宣传、咨询、落实工作。

2．负责人事部留学人员科技活动项目择优资助经费及其他留学人员资助经费的申报工作。

3．宏观上协调本市留学人员创业园、区及海外科技人才创业基地的发展建设工作。

4．负责本市驻外工勤人员的推荐及选派工作。

5．负责为来我市工作创业的符合条件的留学回国人员申请安家费。

6．负责非教育系统公派出国申报的审核工作。

7．代办海外留学人员学历学位审验工作。

联系方式：

地　址：山东省济南市龙鼎大道1号龙奥大厦5楼C区0518

邮　编：250099

电　话：86-531-66605966

传　真：86-531-66605966

邮　箱：jnlx2012@163.com

网　址：www.jnhrss.gov.cn

青岛市留学人员服务中心

青岛市留学人员服务中心是青岛市人事局直属事业单位，是负责全市留学人员服务工作的专门服务机构。青岛市留学回国人员服务中心又是中国（教育部）留学服务中心青岛分中心。主要任务是宣传、贯彻、落实国家关于留学人员工作的方针、政策、规定；为青岛市各类留学人员提供全方位的管理与服务；积极引进海外留学人员中的人才、智力、技术、资金；承办青岛市人事局及国家留学人员工作主管部门委托和交办的任务；与国内外相关组织建立业务合作关系。

主要职能：

1．为来青留学人员办理学历认证的验证预审服务和派遣、安置服务。

2．为各类留学人员来青工作和用人单位录用留学人员提供信息服务和双向选择服务，并根据双方需要进行重点推荐。

3．为各类留学人员短期来青讲学、学术交流、合作科研、投资考察提供牵线搭桥服务。

4．为各类留学人员来青开办公司（企业）、转让技术、开发新产品等提供咨询和合作。

5．为已加入外国籍的留学人员与外省留学人员办理《青岛市留学人员特聘工作证》相关手续。

6．为外省市进青工作、落户的留学人员办理进青户口及家属随归、随迁、随调相关手续。

7．为来青创办企业的留学人员提供相应服务。

8．组织留学回国人员申请国家留学主管部门和青岛市设立的面向留学回国人员的科研资助经费。

9．具体负责青岛市留学人员创业园、青岛市留学人员协会工作。

联系方式：

地　址：青岛市海尔路178号留学人员创业园201室

邮　编：266101

电　话：86-532-88913226

传　真：86-532-88911726

邮　箱：qdliuxuezhan@126.com

烟台留学回国人员工作站

烟台留学回国人员工作站是烟台市人事局直属事业单位，是负责全市留学回国人员服务工作的专门机构。经教育部留学服务中心批准，烟台留学回国人员工作站又是中国留学服务中心烟台分中心。

主要职能：

1．宣传、贯彻和落实国家有关留学回国工作的方针、政策。

2．负责海外留学回国人员的引进、接收。

3．宏观调控全市留学回国人员的就业方向和地区分布。

4．提供供求双方情况，为双向选择创造条件。

5．承担留学回国人员科研资助经费的审查、申报。

6．承担烟台留学人员创业园区日常工作的协调、管理和服务。

7．为海外留学人员来烟工作提供国(境)外学历学位查验认证、工作派遣、户口迁移等服务。

8．负责烟台市留学人员联谊会的日常会务服务工作等。

9．组织留学回国人员为祖国的建设贡献力量。

联系方式：

地　址：烟台市莱山区观海路128-108

邮　编：264001

电　话：86-535-6683330

传　真：86-535-6683269

邮　箱：rshbh@163.com

河南省留学人员与专家服务中心

河南省留学人员与专家服务中心是河南省人事厅直属事业单位，是负责全省留学人员和专家服务工作的专门服务机构。河南省留学人员与专家服务中心又是中国（教育部）留学服务中心河南分中心。主要任务是宣传、贯彻、落实国家关于留学人员工作的方针、政策、规定；为河南省各类留学人员和专家提供全方位的管理和服务；积极引进海外留学人员中的人才、智力、技术、资金；承办河南省人事厅及国家留学人员工作主管部门委托和交办的任务；与国内外相关组织建立业务合作关系。

主要职能：

一、留学回国服务

1．为各类留学人员来豫工作和用人单位录用留学人员提供信息服务和双向选择服务，并根据双方需要进行重点推荐。

2．接收安置留学回国人员，并协调其家属安置、农转非、子女入学等工作。

3．为各类留学人员短期来豫讲学、学术交流、合作研究、投资考察提供牵线搭桥服务。

4．组织承办留学人员和高层次专业技术人才的科技成果推广和转让工作。

5．为专家队伍建设和发挥专家作用提供多种形式的服务。

6．建立留学回国人员和高层次人才信息库。

7．为来豫工作的留学人员进行身份认定并颁发证书。

8．组织留学回国人员申请国家留学主管部门和河南省设立的面向留学回国人员的科研资助经费。

9．代理教育部留学回国人员国（境）外学历学位认证、海外高层次留学人员身份认证等工作。

10．指导河南省各留学人员创业园、河南省留学人员联谊会工作。

二、留学综合服务

1．研究制定河南省留学回国人员工作的政策，并督促、检查各有关单位留学工作政策的落实情况。

2．提供国家及河南省有关留学人员工作的政策、规定的咨询服务。

3．管理“河南留学人才服务网”，通过国际互联网向社会各界及海内外留学人员提供各种信息服务及相关服务。

联系方式：

地　址：郑州市顺河路32号9楼

邮　编：450004

电　话：86-371-66359360，66329937

传　真：86-371-66329937

邮　箱：ylxec@163.com

网　址：www.ha.hrss.gov.cn

湖北省人才市场

湖北省人才市场是湖北省人力资源和社会保障厅直属单位，经国家教育部、公安部批准于2002年获得合法留学中介机构资质（教外综资认字【2002】236号），2005年湖北省人才市场获教育部留学服务中心授权，设立中国留学服务中心湖北分中心，为湖北省内外留学回国人员提供国（境）外学历学位认证、就业推荐、派遣落户等回国后的各项服务。

湖北省人才市场是湖北省内唯一一家为留学人员提供自费出国留学、中外合作办学、语言考试培训、国外文凭认证、就业派遣落户、留学档案托管、猎头人才推荐等，从出国求学到回国就业全方位、“一站式”服务的政府所属的专业留学机构。

主要职能：

1．自费出国留学：主要开展到英国、美国、加拿大、澳大利亚、新西兰、新加坡、日本等热门国家的自费出国留学和家长探亲业务。湖北省人才市场有适合高中生、大学生、研究生在读生或毕业生申请的多层次留学项目，为学生提供咨询评估、文案制作、院校申请、代办公证、语言培训、签证申请、协助汇款、预订机票、体检指导、接机住宿、行前培训、后续跟踪等一整套全面、优质、规范的服务。

2．国（境）外学历学位认证：经国务院学位委员会和教育部批准，教育部留学服务中心是国内唯一一家从事国（境）外学历学位认证的专业性机构。教育部留学服务中心出具的国（境）外学历学位认证书因其权威性和准确性，已经得到了社会各界的普遍认可，成为留学回国人员升学、就业和参加各类专业资格考试的有效证明。湖北省人才市场是教育部留学服务中心在湖北省设立的国（境）外学历学位认证申请材料验证机构。

3．留学人员就业派遣落户：教育部留学服务中心依据国家留学政策及地方政府制定的促进和鼓励留学人员回国工作的相关政策和规定，参照全国普通高校毕业生就业管理办法，为留学回国人员开具就业报到证和落户介绍信，以协助国内用人单位完善人事劳动手续，方便留学人员顺利就业。北京、上海、深圳以外地区就业的留学回国人员可以在湖北省人才市场办理手续。

联系方式：

地　址：湖北省武汉市武昌区中南路14号发展大厦5楼501室国际合作部

邮　编：430071

电　话：86-27-87277473，87257917，87257705

网　址：www.jobhb.com

湖南省留学人员管理服务中心

湖南省留学人员管理服务中心是湖南省人事厅直属事业单位，是负责全省留学人员服务工作的专门服务机构。湖南省留学人员管理服务中心同时也是湖南省专家服务中心。主要任务是宣传、贯彻、落实国家关于留学人员工作的方针、政策、规定，积极引进海外留学人员中的人才、智力、技术、资金，为来湘工作或为湘服务的各类留学人员提供全方位的管理与服务。

主要职能：

1．负责湖南留学人员创业园的有关管理服务工作。

2．负责湖南省留学人员联谊会的各项日常工作。

3．负责全省留学回国人员信息库建设工作。

4．承办引进海外留学人才、智力、技术、资金的工作，为留学回国人员来湘创业和回湘工作提供各方面的服务。

5．组织留学回国人员科技活动择优资助经费的评审、申报、下拨和资金使用情况的监督检查。

6．承办国家留学人员工作主管部门和湖南省人事厅委托和交办的任务。

联系方式：

地　址：长沙市韶山路1号

邮　编：410011

电　话：86-731-82219159

传　真：86-731-82216375

邮　箱：ynyfzo900@126.com

广东省留学人员服务中心

广东省留学人员服务中心是经国家教育部、公安部批准成立，由广东省人事厅直接管理，负责办理全省自费出国留学业务的服务机构。其前身是上世纪80年代成立的广东省赴美留学咨询处，2000年即成为广东省内首家获得国家教育部、公安部批准成立的合法自费出国留学服务机构，迄今已积累了近30年留学专业服务经验。

为满足广大有意出国留学学子选择留学国家和院校的要求，中心充分运用其所属政府人事部门的优势，与美国、英国、澳大利亚、加拿大、新西兰、德国、法国、荷兰、瑞士、俄罗斯、乌克兰等国家近200所大学、学院和中学建立了招收中国留学生的合作关系。这些海外院校为我国大学本科、专科毕业生、在读生（含五大毕业生）和高中毕业生、在读生提供了大学本科课程、本硕连读课程、硕士学位课程、博士学位课程和大学预科课程、A-level课程、语言课程等。

主要职能：

1．拥有一支恪守职业道德、多年从事留学服务工作、精通出国留学业务、热情为学生服务的工作人员队伍，分工合理，职责明确，运转协调，工作效率较高。

2．办理留学国家众多，提供的课程和专业门类齐全，可为学子量身定做留学方案和提供个性化服务。

3．办理留学的大学均是我国教育部公布承认学历、学位的，且是建校历史悠久、学校规模较大、师资力量雄厚、学术成就卓著的国立、公立大学或享有盛名的私立大学。

4．设有专门的部门收集、研究已与中心建立了合作招收中国留学生关系的十几个国家的留学政策、签证政策的最新动态信息，办理留学业务的质量和水平比较高。

5. 开设有留学服务专业网站（www.gdscse.net），主要包括：教育部公布的留学预警通告、教育部公布的国外学校、留学国家概况、留学院校介绍、留学政策动态、留学 签证指南、托福和雅思考试信息、网上咨询报名留学、留学回国发展的优惠政策、留学国外生活常识等十几个栏目。目前是广东省政府网选供直接链接的唯一权威留学网站。

6. 聘请国内外知名大学的教授担纲任教，根据需要适时开办英、法、德等语言培训课程，帮助学生提高出国留学必备的外语水平。

7. 为学生申请国外学校方便、快捷，并且信守一贯的承诺，学生不被国外学校录取，免收服务费。

8. 对赴各国留学的学生，提供境外接机、安排住宿、协助办理国外居留证、购买保险、开立个人银行账户、帮助学生熟悉环境等后续服务。

9. 与广东省人事厅海外人才引进服务中心合署办公，为留学回国人员提供推荐择业服务。

联系方式：

地　址：广州市天河路13号润粤大厦5楼东

邮　编：510000

电　话：86-20-37605951，37605997

传　真：86-20-37605489

邮　箱：gdscse@gdscse.net

网　址：www.gdscse.net

广州留学人员服务管理中心

广州留学人员服务管理中心（简称留学管理中心）于1999年由教育部留学服务中心广州分中心和广州回国留学人员服务管理中心合并而成，是广州市专门为留学人员及（海外）高层次人才提供综合服务和管理的机构，于2009年1月增挂“广州海外人才服务管理中心”的牌子。承担市（海外）高层次人才服务窗口职能，同时也是中央“千人计划”广东省服务窗口广州分窗口，提供高层次人才服务、“一站式”留学回国服务、华南四省公派出国及广州市政府公派留学（“菁英计划”）服务、外国专家服务。

主要职能：

一、承担市（海外）高层次人才服务窗口职能

设立了（海外）高层次人才服务平台，由专人负责广州市高层次人才认定评定、市创新创业领军人才申报评审、市博士后工作、市“121人才梯队工程”、享受政府特殊津贴人员选拔、海外人才身份确认函、高层次人才(外籍)申请2—5年“居留许可”、高层次人才职称评定、“百名南粤杰出人才培养工程”、国家“千人计划”、省创新领军人才、青年拔尖人才申报等工作。根据国家、省、市高层次人才申报、认定、评定情况，为每位高层次人才提供便捷的服务方案，并实施主动预约上门服务制度。同时，还为高层次人才提供住房服务、落户和居留、配偶安置、子女入学、医疗待遇等生活服务。同期还打造了“海外高端人才综合服务平台”，配合新创办的专刊《广州领军人才》、广州（海外）留学人才网的领军人才网上沙龙，构成了立体的高层次人才服务平台，全方位服务在穗高层次人才。

二、构建“一站式”留学回国服务体系

多年来，留学管理中心致力于建立政府公共服务平台，领先全国构建了留学回国服务体系，以留学回国人员急需的创业培训、就业培训、创业融资等专项活动为服务特色，打造留学人员“一站式”服务品牌，回国服务项目由1999年的6项发展到现在的12大类25项，为逾万名留学人员提供了留学人员来穗优惠资格认定，国（境）外学历、学位认证，专项资金申请和拨付，异地调入，档案保管，落户，子女入学，工商登记注册，办理留学人员工作派遣证明，办理“高层次海外人才身份证明”，办理评审职称，就业推荐，创业服务以及提供信息交流、协助申报、代办手续等全方位“一站式”服务。

三、提供外国专家服务

在多年留学人员回国服务基础上，设置了外国专家服务窗口，为外国专家提供来华工作许可、居留许可办理等一系列配套服务。

四、提供出国留学服务

1. 承担国家留学基金委华南四省公派出国服务。为广东、广西、海南、福建四省公派出国留学人员提供从办理签证、订购机票、预发生活费、出具报到证到落地等“一条龙”配套服务。

2. 承担广州市公派留学项目“菁英计划”派出服务和管理工作。负责接收申请材料、组织资格审查、发放学费生活费及国际旅费、派出学生在外日常管理等工作，提供留学人员档案和户口保管、出国前培训、签证等服务。

3. 引导自费出国留学人员理性求学并提供专业、优质的服务。

4. 为预备出国留学人员提供相关外语培训。

五、其他服务

1. 提供人才“再配置”猎头服务；

2. 提供国际交流服务。

联系方式：

地　址：广州市小北路266号北秀大厦6-7楼

邮　编：510050

电　话：86-20-83543133，83568066

传　真：86-20-83568076

邮　箱：gzscse@gzscse.gov.cn

网　址：www.gzscse.gov.cn

深圳市人事人才公共服务中心

深圳市人事人才公共服务中心直属于深圳市人事局，是具有法人资格的全额拨款事业单位。经教育部留学服务中心批准，中心加挂“中国留学服务中心深圳分中心”牌子。

主要职能：

1. 为来深创业的留学人员、在深工作的国（境）内外专家、高级人才以及特殊人才提供个性化服务；负责留学归国人员学历学位的认证代办工作；为国内外人才提供信息、咨询等服务；负责全市人才档案的保管、整理工作。

2. 个性化服务：为引进高层次人才提供“一站式”服务，协助解决在深工作、生活中有关社保、子女入学、配偶就业、居住以及相关问题；支持高层次人才服务社会，推荐高层次人才参与政府决策咨询工作。

3. 留学生学历学位认证服务：为来深创业和工作的留学人员代办国（境）外学历学位认证。

4. 信息咨询服务：通过互联网站的形式为各类人才提供有关人才政策法规、政府办事流程、人事人才服务等方面的信息咨询服务。

联系方式:

地　址：深圳市福田区深南中路1025号新城大厦东座2楼

邮　编：518026

电　话：86-755-25985107

传　真：86-755-25943020

邮　箱：szrenzheng@126.com

网　址：www.rsj.sz.gov.cn/tsrcfw

海南省留学回国人员工作站

海南省留学回国人员工作站属海南省人力资源开发局（省就业局）的内设机构，为来琼留学回国人员提供就业和创业服务。

主要职能:

1. 为来琼就业或创业的留学回国人员进行身份认证。

2. 为来琼工作的留学人员和录用留学人员的用人单位提供信息和双选服务。

3. 为留学人员短期来琼讲学、学术交流、合作科研、投资考察提供牵线搭桥服务。

4. 组织留学回国人员申请国家留学主管部门设立的面向留学回国人员的科研资助经费。

5. 指导海南省海口国家高新区留学人员创业园及海南省留学回国人员联谊会工作。

6. 提供有关留学人员工作政策、规定的咨询服务。

7. 为自费留学人员、在外留学人员及部分留学回国人员提供档案管理及相关服务。

联系方式:

地　址：海口市白龙南路53号

邮　编：570203

电　话：86-898-65355140

传　真：86-896-65311034

四川省留学人员服务中心

四川省留学人员服务中心是负责全省留学人员服务工作的专门机构,成立于2001年5月，与四川省专家服务中心合署办公。

中心的主要任务是宣传、贯彻、落实国家关于留学人员服务中心的方针、政策、规定；积极建立海外留学人员来川服务的渠道，搭建留学人员智力资源转化平台。

主要职能:

1. 为留学回国来川工作、来川创业、来川发挥作用的人员提供政策信息咨询、就业推荐、合作伙伴介绍、人事代理等各类中介服务。

2. 多渠道创（合）办留学人员创业园区，为留学人员来川提供各种生活服务。

3. 承办全省留学回国人员科技择优资助项目评审及经费划拨的事务性工作。

4. 为海外留学人员提供国（境）外学历学位认证、四川省海外留学人员身份认证、职称认定、接收手续办理等“一站式”综合服务。

5. 负责留学人员回国服务工作厅际联席会议协调办公室的工作。

6. 指导四川省留学人员创业园的工作。

7. 负责四川省留学人员信息化建设工作。

联系方式:

地　址：成都市东二巷21号

邮　编：610015

电　话：86-28-86741860

传　真：86-28-86741860

邮　箱：sclxfwzx@163.com

重庆市专家服务中心

重庆市专家服务中心是重庆市人力资源和社会保障局所属的事业单位。

主要职能:

1. 负责全市高级专家的健康体检、休假疗养、津贴发放等工作。

2. 根据国家和重庆市关于留学人员工作的政策，做好留学回国人员的相关服务工作，为引进海外人才提供服务与咨询，为制定、修改留学人员政策提供信息依据。

3. 开展人事人才国际交流和国（境）外智力引进的服务工作，承办来渝国（境）外专家的服务工作。

4. 负责重庆市博士后联谊会和重庆市留学人员联谊会的管理服务工作。

5. 承办相关部门委托和交办的其他事项。

联系方式:

地　址：重庆市渝北区新牌坊1路1号

邮　编：401147

电　话：023-86868567

传　真：023-86868567

邮　箱：cqzjfw@126.com

贵州省留学人员与专家服务中心

贵州省留学人员与专家服务中心是贵州省人事厅管理的事业单位。主要任务是为留学回国人员回黔创业提供各种咨询服务。

主要职能:

1. 为留学回国人员回黔来黔创业提供服务。

2. 承担留学回国人员科技活动项目择优资助经费推荐的事务工作。

3. 承担贵州省留学人员回国服务工作厅际联席会议办公室的日常工作。

4. 筹备“贵州省留学回国人员创业园”。

5. 为专家队伍建设和发挥专家作用提供服务。

联系方式:

地　址：贵阳市贵州省政府大院5号楼13楼1303

邮　编：550001

电　话：86-851-6828173

传　真：86-851-6828602

陕西省留学服务中心

陕西省留学服务中心，是陕西省教育厅直属事业单位，是负责全省出国留学、留学回国服务的专业服务机构，是中国(教育部)留学服务中心设在陕西省的国外(境外)学位证书和高等教育文凭的认证点。

陕西省留学服务中心全面贯彻“支持留学，鼓励回国，来去自由”的国家留学政策，本着“诚信、可靠、安全、高效”的服务宗旨，充分发挥陕西省留学服务中心教育交流面广量大的资源优势，秉承“树立政府形象，确保真诚服务；坚持专业标准，保护学生权益”的工作理念，为广大留学人员、留学回国人员提供周到、快速、准确、高效的服务。

主要职能：

一、出国留学服务

1．宣传、贯彻、落实国家关于留学工作的方针、政策和规定，提供留学政策、海外教育制度、自费留学办理程序以及国外院校情况的咨询与服务。

2．承办省内公派留学和短期因公出访人员签证的事宜。

3．根据留学申请人的教育背景及自身条件，提供留学评估服务；指导并帮助申请人选择最适合的留学国别、留学院校及留学专业。

4．协助申请人准备签证材料、提供签证指导，并根据各国使馆要求为申请人申请签证。

二、留学回国服务

1．负责陕西省境内国外(境外)学历、学位的认证工作；提供留学回国人员的派遣、落户工作。

2．为留学人员提供人事关系代理和档案管理工作，方便留学回国人员在国内、省内择业、创业。

3．积极宣传陕西为海外高层次人才提供的优惠政策。

4．充分发挥陕西省留学服务中心的资源优势，积极为本省留学人员创业园建设服务，加速引进海外高层次人才和高新技术项目，为西部大开发和建设西部经济强省服务。

三、留学信息服务

1．和陕西省教育厅国际合作与交流处共同创办“陕西留学网”(www.sxcse.com)，按国际合作与交流处的政府管理职能和留学服务中心的服务功能，分两大板块、9个栏目，为陕西省教育国际交流提供权威性、指导性的政策平台，给陕西省留学人员提供权威、规范、快捷的服务。

2．定期编发《陕西留学服务通讯》，及时、准确地报道国家、省最新留学及教育国际交流的政策和信息，及时为留学人员提供各类服务信息，搭建留学回国人员展示才华、创业奉献的交流平台，充分展示陕西省留学服务中心的政府品牌形象，着力打造百姓最信赖的留学品牌机构，为建设西部经济强省提供高层次人才和智力支持。

联系方式：

地　址：西安市药王洞153号陕西省教育厅东办公楼2楼
邮　编：710003
电　话：86-29-87315559，87317688
传　真：86-29-87311206
邮　箱：sxscse@yahoo.com.cn

西安留学人员工作站

西安留学人员工作站是经国家教育部、公安部批准成立的留学中介服务机构。工作站隶属西安市人事局，是西安地区派出留学人员的主要渠道之一。

主要职能：

一、出国留学服务

1．联络国际文化教育相关机构并对出国留学及对外教育交流人员提供咨询服务。

2．为自费留学开辟渠道，为赴国外研读包括中学、预科、本科、研究生、MBA等课程在内的各类自费留学生提供中介服务。

3．为自费留学人员代管档案、代缴养老保险金。

二、留学咨询服务

1．出国留学信息咨询服务：出国留学政策、手续、程序以及各国教育制度、专业以及奖学金设置的全面介绍。

2．为出国留学人员及对外教育交流人员办理护照、签证、公证、原件翻译、行前指导和预订机票等相关配套服务。

三、留学回国服务

1．为各类留学人员回国工作和国内用人单位选聘留学人员提供双向信息和有关政策咨询服务；为留学人员回国工作办理派遣落户手续。

2．为各类留学人员短期回国讲学、学术交流、合作科研提供牵线搭桥服务。

3．承担留学回国人员科研资助费用的初审和拨款工作。

4．全国31个站点实行网络联系，实现异地指导就业并安置。

四、为来华留学提供服务

对欲来华留学的外籍人士提供法律政策的咨询服务工作及为他们积极联系在华学习的相关事宜。

联系方式：

地　址：西安市西门里西大街安定广场4号楼4-301
邮　编：710002
电　话：86-29-87625654
传　真：86-29-87625479
邮　箱：xaabroad@163.com

甘肃省留学人员与专家服务中心

甘肃省留学人员与专家服务中心是甘肃省人事厅直属事业单位，是负责全省留学回国人员的专门服务机构。主要任务是宣传、贯彻、落实国家关于留学回国人员工作的方针、政策、规定；为留学回国人员提供全方位的管理与服务；承办、鼓励、引进海外留学人员回国来甘肃工作。

主要职能：

1．研究创建留学人员创业的政策环境。

2．办理留学人员创业园建园的审批事宜。

3．办理与国家人事部共建留学人员创业园的申办工作。

4．负责留学回国人员科研经费的申报工作。

5．为留学回国人员创业园申报博士后科研工作站的工作。

6．为留学回国人员领办、创办高新技术企业、开展学术技术交流活动提供相应的服务。

7．指导留学回国人员联谊会活动。

8．了解和反映留学回国人员的意见、建议和要求，协助办理留学人员的出入境手续。

9．协助留学回国人员解决落户、住房、配偶工作、子女就业等手续。

联系方式：

地　址：兰州市城关区皋兰路78号兴业大厦607室
邮　编：730000
电　话：86-931-8410817
传　真：86-931-8410817
邮　箱：bxf@rst.gansu.gov.cn

宁夏回族自治区专家与留学人员服务中心

宁夏回族自治区专家与留学人员服务中心是宁夏回族自治区人事厅直属事业单位，是负责全区专家和留学人员服务工作的机构。主要任务是宣传、贯彻、落实国家关于留学人员工作的方针、政策、规定；为宁夏回族自治区各类留学人员提供全方位的管理与服务；积极引进海外留学人员中的人才、智力、技术、资金；承办宁夏回族自治区人事厅及国家留学人员工作主管部门委托和交办的任务；与国内外相关组织建立业务合作关系。

主要职能：

1．负责向社会提供留学人员科研成果的咨询和服务。

2．负责和组织留学人员为地方党政机关、企事业单位重大决策提供论证咨询。

3．负责留学回国人员科技活动资助经费的申报管理。

4．为各类留学人员来宁夏短期讲学、学术交流、合作科研、投资考察提供牵线搭桥服务。

5．为各类留学人员来宁夏工作和用人单位录用留学人员提供信息服务和双向选择服务，并根据双方需要进行重点推荐。

6．来宁夏开展学术活动的高层次留学人才的接待工作。

7．指导宁夏回族自治区留学人员创业园、宁夏留学人员联谊会工作。

8．帮助留学人员解决工作、学习、生活中的困难，做好相关服务等工作。

联系方式：

地　址：宁夏银川市上海东路40号
邮　编：750001
电　话：86-951-5099081
传　真：86-951-5099100
邮　箱：nxzj2088@126.com

附录篇

中华人民共和国驻外使（领）馆教育处(组)一览

馆 别	地 址	电 话/传 真/邮 箱/网 址
驻美国使馆教育处	3505 INTERNATIONAL PLACE, N.W. WASHINGTON, D.C. 20008 U.S.A.	001-202-243-1158 001-202-243-1159 001-202-243-1160 001-202-243-0631 (Fax) admin@sino-education.org www.sino-education.org
驻纽约总领馆教育组	Education Office, 520 12TH AVENUE, NEW YORK, NY 10036, U.S.A.	001-212-244-9392 001-212-564-9413 (Fax) sinofubo@gmail.com www.nyconsulate.prchina.org
驻旧金山总领馆教育组	Education Office, 1450 Laguna St., San Francisco, CA 94115, U.S.A.	001-415-852-5982 001-415-852-5985 001-415-852-5980 (Fax) xuyj@moe.edu.cn www.edusf.org
驻洛杉矶总领馆教育组	Education Office, 443 Shatto Place, Los Angeles, CA 90020, U.S.A.	001-213-807-8071 001-213-807-8051 (Fax) educationsection@gmail.com www.edulosangeles.org
驻休斯敦总领馆教育组	Education Office, 811 Holman St. Houston, TX 77002, U.S.A.	001-713-522-0231 001-713-522-0015 (Fax) zhangyiqun@yahoo.cn houston.china-consulate.org
驻芝加哥总领馆教育组	Education Office, 3322 West Peterson Ave., Chicago, IL 60659, U.S.A.	001-773-279-0337 001-773-279-0701 001-773-279-0370 (Fax) www.educhicago.org
驻加拿大使馆教育处	80 Cobourg St. Ottawa, Ontario, Canada K1N 8H1	001-613-789-6312 001-613-789-0262 (Fax) www.chineseeducation.ca
驻蒙特利尔教育处	2100 Ste-Catherine West, 8th Floor Montreal, Quebec, H3H 2T3, Canada	001-514-419-6748 001-514-878-9692 (Fax) eduone@edumontreal.org www.edumontreal.org
驻多伦多总领馆教育组	24 Admiral Rd, Toronto, Ontario, Canada M5R 2L5	001-416-324-8536 001-416-324-9688 001-416-324-9931 (Fax) liyufei@moe.edu.cn www.educationtoronto.org
驻温哥华总领馆教育组	2215 Eddington Drive, Vancourver, BC, Canada V6L 2E6	001-604-738-9157 001-604-738-1801 (Fax) chunling@chinaeduvan.org www.chinaeduvan.org
驻墨西哥使馆教育组	Av. Rio Magdalena No.172 Deleg, Alvaro Obregon, Col Tizapan, Mexico	0052-5-663-3473 0052-5-661-1972 (Fax) www.embajadachina.org.mx
驻哥斯达黎加使馆教育组	Frente a la casa de Don Oscar Arias, Rohrmoser, Pavas, San José, Costa Rica	00506-5-663-3473 00506-5-661-1972 (Fax) cr.china-embassy.org
驻古巴使馆教育组	DEPT. DE EDUCATION, CALLE 13 NO.551, ENTER CYD, VEDADO, HABANA, CUBA	0053-7-833-3005 0053-7-833-3092 (Fax)

驻日本使馆教育处	135-0023 日本国東京都江東区平野2-2-9	0081-3-3643-0305 0081-3-3643-0269（Fax） www.china-embassy.or.jp
日中会馆	112-0004 東京都文京区後楽1丁目5番3号	0081-3-3811-5317 www.jcfc.or.jp
驻大阪总领馆教育组	564-0063 日本国大阪府吹田市江坂町5-4-4	0081-6-6821-2301 0081-6-6821-2313（Fax） jyz@cronos.ocn.ne.jp osaka.china-consulate.org
驻札幌总领馆教育组	064 日本国札幌市中央区南13条西23丁目5-1	0081-11-563-8991 0081-11-563-7314（Fax） sapporo.china-consulate.org
驻福冈总领馆教育组	810-0065 日本国福冈县福冈市中央区地行浜1-3-3	0081-92-713-1121 0081-92-771-5637（Fax） www.edufukuoka.org
驻新潟总领馆教育组	951-8104 日本国新潟县新潟市中央区西大畑町5220-18	0081-25-228-8878 0081-25-228-8901（Fax） niigata.chineseconsulate.org
驻朝鲜使馆教育组	朝鲜民主主义人民共和国平壤市牡丹峰区长村洞	0085-02-381-3013 0085-02-381-3423（Fax） kp.china-embassy.org
驻韩国使馆教育处	韩国首尔特别市钟路区孝子洞54番地紫霞门路70号	0082-2-730-2068 0082-2-738-1044（Fax） zhuhanjiaoyuchu@yahoo.com.cn www.eoe.or.kr
驻新加坡使馆教育处	150 Tanglin Road Singapore 247969	0065-6418-0235 0065-6418-0454（Fax） www.chinaembassy.org.sg
驻泰国使馆教育组	57 Ratchadaphisek Road Bangkok 10310, Thailand	0066-2-247-8518 0066-2-247-8957（Fax） www.chinaembassy.or.th
驻印度使馆教育组	50-D, Shantipath, Chanakyapuri New Delhi-110021, India	0091-11-2611-4711 0091-11-2687-2031（Fax） in.china-embassy.org
驻也门使馆教育组	PO Box 482,Sana’a,Al-Zubeiri St. Sana’a, Yemen	00967-1-275-340 00967-1-245-168（Fax） ye.chineseembassy.org
驻以色列使馆教育组	222 Ben Yehuda Street P.O. Box 6067 Tel Aviv 61060, Israel	00972-3-602-4597 00972-3-526-1787（Fax） il.china-embassy.org
驻埃及使馆教育处	Room 901, No.8, Al-mansur Muhanmed Str. Al-Zamalek, Cairo, Egypt	0020-2-2735-5861 0020-2-2736-1939（Fax） jycegypt@hotmail.com eg.china-embassy.org
驻南非使馆教育组	965 Church Street,Arcadia 0083, Pretoria, South Africa	0027-12-342-6566 0027-12-342-0911（Fax） za.china-embassy.org
驻澳大利亚使馆教育处	6 Dalman Crescent, O’Malley, Canberra, ACT 2606, Australia	0061-2-6286-9982 0061-2-6290-1652（Fax） educhem@sino-education.org.au www.sino-education.org.au

驻悉尼总领馆教育组	19 Anzac Parade, Kensington 2033, New South Wales, Australia	0061-2-9662-1723 0061-2-9697-3869 0061-2-9697-3368 (Fax) sydney. chineseconsulate. org
驻墨尔本总领馆教育组	14 Selborne Road, Toorak, VIC3142, Australia	0061-3-9826-3179 0061-3-9827-5985 0061-3-9804-8603 (Fax) www. edumel. org
驻布里斯班总领馆教育组	Level 9, 79 Adelaide St., Brisbane QLD 4000, Australia	0061-7-3210-6509 0061-7-3210-6394 (Fax) brisbane. chineseconsulate. org
驻新西兰使馆教育组	37 Penrose St., Woburn, Lower Hutt 5010, Wellington, New Zealand	0064-4-570-2758 0064-4-570-2832 (Fax) www. chinanz-education. org
驻奥克兰总领馆教育组	8 Dromorne Road, Remuera Auckland, New Zealand	0064-9-623-3793 0064-9-623-0812 (Fax) www. chinaconsulate. org. nz
驻克赖斯特彻奇总领馆教育组	106, Hansons Lane, Upper Riccarton, Christchurch, 8041, New Zealand	0064-3-341-8536 0064-3-341-8071 (Fax) www. chchedu. org
驻俄罗斯使馆教育处	6, St. Friendship (Lenin Hill) Moscow, Russia	007-499-143-7230 007-499-783-0861 (Fax) www. eduru. org
驻圣彼得堡总领馆教育组	Room 97, 7 Nahimova St. 199226, Saint-Petersburg, Russia	007-812-355-0673 saint-petersburg. china-consulate. org
驻伊尔库茨克总领馆教育组	664007 Russia, Irkutsk, St. Karla-Marksa 40(101) Consulate General of China in Irkutsk	007-395-278-1434 saint-petersburg. china-consulate. org
驻叶卡捷琳堡总领馆教育组	улицаЧайковского,45, Екатеринбург,Свердловская область,Россия	007-343-253-5786 007-343-253-5781 (Fax) ekaterinburg. chineseconsulate. org
驻白俄罗斯使馆教育组	22, Berestyanskaya Str., Minsk, The Republic of Belarus, 220071	00375-172-328-6396 00375-172-285-3681 (Fax) by. chineseembassy. org
驻乌克兰使馆教育处	32 Grushevskogo St. Kiev, Ukraine 252021	00380-44-280-7642 ua. chineseembassy. org
驻罗马尼亚使馆教育组	Soseaua Nordului nr. 2, Sector 1, 71512 Bucuresti, Romania	0040-21-314-3868 www. chinaembassy. org. ro
驻匈牙利使馆教育组	1068 Budapest, Benczur U. 43-iii/6, Hungary	0036-1-707-3767 0036-1-322-2544 (Fax) www. chinaembassy. hude
驻波兰使馆教育处	UL. Bonifraterska 100-203 Warsza, Poland	0048-22-831-6182 educhina@medianet. pl www. chinaembassy. org. pl
驻捷克使馆教育组	Education Section Embassy of P. R. China Pelleova 18, 160 00 Praha 6 The Czech Republic	00420-233-028-868 00420-233-028-869 (Fax) cz. chineseembassy. org

驻塞尔维亚和黑山使馆教育组	Aradska 4, 11000 Beograd Serbia and Montenegro	00381-11-380-8396 00381-11-380-7583 (Fax) esce_beograd@hotmail.com
驻保加利亚使馆教育组	No.7 Anri Babuse Str. Sofia 1113, Bulgaria	00359-2-973-3247 00359-2-971-2005 (Fax) www.chinaembassy.bg
驻德国使馆教育处	Dresdener Str.44, 10179 Berlin Germany	0049-30-305-7536 0049-30-304-0825 (Fax) jych_dg@yahoo.de www.edu-chinaembassy.de
驻法兰克福使馆教育处	Stresemannallee 19-23, D-60596 Frankfurt am Main, Germany	0049-69-7508-5522 0049-69-7508-5550 (Fax) consulate_frankfurt4@hotmail.com frankfurt.china-consulate.org
驻波恩办事处教育室	Rheinallee 53, 53173 Bonn, Germany	0049-228-350-2660
驻慕尼黑总领馆教育组	Romanstrasse 107 80639 Muenchen, Germany	0049-89-170-8602 0049-89-170-8639 (Fax) munich.china-consulate.org
驻瑞士使馆教育处	Bersetweg 6, CH-3073, Gümligen Switzerland	0041-31-951-4325 0041-31-951-4331 (Fax) www.cnedu-ch.org
驻比利时使馆教育处	Av. Bel- Air 16, 1180 UCCLE Bruxelles, Belgique	0032-2-348-9450 0032-2-735-9452 (Fax) www.chinaedu.be
驻欧盟使团教育文化处	Avenue de Tervuren 443-445, 1150 Woluwe Saint-Pierre, Belgium	0032-2-7723702 0032-2-7628259 (Fax) www.chinamission.be
驻奥地利使馆教育处	Mettenrnichgasse 11/16 A-1030 Wien, Austria	0043-1-713-1788 0043-1-715-7095 (Fax) www.chinaembassy.at
驻荷兰使馆教育处	Antonic Duckystraat 132 2582 TR Den Haag The Netherlands	0031-70-354-1276 0031-70-351-2902 (Fax) edu.nl@moe.edu.cn nl.china-embassy.org
驻意大利使馆教育处	Via Malcesine 39/12, 00135 Roma, Italia	0039-06-301-7539 0039-06-305-3916 (Fax) it.china-embassy.org
驻葡萄牙使馆教育组	Rua De Sao Caetano 2, a lapa 1200 Lisboa Portugal	00351-213-928445 00351-213-975632 (Fax) pt.chineseembassy.org
驻瑞典使馆教育处	Skoldvagen 10,182 64 Djursholm, Stockholm Sweden	0046-8-755-2318 0046-8-753-1269 (Fax) info@cnedu.nu www.cnedu.nu
驻丹麦使馆教育组	Henningsens Alle 24, 2900 Hellerup, Copenhagen Denmark	0045-3962-3854 www.chinaembassy.dk
驻挪威使馆教育组	Holmenkollveien 30B, 0376 Oslo, Norway	0047-2249-4285 0047-2249-5855 education@chinese-embassy.no www.chinese-embassy.no

驻西班牙使馆教育组	Calle Matías Turrión No.28, 1 B, 28043, Madrid	0034-91-388-3988 0034-91-759-9292 (Fax) www.embajadachina.es
驻芬兰使馆教育组	Kuusiniementie 14 A, 00340 Helsinki, Finland	00358-9-698-6418 00358-9-687-1114 (Fax) www.educn-fi.org
驻法国使馆教育处	29, Rue de la Glaciere 75013 Paris, France	0033-1-4408-1940 0033-1-4408-1960 (Fax) echange@edu-ambchine.org www.edu-ambchine.org
驻爱尔兰使馆教育组	40 Ailesbury Road, Dublin 4, Ireland	00353-1-269-1501 00353-1-283-9938 (Fax) www.fmprc.gov.cn/ce/ceie
驻英国使馆教育处	50 Portland Place, London, UK, W1B 1NQ	0044-20-7512-0250 0044-20-7580-4474 (Fax) www.edu-chinaembassy.org.uk
驻曼彻斯特总领馆教育组	153 Barlow Moor Road, West Didsbury Manchester M20 2YA, UK	0044-161-445-4586 0044-161-448-9154 (Fax) www.consulateman.org
纽约中国留学服务中心	90 Broad Street, Suite 701, New York, N.Y. 10004, U.S.A.	001-212-835-5520 001-212-367-7431 (Fax) new.chinesehighway.com
中国常驻联合国 教科文组织代表团	1, Rue Miollis 75015 Paris, France	0033-1-4568-3456 0033-1-4219-0199 (Fax)

附录篇

中华人民共和国驻外使（领）馆科技处(组)一览

馆　别	地　址	电 话/传 真/网 址
驻日本使馆科技处	106日本东京都港区元麻布三丁目四番三十三号	0081-3-3403-3388 0081-3-3403-3385（Fax） www.china-embassy.or.jp
驻大阪总领馆科技组	550-0004大阪府大阪市西区靭本3-9-2	0081-6-6445-9481 0081-6-6445-9475（Fax） www.osaka.china-consulate.org
驻福冈总领事馆科技组	810-0065福冈县福冈市中央区地1-3-3	0081-92-713-1124 0081-92-781-8906（Fax） www.chn-consulate-fukuoka.or.jp
驻札幌总领事馆科技组	064-0913北海道札幌市中央区南13条23-5-1	0081-11-563-5563 0081-11-563-1818（Fax） sapporo.china-consulate.org
驻长崎总领事馆科技组	852-8114长崎县长崎市桥口町10-35	0081-95-849-3311 0081-95-849-3312（Fax） sapporo.china-consulate.org
驻名古屋总领事馆科技组	461-0005名古屋市东区东樱二丁目8番地37号	0081-52-932-1058 0081-52-932-1169（Fax） nagoya.chineseconsulate.org
驻印度使馆科技处	50-D, Shantipath, Chanakyapuri New Delhi-110021 India	0091-11-2687-1585 0091-11-2611-1104（Fax） www.fmprc.gov.cn/ce/cein
驻朝鲜使馆科技组	Kinmaeuldong, Pyongyang D.P.R of Korea	00850-2-381-3116 00850-2-381-3425（Fax） kp.china-embassy.org
驻韩国使馆科技处	110-033 54 Hyoja-Dong, Jongno-Gu, Seoul, 110-033 the Republic of Korea	0082-2-738-1038 0082-2-738-1045（Fax） www.chinaemb.or.kr
驻以色列使馆科技处	222 Ben Yehuda Street P.O.Box 6067 Tel Aviv 61060, Israel	00972-3-546-7277 00972-3-544-0443（Fax） www.fmprc.gov.cn/ce/ceil
驻泰国使馆科技处	57 Rachadapisake Road Bangkok 10310 Thailand	0066-2-245-0088 0066-2-245-7048（Fax） www.chinaembassy.or.th
驻印度尼西亚使馆科技处	JL. Mega Kuningan No. 2, Jakarta Selatan 12950 Indonesia	0062-21-576-1264 0062-21-576-1033（Fax） www.fmprc.gov.cn/ce/ceindo
驻新加坡使馆科技组	150 Tanglin Road, Singapore 247969	0065-6418-0105 0065-6471-3603（Fax） www.chinaembassy.org.sg
驻巴基斯坦使馆科技组	Diplomatic, Enclave Ramma 4, Islamabad Pakistan	0092-51-282-4786 0092-51-287-2830（Fax） pk.chineseembassy.org
驻哈萨克斯坦使馆科技处	12, baitasov Str. Almaty, 050010	007-723-700-208 kz.mofcom.gov.cn
驻德国使馆科技处	Märkisches Ufer 54, 10179 Berlin Germany	0049-30-2758-8237 0049-30-2758-8221（Fax） www.china-botschaft.de

驻法国使馆科技处	20,Rue de Washington 75008 Paris France	0033-1-5375-8891 0033-1-5375-8904 (Fax) www.amb-chine.fr
驻英国使馆科技处	42 Maida Vale, London, W91RP, U.K.	0044-20-7432-8376 0044-20-7286-6833 (Fax) www.chinese-embassy.org.uk/chn/lxwm/
驻爱尔兰使馆科技处	40 Ailesbury Road, Ballsbridge, Dublin 4, Ireland	00353-1-269-1501 00353-1-283-9938 (Fax) ie.china-embassy.org
驻瑞典使馆科技处	Lidovägen 8, 115 25 Stockholm, Sweden	0046-8-767-5825 0046-8-731-0740 (Fax) www.chinaembassy.se
驻意大利使馆科技处	56 Via Bruxelles, 00198 Roma, Italia	0039-06-884-8186 0039-06-853-1203 (Fax) www.it.chineseembassy.org
驻米兰总领事馆科技组	Via Benaco, 4-20139 Milano	0039-02-569-0869 0039-02-569-4131 (Fax) www.consolatocinami.it
驻欧盟使团科技处	Boulevard de la Woluwé100 1200 Bruxelles Belgique	0032-2-772-9572 0032-2-770-4790 (Fax) www.chinamission.be
驻比利时使馆科技处	Boulevard du Souverain 400, 1160 Auderghem, Bruxelles Belgique	0032-2-663-3012 (Fax) 0032-2-770-2326 www.chinaembassy-org.be
驻瑞士使馆科技处	Kalcheggweg 10, 3006 Bern, Switzerland	0041-31-351-5817 www.china-embassy.ch
驻芬兰使馆科技组	Vanha kelkkamäki 9, Kulosaari, 00570, Helsinki, Finland	00358-9-2289-0153 00358-9-2289-0155 (Fax) www.chinaembassy-fi.org
驻奥地利使馆科技处	Metternichgass 4 Wien A-1030 Austria	0043-1-714-4925 0043-1-713-6816 (Fax) www.chinaembassy.at
驻丹麦使馆科技处	Ahlmanns Alle 22, 2900 Hellerup Denmark	0045-3946-0887 0045-3946-0888 (Fax) www.chinaembassy.dk
驻挪威使馆科技处	Tuengen Allé 2B, 0244 Oslo, Norway	0047-22-492-052 0047-22-921-978 (Fax) www.chinese-embassy.no
驻荷兰使馆科技处	Willem Lodewijklaan 10, 2517 Jt. the Hague, Netherlands	0031-70-306-5077 0031-70-355-1651 (Fax) nl.china-embassy.org
驻西班牙使馆科技处	Calle Arturo Soria, 113, 28043 Madrid, Espana	0034-91-519-4242 0034-91-519-2035 (Fax) www.embajadachina.es
驻葡萄牙使馆科技组	Rua Do Pau Da Bendeira 11-13, A Lapa 1200-756 Lisboa Portugal	00351-21-392-8440 00351-21-392-8431 (Fax) www.fmprc.gov.cn/ce/cept
驻希腊使馆科技组	2A Krinon Street, P. Psychico, 15452 Athens, Greece	0030-210-677-6743 gr.china-embassy.org

驻俄罗斯使馆科技处	117330, Ulitsa Druzhby 6, Moscow Russia	007-495-143-6146 007-495-938-2141 (Fax) ru. china-embassy. org
驻哈巴罗夫斯克总领事馆科技组	Stadium Lenin, Khabarovsk 680028, Russia	007-42-1230-2353 007-42-1230-2354 (Fax) www. fmprc. gov. cn/ce/cgkhb
驻圣彼得堡总领事馆科技组	No. 134, Nab. Kanala Griboedova, St. Petersburg, Russia	007-812-714-2711 007-812-714-4958 (Fax) saint-petersburg. china-consulate. org
驻白俄罗斯使馆科技处	22, Berestyanskaya Str., minsk, the republic of Belarus, 220071	00375-17-294-7759 by. china-embassy. org
驻乌克兰使馆科技处	NO. 32, grushevskogo STR., kyiv, ukraine, 01901	0038-044-253-0433 ua. chineseembassy. org/
驻罗马尼亚使馆科技处	No. 2 Bucurestt, Sector 1, 014 101, Romania	0040-21-232-1923 www. chinaembassy. org. ro
驻匈牙利使馆科技组	Budapest 1068 Benczur Utca 18 Hungary	0036-1-413-3370 0036-1-413-3393 (Fax) www. chinaembassy. hu
驻捷克使馆科技处	Pelleova 18, 16000 Prague 6-Bubeneč	00420-22-3302-8866 00420-22-3302-8865 (Fax) www. chinaembassy. cz
驻波兰使馆科技处	ul. Bonifraterska 100-203 Warszawa, Polska (Poland)	0048-22-831-5823 www. chinaembassy. org. pl
驻保加利亚使馆科技处	Str. Alexander von Humbold 7, Sofia 1113, Republic of Bulgaria	00359-2-973-3873 00359-2-971-3345 (Fax) www. chinaembassy. bg
驻美国使馆科技处	2300 Wisconsin Avenue N. W., Suite 110, Washington D. C. 20007 U. S. A.	001-202-495-2240 001-202-495-2242 (Fax) www. china-embassy. org
驻纽约总领事馆科技组	520 12th Avenue New York, NY 10036 U. S. A.	001-212-244-9392 001-212-564-9443 (Fax) www. nyconsulate. prchina. org
驻旧金山总领事馆科技组	1450 Laguna Street San Francisco, CA 94115 U. S. A.	001-415-674-2964 001-415-563-4867 (Fax) www. chinaconsulatesf. org
驻休斯敦总领事馆科技组	3417 Montrose Boulevard, Houston, Texas 77006 U. S. A.	001-713-520-1462 001-713-521-0876 (Fax) www. fmprc. gov. cn/ce/cght
驻芝加哥总领事馆科技组	100 West Erie Street Chicago. IL 60610 U. S. A.	001-312-803-0095 001-312-803-0110 (Fax) www. chinaconsulatechicago. org
驻洛杉矶总领事馆科技组	443 Shatto Place Los Angeles, CA 90020 U. S. A.	001-213-807-8065 001-213-807-8019 (Fax) losangeles. china-consulate. org
驻加拿大使馆科技处	515 St. Patrick Street Ottawa, Ontario Canada K1N 5H3	001-613-789-3508 001-613-789-1911 www. chinaembassycanada. org

驻多伦多总领事馆科技组	240 St.George Street, Toronto Ontario Canada M5R 2P4	001-416-324-6457 001-416-324-6456 (Fax) www.fmprc.gov.cn/ce/cgtrt
驻温哥华总领事馆科技组	3380 Granville Street Vancouver, BC, Canada V6H 3K3	001-604-731-6767 001-604-736-4343 (Fax) vancouver.china-consulate.org
驻卡尔加里总领事馆科技组	Suite 100, 1011-6th Ave, SW. Calgary, Alberta, Canada T2P 0W1	001-403-264-3322 001-403-264-6656 (Fax) calgary.china-consulate.org
驻巴西使馆科技处	Embaixada da República Popular da China SES. Av. das Nações. Lote 51. Quadra 813. Brasília. DF. Brasil	0055-61-2195-8240 0055-61-2195-8292 (Fax) br.china-embassy.org
驻墨西哥使馆科技组	Av. Río del la Magdalena 172, Colonia Tizapán - San Angel Delegación Alvaro Obregón, C.P. 01090	0052-55-5616-4324 0052-55-5616-5849 (Fax) www.embajadachina.org.mx
驻古巴使馆科技组	Calle 13, No.551 Entre CYD, Vedado, la Habana, Cuba	0053-7-833-3005 0053-7-333-0920 (Fax)
驻智利使馆科技组	Av. Pedro de Valdivia 550 Santiago, Chile	0056-2-233-9880 0056-2-234-1129 (Fax) cl.chineseembassy.org
驻哥斯达黎加使馆科技组	De la casa de D.oscar arias 100 metros al sury 50 metros al oeste, rohrmoser, pavas, san jose, costa rica	00506-2291-4659 00506-2291-4654 (Fax)
驻澳大利亚使馆科技处	15 Coronationa Drive Yarralumla, Canberra, ACT 2600 Australia	0061-2-6273-4786 0061-2-6273-5504 (Fax) au.china-embassy.org
驻悉尼总领事馆科技组	39 Dunblane Street, Camperdown Nsw 2050, Sydney Australia	0061-2-8595-8050 0061-2-8595-8051 (Fax) sydney.chineseconsulate.org
驻新西兰使馆科技组	2-6 Glenmore Street, Po Box 17-257, Karori, Wellington, New Zealand	0064-4-4749-6282 0064-4-4749-6291 (Fax) www.chinaembassy.org.nz
驻埃及使馆科技组	14, Bahgat Ali Street Zamalek, Cairo Egypt	0020-2-2735-6746 www.fmprc.gov.cn/ce/ceegy
驻南非使馆科技处	965 Church Street, Arcadia 0083, Pretoria, South Africa	0027-12-431-6550 0027-12-342-3338 (Fax) za.china-embassy.org
常驻联合国代表团科技组	350 East 35th Street, New York, NY 10016, USA	001-212-655-6159 001-212-655-6151 (Fax) www.china-un.org
常驻日内瓦代表团科技组	11, Chemin de Surville 1213 Petit-Lancy, Geneva Switzerland	0041-22-879-5635 0041-22-879-5637 (Fax) www.china-un.ch
国际原子能机构科技处	Steinfeldgasse 3 A-1190, Vienna, Austria	0043-1-486-1635 0043-1-370-6626 (Fax) www.iaea.org

附录篇

引智机构
信息一览

机构名称	通信地址	电话/传真	邮箱
中国国际人才交流基金会	北京海淀区中关村南大街一号友谊宾馆	86-10-68944604 86-10-68944604	citef@citef.org.cn
国家外国专家局培训中心	北京市海淀区中关村南大街一号友谊宾馆5号楼	86-10-68944784 86-10-68468003	tc@tcsafea.org.cn
《国际人才交流》杂志	北京市中关村南大街1号	86-10-68948886 86-10-68425584 86-10-68948886	wetalent@gmail.com
北京市外国专家局 北京国际人才交流协会	北京市东城区台基厂大街三条3号	86-10-65590180 86-10-65288648	
天津市外国专家局	天津市和平区解放北路167号	86-22-23312021 86-22-23124051	taiep@tjpnet.gov.cn
河北省外国专家局	河北省石家庄市维明北大街118号河北省人力资源和社会保障厅	86-311-88616006 86-311-88616007	zxf_wzj@126.com
山西省外国专家局 山西省国际人才交流协会	山西省太原市长风大街30号	86-351-7676067 86-351-7676023	sxswgzjj@163.com
内蒙古外国专家局 内蒙古国际人才交流协会	内蒙古呼和浩特市中山东路团结巷8号		
辽宁省外国专家局 辽宁省国际人才交流协会	辽宁省沈阳市沈河区中山路377号	86-24-22959193 86-24-22829820	lnwzj@163.com
沈阳市外国专家局 沈阳海外人才交流协会	辽宁省沈阳市沈河区北京街16号市人才大厦1204室	86-24-22533898 86-24-22531479	
大连市外国专家局	辽宁省大连市沙河口区联合路100号	86-411-83623465	
吉林省国际人才交流协会	吉林省长春市亚泰大街3336号金业大厦B座809	86-431-88690906 86-431-88690906	jaiep@public.cc.jl.cn
长春市外国专家局	吉林省长春市西民主大街809号	86-25-89871365 86-25-85679971	ccafea@163.com
黑龙江省外国专家局	黑龙江省哈尔滨市香坊区68号	86-451-87130148	
哈尔滨市外国专家局 哈尔滨国际人才交流协会	黑龙江省哈尔滨市道里区友谊路425号人力资源和社会保障局3号楼	86-451-84871683 86-451-84871683	hwzj0425@163.com
上海市外国专家局 上海国际人才交流协会	上海市浦东新区世博村路300号	86-21-23111111 86-21-50722823	
江苏省国际人才交流协会	江苏省南京市中山北路49号	86-25-83236024 86-25-83236136	yangzhenghuax@163.com
南京市国际人才交流协会	江苏省南京市北京东路43-2号台城大厦902室		
徐州国际人才交流协会	江苏省徐州市解放南路科技城高新技术创业中心大厦307室	86-516-83897228 86-516-83897228	xzaiep@163.com
浙江省国际人才交流协会	浙江省政府二号楼	86-571-87051075 86-571-87051075	zaiep@zjrs.gov.cn
杭州国际人才交流协会	浙江省杭州市莫干山路73号金汇大厦1016室	86-571-88392816 86-571-88392869	haiep_hz@hotmail.com
宁波国际人才交流协会	浙江省宁波市解放北路91号	86-574-87186224 86-574-87284726	nbcaiep@mail.nbptt.zj.cn
安徽省外国专家局 安徽省国际人才交流协会	安徽省合肥市长江中路333号省人力资源和社会保障厅东四楼	86-551-62653950 86-551-62653750	gjc@ah.hrss.gov.cn
福建省外国专家局	福建省福州市华林路省政府大院8号楼513	86-591-87833950 86-591-87833900	87833950@163.com
厦门市国际人才交流协会	福建省厦门市湖滨北路61号	86-592-5366613 86-592-5116399	wzj@xmrs.gov.cn
江西省外国专家局	江西省南昌市省政府大院南一路10号	86-791-6386283 86-791-6386287	jxaiep@126.com
山东省外国专家局山东省国际人才交流协会	山东省济南市省府前街1号	86-531-86095543 86-531-86118524	sdwgzj@163.com

济南市外国专家局 济南国际人才交流协会	山东省济南市龙鼎大道1号济南龙奥大厦5层D区	86-531-66605975 86-531-87914770	jnfea@163.com
青岛市外国专家局 青岛国际人才交流协会	山东省青岛市市南区闽江路7号	86-532-85911347 86-532-85912090	qingdaoyzb@126.com
河南省国际人才交流协会	河南省郑州市金水路39号	86-371-66371379 86-371-66366102	hnswzj@126.com
郑州市外国专家局 郑州市国际人才交流协会	河南省郑州市陇海路360号	86-371-67185103 86-371-67177610	zzswzj@163.com
湖北省外国专家局 湖北国际人才交流协会	湖北省武汉市武昌区八一路3号	86-27-87827927 86-27-87827927	hb_feb@163.com
武汉市外国专家局 武汉国际人才交流协会	湖北省武汉市江岸区胜利街263号	86-27-82827387 86-27-82812889	rswxl@yahoo.com.cn
湖南省外国专家局	湖南省长沙市韶山路1号	86-731-2215730 86-731-2215730	hnfeb@163. com
长沙市外国专家局	湖南省长沙市岳麓大道218号市政府第二办公楼0847-48室	86-731-88668028 86-731-88666718	csswgzjj@tom. com
广东省外国专家局	广东省广州市东风中路483号粤财大厦	86-20-83134790 86-20-83134793	gdaiep@21cn.com
广州市外国专家局 广州国际人才交流协会	广东省广州市小北路266号北秀大厦7楼	86-20-83540910 86-20-83541272	
深圳市引进国外智力办公室（深圳市外国专家局）	广东省深圳市福田深南中路1025号新城大厦东座1-2楼	86-755-25942934 86-755-25988396	
广西外国专家局 广西国际人才交流中心	广西南宁市星湖路35号	86-771-5847513 86-771-5853371	gxbfea@163.com
海南省外国专家局 海南省国际人才交流协会	海南省海口市白龙南路42号万福大厦9楼	86-898-65334237 86-898-65334141	hpbfea@gmail.com
重庆市外国专家局 重庆国际人才交流协会	重庆市渝北区新牌坊一路1号	86-23-86868533 86-23-86868507	
四川省外国专家局 四川省国际人才交流协会	四川省成都市人民中路东二巷18号	86-28-86742939 86-28-86628201	sicaiep@163. com
成都市外国专家局 成都留学回国人员工作站	四川省成都市锦城大道366号3号楼24楼32428房间	86-28-61888213 86-28-61888213	cdwzj2005@163.com
贵州省国际人才交流协会	贵州省贵阳市省政府大院5号楼11层	86-851-6830156 86-851-6830156	gzaiep@public.gz.cn
云南省外国专家局	云南省昆明市如安街56号	86-871-3630501 86-871-3630502 86-871-3630505	yunnan@caiep.org
西藏自治区外国专家局	西藏拉萨市夺底路24号区就业办公大楼4017办公室	86-891-6602571 86-891-6602510	
陕西省外国专家局 陕西省国际人才交流协会	陕西省西安市新城广场省政府前大楼618室	86-29-87293648 86-29-87293648	saiep@shaanxi.gov.cn
西安市外国专家局 西安国际人才交流协会	陕西省西安市凤城八路109号西安市政府6号楼4层	86-29-86786937 86-29-86786937	xian@caiep.org
甘肃省外国专家局 甘肃省国际人才交流协会	甘肃省兰州市金昌南路280号红星大厦14层	86-931-8877115 86-931-8877117 86-931-8885342	gsaiep@public.lz.gs.cn
青海省外国专家局	青海省西宁市五四西路5号	86-971-6307594 86-971-6312283	qhwzj0971@sina.com
宁夏外国专家局 宁夏国际人才交流协会	宁夏银川市上海东路40号	86-951-5099077 86-951-5099089 86-951-5099013	nxwzj2010@163.com
新疆生产建设兵团外国专家局	新疆乌鲁木齐市光明路196号	86-991-2899404 86-991-2899403 86-991-2890460	2899404@xjbt.gov.cn
新疆国际人才交流协会	新疆乌鲁木齐市北京南路445号	86-991-3689758 86-991-3689923	wgzjj@xjrs.gov.cn

附录篇

2013年在园企业名录

企业名称	所在园区	所属行业
北京海川电通工业技术有限公司	北大留学人员创业园	电子信息
北京鸿讯无限科技有限公司	北大留学人员创业园	电子信息
北京佳杰品尚国际贸易有限公司	北大留学人员创业园	电子信息
北京嘉豪世纪科技有限公司	北大留学人员创业园	电子信息
北京老虎致远科技有限公司	北大留学人员创业园	电子信息
北京农金博雅（北京）投资管理有限公司	北大留学人员创业园	电子信息
北京搜霸天下网络科技有限公司	北大留学人员创业园	电子信息
北京威泰科技投资管理有限公司	北大留学人员创业园	电子信息
北京幸福帷幄科技有限公司	北大留学人员创业园	电子信息
北京至感科技有限公司	北大留学人员创业园	电子信息
北京智慧视通科技有限公司	北大留学人员创业园	电子信息
晨星中森科技（北京）有限公司	北大留学人员创业园	电子信息
创意树科技（北京）有限公司	北大留学人员创业园	电子信息
昆山仙童软件技术开发有限公司	北大留学人员创业园	电子信息
天元莱博（北京）科技有限公司	北大留学人员创业园	电子信息
北京安必奇生物科技有限公司	北大留学人员创业园	生物医药
北京和美健康科技有限责任公司	北大留学人员创业园	生物医药
北京上诺斯生物科技有限公司	北大留学人员创业园	生物医药
华诚睿光（北京）科技发展有限公司	北大留学人员创业园	生物医药
北京韶华恒志科技有限公司	北大留学人员创业园	先进制造
北京易思迈科技有限责任公司	北大留学人员创业园	先进制造
北京铟尼镭斯技术有限公司	北大留学人员创业园	新材料
北京爱森科技有限公司	北大留学人员创业园	文化创意
北京德福来城市规划设计有限公司	北大留学人员创业园	文化创意
北京琼雨文化艺术有限公司	北大留学人员创业园	文化创意
北京土人城市规划设计有限公司	北大留学人员创业园	文化创意
博雅和正管理咨询(北京)有限公司	北大留学人员创业园	文化创意
华商菁英（北京）文化发展有限公司	北大留学人员创业园	文化创意
北京爱根管理咨询有限公司	北大留学人员创业园	现代服务
北京凯瑞思德社会经济咨询有限责任公司	北大留学人员创业园	现代服务
北京迈赛富特科技有限责任公司	北大留学人员创业园	现代服务
北京天策龙翔教育科技有限公司	北大留学人员创业园	现代服务
北京协成源咨询有限公司	北大留学人员创业园	现代服务
北京英华时代科技有限公司	北大留学人员创业园	现代服务
华夏和投资有限公司	北大留学人员创业园	现代服务
北京艾德思奇科技有限公司	北航留学人员创业园	电子信息
北京澳盖尼克科技有限公司	北航留学人员创业园	电子信息
北京百树恒仁科技有限公司	北航留学人员创业园	电子信息
北京柏富特软件有限公司	北航留学人员创业园	电子信息
北京拜翠思科技有限公司	北航留学人员创业园	电子信息
北京北弟航安技术有限公司	北航留学人员创业园	电子信息
北京迪帆科技有限公司	北航留学人员创业园	电子信息
北京点众伟业科技有限公司	北航留学人员创业园	电子信息
北京动态时空科技有限公司	北航留学人员创业园	电子信息
北京恩能科技发展有限公司	北航留学人员创业园	电子信息
北京富讯盈科网络技术有限公司	北航留学人员创业园	电子信息
北京感华遂通科技有限公司	北航留学人员创业园	电子信息
北京古梁燕苑科技有限公司	北航留学人员创业园	电子信息
北京国是经委科技有限公司	北航留学人员创业园	电子信息
北京环球先锋科技有限公司	北航留学人员创业园	电子信息
北京环球新视窗信息科技有限公司	北航留学人员创业园	电子信息
北京佳意德文化科技有限公司	北航留学人员创业园	电子信息
北京嘉华开元科技发展有限公司	北航留学人员创业园	电子信息
北京金智海泰科技发展有限公司	北航留学人员创业园	电子信息
北京凯摩一百信息技术有限公司	北航留学人员创业园	电子信息
北京康联科讯科技有限公司	北航留学人员创业园	电子信息
北京昆士德技术有限公司	北航留学人员创业园	电子信息
北京乐迪爱通科技有限公司	北航留学人员创业园	电子信息

北京乐奇莱斯科技有限责任公司	北航留学人员创业园		电子信息
北京略颂信息技术有限公司	北航留学人员创业园		电子信息
北京迈迪泰克科技有限公司	北航留学人员创业园		电子信息
北京名智创亿技术发展有限公司	北航留学人员创业园		电子信息
北京旗硕基业科技有限公司	北航留学人员创业园		电子信息
北京庆达乐科技开发有限公司	北航留学人员创业园		电子信息
北京荣泰创想科技有限公司	北航留学人员创业园		电子信息
北京锐思科创科技有限公司	北航留学人员创业园		电子信息
北京瑞德金科技有限公司	北航留学人员创业园		电子信息
北京圣普创业科技有限公司	北航留学人员创业园		电子信息
北京食苑星技术有限公司分公司	北航留学人员创业园		电子信息
北京世纪三虹信息技术有限公司	北航留学人员创业园		电子信息
北京天汇万博科技发展有限公司	北航留学人员创业园		电子信息
北京拓智新宇科技发展有限公司	北航留学人员创业园		电子信息
北京微创博亚科技有限公司	北航留学人员创业园		电子信息
北京维克斯软件有限公司	北航留学人员创业园		电子信息
北京药智软件技术科技有限公司	北航留学人员创业园		电子信息
北京益宇科技有限公司	北航留学人员创业园		电子信息
北京英特快捷科技有限公司	北航留学人员创业园		电子信息
北京盈美高科数字媒体网络科技有限公司	北航留学人员创业园		电子信息
北京元中方略科技发展有限公司	北航留学人员创业园		电子信息
北京长河旭日科技有限公司	北航留学人员创业园		电子信息
北京中大永盛科技有限公司	北航留学人员创业园		电子信息
北京中航星空通信技术有限公司	北航留学人员创业园		电子信息
北京中科微能科技有限公司	北航留学人员创业园		电子信息
北京竹松科技有限责任公司	北航留学人员创业园		电子信息
鸿运永高（北京）科技有限责任公司	北航留学人员创业园		电子信息
聚客网（北京）科技有限责任公司	北航留学人员创业园		电子信息
靠垫网络科技（北京）有限公司	北航留学人员创业园		电子信息
梦想人（北京）科技有限公司	北航留学人员创业园		电子信息
摩宝微科（北京）软件技术有限公司	北航留学人员创业园		电子信息
侨域高新技术（北京）有限公司	北航留学人员创业园		电子信息
软次方软件科技（北京）有限公司	北航留学人员创业园		电子信息
阳光汇通管理科技（北京）有限公司	北航留学人员创业园		电子信息
易福润德（北京）科技有限公司	北航留学人员创业园		电子信息
真实一路信息技术（北京）有限公司	北航留学人员创业园		电子信息
志诚信联（北京）信息技术有限公司	北航留学人员创业园		电子信息
北京柏辉瑞生物科技有限公司	北航留学人员创业园		生物医药
北京博尚展新生物技术有限公司	北航留学人员创业园		生物医药
北京恩瑞恒科技有限公司	北航留学人员创业园		生物医药
北京希而欧生物医药开发有限公司	北航留学人员创业园		生物医药
北京科致瑞斯自动化技术有限公司	北航留学人员创业园		先进制造
北京欧嘉科技发展有限公司	北航留学人员创业园		新材料
北京维泰凯信新技术有限公司	北航留学人员创业园		新材料
安元易如国际科技发展（北京）有限公司	北航留学人员创业园		新能源环保
北京北邮安博胜通信技术有限公司	北邮留学人员创业园		电子信息
北京创讯未来软件技术有限公司	北邮留学人员创业园		电子信息
北京词酷科技有限公司	北邮留学人员创业园		电子信息
北京词网科技有限公司	北邮留学人员创业园		电子信息
北京多维恒达科技有限公司	北邮留学人员创业园		电子信息
北京飞思睿科技术有限公司	北邮留学人员创业园		电子信息
北京翰阳天科技有限公司	北邮留学人员创业园		电子信息
北京九驹网络科技有限公司	北邮留学人员创业园		电子信息
北京美中天芯科技有限公司	北邮留学人员创业园		电子信息
北京市安拓思科技有限责任公司	北邮留学人员创业园		电子信息
北京天星讯通电子科技有限公司	北邮留学人员创业园		电子信息
北京元德胜通信技术有限责任公司	北邮留学人员创业园		电子信息
北邮中邮致鼎科技有限公司	北邮留学人员创业园		电子信息
可可网联科技（北京）有限公司	北邮留学人员创业园		电子信息
昭易盛德电子封装技术有限公司	北邮留学人员创业园		电子信息

北京瑞腾格润环保科技有限公司	北邮留学人员创业园	新能源环保
北京捷能嘉科技有限公司	北邮留学人员创业园	新能源环保
北京东方传韵文化传媒有限公司	北邮留学人员创业园	文化创意
梦幻世界科技（北京）有限公司	北邮留学人员创业园	文化创意
爱默必晟科技（北京）有限公司	北工大留学人员创业园	电子信息
北京阿德马斯系统集成有限责任公司	北工大留学人员创业园	电子信息
北京爱奥时代信息科技有限公司	北工大留学人员创业园	电子信息
北京和润科仪科技有限公司	北工大留学人员创业园	电子信息
北京惠利莱科技有限公司	北工大留学人员创业园	电子信息
北京铭鸿时代网络科技有限公司	北工大留学人员创业园	电子信息
北京尼洛科技发展有限公司	北工大留学人员创业园	电子信息
北京赛灵科技有限公司	北工大留学人员创业园	电子信息
北京数优华智科技有限公司	北工大留学人员创业园	电子信息
北京沃顿光华教育科技有限公司	北工大留学人员创业园	电子信息
北京西塔网络科技有限公司	北工大留学人员创业园	电子信息
北京喜地盛景多媒体技术有限公司	北工大留学人员创业园	电子信息
北京学门科技有限公司	北工大留学人员创业园	电子信息
北京众思悦科技发展有限公司	北工大留学人员创业园	电子信息
辅弼清源科技有限责任公司	北工大留学人员创业园	电子信息
中慧富纳科技（北京）有限公司	北工大留学人员创业园	电子信息
中科育科技(北京)有限公司	北工大留学人员创业园	电子信息
北京伽拓医药研究有限公司	北工大留学人员创业园	生物医药
基诺克（北京）生物检验科技有限公司	北工大留学人员创业园	生物医药
北京飞旋天行科技有限公司	北工大留学人员创业园	先进制造
北京福莱达斯科技有限公司	北工大留学人员创业园	先进制造
纳瑞科技（北京）有限公司	北工大留学人员创业园	先进制造
阿姆弗莱克斯（北京）科技有限公司	北工大留学人员创业园	新材料
北京泰和信科技有限公司	北工大留学人员创业园	新材料
北京智德佳华教育科技有限公司	北工大留学人员创业园	新材料
国益迪康环境技术（北京）有限公司	北工大留学人员创业园	新材料
北京爱节堡石化科技有限公司	北工大留学人员创业园	新能源环保
北京美索乐家新能源环保科技有限公司	北工大留学人员创业园	新能源环保
金麦达新能源环保科技（北京）有限公司	北工大留学人员创业园	新能源环保
北京京师快线教育咨询有限公司	北工大留学人员创业园	文化创意
北京软影未来文化传播有限责任公司	北工大留学人员创业园	文化创意
北京元气一派科技发展有限公司	北工大留学人员创业园	文化创意
北京东方美中咨询有限公司	北工大留学人员创业园	现代服务
北京惠宇乐邦环保科技有限公司	北工大留学人员创业园	现代服务
北京集成创新经济咨询中心	北工大留学人员创业园	现代服务
北京金耀汇金投资有限责任公司	北工大留学人员创业园	现代服务
北京妙策士医疗科技有限公司	北工大留学人员创业园	现代服务
北京万澎科技有限公司	北工大留学人员创业园	现代服务
北京雨希阳科技有限责任公司	北工大留学人员创业园	现代服务
北京中联文峰环保技术发展有限公司	北工大留学人员创业园	现代服务
维态同慧（北京）科技有限公司	北工大留学人员创业园	现代服务
中安高科检测科技（北京）有限公司	北工大留学人员创业园	现代服务
百维数元信息科技（北京）有限公司	北京经济技术开发区留学人员（汇龙森）创业园	电子信息
帮帮帮（北京）信息技术有限公司	北京经济技术开发区留学人员（汇龙森）创业园	电子信息
北京布洛维科技有限公司	北京经济技术开发区留学人员（汇龙森）创业园	电子信息
北京地米科技有限公司	北京经济技术开发区留学人员（汇龙森）创业园	电子信息
北京鸿智电通科技有限公司	北京经济技术开发区留学人员（汇龙森）创业园	电子信息
北京集翔多维信息技术有限公司	北京经济技术开发区留学人员（汇龙森）创业园	电子信息
北京捷安高信息科技有限公司	北京经济技术开发区留学人员（汇龙森）创业园	电子信息
北京雷瑞科技发展有限公司	北京经济技术开发区留学人员（汇龙森）创业园	电子信息
北京洛美科技有限公司	北京经济技术开发区留学人员（汇龙森）创业园	电子信息
北京强盛明禾科技发展有限公司	北京经济技术开发区留学人员（汇龙森）创业园	电子信息
北京人众人科技发展有限公司	北京经济技术开发区留学人员（汇龙森）创业园	电子信息
北京英迪华科技有限公司	北京经济技术开发区留学人员（汇龙森）创业园	电子信息
北京宇辰新立技术有限公司	北京经济技术开发区留学人员（汇龙森）创业园	电子信息
海博瑞德（北京）汽车技术有限公司	北京经济技术开发区留学人员（汇龙森）创业园	电子信息

盛誉达通（北京）科技发展有限公司	北京经济技术开发区留学人员（汇龙森）创业园	电子信息
碳阻迹（北京）科技有限公司	北京经济技术开发区留学人员（汇龙森）创业园	电子信息
欲乘风信息技术（北京）有限公司	北京经济技术开发区留学人员（汇龙森）创业园	电子信息
中盛国联技术（北京）有限公司	北京经济技术开发区留学人员（汇龙森）创业园	电子信息
自由人(北京)信息技术开发有限公司	北京经济技术开发区留学人员（汇龙森）创业园	电子信息
奥达国际生物技术（北京）有限公司	北京经济技术开发区留学人员（汇龙森）创业园	生物医药
北京阿德玛科新药研发有限公司	北京经济技术开发区留学人员（汇龙森）创业园	生物医药
北京艾百诺科技有限公司	北京经济技术开发区留学人员（汇龙森）创业园	生物医药
北京傲锐东源生物科技有限公司	北京经济技术开发区留学人员（汇龙森）创业园	生物医药
北京奥科迪医药技术开发有限公司	北京经济技术开发区留学人员（汇龙森）创业园	生物医药
北京奥萨医药研究中心有限公司	北京经济技术开发区留学人员（汇龙森）创业园	生物医药
北京佰达康科技有限公司	北京经济技术开发区留学人员（汇龙森）创业园	生物医药
北京泛生子生物科技有限公司	北京经济技术开发区留学人员（汇龙森）创业园	生物医药
北京冈大医疗科技有限公司	北京经济技术开发区留学人员（汇龙森）创业园	生物医药
北京华美协康生物科技有限公司	北京经济技术开发区留学人员（汇龙森）创业园	生物医药
北京汇智泰康医药技术有限公司	北京经济技术开发区留学人员（汇龙森）创业园	生物医药
北京金点睛科技有限公司	北京经济技术开发区留学人员（汇龙森）创业园	生物医药
北京凯莱天成医药科技有限公司	北京经济技术开发区留学人员（汇龙森）创业园	生物医药
北京康晋老龄用品科技有限公司	北京经济技术开发区留学人员（汇龙森）创业园	生物医药
北京康朴尼检测技术有限公司	北京经济技术开发区留学人员（汇龙森）创业园	生物医药
北京龙兴生物医药有限公司	北京经济技术开发区留学人员（汇龙森）创业园	生物医药
北京迈康斯德医药技术有限公司	北京经济技术开发区留学人员（汇龙森）创业园	生物医药
北京普禄德医药科技有限公司	北京经济技术开发区留学人员（汇龙森）创业园	生物医药
北京睿宇博为医疗技术有限公司	北京经济技术开发区留学人员（汇龙森）创业园	生物医药
北京赛诺进医药科技有限公司	北京经济技术开发区留学人员（汇龙森）创业园	生物医药
北京天成新脉生物技术有限公司	北京经济技术开发区留学人员（汇龙森）创业园	生物医药
北京义翘神州生物技术有限公司	北京经济技术开发区留学人员（汇龙森）创业园	生物医药
北京友通上昊科技有限公司	北京经济技术开发区留学人员（汇龙森）创业园	生物医药
博瑞佳影（北京）科技有限公司	北京经济技术开发区留学人员（汇龙森）创业园	生物医药
杜比环球医疗技术（北京）有限公司	北京经济技术开发区留学人员（汇龙森）创业园	生物医药
神州细胞工程有限公司	北京经济技术开发区留学人员（汇龙森）创业园	生物医药
新博医疗技术有限公司	北京经济技术开发区留学人员（汇龙森）创业园	生物医药
中黄乾元（北京）生物技术有限公司	北京经济技术开发区留学人员（汇龙森）创业园	生物医药
北京艾瑞科奥科技有限公司	北京经济技术开发区留学人员（汇龙森）创业园	先进制造
北京捷希威科技有限公司	北京经济技术开发区留学人员（汇龙森）创业园	先进制造
北京利宇德科技有限公司	北京经济技术开发区留学人员（汇龙森）创业园	先进制造
北京欧美利华科技有限公司	北京经济技术开发区留学人员（汇龙森）创业园	先进制造
北京欧仕鸿彦音响科技有限公司	北京经济技术开发区留学人员（汇龙森）创业园	先进制造
北京欧仕鸿彦影音设备有限公司	北京经济技术开发区留学人员（汇龙森）创业园	先进制造
北京瑞驰拓维科技有限公司	北京经济技术开发区留学人员（汇龙森）创业园	先进制造
北京睿昱达科技有限公司	北京经济技术开发区留学人员（汇龙森）创业园	先进制造
北京易拓智谱科技有限公司	北京经济技术开发区留学人员（汇龙森）创业园	先进制造
北京佳信通光电技术有限公司	北京经济技术开发区留学人员（汇龙森）创业园	先进制造
奥码拓（北京）科技有限公司	北京经济技术开发区留学人员（汇龙森）创业园	新材料
北京阿波罗宇航时代科技有限公司	北京经济技术开发区留学人员（汇龙森）创业园	新材料
北京方佳得众科技有限公司	北京经济技术开发区留学人员（汇龙森）创业园	新材料
北京开元科创科技发展有限公司	北京经济技术开发区留学人员（汇龙森）创业园	新材料
北京石磊乾坤含氟新材料研究院有限公司	北京经济技术开发区留学人员（汇龙森）创业园	新材料
远景雅涵材料科技（北京）有限公司	北京经济技术开发区留学人员（汇龙森）创业园	新材料
北京海瑞克科技发展有限公司	北京经济技术开发区留学人员（汇龙森）创业园	新能源环保
北京银河之舟环保科技有限公司	北京经济技术开发区留学人员（汇龙森）创业园	新能源环保
德赛奥智能科技（北京）有限公司	北京经济技术开发区留学人员（汇龙森）创业园	新能源环保
恒利和信建筑环境科技（北京）有限公司	北京经济技术开发区留学人员（汇龙森）创业园	新能源环保
京科高新（北京）环境科学研究所	北京经济技术开发区留学人员（汇龙森）创业园	新能源环保
北京创雅文化有限公司	北京经济技术开发区留学人员（汇龙森）创业园	文化创意
北京南北佳亦管理咨询有限公司	北京经济技术开发区留学人员（汇龙森）创业园	文化创意
北京大仁雅居乐房地产投资有限公司	北京经济技术开发区留学人员（汇龙森）创业园	现代服务
安迪曼（北京）科技有限公司	北京科大留学人员创业园	电子信息
北京爱林特立科技有限公司	北京科大留学人员创业园	电子信息
北京安科兴业科技有限公司	北京科大留学人员创业园	电子信息

北京北科智芯科技有限公司	北京科大留学人员创业园	电子信息
北京凯英信业科技股份有限公司	北京科大留学人员创业园	电子信息
北京科大森浪信息技术有限公司	北京科大留学人员创业园	电子信息
北京凌声芯语音科技有限公司	北京科大留学人员创业园	电子信息
北京洋浦伟业科技发展有限公司	北京科大留学人员创业园	电子信息
北京兆易创新科技有限公司	北京科大留学人员创业园	电子信息
京微雅格（北京）科技有限公司	北京科大留学人员创业园	电子信息
能力天空科技（北京）有限公司	北京科大留学人员创业园	电子信息
英得赛斯科技（北京）有限公司	北京科大留学人员创业园	电子信息
北京强新生物科技有限公司	北京科大留学人员创业园	生物医药
安进医疗科技（北京）有限公司	北京科大留学人员创业园	先进制造
北京北科德瑞冶金工程技术有限公司	北京科大留学人员创业园	先进制造
北京华实达自动化控制工程技术有限公司	北京科大留学人员创业园	先进制造
北京科大方兴高新技术有限公司	北京科大留学人员创业园	先进制造
奥美合金材料科技（北京）有限公司	北京科大留学人员创业园	新材料
北京北科炫彤科技有限公司	北京科大留学人员创业园	新材料
北京高融材料科技有限公司	北京科大留学人员创业园	新材料
北京浩运金能科技有限公司	北京科大留学人员创业园	新材料
北京金鼎成科技发展有限公司	北京科大留学人员创业园	新材料
北京群硕新创科技有限公司	北京科大留学人员创业园	新材料
北京赛富通电力技术有限公司	北京科大留学人员创业园	新材料
北京赛亿科技股份有限公司	北京科大留学人员创业园	新材料
北京时代锐智科技有限公司	北京科大留学人员创业园	新材料
北京中科浩运科技有限公司	北京科大留学人员创业园	新材料
北京华业恒威油品新技术有限公司	北京科大留学人员创业园	新能源环保
北京科大朗涤环保工程技术有限公司	北京科大留学人员创业园	新能源环保
万若（北京）环境工程技术有限公司	北京科大留学人员创业园	新能源环保
北京浩运广告传媒有限公司	北京科大留学人员创业园	文化创意
北京安卓为科技有限公司	北京理工留学人员创业园	电子信息
北京诚成信厚科技有限公司	北京理工留学人员创业园	电子信息
北京德物博通科技有限公司	北京理工留学人员创业园	电子信息
北京国承万通信息科技有限公司	北京理工留学人员创业园	电子信息
北京海美节能科技有限公司	北京理工留学人员创业园	电子信息
北京汉宇海阔软件科技有限公司	北京理工留学人员创业园	电子信息
北京伙伴们网络科技有限公司	北京理工留学人员创业园	电子信息
北京基摩信息科技有限公司	北京理工留学人员创业园	电子信息
北京金岸线科技有限公司	北京理工留学人员创业园	电子信息
北京金达雷科技有限公司	北京理工留学人员创业园	电子信息
北京美谷科技有限公司	北京理工留学人员创业园	电子信息
北京清科立业科技有限责任公司	北京理工留学人员创业园	电子信息
北京商埃曲信息科技有限公司	北京理工留学人员创业园	电子信息
北京新峰维特光电科技有限公司	北京理工留学人员创业园	电子信息
北京星枫先控科技有限公司	北京理工留学人员创业园	电子信息
北京炎黄永辉科技有限公司	北京理工留学人员创业园	电子信息
北京易拓联科技有限公司	北京理工留学人员创业园	电子信息
北京盈飞智感科技有限责任公司	北京理工留学人员创业园	电子信息
北京永洪商智科技有限公司	北京理工留学人员创业园	电子信息
北京涌金冠泰科技有限公司	北京理工留学人员创业园	电子信息
北京云启信息技术有限公司	北京理工留学人员创业园	电子信息
北京中科软银信息技术有限公司	北京理工留学人员创业园	电子信息
北京中科视景科技有限公司	北京理工留学人员创业园	电子信息
创造同盟（北京）科技有限公司	北京理工留学人员创业园	电子信息
海德星科技（北京）有限公司	北京理工留学人员创业园	电子信息
华夏星通（北京）科技发展有限公司	北京理工留学人员创业园	电子信息
寰宇慧旅（北京）科技有限公司	北京理工留学人员创业园	电子信息
慧众行知科技（北京）有限公司	北京理工留学人员创业园	电子信息
泰邦泰平科技（北京）有限公司	北京理工留学人员创业园	电子信息
途锐数创（北京）科技有限公司	北京理工留学人员创业园	电子信息
万思飞科科技（北京）有限责任公司	北京理工留学人员创业园	电子信息
无锡华尔兹科技有限公司北京分公司	北京理工留学人员创业园	电子信息

矽华远通（北京）科技有限公司	北京理工留学人员创业园	电子信息
亚航科技（北京）有限公司	北京理工留学人员创业园	电子信息
亚太麒麟（北京）电子信息技术有限公司	北京理工留学人员创业园	电子信息
一起走（北京）健康科技有限公司	北京理工留学人员创业园	电子信息
易云捷讯科技（北京）有限公司	北京理工留学人员创业园	电子信息
优美微迅（北京）科技有限公司	北京理工留学人员创业园	电子信息
中科律信息技术（北京）有限公司	北京理工留学人员创业园	电子信息
中科泰岳（北京）科技有限公司	北京理工留学人员创业园	电子信息
北京思弗威生物科技有限公司	北京理工留学人员创业园	生物医药
北京宝瑞光电科技有限公司	北京理工留学人员创业园	先进制造
阿尔特（中国）汽车技术有限公司	北京理工留学人员创业园	新能源环保
北京励俊亮景教育科技有限责任公司	北京理工留学人员创业园	现代服务
北京博海云通国际商贸有限公司	北京理工留学人员创业园	现代服务
北京爱世华辰科技有限公司	北师大留学人员创业园	电子信息
北京加意天下科技有限公司	北师大留学人员创业园	电子信息
北京聚云位智信息科技有限公司	北师大留学人员创业园	电子信息
北京铭汉科技有限公司	北师大留学人员创业园	电子信息
北京市莱科智多教育科技有限公司	北师大留学人员创业园	电子信息
北京引众思源科技有限公司	北师大留学人员创业园	电子信息
北京佑瑞达科技有限公司	北师大留学人员创业园	电子信息
北京智凌科技发展有限公司	北师大留学人员创业园	电子信息
北京左邻在线网络科技有限公司	北师大留学人员创业园	电子信息
互联智业（北京）科技有限公司	北师大留学人员创业园	电子信息
华文杏坛（北京）教育科技有限公司	北师大留学人员创业园	电子信息
麦德云（北京）科技有限公司	北师大留学人员创业园	电子信息
北京大方科技有限责任公司	北师大留学人员创业园	先进制造
北京中联交科技术有限公司	北师大留学人员创业园	先进制造
北京邦百利科技有限公司	北师大留学人员创业园	新能源环保
北京中源禹水环境科学研究院	北师大留学人员创业园	新能源环保
北京安卡科技有限公司	北师大留学人员创业园	文化创意
北京汇智润生教育咨询有限公司	北师大留学人员创业园	文化创意
北京京师育才教育科技中心	北师大留学人员创业园	文化创意
北京励志远行文化发展有限公司	北师大留学人员创业园	文化创意
北京数字幻想科技有限公司	北师大留学人员创业园	文化创意
北京天阳赛纳教育科技有限公司	北师大留学人员创业园	文化创意
喜佳森（北京）文化传播有限公司	北师大留学人员创业园	文化创意
有爱分子（北京）教育科技有限公司	北师大留学人员创业园	文化创意
噁美尚品艺术设计（北京）有限公司	北师大留学人员创业园	文化创意
北京智知科技有限公司	北师大留学人员创业园	现代服务
安达阳(北京)科技有限公司	北京市留学人员海淀创业园	电子信息
百科荣（北京）科技有限公司	北京市留学人员海淀创业园	电子信息
北京艾威梯软件技术有限公司	北京市留学人员海淀创业园	电子信息
北京奥普泰克科技有限责任公司	北京市留学人员海淀创业园	电子信息
北京百胜扬软件技术有限公司	北京市留学人员海淀创业园	电子信息
北京博奥联盟国际体育发展有限公司	北京市留学人员海淀创业园	电子信息
北京博锐实创软件科技有限公司	北京市留学人员海淀创业园	电子信息
北京博知轩科技有限公司	北京市留学人员海淀创业园	电子信息
北京常春青藤网络技术有限公司	北京市留学人员海淀创业园	电子信息
北京德力纳科技有限公司	北京市留学人员海淀创业园	电子信息
北京德意创智科技有限公司	北京市留学人员海淀创业园	电子信息
北京丰华联合科技有限公司	北京市留学人员海淀创业园	电子信息
北京格加纳米技术有限公司	北京市留学人员海淀创业园	电子信息
北京冠生云医疗技术有限公司	北京市留学人员海淀创业园	电子信息
北京海克智动科技开发有限公司	北京市留学人员海淀创业园	电子信息
北京海伦亚太科技有限公司	北京市留学人员海淀创业园	电子信息
北京瀚达瑞新科技有限公司	北京市留学人员海淀创业园	电子信息
北京合众阳昇科技有限公司	北京市留学人员海淀创业园	电子信息
北京花石网络科技有限公司	北京市留学人员海淀创业园	电子信息
北京华科联创技术有限公司	北京市留学人员海淀创业园	电子信息
北京华融鑫隆电子技术有限公司	北京市留学人员海淀创业园	电子信息

北京欢乐畅娱科技发展有限公司	北京市留学人员海淀创业园	电子信息
北京回首科技有限公司	北京市留学人员海淀创业园	电子信息
北京加华美科技有限公司	北京市留学人员海淀创业园	电子信息
北京加科赛利科技有限公司	北京市留学人员海淀创业园	电子信息
北京晶科华盛科技有限公司	北京市留学人员海淀创业园	电子信息
北京九驹网络科技有限责任公司	北京市留学人员海淀创业园	电子信息
北京九章云极科技有限公司	北京市留学人员海淀创业园	电子信息
北京久久相悦科技有限公司	北京市留学人员海淀创业园	电子信息
北京朗波芯微技术有限公司	北京市留学人员海淀创业园	电子信息
北京良舟通讯科技有限公司	北京市留学人员海淀创业园	电子信息
北京暖光软件有限责任公司	北京市留学人员海淀创业园	电子信息
北京普兰特姆科技有限公司	北京市留学人员海淀创业园	电子信息
北京普信通联信息技术有限公司	北京市留学人员海淀创业园	电子信息
北京睿信毅城科技有限公司	北京市留学人员海淀创业园	电子信息
北京尚世同禾科技有限公司	北京市留学人员海淀创业园	电子信息
北京思德睿信科技有限公司	北京市留学人员海淀创业园	电子信息
北京随达信科技有限公司	北京市留学人员海淀创业园	电子信息
北京天人祥宇科技有限公司	北京市留学人员海淀创业园	电子信息
北京透明计算科技股份有限公司	北京市留学人员海淀创业园	电子信息
北京威视云通科技有限公司	北京市留学人员海淀创业园	电子信息
北京先知科技有限公司	北京市留学人员海淀创业园	电子信息
北京新凯咨询有限责任公司	北京市留学人员海淀创业园	电子信息
北京新影科技有限公司	北京市留学人员海淀创业园	电子信息
北京新娱兄弟网络科技有限公司	北京市留学人员海淀创业园	电子信息
北京阳河湾科技有限公司	北京市留学人员海淀创业园	电子信息
北京英创启智数字出版技术有限公司	北京市留学人员海淀创业园	电子信息
北京云启创科技有限公司	北京市留学人员海淀创业园	电子信息
北京正和之道科技有限公司	北京市留学人员海淀创业园	电子信息
北京中数泰信科技有限公司	北京市留学人员海淀创业园	电子信息
创想汇智科技（北京）有限公司	北京市留学人员海淀创业园	电子信息
凡物科技（北京）有限公司	北京市留学人员海淀创业园	电子信息
飞谋（北京）科技有限公司	北京市留学人员海淀创业园	电子信息
华美圣代（北京）网络科技有限责任公司	北京市留学人员海淀创业园	电子信息
寰球立德（北京）科技有限公司	北京市留学人员海淀创业园	电子信息
火花飞翔（北京）移动科技有限公司	北京市留学人员海淀创业园	电子信息
佳冠益尊（北京）科技有限公司	北京市留学人员海淀创业园	电子信息
嘉盛亚讯科技(北京)有限公司	北京市留学人员海淀创业园	电子信息
经研八信息科技（北京）有限公司	北京市留学人员海淀创业园	电子信息
晶合思动（北京）科技有限公司	北京市留学人员海淀创业园	电子信息
九州华兴集成电路设计（北京）有限公司	北京市留学人员海淀创业园	电子信息
睿芯联科（北京）电子科技有限公司	北京市留学人员海淀创业园	电子信息
信真维超能源科技（北京）有限公司	北京市留学人员海淀创业园	电子信息
优比交互（北京）科技有限公司	北京市留学人员海淀创业园	电子信息
中车信科技有限公司	北京市留学人员海淀创业园	电子信息
中交智能科技股份有限公司	北京市留学人员海淀创业园	电子信息
中科纳维科技（北京）有限公司	北京市留学人员海淀创业园	电子信息
中绿信（北京）信息技术有限公司	北京市留学人员海淀创业园	电子信息
艾富特(北京)生物科技有限公司	北京市留学人员海淀创业园	生物医药
北京滨辉世纪科技有限公司	北京市留学人员海淀创业园	生物医药
北京迪恩泰生物科技有限公司	北京市留学人员海淀创业园	生物医药
北京东方闰土科技有限公司	北京市留学人员海淀创业园	生物医药
北京东方伊瑞医疗科技有限责任公司	北京市留学人员海淀创业园	生物医药
北京福良源能源科技有限公司	北京市留学人员海淀创业园	生物医药
北京广济升科技有限公司	北京市留学人员海淀创业园	生物医药
北京海略世纪生物技术有限责任公司	北京市留学人员海淀创业园	生物医药
北京玖佳宜科技有限公司	北京市留学人员海淀创业园	生物医药
北京天恩泰生物科技有限公司	北京市留学人员海淀创业园	生物医药
北京天健大通医药科技有限公司	北京市留学人员海淀创业园	生物医药
北京天润草能源科技有限公司	北京市留学人员海淀创业园	生物医药
北京维康双元生物医药科技有限公司	北京市留学人员海淀创业园	生物医药

北京温馨天使科技有限公司	北京市留学人员海淀创业园	生物医药
北京英特派生物科技有限公司	北京市留学人员海淀创业园	生物医药
彩虹天健康科技研究（北京）有限责任公司	北京市留学人员海淀创业园	生物医药
北京凡达芯意微电子科技有限公司	北京市留学人员海淀创业园	先进制造
北京凯路顺科技有限公司	北京市留学人员海淀创业园	先进制造
北京乐宇英泰科技有限公司	北京市留学人员海淀创业园	先进制造
北京盟尚电力科技有限公司	北京市留学人员海淀创业园	先进制造
北京仁光信息技术有限公司	北京市留学人员海淀创业园	先进制造
北京润菲利德科技有限公司	北京市留学人员海淀创业园	先进制造
红京鸟力维(北京)科技有限公司	北京市留学人员海淀创业园	先进制造
北京超微上达科技有限公司	北京市留学人员海淀创业园	新材料
北京晶晶星科技有限公司	北京市留学人员海淀创业园	新材料
北京志光伯元科技有限公司	北京市留学人员海淀创业园	新材料
北京安生绿源科技有限公司	北京市留学人员海淀创业园	新能源环保
北京海珍志阔科技有限公司	北京市留学人员海淀创业园	新能源环保
北京和竑炅源照明技术有限公司	北京市留学人员海淀创业园	新能源环保
北京华清茵蓝科技有限公司	北京市留学人员海淀创业园	新能源环保
北京秀江河园林科技有限公司	北京市留学人员海淀创业园	新能源环保
北京源海威科技有限公司	北京市留学人员海淀创业园	新能源环保
枫荻思远（北京）国际节能技术有限公司	北京市留学人员海淀创业园	新能源环保
北京木春文化有限公司	北京市留学人员海淀创业园	文化创意
北京琴瑟世纪信息技术有限公司	北京市留学人员海淀创业园	文化创意
北京桑梓教育科技有限公司	北京市留学人员海淀创业园	文化创意
艾莱华汇业科技（北京）有限公司	北京（望京）留学人员创业园	电子信息
北京博雅致用信息科技有限公司	北京（望京）留学人员创业园	电子信息
北京财富智库信息系统有限公司	北京（望京）留学人员创业园	电子信息
北京广益网络科技有限责任公司	北京（望京）留学人员创业园	电子信息
北京滚雷电子商务有限公司	北京（望京）留学人员创业园	电子信息
北京龙德远征科技有限公司	北京（望京）留学人员创业园	电子信息
北京妙微科技有限公司	北京（望京）留学人员创业园	电子信息
北京奇乐客科技有限公司	北京（望京）留学人员创业园	电子信息
北京唐海科技有限公司	北京（望京）留学人员创业园	电子信息
北京信久通科技有限公司	北京（望京）留学人员创业园	电子信息
北京中重重机软件科技有限公司	北京（望京）留学人员创业园	电子信息
乐鲲（北京）科技有限公司	北京（望京）留学人员创业园	电子信息
全维智码信息技术（北京）有限公司	北京（望京）留学人员创业园	电子信息
爱科凯能科技（北京）有限公司	北京（望京）留学人员创业园	生物医药
北海康成（北京）医药科技有限公司	北京（望京）留学人员创业园	生物医药
北京杰华生物技术有限责任公司	北京（望京）留学人员创业园	生物医药
北京青元盛康生物医药科技有限公司	北京（望京）留学人员创业园	生物医药
杰华（北京）生物医药研究院	北京（望京）留学人员创业园	生物医药
欧中瑞华（北京）科技发展有限责任公司	北京（望京）留学人员创业园	生物医药
维德世医学仪器系统（北京）有限公司	北京（望京）留学人员创业园	生物医药
北京雷吉特科技发展有限公司	北京（望京）留学人员创业园	先进制造
北京德华众升能源科技有限公司	北京（望京）留学人员创业园	新能源环保
北京可视化节能科技有限公司	北京（望京）留学人员创业园	新能源环保
北京默凯斯能源技术有限公司	北京（望京）留学人员创业园	新能源环保
北京万瑞尔高科技有限公司	北京（望京）留学人员创业园	新能源环保
国鑫矿业勘探有限公司	北京（望京）留学人员创业园	新能源环保
精进电动科技（北京）有限公司	北京（望京）留学人员创业园	新能源环保
北京诺兰特生态设计研究院有限公司	北京（望京）留学人员创业园	文化创意
北京无源建筑规划设计院	北京（望京）留学人员创业园	文化创意
漫游世界（北京）科技发展有限公司	北京（望京）留学人员创业园	文化创意
北京贝羿海科技有限公司	北京（望京）留学人员创业园	现代服务
北京华奥汽车服务有限公司	北京（望京）留学人员创业园	现代服务
北京科润兰德投资股份有限公司	北京（望京）留学人员创业园	现代服务
北京兰亭高创科技有限公司	北京（望京）留学人员创业园	现代服务
北京麦克西姆科技有限公司	北京（望京）留学人员创业园	现代服务
北京美欧联合投资有限公司	北京（望京）留学人员创业园	现代服务
北京睿思博意咨询管理有限公司	北京（望京）留学人员创业园	现代服务

北京视宴传媒科技有限公司	北京（望京）留学人员创业园	现代服务
北京释码大华科技有限公司	北京（望京）留学人员创业园	现代服务
北京塔科特医疗技术有限公司	北京（望京）留学人员创业园	现代服务
北京天睿空间科技有限公司	北京（望京）留学人员创业园	现代服务
北京天正创智信息技术有限公司	北京（望京）留学人员创业园	现代服务
北京英捷特数字出版技术有限公司	北京（望京）留学人员创业园	现代服务
北京智杰华隆技术发展有限公司	北京（望京）留学人员创业园	现代服务
本洲（北京）新技术推广有限公司	北京（望京）留学人员创业园	现代服务
都会佰（北京）科技发展有限公司	北京（望京）留学人员创业园	现代服务
凤凰云科技（北京）有限公司	北京（望京）留学人员创业园	现代服务
弘宜森合（北京）科技有限公司	北京（望京）留学人员创业园	现代服务
乐辰科技(北京)有限公司	北京（望京）留学人员创业园	现代服务
育软（北京）科技有限公司	北京（望京）留学人员创业园	现代服务
泽碧克（北京）建筑设计咨询有限公司	北京（望京）留学人员创业园	现代服务
北京爱普博斯科技有限责任公司	中央财大留学人员创业园	电子信息
北京安讯康硕信息技术有限公司	中央财大留学人员创业园	电子信息
北京大唐天成科技有限公司	中央财大留学人员创业园	电子信息
北京风软技术有限公司	中央财大留学人员创业园	电子信息
北京互联铂智科技有限公司	中央财大留学人员创业园	电子信息
北京环宇趣联科技有限公司	中央财大留学人员创业园	电子信息
北京明日时尚信息技术有限公司	中央财大留学人员创业园	电子信息
北京尚友通达信息技术有限公司	中央财大留学人员创业园	电子信息
北京数矿信息技术有限公司	中央财大留学人员创业园	电子信息
金保汇诚（北京）高科技发展有限公司	中央财大留学人员创业园	电子信息
天道德勤（北京）管理咨询有限公司	中央财大留学人员创业园	电子信息
北京格瑞博鼎建筑咨询有限公司	中央财大留学人员创业园	新能源环保
北京睿鸿星科技有限公司	中央财大留学人员创业园	新能源环保
北京云清源环境有限公司	中央财大留学人员创业园	新能源环保
北京龙韵九方文化传播有限公司	中央财大留学人员创业园	文化创意
北京文之毅行国际文化传媒有限公司	中央财大留学人员创业园	文化创意
北京奥通瑞特科技有限公司	中央财大留学人员创业园	现代服务
北京冠天能工程科技有限公司	中央财大留学人员创业园	现代服务
北京瑞盛碳易电子商务科技有限公司	中央财大留学人员创业园	现代服务
加州格林咨询（北京）有限公司	中央财大留学人员创业园	现代服务
信能及远科技（北京）有限公司	中央财大留学人员创业园	现代服务
北京安华水木科技开发有限公司	清华留学人员创业园	电子信息
北京博信视通科技有限公司	清华留学人员创业园	电子信息
北京创毅视通科技有限公司	清华留学人员创业园	电子信息
北京创毅视讯科技有限公司	清华留学人员创业园	电子信息
北京萃凝网络技术有限公司	清华留学人员创业园	电子信息
北京笛威欧亚交通科技有限公司	清华留学人员创业园	电子信息
北京点击科技有限公司	清华留学人员创业园	电子信息
北京飞翔人信息技术有限公司	清华留学人员创业园	电子信息
北京海辰天润科技有限公司	清华留学人员创业园	电子信息
北京华达诺科技有限公司	清华留学人员创业园	电子信息
北京吉奥伊曼技术有限公司	清华留学人员创业园	电子信息
北京鲸鲨软件科技有限公司	清华留学人员创业园	电子信息
北京九华互联科技有限公司	清华留学人员创业园	电子信息
北京九州安华信息技术有限公司	清华留学人员创业园	电子信息
北京昆天科微电子技术有限公司	清华留学人员创业园	电子信息
北京清大逸达交通技术有限公司	清华留学人员创业园	电子信息
北京施达优技术有限公司	清华留学人员创业园	电子信息
北京泰可尚电子科技有限公司	清华留学人员创业园	电子信息
北京文迪网络通讯科技有限公司	清华留学人员创业园	电子信息
北京芯景泰达科技有限公司	清华留学人员创业园	电子信息
北京新岸线软件科技有限公司	清华留学人员创业园	电子信息
北京新岸线网络技术有限公司	清华留学人员创业园	电子信息
北京新岸线移动多媒体技术有限公司	清华留学人员创业园	电子信息
北京亿科三友科技有限公司	清华留学人员创业园	电子信息
北京正远达通科技有限公司	清华留学人员创业园	电子信息

北京中瑞经纬科技有限公司	清华留学人员创业园	电子信息
创毅无限（北京）科技发展有限公司	清华留学人员创业园	电子信息
德润特数字影像科技（北京）有限公司	清华留学人员创业园	电子信息
高拓讯达（北京）科技有限公司	清华留学人员创业园	电子信息
坚流科技（北京）有限公司	清华留学人员创业园	电子信息
山石网科通信技术（北京）有限公司	清华留学人员创业园	电子信息
商助科技（北京）有限公司	清华留学人员创业园	电子信息
视算新里程（北京）有限公司	清华留学人员创业园	电子信息
水木智芯（北京）科技有限公司	清华留学人员创业园	电子信息
雅格罗技（北京）科技有限公司	清华留学人员创业园	电子信息
云路网络技术（北京）有限公司	清华留学人员创业园	电子信息
北京海瑞祥天生物技术有限公司	清华留学人员创业园	生物医药
北京乐目堂健康科技有限公司	清华留学人员创业园	生物医药
北京赛林泰医药技术有限公司	清华留学人员创业园	生物医药
海纳医信（北京）软件科技有限责任公司	清华留学人员创业园	生物医药
康肽生物科技（北京）有限公司	清华留学人员创业园	生物医药
优瑞科(北京)生物技术有限公司	清华留学人员创业园	生物医药
北京蔚蓝仕科技有限公司	清华留学人员创业园	先进制造
北京普能世纪科技有限公司	清华留学人员创业园	新能源环保
北京中清明阳太阳能光伏技术有限公司	清华留学人员创业园	新能源环保
清源华动（北京）科技有限公司	清华留学人员创业园	新能源环保
北京优利康生物农业技术有限公司	清华留学人员创业园	现代服务
北京爱书虫传媒技术有限责任公司	中关村国际孵化园	电子信息
北京博路盈科技发展有限公司	中关村国际孵化园	电子信息
北京诚迈创通科技有限公司	中关村国际孵化园	电子信息
北京德锐磁星科技有限公司	中关村国际孵化园	电子信息
北京东方爱译科技有限责任公司	中关村国际孵化园	电子信息
北京东方慧源信息技术有限公司	中关村国际孵化园	电子信息
北京栋邦达科技有限公司	中关村国际孵化园	电子信息
北京行的科技有限公司	中关村国际孵化园	电子信息
北京行思万联物联科技有限公司	中关村国际孵化园	电子信息
北京合科赛德科技有限公司	中关村国际孵化园	电子信息
北京和立健信科技有限公司	中关村国际孵化园	电子信息
北京恒拓达力科技有限公司	中关村国际孵化园	电子信息
北京华科力扬科技有限公司	中关村国际孵化园	电子信息
北京华通视博技术有限公司	中关村国际孵化园	电子信息
北京慧和仕科技有限责任公司	中关村国际孵化园	电子信息
北京江加软件有限公司	中关村国际孵化园	电子信息
北京金玉衡科技有限责任公司	中关村国际孵化园	电子信息
北京金源启迪教育科技有限公司	中关村国际孵化园	电子信息
北京卡多识佳网络科技有限公司	中关村国际孵化园	电子信息
北京科奥飞科技有限公司	中关村国际孵化园	电子信息
北京酷博悦康信息技术有限公司	中关村国际孵化园	电子信息
北京美名腾网络技术有限	中关村国际孵化园	电子信息
北京品科艺科技有限公司	中关村国际孵化园	电子信息
北京秦晋之光科技有限公司	中关村国际孵化园	电子信息
北京清鹤吟数字媒体科技有限公司	中关村国际孵化园	电子信息
北京时幻砂科技发展有限公司	中关村国际孵化园	电子信息
北京思比科微电子技术股份有限公司	中关村国际孵化园	电子信息
北京天天海淘科技有限公司	中关村国际孵化园	电子信息
北京通软博大科技有限公司	中关村国际孵化园	电子信息
北京微义汇软件科技有限公司	中关村国际孵化园	电子信息
北京祥雍智杰科技有限公司	中关村国际孵化园	电子信息
北京芯奇迹科技发展有限公司	中关村国际孵化园	电子信息
北京信普达系统工程有限公司	中关村国际孵化园	电子信息
北京永润达科技有限责任公司	中关村国际孵化园	电子信息
北京优纳科技有限公司	中关村国际孵化园	电子信息
北京智物达科技有限公司	中关村国际孵化园	电子信息
北京中科微纳物联网技术股份有限公司	中关村国际孵化园	电子信息
北京中联云蛙数据技术研究院	中关村国际孵化园	电子信息

博恩东方检测技术（北京）有限公司	中关村国际孵化园	电子信息
才智创鑫（北京）技术服务有限公司	中关村国际孵化园	电子信息
楚格（北京）科技有限公司	中关村国际孵化园	电子信息
东方云威（北京）科技有限公司	中关村国际孵化园	电子信息
和信诚软件（北京）有限公司	中关村国际孵化园	电子信息
互动在线（北京）科技有限公司	中关村国际孵化园	电子信息
吉贝克信息技术（北京）有限公司	中关村国际孵化园	电子信息
经纶世纪医疗网络技术（北京）有限公司	中关村国际孵化园	电子信息
坤微志成（北京）物联科技有限公司	中关村国际孵化园	电子信息
美迪泰科（北京）传媒科技有限公司	中关村国际孵化园	电子信息
萌动创意（北京）教育科技有限公司	中关村国际孵化园	电子信息
千礼寻宝网络科技（北京）有限公司	中关村国际孵化园	电子信息
仁路通达（北京）科技有限公司	中关村国际孵化园	电子信息
瑞沃康科技（北京）有限公司	中关村国际孵化园	电子信息
润恺禾信息系统技术开发（北京）有限公司	中关村国际孵化园	电子信息
蛙觉物联科技（北京）有限公司	中关村国际孵化园	电子信息
伟思东方教育科技（北京）有限公司	中关村国际孵化园	电子信息
新海之日（北京）科技有限公司	中关村国际孵化园	电子信息
亿度时代科技（北京）有限公司	中关村国际孵化园	电子信息
优讯时代（北京）网络技术有限公司	中关村国际孵化园	电子信息
云天弈（北京）信息技术有限公司	中关村国际孵化园	电子信息
早大智源科技（北京）有限公司	中关村国际孵化园	电子信息
中科荣耀（北京）生物科学研究有限公司	中关村国际孵化园	电子信息
中联网盟科技（北京）有限公司	中关村国际孵化园	电子信息
中智华体（北京）科技有限公司	中关村国际孵化园	电子信息
北京诚恒健康科技有限公司	中关村国际孵化园	生物医药
北京诚恒生物技术有限公司	中关村国际孵化园	生物医药
北京弘韵科技有限公司	中关村国际孵化园	生物医药
北京慧宝康源医学研究有限责任公司	中关村国际孵化园	生物医药
北京慧宝源企业管理有限公司	中关村国际孵化园	生物医药
北京诺普德医药科技有限公司	中关村国际孵化园	生物医药
北京欧博方医药科技有限公司	中关村国际孵化园	生物医药
北京瑞尔通激光科技有限公司	中关村国际孵化园	生物医药
北京元博方医药科技有限公司	中关村国际孵化园	生物医药
北京中诺恒康生物科技有限公司	中关村国际孵化园	生物医药
北京博锐双光子科技有限公司	中关村国际孵化园	先进制造
北京雄鹰鹏勇光电技术有限公司	中关村国际孵化园	先进制造
北京华奇维亚科技发展有限公司	中关村国际孵化园	新材料
北京泰恩飞翔科技有限公司	中关村国际孵化园	新材料
明华高登科技发展（北京）有限公司	中关村国际孵化园	新材料
升信新材（北京）科技有限公司	中关村国际孵化园	新材料
安纳泰科（北京）科技有限公司	中关村国际孵化园	新能源环保
北京国发加美环保科技有限公司	中关村国际孵化园	新能源环保
杰耐瑞(北京)科技有限公司	中关村国际孵化园	新能源环保
上派环境科技有限公司北京分公司	中关村国际孵化园	新能源环保
旭升孚萃能源科技（北京）有限公司	中关村国际孵化园	新能源环保
北京尚润文化发展有限公司	中关村国际孵化园	文化创意
北京时代乐章文化发展有限公司	中关村国际孵化园	文化创意
北京百福资科技有限公司	中关村国际孵化园	现代服务
北京瑞雪环球科技有限公司	中关村国际孵化园	现代服务
北京思清源生物科技有限公司	中关村国际孵化园	现代服务
北京中农大康科技开发有限公司	中关村国际孵化园	现代服务
乐农同创（北京）科技有限公司	中关村国际孵化园	现代服务
乐圭科技（北京）有限公司	中关村集成电路留学人员创业园	电子信息
北京六合万通微电子技术股份有限公司	中关村集成电路留学人员创业园	电子信息
北京爱博泰克科技发展有限公司	中关村科技园区丰台园留学人员创业园	电子信息
北京车易通软件有限公司	中关村科技园区丰台园留学人员创业园	电子信息
北京飞华领航科技发展有限公司	中关村科技园区丰台园留学人员创业园	电子信息
北京恒泰信立科技有限公司	中关村科技园区丰台园留学人员创业园	电子信息
北京华兴堂科技有限公司	中关村科技园区丰台园留学人员创业园	电子信息

北京华智凯科技有限公司	中关村科技园区丰台园留学人员创业园	电子信息
北京嘉仪科技有限公司	中关村科技园区丰台园留学人员创业园	电子信息
北京徕特安科技有限公司	中关村科技园区丰台园留学人员创业园	电子信息
北京蓝讯时代科技有限公司	中关村科技园区丰台园留学人员创业园	电子信息
北京能为科技发展有限公司	中关村科技园区丰台园留学人员创业园	电子信息
北京企财通科技有限公司	中关村科技园区丰台园留学人员创业园	电子信息
北京锐志方达科技开发有限公司	中关村科技园区丰台园留学人员创业园	电子信息
北京滕阳科技有限公司	中关村科技园区丰台园留学人员创业园	电子信息
北京星嘉华信息科技有限公司	中关村科技园区丰台园留学人员创业园	电子信息
北京雪顶科贸有限公司	中关村科技园区丰台园留学人员创业园	电子信息
北京易泊安科技有限公司	中关村科技园区丰台园留学人员创业园	电子信息
北京易行德佳信息科技有限公司	中关村科技园区丰台园留学人员创业园	电子信息
北京易通伟杰信息技术有限公司	中关村科技园区丰台园留学人员创业园	电子信息
北京银速金捷科技发展有限公司	中关村科技园区丰台园留学人员创业园	电子信息
北京中锐识华信息科技有限公司	中关村科技园区丰台园留学人员创业园	电子信息
北京中盛兴林木材科技有限公司	中关村科技园区丰台园留学人员创业园	电子信息
铂思互动（北京）科技有限公司	中关村科技园区丰台园留学人员创业园	电子信息
超清博亿科技（北京）有限公司	中关村科技园区丰台园留学人员创业园	电子信息
大库（北京）网络科技有限公司	中关村科技园区丰台园留学人员创业园	电子信息
大壮众诚（北京）科技股份有限公司	中关村科技园区丰台园留学人员创业园	电子信息
海汇金石信息科技（北京）有限公司	中关村科技园区丰台园留学人员创业园	电子信息
三友同创（北京）信息技术有限公司	中关村科技园区丰台园留学人员创业园	电子信息
尚唐古道科技有限公司	中关村科技园区丰台园留学人员创业园	电子信息
我路尚品（北京）科技有限公司	中关村科技园区丰台园留学人员创业园	电子信息
北京安泰时空科技有限公司	中关村科技园区丰台园留学人员创业园	生物医药
北京博菲康生物技术有限公司	中关村科技园区丰台园留学人员创业园	生物医药
北京博能康成科技有限公司	中关村科技园区丰台园留学人员创业园	生物医药
北京德众万全医药科技有限公司	中关村科技园区丰台园留学人员创业园	生物医药
北京海利赢医疗科技有限公司	中关村科技园区丰台园留学人员创业园	生物医药
北京君康创新科技开发有限公司	中关村科技园区丰台园留学人员创业园	生物医药
北京朗坤生物科技有限公司	中关村科技园区丰台园留学人员创业园	生物医药
北京麦可明科技有限公司	中关村科技园区丰台园留学人员创业园	生物医药
北京瑞恒升股份有限公司	中关村科技园区丰台园留学人员创业园	生物医药
北京瑞建天行生物技术有限公司	中关村科技园区丰台园留学人员创业园	生物医药
北京若安心医药科技有限公司	中关村科技园区丰台园留学人员创业园	生物医药
北京赛诺泰生物科技有限公司	中关村科技园区丰台园留学人员创业园	生物医药
北京天瑞兴华科技有限公司	中关村科技园区丰台园留学人员创业园	生物医药
北京依凯诺医药技术开发有限公司	中关村科技园区丰台园留学人员创业园	生物医药
北京源天彩生物科技有限公司	中关村科技园区丰台园留学人员创业园	生物医药
北京中盛佳鸿科技有限公司	中关村科技园区丰台园留学人员创业园	生物医药
昊欣伟业国际医疗科技（北京）有限公司	中关村科技园区丰台园留学人员创业园	生物医药
九曲景和生物科技有限公司	中关村科技园区丰台园留学人员创业园	生物医药
美中能特医药化学科技（北京）有限公司	中关村科技园区丰台园留学人员创业园	生物医药
普瑞麦迪（北京）实验室技术有限公司	中关村科技园区丰台园留学人员创业园	生物医药
奥博塔科技（北京）有限公司	中关村科技园区丰台园留学人员创业园	先进制造
北京川荣海威机械有限公司	中关村科技园区丰台园留学人员创业园	先进制造
北京华仁康医药科技有限公司	中关村科技园区丰台园留学人员创业园	先进制造
北京华盛清源环保科技有限公司	中关村科技园区丰台园留学人员创业园	先进制造
北京聚光世达科技有限公司	中关村科技园区丰台园留学人员创业园	先进制造
北京沃思捷科技有限公司	中关村科技园区丰台园留学人员创业园	先进制造
北华源（北京）科技有限公司	中关村科技园区丰台园留学人员创业园	新材料
北京海创金汇科技有限公司	中关村科技园区丰台园留学人员创业园	新材料
北京华中实力经贸有限公司	中关村科技园区丰台园留学人员创业园	新材料
北京其安正阳新材料技术有限公司	中关村科技园区丰台园留学人员创业园	新材料
北京盛大华源科技有限公司	中关村科技园区丰台园留学人员创业园	新材料
北京天洁时代科技有限公司	中关村科技园区丰台园留学人员创业园	新材料
北京安驰迅捷科技有限公司	中关村科技园区丰台园留学人员创业园	新能源环保
北京澳多汽车技术开发有限公司	中关村科技园区丰台园留学人员创业园	新能源环保
北京大禹创业科技有限责任公司	中关村科技园区丰台园留学人员创业园	新能源环保
北京丹华创联科技有限公司	中关村科技园区丰台园留学人员创业园	新能源环保

北京东寰天纬工程技术有限公司	中关村科技园区丰台园留学人员创业园	新能源环保
北京海纳琪鑫科技有限公司	中关村科技园区丰台园留学人员创业园	新能源环保
北京恒瑞天齐科技有限公司	中关村科技园区丰台园留学人员创业园	新能源环保
北京汇智通达科技有限公司	中关村科技园区丰台园留学人员创业园	新能源环保
北京科美源环境技术有限公司	中关村科技园区丰台园留学人员创业园	新能源环保
北京朗盛欧泽科技有限公司	中关村科技园区丰台园留学人员创业园	新能源环保
北京三益能源环保发展股份有限公司	中关村科技园区丰台园留学人员创业园	新能源环保
北京世纪汉元科技有限公司	中关村科技园区丰台园留学人员创业园	新能源环保
北京万维易信科技发展有限公司	中关村科技园区丰台园留学人员创业园	新能源环保
北京友信宏科电子科技有限公司	中关村科技园区丰台园留学人员创业园	新能源环保
北京中宜汇富环保技术有限公司	中关村科技园区丰台园留学人员创业园	新能源环保
高灵能源科技（中国）有限公司	中关村科技园区丰台园留学人员创业园	新能源环保
泰科时代工程技术（北京）有限公司	中关村科技园区丰台园留学人员创业园	新能源环保
北京法集科技发展有限公司	中关村科技园区丰台园留学人员创业园	文化创意
北京尤嘉卓越传媒科技有限公司	中关村科技园区丰台园留学人员创业园	文化创意
酷歌动漫科技（北京）有限公司	中关村科技园区丰台园留学人员创业园	文化创意
北京丰彩博雅科技有限公司	中关村科技园区丰台园留学人员创业园	现代服务
北京朗途天下技术有限公司	中关村科技园区丰台园留学人员创业园	现代服务
北京美中互通高新技术有限公司	中关村科技园区丰台园留学人员创业园	现代服务
北京市金康普食品添加剂科技有限公司	中关村科技园区丰台园留学人员创业园	现代服务
北京市蒙歌泰科技发展有限责任公司	中关村科技园区丰台园留学人员创业园	现代服务
北京思瑞明科技发展有限公司	中关村科技园区丰台园留学人员创业园	现代服务
北京膺芙橡宇科技开发有限公司	中关村科技园区丰台园留学人员创业园	现代服务
北京中杰快询科技有限公司	中关村科技园区丰台园留学人员创业园	现代服务
东方华峰控股有限公司	中关村科技园区丰台园留学人员创业园	现代服务
曼嘉利诗国际科贸（北京）有限公司	中关村科技园区丰台园留学人员创业园	现代服务
欧华通科技（北京）有限公司	中关村科技园区丰台园留学人员创业园	现代服务
欧若玛科技发展有限公司	中关村科技园区丰台园留学人员创业园	现代服务
日都（北京）高新建筑科技设计咨询有限公司	中关村科技园区丰台园留学人员创业园	现代服务
意格建筑规划设计（北京）有限公司	中关村科技园区丰台园留学人员创业园	现代服务
遨游世界（北京）网络技术有限公司	中关村软件园留学人员创业园	电子信息
巴别塔（北京）科技有限公司	中关村软件园留学人员创业园	电子信息
北京艾普斯科技有限公司	中关村软件园留学人员创业园	电子信息
北京安久信息科技有限公司	中关村软件园留学人员创业园	电子信息
北京奥赛乐思科技有限公司	中关村软件园留学人员创业园	电子信息
北京邦邦吾科技有限公司	中关村软件园留学人员创业园	电子信息
北京博瑞金信息技术有限公司	中关村软件园留学人员创业园	电子信息
北京博实联创科技有限公司	中关村软件园留学人员创业园	电子信息
北京博思廷科技有限公司	中关村软件园留学人员创业园	电子信息
北京道业科技有限公司	中关村软件园留学人员创业园	电子信息
北京德望高高科技系统有限公司	中关村软件园留学人员创业园	电子信息
北京德西诺科技发展有限公司	中关村软件园留学人员创业园	电子信息
北京谛力泰克科技有限公司	中关村软件园留学人员创业园	电子信息
北京点讯灵动科技有限公司	中关村软件园留学人员创业园	电子信息
北京分播时代网络科技有限公司	中关村软件园留学人员创业园	电子信息
北京丰牵云启信息技术有限公司	中关村软件园留学人员创业园	电子信息
北京红柑桔信息技术有限公司	中关村软件园留学人员创业园	电子信息
北京华诺恒网络科技有限公司	中关村软件园留学人员创业园	电子信息
北京京胜盛融技术有限公司	中关村软件园留学人员创业园	电子信息
北京科元天成信息技术有限公司	中关村软件园留学人员创业园	电子信息
北京快乐天成软件技术有限公司	中关村软件园留学人员创业园	电子信息
北京兰德菲环保科技有限公司	中关村软件园留学人员创业园	电子信息
北京利德捷信信息科技有限公司	中关村软件园留学人员创业园	电子信息
北京利德罗泰科技有限公司	中关村软件园留学人员创业园	电子信息
北京漫博创新网络科技有限公司	中关村软件园留学人员创业园	电子信息
北京漫宸科技有限公司	中关村软件园留学人员创业园	电子信息
北京佩吾科技有限公司	中关村软件园留学人员创业园	电子信息
北京七彩鱼网络技术有限公司	中关村软件园留学人员创业园	电子信息
北京钱粮科技有限公司	中关村软件园留学人员创业园	电子信息
北京乾图方园软件技术有限公司	中关村软件园留学人员创业园	电子信息

北京全奥体育数据科技有限公司	中关村软件园留学人员创业园	电子信息
北京睿识融汇网络科技有限责任公司	中关村软件园留学人员创业园	电子信息
北京晟视万维科技有限公司	中关村软件园留学人员创业园	电子信息
北京数字绿土科技有限公司	中关村软件园留学人员创业园	电子信息
北京斯泰威网络科技有限公司	中关村软件园留学人员创业园	电子信息
北京天行汇通信息技术有限公司	中关村软件园留学人员创业园	电子信息
北京天际云端科技有限公司	中关村软件园留学人员创业园	电子信息
北京天龙睿智科技有限公司	中关村软件园留学人员创业园	电子信息
北京网能经纬科技有限公司	中关村软件园留学人员创业园	电子信息
北京网谱通讯系统有限公司	中关村软件园留学人员创业园	电子信息
北京希尔信息技术有限公司	中关村软件园留学人员创业园	电子信息
北京协成致远网络科技有限公司	中关村软件园留学人员创业园	电子信息
北京新皓然软件技术有限责任公司	中关村软件园留学人员创业园	电子信息
北京亚格斯科技发展有限公司	中关村软件园留学人员创业园	电子信息
北京研创自动化技术有限公司	中关村软件园留学人员创业园	电子信息
北京依诺维尔科技有限公司	中关村软件园留学人员创业园	电子信息
北京钰瀚兄弟科技有限公司	中关村软件园留学人员创业园	电子信息
北京知立方科技有限公司	中关村软件园留学人员创业园	电子信息
北京中财金保科技股份有限公司	中关村软件园留学人员创业园	电子信息
北京中科领美科技有限公司	中关村软件园留学人员创业园	电子信息
北京舟游国际体育文化发展有限公司	中关村软件园留学人员创业园	电子信息
博瑞金科技（北京）有限公司	中关村软件园留学人员创业园	电子信息
创睿恒（北京）科技有限公司	中关村软件园留学人员创业园	电子信息
道里云信息技术（北京）有限公司	中关村软件园留学人员创业园	电子信息
地模（北京）科技有限公司	中关村软件园留学人员创业园	电子信息
汉峰世纪科技（北京）有限公司	中关村软件园留学人员创业园	电子信息
恒泰艾普石油天然气技术服务股份有限公司	中关村软件园留学人员创业园	电子信息
珂溢鸿科技发展（北京）有限公司	中关村软件园留学人员创业园	电子信息
普迪思科技（北京）有限公司	中关村软件园留学人员创业园	电子信息
瑞华融信（北京）管理咨询有限公司	中关村软件园留学人员创业园	电子信息
瑞科网信（北京）科技有限公司	中关村软件园留学人员创业园	电子信息
微方联信（北京）科技有限公司	中关村软件园留学人员创业园	电子信息
维克松（北京）科技有限公司	中关村软件园留学人员创业园	电子信息
雅讯英华（北京）科技有限公司	中关村软件园留学人员创业园	电子信息
英国雅讯通信有限公司北京代表处	中关村软件园留学人员创业园	电子信息
真值瑞思（北京）管理咨询有限公司	中关村软件园留学人员创业园	电子信息
真值万奥（北京）软件科技有限公司	中关村软件园留学人员创业园	电子信息
DATA生物科技（北京）有限公司	中关村生命科学园留学人员创业园	生物医药
百赛维斯生物科技（北京）有限公司	中关村生命科学园留学人员创业园	生物医药
北京阿恩替生物科技有限公司	中关村生命科学园留学人员创业园	生物医药
北京爱思益普生物科技股份有限公司	中关村生命科学园留学人员创业园	生物医药
北京安为天检测科技有限公司	中关村生命科学园留学人员创业园	生物医药
北京百鸥创投生物科技有限公司	中关村生命科学园留学人员创业园	生物医药
北京拜赛安斯生物科技有限公司	中关村生命科学园留学人员创业园	生物医药
北京贝瑞和康生物技术有限公司	中关村生命科学园留学人员创业园	生物医药
北京博奥晶典生物技术有限公司	中关村生命科学园留学人员创业园	生物医药
北京博润天慧科技有限公司	中关村生命科学园留学人员创业园	生物医药
北京大德海岚生物科技有限公司	中关村生命科学园留学人员创业园	生物医药
北京大德万康生物科技有限公司	中关村生命科学园留学人员创业园	生物医药
北京大德万通生物科技有限公司	中关村生命科学园留学人员创业园	生物医药
北京德佰欧生物科技有限公司	中关村生命科学园留学人员创业园	生物医药
北京冠瑞金生物科技有限公司	中关村生命科学园留学人员创业园	生物医药
北京和杰创新生物医学科技有限公司	中关村生命科学园留学人员创业园	生物医药
北京弘瑞高新医药科技有限公司	中关村生命科学园留学人员创业园	生物医药
北京华迈元素科技有限公司	中关村生命科学园留学人员创业园	生物医药
北京华诺医药科技有限公司	中关村生命科学园留学人员创业园	生物医药
北京华禧联合科技发展有限公司	中关村生命科学园留学人员创业园	生物医药
北京基诺莱普生物技术有限公司	中关村生命科学园留学人员创业园	生物医药
北京吉诺沃生物科技有限公司	中关村生命科学园留学人员创业园	生物医药
北京佳汇德生物科技有限公司	中关村生命科学园留学人员创业园	生物医药

北京颉翔鸟生物科技有限公司	中关村生命科学园留学人员创业园	生物医药
北京晶润宏达医药科技有限公司	中关村生命科学园留学人员创业园	生物医药
北京康爱营养科技股份有限公司	中关村生命科学园留学人员创业园	生物医药
北京康福乐科技有限公司	中关村生命科学园留学人员创业园	生物医药
北京康润诚业生物科技有限公司	中关村生命科学园留学人员创业园	生物医药
北京康润星业生物技术有限公司	中关村生命科学园留学人员创业园	生物医药
北京康正康仁生物科技有限公司	中关村生命科学园留学人员创业园	生物医药
北京乐威泰克医药技术有限公司	中关村生命科学园留学人员创业园	生物医药
北京立博美华基因科技有限责任公司	中关村生命科学园留学人员创业园	生物医药
北京凌飞思生物技术有限公司	中关村生命科学园留学人员创业园	生物医药
北京迈基诺基因科技有限责任公司	中关村生命科学园留学人员创业园	生物医药
北京美洛可生物科技有限公司	中关村生命科学园留学人员创业园	生物医药
北京诺禾致源生物信息科技有限公司	中关村生命科学园留学人员创业园	生物医药
北京普华五峨科技有限公司	中关村生命科学园留学人员创业园	生物医药
北京谱之源生物科技有限公司	中关村生命科学园留学人员创业园	生物医药
北京勤邦生物科技有限公司	中关村生命科学园留学人员创业园	生物医药
北京清美联创干细胞科技有限公司	中关村生命科学园留学人员创业园	生物医药
北京瑞健高科生物科技有限公司	中关村生命科学园留学人员创业园	生物医药
北京睿熙生物制药有限公司	中关村生命科学园留学人员创业园	生物医药
北京润生生物科技有限公司	中关村生命科学园留学人员创业园	生物医药
北京赛贝生物技术有限公司	中关村生命科学园留学人员创业园	生物医药
北京尚德天蕴国际医药研究院	中关村生命科学园留学人员创业园	生物医药
北京泰德晟康生物医药科技有限公司	中关村生命科学园留学人员创业园	生物医药
北京天生平安医药生物科技有限公司	中关村生命科学园留学人员创业园	生物医药
北京维克生生物科技股份有限公司	中关村生命科学园留学人员创业园	生物医药
北京维他法技术研发有限公司	中关村生命科学园留学人员创业园	生物医药
北京维他法姆技术研发有限公司	中关村生命科学园留学人员创业园	生物医药
北京文丰天济医药科技有限公司	中关村生命科学园留学人员创业园	生物医药
北京希康宁生物技术有限公司	中关村生命科学园留学人员创业园	生物医药
北京益生合生物科技有限公司	中关村生命科学园留学人员创业园	生物医药
北京因卓越生物科技有限公司	中关村生命科学园留学人员创业园	生物医药
北京英力精化技术发展有限公司	中关村生命科学园留学人员创业园	生物医药
北京英石瑞科生物医药科技有限公司	中关村生命科学园留学人员创业园	生物医药
北京雍元盛景生物医药科技有限公司	中关村生命科学园留学人员创业园	生物医药
北京优尼脉科技开发有限公司	中关村生命科学园留学人员创业园	生物医药
北京有容吉纤生物技术有限公司	中关村生命科学园留学人员创业园	生物医药
北京中科创生生物科技有限公司	中关村生命科学园留学人员创业园	生物医药
北京卓诚惠生生物科技有限公司	中关村生命科学园留学人员创业园	生物医药
博仲盛景医药技术（北京）有限公司	中关村生命科学园留学人员创业园	生物医药
大赛璐手性技术（上海）有限公司	中关村生命科学园留学人员创业园	生物医药
方正医药研究院有限公司	中关村生命科学园留学人员创业园	生物医药
丰汇华农（北京）生物科技股份有限公司	中关村生命科学园留学人员创业园	生物医药
瀚吉康生物科技（北京）有限公司	中关村生命科学园留学人员创业园	生物医药
霍普金斯医药研究院（北京）有限公司	中关村生命科学园留学人员创业园	生物医药
美兰创新（北京）科技有限公司	中关村生命科学园留学人员创业园	生物医药
瑞奇外科器械（北京）有限公司	中关村生命科学园留学人员创业园	生物医药
上医在线（北京）信息技术有限公司	中关村生命科学园留学人员创业园	生物医药
同昕生物技术（北京）有限公司	中关村生命科学园留学人员创业园	生物医药
新禾德润生物技术（北京）有限公司	中关村生命科学园留学人员创业园	生物医药
一达国际生物科技（北京）有限公司	中关村生命科学园留学人员创业园	生物医药
中际国润（北京）科技有限公司	中关村生命科学园留学人员创业园	生物医药
北京明朗创新科技有限公司	中关村数字娱乐留学人员创业园	电子信息
北京思立达科技有限公司	中关村数字娱乐留学人员创业园	电子信息
北京智营互动科技有限公司	中关村数字娱乐留学人员创业园	电子信息
布谷（北京）网络科技有限公司	中关村数字娱乐留学人员创业园	电子信息
聪投（北京）信息技术有限公司	中关村数字娱乐留学人员创业园	电子信息
乐动科技（北京）有限公司	中关村数字娱乐留学人员创业园	电子信息
昕诺吉技术（北京）有限公司	中关村数字娱乐留学人员创业园	电子信息
易游达人科技（北京）有限公司	中关村数字娱乐留学人员创业园	电子信息
易游无限科技(北京)有限公司	中关村数字娱乐留学人员创业园	电子信息

北京春谷生物科技有限公司	中关村数字娱乐留学人员创业园	生物医药
北京华创远航科技有限公司	中关村数字娱乐留学人员创业园	生物医药
北京颐森斯国际通用设备有限公司	中关村数字娱乐留学人员创业园	生物医药
北京北科亿力科技有限公司	中关村数字娱乐留学人员创业园	先进制造
北京能信机电设备有限公司	中关村数字娱乐留学人员创业园	先进制造
北京岩田博远股份有限公司	中关村数字娱乐留学人员创业园	先进制造
北京百舜华年传媒有限公司	中关村数字娱乐留学人员创业园	文化创意
北京广大泰祥自动化技术有限公司	中国矿业大学留学人员创业园	电子信息
北京圣威尔电子有限公司	中国矿业大学留学人员创业园	电子信息
北京中矿优控科技发展有限公司	中国矿业大学留学人员创业园	电子信息
山科中天(北京)电子有限公司	中国矿业大学留学人员创业园	电子信息
赛真（北京）生物技术有限公司	中国矿业大学留学人员创业园	生物医药
北京华丰达系统技术有限公司	中国矿业大学留学人员创业园	先进制造
北京慧摩森电子系统技术有限公司	中国矿业大学留学人员创业园	先进制造
北京瑞吉达科技有限公司	中国矿业大学留学人员创业园	新材料
北京卓勤矿业科技有限公司	中国矿业大学留学人员创业园	新能源环保
中矿龙科能源科技（北京）有限公	中国矿业大学留学人员创业园	新能源环保
中矿威德能源科技有限公司	中国矿业大学留学人员创业园	新能源环保
兖矿新陆建设发展有限公司	中国矿业大学留学人员创业园	现代服务
中矿君月财务顾问公司	中国矿业大学留学人员创业园	现代服务
北京奥瑞鑫农业科技有限公司	中国农大留学人员现代农业创业基地	电子信息
北京格瑞恩科技发展公司	中国农大留学人员现代农业创业基地	电子信息
北京海思派克科技有限公司	中国农大留学人员现代农业创业基地	电子信息
北京集百思信息技术有限公司	中国农大留学人员现代农业创业基地	电子信息
北京杰斯创科技发展有限公司	中国农大留学人员现代农业创业基地	电子信息
北京坤泰伟业科技有限公司	中国农大留学人员现代农业创业基地	电子信息
北京万和顺科技发展有限公司	中国农大留学人员现代农业创业基地	电子信息
北京易西特软件开发有限公司	中国农大留学人员现代农业创业基地	电子信息
北京智能达讯信息技术有限责任公司	中国农大留学人员现代农业创业基地	电子信息
北京中海捷畅电子技术有限公司	中国农大留学人员现代农业创业基地	电子信息
北京中锐卓文科技有限公司	中国农大留学人员现代农业创业基地	电子信息
北京汇丰通田生物科技有限公司	中国农大留学人员现代农业创业基地	生物医药
北京凯捷聚鑫新技术有限公司	中国农大留学人员现代农业创业基地	生物医药
北京康泉生物技术有限公司	中国农大留学人员现代农业创业基地	生物医药
北京乾元浩生物股份有限公司	中国农大留学人员现代农业创业基地	生物医药
北京益微康壮生物投资有限公司	中国农大留学人员现代农业创业基地	生物医药
北京中农德馨生化技术有限公司	中国农大留学人员现代农业创业基地	生物医药
北京北农绿邦科技开发有限公司	中国农大留学人员现代农业创业基地	先进制造
北京比尔比特科技有限公司	中国农大留学人员现代农业创业基地	先进制造
北京诚物博达国际科技发展有限公司	中国农大留学人员现代农业创业基地	先进制造
北京金光大地科技有限公司	中国农大留学人员现代农业创业基地	先进制造
北京思威驰电力技术有限公司	中国农大留学人员现代农业创业基地	先进制造
北京新泰永清国际科技发展有限公司	中国农大留学人员现代农业创业基地	先进制造
北京阿格瑞能源环境工程有限公司	中国农大留学人员现代农业创业基地	新能源环保
北京绿源天地生态环境科技中心有限公司	中国农大留学人员现代农业创业基地	新能源环保
北京市富通环境工程公司	中国农大留学人员现代农业创业基地	新能源环保
北京本德利投资有限公司	中国农大留学人员现代农业创业基地	现代服务
北京东方畅想建筑设计有限公司	中国农大留学人员现代农业创业基地	现代服务
北京东方人科技发展有限公司	中国农大留学人员现代农业创业基地	现代服务
北京国农置业有限公司	中国农大留学人员现代农业创业基地	现代服务
北京华瑞新成科技有限公司	中国农大留学人员现代农业创业基地	现代服务
北京金旺农科技发展有限公司	中国农大留学人员现代农业创业基地	现代服务
北京日宏力科技有限公司	中国农大留学人员现代农业创业基地	现代服务
北京荣利特油泵嘴经营有限公司	中国农大留学人员现代农业创业基地	现代服务
北京市先飞农业工程高技术公司	中国农大留学人员现代农业创业基地	现代服务
北京亚楠项目管理技术有限公司	中国农大留学人员现代农业创业基地	现代服务
北京中科合力科技发展有限责任公司	中国农大留学人员现代农业创业基地	现代服务
北京博力和通科技有限公司	中国人民大学留学人员创业园	电子信息
北京畅百思科技有限公司	中国人民大学留学人员创业园	电子信息
北京火河科技有限公司	中国人民大学留学人员创业园	电子信息

北京领通科技有限公司	中国人民大学留学人员创业园	电子信息
北京品尚汇科技有限公司	中国人民大学留学人员创业园	电子信息
北京朔方鼎华科技有限公司	中国人民大学留学人员创业园	电子信息
北京天阳地畅资讯有限公司	中国人民大学留学人员创业园	电子信息
东鼎未来（北京）科技有限公司	中国人民大学留学人员创业园	电子信息
极晨智道信息技术(北京)有限公司	中国人民大学留学人员创业园	电子信息
柯瑞莫(北京)科技有限公司	中国人民大学留学人员创业园	电子信息
量邦信息科技（北京）有限公司	中国人民大学留学人员创业园	电子信息
玛雅动力（北京）电子商务有限公司	中国人民大学留学人员创业园	电子信息
欧艺视界（北京）文化艺术发展有限公司	中国人民大学留学人员创业园	电子信息
石山（北京）科技有限公司	中国人民大学留学人员创业园	电子信息
英沃凯晟（北京）科技有限公司	中国人民大学留学人员创业园	电子信息
北京北加美瑞生物技术有限公司	中国人民大学留学人员创业园	生物医药
力生道明生物医药科技(北京)有限公司	中国人民大学留学人员创业园	生物医药
直方隆生物科技（北京）有限公司	中国人民大学留学人员创业园	生物医药
北京博如德工程技术研究有限公司	中国人民大学留学人员创业园	新材料
北京冠维材科技有限公司	中国人民大学留学人员创业园	新材料
北京爱漫堂科技发展有限公司	中国人民大学留学人员创业园	文化创意
北京爱戏时代科技有限公司	中国人民大学留学人员创业园	文化创意
北京东都天腾国际文化发展有限公司	中国人民大学留学人员创业园	文化创意
北京海晨之光文化发展有限公司	中国人民大学留学人员创业园	文化创意
北京环凯国际文化艺术有限公司	中国人民大学留学人员创业园	文化创意
北京嘉华远逸旅游文化有限公司	中国人民大学留学人员创业园	文化创意
北京琨宝乾元文化传播有限公司	中国人民大学留学人员创业园	文化创意
北京乐创宏途文化发展有限公司	中国人民大学留学人员创业园	文化创意
北京灵游坊网络科技有限公司	中国人民大学留学人员创业园	文化创意
北京齐云泰克科技有限公司	中国人民大学留学人员创业园	文化创意
北京千野汇博国际文化交流有限公司	中国人民大学留学人员创业园	文化创意
北京诗创之音音乐文化有限责任公	中国人民大学留学人员创业园	文化创意
北京世名庄园文化发展有限公司	中国人民大学留学人员创业园	文化创意
北京世事传文化传媒有限公司	中国人民大学留学人员创业园	文化创意
北京索日科电子科技有限公司	中国人民大学留学人员创业园	文化创意
北京天拓建科建筑规划设计有限公司	中国人民大学留学人员创业园	文化创意
北京威百富艺术投资管理有限公司	中国人民大学留学人员创业园	文化创意
北京文创立承文化有限公司	中国人民大学留学人员创业园	文化创意
北京艺鼎传奇文化传播有限公司	中国人民大学留学人员创业园	文化创意
哥大诺博（北京）教育科技有限公司	中国人民大学留学人员创业园	文化创意
谷浪远景(北京)科技发展有限公司	中国人民大学留学人员创业园	文化创意
美创思建筑规划设计（北京）有限公司	中国人民大学留学人员创业园	文化创意
民生伟业（北京）科技文化有限公司	中国人民大学留学人员创业园	文化创意
逸华空间文化传播（北京）有限公司	中国人民大学留学人员创业园	文化创意
北京诚传教育科技有限公司	中国人民大学留学人员创业园	现代服务
北京厚通益和管理咨询有限责任公司	中国人民大学留学人员创业园	现代服务
北京华旭正信知识产权代理有限公司	中国人民大学留学人员创业园	现代服务
北京舞悦文化传播有限公司	中国人民大学留学人员创业园	现代服务
北京一诺星空国际网络科技有限公司	中国人民大学留学人员创业园	现代服务
北京知以文化发展有限公司	中国人民大学留学人员创业园	现代服务
伯昂（北京）咨询有限责任公司	中国人民大学留学人员创业园	现代服务
君海和创文化发展（北京）有限公司	中国人民大学留学人员创业园	现代服务
力德有威（北京）教育科技有限公司	中国人民大学留学人员创业园	现代服务
瑞美嘉信国际信息技术（北京）有限公司	中国人民大学留学人员创业园	现代服务
同维思创网络科技（北京）有限责任公司	中国人民大学留学人员创业园	现代服务
蔚蓝海岸投资管理（北京）有限公司	中国人民大学留学人员创业园	现代服务
欣润禧利（北京）国际科技文化发展有限公司	中国人民大学留学人员创业园	现代服务
爱迪科特（北京）科技有限公司	中国科学院中科海外人才创业园	电子信息
北京爱车客科技有限公司	中国科学院中科海外人才创业园	电子信息
北京动网天下科技有限公司	中国科学院中科海外人才创业园	电子信息
北京海诺维科技有限公司	中国科学院中科海外人才创业园	电子信息
北京恒远志卓科技有限公司	中国科学院中科海外人才创业园	电子信息
北京江山汉鼎科技有限公司	中国科学院中科海外人才创业园	电子信息

北京耐特康托科技有限公司	中国科学院中科海外人才创业园	电子信息
北京凝思科技有限公司	中国科学院中科海外人才创业园	电子信息
北京软坤科技有限公司	中国科学院中科海外人才创业园	电子信息
北京直立人科技有限公司	中国科学院中科海外人才创业园	电子信息
北京智腾诚远科技有限公司	中国科学院中科海外人才创业园	电子信息
广维智码科技（北京）有限公司	中国科学院中科海外人才创业园	电子信息
极地星空（北京）通信技术有限责任公司	中国科学院中科海外人才创业园	电子信息
智协慧同（北京）科技有限公司	中国科学院中科海外人才创业园	电子信息
北京春风绿生物医药科技有限公司	中国科学院中科海外人才创业园	生物医药
北京橄榄叶科技有限公司	中国科学院中科海外人才创业园	生物医药
北京吉利奥生物科技发展有限公司	中国科学院中科海外人才创业园	生物医药
北京摩诘创新科技股份有限公司	中国科学院中科海外人才创业园	先进制造
北京欧顿科技有限公司	中国科学院中科海外人才创业园	先进制造
北京普瑞微纳科技有限公司	中国科学院中科海外人才创业园	先进制造
北京中科锐工科技有限公司	中国科学院中科海外人才创业园	先进制造
北京德信视景高新技术有限公司	中国科学院中科海外人才创业园	新材料
北京力拓科技有限公司	中国科学院中科海外人才创业园	新材料
北京科海宏声科技有限公司	中国科学院中科海外人才创业园	新能源环保
北京微陶环保技术研究中心有限公司	中国科学院中科海外人才创业园	新能源环保
北京沃明节能科技有限公司	中国科学院中科海外人才创业园	新能源环保
北京乐邦乐成创业投资管理有限公司	中国科学院中科海外人才创业园	现代服务
硕德（北京）科技有限公司	中国科学院中科海外人才创业园	现代服务
北京汉科云端科技发展有限公司	北京经开・北工大软件园留学人员创业园	电子信息
北京精科评测技术有限公司	北京经开・北工大软件园留学人员创业园	电子信息
北京科跃信息技术有限公司	北京经开・北工大软件园留学人员创业园	电子信息
北京联凯捷信息科技发展有限公司	北京经开・北工大软件园留学人员创业园	电子信息
北京亮慧通科技发展有限公司	北京经开・北工大软件园留学人员创业园	电子信息
北京诺维远通科技发展有限公司	北京经开・北工大软件园留学人员创业园	电子信息
北京维基泰格科技有限公司	北京经开・北工大软件园留学人员创业园	电子信息
北京物泰天杰信息科技有限公司	北京经开・北工大软件园留学人员创业园	电子信息
勒加美制冷科技(北京)有限公司	北京经开・北工大软件园留学人员创业园	电子信息
全景腾飞管理科技（北京）有限公司	北京经开・北工大软件园留学人员创业园	电子信息
太极光控制软件(北京)有限公司	北京经开・北工大软件园留学人员创业园	电子信息
北京贝美拓新药研发有限公司	北京经开・北工大软件园留学人员创业园	生物医药
北京康源健科技发展有限公司	北京经开・北工大软件园留学人员创业园	生物医药
北京乐健堂健康科技中心有限公司	北京经开・北工大软件园留学人员创业园	生物医药
北京益生汇康生物技术有限公司	北京经开・北工大软件园留学人员创业园	生物医药
尼科布莱克（北京）科技发展有限公司	北京经开・北工大软件园留学人员创业园	生物医药
中辰环能技术（北京）有限公司	北京经开・北工大软件园留学人员创业园	新材料
北京熠坤世纪文化传播有限公司	北京经开・北工大软件园留学人员创业园	文化创意
乐配（天津）科技有限公司	天津滨海高新区海外留学生创业园	电子信息
蒲公英（天津）科技有限公司	天津滨海高新区海外留学生创业园	电子信息
奇微创想（天津)科技有限责任公司	天津滨海高新区海外留学生创业园	电子信息
天津艾克斯诺科技有限公司	天津滨海高新区海外留学生创业园	电子信息
天津爱迪通智科技有限公司	天津滨海高新区海外留学生创业园	电子信息
天津昂肯科技有限公司	天津滨海高新区海外留学生创业园	电子信息
天津博骏科技有限公司	天津滨海高新区海外留学生创业园	电子信息
天津二十一世纪纳斯达科技发展有限公司	天津滨海高新区海外留学生创业园	电子信息
天津峰景光电科技有限公司	天津滨海高新区海外留学生创业园	电子信息
天津福创科技发展有限公司	天津滨海高新区海外留学生创业园	电子信息
天津观易科技有限公司	天津滨海高新区海外留学生创业园	电子信息
天津国阳科技发展有限公司	天津滨海高新区海外留学生创业园	电子信息
天津华威智信科技发展有限公司	天津滨海高新区海外留学生创业园	电子信息
天津基理科技有限公司	天津滨海高新区海外留学生创业园	电子信息
天津津科翰林软件有限公司	天津滨海高新区海外留学生创业园	电子信息
天津珺兰科技有限公司	天津滨海高新区海外留学生创业园	电子信息
天津开域通信技术有限公司	天津滨海高新区海外留学生创业园	电子信息
天津酷歌科技有限公司	天津滨海高新区海外留学生创业园	电子信息
天津力芯电子技术有限公司	天津滨海高新区海外留学生创业园	电子信息
天津联芯科技有限公司	天津滨海高新区海外留学生创业园	电子信息

天津明新科技有限公司	天津滨海高新区海外留学生创业园	电子信息
天津奇谱光电技术有限公司	天津滨海高新区海外留学生创业园	电子信息
天津启通科技有限公司	天津滨海高新区海外留学生创业园	电子信息
天津前方科技有限公司	天津滨海高新区海外留学生创业园	电子信息
天津瑞发科半导体技术有限公司	天津滨海高新区海外留学生创业园	电子信息
天津圣目网络信息安全技术有限公司	天津滨海高新区海外留学生创业园	电子信息
天津市哈维泰科技有限公司	天津滨海高新区海外留学生创业园	电子信息
天津市华海星云信息技术有限公司	天津滨海高新区海外留学生创业园	电子信息
天津市莱科信息技术有限公司	天津滨海高新区海外留学生创业园	电子信息
天津市赛安科技发展有限公司	天津滨海高新区海外留学生创业园	电子信息
天津市尚林明德科技有限公司	天津滨海高新区海外留学生创业园	电子信息
天津市圣信通网络通信技术有限公司	天津滨海高新区海外留学生创业园	电子信息
天津市凸清汇智信息技术有限公司	天津滨海高新区海外留学生创业园	电子信息
天津天天挑科技有限公司	天津滨海高新区海外留学生创业园	电子信息
天津头领科技有限公司	天津滨海高新区海外留学生创业园	电子信息
天津万创科技有限责任公司	天津滨海高新区海外留学生创业园	电子信息
天津网中网科技有限公司	天津滨海高新区海外留学生创业园	电子信息
天津微智通科技发展有限公司	天津滨海高新区海外留学生创业园	电子信息
天津星甫科技有限公司	天津滨海高新区海外留学生创业园	电子信息
天津亿联世讯科技有限公司	天津滨海高新区海外留学生创业园	电子信息
天津易翰林创意科技有限公司	天津滨海高新区海外留学生创业园	电子信息
天津易泰通信息技术有限公司	天津滨海高新区海外留学生创业园	电子信息
天津音超科技有限公司	天津滨海高新区海外留学生创业园	电子信息
天津元云软件有限公司	天津滨海高新区海外留学生创业园	电子信息
天津卓联科技有限责任公司	天津滨海高新区海外留学生创业园	电子信息
友友新创系统技术（天津）有限公司	天津滨海高新区海外留学生创业园	电子信息
中思科技（天津）有限公司	天津滨海高新区海外留学生创业园	电子信息
天津坤爱生物科技有限公司	天津滨海高新区海外留学生创业园	生物医药
冠洋康健（天津）生物技术有限公司	天津滨海高新区海外留学生创业园	生物医药
卡尔迪雅（天津）医疗器械有限公司	天津滨海高新区海外留学生创业园	生物医药
天津安必森生物技术有限公司	天津滨海高新区海外留学生创业园	生物医药
天津百鸥瑞达生物科技有限公司	天津滨海高新区海外留学生创业园	生物医药
天津百瑞森科技有限公司	天津滨海高新区海外留学生创业园	生物医药
天津百盛泰克生物科技有限公司	天津滨海高新区海外留学生创业园	生物医药
天津博奥生物科技有限公司	天津滨海高新区海外留学生创业园	生物医药
天津博敏达生物科技有限公司	天津滨海高新区海外留学生创业园	生物医药
天津朝海科技有限公司	天津滨海高新区海外留学生创业园	生物医药
天津迪一生物科技有限公司	天津滨海高新区海外留学生创业园	生物医药
天津谷堆生物医药科技有限公司	天津滨海高新区海外留学生创业园	生物医药
天津广盛达科技发展有限公司	天津滨海高新区海外留学生创业园	生物医药
天津汉思睿智医药开发有限公司	天津滨海高新区海外留学生创业园	生物医药
天津经纬亨基生物科技有限公司	天津滨海高新区海外留学生创业园	生物医药
天津康福明生物科技有限公司	天津滨海高新区海外留学生创业园	生物医药
天津美德佰泰医学科技发展有限公司	天津滨海高新区海外留学生创业园	生物医药
天津纳百芯科技有限公司	天津滨海高新区海外留学生创业园	生物医药
天津尼欧生物科技有限公司	天津滨海高新区海外留学生创业园	生物医药
天津强微特生物科技有限公司	天津滨海高新区海外留学生创业园	生物医药
天津尚德药缘科技有限公司	天津滨海高新区海外留学生创业园	生物医药
天津神基生物技术有限公司	天津滨海高新区海外留学生创业园	生物医药
天津市北洋医学检测仪器与技术研究所	天津滨海高新区海外留学生创业园	生物医药
天津市康信医药科技有限公司	天津滨海高新区海外留学生创业园	生物医药
天津泰瑞倍药研科技有限公司	天津滨海高新区海外留学生创业园	生物医药
天津天颢制药技术有限公司	天津滨海高新区海外留学生创业园	生物医药
天津微瑞超分子材料科技有限公司	天津滨海高新区海外留学生创业园	生物医药
天津悟本科技有限公司	天津滨海高新区海外留学生创业园	生物医药
天津希恩思生化科技有限公司	天津滨海高新区海外留学生创业园	生物医药
天津新济复兴药业科技有限公司	天津滨海高新区海外留学生创业园	生物医药
天津自然云天科技有限公司	天津滨海高新区海外留学生创业园	生物医药
仪诺康科技（天津）有限公司	天津滨海高新区海外留学生创业园	生物医药
帝尔时代（天津）科技有限公司	天津滨海高新区海外留学生创业园	先进制造

天津德闻数据发展有限公司	天津滨海高新区海外留学生创业园	先进制造
天津凯蒂亚自动化设备有限公司	天津滨海高新区海外留学生创业园	先进制造
天津欧佩亚海洋工程有限公司	天津滨海高新区海外留学生创业园	先进制造
天津菩盛源照明科技有限公司	天津滨海高新区海外留学生创业园	先进制造
天津智易高科技发展有限公司	天津滨海高新区海外留学生创业园	先进制造
天津德兰玮诚生物技术有限公司	天津滨海高新区海外留学生创业园	新材料
天津都创科技有限公司	天津滨海高新区海外留学生创业园	新材料
天津介川新材料科技有限公司	天津滨海高新区海外留学生创业园	新材料
天津派尔尼尔科技发展有限公司	天津滨海高新区海外留学生创业园	新材料
天津普兰纳米科技有限公司	天津滨海高新区海外留学生创业园	新材料
天津若泽化学技术有限公司	天津滨海高新区海外留学生创业园	新材料
天津市鼎上科技有限公司	天津滨海高新区海外留学生创业园	新材料
卡特韦尔（天津）科技有限公司	天津滨海高新区海外留学生创业园	新能源环保
天津浩利通科技有限公司	天津滨海高新区海外留学生创业园	新能源环保
天津洛卡鹏节能技术开发有限公司	天津滨海高新区海外留学生创业园	新能源环保
天津能元谷科技有限公司	天津滨海高新区海外留学生创业园	新能源环保
天津日望环境技术有限公司	天津滨海高新区海外留学生创业园	新能源环保
天津市天佳惠科技发展有限公司	天津滨海高新区海外留学生创业园	新能源环保
天津艾瑞投资管理有限公司	天津滨海高新区海外留学生创业园	现代服务
天津东方财智科技有限公司	天津滨海高新区海外留学生创业园	现代服务
天津东方策略科技有限公司	天津滨海高新区海外留学生创业园	现代服务
天津瑞持普合商务咨询有限公司	天津滨海高新区海外留学生创业园	现代服务
天津瑞持普惠企业管理咨询合伙企业（有限合伙）	天津滨海高新区海外留学生创业园	现代服务
天津指点未来科技有限公司	天津滨海高新区海外留学生创业园	现代服务
博宇铭基信息科技有限公司	天津经济技术开发区留学生创业园	电子信息
恒拓开源(天津)信息科技有限公司	天津经济技术开发区留学生创业园	电子信息
南大强芯半导体芯片设计有限公司	天津经济技术开发区留学生创业园	电子信息
锐石微电子有限公司	天津经济技术开发区留学生创业园	电子信息
瑞博强芯（天津）电子有限公司	天津经济技术开发区留学生创业园	电子信息
数维（天津）信息技术开发有限公司	天津经济技术开发区留学生创业园	电子信息
天津艾思科尔科技有限公司	天津经济技术开发区留学生创业园	电子信息
天津爱迪尔软件开发有限公司	天津经济技术开发区留学生创业园	电子信息
天津车云网络科技有限公司	天津经济技术开发区留学生创业园	电子信息
天津磁元微电子有限公司	天津经济技术开发区留学生创业园	电子信息
天津鼎韬外包服务有限公司	天津经济技术开发区留学生创业园	电子信息
天津都易信息科技有限公司	天津经济技术开发区留学生创业园	电子信息
天津格锐思捷科技有限责任公司	天津经济技术开发区留学生创业园	电子信息
天津哈雷彗星科技有限公司	天津经济技术开发区留学生创业园	电子信息
天津华都宏远信息技术有限公司	天津经济技术开发区留学生创业园	电子信息
天津华盾科技有限公司	天津经济技术开发区留学生创业园	电子信息
天津华数科技发展有限公司	天津经济技术开发区留学生创业园	电子信息
天津汇冠触摸技术有限公司	天津经济技术开发区留学生创业园	电子信息
天津慧尊科技发展有限公司	天津经济技术开发区留学生创业园	电子信息
天津火凤凰微电子有限公司	天津经济技术开发区留学生创业园	电子信息
天津金栅科技有限公司	天津经济技术开发区留学生创业园	电子信息
天津巨卓科技有限公司	天津经济技术开发区留学生创业园	电子信息
天津开发区当代精工科技信息技术有限公司	天津经济技术开发区留学生创业园	电子信息
天津蓝海微科技有限公司	天津经济技术开发区留学生创业园	电子信息
天津朗波微电子有限公司	天津经济技术开发区留学生创业园	电子信息
天津里外科技有限公司	天津经济技术开发区留学生创业园	电子信息
天津联盟科技有限公司	天津经济技术开发区留学生创业园	电子信息
天津美数信息科技有限公司	天津经济技术开发区留学生创业园	电子信息
天津美维信息技术有限公司	天津经济技术开发区留学生创业园	电子信息
天津普乐利思科技有限公司	天津经济技术开发区留学生创业园	电子信息
天津润成天泽科技有限公司	天津经济技术开发区留学生创业园	电子信息
天津施诚电子商务有限公司	天津经济技术开发区留学生创业园	电子信息
天津数字太和科技有限公司	天津经济技术开发区留学生创业园	电子信息
天津索利普智能科技有限公司	天津经济技术开发区留学生创业园	电子信息
天津天融信科技有限公司	天津经济技术开发区留学生创业园	电子信息
天津亚智网络科技研发有限公司	天津经济技术开发区留学生创业园	电子信息

天津益华微电子有限公司	天津经济技术开发区留学生创业园	电子信息
天津英诺华微电子技术有限公司	天津经济技术开发区留学生创业园	电子信息
唯捷创新（天津）电子技术有限公司	天津经济技术开发区留学生创业园	电子信息
英特格灵芯片（天津）有限公司	天津经济技术开发区留学生创业园	电子信息
澳泰科技（天津）有限公司	天津经济技术开发区留学生创业园	生物医药
方恩(天津)医药发展有限公司	天津经济技术开发区留学生创业园	生物医药
翰尔希沃德（天津）医疗科技有限公司	天津经济技术开发区留学生创业园	生物医药
科宁(天津)医疗设备有限公司	天津经济技术开发区留学生创业园	生物医药
瑞奇外科器械（中国）有限公司	天津经济技术开发区留学生创业园	生物医药
赛诺医疗科学技术有限公司	天津经济技术开发区留学生创业园	生物医药
天津阿尔塔科技有限公司	天津经济技术开发区留学生创业园	生物医药
天津昂赛细胞基因工程有限公司	天津经济技术开发区留学生创业园	生物医药
天津百荧生物科技有限公司	天津经济技术开发区留学生创业园	生物医药
天津滨江药物研发有限公司	天津经济技术开发区留学生创业园	生物医药
天津博美开泰生物医药科技有限公司	天津经济技术开发区留学生创业园	生物医药
天津晨星生物工程有限公司	天津经济技术开发区留学生创业园	生物医药
天津键凯科技有限公司	天津经济技术开发区留学生创业园	生物医药
天津晶润锐拓科技发展有限公司	天津经济技术开发区留学生创业园	生物医药
天津康希诺生物技术有限公司	天津经济技术开发区留学生创业园	生物医药
天津科恩达科技有限公司	天津经济技术开发区留学生创业园	生物医药
天津克莱斯特新药研发科技有限公司	天津经济技术开发区留学生创业园	生物医药
天津林达生物科技有限公司	天津经济技术开发区留学生创业园	生物医药
天津派格生物技术有限公司	天津经济技术开发区留学生创业园	生物医药
天津普恒制药工程技术有限公司	天津经济技术开发区留学生创业园	生物医药
天津溥瀛生物技术有限公司	天津经济技术开发区留学生创业园	生物医药
天津三箭生物公司	天津经济技术开发区留学生创业园	生物医药
天津生物芯片技术有限责任公司	天津经济技术开发区留学生创业园	生物医药
天津市尖峰天然产物研究开发有限公司	天津经济技术开发区留学生创业园	生物医药
天津市斯芬克司药物研发有限公司	天津经济技术开发区留学生创业园	生物医药
天津天达联合工程技术有限公司	天津经济技术开发区留学生创业园	生物医药
天津天农康嘉生态养殖有限公司	天津经济技术开发区留学生创业园	生物医药
天津微纳芯科技有限公司	天津经济技术开发区留学生创业园	生物医药
天津宜诺药物科技有限公司	天津经济技术开发区留学生创业园	生物医药
天津翼骏生物科技有限公司	天津经济技术开发区留学生创业园	生物医药
天津优纳斯生物科技有限公司	天津经济技术开发区留学生创业园	生物医药
天津裕强生物医药科技有限公司	天津经济技术开发区留学生创业园	生物医药
天津贞利康生物科技有限公司	天津经济技术开发区留学生创业园	生物医药
天津中澳新生物技术有限公司	天津经济技术开发区留学生创业园	生物医药
博益（天津）气动技术研究所有限公司	天津经济技术开发区留学生创业园	先进制造
海通达（天津）海洋科技有限公司	天津经济技术开发区留学生创业园	先进制造
天津深之蓝海洋设备科技有限公司	天津经济技术开发区留学生创业园	先进制造
天津芯硕精密机械有限公司	天津经济技术开发区留学生创业园	先进制造
沃孜（天津）流体技术研发有限公司	天津经济技术开发区留学生创业园	先进制造
高辉（天津）科技有限公司	天津经济技术开发区留学生创业园	新材料
天津博纳艾杰尔科技有限公司	天津经济技术开发区留学生创业园	新材料
天津嘉宏科技有限公司	天津经济技术开发区留学生创业园	新材料
天津开发区博新工贸有限公司	天津经济技术开发区留学生创业园	新材料
天津纳德科技有限公司	天津经济技术开发区留学生创业园	新材料
天津图精新材料科技有限公司	天津经济技术开发区留学生创业园	新材料
天津芯之铠光电技术研发有限公司	天津经济技术开发区留学生创业园	新材料
天津新世纪耐火材料有限公司	天津经济技术开发区留学生创业园	新材料
天津众智科技有限公司	天津经济技术开发区留学生创业园	新材料
威程（天津）科技有限公司	天津经济技术开发区留学生创业园	新材料
百思特环保设备制造安装工程有限公司	天津经济技术开发区留学生创业园	新能源环保
天津海蓝德能源技术发展有限公司	天津经济技术开发区留学生创业园	新能源环保
天津海源流体工程技术有限公司	天津经济技术开发区留学生创业园	新能源环保
天津市裕川环境科技有限公司	天津经济技术开发区留学生创业园	新能源环保
天津亿利汽车环保科技有限公司	天津经济技术开发区留学生创业园	新能源环保
希洁环保科技（天津）有限公司	天津经济技术开发区留学生创业园	新能源环保
天津智道云创文化传播有限公司	天津经济技术开发区留学生创业园	文化创意

翰尔希安泰（天津）门诊部有限公司	天津经济技术开发区留学生创业园	现代服务
天津市中嘉歌工程科技有限公司	天津经济技术开发区留学生创业园	现代服务
河北鼎讯信息科技有限公司	海外留学人员石家庄创业园	电子信息
河北奇宣通讯科技有限公司	海外留学人员石家庄创业园	电子信息
河北仁方计算机科技有限公司	海外留学人员石家庄创业园	电子信息
河北四海航通安全技术工程有限公司	海外留学人员石家庄创业园	电子信息
河北亚创软件科技股份有限公司	海外留学人员石家庄创业园	电子信息
杰美克（石家庄）科技有限公司	海外留学人员石家庄创业园	电子信息
石家庄风雨软件科技有限公司	海外留学人员石家庄创业园	电子信息
石家庄高新区立明电子科技有限公司	海外留学人员石家庄创业园	电子信息
石家庄恒惠普智科技有限公司	海外留学人员石家庄创业园	电子信息
石家庄开发区波宏科技有限公司	海外留学人员石家庄创业园	电子信息
石家庄力天海鑫科技有限公司	海外留学人员石家庄创业园	电子信息
石家庄南元数码科技有限公司	海外留学人员石家庄创业园	电子信息
石家庄普瑞精密仪器有限公司	海外留学人员石家庄创业园	电子信息
石家庄天途路桥养护有限公司	海外留学人员石家庄创业园	电子信息
石家庄新翔光科技有限公司	海外留学人员石家庄创业园	电子信息
石家庄昭瑞科技有限公司	海外留学人员石家庄创业园	电子信息
河北文博生物科技有限公司	海外留学人员石家庄创业园	生物医药
石家庄博士德生物科技有限公司	海外留学人员石家庄创业园	生物医药
石家庄开发区达为医药科技有限公司	海外留学人员石家庄创业园	生物医药
石家庄康美泰医药科技有限公司	海外留学人员石家庄创业园	生物医药
石家庄手性化学有限公司	海外留学人员石家庄创业园	生物医药
石家庄宏图航空摄影器材有限公司	海外留学人员石家庄创业园	先进制造
石家庄宏鑫致远航空科技开发有限公司	海外留学人员石家庄创业园	先进制造
石家庄固盾防水保护材料有限公司	海外留学人员石家庄创业园	新材料
石家庄美施达生物化工有限公司	海外留学人员石家庄创业园	新材料
河北绿龙环境工程有限公司	海外留学人员石家庄创业园	新能源环保
河北绿洲新能源环保技术有限公司	海外留学人员石家庄创业园	新能源环保
石家庄奥新节能技术有限公司	海外留学人员石家庄创业园	新能源环保
石家庄高新区占峰科技有限公司	海外留学人员石家庄创业园	新能源环保
石家庄市信之信节能技术有限公司	海外留学人员石家庄创业园	新能源环保
石家庄天赐节能科技有限公司	海外留学人员石家庄创业园	新能源环保
英国环保产业及技术服务有限公司	海外留学人员石家庄创业园	新能源环保
石家庄高新区卡芙商贸有限公司	海外留学人员石家庄创业园	现代服务
石家庄福沃泉商贸有限公司	海外留学人员石家庄创业园	现代服务
石家庄哥哈贸易有限公司	海外留学人员石家庄创业园	现代服务
石家庄市嘉伦健康文化传播有限公司	海外留学人员石家庄创业园	现代服务
石家庄智鼎韬联企业管理咨询公司	海外留学人员石家庄创业园	现代服务
磐基讯析技术（太原）有限公司	太原高新区留学人员创业园	电子信息
山西爱斯普科技开发有限公司	太原高新区留学人员创业园	电子信息
山西安联泰门业科技有限公司	太原高新区留学人员创业园	电子信息
山西成文科技有限公司	太原高新区留学人员创业园	电子信息
山西创感科技有限公司	太原高新区留学人员创业园	电子信息
山西达益赛尔科技有限公司	太原高新区留学人员创业园	电子信息
山西德士特科技有限公司	太原高新区留学人员创业园	电子信息
山西东华软件有限公司	太原高新区留学人员创业园	电子信息
山西昊荃盛华佳科技有限公司	太原高新区留学人员创业园	电子信息
山西辉煌高新技术有限公司	太原高新区留学人员创业园	电子信息
山西金翼软件有限公司	太原高新区留学人员创业园	电子信息
山西凯吉安科技有限公司	太原高新区留学人员创业园	电子信息
山西朗思科技有限公司	太原高新区留学人员创业园	电子信息
山西力扬科技开发有限公司	太原高新区留学人员创业园	电子信息
山西双赢智能科技有限公司	太原高新区留学人员创业园	电子信息
山西索易科技有限公司	太原高新区留学人员创业园	电子信息
山西泰和鑫软件有限公司	太原高新区留学人员创业园	电子信息
山西天脉聚源传媒科技有限公司	太原高新区留学人员创业园	电子信息
山西炎黄智杰科技有限公司	太原高新区留学人员创业园	电子信息
山西一诺飞扬科技有限公司	太原高新区留学人员创业园	电子信息
山西颐顺鑫商贸有限公司	太原高新区留学人员创业园	电子信息

山西毅诚科信科技有限公司	太原高新区留学人员创业园	电子信息
山西英利迪科技有限公司	太原高新区留学人员创业园	电子信息
山西元度科技有限公司	太原高新区留学人员创业园	电子信息
山西元亨利贞科技有限公司	太原高新区留学人员创业园	电子信息
山西志业天成信息技术有限公司	太原高新区留学人员创业园	电子信息
山西中交远洲鑫泽信息工程有限公司	太原高新区留学人员创业园	电子信息
山西中科博杰科技有限公司	太原高新区留学人员创业园	电子信息
山西中科天维科技有限公司	太原高新区留学人员创业园	电子信息
斯马特（太原）技术发展有限公司	太原高新区留学人员创业园	电子信息
太原春灏科技有限公司	太原高新区留学人员创业园	电子信息
太原点通科技有限公司	太原高新区留学人员创业园	电子信息
太原晋砚津源科技有限公司	太原高新区留学人员创业园	电子信息
太原卡腾科技有限公司	太原高新区留学人员创业园	电子信息
太原绿地阳光科技有限公司	太原高新区留学人员创业园	电子信息
太原齐齐运达科技服务有限公司	太原高新区留学人员创业园	电子信息
太原山大全元科技有限公司	太原高新区留学人员创业园	电子信息
太原时代天元科技发展有限公司	太原高新区留学人员创业园	电子信息
太原市必威德软件开发有限公司	太原高新区留学人员创业园	电子信息
太原市多方通信科技有限公司	太原高新区留学人员创业园	电子信息
太原市数佳科技有限公司	太原高新区留学人员创业园	电子信息
太原特玛茹电子科技有限公司	太原高新区留学人员创业园	电子信息
太原星云科贸有限公司	太原高新区留学人员创业园	电子信息
太原优班图科技有限公司	太原高新区留学人员创业园	电子信息
太原优联科技有限公司	太原高新区留学人员创业园	电子信息
太原语信科技有限公司	太原高新区留学人员创业园	电子信息
山西华城睿光生物科技股份有限公司	太原高新区留学人员创业园	生物医药
太原市川至生物工程有限公司	太原高新区留学人员创业园	生物医药
太原市中科恒业数码有限公司	太原高新区留学人员创业园	生物医药
山西培行高科电器有限公司	太原高新区留学人员创业园	先进制造
太原泽布尼茨门窗制造有限公司	太原高新区留学人员创业园	先进制造
山西凯尔环保科技有限责任公司	太原高新区留学人员创业园	新能源环保
山西煤层气有限责任公司	太原高新区留学人员创业园	新能源环保
山西颐华清生态科技有限公司	太原高新区留学人员创业园	新能源环保
太原市特石生物能源技术有限公司	太原高新区留学人员创业园	新能源环保
山西舶奥动画制作有限公司	太原高新区留学人员创业园	文化创意
山西创艺影视制作有限责任公司	太原高新区留学人员创业园	文化创意
山西创影影视动画有限公司	太原高新区留学人员创业园	文化创意
山西大雨点文化传媒有限公司	太原高新区留学人员创业园	文化创意
山西道合文化传媒有限责任公司	太原高新区留学人员创业园	文化创意
山西迪迈创意文化传媒有限公司	太原高新区留学人员创业园	文化创意
山西盖亚文化传媒有限公司	太原高新区留学人员创业园	文化创意
山西高铁文化传媒有限公司	太原高新区留学人员创业园	文化创意
山西高新博澳文化产业股份有限公司	太原高新区留学人员创业园	文化创意
山西汉字传奇文化传播有限公司	太原高新区留学人员创业园	文化创意
山西和信文化传媒有限责任公司	太原高新区留学人员创业园	文化创意
山西泓翰文化传播有限公司	太原高新区留学人员创业园	文化创意
山西汇众动漫科技开发有限公司	太原高新区留学人员创业园	文化创意
山西慧创文化传媒有限公司	太原高新区留学人员创业园	文化创意
山西君濡文化创意有限公司	太原高新区留学人员创业园	文化创意
山西鎏金文化发展有限公司	太原高新区留学人员创业园	文化创意
山西七宝动漫科技有限公司	太原高新区留学人员创业园	文化创意
山西文华盛世文化传播有限公司	太原高新区留学人员创业园	文化创意
山西小伙伴影业有限公司	太原高新区留学人员创业园	文化创意
山西鑫泽联绎文化有限公司	太原高新区留学人员创业园	文化创意
太原金卡通传媒科技有限公司	太原高新区留学人员创业园	文化创意
山西恒宇电源节能技术服务有限公司	太原高新区留学人员创业园	现代服务
山西优尔特园林绿化工程有限公司	太原高新区留学人员创业园	现代服务
商务印书馆（太原）有限公司	太原高新区留学人员创业园	现代服务
太原市沃达电气技术有限公司	太原高新区留学人员创业园	现代服务
包头红日电气控制有限责任公司	内蒙古自治区留学人员创业园	电子信息

包头曼德堂医疗器械有限公司	内蒙古自治区留学人员创业园	电子信息
包头盛网信息科技有限公司	内蒙古自治区留学人员创业园	电子信息
包头市柏锐农林科技有限公司	内蒙古自治区留学人员创业园	电子信息
包头市北发机电科技有限责任公司	内蒙古自治区留学人员创业园	电子信息
包头市比特科技服务有限责任公司	内蒙古自治区留学人员创业园	电子信息
包头市博辰科技有限公司	内蒙古自治区留学人员创业园	电子信息
包头市博程信息科技有限公司	内蒙古自治区留学人员创业园	电子信息
包头市鼎盛浩科技发展有限公司	内蒙古自治区留学人员创业园	电子信息
包头市和迅科技有限责任公司	内蒙古自治区留学人员创业园	电子信息
包头市和中控制技术有限责任公司	内蒙古自治区留学人员创业园	电子信息
包头市恒裕电子科技有限责任公司	内蒙古自治区留学人员创业园	电子信息
包头市华电博瑞电力自动化工程技术有限责任公司	内蒙古自治区留学人员创业园	电子信息
包头市金港信息技术有限公司	内蒙古自治区留学人员创业园	电子信息
包头市晶华科技有限责任公司	内蒙古自治区留学人员创业园	电子信息
包头市九腾网络科技有限公司	内蒙古自治区留学人员创业园	电子信息
包头市美途电子科技有限公司	内蒙古自治区留学人员创业园	电子信息
包头市敏辉网络科技有限公司	内蒙古自治区留学人员创业园	电子信息
包头市融金泰盛软件科技有限公司	内蒙古自治区留学人员创业园	电子信息
包头市瑞和信息科技有限公司	内蒙古自治区留学人员创业园	电子信息
包头市瑞盛科技发展有限责任公司	内蒙古自治区留学人员创业园	电子信息
包头市视闻通晓信息技术有限公司	内蒙古自治区留学人员创业园	电子信息
包头市双建物联科技有限公司	内蒙古自治区留学人员创业园	电子信息
包头市硕人海泰能源科技有限公司	内蒙古自治区留学人员创业园	电子信息
包头市晓龙科技有限责任公司	内蒙古自治区留学人员创业园	电子信息
包头市亚美达数码科技有限公司	内蒙古自治区留学人员创业园	电子信息
包头市易通网络科技有限公司	内蒙古自治区留学人员创业园	电子信息
包头市优谙网络科技有限公司	内蒙古自治区留学人员创业园	电子信息
包头市元威科技有限责任公司	内蒙古自治区留学人员创业园	电子信息
内蒙古百仕力工业装备科技有限公司	内蒙古自治区留学人员创业园	电子信息
内蒙古海洋工信科技有限责任公司	内蒙古自治区留学人员创业园	电子信息
内蒙古鸿洋科技有限责任公司	内蒙古自治区留学人员创业园	电子信息
内蒙古金仕力人力资源管理顾问有限公司	内蒙古自治区留学人员创业园	电子信息
内蒙古开力源数码科技有限公司	内蒙古自治区留学人员创业园	电子信息
内蒙古铭格网络科技有限公司	内蒙古自治区留学人员创业园	电子信息
内蒙古普诺杰医疗信息技术有限公司	内蒙古自治区留学人员创业园	电子信息
内蒙古三宝物联电子科技有限责任公司	内蒙古自治区留学人员创业园	电子信息
内蒙古物通天下网络科技有限责任公司	内蒙古自治区留学人员创业园	电子信息
内蒙古兴昌科技发展有限责任公司	内蒙古自治区留学人员创业园	电子信息
内蒙古掌景无限网络科技有限公司	内蒙古自治区留学人员创业园	电子信息
内蒙古中大传媒发展有限公司	内蒙古自治区留学人员创业园	电子信息
易云捷讯科技（包头）有限公司	内蒙古自治区留学人员创业园	电子信息
包头市犇远科技有限责任公司	内蒙古自治区留学人员创业园	生物医药
包头市健垒制药科技有限公司	内蒙古自治区留学人员创业园	生物医药
包头市康百佳医疗科技有限责任公司	内蒙古自治区留学人员创业园	生物医药
包头市丽程科技有限责任公司	内蒙古自治区留学人员创业园	生物医药
包头市美华瑞达医疗发展有限公司	内蒙古自治区留学人员创业园	生物医药
包头市蒙科赛生物科技有限责任公司	内蒙古自治区留学人员创业园	生物医药
包头市蒙原生物科技有限责任公司	内蒙古自治区留学人员创业园	生物医药
包头市奇芯基因科技有限公司	内蒙古自治区留学人员创业园	生物医药
包头市清力环保科技发展有限公司	内蒙古自治区留学人员创业园	生物医药
包头市圣福源科技有限责任公司	内蒙古自治区留学人员创业园	生物医药
包头市永动对流气体有限公司	内蒙古自治区留学人员创业园	生物医药
包头市煜洋生物科技发展有限公司	内蒙古自治区留学人员创业园	生物医药
包头市中建医疗器械有限责任公司	内蒙古自治区留学人员创业园	生物医药
包头思宁科技发展有限责任公司	内蒙古自治区留学人员创业园	生物医药
内蒙古科恩伯格生物科技有限责任公司	内蒙古自治区留学人员创业园	生物医药
内蒙古龙驹股份有限公司	内蒙古自治区留学人员创业园	生物医药
内蒙古易康生生物科技有限公司	内蒙古自治区留学人员创业园	生物医药
内蒙古英华荣泰高科技发展有限公司	内蒙古自治区留学人员创业园	生物医药
包钢建安集团奥通科技有限公司	内蒙古自治区留学人员创业园	先进制造

包头高原激光科技发展公司	内蒙古自治区留学人员创业园	先进制造
包头雷蒙赛博机电技术有限责任公司	内蒙古自治区留学人员创业园	先进制造
包头联方高新技术有限公司	内蒙古自治区留学人员创业园	先进制造
包头实田科技有限公司	内蒙古自治区留学人员创业园	先进制造
包头市宝腾精工科技有限公司	内蒙古自治区留学人员创业园	先进制造
包头市大川机械科技有限公司	内蒙古自治区留学人员创业园	先进制造
包头市大恒机电设备有限公司	内蒙古自治区留学人员创业园	先进制造
包头市福马科技有限公司	内蒙古自治区留学人员创业园	先进制造
包头市格瑞欣机电设备有限公司	内蒙古自治区留学人员创业园	先进制造
包头市广乐机电科技有限公司	内蒙古自治区留学人员创业园	先进制造
包头市炅昊机电环保设备有限公司	内蒙古自治区留学人员创业园	先进制造
包头市慧宇硅钢科技有限公司	内蒙古自治区留学人员创业园	先进制造
包头市金旺工贸有限公司	内蒙古自治区留学人员创业园	先进制造
包头市劲力电力工程有限责任公司	内蒙古自治区留学人员创业园	先进制造
包头市精正高新建材有限公司	内蒙古自治区留学人员创业园	先进制造
包头市科益达自动化有限责任公司	内蒙古自治区留学人员创业园	先进制造
包头市铭绅机电设备有限公司	内蒙古自治区留学人员创业园	先进制造
包头市派尔流体有限公司	内蒙古自治区留学人员创业园	先进制造
包头市锐思科技有限责任公司	内蒙古自治区留学人员创业园	先进制造
包头市瑞玛科技有限责任公司	内蒙古自治区留学人员创业园	先进制造
包头市润丰机电技术有限公司	内蒙古自治区留学人员创业园	先进制造
包头市三合信息技术有限公司	内蒙古自治区留学人员创业园	先进制造
包头市森普勒机电设备有限公司	内蒙古自治区留学人员创业园	先进制造
包头市晟特瑞机电设备有限公司	内蒙古自治区留学人员创业园	先进制造
包头市世盈精汇科技有限公司	内蒙古自治区留学人员创业园	先进制造
包头市天阳科技有限责任公司	内蒙古自治区留学人员创业园	先进制造
包头市天一金属有限公司	内蒙古自治区留学人员创业园	先进制造
包头市通鑫源物资有限责任公司	内蒙古自治区留学人员创业园	先进制造
包头市同德实业有限责任公司	内蒙古自治区留学人员创业园	先进制造
包头市旺泉稀土开发有限责任公司	内蒙古自治区留学人员创业园	先进制造
包头市西溪精益机电技术工程有限公司	内蒙古自治区留学人员创业园	先进制造
包头市新阳机电工程有限责任公司	内蒙古自治区留学人员创业园	先进制造
包头市鑫熠机电科技有限公司	内蒙古自治区留学人员创业园	先进制造
包头市益缘机电成套技术有限公司	内蒙古自治区留学人员创业园	先进制造
包头市元源雅酷活水科技有限公司	内蒙古自治区留学人员创业园	先进制造
包头市长龙矿产品有限公司	内蒙古自治区留学人员创业园	先进制造
包头市中浙恒通科技有限责任公司	内蒙古自治区留学人员创业园	先进制造
包头同德芯线合金有限公司	内蒙古自治区留学人员创业园	先进制造
内蒙古得众电力设备有限责任公司	内蒙古自治区留学人员创业园	先进制造
内蒙古华创科技有限公司	内蒙古自治区留学人员创业园	先进制造
内蒙古金重科技有限责任公司	内蒙古自治区留学人员创业园	先进制造
内蒙古通正科技有限责任公司	内蒙古自治区留学人员创业园	先进制造
内蒙古泽达机电设备有限公司	内蒙古自治区留学人员创业园	先进制造
包头市广和表面工程技术有限公司	内蒙古自治区留学人员创业园	新材料
包头市华惠新材料科技有限公司	内蒙古自治区留学人员创业园	新材料
包头市华源科技有限责任公司	内蒙古自治区留学人员创业园	新材料
包头市凯化科技有限公司	内蒙古自治区留学人员创业园	新材料
包头市三禾光机电有限公司	内蒙古自治区留学人员创业园	新材料
包头市神聚矿产品有限公司	内蒙古自治区留学人员创业园	新材料
包头市锡安贸易有限责任公司	内蒙古自治区留学人员创业园	新材料
包头市熙林化工科技有限公司	内蒙古自治区留学人员创业园	新材料
包头市亿源稀土有限责任公司	内蒙古自治区留学人员创业园	新材料
包头市裕智科贸有限公司	内蒙古自治区留学人员创业园	新材料
包头中丹康灵环境技术有限公司	内蒙古自治区留学人员创业园	新材料
内蒙古高源重工有限公司	内蒙古自治区留学人员创业园	新材料
内蒙古光谷高源激光有限公司	内蒙古自治区留学人员创业园	新材料
内蒙古桂华科技有限责任公司	内蒙古自治区留学人员创业园	新材料
内蒙古五环高效工业科技股份有限公司	内蒙古自治区留学人员创业园	新材料
包头博特科技有限责任公司	内蒙古自治区留学人员创业园	新能源环保
包头高和华泰新能源环保科技有限公司	内蒙古自治区留学人员创业园	新能源环保

包头市奥克莱恩有限责任公司	内蒙古自治区留学人员创业园	新能源环保
包头市大青山环保技术有限责任公司	内蒙古自治区留学人员创业园	新能源环保
包头市格润新能源环保科技有限公司	内蒙古自治区留学人员创业园	新能源环保
包头市硅谷纳米建材有限责任公司	内蒙古自治区留学人员创业园	新能源环保
包头市哈德斯沂兴环保科技有限公司	内蒙古自治区留学人员创业园	新能源环保
包头市弘亚科技环保有限公司	内蒙古自治区留学人员创业园	新能源环保
包头市华晨环保科技有限责任公司	内蒙古自治区留学人员创业园	新能源环保
包头市科净源科技发展有限公司	内蒙古自治区留学人员创业园	新能源环保
包头市朗誉贸易有限责任公司	内蒙古自治区留学人员创业园	新能源环保
包头市绿茵生物能源设备制造有限公司	内蒙古自治区留学人员创业园	新能源环保
包头市庆和燃气有限公司	内蒙古自治区留学人员创业园	新能源环保
包头市瑞驰环境技术有限公司	内蒙古自治区留学人员创业园	新能源环保
包头市润鑫电子科技有限公司	内蒙古自治区留学人员创业园	新能源环保
包头市天恩浩环保科技有限公司	内蒙古自治区留学人员创业园	新能源环保
包头市英诺威森环保科技有限公司	内蒙古自治区留学人员创业园	新能源环保
包头市正唐新能源环保有限公司	内蒙古自治区留学人员创业园	新能源环保
内蒙古德贝纳节能科技有限公司	内蒙古自治区留学人员创业园	新能源环保
内蒙古绿茵生物科技有限公司	内蒙古自治区留学人员创业园	新能源环保
内蒙古圣和新能源环保科技股份有限公司	内蒙古自治区留学人员创业园	新能源环保
深圳市北林地景园林工程有限公司包头分公司	内蒙古自治区留学人员创业园	新能源环保
包头电视台经济生活频道内蒙古天源影视文化传媒公司	内蒙古自治区留学人员创业园	文化创意
包头市佰龙广告有限责任公司	内蒙古自治区留学人员创业园	文化创意
包头市大愚影视文化传播有限责任公司	内蒙古自治区留学人员创业园	文化创意
包头市枫叶广告制作有限责任公司	内蒙古自治区留学人员创业园	文化创意
包头市广和民族文化艺术有限责任公司	内蒙古自治区留学人员创业园	文化创意
包头市领驭传媒有限公司	内蒙古自治区留学人员创业园	文化创意
包头市蜃景路上设计顾问有限公司	内蒙古自治区留学人员创业园	文化创意
包头市水火文化传播有限公司	内蒙古自治区留学人员创业园	文化创意
包头市天翼文化传媒有限公司	内蒙古自治区留学人员创业园	文化创意
包头市艺苑民族文化有限责任公司	内蒙古自治区留学人员创业园	文化创意
包头市远景视觉设计有限责任公司	内蒙古自治区留学人员创业园	文化创意
包头依鹏贝尔科技发展有限责任公司	内蒙古自治区留学人员创业园	文化创意
北京新思想影视广告有限责包头任公司分公司	内蒙古自治区留学人员创业园	文化创意
包头高新联合会计师事务所	内蒙古自治区留学人员创业园	现代服务
包头融荣资产评估事务所	内蒙古自治区留学人员创业园	现代服务
包头市东源龙工贸有限责任公司	内蒙古自治区留学人员创业园	现代服务
包头市高新代理事务所	内蒙古自治区留学人员创业园	现代服务
包头市国联贸易有限公司	内蒙古自治区留学人员创业园	现代服务
包头市海洋人力资源有限公司	内蒙古自治区留学人员创业园	现代服务
包头市久旭贸易有限公司	内蒙古自治区留学人员创业园	现代服务
包头市美赢贸易有限公司	内蒙古自治区留学人员创业园	现代服务
包头市蒙欣科技有限责任公司	内蒙古自治区留学人员创业园	现代服务
包头市明盛煤炭科技有限公司	内蒙古自治区留学人员创业园	现代服务
包头市明阳科技发展有限责任公司	内蒙古自治区留学人员创业园	现代服务
包头市尚宏科贸有限责任公司	内蒙古自治区留学人员创业园	现代服务
包头市万嘉房地产开发有限责任公司	内蒙古自治区留学人员创业园	现代服务
包头市祥瑞数码快印服务有限公司	内蒙古自治区留学人员创业园	现代服务
包头市新高财税咨询服务有限公司	内蒙古自治区留学人员创业园	现代服务
包头市鑫海贸易有限责任公司	内蒙古自治区留学人员创业园	现代服务
包头市雅图现代彩色印刷有限公司	内蒙古自治区留学人员创业园	现代服务
包头市一源物资供应有限责任公司	内蒙古自治区留学人员创业园	现代服务
包头市艺林贸易有限责任公司	内蒙古自治区留学人员创业园	现代服务
包头市英榆物资有限公司	内蒙古自治区留学人员创业园	现代服务
包头市盈方勘察设计有限责任公司	内蒙古自治区留学人员创业园	现代服务
包头市中标建筑装饰有限公司	内蒙古自治区留学人员创业园	现代服务
内蒙古海通招标代理公司	内蒙古自治区留学人员创业园	现代服务
内蒙古恒海工贸有限责任公司	内蒙古自治区留学人员创业园	现代服务
内蒙古华德钢铁有限公司	内蒙古自治区留学人员创业园	现代服务
内蒙古荣融财务咨询有限责任公司	内蒙古自治区留学人员创业园	现代服务
内蒙古荣融资产评估有限责任公司	内蒙古自治区留学人员创业园	现代服务

内蒙古亿能普煤炭运销有限公司	内蒙古自治区留学人员创业园	现代服务
内蒙古中汇富瑞投资管理有限公司	内蒙古自治区留学人员创业园	现代服务
内蒙古中油新兴煤炭运销有限公司	内蒙古自治区留学人员创业园	现代服务
内蒙古卓越招标代理有限责任公司	内蒙古自治区留学人员创业园	现代服务
呼和浩特市光庭科技有限责任公司	呼和浩特留学人员创业园	电子信息
呼和浩特市岷朋信息技术有限责任公司	呼和浩特留学人员创业园	电子信息
呼和浩特市星火燎原科技有限公司	呼和浩特留学人员创业园	电子信息
呼和浩特市易物天下企业服务有限责任公司	呼和浩特留学人员创业园	电子信息
呼和浩特市元泰电子科技有限责任公司	呼和浩特留学人员创业园	电子信息
呼和浩特市源创电子科技有限公司	呼和浩特留学人员创业园	电子信息
内蒙古丹纳斯科技贸易有限责任公司	呼和浩特留学人员创业园	电子信息
内蒙古方维电器制造有限责任公司	呼和浩特留学人员创业园	电子信息
内蒙古和讯气象科技有限责任公司	呼和浩特留学人员创业园	电子信息
内蒙古华博电子商务有限责任公司	呼和浩特留学人员创业园	电子信息
内蒙古监信物联网科技有限公司	呼和浩特留学人员创业园	电子信息
内蒙古近远信息技术有限责任公司	呼和浩特留学人员创业园	电子信息
内蒙古晶新科技有限责任公司	呼和浩特留学人员创业园	电子信息
内蒙古开妍电子科技有限公司	呼和浩特留学人员创业园	电子信息
内蒙古蓝元科技发展有限公司	呼和浩特留学人员创业园	电子信息
内蒙古天域科技有限公司	呼和浩特留学人员创业园	电子信息
内蒙古万德信通科技有限公司	呼和浩特留学人员创业园	电子信息
内蒙古万德宜通信息服务有限责任公司	呼和浩特留学人员创业园	电子信息
内蒙古维讯信息技术有限责任公司	呼和浩特留学人员创业园	电子信息
内蒙古伊腾云计算资源股份有限公司	呼和浩特留学人员创业园	电子信息
内蒙古易捷贷网络科技有限公司	呼和浩特留学人员创业园	电子信息
内蒙古盈嘉电子科技有限公司	呼和浩特留学人员创业园	电子信息
内蒙古兆田信息技术有限公司	呼和浩特留学人员创业园	电子信息
内蒙古智扬网络科技有限公司	呼和浩特留学人员创业园	电子信息
呼和浩特市草原清晨食品有限责任公司	呼和浩特留学人员创业园	生物医药
呼和浩特市海日瀚生物技术研发中心	呼和浩特留学人员创业园	生物医药
呼和浩特市佐瑞特生物科技有限责任	呼和浩特留学人员创业园	生物医药
内蒙古安格瓦科技有限责任公司	呼和浩特留学人员创业园	生物医药
内蒙古不倒公食品有限责任公司	呼和浩特留学人员创业园	生物医药
内蒙古大德新技术有限责任公司	呼和浩特留学人员创业园	生物医药
内蒙古捷怡农业科技有限责任公司	呼和浩特留学人员创业园	生物医药
内蒙古盛凯源农业科技有限公司	呼和浩特留学人员创业园	生物医药
内蒙古硕高生物科技有限责任公司	呼和浩特留学人员创业园	生物医药
内蒙古益稷生物科技有限公司	呼和浩特留学人员创业园	生物医药
内蒙古郑氏燕麦开发有限公司	呼和浩特留学人员创业园	生物医药
内蒙古福瑞佳新能源环保有限公司	呼和浩特留学人员创业园	新材料
内蒙古昊辰纤维材料有限公司	呼和浩特留学人员创业园	新材料
内蒙古利器工程科技有限公司	呼和浩特留学人员创业园	新材料
内蒙古猎哥磁力科技有限公司	呼和浩特留学人员创业园	新材料
内蒙古天川生化技术有限责任公司	呼和浩特留学人员创业园	新材料
内蒙古英诺威科技有限公司	呼和浩特留学人员创业园	新材料
呼和浩特海瑞新能源环保科技服务有限责任公司	呼和浩特留学人员创业园	新能源环保
呼和浩特市华仁达科技有限责任公司	呼和浩特留学人员创业园	新能源环保
呼和浩特市佳兴源科技有限公司	呼和浩特留学人员创业园	新能源环保
呼和浩特市若兹新能源环保有限责任公司	呼和浩特留学人员创业园	新能源环保
内蒙古北方农牧业科学研究院	呼和浩特留学人员创业园	新能源环保
内蒙古富尔泰环保科技有限公司	呼和浩特留学人员创业园	新能源环保
内蒙古富山能源有限责任公司	呼和浩特留学人员创业园	新能源环保
内蒙古鸿锦科技有限公司	呼和浩特留学人员创业园	新能源环保
内蒙古清源能源有限责任公司	呼和浩特留学人员创业园	新能源环保
内蒙古天浩纸业有限公司	呼和浩特留学人员创业园	新能源环保
内蒙古天一环境技术有限公司	呼和浩特留学人员创业园	新能源环保
内蒙古协创环境科技有限公司	呼和浩特留学人员创业园	新能源环保
内蒙古英利新能源环保有限公司	呼和浩特留学人员创业园	新能源环保
上海麦杰环境科技有限公司内蒙古分公司	呼和浩特留学人员创业园	新能源环保
呼和浩特市虹澳科技有限责任公司	呼和浩特留学人员创业园	文化创意

内蒙古奥格萨文化传媒有限责任公司	呼和浩特留学人员创业园	文化创意
内蒙古博仁文化传媒有限责任公司	呼和浩特留学人员创业园	文化创意
内蒙古魅力文化传媒有限公司	呼和浩特留学人员创业园	文化创意
内蒙古仁路源文化艺术品有限公司	呼和浩特留学人员创业园	文化创意
内蒙古时代影视动画产业有限责任公司	呼和浩特留学人员创业园	文化创意
内蒙古元融文化传播有限公司	呼和浩特留学人员创业园	文化创意
辽宁坤泰消防安全监控技术有限公司	沈阳海外学子创业园	电子信息
沈阳安新自动化控制有限公司	沈阳海外学子创业园	电子信息
沈阳百捷软件有限公司	沈阳海外学子创业园	电子信息
沈阳锋澜科技有限公司	沈阳海外学子创业园	电子信息
沈阳凯塔数据科技有限公司	沈阳海外学子创业园	电子信息
沈阳领航者汽车技术有限公司	沈阳海外学子创业园	电子信息
沈阳美行科技有限公司	沈阳海外学子创业园	电子信息
沈阳铭基电子技术有限公司	沈阳海外学子创业园	电子信息
沈阳通用机器人技术股份有限公司	沈阳海外学子创业园	电子信息
沈阳同翔科技发展有限公司	沈阳海外学子创业园	电子信息
沈阳展拓机电设备有限公司	沈阳海外学子创业园	电子信息
沈阳正道安全科技股份有限公司	沈阳海外学子创业园	电子信息
沈阳知容科技有限公司	沈阳海外学子创业园	电子信息
沈阳众智网络科技有限公司	沈阳海外学子创业园	电子信息
辽宁盘谷科技发展有限公司	沈阳海外学子创业园	生物医药
辽宁盛生医药集团有限公司	沈阳海外学子创业园	生物医药
辽宁正鑫药物研究有限公司	沈阳海外学子创业园	生物医药
沈阳百创特生物科技有限公司	沈阳海外学子创业园	生物医药
沈阳博鹏医药科技有限公司	沈阳海外学子创业园	生物医药
沈阳法美诺医药科技有限公司	沈阳海外学子创业园	生物医药
沈阳格仕特医药科技有限公司	沈阳海外学子创业园	生物医药
沈阳恒德医疗器械研发有限公司	沈阳海外学子创业园	生物医药
沈阳泓博智源医药技术有限公司	沈阳海外学子创业园	生物医药
沈阳慧康伟业医疗技术有限公司	沈阳海外学子创业园	生物医药
沈阳迈迪生物医学技术有限公司	沈阳海外学子创业园	生物医药
沈阳摩尔医药技术开发有限公司	沈阳海外学子创业园	生物医药
沈阳偶联生物医药科技有限公司	沈阳海外学子创业园	生物医药
沈阳尚贤科技股份有限公司	沈阳海外学子创业园	生物医药
沈阳世格生化材料有限公司	沈阳海外学子创业园	生物医药
沈阳双鼎医药有限公司	沈阳海外学子创业园	生物医药
沈阳双鼎制药有限公司	沈阳海外学子创业园	生物医药
沈阳斯佳科技发展有限公司	沈阳海外学子创业园	生物医药
沈阳同元素科技有限公司	沈阳海外学子创业园	生物医药
沈阳万类生物科技有限公司	沈阳海外学子创业园	生物医药
沈阳旺宁生物科技有限公司	沈阳海外学子创业园	生物医药
沈阳药大制剂新技术有限公司	沈阳海外学子创业园	生物医药
沈阳亿灵医药科技有限公司	沈阳海外学子创业园	生物医药
辽宁奥科锦农新能源环保有限公司	沈阳海外学子创业园	先进制造
沈阳百得威远科技有限公司	沈阳海外学子创业园	先进制造
沈阳海德罗奥商务有限公司	沈阳海外学子创业园	先进制造
沈阳真鑫科技有限公司	沈阳海外学子创业园	先进制造
沈阳金铠建筑科技股份有限公司	沈阳海外学子创业园	新材料
沈阳境和科技有限公司	沈阳海外学子创业园	文化创意
沈阳麒麟影视动画有限公司	沈阳海外学子创业园	文化创意
沈阳四色厨房网络科技有限公司	沈阳海外学子创业园	文化创意
大连鳌石科技有限公司	大连海外学子创业园	电子信息
大连百莱德科技有限公司	大连海外学子创业园	电子信息
大连北星科技有限公司	大连海外学子创业园	电子信息
大连诚思科技有限公司	大连海外学子创业园	电子信息
大连慈航电子有限公司	大连海外学子创业园	电子信息
大连达硕信息技术有限公司	大连海外学子创业园	电子信息
大连德道科技发展有限公司	大连海外学子创业园	电子信息
大连海大知通科技发展有限公司	大连海外学子创业园	电子信息
大连海科信息技术有限公司	大连海外学子创业园	电子信息

大连弘文信息技术有限公司	大连海外学子创业园	电子信息
大连华飞科技有限公司	大连海外学子创业园	电子信息
大连环信科技有限公司	大连海外学子创业园	电子信息
大连康百克数据库工程有限公司	大连海外学子创业园	电子信息
大连联合企邦科技有限公司	大连海外学子创业园	电子信息
大连摩尔登科技股份有限公司	大连海外学子创业园	电子信息
大连秦腾科技有限公司	大连海外学子创业园	电子信息
大连市恒芯科技有限公司	大连海外学子创业园	电子信息
大连泰克赛尔软件有限公司	大连海外学子创业园	电子信息
大连特攻科技有限公司	大连海外学子创业园	电子信息
大连天维科技有限公司	大连海外学子创业园	电子信息
大连拓中科技有限公司	大连海外学子创业园	电子信息
大连威帆思科技有限公司	大连海外学子创业园	电子信息
大连唯展科技发展有限公司	大连海外学子创业园	电子信息
大连纬吉科技有限公司	大连海外学子创业园	电子信息
大连新程软件有限公司	大连海外学子创业园	电子信息
大连新连科技有限公司	大连海外学子创业园	电子信息
大连优尼思科技有限公司	大连海外学子创业园	电子信息
大连宇光虚拟网络技术股份有限公司	大连海外学子创业园	电子信息
大连真想科技有限公司	大连海外学子创业园	电子信息
大连中睿科技发展有限公司	大连海外学子创业园	电子信息
大连纵深地质勘探技术有限公司	大连海外学子创业园	电子信息
盖乐普科技（大连）有限公司	大连海外学子创业园	电子信息
红运（大连）科技有限公司	大连海外学子创业园	电子信息
鸿创高科科技（大连）有限公司	大连海外学子创业园	电子信息
联大汇智（大连）信息技术有限公司	大连海外学子创业园	电子信息
辽宁创元科技有限公司	大连海外学子创业园	电子信息
赛景(大连）软件有限公司	大连海外学子创业园	电子信息
因泽瑞合科技发展（大连）有限公司	大连海外学子创业园	电子信息
英极软件(大连)股份有限公司	大连海外学子创业园	电子信息
大连奥普森生物工程有限公司	大连海外学子创业园	生物医药
大连佰奥健生物技术有限公司	大连海外学子创业园	生物医药
大连嘉和纳美生物科技有限公司	大连海外学子创业园	生物医药
大连普肽生物科技有限公司	大连海外学子创业园	生物医药
大连英凯生物医药技术有限公司	大连海外学子创业园	生物医药
大连原美亿德生物科技有限公司	大连海外学子创业园	生物医药
大连兆科生物化工有限公司	大连海外学子创业园	生物医药
基恩生物科技（大连）有限公司	大连海外学子创业园	生物医药
益基（大连）生物科技有限公司	大连海外学子创业园	生物医药
大连博众应用材料有限公司	大连海外学子创业园	新材料
大连德元化工有限公司	大连海外学子创业园	新材料
大连海大耐特新材料有限公司	大连海外学子创业园	新材料
大连星亚科技有限公司	大连海外学子创业园	新材料
大连依兰特科技有限公司	大连海外学子创业园	新材料
大连源创科技发展有限公司	大连海外学子创业园	新材料
绿之态环保科技（大连）有限公司	大连海外学子创业园	新材料
茵泰科技（大连）有限公司	大连海外学子创业园	新材料
大连博统能源科技有限公司	大连海外学子创业园	新能源环保
大连凯信科技研发有限公司	大连海外学子创业园	新能源环保
大连赛恩仪表股份有限公司	大连海外学子创业园	新能源环保
大连思源环保技术有限公司	大连海外学子创业园	新能源环保
大连鑫恒盛新能源环保技术有限公司	大连海外学子创业园	新能源环保
国誉新能源环保科技（大连）有限公司	大连海外学子创业园	新能源环保
普升光电（大连）有限责任公司	大连海外学子创业园	新能源环保
大连邦尼外企服务有限公司	大连海外学子创业园	现代服务
大连光耀辉科技有限公司	大连海外学子创业园	现代服务
大连红星海商务咨询有限公司	大连海外学子创业园	现代服务
大连蓝海易普企业管理咨询服务有限公司	大连海外学子创业园	现代服务
大连力行现代传动科技发展有限公司	大连海外学子创业园	现代服务
大连欧富科海洋工程有限公司	大连海外学子创业园	现代服务

莱特建筑设计（大连）有限公司	大连海外学子创业园	现代服务
美先端科技（大连）有限公司	大连海外学子创业园	现代服务
东北师大理想软件股份有限公司	长春海外学人创业园	电子信息
东北师范大学长春理想信息技术研究院	长春海外学人创业园	电子信息
华软（长春）科技有限公司	长春海外学人创业园	电子信息
吉林工大同拓金网格模具中心	长春海外学人创业园	电子信息
吉林广元信息技术有限公司	长春海外学人创业园	电子信息
吉林美能绿色能源有限公司	长春海外学人创业园	电子信息
吉林模糊未名科技有限公司	长春海外学人创业园	电子信息
吉林企通软件开发有限责任公司	长春海外学人创业园	电子信息
吉林省澳亿迈科技有限公司	长春海外学人创业园	电子信息
吉林省光年通讯技术有限公司	长春海外学人创业园	电子信息
吉林省恒嘉影音制作有限公司	长春海外学人创业园	电子信息
吉林省计算机信息安全服务中心	长春海外学人创业园	电子信息
吉林省考博电子商务有限公司	长春海外学人创业园	电子信息
吉林省联兴信息通讯有限公司	长春海外学人创业园	电子信息
吉林省清华科技有限公司	长春海外学人创业园	电子信息
吉林省锐驰科技信息有限公司	长春海外学人创业园	电子信息
吉林省思达保全系统工程有限公司	长春海外学人创业园	电子信息
吉林省中财软件有限公司	长春海外学人创业园	电子信息
吉林同济科贸有限公司	长春海外学人创业园	电子信息
长春地平线科技有限公司	长春海外学人创业园	电子信息
长春东大软件有限责任公司	长春海外学人创业园	电子信息
长春东翔科技有限责任公司	长春海外学人创业园	电子信息
长春多维信息技术有限公司	长春海外学人创业园	电子信息
长春格登希尔电子有限公司	长春海外学人创业园	电子信息
长春宏天阙信息技术有限公司	长春海外学人创业园	电子信息
长春宏展科技开发有限责任公司	长春海外学人创业园	电子信息
长春互动时代科技发展有限公司	长春海外学人创业园	电子信息
长春华网软件有限公司	长春海外学人创业园	电子信息
长春汇一电气有限公司	长春海外学人创业园	电子信息
长春吉大博峰汽车测控技术有限责任公司	长春海外学人创业园	电子信息
长春吉大科诺科技有限责任公司	长春海外学人创业园	电子信息
长春吉大斯博莱科技有限公司	长春海外学人创业园	电子信息
长春吉大正元信息技术股份有限公司	长春海外学人创业园	电子信息
长春吉地软件科技有限公司	长春海外学人创业园	电子信息
长春吉致科技发展有限公司	长春海外学人创业园	电子信息
长春理想科技信息有限公司	长春海外学人创业园	电子信息
长春赛能科技有限公司	长春海外学人创业园	电子信息
长春市艾森信息技术有限公司	长春海外学人创业园	电子信息
长春市东联技术服务中心	长春海外学人创业园	电子信息
长春市海思电子信息技术有限责任公司	长春海外学人创业园	电子信息
长春市天泰科技发展有限责任公司	长春海外学人创业园	电子信息
长春市中达电子有限责任公司	长春海外学人创业园	电子信息
长春思科计算机有限公司	长春海外学人创业园	电子信息
长春天星信息技术有限公司	长春海外学人创业园	电子信息
长春天易企业运营管理服务有限公司	长春海外学人创业园	电子信息
长春星澜动力发展有限责任公司	长春海外学人创业园	电子信息
长春星宇智能工程有限责任公司	长春海外学人创业园	电子信息
长春星智信息系统开发有限公司	长春海外学人创业园	电子信息
长春优方科技有限公司	长春海外学人创业园	电子信息
长春宇泰结构控制技术研究所	长春海外学人创业园	电子信息
长春云翔科技有限公司	长春海外学人创业园	电子信息
长春运泰网络技术有限公司	长春海外学人创业园	电子信息
长春长兴科技有限公司	长春海外学人创业园	电子信息
长春中联软件工程有限公司	长春海外学人创业园	电子信息
吉林省奥泰医药技术有限公司	长春海外学人创业园	生物医药
吉林省大自然生物工程有限责任公司	长春海外学人创业园	生物医药
吉林省华医数码科技有限公司	长春海外学人创业园	生物医药
吉林省现代生物医药专业技术服务中心有限公司	长春海外学人创业园	生物医药

吉林省中药现代化科技产业中心	长春海外学人创业园	生物医药
吉林天药科技股份有限公司	长春海外学人创业园	生物医药
通化天源生物工程有限责任公司长春研究所	长春海外学人创业园	生物医药
长春安东生物科技有限责任公司	长春海外学人创业园	生物医药
长春安济尔药业有限责任公司	长春海外学人创业园	生物医药
长春百克药业有限责任公司	长春海外学人创业园	生物医药
长春百龙生物技术有限公司	长春海外学人创业园	生物医药
长春百泰生物工程有限公司	长春海外学人创业园	生物医药
长春博德生物技术有限责任公司	长春海外学人创业园	生物医药
长春博美基因技术有限公司	长春海外学人创业园	生物医药
长春博泰医药生物技术有限责任公司	长春海外学人创业园	生物医药
长春博迅生物技术有限责任公司	长春海外学人创业园	生物医药
长春德来富生物技术有限公司	长春海外学人创业园	生物医药
长春东北师大基因工程有限公司	长春海外学人创业园	生物医药
长春方大生物工程有限公司	长春海外学人创业园	生物医药
长春高新百克药物研究院	长春海外学人创业园	生物医药
长春格登希尔信息技术有限公司	长春海外学人创业园	生物医药
长春海王生物制药有限责任公司	长春海外学人创业园	生物医药
长春恒泰生物技术有限公司	长春海外学人创业园	生物医药
长春华鸿网络科技有限公司	长春海外学人创业园	生物医药
长春华嘉医药技术有限公司	长春海外学人创业园	生物医药
长春汇鑫生物制药科技有限公司	长春海外学人创业园	生物医药
长春吉大广元酶工程有限公司	长春海外学人创业园	生物医药
长春吉大天元化学技术股份有限公司	长春海外学人创业园	生物医药
长春极大高科生物工程有限责任公司	长春海外学人创业园	生物医药
长春金赛药业有限责任公司	长春海外学人创业园	生物医药
长春凯尔生命科技有限公司	长春海外学人创业园	生物医药
长春康河药业有限公司	长春海外学人创业园	生物医药
长春康普医药科技有限公司	长春海外学人创业园	生物医药
长春普莱医药技术有限公司	长春海外学人创业园	生物医药
长春瑞奥生物技术有限责任公司	长春海外学人创业园	生物医药
长春双英科技有限公司	长春海外学人创业园	生物医药
长春西诺生物科技有限公司	长春海外学人创业园	生物医药
长春现代生物医药研发有限公司	长春海外学人创业园	生物医药
长春新耀科技开发有限公司	长春海外学人创业园	生物医药
长春星叶生化科技有限公司	长春海外学人创业园	生物医药
长春医药集团新药研究开发有限公司	长春海外学人创业园	生物医药
长春易阳转基因技术有限公司	长春海外学人创业园	生物医药
长春长生基因药业股份有限公司	长春海外学人创业园	生物医药
长春正阳基因工程有限责任公司	长春海外学人创业园	生物医药
吉林工业大学机电设计研究院	长春海外学人创业园	先进制造
吉林省广驰科技有限公司	长春海外学人创业园	先进制造
吉林省华拓科技发展有限公司	长春海外学人创业园	先进制造
吉林省吉大交通车辆技术有限责任公司	长春海外学人创业园	先进制造
长春奥尔石油科技有限公司	长春海外学人创业园	先进制造
长春邦大精密技术有限公司	长春海外学人创业园	先进制造
长春诚源科技有限公司	长春海外学人创业园	先进制造
长春德泰电子技术有限公司	长春海外学人创业园	先进制造
长春德信光电技术有限公司	长春海外学人创业园	先进制造
长春工业机器人工程有限责任公司	长春海外学人创业园	先进制造
长春光华科技发展有限公司	长春海外学人创业园	先进制造
长春光华伟业科技发展有限公司	长春海外学人创业园	先进制造
长春红枫网络工程开发有限公司	长春海外学人创业园	先进制造
长春吉大吉豹车辆设备技术有限责任公司	长春海外学人创业园	先进制造
长春吉大科学仪器设备有限公司	长春海外学人创业园	先进制造
长春南曦光电有限公司	长春海外学人创业园	先进制造
长春前锋科技有限公司	长春海外学人创业园	先进制造
长春瑞光科技股份有限公司	长春海外学人创业园	先进制造
长春瑞曼技术有限责任公司	长春海外学人创业园	先进制造
长春市宝丽龙科技有限公司	长春海外学人创业园	先进制造

长春市东润石油测试技术有限公司	长春海外学人创业园	先进制造
长春市共创数码科技有限责任公司	长春海外学人创业园	先进制造
长春市恒友机电工程安装有限公司	长春海外学人创业园	先进制造
长春市巨信医疗器械有限公司	长春海外学人创业园	先进制造
长春市珠峰科技有限责任公司	长春海外学人创业园	先进制造
长春四达工业激光科技有限公司	长春海外学人创业园	先进制造
长春新产业光电技术有限公司	长春海外学人创业园	先进制造
长春新科能电力技术开发有限公司	长春海外学人创业园	先进制造
长春新业蓝光科技有限公司	长春海外学人创业园	先进制造
长春易方科技有限公司	长春海外学人创业园	先进制造
长春长理数字医疗技术有限公司	长春海外学人创业园	先进制造
中国科学院长春光机所科技总公司	长春海外学人创业园	先进制造
长春安普应用材料有限公司	长春海外学人创业园	新材料
吉林省奥登环保科技有限公司	长春海外学人创业园	新材料
吉林省锦华实业有限公司	长春海外学人创业园	新材料
吉林省银河金属结构工程有限公司	长春海外学人创业园	新材料
宇泰（长春）科技事业有限公司	长春海外学人创业园	新材料
长春恒润石油科技有限公司	长春海外学人创业园	新材料
长春恒威电磁兼容技术有限公司	长春海外学人创业园	新材料
长春环镁科技开发有限责任公司	长春海外学人创业园	新材料
长春惠工净化工业有限公司	长春海外学人创业园	新材料
长春吉大高新材料有限责任公司	长春海外学人创业园	新材料
长春坤立汽车技术有限公司	长春海外学人创业园	新材料
长春蓝谷高科技研发有限责任公司	长春海外学人创业园	新材料
长春普赛特科技有限责任公司	长春海外学人创业园	新材料
长春瑞亚先进材料有限责任公司	长春海外学人创业园	新材料
长春三川表面技术有限公司	长春海外学人创业园	新材料
长春市科恩医用新材料有限公司	长春海外学人创业园	新材料
长春鑫良科贸有限公司	长春海外学人创业园	新材料
长春伊凯科技发展有限公司	长春海外学人创业园	新材料
长春瀛光高新技术服务有限公司	长春海外学人创业园	新材料
长春应化特种工程塑料有限公司	长春海外学人创业园	新材料
长春宇泰环保制品有限公司	长春海外学人创业园	新材料
长春至高科技有限公司	长春海外学人创业园	新材料
长春中能电力技术开发有限公司	长春海外学人创业园	新材料
吉林省莱尔特能源科技有限公司	长春海外学人创业园	新能源环保
长春百瑞篮莓科技发展有限公司	长春海外学人创业园	新能源环保
长春光华环保有限责任公司	长春海外学人创业园	新能源环保
长春联创水务有限责任公司	长春海外学人创业园	新能源环保
长春绿苏生态工程有限公司	长春海外学人创业园	新能源环保
长春世洋环境工程技术有限公司	长春海外学人创业园	新能源环保
长春市恒友贸易有限公司	长春海外学人创业园	新能源环保
长春市天瑞环境科技设备厂	长春海外学人创业园	新能源环保
长春市通达水技术工程有限公司	长春海外学人创业园	新能源环保
长春宇泰建设有限公司	长春海外学人创业园	新能源环保
长春北田服饰技术有限责任公司	长春海外学人创业园	现代服务
吉林省智达测控仪器有限公司	长春海外学人创业园	现代服务
吉林省中英园艺有限公司	长春海外学人创业园	现代服务
长春科润农业技术有限责任公司	长春海外学人创业园	现代服务
长春田园农业科技开发有限公司	长春海外学人创业园	现代服务
长春友联农业科技有限公司	长春海外学人创业园	现代服务
中国科学院长春地理研究所科技开发中心	长春海外学人创业园	现代服务
吉林高新区吉创互联网应用研究所	吉林高新区留学人员创业园	电子信息
吉林市艾迪科技开发有限公司	吉林高新区留学人员创业园	电子信息
吉林市电科技术开发有限公司	吉林高新区留学人员创业园	电子信息
吉林市东北电力开元科技有限公司	吉林高新区留学人员创业园	电子信息
吉林市东海科技有限公司	吉林高新区留学人员创业园	电子信息
吉林市华莱特科技有限公司	吉林高新区留学人员创业园	电子信息
吉林市火博士软件开发有限公司	吉林高新区留学人员创业园	电子信息
吉林市莱恩安防科技开发有限公司	吉林高新区留学人员创业园	电子信息

吉林市千叶计算机开发有限公司	吉林高新区留学人员创业园	电子信息
吉林市瑞力博电力技术有限公司	吉林高新区留学人员创业园	电子信息
吉林市瑞廷科技开发有限公司	吉林高新区留学人员创业园	电子信息
吉林市泰德电工技术有限公司	吉林高新区留学人员创业园	电子信息
吉林市仙源科技有限公司	吉林高新区留学人员创业园	电子信息
吉林市迅达科技开发有限公司	吉林高新区留学人员创业园	电子信息
吉林市银升计算机开发有限公司	吉林高新区留学人员创业园	电子信息
吉林市云翔科技开有限公司	吉林高新区留学人员创业园	电子信息
吉林索富工科技开发有限公司	吉林高新区留学人员创业园	电子信息
吉林市柏讯科技开发有限公司	吉林高新区留学人员创业园	先进制造
吉林市北华电子技术开发有限公司	吉林高新区留学人员创业园	先进制造
吉林市东方新能源环保有限责任公司	吉林高新区留学人员创业园	先进制造
吉林市非特科技有限公司	吉林高新区留学人员创业园	先进制造
吉林市华普仪控科技开发有限公司	吉林高新区留学人员创业园	先进制造
吉林市科达自动化设备有限公司	吉林高新区留学人员创业园	先进制造
吉林市七彩照明技术有限公司	吉林高新区留学人员创业园	先进制造
吉林市双利医疗气节有限责任公司	吉林高新区留学人员创业园	先进制造
吉林市天幕清洁服务公司	吉林高新区留学人员创业园	先进制造
吉林市方正木业有限公司	吉林高新区留学人员创业园	新材料
吉林市华信化工有限公司	吉林高新区留学人员创业园	新材料
吉林市万友网络科技有限公司	吉林高新区留学人员创业园	新材料
吉林市新才科技开发有限公司	吉林高新区留学人员创业园	新材料
吉林市泰发实业有限公司	吉林高新区留学人员创业园	现代服务
哈尔滨艾福特科技有限公司	哈尔滨海外学人创业园	电子信息
哈尔滨爱林特立科技有限公司	哈尔滨海外学人创业园	电子信息
哈尔滨澳斯瑞科技发展有限公司	哈尔滨海外学人创业园	电子信息
哈尔滨百信通科技有限公司	哈尔滨海外学人创业园	电子信息
哈尔滨博扬电子有限公司	哈尔滨海外学人创业园	电子信息
哈尔滨东森科技发展有限公司	哈尔滨海外学人创业园	电子信息
哈尔滨多邦科技有限公司	哈尔滨海外学人创业园	电子信息
哈尔滨凡泰科技有限公司	哈尔滨海外学人创业园	电子信息
哈尔滨枫芝信息技术有限责任公司	哈尔滨海外学人创业园	电子信息
哈尔滨哈科赛科技有限公司	哈尔滨海外学人创业园	电子信息
哈尔滨慧灵通科技开发有限公司	哈尔滨海外学人创业园	电子信息
哈尔滨朗科科技有限公司	哈尔滨海外学人创业园	电子信息
哈尔滨浪嘉科技开发有限公司	哈尔滨海外学人创业园	电子信息
哈尔滨乐辰科技有限责任公司	哈尔滨海外学人创业园	电子信息
哈尔滨联达科技有限公司	哈尔滨海外学人创业园	电子信息
哈尔滨联达雷恩网络科技有限责任公司	哈尔滨海外学人创业园	电子信息
哈尔滨联合高新技术有限责任公司	哈尔滨海外学人创业园	电子信息
哈尔滨润泽通际新技术有限公司	哈尔滨海外学人创业园	电子信息
哈尔滨申阳科技发展有限公司	哈尔滨海外学人创业园	电子信息
哈尔滨市东圣信息技术有限责任公司	哈尔滨海外学人创业园	电子信息
哈尔滨泰菲克电子科技有限公司	哈尔滨海外学人创业园	电子信息
哈尔滨天成电子技术开发有限公司	哈尔滨海外学人创业园	电子信息
哈尔滨天智科技有限公司	哈尔滨海外学人创业园	电子信息
哈尔滨天智网络通信工程有限公司	哈尔滨海外学人创业园	电子信息
哈尔滨通力电力控制工程有限公司	哈尔滨海外学人创业园	电子信息
哈尔滨通力软件开发有限公司	哈尔滨海外学人创业园	电子信息
哈尔滨先明计算机技术有限公司	哈尔滨海外学人创业园	电子信息
哈尔滨新浪资讯有限公司	哈尔滨海外学人创业园	电子信息
哈尔滨亚联电器技术有限公司	哈尔滨海外学人创业园	电子信息
哈尔滨银税科技开发有限公司	哈尔滨海外学人创业园	电子信息
哈尔滨英特纳科技有限责任公司	哈尔滨海外学人创业园	电子信息
哈尔滨宇博科技开发有限公司	哈尔滨海外学人创业园	电子信息
哈尔滨禹舜科技有限公司	哈尔滨海外学人创业园	电子信息
哈尔滨智捷科技有限公司	哈尔滨海外学人创业园	电子信息
哈尔滨智能光电科技有限公司	哈尔滨海外学人创业园	电子信息
哈尔滨中和信息技术有限公司	哈尔滨海外学人创业园	电子信息
黑龙江方略软件开发有限公司	哈尔滨海外学人创业园	电子信息

黑龙江省中弘科技有限公司	哈尔滨海外学人创业园	电子信息
哈尔滨爱乐生物技术开发有限公司	哈尔滨海外学人创业园	生物医药
哈尔滨安普科技发展有限公司	哈尔滨海外学人创业园	生物医药
哈尔滨百爱科技有限公司	哈尔滨海外学人创业园	生物医药
哈尔滨多伦多农业生物科技有限公司	哈尔滨海外学人创业园	生物医药
哈尔滨峰源高科技开发有限公司	哈尔滨海外学人创业园	生物医药
哈尔滨惠迪科技有限公司	哈尔滨海外学人创业园	生物医药
哈尔滨基太生物芯片开发有限责任公司	哈尔滨海外学人创业园	生物医药
哈尔滨接触科技有限公司	哈尔滨海外学人创业园	生物医药
哈尔滨龙沪环境生物工程有限公司	哈尔滨海外学人创业园	生物医药
哈尔滨仁博士生物医学有限公司	哈尔滨海外学人创业园	生物医药
哈尔滨三元阳普医药科技有限责任公司	哈尔滨海外学人创业园	生物医药
哈尔滨四泰生物科技股份有限公司	哈尔滨海外学人创业园	生物医药
哈尔滨亿实达生态科技开发有限责任公司	哈尔滨海外学人创业园	生物医药
哈尔滨众生北药生物工程有限公司	哈尔滨海外学人创业园	生物医药
黑龙江蓝德奥饮品有限公司	哈尔滨海外学人创业园	生物医药
哈尔滨安康科技有限责任公司	哈尔滨海外学人创业园	先进制造
哈尔滨奥瑞驰高新技术有限公司	哈尔滨海外学人创业园	先进制造
哈尔滨德威电子技术有限公司	哈尔滨海外学人创业园	先进制造
哈尔滨哈成套电气工程有限公司	哈尔滨海外学人创业园	先进制造
哈尔滨海太精密电子有限公司	哈尔滨海外学人创业园	先进制造
哈尔滨行健机器人技术有限公司	哈尔滨海外学人创业园	先进制造
哈尔滨华奥新技术开发有限公司	哈尔滨海外学人创业园	先进制造
哈尔滨华恒科技有限公司	哈尔滨海外学人创业园	先进制造
哈尔滨华良科技有限公司	哈尔滨海外学人创业园	先进制造
哈尔滨环博机电有限公司	哈尔滨海外学人创业园	先进制造
哈尔滨精石自动化有限责任公司	哈尔滨海外学人创业园	先进制造
哈尔滨蓝雪微电子封装技术开发有限公司	哈尔滨海外学人创业园	先进制造
哈尔滨力富科技有限公司	哈尔滨海外学人创业园	先进制造
哈尔滨俪富清雪机械有限公司	哈尔滨海外学人创业园	先进制造
哈尔滨六维数控设备有限公司	哈尔滨海外学人创业园	先进制造
哈尔滨蒙鹰科技有限公司	哈尔滨海外学人创业园	先进制造
哈尔滨帕特尔科技有限公司	哈尔滨海外学人创业园	先进制造
哈尔滨润邦科技发展有限公司	哈尔滨海外学人创业园	先进制造
哈尔滨市东典智能科技开发有限责任公司	哈尔滨海外学人创业园	先进制造
哈尔滨市东圣智能控制工程有限责任公司	哈尔滨海外学人创业园	先进制造
哈尔滨四野科技开发有限公司	哈尔滨海外学人创业园	先进制造
哈尔滨泰伦特科技开发有限公司	哈尔滨海外学人创业园	先进制造
哈尔滨万得科技股份有限公司	哈尔滨海外学人创业园	先进制造
哈尔滨威波瑞科技有限公司	哈尔滨海外学人创业园	先进制造
哈尔滨先锋机电技术开发有限公司	哈尔滨海外学人创业园	先进制造
哈尔滨新世科技有限责任公司	哈尔滨海外学人创业园	先进制造
哈尔滨伊菲特科技有限责任公司	哈尔滨海外学人创业园	先进制造
哈尔滨泽恩磨浆机有限公司	哈尔滨海外学人创业园	先进制造
哈尔滨中飞新技术有限公司	哈尔滨海外学人创业园	先进制造
哈尔滨中佳科技有限公司	哈尔滨海外学人创业园	先进制造
黑龙江立高科技开发有限公司	哈尔滨海外学人创业园	先进制造
黑龙江天宏工程设计有限公司	哈尔滨海外学人创业园	先进制造
哈尔滨稻京液氨制造有限公司	哈尔滨海外学人创业园	新材料
哈尔滨菲尼克斯光学新材料有限公司	哈尔滨海外学人创业园	新材料
哈尔滨吉斯达材料科技有限公司	哈尔滨海外学人创业园	新材料
哈尔滨君宇科技开发有限公司	哈尔滨海外学人创业园	新材料
哈尔滨科泰新材料有限公司	哈尔滨海外学人创业园	新材料
哈尔滨安洁瑞环境科技有限公司	哈尔滨海外学人创业园	新能源环保
哈尔滨工大格瑞环保能源科技有限公司	哈尔滨海外学人创业园	新能源环保
哈尔滨蓝达环境科技有限公司	哈尔滨海外学人创业园	新能源环保
哈尔滨明亚薰香制品有限公司	哈尔滨海外学人创业园	新能源环保
哈尔滨市呈光科技开发有限公司	哈尔滨海外学人创业园	新能源环保
哈尔滨韬之博科技开发有限公司	哈尔滨海外学人创业园	新能源环保
哈尔滨旭达磁技术有限公司	哈尔滨海外学人创业园	新能源环保

黑龙江深深蓝水处理科技有限公司	哈尔滨海外学人创业园	新能源环保
黑龙江省明杰科技开发有限公司	哈尔滨海外学人创业园	新能源环保
哈尔滨朗新世纪科技贸易有限公司	哈尔滨海外学人创业园	现代服务
哈尔滨全福农业科技有限公司	哈尔滨海外学人创业园	现代服务
洪国（上海）网络科技有限公司	上海宝山留学人员创业园	电子信息
日商（上海）网络科技有限公司	上海宝山留学人员创业园	电子信息
上海威腾信息科技发展有限公司	上海宝山留学人员创业园	电子信息
游比（上海）数码有限公司	上海宝山留学人员创业园	电子信息
上海邦智奇生物科技有限公司	上海宝山留学人员创业园	生物医药
上海丹尼尔化学技术有限公司	上海宝山留学人员创业园	生物医药
上海金润生物制品有限公司	上海宝山留学人员创业园	生物医药
上海赛沃化工材料有限公司	上海宝山留学人员创业园	生物医药
上海泰飞尔生化技术有限公司	上海宝山留学人员创业园	生物医药
比尔安达（上海）润滑材料有限公司	上海宝山留学人员创业园	新材料
上海竑泰新材料科技有限公司	上海宝山留学人员创业园	新材料
上海桑昊太阳能科技有限公司	上海宝山留学人员创业园	新能源环保
金腾投资咨询（上海）有限公司	上海宝山留学人员创业园	现代服务
栗木园林设计（上海）有限公司	上海宝山留学人员创业园	现代服务
上海宝星科技发展公司	上海宝山留学人员创业园	现代服务
上海博科技术经纪有限公司	上海宝山留学人员创业园	现代服务
上海昌灏商贸有限公司	上海宝山留学人员创业园	现代服务
上海东昕工业设计有限公司	上海宝山留学人员创业园	现代服务
上海法澜捷服饰有限公司	上海宝山留学人员创业园	现代服务
上海飞桥投资咨询有限公司	上海宝山留学人员创业园	现代服务
上海功大建材检测有限公司	上海宝山留学人员创业园	现代服务
上海和悦办公家具有限公司	上海宝山留学人员创业园	现代服务
上海欧柯企业管理咨询有限公司	上海宝山留学人员创业园	现代服务
上海帕立特科技发展有限公司	上海宝山留学人员创业园	现代服务
上海乾力建设咨询有限公司	上海宝山留学人员创业园	现代服务
上海三生机械设备有限公司	上海宝山留学人员创业园	现代服务
上海神州海事工程有限公司	上海宝山留学人员创业园	现代服务
上海新世傲股份有限公司	上海宝山留学人员创业园	现代服务
上海熊莹商贸有限公司	上海宝山留学人员创业园	现代服务
上海煜弘海事技术服务有限公司	上海宝山留学人员创业园	现代服务
上海早欣投资咨询有限公司	上海宝山留学人员创业园	现代服务
上海哲夕投资管理咨询有限公司	上海宝山留学人员创业园	现代服务
晏美服饰上海有限公司	上海宝山留学人员创业园	现代服务
艾迪悌科技（上海）有限公司	上海漕河泾留学人员创业园区	电子信息
艾维思通讯技术（上海）有限公司	上海漕河泾留学人员创业园区	电子信息
安德鲁科技（上海）有限公司	上海漕河泾留学人员创业园区	电子信息
安美微电子（上海）有限公司	上海漕河泾留学人员创业园区	电子信息
澳赛尔斯生物技术（上海）有限公司	上海漕河泾留学人员创业园区	电子信息
博康数码科技（上海)有限公司	上海漕河泾留学人员创业园区	电子信息
多威通信系统（上海）有限公司	上海漕河泾留学人员创业园区	电子信息
国核电站运行服务技术有限公司	上海漕河泾留学人员创业园区	电子信息
华润矽威科技(上海)有限公司	上海漕河泾留学人员创业园区	电子信息
甲骨文(中国)软件系统有限公司	上海漕河泾留学人员创业园区	电子信息
杰同信息（上海）有限公司	上海漕河泾留学人员创业园区	电子信息
捷普科技（上海）有限公司	上海漕河泾留学人员创业园区	电子信息
今翌信息科技（上海）有限公司	上海漕河泾留学人员创业园区	电子信息
竞察信息技术（上海）有限公司	上海漕河泾留学人员创业园区	电子信息
科亿尔数码科技（上海）有限公司	上海漕河泾留学人员创业园区	电子信息
快板电子科技（上海）有限公司	上海漕河泾留学人员创业园区	电子信息
澜起科技（上海）有限公司	上海漕河泾留学人员创业园区	电子信息
联芯科技有限公司	上海漕河泾留学人员创业园区	电子信息
律典(上海)信息技术有限公司	上海漕河泾留学人员创业园区	电子信息
美维创新技术（上海）有限公司	上海漕河泾留学人员创业园区	电子信息
米技电子电器（上海）有限公司	上海漕河泾留学人员创业园区	电子信息
派那信息系统（上海）有限公司	上海漕河泾留学人员创业园区	电子信息
谱瑞集成电路(上海)有限公司	上海漕河泾留学人员创业园区	电子信息

善诚科技发展（上海）有限公司	上海漕河泾留学人员创业园区	电子信息
上海爱克发感光器材有限公司	上海漕河泾留学人员创业园区	电子信息
上海遨遨科技有限公司	上海漕河泾留学人员创业园区	电子信息
上海柏飞电子科技股份有限公司	上海漕河泾留学人员创业园区	电子信息
上海贝岭股份有限公司	上海漕河泾留学人员创业园区	电子信息
上海碧宝特电子科技有限公司	上海漕河泾留学人员创业园区	电子信息
上海才烁人才信息咨询有限公司	上海漕河泾留学人员创业园区	电子信息
上海查尔斯电子有限公司	上海漕河泾留学人员创业园区	电子信息
上海创库商务咨询有限公司	上海漕河泾留学人员创业园区	电子信息
上海创库信息科技有限公司	上海漕河泾留学人员创业园区	电子信息
上海东禾信息技术有限公司	上海漕河泾留学人员创业园区	电子信息
上海东升新材料有限公司	上海漕河泾留学人员创业园区	电子信息
上海昉秀网络科技有限公司	上海漕河泾留学人员创业园区	电子信息
上海丰宝电子信息科技有限公司	上海漕河泾留学人员创业园区	电子信息
上海丰普软件有限公司	上海漕河泾留学人员创业园区	电子信息
上海伽利略导航有限公司	上海漕河泾留学人员创业园区	电子信息
上海高清数字科技产业有限公司	上海漕河泾留学人员创业园区	电子信息
上海高意激光技术有限公司	上海漕河泾留学人员创业园区	电子信息
上海广电通信技术有限公司	上海漕河泾留学人员创业园区	电子信息
上海海高通信发展有限公司	上海漕河泾留学人员创业园区	电子信息
上海海隆软件股份有限公司	上海漕河泾留学人员创业园区	电子信息
上海荷枫网络科技有限公司	上海漕河泾留学人员创业园区	电子信息
上海弘视通信技术有限公司	上海漕河泾留学人员创业园区	电子信息
上海华超电器科技有限公司	上海漕河泾留学人员创业园区	电子信息
上海华腾软件系统有限公司	上海漕河泾留学人员创业园区	电子信息
上海惠安系统控制有限公司	上海漕河泾留学人员创业园区	电子信息
上海剑桥科技有限公司	上海漕河泾留学人员创业园区	电子信息
上海金陵电子网络股份有限公司	上海漕河泾留学人员创业园区	电子信息
上海晋恒软件有限公司	上海漕河泾留学人员创业园区	电子信息
上海科华实验系统有限公司	上海漕河泾留学人员创业园区	电子信息
上海乐界网络科技有限公司	上海漕河泾留学人员创业园区	电子信息
上海乐石网络科技有限公司	上海漕河泾留学人员创业园区	电子信息
上海利策科技有限公司	上海漕河泾留学人员创业园区	电子信息
上海岭芯微电子有限公司	上海漕河泾留学人员创业园区	电子信息
上海六晶金属科技有限公司	上海漕河泾留学人员创业园区	电子信息
上海普洛麦格生物产品有限公司	上海漕河泾留学人员创业园区	电子信息
上海谱尼测试技术有限公司	上海漕河泾留学人员创业园区	电子信息
上海全波通信技术有限公司	上海漕河泾留学人员创业园区	电子信息
上海热泛信息技术有限公司	上海漕河泾留学人员创业园区	电子信息
上海莎江生物科技有限公司	上海漕河泾留学人员创业园区	电子信息
上海杉德金卡信息系统科技有限公司	上海漕河泾留学人员创业园区	电子信息
上海申通轨道交通研究咨询有限公司	上海漕河泾留学人员创业园区	电子信息
上海神开石油化工装备股份有限公司	上海漕河泾留学人员创业园区	电子信息
上海圣然信息科技有限公司	上海漕河泾留学人员创业园区	电子信息
上海泰成科技发展有限公司	上海漕河泾留学人员创业园区	电子信息
上海淘米网络科技有限公司	上海漕河泾留学人员创业园区	电子信息
上海天游软件有限公司	上海漕河泾留学人员创业园区	电子信息
上海威士机械有限公司	上海漕河泾留学人员创业园区	电子信息
上海未来伙伴机器人有限公司	上海漕河泾留学人员创业园区	电子信息
上海文煊软件有限公司	上海漕河泾留学人员创业园区	电子信息
上海芯轩微电子有限公司	上海漕河泾留学人员创业园区	电子信息
上海新进半导体制造有限公司	上海漕河泾留学人员创业园区	电子信息
上海新茂半导体有限公司	上海漕河泾留学人员创业园区	电子信息
上海新宇新材料科技有限公司	上海漕河泾留学人员创业园区	电子信息
上海信朴臻微电子有限公司	上海漕河泾留学人员创业园区	电子信息
上海秀派电子科技有限公司	上海漕河泾留学人员创业园区	电子信息
上海永值企业发展有限公司	上海漕河泾留学人员创业园区	电子信息
上海优乐网络科技股份有限公司	上海漕河泾留学人员创业园区	电子信息
上海裕山信息科技有限公司	上海漕河泾留学人员创业园区	电子信息
上海悦乎网络技术有限公司	上海漕河泾留学人员创业园区	电子信息

上海征途信息技术有限公司	上海漕河泾留学人员创业园区	电子信息
上海致胜信息技术有限公司	上海漕河泾留学人员创业园区	电子信息
上海中科光纤通讯器件有限公司	上海漕河泾留学人员创业园区	电子信息
上海卓越睿新数码科技有限公司	上海漕河泾留学人员创业园区	电子信息
晟朗(上海)电力电子有限公司	上海漕河泾留学人员创业园区	电子信息
思科系统(上海)视频技术有限公司	上海漕河泾留学人员创业园区	电子信息
泰鼎多媒体技术（上海）有限公司	上海漕河泾留学人员创业园区	电子信息
泰科电子(上海)有限公司	上海漕河泾留学人员创业园区	电子信息
泰克科技(中国)有限公司	上海漕河泾留学人员创业园区	电子信息
万达信息股份有限公司	上海漕河泾留学人员创业园区	电子信息
翔光（上海）光通讯器材有限公司	上海漕河泾留学人员创业园区	电子信息
芯旸光电科技（上海）有限公司	上海漕河泾留学人员创业园区	电子信息
新相微电子（上海）有限公司	上海漕河泾留学人员创业园区	电子信息
薪得付信息技术（上海）有限公司	上海漕河泾留学人员创业园区	电子信息
英华达(上海)电子有限公司	上海漕河泾留学人员创业园区	电子信息
英顺达科技有限公司	上海漕河泾留学人员创业园区	电子信息
源讯高维资讯（上海）有限公司	上海漕河泾留学人员创业园区	电子信息
展唐通讯科技（上海）有限公司	上海漕河泾留学人员创业园区	电子信息
长兴科技（上海）有限公司	上海漕河泾留学人员创业园区	电子信息
知图（上海）信息技术有限公司	上海漕河泾留学人员创业园区	电子信息
中国电子科技集团公司第二十一研究所	上海漕河泾留学人员创业园区	电子信息
中国航空无线电电子研究所	上海漕河泾留学人员创业园区	电子信息
中颖电子（上海）有限公司	上海漕河泾留学人员创业园区	电子信息
佐拉科技（上海）有限公司	上海漕河泾留学人员创业园区	电子信息
艾比玛特生物医药（上海）有限公司	上海漕河泾留学人员创业园区	生物医药
贺尔碧格(上海)有限公司	上海漕河泾留学人员创业园区	生物医药
贺利氏古莎齿科有限公司	上海漕河泾留学人员创业园区	生物医药
梅特勒-托利多仪器（上海）有限公司	上海漕河泾留学人员创业园区	生物医药
上海安康医药有限公司	上海漕河泾留学人员创业园区	生物医药
上海存中生物技术有限公司	上海漕河泾留学人员创业园区	生物医药
上海吉凯基因化学技术有限公司	上海漕河泾留学人员创业园区	生物医药
上海今科通信系统有限公司	上海漕河泾留学人员创业园区	生物医药
上海科华生物工程股份有限公司	上海漕河泾留学人员创业园区	生物医药
上海模具技术研究所有限公司	上海漕河泾留学人员创业园区	生物医药
上海仁康科技有限公司	上海漕河泾留学人员创业园区	生物医药
上海拓能医疗器械有限公司	上海漕河泾留学人员创业园区	生物医药
上海唯上生物科技有限公司	上海漕河泾留学人员创业园区	生物医药
上海晓乐东潮生物技术开发有限公司	上海漕河泾留学人员创业园区	生物医药
上海裕隆生物科技有限公司	上海漕河泾留学人员创业园区	生物医药
上海知善生物科技有限公司	上海漕河泾留学人员创业园区	生物医药
新鸟医药科技（上海）有限公司	上海漕河泾留学人员创业园区	生物医药
臻景生物技术（上海）有限公司	上海漕河泾留学人员创业园区	生物医药
上海核工程研究设计院	上海漕河泾留学人员创业园区	先进制造
国核工程有限公司	上海漕河泾留学人员创业园区	先进制造
上海澜起微电子科技有限公司	上海漕河泾留学人员创业园区	新材料
上海碳联环保科技有限公司	上海漕河泾留学人员创业园区	新材料
上海凸版光掩模有限公司	上海漕河泾留学人员创业园区	新材料
上海新岭材料有限公司	上海漕河泾留学人员创业园区	新材料
上海埃士工业科技有限公司	上海漕河泾留学人员创业园区	新能源环保
上海环信环境工程有限公司	上海漕河泾留学人员创业园区	新能源环保
上海神开石油科技有限公司	上海漕河泾留学人员创业园区	新能源环保
上海鑫圭晶太阳能科技有限公司	上海漕河泾留学人员创业园区	新能源环保
上海联合光盘有限公司	上海漕河泾留学人员创业园区	现代服务
上海领世通信技术发展有限公司	上海漕河泾留学人员创业园区	现代服务
飞确安网络通讯设备（上海）有限公司	上海留学人员嘉定创业园	电子信息
上海百度在线网络技术（北京）有限公司	上海留学人员嘉定创业园	电子信息
上海标晨电子科技有限公司	上海留学人员嘉定创业园	电子信息
上海诚进网络科技有限公司	上海留学人员嘉定创业园	电子信息
上海德才信息科技有限公司	上海留学人员嘉定创业园	电子信息
上海法左克电子有限公司	上海留学人员嘉定创业园	电子信息

上海富桑电子有限公司	上海留学人员嘉定创业园	电子信息
上海果实网络信息技术有限公司	上海留学人员嘉定创业园	电子信息
上海捷华通讯电子有限公司	上海留学人员嘉定创业园	电子信息
上海晶展电子有限公司	上海留学人员嘉定创业园	电子信息
上海联能光子技术有限公司	上海留学人员嘉定创业园	电子信息
上海律浩网络科技有限公司	上海留学人员嘉定创业园	电子信息
上海绿苹果数码科技有限公司	上海留学人员嘉定创业园	电子信息
上海美媒软件有限公司	上海留学人员嘉定创业园	电子信息
上海冕通电子科技有限公司	上海留学人员嘉定创业园	电子信息
上海欧保电子技术有限公司	上海留学人员嘉定创业园	电子信息
上海浦一网络科技有限公司	上海留学人员嘉定创业园	电子信息
上海浦易联通信发展公司	上海留学人员嘉定创业园	电子信息
上海锐派计算机科技有限公司	上海留学人员嘉定创业园	电子信息
上海申百网络科技有限公司	上海留学人员嘉定创业园	电子信息
上海圣索电子科技有限公司	上海留学人员嘉定创业园	电子信息
上海舒觅信息科技有限公司	上海留学人员嘉定创业园	电子信息
上海网眼信息科技有限公司	上海留学人员嘉定创业园	电子信息
上海玺尔信息技术有限公司	上海留学人员嘉定创业园	电子信息
上海携程网络科技有限公司	上海留学人员嘉定创业园	电子信息
上海星地通讯工程研究所	上海留学人员嘉定创业园	电子信息
上海雅俊信息科技有限公司	上海留学人员嘉定创业园	电子信息
上海亿空信息技术有限公司	上海留学人员嘉定创业园	电子信息
上海长长电子科技发展有限公司	上海留学人员嘉定创业园	电子信息
腾龙计算机电子技术（上海）有限公司	上海留学人员嘉定创业园	电子信息
华宝食用香精香料（上海）有限公司	上海留学人员嘉定创业园	生物医药
佳贝生物技术（上海）有限公司	上海留学人员嘉定创业园	生物医药
上海华宝孔雀香精香料（上海）有限公司	上海留学人员嘉定创业园	生物医药
上海宽健医药科技有限公司	上海留学人员嘉定创业园	生物医药
上海联格生物科技有限公司	上海留学人员嘉定创业园	生物医药
上海生大医保股份有限公司	上海留学人员嘉定创业园	生物医药
上海思米酵素科技有限公司	上海留学人员嘉定创业园	生物医药
上海月圆医疗仪器有限公司	上海留学人员嘉定创业园	生物医药
埃莱克汽车零部件（上海）有限	上海留学人员嘉定创业园	先进制造
菲耐柯斯微系统（上海）有限公司	上海留学人员嘉定创业园	先进制造
欧好光电控制技术（上海）有限公司	上海留学人员嘉定创业园	先进制造
上海宝菱塑料制品有限公司	上海留学人员嘉定创业园	先进制造
上海碧然光电科技有限公司	上海留学人员嘉定创业园	先进制造
上海晨一精密刀具有限公司	上海留学人员嘉定创业园	先进制造
上海富桑电子科技有限公司	上海留学人员嘉定创业园	先进制造
上海硅步科学仪器有限公司	上海留学人员嘉定创业园	先进制造
上海贵鑫金属制品有限公司	上海留学人员嘉定创业园	先进制造
上海航天电子有限公司	上海留学人员嘉定创业园	先进制造
上海恒强磁电有限公司	上海留学人员嘉定创业园	先进制造
上海华科电子显像有限公司	上海留学人员嘉定创业园	先进制造
上海惠晟电子有限公司	上海留学人员嘉定创业园	先进制造
上海机电一体工程有限公司	上海留学人员嘉定创业园	先进制造
上海凯美特功能陶瓷技术有限公司	上海留学人员嘉定创业园	先进制造
上海科曼车辆部件系统有限公司	上海留学人员嘉定创业园	先进制造
上海乐得机电设备有限公司	上海留学人员嘉定创业园	先进制造
上海帕格萨斯饰品有限公司	上海留学人员嘉定创业园	先进制造
上海群鼎机电成套设备有限公司	上海留学人员嘉定创业园	先进制造
上海声驰机电设备科技有限公司	上海留学人员嘉定创业园	先进制造
上海思宾尼斯仪表技术有限公司	上海留学人员嘉定创业园	先进制造
上海四创光电科技研究所	上海留学人员嘉定创业园	先进制造
上海特略精密数控机床有限公司	上海留学人员嘉定创业园	先进制造
上海统宝自动化设备有限公司	上海留学人员嘉定创业园	先进制造
上海旭品机械有限公司	上海留学人员嘉定创业园	先进制造
上海雅纳锶精密仪器有限公司	上海留学人员嘉定创业园	先进制造
上海远帅机械有限公司	上海留学人员嘉定创业园	先进制造
上海远新机械科技有限公司	上海留学人员嘉定创业园	先进制造

上海振平机床附件有限公司	上海留学人员嘉定创业园	先进制造
上海芝原数字控制有限公司	上海留学人员嘉定创业园	先进制造
上鹤自动化仪器设备（上海）有限公司	上海留学人员嘉定创业园	先进制造
上海宝徕科技开发有限公司	上海留学人员嘉定创业园	新材料
上海创开无框阳台窗有限公司	上海留学人员嘉定创业园	新材料
上海大汉金属材料科技有限公司	上海留学人员嘉定创业园	新材料
上海谷创新材料有限公司	上海留学人员嘉定创业园	新材料
上海嘉翎电子科技有限公司	上海留学人员嘉定创业园	新材料
上海嘉翎仪表材料科技研究所	上海留学人员嘉定创业园	新材料
上海特视精密仪器有限公司	上海留学人员嘉定创业园	新材料
上海小水电子材料有限公司	上海留学人员嘉定创业园	新材料
土平知可飒（上海）有限公司	上海留学人员嘉定创业园	新材料
西立新材料（上海）有限公司	上海留学人员嘉定创业园	新材料
阳地钢建筑新材料（上海）有限公司	上海留学人员嘉定创业园	新材料
埃莱克汽车零部件（上海）有限公司	上海留学人员嘉定创业园	新能源环保
上海米尚环保设备科技有限公司	上海留学人员嘉定创业园	新能源环保
上海萨格汽车零部件有限公司	上海留学人员嘉定创业园	新能源环保
上海盛道石油勘探技术有限公司	上海留学人员嘉定创业园	新能源环保
上海万宏动力能源有限公司	上海留学人员嘉定创业园	新能源环保
上海威廉照明电气有限公司	上海留学人员嘉定创业园	新能源环保
上海菁艺广告有限公司	上海留学人员嘉定创业园	文化创意
上海艾孟芙商贸有限公司	上海留学人员嘉定创业园	现代服务
昂科信息技术（上海）有限公司	上海留学人员张江创业园区	电子信息
昂一科技（上海）有限公司	上海留学人员张江创业园区	电子信息
发茵特科技（上海）有限公司	上海留学人员张江创业园区	电子信息
继德软件（上海）有限公司	上海留学人员张江创业园区	电子信息
来西智能科技（上海）有限公司	上海留学人员张江创业园区	电子信息
上海岱诺信息技术有限公司	上海留学人员张江创业园区	电子信息
上海红桤网络科技有限公司	上海留学人员张江创业园区	电子信息
上海凯路微电子有限公司	上海留学人员张江创业园区	电子信息
上海康茂信息技术有限公司	上海留学人员张江创业园区	电子信息
上海软波工程软件有限公司	上海留学人员张江创业园区	电子信息
上海涛起半导体有限公司	上海留学人员张江创业园区	电子信息
双态软件技术（上海）有限公司	上海留学人员张江创业园区	电子信息
硕微科技（上海）有限公司	上海留学人员张江创业园区	电子信息
新高和（上海）软件有限公司	上海留学人员张江创业园区	电子信息
慈博生物医药技术（上海）有限公司	上海留学人员张江创业园区	生物医药
美时医疗技术（上海）有限公司	上海留学人员张江创业园区	生物医药
明博医药技术开发（上海）有限公司	上海留学人员张江创业园区	生物医药
上海臣邦医药科技有限公司	上海留学人员张江创业园区	生物医药
上海单抗制药技术有限公司	上海留学人员张江创业园区	生物医药
上海多林化工科技有限公司	上海留学人员张江创业园区	生物医药
上海宋季园医药科技有限公司	上海留学人员张江创业园区	生物医药
上海秀新臣邦医药科技有限公司	上海留学人员张江创业园区	生物医药
上海宝特环保新材料有限公司	上海留学人员张江创业园区	新材料
上海禾呈环保科技有限公司	上海留学人员张江创业园区	新能源环保
上海华浪环保技术应用有限公司	上海留学人员张江创业园区	新能源环保
上海绿环机械有限公司	上海留学人员张江创业园区	新能源环保
上海意昂汽车电子有限公司	上海留学人员张江创业园区	新能源环保
特莱仕环境检测技术（上海）有限公司	上海留学人员张江创业园区	新能源环保
上海时代创业管理有限公司	上海留学人员张江创业园区	现代服务
时代创新投资管理（上海）有限公司	上海留学人员张江创业园区	现代服务
上海蓝鸟科技股份有限公司	上海普陀留学人员创业园	电子信息
上海灵禅信息技术有限公司	上海普陀留学人员创业园	电子信息
上海坦思计算机有限公司	上海普陀留学人员创业园	电子信息
上海天擎信息技术有限公司	上海普陀留学人员创业园	电子信息
上海新浩艺软件有限公司	上海普陀留学人员创业园	电子信息
上海优迈信息技术有限公司	上海普陀留学人员创业园	电子信息
上海中磐信息技术有限公司	上海普陀留学人员创业园	电子信息
上海中软资源技术服务有限公司	上海普陀留学人员创业园	电子信息

上海中信信息发展有限公司	上海普陀留学人员创业园	电子信息
思华科技（上海）有限公司	上海普陀留学人员创业园	电子信息
维鹏信息技术（上海）有限公司	上海普陀留学人员创业园	电子信息
上海展达文化传播有限公司	上海普陀留学人员创业园	文化创意
上海博科资讯股份有限公司	上海普陀留学人员创业园	现代服务
艾钜计算机技术（上海）有限公司	上海虹桥临空留学人员创业园	电子信息
昂信软件（上海）有限公司	上海虹桥临空留学人员创业园	电子信息
奥雷通光通讯设备（上海）有限公司	上海虹桥临空留学人员创业园	电子信息
佩思宾软件科技（上海）有限公司	上海虹桥临空留学人员创业园	电子信息
奇耀软件（上海）有限公司	上海虹桥临空留学人员创业园	电子信息
上海奥米电子有限公司	上海虹桥临空留学人员创业园	电子信息
上海泛太旺捷资讯有限公司	上海虹桥临空留学人员创业园	电子信息
上海华瀛软件有限公司	上海虹桥临空留学人员创业园	电子信息
上海科银软件系统有限公司	上海虹桥临空留学人员创业园	电子信息
申泽信息技术（上海）有限公司	上海虹桥临空留学人员创业园	电子信息
吴羽计算机软件（上海）有限公司	上海虹桥临空留学人员创业园	电子信息
优玛特信息技术（上海）有限公司	上海虹桥临空留学人员创业园	电子信息
赛托细胞生物技术（上海）有限公司	上海虹桥临空留学人员创业园	生物医药
上海贝奥路生物材料有限公司	上海虹桥临空留学人员创业园	生物医药
上海天朗医学科技咨询有限公司	上海虹桥临空留学人员创业园	生物医药
上海我武生物技术有限公司	上海虹桥临空留学人员创业园	生物医药
维中生物技术（上海）有限公司	上海虹桥临空留学人员创业园	生物医药
上海澳普机电有限公司	上海虹桥临空留学人员创业园	先进制造
上海逸华仪表电器有限公司	上海虹桥临空留学人员创业园	先进制造
特克机电（上海）有限公司	上海虹桥临空留学人员创业园	先进制造
埃慕迪磁电科技（上海）有限公司	上海虹桥临空留学人员创业园	新材料
丰宇荣材料科技（上海）有限公司	上海虹桥临空留学人员创业园	新材料
航亚电器（上海）有限公司	上海虹桥临空留学人员创业园	新材料
环通环保技术（上海）有限公司	上海虹桥临空留学人员创业园	新材料
洛基山环保技术（上海）有限公司	上海虹桥临空留学人员创业园	新材料
上海凡瑞得新型建材有限公司	上海虹桥临空留学人员创业园	新材料
上海麦克斯金属管道配件制造有限公司	上海虹桥临空留学人员创业园	新材料
斯梅克（上海）工程顾问有限公司	上海虹桥临空留学人员创业园	新材料
安博设计咨询（上海）有限公司	上海虹桥临空留学人员创业园	现代服务
安恒咨询（上海）有限公司	上海虹桥临空留学人员创业园	现代服务
佰朗咨询（上海）有限公司	上海虹桥临空留学人员创业园	现代服务
碧谱照明设计（上海）有限公司	上海虹桥临空留学人员创业园	现代服务
博鹰咨询（上海）有限公司	上海虹桥临空留学人员创业园	现代服务
创值管理咨询（上海）有限公司	上海虹桥临空留学人员创业园	现代服务
德林咨询（上海）有限公司	上海虹桥临空留学人员创业园	现代服务
德业企业管理咨询（上海）有限公司	上海虹桥临空留学人员创业园	现代服务
东技咨询（上海）有限公司	上海虹桥临空留学人员创业园	现代服务
高普亚建建筑咨询（上海）有限公司	上海虹桥临空留学人员创业园	现代服务
歌迪卡服饰（上海）有限公司	上海虹桥临空留学人员创业园	现代服务
共同建筑设计咨询（上海）有限公司	上海虹桥临空留学人员创业园	现代服务
胡姬咨询（上海）有限公司	上海虹桥临空留学人员创业园	现代服务
建艺咨询（上海）有限公司	上海虹桥临空留学人员创业园	现代服务
杰西咨询（上海）有限公司	上海虹桥临空留学人员创业园	现代服务
卡顿咨询（上海）有限公司	上海虹桥临空留学人员创业园	现代服务
楷思旺华管理咨询（上海）有限公司	上海虹桥临空留学人员创业园	现代服务
康馨投资管理咨询（上海）有限公司	上海虹桥临空留学人员创业园	现代服务
科趣信息顾问（上海）有限公司	上海虹桥临空留学人员创业园	现代服务
莱佛士管理咨询（上海）有限公司	上海虹桥临空留学人员创业园	现代服务
蓝程咨询（上海）有限公司	上海虹桥临空留学人员创业园	现代服务
乐芙雪化妆品（上海）有限公司	上海虹桥临空留学人员创业园	现代服务
丽恒服饰（上海）有限公司	上海虹桥临空留学人员创业园	现代服务
联同投资咨询（上海）有限公司	上海虹桥临空留学人员创业园	现代服务
龙神咨询（上海）有限公司	上海虹桥临空留学人员创业园	现代服务
麦晨咨询（上海）有限公司	上海虹桥临空留学人员创业园	现代服务
美贝咨询（上海）有限公司	上海虹桥临空留学人员创业园	现代服务

明景咨询（上海）有限公司	上海虹桥临空留学人员创业园	现代服务
纽优企业策划（上海）有限公司	上海虹桥临空留学人员创业园	现代服务
欧德联信息咨询（上海）有限公司	上海虹桥临空留学人员创业园	现代服务
派瑞迪景观园林环境设计咨询（上海）有限公司	上海虹桥临空留学人员创业园	现代服务
浦拉斯服饰（上海）有限公司	上海虹桥临空留学人员创业园	现代服务
琪琳咨询（上海）有限公司	上海虹桥临空留学人员创业园	现代服务
森苑商务咨询（上海）有限公司	上海虹桥临空留学人员创业园	现代服务
上海晨锦咨询有限公司	上海虹桥临空留学人员创业园	现代服务
上海创尼商务咨询有限公司	上海虹桥临空留学人员创业园	现代服务
上海叠森机电设备有限公司	上海虹桥临空留学人员创业园	现代服务
上海瀚策国际贸易咨询有限公司	上海虹桥临空留学人员创业园	现代服务
上海豪信投资管理咨询有限公司	上海虹桥临空留学人员创业园	现代服务
上海和海咨询有限公司	上海虹桥临空留学人员创业园	现代服务
上海和樱美术设计咨询有限公司	上海虹桥临空留学人员创业园	现代服务
上海恒冠体育信息咨询有限公司	上海虹桥临空留学人员创业园	现代服务
上海恒益投资咨询有限公司	上海虹桥临空留学人员创业园	现代服务
上海宏睿投资咨询有限公司	上海虹桥临空留学人员创业园	现代服务
上海华津咨询有限公司	上海虹桥临空留学人员创业园	现代服务
上海环美科技咨询有限公司	上海虹桥临空留学人员创业园	现代服务
上海佳兴建筑工程咨询有限公司	上海虹桥临空留学人员创业园	现代服务
上海嘉子投资管理咨询有限公司	上海虹桥临空留学人员创业园	现代服务
上海兰谷咨询有限公司	上海虹桥临空留学人员创业园	现代服务
上海联众咨询有限公司	上海虹桥临空留学人员创业园	现代服务
上海诺特健康保健咨询有限公司	上海虹桥临空留学人员创业园	现代服务
上海派力特商务咨询有限公司	上海虹桥临空留学人员创业园	现代服务
上海清逸投资咨询有限公司	上海虹桥临空留学人员创业园	现代服务
上海秋丽普服饰有限公司	上海虹桥临空留学人员创业园	现代服务
上海蕊帛服饰有限公司	上海虹桥临空留学人员创业园	现代服务
上海锐铠科技咨询有限公司	上海虹桥临空留学人员创业园	现代服务
上海三珏信息咨询有限公司	上海虹桥临空留学人员创业园	现代服务
上海申麦咨询有限公司	上海虹桥临空留学人员创业园	现代服务
上海胜远咨询有限公司	上海虹桥临空留学人员创业园	现代服务
上海数安科技咨询有限公司	上海虹桥临空留学人员创业园	现代服务
上海唐隆模具有限公司	上海虹桥临空留学人员创业园	现代服务
上海万吉特建筑规划设计咨询有限公司	上海虹桥临空留学人员创业园	现代服务
上海维纳饰品有限公司	上海虹桥临空留学人员创业园	现代服务
上海维宇科技咨询有限公司	上海虹桥临空留学人员创业园	现代服务
上海新世园科技咨询有限公司	上海虹桥临空留学人员创业园	现代服务
上海兴创投资管理咨询有限公司	上海虹桥临空留学人员创业园	现代服务
上海英联投资管理咨询有限公司	上海虹桥临空留学人员创业园	现代服务
时效咨询（上海）有限公司	上海虹桥临空留学人员创业园	现代服务
梯升咨询（上海）有限公司	上海虹桥临空留学人员创业园	现代服务
天铭投资管理咨询（上海）有限公司	上海虹桥临空留学人员创业园	现代服务
威瑞咨询（上海）有限公司	上海虹桥临空留学人员创业园	现代服务
希腾咨询（上海）有限公司	上海虹桥临空留学人员创业园	现代服务
心育心咨询（上海）有限公司	上海虹桥临空留学人员创业园	现代服务
怡庭咨询（上海）有限公司	上海虹桥临空留学人员创业园	现代服务
音通钢琴（上海）有限公司	上海虹桥临空留学人员创业园	现代服务
英多纳得咨询（上海）有限公司	上海虹桥临空留学人员创业园	现代服务
优耐智咨询（上海）有限公司	上海虹桥临空留学人员创业园	现代服务
执安商务咨询（上海）有限公司	上海虹桥临空留学人员创业园	现代服务
中裕咨询（上海）有限公司	上海虹桥临空留学人员创业园	现代服务
八荣信息技术服务（上海）有限公司	上海莘闵回国留学人员科技创业园区	电子信息
华澳通讯（上海）有限公司	上海莘闵回国留学人员科技创业园区	电子信息
嘉丰（上海）软件有限公司	上海莘闵回国留学人员科技创业园区	电子信息
捷考奥电子（上海）有限公司	上海莘闵回国留学人员科技创业园区	电子信息
伦硕信息科技（上海）有限公司	上海莘闵回国留学人员科技创业园区	电子信息
锐选自动化科技（上海）有限公司	上海莘闵回国留学人员科技创业园区	电子信息
上海爱诺信泰生物医学信息服务有限公司	上海莘闵回国留学人员科技创业园区	电子信息
上海爱壹得信息科技有限公司	上海莘闵回国留学人员科技创业园区	电子信息

上海德慕电子科技有限公司	上海莘闵回国留学人员科技创业园区	电子信息
上海电虹软件有限公司	上海莘闵回国留学人员科技创业园区	电子信息
上海鼎万电子科技有限公司	上海莘闵回国留学人员科技创业园区	电子信息
上海海脉实业有限公司	上海莘闵回国留学人员科技创业园区	电子信息
上海怀之信息技术有限公司	上海莘闵回国留学人员科技创业园区	电子信息
上海肯度信息科技有限公司	上海莘闵回国留学人员科技创业园区	电子信息
上海联迈信息技术有限公司	上海莘闵回国留学人员科技创业园区	电子信息
上海麦杯电子商务有限公司	上海莘闵回国留学人员科技创业园区	电子信息
上海麦风信息科技有限公司	上海莘闵回国留学人员科技创业园区	电子信息
上海摩凯防伪技术有限公司	上海莘闵回国留学人员科技创业园区	电子信息
上海奇蒙信息科技有限公司	上海莘闵回国留学人员科技创业园区	电子信息
上海千镭星电子科技有限公司	上海莘闵回国留学人员科技创业园区	电子信息
上海乔太网络技术有限公司	上海莘闵回国留学人员科技创业园区	电子信息
上海铨焱信息科技有限公司	上海莘闵回国留学人员科技创业园区	电子信息
上海沙丘微电子有限公司	上海莘闵回国留学人员科技创业园区	电子信息
上海商宏网络科技有限公司	上海莘闵回国留学人员科技创业园区	电子信息
上海水蓝信息科技有限公司	上海莘闵回国留学人员科技创业园区	电子信息
上海文光精密仪器有限公司	上海莘闵回国留学人员科技创业园区	电子信息
上海业成软件技术有限公司	上海莘闵回国留学人员科技创业园区	电子信息
上海易溯信息科技有限公司	上海莘闵回国留学人员科技创业园区	电子信息
上海熠傲信息科技有限公司	上海莘闵回国留学人员科技创业园区	电子信息
上海优溢网络技术有限公司	上海莘闵回国留学人员科技创业园区	电子信息
上海云骅电子科技有限公司	上海莘闵回国留学人员科技创业园区	电子信息
上海兆昱光电科技有限公司	上海莘闵回国留学人员科技创业园区	电子信息
上海紫莓仪器有限公司	上海莘闵回国留学人员科技创业园区	电子信息
时趣信息科技（上海）有限公司	上海莘闵回国留学人员科技创业园区	电子信息
数伦计算机技术（上海）有限公司	上海莘闵回国留学人员科技创业园区	电子信息
唐友信息技术（上海）有限公司	上海莘闵回国留学人员科技创业园区	电子信息
协晶电子科技（上海）有限公司	上海莘闵回国留学人员科技创业园区	电子信息
屹昂计算化学软件（上海）有限公司	上海莘闵回国留学人员科技创业园区	电子信息
智标仪器（上海）有限公司	上海莘闵回国留学人员科技创业园区	电子信息
爱博新药研发（上海）有限公司	上海莘闵回国留学人员科技创业园区	生物医药
芮屈生物技术（上海）有限公司	上海莘闵回国留学人员科技创业园区	生物医药
上海安久生物科技有限公司	上海莘闵回国留学人员科技创业园区	生物医药
上海白塔医药科技有限公司	上海莘闵回国留学人员科技创业园区	生物医药
上海百润医药科技有限公司	上海莘闵回国留学人员科技创业园区	生物医药
上海枫岭生物技术有限公司	上海莘闵回国留学人员科技创业园区	生物医药
上海吉耀生物科技有限公司	上海莘闵回国留学人员科技创业园区	生物医药
上海居知园生物技术有限公司	上海莘闵回国留学人员科技创业园区	生物医药
上海坤巨科技发展有限公司	上海莘闵回国留学人员科技创业园区	生物医药
上海蓝怡科技有限公司	上海莘闵回国留学人员科技创业园区	生物医药
上海蓝怡医药有限公司	上海莘闵回国留学人员科技创业园区	生物医药
上海麦奇生物科技有限公司	上海莘闵回国留学人员科技创业园区	生物医药
上海生泉生物科技有限公司	上海莘闵回国留学人员科技创业园区	生物医药
上海松力生物技术有限公司	上海莘闵回国留学人员科技创业园区	生物医药
上海松力医疗器械有限公司	上海莘闵回国留学人员科技创业园区	生物医药
上海松之力生物材料有限公司	上海莘闵回国留学人员科技创业园区	生物医药
上海逍鹏生物科技有限公司	上海莘闵回国留学人员科技创业园区	生物医药
上海赞南药业有限公司	上海莘闵回国留学人员科技创业园区	生物医药
上海埃尔法工业制刷有限公司	上海莘闵回国留学人员科技创业园区	先进制造
上海博显实业有限公司	上海莘闵回国留学人员科技创业园区	先进制造
上海福狮机械技术有限公司	上海莘闵回国留学人员科技创业园区	先进制造
上海极特实业有限公司	上海莘闵回国留学人员科技创业园区	先进制造
上海三义交通科技有限公司	上海莘闵回国留学人员科技创业园区	先进制造
上海腾坦自动化科技有限公司	上海莘闵回国留学人员科技创业园区	先进制造
上海腾为机电工程有限公司	上海莘闵回国留学人员科技创业园区	先进制造
上海伟司机械设备有限公司	上海莘闵回国留学人员科技创业园区	先进制造
上海余创机电科技有限公司	上海莘闵回国留学人员科技创业园区	先进制造
上海詹盛机械制造有限公司	上海莘闵回国留学人员科技创业园区	先进制造
上海直川电子科技有限公司	上海莘闵回国留学人员科技创业园区	先进制造

由瑞胜机械工程（上海）有限公司	上海莘闵回国留学人员科技创业园区	先进制造
辉旭微粉技术（上海）有限公司	上海莘闵回国留学人员科技创业园区	新材料
三信化学（上海）有限公司	上海莘闵回国留学人员科技创业园区	新材料
上海传业材料技术有限公司	上海莘闵回国留学人员科技创业园区	新材料
上海鼎道科技发展有限公司	上海莘闵回国留学人员科技创业园区	新材料
上海虹宙新材料科技有限公司	上海莘闵回国留学人员科技创业园区	新材料
上海永置新材料技术有限公司	上海莘闵回国留学人员科技创业园区	新材料
赞南科技（上海）有限公司	上海莘闵回国留学人员科技创业园区	新材料
管丽环境技术（上海）有限公司	上海莘闵回国留学人员科技创业园区	新能源环保
蓝源能源科技（上海）有限公司	上海莘闵回国留学人员科技创业园区	新能源环保
森崎环保科技（上海）有限公司	上海莘闵回国留学人员科技创业园区	新能源环保
上海艾派科环境技术有限公司	上海莘闵回国留学人员科技创业园区	新能源环保
上海希萌新能源环保科技有限公司	上海莘闵回国留学人员科技创业园区	新能源环保
上海愿恒科技发展有限公司	上海莘闵回国留学人员科技创业园区	新能源环保
茵卡动力系统（上海）有限公司	上海莘闵回国留学人员科技创业园区	新能源环保
爱碧商务咨询（上海）有限公司	上海莘闵回国留学人员科技创业园区	现代服务
柏木建筑设计咨询（上海）有限公司	上海莘闵回国留学人员科技创业园区	现代服务
班库（上海）商务咨询有限公司	上海莘闵回国留学人员科技创业园区	现代服务
本杰明钢结构建筑系统（上海）有限公司	上海莘闵回国留学人员科技创业园区	现代服务
冈华投资咨询（上海）有限公司	上海莘闵回国留学人员科技创业园区	现代服务
虹亘（上海）建筑设计咨询有限公司	上海莘闵回国留学人员科技创业园区	现代服务
华羿企业管理咨询（上海）有限公司	上海莘闵回国留学人员科技创业园区	现代服务
开智建筑技术咨询（上海）有限公司	上海莘闵回国留学人员科技创业园区	现代服务
康加企业管理咨询（上海）有限公司	上海莘闵回国留学人员科技创业园区	现代服务
美适（上海）工程技术有限公司	上海莘闵回国留学人员科技创业园区	现代服务
镁达管理咨询（上海）有限公司	上海莘闵回国留学人员科技创业园区	现代服务
妙圆园林设计咨询（上海）有限公司	上海莘闵回国留学人员科技创业园区	现代服务
庞德咨询（上海）有限公司	上海莘闵回国留学人员科技创业园区	现代服务
秋信投资咨询（上海）有限公司	上海莘闵回国留学人员科技创业园区	现代服务
群贤企业管理咨询（上海）有限公司	上海莘闵回国留学人员科技创业园区	现代服务
莎克逊（上海）教育咨询有限公司	上海莘闵回国留学人员科技创业园区	现代服务
上海爱阳格企业管理咨询有限公司	上海莘闵回国留学人员科技创业园区	现代服务
上海安奥投资咨询有限公司	上海莘闵回国留学人员科技创业园区	现代服务
上海翱翥国际贸易有限公司	上海莘闵回国留学人员科技创业园区	现代服务
上海白氏贸易有限公司	上海莘闵回国留学人员科技创业园区	现代服务
上海比合磊建筑设计咨询有限公司	上海莘闵回国留学人员科技创业园区	现代服务
上海碧华环保科技有限公司	上海莘闵回国留学人员科技创业园区	现代服务
上海缤喜实业有限公司	上海莘闵回国留学人员科技创业园区	现代服务
上海博昂咨询有限公司	上海莘闵回国留学人员科技创业园区	现代服务
上海博林建筑工程咨询有限公司	上海莘闵回国留学人员科技创业园区	现代服务
上海巢仙文化传播有限公司	上海莘闵回国留学人员科技创业园区	现代服务
上海德谌企业管理咨询有限公司	上海莘闵回国留学人员科技创业园区	现代服务
上海德众企业管理咨询有限公司	上海莘闵回国留学人员科技创业园区	现代服务
上海迪茂投资管理咨询有限公司	上海莘闵回国留学人员科技创业园区	现代服务
上海东阀管理咨询有限公司	上海莘闵回国留学人员科技创业园区	现代服务
上海都能建筑设计有限公司	上海莘闵回国留学人员科技创业园区	现代服务
上海枫帆投资管理咨询有限公司	上海莘闵回国留学人员科技创业园区	现代服务
上海高才商务咨询有限公司	上海莘闵回国留学人员科技创业园区	现代服务
上海禾溪华投资管理有限公司	上海莘闵回国留学人员科技创业园区	现代服务
上海宏源国际运输有限公司	上海莘闵回国留学人员科技创业园区	现代服务
上海华耕化工科技有限公司	上海莘闵回国留学人员科技创业园区	现代服务
上海华昊科技咨询有限公司	上海莘闵回国留学人员科技创业园区	现代服务
上海皆信商务咨询有限公司	上海莘闵回国留学人员科技创业园区	现代服务
上海康雄科技咨询有限公司	上海莘闵回国留学人员科技创业园区	现代服务
上海坤巨教育信息咨询有限公司	上海莘闵回国留学人员科技创业园区	现代服务
上海坤巨投资管理有限公司	上海莘闵回国留学人员科技创业园区	现代服务
上海雷奥咨询有限公司	上海莘闵回国留学人员科技创业园区	现代服务
上海礼德文化传播有限公司	上海莘闵回国留学人员科技创业园区	现代服务
上海龙辕工程技术咨询有限公司	上海莘闵回国留学人员科技创业园区	现代服务
上海卢顿管理咨询有限公司	上海莘闵回国留学人员科技创业园区	现代服务

上海弥理商务咨询有限公司	上海莘闵回国留学人员科技创业园区	现代服务
上海摩魔人商贸有限公司	上海莘闵回国留学人员科技创业园区	现代服务
上海欧升贸易有限公司	上海莘闵回国留学人员科技创业园区	现代服务
上海启德投资管理有限公司	上海莘闵回国留学人员科技创业园区	现代服务
上海荣峰医疗用品有限公司	上海莘闵回国留学人员科技创业园区	现代服务
上海锐酷文化传播有限公司	上海莘闵回国留学人员科技创业园区	现代服务
上海若恩国际贸易有限公司	上海莘闵回国留学人员科技创业园区	现代服务
上海赛优贸易有限公司	上海莘闵回国留学人员科技创业园区	现代服务
上海申承商务咨询有限公司	上海莘闵回国留学人员科技创业园区	现代服务
上海升涛建筑景观设计有限公司	上海莘闵回国留学人员科技创业园区	现代服务
上海事典国际贸易有限公司	上海莘闵回国留学人员科技创业园区	现代服务
上海斯壮投资咨询有限公司	上海莘闵回国留学人员科技创业园区	现代服务
上海泰投实业有限公司	上海莘闵回国留学人员科技创业园区	现代服务
上海田源文化传播有限公司	上海莘闵回国留学人员科技创业园区	现代服务
上海拓英实业有限公司	上海莘闵回国留学人员科技创业园区	现代服务
上海玺可商务咨询有限公司	上海莘闵回国留学人员科技创业园区	现代服务
上海信男教育投资咨询有限公司	上海莘闵回国留学人员科技创业园区	现代服务
上海业益生态环境咨询有限公司	上海莘闵回国留学人员科技创业园区	现代服务
上海伊玫商务咨询有限公司	上海莘闵回国留学人员科技创业园区	现代服务
上海伊世特科技管理有限公司	上海莘闵回国留学人员科技创业园区	现代服务
上海宜生管理咨询有限公司	上海莘闵回国留学人员科技创业园区	现代服务
上海益樱商务咨询有限公司	上海莘闵回国留学人员科技创业园区	现代服务
上海逸澜商务咨询有限公司	上海莘闵回国留学人员科技创业园区	现代服务
上海意田工业设计有限公司	上海莘闵回国留学人员科技创业园区	现代服务
上海银炼科技咨询有限公司	上海莘闵回国留学人员科技创业园区	现代服务
上海永制空调技术有限公司	上海莘闵回国留学人员科技创业园区	现代服务
上海语莘健康信息咨询有限公司	上海莘闵回国留学人员科技创业园区	现代服务
上海元程实业有限公司	上海莘闵回国留学人员科技创业园区	现代服务
上海云潇网络科技有限公司	上海莘闵回国留学人员科技创业园区	现代服务
上海彰誉投资管理有限公司	上海莘闵回国留学人员科技创业园区	现代服务
上海真平商务咨询有限公司	上海莘闵回国留学人员科技创业园区	现代服务
上海致尚文化传播有限公司	上海莘闵回国留学人员科技创业园区	现代服务
上海致友实业有限公司	上海莘闵回国留学人员科技创业园区	现代服务
上海智林货物运输代理咨询有限公司	上海莘闵回国留学人员科技创业园区	现代服务
上海众茂国际贸易有限公司	上海莘闵回国留学人员科技创业园区	现代服务
斯旦建筑设计咨询（上海）有限公司	上海莘闵回国留学人员科技创业园区	现代服务
特豪商务管理咨询（上海）有限公司	上海莘闵回国留学人员科技创业园区	现代服务
五贝景观设计咨询（上海）有限公司	上海莘闵回国留学人员科技创业园区	现代服务
言通贸易（上海）有限公司	上海莘闵回国留学人员科技创业园区	现代服务
映睿驰企业管理咨询（上海）有限公司	上海莘闵回国留学人员科技创业园区	现代服务
韵慕商务咨询（上海）有限公司	上海莘闵回国留学人员科技创业园区	现代服务
詹迪建筑设计咨询（上海）有限公司	上海莘闵回国留学人员科技创业园区	现代服务
尖微软件（上海）有限公司	上海徐汇留学人员创业园	电子信息
帕圣科技发展（上海）有限公司	上海徐汇留学人员创业园	电子信息
派瑞斯特软件技术（上海）有限公司	上海徐汇留学人员创业园	电子信息
乾寰（上海）信息技术有限公司	上海徐汇留学人员创业园	电子信息
上海安奇逊仪器有限公司	上海徐汇留学人员创业园	电子信息
上海鼎新计算机通讯技术开发有限公司	上海徐汇留学人员创业园	电子信息
上海东久电脑技术有限公司	上海徐汇留学人员创业园	电子信息
上海东仪咨询有限公司	上海徐汇留学人员创业园	电子信息
上海东游信息科技有限公司	上海徐汇留学人员创业园	电子信息
上海工达电子有限公司	上海徐汇留学人员创业园	电子信息
上海及仕投资咨询有限公司	上海徐汇留学人员创业园	电子信息
上海集智商务咨询有限公司	上海徐汇留学人员创业园	电子信息
上海乐迪电脑印花有限公司	上海徐汇留学人员创业园	电子信息
上海懋文信息技术有限公司	上海徐汇留学人员创业园	电子信息
上海青川系统工程有限公司	上海徐汇留学人员创业园	电子信息
上海史蒂文电器有限公司	上海徐汇留学人员创业园	电子信息
上海泰戈商务咨询有限公司	上海徐汇留学人员创业园	电子信息
上海通利电脑技术有限公司	上海徐汇留学人员创业园	电子信息

上海拓能软件有限公司	上海徐汇留学人员创业园	电子信息
上海西尔信息咨询有限公司	上海徐汇留学人员创业园	电子信息
上海研联信息技术有限公司	上海徐汇留学人员创业园	电子信息
上海英博市场咨询有限公司	上海徐汇留学人员创业园	电子信息
上海英弗普尔电子技术有限公司	上海徐汇留学人员创业园	电子信息
申昭和科技咨询（上海）有限公司	上海徐汇留学人员创业园	电子信息
万灵结信息技术（上海）有限公司	上海徐汇留学人员创业园	电子信息
西诺咨询（上海）有限公司	上海徐汇留学人员创业园	电子信息
载达信息咨询（上海）有限公司	上海徐汇留学人员创业园	电子信息
捷瑞生物工程（上海）有限公司	上海徐汇留学人员创业园	生物医药
挪亚生物科技（上海）有限公司	上海徐汇留学人员创业园	生物医药
上海安生科技咨询有限公司	上海徐汇留学人员创业园	生物医药
上海斯威医药化学技术公司	上海徐汇留学人员创业园	生物医药
上海特麦科生物工程有限公司	上海徐汇留学人员创业园	生物医药
上海天普能生物化学技术有限公司	上海徐汇留学人员创业园	生物医药
德美（上海）影像器材有限公司	上海徐汇留学人员创业园	先进制造
上海爱迪尔国际装潢材料有限公司	上海徐汇留学人员创业园	先进制造
上海东海印刷器械有限公司	上海徐汇留学人员创业园	先进制造
上海蓉马家具有限公司	上海徐汇留学人员创业园	先进制造
国龙科技饲料（上海）有限公司	上海徐汇留学人员创业园	新能源环保
欧朵食品（上海）有限公司	上海徐汇留学人员创业园	新能源环保
仁芳涂料环境技术（上海）有限公司	上海徐汇留学人员创业园	新能源环保
瑞东环保技术咨询（上海）有限公司	上海徐汇留学人员创业园	新能源环保
森岛（上海）电气有限公司	上海徐汇留学人员创业园	新能源环保
天鼎新能源环保科技（上海）有限公司	上海徐汇留学人员创业园	新能源环保
安兰投资咨询（上海）有限公司	上海徐汇留学人员创业园	现代服务
华瓷咨询（上海）有限公司	上海徐汇留学人员创业园	现代服务
霍洛威（上海）商务咨询有限公司	上海徐汇留学人员创业园	现代服务
嘉旭咨询（上海）有限公司	上海徐汇留学人员创业园	现代服务
皆美咨询（上海）有限公司	上海徐汇留学人员创业园	现代服务
捷门咨询（上海）有限公司	上海徐汇留学人员创业园	现代服务
莱勒（上海）商务咨询有限公司	上海徐汇留学人员创业园	现代服务
马泰尔商务咨询（上海）有限公司	上海徐汇留学人员创业园	现代服务
美西富蒙投资顾问（上海）有限公司	上海徐汇留学人员创业园	现代服务
佩纳咨询（上海）有限公司	上海徐汇留学人员创业园	现代服务
上海爱克莎尔建筑咨询有限公司	上海徐汇留学人员创业园	现代服务
上海必得咨询有限公司	上海徐汇留学人员创业园	现代服务
上海创致商务咨询有限公司	上海徐汇留学人员创业园	现代服务
上海恩普技术咨询有限公司	上海徐汇留学人员创业园	现代服务
上海费莱投资咨询有限公司	上海徐汇留学人员创业园	现代服务
上海华雷建筑设计咨询有限公司	上海徐汇留学人员创业园	现代服务
上海华欣国际咨询有限公司	上海徐汇留学人员创业园	现代服务
上海金联国际咨询服务有限公司	上海徐汇留学人员创业园	现代服务
上海君维士投资咨询有限公司	上海徐汇留学人员创业园	现代服务
上海联德国际咨询有限公司	上海徐汇留学人员创业园	现代服务
上海藤友国际咨询有限公司	上海徐汇留学人员创业园	现代服务
上海通利商务咨询有限公司	上海徐汇留学人员创业园	现代服务
上海薇尔彬咨询有限公司	上海徐汇留学人员创业园	现代服务
上海伊达国际咨询有限公司	上海徐汇留学人员创业园	现代服务
上海悦珂科技咨询有限公司	上海徐汇留学人员创业园	现代服务
泰克诺（上海）建筑咨询有限公司	上海徐汇留学人员创业园	现代服务
项秉仁建筑设计咨询（上海）有限公司	上海徐汇留学人员创业园	现代服务
志洲投资咨询（上海）有限公司	上海徐汇留学人员创业园	现代服务
泛迪电子科技（上海）有限公司	上海杨浦知识创新区留学人员创业园	电子信息
日丽信息科技（上海）有限公司	上海杨浦知识创新区留学人员创业园	电子信息
上海桑扬太阳能工程技术有限公司	上海杨浦知识创新区留学人员创业园	电子信息
上海天成信息科技有限公司	上海杨浦知识创新区留学人员创业园	电子信息
上海笑达信息技术有限公司	上海杨浦知识创新区留学人员创业园	电子信息
上海宣汶苑电子科技有限公司	上海杨浦知识创新区留学人员创业园	电子信息
上海双云生物技术有限公司	上海杨浦知识创新区留学人员创业园	生物医药

上海西港生物科技有限公司	上海杨浦知识创新区留学人员创业园	生物医药
上海喜玛山医学科技有限公司	上海杨浦知识创新区留学人员创业园	生物医药
恒匀精密模塑（上海）有限公司	上海杨浦知识创新区留学人员创业园	新材料
上海辰瀚室内空气环境检测有限公司	上海杨浦知识创新区留学人员创业园	新能源环保
上海爱亚文化传播有限公司	上海杨浦知识创新区留学人员创业园	文化创意
锟澳科技信息咨询（上海）有限公司	上海杨浦知识创新区留学人员创业园	现代服务
上海晨设室内设计事务所	上海杨浦知识创新区留学人员创业园	现代服务
上海承锋商务咨询有限公司	上海杨浦知识创新区留学人员创业园	现代服务
上海宁君商务咨询有限公司	上海杨浦知识创新区留学人员创业园	现代服务
上海诺理杰经济管理研究所	上海杨浦知识创新区留学人员创业园	现代服务
上海欧韵彩色玻璃有限公司	上海杨浦知识创新区留学人员创业园	现代服务
上海睿语商务咨询有限公司	上海杨浦知识创新区留学人员创业园	现代服务
上海思蒲灵贸易有限公司	上海杨浦知识创新区留学人员创业园	现代服务
上海映榕贸易有限公司	上海杨浦知识创新区留学人员创业园	现代服务
上海尤恒汽车服务有限公司	上海杨浦知识创新区留学人员创业园	现代服务
华亚微电子（上海）有限公司南京分公司	南京留学人员创业园	电子信息
南京奥特高科技有限公司	南京留学人员创业园	电子信息
南京奥特高科科技有限公司	南京留学人员创业园	电子信息
南京百敖软件有限公司	南京留学人员创业园	电子信息
南京百芙利科技有限责任公司	南京留学人员创业园	电子信息
南京标辰科技有限公司	南京留学人员创业园	电子信息
南京电研信息系统有限公司	南京留学人员创业园	电子信息
南京高新技术市场	南京留学人员创业园	电子信息
南京光讯达科技有限公司	南京留学人员创业园	电子信息
南京恒生科技有限公司	南京留学人员创业园	电子信息
南京鸿源泰电子有限公司	南京留学人员创业园	电子信息
南京南自电力控制系统有限公司	南京留学人员创业园	电子信息
南京能杰数字科技有限公司	南京留学人员创业园	电子信息
南京青石科技发展有限公司	南京留学人员创业园	电子信息
南京萨德科技有限公司	南京留学人员创业园	电子信息
南京双诚科技实业有限公司	南京留学人员创业园	电子信息
南京索瑞软件工程有限公司	南京留学人员创业园	电子信息
南京西尔特电子有限公司	南京留学人员创业园	电子信息
南京希思特盟信息技术有限公司	南京留学人员创业园	电子信息
南京新之捷科技有限公司	南京留学人员创业园	电子信息
南京远立科技有限公司	南京留学人员创业园	电子信息
南京紫台星河电子有限公司	南京留学人员创业园	电子信息
英特神斯软件（南京）有限公司	南京留学人员创业园	电子信息
爱斯医药科技（南京）有限公司	南京留学人员创业园	生物医药
南京爱德程医药科技有限公司	南京留学人员创业园	生物医药
南京博奥泰医药有限公司	南京留学人员创业园	生物医药
南京川博生物技术有限公司	南京留学人员创业园	生物医药
南京大学模式动物研究所	南京留学人员创业园	生物医药
南京鼎业百泰生物科技有限公司	南京留学人员创业园	生物医药
南京富纳生物技术有限公司	南京留学人员创业园	生物医药
南京高新生物医药研究所	南京留学人员创业园	生物医药
南京高新医学研究中心	南京留学人员创业园	生物医药
南京弘昌生物科技有限公司	南京留学人员创业园	生物医药
南京靖龙医药科技有限公司	南京留学人员创业园	生物医药
南京凯瑞尔纳米生物技术有限公司	南京留学人员创业园	生物医药
南京龙马动物药业有限公司	南京留学人员创业园	生物医药
南京南大药业生化公司	南京留学人员创业园	生物医药
南京宁创医疗设备有限公司	南京留学人员创业园	生物医药
南京森博医药研发有限公司	南京留学人员创业园	生物医药
南京生物工程与医药科技发展有限公司	南京留学人员创业园	生物医药
南京生兴生物技术有限公司	南京留学人员创业园	生物医药
南京圣诺生物科技实业有限公司	南京留学人员创业园	生物医药
南京苏邦生物技术有限公司	南京留学人员创业园	生物医药
南京微通生物医药工程有限公司	南京留学人员创业园	生物医药
南京伟沃生物科技有限公司	南京留学人员创业园	生物医药

南京药科大生物制造有限公司	南京留学人员创业园	生物医药
南京永平医院有限公司	南京留学人员创业园	生物医药
南京逐陆医药科技有限公司	南京留学人员创业园	生物医药
林奈克斯南京机电有限公司	南京留学人员创业园	先进制造
南京爱宝文仪有限公司	南京留学人员创业园	先进制造
南京爱睦能源自动化有限公司	南京留学人员创业园	先进制造
南京碧盾环保装备有限公司	南京留学人员创业园	先进制造
南京高新经纬电气有限公司	南京留学人员创业园	先进制造
南京冠亚电源设备有限公司	南京留学人员创业园	先进制造
南京国芯半导体有限公司	南京留学人员创业园	先进制造
南京恒源自动化有限公司	南京留学人员创业园	先进制造
南京佳盛机电器材材料公司	南京留学人员创业园	先进制造
南京嘉瑞动力控制有限公司	南京留学人员创业园	先进制造
南京江琛自动化系统有限公司	南京留学人员创业园	先进制造
南京金丫日用化工发展有限责任公司	南京留学人员创业园	先进制造
南京开广化工有限公司	南京留学人员创业园	先进制造
南京南自四创电器有限公司	南京留学人员创业园	先进制造
南京浦口华阳电器厂	南京留学人员创业园	先进制造
南京普天通信股份有限公司	南京留学人员创业园	先进制造
南京奇诺自控设备有限公司	南京留学人员创业园	先进制造
南京全旺薄膜开关有限公司	南京留学人员创业园	先进制造
南京三环忠义汽车零部件制造有限公司	南京留学人员创业园	先进制造
南京申瑞电力电子有限公司	南京留学人员创业园	先进制造
南京水利电力仪器工程有限责任公司	南京留学人员创业园	先进制造
南京威克斯勒电仪设备有限公司	南京留学人员创业园	先进制造
南京新飞分析仪器制造有限公司	南京留学人员创业园	先进制造
南京新联汽车空调有限公司	南京留学人员创业园	先进制造
南京永固机电工程技术有限公司	南京留学人员创业园	先进制造
南京智慧自动化应用技术有限公司	南京留学人员创业园	先进制造
艾志（南京）机械技术有限公司	南京留学人员创业园	新材料
江苏建筑科学院有限公司	南京留学人员创业园	新材料
南京吉泰复合材料有限公司	南京留学人员创业园	新材料
南京秦邦氟树脂有公司	南京留学人员创业园	新材料
南京神舟高分子材料有限责任公司	南京留学人员创业园	新材料
南京索沃新材料科技有限公司	南京留学人员创业园	新材料
南京钛威科技有限公司	南京留学人员创业园	新材料
南京格瑞能源科技有限公司	南京留学人员创业园	新能源环保
南京国能环保工程有限公司	南京留学人员创业园	新能源环保
南京金亮达照明有限公司	南京留学人员创业园	新能源环保
南京龙源环保有限公司	南京留学人员创业园	新能源环保
南京露华能源有限公司	南京留学人员创业园	新能源环保
南京新亚能源自动化有限公司	南京留学人员创业园	新能源环保
南京中电联环保工程有限公司	南京留学人员创业园	新能源环保
中电电气（南京）光伏有限公司	南京留学人员创业园	新能源环保
江苏伟信工程咨询有限公司	南京留学人员创业园	现代服务
南京高科创业发展实业有限公司	南京留学人员创业园	现代服务
南京和敏管理咨询有限公司	南京留学人员创业园	现代服务
南京杰帝工贸有限公司	南京留学人员创业园	现代服务
南京凯创信息系统有限公司	南京留学人员创业园	现代服务
南京凯汇工业科技有限公司	南京留学人员创业园	现代服务
南京柯瑞沃信息产业有限公司	南京留学人员创业园	现代服务
南京南自水力电力岩土工程仪器质量检测有限公司	南京留学人员创业园	现代服务
南京长航凤凰货运有限公司	南京留学人员创业园	现代服务
无锡艾吉因生物信息有限公司	无锡留学人员创业园	电子信息
无锡爱迪信光电科技有限公司	无锡留学人员创业园	电子信息
无锡安行科技有限公司	无锡留学人员创业园	电子信息
无锡安则通科技有限公司	无锡留学人员创业园	电子信息
无锡柏森松传感技术有限公司	无锡留学人员创业园	电子信息
无锡倍多科技有限公司	无锡留学人员创业园	电子信息
无锡铂特科技有限公司	无锡留学人员创业园	电子信息

无锡博翰信息技术有限公司	无锡留学人员创业园	电子信息
无锡道飞科技有限公司	无锡留学人员创业园	电子信息
无锡德飞科技有限公司	无锡留学人员创业园	电子信息
无锡德思普科技有限公司	无锡留学人员创业园	电子信息
无锡菲迪光电技术有限公司	无锡留学人员创业园	电子信息
无锡弗功电子科技有限公司	无锡留学人员创业园	电子信息
无锡盖泰科通信技术有限公司	无锡留学人员创业园	电子信息
无锡高迪多媒体科技有限公司	无锡留学人员创业园	电子信息
无锡戈林信息技术有限公司	无锡留学人员创业园	电子信息
无锡格林思凯科技有限公司	无锡留学人员创业园	电子信息
无锡光芯科技有限公司	无锡留学人员创业园	电子信息
无锡国发汽车电机有限公司	无锡留学人员创业园	电子信息
无锡汉水信息技术服务有限公司	无锡留学人员创业园	电子信息
无锡瀚智精算咨询有限公司	无锡留学人员创业园	电子信息
无锡合众信息科技有限公司	无锡留学人员创业园	电子信息
无锡赫泰普微电子有限公司	无锡留学人员创业园	电子信息
无锡华聪微纳电子材料有限公司	无锡留学人员创业园	电子信息
无锡华航电子科技有限责任公司	无锡留学人员创业园	电子信息
无锡华鑫应用信息技术有限公司	无锡留学人员创业园	电子信息
无锡嘉翔生物科技有限公司	无锡留学人员创业园	电子信息
无锡捷纽因信息科技有限公司	无锡留学人员创业园	电子信息
无锡捷普达动力工程有限公司	无锡留学人员创业园	电子信息
无锡晶尧科技有限公司	无锡留学人员创业园	电子信息
无锡精工泰创科技有限公司	无锡留学人员创业园	电子信息
无锡凯姆特科技有限公司	无锡留学人员创业园	电子信息
无锡科睿坦电子科技有限公司	无锡留学人员创业园	电子信息
无锡科思电子科技有限公司	无锡留学人员创业园	电子信息
无锡乐智科技有限公司	无锡留学人员创业园	电子信息
无锡励才杰思科技有限公司	无锡留学人员创业园	电子信息
无锡能数电力技术有限公司	无锡留学人员创业园	电子信息
无锡宁震科技有限公司	无锡留学人员创业园	电子信息
无锡乾煜信息技术有限公司	无锡留学人员创业园	电子信息
无锡嵌牛乐居科技有限公司	无锡留学人员创业园	电子信息
无锡清玛科技有限公司	无锡留学人员创业园	电子信息
无锡日联光电有限公司	无锡留学人员创业园	电子信息
无锡睿当科技有限公司	无锡留学人员创业园	电子信息
无锡睿联信息科技有限公司	无锡留学人员创业园	电子信息
无锡睿网科技有限公司	无锡留学人员创业园	电子信息
无锡圣火令科技有限公司	无锡留学人员创业园	电子信息
无锡圣莱科技有限公司	无锡留学人员创业园	电子信息
无锡圣敏传感科技有限公司	无锡留学人员创业园	电子信息
无锡识凌科技有限公司	无锡留学人员创业园	电子信息
无锡市康源环保科技有限公司	无锡留学人员创业园	电子信息
无锡市纳微电子有限公司	无锡留学人员创业园	电子信息
无锡市帕沃海泰投资有限公司	无锡留学人员创业园	电子信息
无锡市索福科技有限公司	无锡留学人员创业园	电子信息
无锡市网蓝工业仿真技术有限公司	无锡留学人员创业园	电子信息
无锡市唯尔奇科技有限公司	无锡留学人员创业园	电子信息
无锡市优特科科技有限公司	无锡留学人员创业园	电子信息
无锡数云科技有限公司	无锡留学人员创业园	电子信息
无锡帅芯微电子有限公司	无锡留学人员创业园	电子信息
无锡思科锐自动化设备有限公司	无锡留学人员创业园	电子信息
无锡思宁通信科技有限公司	无锡留学人员创业园	电子信息
无锡泰普精密仪器技术有限公司	无锡留学人员创业园	电子信息
无锡特威光纤传感技术有限公司	无锡留学人员创业园	电子信息
无锡天图科技有限公司	无锡留学人员创业园	电子信息
无锡通明科技有限公司	无锡留学人员创业园	电子信息
无锡图凌科技有限公司	无锡留学人员创业园	电子信息
无锡微磁传感科技有限公司	无锡留学人员创业园	电子信息
无锡维可视科技有限公司	无锡留学人员创业园	电子信息

无锡悟莘科技有限公司	无锡留学人员创业园	电子信息
无锡新吉凯氏测量技术有限公司	无锡留学人员创业园	电子信息
无锡迅德环保科技有限公司	无锡留学人员创业园	电子信息
无锡亿仕龙传感控制技术有限公司	无锡留学人员创业园	电子信息
无锡易斯科电子技术有限公司	无锡留学人员创业园	电子信息
无锡友友科技有限公司	无锡留学人员创业园	电子信息
无锡宇传科技有限公司	无锡留学人员创业园	电子信息
无锡浙潮科技有限公司	无锡留学人员创业园	电子信息
无锡振达昌科技有限公司	无锡留学人员创业园	电子信息
无锡志宇光伏科技有限公司	无锡留学人员创业园	电子信息
无锡智为科技有限公司	无锡留学人员创业园	电子信息
无锡中皓汽车电子有限公司	无锡留学人员创业园	电子信息
无锡中星微电子有限公司	无锡留学人员创业园	电子信息
江苏锐阳生物科技有限公司	无锡留学人员创业园	生物医药
江苏仙融环境技术有限公司	无锡留学人员创业园	生物医药
迈健干细胞与再生医学研究无锡有限公司	无锡留学人员创业园	生物医药
无锡成达医疗科技有限公司	无锡留学人员创业园	生物医药
无锡多健科技有限公司	无锡留学人员创业园	生物医药
无锡复润医药科技有限公司	无锡留学人员创业园	生物医药
无锡海斯凯尔医学有限公司	无锡留学人员创业园	生物医药
无锡和邦生物科技有限公司	无锡留学人员创业园	生物医药
无锡泓宝微生物日用品有限公司	无锡留学人员创业园	生物医药
无锡华平医疗科技有限公司	无锡留学人员创业园	生物医药
无锡吉迪生物科技有限公司	无锡留学人员创业园	生物医药
无锡坤泰升生物医药有限公司	无锡留学人员创业园	生物医药
无锡郎明生物技术有限公司	无锡留学人员创业园	生物医药
无锡雷莱生物技术有限公司	无锡留学人员创业园	生物医药
无锡立博医药科技有限公司	无锡留学人员创业园	生物医药
无锡灵特生物技术有限责任公司	无锡留学人员创业园	生物医药
无锡绿水之源生物科技有限公司	无锡留学人员创业园	生物医药
无锡美德尔生物技术有限公司	无锡留学人员创业园	生物医药
无锡派克斯医疗器械有限公司	无锡留学人员创业园	生物医药
无锡普林制药有限公司	无锡留学人员创业园	生物医药
无锡仁科医疗电子有限公司	无锡留学人员创业园	生物医药
无锡荣兴科技有限公司	无锡留学人员创业园	生物医药
无锡赛拓基因科技有限公司	无锡留学人员创业园	生物医药
无锡尚沃生物科技有限公司	无锡留学人员创业园	生物医药
无锡顺泰生物技术有限公司	无锡留学人员创业园	生物医药
无锡天演生物技术有限公司	无锡留学人员创业园	生物医药
无锡万顺生物技术有限公司	无锡留学人员创业园	生物医药
无锡翔天牧生物科技有限公司	无锡留学人员创业园	生物医药
无锡新慧达生物科技有限公司	无锡留学人员创业园	生物医药
无锡呀呼唯生物科学技术有限公司	无锡留学人员创业园	生物医药
无锡智超医疗器械有限公司	无锡留学人员创业园	生物医药
无锡中美亿芯生物科技有限公司	无锡留学人员创业园	生物医药
江苏伊施德创新科技有限公司	无锡留学人员创业园	先进制造
无锡市澳富特成型技术科研有限公司	无锡留学人员创业园	先进制造
江苏碧水源环境科科技有限责任公司	无锡留学人员创业园	新材料
江苏鹏立新能源环保科技有限公司	无锡留学人员创业园	新材料
无锡爱儿森环保科技发展有限公司	无锡留学人员创业园	新材料
无锡福尔顺科技有限公司	无锡留学人员创业园	新材料
无锡格瑞普尔膜科技有限公司	无锡留学人员创业园	新材料
无锡广惠薄膜科技有限公司	无锡留学人员创业园	新材料
无锡惠星新材料科技有限公司	无锡留学人员创业园	新材料
无锡齐天纳微技术有限公司	无锡留学人员创业园	新材料
无锡王聚合一九九四新材料科技有限公司	无锡留学人员创业园	新材料
无锡铱创光电科技有限公司	无锡留学人员创业园	新材料
无锡博士能环保电池有限公司	无锡留学人员创业园	新能源环保
无锡昌海新能源环保科技有限公司	无锡留学人员创业园	新能源环保
无锡国绿环保能源有限公司	无锡留学人员创业园	新能源环保

无锡能斯特新能源环保科技有限公司	无锡留学人员创业园	新能源环保
无锡天清新能源环保科技有限公司	无锡留学人员创业园	新能源环保
无锡信德照明科技有限公司	无锡留学人员创业园	新能源环保
无锡旭能光热电能源有限公司	无锡留学人员创业园	新能源环保
无锡优构太阳能电力科技有限公司	无锡留学人员创业园	新能源环保
无锡艾德思奇科技有限公司	无锡留学人员创业园	现代服务
无锡比比网信息有限公司	无锡留学人员创业园	现代服务
无锡亿口网络科技有限公司	无锡留学人员创业园	现代服务
无锡优马传媒有限公司	无锡留学人员创业园	现代服务
江苏宝乾电子科技有限公司	无锡南长留学人员创业园	电子信息
科智软件无锡有限公司	无锡南长留学人员创业园	电子信息
全维智码信息技术有限公司	无锡南长留学人员创业园	电子信息
无锡博达乐思科技有限公司	无锡南长留学人员创业园	电子信息
无锡富斯福自动化科技有限公司	无锡南长留学人员创业园	电子信息
无锡高凯电子科技有限公司	无锡南长留学人员创业园	电子信息
无锡冠华时代科技有限公司	无锡南长留学人员创业园	电子信息
无锡哈博曼科技有限公司	无锡南长留学人员创业园	电子信息
无锡企源投资有限公司	无锡南长留学人员创业园	电子信息
无锡上维自动化技术有限公司	无锡南长留学人员创业园	电子信息
无锡世纪辰光网络科技有限公司	无锡南长留学人员创业园	电子信息
无锡市达思网络科技有限公司	无锡南长留学人员创业园	电子信息
无锡市福莱特信息有限公司	无锡南长留学人员创业园	电子信息
无锡市基础信息安全测评认证中心	无锡南长留学人员创业园	电子信息
无锡市浏立方科技有限公司	无锡南长留学人员创业园	电子信息
无锡市箐蕊网络信息技术有限公司	无锡南长留学人员创业园	电子信息
无锡市亿路科技有限公司	无锡南长留学人员创业园	电子信息
无锡思澜科技有限公司	无锡南长留学人员创业园	电子信息
无锡松本科技有限公司	无锡南长留学人员创业园	电子信息
无锡物华电子科技有限公司	无锡南长留学人员创业园	电子信息
无锡先迪德宝电子有限公司	无锡南长留学人员创业园	电子信息
无锡学承软件技术有限公司	无锡南长留学人员创业园	电子信息
无锡亚伦科技有限公司	无锡南长留学人员创业园	电子信息
无锡中盾安全科技有限公司	无锡南长留学人员创业园	电子信息
无锡中讯科技有限公司	无锡南长留学人员创业园	电子信息
无锡富尔金属制品有限公司	无锡南长留学人员创业园	先进制造
无锡佳美自控系统科技有限公司	无锡南长留学人员创业园	先进制造
无锡久恒机电设备工程有限公司	无锡南长留学人员创业园	先进制造
无锡可迪机械有限公司	无锡南长留学人员创业园	先进制造
无锡市汉森金属有限公司	无锡南长留学人员创业园	先进制造
无锡益源建设工程有限公司	无锡南长留学人员创业园	先进制造
无锡德科新能源环保技术有限公司	无锡南长留学人员创业园	新能源环保
无锡科锐环境科技有限公司	无锡南长留学人员创业园	新能源环保
无锡中科水质环境技术有限公司	无锡南长留学人员创业园	新能源环保
江苏佳家颂企业服务有限公司	无锡南长留学人员创业园	现代服务
江苏苏亚金诚工程管理咨询有限公司无锡分公司	无锡南长留学人员创业园	现代服务
江苏苏亚金诚会计师事务所有限公司无锡分所	无锡南长留学人员创业园	现代服务
江苏洲豪风险投资担保有限公司	无锡南长留学人员创业园	现代服务
南长区锦绣四方图文设计室	无锡南长留学人员创业园	现代服务
无锡润德管理培训有限公司	无锡南长留学人员创业园	现代服务
无锡市国际商务人才培训中心	无锡南长留学人员创业园	现代服务
无锡市立创动力精密机械有限公司	无锡南长留学人员创业园	现代服务
无锡市洲豪国际货运代理有限公司	无锡南长留学人员创业园	现代服务
福赛特生物技术江阴有限公司	江阴留学人员创业园	电子信息
火努科技江阴有限公司	江阴留学人员创业园	电子信息
江苏鼎泰软件科技有限公司	江阴留学人员创业园	电子信息
江苏凯路威电子有限公司	江阴留学人员创业园	电子信息
江苏耐威科技有限公司	江阴留学人员创业园	电子信息
江苏省利奥射频识别创新科技有限公司	江阴留学人员创业园	电子信息
江苏鑫皓信息技术有限公司	江阴留学人员创业园	电子信息
江阴鼎峰网络通信有限公司	江阴留学人员创业园	电子信息

江阴汉德天坤科技发展有限公司	江阴留学人员创业园	电子信息
江阴和普微电子有限公司	江阴留学人员创业园	电子信息
江阴华波光电科技有限公司	江阴留学人员创业园	电子信息
江阴聚友探测技术有限公司	江阴留学人员创业园	电子信息
江阴美瑞泰海洋信息技术有限公司	江阴留学人员创业园	电子信息
江阴美英特生物仪器科技有限公司	江阴留学人员创业园	电子信息
江阴能联科技有限公司	江阴留学人员创业园	电子信息
江阴睿讯科技有限责任公司	江阴留学人员创业园	电子信息
江阴市领悟信息技术有限公司	江阴留学人员创业园	电子信息
江阴思图依信息科技有限公司	江阴留学人员创业园	电子信息
江阴天恒计算机信息技术有限公司	江阴留学人员创业园	电子信息
江阴网新博创科技有限公司	江阴留学人员创业园	电子信息
江阴沿动信息技术有限公司	江阴留学人员创业园	电子信息
江阴优胜信息技术有限公司	江阴留学人员创业园	电子信息
江阴中创网络信息有限公司	江阴留学人员创业园	电子信息
上海致昆网络科技有限公司江阴分公司	江阴留学人员创业园	电子信息
无锡奥盛信息科技有限公司	江阴留学人员创业园	电子信息
无锡泛在智能网络科技有限公司	江阴留学人员创业园	电子信息
无锡吉亦思自动化科技有限公司	江阴留学人员创业园	电子信息
无锡纳索信息技术有限公司	江阴留学人员创业园	电子信息
无锡视虚科技有限公司	江阴留学人员创业园	电子信息
无锡踏浪信息技术有限公司	江阴留学人员创业园	电子信息
无锡伟诺升华软件科技有限公司	江阴留学人员创业园	电子信息
无锡真知信息技术有限公司	江阴留学人员创业园	电子信息
江阴安博生物医药有限公司	江阴留学人员创业园	生物医药
江阴百胜生物科技有限公司	江阴留学人员创业园	生物医药
江阴基因泰普生物技术有限公司	江阴留学人员创业园	生物医药
江阴力通应用神经技术有限公司	江阴留学人员创业园	生物医药
江阴迈康升华医药科技有限公司	江阴留学人员创业园	生物医药
江阴市苏达汇诚医疗器械有限公司	江阴留学人员创业园	生物医药
江阴万联医药科技研发有限公司	江阴留学人员创业园	生物医药
江阴新申奥生物科技有限公司	江阴留学人员创业园	生物医药
江阴阳森生物技术有限公司	江阴留学人员创业园	生物医药
江阴中利生物技术有限公司	江阴留学人员创业园	生物医药
无锡百奥康生物医药科技有限公司	江阴留学人员创业园	生物医药
无锡贝塔医药科技有限公司	江阴留学人员创业园	生物医药
无锡博桥生物医药科技有限公司	江阴留学人员创业园	生物医药
无锡枫华生物科技有限公司	江阴留学人员创业园	生物医药
无锡弗里斯特生物科技有限公司	江阴留学人员创业园	生物医药
无锡久江生物科技有限公司	江阴留学人员创业园	生物医药
无锡泰雅生物科技有限公司	江阴留学人员创业园	生物医药
江阴德力激光设备有限公司	江阴留学人员创业园	先进制造
江阴浩瀚光电技术应用开发有限公司	江阴留学人员创业园	先进制造
江阴逆流科技有限公司	江阴留学人员创业园	先进制造
江阴全凯机电科技有限公司	江阴留学人员创业园	先进制造
江阴源芯电子有限公司	江阴留学人员创业园	先进制造
江阴智海新能源环保科技有限公司	江阴留学人员创业园	先进制造
无锡尚实电子科技有限公司	江阴留学人员创业园	先进制造
江苏中博钻石科技有限公司	江阴留学人员创业园	新材料
江阴爱迪超生技术有限公司	江阴留学人员创业园	新材料
江阴东大新材料研究院有限责任公司	江阴留学人员创业园	新材料
江阴飞宇高分子材料研究所有限公司	江阴留学人员创业园	新材料
江阴盛辉科技有限公司	江阴留学人员创业园	新材料
江阴市明邦科技有限公司	江阴留学人员创业园	新材料
江阴中科英特雅光纳米技术有限公司	江阴留学人员创业园	新材料
无锡安飞纤维材料科技有限公司	江阴留学人员创业园	新材料
无锡保丽真防伪科技有限公司	江阴留学人员创业园	新材料
无锡江天高新纳米技术材料有限公司	江阴留学人员创业园	新材料
无锡荣升汇彩科技有限公司	江阴留学人员创业园	新材料
江苏欣锐新能源环保技术有限公司	江阴留学人员创业园	新能源环保

江阴德高环保科技有限公司	江阴留学人员创业园	新能源环保
江阴纳米克斯新能源环保科技有限公司	江阴留学人员创业园	新能源环保
江阴南方智蓝环保科技有限公司	江阴留学人员创业园	新能源环保
江阴仁有环保科技有限公司	江阴留学人员创业园	新能源环保
江阴远景能源科技有限公司	江阴留学人员创业园	新能源环保
无锡光和新能源环保科技有限公司	江阴留学人员创业园	新能源环保
无锡酷可琳新能源环保科技有限公司	江阴留学人员创业园	新能源环保
无锡索能太阳能科技有限公司	江阴留学人员创业园	新能源环保
江阴迪杰时装设计有限公司	江阴留学人员创业园	文化创意
江阴风雷动画艺术设计有限公司	江阴留学人员创业园	文化创意
江阴国动文化传媒有限公司	江阴留学人员创业园	文化创意
江阴朗途数码动漫设计有限公司	江阴留学人员创业园	文化创意
江阴云裳创意设计有限公司	江阴留学人员创业园	文化创意
无锡大一影视科技有限公司	江阴留学人员创业园	文化创意
无锡市盈泰行传媒有限公司	江阴留学人员创业园	文化创意
江阴移动风尚汽车服务管理有限公司	江阴留学人员创业园	现代服务
常州安荣电气科技有限公司	常州留学人员创业园	电子信息
常州暴雨信息科技有限公司	常州留学人员创业园	电子信息
常州北星自动化科技有限公司	常州留学人员创业园	电子信息
常州博拓电子科技有限公司	常州留学人员创业园	电子信息
常州诚润信息技术有限公司	常州留学人员创业园	电子信息
常州德一物联网络科技有限公司	常州留学人员创业园	电子信息
常州富裕谷网络科技有限公司	常州留学人员创业园	电子信息
常州硅谷信息科技有限公司	常州留学人员创业园	电子信息
常州恒创软件有限公司	常州留学人员创业园	电子信息
常州鸿源动力科技有限公司	常州留学人员创业园	电子信息
常州冷源动力科技有限公司	常州留学人员创业园	电子信息
常州隆辉照明科技有限公司	常州留学人员创业园	电子信息
常州面包电子科技有限公司	常州留学人员创业园	电子信息
常州乾曜信息技术有限公司	常州留学人员创业园	电子信息
常州群承软件技术有限公司	常州留学人员创业园	电子信息
常州瑞科微电子科技有限公司	常州留学人员创业园	电子信息
常州瑞择微电子科技有限公司	常州留学人员创业园	电子信息
常州三博机电科技有限公司	常州留学人员创业园	电子信息
常州晟永光电材料有限公司	常州留学人员创业园	电子信息
常州盛游网络科技有限公司	常州留学人员创业园	电子信息
常州时析电子科技有限公司	常州留学人员创业园	电子信息
常州市阿德塞电子科技有限公司	常州留学人员创业园	电子信息
常州市联百力智能化系统工程有限公司	常州留学人员创业园	电子信息
常州泰思达工程计算与分析科技有限公司	常州留学人员创业园	电子信息
常州网腾技术软件公司	常州留学人员创业园	电子信息
常州西芯数码科技有限公司	常州留学人员创业园	电子信息
常州兆能电子科技有限公司	常州留学人员创业园	电子信息
常州志邦电子科技有限公司	常州留学人员创业园	电子信息
江苏宏电节能服务有限公司	常州留学人员创业园	电子信息
江苏宏微科技有限公司	常州留学人员创业园	电子信息
江苏集晟电子科技有限公司	常州留学人员创业园	电子信息
江苏三思信息科技有限公司	常州留学人员创业园	电子信息
常州安吉拉生物医药科技有限公司	常州留学人员创业园	生物医药
常州安诺生物医药有限公司	常州留学人员创业园	生物医药
常州奥森药物科技有限公司	常州留学人员创业园	生物医药
常州百适得生物科技有限公司	常州留学人员创业园	生物医药
常州邦哲系统生物工程研究所有限公司	常州留学人员创业园	生物医药
常州博信生物技术有限公司	常州留学人员创业园	生物医药
常州常瑞生物技术有限公司	常州留学人员创业园	生物医药
常州楚天生物科技有限公司	常州留学人员创业园	生物医药
常州德健生物科技有限公司	常州留学人员创业园	生物医药
常州德莱医药科技有限公司	常州留学人员创业园	生物医药
常州格露康生物医药科技有限公司	常州留学人员创业园	生物医药
常州凯南迪克医疗科技有限公司	常州留学人员创业园	生物医药

常州康和生物技术有限公司	常州留学人员创业园	生物医药
常州康卫生物技术有限公司	常州留学人员创业园	生物医药
常州乐奥医疗科技有限公司	常州留学人员创业园	生物医药
常州荣君生物医药科技有限公司	常州留学人员创业园	生物医药
常州三高生物技术开发有限公司	常州留学人员创业园	生物医药
常州三泰科技有限公司	常州留学人员创业园	生物医药
常州市思杰生物化学有限公司	常州留学人员创业园	生物医药
常州市勇毅生物药业有限公司	常州留学人员创业园	生物医药
常州松源高效生物氘有限公司	常州留学人员创业园	生物医药
常州太平洋药物研究所有限公司	常州留学人员创业园	生物医药
常州天磊生物技术有限公司	常州留学人员创业园	生物医药
常州微纳生物科技有限公司	常州留学人员创业园	生物医药
常州微诊生物医药科技有限公司	常州留学人员创业园	生物医药
常州欣宏科生物化学有限公司	常州留学人员创业园	生物医药
常州亚当生物技术有限公司	常州留学人员创业园	生物医药
常州医凌生命科技有限公司	常州留学人员创业园	生物医药
常州以成医药科技有限公司	常州留学人员创业园	生物医药
常州益菌加生物科技有限公司	常州留学人员创业园	生物医药
常州英诺升康生物医药科技有限公司	常州留学人员创业园	生物医药
常州长吉生物技术开发有限公司	常州留学人员创业园	生物医药
江苏铼泰医药生物技术有限公司	常州留学人员创业园	生物医药
江苏维泉生物科技有限公司	常州留学人员创业园	生物医药
江苏众红生物工程创药研究院有限公司	常州留学人员创业园	生物医药
常州春秋农业机械有限公司	常州留学人员创业园	先进制造
常州高凯精密机械有限公司	常州留学人员创业园	先进制造
常州广为仪器科技有限公司	常州留学人员创业园	先进制造
常州环能涡轮动力有限公司	常州留学人员创业园	先进制造
常州杰耐机械有限公司	常州留学人员创业园	先进制造
常州凯捷特水射流科技有限公司	常州留学人员创业园	先进制造
常州雷射激光设备有限公司	常州留学人员创业园	先进制造
常州视觉龙机电设备有限公司	常州留学人员创业园	先进制造
常州威欧传输设备有限公司	常州留学人员创业园	先进制造
江苏昊润电子科技有限公司	常州留学人员创业园	先进制造
江苏在望节能科技有限公司	常州留学人员创业园	先进制造
常州浩瀚新材料科技有限公司	常州留学人员创业园	新材料
常州杰美科技有限公司	常州留学人员创业园	新材料
常州清玉光电有限公司	常州留学人员创业园	新材料
常州睿新园艺科技有限公司	常州留学人员创业园	新材料
常州胜杰化工有限公司	常州留学人员创业园	新材料
常州市纳罗可涂料有限公司	常州留学人员创业园	新材料
常州苏晶电子材料有限公司	常州留学人员创业园	新材料
常州西品科技有限公司	常州留学人员创业园	新材料
江苏敦超电子科技有限公司	常州留学人员创业园	新材料
江苏中简科技有限公司	常州留学人员创业园	新材料
常州爱斯特净化设备有限公司	常州留学人员创业园	新能源环保
常州合特光电有限公司	常州留学人员创业园	新能源环保
常州佳讯光电产业发展有限公司	常州留学人员创业园	新能源环保
常州杰创环境科技有限公司	常州留学人员创业园	新能源环保
常州施瑞迪能源科技有限公司	常州留学人员创业园	新能源环保
常州思瑞科技有限公司	常州留学人员创业园	新能源环保
常州银宇氢动车环保科技有限公司	常州留学人员创业园	新能源环保
常州优特科新能源环保有限公司	常州留学人员创业园	新能源环保
常州紫波电子科技有限公司	常州留学人员创业园	新能源环保
常州紫波太阳能科技有限公司	常州留学人员创业园	新能源环保
江苏东润光伏科技有限公司	常州留学人员创业园	新能源环保
江苏诺迪新能源环保科技有限公司	常州留学人员创业园	新能源环保
江苏维尔利环保科技股份有限公司	常州留学人员创业园	新能源环保
常州八度信息科技有限公司	常州留学人员创业园	文化创意
常州保纳绿创环保科技有限公司	常州留学人员创业园	文化创意
常州博创软件技术有限公司	常州留学人员创业园	文化创意

常州德诗蓝电子科技有限公司	常州留学人员创业园	文化创意
常州多邦科技有限公司	常州留学人员创业园	文化创意
常州发创软件有限公司	常州留学人员创业园	文化创意
常州哈酷那软件科技有限公司	常州留学人员创业园	文化创意
常州慧天网络科技有限公司	常州留学人员创业园	文化创意
常州金刚网络技术有限公司	常州留学人员创业园	文化创意
常州康新电子科技有限公司	常州留学人员创业园	文化创意
常州快书包信息科技有限公司	常州留学人员创业园	文化创意
常州龙族网络科技有限公司	常州留学人员创业园	文化创意
常州珞珈中网信息技术有限公司	常州留学人员创业园	文化创意
常州泡泡海信息技术有限公司	常州留学人员创业园	文化创意
常州镕汇物流信息有限公司	常州留学人员创业园	文化创意
常州瑞虎网络科技有限公司	常州留学人员创业园	文化创意
常州润云软件科技有限公司	常州留学人员创业园	文化创意
常州赛吉软件有限公司	常州留学人员创业园	文化创意
常州市奇程网信息技术有限公司	常州留学人员创业园	文化创意
常州水木数字信息技术有限公司	常州留学人员创业园	文化创意
常州途游网络科技有限公司	常州留学人员创业园	文化创意
常州元素信息技术有限公司	常州留学人员创业园	文化创意
常州云枢信息技术有限公司	常州留学人员创业园	文化创意
济中能源科技（常州）有限公司	常州留学人员创业园	文化创意
江苏博圣云峰信息咨询有限公司	常州留学人员创业园	文化创意
江苏固立得精密光电有限公司	常州留学人员创业园	文化创意
江苏华睿智能工程有限公司	常州留学人员创业园	文化创意
江苏竞游信息科技有限公司	常州留学人员创业园	文化创意
江苏科航网络科技有限公司	常州留学人员创业园	文化创意
江苏乐众信息技术有限公司	常州留学人员创业园	文化创意
江苏诠美医疗科技有限公司	常州留学人员创业园	文化创意
江苏四维智能装备技术有限公司	常州留学人员创业园	文化创意
纳好电子商务（江苏）有限公司	常州留学人员创业园	文化创意
四海商舟电子商务有限公司	常州留学人员创业园	文化创意
常州世纪伟通投资有限公司	常州留学人员创业园	现代服务
常州网视领航网络科技有限公司	常州留学人员创业园	现代服务
常州西门沃斯贸易有限公司	常州留学人员创业园	现代服务
常州正诚资产评估事务所有限公司	常州留学人员创业园	现代服务
常州艾伊格尔信息科技有限公司	常州钟楼留学人员创业园	电子信息
常州奥施特信息科技有限公司	常州钟楼留学人员创业园	电子信息
常州超媒体与感知技术研究所有限公司	常州钟楼留学人员创业园	电子信息
常州达奇医疗科技有限公司	常州钟楼留学人员创业园	电子信息
常州冠科电子有限公司	常州钟楼留学人员创业园	电子信息
常州海超电子科技有限公司	常州钟楼留学人员创业园	电子信息
常州翰力信息科技有限公司	常州钟楼留学人员创业园	电子信息
常州华科联锐信息技术有限公司	常州钟楼留学人员创业园	电子信息
常州环视高科电子科技有限公司	常州钟楼留学人员创业园	电子信息
常州加美科技有限公司	常州钟楼留学人员创业园	电子信息
常州玖为电子科技有限公司	常州钟楼留学人员创业园	电子信息
常州康维科技电子有限公司	常州钟楼留学人员创业园	电子信息
常州蓝城信息科技有限公司	常州钟楼留学人员创业园	电子信息
常州联星智通科技有限公司	常州钟楼留学人员创业园	电子信息
常州米谷电子科技有限公司	常州钟楼留学人员创业园	电子信息
常州南基天盛电子科技有限公司	常州钟楼留学人员创业园	电子信息
常州能动电子科技有限公司	常州钟楼留学人员创业园	电子信息
常州普适信息科技有限公司	常州钟楼留学人员创业园	电子信息
常州千鸟绝信息技术有限公司	常州钟楼留学人员创业园	电子信息
常州睿擎信息科技有限公司	常州钟楼留学人员创业园	电子信息
常州赛彦电子科技有限公司	常州钟楼留学人员创业园	电子信息
常州市日津消防科技有限公司	常州钟楼留学人员创业园	电子信息
常州市银策融科软件开发有限公司	常州钟楼留学人员创业园	电子信息
常州司曼睿信息科技有限公司	常州钟楼留学人员创业园	电子信息
常州泰宇信息科技有限公司	常州钟楼留学人员创业园	电子信息

常州图强信息技术有限公司	常州钟楼留学人员创业园	电子信息
常州微朗电子科技有限公司	常州钟楼留学人员创业园	电子信息
常州维吉恩信息科技有限公司	常州钟楼留学人员创业园	电子信息
常州芯奇微电子科技有限公司	常州钟楼留学人员创业园	电子信息
常州学学信息科技有限公司	常州钟楼留学人员创业园	电子信息
常州意辉尔科技有限公司	常州钟楼留学人员创业园	电子信息
常州元黄信息科技有限公司	常州钟楼留学人员创业园	电子信息
常州正选软件科技有限公司	常州钟楼留学人员创业园	电子信息
常州中导传感科技有限公司	常州钟楼留学人员创业园	电子信息
江苏应能微电子有限公司	常州钟楼留学人员创业园	电子信息
常州百和世生物科技有限公司	常州钟楼留学人员创业园	生物医药
常州费洛斯药业科技有限公司	常州钟楼留学人员创业园	生物医药
常州莫迪凯德医药信息科技有限公司	常州钟楼留学人员创业园	生物医药
常州生奥基因生物科技有限公司	常州钟楼留学人员创业园	生物医药
常州市怡德医疗科技有限公司	常州钟楼留学人员创业园	生物医药
常州市怡先生物科技有限公司	常州钟楼留学人员创业园	生物医药
常州安姆精密仪器有限公司	常州钟楼留学人员创业园	先进制造
常州澳泰精密仪器有限公司	常州钟楼留学人员创业园	先进制造
常州格力博工具技术研发有限公司	常州钟楼留学人员创业园	先进制造
常州精瑞自动化装备技术有限公司	常州钟楼留学人员创业园	先进制造
常州诺曼数码自动化设备有限公司	常州钟楼留学人员创业园	先进制造
常州欧特斯汽车电子科技有限公司	常州钟楼留学人员创业园	先进制造
常州普美电子科技有限公司	常州钟楼留学人员创业园	先进制造
常州嵘驰发动机技术有限公司	常州钟楼留学人员创业园	先进制造
常州市儒昊电气设备有限公司	常州钟楼留学人员创业园	先进制造
常州信雷迪诺电子工程有限公司	常州钟楼留学人员创业园	先进制造
瑞力盟数控技术有限公司	常州钟楼留学人员创业园	先进制造
常州国博新材料科技有限公司	常州钟楼留学人员创业园	新材料
常州护佳卫生用品有限公司	常州钟楼留学人员创业园	新材料
常州纳乐科思光学有限公司	常州钟楼留学人员创业园	新材料
常州兴邦塑胶科技有限公司	常州钟楼留学人员创业园	新材料
常州英中纳米科技有限公司	常州钟楼留学人员创业园	新材料
常州钜岳水务环保科技有限公司	常州钟楼留学人员创业园	新能源环保
常州罗盘星检测科技有限公司	常州科教城留学人员创业园	新能源环保
常州市康舒环境科技有限公司	常州钟楼留学人员创业园	新能源环保
常州天天太阳能有限公司	常州钟楼留学人员创业园	新能源环保
常州英诺能源科技有限公司	常州钟楼留学人员创业园	新能源环保
江苏科雷斯普能源科技有限公司	常州钟楼留学人员创业园	新能源环保
常州法中企业服务有限公司	常州钟楼留学人员创业园	现代服务
常州正道信息咨询有限公司	常州钟楼留学人员创业园	现代服务
常州安盾智能化工程有限公司	常州科教城留学人员创业园	电子信息
常州奥科保鲜技术有限公司	常州科教城留学人员创业园	电子信息
常州博世伟业生物科技有限公司	常州科教城留学人员创业园	电子信息
常州崇高纳米材料有限公司	常州科教城留学人员创业园	电子信息
常州多源海量信息技术有限公司	常州科教城留学人员创业园	电子信息
常州复米信息科技有限公司	常州科教城留学人员创业园	电子信息
常州汉国电子科技有限公司	常州科教城留学人员创业园	电子信息
常州华瑞陶瓷材料技术有限公司	常州钟楼留学人员创业园	电子信息
常州汇园教育科技有限公司	常州科教城留学人员创业园	电子信息
常州激蓝科技有限公司	常州科教城留学人员创业园	电子信息
常州健慈生物医药科技有限公司	常州科教城留学人员创业园	电子信息
常州健身网络软件有限公司	常州科教城留学人员创业园	电子信息
常州金惠甫山人才测评软件科技有限公司	常州科教城留学人员创业园	电子信息
常州精嘉博研电子技术有限公司	常州科教城留学人员创业园	电子信息
常州凯恩信息技术有限公司	常州科教城留学人员创业园	电子信息
常州欧智汽车电子有限公司	常州科教城留学人员创业园	电子信息
常州毗邻智慧医疗科技有限公司	常州科教城留学人员创业园	电子信息
常州睿联网络科技有限公司	常州科教城留学人员创业园	电子信息
常州赛杰电子信息有限公司	常州科教城留学人员创业园	电子信息
常州三乐商电子科技有限公司	常州科教城留学人员创业园	电子信息

常州桑澳能源幕墙科技有限公司	常州科教城留学人员创业园	电子信息
常州善尚光电科技有限公司	常州科教城留学人员创业园	电子信息
常州市厚载电子科技有限公司	常州科教城留学人员创业园	电子信息
常州泰美鑫电子科技有限公司	常州科教城留学人员创业园	电子信息
常州天之云信息科技有限公司	常州科教城留学人员创业园	电子信息
常州图索软件有限公司	常州科教城留学人员创业园	电子信息
常州谐筑信息科技有限公司	常州科教城留学人员创业园	电子信息
常州芯阳微电子科技有限公司	常州科教城留学人员创业园	电子信息
常州一马信息科技有限公司	常州科教城留学人员创业园	电子信息
常州易控汽车电子有限公司	常州科教城留学人员创业园	电子信息
常州智尚联程信息科技有限公司	常州科教城留学人员创业园	电子信息
常州子睦微电子有限公司	常州科教城留学人员创业园	电子信息
江苏海航涂料科技有限公司	常州科教城留学人员创业园	电子信息
江苏海威客网络科技有限公司	常州科教城留学人员创业园	电子信息
江苏盛天交通科技有限公司	常州科教城留学人员创业园	电子信息
江苏谐云智能科技有限公司	常州科教城留学人员创业园	电子信息
江苏印信通达电子科技有限公司	常州科教城留学人员创业园	电子信息
常州艾利肯药业科技有限公司	常州科教城留学人员创业园	生物医药
常州安倍利电子科技有限公司	常州科教城留学人员创业园	生物医药
常州大岳生物科技有限公司	常州科教城留学人员创业园	生物医药
常州德申环保工程有限公司	常州科教城留学人员创业园	生物医药
常州迪锐特电子科技有限公司	常州科教城留学人员创业园	生物医药
常州飞寻视讯信息科技有限公司	常州科教城留学人员创业园	生物医药
常州菲胜图自动化仪器有限公司	常州科教城留学人员创业园	生物医药
常州富思生物科技有限公司	常州科教城留学人员创业园	生物医药
常州京森生物医药研究所有限公司	常州科教城留学人员创业园	生物医药
常州凯祺维纳科技有限公司	常州科教城留学人员创业园	生物医药
常州康您生物医药科技有限公司	常州科教城留学人员创业园	生物医药
常州绿尚节能建筑科技有限公司	常州科教城留学人员创业园	生物医药
常州麦科卡电动车辆科技有限公司	常州科教城留学人员创业园	生物医药
常州梦泰照明科技有限公司	常州科教城留学人员创业园	生物医药
常州梦想人多媒体科技有限公司	常州科教城留学人员创业园	生物医药
常州诺方医药生物技术有限公司	常州科教城留学人员创业园	生物医药
常州锐博生物科技有限公司	常州科教城留学人员创业园	生物医药
常州盛德信息科技有限公司	常州科教城留学人员创业园	生物医药
常州喜鹊医药有限公司	常州科教城留学人员创业园	生物医药
常州新平机器人科技有限公司	常州科教城留学人员创业园	生物医药
常州宇之爱遥感技术有限公司	常州科教城留学人员创业园	生物医药
常州远量机器人科技有限公司	常州科教城留学人员创业园	生物医药
常州竺思光电科技有限公司	常州科教城留学人员创业园	生物医药
江苏建艺节能科技有限公司	常州科教城留学人员创业园	生物医药
江苏明化合晟生物科技有限公司	常州科教城留学人员创业园	生物医药
常州佰宫能源科技有限公司	常州科教城留学人员创业园	先进制造
常州福生生物技术有限公司	常州科教城留学人员创业园	先进制造
常州涵德再生医学科技有限公司	常州科教城留学人员创业园	先进制造
常州汉迪机器人科技有限公司	常州科教城留学人员创业园	先进制造
常州介孔催化材料有限公司	常州科教城留学人员创业园	先进制造
常州宽谱光电仪器有限公司	常州科教城留学人员创业园	先进制造
常州西工激光科技有限公司	常州科教城留学人员创业园	先进制造
常州英诺激光科技有限公司	常州科教城留学人员创业园	先进制造
常州宇环光电有限公司	常州科教城留学人员创业园	先进制造
常州中港纺织智能科技有限公司	常州科教城留学人员创业园	先进制造
江苏靶标生物医药研究所有限公司	常州科教城留学人员创业园	先进制造
江苏法华纺织机械有限公司	常州科教城留学人员创业园	先进制造
江苏智邦精工科技有限公司	常州科教城留学人员创业园	先进制造
常州艾美迪先进材料科技有限公司	常州科教城留学人员创业园	新材料
常州德翰纳米材料科技有限公司	常州科教城留学人员创业园	新材料
常州鼎悦电子科技有限公司	常州科教城留学人员创业园	新材料
常州固特易化工科技有限公司	常州科教城留学人员创业园	新材料
常州嘉众新材料科技有限公司	常州科教城留学人员创业园	新材料

常州龙途新材料科技有限公司	常州科教城留学人员创业园	新材料
常州麦它生物科技有限公司	常州科教城留学人员创业园	新材料
常州美镓伟业光电科技有限公司	常州科教城留学人员创业园	新材料
常州明成翔锐环保科技有限公司	常州科教城留学人员创业园	新材料
常州赛斐斯新材料科技有限公司	常州科教城留学人员创业园	新材料
常州苏瑞纳碳科技有限公司	常州科教城留学人员创业园	新材料
常州铁基新材料科技有限公司	常州科教城留学人员创业园	新材料
常州威尔思信息科技有限公司	常州科教城留学人员创业园	新材料
常州威迈特环保科技有限公司	常州科教城留学人员创业园	新材料
常州雅谱智能变色光学器件有限公司	常州科教城留学人员创业园	新材料
常州优控信息科技有限公司	常州科教城留学人员创业园	新材料
江苏康朋医疗科技有限公司	常州科教城留学人员创业园	新材料
江苏普罗赛生物技术有限公司	常州科教城留学人员创业园	新材料
常州爱尔发膜技术有限公司	常州科教城留学人员创业园	新能源环保
常州倍尔生生物科技有限公司	常州科教城留学人员创业园	新能源环保
常州氮源光电科技有限公司	常州科教城留学人员创业园	新能源环保
常州德美环保科技有限公司	常州科教城留学人员创业园	新能源环保
常州法雷电子科技有限公司	常州科教城留学人员创业园	新能源环保
常州格瑞展泰再生能源有限公司	常州科教城留学人员创业园	新能源环保
常州洪荒谷电子科技有限公司	常州科教城留学人员创业园	新能源环保
常州鸿宇生物科技有限公司	常州科教城留学人员创业园	新能源环保
常州徽电科瑞电子科技有限公司	常州科教城留学人员创业园	新能源环保
常州吉赫射频电子技术有限公司	常州科教城留学人员创业园	新能源环保
常州均益新材料科技有限公司	常州科教城留学人员创业园	新能源环保
常州卡斯比生物科技有限公司	常州科教城留学人员创业园	新能源环保
常州蓝曼光电科技有限公司	常州科教城留学人员创业园	新能源环保
常州里程新能源环保科技有限公司	常州科教城留学人员创业园	新能源环保
常州普创半导体有限公司	常州科教城留学人员创业园	新能源环保
常州瑞恩动力科技有限公司	常州科教城留学人员创业园	新能源环保
常州三爱电子科技有限公司	常州科教城留学人员创业园	新能源环保
常州深蓝涂层技术有限公司	常州科教城留学人员创业园	新能源环保
常州市菲涅克斯电器技术有限公司	常州科教城留学人员创业园	新能源环保
常州四海纳睿电子科技有限公司	常州科教城留学人员创业园	新能源环保
常州优创新港信息科技有限公司	常州科教城留学人员创业园	新能源环保
常州真知信息技术有限公司	常州科教城留学人员创业园	新能源环保
华霆（常州）动力技术有限公司	常州科教城留学人员创业园	新能源环保
江苏晔铭生物医药科技有限公司	常州科教城留学人员创业园	新能源环保
常州林美工程设计咨询有限公司	常州科教城留学人员创业园	现代服务
常州普润电子科技有限公司	江苏省金坛留学人员创业园	电子信息
常州融合通讯软件技术有限公司	江苏省金坛留学人员创业园	电子信息
常州赛得瑞尔生物科技有限公司	江苏省金坛留学人员创业园	生物医药
江苏德仁生物科技公司	江苏省金坛留学人员创业园	生物医药
常州清研电子科技有限公司	江苏省金坛留学人员创业园	先进制造
常州剑河新材料科技有限公司	江苏省金坛留学人员创业园	新材料
常州六九新材料科技有限公司	江苏省金坛留学人员创业园	新材料
常州市恒旭电工器材制造有限公司	江苏省金坛留学人员创业园	新材料
凡登（常州）新型金属材料技术有限公司	江苏省金坛留学人员创业园	新材料
江苏豪辰光学材料有限公司	江苏省金坛留学人员创业园	新材料
江苏科泰绝热新材料有限公司	江苏省金坛留学人员创业园	新材料
浦发成型焊片（常州）有限公司	江苏省金坛留学人员创业园	新材料
盛利维尔（中国）新材料技术有限公司	江苏省金坛留学人员创业园	新材料
海优威太阳能材料（常州）有限公司	江苏省金坛留学人员创业园	新能源环保
江苏磁源动力科技有限公司	江苏省金坛留学人员创业园	新能源环保
常州安比森生物科技有限公司	江苏武进留学人员创业园	生物医药
常州金甙生物技术有限公司	江苏武进留学人员创业园	生物医药
常州金赛肿瘤医药科技有限公司	江苏武进留学人员创业园	生物医药
常州日美水产科技有限公司	江苏武进留学人员创业园	生物医药
常州瑞比亚医药科技有限公司	江苏武进留学人员创业园	生物医药
常州中美歆新生物科技有限公司	江苏武进留学人员创业园	生物医药
微奥基因科技常州有限公司	江苏武进留学人员创业园	生物医药

常州豪兴诺自动化技术有限公司	江苏武进留学人员创业园	先进制造
常州伟肯精密机械有限公司	江苏武进留学人员创业园	先进制造
常州众洁新材料科技有限公司	江苏武进留学人员创业园	新材料
常州帝杰特打印技术有限公司	江苏武进留学人员创业园	新能源环保
常州桑昊太阳能工程技术有限公司	江苏武进留学人员创业园	新能源环保
常州安卓网络科技有限公司	江苏津通留学人员创业园	电子信息
常州浩讯信息科技有限公司	江苏津通留学人员创业园	电子信息
常州节安得能源科技有限公司	江苏津通留学人员创业园	电子信息
常州杰傲病理诊断技术有限公司	江苏津通留学人员创业园	电子信息
常州聚焦新能源环保科技有限公司	江苏津通留学人员创业园	电子信息
常州凯木德信息科技有限公司	江苏津通留学人员创业园	电子信息
常州罗科自动化技术有限公司	江苏津通留学人员创业园	电子信息
常州敏创自动化技术有限公司	江苏津通留学人员创业园	电子信息
常州拍房网络科技有限公司	江苏津通留学人员创业园	电子信息
常州普旭电子商务有限公司	江苏津通留学人员创业园	电子信息
常州热火电子科技有限公司	江苏津通留学人员创业园	电子信息
常州生活家智能家居有限公司	江苏津通留学人员创业园	电子信息
常州石广电子有限公司	江苏津通留学人员创业园	电子信息
常州中安医疗器械有限公司	江苏津通留学人员创业园	电子信息
江苏吉利思信息科技有限公司	江苏津通留学人员创业园	电子信息
江苏津通先锋光电显示技术有限公司	江苏津通留学人员创业园	电子信息
江苏美淼信息科技有限公司	江苏津通留学人员创业园	电子信息
江苏一品农家生态农产品有限公司电子商务中心	江苏津通留学人员创业园	电子信息
江苏易团电子商务有限公司	江苏津通留学人员创业园	电子信息
常州普洛立德生物科技有限公司	江苏津通留学人员创业园	生物医药
江苏艾信兰生物医药科技有限公司	江苏津通留学人员创业园	生物医药
常州海通电气自动化技术装备有限公司	江苏津通留学人员创业园	先进制造
常州莱星精密机械制造有限公司	江苏津通留学人员创业园	先进制造
江苏中晶光电科技有限公司	江苏津通留学人员创业园	先进制造
常州格润新材料科技有限公司	江苏津通留学人员创业园	新材料
常州美胜生物材料有限公司	江苏津通留学人员创业园	新材料
方达瑞真空科技（常州）有限公司	江苏津通留学人员创业园	新材料
江苏津恒能源科技有限公司	江苏津通留学人员创业园	新能源环保
常州鼎力投资有限公司	江苏津通留学人员创业园	现代服务
常州市千汇人力资源有限公司	江苏津通留学人员创业园	现代服务
常州市怡天广告传媒有限公司	江苏津通留学人员创业园	现代服务
常州无极管理咨询有限公司	江苏津通留学人员创业园	现代服务
江苏伟康信息技术有限公司	苏州留学人员创业园	电子信息
苏州阿富爱迪物联网技术有限公司	苏州留学人员创业园	电子信息
苏州奥曦特电子科技有限公司	苏州留学人员创业园	电子信息
苏州贝克微电子有限公司	苏州留学人员创业园	电子信息
苏州富鑫林光电科技有限公司	苏州留学人员创业园	电子信息
苏州盖通科技有限公司	苏州留学人员创业园	电子信息
苏州谷之道软件科技有限公司	苏州留学人员创业园	电子信息
苏州国烁新材料有限公司	苏州留学人员创业园	电子信息
苏州海吉亚生物科技有限公司	苏州留学人员创业园	电子信息
苏州汉辰电子科技有限公司	苏州留学人员创业园	电子信息
苏州汉辰数字科技有限公司	苏州留学人员创业园	电子信息
苏州汉软物联科技有限公司	苏州留学人员创业园	电子信息
苏州华天公信数字技术有限公司	苏州留学人员创业园	电子信息
苏州华天亚讯科技有限公司	苏州留学人员创业园	电子信息
苏州华兴源创电子科技有限公司	苏州留学人员创业园	电子信息
苏州佳祺仕信息科技有限公司	苏州留学人员创业园	电子信息
苏州雷视通电子技术有限公司	苏州留学人员创业园	电子信息
苏州灵矽微系统有限公司	苏州留学人员创业园	电子信息
苏州派米网络科技有限公司	苏州留学人员创业园	电子信息
苏州荣鼎信息技术有限公司	苏州留学人员创业园	电子信息
苏州三诺信息科技有限公司	苏州留学人员创业园	电子信息
苏州盛腾信息科技有限公司	苏州留学人员创业园	电子信息
苏州市好掌柜软件科技有限公司	苏州留学人员创业园	电子信息

苏州市中能能源科技有限公司	苏州留学人员创业园	电子信息
苏州讯和软件技术有限公司	苏州留学人员创业园	电子信息
苏州一远远电子科技有限公司	苏州留学人员创业园	电子信息
苏州易行街科技有限公司	苏州留学人员创业园	电子信息
苏州翼宝博信息科技有限公司	苏州留学人员创业园	电子信息
苏州优品在线软件技术有限公司	苏州留学人员创业园	电子信息
苏州远唯网络技术服务有限公司	苏州留学人员创业园	电子信息
苏州云存电子科技有限公司	苏州留学人员创业园	电子信息
苏州智信通电子科技有限公司	苏州留学人员创业园	电子信息
先特计软件（苏州）有限公司	苏州留学人员创业园	电子信息
江苏蓝拓生物科技有限公司	苏州留学人员创业园	生物医药
江苏银浩生物科技有公司	苏州留学人员创业园	生物医药
江苏准基生物科技有限公司	苏州留学人员创业园	生物医药
苏州奥格瑞生物技术有限公司	苏州留学人员创业园	生物医药
苏州百源基因技术有限公司	苏州留学人员创业园	生物医药
苏州柏适捷药物化学有限公司	苏州留学人员创业园	生物医药
苏州方策科技发展有限公司	苏州留学人员创业园	生物医药
苏州盖依亚生物医药有限公司	苏州留学人员创业园	生物医药
苏州格兰斯生物科技有限公司	苏州留学人员创业园	生物医药
苏州国弘医药科技有限公司	苏州留学人员创业园	生物医药
苏州恒瑞生物医药科技有限公司	苏州留学人员创业园	生物医药
苏州华万泰医疗器械有限公司	苏州留学人员创业园	生物医药
苏州环球色谱有限责任公司	苏州留学人员创业园	生物医药
苏州辉斯康医药开发有限公司	苏州留学人员创业园	生物医药
苏州汇通色谱分离纯化有限公司	苏州留学人员创业园	生物医药
苏州晶因生物科技有限公司	苏州留学人员创业园	生物医药
苏州康正生物医药有限公司	苏州留学人员创业园	生物医药
苏州科沐兰医药科技有限公司	苏州留学人员创业园	生物医药
苏州科耐尔医药科技有限公司	苏州留学人员创业园	生物医药
苏州朗易生物医药研究有限公司	苏州留学人员创业园	生物医药
苏州领航生物科技有限公司	苏州留学人员创业园	生物医药
苏州麦特维逊医疗科技有限公司	苏州留学人员创业园	生物医药
苏州美迪斯达生物科技有限公司	苏州留学人员创业园	生物医药
苏州美立通科技有限公司	苏州留学人员创业园	生物医药
苏州默锐克生物科技有限责任公司	苏州留学人员创业园	生物医药
苏州纽微生物技术有限公司	苏州留学人员创业园	生物医药
苏州欧泰格瑞生物医药科技有限公司	苏州留学人员创业园	生物医药
苏州派腾生物医药科技有限公司	苏州留学人员创业园	生物医药
苏州普迪生物医药有限公司	苏州留学人员创业园	生物医药
苏州普逻丁生物技术有限公司	苏州留学人员创业园	生物医药
苏州市苏瑞医药化工有限公司	苏州留学人员创业园	生物医药
苏州市万方生物科技有限公司	苏州留学人员创业园	生物医药
苏州万木春生物技术有限公司	苏州留学人员创业园	生物医药
苏州曦元生物科技有限公司	苏州留学人员创业园	生物医药
苏州新凯生物医药技术有限公司	苏州留学人员创业园	生物医药
苏州星雨生物技术有限公司	苏州留学人员创业园	生物医药
苏州元基生物技术有限公司	苏州留学人员创业园	生物医药
苏州中基生物科技有限公司	苏州留学人员创业园	生物医药
苏州衷中医药科技有限公司	苏州留学人员创业园	生物医药
苏州丰宝新材料系统科技有限公司	苏州留学人员创业园	先进制造
苏州富鑫林微纳结构科技有限公司	苏州留学人员创业园	先进制造
苏州朗吉温控系统有限公司	苏州留学人员创业园	先进制造
苏州绿奇环保科技有限公司	苏州留学人员创业园	先进制造
苏州图星光电有限公司	苏州留学人员创业园	先进制造
苏州威拓科技有限公司	苏州留学人员创业园	先进制造
苏州安安新材料有限公司	苏州留学人员创业园	新材料
苏州波塞顿新能源环保工程有限公司	苏州留学人员创业园	新材料
苏州牛剑新材料有限公司	苏州留学人员创业园	新材料
苏州苏尼克新材料科技有限公司	苏州留学人员创业园	新材料
苏州正广节能材料有限公司	苏州留学人员创业园	新材料

苏州艾克玛能源科技有限公司	苏州留学人员创业园	新能源环保
苏州嘉言能源设备有限公司	苏州留学人员创业园	新能源环保
苏州泽众新能源环保科技有限公司	苏州留学人员创业园	新能源环保
苏州巴斯德环保技术有限公司	苏州留学人员创业园	现代服务
苏州知慧谷教育科技有限公司	苏州留学人员创业园	现代服务
创达特（苏州）科技有限责任公司	苏州国际科技园	电子信息
宏智科技（苏州）有限公司	苏州国际科技园	电子信息
利品国际数码科技（苏州）有限公司	苏州国际科技园	电子信息
青峰软件（苏州工业园区）有限公司	苏州国际科技园	电子信息
苏州工业园区北极光网络信息服务有限公司	苏州国际科技园	电子信息
苏州工业园区大诚电讯科技有限公司	苏州国际科技园	电子信息
苏州工业园区国信方舟软件技术有限公司	苏州国际科技园	电子信息
苏州工业园区科升通讯有限公司	苏州国际科技园	电子信息
苏州工业园区乐升软件有限公司	苏州国际科技园	电子信息
苏州工业园区理慧科技有限公司	苏州国际科技园	电子信息
苏州工业园区天舟信息技术服务有限公司	苏州国际科技园	电子信息
苏州工业园区仪仪软件有限公司	苏州国际科技园	电子信息
苏州技杰软件有限公司	苏州国际科技园	电子信息
苏州南大苏富特科技有限公司	苏州国际科技园	电子信息
苏州工业园区澳凯科技有限公司	苏州国际科技园	先进制造
苏州工业园区立得科技有限公司	苏州国际科技园	先进制造
苏州工业园区瑞新自动化设备有限公司	苏州国际科技园	先进制造
苏州工业园区升华科技有限公司	苏州国际科技园	先进制造
澳龙塑料制品（苏州）有限公司	苏州国际科技园	新材料
苏州工业园区易辰电子系统有限公司	苏州国际科技园	新能源环保
苏州奥杰创意设计有限公司	苏州国际科技园	文化创意
苏州工业园区新凯艺建筑设计有限公司	苏州国际科技园	文化创意
扬州汇智光电有限公司	扬州市邗江区留学人员创业园	电子信息
扬州瑞威光电科技有限公司	扬州市邗江区留学人员创业园	电子信息
扬州尚杰电子科技有限公司	扬州市邗江区留学人员创业园	电子信息
扬州芯云智能系统有限公司	扬州市邗江区留学人员创业园	电子信息
江苏伯克生物医药有限公司	扬州市邗江区留学人员创业园	生物医药
千人计划创新药物与食品安全扬州有限公司	扬州市邗江区留学人员创业园	生物医药
扬州伯克软件科技有限公司	扬州市邗江区留学人员创业园	生物医药
扬州禾联医药科技有限公司	扬州市邗江区留学人员创业园	生物医药
扬州莎江生物科技有限公司	扬州市邗江区留学人员创业园	生物医药
扬州多维数控系统有限公司	扬州市邗江区留学人员创业园	先进制造
扬州希瑞电气有限公司	扬州市邗江区留学人员创业园	先进制造
扬州智科光机电技术开发中心有限公司	扬州市邗江区留学人员创业园	先进制造
扬州鑫浩材料科技开发有限公司	扬州市邗江区留学人员创业园	新材料
扬州同济新能源环保动力系统有限公司	扬州市邗江区留学人员创业园	新能源环保
扬州雷鸥电业有限公司	扬州市邗江区留学人员创业园	新能源环保
扬州清工电子科技有限公司	扬州市邗江区留学人员创业园	新能源环保
汉科信息科技（张家港）有限公司	张家港留学人员创业园	电子信息
江苏能华微电子科技发展有限公司	张家港留学人员创业园	电子信息
江苏新羽信息技术有限公司	张家港留学人员创业园	电子信息
千人计划（张家港）电力电子集成技术研究院有限公司	张家港留学人员创业园	电子信息
苏州东大金点物联科技有限公司	张家港留学人员创业园	电子信息
苏州飞智信息科技有限公司	张家港留学人员创业园	电子信息
苏州港能信息技术有限公司	张家港留学人员创业园	电子信息
苏州华博电子科技有限公司	张家港留学人员创业园	电子信息
苏州盛纳微电子科技有限公司	张家港留学人员创业园	电子信息
苏州视云信息科技有限公司	张家港留学人员创业园	电子信息
苏州芷宁信息科技有限公司	张家港留学人员创业园	电子信息
苏州智精灵教育科技有限公司	张家港留学人员创业园	电子信息
张家港昌盛进丰电子科技有限公司	张家港留学人员创业园	电子信息
张家港捷瑞物联网科技有限公司	张家港留学人员创业园	电子信息
张家港美核电子科技有限公司	张家港留学人员创业园	电子信息
张家港市耐维思通电子科技有限公司	张家港留学人员创业园	电子信息
张家港市泰克软件有限公司	张家港留学人员创业园	电子信息

张家港市玉同电子科技有限公司	张家港留学人员创业园	电子信息
江苏金标世纪生物科技有限公司	张家港留学人员创业园	生物医药
苏州百康生物科技有限公司	张家港留学人员创业园	生物医药
苏州汉酶生物技术有限公司	张家港留学人员创业园	生物医药
苏州凯祥生物科技有限公司	张家港留学人员创业园	生物医药
苏州良辰生物医药科技有限公司	张家港留学人员创业园	生物医药
苏州迈泰生物技术有限公司	张家港留学人员创业园	生物医药
苏州美维生物科技有限公司	张家港留学人员创业园	生物医药
苏州普瑞诺药物技术有限公司	张家港留学人员创业园	生物医药
苏州润昌医疗科技有限公司	张家港留学人员创业园	生物医药
苏州神洲基因有限公司	张家港留学人员创业园	生物医药
苏州同力生物医药有限公司	张家港留学人员创业园	生物医药
苏州维因生物科技有限公司	张家港留学人员创业园	生物医药
苏州宜生生物技术有限公司	张家港留学人员创业园	生物医药
苏州中新百奥生物科技有限公司	张家港留学人员创业园	生物医药
张家港九木科技有限公司	张家港留学人员创业园	生物医药
张家港蓝苏生物工程有限公司	张家港留学人员创业园	生物医药
苏州百器智能装备系统有限公司	张家港留学人员创业园	先进制造
苏州福来兹检测科技有限公司	张家港留学人员创业园	先进制造
苏州衡微仪器科技有限公司	张家港留学人员创业园	先进制造
苏州罗伯特机器人科技有限公司	张家港留学人员创业园	先进制造
苏州美高立电气有限公司	张家港留学人员创业园	先进制造
苏州深蓝创搏海洋装备科技有限公司	张家港留学人员创业园	先进制造
特克斯勒电子技术（张家港）有限公司	张家港留学人员创业园	先进制造
张家港宝昇科技有限公司	张家港留学人员创业园	先进制造
张家港哈工药机科技有限公司	张家港留学人员创业园	先进制造
张家港海太精密仪器有限公司	张家港留学人员创业园	先进制造
张家港托利计量设备系统有限公司	张家港留学人员创业园	先进制造
苏州乐华新材料有限公司	张家港留学人员创业园	新材料
张家港安飞材料科技有限公司	张家港留学人员创业园	新材料
张家港博发纳米科技有限公司	张家港留学人员创业园	新材料
张家港卡邦新材料有限公司	张家港留学人员创业园	新材料
张家港耐尔纳米科技有限公司	张家港留学人员创业园	新材料
张家港瑞诺光电材料科技有限公司	张家港留学人员创业园	新材料
苏州宝特环保科技有限公司	张家港留学人员创业园	新能源环保
苏州光翼光电科技有限公司	张家港留学人员创业园	新能源环保
苏州凯新分离科技有限公司	张家港留学人员创业园	新能源环保
苏州乐盛环保技术有限公司	张家港留学人员创业园	新能源环保
张家港富瑞分布式能源研究院有限公司	张家港留学人员创业园	新能源环保
张家港麦智电子科技有限公司	张家港留学人员创业园	新能源环保
张家港山河水新能源环保科技有限公司	张家港留学人员创业园	新能源环保
张家港智电芳华蓄电研究所有限公司	张家港留学人员创业园	新能源环保
江苏舞之数码动画制作有限公司	张家港留学人员创业园	文化创意
苏州和合大唐创意有限公司	张家港留学人员创业园	文化创意
苏州市磐石卡通有限公司	张家港留学人员创业园	文化创意
张家港市北斗星数字科技图像设计有限公司	张家港留学人员创业园	文化创意
张家港市虹之谷卡通制作有限公司	张家港留学人员创业园	文化创意
江苏明道法商务咨询有限公司	张家港留学人员创业园	现代服务
江苏新捷新能源环保有限公司	张家港留学人员创业园	现代服务
江苏智慧港城投资发展有限公司	张家港留学人员创业园	现代服务
南京苏科专利代理有限责任公司张家港分公司	张家港留学人员创业园	现代服务
苏州创元专利商标事务所有限公司张家港分公司	张家港留学人员创业园	现代服务
苏州君信安全环境技术服务有限公司	张家港留学人员创业园	现代服务
张家港北大技术转移有限公司	张家港留学人员创业园	现代服务
张家港麦金利科技咨询有限公司	张家港留学人员创业园	现代服务
昆山百傲软件技术有限公司	昆山留学人员创业园	电子信息
昆山创通微电子有限公司	昆山留学人员创业园	电子信息
昆山行龙软件信息技术有限公司	昆山留学人员创业园	电子信息
昆山弧光信息科技有限公司	昆山留学人员创业园	电子信息
昆山精讯电子技术有限公司	昆山留学人员创业园	电子信息

昆山凯铭电子有限公司	昆山留学人员创业园	电子信息
昆山科睿坦电子科技有限公司	昆山留学人员创业园	电子信息
昆山酷威微电子科技有限公司	昆山留学人员创业园	电子信息
昆山麦克斯泰科技有限公司	昆山留学人员创业园	电子信息
昆山明普信息科技有限公司	昆山留学人员创业园	电子信息
昆山普洛特信息技术有限公司	昆山留学人员创业园	电子信息
昆山普荣达信息技术有限公司	昆山留学人员创业园	电子信息
昆山锐芯微电子有限公司	昆山留学人员创业园	电子信息
昆山瑞达生物技术有限公司	昆山留学人员创业园	电子信息
昆山瑞奇安泰电子科技有限公司	昆山留学人员创业园	电子信息
昆山盛鸿信息科技有限公司	昆山留学人员创业园	电子信息
昆山双狮光电科技有限公司	昆山留学人员创业园	电子信息
昆山苏睿电子科技有限公司	昆山留学人员创业园	电子信息
昆山文石信息科技有限公司	昆山留学人员创业园	电子信息
昆山先联信息系统有限公司	昆山留学人员创业园	电子信息
昆山芯视讯电子科技有限公司	昆山留学人员创业园	电子信息
昆山依泰克电子科技有限公司	昆山留学人员创业园	电子信息
昆山引光奴电子科技有限公司	昆山留学人员创业园	电子信息
昆山樾源电子科技有限公司	昆山留学人员创业园	电子信息
昆山云锦信息技术发展有限公司	昆山留学人员创业园	电子信息
昆山掌客信息技术有限公司	昆山留学人员创业园	电子信息
昆山掌天信息技术有限公司	昆山留学人员创业园	电子信息
昆山子力高新科技实业有限公司	昆山留学人员创业园	电子信息
苏州爱思普信息科技有限公司	昆山留学人员创业园	电子信息
苏州比特速浪电子科技有限公司	昆山留学人员创业园	电子信息
苏州德仕勤微电子有限公司	昆山留学人员创业园	电子信息
苏州华控电子科技有限公司	昆山留学人员创业园	电子信息
苏州昆微软件技术有限公司	昆山留学人员创业园	电子信息
苏州明志生物信息技术有限公司	昆山留学人员创业园	电子信息
苏州鹏山电子科技有限公司	昆山留学人员创业园	电子信息
苏州赛特斯网络科技有限公司	昆山留学人员创业园	电子信息
苏州瓦恩特瑞信息科技有限公司	昆山留学人员创业园	电子信息
苏州芯美微电子有限公司	昆山留学人员创业园	电子信息
江苏明志诊断产品有限公司	昆山留学人员创业园	生物医药
江苏锐竡生物技术有限公司	昆山留学人员创业园	生物医药
江苏依博康分子诊断有限公司	昆山留学人员创业园	生物医药
昆山博康医疗设备有限公司	昆山留学人员创业园	生物医药
昆山力田医化科技有限公司	昆山留学人员创业园	生物医药
昆山盟迪医疗器械有限公司	昆山留学人员创业园	生物医药
苏州华氏生物技术有限公司	昆山留学人员创业园	生物医药
苏州克诺奇生物医学科技有限公司	昆山留学人员创业园	生物医药
北陆中能工业炉设备(昆山)有限公司	昆山留学人员创业园	先进制造
江苏时迈科学仪器有限公司	昆山留学人员创业园	先进制造
昆山艾尔发计量科技有限公司	昆山留学人员创业园	先进制造
昆山爱达斯工业设计有限公司	昆山留学人员创业园	先进制造
昆山宝力马科技有限公司	昆山留学人员创业园	先进制造
昆山博爱模具开发有限公司	昆山留学人员创业园	先进制造
昆山博格马丁电力技术有限公司	昆山留学人员创业园	先进制造
昆山海普过滤分离科技有限公司	昆山留学人员创业园	先进制造
昆山海斯电子科技有限公司	昆山留学人员创业园	先进制造
昆山恒广检测仪器有限公司	昆山留学人员创业园	先进制造
昆山洁驰环保科技有限公司	昆山留学人员创业园	先进制造
昆山开思拓空调技术有限公司	昆山留学人员创业园	先进制造
昆山科致瑞斯传感技术有限公司	昆山留学人员创业园	先进制造
昆山莱恩数控设备有限公司	昆山留学人员创业园	先进制造
昆山力通机电科技有限公司	昆山留学人员创业园	先进制造
昆山善思科技有限公司	昆山留学人员创业园	先进制造
昆山市智汽电子科技有限公司	昆山留学人员创业园	先进制造
昆山双陈电子科技有限公司	昆山留学人员创业园	先进制造
昆山易方达精密仪器有限公司	昆山留学人员创业园	先进制造

昆山易控科技有限公司	昆山留学人员创业园	先进制造
昆山英智科信息技术有限公司	昆山留学人员创业园	先进制造
深圳光韵达激光应用有限公司昆山分公司	昆山留学人员创业园	先进制造
苏州爱锐邦智能科技有限公司	昆山留学人员创业园	先进制造
苏州澳昆智能机器人技术有限公司	昆山留学人员创业园	先进制造
苏州精创光学仪器有限公司	昆山留学人员创业园	先进制造
苏州镭创光电技术有限公司	昆山留学人员创业园	先进制造
苏州悦安医疗电子有限公司	昆山留学人员创业园	先进制造
苏州兆年自动喷涂	昆山留学人员创业园	先进制造
昆山华保化工材料有限公司	昆山留学人员创业园	新材料
昆山瑞仕莱斯水处理科技有限公司	昆山留学人员创业园	新材料
昆山月旭材料科技有限公司	昆山留学人员创业园	新材料
苏州衡睿新材料科技有限公司	昆山留学人员创业园	新材料
苏州汇维新材料科技有限公司	昆山留学人员创业园	新材料
苏州松灿新材料科技发展有限公司	昆山留学人员创业园	新材料
苏州迅康纳米科技有限公司	昆山留学人员创业园	新材料
苏州中锆新材料有限公司	昆山留学人员创业园	新材料
江苏太阳鸟能源科技有限公司	昆山留学人员创业园	新能源环保
江苏中青能源建设有限公司	昆山留学人员创业园	新能源环保
昆山锂能新能源环保科技有限公司	昆山留学人员创业园	新能源环保
昆山绿保节能科技有限公司	昆山留学人员创业园	新能源环保
昆山日月星网版科技有限公司	昆山留学人员创业园	新能源环保
昆山睿基新能源环保有限公司	昆山留学人员创业园	新能源环保
昆山圣光太阳能科技有限公司	昆山留学人员创业园	新能源环保
昆山香山红叶环保技术有限公司	昆山留学人员创业园	新能源环保
昆山英菲特光电科技有限公司	昆山留学人员创业园	新能源环保
昆山优利德科技能源有限公司	昆山留学人员创业园	新能源环保
苏州东旭弘业高效节能科技有限公司	昆山留学人员创业园	新能源环保
苏州世纪正源环保科技有限公司	昆山留学人员创业园	新能源环保
苏州掌为新能源环保科技有限公司	昆山留学人员创业园	新能源环保
红塔创新（昆山）创业投资有限公司	昆山留学人员创业园	现代服务
昆山藏宝堂健康科技有限公司	昆山留学人员创业园	现代服务
昆山东企科技园发展有限公司	昆山留学人员创业园	现代服务
昆山格雷罗贸易有限公司	昆山留学人员创业园	现代服务
昆山昆山翔升机械设计事务所	昆山留学人员创业园	现代服务
昆山立轩人才咨询有限公司	昆山留学人员创业园	现代服务
昆山联挚纺织科技有限公司	昆山留学人员创业园	现代服务
昆山市康宝婴童用品有限公司	昆山留学人员创业园	现代服务
昆山子曰广告创意设计有限公司	昆山留学人员创业园	现代服务
南京众联专利代理有限公司昆山办事处	昆山留学人员创业园	现代服务
虹鼎国际（南通）有限公司	南通留学人员创业园	电子信息
南通安易软件有限公司	南通留学人员创业园	电子信息
南通大唐科技有限公司	南通留学人员创业园	电子信息
南通金创源技术有限公司	南通留学人员创业园	电子信息
南通羚网电子商务有限公司	南通留学人员创业园	电子信息
南通三金软件技术有限公司	南通留学人员创业园	电子信息
南通先河科技有限公司	南通留学人员创业园	电子信息
南通信和科技有限公司	南通留学人员创业园	电子信息
南通伊士生物工程有限公司	南通留学人员创业园	生物医药
南通纽兰德机械有限公司	南通留学人员创业园	先进制造
南通桑达电子有限公司	南通留学人员创业园	先进制造
南通格瑞塑胶有限公司	南通留学人员创业园	新材料
南通天华新型建筑材料有限公司	南通留学人员创业园	新材料
天成国际（南通）有限公司	南通留学人员创业园	新材料
南通纽兰德工艺美术品有限公司	南通留学人员创业园	文化创意
南通天马工作室有限公司	南通留学人员创业园	文化创意
连云港金豆科技有限公司	连云港留学人员创业园	电子信息
连云港龙泽商务有限公司	连云港留学人员创业园	电子信息
连云港尚品电子有限公司	连云港留学人员创业园	电子信息
连云港龙源生物科技有限公司	连云港留学人员创业园	生物医药

江苏新元素数字科技有限公司	连云港留学人员创业园	文化创意
连云港酷歌动漫技术有限公司	连云港留学人员创业园	文化创意
连云港阿凡达数字动画有限公司	连云港科教创业园区留学人员创业园	电子信息
连云港古蓝网络科技有限公司	连云港科教创业园区留学人员创业园	电子信息
连云港华频科技有限公司	连云港科教创业园区留学人员创业园	电子信息
连云港嘉创信息技术有限公司	连云港科教创业园区留学人员创业园	电子信息
连云港浪速网络技术有限公司	连云港科教创业园区留学人员创业园	电子信息
连云港立鼎科技发展有限公司	连云港科教创业园区留学人员创业园	电子信息
连云港普罗杰信息技术有限公司	连云港科教创业园区留学人员创业园	电子信息
连云港易简信息技术服务有限公司	连云港科教创业园区留学人员创业园	电子信息
连云港泽瑞高科技发展有限公司	连云港科教创业园区留学人员创业园	电子信息
金康生物医药工程研发中心	连云港科教创业园区留学人员创业园	生物医药
连云港海恒生化科技有限公司	连云港科教创业园区留学人员创业园	生物医药
连云港海康生物科技有限公司	连云港科教创业园区留学人员创业园	生物医药
连云港吉之海生物科技有限公司	连云港科教创业园区留学人员创业园	生物医药
连云港盛和生物科技有限公司	连云港科教创业园区留学人员创业园	生物医药
连云港长慧医药有限公司	连云港科教创业园区留学人员创业园	生物医药
连云港脂立方生物医药研究所有限公司	连云港科教创业园区留学人员创业园	生物医药
江苏华信勘测设计有限公司	连云港科教创业园区留学人员创业园	先进制造
连云港大帅化工科技有限公司	连云港科教创业园区留学人员创业园	先进制造
连云港泛在勘探测绘有限公司	连云港科教创业园区留学人员创业园	先进制造
南京工业大学工业技术研究院	连云港科教创业园区留学人员创业园	先进制造
南京理工大学连云港研究院	连云港科教创业园区留学人员创业园	先进制造
江苏中电长迅能源材料有限公司	连云港科教创业园区留学人员创业园	新材料
连云港华海诚科电子材料有限公司	连云港科教创业园区留学人员创业园	新材料
南京大学高新技术研究院	连云港科教创业园区留学人员创业园	新材料
连云港瑞豪环境工程科技有限公司	连云港科教创业园区留学人员创业园	新能源环保
连云港安德鲁英语培训中心	连云港科教创业园区留学人员创业园	文化创意
连云港市安环职业健康技术服务有限公司	连云港科教创业园区留学人员创业园	现代服务
淮安鼎兴科技发展有限公司	淮安留学人员创业园	电子信息
淮安金瑞丰自动化设备制造有限公司	淮安留学人员创业园	电子信息
淮安九天半导体科技有限公司	淮安留学人员创业园	电子信息
淮安盛达科技有限公司	淮安留学人员创业园	电子信息
淮安市迪尔讯科技发展有限公司	淮安留学人员创业园	电子信息
淮安市禾山科技有限公司	淮安留学人员创业园	电子信息
淮安市金立软件科技有限公司	淮安留学人员创业园	电子信息
淮安市网略软件有限公司	淮安留学人员创业园	电子信息
淮安网进科技有限公司	淮安留学人员创业园	电子信息
淮安易捷科技有限公司	淮安留学人员创业园	电子信息
淮安远景德盛科技有限公司	淮安留学人员创业园	电子信息
淮工深蓝科技有限公司	淮安留学人员创业园	电子信息
常州罗地尔生化技术有限公司	淮安留学人员创业园	生物医药
淮安百麦绿色生物能源有限公司	淮安留学人员创业园	生物医药
淮安博施生物制品有限公司	淮安留学人员创业园	生物医药
淮安市伟洁卫生用品厂	淮安留学人员创业园	生物医药
淮安奥特电气有限公司	淮安留学人员创业园	先进制造
淮安博锦电子有限公司	淮安留学人员创业园	先进制造
淮安东英自控有限公司	淮安留学人员创业园	先进制造
淮安福康电子科技有限公司	淮安留学人员创业园	先进制造
淮安科达电气有限公司	淮安留学人员创业园	先进制造
淮安三爱电子有限公司	淮安留学人员创业园	先进制造
淮安盛杰科技有限公司	淮安留学人员创业园	先进制造
淮安市菲力特光电元件有限公司	淮安留学人员创业园	先进制造
淮安市富彩光电科技有限公司	淮安留学人员创业园	先进制造
淮安市金恒泰科技有限公司	淮安留学人员创业园	先进制造
淮安市精英电气有限公司	淮安留学人员创业园	先进制造
淮安市清江电子有限公司	淮安留学人员创业园	先进制造
淮安市水务智能仪表有限公司	淮安留学人员创业园	先进制造
淮安市万泰来科技有限公司	淮安留学人员创业园	先进制造
淮安市星辰电子科技有限公司	淮安留学人员创业园	先进制造

淮安市旭升流体有限公司	淮安留学人员创业园	先进制造
淮安市中远太阳能灯具有限公司	淮安留学人员创业园	先进制造
淮安苏达电气有限公司	淮安留学人员创业园	先进制造
淮安艺彤机电制造有限公司	淮安留学人员创业园	先进制造
淮安长丰机电设备有限公司	淮安留学人员创业园	先进制造
淮安嘉能光电科技有限公司	淮安留学人员创业园	新能源环保
淮安麒麟电子科技有限公司	淮安留学人员创业园	新能源环保
淮安市爱斯德电源有限公司	淮安留学人员创业园	新能源环保
淮安市恒信水务科技有限公司	淮安留学人员创业园	新能源环保
淮安市今水环保科技有限公司	淮安留学人员创业园	新能源环保
淮安市天源科技有限公司	淮安留学人员创业园	新能源环保
淮安市同诚新能源环保设备有限公司	淮安留学人员创业园	新能源环保
淮安市祥光电子有限公司	淮安留学人员创业园	新能源环保
淮安英硕能源有限公司	淮安留学人员创业园	新能源环保
江苏奥博洋信息技术有限公司	镇江留学生创业园	电子信息
江苏超创信息软件发展股份有限公司	镇江留学生创业园	电子信息
江苏华信光电科技有限公司	镇江留学生创业园	电子信息
江苏集科电通电子科技有限公司	镇江留学生创业园	电子信息
江苏京安拓达软件科技有限公司	镇江留学生创业园	电子信息
江苏刻维信息技术有限公司	镇江留学生创业园	电子信息
江苏蓝铃视频信息科技有限公司	镇江留学生创业园	电子信息
江苏丽恒电子科技有限公司	镇江留学生创业园	电子信息
江苏万联新兆信息科技有限公司	镇江留学生创业园	电子信息
江苏物泰信息科技有限公司	镇江留学生创业园	电子信息
江苏振华信息科技有限公司	镇江留学生创业园	电子信息
江苏中云科技有限公司	镇江留学生创业园	电子信息
天空电子商务江苏有限公司	镇江留学生创业园	电子信息
镇江艾科半导体有限公司	镇江留学生创业园	电子信息
镇江创思维力信息技术有限公司	镇江留学生创业园	电子信息
镇江硅谷信息科技有限公司	镇江留学生创业园	电子信息
镇江海腾光电科技有限公司	镇江留学生创业园	电子信息
镇江和邦通信技术有限公司	镇江留学生创业园	电子信息
镇江加视诚智能科技有限公司	镇江留学生创业园	电子信息
镇江科瑞电子有限公司	镇江留学生创业园	电子信息
镇江蓝锐奇电子科技有限公司	镇江留学生创业园	电子信息
镇江凌空网络技术有限公司	镇江留学生创业园	电子信息
镇江隆智半导体有限公司	镇江留学生创业园	电子信息
镇江诺尼基智能技术有限公司	镇江留学生创业园	电子信息
镇江如意互通电气技术有限公司	镇江留学生创业园	电子信息
镇江润欣科技信息有限公司	镇江留学生创业园	电子信息
镇江市澳华测控技术有限公司	镇江留学生创业园	电子信息
镇江数据堂网络技术有限公司	镇江留学生创业园	电子信息
镇江唐桥微电子有限公司	镇江留学生创业园	电子信息
镇江亿智邦电子科技有限公司	镇江留学生创业园	电子信息
镇江逸致仪器有限公司	镇江留学生创业园	电子信息
镇江优捷信息技术有限公司	镇江留学生创业园	电子信息
镇江中信科技开发有限公司	镇江留学生创业园	电子信息
江苏昌吉永生物科技有限公司	镇江留学生创业园	生物医药
江苏健华检验检测有限公司	镇江留学生创业园	生物医药
江苏维赛科技生物发展有限公司	镇江留学生创业园	生物医药
江苏新万和医药科技有限公司	镇江留学生创业园	生物医药
镇江奥斯康科学仪器有限公司	镇江留学生创业园	生物医药
镇江拜因诺生物科技有限公司	镇江留学生创业园	生物医药
镇江飞尔膜科技有限公司	镇江留学生创业园	生物医药
镇江格瑞生物工程有限公司	镇江留学生创业园	生物医药
镇江固特丽生物科技有限公司	镇江留学生创业园	生物医药
镇江和华医疗科技有限公司	镇江留学生创业园	生物医药
镇江华瑞生物技术科技有限公司	镇江留学生创业园	生物医药
镇江美博生物科技有限公司	镇江留学生创业园	生物医药
镇江仁健医疗设备有限公司	镇江留学生创业园	生物医药

镇江欣隆生物有限公司	镇江留学生创业园	生物医药
镇江新元素医药科技有限公司	镇江留学生创业园	生物医药
镇江亿特生物科技发展有限公司	镇江留学生创业园	生物医药
艾塔斯科技（镇江）有限公司	镇江留学生创业园	先进制造
江苏沃尔特电气有限公司	镇江留学生创业园	先进制造
镇江恒驰科技有限公司	镇江留学生创业园	先进制造
镇江九劲智能机械有限公司	镇江留学生创业园	先进制造
镇江威信广厦模块建筑有限公司	镇江留学生创业园	先进制造
江苏瑞博豪泰金属材料股份有限公司	镇江留学生创业园	新材料
江苏特森特新材料科技有限公司	镇江留学生创业园	新材料
江苏硕阳电子科技有限公司	镇江留学生创业园	新能源环保
江苏元中直流微电网有限公司	镇江留学生创业园	新能源环保
镇江金敏能源股份有限公司	镇江留学生创业园	新能源环保
江苏亚太生命科学有限公司	镇江留学生创业园	现代服务
江苏誉光电子有限公司	江苏扬中留学人员创业园	电子信息
江苏金迪科技有限公司	江苏扬中留学人员创业园	新材料
海安膜华材料科技有限公司	江苏省海安留学人员创业园	新材料
江苏海迅集团股份有限公司	江苏省海安留学人员创业园	新材料
江苏申菱集团电器股份有限公司	江苏省海安留学人员创业园	新材料
江苏天成集团股份有限公司	江苏省海安留学人员创业园	新材料
南通柯林纳尔环保科技有限公司	江苏省海安留学人员创业园	新材料
江苏华源氢能科技发展有限公司	江苏省海安留学人员创业园	新能源环保
安剖分析软件科技（杭州）有限公司	杭州高新区留学人员创业园	电子信息
奥宝信息技术（杭州）有限公司	杭州高新区留学人员创业园	电子信息
博达乐思信息技术（杭州）有限公司	杭州高新区留学人员创业园	电子信息
光溪软件（杭州）有限公司	杭州高新区留学人员创业园	电子信息
汉帆（杭州）信息技术有限公司	杭州高新区留学人员创业园	电子信息
杭州安赛信息技术有限公司	杭州高新区留学人员创业园	电子信息
杭州奥格信息科技有限公司	杭州高新区留学人员创业园	电子信息
杭州奥维信息工程有限公司	杭州高新区留学人员创业园	电子信息
杭州澳之星科技有限公司	杭州高新区留学人员创业园	电子信息
杭州百维科技有限公司	杭州高新区留学人员创业园	电子信息
杭州博朗科技有限公司	杭州高新区留学人员创业园	电子信息
杭州博日科技有限公司	杭州高新区留学人员创业园	电子信息
杭州超海科技有限公司	杭州高新区留学人员创业园	电子信息
杭州晨达科技有限公司	杭州高新区留学人员创业园	电子信息
杭州诚永软件有限公司	杭州高新区留学人员创业园	电子信息
杭州创喜中日科技有限公司	杭州高新区留学人员创业园	电子信息
杭州创业软件股份有限公司	杭州高新区留学人员创业园	电子信息
杭州地平线软件技术有限公司	杭州高新区留学人员创业园	电子信息
杭州丰鼎科技有限公司	杭州高新区留学人员创业园	电子信息
杭州福寿康信息技术有限公司	杭州高新区留学人员创业园	电子信息
杭州富通计算机软件有限公司	杭州高新区留学人员创业园	电子信息
杭州格林蓝德信息技术有限公司	杭州高新区留学人员创业园	电子信息
杭州国芯科技有限公司	杭州高新区留学人员创业园	电子信息
杭州合众信息工程有限公司	杭州高新区留学人员创业园	电子信息
杭州和润科技有限公司	杭州高新区留学人员创业园	电子信息
杭州和源精密工具有限公司	杭州高新区留学人员创业园	电子信息
杭州衡欣科技有限公司	杭州高新区留学人员创业园	电子信息
杭州华高工业技术开发有限公司	杭州高新区留学人员创业园	电子信息
杭州华泰机电液技术工程有限公司	杭州高新区留学人员创业园	电子信息
杭州吉柏信息科技有限公司	杭州高新区留学人员创业园	电子信息
杭州杰智科技有限公司	杭州高新区留学人员创业园	电子信息
杭州金枫叶科技有限公司	杭州高新区留学人员创业园	电子信息
杭州金和软件有限公司	杭州高新区留学人员创业园	电子信息
杭州进新工程软件有限公司	杭州高新区留学人员创业园	电子信息
杭州柯瑞自动化技术有限公司	杭州高新区留学人员创业园	电子信息
杭州科尔光信技术有限公司	杭州高新区留学人员创业园	电子信息
杭州科姆力通讯系统有限公司	杭州高新区留学人员创业园	电子信息
杭州科臻科技有限公司	杭州高新区留学人员创业园	电子信息

杭州朗益科技有限公司	杭州高新区留学人员创业园	电子信息
杭州乐之网络科技有限公司	杭州高新区留学人员创业园	电子信息
杭州雷动科技有限公司	杭州高新区留学人员创业园	电子信息
杭州力孚信息科技有限公司	杭州高新区留学人员创业园	电子信息
杭州立普电讯有限公司	杭州高新区留学人员创业园	电子信息
杭州立盛电子信息有限公司	杭州高新区留学人员创业园	电子信息
杭州利洋软件科技有限公司	杭州高新区留学人员创业园	电子信息
杭州联合信息技术有限公司	杭州高新区留学人员创业园	电子信息
杭州六和时代科技有限公司	杭州高新区留学人员创业园	电子信息
杭州美盾防护技术有限公司	杭州高新区留学人员创业园	电子信息
杭州美中网络科技有限公司	杭州高新区留学人员创业园	电子信息
杭州明宇科技有限公司	杭州高新区留学人员创业园	电子信息
杭州牛耳图像科技有限公司	杭州高新区留学人员创业园	电子信息
杭州培根科技有限公司	杭州高新区留学人员创业园	电子信息
杭州千帆科技有限公司	杭州高新区留学人员创业园	电子信息
杭州勤生伟业科技有限公司	杭州高新区留学人员创业园	电子信息
杭州瑞琦信息技术有限公司	杭州高新区留学人员创业园	电子信息
杭州赛盟信息系统有限公司	杭州高新区留学人员创业园	电子信息
杭州士康射频技术有限公司	杭州高新区留学人员创业园	电子信息
杭州舜天科技有限公司	杭州高新区留学人员创业园	电子信息
杭州思绘信息技术有限公司	杭州高新区留学人员创业园	电子信息
杭州太平洋科技有限公司	杭州高新区留学人员创业园	电子信息
杭州天阙科技有限公司	杭州高新区留学人员创业园	电子信息
杭州天夏科技集团有限公司	杭州高新区留学人员创业园	电子信息
杭州铁三角科技有限公司	杭州高新区留学人员创业园	电子信息
杭州拓力马网络技术有限公司	杭州高新区留学人员创业园	电子信息
杭州拓天科技有限公司	杭州高新区留学人员创业园	电子信息
杭州万工科技有限公司	杭州高新区留学人员创业园	电子信息
杭州万年青网络科技有限公司	杭州高新区留学人员创业园	电子信息
杭州威望科技有限公司	杭州高新区留学人员创业园	电子信息
杭州协科信息技术有限公司	杭州高新区留学人员创业园	电子信息
杭州新迪数字工程系统有限公司	杭州高新区留学人员创业园	电子信息
杭州新力软件技术服务有限公司	杭州高新区留学人员创业园	电子信息
杭州新唐科技有限公司	杭州高新区留学人员创业园	电子信息
杭州信得捷电子有限公司	杭州高新区留学人员创业园	电子信息
杭州星月巨能软件有限公司	杭州高新区留学人员创业园	电子信息
杭州轩爱科技有限公司	杭州高新区留学人员创业园	电子信息
杭州学易科技有限公司	杭州高新区留学人员创业园	电子信息
杭州讯杰科技有限公司	杭州高新区留学人员创业园	电子信息
杭州迅美科技有限公司	杭州高新区留学人员创业园	电子信息
杭州亚唐软件科技有限公司	杭州高新区留学人员创业园	电子信息
杭州一创科技有限公司	杭州高新区留学人员创业园	电子信息
杭州伊柯夫科技有限公司	杭州高新区留学人员创业园	电子信息
杭州亿通科技有限公司	杭州高新区留学人员创业园	电子信息
杭州益赛信息系统工程有限公司	杭州高新区留学人员创业园	电子信息
杭州英迈克电子有限公司	杭州高新区留学人员创业园	电子信息
杭州英卓网络科技有限公司	杭州高新区留学人员创业园	电子信息
杭州悠扬电子有限公司	杭州高新区留学人员创业园	电子信息
杭州有则软件有限公司	杭州高新区留学人员创业园	电子信息
杭州宇动科技有限公司	杭州高新区留学人员创业园	电子信息
杭州远拓科技有限公司	杭州高新区留学人员创业园	电子信息
杭州跃翔科技有限公司	杭州高新区留学人员创业园	电子信息
杭州长聚科技有限公司	杭州高新区留学人员创业园	电子信息
杭州长源数码科技有限公司	杭州高新区留学人员创业园	电子信息
杭州浙大数字几何有限公司	杭州高新区留学人员创业园	电子信息
杭州正蓝网络技术有限公司	杭州高新区留学人员创业园	电子信息
杭州中博软件技术有限公司	杭州高新区留学人员创业园	电子信息
杭州中科微电子有限公司	杭州高新区留学人员创业园	电子信息
杭州中汽网络技术有限公司	杭州高新区留学人员创业园	电子信息
杭州中瑞科技有限公司	杭州高新区留学人员创业园	电子信息

杭州中天微系统有限公司	杭州高新区留学人员创业园	电子信息
杭州自维科技有限公司	杭州高新区留学人员创业园	电子信息
虹软（杭州）多媒体信息技术有限公司	杭州高新区留学人员创业园	电子信息
虹软（杭州）科技有限公司	杭州高新区留学人员创业园	电子信息
康奋威科技（杭州）有限公司	杭州高新区留学人员创业园	电子信息
康福特科技（杭州）有限公司	杭州高新区留学人员创业园	电子信息
普高（杭州）科技开发有限公司	杭州高新区留学人员创业园	电子信息
润通科技（杭州）有限公司	杭州高新区留学人员创业园	电子信息
数域科技（杭州）有限公司	杭州高新区留学人员创业园	电子信息
天恒通讯技术（杭州）有限公司	杭州高新区留学人员创业园	电子信息
微明（杭州）信息科技有限公司	杭州高新区留学人员创业园	电子信息
星际（杭州）网络技术有限公司	杭州高新区留学人员创业园	电子信息
星梦科技（杭州）有限公司	杭州高新区留学人员创业园	电子信息
亚龙信息科技（杭州）有限公司	杭州高新区留学人员创业园	电子信息
亿创（杭州）软件有限公司	杭州高新区留学人员创业园	电子信息
易世代（杭州）信息技术有限公司	杭州高新区留学人员创业园	电子信息
远村（杭州）科技开发有限公司	杭州高新区留学人员创业园	电子信息
浙大网新科技股份有限公司	杭州高新区留学人员创业园	电子信息
浙江安科网络技术有限公司	杭州高新区留学人员创业园	电子信息
浙江中控软件技术有限公司	杭州高新区留学人员创业园	电子信息
智网科技（杭州）有限公司	杭州高新区留学人员创业园	电子信息
中控科技集团有限公司	杭州高新区留学人员创业园	电子信息
爱思进生物技术（杭州）有限公司	杭州高新区留学人员创业园	生物医药
澳杰生物科技（杭州）有限公司	杭州高新区留学人员创业园	生物医药
杭州奥美生物医药有限公司	杭州高新区留学人员创业园	生物医药
杭州北斗生物技术有限公司	杭州高新区留学人员创业园	生物医药
杭州博可生物科技有限公司	杭州高新区留学人员创业园	生物医药
杭州德默医药科技有限公司	杭州高新区留学人员创业园	生物医药
杭州东伟生物技术有限公司	杭州高新区留学人员创业园	生物医药
杭州格林费尔生化技术有限公司	杭州高新区留学人员创业园	生物医药
杭州广林生物医药有限公司	杭州高新区留学人员创业园	生物医药
杭州华安生物技术有限公司	杭州高新区留学人员创业园	生物医药
杭州慧根药业有限公司	杭州高新区留学人员创业园	生物医药
杭州基伟生物技术有限公司	杭州高新区留学人员创业园	生物医药
杭州佳宜医药技术有限公司	杭州高新区留学人员创业园	生物医药
杭州凯普医药化工有限公司	杭州高新区留学人员创业园	生物医药
杭州康特尔医药科技有限公司	杭州高新区留学人员创业园	生物医药
杭州麦塔威逊生物科技有限公司	杭州高新区留学人员创业园	生物医药
杭州纽罗西敏生物科技有限公司	杭州高新区留学人员创业园	生物医药
杭州容立医药科技有限公司	杭州高新区留学人员创业园	生物医药
杭州曙光药业有限公司	杭州高新区留学人员创业园	生物医药
杭州泰格医药科技有限公司	杭州高新区留学人员创业园	生物医药
杭州威欧生物科技有限公司	杭州高新区留学人员创业园	生物医药
杭州英仕利生物科技有限公司	杭州高新区留学人员创业园	生物医药
杭州友好医学检验中心有限公司	杭州高新区留学人员创业园	生物医药
杭州宇之助生物科技有限公司	杭州高新区留学人员创业园	生物医药
杭州浙大生科生物技术有限公司	杭州高新区留学人员创业园	生物医药
杭州中瑞医药有限公司	杭州高新区留学人员创业园	生物医药
极地基因技术（杭州）有限公司	杭州高新区留学人员创业园	生物医药
丹纳森工程装备（杭州）有限公司	杭州高新区留学人员创业园	先进制造
丹尼（杭州）科技有限公司	杭州高新区留学人员创业园	先进制造
感易（杭州）科技有限公司	杭州高新区留学人员创业园	先进制造
杭州（火炬）西斗门膜工业有限公司	杭州高新区留学人员创业园	先进制造
杭州奥加工程机械科技有限公司	杭州高新区留学人员创业园	先进制造
杭州精彩化工有限公司	杭州高新区留学人员创业园	先进制造
杭州精工技研有限公司	杭州高新区留学人员创业园	先进制造
杭州精卓楼宇智能设备有限公司	杭州高新区留学人员创业园	先进制造
杭州摩科商用设备有限公司	杭州高新区留学人员创业园	先进制造
杭州锐力光学有限公司	杭州高新区留学人员创业园	先进制造
杭州瑞波科技开发有限公司	杭州高新区留学人员创业园	先进制造

杭州瑞胜电气有限公司	杭州高新区留学人员创业园	先进制造
杭州总研电气有限公司	杭州高新区留学人员创业园	先进制造
宏视精密仪器（杭州）有限公司	杭州高新区留学人员创业园	先进制造
特朗斯福纺织印花（杭州）有限公司	杭州高新区留学人员创业园	先进制造
杭州安阳建材科技有限公司	杭州高新区留学人员创业园	新材料
杭州大和热磁电子有限公司	杭州高新区留学人员创业园	新材料
杭州东帝科技有限公司	杭州高新区留学人员创业园	新材料
杭州风向照明科技有限公司	杭州高新区留学人员创业园	新材料
杭州双威纳米科技有限公司	杭州高新区留学人员创业园	新材料
杭州先进陶瓷材料有限公司	杭州高新区留学人员创业园	新材料
开泰新材料（杭州）有限公司	杭州高新区留学人员创业园	新材料
桑博硅技术（杭州）有限公司	杭州高新区留学人员创业园	新材料
杭州博泰水业有限公司	杭州高新区留学人员创业园	新能源环保
杭州东天虹环境保护有限公司	杭州高新区留学人员创业园	新能源环保
杭州合一环境科技有限公司	杭州高新区留学人员创业园	新能源环保
杭州健桥环保设备科技有限公司	杭州高新区留学人员创业园	新能源环保
杭州青绿蓝环境技术有限公司	杭州高新区留学人员创业园	新能源环保
杭州三和环保技术工程有限公司	杭州高新区留学人员创业园	新能源环保
杭州天达环保科技有限公司	杭州高新区留学人员创业园	新能源环保
杭州雪中炭恒温技术有限公司	杭州高新区留学人员创业园	新能源环保
聚光科技（杭州）有限公司	杭州高新区留学人员创业园	新能源环保
帕萨旺—洛帝格环保技术（杭州）有限公司	杭州高新区留学人员创业园	新能源环保
杭州九越数字动画有限公司	杭州高新区留学人员创业园	文化创意
阿杰弗（杭州）建筑规划景观设计咨询有限公司	杭州高新区留学人员创业园	现代服务
艾斯弧（杭州）建筑规划设计咨询有限公司	杭州高新区留学人员创业园	现代服务
奥兰多（杭州）实业有限公司	杭州高新区留学人员创业园	现代服务
澳华建筑顾问（杭州）有限公司	杭州高新区留学人员创业园	现代服务
澳士达科技（杭州）有限公司	杭州高新区留学人员创业园	现代服务
百尔盛（杭州）电子有限公司	杭州高新区留学人员创业园	现代服务
德包豪斯视觉建筑设计（杭州）有限公司	杭州高新区留学人员创业园	现代服务
高博管理科学研究所（杭州）有限公司	杭州高新区留学人员创业园	现代服务
高博技术与战略研究所（杭州）有限公司	杭州高新区留学人员创业园	现代服务
杭州博文教育咨询有限公司	杭州高新区留学人员创业园	现代服务
杭州策兰企业管理咨询有限公司	杭州高新区留学人员创业园	现代服务
杭州富瑞斯珂管理咨询有限公司	杭州高新区留学人员创业园	现代服务
杭州高商企业管理咨询有限公司	杭州高新区留学人员创业园	现代服务
杭州嘉诺展览有限公司	杭州高新区留学人员创业园	现代服务
杭州嘉瑞建筑规划设计咨询有限公司	杭州高新区留学人员创业园	现代服务
杭州连衡商务咨询有限公司	杭州高新区留学人员创业园	现代服务
杭州零陆空间展示设计有限公司	杭州高新区留学人员创业园	现代服务
杭州美中教育科技有限公司	杭州高新区留学人员创业园	现代服务
杭州普迪规划设计有限公司	杭州高新区留学人员创业园	现代服务
杭州赛维服饰设计有限公司	杭州高新区留学人员创业园	现代服务
杭州三佳建筑设计咨询有限公司	杭州高新区留学人员创业园	现代服务
杭州伟图网页设计咨询有限公司	杭州高新区留学人员创业园	现代服务
杭州新洋投资管理有限公司	杭州高新区留学人员创业园	现代服务
杭州易思维投资管理咨询有限公司	杭州高新区留学人员创业园	现代服务
杭州越洋信息咨询有限公司	杭州高新区留学人员创业园	现代服务
金枫叶（杭州）科技咨询有限公司	杭州高新区留学人员创业园	现代服务
易如咨询（杭州）有限公司	杭州高新区留学人员创业园	现代服务
英特纳教育科技有限公司	杭州高新区留学人员创业园	现代服务
浙江艾斯弧建筑景观设计有限公司	杭州高新区留学人员创业园	现代服务
杭州易随科技有限公司	杭州市经济技术开发区留学人员创业园	电子信息
浙江飞亚电子有限公司	杭州市经济技术开发区留学人员创业园	电子信息
杭州创新生物检控技术有限公司	杭州市经济技术开发区留学人员创业园	生物医药
杭州新瑞佳生物医药技术开发有限公司	杭州市经济技术开发区留学人员创业园	生物医药
杭州中肽生化有限公司	杭州市经济技术开发区留学人员创业园	生物医药
杭州富尔顿热能设备有限公司	杭州市经济技术开发区留学人员创业园	新能源环保
杭州龙焱能源科技有限公司	杭州市经济技术开发区留学人员创业园	新能源环保
联德机械（杭州）公司	杭州市经济技术开发区留学人员创业园	先进制造

杭州飞鸟专修学校	杭州市经济技术开发区留学人员创业园	现代服务
杭州安德维网络传媒有限公司	杭州市留学人员上城区创业园	电子信息
杭州畅翔科技集团有限公司	杭州市留学人员上城区创业园	电子信息
杭州衡泰软件有限公司	杭州市留学人员上城区创业园	电子信息
杭州璟江瑞华科技有限公司	杭州市留学人员上城区创业园	电子信息
杭州亚特电子信息科技有限公司	杭州市留学人员上城区创业园	电子信息
杭州中荣网络技术有限公司	杭州市留学人员上城区创业园	电子信息
微宏软件技术（杭州）有限公司	杭州市留学人员上城区创业园	电子信息
象岛科技（杭州）有限公司	杭州市留学人员上城区创业园	电子信息
杭州鸿立生物医疗科技有限公司	杭州市留学人员上城区创业园	生物医药
宜康（杭州）生物技术有限公司	杭州市留学人员上城区创业园	生物医药
杭州奥普电器有限公司	杭州市留学人员上城区创业园	先进制造
杭州索太新能源环保环保技术开发有限公司	杭州市留学人员上城区创业园	新能源环保
杭州近江化工染料有限公司	杭州市留学人员上城区创业园	新材料
杭州东篱农业开发有限公司	杭州市留学人员上城区创业园	现代服务
杭州绿盛食品有限公司	杭州市留学人员上城区创业园	现代服务
杭州宇林数码打印材料有限公司	杭州市留学人员上城区创业园	现代服务
杭州正美实业有限公司	杭州市留学人员上城区创业园	现代服务
杭州棕榈泉投资咨询有限公司	杭州市留学人员上城区创业园	现代服务
百立（杭州）电子系统有限公司	杭州市留学人员萧山区创业园	电子信息
汉力国际微电子（杭州）有限公司	杭州市留学人员萧山区创业园	电子信息
杭州碧波网络科技有限公司	杭州市留学人员萧山区创业园	电子信息
杭州信核数据科技有限公司	杭州市留学人员萧山区创业园	电子信息
泰崴科技（杭州）有限公司	杭州市留学人员萧山区创业园	电子信息
英凡（杭州）医药网络科技有限公司	杭州市留学人员萧山区创业园	生物医药
宁波艾骊科微控技术有限公司	宁波保税区留学人员创业园	电子信息
宁波奥科电子技术有限公司	宁波保税区留学人员创业园	电子信息
宁波保税区艾顿信息科技有限公司	宁波保税区留学人员创业园	电子信息
宁波保税区迪信迦美科技有限公司	宁波保税区留学人员创业园	电子信息
宁波迪吉特电子科技发展有限公司	宁波保税区留学人员创业园	电子信息
宁波福斯特计算机应用技术有限公司	宁波保税区留学人员创业园	电子信息
宁波海加网络科技有限公司	宁波保税区留学人员创业园	电子信息
宁波海王机电科技有限公司	宁波保税区留学人员创业园	电子信息
宁波科力亿创信息技术有限公司	宁波保税区留学人员创业园	电子信息
宁波坤麟信息技术有限公司	宁波保税区留学人员创业园	电子信息
宁波派金信息科技有限公司	宁波保税区留学人员创业园	电子信息
宁波瑞美软件科技有限公司	宁波保税区留学人员创业园	电子信息
宁波赛盟科技发展有限公司	宁波保税区留学人员创业园	电子信息
宁波万由电子科技有限公司	宁波保税区留学人员创业园	电子信息
宁波新吉凯氏测量技术有限公司	宁波保税区留学人员创业园	电子信息
宁波循泽电子科技有限公司	宁波保税区留学人员创业园	电子信息
宁波颐康信息技术服务有限公司	宁波保税区留学人员创业园	电子信息
威瑞泰科技发展（宁波）有限公司	宁波保税区留学人员创业园	电子信息
宁波艾克伦医疗科技有限公司	宁波保税区留学人员创业园	生物医药
宁波保税区安杰脉德医疗器械有限公司	宁波保税区留学人员创业园	生物医药
宁波保税区德宝生物科技有限公司	宁波保税区留学人员创业园	生物医药
宁波保税区盛宁医疗科技有限公司	宁波保税区留学人员创业园	生物医药
宁波保税区欣诺生物技术有限公司	宁波保税区留学人员创业园	生物医药
宁波迈达医疗仪器有限公司	宁波保税区留学人员创业园	生物医药
宁波市一嘉生物化工有限公司	宁波保税区留学人员创业园	生物医药
浙江瑞康生物技术有限公司	宁波保税区留学人员创业园	生物医药
宁波保税区德波尔电器有限公司	宁波保税区留学人员创业园	先进制造
宁波保税区天僶非充气轮子有限公司	宁波保税区留学人员创业园	先进制造
宁波睿控电器有限公司	宁波保税区留学人员创业园	先进制造
宁波市海澳斯水处理设备有限公司	宁波保税区留学人员创业园	先进制造
宁波思达利光电科技有限公司	宁波保税区留学人员创业园	先进制造
宁波斯宾拿建荣机械有限公司	宁波保税区留学人员创业园	先进制造
宁波斯宾拿精密机械制造有限公司	宁波保税区留学人员创业园	先进制造
宁波威瑞泰默赛多相流仪器设备有限公司	宁波保税区留学人员创业园	先进制造
宁波中宁伟业液压有限公司	宁波保税区留学人员创业园	先进制造

浙江海桐高新工程技术有限公司	宁波保税区留学人员创业园	先进制造
宁波爱洁世迪恩特环保材料有限公司	宁波保税区留学人员创业园	新材料
宁波保税区龙豪新材料科技有限公司	宁波保税区留学人员创业园	新材料
宁波密克斯新材料科技有限公司	宁波保税区留学人员创业园	新材料
艾科理环境监测科技（宁波）有限公司	宁波保税区留学人员创业园	新能源环保
宁波保税区绿光能源科技有限公司	宁波保税区留学人员创业园	新能源环保
宁波保税区唯英能源科技有限公司	宁波保税区留学人员创业园	新能源环保
宁波博浪热能设备有限公司	宁波保税区留学人员创业园	新能源环保
宁波源禄光电有限公司	宁波保税区留学人员创业园	新能源环保
宁波艾思科尔电子科技有限公司	宁波高新区留学人员创业园	电子信息
宁波高新区安贸泰科技有限公司	宁波高新区留学人员创业园	电子信息
宁波高新区博格信息技术有限公司	宁波高新区留学人员创业园	电子信息
宁波高新区慧天下智能科技有限公司	宁波高新区留学人员创业园	电子信息
宁波高新区长联网络科技有限公司	宁波高新区留学人员创业园	电子信息
宁波观原网络科技有限公司	宁波高新区留学人员创业园	电子信息
宁波海创天下信息科技有限公司	宁波高新区留学人员创业园	电子信息
宁波恒通联拓信息科技有限公司	宁波高新区留学人员创业园	电子信息
宁波力芯科信息科技有限公司	宁波高新区留学人员创业园	电子信息
宁波融序信息技术有限公司	宁波高新区留学人员创业园	电子信息
宁波瑞康达电子科技有限公司	宁波高新区留学人员创业园	电子信息
宁波盈和星泰信息技术有限公司	宁波高新区留学人员创业园	电子信息
宁波甬动信息科技有限公司	宁波高新区留学人员创业园	电子信息
宁波尚博生物科技有限公司	宁波高新区留学人员创业园	生物医药
宁波市美灵思医疗科技有限公司	宁波高新区留学人员创业园	生物医药
宁波有成生物医药科技有限公司	宁波高新区留学人员创业园	生物医药
宁波川拓自动化科技有限公司	宁波高新区留学人员创业园	先进制造
宁波龙诚祥自动化机械有限公司	宁波高新区留学人员创业园	先进制造
宁波荣瑞升动力科技有限公司	宁波高新区留学人员创业园	先进制造
宁波华尔克应用材料有限公司	宁波高新区留学人员创业园	新材料
宁波科廷光电科技有限公司	宁波高新区留学人员创业园	新材料
宁波桑尼新材料科技有限公司	宁波高新区留学人员创业园	新材料
宁波天泽新材料科技有限公司	宁波高新区留学人员创业园	新材料
宁波凯得新材料科技有限公司	宁波高新区留学人员创业园	新能源环保
宁波立新生物质能源有限公司	宁波高新区留学人员创业园	新能源环保
宁波琼森环保木业有限公司	宁波高新区留学人员创业园	新能源环保
宁波市清鄰环保工程有限公司	宁波高新区留学人员创业园	新能源环保
宁波高新区河姆鹿玩具有限公司	宁波高新区留学人员创业园	文化创意
宁波高新区极速文化创意有限公司	宁波高新区留学人员创业园	文化创意
宁波高新区银瑞家居科技有限公司	宁波高新区留学人员创业园	文化创意
宁波安盛节电科技有限公司	宁波经济技术开发区留学人员创业园	电子信息
宁波华研信息技术有限公司	宁波经济技术开发区留学人员创业园	电子信息
宁波吉达智能交通技术有限公司	宁波经济技术开发区留学人员创业园	电子信息
宁波经济技术开发区全盛软件科技有限公司	宁波经济技术开发区留学人员创业园	电子信息
宁波信嘉诺网络科技有限公司	宁波经济技术开发区留学人员创业园	电子信息
宁波讯强电子科技有限公司	宁波经济技术开发区留学人员创业园	电子信息
宁波经济技术开发区高科海洋技术开发有限公司	宁波经济技术开发区留学人员创业园	生物医药
宁波经济技术开发区名谛生物技术有限公司	宁波经济技术开发区留学人员创业园	生物医药
宁波锐视医疗设备科技有限公司	宁波经济技术开发区留学人员创业园	生物医药
雷神机电宁波有限公司	宁波经济技术开发区留学人员创业园	先进制造
宁波昂振光电子有限公司	宁波经济技术开发区留学人员创业园	先进制造
宁波经济技术开发区联丰技术发展有限公司	宁波经济技术开发区留学人员创业园	先进制造
宁波经济技术开发区顺成模具有限公司	宁波经济技术开发区留学人员创业园	先进制造
宁波凌日表面工程有限公司	宁波经济技术开发区留学人员创业园	先进制造
宁波欧龙感应设备有限公司	宁波经济技术开发区留学人员创业园	先进制造
宁波润兴电器有限公司	宁波经济技术开发区留学人员创业园	先进制造
宁波同飞精密机械有限公司	宁波经济技术开发区留学人员创业园	先进制造
宁波昂振塑料制品有限公司	宁波经济技术开发区留学人员创业园	新材料
宁波京美橡塑科技有限公司	宁波经济技术开发区留学人员创业园	新材料
宁波经济技术开发区晶格新材料开发有限公司	宁波经济技术开发区留学人员创业园	新材料
宁波摩根精细化工材料有限公司	宁波经济技术开发区留学人员创业园	新材料

宁波能聚工程塑料有限公司	宁波经济技术开发区留学人员创业园	新材料
宁波能之光新材料科技有限公司	宁波经济技术开发区留学人员创业园	新材料
宁波威克丽特化工材料有限公司	宁波经济技术开发区留学人员创业园	新材料
鼎盛电子科技（金华）有限公司	金华留学人员创业园	电子信息
金华八婺网络有限公司	金华留学人员创业园	电子信息
金华高科运通软件有限公司	金华留学人员创业园	电子信息
金华海信信息科技有限公司	金华留学人员创业园	电子信息
金华基业通译软件有限公司	金华留学人员创业园	电子信息
金华隆德电子科技有限公司	金华留学人员创业园	电子信息
金华天阳电子有限公司	金华留学人员创业园	电子信息
金华网格信息技术有限公司	金华留学人员创业园	电子信息
金华网视软件技术有限公司	金华留学人员创业园	电子信息
金华宇联电子科技有限公司	金华留学人员创业园	电子信息
金华云辉电子科技有限公司	金华留学人员创业园	电子信息
金华洛克兰生物工程技术有限公司	金华留学人员创业园	生物医药
金华市金海威生物技术有限公司	金华留学人员创业园	生物医药
金华首康生物科技有限公司	金华留学人员创业园	生物医药
金华天业生物科技有限公司	金华留学人员创业园	生物医药
金华亚德生物技术工程限公司	金华留学人员创业园	生物医药
浙江微创医疗器械有限公司	金华留学人员创业园	生物医药
金华西岭机电有限公司	金华留学人员创业园	先进制造
金华远思机电工业技术有限公司	金华留学人员创业园	先进制造
浙江阿尔法光电科技有限公司	金华留学人员创业园	先进制造
浙江金华爱司米电气有限公司	金华留学人员创业园	先进制造
金华泰丰表面处理技术开发有限公司	金华留学人员创业园	新材料
金华雅欧玻璃陶瓷有限公司	金华留学人员创业园	新材料
金华汉克环保自动化控制技术有限公司	金华留学人员创业园	新能源环保
金华市中荷环保科技有限公司	金华留学人员创业园	新能源环保
达斯玛工程科技（金华）有限公司	金华留学人员创业园	现代服务
金华美中教育科技有限公司	金华留学人员创业园	现代服务
金华市森立车业有限公司	金华留学人员创业园	现代服务
金华斯密卡投资咨询有限公司	金华留学人员创业园	现代服务
金华永灵食品有限公司	金华留学人员创业园	现代服务
金华至远进出口贸易有限公司	金华留学人员创业园	现代服务
湖州埃幕计算机技术有限公司	湖州留学人员创业园	电子信息
浙江金时代生物技术有限公司	湖州留学人员创业园	生物医药
湖州绿达环保科技服务有限公司	湖州留学人员创业园	新能源环保
浙江瑞普环境技术有限公司	湖州留学人员创业园	新能源环保
温州飞扬软件有限公司	温州留学人员创业园	电子信息
温州环科电子信息技术有限公司	温州留学人员创业园	电子信息
温州吉芯科技有限公司	温州留学人员创业园	电子信息
温州美橙互易信息科技有限公司	温州留学人员创业园	电子信息
温州三境网络技术有限公司	温州留学人员创业园	电子信息
温州市易能软件有限公司	温州留学人员创业园	电子信息
温州天点网络传媒有限公司	温州留学人员创业园	电子信息
温州一诺信息有限公司	温州留学人员创业园	电子信息
温州易天信息科技有限公司	温州留学人员创业园	电子信息
浙江麦克斯韦尔有限公司	温州留学人员创业园	电子信息
浙江紫朝科技有限公司	温州留学人员创业园	电子信息
温州艾微尔生物有限公司	温州留学人员创业园	生物医药
温州爱盟科技有限公司	温州留学人员创业园	生物医药
温州安得森生物科技有限公司	温州留学人员创业园	生物医药
温州广成生物科技有限公司	温州留学人员创业园	生物医药
温州绿农生物技术有限公司	温州留学人员创业园	生物医药
温州启星生物技术有限公司	温州留学人员创业园	生物医药
温州欣视界科技有限公司	温州留学人员创业园	生物医药
温州星康医学科技有限公司	温州留学人员创业园	生物医药
温州医学院眼视光器械有限公司	温州留学人员创业园	生物医药
温州永辉光电科技有限公司	温州留学人员创业园	生物医药
温州泛波激光有限公司	温州留学人员创业园	先进制造

温州杰拓数控设备有限公司	温州留学人员创业园	先进制造
温州雷蒙光电科技有限公司	温州留学人员创业园	先进制造
温州温医雷赛医学激光有限公司	温州留学人员创业园	先进制造
温州亿德科技有限公司	温州留学人员创业园	先进制造
温州华韵科技开发有限公司	温州留学人员创业园	新材料
温州科迪光电科技有限公司	温州留学人员创业园	新能源环保
温州绿电太阳能科技有限公司	温州留学人员创业园	新能源环保
浙江竟成环保科技有限公司	温州留学人员创业园	新能源环保
绍兴和仁网络技术有限公司	绍兴留学人员创业园	电子信息
绍兴华锋半导体有限公司	绍兴留学人员创业园	电子信息
绍兴莱恩智能技术有限公司	绍兴留学人员创业园	电子信息
绍兴则圆自动控制设备公司	绍兴留学人员创业园	电子信息
唯上科技（控股）有限公司	绍兴留学人员创业园	电子信息
绍兴康佳医疗器械有限公司	绍兴留学人员创业园	生物医药
绍兴明透装甲材料有限公司	绍兴留学人员创业园	新材料
绍兴爱力克节能技术开发有限公司	绍兴留学人员创业园	新能源环保
嘉兴鼎洪信息软件科技有限公司	嘉兴留学人员创业园	电子信息
嘉兴市晶英光电子技术有限公司	嘉兴留学人员创业园	电子信息
嘉兴市泰福龙机械电子有限公司	嘉兴留学人员创业园	电子信息
嘉兴博美生物技术有限公司	嘉兴留学人员创业园	生物医药
嘉兴蓝光生物科技有限公司	嘉兴留学人员创业园	生物医药
嘉兴市绿洲生物技术研究有限公司	嘉兴留学人员创业园	生物医药
嘉兴麦可超纤有限公司	嘉兴留学人员创业园	新材料
嘉善艾珂电子商务有限公司	嘉善留学人员创业园	电子信息
嘉善宝盈网络技术有限公司	嘉善留学人员创业园	电子信息
嘉善恩益迪电声技术服务有限公司	嘉善留学人员创业园	电子信息
嘉善恒杰热管科技有限公司	嘉善留学人员创业园	电子信息
嘉善骏晨网络科技有限公司	嘉善留学人员创业园	电子信息
嘉善力通信息技术有限公司	嘉善留学人员创业园	电子信息
嘉善谱发光电科技有限公司	嘉善留学人员创业园	电子信息
嘉善神机信息技术有限公司	嘉善留学人员创业园	电子信息
嘉善思源科技有限公司	嘉善留学人员创业园	电子信息
嘉善托泰电子技术有限公司	嘉善留学人员创业园	电子信息
嘉善玉成其美软件设计有限公司	嘉善留学人员创业园	电子信息
嘉善智源电子科技有限公司	嘉善留学人员创业园	电子信息
嘉善中正电子科技有限公司	嘉善留学人员创业园	电子信息
嘉兴景焱智能装备技术有限公司	嘉善留学人员创业园	电子信息
嘉兴瑞智光能科技有限公司	嘉善留学人员创业园	电子信息
嘉兴易都信息技术有限公司	嘉善留学人员创业园	电子信息
浙江华震数字化工程有限公司	嘉善留学人员创业园	电子信息
浙江一网通信息科技有限公司	嘉善留学人员创业园	电子信息
浙江中科电声研发中心	嘉善留学人员创业园	电子信息
浙江中科空间信息技术应用研发中心	嘉善留学人员创业园	电子信息
浙江中科无线授时与定位研发中心	嘉善留学人员创业园	电子信息
嘉善德智医疗器械科技有限公司	嘉善留学人员创业园	生物医药
嘉善加斯戴克医疗器械有限公司	嘉善留学人员创业园	生物医药
嘉善嘉博生物技术有限公司	嘉善留学人员创业园	生物医药
嘉兴活力达生物科技有限公司	嘉善留学人员创业园	生物医药
浙江群良生物科技有限公司	嘉善留学人员创业园	生物医药
浙江群鑫生物产业开发有限公司	嘉善留学人员创业园	生物医药
嘉善大冶机电科技有限公司	嘉善留学人员创业园	先进制造
嘉善瑞创电子科技有限公司	嘉善留学人员创业园	先进制造
嘉善盾立科技有限公司	嘉善留学人员创业园	新材料
嘉善美节陶瓷科技有限公司	嘉善留学人员创业园	新材料
嘉善申嘉科技有限公司	嘉善留学人员创业园	新材料
浙江中科辐射高分子材料研发中心	嘉善留学人员创业园	新材料
嘉善艾亿迪电子有限公司	嘉善留学人员创业园	新能源环保
嘉善爱迪曼水科技有限公司	嘉善留学人员创业园	新能源环保
嘉善博兴电子科技有限公司	嘉善留学人员创业园	新能源环保
嘉善恒烁光电科技有限公司	嘉善留学人员创业园	新能源环保

嘉善华江电子科技有限公司	嘉善留学人员创业园	新能源环保
嘉善嘉阳电子有限公司	嘉善留学人员创业园	新能源环保
嘉善绿拓照明科技有限公司	嘉善留学人员创业园	新能源环保
嘉善冉迪光电科技有限公司	嘉善留学人员创业园	新能源环保
嘉善神光电子科技有限公司	嘉善留学人员创业园	新能源环保
嘉善索罗太阳能科技有限公司	嘉善留学人员创业园	新能源环保
嘉善鑫誉电子科技有限公司	嘉善留学人员创业园	新能源环保
嘉兴雷明电子科技有限公司	嘉善留学人员创业园	新能源环保
嘉兴欧阳照明电器有限公司	嘉善留学人员创业园	新能源环保
嘉兴市亮剑照明科技有限公司	嘉善留学人员创业园	新能源环保
浙江嘉善谦信和电子科技有限公司	嘉善留学人员创业园	新能源环保
浙江亿米光电科技有限公司	嘉善留学人员创业园	新能源环保
嘉善采青咨询有限公司	嘉善留学人员创业园	现代服务
嘉善天恒科技中介服务有限公司	嘉善留学人员创业园	现代服务
上海强思企业管理咨询有限公司嘉善分公司	嘉善留学人员创业园	现代服务
浙江茂鸿国际货运代理有限公司	嘉善留学人员创业园	现代服务
湖州艾米信息科技有限公司	吴兴留学人员创业园	电子信息
湖州电迅文化传播有限公司	吴兴留学人员创业园	电子信息
湖州汉文电子科技有限公司	吴兴留学人员创业园	电子信息
湖州弘柘电子科技有限公司	吴兴留学人员创业园	电子信息
湖州华泰电子科技有限公司	吴兴留学人员创业园	电子信息
湖州环达科技服务有限公司	吴兴留学人员创业园	电子信息
湖州开合电子有限公司	吴兴留学人员创业园	电子信息
湖州朗盾科技有限公司	吴兴留学人员创业园	电子信息
湖州凌杰信息科技有限公司	吴兴留学人员创业园	电子信息
湖州欧麦斯通信科技有限公司	吴兴留学人员创业园	电子信息
湖州清维电子科技有限公司	吴兴留学人员创业园	电子信息
湖州瑞云信息科技有限公司	吴兴留学人员创业园	电子信息
湖州松润科技有限公司	吴兴留学人员创业园	电子信息
湖州维德光电科技有限公司	吴兴留学人员创业园	电子信息
湖州吴兴溢鸣电子科技有限公司	吴兴留学人员创业园	电子信息
浙江海瑞网络信息科技有限公司	吴兴留学人员创业园	电子信息
浙江琨瑞科技有限公司	吴兴留学人员创业园	电子信息
浙江美晶科技有限公司	吴兴留学人员创业园	电子信息
浙江中诚安源科技有限公司	吴兴留学人员创业园	电子信息
湖州安束生物科技有限公司	吴兴留学人员创业园	生物医药
湖州鼎康生物科技有限公司	吴兴留学人员创业园	生物医药
湖州凯妍生物科技有限公司	吴兴留学人员创业园	生物医药
湖州礼来生物技术有限公司	吴兴留学人员创业园	生物医药
湖州麦福食品科技有限公司	吴兴留学人员创业园	生物医药
湖州博得物流设备有限公司	吴兴留学人员创业园	先进制造
湖州城区顺泰水处理设备厂	吴兴留学人员创业园	先进制造
湖州鼎亞进出口有限公司	吴兴留学人员创业园	先进制造
湖州东润环保设备有限公司	吴兴留学人员创业园	先进制造
湖州东震能源设备有限公司	吴兴留学人员创业园	先进制造
湖州多利物流设备有限公司	吴兴留学人员创业园	先进制造
湖州高登机器研发有限公司	吴兴留学人员创业园	先进制造
湖州高源金机械有限公司	吴兴留学人员创业园	先进制造
湖州汉和物流设备有限公司	吴兴留学人员创业园	先进制造
湖州积微电子科技有限公司	吴兴留学人员创业园	先进制造
湖州嘉汇节能科技有限公司	吴兴留学人员创业园	先进制造
湖州交达数控科技有限公司	吴兴留学人员创业园	先进制造
湖州九州信义科技有限公司	吴兴留学人员创业园	先进制造
湖州美泰电气有限公司	吴兴留学人员创业园	先进制造
湖州牧天机电科技有限公司	吴兴留学人员创业园	先进制造
湖州瑞海气象专用仪器有限公司	吴兴留学人员创业园	先进制造
湖州三井低温设备有限公司	吴兴留学人员创业园	先进制造
湖州三洲电子科学仪器厂	吴兴留学人员创业园	先进制造
湖州升谱电子科技有限公司	吴兴留学人员创业园	先进制造
湖州兴贝克合金科技有限公司	吴兴留学人员创业园	先进制造

湖州宜可欧环保科技有限公司	吴兴留学人员创业园	先进制造
湖州友勒机械有限公司	吴兴留学人员创业园	先进制造
湖州浙艺照明科技有限公司	吴兴留学人员创业园	先进制造
湖州正诚自动化科技有限公司	吴兴留学人员创业园	先进制造
浙江宝玛电气有限公司	吴兴留学人员创业园	先进制造
浙江比洛德传动技术有限公司	吴兴留学人员创业园	先进制造
浙江创源照明科技有限公司	吴兴留学人员创业园	先进制造
湖州奥博石英有限公司	吴兴留学人员创业园	新材料
湖州恒弘建筑节能技术有限公司	吴兴留学人员创业园	新材料
湖州科森玻璃科技有限公司	吴兴留学人员创业园	新材料
湖州美典新材料有限公司	吴兴留学人员创业园	新材料
湖州欧力塑业有限公司	吴兴留学人员创业园	新材料
湖州森诺氟材料科技有限公司	吴兴留学人员创业园	新材料
湖州斯科能新材料有限公司	吴兴留学人员创业园	新材料
湖州天多蓝新材料有限公司	吴兴留学人员创业园	新材料
湖州同泰新材料有限公司	吴兴留学人员创业园	新材料
湖州鑫鼎半导体材料有限公司	吴兴留学人员创业园	新材料
湖州鼎泰净水科技有限公司	吴兴留学人员创业园	新能源环保
湖州恒怡节能科技有限公司	吴兴留学人员创业园	新能源环保
湖州华泰国安新能源环保有限公司	吴兴留学人员创业园	新能源环保
湖州环境科技创新中心	吴兴留学人员创业园	新能源环保
湖州科诺水处理化工原料有限公司	吴兴留学人员创业园	新能源环保
湖州美晶电子有限公司	吴兴留学人员创业园	新能源环保
湖州上德水处理设备有限公司	吴兴留学人员创业园	新能源环保
湖州柿子电器有限公司	吴兴留学人员创业园	新能源环保
湖州天厚生物科技有限公司	吴兴留学人员创业园	新能源环保
湖州天濮环保科技有限公司	吴兴留学人员创业园	新能源环保
湖州新晶科技有限公司	吴兴留学人员创业园	新能源环保
湖州永汇水处理工程有限公司	吴兴留学人员创业园	新能源环保
湖州远景环境工程有限公司	吴兴留学人员创业园	新能源环保
湖州蕴天新能源环保科技有限公司	吴兴留学人员创业园	新能源环保
浙江悟能环保科技有限公司	吴兴留学人员创业园	新能源环保
湖州比德弗科技有限公司	吴兴留学人员创业园	现代服务
湖州弗睿科技咨询有限公司	吴兴留学人员创业园	现代服务
湖州杭环检测科技有限公司	吴兴留学人员创业园	现代服务
湖州经发信息科技有限公司	吴兴留学人员创业园	现代服务
湖州利升检测有限公司	吴兴留学人员创业园	现代服务
湖州龙猫供应链科技有限公司	吴兴留学人员创业园	现代服务
湖州上电科电器科学研究有限公司	吴兴留学人员创业园	现代服务
爱侃（合肥）网络科技有限公司	合肥留学人员创业园	电子信息
安徽汇博科技发展有限公司	合肥留学人员创业园	电子信息
安徽捷强电子科技有限公司	合肥留学人员创业园	电子信息
安徽睿仪通讯技术有限公司	合肥留学人员创业园	电子信息
安徽省嵩岭信息科技有限公司	合肥留学人员创业园	电子信息
安徽视窗网络信息有限公司	合肥留学人员创业园	电子信息
安徽同徽信息技术有限公司	合肥留学人员创业园	电子信息
安徽文清光电科技有限公司	合肥留学人员创业园	电子信息
安徽英科制控股份有限公司	合肥留学人员创业园	电子信息
安徽远路信息科技有限公司	合肥留学人员创业园	电子信息
安徽中锐投资顾问咨询有限公司	合肥留学人员创业园	电子信息
安徽中新软件有限公司	合肥留学人员创业园	电子信息
奥利奥克（安徽）信息技术有限公司	合肥留学人员创业园	电子信息
合肥创丰电子技术有限公司	合肥留学人员创业园	电子信息
合肥戴特智能技术有限公司	合肥留学人员创业园	电子信息
合肥迪普电子科技开发公司	合肥留学人员创业园	电子信息
合肥汉记数码科技有限公司	合肥留学人员创业园	电子信息
合肥汉思信息技术有限公司	合肥留学人员创业园	电子信息
合肥和帮交通有限公司	合肥留学人员创业园	电子信息
合肥开元精密工程有限责任公司	合肥留学人员创业园	电子信息
合肥茂林华学科技有限公司	合肥留学人员创业园	电子信息

合肥瑞扬信息科技有限公司	合肥留学人员创业园	电子信息
合肥三钱原子经济研究所	合肥留学人员创业园	电子信息
合肥盛柏科技有限公司	合肥留学人员创业园	电子信息
合肥时讯信息技术有限公司	合肥留学人员创业园	电子信息
合肥索甲电子科技有限公司	合肥留学人员创业园	电子信息
合肥梯升科技有限公司	合肥留学人员创业园	电子信息
合肥天锐电子有限公司	合肥留学人员创业园	电子信息
合肥网龙信息技术有限公司	合肥留学人员创业园	电子信息
合肥网迅软件有限公司	合肥留学人员创业园	电子信息
合肥新华海信息有限公司	合肥留学人员创业园	电子信息
合肥新泰特种深层技术有限公司	合肥留学人员创业园	电子信息
合肥讯峰信息技术有限公司	合肥留学人员创业园	电子信息
合肥易通电力科技有限公司	合肥留学人员创业园	电子信息
合肥英塔信息技术有限公司	合肥留学人员创业园	电子信息
合肥永君数码科技有限公司	合肥留学人员创业园	电子信息
合肥智瑞真空技术开发有限公司	合肥留学人员创业园	电子信息
合肥智同科技有限公司	合肥留学人员创业园	电子信息
合肥中科华仑安全技术有限公司	合肥留学人员创业园	电子信息
开元精密工程公司	合肥留学人员创业园	电子信息
凯捷技术（合肥）有限公司	合肥留学人员创业园	电子信息
科大恒星电子商务有限公司	合肥留学人员创业园	电子信息
美科数字（安徽）有限公司	合肥留学人员创业园	电子信息
瑞科信息系统（合肥）有限公司	合肥留学人员创业园	电子信息
赛智（合肥）信息科技有限公司	合肥留学人员创业园	电子信息
三通信息技术（合肥）有限公司	合肥留学人员创业园	电子信息
亚微信息技术（安徽）有限公司	合肥留学人员创业园	电子信息
英图微电子（合肥）有限公司	合肥留学人员创业园	电子信息
致亿电脑科技合肥有限责任公司	合肥留学人员创业园	电子信息
安徽徽州地下灾害研究设计院	合肥留学人员创业园	生物医药
安徽金健桥医疗科技有限公司	合肥留学人员创业园	生物医药
合肥标品生物技术有限公司	合肥留学人员创业园	生物医药
合肥勃朗金峰生态农林开发有限公司	合肥留学人员创业园	生物医药
合肥科泉化工技术有限公司	合肥留学人员创业园	生物医药
合肥晟瑞斯生物科技有限公司	合肥留学人员创业园	生物医药
合肥英诺生物检测仪器有限公司	合肥留学人员创业园	生物医药
合肥科创电气技术有限公司	合肥留学人员创业园	先进制造
合肥微研机电技术有限公司	合肥留学人员创业园	先进制造
合肥科晶材料技术有限公司	合肥留学人员创业园	新材料
特丽洁不织布（安徽）有限公司	合肥留学人员创业园	新材料
智瑞真空技术开发有限公司	合肥留学人员创业园	新材料
安徽固力建筑新技术发展有限公司	合肥留学人员创业园	新能源环保
合肥德泰能源科技有限公司	合肥留学人员创业园	新能源环保
合肥美科氦业有限公司	合肥留学人员创业园	新能源环保
北丹麦中国咨询公司和非办事处	合肥留学人员创业园	现代服务
合肥五谷时代食品科技有限公司	合肥留学人员创业园	现代服务
马鞍山方德思通网络科技有限公司	留学人员马鞍山创业园	电子信息
马鞍山国声生物技术有限公司	留学人员马鞍山创业园	生物医药
马鞍山海普微奇生物科技有限公司	留学人员马鞍山创业园	生物医药
马鞍山赛普科技发展有限公司	留学人员马鞍山创业园	生物医药
马鞍山微因泰克生物科技有限公司	留学人员马鞍山创业园	生物医药
马鞍山安意达电气技术有限公司	留学人员马鞍山创业园	先进制造
马鞍山特赛特轴承科技有限公司	留学人员马鞍山创业园	先进制造
马鞍山多晶金属材料科技有限公司	留学人员马鞍山创业园	新材料
马鞍山力博新材料科技有限公司	留学人员马鞍山创业园	新材料
马鞍山绿盾防护材料科技有限公司	留学人员马鞍山创业园	新材料
马鞍山市盛宁高分子材料科技有限公司	留学人员马鞍山创业园	新材料
马鞍山大圣木质素准液体燃料有限公司	留学人员马鞍山创业园	新能源环保
福州安泰安电子公司	福建留学人员创业园	电子信息
福州创高电子有限公司	福建留学人员创业园	电子信息
福州创嘉科技有限公司	福建留学人员创业园	电子信息

福州福大科源电脑技术有限公司	福建留学人员创业园	电子信息
福州华政软件有限公司	福建留学人员创业园	电子信息
福州蓝潮信息技术有限公司	福建留学人员创业园	电子信息
福州龙宝利电子有限公司	福建留学人员创业园	电子信息
福州闽高电力科技有限公司	福建留学人员创业园	电子信息
福州明辉电脑服务中心	福建留学人员创业园	电子信息
福州圣德莉信息技术有限公司	福建留学人员创业园	电子信息
福州天视信息技术有限公司	福建留学人员创业园	电子信息
福州威腾电子科技有限公司	福建留学人员创业园	电子信息
福州迅鑫电子科技有限公司	福建留学人员创业园	电子信息
福州益荣电子有限公司	福建留学人员创业园	电子信息
福州英福特信息工程有限公司	福建留学人员创业园	电子信息
福州智讯达网络科技有限公司	福建留学人员创业园	电子信息
亚州仿真（福建）系统控制工程有限公司	福建留学人员创业园	电子信息
中康信息公司	福建留学人员创业园	电子信息
福建众智生物科技有限公司	福建留学人员创业园	生物医药
福州宸宥生物科技有限公司	福建留学人员创业园	生物医药
福州沪荣盛医疗公司	福建留学人员创业园	生物医药
福州能子生物科技有限公司	福建留学人员创业园	生物医药
福州善维生医疗技术有限公司	福建留学人员创业园	生物医药
福州欣欣医疗器械有限公司	福建留学人员创业园	生物医药
福州鑫美源生物科技有限公司	福建留学人员创业园	生物医药
康正生物公司	福建留学人员创业园	生物医药
农祥生物公司	福建留学人员创业园	生物医药
诚安光电技术有限公司	福建留学人员创业园	先进制造
福晟光学有限公司	福建留学人员创业园	新材料
福州电气硝子玻璃有限公司	福建留学人员创业园	新材料
福州华昆赛车配件技研有限公司	福建留学人员创业园	新材料
福州华莉模具有限公司	福建留学人员创业园	新材料
福州华廷化建有限公司	福建留学人员创业园	新材料
吉阳聚光公司	福建留学人员创业园	新材料
福州般若森林景观设计有限公司	福建留学人员创业园	新能源环保
联众气体公司	福建留学人员创业园	新能源环保
新世纪环保科技有限公司	福建留学人员创业园	新能源环保
正海海洋公司	福建留学人员创业园	新能源环保
志品环保科技公司	福建留学人员创业园	新能源环保
福州金博士文化传播有限公司	福建留学人员创业园	文化创意
福建甘诺宝力连锁经营有限公司	福建留学人员创业园	现代服务
福建金山种子有限公司	福建留学人员创业园	现代服务
福建省东南企业研究院	福建留学人员创业园	现代服务
福建省海峡国际学院	福建留学人员创业园	现代服务
福建省环球科教顾问公司	福建留学人员创业园	现代服务
福州共荣贸易有限公司	福建留学人员创业园	现代服务
福州宏岩贸易有限公司	福建留学人员创业园	现代服务
福州华日食品检测有限公司	福建留学人员创业园	现代服务
福州美之源化妆品贸易有限公司	福建留学人员创业园	现代服务
福州农播王种苗有限公司	福建留学人员创业园	现代服务
福州沁园春房地产有限公司	福建留学人员创业园	现代服务
福州天朗办公设备有限公司	福建留学人员创业园	现代服务
福州天元创业研究有限公司	福建留学人员创业园	现代服务
福州旭茂测绘有限公司	福建留学人员创业园	现代服务
福州远卓管理咨询有限公司	福建留学人员创业园	现代服务
海顺船务公司	福建留学人员创业园	现代服务
和创行贸易公司	福建留学人员创业园	现代服务
蓝天律师事务所	福建留学人员创业园	现代服务
龙田三村第一冷冻厂	福建留学人员创业园	现代服务
闽榕投资公司	福建留学人员创业园	现代服务
南平恒亚经贸有限公司	福建留学人员创业园	现代服务
雅文企业公司	福建留学人员创业园	现代服务
百思科（厦门）信息科技有限公司	厦门留学人员创业园	电子信息

凤凰岛（厦门）文化传播有限公司	厦门留学人员创业园	电子信息
豪伯（厦门）电子材料有限公司	厦门留学人员创业园	电子信息
凯斯诺（厦门）信息科技有限公司	厦门留学人员创业园	电子信息
立烽电子科技（厦门）有限公司	厦门留学人员创业园	电子信息
厦门冰讯数码动画科技有限公司	厦门留学人员创业园	电子信息
厦门车程网络有限公司	厦门留学人员创业园	电子信息
厦门崇达智能科技有限公司	厦门留学人员创业园	电子信息
厦门福芯微电子科技有限公司	厦门留学人员创业园	电子信息
厦门海蒙科技有限公司	厦门留学人员创业园	电子信息
厦门赫姿医疗器械有限公司	厦门留学人员创业园	电子信息
厦门科拓通讯技术有限公司	厦门留学人员创业园	电子信息
厦门迈泰电子科技有限公司	厦门留学人员创业园	电子信息
厦门美迪兴科技有限公司	厦门留学人员创业园	电子信息
厦门耐普讯信息科技有限公司	厦门留学人员创业园	电子信息
厦门时代缔依信息技术有限公司	厦门留学人员创业园	电子信息
厦门泰纳信息科技有限公司	厦门留学人员创业园	电子信息
厦门天特尔数码科技有限公司	厦门留学人员创业园	电子信息
厦门微得利科技有限公司	厦门留学人员创业园	电子信息
厦门欣圆通计算机技术有限公司	厦门留学人员创业园	电子信息
厦门易能电力技术有限公司	厦门留学人员创业园	电子信息
厦门引速得信息科技有限公司	厦门留学人员创业园	电子信息
厦门足下网科技有限公司	厦门留学人员创业园	电子信息
天明来电子信息（厦门）有限公司	厦门留学人员创业园	电子信息
威硕（厦门）精密科技有限公司	厦门留学人员创业园	电子信息
芯锐电（厦门）光电科技有限公司	厦门留学人员创业园	电子信息
亚尔迪（厦门）科技有限公司	厦门留学人员创业园	电子信息
阳光赛特软件（厦门）有限公司	厦门留学人员创业园	电子信息
博分（厦门）医药研发有限公司	厦门留学人员创业园	生物医药
蓝德尔（厦门）生物技术有限公司	厦门留学人员创业园	生物医药
麦仑（厦门）生物科技有限公司	厦门留学人员创业园	生物医药
厦门霸旺生物科技有限公司	厦门留学人员创业园	生物医药
厦门百拓生物工程有限公司	厦门留学人员创业园	生物医药
厦门百维康生物科技有限公司	厦门留学人员创业园	生物医药
厦门百维信生物科技有限公司	厦门留学人员创业园	生物医药
厦门伯德生物技术有限公司	厦门留学人员创业园	生物医药
厦门博肽生物科技有限公司	厦门留学人员创业园	生物医药
厦门禾嘉吉升生物技术有限公司	厦门留学人员创业园	生物医药
厦门吉发生物科技有限公司	厦门留学人员创业园	生物医药
厦门健康人生物科技有限公司	厦门留学人员创业园	生物医药
厦门今润医药科学发展有限公司	厦门留学人员创业园	生物医药
厦门蓝博思生物技术有限公司	厦门留学人员创业园	生物医药
厦门六维生物科技有限公司	厦门留学人员创业园	生物医药
厦门绿波生物科技有限公司	厦门留学人员创业园	生物医药
厦门圣平科技有限公司	厦门留学人员创业园	生物医药
厦门斯坦道生物科技有限公司	厦门留学人员创业园	生物医药
厦门太阳马生物工程有限公司	厦门留学人员创业园	生物医药
厦门先端科技有限公司	厦门留学人员创业园	生物医药
厦门智星生物科技有限公司	厦门留学人员创业园	生物医药
阿斯特机电科技（厦门）有限公司	厦门留学人员创业园	先进制造
艾博利电子科技（厦门）有限公司	厦门留学人员创业园	先进制造
富稳净化（厦门）电子有限公司	厦门留学人员创业园	先进制造
佳真（厦门）精密模具有限公司	厦门留学人员创业园	先进制造
乐源未来电子科技（厦门）有限公司	厦门留学人员创业园	先进制造
厦门爱的科技有限公司	厦门留学人员创业园	先进制造
厦门爱美克科技有限公司	厦门留学人员创业园	先进制造
厦门奥伦控制工程有限公司	厦门留学人员创业园	先进制造
厦门超力电子有限公司	厦门留学人员创业园	先进制造
厦门法博科技有限公司	厦门留学人员创业园	先进制造
厦门汉京自动化科技有限公司	厦门留学人员创业园	先进制造
厦门汇佳精密模具有限公司	厦门留学人员创业园	先进制造

厦门加华电力科技有限公司	厦门留学人员创业园	先进制造
厦门凯美特科学仪器有限公司	厦门留学人员创业园	先进制造
厦门科兰光电有限公司	厦门留学人员创业园	先进制造
厦门蓝溪科技有限公司	厦门留学人员创业园	先进制造
厦门利茗精密机电有限公司	厦门留学人员创业园	先进制造
厦门龙净环保物料输送科技有限公司	厦门留学人员创业园	先进制造
厦门明翰电气有限公司	厦门留学人员创业园	先进制造
厦门欧达科仪发展有限公司	厦门留学人员创业园	先进制造
厦门品鼎光电科技有限公司	厦门留学人员创业园	先进制造
厦门清源光电有限公司	厦门留学人员创业园	先进制造
厦门诠质科技有限公司	厦门留学人员创业园	先进制造
厦门荣健医疗器械有限公司	厦门留学人员创业园	先进制造
厦门锐锋科技有限公司	厦门留学人员创业园	先进制造
厦门申颖科技有限公司	厦门留学人员创业园	先进制造
厦门拓斯仪器开发有限公司	厦门留学人员创业园	先进制造
厦门万连电子科技有限公司	厦门留学人员创业园	先进制造
厦门无线创想科技有限公司	厦门留学人员创业园	先进制造
厦门仪加光电科技有限公司	厦门留学人员创业园	先进制造
厦门溢华科技有限公司	厦门留学人员创业园	先进制造
厦门盈瑞丰科技有限公司	厦门留学人员创业园	先进制造
厦门永易通光电科技有限公司	厦门留学人员创业园	先进制造
厦门至佳科技有限公司	厦门留学人员创业园	先进制造
普思科技（厦门）有限公司	厦门留学人员创业园	先进制造
特盈自动化科技（厦门）有限公司	厦门留学人员创业园	先进制造
亿伏特（厦门）光电科技有限公司	厦门留学人员创业园	先进制造
哲能（厦门）光电有限公司	厦门留学人员创业园	先进制造
厦门绿业化工有限公司	厦门留学人员创业园	新材料
厦门泉心功能材料有限公司	厦门留学人员创业园	新材料
厦门田菱精细化工有限公司	厦门留学人员创业园	新材料
厦门维丽多科技有限公司	厦门留学人员创业园	新材料
厦门新鑫田高科技材料有限公司	厦门留学人员创业园	新材料
世纪博创科技（厦门）有限公司	厦门留学人员创业园	新材料
信悦化工（厦门）有限公司	厦门留学人员创业园	新材料
颉能科技工程（厦门）有限公司	厦门留学人员创业园	新能源环保
厦门爱芯环保科技有限公司	厦门留学人员创业园	新能源环保
厦门大雄能源科技有限公司	厦门留学人员创业园	新能源环保
厦门金达莱科技有限公司	厦门留学人员创业园	新能源环保
厦门金名节能科技有限公司	厦门留学人员创业园	新能源环保
厦门蓝博科技开发有限公司	厦门留学人员创业园	新能源环保
厦门龙盛堂净化设备有限公司	厦门留学人员创业园	新能源环保
厦门纳米克热电电子有限公司	厦门留学人员创业园	新能源环保
厦门热工环保系统工程有限公司	厦门留学人员创业园	新能源环保
厦门太龙照明科技有限公司	厦门留学人员创业园	新能源环保
厦门万久科技有限公司	厦门留学人员创业园	新能源环保
厦门洗霸科技有限公司	厦门留学人员创业园	新能源环保
新奥（厦门）农牧发展有限公司	厦门留学人员创业园	新能源环保
厦门闽和食品有限公司	厦门留学人员创业园	现代服务
厦门泰禾科技有限公司	厦门留学人员创业园	现代服务
江西福德高科技有限公司	江西留学人员创业园	电子信息
江西精创科技有限公司	江西留学人员创业园	电子信息
江西民和科技有限公司	江西留学人员创业园	电子信息
江西省美德食科技有限公司	江西留学人员创业园	电子信息
江西腾科科技发展有限公司	江西留学人员创业园	电子信息
江西天狗网络信息技术有限公司	江西留学人员创业园	电子信息
南昌华大信息发展有限公司	江西留学人员创业园	电子信息
南昌汇升科技有限公司	江西留学人员创业园	电子信息
南昌市国安科技有限公司	江西留学人员创业园	电子信息
江西博健科技有限公司	江西留学人员创业园	生物医药
江西博士联科技研究开发有限责任公司	江西留学人员创业园	生物医药
江西福康科技有限公司	江西留学人员创业园	生物医药

江西福摩生物技术有限公司	江西留学人员创业园	生物医药
江西光大高科技开发有限公司	江西留学人员创业园	生物医药
江西华源高科技开发有限公司	江西留学人员创业园	生物医药
江西丽葶科技发展有限公司	江西留学人员创业园	生物医药
江西中德生物工程有限公司	江西留学人员创业园	生物医药
南昌博恒生物制品有限公司	江西留学人员创业园	生物医药
南昌华兴生物科技有限公司	江西留学人员创业园	生物医药
江西大卫高科技有限公司	江西留学人员创业园	先进制造
江西莱昂科技有限公司	江西留学人员创业园	先进制造
江西三维电气有限公司	江西留学人员创业园	先进制造
南昌南翔科技有限公司	江西留学人员创业园	先进制造
南昌欧赛牡光电有限公司	江西留学人员创业园	先进制造
南昌泰利斯科技有限公司	江西留学人员创业园	先进制造
南昌友联机电精有限公司	江西留学人员创业园	先进制造
江西昌瑞纳米涂料有限公司	江西留学人员创业园	新材料
江西三和科技有限公司	江西留学人员创业园	新材料
江西芬诺无框阳台窗发展有限公司	江西留学人员创业园	新能源环保
江西美亚能源有限公司	江西留学人员创业园	新能源环保
南昌绿能科技有限公司	江西留学人员创业园	新能源环保
江西英诺食品科技有限公司	江西留学人员创业园	现代服务
南昌华夏投资咨询有限公司	江西留学人员创业园	现代服务
南昌时富投资咨询有限公司	江西留学人员创业园	现代服务
南昌市巧思实验室仪器有限公司	江西留学人员创业园	现代服务
济南爱迪雷特科技有限公司	济南留学人员创业园	电子信息
济南顶端软件有限公司	济南留学人员创业园	电子信息
济南互信互通信息技术有限公司	济南留学人员创业园	电子信息
济南辉达信息科技有限公司	济南留学人员创业园	电子信息
济南吉大利软件科技有限公司	济南留学人员创业园	电子信息
济南经达管理技术开发有限公司	济南留学人员创业园	电子信息
济南乐胜信息科技有限公司	济南留学人员创业园	电子信息
济南品质科技有限责任公司	济南留学人员创业园	电子信息
济南企财通软件有限公司	济南留学人员创业园	电子信息
济南盛联天下网络科技有限公司	济南留学人员创业园	电子信息
济南识龙信息服务有限责任公司	济南留学人员创业园	电子信息
济南顺动信息科技发展有限公司	济南留学人员创业园	电子信息
济南舜天计算机信息技术有限公司	济南留学人员创业园	电子信息
济南天运汽车电子技术有限公司	济南留学人员创业园	电子信息
济南夏一科技有限公司	济南留学人员创业园	电子信息
济南易夫森科技有限公司	济南留学人员创业园	电子信息
济南盈昂信息科技有限公司	济南留学人员创业园	电子信息
济南勇明通信科技有限公司	济南留学人员创业园	电子信息
济南源码信息科技有限公司	济南留学人员创业园	电子信息
山东和承信息科技有限公司	济南留学人员创业园	电子信息
济南艾诺科生物科技有限公司	济南留学人员创业园	生物医药
济南倍生康医药化学有限公司	济南留学人员创业园	生物医药
济南磁能科技有限公司	济南留学人员创业园	生物医药
济南德诚医疗技术有限公司	济南留学人员创业园	生物医药
济南登益得科贸有限公司	济南留学人员创业园	生物医药
济南迪博生物技术有限公司	济南留学人员创业园	生物医药
济南海乐医药技术开发有限公司	济南留学人员创业园	生物医药
济南浩隆生物科技有限公司	济南留学人员创业园	生物医药
济南净洁生物技术有限公司	济南留学人员创业园	生物医药
济南瑞通药物化学有限公司	济南留学人员创业园	生物医药
济南五环医药科技有限公司	济南留学人员创业园	生物医药
济南兆德生物科技有限公司	济南留学人员创业园	生物医药
济南挚诚生物科技有限公司	济南留学人员创业园	生物医药
山东艾克韦生物技术有限公司	济南留学人员创业园	生物医药
山东创新药物研发有限公司	济南留学人员创业园	生物医药
济南安诺汽车部件有限公司	济南留学人员创业园	先进制造
济南佳美视觉技术有限公司	济南留学人员创业园	先进制造

济南库伦特科技有限公司	济南留学人员创业园	先进制造
济南迈隆科技有限公司	济南留学人员创业园	先进制造
济南诺斯机械有限公司	济南留学人员创业园	先进制造
济南先进机电技术有限公司	济南留学人员创业园	先进制造
济南蓓麟机电设备有限公司	济南留学人员创业园	新能源环保
济南光中新能源环保科技开发有限公司	济南留学人员创业园	新能源环保
济南华昭环境技术有限公司	济南留学人员创业园	新能源环保
济南杰赛防护科技有限公司	济南留学人员创业园	新能源环保
济南科曼过滤技术有限公司	济南留学人员创业园	新能源环保
山东百峰环保工程有限公司	济南留学人员创业园	新能源环保
青岛奥普信息技术有限公司	青岛留学人员创业园	电子信息
青岛康创自动化工程有限公司	青岛留学人员创业园	电子信息
青岛罗杰网络科技有限公司	青岛留学人员创业园	电子信息
青岛日松数码信息有限公司	青岛留学人员创业园	电子信息
派美克生化（青岛）有限公司	青岛留学人员创业园	生物医药
青岛海奇普海洋生物科技发展有限公司	青岛留学人员创业园	生物医药
青岛康旭工程科技有限公司	青岛留学人员创业园	新材料
青岛同翔特种粉末冶金有限公司	青岛留学人员创业园	新材料
山东东方化工贸易有限公司	青岛留学人员创业园	新材料
青岛格林斯通环境设备工程有限公司	青岛留学人员创业园	新能源环保
青岛华桑科技有限公司	青岛留学人员创业园	新能源环保
青岛蓝森环保科技有限公司	青岛留学人员创业园	新能源环保
青岛绿创新基环境科技发展有限公司	青岛留学人员创业园	新能源环保
青岛瑞新环保科技有限公司	青岛留学人员创业园	新能源环保
青岛赛尔环境保护有限公司	青岛留学人员创业园	新能源环保
青岛爱思普瑞国际贸易有限公司	青岛留学人员创业园	现代服务
青岛千叶都市建筑设计有限公司	青岛留学人员创业园	现代服务
青岛日商科技贸易有限公司	青岛留学人员创业园	现代服务
青岛儒联现代教育技术研究所	青岛留学人员创业园	现代服务
青岛世展科技有限公司	青岛留学人员创业园	现代服务
青岛希尔韦技术有限公司	青岛留学人员创业园	现代服务
青岛先锋科技发展有限公司	青岛留学人员创业园	现代服务
青岛方立数值科技有限公司	青岛留学人员四方创业园	电子信息
青岛嵩华电子科技有限公司	青岛留学人员四方创业园	电子信息
青岛腾盛电子科技公司	青岛留学人员四方创业园	电子信息
青岛银科恒远化工过程信息技术有限公司	青岛留学人员四方创业园	电子信息
青岛海生堂生物科技有限公司	青岛留学人员四方创业园	生物医药
青岛凯莱斯科技有限公司	青岛留学人员四方创业园	生物医药
青岛高科新材料有限公司	青岛留学人员四方创业园	新材料
青岛开世密封工业有限公司	青岛留学人员四方创业园	新材料
青岛科大双烯烃合成技术研究中心	青岛留学人员四方创业园	新材料
青岛科大橡胶化工公共技术服务平台有限公司	青岛留学人员四方创业园	新材料
青岛青化聚合物有限公司	青岛留学人员四方创业园	新材料
青岛四维化工有限公司	青岛留学人员四方创业园	新材料
青岛同科橡塑科技有限公司	青岛留学人员四方创业园	新材料
青岛万林橡塑科技有限公司	青岛留学人员四方创业园	新材料
青岛科大隆腾科技发展有限公司	青岛留学人员四方创业园	新能源环保
青岛清科环保科技有限公司	青岛留学人员四方创业园	新能源环保
青岛福利德科技有限公司	青岛留学人员四方创业园	现代服务
青岛尚博焊接科技有限公司	青岛留学人员四方创业园	现代服务
青岛雅合科技发展有限公司	青岛留学人员四方创业园	现代服务
烟台宝华生物技术有限公司	烟台留学人员创业园区	电子信息
烟台阿尔伯特电子科技有限公司	烟台留学人员创业园区	电子信息
烟台恒太光电技术有限公司	烟台留学人员创业园区	电子信息
烟台宏益微波科技有限公司	烟台留学人员创业园区	电子信息
烟台晶泰电子科技有限公司	烟台留学人员创业园区	电子信息
烟台立丰电子有限公司	烟台留学人员创业园区	电子信息
烟台领先电子科技有限公司	烟台留学人员创业园区	电子信息
烟台特晶电子有限公司	烟台留学人员创业园区	电子信息
烟台羿中医疗科技有限公司	烟台留学人员创业园区	电子信息

山东靶点药物研究有限公司	烟台留学人员创业园区	生物医药
山东北药鲁抗医药科技有限公司	烟台留学人员创业园区	生物医药
烟台佰健海洋生物有限公司	烟台留学人员创业园区	生物医药
烟台博润泰合医药科技有限公司	烟台留学人员创业园区	生物医药
烟台哈博生物技术有限公司	烟台留学人员创业园区	生物医药
烟台海安多肽药物研发技术有限公司	烟台留学人员创业园区	生物医药
烟台海洋宝贝生物工程有限公司	烟台留学人员创业园区	生物医药
烟台汇鹏生物科技有限公司	烟台留学人员创业园区	生物医药
烟台嘉恒生物科技有限公司	烟台留学人员创业园区	生物医药
烟台隽秀生物科技有限公司	烟台留学人员创业园区	生物医药
烟台诺布尔生物工程有限公司	烟台留学人员创业园区	生物医药
烟台睿盈生物科技有限公司	烟台留学人员创业园区	生物医药
烟台天乐生物科技有限公司	烟台留学人员创业园区	生物医药
烟台益诺依生物医药科技有限公司	烟台留学人员创业园区	生物医药
烟台众安堂生物科技有限公司	烟台留学人员创业园区	生物医药
烟台开发区大丰轴瓦有限公司	烟台留学人员创业园区	先进制造
烟台开发区蚂蚁工坊生态科技有限公司	烟台留学人员创业园区	先进制造
烟台润丰果酒有限公司	烟台留学人员创业园区	先进制造
烟台神宇航天科技有限公司	烟台留学人员创业园区	先进制造
烟台爱德泰克光电材料有限公司	烟台留学人员创业园区	新材料
烟台遨泮汽车科技有限公司	烟台留学人员创业园区	新材料
烟台开发区世纪能源科技有限公司	烟台留学人员创业园区	新材料
烟台兰海复合材料技术有限公司	烟台留学人员创业园区	新材料
烟台绿水赋膜材料有限公司	烟台留学人员创业园区	新材料
烟台水泰和水科技有限公司	烟台留学人员创业园区	新材料
烟台一诺电子科技有限公司	烟台留学人员创业园区	新材料
烟台智诚环境工程有限公司	烟台留学人员创业园区	新材料
烟台清瑞环保科技有限公司	烟台留学人员创业园区	新能源环保
威海奥博软件有限公司	威海留学人员创业园	电子信息
威海伯泰电子有限公司	威海留学人员创业园	电子信息
威海腓力建筑技术咨询有限公司	威海留学人员创业园	电子信息
威海枫叶科技开发有限公司	威海留学人员创业园	电子信息
威海光成信息技术有限公司	威海留学人员创业园	电子信息
威海嘉讯电子技术公司	威海留学人员创业园	电子信息
威海克劳斯数码通讯设备有限公司	威海留学人员创业园	电子信息
威海梦之路软件有限公司	威海留学人员创业园	电子信息
威海市金黎明科技开发有限公司	威海留学人员创业园	电子信息
威海市乐家电子科技有限公司	威海留学人员创业园	电子信息
威海维吉尼亚光电技术有限公司	威海留学人员创业园	电子信息
威海欣智信息科技有限公司	威海留学人员创业园	电子信息
威海新儒教育科技开发中心	威海留学人员创业园	电子信息
威海信石软件有限公司	威海留学人员创业园	电子信息
山东吉威医疗制品有限公司	威海留学人员创业园	生物医药
威海科力斯生物工程有限公司	威海留学人员创业园	生物医药
威海盛世田园生物工程有限公司	威海留学人员创业园	生物医药
威海市馥嘉园花卉有限公司	威海留学人员创业园	生物医药
威海祥泰药物控制释放技术开发有限公司	威海留学人员创业园	生物医药
威海秀水药物研发有限公司	威海留学人员创业园	生物医药
威海益康农业生物技术有限公司	威海留学人员创业园	生物医药
威海百克环保工程有限公司	威海留学人员创业园	先进制造
威海富瑞沃电子有限公司	威海留学人员创业园	先进制造
威海诺达科技有限公司	威海留学人员创业园	先进制造
威海远航科技发展有限公司	威海留学人员创业园	先进制造
威海鸿瑞通讯器材有限公司	威海留学人员创业园	新材料
威海健坤新材料制品有限公司	威海留学人员创业园	新材料
威海科益达电子有限公司	威海留学人员创业园	新材料
威海启航科技有限公司	威海留学人员创业园	新材料
威海紫润化工有限公司	威海留学人员创业园	新材料
山东二十度节能技术服务有限公司	威海留学人员创业园	新能源环保
山东欧控电子科技发展公司	淄博留学人员创业园	电子信息

山东天利和软件有限公司	淄博留学人员创业园	电子信息
山东维多利亚电子有限公司	淄博留学人员创业园	电子信息
思艾工程（淄博）有限公司	淄博留学人员创业园	电子信息
淄博艾肯电脑有限公司	淄博留学人员创业园	电子信息
淄博爱迪尔计算机有限公司	淄博留学人员创业园	电子信息
淄博博凯软件有限公司	淄博留学人员创业园	电子信息
淄博淳阳电子有限公司	淄博留学人员创业园	电子信息
淄博顶点信息技术有限公司	淄博留学人员创业园	电子信息
淄博高通科技有限公司	淄博留学人员创业园	电子信息
淄博高新区百舸网络技术研究所	淄博留学人员创业园	电子信息
淄博海尔兄弟教育产品有限公司	淄博留学人员创业园	电子信息
淄博汉邦电子科技有限公司	淄博留学人员创业园	电子信息
淄博航宇数字勘测技术公司	淄博留学人员创业园	电子信息
淄博华邦高创网络科技公司	淄博留学人员创业园	电子信息
淄博惠智电子有限公司	淄博留学人员创业园	电子信息
淄博吉庆电气有限公司	淄博留学人员创业园	电子信息
淄博佳安电子有限公司	淄博留学人员创业园	电子信息
淄博嘉日通迅技术有限公司	淄博留学人员创业园	电子信息
淄博金狐电脑有限公司	淄博留学人员创业园	电子信息
淄博金苹果计算机系统工程有限公司	淄博留学人员创业园	电子信息
淄博金硕电子信息有限公司	淄博留学人员创业园	电子信息
淄博金四达计算机有限公司	淄博留学人员创业园	电子信息
淄博精彩电子商务发展公司	淄博留学人员创业园	电子信息
淄博凯恩软件有限公司	淄博留学人员创业园	电子信息
淄博朗特网络科技有限公司	淄博留学人员创业园	电子信息
淄博雷鸣工业自动化公司	淄博留学人员创业园	电子信息
淄博利方软件有限公司	淄博留学人员创业园	电子信息
淄博连创电子有限公司	淄博留学人员创业园	电子信息
淄博量子电气有限公司	淄博留学人员创业园	电子信息
淄博龙脉网络有限公司	淄博留学人员创业园	电子信息
淄博鲁安电子科技有限公司	淄博留学人员创业园	电子信息
淄博欧马光纤通讯设备公司	淄博留学人员创业园	电子信息
淄博庞特电子有限公司	淄博留学人员创业园	电子信息
淄博奇风林电子科技有限公司	淄博留学人员创业园	电子信息
淄博乾晨电子有限公司	淄博留学人员创业园	电子信息
淄博清方电子科技有限公司	淄博留学人员创业园	电子信息
淄博锐讯信息技术有限公司	淄博留学人员创业园	电子信息
淄博商信电子有限公司	淄博留学人员创业园	电子信息
淄博盛世天元数码动画公司	淄博留学人员创业园	电子信息
淄博双百电子有限公司	淄博留学人员创业园	电子信息
淄博顺拓电气有限公司	淄博留学人员创业园	电子信息
淄博思科电子有限公司	淄博留学人员创业园	电子信息
淄博泰诺技防工程发展有限公司	淄博留学人员创业园	电子信息
淄博天辉网络技术有限公司	淄博留学人员创业园	电子信息
淄博万方电子有限公司	淄博留学人员创业园	电子信息
淄博网友电子有限公司	淄博留学人员创业园	电子信息
淄博微联电子有限公司	淄博留学人员创业园	电子信息
淄博新华奇林软件有限公司	淄博留学人员创业园	电子信息
淄博新火炬电子信息公司	淄博留学人员创业园	电子信息
淄博新视博数字传媒技术有限公司	淄博留学人员创业园	电子信息
淄博一帆信息技术公司	淄博留学人员创业园	电子信息
淄博亿海计算机网络有限公司	淄博留学人员创业园	电子信息
淄博银领电子有限公司	淄博留学人员创业园	电子信息
淄博元策信息科技有限公司	淄博留学人员创业园	电子信息
淄博正瑞电子有限公司	淄博留学人员创业园	电子信息
淄博中道瑞风电子科技有限公司	淄博留学人员创业园	电子信息
淄博中联数码有限公司	淄博留学人员创业园	电子信息
淄博中企智业有限公司	淄博留学人员创业园	电子信息
淄博中煜电子科技有限公司	淄博留学人员创业园	电子信息
淄博卓尔电器有限公司	淄博留学人员创业园	电子信息

山东赛安迪生物工程制品公司	淄博留学人员创业园	生物医药
淄博爱普瑞生化肥业有限公司	淄博留学人员创业园	生物医药
淄博德赛生物纤维有限公司	淄博留学人员创业园	生物医药
淄博贯一海洋生物制品公司	淄博留学人员创业园	生物医药
淄博济世保健食品科技有限公司	淄博留学人员创业园	生物医药
淄博康基生物工程有限公司	淄博留学人员创业园	生物医药
淄博普生医疗器械有限公司	淄博留学人员创业园	生物医药
淄博圣纳生物医药有限公司	淄博留学人员创业园	生物医药
淄博英维健蛋白有限公司	淄博留学人员创业园	生物医药
淄博昀辉生物化工技术有限公司	淄博留学人员创业园	生物医药
淄博中澳惠尔液肥有限公司	淄博留学人员创业园	生物医药
赛欧机电（淄博）有限公司	淄博留学人员创业园	先进制造
山东华海科技有限公司	淄博留学人员创业园	先进制造
山东申普汽车控制技术公司	淄博留学人员创业园	先进制造
山东应天崇立光电科技公司	淄博留学人员创业园	先进制造
西安先行测控系统有限公司淄博分公司	淄博留学人员创业园	先进制造
淄博艾克维昂水处理设备有限公司	淄博留学人员创业园	先进制造
淄博艾能电气有限公司	淄博留学人员创业园	先进制造
淄博安顺达汽车尾气检测有限公司	淄博留学人员创业园	先进制造
淄博百泉水业科技有限公司	淄博留学人员创业园	先进制造
淄博博鸿电气有限公司	淄博留学人员创业园	先进制造
淄博博硕工业控制技术公司	淄博留学人员创业园	先进制造
淄博诚杰电控科技开发公司	淄博留学人员创业园	先进制造
淄博创尔沃制冷科技有限公司	淄博留学人员创业园	先进制造
淄博迪芯电气控制系统集成有限公司	淄博留学人员创业园	先进制造
淄博顿仪器仪表有限公司	淄博留学人员创业园	先进制造
淄博福尔德医疗设备有限公司	淄博留学人员创业园	先进制造
淄博福莱德变电设备有限公司	淄博留学人员创业园	先进制造
淄博富能电气有限公司	淄博留学人员创业园	先进制造
淄博格雷德电气有限公司	淄博留学人员创业园	先进制造
淄博国力自动化设备有限公司	淄博留学人员创业园	先进制造
淄博海瑞林医疗器械有限公司	淄博留学人员创业园	先进制造
淄博海拓仪表有限公司	淄博留学人员创业园	先进制造
淄博瀚海电气有限公司	淄博留学人员创业园	先进制造
淄博鸿铭网络科技有限公司	淄博留学人员创业园	先进制造
淄博华航机械技术开发公司	淄博留学人员创业园	先进制造
淄博华捷设备有限公司	淄博留学人员创业园	先进制造
淄博华铭电器有限公司	淄博留学人员创业园	先进制造
淄博惠杰电器技术开发公司	淄博留学人员创业园	先进制造
淄博今业啤酒设备有限公司	淄博留学人员创业园	先进制造
淄博金安特机电设备公司	淄博留学人员创业园	先进制造
淄博金太阳科贸有限公司	淄博留学人员创业园	先进制造
淄博金钥匙电子发展有限公司	淄博留学人员创业园	先进制造
淄博凯腾仪表开发有限公司	淄博留学人员创业园	先进制造
淄博科明电器有限公司	淄博留学人员创业园	先进制造
淄博科廷机电有限公司	淄博留学人员创业园	先进制造
淄博莱茵机电科技有限公司	淄博留学人员创业园	先进制造
淄博利安机电科技有限公司	淄博留学人员创业园	先进制造
淄博龙翔光电技术有限公司	淄博留学人员创业园	先进制造
淄博迈瑞医疗器械有限公司	淄博留学人员创业园	先进制造
淄博纽氏达特齿轮传动技术有限公司	淄博留学人员创业园	先进制造
淄博前沿医疗设备有限公司	淄博留学人员创业园	先进制造
淄博人和健身器材有限公司	淄博留学人员创业园	先进制造
淄博日泰工业自动化有限公司	淄博留学人员创业园	先进制造
淄博瑞克科贸发展有限公司	淄博留学人员创业园	先进制造
淄博瑞森化工设备有限公司	淄博留学人员创业园	先进制造
淄博瑞尚化工机械有限公司	淄博留学人员创业园	先进制造
淄博瑞源电力保护设备公司	淄博留学人员创业园	先进制造
淄博三丰电气有限公司	淄博留学人员创业园	先进制造
淄博三剑电气有限公司	淄博留学人员创业园	先进制造

淄博三普机电有限公司	淄博留学人员创业园	先进制造
淄博三瑞燃气成套设备公司	淄博留学人员创业园	先进制造
淄博三维模具有限公司	淄博留学人员创业园	先进制造
淄博桑特动力设备有限公司	淄博留学人员创业园	先进制造
淄博盛贝尔工贸有限公司	淄博留学人员创业园	先进制造
淄博盛永电气科技有限公司	淄博留学人员创业园	先进制造
淄博瞬龙工业自动化设备公司	淄博留学人员创业园	先进制造
淄博天九通工程有限公司	淄博留学人员创业园	先进制造
淄博天骏清洁设备有限公司	淄博留学人员创业园	先进制造
淄博天能电力有限公司	淄博留学人员创业园	先进制造
淄博拓驰电器有限公司	淄博留学人员创业园	先进制造
淄博威特电气有限公司	淄博留学人员创业园	先进制造
淄博威特汽车节油器有限公司	淄博留学人员创业园	先进制造
淄博新思源电器有限公司	淄博留学人员创业园	先进制造
淄博信邦电器有限公司	淄博留学人员创业园	先进制造
淄博迅实电气有限公司	淄博留学人员创业园	先进制造
淄博扬中电器有限公司	淄博留学人员创业园	先进制造
淄博英斯派克机电科技公司	淄博留学人员创业园	先进制造
淄博越华汽车燃气技术公司	淄博留学人员创业园	先进制造
淄博昭瑞通信设备有限公司	淄博留学人员创业园	先进制造
淄博智洋电气有限公司	淄博留学人员创业园	先进制造
淄博中瑞自动化控制工程系统有限公司	淄博留学人员创业园	先进制造
淄博中为通信设备有限公司	淄博留学人员创业园	先进制造
山东道奇橡胶轮胎新材料公司	淄博留学人员创业园	新材料
山东东大一诺威聚氨酯公司	淄博留学人员创业园	新材料
山东齐兴能源材料有限公司	淄博留学人员创业园	新材料
山东省帝龙矿业有限公司	淄博留学人员创业园	新材料
山东淄博康淄石油化工公司	淄博留学人员创业园	新材料
淄博爱普化工科技有限公司	淄博留学人员创业园	新材料
淄博奥克罗拉新材料公司	淄博留学人员创业园	新材料
淄博奥克新科技有限公司	淄博留学人员创业园	新材料
淄博博纳科技发展公司	淄博留学人员创业园	新材料
淄博畅安陶瓷科技有限公司	淄博留学人员创业园	新材料
淄博德诺铝业科技有限公司	淄博留学人员创业园	新材料
淄博法恩新材料有限公司	淄博留学人员创业园	新材料
淄博福世蓝高分子复合材料技术有限公司	淄博留学人员创业园	新材料
淄博亘泽精细化工有限公司	淄博留学人员创业园	新材料
淄博海泰高温材料科技公司	淄博留学人员创业园	新材料
淄博瀚宇材料有限公司	淄博留学人员创业园	新材料
淄博恒毅峻高分子滤材科技开发有限公司	淄博留学人员创业园	新材料
淄博华熙纺织印花有限公司	淄博留学人员创业园	新材料
淄博金纪元研磨材有限公司	淄博留学人员创业园	新材料
淄博巨宝轻工制品有限公司	淄博留学人员创业园	新材料
淄博开发区多纶油剂化工公司	淄博留学人员创业园	新材料
淄博科伦新技术有限公司	淄博留学人员创业园	新材料
淄博科麦化工科技开发公司	淄博留学人员创业园	新材料
淄博蓝资科技有限公司	淄博留学人员创业园	新材料
淄博理研泰山涂附磨具公司	淄博留学人员创业园	新材料
淄博鲁德新型发热材料开发有限公司	淄博留学人员创业园	新材料
淄博骆仕高温制品有限公司	淄博留学人员创业园	新材料
淄博奈奇尔纺织科技发展公司	淄博留学人员创业园	新材料
淄博诺达化工有限公司	淄博留学人员创业园	新材料
淄博普瑞家用纺织品科技公司	淄博留学人员创业园	新材料
淄博市劲松金属材料有限公司	淄博留学人员创业园	新材料
淄博四砂泰山砂布砂纸公司	淄博留学人员创业园	新材料
淄博溯源新材料科技有限公司	淄博留学人员创业园	新材料
淄博天疆化工建材有限公司	淄博留学人员创业园	新材料
淄博天峻德化工有限公司	淄博留学人员创业园	新材料
淄博新邦陶瓷科技有限公司	淄博留学人员创业园	新材料
淄博雪春化工科技有限公司	淄博留学人员创业园	新材料

淄博永麒化工有限公司	淄博留学人员创业园	新材料
淄博优能科技发展有限公司	淄博留学人员创业园	新材料
淄博中邦锆铝精细材料公司	淄博留学人员创业园	新材料
淄博中恒陶瓷色釉料有限公司	淄博留学人员创业园	新材料
淄博中理磨具公司	淄博留学人员创业园	新材料
淄博中南纺织科技有限公司	淄博留学人员创业园	新材料
淄博宝泉环保工程有限公司	淄博留学人员创业园	新能源环保
淄博广和窑业有限公司	淄博留学人员创业园	新能源环保
淄博海洁环境工程公司	淄博留学人员创业园	新能源环保
淄博科邦建材技术有限公司	淄博留学人员创业园	新能源环保
淄博科信窑炉工程有限公司	淄博留学人员创业园	新能源环保
淄博联星窑业技术公司	淄博留学人员创业园	新能源环保
淄博隆泰科技有限公司	淄博留学人员创业园	新能源环保
淄博梦溪环保科技有限公司	淄博留学人员创业园	新能源环保
淄博铭创环境科技有限公司	淄博留学人员创业园	新能源环保
淄博圣达瀚科邦新能源环保技术有限公司	淄博留学人员创业园	新能源环保
淄博翔瑞能源设备科技公司	淄博留学人员创业园	新能源环保
山东东方纹理防伪技术公司	淄博留学人员创业园	现代服务
山东信博洁具有限公司	淄博留学人员创业园	现代服务
赢时通科技（深圳）有限公司淄博分公司	淄博留学人员创业园	现代服务
淄博广景建筑工程咨询公司	淄博留学人员创业园	现代服务
郑州埃文计算机科技有限公司	河南留学人员创业园	电子信息
郑州单点科技软件有限公司	河南留学人员创业园	电子信息
郑州汉通电子科技有限公司	河南留学人员创业园	电子信息
郑州三友软件科技有限公司	河南留学人员创业园	电子信息
郑州三羽机电设备有限公司	河南留学人员创业园	电子信息
郑州微纳科技有限公司	河南留学人员创业园	电子信息
郑州宇林电子科技有限公司	河南留学人员创业园	电子信息
河南金泰生物技术股份有限公司	河南留学人员创业园	生物医药
郑州博赛生物医药科技股份有限公司	河南留学人员创业园	生物医药
郑州格尔医用科技有限公司	河南留学人员创业园	生物医药
郑州格然林医药科技有限公司	河南留学人员创业园	生物医药
郑州润至生物科技有限公司	河南留学人员创业园	生物医药
郑州雅晨生物科技有限公司	河南留学人员创业园	生物医药
河南省联合磨料磨具有限公司	河南留学人员创业园	新材料
河南四方达超硬材料股份有限公司	河南留学人员创业园	新材料
河南格瑞斯新能源环保技术有限公司	河南留学人员创业园	新能源环保
河南省伟力盛世节能科技有限公司	河南留学人员创业园	新能源环保
新视野光电郑州有限公司	河南留学人员创业园	新能源环保
郑州百合新能源环保科技有限公司	河南留学人员创业园	新能源环保
郑州动力能源科技有限公司	河南留学人员创业园	新能源环保
郑州新锐达节能科技有限公司	河南留学人员创业园	新能源环保
河南绿地农业科技有限公司	河南留学人员创业园	现代服务
河南省承源堂文物保护技术有限公司	河南留学人员创业园	现代服务
河南盛丰投资基金管理中心（有限合伙）	河南留学人员创业园	现代服务
河南新豫工程检测咨询有限公司	河南留学人员创业园	现代服务
郑州基尔地球物理技术有限公司	河南留学人员创业园	现代服务
郑州锐捷教育科技有限公司	河南留学人员创业园	现代服务
郑州市政海平面设计有限公司	河南留学人员创业园	现代服务
郑州通泰基础工程维修有限公司	河南留学人员创业园	现代服务
郑州优特基础工程维修有限公司	河南留学人员创业园	现代服务
伊文特信息科技有限公司	郑州留学人员创业园	电子信息
郑州帕博信息有限公司	郑州留学人员创业园	电子信息
紫光捷通科技有限公司	郑州留学人员创业园	电子信息
海而思（郑州）科技有限公司	郑州留学人员创业园	生物医药
郑州极限药物有限公司	郑州留学人员创业园	生物医药
郑州美方科技有限公司	郑州留学人员创业园	生物医药
郑州谐创生物有限公司	郑州留学人员创业园	生物医药
郑州英诺色谱科技有限公司	郑州留学人员创业园	生物医药
郑州枫华实业有限公司	郑州留学人员创业园	先进制造

大润（郑州）科技有限公司	郑州留学人员创业园	新能源环保
立宇（郑州）化学有限公司	郑州留学人员创业园	新能源环保
郑州艾蒂奥科技有限公司	郑州留学人员创业园	新能源环保
洛阳电力工程设计研究院	洛阳留学人员创业园	电子信息
洛阳海普信息科技有限公司	洛阳留学人员创业园	电子信息
洛阳恒锐测控技术有限公司	洛阳留学人员创业园	电子信息
洛阳路为电子科技有限公司	洛阳留学人员创业园	电子信息
洛阳铭亚达机电设备有限公司	洛阳留学人员创业园	电子信息
洛阳神佳电子陶瓷有限公司	洛阳留学人员创业园	电子信息
洛阳紫光新技术有限公司	洛阳留学人员创业园	电子信息
河南健古生物工程有限公司	洛阳留学人员创业园	生物医药
捷威精密制造（洛阳）有限公司	洛阳留学人员创业园	先进制造
洛阳博丹机电科技有限公司	洛阳留学人员创业园	先进制造
洛阳润环电机轴承有限公司	洛阳留学人员创业园	先进制造
洛阳中航光电科技有限公司	洛阳留学人员创业园	先进制造
洛阳鸿泰半导体有限公司	洛阳留学人员创业园	新材料
洛阳美克金刚石有限公司	洛阳留学人员创业园	新材料
洛阳中商纳米材料有限公司	洛阳留学人员创业园	新材料
绿潮科技环保有限公司	洛阳留学人员创业园	新能源环保
洛阳博航光电科技有限公司	洛阳留学人员创业园	新能源环保
洛阳德茂电力有限公司	洛阳留学人员创业园	新能源环保
洛阳格瑞泰德科技环保有限公司	洛阳留学人员创业园	新能源环保
洛阳瑞英华节能蒸发器科技有限公司	洛阳留学人员创业园	新能源环保
洛阳市万有力重机有限公司	洛阳留学人员创业园	新能源环保
河南安泰保安有限公司	洛阳留学人员创业园	现代服务
洛阳融泰保险代理有限公司	洛阳留学人员创业园	现代服务
洛阳水泥工程设计研究院有限公司	洛阳留学人员创业园	现代服务
洛阳顺隆商贸有限公司	洛阳留学人员创业园	现代服务
东润博联（武汉）投资管理有限公司	武汉留学生创业园	电子信息
歌锦企业信息科技（武汉）有限公司	武汉留学生创业园	电子信息
光谷发展智慧产业（武汉）研究院有限公司	武汉留学生创业园	电子信息
光谷云计算武汉有限公司	武汉留学生创业园	电子信息
湖北思高科技发展有限公司	武汉留学生创业园	电子信息
湖北微模式科技发展有限公司	武汉留学生创业园	电子信息
湖北印象光电信息产业有限公司	武汉留学生创业园	电子信息
联思普瑞（武汉）电子科技有限公司	武汉留学生创业园	电子信息
武汉艾若信息科技有限公司	武汉留学生创业园	电子信息
武汉安扬激光技术有限责任公司	武汉留学生创业园	电子信息
武汉奥美达易货有限公司	武汉留学生创业园	电子信息
武汉布拉德科技有限公司	武汉留学生创业园	电子信息
武汉畅联光电科技有限公司	武汉留学生创业园	电子信息
武汉东科创星管理咨询有限公司	武汉留学生创业园	电子信息
武汉东羽光机电科技有限公司	武汉留学生创业园	电子信息
武汉风亦云科技有限公司	武汉留学生创业园	电子信息
武汉福创投资管理有限公司	武汉留学生创业园	电子信息
武汉富泰华创科技有限公司	武汉留学生创业园	电子信息
武汉高晟知光科技有限公司	武汉留学生创业园	电子信息
武汉古马路科技有限公司	武汉留学生创业园	电子信息
武汉光谷集成股份有限公司	武汉留学生创业园	电子信息
武汉光粒网络科技有限公司	武汉留学生创业园	电子信息
武汉海为无线科技有限公司	武汉留学生创业园	电子信息
武汉汉达瑞科技有限公司	武汉留学生创业园	电子信息
武汉昊奇科技有限公司	武汉留学生创业园	电子信息
武汉恒泰志远科技有限责任公司	武汉留学生创业园	电子信息
武汉宏源寰球科技有限公司	武汉留学生创业园	电子信息
武汉华适壮智能新科技有限公司	武汉留学生创业园	电子信息
武汉辉创信息科技有限公司	武汉留学生创业园	电子信息
武汉慧人信息科技有限公司	武汉留学生创业园	电子信息
武汉基数星通信科技有限公司	武汉留学生创业园	电子信息
武汉加图电子有限公司	武汉留学生创业园	电子信息

武汉嘉业恒科技有限公司	武汉留学生创业园	电子信息
武汉晶镭科技有限公司	武汉留学生创业园	电子信息
武汉聚电科技有限责任公司	武汉留学生创业园	电子信息
武汉凯信科技有限公司	武汉留学生创业园	电子信息
武汉康桥伟业高新科技有限公司	武汉留学生创业园	电子信息
武汉科晟华科技有限公司	武汉留学生创业园	电子信息
武汉力益半导体科技有限公司	武汉留学生创业园	电子信息
武汉联瑞科微电子有限公司	武汉留学生创业园	电子信息
武汉洛芙科技有限公司	武汉留学生创业园	电子信息
武汉美电恩智电子科技有限公司	武汉留学生创业园	电子信息
武汉眸博科技有限公司	武汉留学生创业园	电子信息
武汉欧众科技发展有限公司	武汉留学生创业园	电子信息
武汉磐阳科技有限公司	武汉留学生创业园	电子信息
武汉祺景科技有限公司	武汉留学生创业园	电子信息
武汉瑞芯科微电子技术有限公司	武汉留学生创业园	电子信息
武汉十五现代心理科学研究院	武汉留学生创业园	电子信息
武汉史蒂芬凯科技有限公司	武汉留学生创业园	电子信息
武汉市兑尔科技有限公司	武汉留学生创业园	电子信息
武汉市三联永成科技有限公司	武汉留学生创业园	电子信息
武汉市天晨翔云数据有限公司	武汉留学生创业园	电子信息
武汉市云瞻信息科技有限公司	武汉留学生创业园	电子信息
武汉司南科技有限公司	武汉留学生创业园	电子信息
武汉图歌信息技术有限责任公司	武汉留学生创业园	电子信息
武汉威大科技技术有限公司	武汉留学生创业园	电子信息
武汉帷幄信息技术有限公司	武汉留学生创业园	电子信息
武汉新旅程创新科技有限公司	武汉留学生创业园	电子信息
武汉星聚汇科技有限公司	武汉留学生创业园	电子信息
武汉迅光微电子科技有限公司	武汉留学生创业园	电子信息
武汉一唐科技有限公司	武汉留学生创业园	电子信息
武汉易路网络技术有限公司	武汉留学生创业园	电子信息
武汉意普科技有限责任公司	武汉留学生创业园	电子信息
武汉鹰飞拓光电子有限公司	武汉留学生创业园	电子信息
武汉优维科技有限责任公司	武汉留学生创业园	电子信息
武汉优赢科技有限公司	武汉留学生创业园	电子信息
武汉友睿科技有限公司	武汉留学生创业园	电子信息
武汉远众科技有限公司	武汉留学生创业园	电子信息
武汉云歌科技有限公司	武汉留学生创业园	电子信息
武汉云雅科技有限公司	武汉留学生创业园	电子信息
武汉智丽丰信息科技有限公司	武汉留学生创业园	电子信息
武汉中昊信科技有限公司	武汉留学生创业园	电子信息
武汉众合德信技术有限公司	武汉留学生创业园	电子信息
英伟讯（湖北）信息技术有限公司	武汉留学生创业园	电子信息
艾博（武汉）生物技术有限公司	武汉留学生创业园	生物医药
安拜（武汉）生物科技有限公司	武汉留学生创业园	生物医药
湖北维达健基因技术有限公司	武汉留学生创业园	生物医药
朗力生物医药（武汉）有限公司	武汉留学生创业园	生物医药
天至生物科技有限公司	武汉留学生创业园	生物医药
武汉奥斯梅得生物医药有限公司	武汉留学生创业园	生物医药
武汉百翼生物科技有限公司	武汉留学生创业园	生物医药
武汉高华细胞技术有限公司	武汉留学生创业园	生物医药
武汉格林泰克科技有限公司	武汉留学生创业园	生物医药
武汉哈福科技有限公司	武汉留学生创业园	生物医药
武汉吉肽生物科技有限公司	武汉留学生创业园	生物医药
武汉璟泓金晟生物科技有限公司	武汉留学生创业园	生物医药
武汉康碧瑞医疗科技发展有限公司	武汉留学生创业园	生物医药
武汉科奥美萃生物科技有限公司	武汉留学生创业园	生物医药
武汉摩尔生物科技有限公司	武汉留学生创业园	生物医药
武汉沐风科技有限公司	武汉留学生创业园	生物医药
武汉荣坛技术有限公司	武汉留学生创业园	生物医药
武汉瑞迪沃兹生物工程有限责任公司	武汉留学生创业园	生物医药

武汉市星熠艾克生物医药有限责任公司	武汉留学生创业园	生物医药
武汉蔚澜生物技术有限公司	武汉留学生创业园	生物医药
武汉友联述康医药技术有限公司	武汉留学生创业园	生物医药
武汉远征世纪制药有限公司	武汉留学生创业园	生物医药
武汉志邦化学技术有限公司	武汉留学生创业园	生物医药
武汉光晔科技有限公司	武汉留学生创业园	新材料
武汉汉唐电子材料开发有限公司	武汉留学生创业园	新材料
武汉环材科技有限公司	武汉留学生创业园	新材料
武汉思臻光信息科技有限公司	武汉留学生创业园	新材料
大湖生物（武汉）有限责任公司	武汉留学生创业园	新能源环保
湖北华测能源系统工程有限公司	武汉留学生创业园	新能源环保
湖北景禾环保有限公司	武汉留学生创业园	新能源环保
湖北纽太力环境科技有限公司	武汉留学生创业园	新能源环保
武汉碧海云天科技股份有限公司	武汉留学生创业园	新能源环保
武汉福斯隆科技有限公司	武汉留学生创业园	新能源环保
武汉格林威科技发展有限公司	武汉留学生创业园	新能源环保
武汉国能恩格新能源环保科技有限公司	武汉留学生创业园	新能源环保
武汉视窗卫士高科技有限公司	武汉留学生创业园	新能源环保
武汉威科奇科技发展有限公司	武汉留学生创业园	新能源环保
武汉希瑞技术有限公司	武汉留学生创业园	新能源环保
武汉紫灿科技有限公司	武汉留学生创业园	新能源环保
迅捷卓越传动系统科技（武汉）有限责任公司	武汉留学生创业园	新能源环保
武汉汉迪机器人科技有限公司	武汉留学生创业园	先进制造
武汉金顿激光科技有限公司	武汉留学生创业园	先进制造
武汉光谷西铂科技有限公司	武汉留学生创业园	现代服务
武汉上谱分析科技有限责任公司	武汉留学生创业园	现代服务
武汉昭融汇利投资管理有限责任公司	武汉留学生创业园	现代服务
湖南海邦高科技术有限公司	长沙留学人员创业园	电子信息
湖南航网电子科技有限公司	长沙留学人员创业园	电子信息
湖南好百客科技有限责任公司	长沙留学人员创业园	电子信息
湖南辉鹏投资有限公司	长沙留学人员创业园	电子信息
湖南省万博教育发展有限公司	长沙留学人员创业园	电子信息
湖南惟思科技有限公司	长沙留学人员创业园	电子信息
湖南湘瑞智能工控设备有限公司	长沙留学人员创业园	电子信息
湖南众焱科技有限公司	长沙留学人员创业园	电子信息
长沙安力国昌科技有限公司	长沙留学人员创业园	电子信息
长沙博为软件技术有限公司	长沙留学人员创业园	电子信息
长沙畅行支付信息技术有限公司	长沙留学人员创业园	电子信息
长沙德灵软件有限公司	长沙留学人员创业园	电子信息
长沙梵天网络科技有限公司	长沙留学人员创业园	电子信息
长沙高新开发区中雅科技有限公司	长沙留学人员创业园	电子信息
长沙立中软件开发有限公司	长沙留学人员创业园	电子信息
长沙诺沙能源科技有限公司	长沙留学人员创业园	电子信息
长沙奇星网络科技有限公司	长沙留学人员创业园	电子信息
长沙市勉志教育咨询有限公司	长沙留学人员创业园	电子信息
长沙天野电子科技有限公司	长沙留学人员创业园	电子信息
长沙帷幄信息科技有限公司	长沙留学人员创业园	电子信息
长沙我看信息技术有限公司	长沙留学人员创业园	电子信息
长沙新睿信息科技有限公司	长沙留学人员创业园	电子信息
长沙医林信息技术有限公司	长沙留学人员创业园	电子信息
长沙依斯基微震监测设备有限公司	长沙留学人员创业园	电子信息
长沙元泰科技有限公司	长沙留学人员创业园	电子信息
长沙知金电子科技有限公司	长沙留学人员创业园	电子信息
大邦（湖南）生物制药有限公司	长沙留学人员创业园	生物医药
汉五生物工程（长沙）有限公司	长沙留学人员创业园	生物医药
湖南安淳高新技术有限公司	长沙留学人员创业园	生物医药
湖南安和寿生物科技有限公司	长沙留学人员创业园	生物医药
湖南程谦森中药基因研究所	长沙留学人员创业园	生物医药
湖南昊康医疗科技有限公司	长沙留学人员创业园	生物医药
湖南华立美东高科技有限公司	长沙留学人员创业园	生物医药

湖南华腾制药有限公司	长沙留学人员创业园		生物医药
湖南惠霖生命科技有限公司	长沙留学人员创业园		生物医药
湖南金缔康营养品股份有限公司	长沙留学人员创业园		生物医药
湖南科恩医药有限公司	长沙留学人员创业园		生物医药
湖南科尔生物技术有限公司	长沙留学人员创业园		生物医药
湖南麓谷仁馨生物技术有限公司	长沙留学人员创业园		生物医药
湖南强邦化工科技有限公司	长沙留学人员创业园		生物医药
湖南圣湘生物科技有限公司	长沙留学人员创业园		生物医药
湖南新诺基生物科技有限公司	长沙留学人员创业园		生物医药
湖南盈资生物科技有限公司	长沙留学人员创业园		生物医药
湖南佑立科技股份有限公司	长沙留学人员创业园		生物医药
湖南远泰生物技术有限公司	长沙留学人员创业园		生物医药
长沙安比奥生物技术有限公司	长沙留学人员创业园		生物医药
长沙安迪生物科技有限公司	长沙留学人员创业园		生物医药
长沙奥国生物科技有限公司	长沙留学人员创业园		生物医药
长沙博优生物科技有限公司	长沙留学人员创业园		生物医药
长沙传奇生物科技有限公司	长沙留学人员创业园		生物医药
长沙德源生物科技有限公	长沙留学人员创业园		生物医药
长沙珐莱生物科技有限公司	长沙留学人员创业园		生物医药
长沙福滋堂生物技术开发有限公司绿洲植物	长沙留学人员创业园		生物医药
长沙富能生物技术有限公司	长沙留学人员创业园		生物医药
长沙厚益深泰医药科技有限公司	长沙留学人员创业园		生物医药
长沙美东医药科技有限公司	长沙留学人员创业园		生物医药
长沙三诺生物传感技术有限公司	长沙留学人员创业园		生物医药
长沙桑霖生物科技有限公司	长沙留学人员创业园		生物医药
长沙圣艾薇生物科技有限公司	长沙留学人员创业园		生物医药
长沙市智丰生物技术合伙企业（普通合伙）	长沙留学人员创业园		生物医药
长沙翔亚医药科技有限公司	长沙留学人员创业园		生物医药
长沙新生康源生物医药有限公司	长沙留学人员创业园		生物医药
湖南奔腾动力有限公司	长沙留学人员创业园		先进制造
湖南华曙高科技有限责任公司	长沙留学人员创业园		先进制造
湖南惠诚控制系统有限公司	长沙留学人员创业园		先进制造
湖南江麓容大车辆传动股份有限公司	长沙留学人员创业园		先进制造
湖南美纳科技有限公司	长沙留学人员创业园		先进制造
湖南容大汽车电子技术有限公司	长沙留学人员创业园		先进制造
湖南万合能源科技有限公司	长沙留学人员创业园		先进制造
湖南易通莲花汽车悬架科技股份有限公司	长沙留学人员创业园		先进制造
长沙大方精密机电有限公司	长沙留学人员创业园		先进制造
长沙高新开发区拓旗汽车电器有限公司	长沙留学人员创业园		先进制造
长沙高新区奥西机电科技有限公司	长沙留学人员创业园		先进制造
长沙立中汽车设计开发有限公司	长沙留学人员创业园		先进制造
长沙溇澧机电科技有限公司	长沙留学人员创业园		先进制造
长沙赛德技术推广服务有限公司	长沙留学人员创业园		先进制造
长沙市新龙机电科技有限公司	长沙留学人员创业园		先进制造
长沙长能电气有限公司	长沙留学人员创业园		先进制造
长沙作为测量技术有限公司	长沙留学人员创业园		先进制造
湖南百富瑞材料有限责任公司	长沙留学人员创业园		新材料
湖南吉瑞斯材料科技有限公司	长沙留学人员创业园		新材料
湖南金戈新材料有限责任公司	长沙留学人员创业园		新材料
湖南力澳投资发展有限公司	长沙留学人员创业园		新材料
湖南迈迪科新材有限公司	长沙留学人员创业园		新材料
湖南赛钻国际贸易有限公司	长沙留学人员创业园		新材料
湖南省银义新材料科技有限公司	长沙留学人员创业园		新材料
湖南文象炭基环保材料有限公司	长沙留学人员创业园		新材料
湖南友能高新技术有限公司	长沙留学人员创业园		新材料
湖南源创高科工业技术有限公司	长沙留学人员创业园		新材料
湖南长坤材料有限公司	长沙留学人员创业园		新材料
湖南中科微纳新能源环保科技有限公司	长沙留学人员创业园		新材料
湖南筑泰工程有限公司	长沙留学人员创业园		新材料
长沙澳大冶金工程技术有限公司	长沙留学人员创业园		新材料

长沙邦捷电池有限公司	长沙留学人员创业园	新材料
长沙宝锋能源科技有限公司	长沙留学人员创业园	新材料
长沙岱勒金刚石制品有限公司	长沙留学人员创业园	新材料
长沙华希金属材料有限公司	长沙留学人员创业园	新材料
长沙汇远新材料有限公司	长沙留学人员创业园	新材料
长沙凯森竹木新技术有限公司	长沙留学人员创业园	新材料
长沙伟晖高科技新材料有限公司	长沙留学人员创业园	新材料
长沙奕景科技发展有限公司	长沙留学人员创业园	新材料
长沙中大建设工程检测技术有限公司	长沙留学人员创业园	新材料
湖南先科环保有限公司	长沙留学人员创业园	新能源环保
湖南鼎创环保科技有限公司	长沙留学人员创业园	新能源环保
湖南和创环境工程有限公司	长沙留学人员创业园	新能源环保
湖南开昂新能源环保科技有限公司	长沙留学人员创业园	新能源环保
湖南斯凯电气有限公司	长沙留学人员创业园	新能源环保
湖南泰颐动力有限公司	长沙留学人员创业园	新能源环保
湖南永清环保研究院有限公司	长沙留学人员创业园	新能源环保
瑞斯拓（湖南）科技有限公司	长沙留学人员创业园	新能源环保
长沙创享环保科技有限公司	长沙留学人员创业园	新能源环保
长沙福泉环保科技有限公司	长沙留学人员创业园	新能源环保
长沙凯力能源科技有限公司	长沙留学人员创业园	新能源环保
长沙祺辰环保科技有限公司	长沙留学人员创业园	新能源环保
长沙市海德机电科技有限公司	长沙留学人员创业园	新能源环保
长沙禹之神环保技术有限公司	长沙留学人员创业园	新能源环保
湖南创安科技有限公司	长沙留学人员创业园	现代服务
湖南盛德投资管理有限公司	长沙留学人员创业园	现代服务
湖南未名凯拓作物分子设计中心有限公司	长沙留学人员创业园	现代服务
长沙爱世普林投资管理有限公司	长沙留学人员创业园	现代服务
长沙和邦管理咨询有限公司	长沙留学人员创业园	现代服务
长沙九派企业管理公司	长沙留学人员创业园	现代服务
长沙卡斯蒂亚商贸有限公司	长沙留学人员创业园	现代服务
长沙卡斯蒂亚西班牙语教育咨询有限公司	长沙留学人员创业园	现代服务
长沙乐活家芬家居用品有限公司	长沙留学人员创业园	现代服务
长沙舍那文化传播有限公司	长沙留学人员创业园	现代服务
长沙市常宸信息技术有限公司	长沙留学人员创业园	现代服务
长沙亿多环保科技有限公司	长沙留学人员创业园	现代服务
长沙艾尔丰华有限公司	长沙经济开发区留学人员创业园	电子信息
长沙尚唐古道科技有限公司	长沙经济开发区留学人员创业园	电子信息
湖南安普诺环保科技有限公司	长沙经济开发区留学人员创业园	新能源环保
长沙凯德防水科技有限公司	长沙经济开发区留学人员创业园	新材料
湖南南方搏云新材料有限公司	长沙经济开发区留学人员创业园	新材料
湖南中精伦金属材料有限公司	长沙经济开发区留学人员创业园	新材料
湖南博瑞新药有限公司	湖南生物医药留学人员创业园	生物医药
湖南福湘生物技术有限公司	湖南生物医药留学人员创业园	生物医药
湖南汉方生物科技有限公司	湖南生物医药留学人员创业园	生物医药
湖南宏灏生物医药有限公司	湖南生物医药留学人员创业园	生物医药
湖南三清药业有限公司	湖南生物医药留学人员创业园	生物医药
湖南湘雅基因技术有限公司	湖南生物医药留学人员创业园	生物医药
湖南一线生物工程有限公司	湖南生物医药留学人员创业园	生物医药
湖南有色凯铂生物药业有限公司	湖南生物医药留学人员创业园	生物医药
浏阳艾特天然产物研究与开发有限公司	湖南生物医药留学人员创业园	生物医药
浏阳恒业生物科技有限公司	湖南生物医药留学人员创业园	生物医药
浏阳市汉东新药技术开发有限公司	湖南生物医药留学人员创业园	生物医药
长沙奥顿生物医药科技有限公司	湖南生物医药留学人员创业园	生物医药
长沙德文生物科技开发有限公司	湖南生物医药留学人员创业园	生物医药
长沙和新康生物工程有限公司	湖南生物医药留学人员创业园	生物医药
长沙华源医药科技开发有限公司	湖南生物医药留学人员创业园	生物医药
长沙凯斯唐生物化学技术开发有限公司	湖南生物医药留学人员创业园	生物医药
长沙科恩医药技术有限公司	湖南生物医药留学人员创业园	生物医药
长沙欧力生物医药技术有限公司	湖南生物医药留学人员创业园	生物医药
长沙三创生物技术有限公司	湖南生物医药留学人员创业园	生物医药

长沙天赐生物医药科技有限公司	湖南生物医药留学人员创业园	生物医药
长沙英赛特生物技术有限公司	湖南生物医药留学人员创业园	生物医药
株洲和丰动力电器有限公司	株洲留学人员创业园	电子信息
株洲华通科技有限责任公司	株洲留学人员创业园	电子信息
株洲嘉成科技发展有限公司	株洲留学人员创业园	电子信息
株洲君安企业技术中心	株洲留学人员创业园	电子信息
株洲开发区智能电子有限公司	株洲留学人员创业园	电子信息
株洲开发区中南电脑科技有限公司	株洲留学人员创业园	电子信息
株洲起源科技有限公司	株洲留学人员创业园	电子信息
株洲踏浪信息技术有限公司	株洲留学人员创业园	电子信息
株洲兴联科技有限公司	株洲留学人员创业园	电子信息
湖南恒祥高科数码技术有限公司	株洲留学人员创业园	先进制造
湖南三本科技发展有限公司	株洲留学人员创业园	先进制造
湘煤立达矿山装备股份有限公司	株洲留学人员创业园	先进制造
株洲广义电子技术有限公司	株洲留学人员创业园	先进制造
株洲美盛科技有限公司	株洲留学人员创业园	先进制造
湖南晨翔复合材料科技有限公司	株洲留学人员创业园	新材料
株洲创锐高强陶瓷有限公司	株洲留学人员创业园	新材料
株洲高新技术开发区金鑫科技有限公司	株洲留学人员创业园	新材料
株洲华美钨合金有限公司	株洲留学人员创业园	新材料
株洲华锐硬质合金工具有限公司	株洲留学人员创业园	新材料
株洲联信金属有限公司	株洲留学人员创业园	新材料
株洲融城高分子材料有限公司	株洲留学人员创业园	新材料
株洲瑞高塑胶有限责任公司	株洲留学人员创业园	新材料
株洲市申龙硬质合金有限公司	株洲留学人员创业园	新材料
株洲沃尔德金属材料有限公司	株洲留学人员创业园	新材料
株洲众诚新材料科技有限公司	株洲留学人员创业园	新材料
湖南富利来环保科技有限公司	株洲留学人员创业园	新能源环保
湖南秋克热源塔热泵科技工程有限公司	株洲留学人员创业园	新能源环保
湖南生命伟业科技有限公司	株洲留学人员创业园	新能源环保
株洲丛发环保科技有限公司	株洲留学人员创业园	新能源环保
株洲金陶高能材料有限公司	株洲留学人员创业园	新能源环保
湖南立晶科技有限责任公司	株洲留学人员创业园	现代服务
湘晟文化传播有限公司	株洲留学人员创业园	现代服务
株洲朗微数控工具有限公司	株洲留学人员创业园	现代服务
株洲联和进出口贸易有限公司	株洲留学人员创业园	现代服务
株洲时代铁路机电有限责任公司	株洲留学人员创业园	现代服务
株洲天利铁路机车车辆配件有限公司	株洲留学人员创业园	现代服务
株洲印象光电信息产业有限公司	株洲留学人员创业园	现代服务
株洲振兴湘企信息技术有限公司	株洲留学人员创业园	现代服务
安凯（广州）软件技术有限公司	留学人员广州创业园	电子信息
广州爱亿信息科技有限公司	留学人员广州创业园	电子信息
广州澳科勘探技术有限公司	留学人员广州创业园	电子信息
广州必视谷信息技术有限公司	留学人员广州创业园	电子信息
广州德高教育软件有限公司	留学人员广州创业园	电子信息
广州德宏矿业科技有限公司	留学人员广州创业园	电子信息
广州德联通讯技术有限公司	留学人员广州创业园	电子信息
广州东唐电子科技有限公司	留学人员广州创业园	电子信息
广州关键光电子科技有限公司	留学人员广州创业园	电子信息
广州佳彩数码科技有限公司	留学人员广州创业园	电子信息
广州嘉崎智能科技有限公司	留学人员广州创业园	电子信息
广州精源电子设备有限公司	留学人员广州创业园	电子信息
广州凯斯瑞自动化科技有限公司	留学人员广州创业园	电子信息
广州康申德电子材料有限公司	留学人员广州创业园	电子信息
广州每日物流管理技术有限公司	留学人员广州创业园	电子信息
广州欧竞信息科技有限公司	留学人员广州创业园	电子信息
广州睿慧新电子有限公司	留学人员广州创业园	电子信息
广州三则电子材料有限公司	留学人员广州创业园	电子信息
广州商惠信息科技有限公司	留学人员广州创业园	电子信息
广州升力智能科技有限公司	留学人员广州创业园	电子信息

广州市华电技术有限公司	留学人员广州创业园	电子信息
广州市加信电子技术有限公司	留学人员广州创业园	电子信息
广州市金明科技有限公司	留学人员广州创业园	电子信息
广州市精进电子科技有限公司	留学人员广州创业园	电子信息
广州市绿讯科技有限公司	留学人员广州创业园	电子信息
广州市夏商周网络技术有限公司	留学人员广州创业园	电子信息
广州市泫浩网络科技有限公司	留学人员广州创业园	电子信息
广州市扬帆计算机科技有限公司	留学人员广州创业园	电子信息
广州市知盾安全系统技术有限公司	留学人员广州创业园	电子信息
广州市智同计算机软件有限公司	留学人员广州创业园	电子信息
广州视新电子科技有限公司	留学人员广州创业园	电子信息
广州斯麦电子科技有限公司	留学人员广州创业园	电子信息
广州索答信息科技有限公司	留学人员广州创业园	电子信息
广州万德威尔自动化系统有限公司	留学人员广州创业园	电子信息
广州伟沃工业设备有限公司	留学人员广州创业园	电子信息
广州沃创特电子有限公司	留学人员广州创业园	电子信息
广州亿恩网络科技有限公司	留学人员广州创业园	电子信息
广州粤瓷电子科技有限公司	留学人员广州创业园	电子信息
广州中加矿业有限公司	留学人员广州创业园	电子信息
百奥泰生物科技（广州）有限公司	留学人员广州创业园	生物医药
广东冠昊生物科技有限公司	留学人员广州创业园	生物医药
广东华南联合疫苗开发院有限公司	留学人员广州创业园	生物医药
广东五羊医药科技有限公司	留学人员广州创业园	生物医药
广东中大南海海洋生物技术工程中心有限公司	留学人员广州创业园	生物医药
广州艾格生物科技有限公司	留学人员广州创业园	生物医药
广州艾奇西医药科技有限公司	留学人员广州创业园	生物医药
广州爱格生物医药有限公司	留学人员广州创业园	生物医药
广州博雅睡眠科技有限公司	留学人员广州创业园	生物医药
广州达博生物制品有限公司	留学人员广州创业园	生物医药
广州迪澳生物科技有限公司	留学人员广州创业园	生物医药
广州帝奇医药技术有限公司	留学人员广州创业园	生物医药
广州飞扬生物工程有限公司	留学人员广州创业园	生物医药
广州弗赛生物科技有限公司	留学人员广州创业园	生物医药
广州复能基因有限公司	留学人员广州创业园	生物医药
广州格林泰克化学技术有限公司	留学人员广州创业园	生物医药
广州共禾医药科技有限公司	留学人员广州创业园	生物医药
广州海力特生物科技有限公司	留学人员广州创业园	生物医药
广州海天德威生物科技有限公司	留学人员广州创业园	生物医药
广州和竺生物科技有限公司	留学人员广州创业园	生物医药
广州鸿琪光学仪器科技有限公司	留学人员广州创业园	生物医药
广州呼研所医药科技有限公司	留学人员广州创业园	生物医药
广州华灿医药科技有限公司	留学人员广州创业园	生物医药
广州华峰生物科技有限公司	留学人员广州创业园	生物医药
广州华美康联生物科技有限公司	留学人员广州创业园	生物医药
广州华银医药科技有限公司	留学人员广州创业园	生物医药
广州惠泽生物科技有限公司	留学人员广州创业园	生物医药
广州加原医药科技有限公司	留学人员广州创业园	生物医药
广州健天基因技术有限公司	留学人员广州创业园	生物医药
广州进黔医药技术咨询有限公司	留学人员广州创业园	生物医药
广州精达医学科技有限公司	留学人员广州创业园	生物医药
广州隽康生物科技有限公司	留学人员广州创业园	生物医药
广州兰锐医疗科技有限公司	留学人员广州创业园	生物医药
广州力元生物技术有限公司	留学人员广州创业园	生物医药
广州立恩生物科技有限公司	留学人员广州创业园	生物医药
广州柳元生物技术有限公司	留学人员广州创业园	生物医药
广州罗森生物制药有限公司	留学人员广州创业园	生物医药
广州绿萃生物科技有限公司	留学人员广州创业园	生物医药
广州迈普再生医学科技有限公司	留学人员广州创业园	生物医药
广州美可生物科技有限公司	留学人员广州创业园	生物医药
广州门捷生物科技有限公司	留学人员广州创业园	生物医药

广州欧浦瑞医疗科技有限公司	留学人员广州创业园	生物医药
广州普霖施通医疗科技有限公司	留学人员广州创业园	生物医药
广州普星药业有限公司	留学人员广州创业园	生物医药
广州锐达生物科技有限公司	留学人员广州创业园	生物医药
广州锐士伯医疗科技有限公司	留学人员广州创业园	生物医药
广州瑞博奥生物科技有限公司	留学人员广州创业园	生物医药
广州睿凯生物技术有限公司	留学人员广州创业园	生物医药
广州申益皮卡生物技术有限公司	留学人员广州创业园	生物医药
广州市佰而林生物科技有限公司	留学人员广州创业园	生物医药
广州市搏克生物技术有限公司	留学人员广州创业园	生物医药
广州市创制医药技术开发有限公司	留学人员广州创业园	生物医药
广州市碱素生物制品有限公司	留学人员广州创业园	生物医药
广州市凯诺生物科技有限公司	留学人员广州创业园	生物医药
广州市启源生物科技有限公司	留学人员广州创业园	生物医药
广州市锐博生物科技有限公司	留学人员广州创业园	生物医药
广州市泰乙医药生物技术有限公司	留学人员广州创业园	生物医药
广州市威司特生物科技有限公司	留学人员广州创业园	生物医药
广州市研创生物技术发展有限公司	留学人员广州创业园	生物医药
广州市忆明科学仪器有限公司	留学人员广州创业园	生物医药
广州斯威森科技有限公司	留学人员广州创业园	生物医药
广州维仁生物科技有限公司	留学人员广州创业园	生物医药
广州益善生物技术有限公司	留学人员广州创业园	生物医药
广州银河阳光生物制品有限公司	留学人员广州创业园	生物医药
广州英诺生物医药有限公司	留学人员广州创业园	生物医药
广州尤尼科生物科技有限公司	留学人员广州创业园	生物医药
广州源生医药科技有限公司	留学人员广州创业园	生物医药
海狸（广州）生物科技有限公司	留学人员广州创业园	生物医药
赛业（广州）生物科技有限公司	留学人员广州创业园	生物医药
广州富通光科技有限公司	留学人员广州创业园	先进制造
广州弘立机电设备有限公司	留学人员广州创业园	先进制造
广州魁科机电科技有限公司	留学人员广州创业园	先进制造
广州市晨森机电工程有限公司	留学人员广州创业园	先进制造
广州市穗进机电技术有限公司	留学人员广州创业园	先进制造
广州格瑞特材料科技有限公司	留学人员广州创业园	新材料
广州华之特奥因特种材料科技有限公司	留学人员广州创业园	新材料
广州齐达材料科技有限公司	留学人员广州创业园	新材料
广州锐优表面科技有限公司	留学人员广州创业园	新材料
广州三辰化工科技有限公司	留学人员广州创业园	新材料
广州市研理复合材料科技有限公司	留学人员广州创业园	新材料
广州市银塑阻燃化工有限公司	留学人员广州创业园	新材料
广州数码艺精细化学有限公司	留学人员广州创业园	新材料
广州西克化工科技有限公司	留学人员广州创业园	新材料
广州优本化工有限公司	留学人员广州创业园	新材料
广州优路美新型建材有限公司	留学人员广州创业园	新材料
金毅新材料科技（广州）有限公司	留学人员广州创业园	新材料
广东高空风能技术有限公司	留学人员广州创业园	新能源环保
广州博能能源科技有限公司	留学人员广州创业园	新能源环保
广州达威散热科技有限公司	留学人员广州创业园	新能源环保
广州灏和节能科技有限公司	留学人员广州创业园	新能源环保
广州洁柏能源科技有限公司	留学人员广州创业园	新能源环保
广州市捷晶能源科技有限公司	留学人员广州创业园	新能源环保
广州市科林太克环保设备有限公司	留学人员广州创业园	新能源环保
广州市利示普照明科技有限公司	留学人员广州创业园	新能源环保
广州市绿巨人生物环保技术有限公司	留学人员广州创业园	新能源环保
广州市臻康环保科技有限公司	留学人员广州创业园	新能源环保
广州思腾低碳科技有限公司	留学人员广州创业园	新能源环保
广州翔曦能源科技有限公司	留学人员广州创业园	新能源环保
广州远兰矿业科技有限公司	留学人员广州创业园	新能源环保
广州珠水环境科技有限公司	留学人员广州创业园	新能源环保
联企（广州）环保科技有限公司	留学人员广州创业园	新能源环保

广州市财智情商动漫有限公司	留学人员广州创业园	文化创意
广东安信风险投资有限公司	留学人员广州创业园	现代服务
广州宝祺来贸易有限公司	留学人员广州创业园	现代服务
广州珞科贸易有限公司开发区分公司	留学人员广州创业园	现代服务
广州市唐大投资咨询有限公司	留学人员广州创业园	现代服务
广州朗粤信息科技有限公司	广州市留学人员创业（海珠）基地	电子信息
广州市纽兰达计算机技术有限公司	广州市留学人员创业（海珠）基地	电子信息
广州市锐星计算机科技有限公司	广州市留学人员创业（海珠）基地	电子信息
广州市忠微计算机科技有限公司	广州市留学人员创业（海珠）基地	电子信息
广州维奇数码科技有限公司	广州市留学人员创业（海珠）基地	电子信息
广州掌景数码科技有限公司	广州市留学人员创业（海珠）基地	电子信息
广州市泛凯生物科技有限公司	广州市留学人员创业（海珠）基地	生物医药
广州市豪骏生物工程有限公司	广州市留学人员创业（海珠）基地	生物医药
广州市开恒生物科技有限公司	广州市留学人员创业（海珠）基地	生物医药
广州裕立生物科技有限公司	广州市留学人员创业（海珠）基地	生物医药
广州市翔宇电子有限公司	广州市留学人员创业（海珠）基地	新材料
AEM科技（苏州）有限公司深圳分公司	深圳市留学生创业园	电子信息
爱慧思科技（深圳）有限公司	深圳市留学生创业园	电子信息
才外才信息科技（深圳）有限公司	深圳市留学生创业园	电子信息
迈德通信设备（深圳）有限公司	深圳市留学生创业园	电子信息
瑞谷电子（深圳）有限公司	深圳市留学生创业园	电子信息
深圳才库数据技术有限公司	深圳市留学生创业园	电子信息
深圳格恩全球站科技有限公司	深圳市留学生创业园	电子信息
深圳格兰德尔科技有限公司	深圳市留学生创业园	电子信息
深圳海天力科技有限公司	深圳市留学生创业园	电子信息
深圳恒邦逢源科技有限公司	深圳市留学生创业园	电子信息
深圳华创富通科技有限公司	深圳市留学生创业园	电子信息
深圳蓝光子午线科技有限公司	深圳市留学生创业园	电子信息
深圳量子在线信息网络有限公司	深圳市留学生创业园	电子信息
深圳绿耳朵科技有限公司	深圳市留学生创业园	电子信息
深圳门萨通信科技有限公司	深圳市留学生创业园	电子信息
深圳纽迪瑞科技开发有限公司	深圳市留学生创业园	电子信息
深圳青铜剑电力电子科技有限公司	深圳市留学生创业园	电子信息
深圳市阿派斯实业有限公司	深圳市留学生创业园	电子信息
深圳市爱德特科技有限公司	深圳市留学生创业园	电子信息
深圳市百特连通科技有限公司	深圳市留学生创业园	电子信息
深圳市邦旭科技有限公司	深圳市留学生创业园	电子信息
深圳市比维迪科技有限公司	深圳市留学生创业园	电子信息
深圳市标盛科技投资有限公司	深圳市留学生创业园	电子信息
深圳市宾大科技有限公司	深圳市留学生创业园	电子信息
深圳市冰人网络科技有限公司	深圳市留学生创业园	电子信息
深圳市策文科技发展有限公司	深圳市留学生创业园	电子信息
深圳市出众数字技术有限公司	深圳市留学生创业园	电子信息
深圳市创杰新赛科技有限公司	深圳市留学生创业园	电子信息
深圳市德平国瀚汽车电子科技有限公司	深圳市留学生创业园	电子信息
深圳市滴答科技开发有限公司	深圳市留学生创业园	电子信息
深圳市点趣网络技术有限公司	深圳市留学生创业园	电子信息
深圳市东海动力信息技术有限公司	深圳市留学生创业园	电子信息
深圳市东兴慧通科技有限公司	深圳市留学生创业园	电子信息
深圳市方领科技有限公司	深圳市留学生创业园	电子信息
深圳市方通科技有限公司	深圳市留学生创业园	电子信息
深圳市枫海科技有限公司	深圳市留学生创业园	电子信息
深圳市规感科技有限公司	深圳市留学生创业园	电子信息
深圳市海创星汇网络科技有限公司	深圳市留学生创业园	电子信息
深圳市海迪斯科技有限公司	深圳市留学生创业园	电子信息
深圳市汉者科技发展有限公司	深圳市留学生创业园	电子信息
深圳市皓明佳科技有限公司	深圳市留学生创业园	电子信息
深圳市和厚科技有限公司	深圳市留学生创业园	电子信息
深圳市红宇创新科技有限公司	深圳市留学生创业园	电子信息
深圳市华傲数据技术有限公司	深圳市留学生创业园	电子信息

深圳市华勤科技有限公司	深圳市留学生创业园	电子信息
深圳市华英教育咨询有限公司	深圳市留学生创业园	电子信息
深圳市汇智成科技有限公司	深圳市留学生创业园	电子信息
深圳市汇智集信息科技有限公司	深圳市留学生创业园	电子信息
深圳市慧达科技有限公司	深圳市留学生创业园	电子信息
深圳市佳吉数码通讯有限公司	深圳市留学生创业园	电子信息
深圳市佳吉天成科技有限公司	深圳市留学生创业园	电子信息
深圳市嘉德永丰科技有限公司	深圳市留学生创业园	电子信息
深圳市健康鼠科技有限公司	深圳市留学生创业园	电子信息
深圳市捷电科技有限公司	深圳市留学生创业园	电子信息
深圳市金鹏正科技有限公司	深圳市留学生创业园	电子信息
深圳市金研微科技有限公司	深圳市留学生创业园	电子信息
深圳市九头云信息技术有限公司	深圳市留学生创业园	电子信息
深圳市君和睿通科技股份有限公司	深圳市留学生创业园	电子信息
深圳市酷跑互动科技有限公司	深圳市留学生创业园	电子信息
深圳市莱特金科技发展有限公司	深圳市留学生创业园	电子信息
深圳市联晟软件开发有限公司	深圳市留学生创业园	电子信息
深圳市辂元科技有限公司	深圳市留学生创业园	电子信息
深圳市绿谷科技开发有限责任公司	深圳市留学生创业园	电子信息
深圳市玛蒂迩科技有限公司	深圳市留学生创业园	电子信息
深圳市迈凯科技有限公司	深圳市留学生创业园	电子信息
深圳市美万嘉数字技术有限公司	深圳市留学生创业园	电子信息
深圳市民德电子科技有限公司	深圳市留学生创业园	电子信息
深圳市鸣仁科技有限公司	深圳市留学生创业园	电子信息
深圳市摩掌信息技术有限公司	深圳市留学生创业园	电子信息
深圳市墨思达信息技术有限公司	深圳市留学生创业园	电子信息
深圳市欧普索科技有限公司	深圳市留学生创业园	电子信息
深圳市鹏联创科技有限公司	深圳市留学生创业园	电子信息
深圳市奇昕科技有限公司	深圳市留学生创业园	电子信息
深圳市柔宇科技有限公司南山区分公司	深圳市留学生创业园	电子信息
深圳市锐迪芯电子有限公司	深圳市留学生创业园	电子信息
深圳市睿思灵视讯科技有限公司	深圳市留学生创业园	电子信息
深圳市赛博云计算技术有限公司	深圳市留学生创业园	电子信息
深圳市圣迪能科技有限公司	深圳市留学生创业园	电子信息
深圳市顺衍科技有限公司	深圳市留学生创业园	电子信息
深圳市泰屹科技有限公司	深圳市留学生创业园	电子信息
深圳市瑭瑞文化科技有限公司	深圳市留学生创业园	电子信息
深圳市天工开物科技发展有限公司	深圳市留学生创业园	电子信息
深圳市天界通科技有限公司	深圳市留学生创业园	电子信息
深圳市万芯技术有限公司	深圳市留学生创业园	电子信息
深圳市网元科技有限公司	深圳市留学生创业园	电子信息
深圳市威尔科思技术有限公司	深圳市留学生创业园	电子信息
深圳市蔚蓝科技有限公司	深圳市留学生创业园	电子信息
深圳市向源铭略科技有限公司	深圳市留学生创业园	电子信息
深圳市芯科鼎创科技有限公司	深圳市留学生创业园	电子信息
深圳市新点医疗软件有限公司	深圳市留学生创业园	电子信息
深圳市新前途网络技术有限公司	深圳市留学生创业园	电子信息
深圳市新智飞科技有限公司	深圳市留学生创业园	电子信息
深圳市信驰达科技有限公司	深圳市留学生创业园	电子信息
深圳市星航佳科技开发有限公司	深圳市留学生创业园	电子信息
深圳市亚来网络技术有限公司	深圳市留学生创业园	电子信息
深圳市言起行科技有限公司	深圳市留学生创业园	电子信息
深圳市研强通信技术有限公司	深圳市留学生创业园	电子信息
深圳市一格明博科技有限公司	深圳市留学生创业园	电子信息
深圳市忆嘉电子科技有限公司	深圳市留学生创业园	电子信息
深圳市易通无限科技有限公司	深圳市留学生创业园	电子信息
深圳市银河贝思特科技有限公司	深圳市留学生创业园	电子信息
深圳市英鹏互动娱乐有限公司	深圳市留学生创业园	电子信息
深圳市盈达基科技有限公司	深圳市留学生创业园	电子信息
深圳市育明科技有限公司	深圳市留学生创业园	电子信息

深圳市圆周率软件科技有限责任公司	深圳市留学生创业园	电子信息
深圳市悦畅信息技术有限公司	深圳市留学生创业园	电子信息
深圳市云来网络科技有限公司	深圳市留学生创业园	电子信息
深圳市云游天下技术有限公司	深圳市留学生创业园	电子信息
深圳市运通信息技术有限公司	深圳市留学生创业园	电子信息
深圳市长吉好漫福文化科技发展有限公司	深圳市留学生创业园	电子信息
深圳市至佳生活网络科技有限公司	深圳市留学生创业园	电子信息
深圳市智联信通科技有限公司	深圳市留学生创业园	电子信息
深圳市智能矩阵网络技术有限公司	深圳市留学生创业园	电子信息
深圳市中安联科技有限公司	深圳市留学生创业园	电子信息
深圳市卓德高清视讯软件有限公司	深圳市留学生创业园	电子信息
深圳腾泽科技有限公司	深圳市留学生创业园	电子信息
深圳为因教育科技有限公司	深圳市留学生创业园	电子信息
深圳英盟欣科技有限公司	深圳市留学生创业园	电子信息
深圳誉佳创意设计有限公司	深圳市留学生创业园	电子信息
深圳粤和通科技有限公司	深圳市留学生创业园	电子信息
深圳致明兴科技有限公司	深圳市留学生创业园	电子信息
深圳中科健安科技有限公司	深圳市留学生创业园	电子信息
深圳卓智达时代通信有限公司	深圳市留学生创业园	电子信息
圣地亚哥电子商务（深圳）有限公司	深圳市留学生创业园	电子信息
我爱购科技（深圳）有限公司	深圳市留学生创业园	电子信息
欣新科技（深圳）有限公司	深圳市留学生创业园	电子信息
深圳市奥美多生物科技有限公司	深圳市留学生创业园	生物医药
深圳市华因康高通量	深圳市留学生创业园	生物医药
深圳市健元医药科技有限公司	深圳市留学生创业园	生物医药
深圳市凯信生物科技有限公司	深圳市留学生创业园	生物医药
深圳市微观达美生物科技有限公司	深圳市留学生创业园	生物医药
深圳市益康医疗科技有限公司	深圳市留学生创业园	生物医药
深圳市意可曼生物科技有限公司	深圳市留学生创业园	生物医药
深圳天瑞人健生物制药有限公司	深圳市留学生创业园	生物医药
生物技术研究院	深圳市留学生创业园	生物医药
万代生物技术（深圳）有限公司	深圳市留学生创业园	生物医药
深圳市标迪赛思科技有限公司	深圳市留学生创业园	先进制造
深圳市杰克比科技有限公司	深圳市留学生创业园	先进制造
深圳市镭射微视科技有限公司	深圳市留学生创业园	先进制造
深圳市英赛腾智能设备有限公司	深圳市留学生创业园	先进制造
深圳维示泰克技术有限公司	深圳市留学生创业园	先进制造
深圳博英轩科技有限公司	深圳市留学生创业园	新材料
深圳迪意信科技发展有限公司	深圳市留学生创业园	新材料
深圳市博德维建筑技术有限公司	深圳市留学生创业园	新材料
深圳市创万科技有限公司	深圳市留学生创业园	新材料
深圳市普迈达科技有限公司	深圳市留学生创业园	新材料
深圳英铭利科技有限公司	深圳市留学生创业园	新材料
深圳百时得能源环保科技有限公司	深圳市留学生创业园	新能源环保
深圳绿方科技有限公司	深圳市留学生创业园	新能源环保
深圳市富士光源有限公司	深圳市留学生创业园	新能源环保
深圳市赛朗肯科技有限公司	深圳市留学生创业园	新能源环保
深圳市蓝湾企业管理顾问有限公司	深圳市留学生创业园	现代服务
深圳德瑞新能科技有限公司	深圳市留学生创业园	现代服务
深圳市达泰投资管理有限公司	深圳市留学生创业园	现代服务
深圳市法林资讯有限公司	深圳市留学生创业园	现代服务
深圳市海岸会议服务有限公司	深圳市留学生创业园	现代服务
深圳市赫林德规划设计有限公司	深圳市留学生创业园	现代服务
深圳市恒益富通投资管理有限公司	深圳市留学生创业园	现代服务
深圳市南桥资本投资管理合伙企业	深圳市留学生创业园	现代服务
深圳市国华光电科技有限公司	深圳市留学人员（龙华）创业园	电子信息
深圳市国华光电研究所	深圳市留学人员（龙华）创业园	电子信息
深圳市国华网络科技有限公司	深圳市留学人员（龙华）创业园	电子信息
深圳市鸿宇昌科技有限公司	深圳市留学人员（龙华）创业园	电子信息
深圳市空间感知信息技术研究所	深圳市留学人员（龙华）创业园	电子信息

深圳万紫千恒实业有限公司	深圳市留学人员（龙华）创业园	电子信息
深圳市孔雀生物科技有限公司	深圳市留学人员（龙华）创业园	生物医药
香港中文大学深圳研究院	深圳市留学人员（龙华）创业园	生物医药
深圳市口腔样本采集与检测技术研发所有限公司	深圳市留学人员（龙华）创业园	先进制造
深圳联夏科技开发有限公司	深圳市留学人员（龙华）创业园	新材料
深圳迈思瑞尔科技有限公司	深圳市留学人员（龙华）创业园	新材料
深圳派尔特科技有限公司	深圳市留学人员（龙华）创业园	新材料
东莞安泰智能科技有限公司	东莞市留学人员创业园	电子信息
东莞市百成科技有限公司	东莞市留学人员创业园	电子信息
东莞市博华软件有限公司	东莞市留学人员创业园	电子信息
东莞市超越数码科技有限公司	东莞市留学人员创业园	电子信息
东莞市飞达汽车科技有限公司	东莞市留学人员创业园	电子信息
东莞市飞萌驱动技术有限公司	东莞市留学人员创业园	电子信息
东莞市泓信科技有限公司	东莞市留学人员创业园	电子信息
东莞市金之桥通讯科技有限公司	东莞市留学人员创业园	电子信息
东莞市莱桐网络通讯技术有限公司	东莞市留学人员创业园	电子信息
东莞市敏思特软件有限公司	东莞市留学人员创业园	电子信息
东莞市三宇电子科技有限公司	东莞市留学人员创业园	电子信息
东莞市晟龙电子有限公司	东莞市留学人员创业园	电子信息
东莞市天狼电子信息有限公司	东莞市留学人员创业园	电子信息
东莞市天唯智能科技有限公司	东莞市留学人员创业园	电子信息
东莞市拓扑光电科技有限公司	东莞市留学人员创业园	电子信息
东莞市微模式软件有限公司	东莞市留学人员创业园	电子信息
东莞市尤思科新技术有限公司	东莞市留学人员创业园	电子信息
东莞市源创信息科技有限公司	东莞市留学人员创业园	电子信息
东莞市远见软件科技开发有限公司	东莞市留学人员创业园	电子信息
东莞市中移通信技术有限公司	东莞市留学人员创业园	电子信息
东莞泛亚太生物科技有限公司	东莞市留学人员创业园	生物医药
东莞劲芳生物医药孵化器有限公司	东莞市留学人员创业园	生物医药
东莞市风华生物技术有限公司	东莞市留学人员创业园	生物医药
东莞市宏祥生物工程有限公司	东莞市留学人员创业园	生物医药
东莞市华微纳米科技有限公司	东莞市留学人员创业园	生物医药
东莞市九域星生命科技有限公司	东莞市留学人员创业园	生物医药
东莞市凯法生物医药有限公司	东莞市留学人员创业园	生物医药
东莞市立康生物科技有限公司	东莞市留学人员创业园	生物医药
东莞市纳勤生物医药科技有限公司	东莞市留学人员创业园	生物医药
东莞市瑞康生物工程有限公司	东莞市留学人员创业园	生物医药
东莞市盛泰医药科技有限公司	东莞市留学人员创业园	生物医药
东莞市汤神生物科技有限公司	东莞市留学人员创业园	生物医药
东莞市维正生物科技有限公司	东莞市留学人员创业园	生物医药
东莞市昕力医疗科技有限公司	东莞市留学人员创业园	生物医药
东莞市新地药业研发有限公司	东莞市留学人员创业园	生物医药
东莞圣太光电技术有限公司	东莞市留学人员创业园	先进制造
东莞市百赛仪器有限公司	东莞市留学人员创业园	先进制造
东莞市飞速达精密机械有限公司	东莞市留学人员创业园	先进制造
东莞市华科机电科技有限公司	东莞市留学人员创业园	先进制造
东莞市康益玩具有限公司	东莞市留学人员创业园	先进制造
东莞市泰洲精密模具机械科技有限公司	东莞市留学人员创业园	先进制造
东莞华纳新材料科技有限公司	东莞市留学人员创业园	新材料
东莞市艾斯迪新材料有限公司	东莞市留学人员创业园	新材料
东莞市迪凯精密管材有限公司	东莞市留学人员创业园	新材料
东莞市嘉宏有机硅科技有限公司	东莞市留学人员创业园	新材料
东莞市纳明新材料科技有限公司	东莞市留学人员创业园	新材料
东莞市普赛特电子科技有限公司	东莞市留学人员创业园	新材料
东莞市腾威电子材料技术有限公司	东莞市留学人员创业园	新材料
东莞市一新科技有限公司	东莞市留学人员创业园	新材料
东莞市意普万工程塑料有限公司	东莞市留学人员创业园	新材料
东莞巨通力实业有限公司	东莞市留学人员创业园	新能源环保
东莞市博大环保科技有限公司	东莞市留学人员创业园	新能源环保
东莞市康正源环保科技有限公司	东莞市留学人员创业园	新能源环保

东莞市乐荻室内环境技术有限公司	东莞市留学人员创业园	新能源环保
东莞市弗诗莱文化开发有限公司	东莞市留学人员创业园	文化创意
东莞市光扬动漫设计制作有限公司	东莞市留学人员创业园	文化创意
东莞市高科创业投资顾问有限公司	东莞市留学人员创业园	现代服务
东莞市华测检测科技有限公司	东莞市留学人员创业园	现代服务
东莞市利马投资有限公司	东莞市留学人员创业园	现代服务
中山华盈互联网信息科技有限公司	中山留学人员创业园	电子信息
中山市泰威士技术研发有限公司	中山留学人员创业园	电子信息
中山新诺科技有限公司	中山留学人员创业园	电子信息
安士制药（中山）有限公司	中山留学人员创业园	生物医药
生命科技（中山）生物药业有限公司	中山留学人员创业园	生物医药
中山本草堂医药科技有限公司	中山留学人员创业园	生物医药
中山润兴生物科技有限公司	中山留学人员创业园	生物医药
中山市尤利卡天然药物有限公司	中山留学人员创业园	生物医药
中山以诺生物科技有限公司	中山留学人员创业园	生物医药
中山市安基交通电子有限公司	中山留学人员创业园	先进制造
中山市华通光源股份有限公司	中山留学人员创业园	先进制造
中山市立顺实业有限公司	中山留学人员创业园	先进制造
中山市鑫力弘科技有限公司	中山留学人员创业园	新材料
惠州贝克瓦特微电子有限公司	惠州仲恺高新区留学生创业园	电子信息
惠州卡易科技有限公司	惠州仲恺高新区留学生创业园	电子信息
惠州市国创电子有限公司	惠州仲恺高新区留学生创业园	电子信息
惠州市通用视觉科技有限公司	惠州仲恺高新区留学生创业园	电子信息
雷博尔自动化系统（惠州）有限公司	惠州仲恺高新区留学生创业园	电子信息
惠州市诺亚维纳米环保材料有限公司	惠州仲恺高新区留学生创业园	新材料
惠州飞泰科科技有限公司	惠州仲恺高新区留学生创业园	新能源环保
惠州市易晖太阳能科技有限公司	惠州仲恺高新区留学生创业园	新能源环保
桂林艾因蒂克电子科技有限公司	桂林留学人员创业园	电子信息
桂林安金测控技术有限公司	桂林留学人员创业园	电子信息
桂林安信软件有限公司	桂林留学人员创业园	电子信息
桂林安一量具有限公司	桂林留学人员创业园	电子信息
桂林迪纳泰电子科技有限公司	桂林留学人员创业园	电子信息
桂林康兴医学科技有限责任公司	桂林留学人员创业园	电子信息
桂林朗道诊断用品有限公司	桂林留学人员创业园	电子信息
桂林明辉信息科技有限公司	桂林留学人员创业园	电子信息
桂林世强机电科技有限公司	桂林留学人员创业园	电子信息
桂林市国泰安信息技术有限公司	桂林留学人员创业园	电子信息
桂林市同信化工科技有限公司	桂林留学人员创业园	电子信息
桂林市新鑫科技有限公司	桂林留学人员创业园	电子信息
桂林通炀机电有限责任公司	桂林留学人员创业园	电子信息
桂林万盛软件技术有限公司	桂林留学人员创业园	电子信息
桂林新力科技有限公司	桂林留学人员创业园	电子信息
桂林优利特医疗电子仪器有限公司	桂林留学人员创业园	电子信息
桂林优盛特电子技术有限公司	桂林留学人员创业园	电子信息
桂林远望智能通信科技有限公司	桂林留学人员创业园	电子信息
桂林长河电子有限公司	桂林留学人员创业园	电子信息
桂林东浩生物技术有限公司	桂林留学人员创业园	生物医药
桂林泛谱生物技术有限公司	桂林留学人员创业园	生物医药
桂林稼瑞园艺有限公司	桂林留学人员创业园	生物医药
桂林赛奥生物技术有限公司	桂林留学人员创业园	生物医药
桂林微邦生物技术有限公司	桂林留学人员创业园	生物医药
桂林英美特生物技术有限公司	桂林留学人员创业园	生物医药
桂林懿可仕机械制造有限公司	桂林留学人员创业园	先进制造
桂林德态环保科技有限公司	桂林留学人员创业园	新材料
桂林市阿尔法橡塑科技有限公司	桂林留学人员创业园	新材料
桂林宝利建材设备有限公司	桂林留学人员创业园	新能源环保
桂林蓝光科技有限公司	桂林留学人员创业园	新能源环保
桂林沃富新能源环保有限责任公司	桂林留学人员创业园	新能源环保
广西力君世纪动漫策划	桂林留学人员创业园	文化创意
桂林崛起动漫科技有限公司	桂林留学人员创业园	文化创意

桂林坤鹤文化传播有限公司	桂林留学人员创业园	文化创意
桂林市朗道天成信息科技有限责任公司	桂林留学人员创业园	文化创意
桂林苏珊娜动漫影视有限公司	桂林留学人员创业园	文化创意
桂林群峰盛景企业管理咨询有限公司	桂林留学人员创业园	现代服务
桂林三盛科技信息咨询有限公司	桂林留学人员创业园	现代服务
桂林新符号房地产策划有限公司	桂林留学人员创业园	现代服务
北海西格玛科技有限公司	北海留学人员创业园	电子信息
广西桂能信息工程有限公司	北海留学人员创业园	电子信息
北海北部湾海洋生物研究中心	北海留学人员创业园	生物医药
北海北极光海洋生物技术有限公司	北海留学人员创业园	生物医药
北海超信科技有限公司	北海留学人员创业园	生物医药
北海格兰生物科技有限公司	北海留学人员创业园	生物医药
北海海博生物科技有限	北海留学人员创业园	生物医药
北海华宝海洋生物技术有限公司	北海留学人员创业园	生物医药
北海蓝波湾海洋生命科技有限公司	北海留学人员创业园	生物医药
北海市生巴达生物科技有限公司	北海留学人员创业园	生物医药
北海金明阳风力潮汐发电科技有限公司	北海留学人员创业园	新能源环保
北海珠娃娃动漫有限公司	北海留学人员创业园	文化创意
北海安得利投资顾问有限公司	北海留学人员创业园	现代服务
海口保税区亚太高新科技有限公司	海口高新区留学人员创业园	电子信息
海口知己网络科技有限公司	海口高新区留学人员创业园	电子信息
海南恒讯通信技术有限公司	海口高新区留学人员创业园	电子信息
海南世纪桥信息服务有限公司	海口高新区留学人员创业园	电子信息
海南中济医院管理有限公司	海口高新区留学人员创业园	电子信息
海口保税区远兮细胞分子技术应用研发有限公司	海口高新区留学人员创业园	生物医药
海口祁樾生物基因科技有限公司	海口高新区留学人员创业园	生物医药
海口植之素生物资源研究所有限公司	海口高新区留学人员创业园	生物医药
海南明远高科有限公司	海口高新区留学人员创业园	先进制造
海南银石热带海洋研究所有限公司	海口高新区留学人员创业园	先进制造
海南远和船舶科技有限公司	海口高新区留学人员创业园	先进制造
海口兆晟科技发展有限公司	海口高新区留学人员创业园	新材料
海口中世文化传播有限公司	海口高新区留学人员创业园	文化创意
海口保税区天创科技实业有限公司	海口高新区留学人员创业园	现代服务
海口高新区神龙贸易有限公司	海口高新区留学人员创业园	现代服务
海口乐游助信息服务有限公司	海口高新区留学人员创业园	现代服务
海南芳绿源科技开发有限公司	海口高新区留学人员创业园	现代服务
海南兰地高新科技有限公司	海口高新区留学人员创业园	现代服务
海南泰嘉高尔夫管理有限公司	海口高新区留学人员创业园	现代服务
重庆金瓯科技有限公司	重庆留学人员创业园	电子信息
重庆凯泽科技有限责任公司	重庆留学人员创业园	电子信息
重庆领鑫安信息技术有限公司	重庆留学人员创业园	电子信息
重庆星能电气有限公司	重庆留学人员创业园	电子信息
重庆富进生物医药有限公司	重庆留学人员创业园	生物医药
重庆佳一医药有限公司	重庆留学人员创业园	生物医药
重庆前沿生物技术有限公司	重庆留学人员创业园	生物医药
重庆探生科技有限公司	重庆留学人员创业园	生物医药
重庆中元生物技术有限公司	重庆留学人员创业园	生物医药
重庆杜克高压密封件有限公司	重庆留学人员创业园	先进制造
重庆多耐达科技有限公司	重庆留学人员创业园	先进制造
重庆墨希科技有限公司	重庆留学人员创业园	新材料
凹凸网络科技有限公司成都公司	成都留学人员创业园	电子信息
北京英思创科技有限公司成都分公司	成都留学人员创业园	电子信息
成都阿特米控制阀门仪表有限公司	成都留学人员创业园	电子信息
成都艾索语音技术有限公司	成都留学人员创业园	电子信息
成都奥邦科技有限责任公司	成都留学人员创业园	电子信息
成都奥尔特实业有限公司	成都留学人员创业园	电子信息
成都奥林特科技发展有限责任公司	成都留学人员创业园	电子信息
成都澳华科技有限公司	成都留学人员创业园	电子信息
成都澳能石油科技有限公司	成都留学人员创业园	电子信息
成都百川智慧科技有限公司	成都留学人员创业园	电子信息

成都标讯科技发展有限公司	成都留学人员创业园	电子信息
成都博华科技有限公司	成都留学人员创业园	电子信息
成都博诺创新技术有限公司	成都留学人员创业园	电子信息
成都博锐数码科技有限公司	成都留学人员创业园	电子信息
成都博宇科技有限公司	成都留学人员创业园	电子信息
成都畅达通地下工程科技发展有限公司	成都留学人员创业园	电子信息
成都畅翔空间信息技术有限公司	成都留学人员创业园	电子信息
成都成电天悦信息技术有限公司	成都留学人员创业园	电子信息
成都崇达科技有限公司	成都留学人员创业园	电子信息
成都川膜机电科技有限公司	成都留学人员创业园	电子信息
成都穿跃集成电路设计有限公司	成都留学人员创业园	电子信息
成都道盛嘉通自动识别技术有限公司	成都留学人员创业园	电子信息
成都得凯科技有限责任公司	成都留学人员创业园	电子信息
成都登巅科技有限公司	成都留学人员创业园	电子信息
成都迪拉克科学计算软件有限责任公司	成都留学人员创业园	电子信息
成都东软系统集成有限公司昆明分公司	成都留学人员创业园	电子信息
成都多维科技有限公司	成都留学人员创业园	电子信息
成都泛利科技有限公司	成都留学人员创业园	电子信息
成都方纳科技有限公司	成都留学人员创业园	电子信息
成都飞学软件有限公司	成都留学人员创业园	电子信息
成都福满科技有限公司	成都留学人员创业园	电子信息
成都港奇科技有限公司	成都留学人员创业园	电子信息
成都高新区中科前程科技有限公司	成都留学人员创业园	电子信息
成都光起管理模式设计有限公司	成都留学人员创业园	电子信息
成都广越（川美新）射频技术有限公司	成都留学人员创业园	电子信息
成都硅创科技有限公司	成都留学人员创业园	电子信息
成都硅绮科技有限公司	成都留学人员创业园	电子信息
成都国特电气有限责任公司	成都留学人员创业园	电子信息
成都国腾软件资源有限公司	成都留学人员创业园	电子信息
成都国信信息发展有限公司	成都留学人员创业园	电子信息
成都海容智能科技发展有限公司	成都留学人员创业园	电子信息
成都合纵连横数字科技有限公司	成都留学人员创业园	电子信息
成都鹤舞文化发展有限公司	成都留学人员创业园	电子信息
成都红嘴犀网络传媒有限公司	成都留学人员创业园	电子信息
成都华夏通联微控技术有限公司	成都留学人员创业园	电子信息
成都华域国盛科技有限公司	成都留学人员创业园	电子信息
成都环洲科技有限公司	成都留学人员创业园	电子信息
成都慧谷科技有限公司	成都留学人员创业园	电子信息
成都加讯科技有限责任公司	成都留学人员创业园	电子信息
成都嘉仪林电子科技有限公司	成都留学人员创业园	电子信息
成都捷茂科技有限公司	成都留学人员创业园	电子信息
成都金恩科技有限公司	成都留学人员创业园	电子信息
成都金思沃科技有限公司	成都留学人员创业园	电子信息
成都经致科技有限公司	成都留学人员创业园	电子信息
成都精通网络系统有限公司	成都留学人员创业园	电子信息
成都君兰微电子有限公司	成都留学人员创业园	电子信息
成都骏元科技发展有限责任公司	成都留学人员创业园	电子信息
成都楷码信息技术有限公司	成都留学人员创业园	电子信息
成都科瑞特科技有限公司	成都留学人员创业园	电子信息
成都科泰地理信息技术有限公司	成都留学人员创业园	电子信息
成都快维咨询服务有限公司	成都留学人员创业园	电子信息
成都昆腾科技发展有限公司	成都留学人员创业园	电子信息
成都鲲鹏高新技术开发有限公司	成都留学人员创业园	电子信息
成都蓝码科技发展有限公司	成都留学人员创业园	电子信息
成都理工空间信息技术有限公司	成都留学人员创业园	电子信息
成都立达信息技术有限公司	成都留学人员创业园	电子信息
成都立方致元科技开发有限公司	成都留学人员创业园	电子信息
成都利可达科技发展有限公司	成都留学人员创业园	电子信息
成都连邦地下岩土工程研究有限公司	成都留学人员创业园	电子信息
成都联星微电子有限公司	成都留学人员创业园	电子信息

成都林海电子有限责任公司	成都留学人员创业园	电子信息
成都迈思信息技术有限公司	成都留学人员创业园	电子信息
成都美华联英科技有限公司	成都留学人员创业园	电子信息
成都美幻科技有限公司	成都留学人员创业园	电子信息
成都美森软件系统有限公司	成都留学人员创业园	电子信息
成都盟士数码科技有限公司	成都留学人员创业园	电子信息
成都纳微特科技开发有限公司	成都留学人员创业园	电子信息
成都纽斯达电子有限责任公司	成都留学人员创业园	电子信息
成都欧联新人数码艺术有限责任公司	成都留学人员创业园	电子信息
成都欧美佳科技发展有限公司	成都留学人员创业园	电子信息
成都欧信科技发展有限公司	成都留学人员创业园	电子信息
成都帕尔科技发展有限责任公司	成都留学人员创业园	电子信息
成都平凡谷科技有限公司	成都留学人员创业园	电子信息
成都平方网络科技有限公司	成都留学人员创业园	电子信息
成都普安科技有限公司	成都留学人员创业园	电子信息
成都普辰视讯技术有限公司	成都留学人员创业园	电子信息
成都普拉雷思科技有限公司	成都留学人员创业园	电子信息
成都普莎拉科技有限公司	成都留学人员创业园	电子信息
成都千悦软件有限公司	成都留学人员创业园	电子信息
成都樵枫科技发展有限公司	成都留学人员创业园	电子信息
成都荣耀科技有限公司	成都留学人员创业园	电子信息
成都融路信通科技有限公司	成都留学人员创业园	电子信息
成都如临其境创意科技有限公司	成都留学人员创业园	电子信息
成都软智科技有限公司	成都留学人员创业园	电子信息
成都锐之狮科技有限公司	成都留学人员创业园	电子信息
成都瑞华科技有限公司	成都留学人员创业园	电子信息
成都瑞石软件有限公司	成都留学人员创业园	电子信息
成都瑞同科技有限责任公司	成都留学人员创业园	电子信息
成都瑞众科技有限公司	成都留学人员创业园	电子信息
成都赛洋科技有限公司	成都留学人员创业园	电子信息
成都商腾网络有限公司	成都留学人员创业园	电子信息
成都圣桥科技发展有限公司	成都留学人员创业园	电子信息
成都盛高电子有限公司	成都留学人员创业园	电子信息
成都盛世博通网络科技有限公司	成都留学人员创业园	电子信息
成都时光软件有限公司	成都留学人员创业园	电子信息
成都市益正科技发展有限公司	成都留学人员创业园	电子信息
成都市预订宝科技服务有限公司	成都留学人员创业园	电子信息
成都视微特数码科技有限公司	成都留学人员创业园	电子信息
成都数梦软件有限公司	成都留学人员创业园	电子信息
成都数视微科技有限公司	成都留学人员创业园	电子信息
成都思必瑞特科技有限公司	成都留学人员创业园	电子信息
成都思骏网络有限公司	成都留学人员创业园	电子信息
成都斯贝克电子系统设备有限公司	成都留学人员创业园	电子信息
成都斯托克电气有限公司	成都留学人员创业园	电子信息
成都苏力曼丹科技有限公司	成都留学人员创业园	电子信息
成都索夫思达科技有限公司	成都留学人员创业园	电子信息
成都索迈科技有限公司	成都留学人员创业园	电子信息
成都汤谷信息系统服务有限公司	成都留学人员创业园	电子信息
成都唐恩科技有限公司	成都留学人员创业园	电子信息
成都唐枫软件有限公司	成都留学人员创业园	电子信息
成都特普科技发展有限公司	成都留学人员创业园	电子信息
成都天策互动科技有限责任公司	成都留学人员创业园	电子信息
成都天盟网络技术有限公司	成都留学人员创业园	电子信息
成都通达思库尔软件有限责任公司	成都留学人员创业园	电子信息
成都托菲诺教育发展有限公司	成都留学人员创业园	电子信息
成都万创科技有限责任公司	成都留学人员创业园	电子信息
成都王潮信息网络发展有限公司	成都留学人员创业园	电子信息
成都维友科技有限公司	成都留学人员创业园	电子信息
成都未名信息技术有限责任公司	成都留学人员创业园	电子信息
成都文朝科技有限公司	成都留学人员创业园	电子信息

成都西谷曙光数字技术有限公司	成都留学人员创业园	电子信息
成都玺汇科技有限公司	成都留学人员创业园	电子信息
成都翔飞科技发展有限责任公司	成都留学人员创业园	电子信息
成都新川喜美科技有限公司	成都留学人员创业园	电子信息
成都新顶峰网络科技有限公司	成都留学人员创业园	电子信息
成都新业科技有限公司	成都留学人员创业园	电子信息
成都星云信息系统有限公司	成都留学人员创业园	电子信息
成都亚新宏道信息技术有限公司	成都留学人员创业园	电子信息
成都移网传媒科技有限责任公司	成都留学人员创业园	电子信息
成都亿科资源环境保护有限责任公司	成都留学人员创业园	电子信息
成都易华信息科技开发有限公司	成都留学人员创业园	电子信息
成都易科慧思信息技术有限公司	成都留学人员创业园	电子信息
成都易晟远通科技发展有限公司	成都留学人员创业园	电子信息
成都易索科技有限公司	成都留学人员创业园	电子信息
成都易之软件有限责任公司	成都留学人员创业园	电子信息
成都英吉莱科技有限公司	成都留学人员创业园	电子信息
成都英尼菲特管理咨询有限公司	成都留学人员创业园	电子信息
成都永思通软件技术有限公司	成都留学人员创业园	电子信息
成都优科信息工程有限	成都留学人员创业园	电子信息
成都友道科技有限公司	成都留学人员创业园	电子信息
成都智溢信息工程有限公司	成都留学人员创业园	电子信息
成都中科慧创软件有限公司	成都留学人员创业园	电子信息
叠嘉（成都）科技有限公司	成都留学人员创业园	电子信息
飞博创（成都）科技有限公司	成都留学人员创业园	电子信息
佳绩科技（成都）有限公司	成都留学人员创业园	电子信息
凯维三度（成都）科技有限责任公司	成都留学人员创业园	电子信息
美国高级波导公司成都代表处	成都留学人员创业园	电子信息
美国环球通信（成都）有限公司	成都留学人员创业园	电子信息
四川爱泽触摸电子有限公司	成都留学人员创业园	电子信息
四川佰合国利信息网络有限公司	成都留学人员创业园	电子信息
四川大呈管理咨询有限责任公司	成都留学人员创业园	电子信息
四川登巅微电子有限公司	成都留学人员创业园	电子信息
四川福瑞达科技有限公司	成都留学人员创业园	电子信息
四川广驰科技发展有限公司	成都留学人员创业园	电子信息
四川国器电子信息技术有限公司	成都留学人员创业园	电子信息
四川虹微技术有限公司	成都留学人员创业园	电子信息
四川华廷威思信息技术有限公司	成都留学人员创业园	电子信息
四川嘉通科技有限公司	成都留学人员创业园	电子信息
四川九鼎数码科技有限公司	成都留学人员创业园	电子信息
四川量子西宇科技股份有限公司	成都留学人员创业园	电子信息
四川南山之桥微电子有限公司	成都留学人员创业园	电子信息
四川纽泽西信息科技有限责任公司	成都留学人员创业园	电子信息
四川旗龙科技开发有限公司	成都留学人员创业园	电子信息
四川上古伟业企业管理有限公司	成都留学人员创业园	电子信息
四川省金科成地理信息技术有限公司	成都留学人员创业园	电子信息
四川通捷科技有限公司	成都留学人员创业园	电子信息
四川闻天信息技术有限公司	成都留学人员创业园	电子信息
四川西部高新产业开发有限公司	成都留学人员创业园	电子信息
四川西格玛科技发展有限公司	成都留学人员创业园	电子信息
四川西讯计算机技术有限公司	成都留学人员创业园	电子信息
四川兴高电子信息有限公司	成都留学人员创业园	电子信息
四川讯亨网络有限公司	成都留学人员创业园	电子信息
四川亚联高科技有限责任公司	成都留学人员创业园	电子信息
四川岩博科技发展有限责任公司	成都留学人员创业园	电子信息
四川英吉语音技术有限公司	成都留学人员创业园	电子信息
成都爱斯特新技术产业化有限公司	成都留学人员创业园	生物医药
成都爱特科生物技术有限公司	成都留学人员创业园	生物医药
成都拜特生物技术有限公司	成都留学人员创业园	生物医药
成都贝尔丹生物科技有限公司	成都留学人员创业园	生物医药
成都倍菲生物工程有限公司	成都留学人员创业园	生物医药

成都博翎医药科技有限公司	成都留学人员创业园	生物医药
成都博迈科技有限责任公司	成都留学人员创业园	生物医药
成都诚诺新技术有限公司	成都留学人员创业园	生物医药
成都达远药物有限公司	成都留学人员创业园	生物医药
成都迪康医用数字设备有限公司	成都留学人员创业园	生物医药
成都福稷生物技术有限公司	成都留学人员创业园	生物医药
成都高朋天然药物开发有限公司	成都留学人员创业园	生物医药
成都格兰普生物技术有限公司	成都留学人员创业园	生物医药
成都古猿生物科技有限公司	成都留学人员创业园	生物医药
成都禾扬医药科技有限公司	成都留学人员创业园	生物医药
成都华立科技有限公司	成都留学人员创业园	生物医药
成都华西海圻医药科技有限公司	成都留学人员创业园	生物医药
成都晖宏生物食品有限公司	成都留学人员创业园	生物医药
成都慧石医药科技有限公司	成都留学人员创业园	生物医药
成都活力生物科技有限责任公司	成都留学人员创业园	生物医药
成都基因格生物技术应用有限责任公司	成都留学人员创业园	生物医药
成都洁燕生物科技有限公司	成都留学人员创业园	生物医药
成都锦绣生物医药科技有限公司	成都留学人员创业园	生物医药
成都开利生物技术有限公司	成都留学人员创业园	生物医药
成都夸常科技有限公司	成都留学人员创业园	生物医药
成都夸常医学工业有限公司	成都留学人员创业园	生物医药
成都马克生物药业有限公司	成都留学人员创业园	生物医药
成都摩尔生物医药有限公司	成都留学人员创业园	生物医药
成都诺金生物科技有限公司	成都留学人员创业园	生物医药
成都派德生物技术有限公司	成都留学人员创业园	生物医药
成都普天康生物科技有限责任公司	成都留学人员创业园	生物医药
成都千百润生物高技术有限公司	成都留学人员创业园	生物医药
成都瑞恩生物技术有限公司	成都留学人员创业园	生物医药
成都尚新创生物科技有限公司	成都留学人员创业园	生物医药
成都生生医药保健品有限公司	成都留学人员创业园	生物医药
成都市佳彬科技有限责任公司	成都留学人员创业园	生物医药
成都市康飞药业有限公司	成都留学人员创业园	生物医药
成都市康诺生物技术有限公司	成都留学人员创业园	生物医药
成都市颜易生物工程技术有限公司	成都留学人员创业园	生物医药
成都市药友科技发展有限公司	成都留学人员创业园	生物医药
成都手性药物研究院有限公司	成都留学人员创业园	生物医药
成都斯坦福基因信息工程有限公司	成都留学人员创业园	生物医药
成都四方科技投资发展有限公司	成都留学人员创业园	生物医药
成都四面体医药科技发展有限公司	成都留学人员创业园	生物医药
成都塔拉生物科技有限公司	成都留学人员创业园	生物医药
成都天赐生物药业有限公司	成都留学人员创业园	生物医药
成都天琅科技有限责任公司	成都留学人员创业园	生物医药
成都威克药业有限责任公司	成都留学人员创业园	生物医药
成都唯知生物科技开发有限公司	成都留学人员创业园	生物医药
成都新基因格生物科技有限公司	成都留学人员创业园	生物医药
成都扬氏生物科技有限公司	成都留学人员创业园	生物医药
成都易生玄科技有限公司	成都留学人员创业园	生物医药
成都元茂科技有限公司	成都留学人员创业园	生物医药
凯惠医药发展（成都）有限公司	成都留学人员创业园	生物医药
四川惠生中医药科技发展有限公司	成都留学人员创业园	生物医药
四川嘉博文生物科技有限公司	成都留学人员创业园	生物医药
四川建福化学制品有限公司	成都留学人员创业园	生物医药
四川诺亚医药科技有限公司	成都留学人员创业园	生物医药
四川欣诚和科技发展有限公司	成都留学人员创业园	生物医药
四川新朗医疗科技有限公司	成都留学人员创业园	生物医药
四川源生生物药业有限公司	成都留学人员创业园	生物医药
成都世纪精英游乐设备有限公司	成都留学人员创业园	先进制造
成都世盟科技开发有限公司	成都留学人员创业园	先进制造
成都市宏程超凡实业有限公司	成都留学人员创业园	先进制造
成都天进仪器有限公司	成都留学人员创业园	先进制造

四川南洋精密压铸有限公司	成都留学人员创业园	先进制造
成都埃福斯材料科技有限公司	成都留学人员创业园	新材料
成都奥林光学薄膜有限公司	成都留学人员创业园	新材料
成都澳贝龙科技有限公司	成都留学人员创业园	新材料
成都比拓超硬材料有限公司	成都留学人员创业园	新材料
成都博润四通科技有限公司	成都留学人员创业园	新材料
成都创胜真空镀膜有限公司	成都留学人员创业园	新材料
成都德众科技有限公司	成都留学人员创业园	新材料
成都方拓仿真技术有限责任公司	成都留学人员创业园	新材料
成都恒嘉管道防腐工程有限公司	成都留学人员创业园	新材料
成都恒新威石化科技有限公司	成都留学人员创业园	新材料
成都吉因科技有限公司	成都留学人员创业园	新材料
成都今天化工有限公司	成都留学人员创业园	新材料
成都金桨高新材料有限公司	成都留学人员创业园	新材料
成都凯贝克纳米镀膜技术有限公司	成都留学人员创业园	新材料
成都凯泰化学有限责任公司	成都留学人员创业园	新材料
成都美兴泰新材料开发有限公司	成都留学人员创业园	新材料
成都齐兴真空镀膜技术有限公司	成都留学人员创业园	新材料
成都瑞芝科技有限公司	成都留学人员创业园	新材料
成都易态科技有限公司	成都留学人员创业园	新材料
成都鹰发科学技术有限公司	成都留学人员创业园	新材料
四川沃瑞信科技有限公司	成都留学人员创业园	新材料
四川矽亚科技有限公司	成都留学人员创业园	新材料
成都澳鑫隆环保科技有限公司	成都留学人员创业园	新能源环保
成都高新区环能科技有限公司	成都留学人员创业园	新能源环保
成都禾力宝生物肥料有限责任公司	成都留学人员创业园	新能源环保
成都和恒生态技术有限公司	成都留学人员创业园	新能源环保
成都惠联洋房实业有限公司	成都留学人员创业园	新能源环保
成都凯恩思环保科技有限公司	成都留学人员创业园	新能源环保
成都全景环保科技有限公司	成都留学人员创业园	新能源环保
成都壬申环境资源开发有限公司	成都留学人员创业园	新能源环保
成都赛亿科技有限公司	成都留学人员创业园	新能源环保
成都拓能新技术有限公司	成都留学人员创业园	新能源环保
成都西电环境工程设计咨询有限公司	成都留学人员创业园	新能源环保
成都欣华源科技有限责任公司	成都留学人员创业园	新能源环保
成都亿科环境科技有限公司	成都留学人员创业园	新能源环保
成都源涌节能科技有限责任公司	成都留学人员创业园	新能源环保
利马高科（成都）有限公司	成都留学人员创业园	新能源环保
四川汉华都朋科技有限公司	成都留学人员创业园	新能源环保
四川莱威科技有限公司	成都留学人员创业园	新能源环保
四川省前景科技顾问有限责任公司	成都留学人员创业园	新能源环保
四川益康环境科技有限公司	成都留学人员创业园	新能源环保
成都艾格林新农业有限公司	成都留学人员创业园	现代服务
成都博世高雅企业管理有限公司	成都留学人员创业园	现代服务
成都道勤管理顾问服务有限公司	成都留学人员创业园	现代服务
成都鼎美汇业品牌营销管理有限公司	成都留学人员创业园	现代服务
成都东方赫日科技有限公司	成都留学人员创业园	现代服务
成都方良生态信息实业有限公司	成都留学人员创业园	现代服务
成都飞来天咨询教育有限公司	成都留学人员创业园	现代服务
成都高端人力资源咨询有限公司	成都留学人员创业园	现代服务
成都律诚同业知识产权服务有限公司	成都留学人员创业园	现代服务
成都美和一新展示设计制作有限公司	成都留学人员创业园	现代服务
成都思博管理顾问有限公司	成都留学人员创业园	现代服务
成都雅升信财务咨询有限公司	成都留学人员创业园	现代服务
成都伊士顿科技教育产业有限公司	成都留学人员创业园	现代服务
美声克（成都）科技有限公司	成都留学人员创业园	现代服务
蒙特利尔园区管理咨询（成都）有限公司	成都留学人员创业园	现代服务
四川绿海农业生态科技有限公司	成都留学人员创业园	现代服务
昆明成众达科技有限公司	云南留学人员创业园	电子信息
昆明高驰科技有限责任公司	云南留学人员创业园	电子信息

昆明朗巨科技有限公司	云南留学人员创业园	电子信息
昆明利普机器视觉工程有限公司	云南留学人员创业园	电子信息
昆明世野科技有限公司	云南留学人员创业园	电子信息
昆明同城掌上搜网络科技有限公司	云南留学人员创业园	电子信息
昆明威士科技有限公司	云南留学人员创业园	电子信息
昆明依利科特科技有限公司	云南留学人员创业园	电子信息
昆明优利泰克信息技术有限公司	云南留学人员创业园	电子信息
云南电商谷信息技术有限公司	云南留学人员创业园	电子信息
云南山灞图像传输科技有限公司	云南留学人员创业园	电子信息
云南双亚商务港有限公司	云南留学人员创业园	电子信息
云南熙昌信息系统有限公司	云南留学人员创业园	电子信息
昆明宝成生物科技有限公司	云南留学人员创业园	生物医药
昆明贝尔吉科技有限公司	云南留学人员创业园	生物医药
昆明法莫泰克生物技术有限公司	云南留学人员创业园	生物医药
昆明领众生物科技有限公司	云南留学人员创业园	生物医药
昆明迈多生物科技开发有限公司	云南留学人员创业园	生物医药
昆明泉港生物科技公司	云南留学人员创业园	生物医药
昆明生宝生物技术有限公司	云南留学人员创业园	生物医药
昆明盛飞生物医药技术有限公司	云南留学人员创业园	生物医药
昆明万绿生物工程有限公司	云南留学人员创业园	生物医药
昆明云大生物技术有限公司	云南留学人员创业园	生物医药
昆明珍友缘医药科技有限公司	云南留学人员创业园	生物医药
云南达韵生物技术有限公司	云南留学人员创业园	生物医药
云南滇农本草科技有限公司	云南留学人员创业园	生物医药
云南黄龙实业有限公司	云南留学人员创业园	生物医药
云南魅力汉道医药科技有限责任公司	云南留学人员创业园	生物医药
云南束恩生物科技开发有限公司	云南留学人员创业园	生物医药
云南思摩贝特生物科技有限公司	云南留学人员创业园	生物医药
云南天保桦生物资源开发有限公司	云南留学人员创业园	生物医药
云南沃森生物技术股份有限公司	云南留学人员创业园	生物医药
昆明道斯机床有限公司	云南留学人员创业园	先进制造
昆明理工精诚科技有限责任公司	云南留学人员创业园	新材料
昆明东启科技股份有限公司	云南留学人员创业园	新能源环保
昆明锦钰环保科技有限公司	云南留学人员创业园	新能源环保
昆明麦能环境工程有限公司	云南留学人员创业园	新能源环保
昆明阳光基业新能源环保发展有限公司	云南留学人员创业园	新能源环保
云南电投对外能源合作开发有限公司	云南留学人员创业园	新能源环保
云南汉道影业有限公司	云南留学人员创业园	文化创意
云南良道农业科技有限责任公司	云南留学人员创业园	现代服务
云南乾聚通汽车信息咨询服务有限公司	云南留学人员创业园	现代服务
昆明搏万科技有限公司	云南海归创业园	电子信息
昆明钏译科技有限公司	云南海归创业园	电子信息
昆明福珀工贸有限公司	云南海归创业园	电子信息
昆明广跃科技有限公司	云南海归创业园	电子信息
昆明易极信息技术有限公司	云南海归创业园	电子信息
云南绿之光照明器材有限公司	云南海归创业园	电子信息
云南同轴科技有限公司	云南海归创业园	电子信息
昆明法罗适科技有限公司	云南海归创业园	生物医药
昆明海银生物科技有限公司	云南海归创业园	生物医药
昆明寰基生物芯片开发有限公司	云南海归创业园	生物医药
昆明康嘉乐生物科技有限公司	云南海归创业园	生物医药
昆明坤九香精香料有限公司	云南海归创业园	生物医药
昆明七彩云花生物科技有限公司	云南海归创业园	生物医药
昆明森基生物工程有限公司	云南海归创业园	生物医药
昆明特美瑞生物科技有限公司	云南海归创业园	生物医药
昆明雅美义齿制作有限公司	云南海归创业园	生物医药
云南辰美生物技术开发有限公司	云南海归创业园	生物医药
云南庚源医药生物科技有限公司	云南海归创业园	生物医药
云南云草堂化妆品有限公司	云南海归创业园	生物医药
昆明桂丰机械有限公司	云南海归创业园	先进制造

云南北斗银河导航应用技术有限公司	云南海归创业园	先进制造
云南广厚电工合金有限公司	云南海归创业园	先进制造
云南洪范光电科技有限公司	云南海归创业园	先进制造
云南南宇电器有限公司	云南海归创业园	先进制造
云南三衡塑胶有限公司	云南海归创业园	先进制造
云南卓鑫电气成套设备制造有限公司	云南海归创业园	先进制造
库尔兹压烫科技（合肥）有限公司昆明分公司	云南海归创业园	新材料
昆明泽之民建材科技有限公司	云南海归创业园	新材料
昆明善洲绿化环保有限公司	云南海归创业园	新能源环保
云南大江新能源环保开发科技有限公司	云南海归创业园	新能源环保
云南昊晟汽车服务有限公司	云南海归创业园	新能源环保
云南兢力达环境工程有限公司	云南海归创业园	新能源环保
云南特赛思汽车销售有限公司	云南海归创业园	新能源环保
昆明芭谛思花卉供应链经营管理有限公司	云南海归创业园	现代服务
昆明精仪财务管理有限公司	云南海归创业园	现代服务
昆明景天工税代理有限公司	云南海归创业园	现代服务
昆明同顺达贸易有限公司	云南海归创业园	现代服务
昆明星之光物流有限公司	云南海归创业园	现代服务
上海天祥质量技术服务有限公司昆明分公司	云南海归创业园	现代服务
云南南岛河茶叶有限公司	云南海归创业园	现代服务
云南证券印务有限公司	云南海归创业园	现代服务
加拿大蒙电科技(西安)有限公司	西安留学人员创业园	电子信息
科达奇（西安）软件开发有限公司	西安留学人员创业园	电子信息
陕西德尔维智能科技有限公司	西安留学人员创业园	电子信息
陕西海普讯科技有限公司	西安留学人员创业园	电子信息
陕西汉唐中天信息技术有限公司	西安留学人员创业园	电子信息
陕西鸿德立恒电子科技有限公司	西安留学人员创业园	电子信息
陕西君天行机电科技有限公司	西安留学人员创业园	电子信息
陕西开放电子科技有限公司	西安留学人员创业园	电子信息
陕西凯艾迪系统控制有限公司	西安留学人员创业园	电子信息
陕西蓝思微电子有限公司	西安留学人员创业园	电子信息
陕西立竜科工贸有限公司	西安留学人员创业园	电子信息
陕西明泰电子科技发展有限公司	西安留学人员创业园	电子信息
陕西三通网络技术有限公司	西安留学人员创业园	电子信息
陕西时光软件有限公司	西安留学人员创业园	电子信息
陕西识代运筹信息科技有限公司	西安留学人员创业园	电子信息
陕西小兵智能科技有限公司	西安留学人员创业园	电子信息
陕西新光源科技有限责任公司	西安留学人员创业园	电子信息
陕西逸融网络服务有限公司	西安留学人员创业园	电子信息
陕西源能微电子有限公司	西安留学人员创业园	电子信息
陕西云翔科技有限公司	西安留学人员创业园	电子信息
陕西泽明信息科技有限公司	西安留学人员创业园	电子信息
西安阿普莱特光电科技有限公司	西安留学人员创业园	电子信息
西安艾尔特仪器有限公司	西安留学人员创业园	电子信息
西安奥普计算机科技有限公司	西安留学人员创业园	电子信息
西安奥特玛自动化设备有限公司	西安留学人员创业园	电子信息
西安澳新软件技术有限公司	西安留学人员创业园	电子信息
西安百利信息科技有限公司	西安留学人员创业园	电子信息
西安宝莱特光电科技有限公司	西安留学人员创业园	电子信息
西安必成科技有限责任公司	西安留学人员创业园	电子信息
西安铂锐智能科技有限公司	西安留学人员创业园	电子信息
西安博恩计算机科技有限责任公司	西安留学人员创业园	电子信息
西安博构电子信息科技有限公司	西安留学人员创业园	电子信息
西安博霖软件有限公司	西安留学人员创业园	电子信息
西安博瑞集信电子科技有限公司	西安留学人员创业园	电子信息
西安博深半导体照明有限公司	西安留学人员创业园	电子信息
西安博燊网络信息科技有限公司	西安留学人员创业园	电子信息
西安博益美华软件科技有限公司	西安留学人员创业园	电子信息
西安辰晓商务信息咨询有限公司	西安留学人员创业园	电子信息
西安晨星传感技术有限公司	西安留学人员创业园	电子信息

西安成峰科技有限公司	西安留学人员创业园	电子信息
西安创尼尔汽车电子技术有限公司	西安留学人员创业园	电子信息
西安创泰科技有限责任公司	西安留学人员创业园	电子信息
西安创亿能源科技有限公司	西安留学人员创业园	电子信息
西安德塞尔科技发展公司	西安留学人员创业园	电子信息
西安德宇软件科技有限公司	西安留学人员创业园	电子信息
西安迪纳斯科技有限公司	西安留学人员创业园	电子信息
西安鼎控电子科技有限公司	西安留学人员创业园	电子信息
西安鼎蓝通信技术有限公司	西安留学人员创业园	电子信息
西安东尚信软件技术有限公司	西安留学人员创业园	电子信息
西安恩科网络技术有限公司	西安留学人员创业园	电子信息
西安泛华科技开发有限公司	西安留学人员创业园	电子信息
西安泛在射频技术有限公司	西安留学人员创业园	电子信息
西安方科新材料科技有限公司	西安留学人员创业园	电子信息
西安非凡士机器人科技有限公司	西安留学人员创业园	电子信息
西安菲博富科技有限公司	西安留学人员创业园	电子信息
西安福祈软件科技有限公司	西安留学人员创业园	电子信息
西安庚商网络信息技术有限公司	西安留学人员创业园	电子信息
西安光向信息科技有限公司	西安留学人员创业园	电子信息
西安国昌机械设备有限公司	西安留学人员创业园	电子信息
西安国华软件有限公司	西安留学人员创业园	电子信息
西安国能科技有限公司	西安留学人员创业园	电子信息
西安海晶光电科技有限公司	西安留学人员创业园	电子信息
西安汉海航测科技发展有限公司	西安留学人员创业园	电子信息
西安翰默顿电子科技有限公司	西安留学人员创业园	电子信息
西安航谷微波光电科技有限公司	西安留学人员创业园	电子信息
西安合科软件有限公司	西安留学人员创业园	电子信息
西安荷佐里机电科技有限公司	西安留学人员创业园	电子信息
西安恒惠科技有限公司	西安留学人员创业园	电子信息
西安恒运达工程建设技术有限公司	西安留学人员创业园	电子信息
西安红叶通讯科技有限公司	西安留学人员创业园	电子信息
西安红云计算机信息系统技术有限公司	西安留学人员创业园	电子信息
西安互联软件有限公司	西安留学人员创业园	电子信息
西安华创软件有限公司	西安留学人员创业园	电子信息
西安华杰网络科技有限公司	西安留学人员创业园	电子信息
西安华美海润软件工程有限公司	西安留学人员创业园	电子信息
西安华芯半导体有限公司	西安留学人员创业园	电子信息
西安华迅微电子有限公司	西安留学人员创业园	电子信息
西安华游网络科技有限公司	西安留学人员创业园	电子信息
西安华悦科技发展有限公司	西安留学人员创业园	电子信息
西安辉炜信息科技有限公司（技术）	西安留学人员创业园	电子信息
西安汇明科技发展有限责任公司	西安留学人员创业园	电子信息
西安吉天利光电科技有限公司	西安留学人员创业园	电子信息
西安际科网络科技有限公司	西安留学人员创业园	电子信息
西安江基锦申电子信息科技有限公司	西安留学人员创业园	电子信息
西安杰能电力科技股份有限公司	西安留学人员创业园	电子信息
西安金林通信科技信息有限公司	西安留学人员创业园	电子信息
西安晶纳电子科技有限公司	西安留学人员创业园	电子信息
西安炬光科技有限公司	西安留学人员创业园	电子信息
西安聚芯电子有限公司	西安留学人员创业园	电子信息
西安开放通讯科技有限公司	西安留学人员创业园	电子信息
西安凯比特信息技术有限公司	西安留学人员创业园	电子信息
西安凯硕电子科技有限公司	西安留学人员创业园	电子信息
西安康本通讯科技有限公司	西安留学人员创业园	电子信息
西安康奈网络科技有限公司	西安留学人员创业园	电子信息
西安快通科技有限公司	西安留学人员创业园	电子信息
西安宽讯通信有限公司	西安留学人员创业园	电子信息
西安坤元软件有限公司	西安留学人员创业园	电子信息
西安阔途软件科技有限公司	西安留学人员创业园	电子信息
西安蓝喆软件科技有限公司	西安留学人员创业园	电子信息

西安朗格光电科技有限公司	西安留学人员创业园	电子信息
西安朗通科技发展有限公司	西安留学人员创业园	电子信息
西安乐元电子科技有限公司	西安留学人员创业园	电子信息
西安乐知软件科技有限责任公司	西安留学人员创业园	电子信息
西安力腾实业有限公司	西安留学人员创业园	电子信息
西安立芯光电科技有限公司	西安留学人员创业园	电子信息
西安丽镜软件信息技术有限公司	西安留学人员创业园	电子信息
西安励德微系统科技有限公司	西安留学人员创业园	电子信息
西安励致科技有限公司	西安留学人员创业园	电子信息
西安联客信息技术有限公司	西安留学人员创业园	电子信息
西安领邦高铁光电有限公司	西安留学人员创业园	电子信息
西安领先微电子有限公司	西安留学人员创业园	电子信息
西安绿通电子技术有限公司	西安留学人员创业园	电子信息
西安募格网络科技有限公司	西安留学人员创业园	电子信息
西安耐斯格林信息技术有限公司	西安留学人员创业园	电子信息
西安能讯微电子有限公司	西安留学人员创业园	电子信息
西安欧必信息技术有限公司	西安留学人员创业园	电子信息
西安欧博微纳光电科技有限公司	西安留学人员创业园	电子信息
西安欧通福网络科技有限责任公司	西安留学人员创业园	电子信息
西安平和网络信息科技有限公司	西安留学人员创业园	电子信息
西安奇维科技股份有限公司	西安留学人员创业园	电子信息
西安千依科技有限公司	西安留学人员创业园	电子信息
西安前沿动力软件开发有限责任公司	西安留学人员创业园	电子信息
西安擎天软件科技有限公司	西安留学人员创业园	电子信息
西安冉科信息技术有限公司	西安留学人员创业园	电子信息
西安锐驰电器有限公司	西安留学人员创业园	电子信息
西安睿维申电子科技有限公司	西安留学人员创业园	电子信息
西安闪光软件科技有限公司	西安留学人员创业园	电子信息
西安深亚电子有限公司	西安留学人员创业园	电子信息
西安盛华安电气科技有限公司	西安留学人员创业园	电子信息
西安盛佳光电有限公司	西安留学人员创业园	电子信息
西安盛美联华旅游信息咨询有限公司	西安留学人员创业园	电子信息
西安盛宁电力自动化有限公司	西安留学人员创业园	电子信息
西安石文软件有限公司	西安留学人员创业园	电子信息
西安时光科技发展有限公司	西安留学人员创业园	电子信息
西安思科特软件有限公司	西安留学人员创业园	电子信息
西安思孰软件科技有限公司	西安留学人员创业园	电子信息
西安天芯电子科技有限公司	西安留学人员创业园	电子信息
西安田间道软件有限公司	西安留学人员创业园	电子信息
西安途秀信息技术有限公司	西安留学人员创业园	电子信息
西安拓尔微电子有限责任公司	西安留学人员创业园	电子信息
西安望海电子科技有限公司	西安留学人员创业园	电子信息
西安微端网络信息科技有限公司	西安留学人员创业园	电子信息
西安维程远锦信息科技有限公司	西安留学人员创业园	电子信息
西安蔚之蓝网络科技有限公司限公司	西安留学人员创业园	电子信息
西安沃购网络科技有限公司	西安留学人员创业园	电子信息
西安五行素自动控制工程有限公司	西安留学人员创业园	电子信息
西安西工大科信软件有限责任公司	西安留学人员创业园	电子信息
西安西精技术有限责任公司	西安留学人员创业园	电子信息
西安西蓝电子科技有限公司	西安留学人员创业园	电子信息
西安西芯微电子有限公司	西安留学人员创业园	电子信息
西安矽景集成电路设计有限公司	西安留学人员创业园	电子信息
西安禧金来科技有限责任公司	西安留学人员创业园	电子信息
西安芯派电子科技有限公司	西安留学人员创业园	电子信息
西安星团网络科技有限公司	西安留学人员创业园	电子信息
西安星网天线技术有限公司	西安留学人员创业园	电子信息
西安轩敞科技有限公司	西安留学人员创业园	电子信息
西安训鸿信息科技有限公司	西安留学人员创业园	电子信息
西安迅腾科技有限责任公司	西安留学人员创业园	电子信息
西安亚华电信有限责任公司	西安留学人员创业园	电子信息

西安亚迅光电科技有限公司	西安留学人员创业园	电子信息
西安炎兴科技软件有限公司	西安留学人员创业园	电子信息
西安耀能电子科技有限公司	西安留学人员创业园	电子信息
西安易博软件有限责任公司	西安留学人员创业园	电子信息
西安银河电信技术有限责任公司	西安留学人员创业园	电子信息
西安英菲泰尔电子科技有限公司	西安留学人员创业园	电子信息
西安英瀚电子科技有限责任公司	西安留学人员创业园	电子信息
西安英洛华微电子有限公司	西安留学人员创业园	电子信息
西安鹰格电子科技有限公司	西安留学人员创业园	电子信息
西安盈谷科技有限公司	西安留学人员创业园	电子信息
西安优肯电子科技有限公司	西安留学人员创业园	电子信息
西安优蓝电子科技有限公司	西安留学人员创业园	电子信息
西安育博信息技术有限公司	西安留学人员创业园	电子信息
西安元智系统技术有限责任公司	西安留学人员创业园	电子信息
西安源合科技有限公司	西安留学人员创业园	电子信息
西安远景动力模拟技术有限公司	西安留学人员创业园	电子信息
西安云澜信息科技有限公司	西安留学人员创业园	电子信息
西安云晟信息技术咨询有限公司	西安留学人员创业园	电子信息
西安展意信息科技有限公司	西安留学人员创业园	电子信息
西安长城数字医学软件公司	西安留学人员创业园	电子信息
西安哲创电子科技有限公司	西安留学人员创业园	电子信息
西安织梦信息技术有限公司	西安留学人员创业园	电子信息
西安智达交通科技有限公司	西安留学人员创业园	电子信息
西安智多晶微电子有限公司	西安留学人员创业园	电子信息
西安智信网络技术有限公司	西安留学人员创业园	电子信息
西安中霖信息科技有限公司	西安留学人员创业园	电子信息
西安中润科技有限公司	西安留学人员创业园	电子信息
西安中微软件技术有限公司	西安留学人员创业园	电子信息
西安众聚力合网络科技有限公司	西安留学人员创业园	电子信息
西安众擎电子科技有限公司	西安留学人员创业园	电子信息
西安筑波科技有限公司	西安留学人员创业园	电子信息
西安佐邦智能科技有限责任公司	西安留学人员创业园	电子信息
信源通科技（西安）有限公司	西安留学人员创业园	电子信息
优碧特软件（西安）有限公司	西安留学人员创业园	电子信息
奥芬博格（西安）医疗器械有限公司	西安留学人员创业园	生物医药
陕西佰美基因股份有限公司	西安留学人员创业园	生物医药
陕西脉元生物科技有限公司	西安留学人员创业园	生物医药
陕西瑞奇生物科技有限公司	西安留学人员创业园	生物医药
西安爱德万思医疗科技有限公司	西安留学人员创业园	生物医药
西安爱二十三基因健康科技有限公司	西安留学人员创业园	生物医药
西安百思达生物科技有限公司	西安留学人员创业园	生物医药
西安佰纳生物技术有限公司	西安留学人员创业园	生物医药
西安博登斯医疗器械有限公司	西安留学人员创业园	生物医药
西安东美齿科科技有限公司	西安留学人员创业园	生物医药
西安宏邦生物技术有限责任公司	西安留学人员创业园	生物医药
西安鸿生生物技术有限公司	西安留学人员创业园	生物医药
西安华萃生物技术有限责任公司	西安留学人员创业园	生物医药
西安华旗电子技术有限公司	西安留学人员创业园	生物医药
西安交大辰方科技有限公司	西安留学人员创业园	生物医药
西安巨子生物基因技术有限公司	西安留学人员创业园	生物医药
西安蓝晶生物技术有限公司	西安留学人员创业园	生物医药
西安力邦临床营养有限公司	西安留学人员创业园	生物医药
西安力邦医疗电子有限公司	西安留学人员创业园	生物医药
西安力邦医药科技开发有限公司	西安留学人员创业园	生物医药
西安联众救护用品有限责任公司	西安留学人员创业园	生物医药
西安迈通生物医药科技有限公司	西安留学人员创业园	生物医药
西安麦得法药业有限公司	西安留学人员创业园	生物医药
西安瑞佰特生物科技有限公司	西安留学人员创业园	生物医药
西安瑞捷人体细胞治疗技术开发有限公司	西安留学人员创业园	生物医药
西安瑞捷生物医疗技术有限公司	西安留学人员创业园	生物医药

西安赛乐思特生物医药投资咨询有限公司	西安留学人员创业园	生物医药
西安三曜生物医药有限公司	西安留学人员创业园	生物医药
西安生微医疗器械有限责任公司	西安留学人员创业园	生物医药
西安时代基因健康科技有限公司	西安留学人员创业园	生物医药
西安天勤生物科技有限公司	西安留学人员创业园	生物医药
西安唯博科技发展有限公司	西安留学人员创业园	生物医药
西安维特生物科技有限责任公司	西安留学人员创业园	生物医药
西安喜贝润生物科技有限公司	西安留学人员创业园	生物医药
西安亚博生物技术有限公司	西安留学人员创业园	生物医药
西安易乐生物科技有限公司	西安留学人员创业园	生物医药
西安颖秀生物科技有限公司	西安留学人员创业园	生物医药
西安应化生物技术有限公司	西安留学人员创业园	生物医药
西安远鸿科技有限责任公司	西安留学人员创业园	生物医药
西安云合生物科技有限公司	西安留学人员创业园	生物医药
西安自然之源植物工程有限责任公司	西安留学人员创业园	生物医药
奥恒科技（西安）有限公司	西安留学人员创业园	先进制造
澳微特通信科技（西安）有限责任公司	西安留学人员创业园	先进制造
鲁邦思（西安）智能仪器有限公司	西安留学人员创业园	先进制造
萨伏威（西安）导航技术有限公司	西安留学人员创业园	先进制造
陕西海尔普科技发展有限公司	西安留学人员创业园	先进制造
陕西科思德电子科技有限公司	西安留学人员创业园	先进制造
陕西思联众达机电科技有限公司	西安留学人员创业园	先进制造
陕西威尔机电科技有限公司	西安留学人员创业园	先进制造
陕西中航气弹簧有限责任公司	西安留学人员创业园	先进制造
西安爱德华测量设备有限公司	西安留学人员创业园	先进制造
西安佰人科技有限公司	西安留学人员创业园	先进制造
西安博深矿用设备技术发展有限公司	西安留学人员创业园	先进制造
西安博新机电高新技术有限公司	西安留学人员创业园	先进制造
西安超越机电设备有限公司	西安留学人员创业园	先进制造
西安大山机械有限公司	西安留学人员创业园	先进制造
西安福莱特热处理有限公司	西安留学人员创业园	先进制造
西安光新科技发展有限公司	西安留学人员创业园	先进制造
西安航威机电设备有限公司	西安留学人员创业园	先进制造
西安恒久科技发展有限公司	西安留学人员创业园	先进制造
西安华科光电有限公司	西安留学人员创业园	先进制造
西安华朗物探科技有限公司	西安留学人员创业园	先进制造
西安华欧精密机械有限公司	西安留学人员创业园	先进制造
西安华舜测量设备有限责任公司	西安留学人员创业园	先进制造
西安活石智能控制有限公司	西安留学人员创业园	先进制造
西安康瑞矿用电子有限公司	西安留学人员创业园	先进制造
西安魔盾自动化控制系统有限公司	西安留学人员创业园	先进制造
西安纳瑞工控科技有限公司	西安留学人员创业园	先进制造
西安秦申特种调节阀有限责任公司	西安留学人员创业园	先进制造
西安胜高半导体科技有限责任公司	西安留学人员创业园	先进制造
西安市耀石科技发展有限公司	西安留学人员创业园	先进制造
西安特瑞斯自动化技术有限公司	西安留学人员创业园	先进制造
西安天衡新技术开发有限公司	西安留学人员创业园	先进制造
西安西古恒温技术有限公司	西安留学人员创业园	先进制造
西安西立电子技术有限公司	西安留学人员创业园	先进制造
西安迅湃快速充电技术有限公司	西安留学人员创业园	先进制造
西安易行科技有限责任公司	西安留学人员创业园	先进制造
西安英格智能科技有限公司	西安留学人员创业园	先进制造
西安越达环保科技有限公司	西安留学人员创业园	先进制造
西安拽亘弗莱工业自动化科技有限公司	西安留学人员创业园	先进制造
新懿机电技术发展（西安）公司	西安留学人员创业园	先进制造
陕西大生化学科技有限公司	西安留学人员创业园	新材料
西安艾姆高分子材料有限公司	西安留学人员创业园	新材料
西安博诚新材料有限公司	西安留学人员创业园	新材料
西安金美特金属材料科技有限公司	西安留学人员创业园	新材料
西安凯威金属材料有限公司	西安留学人员创业园	新材料

西安康博新材料科技有限公司	西安留学人员创业园	新材料
西安蓝晓科技有限公司	西安留学人员创业园	新材料
西安荣盛通环保节能科技有限公司	西安留学人员创业园	新材料
西安晟金新材料科技股份有限公司	西安留学人员创业园	新材料
西安斯凯兰新材料科技发展有限公司	西安留学人员创业园	新材料
西安垚森环境技术有限公司	西安留学人员创业园	新材料
西安宇杰（洁）表面工程有限公司	西安留学人员创业园	新材料
西安智晶电子科技有限责任公司	西安留学人员创业园	新材料
西安中齐金属新材料科技有限公司	西安留学人员创业园	新材料
陕西动力源新能源环保科技有限公司	西安留学人员创业园	新能源环保
陕西凯斯特能源科技有限公司	西安留学人员创业园	新能源环保
陕西仁鑫能源工程有限公司	西安留学人员创业园	新能源环保
陕西太阳景环保科技有限公司	西安留学人员创业园	新能源环保
西安澳科新能源环保科技有限公司	西安留学人员创业园	新能源环保
西安保利秦华新能源环保有限公司	西安留学人员创业园	新能源环保
西安博今科技发展有限公司	西安留学人员创业园	新能源环保
西安博昱新能源环保有限公司	西安留学人员创业园	新能源环保
西安鸿雅达电子有限公司	西安留学人员创业园	新能源环保
西安银泰新能源环保材料科技有限公司	西安留学人员创业园	新能源环保
西安叮叮数码音乐有限公司	西安留学人员创业园	文化创意
西安富克斯语言文化传播有限公司	西安留学人员创业园	文化创意
西安品之茶文化传播有限公司	西安留学人员创业园	文化创意
西安依蔓美术文化传播有限责任公司	西安留学人员创业园	文化创意
西安原石雕塑有限责任公司	西安留学人员创业园	文化创意
瑞可维食品（西安）有限责任公司	西安留学人员创业园	现代服务
陕西巴顿酒店管理有限公司	西安留学人员创业园	现代服务
陕西汇之源动力科技有限公司	西安留学人员创业园	现代服务
陕西米迦勒建筑科技有限公司	西安留学人员创业园	现代服务
陕西齐泰精细化工科技有限公司	西安留学人员创业园	现代服务
陕西瑞亚环境工程有限公司	西安留学人员创业园	现代服务
陕西天正达生物科技股份有限公司	西安留学人员创业园	现代服务
陕西土木石建筑设计事务所有限公司	西安留学人员创业园	现代服务
陕西中德金桥投资策划有限责任公司	西安留学人员创业园	现代服务
西安百川教育发展有限公司	西安留学人员创业园	现代服务
西安堡垒新能源环保科技有限责任公司	西安留学人员创业园	现代服务
西安倍力商务咨询有限公司	西安留学人员创业园	现代服务
西安彩富尔建筑科技有限公司	西安留学人员创业园	现代服务
西安国润实业有限公司	西安留学人员创业园	现代服务
西安汉逸软件信息科技有限公司	西安留学人员创业园	现代服务
西安弘传科技开发有限责任公司	西安留学人员创业园	现代服务
西安虎标行南洋补品有限责任公司	西安留学人员创业园	现代服务
西安华睿商务信息咨询服务有限公司	西安留学人员创业园	现代服务
西安洁姆环保科技有限责任公司	西安留学人员创业园	现代服务
西安凯世达汽车配件有限公司	西安留学人员创业园	现代服务
西安莱恩财务管理有限公司	西安留学人员创业园	现代服务
西安力图信息技术咨询服务有限公司	西安留学人员创业园	现代服务
西安立人行档案文件管理咨询有限公司	西安留学人员创业园	现代服务
西安罗斯德尔汽车工程设计有限公司	西安留学人员创业园	现代服务
西安绿标水环境科技有限公司	西安留学人员创业园	现代服务
西安名柄自动化工程技术有限公司	西安留学人员创业园	现代服务
西安鹏创商务信息咨询服务有限责任公司	西安留学人员创业园	现代服务
西安瑞旺特信息技术有限公司	西安留学人员创业园	现代服务
西安睿银投资管理有限公司	西安留学人员创业园	现代服务
西安圣宣商务信息咨询有限公司	西安留学人员创业园	现代服务
西安盛景生化科技有限责任公司	西安留学人员创业园	现代服务
西安思翰光电科技有限公司	西安留学人员创业园	现代服务
西安泰瑞商务信息咨询有限公司	西安留学人员创业园	现代服务
西安庭树商务信息咨询有限责任公司	西安留学人员创业园	现代服务
西安威石投资管理有限公司	西安留学人员创业园	现代服务
西安新时代航空技术有限公司	西安留学人员创业园	现代服务

西安雅石企业管理咨询有限公司	西安留学人员创业园	现代服务
西安易比特科技咨询管理有限公司	西安留学人员创业园	现代服务
西安优将信息科技有限公司	西安留学人员创业园	现代服务
西安震旦纪实业有限公司	西安留学人员创业园	现代服务
陕西杨凌岱鹰生物工程公司	杨凌示范区留学人员创业园	生物医药
泰华天然生物制药有限公司	杨凌示范区留学人员创业园	生物医药
杨凌大农生物技术有限公司	杨凌示范区留学人员创业园	生物医药
杨凌美加恒新生物医药研究所	杨凌示范区留学人员创业园	生物医药
杨凌四元生物科学技术公司	杨凌示范区留学人员创业园	生物医药
杨凌泰克生物科技有限公司	杨凌示范区留学人员创业园	生物医药
杨凌天力生物技术有限公司	杨凌示范区留学人员创业园	生物医药
斯比特装饰板材（陕西）公司	杨凌示范区留学人员创业园	新材料
陕西杨凌英达克环境工程公司	杨凌示范区留学人员创业园	新能源环保
陕西杨凌中科环境工程公司	杨凌示范区留学人员创业园	新能源环保
陕西聚丰科技股份有限公司	杨凌示范区留学人员创业园	现代服务
陕西正高肥料有限责任公司	杨凌示范区留学人员创业园	现代服务
杨凌阿克瑞特科技有限公司	杨凌示范区留学人员创业园	现代服务
杨凌德丰布尔山羊畜牧公司	杨凌示范区留学人员创业园	现代服务
杨凌豪特园艺有限公司	杨凌示范区留学人员创业园	现代服务
杨凌攀达生态科技有限公司	杨凌示范区留学人员创业园	现代服务
杨凌益康天然产品有限公司	杨凌示范区留学人员创业园	现代服务
杨凌越洋生态工程有限公司	杨凌示范区留学人员创业园	现代服务
中法食品加工研究与交流中心	杨凌示范区留学人员创业园	现代服务
甘肃天佑生物科技有限公司	兰州留学人员创业园	电子信息
甘肃鑫王自动化控制有限公司	兰州留学人员创业园	电子信息
兰州艾乐顿智能科技有限公司	兰州留学人员创业园	电子信息
兰州联创科技股份有限公司	兰州留学人员创业园	电子信息
兰州南特科技股份有限公司	兰州留学人员创业园	电子信息
兰州天安恒通科技有限公司	兰州留学人员创业园	电子信息
兰州沃福计算机系统有限公司	兰州留学人员创业园	电子信息
兰州新陇科技有限公司	兰州留学人员创业园	电子信息
兰州致恒科技有限公司	兰州留学人员创业园	电子信息
兰州智天科技有限公司	兰州留学人员创业园	电子信息
北京华阳绿园技术开发有限公司兰州分公司	兰州留学人员创业园	生物医药
甘肃方舟生态科技有限公司	兰州留学人员创业园	生物医药
甘肃绿洲医疗用品有限责任公司	兰州留学人员创业园	生物医药
兰州百源基因技术有限公司	兰州留学人员创业园	生物医药
兰州宝瑞科技有限公司	兰州留学人员创业园	生物医药
兰州宝瑞生物技术有限公司	兰州留学人员创业园	生物医药
兰州大得利生物化学制药厂	兰州留学人员创业园	生物医药
兰州嘉瑞生物医药科技开发有限公司	兰州留学人员创业园	生物医药
兰州凯博生物技术有限公司	兰州留学人员创业园	生物医药
兰州派神生物技术开发有限公司	兰州留学人员创业园	生物医药
兰州雅华生物技术有限公司	兰州留学人员创业园	生物医药
兰州傲能工业设备有限公司	兰州留学人员创业园	先进制造
兰州大成自动化工程有限责任公司	兰州留学人员创业园	先进制造
兰州海默科技股份有限公司	兰州留学人员创业园	先进制造
兰州华联电力有限公司	兰州留学人员创业园	先进制造
兰州科庆仪器仪表有限公司	兰州留学人员创业园	先进制造
兰州立盛达铁路新技术有限公司	兰州留学人员创业园	先进制造
兰州沃特克环境科学技术有限公司	兰州留学人员创业园	先进制造
兰州阳普科技有限公司	兰州留学人员创业园	先进制造
甘肃长实隔震材料有限公司	兰州留学人员创业园	新材料
甘肃凌云纳米材料有限公司	兰州留学人员创业园	新材料
兰州长城新元膜科技有限公司	兰州留学人员创业园	新材料
兰州浩达精细化工研究所	兰州留学人员创业园	新材料
兰州天际环保有限公司	兰州留学人员创业园	新能源环保
兰州天泰环保工程有限公司	兰州留学人员创业园	新能源环保
甘肃富农高科技种业有限公司	兰州留学人员创业园	现代服务
甘肃环球设计研究所	兰州留学人员创业园	现代服务

甘肃科业达科技开发有限公司	兰州留学人员创业园	现代服务
甘肃武港食品有限公司	兰州留学人员创业园	现代服务
兰州爱美信科技咨询服务有限公司	兰州留学人员创业园	现代服务
兰州博亚饲料有限公司	兰州留学人员创业园	现代服务
兰州格瑞特管理顾问有限公司	兰州留学人员创业园	现代服务
兰州好为尔爱的现代牛业发展有限公司	兰州留学人员创业园	现代服务
兰州兰泰草坪科技开发有限公司	兰州留学人员创业园	现代服务
兰州兰泰高尔夫工程有限公司	兰州留学人员创业园	现代服务
兰州前导经济文化咨询有限公司	兰州留学人员创业园	现代服务
兰州泰华饲料有限公司	兰州留学人员创业园	现代服务
兰州西域科技总公司	兰州留学人员创业园	现代服务
乌鲁木齐睿图超信软件科技有限公司	乌鲁木齐留学人员创业园	电子信息
乌鲁木齐意祥鑫光电科技有限公司	乌鲁木齐留学人员创业园	电子信息
新疆安科瑞网络科技有限公司	乌鲁木齐留学人员创业园	电子信息
新疆超化科技有限公司	乌鲁木齐留学人员创业园	电子信息
新疆福锐思信息科技有限公司	乌鲁木齐留学人员创业园	电子信息
新疆华德软件科技有限公司	乌鲁木齐留学人员创业园	电子信息
新疆华俄信息科技有限公司	乌鲁木齐留学人员创业园	电子信息
新疆协领汇科科技有限责任公司	乌鲁木齐留学人员创业园	电子信息
新疆亚泰信息技术有限公司	乌鲁木齐留学人员创业园	电子信息
乌鲁木齐葵恩希巴生物科技有限公司	乌鲁木齐留学人员创业园	生物医药
乌鲁木齐易比西农业科技有限公司	乌鲁木齐留学人员创业园	生物医药
新疆名石光电照明工程有限公司	乌鲁木齐留学人员创业园	新能源环保
新疆雨润环保工程有限公司	乌鲁木齐留学人员创业园	新能源环保
乌鲁木齐市真石科技有限公司	乌鲁木齐留学人员创业园	新材料
新疆惠宇路桥技术有限公司	乌鲁木齐留学人员创业园	新材料

图书在版编目（CIP）数据

中国留学人员创业年鉴．2014/教育部留学服务中心等编．—北京：中国致公出版社，2014

ISBN 978-7-5145-0805-5

Ⅰ．①中… Ⅱ．①教… ②科… ③人… Ⅲ．①高技术产业－企业管理－中国－2014－年鉴②留学生－生平事迹－中国－现代 Ⅳ．①F279.244.4-54②K820.76

中国版本图书馆CIP数据核字(2014)第250763号

中国留学人员创业年鉴
2014

RETURNED CHINESE SCHOLARS PIONEER YEARBOOK 2014

中国致公出版社　出版
中国留学人员创业年鉴编辑部　编辑
廊坊市华玺印务有限公司　印装

社址：北京市朝阳区八里庄西里100号住邦2000商务中心1号楼东区15层　邮编：100025
电话：（010）82259658
各地新华书店经销

889×1194　16开　43印张　2000千字
2014年12月第1版　2014年12月第1次印刷
ISBN 978-7-5145-0805-5 定价：890.00元
（图书出现印刷问题，本社负责调换）

NESCAFÉ
雀巢咖啡
臻享
White Coffee
白咖啡
即溶咖啡饮品
赠饮装
净含量/规格: 29克
赠饮装
馆式享受
一口倾心

一口倾心
馆藏系列
更多经典等你享受
NESCAFÉ
雀巢咖啡
卡布奇诺咖啡
Mocha
摩卡咖啡
Cappuccino
NESCAFÉ
雀巢咖啡
臻享
White Coffee
白咖啡
即溶咖啡饮品
净含量/规格：29克
一口倾心